重庆掌故

典藏本

最温暖的城市记忆　最好耍的魔幻之城

章创生　范时勇　冯建华·著

重庆出版集团
重庆出版社

图书在版编目（CIP）数据

重庆掌故（典藏本）/ 章创生，范时勇，冯建华著. — 重庆：重庆出版社，2022.1
ISBN 978-7-229-15754-8

Ⅰ. ①重… Ⅱ. ①章… ②范… ③冯… Ⅲ. ①重庆－地方史－掌故 Ⅳ. ①K297.19

中国版本图书馆CIP数据核字（2021）第032730号

重庆掌故（典藏本）
CHONGQING ZHANGGU（DIANCANG BEN）
章创生　范时勇　冯建华　著

策　划　人：冯建华
责任编辑：连　果　曾祥志
责任校对：何建云
书籍设计：博引传媒

重庆出版集团　出版
重庆出版社

重庆市南岸区南滨路162号1幢　邮政编码：400061　http://www.cqph.com
重庆长虹印务有限公司印制
重庆出版集团图书发行有限公司发行
全国新华书店经销

开本：710mm×1000mm　1/16　印张：51　字数：1046千
2022年1月第1版　2022年1月第1版第1次印刷
ISBN 978-7-229-15754-8
定价：199.00元

如有印装质量问题，请向本集团图书发行有限公司调换：023-61520678
版权所有　侵权必究

序 最温暖的城市记忆

重庆，一座古老而年轻、迷人又魔幻、美妙且独特的城市。

很古很古的时候，大约210万年前，长江三峡"混沌初开"之时。三峡，还远没有现在这么陡峭深切和峰峦林立，平缓的地势、温润的气候，很是适宜生物栖息。中国大地上发现的最古老的人种——巫山人，就曾在三峡这方热土上生生不息。

话说上世纪70年代中期，村民们在巫山县庙宇镇一个叫龙骨坡的地方，挖出了好多可以作中药材卖钱的龙骨，一时间轰动川渝鄂三地。中国科学院闻讯后，人类学家黄万波一行紧急赶赴龙骨坡，经过数年的仔细发掘后，发现了"巫山老母"和"巫山少女"的牙齿化石，以及许多动物化石，这充分说明200万年前的长江三峡地区是适宜古人类生存繁衍的沃土。这一重大发现，或许将会改写人类唯一起源于非洲大陆的假说。

老早老早的时候，距今2.4万年前，代表旧石器时代晚期的铜梁文化兴盛于巴山蜀地鄂西，以今日的铜梁为中心，向四面八方扩展，东至鄂西，西抵川中，南北延伸，创造了中国西南地区灿烂的旧石器文明。

铜梁文化的发现，也是在一个很偶然的机会下呈现给世人。"文化大革命"后期，全国农业学大寨，铜梁为解决农田灌溉和人畜饮水而修建西郭水库，在开挖坝基时发现了层层叠叠的、古人们制造的原始石器和动物化石，很快就惊动了重庆市博物馆，水库停工，专家奔赴现场，中科院古人类学专家贾兰坡也专程来到铜梁。这些新鲜出土的石器，是古代人类的生产工具，用来狩猎、剥皮、切取猎物。

许多时候，历史如过眼烟云，飘散得无影无踪。

今天，我们在重庆地盘上发现的巫山智人和铜梁文化所代表的远古人类，早已湮灭在历史的长河之中。他们在生存竞争与气候地貌变迁中灭绝了，抑或进化为今日的人种、血脉流传了下来？我们都不得而知。只留下了足以证明他们曾经存在过的遗址、遗物、石器，让今天的人们去思物凭吊。

上古时代，巴人是巴地的主人。

今天的重庆是巴地的核心及主要部分。相传巴人是生活在青藏高原的古羌氏人的后裔，他们从生存环境严酷的青藏之地向东迁徙至秦岭，沿汉水南下鄂西，再逆行长江抵达重庆及川北、川南。巴地最兴盛时期大致在东周春秋，地域覆盖宽阔，东起今日鄂西的宜昌、恩施，南至湘西、黔北一带，西到川南的泸州、宜宾，北达陕西的汉中、安康。那时候，巴地比蜀地大好几倍。

说到巴人，百分之百绕不开灵山十巫与巫文化。灵山，相传就是今天巫溪的宝源山。巫文化，由明人世、懂医术、晓天地、通鬼神的灵山十巫创造。他们擅长操蛇，右手持青蛇，左手持赤蛇，玩弄于掌上；他们是上古时期的智者，上达天庭，下接人间，既做帝王的国师，又是百姓的导师，是天地之间的使者。"巫"字就形象地表现了上知天、下知地的能人身份。

廪君，大名巴务相，称得上是巴人的第一位顶天立地的大统领。相传，他的祖上是灵山十巫的老三巫盼（巫载国主）。廪君颇有志向，率领族人走出巫峡至宜昌的清江安营扎寨。他凭借智勇双全的才能，统一了巴人五族。他仙逝后化作白虎，巴人崇敬他，将白虎作为族人的图腾，以兹怀念。

巴人立国很早，最早可追溯至夏初，延续至商纣，周武王册封为巴子国，战国中期为秦所灭。巴国在夏商两朝时期，是一介方国，巴国与夏王关系不错，类似兄弟伙；巴国和商王就不太对付了，商王武丁和妇好曾率兵攻打巴国。武王伐纣，巴人积极响应，出精锐三千，冲锋陷阵于牧野之战，以前歌后舞战法大败纣王；西周建立后，周武王册封天下诸侯，巴王得赐子爵，受封巴子国（巴国），建立都邑于重庆江北嘴（今大剧院一带）。

战国中后期，秦惠文王派张仪、司马错出兵苴蜀巴三地，借助金牛道，跨过秦巴山地，一举荡平两国一地，蜀国、巴国、苴地就此消亡于历史的长河之中，进而开辟了秦国统一六国的征程。

如果不算周武王分封巴国建都江北嘴（因暂无遗址与详实文字可考），古代重庆有四次建城史，分别为秦国张仪首筑江州城、蜀国李严二筑江州城、南宋彭大雅三筑重庆城、明初戴鼎四筑重庆城。明朝洪武年间的重庆城，借势造城，气势恢宏，设有一十七门，九开八闭，暗合阴阳五行，一直维持到民国初年。

重庆，是一座典型的移民城市。其实，今天的巴蜀大地及周边地域的子民，大多数都是移民的后裔。自秦灭巴蜀开始，至新中国三线建设截止，重庆经历了八次大移民，其中四次大移民的影响极大，分别是秦国花费百年移民巴蜀、清初的"湖广填四川"，以及抗战时期、三线建设的两次大移民。这八次大移民是人种、文化、风俗、语言……的大融合，塑造了今天的重庆人。

重庆的美食，比如江湖菜；重庆的语言，比如言子；重庆人的性格，比如耿直……都是移民与巴人融合后，再与重庆的山川雨雾、人文风情融合的表现形式之一二。

人们常说，重庆是新中国最年轻的直辖市，这是相对于京津沪而言。其实也可以说重庆是年长的直辖市，为何呢？因为在抗战时期，战时首都重庆就是直辖市；新中国初期，西南重镇重庆也是直辖市；1997年是重庆第三次成为直辖市。

重庆，一座好耍的城市！
客官，好耍不好耍，来了才晓得。
土著，好耍不好耍，走趟了才明白。
重庆好耍的地方太多了，拣主要的说，表现在三个方面：美食好吃，天底下最正宗的火锅绝对在重庆，重庆的江湖菜绝对是天下一绝，好多成都的朋友周末专门坐高铁来吃，当天一个来回。美女打望，无论天晴下雨，伫立于街头路口或安坐于茶馆酒吧，静静地打望美女，同时被美女打望，这绝对是重庆才有的双向打望，太容易产生念想了。美景远眺，山城夜景十分魔幻，山水城交织重叠成一幅立体美景，绝对要站在山尖尖上看，大三峡小三峡绝对要坐船体验，解放碑的地下环道绝对不能错过……太多了，扳起指拇数都数不过来了。

其实呀，要我说，最好耍的是重庆人。

最值得细细品味的绝对是重庆人的好客之风、耿直之情、乐观之魂、刚毅之神，决不拉稀摆带。

好客与耿直，乐观与刚毅，是巴人的风骨，是移民们的风范，是山水的精神。重庆的大山大江大雾纵横交错、起起伏伏、飘飘荡荡，让生活在这方土地上的人们必须团结一心、齐力共事、相互接济，方能战胜大自然的山水之势，创下一片生存的空间。无论是上山取石，还是划船渡江，都要齐心协力、步调一致。否则，不管你多么能干，凭一己一户之力是无法与大自然抗争的，当然也是无法生存的。

《重庆掌故》之普及本与典藏本，就是为了表现和传承重庆这座"最温暖的城市记忆"的历史文化与原生态风貌。普及本的特点是简明，精炼故事，阅读快捷；典藏本的优势是宏大，纵贯二百余万年，横括九卷几百个故事，可以珍藏。

　　典藏本历时五年编撰，终于完成。其间，得到诸多友人的鼎力支持，江碧波先生贡献了她的灵山十巫画作，厉华先生奉出了他珍藏的老照片，等等，尚有几位未曾谋面的朋友，书中引用了您的一些图片，在此一并表达衷心的感谢！亦致以诚挚的敬意！

　　由于考虑读者阅读的流畅和版面的紧凑，在排版时，对照片作者或拥有者的署名采用了简略的方式，或暂未署名，凡此情形，乞望鉴谅！未曾谋面的朋友，希冀您拨冗来函电，将奉书一册以致由衷的谢意！

　　典藏本以故事表现大重庆的掌故（相对于直辖前的小重庆），目的很单纯，以喜闻乐见、雅俗共赏的形式，表现和传承重庆的历史、文化、风貌、往事、美食，让重庆人、外地人、境外人可以爱不释手地阅读。若能达成这一目的，编撰人的心愿足矣。

　　故而，希望您能喜欢它！

　　是为序。

冯建华・于重庆北岸
2021 年 1 月 1 日

重庆掌故 典藏本
CHONGQING ANECDOTES

总目录

上有天堂下有苏杭　不如重庆灯火辉煌

一卷 · 巴源流长 ………… 001
　　　巴者，龙蛇，吞象也。

二卷 · 璀璨星空 ………… 111
　　　巴人，俊杰，璀璨也。

三卷 · 巴山夜语 ………… 193
　　　巴事，夜话，神吹也。

四卷 · 大案奇录 ………… 251
　　　巴案，传奇，人间也。

五卷 · 雾罩山水 ………… 293
　　　巴山，字水，雾罩也。

六卷 · 巴风民俗 ………… 415
　　　巴戏，鬼吼，闹热也。

七卷 · 美食江湖 ………… 461
　　　巴菜，好吃，美食也。

八卷 · 重庆言子 ………… 645
　　　巴语，妙趣，言子也。

九卷 · 过客打望 ………… 771
　　　巴客，好耍，打望也。

重庆掌故 [典藏本]
CHONGQING ANECDOTES
目　录 ②

序·最温暖的城市记忆……………… 001

一卷·巴源流长……………… 001
打望巫山人……………………… 002
远古重庆人……………………… 004
古人的精神导师………………… 008
巴人的惊世文明………………… 011
张仪首筑江州城………………… 015
白虎与板楯蛮…………………… 019
下里·巴人……………………… 020
范目暗度陈仓…………………… 023
刘备白帝城托孤………………… 026
李严江州环岛梦………………… 028
晋水军大战金陵………………… 031
"重庆"因何而来……………… 032
彭大雅筑城御敌………………… 035
"上帝折鞭"钓鱼城…………… 038
十年一梦大夏国………………… 041
神秘风水十七门………………… 045
张献忠巧夺重庆城……………… 051
湖广填四川移民潮……………… 055
开埠洋商立德乐………………… 060
"洋火"的故事………………… 062
《革命军》邹容………………… 064

重庆掌故 典藏本
CHONGQING ANECDOTES
③ 目　录

潘文华拓城三把火……………………………… 066
刘湘与重庆大学…………………………………… 070
重庆老码头奇闻…………………………………… 072
永垂青史的川军男儿……………………………… 075
怀念苏联飞虎队…………………………………… 077
卢作孚决战宜昌…………………………………… 080
战时首都群英会…………………………………… 083
《屈原》的文化风暴……………………………… 086
永远的沧白路……………………………………… 089
史迪威与生命之路………………………………… 090
两千英灵的驼峰航线……………………………… 093
鲜英与"民主之家"………………………………… 096
世界第一人工秘洞………………………………… 099
探寻重庆美女之谜………………………………… 104
鲜为人知的直辖市………………………………… 106

二卷·璀璨星空　　　　　　　　　　　111
大禹和涂山氏……………………………………… 112
巴蔓子传奇………………………………………… 114
巴寡妇与秦始皇…………………………………… 117
大西南孔子尹珍…………………………………… 119
张飞巧计擒严颜…………………………………… 121
百岁神人范长生…………………………………… 123
大诗人的渝州情怀………………………………… 125

重庆掌故 典藏本
CHONGQING ANECDOTES
目 录 ④

父母官白居易……………………	128
周敦颐合川说莲…………………	130
程颐与点易洞……………………	132
状元冯时行………………………	134
冉氏土司六百年…………………	136
大足石刻之父……………………	139
天官府主人蹇义…………………	141
秦良玉比武招亲…………………	143
刘继陶的发家史…………………	145
许建安的生意经…………………	148
李耀庭家族往事…………………	150
任鸿隽的科学梦…………………	152
儒商巨擘汪云松…………………	155
吴芳吉与婉容词…………………	157
猪鬃大王古耕虞…………………	158
范绍增二三趣事…………………	162
武侠作家还珠楼主………………	165
国药之魂朱君南…………………	167
"魔王"傅润华…………………	169
绿川英子在重庆…………………	171
民族忠魂张自忠…………………	174
胡琏的五封遗书…………………	177
寅初亭修建始末…………………	181
陶行知的四块方糖………………	183
徐悲鸿陪都买画…………………	184

重庆掌故 典藏本
CHONGQING ANECDOTES
5 目　录

江姐的爱情秘密……………………… 185
吴宓大师的故事……………………… 188

三卷·巴山夜语 193
巴人起源神话………………………… 194
廪君奇人奇事………………………… 195
巫山神女……………………………… 197
呼归石………………………………… 199
弹子石………………………………… 201
古盐都宁厂古镇……………………… 203
云阳飞来张飞庙……………………… 205
奉节的来历…………………………… 206
重庆文庙之首………………………… 207
金佛山之谜…………………………… 209
"一碗水"的传说……………………… 211
一千道人东华观……………………… 212
长寿为何"长寿"……………………… 214
"龙隐"磁器口………………………… 215
万县钟鼓楼…………………………… 217
白象街呈祥…………………………… 218
悠思金竹寺…………………………… 219
杨柳街传奇…………………………… 221
神秘的男根图腾……………………… 224
繁华的八省会馆……………………… 227

目录 ❻

三塔不见面 ····· 230
失踪的七牌坊 ····· 232
聚奎书院百年香 ····· 234
鲁祖庙显灵记 ····· 236
神奇的金刚塔 ····· 237
珊瑚女 ····· 240
熊嘎婆 ····· 241
巴渝灵异传说 ····· 242
《巴县志》官师列传选 ····· 244
《巴县志》"清天"刘衡 ····· 246
重庆言子小传 ····· 247

四卷·大案奇录 251
杨应龙反叛案 ····· 252
总兵杀手邓珏 ····· 255
武功高人罗思举 ····· 257
二百五奇人李青云 ····· 259
反洋教血案 ····· 261
万县惨案始末 ····· 263
杨森与十二金钗 ····· 264
林汤圆兴衰记 ····· 268
重庆大轰炸惨案 ····· 270
国民党中将遭诛记 ····· 272
较场口血案 ····· 274

重庆掌故 典藏本
CHONGQING ANECDOTES
7 目 录

陪都"焚毒"之谜……………… 276
恶侠毙命较场口……………… 277
杨妹九年不食案……………… 279
重庆城九二火灾……………… 281
李民腐败案………………… 283
人民大礼堂金顶案…………… 284
"11·27"元凶伏法记………… 286
临刑前的张君泪……………… 289

五卷·雾罩山水……………… 293
热土：史前文化说重庆………… 294
山城：名城危踞层岩上………… 296
江城：母亲河的滋养…………… 299
峡谷：山水合力的杰作………… 302
桥都：中国桥梁博物馆………… 304
温泉之都：世界最早的温泉之地…… 309
巴渝十二景：秀毓高深之奇景…… 313
重庆古镇：镶嵌青山绿水间…… 319
千年要塞：从渝西三关到重庆第一关… 324
城堡：抗蒙御敌，上帝折鞭…… 326
古道：古代商贸大通道………… 330
长江三峡：自然与人文的瑰丽画卷… 335
大足石刻：石窟艺术最后的丰碑…… 340
红色胜地：被鲜血染红的地方…… 343

重庆掌故 典藏本
CHONGQING ANECDOTES
目 录 ⑧

双桂堂：酒肉和尚的侠与义…………… 347
老君洞：川东道教第一观……………… 352
若瑟堂：穿越世纪的钟声……………… 355
黄山陪都遗址：中国抗战决策中心…… 358
万州大瀑布：亚洲第一瀑……………… 361
长寿湖：西南最大的人工湖…………… 364
金佛山：金佛何崔嵬，飘渺云霞间…… 366
芙蓉洞：地下艺术宫殿………………… 369
黄安坝：天上牧场在人间……………… 371
陈万宝庄园：西部民居瑰宝…………… 374
雅舍：梁实秋的精神与物质家园……… 377
解放碑：抗战"精神堡垒"……………… 382
朝天门：迎官接圣大码头……………… 385
人民大礼堂：亚洲十大经典建筑……… 388
湖广会馆：全国最大的古会馆建筑群… 390
鹅岭公园：重庆最早的私家园林……… 393
法国水师兵营：重庆的"奥当军营"… 395
白鹤梁：世界水下碑林………………… 399
816地下核工程：世界第一人工洞体… 401
天生三硚：七仙女的爱地……………… 403
桃花源：《桃花源记》原型地………… 405
小南海：最完整的古地震遗址………… 406
聚奎书院：白屋诗人吴芳吉的归宿…… 409
三块石运河：中国第二大运河………… 411

重庆掌故 典藏本
CHONGQING ANECDOTES
❾ 目 录

天坑地缝：探险家的天堂………………… 413

六卷·巴风民俗……………… 415
① 俚俗
巫文化：人类原始文明的发蒙………… 416
川江号子：千年之音，渐成绝唱……… 417
老茶馆：一杯清茶，一种生活………… 420
吊脚楼：三面临江悬吊吊……………… 423
杀年猪：吃刨汤，过肥年……………… 425
滑竿：国共两部长，合作抬校长……… 426
山城棒棒军：一根竹棒挑起生活……… 428
走马故事：驿站上的故事之乡………… 430
东泉裸浴：顺乎天性，顺应自然……… 432
石柱酒令：从"酒战"到"文战"…… 433

② 节庆
端午会：激情澎湃划龙舟……………… 435
华岩寺腊八节：十万人排队喝粥……… 438
鬼城庙会：阎罗天子大婚之日………… 439
土家赶年：纪念白杆兵出征…………… 442
清源宫川主会：为大老爷菩萨贺寿…… 443
踩山会：苗家狂欢节…………………… 445
四月八：苗族英雄纪念日……………… 447

目 录 ⑩

③ 曲艺

川剧：普益社的追求……………… 448
铜梁龙舞：中华第一龙…………… 450
车车灯：逗着幺妹跑旱船………… 452
钱棍舞：荷花一朵莲花海棠花…… 453
土家摆手舞：东方迪斯科………… 455
秀山花灯：赖花子围着幺妹子…… 457
木叶吹奏：只用木叶不用媒……… 458

七卷·美食江湖……………… 461

① 传统菜

豆花：美食即道场………………… 462
八大碗：八仙桌上三蒸九扣……… 464
麻婆豆腐：此麻婆非彼麻婆……… 465
粉蒸肉：红遍大半个中国………… 467
红烧肉：真爱的味道……………… 469
回锅肉：川菜的化身……………… 470
烧白：上得厅堂下得灶房………… 472
水煮肉片：麻辣江湖，水煮沉浮… 474
蒜泥白肉：自片自食"跳神肉"…… 475
糖醋排骨：天下谁人不识君……… 477
盐煎肉：回锅肉的另类姐妹……… 479
鱼香肉丝：此处无鱼胜有鱼……… 480
合川肉片：荤菜素做最典范……… 482

重庆掌故 典藏本
CHONGQING ANECDOTES
⑪ 目　录

江津肉片：外酥里嫩入口香……………… 483
重庆卤菜：深藏不露功与名……………… 484
轰炸东京：一道菜的抗日情结…………… 486
家常豆腐：最是那人间烟火……………… 488
白油肉片：大道至简……………………… 490
豆瓣鱼：留住川菜的魂魄………………… 491
干烧鱼：胸怀宽广纳百川………………… 493
肝腰合炒：肝与腰的旷世之恋…………… 494

② 江湖菜

江湖菜：你方唱罢我登台………………… 496
重庆火锅：重庆人 DNA 的释放 ………… 498
重庆烧烤：火锅之后又一张名片………… 500
重庆汤锅：如女子般柔美滋润…………… 502
辣子鸡：辣子门一统江湖………………… 505
辣子田螺：一颗螺蛳执牛耳……………… 506
泉水鸡：坐拥两江山水…………………… 508
花椒鸡：黑松林的传奇…………………… 509
烧鸡公：飞扬的荷尔蒙…………………… 511
芋儿鸡：可调众口的追求………………… 513
毛血旺：融入码头气质…………………… 514
酸菜鱼：酸菜与鱼的热恋………………… 515
水煮鱼：水煮与火锅同欢………………… 517
黔江鸡杂：老坛水的秘密………………… 519

重庆掌故 典藏本
CHONGQING ANECDOTES
目 录 ⑫

太安鱼：形状坨坨，嫩若豆腐……………… 520
北渡鱼：并非产于北渡………………………… 522
江口鱼：芙蓉江的馈赠………………………… 523
邮亭鲫鱼：三国演义打擂台…………………… 525
巫溪烤鱼：烤鱼鼻祖口述史…………………… 528
三溪口豆腐鱼：成也豆腐，败也豆腐 …… 530
美蛙鱼头："1+1等于2的平方"…… 533
哑巴兔：让人无话可说………………………… 535
璧山兔：一冷一热，双雄争锋………………… 536
香辣蟹：无数"光头"之争…………………… 538
万州格格：笼笼蒸蒸日上……………………… 540
盘龙黄鳝：盘龙踞在山水间…………………… 541
汤香耗儿鱼：能吃出爱情的味道……………… 543
盬子鸡：不用生水自有水……………………… 545
烂肥肠：真心哥们的选择……………………… 547
卤白鹅：瞟一眼就走不脱……………………… 549
竹溪大混蒸：巧妇无米也成炊………………… 551
野生菌汤锅：神秘北纬30°的礼物…………… 552
柴火鸡：昙花一现背时运……………………… 554

③ 名小吃
麻辣小面：不吃不自在………………………… 555
酸辣粉：醋劲十足……………………………… 559

重庆掌故 典藏本
CHONGQING ANECDOTES
⑬ 目 录

川北凉粉：伤心出走重庆…………… 560
糍粑块：舌尖上麻木的颤抖………… 563
糯米团：童年的记忆………………… 565
山城小汤圆：杭州人扬名重庆……… 566
油茶：当馓子恋上米羹……………… 567
凉糍粑：亲情的浓缩………………… 570
冰粉：似冰似粉，非冰非粉………… 571
荣昌铺盖面：扯向全世界…………… 572
合川羊肉米粉：鲜上加鲜再加鲜…… 574
梁平张鸭子：吃肉不吐骨头………… 575
木洞油酥鸭：延续八十年的诚意…… 576
涪陵油醪糟：隆重的待客之礼……… 578
丰都麻辣鸡块：与鬼怪扯上关系…… 579

④ 老字号
老四川：食尽人间烟火……………… 581
颐之时："秀才厨师"的绝活……… 583
小洞天：名厨的摇篮………………… 584
桥头火锅：食在桥头边，炉火红遍天 …… 586
丘二馆：三百年宫廷鸡汤秘笈……… 588
吴抄手：一枚有态度的抄手………… 589
九园包子：包子烫了背……………… 591
兼善餐厅：名流商贾风云际会……… 592
小滨楼：重庆小吃大本营…………… 594

目 录 ⑭

味苑：川菜黄埔军校…………………… 595
一四一火锅：一是一、二是二………… 596
心心咖啡馆：因孔二小姐扬名………… 598
正东担担面：全民狂欢的小吃………… 601
王鸭子：一只特立独行的鸭子………… 602
陆稿荐：巴吴一枝开两花……………… 603
顺庆羊肉馆：为羊肉正名……………… 605
高豆花：重庆第一家国营餐馆………… 606
德元：酸梅汤绝配伦敦糕……………… 607
特园枣酒：主席也醉了………………… 609
叶本堂老炒面：食药两不误…………… 610

⑤ 土特产

重庆泡菜：家的图腾…………………… 612
白市驿板鸭：一点不干绷……………… 614
涪陵榨菜：开胃天下人………………… 616
合川桃片：片片飞来是桃花…………… 618
江津米花糖：炒米糖开水的升华……… 619
五香牛肉干：永远的休闲食品………… 621
陈麻花：乱花渐欲迷人眼……………… 623
黄花园酱油：酱油泡饭的记忆………… 625
怪味胡豆：五味纠缠和而不同………… 626
方竹笋：金佛山的神奇造化…………… 627
永川豆豉：一颗黄豆的蜕变…………… 629

目 录

城口老腊肉：一家煮肉百家香…………631
忠县豆腐乳：长霉心莫焦…………632
巴人唑酒：巴乡清酒赛玉璧…………634
鲊海椒：土家人的集体记忆…………636
羊角豆干：乌江纤夫的口粮…………638
土坨麻饼：光阴的味道…………640
杜甫晒枣：来自唐朝的甜蜜…………641

八卷·重庆言子…………645
① 言子
巴适…………646
巴倒烫…………646
包包散…………647
宝器…………648
板眼儿多…………649
编方打条…………650
背油…………651
不存在…………652
不依教…………652
插烂污…………653
菜背篼…………654
唱黑脸（唱红脸）…………655
吃独食…………655
除脱…………656

重庆掌故 [典藏本]
CHONGQING ANECDOTES
目 录 ⑯

吹垮垮	657
扯把子	658
戳锅漏	659
搭飞白	660
打望	661
打白撒气	661
打横耙（爬）	662
灯晃	663
逗猫惹狗	664
翻院墙	665
凫上水	665
该背时	666
行市	667
撞得转	668
黄棒	669
假巴意思	670
夹毛驹	670
假打	671
架墨	672
捡活	673
结叶子	674
揪发条	675
开国际玩笑	676
空搞灯	677

重庆掌故 [典藏本]
CHONGQING ANECDOTES
17 目 录

空了吹	678
拉稀摆带	678
老板凳	679
乱劈柴	680
落教	681
冒皮皮	682
猫刹	682
扭到吇	683
壳蛋	684
耳朵	685
孬火药	686
跷脚老板	686
千翻	687
日白	688
臊皮	689
水流沙坝	690
踏屑	691
洗白	691
洗刷	692
下烂药	693
下课	694
雄起	695
妖不倒台	695
妖艳儿	696

目 录 ⑱

医闷鸡	697
扎起	697
杂皮	698
正南齐北	699

② 俚俗语

门门门，整熟人	700
半罐水响叮当	701
比到箍箍买鸭蛋	702
逼到大牯牛下儿	702
不蒸馒头争口气	703
扯起半截就开跑	704
出门看天色，进门看脸色	705
吃家饭，屙野屎	706
除了肚脐眼，没得一个疙疤	707
打不出喷嚏	707
大懒支小懒，一支一个翻白眼	708
打破砂锅问到底	709
东一榔头西一棒	710
光脚板不怕穿鞋的	711
锅儿吊起打铛铛	712
捏到鼻子哄眼睛	713
人吵败，猪吵卖	713
少时夫妻老来伴，三天不见惊叫唤	714

重庆掌故 典藏本
CHONGQING ANECDOTES
⑲ 目 录

输齐唐家沱……………………………… 715
手长衣袖短……………………………… 716
手板心煎鱼给你吃……………………… 717
咸吃萝卜淡操心………………………… 717
小时偷油，大时偷牛…………………… 718
衣服角角都搓得死人…………………… 719
一个钉子一个眼………………………… 720
一锄头挖个金娃娃……………………… 721
有前手，没得后手……………………… 721
鱼配鱼、虾配虾，乌龟配王八………… 722
银钱不外露，家丑不外扬……………… 723
站着说话不腰疼………………………… 724
正做不做，豆腐垒醋…………………… 725
只有你的席坐，没得你的话说………… 726
捉些虱子在脑壳上爬…………………… 726
嘴狡屁眼松……………………………… 727
嘴是江湖脚是路………………………… 728

③ 歇后语

矮子过河——安（淹）了心…………… 729
龅牙巴咬虼蚤——咬到一个算一个…… 730
半夜吃桃子——按到的捏……………… 730
半天云里挂口袋——装疯（风）……… 731
吃包谷粑打呵嗨——开黄腔…………… 732

重庆掌故 典藏本
CHONGQING ANECDOTES
目 录 ⑳

床脚下的夜壶——离不得又见不得…… 733
大阳沟的鲫壳——死的多活的少……… 734
肚鸡眼打屁——妖(腰)里妖(腰)气 … 735
冬瓜皮做帽子——霉到顶了………… 736
二两花椒炒盘肉——肉麻………… 736
告花子守马路——坐倒找钱………… 737
擀面棒吹火——一窍不通………… 738
狗戴眼镜——假装斯文…………… 739
棺材里面打粉——死要面子………… 740
棺山坡上卖布——鬼扯…………… 741
好吃街的板栗——现炒现卖………… 741
耗子钻风箱——两头受气…………… 742
耗子啃菜刀——死路一条…………… 743
黄桷树的根——栽得深…………… 744
黄泥巴滚裤裆——不是屎也是屎…… 745
肩膀上放烘笼——恼(挼)火……… 745
较场坝的土地——管得宽…………… 746
菜园坝的老鸹——飞起来吃人……… 747
解放碑的钟——不摆了…………… 748
糠壳揩屁股——倒巴一坨…………… 749
癞疙宝吃豇豆——悬吊吊的………… 749
癞疙宝打呵嗨——好大的口气……… 750
老太婆打呵嗨——一望无牙(涯)… 751
麻雀跳进糠箩篼——空欢喜………… 752

21 目 录

猫翻甑子——替狗干 …………… 753
猫抓糍粑——脱不了爪爪 ………… 754
茅司头打灯笼——找死（屎） …… 754
十五个驼背睡一床——七拱八翘 … 755
土坨的麻饼——鬼点子多 ………… 756
脱了裤儿打屁——多此一举 ……… 756
瓦片里头装稀饭——二流 ………… 757
王大娘的裹脚布——又臭又长 …… 758
蚊子咬菩萨——认错了人 ………… 759
乌龟打屁——冲壳子 ……………… 759
细娃儿穿西装——大套 …………… 760
小什字迷路——不是（识）东西 … 761
响篙儿吆鸭儿——呱呱叫 ………… 762
鸭子死在田坎上——嘴壳子硬 …… 763
哑巴吃黄连——有苦说不出来 …… 764
腰杆上别个死耗子——冒充打猎人 … 765
夜明珠蘸酱油——宝得有盐有味 … 765
一坛子泡萝卜——抓不到缰（姜） … 766
玉皇大帝的拐杖——天棒 ………… 767
月亮坝儿耍弯刀——明侃（砍） … 768
猪鼻子插根葱——装相（象） …… 768

九卷·过客打望 ………… 771
古籍谈巴人 ………………… 772

目录 ㉒

北岩题壁	773
悼重庆府张珏	773
重庆行	773
巫山庙	774
奉节制胜楼	774
咏双桂堂	774
五福宫远眺	775
渝州登朝天城楼	775
涂山	775
咏重庆	776
华蓥雪霁	776
重庆偶得	776
渝州夜泊	777
出益州	777
入川抒怀	777
小艺术家赞	778
致重庆市民的纪念状	778
修葺"重庆文庙"函	779
"五四"之夜	779
故乡的清明节	782

跋·一座城的英雄传奇 …………… 785

重庆掌故 [典藏本] 巴源流长 卷一
CHONGQING ANECDOTES

巴者，龙蛇，吞象也。

打望巫山人

话说20世纪70年代，在四川下川东（今重庆万州及三峡一带）、鄂西的中药铺里，突然间冒出了大量非常难得的中药材——龙骨。

何谓龙骨？说白了就是古代脊椎动物的骨骼化石，中医认为它具有镇惊安神、敛汗固精等功效。因龙骨稀有难寻，所以特别珍贵。这次市面上出现的龙骨与一般龙骨显著不同的是，它们的个头特别大，一些类似动物腿骨的化石竟然有脸盆那么粗，还有一些类似动物牙齿的化石有成年人的鞋底那么大。在中药铺里，这些龙骨化石被分割成小碎块或者被磨成粉末，配进医生开给病人的药方里，然后消弭于无形。

这些龙骨从何而来？究竟是些什么动物的化石？

龙骨的出现，立即引起了相关方面的高度注意，派

史前恐龙化石也可看作是一种龙骨

出各路人马走乡串户、明察暗访、追根溯源，终于将目标源头锁定在四川巫山县（今重庆巫山县）庙宇镇一个叫大庙龙坪村的地方。

原来一位村民在龙坪村西南坡海拔830米的山坡上，挖地时偶然发现了龙骨，询问长期下乡收购中药材的药商，得知可以卖几毛钱一斤，便开始采挖卖钱。不久后，村里人都知道了这个"发财之道"，于是全村的男女老少齐出动，大量龙骨流向周边的中药材市场。

各级政府闻讯龙骨源头后及时阻止了村民乱挖滥采的行为，将发现龙骨的地方命名为"龙骨坡"加以保护，等待科学家前来发掘研究。

1985年，由中国科学院古脊椎动物与古人类研究所、重庆市自然博物馆、万县市博物馆和巫山县文管所组成的长江三峡科学考察队来到龙骨坡，对遗址进行第一阶段的全面发掘，带队的是中科院古脊椎所研究员黄万波，他是"蓝田人"与"和县人"的发现者，在古人类研究领域造诣深厚，十分了得。

在龙骨坡发掘现场，每天吃饭的时候，黄万波都要和负责清除泥土的工人交流。这天中午，一个工人递给他两颗很不起眼的化石，黄万波接过一看，顿时眼睛发亮，兴奋不已，因为他立马判断出，这是早期人类的一颗上内侧门牙化石和一段下颌骨化石，牙床上还带有两颗臼齿，它们分别属于生活在200万年前巫山龙骨坡洞穴里的两位女性。下颌骨化石的主人是一名年近40岁的女

性，后来被称为"巫山老母"；上门牙化石则是一名 10 岁左右的小女孩留下的，后被称为"巫山少女"。

1986 年秋天，在发现人类化石的附近，又获得一颗直立人的上门齿化石和几件经过人为加工过的石制品。

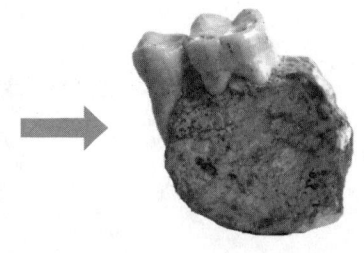

黄万波展示"巫山老母"的下颌骨化石

经研究，这里发现的人类化石被命名为"直立人巫山亚种"，简称"巫山人"，其生存的年代应该在 204 万年前。

巫山人的发现，填补了中国早期人类化石的空白，将人类起源的时间向前推进了 100 多万年，同时动摇了"人类起源于非洲"的学说，也证实了人类不是单一起源的论点，对于人类起源的研究具有极为重要的科学价值，在世界学术界、考古界掀起了一场有关人类起源的大讨论。

1997 年，黄万波带领科考队再次来到龙骨坡遗址，进行了第二阶段的发掘，在第五至第七水平层上发现了 20 余件以石灰岩为原料打制的大型石制品，其中有的石器制作得很精致，有的石片打制得很典型。这些发现使得巫山人及其文化在国内外得到公认。

2003—2006 年，黄万波带领中法联合科考队对巫山龙骨坡古人类文化遗址进行了第三阶段的清理考察，彻底弄清楚了龙骨坡遗址的地质文化分层。专家们将龙骨坡遗址分为三大地质文化层，由上到下的第一层为角砾层，厚度约为 8 米；第二层为橘黄色细角砾层，厚度约为 12 米；第三层为黏土层。古人类、古动物化石及旧石器主要分布在第二层，有 23 个不同时代的居住面。经测定，第二层最上面的化石年代为 180 万年，最下面的为 200 万年，文化层跨度为 20 多万年，这意味着巫山人在龙骨坡生活了 20 万年的时间。至于巫山人后来为何消失、到何处去了？这至今还是一个谜。

通过三个阶段 20 余年的发掘，龙骨坡遗址出土了 120 种动物化石，包括步氏巨猿、中国乳齿象、先东方剑齿象、剑齿虎、双角犀、小种大熊猫等 116 种哺乳动物化石。同时出土了大量人工石制品，这些人工石制品代表了旧石器时代早期人类混沌初开时的石器工业，学者把这些远古文化遗存命名为"龙骨坡文化"。

2015 年 2 月，重庆中国三峡博物馆三峡古人类研究所所长魏光飚博士，向媒体披露了他发表在全球著名学术期刊《国际第四纪》上的论文内容，他的研究成果确认了龙骨坡遗址中含"巫山人"化石地层的地质时代为距今 214 万年前，比之前 204 万年的结论提前了 10 万年。

这就是说，214 万年前，人类就开始在重庆这片土地上繁衍生息，并创造

巫山龙骨坡遗址

了自成体系的史前文化。在这段漫长的岁月中,重庆地区的古人类制造了目前东亚地区发现的唯一一件骨制手斧,并创造出全球范围内独树一帜的旧石器工业技术,这或许能证明现代中国人系本土起源的猜想。

当然,在此要说明的是,曾经生活在重庆区域的史前人类,并非远古时代的巴人和现今的重庆人,两者之间没有任何直接联系。但是,目前发现的这些史前文化遗址又充分印证了在长江三峡尚未完全形成前的这块地盘上,确实是十分适应史前人类生存繁衍的一片热土。

远古重庆人

在重庆人的口头禅和地名中有一个十分独特的字眼,那就是"巴"。

别人说"盐",重庆说"盐巴"。

别人说"牙",重庆说"牙巴"。

别人说"嘴",重庆说"嘴巴"。

别人说"饼",重庆说"巴巴"(粑粑)。

别人喊"爸",重庆喊"爸巴"。

别人说"登山",重庆叫"巴山"。

别人说"爬树",重庆叫"巴树"。

别人说"倒立",重庆叫"打巴壁"。

过得"安逸、舒服",重庆叫"巴适"。

遇事"向往、渴求",重庆叫"巴不得"。

办事"坚韧、蛮缠",重庆叫"巴倒烫"。

为人"倾情、耿直",重庆叫"巴心巴肠"。

重庆的山山水水、垰垰角角都刻下了"巴"的印记:巴山、巴水、巴川、巴河、巴岳、巴峡、巴丘、巴陵、巴雾、巴县、巴南、巴塘、巴滨、巴福、巴营、巴阳、巴国城、巴东湾、巴背桥、巴头塝、巴壁囱、巴巴店……

驻足华夏,放眼全球,为什么唯独重

甲骨文　金文　小篆　楷书

"巴"字的演变

庆有如此痴迷"巴"的情结呢？因为它是巴人的故乡。

巴族是我国上古时代西南和中南地区的少数民族之一，相传起源于青藏高原的古氐羌族，史载发祥于湖北宜昌清江流域的武落钟离山，古时候主要分布地域在今天的重庆、川东南、川北、陕南、鄂西、湘西北、黔北一带。

5000多年前，在今天重庆的城口、巫溪、巫山、奉节、云阳，以及周边的宜昌、恩施、宣汉等地已生活着早期的巴人。他们以姓氏血统为群，形成各个部落，过着氏族社会的生活方式。

经过1000余年的生息繁衍，人口渐众，多方扩展，他们溯长江而上移居到重庆，同生活在当地的一批原住民濮人、賨人（板楯蛮）、苴人等杂居共息，便成了重庆人最早的祖先。他们依山而居，临水而渔，日出而作，日落而息。他们种植、狩猎、捕鱼、养蚕；他们纺织、酿酒、歌舞、集市。过着早期先民安居乐业的闲适生活。

巴者，蛇也，食大象矣。巴人敬畏蛇，供奉蛇。家家户户以见蛇为喜，无蛇为愁。在20世纪60年代前的巴蜀孩童中盛行着"蛇抱蛋"的游戏，就是百姓敬仰蛇神的一种传统方式。古籍称，蛇为龙像，龙蛇同源。曹操《龟虽寿》诗有一句"腾蛇乘雾，终为土灰"，这"腾蛇"就是指的飞龙。传说刘邦在立国之前的那天晚上，梦见有蛇来迎，果然第二天穿上龙袍。

重庆的古地名、街道名很多都带"龙"字，据统计不下一千处。至今还沿袭着的就有：九龙坡、小龙坎、来龙巷、化龙桥、回龙湾、龙头寺、龙溪镇、望龙门、龙门浩、龙兴场、龙王沱、龙家湾、盘龙、接龙、迎龙、龙岩、龙河、龙湖、龙潭……巴人的蛇信仰或许是中华民族龙信仰的最早渊源之一。

巴者，蛇也，龙也

在巴人崛起于中华民族之林的发展历程中，有一位顶天立地的英雄——廪君，他就好比蒙古族的成吉思汗、女真族的努尔哈赤。廪君原名巴务相，巴氏部落的首领，他在巴人五大部落纷纷强大起来又纷争不断、互不买账的关键时刻，通过"掷剑""浮船"展现卓越才华，收服了巴族中的樊氏、瞫氏、相氏、郑氏部落，竞争上岗做了统帅。

"掷剑"：就是将长剑掷进目力难及的洞穴内并插在石壁上不掉落——这是考验应试者的眼力、膂力和技巧。

"浮船"：就是用泥土造船并装载人畜行驶于江上而不沉没——这是考验应试者的智慧、生活经验和精湛技艺。

这两项绝技只有廪君做到了，并且十分完美，于是他脱颖而出，成了巴族人心目中敬仰的领袖和救星。

他带领巴人南征北战，打败盐水女神，掌控了清江与巫溪流域的盐泉，兴起了盐业，兴起了商贸；

他带领巴人研制兵器，崇尚白虎，崇尚战争，倡导为民族发达慷慨赴死，在夷城（今湖北长阳）建立了巴人的第一个都邑；

他鼓励巴人发展种植畜牧，推崇酿酒、美食、庆典、歌舞、祭祀……

悠久醇美的"巴乡酒"，精湛于世的"柳叶剑"，华夏首创的化妆品"堕林粉"，世上最早的通俗流行歌舞《下里》《巴人》《巴渝舞》，便是在廪君的精神指引下，巴人创造的不朽杰作！

为了巩固和拓展疆域，廪君后的历代领袖领导巴人经历了与夏王朝的长久合作，与殷商王朝及众多诸侯、方国、部落为争夺地盘的多次血腥战争。巴地在夏朝时称做"巴方"，为夏的诸侯之一；商朝时称做"巴奠（甸）"，君臣之间一直不太丁对，曾被武丁、妇好征伐。不断的战争洗礼，让"巴师"这支战神渐渐饮誉于天下。

殷商末年，周武王率西土之师讨伐商纣王，巴人不堪商朝的压迫出兵参战，巴师被指派为前锋。牧野之战，巴人之师前歌后舞（前戈后舞）、大义凛然、视死如归的超然气势，震慑并打败了殷人，赢得了战争。这一非凡的创举，史称"巴师勇锐，歌舞以凌殷人，前徒倒戈，世人称之曰：'武王代纣，前歌后舞'也"。

周武王为了答谢和表彰巴人的丰功伟绩，于是分封巴族为他亲近的姬姓诸侯之一，并封为子爵，首领称巴子。这样，巴族便成为了行政意义上的周王朝的子国。随着统治高层的频繁交往，逐渐产生姻亲关系，又使巴国成了在血缘意义上的周王朝的子国——巴子国，简称巴国。

巴人的国都应该建在哪儿好呢？巴国的先贤们经过再三考察和反复研究，最终选择了现在的江北嘴（今重庆大剧院一带，原江北老城位置）。它由长江、嘉陵江环抱合围，东、南、西三方形成的两江天堑可成为防敌制胜的天然屏障——这是上苍赋予巴人的天然要隘。站在江北嘴对岸的朝天门、弹子石，举目回眺江北嘴，它恰似一片浮在江水中的陆地，这就叫"洲"，而江中之洲，便是"江洲"，亦写为"江州"——巴国的都城由此得名。

巴人的巴国，自周武王分封立国建都江州，距今天已经3140余年，在它的历史长河中曾经辉煌，鼎盛时期的疆域"东至鱼复（今奉节白帝城），西至僰道（今四川宜宾安边镇），北接汉中，南极黔涪（今贵州铜仁德江等渝、鄂、湘、黔接壤地带）"。由于战争的原因曾经被迫五易其都：江州、垫江（今

巴人被分封于江州立国

合川)、枳（今涪陵）、平都（今丰都）、阆中，但为时最早和历时最长的，是江州。

江州，是巴国的首都。它既是重庆城的第一个名字，也是重庆建城史上的第一站。只是它的国都城郭早已湮灭在历史的长河中荡然无存了。

巴民族以一个国家的名义正式瞩目于世，这是历史赋予它的成长机遇，但也让它从此步入了一条与周边大国明争暗斗、此消彼长的战争历程。早就对它垂涎三尺的东面楚国、西面蜀国、北面秦国，不停地对它合力"挤压"和发动领土挑战。在巴人的顽强抵抗和殊死拼搏下，战争打打停停，永不消停，给巴人带来了长期无法安邦兴国、老是颠沛流离的战乱生活。

虽然随着周武王分封催生了巴国的建立，在腹心地带因袭了周王朝的封建制，但居住在周边广袤土地上的土著巴人，还沿袭着落后的奴隶制部落生活，尚未开化，生产力低下，疏于管理，难于统治，内乱纷争之事也就频繁发生。战国中期，巴蔓子向楚国借兵平息内乱，因忠信不能两全而刎颈赴死的惊世之举，便是那个时期政治生态的一次惨痛记录。

公元前318年，巴国和蜀国之间为苴地（都邑在今四川广元昭化古镇）的归属引发了战争，双方都同时求助于秦国。对于做梦都想称霸的秦国来说，这无疑是一次千载难逢的天赐良机。这年秋天，秦国派张仪、司马错带兵南下，先一举拿下了蜀国，再东进占领了江州城，并北上在阆中活捉了巴王，掳往秦

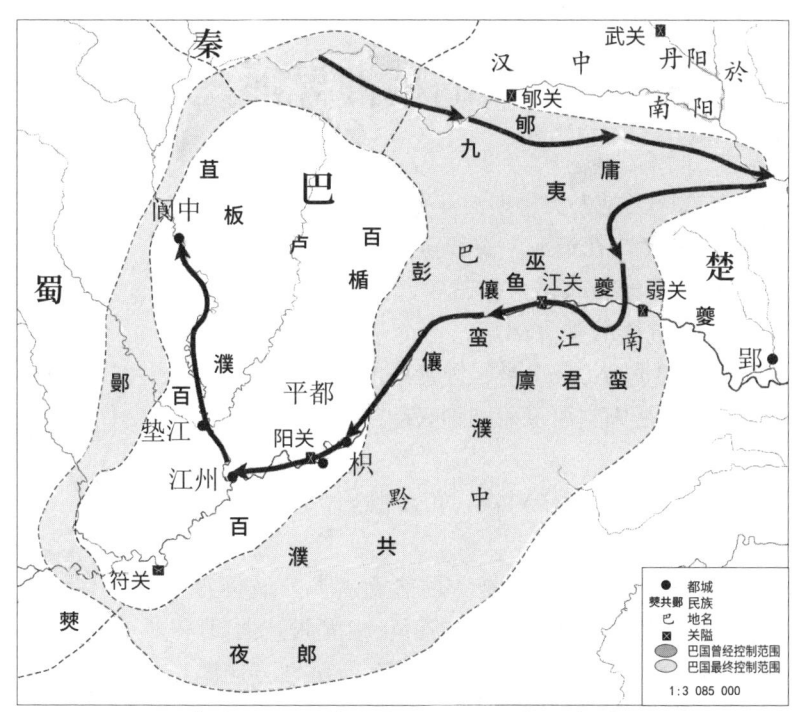

古代巴人迁徙路线及巴国地域示意图

国都城咸阳。从此，作为国家意义上存续了806年的巴国就此消亡了。

就如同玛雅文明消失而玛雅人却生生不息一样，巴人在山河破碎之后，其子民又开始了新的迁徙，他们的脚步遍及了广袤的中原和遥远的西南，甚或远至东南亚。他们沿长江、清江、汉水、澧水、酉水，背负着巴人的命运寻觅属于自己的栖身之所。于是，在皖赣有了江夏蛮，在湘鄂黔有了武陵蛮，在渝东南有了板楯蛮，在湘西有了五溪蛮，在洞庭湖有了澧水蛮，巴人的足迹遍及大半个中国！可他们在漫漫的迁徙跋涉中一直心怀故土，终于在清江与酉水间的武陵山区找到了自己理想生息的沃土。巴人后裔们在武陵大山的腹地生活了800余年，从此再没有迁徙他乡。他们承袭着巴人古风，享受田园牧歌的宁静和欢乐——这就是当今的"土家族"。而今，在重庆的土家族已逾100万人。主要分布在石柱、彭水、黔江、酉阳、秀山及綦江等地。

如今，在巴人生息过的这块土地上，作为原始形态的巴域早已不复存在了，然而巴山渝水、寻常巷陌永远镌刻着"巴"的记忆、"巴"的风尚；作为原始形象的巴人也不复存在了，正宗巴人的踪迹已难寻觅，然而他们的音容笑貌似乎还鲜活着——

镌刻在重庆人灿烂的笑脸上，
浸润在重庆人豪爽的言谈里，
流淌在重庆人果敢的行为中……

古人的精神导师

巫，也许或应当是人类早期混沌初开时的精神导师。

公元前2700年，在黄河中游和汾水下游一带，一万个大大小小的部落经长年累月的战争，渐渐归附于三个威震四方、相互抗衡的强大部落。一个是正在没落中的神农氏部落，首领炎帝；一个是强悍善战的九黎族部落，首领蚩尤；另一个是人文厚重而刚刚兴起的有熊氏部落，首领黄帝。

阪泉之战，炎帝与黄帝对决，黄帝胜出。炎帝败得心服口服，甘愿称臣。

涿鹿之战——黄帝战蚩尤是一场前无古人、最负盛名的大战。两军胶着，你来我往，不分胜负。蚩尤张开大口，喷出滚滚浓雾，三日三夜不散，而黄帝有能辨别方向的指南车引路，使他的部队能在浓雾之中仍能顺利作战。

中华人文始祖
轩辕黄帝

蚩尤又向风神雨神求援，立刻刮起倒山拔树的狂风，降下瀑布般大雨，大地上波浪滔天。黄帝也施展法力，召唤女神旱魃助阵，她的秀发是一条条小蛇，所到之处炎日伴行，赤地千里，生物都会干渴而死。她一出现，风神雨神就吓得逃走了。霎时间风停雨住，大水消失，泥泞干涸。黄帝乘机反攻，九黎族部落大败，蚩尤战死。最终黄帝统一了华夏民族。

在这场世纪大战中有一个关键性人物，名叫巫咸。他是上古时期著名的天文学家、占卜大师和医药学家。他是黄帝的高级智囊，先前做过炎帝的国师。炎帝曾请教他，炎黄之战可打乎？巫咸说，不可，打则败。炎帝迎战黄帝结果以败告终。黄帝在与蚩尤的大战中，凭借巫咸的占星导向和女神玩蛇战雨的智慧，最后成就了统一华夏的帝业。

史籍中还有另一种记载，说是巫咸做过尧帝的国医和大臣，还做过商朝太戊帝（公元前1683至前1563年）的国师，死后埋在苏州市常熟虞山。巫咸的儿子巫贤曾任商祖乙帝的宰相。

那么，这个巫咸的背景是怎样的呢？《山海经》上说，在上古时期，生息在巴渝山水（今长江三峡地区）的灵山（即巫山，今重庆巫溪宝源山）中有"十巫"，俗称"灵山十巫"，即：巫咸、巫即、巫盼、巫彭、巫姑、巫真、巫礼、巫抵、巫谢、巫罗。他们是一群智慧超人的知识分子，右手玩着青蛇，左手玩着赤蛇，在他们的国度里为民敬天祈福、消灾除病，他们上下于天，宣神旨，达民情。这十个巫师之首，便是巫咸。

在人类悠远的"孩童"时代，文明初现端倪，普通百姓对大自然的风雷雨电、对人的生老病死之因都一无所知，更是充满恐惧、惶惑、无助。而"灵山十巫"便是他们的精神领袖——因为他们知晓天文、节气、农时，他们明了阴阳、病患、医药，他们懂得占卜八卦、风水预测，他们还发明了造盐、炼丹、制药……

在漫长的上古时期，在整个人类社会尚处于蒙昧之时，"灵山十巫"用他们的智慧和情怀引领他们的子民，在巫山、巫溪和横贯巫峡的山水之间创建了被誉为"不耕而食，不织而衣"的天下"乐园"——巫咸国，从而积淀了源远

巫咸手持赤青二蛇　　　　灵山十巫（江碧波）

流长、人文厚重的"巫文化"。后来又在兼容楚文化的基础上衍生出巴文化。

巫咸，作为人类占卜的创始人、伟大的占星学家和天文学家，曾著有《咸义》（据说已失传）。后人为收集传承他的智慧，延伸著有《巫咸占》《开元占经》《天元秀气巫咸经》等经典。

在中国4000多年前的第一批甲骨文中就有对"巫"的记载。巫字，上面"一"横代表天，下面"一"横代表地，两横之中得"｜"竖，表示贯通天地或天人合一，中间两个左右起舞的"人"，表示人类对上天垂怜人间的虔诚和呼唤。

在中国古代，"巫"的本义是指能以舞降神的人，古代医师也称"巫"。古人认为，巫能够与鬼神相沟通，能调动鬼神之力为人消灾致富，如降神、预言、祈雨、医病等等，久而久之便成为古代社会生活中一种不可或缺的职业。

用现代的眼光看，巫，就是指神与人之间的一种媒介；巫，就是一种通灵的职业。而从事这一职业的人则被叫做"巫师"。他们是通达天地的预告者，也是执行者；他们所使用的通灵手段，主要为占星、占卜等形式，而与之相关的宗教、风俗、艺术等等，通通就视为巫文化。巫文化，不仅反映了先民的思维方式、情感诉求，还间接地反映了远古的经济生产力水平，作为一种精神现象的载体，它开创了三峡流域后来多姿多彩的精神文明。

巫文化，是一种充满神秘智慧的人类文明，它不仅渗透、影响了阴阳学说、老庄思想、屈原诗歌，甚至还包含影响了禅、中医、宗教，极大地丰富了华夏民族的哲学、科技和艺术；它孕育了"记神事之书"的《山海经》、伟大的文学开篇巨著《诗经》和巫歌《楚辞》；而在它怀抱中诞生的"巫山神女"，更以其悲壮凄婉的爱情绝唱，让天人相应，让古往今来人人痴迷……

巫文化消失了吗？没有！

巫文化倡导的"天人合一"，让当今的我们更懂得敬畏自然、遵循自然、热爱自然和与自然和睦相处；

每逢过年过节，名山庙宇朝神拜佛者络绎不绝，为了烧头炷香甚至通宵排队，这难道不是巫文化的染育？

中国的巫文化之后，世界各地也陆续生发了相近的文化，公元前5世纪诞生了佛教，公元1世纪诞生了基督教，公元7世纪诞生了伊斯兰教……这些宗教中的"神"——佛祖、基督、真祖，与教徒们深信神灵相通的媒介人——僧人、神父、阿訇不就是"巫"的化身？

许多现代人在科学文明高度发展的今天，为何仍然信任风水、热衷占星，出门要看看黄历，迎亲要掐算时辰，建房要打下罗盘，出殡要请阴阳师？这些仪式里面更多含有一些迷信活动的色彩，那是否也含有一点点科学未解之谜呢？

巫，这个在中国上古时代曾经神圣的职业，而今已伴随着那些曾经行走城

巫者，
贯通天地之人也

乡、借巫行骗的"巫婆""阴阳师"一起渐渐淡出了我们的生活与视野。然而，巫文化还在传承发扬，还在影响着一代代人。

巫文化，作为一种人类精神文明的早期印记，它背后保存着的众多华夏文明的辉煌母题，那些充满人文特征的精神瑰宝将是人类社会恒久的文化。

1986年，中国考古工作者在重庆巫山县发现"巫山人"化石，经国际鉴定为"直立人巫山亚种"，迄今已有214万年的历史，是中国乃至亚洲至今为止发现的最早的人类。

巫——如此源远流长的生活史和文化史，不能不带给我们重庆人、中国人几分自信吧。

巴人的惊世文明

我们生存的这个地球，在北纬30°的带状地域，曾经诞生过无数辉煌的人类文明，这些文明中，有的我们至今也无法企及，只给我们留下了丰富的思考空间和美好憧憬。

2000多年前，位于古埃及的80座大小不一、错落有致、神秘莫测的金字塔，诞生在北纬30°。

公元前6世纪，坐落在幼发拉底河畔，被列为古代世界七大奇迹之一的巴比伦"空中花园"，建造于北纬30°。

繁荣于公元3—9世纪，创造了天文、数学、文字等伟大智慧的玛雅文明，诞生在北纬30°。

北纬30°也横贯了整个中国大陆腹地，从中国最东端的杭州湾，到风景奇绝的黄山；从气势磅礴的长江三峡，到葱郁莫测的神农架……

我们重庆位于多少纬度呢？北纬28°10′—32°13′之间！难道它也蕴藏着不为人知的奇迹和奥秘？

如今，重庆瞩目于世的"三张名片"——美女、美景、美食，已是尽人皆知了，然而，生息在这块土地上开天辟地的祖先巴人，他们曾经创造的惊世文明，我们又能知晓几何呢？

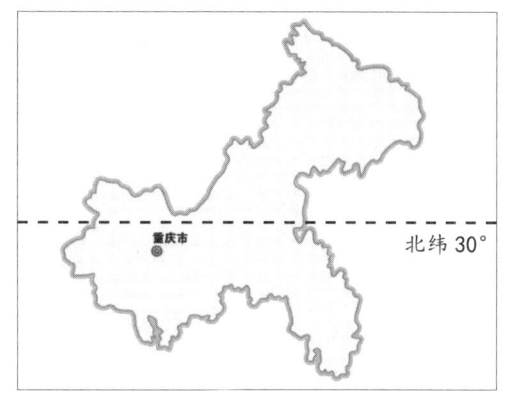

重庆地处北纬30°示意图

远古辉煌的盐城

5000多年前,在如今重庆巫溪县宁厂古镇这个地方,一群生息在巫峡的巴人部落,在山岩的泉水中发现了咸味,于是便用陶器将它们储存起来,通过加热,制成了盐。或许是造物主对巴人的垂青和庇护,拥有了盐巴这一战略资源,就拥有了人世间最根本的生存基础和宝库。

盐,改变了巴人往昔朝不保夕的捕猎生涯。他们将它储存起来,开辟盐场,用作对外的物资交易。当时盐场四周崇山峻岭,勤劳的巴人沿着狭小险道,翻越秦岭将盐背出山去。他们开辟了4000里盐运山道,开辟了400里盐运水道,还凿成了大宁河沿岸300里长的栈道。他们将盐这个人类生存的必备珍品从巫溪推向了全中华。

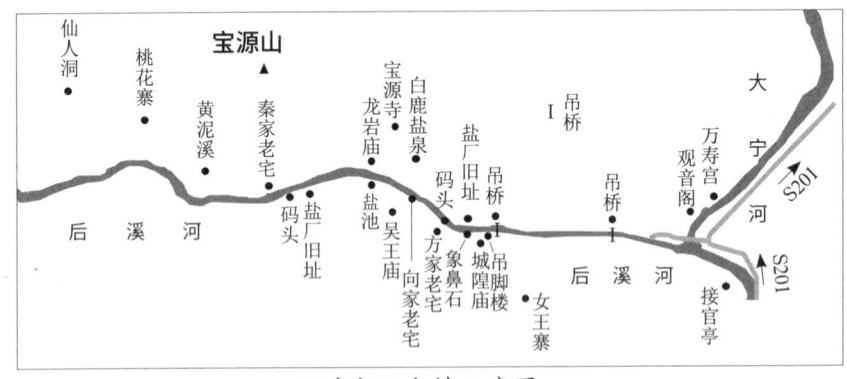

巫溪宁厂古镇示意图

当时,最繁盛的盐场上下长达5里,整个宁厂镇常住人口接近2万人,四方商旅荟萃云集,流动人口竟有10万之巨!"两岸灯火,万灶盐烟。"《山海经》中记载东方有一个"不耕而食,不织而衣"的富裕民族,就是描述当时的巴人巫咸部落。

听闻此处产盐,成都平原、两湖盆地、汉中盆地的商民,不顾三峡水道之险、群山蜀道之难,带着本族的五谷、兽肉兽皮、水果慕名前来,与巫咸国人交换食盐。这样一来,巫咸国人足不出户便能得到足够的五谷和肉食。而对那些前来交换食盐的外族人来说,食盐是部落得以延续的根本,盐给他们带来了体力与生命。任何一个民族缺少了盐,都将失去竞争力乃至无法生存。这种简单的食物能使人们有足够的体力投掷长枪、挥舞短剑,摆脱死亡的阴影。

盐场从先秦兴盛以来,宁厂古镇因盐设立监、州、县。在盐

往昔大宁盐厂热火朝天的煮盐盛景

业兴盛的宋代，曾年产盐达400万斤。在清乾隆年间，有盐灶336座，煎锅1008口，号称"万灶盐烟"。明清时期仍是全国十大盐都之一。

如今，我们漫步在这个依山傍水的远古盐城的时候，迎接我们的是鳞次栉比、断壁残垣和斜木支撑的"吊脚楼"。虽然往昔的繁华已今非昔比，然而我们就仿佛正面对一架恐龙化石，虽然它再也不能惊天动地了，然而抚摸它的脊梁，却仍能感受它昔日叱咤风云的强盛与辉煌！当我们每一个现代人每天品尝食物都要放百味之首的"盐巴"时，那么"盐——巴"，就是对巴人缔造这一人类物质文明的景仰和怀念！

巴人的驰名商标

巴乡酒

巴人是一个得天独厚，最早富裕起来的族群，上古时代就在生活劳作中学会了酿酒。巴人在先秦时期便以酿造"清酒"闻名，"国窖1573"至少比它晚出世1800年！汉晋时，巴人的后代已拥有自己的品牌酒"巴乡酒"，亦称"巴乡清"，其味香醇，其性浓烈。山邑之间，普通人家就用玉米和高粱酿造甜米酒，自酿自饮，独享纯浆，名叫"旨酒"。今日的"巴人咂酒"是否承袭了它的酒魂与酒脉之一二呢？

巴人喝咂酒

堕林粉

江州之北有稻田出"御米"，品质优良，是指定进贡给皇帝吃的。巴人将其磨成粉，配以辅料，取江州之南"清水穴"的泉水调匀后做成膏，用于美容敷面。这个清水穴，在20世纪60年代之前，位于重庆南岸莲花山麓流经龙门浩的清水溪上。古时的江州"堕林粉"因品质上乘，好者甚众，故远销四方、热卖京城而闻名于世。

黄润布

在巴县冬笋坝（今属九龙坡）的巴人墓葬中，曾发现大量的麻布和绢的痕迹。战国晚期，在巴境内的民户均擅长织布，由于质量好，数量大，便用布代替交税。巴人利用他们自己生产的蚕丝、麻、苎等织造绢、布，其中的"黄润布"便是巴人的品牌，以麻织成，轻细柔软，被列为"贡品"。

巴地柑橘

巴地出产的柑橘自古出名，产量也很大。西汉朝廷专门在江州等县设有橘官，以管理柑橘的生产和销售。在东汉曾做过巴郡太守府所在地的"北城府"（今江北区大剧院一带），当时又名柑橘宫。荔枝也是江州盛产的名贵水果。这里有很大的荔枝园。每当荔枝成熟的季节，巴郡太守常在这里宴请宾客。

柳叶剑

柳叶剑是巴人的标志性武器。长约40厘米，最厚处32毫米，蛇皮纹。握在手中感觉很好，中脊和刃部有不同的合金比例及反差较大的厚薄比例。三棱体的剑体，高高隆起的剑脊直指剑锷，在两端形成深凹的血槽，是一种极富力学原理的构造。巴剑远远短于秦剑和楚剑，有人说上古时代峡江山地荆棘密布，不利于长兵器作战，因此巴人英勇剽悍，更善于近身肉搏。柳叶剑是远古战争的产物，是英勇、胜利、智慧的象征。

巴人打仗用的青铜柳叶剑

《下里巴人》及《巴渝舞》

"衣食足而知荣辱，仓廪实而知礼节。"当巴人通过盐业兴旺达到衣食无虞后，对于精神文化的需求也就日渐浓郁。他们在地头树边，围成一圈，席地而坐，亦歌亦舞，手舞足蹈。或穿铠甲兽服，或戴百兽面具，以祈求吉祥幸福，讴歌开天辟地的英雄为主题，表现人类繁衍、狩猎捕鱼、战争拼搏、神话传说及日常生活。铠甲裹身、舞风猎猎，音乐铿锵，他们将自己亢奋的生命气息和对生活炽热的爱，融进了歌舞之中。渐渐地，形成了他们独树一帜的娱乐品牌——《下里巴人》。

那年那月，楚国郢都（今湖北荆州纪南城）举办了一次盛大的歌舞会演。天下各路英雄争先前来献艺。首演的第一曲便轰动全场近万观众，名叫《下里巴人》，因为它讴歌百姓生活，当然激起大众共鸣！接下来的音乐表演就不"大众"了，捧场的就剩下几百人；再后来的表演就高雅了，只适合达官贵人欣赏，观众只有几十人；而最后的表演越发幽深，仅有区区几人称道。那第一曲表演者不是别人，正是我们巴人！

巴人前歌后舞

巴人歌舞就这样从日常生活中走进了战争，又从战争中走进了宫廷。汉高祖刘邦将这个具有浓烈生命气息的歌舞，经过提炼充实后带进了他的生活之中，赐名《巴渝舞》，乃至延续他身后的一代又一代。

今日，《巴渝舞》最正宗的传人是巴人的后裔土家族，他们至今还演唱着闪烁着祖先艺术智慧的"摆手舞"……

3000年过去了，"下里巴人"这个凝聚着巴人文明的精神辞藻沿袭下来，成为了通俗化、平民化、大众化，讴歌人民的人文符号。

巴人的神话

古代巴人热爱生活，经历丰富又富于幻想，在漫长的文明发展中创生了独特的脍炙人口的神话。其中有起源神话、英雄神话、神女神话和巫医神话。尤其以"巫山神女"传说影响最大，最负盛名。

神女传说讲的是，王母娘娘的小女儿瑶姬厌倦了天宫的生活想下凡去人间玩。她来到巫山，看见那儿的百姓惨遭水灾人祸非常同情，就尽力帮助，使他们转危为安。美丽的瑶姬爱上了楚襄王，后同他幽会。楚襄王与她一见钟情，从此朝思暮想，愿同她结为百年之好。然而，仙凡阻隔不能遂愿。为了安慰那一片痴情，瑶姬在梦中与楚襄王结合后，赠给他一个玉佩即含泪而别。可是楚襄王情丝难断，想踏遍巫山再寻佳人，神女不忍看他那副悲情，于是再现法相，告诉楚襄王前缘已逝，勉励他收拾心情，为了百姓生计专心社稷大业。

古籍里的巫山神女

古代屈原、宋玉等人的作品，近现代数不胜数的文学艺术作品，无论是诗歌散文，还是戏剧电影，"巫山神女"都成了一代代艺术家歌颂爱情，歌颂真善美永不枯竭的主题。这些美丽传说形成于巫巴山地，传诵于巴蜀、荆楚，广布于华夏大地，成为了千百年来文人骚客吟唱讴歌的完美偶像。

巴人传说中的神女，与封建时代的烈女贞妇有着全然不同的情怀。她们对男性的情感热情奔放而质朴坦诚，颠覆了那些以男性为中心人物的英雄神话，既是华夏女儿的千古绝唱，也是巴渝美女引以为荣的颂歌。

张仪首筑江州城
（一筑重庆城）

公元前1046年，周武王率西土之师讨伐暴君商纣王时，巴人英勇善战，在牧野之战中立下头功，于是被周武王赐封为子民，并以江州作为都城建立巴国，正式成为周朝的子国。然而在巴人建国后的八百年间，由于战争和流亡，巴国五易都城，巴人在这块比今日重庆大一倍的土地上没有留下多少特别引人注目的建筑和设施，直到巴国遭遇灭顶之灾的那一刻……

四川广元昭化古镇，古时候叫吐费城（土费城），是苴地的都邑，苴地居住着巴族中的苴人。战国时期，苴地被蜀王杜尚（开明氏九世）于公元前368

年派大军占领，派其弟杜葭萌坐镇建立了蜀的子国——苴国，又称葭萌国。由于勤劳朴实的苴人很好统治和很愿意合作，这位蜀王之弟便在闲暇时广泛结交各路英雄豪杰，久而久之便与巴国的首领们成为哥们儿，交往日渐亲密。

转瞬间大约过了三四十年，蜀苴两国生隙，"苴国与巴国交好，以至于要联巴抗蜀"这一情报就传到新蜀王杜芦（开明氏十二世）耳朵里，加之幕僚的谗言，蜀王担心皇亲谋反，于是在公元前318年，便动兵讨伐苴国。

一代雄主秦惠文王

这位皇亲招架不住，逃到巴国寻求保护。巴王也很哥们义气，应苴侯之邀，立马出兵进攻蜀国，结果大败而归。当时的巴国由于长年战事的拖累，国力十分衰微，尤其是受到楚国历代君王的掠夺蚕食，国土面积日渐缩小，已被迫将国都迁到阆中。而今极难抵抗实力雄厚、咄咄逼人的蜀军，于是会同苴侯急忙派特使去咸阳，请求秦国出兵援战。

而蜀国呢，一举击退帮苴侯打抱不平的巴国军队后，更是得势不饶人，要乘机一并拿下苴国另立新苴侯。同时，蜀王也担心难以取胜彪悍勇猛、刚强亡命的巴人，也遣使求助秦国并愿与之结盟，寄望于秦国不干预苴政，以便快刀斩乱麻处置越来越不听话的苴国。

"鹬蚌相争，渔翁得利。"此乃亘古不变之理！于是秦王大喜，狡诈的秦惠文王收下两国送来的礼物后，采纳司马错力排众议提出的"先取巴蜀、后伐韩楚"战略，一不做二不休，又用张仪的计谋，诓骗蜀王杜芦，说要送他五头能屙金屎的石牛，但须派五个大力士来咸阳运回，借机给不识秦巴山路至蜀的秦军开路。贪心的蜀王果然中计，果然派出五丁，其实是五队修路人马，凿建了从四川成都、广元到陕西勉县、南郑的栈道与道路。这便是"石牛粪金，五丁开道"的传说和金牛道（石牛道）的得名。

当年秋天，秦惠文王派谋臣张仪、大夫司马错、都尉墨獾带30万大军沿五丁"指引"的金牛道南下，在葭萌关（今四川广元昭化镇内）击败蜀王杜芦亲自率领的抗御大军，蜀王战败身死，秦军攻入成都，一举拿下了蜀国；紧接着，秦军一个回马枪荡平了苴国，苴侯被废；再兵分两路挥师东进，顺手顺脚地占领了江州城（今重庆），然后沿嘉陵江北上在阆中活捉了巴王，并掳往咸阳，巴国便由此告终覆灭。此刻，时间定格在公元前316年。

秦国大夫司马错

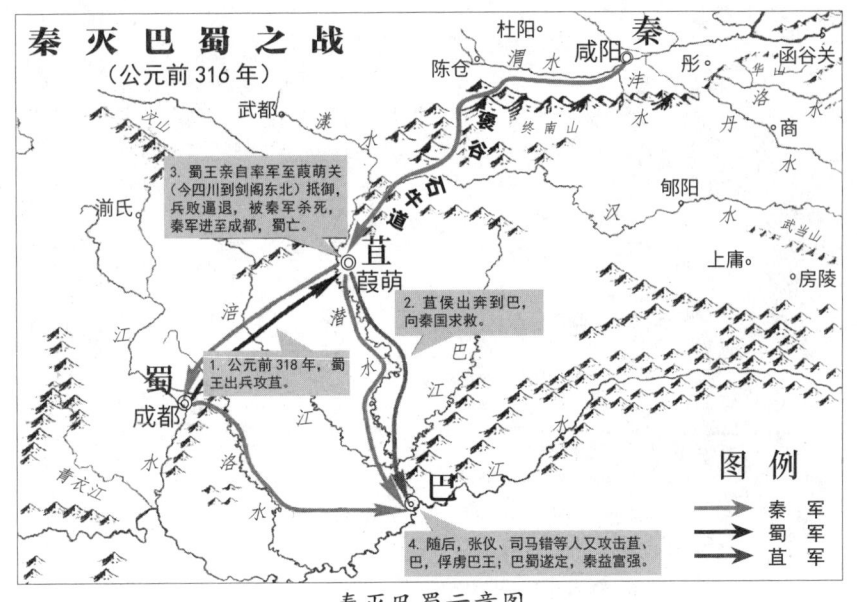

秦灭巴蜀示意图

秦灭巴后，采取了一系列封建化的改革措施，首先废除了奴隶社会的分封制度，实行封建社会的郡县制度，设置巴郡。随着秦国在巴地统治地位的基本巩固，秦政权便在巴郡开始建立作为统治据点的城市。于是筑城这个议题就摆在了秦王朝的面前。秦惠文王决定由当时著名的纵横家、军事家、政治家、外交家、谋略家张仪担纲来完成这一重任。

张仪，魏国大梁（今河南开封）人，抑或魏国安邑（今山西万荣）人，是魏国贵族后代，师承鬼谷子。在秦国并吞六国的军事战略中，首创连横外交策略，孤胆深入敌国，游说离间诸国并各个击破，成就了秦国的统一大业。在横扫蜀国、巴国、苴国的战事中，偕同司马错、墨獾一举灭掉三国，立下了辉煌战功。

春秋战国时代建城，与往后朝代的观念大不相同。它是将管辖区域的居民安置在城外四周，而城府仅仅是行政管理机构及其要员的办公、居家之地，规模比较小，也相对容易建成。因为在那个战事频繁的年代，不可能创建精品城郭。那时的郡治成乐县县城只有0.22平方公里，襄成县县城才0.1平方公里，成都县城算是很大的了，也不过1平方公里。

秦国谋臣张仪

张仪筑江州城，主要是作为秦国统治巴郡的行政中心和镇守据点。由于两千多年来的风雨销蚀和随后历经多个朝代修筑城市的叠压、发展，张仪所筑的江州城的确切位置、大小规模等情况已无法确切知道。其大致方位，据史籍记载推测，是位于长江和嘉陵江交汇之处的江北嘴一带，估计修筑了面积近1平方公里的土筑城墙。

一卷　巴源流长

重庆江北城图（1844年清道光年间绘制）

张仪为何筑城江北嘴？一个可能的原因是秦置巴郡时，楚国已占据包括万州、涪陵等巴国大片地域，秦、楚以枳县（今长寿区）之东为分治边界。

（还有一种说法，江州城的位置在今天朝天门、千厮门、小什字、望龙门之间，面积约1平方公里，土筑城墙。另外亦有一说，江州城的城址就在今天的临江路、临江支路、民生路、民权路框起的范围之内，大约0.3平方公里，而这座都城的核心地带，就在今天的二十九中附近，衙署就修建于此。）

这就是重庆历史上的第一次建城。那时，江州谓之仪城，又叫"仪城江州"，以告知后人，筑城者乃张仪。城虽然不大，却已经很具影响力了。

江州城顺山势建起城墙，房屋像阶梯一样重重叠叠，从山脚修到山上，已有了山城的风貌。那时候，嘉陵江北岸人口稠密，仅在水上居住的船家就有五百余户。在江北区刘家台、香国寺、渝中区半岛、南岸涂山脚下已有街市村庄；化龙桥、土湾及沙坪坝、九龙坡、巴南区的长江两岸已有了散落的民居……由于渝中半岛占据交通优势，市井贸易以半岛地区发展迅速，依山建城的做法日渐成形。"北府"（江北嘴）和"南城"（渝中半岛）之间以舟楫相联接。

（据猜测，张仪构筑的江州城，可能由"北府"与"南城"两处城郭组成："北府"在江北嘴，为郡治首脑所在；"南城"在朝天门一带，为镇守两江与商贸之地。）

张仪首筑江州城，虽然用现代人的眼光看来很不起眼，也不值得大书特书，但确确实实是我们重庆城的首开先河者，为我们今天的格局构想了"城"的概念，从这个意义上讲，怎么评价都不为过。

白虎与板楯蛮

古代巴国及其周边地域，居住着若干个民族。主要有两个派系：一个是姬姓的巴族，它是巴国的统治者；一个是濮系民族，它又包含濮人、賨人、蜑人、獽人、苴人、共人、奴（卢）人、夷人等八个族群，他们是巴国的臣民。

传说蜑人的民族英雄廪君死后化为了白虎。出于对领袖的崇拜、敬重，人们凡是见到白虎均不敌视、不捕杀，而是想方设法保护、避让，唯恐对其造成伤害。年复一年，白虎生息繁衍，数量日渐增多，成群结队，走出崇山峻岭，来到浅丘平坝，开始扰袭村落人畜。

由于百姓只是一味避让和消极抵抗，白虎之害越发严重。秦昭襄王时期，秦、巴、蜀、汉四郡，虎害成灾，死伤逾千人，闹得民不聊生。于是秦昭襄王下诏，重金招募英雄勇士剪除虎患：只要有人能平息虎患，就封他为万户侯。一时间，人们三五成群地去捕杀白虎。

由于猎捕不得法，白虎之患不但没有平息，反倒赔上了不少猎人的性命。巴郡地盘上有个叫板楯蛮的族群，由于常年以捕猎为生，渐渐掌握了对付猛兽的办法。其中涌现出三个杀虎英雄：廖中药、何射虎、秦精，他们用白竹自制了远距离射杀白虎的工具，名曰竹弩。他们站在高楼上，对准虎头射击，箭矢能深深扎进虎头，使其顿时毙命。于是该族的男人都纷纷仿效他们的方法，一只只白虎倒毙在他们眼前……

巴人崇拜白虎

秦昭襄王称赞他们："一朝患除，功莫大焉。"于是对巴人赏赐了特别优待的政策。比如：规定县以下仍然保持其部落制，让巴人首领自治；首领还可娶秦女为妻；还规定巴族民众，耕种一顷田不交税，娶十个妻子也不交人头税；享受"不更"（世袭）的爵位，比秦王室"内公孙"（公子的儿子）还高三等。

板楯蛮又叫賨人，亦称寅人，都邑建在今四川达州渠县的土溪城坝。賨人因常常用木板做盾牌，所以世人称之为板楯蛮。板楯蛮在远古时期生活在嘉陵江中游和渠江两岸，后来主要生活在阆中、巴中和今达州渠县（旧称宕渠县）。渠即是楯（盾）之意，因故得名。

秦昭襄王

板楯蛮是一个勇武好战，又能歌善舞的民族。他们的这一特点在战场上得到了淋漓尽致的发挥。周武王伐纣时，在生死搏杀的战场上，他们一边冲锋陷阵，一边唱歌跳舞——前歌后舞（前戈后舞），这在世界战争史上都是空前绝后的。据史书记载，武王伐纣仅率领兵车三百乘，士卒四万五千人，冲锋兵三千人，而纣王的军队却是七十万人，敌众我寡，然而武王军队"前歌后舞，士气旺盛"，致使商兵阵上起义倒戈，弱小的武王能摧枯拉朽般击败强大的殷纣，板楯蛮功不可没。

巴人之一板楯蛮

在楚汉相争之初，刘邦退居汉中养精蓄锐。幸而当时起用了阆中板楯蛮的大族长范目。在范目的征召和带领下，七千名板楯蛮敢死队青壮年汇聚一起，挥戈东进下关中。在韩信明修栈道的掩护下，范目率兵暗度陈仓，打败了拥有八百里秦川的三秦王。让汉王刘邦拥有了"三分之二"的天下，并最终战胜了楚国。

汉高祖刘邦为了奖励板楯蛮的汗马功劳，下诏免除了他们中的罗、朴、昝、鄂、度、夕、龚七姓的租赋，其余广大民众每年也只缴四十寅钱的租赋，比一般百姓要少交三分之一。

公元3世纪末，天水等六郡（今甘肃东部）的汉、氐各民族农民十余万人流亡入蜀。西晋朝廷强令他们还乡，还掠夺他们的财物。流民奋起反抗，推举板楯蛮李特为首领，于公元301年在四川绵竹起义，占领广汉，围攻成都，打败晋军。公元303年，晋军诈降，待起义军懈怠时乘机偷袭，李特战败而死，其子李雄率领流民继续战斗。后攻入成都，占领益州全境。公元304年，李雄自立为成都王。过了两年又自称皇帝，国号大成。

再后来，板楯蛮的一部分融入汉族，一部分东迁湘西，名为五溪蛮，与今天渝东南、鄂西、湘西、黔北的土家族有一定亲缘。

下里·巴人

春秋战国时期，楚国首都——郢都（今湖北荆州纪南故城），是古代中国南方地区最繁华的大城市。它延绵了400多年，吞并了周边的申、息、邓、弦、缯、罗、鄀、巢等50个小国，先后有20个国王在那儿执政，是当时楚国经济、政治、文化的中心。

那时候，郢都之繁华非凡，远远超过其他国都，城里市民的热闹程度有一个形象比喻：说在街市上完全是车碰车、人挤人，早上穿新衣服出去，晚上回来就挤成破衣裳了。

俗话说，"物质决定精神"。物质生活条件好了，人们就开始追求精神文化生活。当时的郢都常常举办一些大型音乐、舞蹈会演来满足市民的精神需求，同时也竭力在众多诸侯国中彰显楚国的威权与领袖气质，于是来自各国、各地的艺术精英们常常汇聚于此施展技艺。

楚国古城郢都（纪南城）复原图

这一年，楚国郢都要举办一次整个大中华地区的音乐舞蹈会演，于是提前向各国发出了请柬。当时已归属秦国的巴郡接到了邀请后立刻召开了相关会议，研究带什么节目去参赛，派谁去。

有的官员说带宫廷音乐去，因为它最受帝王和皇亲国戚们喜欢。

有的官员说带祭祀音乐去，因为它更符合礼乐之道，会博得贵族和文人骚客喜欢。

列席这次会议的巴族长老却说："既然要代表巴郡，依我看，生活在巴山渝水的世代巴人的歌舞才是这个地区的特色！"

官员们反问："你敢保证，你们这些田边地脚的小玩意儿，能赢得宫廷青睐？能赢得市民称道？"

巴族长老答道："我不敢保证上层人物是否喜欢，但我敢保证庶民百姓一定喜欢，因为这是乐他们之所乐，歌他们之所歌。我想，只有表达大众之声才是成功之艺。"

与会者虽说对巴人的演艺并不看好——在战场上视死如归的巴人，也能在艺术舞台上风光依旧？人们不得而知。但一时间又拿不出像样的节目去展示，在巴族长老踌躇满志的鼓动、说服之下，最后还是决定用巴人歌舞代表巴郡参加郢都会演。

其实，巴人并非是一个只懂打仗、不懂生活情趣艺术的民族。他们通过盐业达到衣食无虞后，也追求精神享受。劳动之余，他们在地头、树下围成一圈，席地而坐，边歌边舞，手舞足蹈，形成了自己独特的歌舞

《下里》

《巴人》

一卷　巴源流长

021

风格。其中有两支最著名的舞曲，一支叫《下里》，一支叫《巴人》。《下里》是表现巴人在田间地头辛勤劳作的故事，《巴人》则是讴歌他们开天辟地、战争凯旋以及幸福生活的故事。

这一天，在楚国郢都举办的盛大歌舞会演开始了。天下各路艺术精英济济一堂，载歌载舞，跃跃欲试。

第一个演出者便是巴人。《下里》《巴人》一炮打响。两曲歌舞罢，由于十分接地气，轰动了全场，折服近万观众。2000多年前，在人类社会交通工具、文化设施都极其落后的条件下，一场演出有近万名粉丝的现象，除了古罗马斗兽场外，在世界历史上恐怕是绝无仅有的。有史学家称，这可以说是人类第一次最盛大的通俗音乐会！

接下来有人演奏了《阳阿》《薤露》，观众有几百人欢迎。

再后来是名为《阳春》《白雪》的歌舞登场，观赏者只剩下几十人。舞曲越高雅，附和者越少……

在奴隶制和封建专制时代，歌舞娱乐是统治者的专利，是他们在灯红酒绿之下的点缀和装饰，他们绝不可能让它去为老百姓服务。而老百姓所拥有的那点自娱自乐，也只能是零星分散的。正因为如此，在两三千年前，一曲歌罢，能有上万人热情欢呼不能不说是天下奇迹！

这一曲平易近人又气吞山河的歌舞，曾经走进战争——武王伐纣时，巴人作前锋，以前歌后舞（前戈后舞）之英雄气概震慑了殷人，纣王将士纷纷阵前倒戈，助武王灭纣；秦始皇一统中国之时，遴选巴人为敢死队，冲锋陷阵立下功勋；楚汉之争时，汉王刘邦命范目率七千人巴师暗度陈仓，助其平定三秦。帝王皆用巴师，一则是因为巴人英勇善战，再则是巴人的歌舞情结。一个视死如归、笑傲沙场的神秘之师，岂不是稳定军心又迷惑敌阵的最佳人选？

巴人歌舞就这样从日常生活中走进了战争，后来又从战争中走进了帝王的宫廷。那么，"巴渝舞"起源何处，又如何命名的呢？生活在巴山渝水（嘉陵江古名渝水）的巴人先辈们，在耕作、狩猎、打鱼、酿织丰收时，跳起粗犷、欢愉的歌舞以表达英武、共享的意气，久而久之日渐丰富、发达，直至西汉建立时，汉高祖刘邦将这个具有浓烈生命气息的山野与战场歌舞，经过提炼充实娱乐化后带进了他的生活之中，命名为《巴渝舞》，乃至发扬光大到他身后的一代又一代。

《巴渝舞》原为铠甲武舞（战舞），在征伐战场上，有多少人战斗，就有多少人歌舞——在阵

今人演绎《巴渝舞》（巴中）

前拼杀者，执矛挺戈，大声呼喊，后面伴奏者，则击鼓顿足，以增威势，这就是"前歌后舞"（前戈后舞）典故的出处。史书中这样描绘巴渝舞的壮观场面："千人唱，万人和，山陵为之震动，山谷为之荡波。"

《巴渝舞》为汉高祖刘邦喜爱，传入汉廷后，成为宫廷舞蹈，用来在宫廷宴会上表演军旅战斗的场面，歌颂帝王功德，乃至朝廷接待"四夷使者"时"耀武观兵"。表演时，舞者三十六人，执仗而舞，身披盔甲，手持矛戈、弩箭，口唱賨人古老战歌，乐舞交作，边歌边舞，伴奏则是击鼓。

两汉之后历经魏、晋、南北朝，至隋唐，虽曾数易其名，仍在宫廷盛演不衰。唐朝以后，《巴渝舞》在宫廷中的名气迅速衰弱，最终销声匿迹了。但在民间仍然世代传承，历经演变，原始的武舞演变成祭祀性舞蹈和庆典性舞蹈。

巴人歌舞就这样一代代传承下来，现在最正宗的传人，应该是巴人的后裔土家族。他们至今在民间演唱着的"摆手舞"还延续着《下里》《巴人》与《巴渝舞》的些许韵味。

巴人是中国历史上当之无愧的歌舞之王、战争勇士，也可以说是世界流行音乐的先驱和佼佼者。如今在重庆的渝东南和四川的阆中、巴中、达州及鄂西、湘西、陕南等地还流淌着《巴渝舞》的魂魄。

范目暗度陈仓

公元前206年，秦亡经年，天下大乱，群雄并起，相互倾轧，楚汉争霸。

项羽，反秦先锋与主力，自恃实力雄厚、武力神勇、功高无双而自命不凡，自立为西楚霸王，定都彭城（今江苏徐州），并分封了十八路诸侯王，俨然一副号令天下的盟主造型。

然而，他既失韬略与眼光，又违背了楚怀王临终前"谁先攻入关中，谁就做关中王"的约定，把率先攻入关中的刘邦分封到偏僻荒凉的巴蜀、汉中为汉王，而把实际的关中之地一分为三，分封给了秦国的三个降将章邯、董翳、司马欣，用以遏制刘邦北上问鼎中原的野心。

刘邦虽为地地道道的"流氓无产者"，却素有大志，怀揣帝王梦，心中十分怨恨，一直想率兵攻打项羽。但形势不利于发兵，经萧何、张良一再劝阻，方才决定暂且忍耐下来，等待时机。

刘邦的封国为汉，建都南郑（今陕西南郑），占据了秦岭以南的巴、蜀、汉中三郡之地。为了反

西楚霸王项羽

汉高祖刘邦

楚建汉的需要，他到任后不久便紧急召见了属地的高层人士，以获得他们的支持和帮助。

这一天，刘邦的宫廷里高朋满座，前来参会的人出于对汉王的敬畏，表达的都是一些歌功颂德的溢美之词，即便建言献策也只是一些鸡毛蒜皮之事。唯独有一个人的发言引起了刘邦的极大兴趣和关注。

此人貌不惊人，却声如洪钟："大王，以小人之见，而今兴兵灭楚之事为时尚早，因大王的兵不善战。昨日我去大营走了一圈，一群散兵游勇而已。当下之事重在强兵！"

"怎么强兵？"刘邦扫了他一眼，反问。

此人铿锵有力，大言不惭："要夺取天下，非依仗我巴人莫属！"

"巴人？你说的是在武王伐纣时，冲锋陷阵的巴人？"刘邦闻之，再问。

"正是。"

"那么，怎么能征召他们？"

"任我即是！"此人性情激越，口出狂言。

"你是谁？"

"大王，本人姓范名目，阆中巴人大族族长。"

刘邦站起身来，十分赞赏，对他笑道："好个范目，本王现就委你重任——赶紧为我招募巴人，并将他们练成精兵！你看怎样？"

"遵命！"范目叩首，乘兴而去。

范目回到阆中，短短的两个月内便召来巴人青壮七千余名，并对他们进行了翻越泅渡、拼杀射击等一系列军事训练。

一段时间之后，这七千精兵个个训练有素，韩信也不禁点头称赞。

于是，刘邦授意韩信，开始了他兴汉灭楚的军事战略行动。

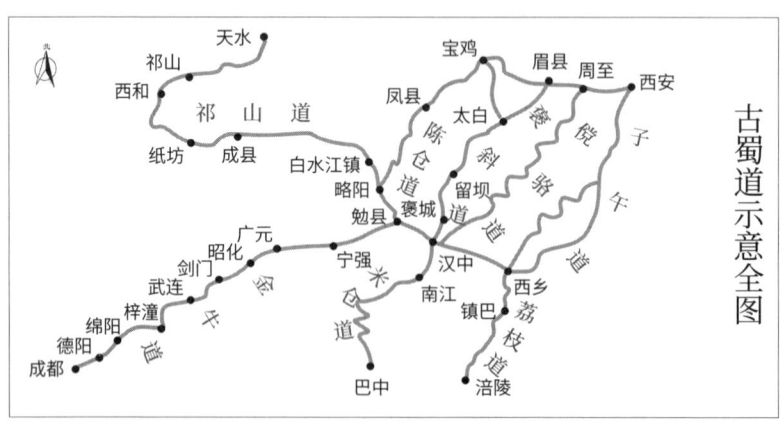

古蜀道示意全图

汉中至西安四条著名古道：陈仓道、褒斜道、傥骆道、子午道

要攻伐楚国，大军出汉中最常规的一条路是走子午栈道（今西安子午口至汉中洋县午口，全长420公里）。刘邦刚开始做汉中王时，张良便建议一把火把它烧了个精光——那是为了养精蓄锐，在势力弱小时避免遭受攻击不得已的选择，也是向西楚霸王项羽表明无意问鼎中原的韬光养晦之计。现在汉王刘邦兵甲已足，将士枕戈待旦，伐楚万事俱备，应该出战了。

此时，项羽正率大军在东面收拾齐国的内乱，因战事反反复复而忙得不可开交。天赐良机不可错失，于是韩信便命令大批兵士抢修早已烧毁的子午栈道，想借此警示楚国——汉王的大军就要来找你们秋后算账了！

然而，这只是韩信耍的疑兵花招，他暗地里却命令范目率领英勇的巴师日夜兼程，悄无声息地从汉中以西走陈仓小道（今陕西凤县至宝鸡陈仓）进入关中，这就是历史上著名的奇袭战略——"明修栈道，暗度陈仓"，也变成了后人耳熟能详的成语。

范目率七千巴师潜出陈仓小道，如天兵降临，进击关中，随后以迅雷不及掩耳之势挥师东进，打败了拥有八百里秦川的三秦王：咸阳以西及陇东的雍王章邯，咸阳以北辖陕北的翟王董翳，咸阳以东的塞王司马欣。这三秦之地是我国唐朝以前的三大粮仓之一，与齐鲁大地、四川盆地齐名。范目为刘邦拿下关中后，楚、汉在经济上相比，汉已是"三分天下有其二"了。

阆中巴人大族长范目

范目出陈仓、定三秦，是楚汉之争的首战，是建立西汉的奠基礼；再加之征巴人、组劲旅、还定三秦的战略是范目提出，又是他具体执行的，因此刘邦在功成名就、龙袍加身之后，也没有忘记范目助汉的丰功伟绩，任命他为建章乡侯、慈凫乡侯、渡沔县侯，并赐予封地，这就是范目被誉为"亡秦范三侯"这一美称的来源。

刘邦在建立西汉后，特别优待了以范目为首的巴人：恢复了罗、朴、昝、鄂、度、夕、龚七姓部族首领的权力，还准许其不缴租赋，其余巴人每户也减少了租税。

范目是一个有远见卓识、有胆量谋略的巴人统领。他不愿意过"案牍劳形"的官场生活，所以在消灭三秦之战胜利结束后，即求弃甲还乡。纵然刘邦用封以三侯来挽留他，仍然没有留住。范目坚辞封侯，最终回到自己的家园，过上了没有杀戮暴戾，但却平静安详、颐养天年的生活。

刘备白帝城托孤

三国时期的奉节，发生了一件惊动天下、几乎是家喻户晓的大事，那就是刘备在白帝城托孤。

帝王临死之前，把儿子托付给大臣，这样的事情在历史上有很多，前有汉武帝刘彻托孤，后有曹睿托孤于司马懿、孙权托孤于诸葛恪，但只有刘备托孤与众不同。刘备对诸葛亮说：如果太子刘禅有才能，你就辅佐他当皇帝；否则，你便可取而代之。（先主泣曰："君才十倍曹丕，必能安国，终定大事。若嗣子可辅，辅之；如其不才，君可自取。"）

蜀汉皇帝刘备

事情的原委是这样的：公元219年，魏、吴、蜀三分天下，三足鼎立之势已成，但关羽大意轻敌，在出兵围困曹魏襄樊得手后，正与曹操派来增援的徐晃对峙时，却被东吴大将吕蒙偷袭，不仅丢了荆州，而且败走麦城被擒，年底在临沮（今湖北远安）掉了脑袋。刘备闻知悲痛交加，誓要夺回荆州为二弟关羽报仇，其实更心痛于蜀汉失去荆州，眼看三足鼎立之势就要失衡，蜀汉东面门户洞开，江州（今重庆）将不保。于是，刘备不听丞相诸葛亮和文武大臣的劝说，更不接受孙权的多次求和，决然一意孤行。

公元221年4月，刘备在益州（今成都）称帝，7月便叫诸葛亮镇守成都，令守备阆中的张飞领兵急赴江州，自己亲率30万大军日夜兼程，望两军会合于江州后一起去江东为关羽报仇。张飞在临出兵前，被手下将领张达、范强谋杀，刘备听闻后叹道："噫！飞死矣。"然而，蜀军攻打东吴已是箭在弦上不得不发，一路上过夔门、破巫山、荡巴东、占秭归，势不可挡，第二年年初就打到了夷陵（今湖北宜昌），在夷陵东面、长江边上的猇亭建立大本营。

当时，孙权一面向魏国曹丕帝上表称臣修好，避免两线作战而腹背受敌；一面厉兵秣马，重用东吴年轻将领陆逊，让陆逊当大都督。战时初期，陆逊考虑到蜀国兵力强大，来势凶猛，求胜心切，地形险峻又居高临下，就力排众议放弃决战，果断实施战略大退却，自巫山一直后撤，退守到猇亭、夷道（今湖北宜都）一线，把几百里狭长的三峡

东吴大都督陆逊

河谷与山地统统留给了蜀军。然后在夷道停止退却，转入积极的战略防御，阻止蜀军继续前进，以集中优势兵力寻求战略决战。

蜀军以"势如破竹"之势，后脚跟前脚地赶到了猇亭，并在此扎下大营。

此刻，陆逊就采用"拖延"战术，令将士们筑垒据城坚守不出，不和蜀军正面开战。从冬天到夏天，两军对垒近半年。六七月的天气十分炎热，战事胶着不决，后勤保障出现困难，将士斗志开始懈怠，刘备心中忧愤，一招思之不慎，想都没想就让水军舍舟上岸，把军队转移到茂密的树林里，一个营帐接一个营帐地挨着扎寨，躲避骄阳酷暑，以图秋后再战。

没想到陆逊虽然年轻，却智勇双全、机敏善断。看到蜀军从巫山至夷陵数百里狭长地形，扎下几十近百座大营，战线绵长，兵力极为分散，大营又纷纷移到密林之中，营寨由木栅建成，四周茅草丛生。八月东南风大，陆逊突然在晚上采用火攻，躲在密林里的蜀军连营密布，瞬间变成一片火海。吴军四处放火，多路出击，分割包围，迅速歼灭，当夜就连拔蜀军四十座大营。这就是火烧连营七百里，积极战略防御而大胜的经典战例——夷陵之战（猇亭之战）。

蜀军瞬间大败，全线崩溃，全军几近覆灭。刘备连夜狼狈逃跑，一路向西狂奔，差点在巴东县被吴军生擒，在亲兵护卫和巴东驿兵的拼命阻击下才摆脱追兵，退回到奉节一个叫鱼复（古县名，今奉节白帝城）的地方时，因急火攻心加上溃逃路上淋了大雨，生了一场大病且久病不愈。这时，赵云率2万人马赶到，击退了吴军对永安城的进攻，陆逊方才死了擒拿刘备之心。刘备非常后悔，又觉得没脸回成都，只好在鱼复建了一座永安宫，以便安顿下来休整养病。

第二年春天，万物复苏，桃李竞放，但刘备的病情却更加严重。他自知大限已到，来日不多了，在万般无奈之下，只好派人快马加鞭到成都去请丞相诸葛亮、尚书令李严等文武大臣速来永安宫，准备安排后事。

诸葛亮接报后，心急火燎地带着刘备的两个儿子刘永、刘理及李严等一干

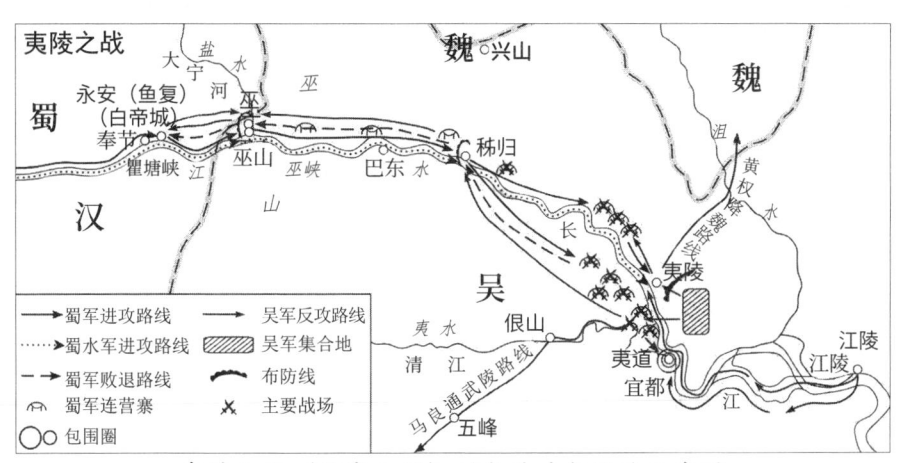

夷陵之战（猇亭之战）刘备进攻与逃跑示意图

大臣，马不停蹄、日夜兼程赶往奉节，只留太子刘禅一个人镇守成都。

一到永安宫，诸葛亮看到刘备病入膏肓的样子，慌忙跪在刘备的龙床前，刘备让诸葛亮起身坐到床边说道："丞相啊，蜀国能有今天，全靠你辅助我。都怪我刚愎自用，不听劝说，才落到如今这步境地。而今我已沉疴难愈，恐怕不久于人世。你比曹丕贤能，把国家托付你我也放心。如果太子刘禅有为，你就辅佐他；无为，你就自当皇帝吧！"

诸葛亮一听，立马明白刘备之意，顿时惶恐不安，汗流浃背，手足无措，急忙跪下哭道："皇上，我一定尽力辅佐太子，鞠躬尽瘁，死而后已！"（亮涕泣曰："臣敢竭股肱之力，效忠贞之节，继之以死！"）

刘备又请诸葛亮起身，把刘永、刘理唤来吩咐道："你们两个，还有刘禅，都要给朕记住'朕死之后，你们兄弟三人，待丞相要像待朕一样，不可无礼！'"说完，让两个儿子给诸葛亮磕头。然后又对唤进的大臣们说："朕已将孩儿们托付给了丞相，叫他们像对朕一样对待他，你们也要听从丞相的话，精忠为国，让蜀国大展宏图，朕将含笑九泉！"

刘备白帝城托孤

稍后，刘备过世，享年六十三岁，正是223年4月，距刘备称帝刚两年。

对于刘备托孤的事，有人认为是明君忠臣的典范，后人理当效仿的楷模；也有人认为是刘备老谋深算，以退为进，害怕自己死后诸葛亮篡位，说让诸葛亮当皇帝是假，想他死心塌地辅佐刘禅是真。至于刘备真正的想法是什么，恐怕也只有他自己才知道了。（据记载，刘备临终前，在白帝城召见诸葛亮和李严之后，又秘密召见了赵云。刘备暗示赵云：在其死后刘禅是蜀汉皇帝，如果有人要谋反，你就把他处死。）

李严江州环岛梦
（二筑重庆城）

秦灭巴后，战国著名纵横家、军事家、政治家张仪领秦惠文王之命，在江北嘴一带建起江州城，即重庆历史上的第一次筑城，为巴郡首邑。仪城江州其后历经西汉、东汉修葺，均发挥了重要的城市辖制与攻防作用。

大约500年以后，重庆开始了它的第二次筑城。

公元226年，刘备去世已3年。获得蜀汉政权后、以刘禅为首的刘备集团为了巩固自己的统治地位，为了与强大的魏国、东吴长期抗衡，在荆州已失的情势下，便加强了对江州的设防。除了在江州的东北面巴子梁（今江北区铜锣峡）置阳关设重兵把守外，还派遣李严专赴江州修筑城池。

李严是个什么人物？他是诸葛亮的老乡，南阳人。曾经当过荆州王刘表的谋士，在刘备攻打刘表时，倒戈起义归顺了刘备。在以后的战事中也立下了不少战功，被刘备封为尚书令及托孤重臣，权位仅次于诸葛亮。

江州都护李严

这次受命执印江州都护，构筑江州城，便是李严一展宏图的大好时机，也是谋求私欲的天赐良机。他放弃了江北嘴的老城池，选择了更具有战略意义的渝中半岛来修建城郭。新城的南线从现在的朝天门以南（千厮门一带）起，沿长江上行至南纪门；北线大致沿着今天的新华路走势，从大梁子、人民公园（小梁子区域）到较场口一带，面积约2平方公里。顺山势布局，依长江筑城，东西宽长，南北狭短，周长8公里。这般建城，便可占据战略要冲，扼两江利交通。

这便是"江州大城"，史称"李严大城"。大城里面有郡城、县城、仓城三个小城，据说已经初步形成了八开八闭十六道城门的规制。除了没把通远门所在的五福宫山、嘉陵江边的临江门一带纳入大城范围外，规模已经很接近明清时期的重庆城大小。

仓城就是他独具慧眼，在千厮门的城内修建的大型粮仓，以储备粮草。三国时期及之前，其他郡县都将粮仓建在城外，李严却颠覆性地将粮仓建在城内，既符合重庆城的地理环境，便于水路运输和守卫城池，也确保了城市供给和城市商业发展需要，商业网点由集市扩大到了街坊。

江州大城的城墙是由泥土夯成的土城墙，与现今所见的石制城墙不同。江州大城建好后，李严便将东汉时期重庆城的统治中心，从江北嘴、刘家台一带搬迁到了渝中区下半城内。随后的千余年里，重庆城统治中心的位置，再没进行过大的改变。由此可见他的远见卓识。

李严在修筑江州大城的同时，还加强了西面唯一的陆路要道佛图关的守备设施，修筑了鹅岭卫城，以拱卫遥遥相望的重庆母城。佛图关是渝中半岛的至高点，也是陆路进入母城的唯一通道，一旦遭遇敌袭，第一时间便能预警，并御敌于主城之外。

蜀汉丞相诸葛亮

为了使江州大城更加易守难攻，他还企图"凿山成岛"，打算挖断两江之间最狭窄的地方鹅项颈（今鹅岭公园东尚存遗迹），令长江与嘉陵江贯通，让部分嘉陵江水由此进入长江，将江州变成一个四面环水的孤岛，建造人类史上最伟大的护城河，在冷兵器时代必将固若金汤——这确实是一个疯狂、大胆、极富创意的构想，也符合当时城市化进程迅猛发展、修筑大城、迁移郡治的潮流。

可是，当李严刚修好东面的苍龙门和西边的白虎门时，他的个人野心就被明察秋毫的诸葛亮发觉了——他是想以此建五郡设江州，自任江州刺史，占据这块战略要地，加之手中又有几万大军，妄图独霸一方另立中心，与身在益州（今四川成都）当权的诸葛亮分庭抗礼。

诸葛亮是何许人也！及时识破了李严的阴谋诡计，于公元230年，以北伐曹魏的需要为理由，让李严带兵2万去汉中前线，同时任命李严的儿子李丰为江州都护，接替李严驻守江州，使李严无法赖在江州不走。

李严驻守汉中之后，在诸葛亮出兵祁山之战中，有意怠慢粮草运输，致使一场胜仗变为败仗，还在后主刘禅面前诬陷诸葛亮。最后真相大白，李严受罚，被撤销一切职务，降为普通百姓；他的儿子李丰也被调到成都任职。诸葛亮派忠于蜀汉政权的李福接管了江州都护。

对于李严在蜀汉官场中的成败和个人野心，我们无须妄加评论。但他为重庆筑城事业所做的工作已被载入史册，其贡献是不可磨灭的。他大兴土木修筑的江州大城，被后人称作"李严大城"，在近1800年的历史长河中造福和守护了一方百姓。

假若，李严当时打穿了鹅岭（鹅项颈），让长江和嘉陵江的水合抱渝中区这个岛城，或许现在的重庆城将是另外一番景观了！或许，蜀国的历史要改写，三国的历史要改写，今日重庆旅游的景观也要改写了。

重庆母城、鹅岭卫城与江北城图（清同治年间绘制）

晋水军大战金陵

西晋建立的时候，魏、蜀、吴三国中，唯一幸存的东吴实际上也早已衰落。它的最后一个皇帝孙皓，是一个典型的败家子，天天花天酒地、日日骄奢淫逸，纵情享乐尚且不说，还用剥脸皮、挖眼睛等惨无人道的刑罚镇压百姓的造反。上上下下的人都对他恨之入骨。

公元279年，西晋朝堂上，一些大臣认为时机成熟，劝说晋武帝司马炎消灭东吴。晋武帝采纳了大臣们的意见，决定发兵二十余万，兵分几路进攻东吴国都建业（今江苏南京）。

镇南大将军杜预打中路；安东将军王浑打东路；还有一路水军，由益州（辖四川、云南等，府治成都）刺史王濬率领，驾战船经重庆沿着长江而下，顺流向东进攻。

西晋益州刺史王濬将军

王濬是一位很有魄力和才能的将军。他早就做好了伐吴的准备，在益州督造大批战船。战船很大，能容纳两千多人。船上还造有城墙城楼，人站在上面可以四周瞭望，所以也叫它楼船。

造船是在秘密状态下进行的，但日子一久，许多造船时削下的碎木片掉在了长江里，顺水漂流到东吴的地界。东吴太守吾彦发现了这件事，连忙向吴主孙皓禀报："晋军在上游造船了，看来是要进攻东吴，我们可要早作防备啊。"

孙皓却满不在乎地说："怕什么！我不去打他，他们还敢来犯我？"

吾彦觉得不防备总不放心。于是想出一个办法，在江面险要的地方打了不少大木桩，钉上大铁链，把大江拦腰截住，又把一丈多高的铁锥安放在水面下，仿佛无数个暗礁，使来犯者的战船无法通行。

可是王濬也真有办法。他吩咐晋兵造了几十只很大的木筏，每个木筏上面放着一些草人，披上盔甲，手拿刀枪。又派水性好的兵士带领这一队木筏先行顺流而下。这些木筏碰到铁锥，那些铁锥的尖头就扎在了木筏子底下。

为对付那一条条拦在江面的铁链，王濬又在木筏上架起许多大火炬。这些火炬都灌足了麻油，一点就燃。他让这些木筏行驶在战船前面，遇到铁链，就燃起熊熊烈火，时间一长，铁链、铁锥因大火烧掉了木桩而沉入江中。

王濬的水军扫除了水下的铁锥和江面上的铁链，大队战船就顺利驶进东吴地界，很快就和中路凯旋而来的杜预大军会师。

一卷 巴源流长

王濬楼船下金陵

东路王浑率领的晋军也逼近了建业。孙皓派丞相张悌率领三万吴兵渡江去迎战，结果被晋军全部消灭。

王濬的楼船顺江东下，声势浩大。吴主孙皓这才着了急，急派将军张象带领水军一万人前去抵抗。一到战场，将士们一看，满江都是王濬的战船，旌旗飘扬，遮天蔽日，杀声震天。长期没有训练的吴军，见此状态吓得不打自降了。

王濬的水军所向披靡，一帆风顺地攻到了建业。建业附近一百里江面，全是晋军的战船，王濬率领水军将士八万人上岸。人群夹道欢迎，鞭炮齐鸣，人们盛赞王濬的水军英勇、神奇。

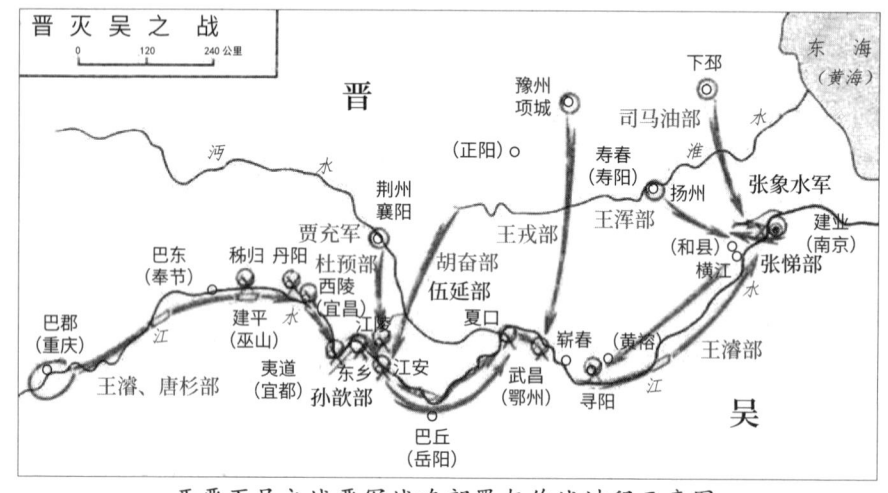

西晋灭吴之战晋军战略部署与作战过程示意图

孙皓眼见山穷水尽，走投无路，于是自己脱下龙袍，让人反绑了双手，带领一批东吴大臣，到王濬军营前叩首投降。

至此，从曹丕称帝（公元220年）开始的三国分立时期宣告结束，晋朝统一了全国。

唐朝著名诗人刘禹锡为了纪念王濬治军的卓越才能，还特别为他写了一首诗，题目是《西塞山怀古·王濬楼船下益州》。开篇一句"王濬楼船下益州，金陵王气黯然收"，充满了对这一位英雄豪杰的崇敬之情。

"重庆"因何而来

重庆城有很多名字，前后有：江州、巴郡、荆州、益州、巴州、楚州、渝州、恭州、重庆、雾都、陪都、山城等等。其中用得最多，时间用得最久的是江州、渝州（简称渝）、重庆。

江州的称谓，从周武王伐纣灭商，分封巴族在重庆江北嘴上建立巴国都城，直到魏晋南北朝之前，沿袭了1200多年。其间，秦灭巴蜀，征战六雄，一统中国，天下分为三十六郡，巴郡为其中之一。

荆州、益州、巴州、楚州，则是魏晋南北朝时期先后取的名字。

渝州的称谓，从隋文帝开皇元年（581年），因见渝水（嘉陵江古名）绕城，故改楚州为渝州起，到南宋淳熙十六年（1189年），因"囍"临门取名重庆，一共沿袭了608余年。然而，对"渝"的称谓，至今重庆人情有独钟，将它作为重庆的简称，那是后话。

重庆的称谓，自1189年起，到今天已有830余年历史。虽然在巴人开拓的这片土地上谈不上最长，但面对生生不息的未来，传承和光大它的英名将永不停息。

隋文帝杨坚

值得我们珍视和记忆的是，这个至今同我们的生活息息相关的"渝"和"重庆"到底是怎么来的呢？

重庆是一座有着悠久历史文化的名城。远在210万年前，三峡及巫山地区就有了早期人类活动的足迹，代表是"巫山人"及"龙骨坡文化"；在2.5万年前的旧石器时代，这片土地上就出现了人类生息繁衍的活动，孕育了"铜梁文化"；发展到新石器时代，诞生了"大溪文化"，已有较稠密的原始村落，分别居住着夷、濮、苴、奴、宾、共、襄、倓等8个族群。在夏商周时期，以重庆为中心地带的大片地区，已形成强大的奴隶制部族联盟，史上统称为"巴"。相传夏禹王分华夏为九州，梁州所属就有"巴方"。正是这些最早的重庆人，创造了重庆惊世骇俗的历史文明，如同印第安人创造的"玛雅文明"一样。

在这片神奇的土地上，巴人兴起盐业，开发冶炼，男耕女织，渔猎山川，酿造米酒，成为丰衣足食之邦；巴人的"英雄"传说、"神女"神话、"巴人舞"和"巫"文化誉满九州。

巴人身上勇猛仗义的品格、视死如归的精神和勤劳淳朴的作风，为历代朝廷和民众所赞赏。在周武王伐纣的义旗下，巴师为先锋，披坚执锐，前歌后舞（前戈后舞），冲锋陷阵，血染牧野

清末重庆城去江边汲水的挑水工

疆场；秦灭巴后，大批的巴人勇士又参与了秦朝统一中国的战争；刘邦兴汉，巴人再次开赴疆场，暗度陈仓定三秦，还将"巴人舞"舞进了汉室宫廷……

然而，在皇宫朝廷的心目中，巴人却是"不学少儒""尚鬼不药""质朴无文"的粗人、蛮人、南僚。宋初的《太平寰宇记》中写道："今渝之山谷中有狼猱，乡俗构屋高树，谓之阁楼，不解丝竹，惟坎铜鼓，视木叶以别四时，父子同讳，夫妻共名，祭鬼以祈福也。"渝州，便是他们眼里的蛮夷之地，正如苏轼所拟《燕若古知渝州诏书》中说，官府们"鄙夷其民"。

特别是当世代居住在渝州附近的南平蛮及泸地少数民族（今泸州、宜宾等川南与黔西北、滇东北接合区域）常常因战事骚乱时，作为中原文明（汉人区）与蛮夷世界（蛮人区）接合地带的渝州，就常常成为戎汉冲突反复出现的战场。

最大的一次冲突，是宋神宗熙宁年间发生在南川、巴县、綦江的南平僚酋李光吉、王兖、梁承秀三族叛乱事件。这次冲突十分激烈，前后相持数年之久，最终于1071年4月才平定，为保地方平安，宋朝廷建置了军政合一的南平军制。在这种背景下，朝廷对渝州便产生了"非我族类，其心必异"的疑虑。加之宋徽宗生性狐疑，即位以后，更是三年之内，反复为政，俱至极端。感觉这渝州的"渝"字寓意不祥，除代表水名外，就只有"变"与"改变"之意，难道这方人士要图谋不轨，叛乱不成？正当这位皇帝在冥思苦索治国安邦之策时，一件让他心惊肉跳的事情陡然间发生了——

一个叫赵谂的一介书生，少年得志，出身进士，官至太常博士。渝州南部（今南川、綦江一带）人，曾经是僚人（古南蛮的别支），父亲赵庭臣因功归顺朝廷，被赐予姓赵。赵谂为人耿直，因不满宋哲宗贬黜苏轼，常与张怀素暗中抨击朝廷，颇有忧国之心。有一天，他做了个梦，梦见有个神仙为他算命题诗："冕旒端拱披龙衮，天子今年二十三"，说他23岁即可穿龙袍当皇帝。于是在一次与友人的聚会中，他酒后大发狂想，飘飘然竟道出了梦中意象。酒醒才自悔失言，便赶紧向友人嘱咐，自己席间之语只当没说，更不必张扬。可是亡羊补牢已晚，风声已经走漏——告发有赏，谁还有多少良心？

赵谂谋反之事，正撞在了宋徽宗的枪口上——果不其然，这渝州真有阴谋篡逆之人！宋徽宗崇宁元年（1102年），在赵谂还乡探视父母之时，即遭抓捕入狱，不久被诛杀。他的父母、妻儿也惨受株连，被流放异域。

赵谂事件的发生，似乎"印证"了朝廷的忧患。随即，宋徽宗赵佶将渝州改为恭州。为何叫恭州呢？恭者，恭恭敬敬、服服帖帖之意。皇帝是想让渝州百姓从此规规矩矩做臣民，再不要惹是生非、心怀异念。

恭州的称谓，从1102年到1189年，仅用了87年。

重庆得名于宋光宗赵惇

绍兴三十二年（1162年）六月，宋孝宗即位。九月，封其第三子赵惇为恭王，藩地恭州。淳熙十六年（1189年）二月，孝宗禅位于赵惇。赵惇（光宗）即位后，依照潜藩升府的惯例，于当年八月甲午（1189年9月18日），升其潜藩之地的恭"州"为"府"。赵惇二月登基，八月升府，被誉为"双重喜庆"，故将恭州取名为重庆。这个充满吉祥寓意的名字一直沿用到今天，就再没有更改过。

说到雾都、陪都，那就是近现代的事了。重庆浅丘盆地，四周高山，江河纵横，少风多湿，历来多雾为全球之最，冬季前后浓雾甚烈，可目不及十米。抗日战争期间，"雾都""陪都"的称谓便随时局、地理应运而生。

山城是重庆别称，似乎无从考证其来历。清末名臣张之洞曾这样吟咏重庆："名城危踞层岩上，鹰瞵鹗视雄三巴。"十分的贴切。

800多年过去了，伴随重庆一路走来的，还有它的简称——渝。

"渝"这个让宋徽宗担惊受怕的字眼的冤屈历史，已经一去不复返了。

在如今这个瞬息万变的信息化、高技术时代，"渝"同人们越走越近，越走越亲密——"来渝""回渝""入渝""访渝"；"渝报""渝网""渝派""渝菜"；"渝中""渝北""渝水""渝城"……

"渝"，是因为它的谐音——"鱼""余""馀""裕"，给了人们美好的理想？还是它的思"变"和不墨守成规的思维，给了人们自强不息的精神？

彭大雅筑城御敌
（三筑重庆城）

彭大雅是重庆第三次筑城的指挥官，他奠定了重庆城的基本格局。

他在短短的几个月之内，为重庆的建城史写下了浓墨重彩的一页。

13世纪初叶，日益强大的成吉思汗的铁骑已踢开了中国大门，向四分五裂的南宋政权大举侵略。

1236年10月，蒙古大军攻占了成都，随后便横扫四川全境大部。紧接着又翻越大巴山，打到了忠县、万州，直逼重庆城。由于重庆山高路险，主城又两江环抱形成天然屏障，蒙军未做充分准备，没有胜算的把握，于是试探性地小打小闹了一番后便撤兵回府了。每年的秋冬春季，蒙古大军在四川的长驱直入让百姓惶惶不安，也让南宋王朝面临岌岌可危的关头。

朝廷知道，重庆是南宋江山的西大门。如果大门一旦失守，敌军必将居高临下，放舟顺江而下，势如破竹直捣皇城临安（今

南宋重庆知府彭大雅

一卷 巴源流长

浙江杭州）。于是在这危急关头，派遣了四川安抚制置副使彭大雅来统领重庆，兼任重庆知府，坐镇重庆指挥川东抗蒙防务。此时，南宋及四川的抗蒙防务千疮百孔，成都先后遭受两次蒙军屠城。

彭大雅，江西鄱阳人，进士出身。曾经出使蒙古，对边塞的风土人情及蒙古铁骑的威风凌厉深有体会，还专门为此写过一部书，叫《黑鞑事略》，介绍蒙古的主要人物、地理气候、放牧围猎方式、语言文字、风俗习惯、差发赋税、贸易贾贩、军队武器、作战方法、行军阵势等优劣。

1238年（南宋嘉熙二年），抗蒙战争日趋白热化，他奉命来到重庆后，便风尘仆仆地视察全城的防范工作。他环城一周，看到李严江州旧城的城墙几乎都是用泥土砌成的，历经千余年的风雨，一拳重击便粉末四溅——这还了得！这能挡住蒙军的铁蹄吗？

于是他在率部抗击蒙古大军的同时，在1239年下令全城军民推倒所有的泥土城墙，用条石和煅烧的大青砖砌墙。为了长久坚守，扩大了整个重庆城的规模，将西线原旧城大梁子（今新华路）、小梁子（今人民公园）、较场口一线往西北方向拓移，一直延伸到今临江门、中山一路、通远门一带。城外的西部至高点五福宫山（今金汤街，重庆市自来水公司水厂）和山脊线以北的七星岗区域也纳入城内。同时，巧妙利用渝中半岛沿江两岸的陡峭山势筑城，新建的城墙范围比三国时李严修筑的"江州大城"扩大了近两倍。

重庆城最终构成了三面临江，一面接陆的格局。城内商业性街巷空间开始发展，形成为"六街三市"，沿江地带结合水运开始形成专业街市，朝天门至储奇门沿江一带，是繁华闹市。大致以今天的新华路为界，有了重庆市民口中的上半城和下半城。遗憾的是我们现在只知道有东面薰风门（朝天门）、西面镇西门（应在临江门至较场口一线上或今通远门）、南面太平门、北面千厮门和洪崖门这五座城门的名字。

当时，南宋国运式微，对彭大雅筑城的举动，百姓和官员都十分不解。拿他们的话来说——在眼下这个经济困难、民生凋敝时期，为什么不把钱拿来糊口，却要大兴土木筑城呢？大家怨声载道，还常常跑到衙门去大声责骂、讽刺他，极端的甚至还想动粗。

彭大雅语重心长对乡亲说："眼下已是民族存亡之秋，皇帝爷顾不上大伙儿的死活，我现在来筑城安邦，是想让大家不当亡国奴，免遭生灵涂炭之灾，为何反倒有罪？"由于时间紧迫，彭大雅没有时间让大家心悦诚服。他坚持带领部下与民众不分日夜奋战在筑城工程中，每天万余人出工，三个月后，固若金汤的高大砖石城墙终于在嘉熙四年春天（1240年）大功告成。

重庆城修筑完成后，彭大雅命令专职人员在重要的

彭大雅《黑鞑事略》

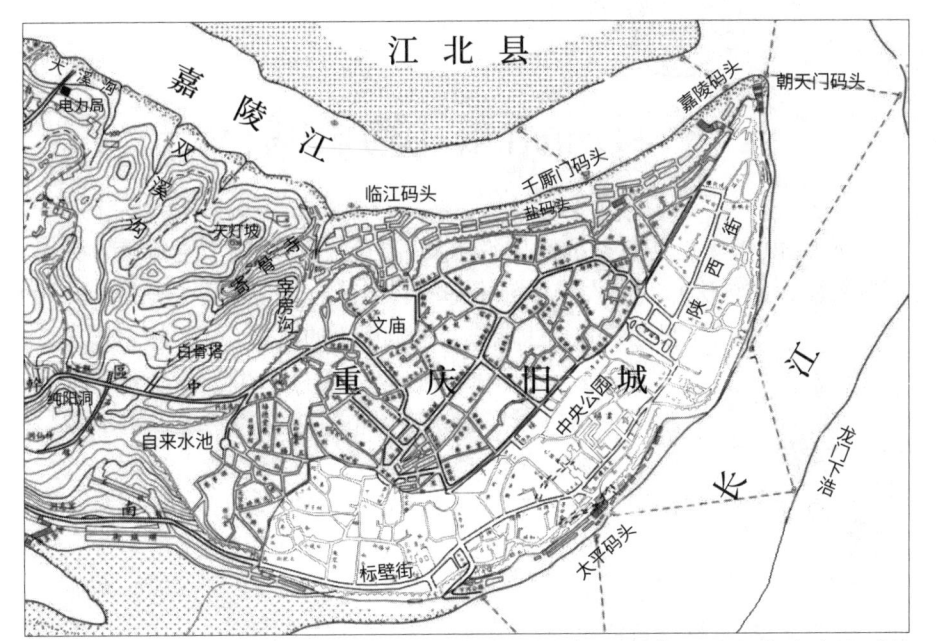

重庆上半城和下半城示意图（中央公园至长江为下半城，至文庙为上半城）

四座城门立四条大石，上刻17个字："大宋嘉熙庚子，制臣彭大雅城渝为蜀根本"。

正是因为彭大雅在这个国破家亡的关键时刻，高瞻远瞩，力排众议，在战争间隙坚持筑城，筑高墙立壁垒，将城墙建在两江边的陡峭岩石上，不给蒙军留下排兵布阵的开阔地，将其挤压在两江的沙滩上，才打破了蒙军不可一世的铁骑神话，让他们丢盔弃甲，落荒而逃。重庆人筑城的胜利，保住了几十万民众免受亡国之苦和生灵涂炭之灾，也使南宋政权苟延了40年。

可惜，这位为国为民功勋卓著的英雄，后来却因功高招嫉，屡受谗言之害，1241年12月被昏聩无能的宋理宗赵昀及南宋朝廷革职除名，贬为庶民，发配赣州，很快便于1245年在郁愤中辞世，离他坐镇重庆仅相隔7年。

1278年2月，全国抗蒙晚期，两年前京城临安（杭州）失守，南宋王朝灭亡，重庆城守将赵安谋生贰心，写信劝重庆知府张珏投降元军，遭到张珏严辞拒绝。赵安便和部下在夜间偷偷打开了通远门（镇西门）引狼入室，张珏突围后在涪陵被擒，致使重庆城沦陷……

虽然历尽沧桑，重庆城的形骸犹在，石墙犹在，城门犹在；抚今追昔，重庆人永远不会忘记为他们造福的先辈。

"上帝折鞭"钓鱼城

公元1240年，正是南宋抗蒙战争爆发后的第五年，为了抗击蒙古大军，四川制置副使兼重庆知府彭大雅派部将都统甘闰在合州（今重庆合川）东北面十里的钓鱼山上筑寨，防范南下的蒙古大军，拱卫重庆城。

三年后，四川制置使余玠主持四川防务，充分吸纳彭大雅的主动抗蒙守城方略，不仅将帅府移建在重庆城，并且在下半城白象街修筑招贤馆，招纳八方人才。不久，播州绥阳（今遵义绥阳区）贤士冉琎、冉璞两兄弟前来毛遂自荐，提出在钓鱼山上筑城，迁移府衙、广积粮草、屯兵备战的防守计策，得到余玠的采纳。于是余玠便派他俩主持修筑钓鱼城，在地势凶险、临江临渊的山上修筑外城。

四川抗蒙总指挥余玠

余玠同时采纳了冉氏兄弟"以山为垒，棋布星分"的守蜀军事战略，八年之间，在以重庆为中心，合州为支柱，八方设险守卫的部署下，重庆城周边一共建立了16座地势险峻的山城，它们是多功城（今渝北鸳鸯翠云寨）、钓鱼城（今合川钓鱼山）、宜胜城（今合川纯阳山）、龙岩城（今南川马嘴山）、三台城（今涪陵李渡三台山）、皇华城（今忠县顺溪皇华洲）、赤牛城（今梁平梁山）、金石城（今渝北回兴）、绍庆城（今彭水县城乌江西岸）、天生城（今万州天城山）、磐石城（今云阳双江磨盘寨）、铁檠城（今云阳汉城山）、白帝城（今奉节白帝山）、瞿塘城（今奉节瞿塘峡口南岸）、大宁城（今巫溪老城）、天赐城（今巫山龙溪）。人们在城中开荒种地，迁府建衙，屯兵储粮，自给自足。

（为抗击蒙军，余玠以重庆为中心，在四川境内构筑了20座自成体系的坚固城池：1.重庆府—重庆城，2.江北多功城，3.合川钓鱼城，4.梁平赤牛城，5.万州天生城，6.奉节白帝城，7.奉节瞿塘城，8.通江得汉城，9.苍溪大获城，10.广安大良城和小良城，11.平昌小宁城，12.逢安运山城，13.巴中平梁城，14.南充青居城，15.金堂云顶城，16.剑阁苦竹城，17.泸州神臂城，18.安岳铁峰城，19.犍为紫云城，20.乐山嘉定城。这是一套完整的四川防御体系，以长江为根基，沿岷江、沱江、嘉陵江、渠江及支流构成鱼网状防御，步军与水军密切配合，扬长避短，以不足5万的残兵在长达36年的四川战场给予蒙古大军沉重打击，也演绎了余玠的杰出军事指挥艺术。）

1254年，王坚担任合州守将。打退蒙古军队后，他又被任命为合州知州。为了巩固钓鱼城的防御措施，王坚召集合州17万居民，把城墙和城门加高加厚，

四川抗蒙军政民合一示意图

城南城北各建一条一字城墙；城内挖 13 个池塘，92 眼水井；江边筑设水师码头。陕西南部、四川北部的人们为了躲避战乱，纷纷迁来，一个 10 万多人的军事重镇——钓鱼城就此形成了。

1259 年 2 月，钓鱼城之战爆发。蒙哥汗率领主力军队从鸡爪滩渡过渠江，从而进到石子山扎营。第二日，蒙哥汗亲自督战，想要攻下钓鱼城。王坚带领 3000 官兵，10 多万百姓奋起反抗。一个多月过去了，西门、新门、奇胜门及镇西门小堡，没有一处被攻占，蒙古大军没有丝毫进展。之后接连下了 20 天大雨。雨停后，蒙军重点进攻护国门，终于登上外城，与守城宋军展开激战，但蒙军的攻势最终还是被宋军击退，败溃到外城。

自从蒙哥汗打入四川以来，他的铁蹄东征西讨，所向披靡，沿途的南宋守将纷纷投降，并没有打过一场真正的硬仗。因此到合州后，蒙哥汗非常想一鼓作气拿下钓鱼城，即便在城下屯兵数月，也不愿离弃。

6 月的一天，蒙军前锋元帅汪得臣孤身一人到钓鱼城下劝降，守军发石炮把他打死。蒙哥汗怒火冲天，派兵加紧攻打，仍然屡战屡败。王坚经常派兵晚上出去骚扰蒙军，弄得蒙军心惊胆战，夜不能眠。蒙哥汗把所有的失利归咎于不了解城内情况，于是派人在钓鱼城新东门对面的高地脑顶坪修建瞭望塔，想看看城内的情况究竟如何。

7 月 21 日，瞭望塔一修好，蒙哥汗就亲自到台下指

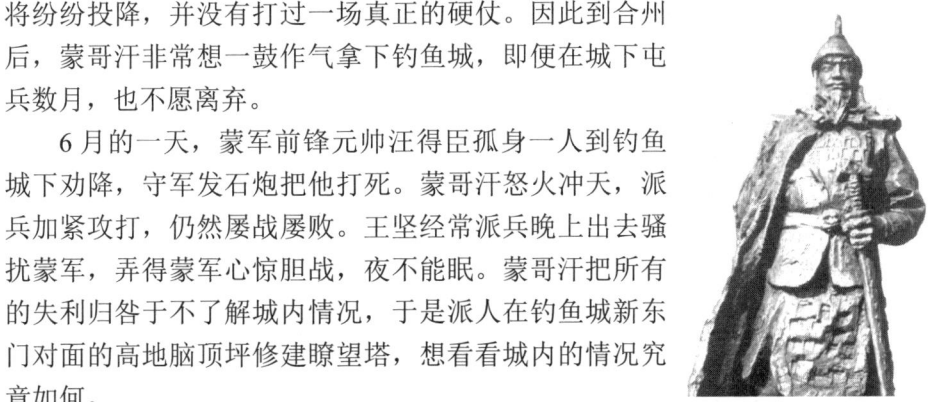

击杀蒙哥汗的名将王坚

挥瞭望。不料，蒙古兵刚爬上去，宋军的大炮就打了过来，瞬间箭石交加，蒙哥汗中炮受重伤。王坚为了显示城内水源丰富，粮草充足，派人把鲜鱼、面饼等扔出城外，并投书说蒙哥汗再攻十年也休想拿下钓鱼城。身受重伤的蒙哥汗恼羞成怒，大喊有朝一日必定屠城，不留一人。但不久他却死在了重庆北碚温泉寺。

蒙哥汗的死讯一传开，他的兄弟们纷纷从南宋、欧洲、波斯等战场收兵回蒙古，争夺汗位，风雨飘摇的南宋得到了片刻的喘息机会。

蒙哥汗

1260年，忽必烈继任蒙古大汗，命令在钓鱼城的周围筑城设寨，妄图困死城中军民。不料合州新知州张珏早有准备，一上任就一手抓生产，一手抓训练，加强战斗力，储备粮草，忽必烈的战术被不攻而破。不仅如此，张珏还派兵收复了泸州、涪州等沿江城市，战略上转被动为主动。

1275年，张珏升任四川制置副使兼任重庆知府。当时的重庆城被元军重重围困，他无法入城到任。第二年2月，张珏派兵替重庆解围，12月才入城上任，出任四川制置使。之后的钓鱼城便由他的部将王立（王坚的儿子）坚守。

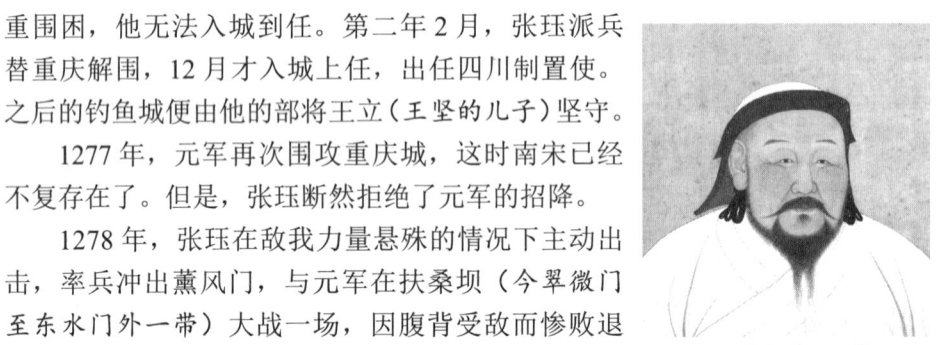

1277年，元军再次围攻重庆城，这时南宋已经不复存在了。但是，张珏断然拒绝了元军的招降。

1278年，张珏在敌我力量悬殊的情况下主动出击，率兵冲出薰风门，与元军在扶桑坝（今翠微门至东水门外一带）大战一场，因腹背受敌而惨败退回城内。那时候，重庆城中已经没有粮食，当晚部将赵安给张珏写信，劝他投降，张珏严词拒绝。不料赵安却私自打开镇西门（今通远门），把元军放入城内。张珏率将士与元军苦战良久，因寡不敌众，边战边退，在突围至涪陵时被俘，重庆城陷落。张珏在被押往元大都（今北京）途经安西（今西安城东北）时自尽殉国。

元世祖忽必烈

此时，合州钓鱼城里的情况也非常严峻，弹尽粮绝，甚至出现了人吃人的现象。攻陷重庆城后，元军很快就把矛头对准了钓鱼城，一边加紧进攻，一边劝降。1279年，守将王立面临着艰难的两种选择：继续坚守——那将是城内百姓生灵涂炭、守卫将士全部牺牲做代价；有条件投降——将留下千古唾骂的罪名。为了爱惜生命、尊重生命，王立最后选择了"不可杀城中一人"的条件降元。钓鱼城至此才落入蒙古人之手。

四川制置使兼
重庆知府张珏

钓鱼城用实力与智慧让元军放下屠刀，抵抗36年后全身而退。它是冷兵器时代以弱胜强的典型战例，使蒙古大军放慢了进军欧洲乃至非洲的步伐，并最终放弃，甚至可以说它改写了世界历史进程。因此，欧洲人也把钓鱼城称为"上帝折鞭处""东方麦加城"。

十年一梦大夏国

自1995年起，每年农历二月初六至清明节，重庆都会迎来浩浩荡荡的一批又一批韩国客人。他们不远千里赶到重庆，一不外出旅游，二不洽谈商务，三不寻觅美食，甚至来不及打望重庆美丽的夜景，一下飞机就直奔位于江北城上横街的明玉珍睿陵陈列馆（今江北嘴中央公园内），穿上传统的民族服装，祭拜他们共同的祖先——明玉珍，历史上第一个建都重庆的皇帝。

明玉珍何许人也？他和大韩民国的子民有何干系？细说起来，这要追溯到660多年前的旧事：

那是1357年3月的一天，明玉珍率水军战船50艘，圆满完成到四川夔州（今重庆奉节）的征粮任务，正准备驾船顺长江而下，过巫峡返还沔阳（今湖北仙桃），突然听说有来使紧急求见，感觉有些意外。

来者是义兵元帅杨汉。面见明玉珍后，他叩头便拜，说道："明公，现在是进攻重庆的大好时机。"

初闻此言，明玉珍一时有些摸不着头脑。

原来，明玉珍的老对手——四川行省左丞哈麻秃和右丞完者都此时坐镇重庆。按照元朝政府的募兵政策，"富民愿出丁壮义兵五千名者为万户侯。"几日前，杨汉率部众5000余人自西平寨（今湖北松滋）前去投奔，屯兵于江北，本想被招安，挣个万户侯，哪知完者都却虚情假意地置酒招待，欲在席间把他杀掉，占其部众为己有。难得杨汉机灵，躲过了这一劫难，又急又怒又恐地领着兵将放船顺长江出走，不料在巫峡竟巧遇明玉珍，就顺势做了"张松献图"。

杨汉早闻明玉珍大名，想借英雄之手一解心中之恨，便极力规劝明玉珍即刻出兵："明公，重庆城那俩丞相心怀各异，互不相容，又无重兵厚储，你若出其不意，全蜀便唾手可得。"

一个新的抉择摆在了明玉珍面前。

明玉珍是湖北随州随县人，世代务农。

韩国明玉珍后人来重庆江北嘴睿陵祭祖

据史书记载,"长有异相",身长八尺,双目重瞳——眼中有两个瞳子,双目炯炯,神采奕奕。年少即有大志,不愿按照父辈模式庸庸碌碌地生活。

元朝末年,政治黑暗,朝廷腐败,官吏贪赃枉法;天灾不断,黄河连年决堤,水、旱、蝗灾频繁,哀鸿遍野,民不聊生,各地百姓忍无可忍,终于激起了"红巾军"大起义。元至正十一年(1351年),明玉珍召集千余乡人,屯于青山(今湖北随州东南青林山),开始了武装抗元的壮举。

农民起义军领袖明玉珍

1356年,同样是农民起义并自建"宋"朝,自封为"天宪"皇帝的徐寿辉势力威望最盛,招抚安降各路起义军,明玉珍审时度势,毅然投奔天宪政权,被徐寿辉任命为统军元帅,镇守沔阳。一次在洞庭湖同元军作战中,明玉珍被元军悍将哈麻秃一箭射中右眼,所以人称"明瞎子"。明玉珍自从归顺徐寿辉以后,从无二心,一直视"宋"朝为正统,不敢稍有怠慢。

此刻,杨汉所言,是他从未想过的,加上不知虚实,自然心存疑虑:"重庆城山高路远,如何能破之?"

"城内空虚,并无重兵把守,定能一举破城!"杨汉显得迫不及待。

此时,部将万户戴寿站了出来,朗声说道:"明公驻兵于沔阳,是为了老百姓;到四川征粮运回驻地,也是为了老百姓。现在有如此好时机,不如把征得的粮食发十分之三回沔阳赈济灾荒,带上余下的粮食与杨汉的部属一道直取重庆。如果成功,则可以大干一番;如果不成功,我们就掠物撤退,对我们有什么损失呢!并且,出兵重庆益处甚多:可以觊觎陇蜀地区;占据长江上游,保护长江中游的荆襄一带;还可广开征粮的道路,一举三得。明公您就不要多虑了!"

戴寿言之凿凿,分析入木三分,让明玉珍不得不信服。他权衡一番形势利弊,决定亲率大军进取重庆。

大军调转船头从巫峡出发,逆江而上,一路势如破竹,先后攻克夔州(今重庆奉节)、万州,浩浩荡荡向重庆挺进。

三月时值长江枯水季节,且是逆流而上,战船行进缓慢。明玉珍带领部队历时十余日,于四月初兵临重庆城下,在江北铜锣峡与守卫元军激战数日完胜,稍事休整,将向重庆城进发。

这边明玉珍高调行事,一路攻城拔寨,将士斗志昂扬;那边"明瞎子"的威名远扬,通过民间的演绎和败兵的传播,持续发酵。待明玉珍兵临城下时,城中元兵

义军首领、天宪皇帝徐寿辉

早已骚动不安，全无斗志了。

完者都见大事不妙，自知不是明玉珍的对手，趁着茫茫夜色，带领一队随身侍卫，悄悄出城，向果州（今四川南充）方向逃窜。

第二日天明，哈麻秃硬着头皮领军出战，几个回合就被明玉珍擒获。

重庆城破。明玉珍领着大军浩浩荡荡进驻城内。全城老百姓倾巢而动，夹道欢迎，争睹"明瞎子"的风采。

哈麻秃被送到汉阳"天宪"政权报捷，徐寿辉大喜，封明玉珍为陇蜀省右丞相。明玉珍进入重庆城后，严禁士兵侵犯百姓、掠夺财产，备受百姓拥戴，附近的义军纷纷前来投靠，队伍越来越壮大。

元至正十八年（1358年）二月，完者都从定州（今河北定州）纠集残兵，然后联合四川行省平章朗革歹、参政赵资屯兵于嘉定（今四川乐山）大佛寨，准备反攻重庆。明玉珍闻此消息，顿时大怒，派遣部将万胜率兵直扑嘉定。这个万胜，有万夫不当之勇，是明玉珍手下最得力的战将，深受明玉珍宠爱，并被认作义弟。

万胜率军日夜兼程赶到嘉定，连夜向嘉定发起进攻，仅半个月就攻克嘉定城。而大佛寨却没这么简单，相持半年多仍然没有攻下。明玉珍亲率大军赶往嘉定城。嘉定城中元兵听说明玉珍亲自杀到，又惊又怕，逃的逃，跑的跑，早就失去了战斗力。明玉珍大败元兵，拿下嘉定城，并顺势占领成都，生擒完者都、朗革歹和赵资三人，押回重庆斩杀于大十字街（今渝中区沧白路）。

自嘉州（今乐山）、成都大胜后，明玉珍逐渐占领川蜀全境，并深入陕西兴元（今陕西汉中）、甘肃巩昌（今甘肃陇西）等地。

元至正二十年（1360年）闰五月，起义军首领、部将陈友谅谋杀徐寿辉，自称汉帝。

消息传到重庆，明玉珍悲痛欲绝。他衷心拥戴并为之浴血

大夏国疆域示意图

奋战的"宋"政权，被乱臣贼子颠覆了。明玉珍下令，川中全军缟素戴孝，为徐寿辉隆重发丧，又在重庆城南为徐寿辉立庙，春秋奉祀。他召集部属，义愤填膺地说："我与陈友谅同为徐寿辉部属，陈友谅居然弑主自立，我定当整兵讨之。"于是令部将莫仁寿领兵严守入川第一关——夔门，断绝与陈友谅的任何往来。

从此以后，明玉珍所控制的巴、蜀、滇、黔之地，犹如一个独立王国而自成体系。部将们极力劝进，拥戴明玉珍即王位。明玉珍推辞不过，于元至正二十年十月十五日（1360年11月23日）即王位，自称陇蜀王，但"不易国号，不改元"，仍尊奉"宋"政权及其纪年，并为徐寿辉上谥号为"应天启运献武皇帝"，表明了自己与陈友谅篡逆行为的根本区别。

明玉珍的谋士、王国参谋刘祯并不满足于此，他劝慰明玉珍，说道："今天下大乱，中原无主。此时若不称大号以系人心，部下将士来自四面八方，如果因思乡而离去，明君即使想保全川全蜀尚且困难，何以有力量去图天下！"

明玉珍在重庆称帝

1363年正月，明玉珍在重庆正式即皇帝位，建立"夏"王朝，建元"天统"，立儿子明昇为太子。这是重庆历史上第二次建国都。朝廷设在长安寺（今重庆第25中学校舍），皇宫置于巴县官署（今巴县衙门一带），将治平寺（今罗汉寺）设为国宾馆，一切从简节约。

由于常年征战在外，积劳成疾，至正二十六年（1366年）春二月，明玉珍病逝，时年只有36岁。年仅10岁的太子明昇继位，改元"开熙"，尊母亲彭氏为皇太后，垂帘听政。

自此，夏国臣僚开始自相倾轧。督察院知院张文炳专权，忌恨右丞相万胜，指使明玉珍的义子明昭假借皇太后彭氏的懿旨，杀死了万胜。万胜非常受军士们的爱戴，莫名其妙被陷害，诸军将大怒，传檄发兵，"不诛明昭，国必不宁"。10岁的小皇帝急忙按照大家的意思，把明昭杀掉，勉强将这场动乱按平。自此以后，大夏国力日渐衰弱。

1368年，朱元璋灭元称帝，建都应天（当年改为南京）。

1371年正月，朱元璋出兵讨伐大夏。6月22日，大夏皇帝明昇同母亲彭氏及右丞相刘仁奉表出城投降，明夏王朝灭亡。

第二年（1372年），朱元璋又将彭太后、明昇母子一行数十人，迁徙到数千里之外的高丽国延安郡（今朝鲜境内）。名义上是交高丽国君代管，实际是流放充军。而后，明昇被高丽国君封为"华蜀君"，招为驸马，其子孙繁衍至今，已达6万人之众（朝鲜2万，韩国4万）。

神秘风水十七门
（四筑重庆城）

重庆卫指挥史戴鼎，一介赳赳武夫，却是重庆第四次筑城的总工程师，他完善了重庆城的体态和功能。

在世界历史上的众多城市中，全部采用石头砌筑的城墙倒也不少，但同时又修筑了十七道城门，而且九开八闭各司其职者，除了重庆城之外，全世界却绝无仅有。

在彭大雅筑城130多年后，明太祖洪武四年（1371年），重庆最高军事长官名叫戴鼎的守将，在他镇守重庆期间，把先前修筑的城墙、城门又进行了大规模的改建、加固和完善，他将墙体全部换成了青条石。新城墙高10丈（32.7米），全城周长2660.7丈（8.86千米）。

明朝之前，因战争连绵不断，筑城主要用于军事防御，抗击外敌入侵。而今天下太平，城门则是为了市民出入与管治百

明初重庆卫指挥史戴鼎

姓。重庆城三面环水，一面接陆，地势蜿蜒崎岖、高低不平，不能像平原城市那样规规矩矩地建东、南、西、北四道城门就了事，而只能因地制宜，依山就水。于是戴鼎便设想了一个让重庆城门"九开八闭"的新招。

那时候的人们都喜欢占卜算命。相传，戴鼎虽出身武夫却颇有心计，又笃信道家风水，讲究阴阳相谐，在筑城辟门时，专门请了一位十分高明的风水先生来勘测风水。《易经》占卜学的元素中有"九宫八卦"的称谓，用它的意象来确定辟门的数量以表示吉祥坚固的寓意。"九开八闭"恰与"九宫八卦"相契合。九加八得一十七，所以就修建了重庆城门17座。

重庆城的九道开门中，朝天门、东水门、太平门、储奇门、金紫门、南纪门面临长江；临江门、千厮门面临嘉陵江；只有通远门与陆地相接。其他的八道闭门仅具有城门的形式，不能打开，所以叫"八闭"，依次是：翠微门、太安门、人和门、凤凰门、金汤门、定远门、洪崖门、西水门（福兴门）。

风水先生说，开门为"水门"，闭门为"火门"。重庆城17门，一"开"一"闭"间隔；两"水门"夹一"火门"，表示以"水"克"火"的意思；预

示能消除重庆夏天炎热、房屋密集常致火患的灾难。

九道开门中除东水门、金紫门外均有瓮城，并且城门正中都有门神之魂：

朝天门，城门上书写着"古渝雄关"；

太平门，城门上书写着"拥卫蜀东"；

南纪门，城门上书写着"南屏拥翠"；

通远门，城门上书写着"克壮千秋"；

临江门，城门上书写着"江流砥柱"；

储奇门，城门上书写着"金汤永固"；

千厮门，城门上书写着"千厮巩固"；

东水门，金紫门，其"门神之魂"已不知所终，或许本来就没有。

重庆城门的气势磅礴让人赞叹不已。

自戴鼎建城之后550年过去了，重庆城没有多少变化，一直到20世纪20年代，民国重庆市政府为了拓宽拥挤不堪的这座老城，才下令推倒了大部分城楼与城墙。然而像通远门、东水门、人和门、太平门（遗址）等这些珍贵的建筑文物，仍然风光依旧在我们的视野中，让游客流连忘返。

古往今来的重庆人，都为自己家乡悠久精湛的建筑艺术而自豪。在世代重庆人口中传诵的一首童谣，便是他们对这一历史遗迹的深深怀念：

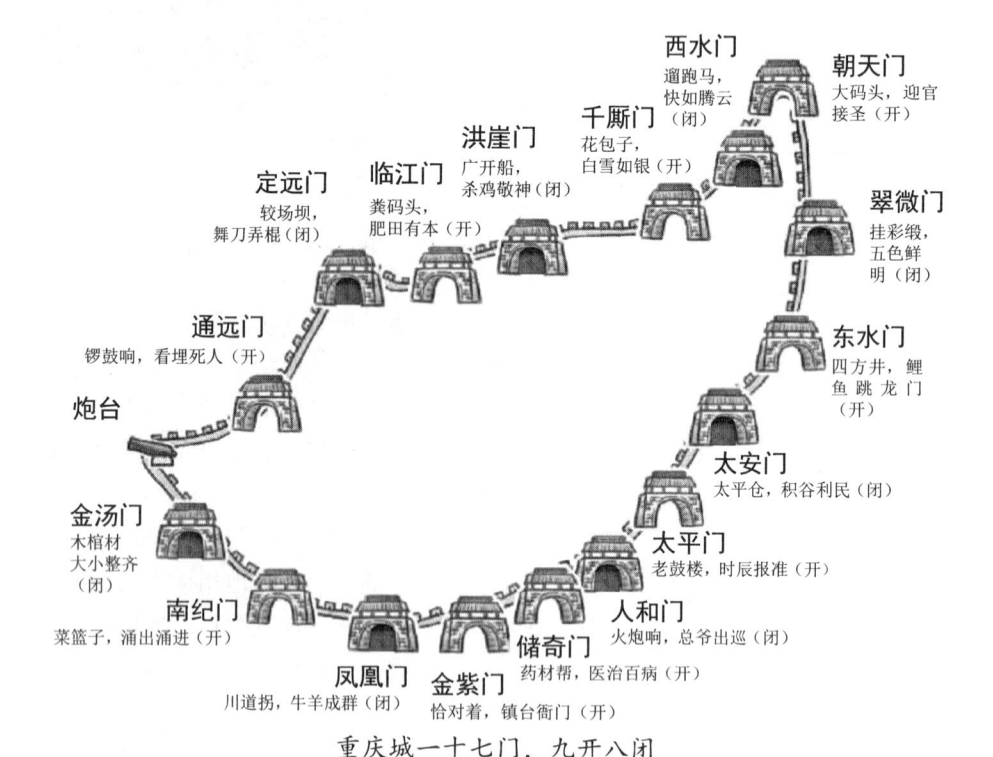

西水门 遛跑马，快如腾云（闭）

朝天门 大码头，迎官接圣（开）

千厮门 花包子，白雪如银（开）

翠微门 挂彩缎，五色鲜明（闭）

洪崖门 广开船，杀鸡敬神（闭）

临江门 粪码头，肥田有本（开）

定远门 较场坝，舞刀弄棍（闭）

东水门 四方井，鲤鱼跳龙门（开）

通远门 锣鼓响，看埋死人（开）

太安门 太平仓，积谷利民（闭）

炮台

太平门 老鼓楼，时辰报准（开）

金汤门 木棺材，大小整齐（闭）

人和门 火炮响，总爷出巡（闭）

南纪门 菜篮子，涌出涌进（开）

储奇门 药材帮，医治百病（开）

凤凰门 川道拐，牛羊成群（闭）

金紫门 恰对着，镇台衙门（开）

重庆城一十七门，九开八闭

朝天门，大码头，迎官接圣（开门，长江水门，有瓮城，仿建）；
翠微门，挂彩缎，五色鲜明（闭门，长江水门，无瓮城，不存）；
东水门，四方井，鲤鱼跳龙门（开门，长江水门，无瓮城，现存）；
太安门，太平仓，积谷利民（闭门，长江水门，无瓮城，不存）；
太平门，老鼓楼，时辰报准（开门，长江水门，有瓮城，遗存）；
人和门，火炮响，总爷出巡（闭门，长江水门，无瓮城，遗存）；
储奇门，药材帮，医治百病（开门，长江水门，有瓮城，不存）；
金紫门，恰对着，镇台衙门（开门，长江水门，无瓮城，不存）；
凤凰门，川道拐，牛羊成群（闭门，长江水门，无瓮城，不存）；
南纪门，菜篮子，涌出涌进（开门，长江水门，有瓮城，不存）；
金汤门，木棺材，大小齐整（闭门，陆门，无瓮城，不存）；
通远门，锣鼓响，看埋死人（开门，陆门，有瓮城，现存）；
定远门，较场坝，舞刀弄棍（闭门，陆门，无瓮城，不存）；
临江门，粪码头，肥田有本（开门，嘉陵江水门，有瓮城，不存）；
洪崖门，广开船，杀鸡敬神（闭门，嘉陵江水门，无瓮城，不存）；
千厮门，花包子，白雪如银（开门，嘉陵江水门，有瓮城，不存）；
西水门，遛跑马，快如腾云（闭门，嘉陵江水门，无瓮城，不存）。

明初以后，战事渐渐稀少，国泰民安初现，商贸物流慢慢繁荣，重庆城17门的各自功能也日益突显出来。

朝天门（开门）：位于两江汇合处，朝向皇城天子的城门。南宋京城建于临安（今浙江杭州），钦差时常乘坐官船溯长江而来，经由此城门入城传圣旨，故名朝天门。早先朝天门码头不准民船停靠，专门留给官船用；后来江面船只增多，开始允许民船停靠小码头，大码头仍然留给官船。1891年重庆开埠，洋货进入，朝天门初设海关（后移到南岸王家沱）。1927年潘文华拓城，为发展而扩建朝天门码头和道路，将城墙、门楼等一一拆除。

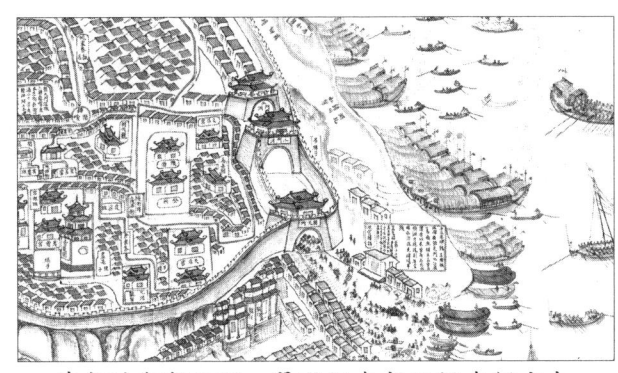

清朝时期朝天门，翠微门在朝天门左侧方向

清末东水门文星阁、城楼、吊脚楼等

翠微门（闭门）：紧挨东水门，相距100米。城门外的长江河边码头是丝绸、绸缎及绢帛的停泊港口。四川盛产丝绸，川丝是全国市场上的俏货，翠微门码头作为水路转口码头集聚了川内各大绸缎帮，成为四川最大的丝绸市场。

东水门（开门）：立于峭壁之上，地势险要，易守难攻，因而城门未设瓮城，是人们坐过河船横渡长江去南岸的要道，也是外地商贾云集之地，城门内外生意兴隆，人烟稠密，湖广会馆、广东公所等坐落于入城的芭蕉园街上。

太安门（闭门）：与南岸龙门浩隔江相望，因此这一片区又叫做"望龙门"，望龙门并非城门，而是取"打望龙门"之意。太安门内曾有二府衙、城隍庙、文庙等显赫的建筑，城门于1927后随潘文华拓城而拆除。

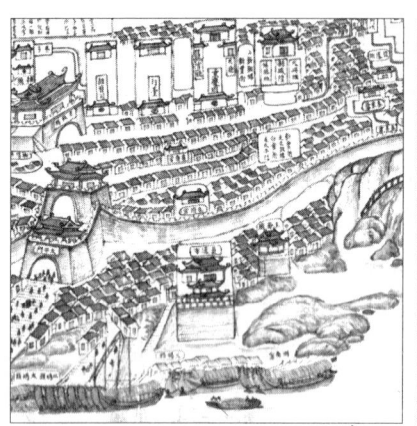

太平门（开门）：一直是重庆城的重要门户，出城门坐船渡过长江至南岸龙门浩，经巴县背峰、木洞、天赐入南川通往贵州和湘西的官道，称为重庆的"东南路"。1891年，重庆开埠，外国商人来到重庆经商，但被限制在南岸租界区里，与城内的

清朝时期太平门城门、城楼，民初太平门城楼、城门

白象街隔江相望，洋人们未经许可不能入城。白象街位于重庆城太平门内，靠近官府，于是就有了为洋人办事的买办。当年的白象街汇集了百货、银楼、当铺、钱庄和很多行帮，成为当年重庆城最豪华的街道和金融中心。

人和门（闭门）：位于太平、储奇二门之间，所谓天时地利人和，故名曰"人和"。城门内有重庆各类镇台衙门，遂歌曰："人和门，火炮响，总爷出巡。"清代时，人和门外有神仙洞水沟，从刁家巷、段牌坊流出的水经此处流入长江。

储奇门（开门）：重庆城的正南门，是沟通上半城和下半城的枢纽要道，出城门过长江到南岸海棠溪通向贵州。储奇门自古就是重庆城药材集散之地，城门外码头装卸的货物大都是四川出口的大宗药材山货，城门内集中了药材和山货的

民初储奇门码头人货川流不息

商号和堆栈（临时寄存货物的地方）。以前，西南各地进贡给皇帝的奇珍异宝，都要在这里停留后再转运进京。储奇、金紫两道开门之间唯一没有闭门。

金紫门（开门）：因古庙金紫寺而得名，因重庆官府衙门集中此地而专门兴建。金紫门城门对面，就是重庆镇署衙门，是重庆权势显赫的大衙门。据记载，城门附近过去曾是官府金库所在地，设此"开门"的目的或许与官府方便调遣军队及运输库藏金银相关。城门外的江边是柑橘船集中的地方。

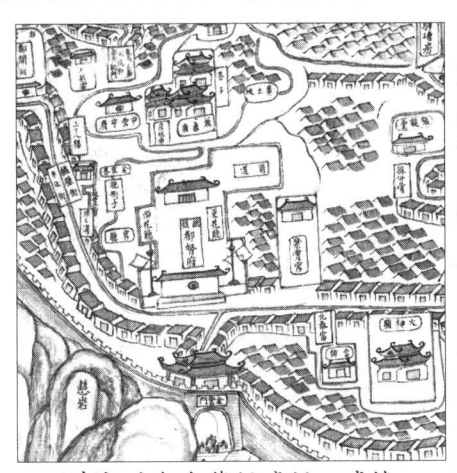

清朝时期金紫门城门、城楼 　　清朝时期南纪门城门、城楼

凤凰门（闭门）：因凤凰台在此而设门。明清至民国，自贡、贵州等地的牛羊源源不断地送到城门外的川道拐，这里是重庆的专业屠宰场，屠宰好的牛羊肉从川道拐经凤凰台送入城里来。从凤凰门入城，穿厚慈街、十八梯、善果巷可直上较场坝，这条路是旧时沟通上半城与下半城的一条主要干道。

南纪门（开门）：重庆下半城水陆两通的重要城门之一，陆路经黄沙溪上凤凰梯到鹅公岩、石桥铺，或经两路口过浮图关至大坪，与去成都的官道"东大路"、去陕西的"嘉陵道"相通，水路是市民出城乘渡船过长江到南岸郊游观光和去贵州、云南的交通要道。城门外的江岸平坦开阔，成为重庆木材业集中的码头，也是专管菜篮子的蔬菜集散地。

金汤门（闭门）：在南纪门与炮台及通远门之间，位于雷家坡上面临近打枪坝这片山峰的山脊间，城外是悬崖高谷，城门正对着长江边上的珊瑚坝。金汤门始建于戴鼎（1371年），取"固若金汤"之意。城门内有天官府、体心堂、仁爱堂等著名建筑和四川及重庆第一座自来水厂。

通远门（开门）：历来是重庆城通往外界的主要陆路通道，门外的七星岗是一片乱坟岗。通远门

清末通远门城门、城楼

清末通远门城楼外官道、民居与行人

的第一次刀光之灾发生在宋末元初，忽必烈强攻重庆，守将张珏率将士血溅通远门，城门被攻破，重庆失守。第二次刀光之灾发生在明末清初，张献忠率领起义军与明军决战通远门，激战六天无果，最终起义军炸塌通远门转角城墙，才一举攻入重庆城。1927年通远门部分城墙拆除后修马路。

定远门（闭门）：与金汤门一起位于通远门两边，互为犄角，即"金汤坚城，挥戈定远，方可通达远方之路"。定远门自建成起便遭遇冷寂，1932年兴修七星岗至朝天门的中城经路，定远门被拆除。

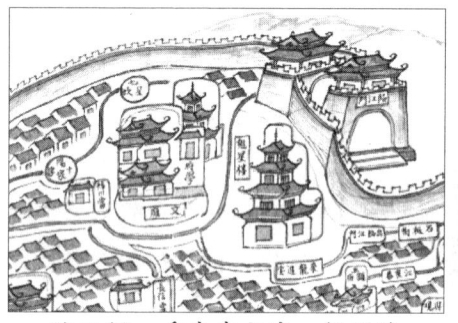

临江门、重庆府文庙、魁星楼

民初临江门河边的码头与吊脚楼

临江门（开门）：重庆城的正北门，建在悬崖之上，下临嘉陵江，面向江北，自古就是守卫重庆城的要塞之一。临江门曾是重庆最大的粪码头，用于农业种植的肥料都在这一码头上岸，或者转运到长江、嘉陵江的其他支流地区。

洪崖门（闭门）：南宋彭大雅筑城时设立的一道开门，地势险要，为军事要塞，明初戴鼎修城时把它变成了一道闭门。城门筑在一片高崖石壁之上，城门外有一个巨大石窟，叫做洪崖洞，又叫神仙洞。"洪崖滴翠"为"渝城八景"之一，自明清以来久负盛名。

千厮门（开门）：重庆城最古老的城门

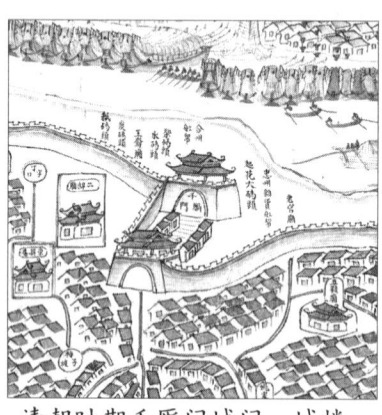

清朝时期千厮门城门、城楼

千厮门内的上行街与行街口

之一，自张仪筑城时就有了，城门隔望嘉陵江面对的江北老城保定门，粮食、棉花在此卸货入仓，城门内有储存粮棉的千仓万仓，故取名自《诗经·小雅》："乃求千斯仓，乃求万斯箱，黍稷稻粱，农夫之庆。报以介福，万寿无疆。"城门于1930年拆除后修建码头。

西水门（闭门）：又叫福兴门，在千厮门与朝天门之间，传说曾是风流韵事之地。因地势平阳、视野开阔，城门内外的商户、住家较少，久而久之便形成了一个天然遛马场，任由百姓骑马玩乐。西水门于1927年拆除建成嘉陵码头。

张献忠巧夺重庆城

明崇祯十七年（1644年）一月，正是隆冬时节，寒气侵地，张献忠却率领60万大西军自荆州出发，水陆并进，杀气腾腾地奔四川而来，扬言要"澄清川岳"。这家伙到底要干什么？是突然发疯了还是精神错乱了，对巴蜀大地如此仇恨？

黄虎张献忠

相传，1637年张献忠与李自成因战利品之故分裂后，带领自己的大部人马向成都进发，力图夺城取而代之。哪知明军总兵左良玉早已闻风备战，张献忠几次攻城未遂，还损兵折将遭受重创。在败走途中好不容易有一歇息之处，于是他赶紧方便，并随手拔了一把茅草当手纸用，不料"哎哟"一声，被茅草的荆棘刺伤了屁眼，鲜血直流，于是咬牙切齿地发誓将与这片土地不共戴天。

另一传说出自姚雪垠的《李自成》：张献忠9岁时，家乡延安闹饥荒，便随父亲来到四川内江贩枣子糊口。一天，父子俩牵着毛驴赶场，累了，便在一户绅粮家门前歇息。不料，那毛驴撒了一泡尿，还拉了两坨驴粪。绅粮发现，说是污了他家门神，强迫张父将那驴粪吃了，父子俩再三恳求却遭来家丁棒打。张父含泪吞下驴粪，不久便患病，三月后死于途中。童年张献忠对绅粮的杀父之仇，就是导致他要剿杀四川的原因。

然而，这些仅是张献忠入川动机的传说。被称做黄虎的这个家伙到底要干什么，这得用他的行为来说话。

1644年6月16日，张献忠的大军抵达距朝天门仅十多里的铜锣峡，向驻守在那里的明军发起正面猛攻。张献忠虽说是草莽出身，文化不高，却对兵书情有独钟，作战狡黠精敏，17日就将大部力量暗中从长江南岸登陆，绕大兴场，急驰150里到达江津。然后叫李定国带几万人马由陆路走铜罐驿，直奔佛图关；自己则亲率大军乘船顺江而下，直抵菜园坝。然后截断佛图关与城内的联系。

与李定国合围，便完成了对重庆城西面的控制。固守铜锣峡的明军得知佛图关陷落，也弃甲而逃，于是重庆城便已在张献忠大西军的包围之中了。

可重庆城毕竟曾经是帝王之都，十七余里周长的城墙是建立在天然石崖上，少则七八丈高，多则十余丈，一十七道城门中九开八闭，门门相映，神秘莫测。这倒使张献忠皱起了眉头。他深知"不战而屈人之兵"的高妙，于是通知特使向城内"劝降"。

第二天，"劝降"的特使没有返回，其头颅却从城墙上被抛了下来，接着是城墙上连番的火炮轰击，让张献忠的军队一下伤亡了上百名兄弟。张献忠大怒，宝剑一挥："攻城！"

将士们在弓箭手的掩护下，纷纷架设云梯蜂拥而上……却被明军的火石、滚木、沸油依次击退。频频进攻的大西军伤亡甚众，在南纪门、金汤门、凤凰门、金紫门、储奇门的城门外，到处流淌着张献忠将士们的鲜血……

张献忠见势不妙，即刻停止了攻城。下令挖掘地沟至城墙下，用炸药炸翻城墙。于是大批士兵在弓箭手的掩护之下，冒死挖沟，可没挖多远前方均是岩石，根本无法向前延伸。千军万马的攻城之战一下子陷入了困境。

深夜，佛图关营帐中。张献忠正同将领们在商量攻城战术时，两名侍卫带了一个叫王挑水的中年男人进来，说他冒死刚从城内出来，死活要见张献忠。他说他对重庆城知根知底：朝廷为了让整座城墙沾点地气，在通远门城墙下留

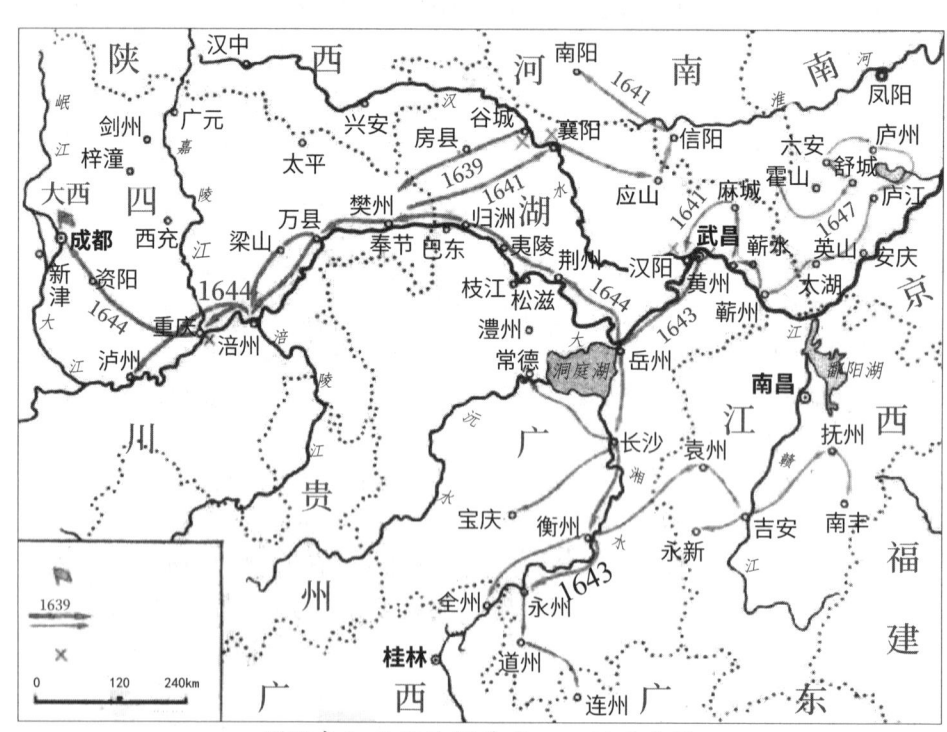

张献忠起义军进军重庆、四川示意图

有泥土。可以挖掘地道直通城墙根。张献忠喜出望外，即刻拿出100两银子赏给王挑水。可王挑水拒绝了，他说自己不是来出卖消息的，他恨官府占了他的田土，抓走他两个儿子当兵，都死在战场上。

通远门建筑在重庆城的山顶上，为全城制高点。城门上书有"克壮千秋"四个大字，地势险要，屏障全城。居高临下，易守难攻。城门外的峡谷中，十里之内是一片棺山，荒坟累累，历来是城内死人埋葬之地。

第二天一早，张献忠便命令各路军士继续攻打各城门，而自己带领一批精兵强将直扑通远门。众兵士一起合力大掘坟墓，将棺材板连成一道屏障，抵御守军凶猛的箭石，掩护工兵挖掘通往城墙的土坑。经过三个时辰的血战，通往城墙根的泥槽终于挖穿了。他们将火药填满了棺材，密封后塞进了城墙脚下的泥坑中……

6月22日辰时，"轰！轰！……"突然几声巨响，烈焰升腾，像山崩地裂，大西军的巨量炸药掀翻了通远门的转角楼。千年的古城墙第一次被炸开了一个大裂口，露出了断壁残垣。大西军杀死了守楼副将卞显爵及其固守的抵抗者，宛若洪水般挥动着兵器的将士在震天撼地的厮杀声中涌进了重庆城……

张献忠的将士们冲杀着、呼喊着，挥舞着"杀官救民""只杀贪官，不犯顺民！"的鲜红大旗。

沿街的居民，已经纷纷关门闭户，个别胆大者即刻写了"顺民"两字，贴在门上。

大西军的刀剑直指官府衙门、朱门豪宅。

大西军攻打通远门雕塑

街头上倒下的是乌纱锦袍、明军残勇……

张献忠入城以后，所有的高官要员，除了个别在抵抗中当场毙命的以外，大都坚壁清野，藏匿起来。有些还化装潜入百姓之家。由于张献忠能开仓济贫，不犯百姓并奖励检举者，因而重庆明府的所有大官，一个个都被揪了出来。

几天后，在重庆城较场坝（今较场口），大西军将逃亡来渝的明朝瑞王朱常浩、四川巡抚兼重庆城守指挥陈士奇、关南兵备副使陈缵、重庆知府王行俭、巴县知府王锡等几十人押上了刑场。

张献忠向被绑架的俘虏吼道："你们听着，愿降的跪下，愿死的就站着！"

除了一人跪下，其余都站着。

张献忠凑近陈士奇身边问道："蠢驴，怎么不跪下？老子叫你早降，你还杀了老子的特使。哼，想不到有今天吧？"

陈士奇傲然答道："你这草莽，小人得志便猖狂。我乃明皇大臣，岂能屈膝于你等鼠辈？！要杀要剐尽管使来，少言废话！"

"算你好汉！"张献忠又问王行俭："他娘的，你他妈的知府，不仅不开门投降，还炮击老子，想决一死战？"

"不不。权不在手，无能为之……望大王乞怜……"王行俭面如土色。王锡奋起一脚踢在他背上："大丈夫死就死尔，岂向盗贼求活？！"

天气炎热，刑场侍者向每位明朝官员还发了茶水一杯。

明瑞王朱常浩

王锡接过茶杯，愤然掷在地上，面对张献忠大骂不绝。

张献忠勃然大怒："你是想早死？哼，休想！来人，拉下去用钝刀慢割，叫他欲死不能！"

接着，在百姓的呼喊声中当即斩了陈士奇、陈纁、王行俭、顾景、王应熙……

当审讯瑞王朱常浩时，张献忠见他兀立不跪，于是问道："朱常浩，你这朱家的王，不过是一条驴，为何见了老子不下跪？"

瑞王答道："孤失宠于先帝，远封汉中，早知命途乖恶，故长斋念佛，以修来世。你如杀我，我亦只好再图转生；你不杀我，我愿剃发出家，再图修积。眼下任凭你处置，我不骂你，亦不告饶。"

张献忠见他有几分倔犟又有几分修行的虔诚之意，于是说道："那好，本大王就成全你，让你先当和尚，再去作乞丐。来人，将他头发剃了，赶出城去。"

哪知那朱常浩虽被剃成了光头，一走出较场，便有不少百姓围上来跪地叩拜，边走还边有人跟在他后面尾随着，双手合十。张献忠一看，这还了得！便赶紧传令将朱常浩又押了回来。

"和尚，咱本想放你化缘，又顾忌你会借化缘为名，蛊惑民众。算了算了，还是送你升天的好。"于是命刀斧手将其绑在木桩上，立刻处死。

说来也怪，恰在此刻，狂风骤起。南岸涂山上树枝飘摇，电光一闪，打了一个惊天炸雷。

幕僚汪兆麟上前进言道："大王，迅雷疾风必生变故，这朱常浩本无大过，不必杀他，可留在军中招降前方州县。"

张献忠道："你以为天帝在救他么？老子才是天帝之子，最知天帝之心，天帝早就愿朱氏王朝断子绝孙了。这炸雷是偶然的！用刑！"

当那朱常浩的人头刚一落地，便是一阵紧似一阵的炸雷，风也猛了，天也变了。空气越发闷热，接着倾盆大雨接踵而来。台下的百姓、士兵衣服湿透，

重庆城守指挥陈士奇

纷纷欲散。有人说，这是天不叫杀瑞王，老百姓惶惑不解，议论之声，沸沸扬扬……

张献忠仰天望了望，忙呼道："大家安静！老子奉天命杀贪官，与你雷公何干？！你们看，老子打下雷公来，一同审判！"

于是命令两座炮台，交互向天轰击。真不可思议，一阵震天的炮火轰击之后，万里长空又是云散天晴。清风徐来，凉爽无比，军民无不惊喜震骇。

张献忠仰天而笑："哈哈哈……你们看，到底是雷公凶，还是本大王厉害！"

处决了明朝高官后，张献忠来到位于中营街的左营署，那是大西军的临时俘虏营。草坪上，黑压压地站立了一大片明军俘虏兵，约莫有官兵两三千人，正等待大王发令处置。

张献忠宣布道："你们听好了，愿降的跪下，愿死的站着！"

话刚完，齐刷刷地跪下了一大片，只有疏疏落落两百来人还站着。

"愿死的站着！可要听好哇？"张献忠向站着的士兵再说了一遍。

又有几十人犹豫着跪了下去。

张献忠向身旁的将领说道："老子就喜欢这些站着的硬汉子，把站着的押到艾能奇营中去，好好招待，劝他们投降！"这才转过身来对跪着的俘虏兵大骂道："你等全是些无用货！老子用不着你们，也不杀你们，只给你们打个记号！"于是各队把俘虏兵押回，将一个个宰去右手，然后放行……

1644年7月，张献忠历时20余天的重庆城战事完成，便率领大西军分水陆两路向成都进发。

1644年11月16日，在成都建立了农民政权，国号大西。

湖广填四川移民潮

自先秦以来，重庆历史上曾有过九次大移民，八次移入，一次移出。人们在茶馆酒肆、街头巷尾最津津乐道的是两次"湖广填四川"。

第一次"湖广填四川"发生在元末明初的洪武年间，从1371年开始，历时22年，移民规模30万人左右，大夏国皇帝明玉珍从湖广迁来了不少移民，其规模和第二次相比较小。第二次"湖广填四川"对当今重庆人的影响要近得多，大得多，流传于民间、家族里的故事也最多。

第二次"湖广填四川"是中国封建社会最大规模的一次移民。明末清初的30多年间，四川境内（含重庆、遵义）遭到了历史上前所未有的战乱、灾难。明军的滥杀，清军的滥杀，张献忠的滥杀，地方豪强的滥杀，流窜匪贼的滥杀，加上旱灾、洪灾、蝗灾，以及大头瘟、马眼瘟、马蹄瘟流行，四川人口锐减。

据清康熙二十四年（1685年）人口统计，经历过大规模战事和天灾的四川省，仅有人口9万余人。重庆城内从朝天门到七星岗、通远门一带，只剩下数百户人家，重庆所辖的州县境内，有的只剩下十几户人家！

元末明初第一次"江西填湖广，湖广填四川"移民图

从康熙三十三年（1694年）发诏，招民填川，到嘉庆二十五年（1820年）的120余年当中，重庆由仅存的3万余人发展到230万人，这不能不说是中国甚至世界移民史上的一个奇迹！然而在这个奇迹下面，我们却不能忘却那千千万万个家庭，曾经携儿带女、背井离乡，充满泪水和心酸、坚韧和等待的许多可歌可泣与自强不息的故事……

移民途中要"解手"

元朝末年，朝政腐败，连年战乱，民不聊生。两湖江淮一带，人们颠沛流离。为恢复中原经济，官府在山西洪洞广济寺设局驻员，征招当地居民，迁徙冀、鲁、豫、苏、皖、北京一带的人。

广济寺有千年古槐一株，浓阴覆盖，移民们行前纷纷指槐为记，含泪告别故乡。以后历年久远，子孙繁衍各地，追溯祖元，均以大槐树为鉴证。

迁民是强制性的，人们故土难离，用各种方法进行反抗，官差怕大家半路上逃跑，就把他们双手捆起来，几十个人串联在一条绳子上，一人要动，牵动全体。这样，无论是白天行路还是晚上睡觉，如果有人要大小便，就得恳求官差把绳子解开。

第二次"湖广填四川"移民路上扶老携幼

起初，话说得比较完整："请大人把我的手解开，我要大（小）便。"后来，逐渐简化，先是说："给我解手"，最后干脆只说"解手"。

到了新的住地，人们开始了新的生活。这时虽然再无束手之绳了，大小便不需再喊官差"解手"，但由于迁徙路上那段生活在人们头脑里留下了深深的烙印，也由于已经说顺了口，所以"解手"一词就成了人们大、小便的代用词了。一代一代，至今我们还在沿用。

带妻携子千里行

万安静是广东嘉应州长乐县人，在家乡帮人开荒种地20年后，有一天听人说移居四川能有自己的田土，于是便萌生了远走他乡的念头。

某天清晨，万安静收拾起家里仅有的一床被褥、几袋干粮和多年来积攒的一点银两，唤醒尚在沉睡中的妻子和不满两岁的儿子就上路了。这一年，他36岁，妻子刁氏22岁。

万安静挑着沉甸甸的担子，过了一州又一府，经受了无数个烈日风雨，徒步跋涉了5000里路，终于来到成都城外人烟稀少的凤凰山脚下。

当晚明月高挂，他便用茅草和树干搭起了离家后第一个属于自己的窝。

耕种不能及时解决温饱，要养家糊口怎么办？万安静用自己身上的一点小本钱做起了货郎生意。哪知周边地广人稀，没有买主，万安静做了一次赔本生意。

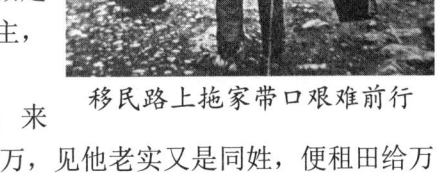

移民路上拖家带口艰难前行

他用仅剩的钱惨淡糊口了几个月后，来到成都龙泉山萧家沟。那儿有个富翁也姓万，见他老实又是同姓，便租田给万安静种，才让他走出了危机。

万安静为了珍惜这一份生计，"竭力躬耕，不分旦夕"，常常累倒在月光下的田垄上。其间，他妻子又接二连三生了七个孩子，一家人全仗万安静一双勤劳的手。就这样，熬过一年又一年，大儿子万桂芳长大了，跟随父亲劳动，才使家里买了头耕牛，也才有了点积蓄。

万安静有个广东老乡，要回老家探亲，于是四处筹借了一些银子。

这事被一伙强盗知道了，他们打算当晚洗劫他们家。万安静无意间听到强盗的密谋，犹豫了片刻，最终还是将这伙人的行踪告诉了广东老乡。等强盗赶去行窃时，老乡已远走高飞。强盗认定是万安静走漏了风声，于是盗走了万家的耕牛作为报复，万安静也只得默默认了。

万安静性情刚烈，每当心里不愉快时，就发泄到妻子身上，还常常赌气，"卧床不食"。相反，妻子刁氏则豁达大气、贤淑柔顺，常常跪在床前苦口婆心地劝慰他，使他气消而食。

刁氏相夫教子，缝补理家，丈夫主外她主内，一家人和和睦睦。就这样，16年过去了，万家终于人丁兴旺，积蓄日丰，买了田产，修了新房，过上了富裕的生活。

少年血泪求生记

刘秀标是广东潮州府兴宁县人，生于大清乾隆三十九年。14岁时，母亲对他说："我们家田产微薄，朝不保夕，你哥哥前年都跟同乡去四川了，听说那儿土地肥沃，创业不难，你就赶紧去吧。"

刘秀标放心不下有病的母亲和年幼的弟弟，迟迟不肯出行。在母亲的再三叮嘱下，一个阴沉的早晨，他还是告别了故乡。

从广东到四川要路经湖南、湖北遥遥几千里，人地两疏，跋山涉水，对于一个尚未成年的孩子来说要面对多大的挑战，需要多大的勇气，可想而知。

刘秀标进入四川的第一个落脚点是重庆府的江津县油溪镇。当夜，他蜷缩在一户民宅的屋檐下，啃着如卵石般坚硬的馍，寒冷和黑夜与他作伴，一个人只得暗暗流泪。

第二天一早，刘秀标便起来在镇上找活干，恰好一户人家要雇放牛娃，就雇佣了他。那家主人性情刻薄乖僻，半夜三更还要刘秀标起床给牛喂草。幸好这家主母念及秀标年小勤劳暗暗照顾他，常常给他补衣服；身上长虱子了，为他蒸洗垢衣；早晨秀标出去放牛，还要塞点吃的东西给他。

第一年，刘秀标没有工钱，老板只管吃。第二年得了1500文。第三年，积攒了4000文。有了积蓄，他便想起了早两年来川的哥哥刘秀桂。他打听到哥哥在永川县当石匠，近日不幸被石头砸坏了脚。

当他见到哥哥时，刘秀桂躺在床上，脚已红肿溃烂，两人抱头痛哭。

秀标将全部的积蓄拿出来给哥哥治病，但仍未治好。又借不到钱，他们只有沿街乞讨过活。一天，在街上遇到远房亲戚刘洪德，他见这哥俩如此惨状，便借了8000文钱给他们。

刘秀标用此钱与一位同乡开了一家酒坊。慢慢地，便积累了财富。那一年他30岁，离开家乡已经16年。他打算

移民路上提心吊胆过悬索桥

回去看看母亲。

幸好母亲还健在。他打算把母亲接到四川一同生活，母亲不愿，她要守护和祭祀已埋葬的列祖列宗。母亲告诫儿子：要赶紧回四川继续创业，要安家，等有了孩子再回来探望她。

刘秀标含泪答应了母亲的要求。回四川后娶了一个姓肖的姑娘为妻，继续经营他的酒坊和产业。其间，他一共回广东家乡三次，除了带回去银子3000两外，还带了许多好吃的、好穿的孝敬母亲。

刘秀标的弟弟刘秀林，也曾在哥哥的店铺里干了两年，回乡时，秀标给了弟弟白银1000两，嘱咐他赡养好母亲，照顾好穷亲戚。

刘秀标的哥哥刘秀桂脚伤痊愈后，也在江津娶亲安家。那年夏天身揣600两银子动身回老家看母，途经汉口，遭遇大风浪，船被打翻，他的银两和行李全葬于江底。刘秀桂深受打击，因神经失常而亡。

刘母去世后，刘秀标为了尊重母亲的遗愿，没有回老家办丧，而是在家吃斋念佛，愿母亲在另一世界享受天福。

刘氏族谱中说，后来刘秀标在江津买下"石羊溪、石壁冲、学田"等三处产业，又在油溪镇南华庙前修了一间很大的铺房，家业日渐兴旺。

乡亲抱团入川史

明洪武二年（1369年），程家、李家和殷家上上下下、大大小小33口人，围绕在程家院子里。他们正商议如何携家带口，向遥远的巴蜀之地迁徙——"抱团"由楚入川。

根程氏家谱记述，他们最初落脚在重庆开县（今开州区），住了一年后，举家迁到了万州的龙驹坝。两年后，又移居云阳辖区的维都坪。以后便在此地安居乐业，人丁兴旺，家族发展。

据《云阳县志》记载，"三姓六人约为昆弟，七世同居，不通婚媾，传十七代，食指数千尤亲睦无少警。"三姓同居一家达七世，按25年为一世，则有175年之久。

"三姓一共30多人抱团而行，在当时是比较常见的一种移民方式。这种方式一来沿途可以相互照应，确保移民安全；二来到了移居地，可以壮大势力，便于相互援助，保护自己。"而像这种三姓同居七世，却是人类移民史上少有的事。

此外，在巫山还流传着"湖广填四川"迁徙而来的沈、陶、杨三家人结为异姓兄弟的故事。他们先到达巴县（今重庆主城区巴南区），又辗转至巫山县沈家河（今平河乡）。分别时，三家人还将路上共享的一口铁锅砸成三份，作为今后三家人后代相认的信物。如今，仅陶家就已繁衍24代，达2000多人。

麻城麻糖的故事

20世纪80年代以前出生的人，一般都有过品尝麻糖（重庆人叫麻汤）的经历和乐趣：一个商贩挑着两个箩筐，箩筐上搁着一饼（像蛋糕那么大）黄白色的硬饴糖。商贩边走边"当当当"地敲打着手中的铁器（小锤和弯錾子）。小孩们一听到这个声音就会蜂拥而至，嚷着闹着要父母敲麻糖吃。那时的小贩也很随和，二分钱也敲，一毛钱也敲……这便是老一代的人最甜蜜的儿时记忆。

麻糖就是古代的饴糖，但又不同，是麻城人改良做成的所以叫麻糖。

明末闯王李自成、八大王张献忠时期，湖广麻城里奴仆造反占了城池，外面官军、民团驱赶老百姓一同攻城。久攻不下，误了夏收割麦。麦子倒地发芽，发芽的麦煮粥便成了糖饴。当年秋天，八大王张献忠带大兵到麻城，政权更替又误了秋收割谷。狂风暴雨，稻谷倒伏水田里，发了芽的米煮饭，稀饭和米汤便成了糖饴。

湖北麻城移民入川图

麻城人将发芽的麦子、大米按一定分量混熬，熬成的浆盛盆冷却后，撒上生米粉，就不粘盆粘手，这就是麻糖。移民们到四川后大量栽种红苕，丰收后吃不完，也用来熬成麻糖。

长期流传在民间的"撞麻城、吃麻糖"游戏，便是明末麻城移民历史的见证。

开埠洋商立德乐

1898年3月9日清晨，朝天门码头上万人空巷，一艘马达轰鸣的机器船溯江而来。这是长江三峡开天辟地第一次驶来的不用船工划动、纤夫牵拉的船只。当天，各国领事馆官员、重庆官府要员以及市民百姓，闻风而动纷纷涌到江边，争相目睹这个能在江中行走的怪家伙。

这艘首次航行在川江上的木壳机器船的主人是谁？他就是被称为外商开发中国西部的先驱——英国人立德乐。

此人远航重庆的梦想，始于1876年清政府被迫签订《中英烟台条约》后的启发。1881年，立德乐虽然一艘船也没有，却在湖北组建了川江轮船公司，开始为深入川江（长江的四川宜宾至湖北宜昌段）作准备。

1883年2月，立德乐将孩子留在上海，与妻子搭轮船先到汉口。他此行名义上是旅游，其实真正的目的却是沿途考察川江航道。而后便完成了《经过扬子江三峡游记》一书——它是最早向西方介绍长江三峡的著作，在西方引起了极大的轰动。

1887年，立德乐感到时机成熟了，于是筹集到1万英镑，在英国特制了一艘适合航行川江的"固陵"号轮船，准备大干一场。当年7月20日，英国驻华公使华尔森照会清政府总理衙门，要求发给立德乐行轮执照，并提出"转饬沿途地方官弹压保护"。

英国商人立德乐

消息一传出，群情激愤，官民纷纷集会抗议。特别是沿江的船民，他们深知，一旦机器轮船进出川江，势必会淘汰运行了数千年的木船，打破他们的铁饭碗，于是放出狠话来，如果英国轮船执意上行川江，誓死将它击沉。

老百姓的压力迫使清政府不得不想法终止立德乐的行动，朝廷派遣巴县知县杭国璋同立德乐及英国驻宜昌领事谈判了两年才达成协议：英国轮船十年内不得驶入川江，清政府以12万两白银收购立德乐在宜昌建好的码头、房栈及"固陵"号轮船。

1890年3月，中英签署《烟台条约续增专条》，重庆被迫开为商埠。次年，重庆正式开埠。立德乐闻讯后，即刻将自己卖"固陵"号轮船赚的一大笔钱带着，赶到重庆来，办起了重庆历史上的第一家外商洋行——"立德乐洋行"。

同时，他又花重金聘请英国人蒲南田率领测量队，深入宜昌到重庆的川江航道，绘制航线图、安设标杆等，为轮船通行做准备。

机会终于来了。中国在甲午海战中战败，根据1895年清朝政府与日本签署的《马关条约》，与日本同样享受"最惠国待遇"的英国船只有了驶入重庆的权利。

立德乐闻风而动，马上在上海订造了一艘双水轮木壳机动船，取名"利川"号。由于资金不够，立德乐夫人

"利川"号小火轮首航川江成功抵达重庆朝天门

一卷　巴源流长

甚至卖掉了贵重首饰与上海的房产，倾注全力支持夫君的冒险之旅。

1898年2月14日，已经58岁的立德乐即将开启他人生的一次重大远航。他自任船长，"利川"号轮船高调离开宜昌。宜昌官府出于对英国压力的妥协，为此行安排了一艘炮船和一艘救生船，以及12名精壮兵丁和6名水手护送，同时昭告沿江州县加以保护。

立德乐"利川"号轮船的溯江首航，遇到了几乎有翻船危险的狂风恶浪，遇到了纤缆绞入水轮中的紧急关头，还遇到了大批漂浮物绞住螺旋桨的危险时刻……由于他的勇敢坚毅和船员们的敬业智慧，排除了一个个困难险阻，经过20多天的艰苦航行，"利川"号轮终于抵达朝天门。

立德乐到重庆后，除了办洋行，还建工厂、修码头，特别是他办的猪鬃厂产品远销国内外。他在重庆经商的成功，不仅带动了大批外国商人纷纷涌入重庆开办公司，还教育和培养了处在幼稚状态中的重庆商人，带动了重庆猪鬃、矿业、玻璃等行业的发展。

立德乐的夫人还在重庆倡导"天足会"，并拟定《章程》："入会者，女不得缠足，子不得娶缠足之妇。"一时间，入会者门庭若市，对推动重庆妇女的解放、生活的更新功不可没。

"洋火"的故事

火柴＝洋火

"书画琴棋诗酒花，当年件件不离它。而今七事都变更，柴米油盐酱醋茶。"

短短的几句诗，却饱含了老百姓人生中的许多无奈与辛酸。而其中对于"柴"——火柴的使用，而今又有几个重庆人知道它的艰辛历程？

在重庆开办自己的火柴厂之前，重庆人用的火柴主要靠广东等地输入。当时火柴是舶来品，很稀罕精贵，所以叫"洋火"，一般只有达官贵人或有钱人才用得起，普通百姓人家依然用火镰敲击燧石取火。

然而，清光绪年间"重庆制造"的火柴出现，大大地改变了这种状况。由于在本土生产，原料和人工成本降低了很多。重庆火柴的售价仅是外来火柴的十分之一左右，这就让普通人家也消费得起了。

关于重庆最初生产的火柴，在1993年版的《重庆市江北区志》有这样的记载："光绪十六年（1890年），朱元海即在溉澜溪创办丰裕火柴厂……""丰裕火柴厂是'洋火厂街'的第一家火柴厂，重庆自己造的第一根火柴就出自这里。"

从 1890 年朱元海的"丰裕火柴厂"开始，陆陆续续又有十几家火柴厂在重庆江北溉澜溪创办。由于当时称火柴为"洋火"，人们逐渐将溉澜溪称为"洋火厂街"。

洋火厂街不过百十来米长，街的尽头是一条小河沟，名曰溉澜溪，河沟的一侧，而今房屋残垣断壁、破烂不堪。据考证，1890 年，朱元海创办的"丰裕火柴厂"就在此处，当时的厂房只不过是小河沟边上的几处吊脚楼。但就是在这样十分简陋的吊脚楼里，却点燃了第一根重庆制造的"洋火"，同时也点燃了重庆人民新的生活希望。

刘鸿生的"大中华"火柴　　　重庆火柴

现在，如果走到江北区文峰塔山的山脚下，你只会看到一段不到 50 米的石板路，连着一段高低不平的土路，静谧荒凉。其实许多人都不知道，这儿曾经人来人往，店铺林立，"洋火厂街"的名号更是远近闻名。最兴旺的时候，这里有火柴厂及配套厂家近 20 家，从业人员近千人。火柴行业的兴盛，带动了印刷、包装等行业的繁荣，一度让"洋火厂街"成为重庆地区"好工作"和"好收入"的代名词。

生意兴隆后，洋火厂街的老板们又先后在重庆周边地区创建了许多火柴厂。合川火柴厂就是在 1893 年由"洋火厂街"的一家火柴厂的老板到合川创立的。而重庆火柴厂也是一个名叫刘鸿生的商人创办的。他在抗日战争期间学习和创新了"洋火厂街"的火柴工艺，然后来到綦江创建了他的事业，其生产的"大中华"火柴，成为当时重庆最响亮的牌子。

早在 20 世纪 50 年代，"洋火厂街"在走过清末至民国的鼎盛后，就开始显现颓势，慢慢衰落，生意日渐萧条。

1956 年，重庆东方金属冲压合作社学到了新工艺，开始生产打火机。"洋火"曾经的辉煌在打火机闪起的火苗中很快烟消云散。火柴在随后的岁月中逐渐被打火机取代，"洋火厂街"也日渐萧条，直至最终废弃，只留下今天的石板、尘土和断壁残垣。

2011 年，重庆市的最后一家火柴厂——具有 118 年历史的合川火柴厂宣告破产。从此，那些曾经无数次点亮重庆的夜空，给重庆人民点燃生活希望的"重庆造火柴"，在完成了它们的历史使命后基本上退出了历史的舞台。

《革命军》邹容

夜幕降临，上海租界四马路巡捕房。两个青年男子急匆匆地往里闯，被英国捕头拦住。

"站住，你们是干什么的？"

"我是邹容，前来投案。"走在前面的青年慷慨说道。

"去、去、去，你一个毛头小子，怎么可能是邹容。"英国捕头有些不耐烦。

"我正是满清政府要捕拿的——《革命军》的作者——革命军中马前卒——邹容！"

这等气概，这等从容，让英国捕头不得不相信，眼前这个小个子青年，正是之前发出通缉令却没有抓到的邹容。

"来人啦，快拿下邹容。"他赶紧招呼同伴。

这是1903年7月1日晚，邹容在好友张继的陪伴下，步行到租界巡捕房投案，为"《苏报》案"写下了浓墨重彩的一笔。

邹容，字蔚丹。清光绪十一年（1885年），出生于四川巴县夫子池（今渝中区重庆世贸中心位置）洪家院子一个富商之家。邹容自幼聪敏，父亲希望他日后考取功名升官发财，但他却性格叛逆，热衷新学。

清光绪二十八年（1902年）春，年仅17岁的邹容东渡日本自费留学，进入东京同文书院学习，希望找到救国救民的真理。在这里，他结识了一大批志同道合的革命青年，积极参加留学生的革命活动，同时，他如饥似渴地阅读了大量新书籍，系统地研究西方资产阶级革命的理论基础。

中国留日学生的反清言论，自然引起了清政府的强烈不满，朝廷指派留日陆军学监姚文甫，长期监视学生的行动，破坏学生活动。邹容血气方刚，又具有重庆人敢作敢为的个性，他决定挫挫姚文甫的锐气，杀杀他的威风。

机会终于来了。清光绪二十九年（1903年）三月，姚文甫与一位清朝驻日官员的小妾偷情被发现，在留日学生中广为流传。邹容听说这件事以后，立即邀约陈独秀、张继等几位好友，闯进姚文甫的宿舍，架住姚文甫的胳膊，大喝一声："好一个学监，竟干出这种下流的事！"

姚文甫生怕丑事张扬出去，吓慌了神，连忙哀声求饶："请诸位高抬贵手，饶我这一回吧！"

留学日本的邹容

"今天不罚你，天理不容。我问你，你是要脑袋还是要辫子？"邹容早就想好了，要通过这件事，好生教训教训姚文甫，让他从此不敢再和学生作对，向清廷告密。

此前，姚文甫一直反对留日学生剪辫子。一听到"辫子"两个字，他立即慌了神，拼命挣脱一只手，护住脑后的长辫子，说："不要，千万不要。"

邹容哪里容他多说，揪住姚文甫的辫子，从兜里掏出一把锃亮的剪刀，"咔嚓"一声，手起刀落，辫子已经耷拉在自己的手上。姚文甫"呜呜"地痛哭起来。

清光绪皇帝载湉

邹容将姚文甫的辫子带到留日学生会馆，悬在正梁上示众。这件事轰动了留日学生界，大家都拍手称快。但是，邹容这种狂放悖逆的行为也招致了清廷的极大震怒。在清廷和日本方面的双重压力下，他被迫离开日本回国。

邹容来到上海，寄住在泥城桥福源里的爱国学社内。

在这所学校里，他与章太炎成为了至交，甚至结为兄弟。尽管当时邹容18岁，章太炎35岁，两人年龄相差近17岁，但在两个同样狂放不羁且充满革命理想的人看来，年龄根本不是问题。由于章太炎是浙江人，邹容是重庆人，两人常以"东帝"和"西帝"互称，在一起纵论经世大业，鼓吹革命。

理论的提升和实践的总结，让邹容终于抓住了当时中国革命的两个关键点：反清排满和民主共和。他认为，只有彻底推翻清廷的封建统治，建立崭新的民主共和体制，才是中国的最佳出路。当时，尽管邹容不到20岁，但他的思想水平已达到很高的层次。

邹容的革命激情在胸中奔涌，他需要宣泄，需要阐述，需要将自己建立共和的理论系统地表达……这天晚上，他放下约翰·穆勒的《自由原论》，在简陋的书桌前铺开白纸，奋笔疾书——

扫除数千年种种之专制政体，脱去数千年种种之奴隶性质，诛绝五百万有奇被毛戴角之满洲种，洗尽二百六十年残惨虐酷之大耻辱，使中国大陆成干净土，黄帝子孙皆华盛顿，则有起死回生，还命反魄，出十八层地狱，升三十三天堂，郁郁勃勃，莽莽苍苍，至尊极高，独一无二，伟大绝伦之一目的，曰"革命"。

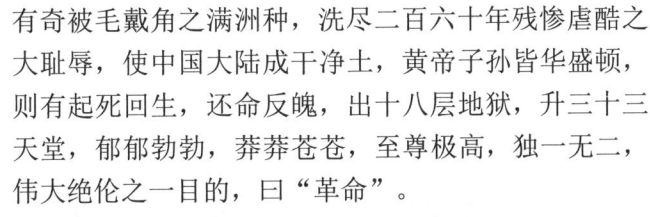

巍巍哉！革命也！皇皇哉！革命也！

……

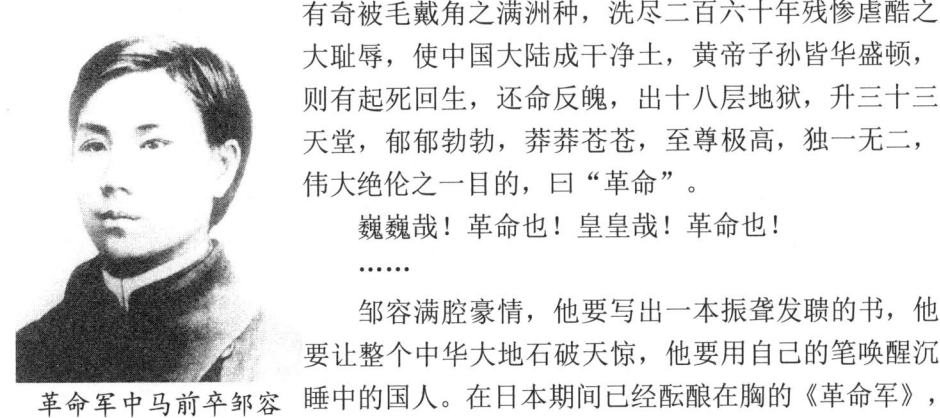

邹容满腔豪情，他要写出一本振聋发聩的书，他要让整个中华大地石破天惊，他要用自己的笔唤醒沉睡中的国人。在日本期间已经酝酿在胸的《革命军》，

革命军中马前卒邹容

此时如滔滔江水，从他的笔下喷涌而出。

经过数次修改，《革命军》一书终于定稿。在写完"自序"之后，邹容在文章末尾慎重地写下了几个字——"革命军中马前卒"。

清光绪二十九年（1903年）五月，《革命军》一书在上海出版单行本，犹如一声震撼大地的惊雷，在国内外引起强烈而巨大的影响，被誉为中国近代的"人权宣言"，吹响了近代中国民主革命的进军号角。

《革命军》在上海出版的前三天，上海革命报刊《苏报》便抢先刊登了《〈革命军〉自序》和章太炎写的序。之后又相继发表了一系列评论《革命军》的文章，革命的火种正在慢慢点燃。

清廷当然不会允许这样的事情发生。6月29日，在清政府的一再要求下，租界工部局终于发出对《苏报》相关人员的拘票。消息不胫而走，当6月30日巡捕上门缉拿时，拘票上列出的7人中，有6人都早已躲了起来，唯有章太炎不躲不避，主动迎上前去说："余人俱不在，要拿章炳麟，就是我！"于是，章太炎被捕了。

邹容著《革命军》一书

章太炎的想法是，利用自己和其他革命志士的入狱，来扩大影响，达到宣传革命的目的。于是第二天，他写信给邹容，召唤他前来投案自首。"吾辈书生，未有寸刃尺匕足与抗衡，相延入狱，志在流血，性分所定，上可以质皇天后土，下可以对四万万人矣。"他说。

此时，邹容与好友张继躲藏在虹口新闸新马路某里弄一外国传教士家中。接到章太炎的信，邹容义愤填膺，决定慷慨赴义："章兄为革命而被捕，我岂能置身事外！？"不管张继如何劝阻，他始终意志不改。张继无奈，只得成全邹容，连夜陪伴他前往巡捕房。

法庭宣判监禁邹容两年，罚做苦工。邹容单薄的身体哪里经得住监狱的折磨，在距他出狱只有七十来天的1905年4月3日，不幸病逝于狱中，年仅20岁。

潘文华拓城三把火
（五筑重庆城）

1927年8月，一个炎热的下午，重庆城通远门的告示栏上贴了一张特大的搬迁告示：通远门外棺山坡上所有坟包必须在近月内全部自行搬迁！

这个天大的消息犹如一道炸雷，无异于在重庆城引发了一次强烈地震，波及千家万户，无论富贵贫贱都惴惴不安——因为棺山坡上重重叠叠，一眼望不到边的几十万个坟包，是历代重庆人的祖先和逝去亲人的安息地。

千百年来，中国人都信风水、重祖坟。"要挖祖坟了！"的消息迅速传遍重庆城的大街小巷，百姓们个个都怨声载道，唉声叹气，惶恐不安。第二天一早，重庆市政大厅便挤满了义愤填膺的闹事民众，言语之恶毒，言语之极端，让当局官员们意想不到。

这个惊天动地的大动作是谁干的呢，是潘文华。

重庆首任市长潘文华

潘文华，四川仁寿人。从小颖悟绝人，勤学好武，14岁从军。因早年飞檐走壁、擒拿格斗皆名列军中前茅，外号"潘鹞子"。他在四川陆军军校加入同盟会。1919年12月任川军第7师独立旅旅长。1920年投靠老同学刘湘，由于战功卓著，行伍出身又气质儒雅，先后被川人称为"四川王"的刘湘任命为重庆商埠督办公署（市政厅）督办、第21军教导师师长，1929年2月被任命为重庆市历史上的首任市长。

为何潘文华要做出这等在当时让千家万户都难以容忍、被视为该千刀万剐的事情呢？一句话，为了重庆的发展。

自1891年重庆开埠以来，将近40年了，重庆的市政设施、经济环境、卫生条件没有什么改变。4平方公里的老城墙内，像煮饺子般地生活着20多万居民。拿潘文华的话说，不冲出通远门，重庆只有死路一条。而通远门外一望无际的坟山坡，便成了拓展重庆城地盘首当其冲的障碍。

屈服于民俗旧习还是走新发展？潘文华毕竟站得高、看得远，只有发展才能给重庆、给百姓带来幸福，因而他毅然选择了后者。那该如何面对沸沸扬扬的民怨呢？潘文华久经沙场，文韬武略都有一手。于是针对当时剑拔弩张的形势，使出了三板斧——

一是武力威慑。他叫来手下最威猛的干将，号称"莽娃"的郭勋祺。问他怕不怕死人，郭莽娃说："我早就死鬼缠身了，还怕个球！"那好，于是潘文华立即给这个旅长加封了一个新职务，叫做"重庆迁坟事务所所长"。叫他带一批弟兄，拿起"家伙"，谁要是敢抗拒闹事的，便给我镇压。

二是文化洗脑。潘文华特别创办了《商埠月刊》，找了一批专家、文人来写城市拆迁发展的好处，列举了国外新兴国家和上海、广东等地的发展给百姓带来的幸福，甚至还把这些宣传资料免费赠送给市民。

三是经济补偿。发给每一个迁坟的家庭一笔"安坟费"，随迁随发，立刻

一卷　巴源流长

川军"莽娃"
郭勋祺旅长

兑现，以此缓解市民的不满情绪。

潘文华这三招使出以后，很有效果，迁坟的人便开始陆陆续续到场。一时间，七星岗的棺山坡热闹起来。然而，让潘文华始料不及的是，迁坟的人员中有不少浑水摸鱼者。他们挖开坟包，拆掉棺木，就开始要钱；有的一连刨几个坟包，还将尸骨、棺木乱抛一地。后来一经调查，才发现是一批无业游民和小杂皮在几个社会流氓的唆使下搞的鬼。川军旅长郭莽娃听说后，即刻派人将肇事者缉拿归案，没收了发的钱，还发配做苦工。

于是潘文华重新制定了政策：当事者必须先迁坟，并拿出所辖保甲的证明或家谱，还要当场对死者烧香祭拜后，才发放安坟费；冒名顶替者罚做一年苦工。于是，这场万众瞩目的迁坟工程，才迈上了有条不紊的道路。

整个迁坟工程从1927年8月到1934年5月，历时6年半，共迁有主坟、无主坟、乱葬坟共计435894座。这确实是重庆历史上一桩规模巨大、移风易俗、旷古未有的大事件。迁坟工程胜利竣工以后，开辟了由临江门沿嘉陵江达牛角沱，由南纪门沿长江达菜园坝的新市区，城区面积也因此在原有基础上扩大了一倍以上。

那时候的重庆城没有一条像样的马路。滑竿、轿子便是城市的主要交通工具。在迁坟工程顺利进行的同时，潘文华开始着手城市的公路建设：从1927年，由通远门经两路口至曾家岩的中区干道开始修筑，这是重庆市区的第一条公路，1929年8月完成，全长3.5公里。后来又从七星岗延长至朝天门，总长约7公里。1929年7月，南区干道开始动工修筑，至1930年7月完成南纪门至菜园坝路段，全长2.87公里，后又经陕西街延长至麦子市段，总长约7公里。这是潘文华拓展新城的第二把火。

重庆早在清末就设有警察局，实行"城乡分治"，只是以重庆城乡为管辖区域，范围太小太窄，不成体统。潘文华上任后，确定以重庆上下游、南北两岸环城各30里为市政管辖区域。将江北县划入市区63.13平方公里，将巴县划入市区68.7平方公里。将重庆市区面积增大至131.8平方公里。初步奠定了重庆城以主城半岛为核心，地跨两江、三足鼎立并逐渐向周边区域拓展的城市发

清末重庆城通远门和炮台外的棺山坡

展格局。这便是潘文华的第三把火。

潘文华在重庆执政期间开创诸多第一：

饮用自来水。重庆城区的老百姓自古以来都是直接到两江取水，肩挑手提，饮用江水为生。有的人家劳力差，只得找挑水工代劳。吃水便成了市民劳民伤财的事。1929年2月，重庆建成四川第一家自来水厂——打枪坝水厂，1932年3月1日正式向市民售水。

修筑通远门至曾家岩的重庆市区第一条公路

用电灯照明。1905年，重庆只有100千瓦的直流发电机一部，所发之电也仅供电厂附近少数住户和上半城的几大商铺照明之用。绝大多数市民仍旧是使用原始的灯笼、油灯和松明。1934年夏天，重庆电厂建成，11月向全主城区供电。

市民公园。1929年8月，在现在的渝中区大梁子，建成重庆市第一个娱乐、休闲、健身的公园——中央公园，解放后改为人民公园。

电话机。1930年春，潘文华募集电话公债20万元，购办共电式电话700门的交换机、长途乡村交换机及其附带设备，11月实现全市通话。

打枪坝水厂、水塔（四川第一座水厂）

新码头。潘文华在任期间，先后完成了朝天门、西水门（建成嘉陵码头）、江北嘴、千厮门、太平门、飞机坝、金紫门、储奇门等码头的新建或扩建。

潘文华1935年7月辞去重庆市市长一职。抗日战争中任第25军团的军团长。刘湘于1938年病逝后，他成为继承人并任第28集团军总司令兼任川康绥靖公署主任。1944年冬秘密参加民盟，长期与延安保持着联系，并多次与中共高层毛泽东、周恩来、王若飞等会晤，直接同中共中央建立了声气相通的统战关系。1949年12月9日在四川彭县起义，新中国成立后任西南军政委员会委员。1950年11月16日在成都病逝，享年65岁。

那位曾任"迁坟事务所所长"的"莽娃"郭勋祺，抗战时为国民党第50军军长，在皖南和新四军防线相邻，因通共被撤销军职。1947年被起用为第15绥靖区副司令，在中野司令部与旧友陈毅、刘伯承交往甚密，后回四川从事策反运动，解放后为四川省交通厅副厅长。

刘湘与重庆大学

漫步重庆大学校园（沙坪坝老校区），一步一景，如诗如画；莘莘学子，快乐而自在地徜徉在校园里，享受着学习的快乐与幸福。此情此景，谁会想到，这所有着近百年历史的全国知名重点大学，在创办之初，竟然与"猪"有十分密切的关系。

是的，你绝对没有看错。重庆大学的诞生，与猪密切相关！

早在1925年冬，巴县议事会议长李奎安就提出议案，倡议筹办重庆大学。但当时四川境内军阀混战，局势动荡，筹办经费没有着落，导致这一议案一搁就是数年。1929年夏天，沈懋德、吕子芳、吴芳吉、彭用仪等在成都大学任教的重庆籍教授回到重庆，有感于重庆人才匮乏、文化滞后的状况，将筹办重庆大学的旧事重提，并联合当时重庆学界、商界著名的李公度、朱叔痴、汪云松、温少鹤、李奎安等"五老"，成立了"重庆大学促进会"。

川军将领"四川王"刘湘

筹建工作紧锣密鼓地进行着，但经费问题却成了大家无法逾越的鸿沟。经过核算，仅筹建经费就差3万元，并且每年还需要运行费用4万元！当时军阀刘湘刚刚统一全川，大家不约而同地把目光投向了他。

当"促进会"的人员向驻重庆的国民革命军第21军军长、四川善后督办刘湘提出筹办重庆大学时，得到了刘湘的大力支持。关于经费来源问题，刘湘因地制宜，想出了一个"取之于民、用之于民"的办法。

"四川是天府之国，几乎家家户户都养猪"，他在猪身上打起了主意，"不如就在猪肉税中增收附加税，每头猪多收1角钱，一年下来就是15万元。这样一来，不仅解决了建校经费，而

重庆大学校务会议后留影

且连日常开支都有了着落。"

1929年8月4日，刘湘亲自召集有关人士开会，正式成立"重庆大学筹备委员会"，并发表《重庆大学筹备会成立宣言》和《重庆大学筹备会宣言》，阐明创建重庆大学的动机、原因和目的。

他在大会上说：重庆虽是长江上游的重镇，但是文化落后，青年无处求学；虽有少数人在外省求学，但路途遥远，往来不便。由此看来，重庆的确有创办大学的必要。我们现在积极筹备，一定要在最短的时间内，创建一所名副其实的大学。之后，他又多次组织召开重庆大学筹备委员会常务会议，具体讨论常委分工、开办日期、学校经费、校址、招生及聘请教授等事项。

上世纪40年代重庆大学校园

当时建校的备选地址有三个：南岸、佛图关和菜园坝。

那时候，刘湘的马队驻扎在菜园坝，他果断地把马队撤了出来，把教室粉刷一新，同时派人到上海采购教材、聘请教授，仅仅两个月的时间，开学前的所有准备工作都完成了。

1929年10月12日，重庆大学正式成立，开学典礼在菜园坝校区杨家花园举行（今重庆火车站位置）。这是重庆的第一所大学。10月23日，重庆大学筹委会常务委员会讨论通过，推选刘湘为重庆大学首任校长。

为了鼓励学生踊跃报考，学校规定当期免收学费，仅收书杂费34元。在重庆机房街商业中学的教室里，入学考试如期举行，应考学生100多人，录取文、理预科两班学生共45人。但到开学时，半数学生都没有前来注册报到。考虑到学生人数太少，于10月19日、20日又进行了一次补招考试。如此，第一期学生才40余人，师生总共不到100人。

1930年初，学校运行走上正轨，落实永久校址的问题迫在眉睫。于是，刘湘派人沿嘉陵江而上，终于在沙坪坝发现了一块"头依佛图、面临嘉陵、环山带水、风景极佳"的办学宝地。当时这片土地属于刘、王、饶、窦四位大地主，一共900多亩，刘湘毫不犹豫地买了下来。从此，重庆大学便落户在沙坪坝。

上世纪70年代重庆大学大校门

1933年10月，重庆大学正式搬到沙坪坝。在重庆教育发展史上，第一所现代大学——重庆大学的诞生永远忘不了刘湘的巨大功绩。

重庆老码头奇闻
（一个老渝商的笔记）

20世纪20年代的一个秋天，我随同百货帮的几个朋友第一次去了重庆城，给我留下的印象之深刻，至今难以忘怀。

那天，小火轮驶入朝天门码头的时候已经入夜了，我眼前的这个半岛城市却灯火闪烁，如繁星点点。长江、嘉陵江两岸，里三层外三层停满各种各样的船舶，樯桅林立，船篷相连，密密匝匝，几乎塞满了江面。上下货的搬运工像一群蚂蚁在忙碌搬家。

那时候，重庆城还没有电灯。听说只有市中心的商场才有柴油发电机。

由朝天门码头拾级而上，古老的石梯两旁悬挂着耀眼的煤气灯。路边的街市像乡坝头赶场天般的热闹，人流如织，摩肩接踵。鳞次栉比的商铺前，卖小吃的贩子扯开喉咙轮番喊着："鸭杂碎！""水八块！""五香花生！""盐茶鸡蛋！""炒米糖开水"……

朝天门是川东及川南、川北著名的百货码头。一只只货船与岸边由一块块长长的跳板连接。堆积如山的棉纱、布匹、煤油、纸烟等，都是靠搬运工们的两个肩头从船上踩着跳板扛下来。已是深秋时节，他们疾行着的赤裸的身上热汗淋漓。

重庆城两江沿岸都是码头：东水门是杂货码头、太平门是竹子码头、储奇门为药材码头、金紫门为水果码头、南纪门为蔬菜码头、临江门为糖类码头、千厮门为皮革码头、菜园坝为粮食码头……重庆城百姓的生活物资及本地土特产，都是靠这些下力人的肩头并通过这些码头搬进运出。

码头力夫和船夫、纤夫在闲暇的时候，习惯聚一块儿自炊自饮。他们用三根木棍搭一个支架，

1910年朝天门码头的下力人

吊上一个鼎锅、铁锅或砂锅。下面是火，锅里是牛油汤，放入不值钱的辣椒、花椒、山柰、八角、老姜之类，再放一小坨盐巴，熬出一锅红彤彤、热腾腾的汤；再把川道拐杀牛场扔弃的牛下水（毛肚、牛腰子、牛肝）捡来、洗净，加点小菜、黄豆芽一起煮；喝上二两老白干，吃得周身冒汗。接着欢笑声出来了，偶尔还会冒出几句五音不全的川戏。要是平时，昼夜忙碌的他们，常常仅以一个烧饼充饥；好一点的来一个帽儿头（一碗冒尖的白饭），一盘泡菜。那时候，一个挑水夫，从千厮门河边蹬几百步石梯坎到大梁子，一挑150斤的河水才卖三四个烧饼钱呢。

重庆沿江一线大大小小的水码头好几百个，为它服务的劳工起码在十万人以上。虽说辛劳，但毕竟还有一碗饭吃。所以，边远山区的贫民都纷纷前来城镇的码头上"淘金"。

朋友告诉我，码头有码头的规矩，不是任何人想来都能来的。码头是青洪帮、袍哥会的天下，为各帮派控制着。霸占一个地盘的袍哥头叫"舵把子"或"操码头"。做粮食生意的叫粮食帮，做皮革生意的叫皮革帮。要到码头混碗饭吃，首先要加入袍哥，俗语叫"嗨"袍哥。没有"嗨"过袍哥的，绝不能在码头上混。

刘湘在重庆时就曾"嗨"过袍哥。其手下的师长、团长几乎是袍哥人家。在重庆城这个码头上"混"的人，无论穷富几乎都是袍哥人家。成了袍哥就有了靠山。可要加入袍哥，一要有人介绍，二要用银子开路，还要为"大爷"们做无偿服务并随时候命。

朝天门有一家名叫"两江轩"的饭馆。应酬跑堂的是一位漂亮少妇。红红的缎子服，笑盈盈的脸盘子。顾客都叫她"幺妹"。"幺妹，二两老白干，一盘烧腊！""幺妹，看账！"她手脚麻利，风风火火，一点不像传统家庭妇女。我们一走进店堂，她便招呼："庄客，这边请！"接着端来一盆热水请你洗尘。

抗战前夕的朝天门码头的繁忙景象

几年后，我又去了一趟"两江轩"，它不仅可以用餐，还可以住宿并包早餐：稀饭、白糕、盐茶蛋、咸菜。

又过了一些年月，我第三次去"两江轩"。饭馆已扩建了，又添了茶楼。

顾客还可以在品茗中欣赏评书、川戏。那管事的少妇越发风采了，烫了卷发，抹了口红，还戴了耳环……

　　从老渝商的老码头旧闻中，留给了我们这样的重庆印象：重庆城因码头而连接世界，因码头而发展繁荣，因码头而抱团义气……

　　重庆是一座山城，但更是一座水城。长江、嘉陵江、乌江、涪江、渠江、大宁河等江河纵横交错于整个重庆市内。长江干流自西向东横贯全境，流程长达600多公里。"蜀道之难，难于上青天"，重庆陆路难行，而水道便利。向北沿嘉陵江而上至广元，向西溯长江达泸州、宜宾转岷江至乐山、成都，向东顺长江而下入湖北的这三条水路，便成了重庆人古往今来生存发展的最佳自然途径。

　　巴人廪君是得力于制造泛江的土船而被拥戴为王，而后又借舟楫之利战胜盐水女神，开拓了渔业、盐业。

　　汉晋时期，重庆朝天门码头一带已有"结舫水居五百余家"。多以运输为业，成为连接武汉、沔阳、宜昌、襄阳的要津。

　　从隋唐起，重庆梁沱、唐家沱、郭家沱等码头已能停泊和吞吐"万斛船"。杜甫有诗盛赞："蜀麻吴盐自古通，万斛之舟行如风。"

1940年代的朝天门码头（靠长江方向，部分城墙还没拆除）

　　明太祖时，戴鼎所筑的17座城门的9扇开门中，除了通远门建在五富宫山顶西通成都外，其余的8扇城门均建在了江边并都设了码头，为的是中转物资，兴旺商道。

　　清嘉庆年间，重庆已由一个热闹的水码头，逐渐发展成有240余条街巷、25个商业行帮、150家各业牙行、人口逾300万、仅下半城的商铺就达1500家的长江上游最大的商业城市……

　　从这个意义上讲，重庆虽然有长达三千多年的历史，但真正成为一个"市"，只有几百年的时间；而重庆能真正成为"市"，也全靠码头的功劳。所以——

　　没有重庆码头，也就没有今日的重庆。

　　没有重庆码头，也就没有重庆人性格的丰富性和鲜明性。

　　一方水土养一方人。因码头生活而形成的这种文化——码头文化哺育了重庆人品质的独特魅力：

　　它的热情，使他们高朋满座；

　　它的耿直，使他们饮誉八方；

它的抱团，使他们活力四射；

它的时尚，使他们日新月异……

当然，任何事物都有它的两面性。码头文化也给我们留下了责任心不强的"过客感"，留下了用"哥们义气"来代替原则的兄弟伙情结等。

然而，码头永远是重庆人无法割舍的一道风景。

码头文化，也将一代代传承去拥抱未来的世界。

永垂青史的川军男儿

1937年7月8日，重庆上清寺，川康整军会议进行到第三天，军政部长何应钦主持会议，议定裁减川军事宜，川军将领刘湘、刘文辉、邓锡侯、唐式遵、潘文华、范绍增、饶国华、王瓒绪、邓汉祥等悉数在场。

突然，门口一声"报告"，吸引了众将领的目光，一位重庆行营机要副官笔挺地站在会议室门口。

主持人何应钦接过电报，眼睛轻轻一扫，顿时脸色大变，嘴角的肌肉不由自主地微微抖动起来。他稳定了一下情绪，站起身来，缓缓说道："委员长急电……"刚说到"委员长"三个字，在场的所有官兵都"啪"的一下站起来，行了一个军礼。

此刻，何应钦的声音已然有些变调："日军驻丰台部队炮四门、机枪八挺、步兵团500余人，自昨夜12时起，借夜间演习，向我方射击，企图占领我卢沟桥城（即宛平县城），向该城包围攻击，轰炸甚烈。我驻卢沟桥之一营，为正当防卫，不得已与之周旋，现仍对峙中。"

听完电报，刘湘已经怒不可遏："欺人太甚！"他"啪"的一巴掌打在桌上，面前的茶杯"咣"的一声响，落在地上摔得粉碎。

驻守重庆铜梁、璧山等地的川军第145师师长饶国华，在会场上率先请缨："请速派遣我部深入前线，不驱逐倭寇，誓不还乡！"

会场秩序一时犹如开锅的水，沸沸扬扬。

7月8日当天，刘湘电呈国民政府军事委员会及蒋委员长，请缨抗战，同时通电全国，吁请一致抗日。一时之间，抗战之声响遍全川。

蒋介石策划召开川康整军会议的目的，正是为了削弱刘湘及其川军的势力，也为建立大后方根据地作准备。此时川军将领一致要求奔赴前线，正合蒋介石之意，一方面可解前线之急，另一方面又解后顾之忧。

壮烈殉国的饶国华将军

川军官兵坐船开赴华东、华中抗日前线

9月21日，第21军奉令出川抗日。10月，饶国华率145师全部步行2000余里，自铜梁经川北转万县坐船东下，11月中旬到达苏皖抗日前线。这时，上海已经沦陷，苏、常二州失守，日军兵分四路进攻南京，并在空军掩护下，对我方采取战略包围，直趋安徽芜湖，威胁南京侧背。蒋介石立即命令刘湘派第23集团军唐式遵部进驻安徽青阳一带，牵制、阻截从太湖流域西犯南京的敌人。鉴于防线左翼的广德城是苏、浙、皖的军事要地，是安徽的东大门，关系首都南京的安危，唐式遵委派能征善战的川军名将饶国华镇守。"南京保卫战"自此拉开序幕。

11月22日，日军牛岛师团在飞机大炮的掩护下，由太湖分乘百余艘汽轮、橡皮艇直扑安徽广德而来。饶国华指挥第433旅佟毅部，在广德前方约60里的泗安占领阵地，与日军展开正面激战。日军出动机械化部队，仗恃火力优势，动用飞机27架轮番轰炸。我方工事尽毁，城垣崩坏，但饶国华在三面受围的情况下，与全旅将士一起奋杀顽敌，浴血苦战三天三夜，最后寡不敌众，泗安失守。

与此同时，日军主力沿吴嘉公路直奔广德，饶国华得知后率领第433旅奔赴广德前方约五里的界牌，阻击日军。饶国华身先士卒，亲率特务连，冲入敌阵与日军展开肉搏战，虽不幸腹部中弹，仍喊杀不止。将士们见到饶将军如此英勇，士气更加振奋，他们冒着枪林弹雨以一当十，奋勇杀敌，虽死伤枕藉，仍前赴后继，宁死不退却。最后饶国华深知情势严重，当夜通电全师再度鼓舞士气："国家养兵是为了保国卫民，人谁不死，死有重于泰山，有轻于鸿毛。今天是我们报国之时，当不惜一切努力报国，令我川军为谋人民利益而献身……胜则生，败则死，决不在敌人面前屈膝示弱，给中国人丢脸，要成仁不怕抛头，取义不惜舍身，恪尽职守，以身殉国。"

11月30日，广德之战打到最后，饶国华仅剩一营官兵，仍率军组织反攻，被重重围困于十字铺据点。日派出军使一再劝降，饶国华宁死不屈，他紧握战刀对部下说："我们军人报国的严峻时刻到了，

南京保卫战时向前线运动的部队

一定要为国争光,流尽最后一滴血!"当日黄昏,饶国华带卫兵连夜奔袭广德飞机场,命令士兵向机场各仓库内油桶发射弹药。顿时,火光冲天,仓库被焚,给敌人留下一片废墟。

1937年12月1日凌晨2时许,弹尽粮绝,人亡马伤。饶国华挥泪写下绝命书,送与他的恩师——第7战区司令长官刘湘,称:"驱敌出境,复我国魂!今自决于城,虽死无恨。"最后盘腿坐在一块卧毯上,泰然自若地开枪自戕,慷慨成仁,时年43岁。而他率领的川军部队也一同奋力抗击日军,最后全部阵亡。

噩耗传来,举国悲愤。饶将军遗体由民生公司的"民俭"号轮运送回川,途经各地时,均举行了公祭仪式。国民政府在武汉举行追悼大会,追赠饶国华为陆军上将。饶将军的遗体于1937年12月12日抵达重庆,巴蜀各地设立灵堂,政府各要员,群众团体,各界人士都敬献了花圈和挽联,国民政府军事委员会委员长蒋介石为其撰写对联以示悼念。

川军士兵王建堂的父亲王者成,在川军出征壮行大会上送他尽忠效国白布"死字旗"。王建堂,四川安县人,时年25岁,随饶国华将军一起出征,多次负伤,九死一生,解放后回到家乡!

"死字旗"　　参加武汉会战的川军士兵

川军,用他的英武、刚烈、气贯长虹、视死如归的精神征服了世界,以劣势装备痛击了日军,给世人留下了"无川不成军"的美誉。

川军,永垂青史的热血男儿!

川军,中华民族的英雄绝唱!

怀念苏联飞虎队

1937年7月7日,抗日战争全面爆发以后,由于国民政府没有航空制造业,没有先进的战斗机,一开局便丧失了整个制空权。中华大地一时间成了日本强盗狂轰滥炸、大施淫威的屠杀场。在中华民族国难当头的关键时刻,美国飞虎队的英雄们在陈纳德的率领下,于1941年7月中旬勇敢志愿援华参战,遏制了日寇的猖獗，但他们参战的时间已在全面抗战持续了4年之后。

这一场在中华天空展开的浴血决战中，还有一支参加抗战时间更早却鲜为人知，并且作出恢弘贡献和巨大牺牲的空军劲旅，他们就是苏联飞虎队——苏联志愿航空队。

"七七卢沟桥事变"之后3个月，从1937年10月到1941年底，4年时间里，苏联总共派遣了3665位航空志愿者来华参战，其中飞行员1091名，机械师、工程师等航空辅助人员2000余名。据国民政府统计，苏联志愿航空队援华作战战绩辉煌：1937年12月击落日机91架，炸毁日机43架；1938年击落130架，炸毁136架；1939年击落33架，炸毁71架；1940年击落16架，炸毁14架；1941年击落5架；总计击落、炸毁日机539架。

苏联飞行大队长 库里申科

在这场旷日持久、悲壮惨烈、可歌可泣、如火如荼的抗日战争中，让重庆人民记忆犹新的是库里申科——这位苏联志愿航空队飞行大队长壮烈牺牲的那一幕：

库里申科于1939年6月来华，他和考兹洛夫受苏联政府派遣，率两个"达沙式"远程重型轰炸机大队进驻成都。在3个多月的时间里，已率领他的伙伴们击毁击伤了日军战机100多架。

在1939年10月14日这天下午的战斗中，库里申科率机队出击武汉，执行轰炸日军基地的任务。飞临武汉上空，驾驶领航机的库里申科测准地面目标，立即下令投弹。雨点般的炸弹命中日寇的军营、炮兵阵地、兵工厂。霎时，武汉三镇火光冲天，硝烟弥漫。日军"米塞斯特式"战斗机紧急起飞拦截，库里申科镇定自若，一面指挥机群迎击敌机，一面继续向地面投弹。武汉上空，轰炸机群同日本米式战斗机展开了殊死搏斗。他们凭借卓越的战斗技能，一开始便击毁敌机6架，让它们拖着长长的黑烟栽进了波涛滚滚的长江。日军疯狂了，3架米式敌机凶狠地向库里申科的领航机扑来，紧紧咬住他的战机不放，激烈的空中缠斗，在一对三的格斗中，敌机频频开火。突然，库里申科感到机身一阵剧烈震动，他座机的左发动机被打中。眼看敌机又包抄过来，库里申科凭着高超的飞行技术，上下翻飞，横冲直撞，靠右边单发动机巧妙机智地飞出重围。摆脱敌机后，他沿着长江向上游成都返航，飞过宜昌、三峡，到了重庆万县上空。

准备驾机迎敌的苏联志愿航空队飞行员

此时，由于受伤飞机失去平衡，不能再继续前进，必须紧急着陆。库里申科驾机在万县长江南岸上空盘旋，发现备降的陈家坝机场太小，重型轰炸机难以着陆。为了确保飞机不伤害地面群众，而且确保飞机不再受损，库里申科及机组将生死置之度外，毅然放弃了跳伞，将受伤的战机平稳地降落在长江的江心聚鱼沱水面，降落点离红沙碛岸边200米。轰炸员和射手脱下飞行衣，跳水游到岸上，但几个月来为中华民族的抗日事业昼夜操劳的库里申科，却已筋疲力尽再无力游到北岸。扬子江的狂涛卷走了他年轻的生命……

这悲壮的一幕被当时在场的众多万州市民看在眼里，记在心头。20天后，市民从下游猫儿沱打捞出库里申科的轰炸机，找到了库里申科的遗体。万县人民为库里申科举行了隆重的追悼大会，并把他安葬在景色壮美的太白岩下。1958年，迁葬至万县（今万州区）的西山公园。

有一位妇女叫谭忠惠，她是库里申科英勇就义时的目睹者，从1958年开始，她同儿子魏映祥自愿为库里申科守墓56年，从未间断。魏映祥说，母亲告诉他："你现在守护的是帮我们抗战的友人，你要守好这个墓，才对得起他。"库里申科墓一直得到很好的保护。2009年地方政府还投资200多万元对陵墓进行了修葺，拓宽了纪念广场，翻新了纪念墓和烈士碑

苏联援华志愿航空队的部分成员

等。守墓这些年来，魏映祥牢记着母亲的嘱托，为墓园修剪植物，拔除杂草，打扫卫生，并向那些前来祭奠的人们讲述英雄的故事。母子两代人绵延半个多世纪的守护，这段感人至深的故事，也成为中俄两国深厚友谊的见证。

从1937年10月到1941年底，为了帮助中国训练飞行员、打击日军，赢得抗日战争的胜利，先后有200多名苏联飞行员血洒长空，光荣牺牲。有一支来华空军编队最初有60名成员，等到回国时仅剩下16人。苏联援华航空队也因此诞生出了苏联英雄14名，空军中将5名，空军上将2名，空军元帅1名，空军副司令2名，空军司令1名。

在渝中区鹅岭公园内，一座苏军烈士墓静然矗立，高达8米的墓碑上用中俄两种文字刻着墓主人的名字。这里安葬的正是抗日战争时期不远万里前来帮助中国抗日的苏联志愿援华航空队的飞行员、空军上校斯托尔夫和卡特洛夫。他们和库里申科一样，也是牺牲在重庆的抗日英雄。

牺牲在重庆的还有两位苏联航空志愿队的英雄，他们是飞行大队长布戴齐耶夫和飞行员柏达依采夫，然而由于战乱和抗战的紧张繁忙，目前已无法收集

到他们牺牲及安葬的详细资料。

为了和平，我们永远怀念苏联飞虎队的英雄们！

卢作孚决战宜昌

卢作孚缓缓走在宜昌街头，放眼之处，满目疮痍。这座长江边上的鄂西小城，突然之间从各地撤退来了3万多人，达官、显贵、伤兵、难民、孤儿……将小城的每一个角落都挤得满满当当，路上熙熙攘攘。房屋早就住满，许多人露宿街头，行李满地。

宜昌大撤退时拥挤不堪的街头实景

码头区域更是让人震撼。超过12万吨的商用和军用器材，还有1万吨油料，6万吨各类公物，密密麻麻地堆放在长江边等待西运，将数公里的江岸拥塞得水泄不通。这些物资，全部是从华东、华北和华中地区以及其他地方抢运过来的，几乎集中了全中国的兵工器材、航空器材、轻重工业器材，甚至还有故宫的文物。一旦遭受损失，后果不堪设想。

"这可是中国的命脉，国家仅存的一点元气呀！"想到这里，卢作孚心里透出一股凉意，不由自主地加快了脚步，朝民生公司设在宜昌的办公室走去。

这是1938年10月23日，民生实业公司总经理卢作孚临危受命，乘飞机匆匆抵达宜昌，来组织实施这场事关国家命运的西迁战略——宜昌大撤退。

当时，国民政府已西迁重庆，距离宜昌仅300公里的华中重镇武汉危在旦夕，大批人员和物资，冒着日本飞机的轰炸，从华北、华东、华中以及更广阔的地区向重庆撤退。当时到重庆，山荒路险，少有公路，更没有铁路，只有走长江水路。而宜昌以上的三峡航道狭窄，滩多浪急，有的地方仅容一船通过。1500吨以上的轮船根本不能通行，所有从上海、南京、武汉来的大船，都必须在宜昌下船"换载"，转乘能走峡江的专用船只，才可继续溯江进入重庆。因而，所有西撤的人员和物资，全部阻塞在素有"川鄂咽喉"之称的宜昌。

前有峡江阻隔，后有日军侵犯，中国的命脉，命悬一线。

卢作孚于1893年出生于重庆合川一个贫寒的家庭。小学毕业即辍学，但他志向高远，刻苦自学，博览群书，立志富国强民、实业救国。1926年6月10日，他在合川城一所破庙——药王庙内创办了民生实业公司。从一条仅70余吨的小客船开始艰难起步，几年后就一统川江航运，迫使外国航运势力退出长江上游。10年后，他相继在上海、南京、武汉、宜昌等地设立分公司，成为长江航运的主力。

卢作孚大步流星地走进民生公司宜昌分公司办公室，马着脸、严峻地大声道："所有船长、大副，以及公司管理人员、技术人员，开会。"说完，头也不回地匆匆朝会议室走去。

实业救国的卢作孚先生

眼见神情严肃的总经理突然驾到，宜昌分公司的所有员工都怔了一下，纷纷放下手上的工作，朝会议室奔去。

没有多余的过场，卢作孚开门见山："现在滞留宜昌的有3万人员和10多万吨物资，按照民生公司目前的运力，要将这些人员和物资运往重庆，至少需要一年。但是，长江下游有日本人步步逼近，上游又只有四十来天就会进入枯水期。"他顿了顿，环顾了一下会场，然后以无可商量的口气说道："也就是说，无论如何，我们必须在40天之内完成宜昌大撤退！"

会场上顿时发出"嗡嗡"的议论声。

当时，民生公司可调用的轮船只有24艘，按平时的运输能力，40天大约能运1.4万吨，要将10多万吨物资在一个多月内全部运往重庆，根本不可能。人们无法想象，怎么才能在40天内完成一年的运量。

"没有更多的时间给我们，我们必须制定出一个完善的、万无一失的计划来。"等大家议论了一会儿，卢作孚眼光如炬地盯着大家，继续说道，"今晚就得明确，哪些轮船可以参加运输？每艘船只每次可以运出多少人员和物资？每次往返需要多少天？……"

会议一开就是一个通宵。经过一个晚上的讨论和计算，一份周密的、详尽的运输计划出炉了。

第二天早上6点，码头上人头攒动，人声鼎沸。

"呜——"一艘民生公司的"民权"号轮船靠拢码头。卢作孚亲自到码头督战。两排跳板，通过趸船，在轮船与陆地之间搭起来。一边，几百名孤儿、难童欢快地跑过跳板，登上轮船；另一边，数百名搬运工热火朝天地上货。

1926年6月10日民生公司成立大会

一卷　巴源流长

卢作孚指挥宜昌大撤退　　　　参加宜昌大撤退的"民生号"轮

当轮船于早上7点30分提前半小时开出之时，孩子们趴在栏杆上放声高歌，他们摇着小手向卢作孚告别，现场所有的人无不为之动容。

这是宜昌大撤退开出的第一艘轮船。一切行动都按照卢作孚制定的运输方案，有序地进行。这个方案，创造性地采取了三段运输的办法——

宜昌至重庆逆流而上，至少需要4天，从重庆返回宜昌为顺水，只需要2天，来回一趟就是6天。为了缩短运载时间，将整个航程划分为三段：宜昌至三斗坪为第一段，江面比较平缓，吃水较深，用重载船；三斗坪至万县为第二段，滩多水急，不能夜航，用中型船；万县至重庆为第三段，水势趋缓，远离日寇，大部分用木船转运。

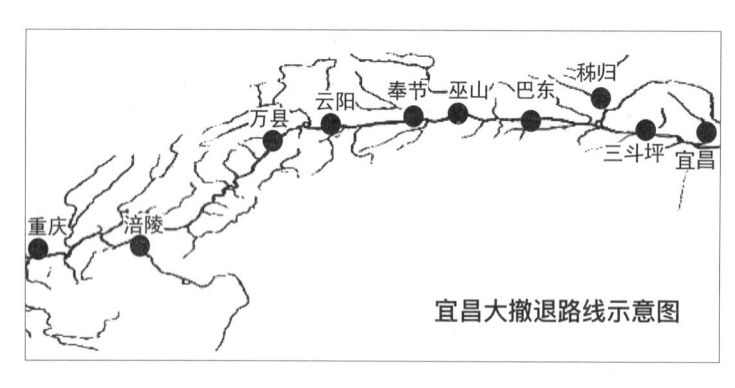

宜昌大撤退路线示意图

根据每艘船的吃水深度和马力大小等，用一部分船只先将货物抢运至三斗坪，当即返回，再由公司调船转运至万县或长江沿线的其他小城；对重要物资和大型货物则由宜昌直接运至重庆，并在重庆满载出川抗日的士兵，再顺江而下。这样一来，就可以大大缩短航程，加快往返。保证每天有五至七艘船在清晨离开宜昌，下午又有同样数量的船只回来。

为了尽快抢送难民难童、公务军务人员，对客运舱实行"坐票制"，将二等舱铺位一律改为坐票，达官贵人与老百姓同舱，这就可以增加一倍以上的客运量。

鉴于三峡航段滩多水急，不能夜航，就利用夜晚装卸，抢在白天航行。为了搬卸方便，在三峡航线增设码头和转运站，临时增加雇工3000多人，同时征用民间木船850余只，运载或转运轻型物资。

卢作孚每天都要到宜昌的各个码头，亲自了解船只航行状况，深夜还要到江边各个码头去检查装货情况。

1938年12月，江水低落，枯水期到了，昔日喧闹的宜昌城完全沉静下来。卢作孚独自一人在空旷的码头上巡视，堆积如山的设备物资已经全部运走，挤满宜昌的人员也全部撤离，宜昌已成为一座空城。经过40天的决战，他明显的更加消瘦了，掩不住满脸极度的倦意，但双眼仍然发亮。

在长江枯水期到来之时，卢作孚登上了最后一艘西撤的轮船，缓缓离开宜昌。宜昌大撤退奇迹般地胜利了，但民生公司付出了极大的代价。整个大撤退期间，民生公司一共被日机炸沉、夜航触礁等损失了轮船16艘，116名公司员工牺牲，61人受伤致残，运力比之前削弱一半。仅1939年，民生公司航业部分的损失就高达400万元。

这次宜昌大撤退，后来被卢作孚的好友晏阳初比喻为"中国的敦刻尔克"。1939年元旦，卢作孚获得了国民政府颁发的一等一级奖章。

战时首都群英会

1925年初，身患重病的孙中山先生在病榻上告诫蒋介石：要警惕日本军国主义的侵略野心，如果中日战争一旦爆发，形势不利即可把国民政府从南京迁都重庆，若仍怕重庆沦陷，就迁都西藏拉萨，总之，我们决不能屈服，只有革命到底一条路。

6年之后的1931年，正如伟人所料，九一八事变日本鬼子踢开了国门，魔爪已伸进我东北三省。1937年"七七卢沟桥事变"之后，小日本更是肆无忌惮将战火大举推进中国内地，直逼南京，形势十分危急。

1937年11月17日，时任国民政府主席的林森便率领大小官员迅速撤离南京，并于三日后在武汉发布《国民政府移驻重庆宣言》，宣布迁都重庆，并在宜昌乘坐"民风号"轮昼行夜泊，于11月26日下午抵达重庆人和码头，江上换乘吃水浅的"民律号"轮停靠储奇门码头，受到重庆党政军民10万人的夹道欢迎，下榻在李子坝刘湘公馆，12月1日开始办公。

1940年9月6日，国民政府又发布了《国民政府令》，

国民政府主席林森

1940年10月1日下午在夫子池、魁星楼举行陪都建立大会（厉华《抗战记忆》）

正式颁令"明定重庆为陪都"，并称"还都以后，重庆将永久成为中国之陪都"。10月1日下午3点，在夫子池举行盛大的"庆祝陪都建立大会"。

这便是重庆自周武王分封巴国、明玉珍建大夏国之后，第三次作为国都写入了中国历史。

重庆成为陪都，除了是遵循孙中山先生的政权布局与抗击外敌的思路外，主要是与重庆特殊的地理位置有关：重庆地处四川盆地东部丘陵地带，四周环山，北有大巴山作天然屏障，东有巫山构成天堑三峡，东南是武陵山脉，南面为大娄山系，西接成都平原的青藏高原及横断山，所谓"蜀道之难，难于上青天"，雄踞"一夫当关，万夫莫开"境地。一条大江纵贯东西，重庆为长江上游航运的交通枢纽，长江支流纵横交错，物资运送既方便又快捷。再者就是重庆位于"天府之国"的腹地，土地肥沃，物产丰富，具有取之不尽用之不竭的战略资源……历朝历代皆以"巴蜀定，天下安"为国策之一。

太平洋战争爆发后，1942年1月21日，同盟国中国战区统帅部在重庆成立，任命蒋介石为盟军中国战区最高统帅，史迪威将军担任中国战区参谋长，负责指挥中国、越南、缅甸、马来西亚等国的同盟军与法西斯作战。当时苏、美、英、法等30多个国家在重庆纷纷建立大使馆，40多个国家和地区设立了外事机构。七星岗、通远门、金汤街旁边的领事巷，便是这批外国使领馆机构的住址。

时势造英雄。第二次世界大战期间——这场人类社会面临正义与邪恶、生死存亡的全球之战造就了英雄的重庆，使它历史地当之无愧地成为中国政治、文化中心及世界反法西斯战线远东指挥中心。最具代表意义震撼世界的伟大事件，就是用两年零三个月的时间，打通了中国唯一能与世界接轨的滇缅国际生命通道（后称史迪威公路）。那是由20万男男女女、老老少少的中国人和外国人，冒着枪林弹雨组成的筑路大军。在这3000英里（5000公里）的浴血战场上，以"一英里一条命"的代价，如同盟军诺曼底登陆的军事胜利一样，铺就了彻底捣毁小日本的决胜之途。

战时首都成立之后，中国文化教育重心由东向西大转移。当时的中央大学、中央政法大学、复旦大学等著名学府纷纷从北京、上海等地先后迁往重庆，仅大学就有31所之多。著名的专家学者蔡元培、于右任、朱自清、叶圣陶、马寅初、李四光等也相继而来。国民政府对当时日占区内迁的师生们实行"救济贷金"制度。对全国公立专科以上学生发给贷金，仅1938年一年，受政府资助的学生和教师共有5万多人。而今饮誉世界的顶尖科学人才李政道、杨振宁就是当年那批青年才俊之一，也就是得益于这批贷金，顺利地完成西南联大的学业，而走向国外，走向辉煌。

国民政府的文化宣传机器随着政府的搬迁开进了重庆；中国文艺界的精英郭沫若、老舍、田汉、夏衍、曹禺、舒绣文、张瑞芳、白杨、秦怡等也纷纷来到重庆。带着抗战的使命，掀起了一场陪都文化的热潮。

当时的国泰大剧院（今解放碑国泰电影院）和在中共南方局领导与组织下建立的抗建堂（今观音岩上纯阳洞13号抗建堂俱乐部），抗战期间共上演了240多部进步话剧，雾季公演，盛况空前，郭沫若创作的《屈原》《棠棣之花》、曹禺创作的《雷雨》《北京人》《蜕变》《家》、陈白尘创作的《大地回春》《结婚进行曲》、吴祖光创作的《凤凰城》《正气歌》《风雪夜归人》、夏衍创作的《法西斯细菌》《一年间》、于伶的《长夜行》、宋之的的《雾重庆》、张骏祥的《万世师表》、沈浮的《金玉满堂》、洪深的《飞将军》、阳翰笙编剧的《天国春秋》……场场爆满。

抗战时期的郭沫若

中共机关报《新华日报》，于1937年1月，在汉口府西一路149号创刊发行。1938年迁来重庆，设营业部于西三街商业场。

中共南方局支持下办起来的一家进步书店《生活书店》，也于1938年8月从武汉迁到重庆（今民生路157号，一楼一底），邹韬奋任书店总经理。

中苏文化协会由南京迁来重庆。创刊《中苏文化》杂志。

昆仑影业公司来到今民生巷16号（原韦家院子。现为中国农工民主党重庆委员会地址）驻扎。在重庆期间，拍制了《一江春水向东流》等著名影片……

重庆成为战时首都之后，沿海及长江中下游的近300家工厂及大批商业、金融机构相继迁渝，实现了中国近代工业史上规模空前、意义深远的"铁血西迁"。重庆人耳熟能详的重钢厂、特钢厂、嘉陵厂、建设厂、长安厂、江陵厂、空压厂等大型企业都是那时内迁的产物。它们不仅为抗战前方战场提供了枪支弹药等物资，还为建设新中国和当今重庆经济的复苏和发展提供了举足轻重的力量。中国人一向以来都有这样的印象：重庆是国家武器弹药的

《一江春水向东流》电影海报　"雾季公演"主场抗建堂

基地，重庆是摩托车的故乡——这个盛赞的荣誉，应该说它的基础是陪都的历史缔造的！

一卷　巴源流长

战时首都重庆，作为全国经济政治文化中心及世界反法西斯战线远东指挥部，既肩负了神圣的重任，也承受了惨重的代价。日本对重庆展开"航空进攻作战"，为期近6年的"无差别轰炸"（史称"重庆大轰炸"），据史学界最新统计数据，造成平民伤亡共计61400人。房屋毁坏17608栋。重庆市城区大半化为废墟。然而陪都人民没有屈服，他们高举起抗战胜利的旗帜，将重庆筑成远东各国人民反法西斯的精神堡垒。

1941年12月30日，国民在重庆市区中心的都邮街广场建成了一座四方形炮楼式木结构碑形建筑，共5层，通高七丈七（23.1米），堡垒顶端有旗杆，取名为"精神堡垒"，就是战时首都人民这一意志的象征。

抗战胜利后，为了纪念抗日战争的伟大胜利，国民政府在原"精神堡垒"的旧址上，建立起全部用钢筋水泥建造，碑高27.5米，八角柱形，外饰浮雕，内有旋梯，顶部四面都有标准钟的"抗战胜利纪功碑"。

解放后，1950年10月1日，西南军政委员会决定对"抗战胜利纪功碑"进行改建，由西南军政委员会主席刘伯承题字，将碑名改为了"人民解放纪念碑"，重庆人爱称"解放碑"，一直沿用到现在。

解放碑既承载了战时首都重庆可歌可泣的抗战历史，也是对重庆人民争取民主解放的精神纪念。

《屈原》的文化风暴

1941年初，寒冷笼罩在中国大地。国民党制造了"皖南事变"，接着在大后方大肆逮捕、迫害共产党员和进步人士。周恩来领导的中共中央南方局便将在重庆工作的人士分批撤离到延安，而留在重庆为数甚多的戏剧工作者，由于身处白色恐怖却没有宣泄的途径，心绪苦闷而愤怒。

周恩来抓准时机，提出举办庆祝郭沫若50寿辰和创作25周年纪念。他对郭沫若说："为你作寿是一场意义重大的政治斗争；为你举行创作25周年纪念又是一场重大的文化斗争。通过这次斗争，我们可以发动一切民主进步力量来冲破敌人在政治上和文化上的法西斯统治。"接着，由阳翰笙负责具体运作——他几乎动员了当时中国整个文艺界和新闻界。

重庆又名"雾都"，秋末至冬春时节云轻雾重，能见度甚低。这一特殊气候现象，在抗日战争时期构成了一道天然的"保护屏障"。每值"雾季"，日军空袭减少，这便成为文艺团体活动的"黄金季节"——中国话剧史上著

抗战时期阳翰笙在重庆

名的"雾季公演"由此而得名。

1941年10月11日，新组建的民营职业剧团中华剧艺社在重庆国泰大剧院举行首次公演，剧目为五幕话剧《大地回春》，揭开了中国剧运职业化演出的序幕，同时也拉开了雾季公演的大幕。

接着，作为庆寿大戏，郭沫若创作的历史剧《棠棣之花》上演，在短短两个月内，应各界要求竟三度公演，连演了四五十场，居然还满足不了人们的需要，剧团不得不在《新华日报》上"敬向连日向隅者道歉"，并"敬告已看过三次者请勿再来"。

1941年10月11日开始的雾季公演

《棠棣之花》的成功，大大激发了郭沫若的创作热情，他决计"把这时代的愤怒复活在屈原时代里去"，"借屈原的时代来象征国民党黑暗统治的时代"，创作已经在心中构思多日的《屈原》。消息不胫而走，1942年元旦，报章上就已预告"今年将有《哈姆雷特》和《奥赛罗》型的史剧出现"。

元旦过后的第二天晚上，郭沫若开始动笔，每天不管社交、会务、应酬活动多么繁忙，都要挤出时间写《屈原》。这一路写下去，只觉头脑清明，妙思泉涌。由于写得过猛，连一支新的头号派克笔都被写断了。他一边写，一边把原稿送去刻蜡纸油印，往往刻蜡纸的人远远赶不上他的写作速度。

《屈原》剧照　防空袭刷成全黑的国泰大剧院

1月11日夜，金汤街天官府周围的电灯早就熄灭了，四号三楼北边房间里的灯光却愈来愈明亮。五幕历史剧《屈原》已经写到最后一幕最末一场了，伏在桌上奋笔疾书的郭沫若，仿佛见囚禁屈原的东皇太乙庙燃起了一片熊熊大火。他换了一张稿纸，标明第"126"页，得意非凡地写上了最后几行字：

> 一切俱已停当，火光烟雾愈烈。卫士垂拱于死者之右侧。屈原（手执花环在空中招展）：婵娟，婵娟，婵娟呀！你已经发了火，你已经征服了黑暗，你是永远永远的光明的存在呀！（将花环投于尸上）——幕徐徐下。

一卷　巴源流长

夏衍先生

他这才搁下笔，轻轻地舒了一口气。山城的冬夜虽然寒冷，但由于过度兴奋，他一点也不觉得。就像自己孕育多时的孩子终于顺利诞生，《屈原》脱稿以后，郭沫若如释重负。

1942年4月3日，《屈原》在国泰大剧院开演。饰演屈原的金山，女朋友刚刚不辞而别出国去了，伤心、气愤和绝望的心情，全部释放到《屈原》里了；饰演婵娟的张瑞芳，正在化妆间准备上场时，接到弟弟牺牲在抗日前线的消息，悲愤之情全部融进了戏里。台上台下群情激昂，彼此交融成一片沸腾的海洋。

《屈原》在重庆首次公演17天，场场客满，卖座近30万张票。4月20日演出最后一场，郭沫若特邀苏联大使潘友新前来观赏，恰好夏衍从香港回到重庆，也一同看戏。

这一天，国民党有意破坏，中途断绝了剧场的用电，可是在观众们的热忱支持和配合下，台上点起一盏油灯，演员们借着微弱的光亮继续往下演。说来也真巧，待到金山朗诵《雷电颂》的时候，剧场外面忽然电闪雷鸣，风雨交加……

郭沫若与观众们无比振奋，沉浸在风雨雷电的交加之中，好像不是在看戏，而是身临其境，亲眼得见历史的再现。

郭沫若创作的《屈原》、曹禺创作的《雷雨》都连续上演了100场以上，场场爆满。许多群众半夜三更就带着铺盖前来等候买票，有些赶了很远的路程，冒着大雨来看演出。更有人专程从成都、贵阳、桂林等地赶来欣赏这一难得的文化盛宴。沙坪坝的学生进城看戏后索性在剧院坐到天亮，和演员们一起交流观后感，讨论剧情。

郭沫若、于立群与《屈原》导演和演员在舞台上留影

一时间，重庆的街头巷尾到处响彻着《屈原》主题诗《雷电颂》的名句："烧毁了吧！""爆炸了吧！"的声音，至今仿佛依稀可闻。

永远的沧白路

清宣统三年八月十九日，公元1911年10月10日，武昌首义成功，敲响了几千年来中华封建王朝的丧钟。全国上下闻风而动，革命气势如火如荼。

重庆同盟会支部见起义时机成熟，加紧与各州县革命党人联络，并公推了杨沧白、张培爵为起义领导人。11月21日，杨沧白密约各界代表到重庆总商会商议重庆独立事宜。会议决定，第二天（11月22日上午）在小什字朝天观夺取清朝廷重庆知府的大权，并宣告重庆蜀军政府成立。

会上他们得知，重庆知府钮传善是一个老顽固，担心通知他到场可能不会来，如果用武力手段，又难免不发生流血事件。于是想出了一个办法：杨沧白的好友李湛阳（大富豪李耀庭大公子）与钮传善是儿女亲家，委托李湛阳去动员说服钮传善就范。

11月22日一大早，杨沧白、张培爵指挥同盟会支部控制的各种武装力量遍布城区，防止暴乱。同时邀约了全城官、绅、商、学各界代表300余人在朝天观开会。九时许，重庆城暖阳高照，朝天观外人山人海，有二三千观众。

杨沧白在战友们的簇拥下大步流星迈进朝天观，第一个登上讲台，发表了慷慨激昂的演讲。他的关于孙中山"三民主义"及其"复汉灭满"建立"中华民国"的呼声，激起了与会者惊天动地的掌声。接着，他呼令将重庆知府钮传善和巴县知县段崇嘉带上场来。在众目睽睽之下收缴了他们的官印。并叫他们当众跪下，剪去了头上的长辫。接着宣布重庆独立，成立蜀军政府并通电全国。

时年仅30岁的杨沧白被公推为蜀军政府都督；他却高风亮节让贤，最后定为：由张培爵、夏之时为正、副都督，杨沧白、朱之洪为高等顾问。

杨沧白，名庶堪，重庆巴县人。1903年创立四川第一个旧民主革命组织"公强会"，1906年该会改组为"同盟会重庆支部"，先生任主盟。1911年，杨沧白率众推翻清朝川东政权。1913年底，杨沧白在重庆组建"讨袁军"，讨袁失利后前往日本，觐见孙中山并为其器重而引为肱股。此后沧白先生便全力协助孙

杨沧白先生

蜀军政府都督
张培爵烈士

中山组建中华革命党，先后出任四川省长、财政部长、大元帅府秘书长、国民党中央执委和候补监委、广东省长、北京政府司法总长等要职。

抗战爆发后，他拒绝南京汪伪政权的利诱，抛妻别子，转归重庆参加抗战。却终因不满蒋氏独裁而归隐山林。

重庆府中学堂旧貌

归隐后，他在重庆办新学、创新刊，传播进步思想。因其德才兼备，"蜀中贤豪长者、文人学士，皆与公投分结纳，服其雅度"。沧白先生不仅是一位卓越的旧民主主义革命家，同时又是一位才华横溢的诗人。他学贯中西，其诗词、文章、书法、文物鉴赏，均可自成一家。著有《天隐阁诗集》《邠斋文存》及英文著作《译雅》传世。

1942年8月6日，杨沧白辞世于南岸大石坝寓所。杨沧白逝世后，国民政府举行国葬。重庆各界五千多人在夫子池举行公祭。国民政府主席林森特电致唁，送挽联："高风亮节，自有千秋。"

蒋介石亲临主祭，题送了"哲人其萎"的挽幛，书写挽联："抗战方殷，吾党又弱一个；言行不朽，先生独有千秋。"

《新蜀报》专为杨沧白先生逝世发表题为《追悼杨沧白先生》的社论，称沧白先生是"革命元勋，四川耆硕，文章大师"。

国民政府监察院长于右任评价："开国有诗人，沧白杨夫子。秀句兼丰功，辉映同盟史。"

为了纪念杨沧白，1943年7月，国民政府把杨沧白曾任监督（校长）的重庆府中学堂旧址改建为"杨沧白先生纪念堂"，并将纪念堂所在的炮台街更名为"沧白路"（洪崖洞上的公路）；他的故乡木洞镇改称"沧白镇"；木洞小学改名为"沧白镇中心国民学校"。

70多年过去了，曾经优雅静穆的沧白路而今已在欢闹的洪崖洞风情中安息了。然而沉淀在历史中的沧白精神却长留在人们的记忆里。

纪念斯人，永远的沧白路！

史迪威与生命之路

1942年初，席卷全球的第二次世界大战烽火正酣，美国陆军中将约瑟夫·史迪威从美国出发，经印度加尔各答、德里，缅甸仰光、腊戍，中国昆明，于

3月6日辗转抵达重庆。

史迪威此行，是受美国总统罗斯福的重托，前往中国战时首都重庆，担任盟军中国战区总司令蒋介石的参谋长，并兼任中缅印战区美军司令。为此，2月9日罗斯福亲自接见了他，并指示："你的任务就是援助中国，调动中国的抗战实力，直到中国收复失地！"

史迪威1883年出生在美国佛罗里达州，1904年毕业于西点军校，时年刚好21岁。在42年的戎马生涯中，他战功卓著，荣升为美国陆军四星上将。之所以安排他来中国，一是因为有他

中国战区总司令参谋长
史迪威中将

的好朋友美国陆军参谋长乔治·马歇尔的举荐，更重要的是，史迪威曾经担任过美国驻华大使馆武官，四次来华的经历，其足迹遍及中国各省市，被美国军界称为"最精通中国和远东问题的军官"。

史迪威到达重庆后，蒋介石举办了盛大的欢迎仪式，并挑选了位于嘉陵江边李子坝的一栋别墅作为史迪威的官邸。3月8日正式任命他为中国战区参谋长，并授命其指挥入缅作战的中国远征军第五军、第六军。不久，史迪威和蒋介石在指挥权、隶属关系及战略战术上开始出现重大分歧和矛盾。

蒋介石的思路是，要用三个中国师对付一个日本师。如果日军发起进攻，则要用五个中国师去对付一个日本师。蒋介石命令史迪威稳妥行事，让日本人采取主动。只有当日本人的攻势停下来并开始后撤时，中国军队才能够发起反击。蒋介石警告史迪威，在任何情况下都不要集结部队，否则便会立刻被歼灭。

但是，史迪威习惯于常用美军战术思想，主张用纵深防御战术，即部队要一个方阵接一个方阵地连续出击，距离不超过50公里。史迪威延续了美国的军事理论：强调进攻，而不允许把部队化整为零，削弱其战斗力。

史迪威是一位战术专家，对蒋介石有意放弃主动性感到特别生气，他在日记中写道："一头蠢驴！"并给中国战区总司令精心挑选了一个绰号："花生"，在美国口语中意指"无聊的人"。

1942年6月，美国政府决定将原属中国战区、驻守印度的美国第十航空队及美国派遣来华的A-29轻型轰炸机一队调往埃及，这时对第一次缅甸战役失败后，用了8个月时间抢修好，才使用两年的滇缅公路（从缅甸仰光到昆明）被日军彻底切断，而对于失去唯一的西南国际通道的中国政府来说，无疑是雪上加霜，因此更加深了史迪威与蒋介石之间的矛盾，两人已从战略、战术上的不同与争论，发展到对个人品行的相互诋毁与人身的恶毒攻击。

蒋介石指责美国政府之所以援华物资不多、不及时，完全是史迪威工作不力造成，并称史迪威"言行无常，似有精神病状态"；史迪威指责蒋介石是一

中国民众修建滇缅公路 　　滇缅公路上的运输车队

个"顽固、无知、满脑子偏见和自负的暴君"。在此情况下，蒋介石第一次萌生"撤换史迪威"的念头，他命令在美国的宋子文与美国政府"重新协商参谋长的职权"，同时希望美国方面"最好能主动召回史迪威"。

史迪威与蒋介石之间的矛盾，经中美双方的种种斡旋，以及美国对华援助的增加和中美、中英不平等条约的废除等多种因素的钳制，暂时得到缓和。自此以后，史迪威倾其主要精力帮助训练中国军队，并提出了整编军队、清除无能高官、澄清指挥系统等建议。

同时，为了恢复中国与国际社会的联系，绕开被日军切断的滇缅公路，他开始重新构筑一条陆上援华国际通道，以印度阿萨姆邦的雷多小镇为起点，经过缅甸密支那，然后从云南腾冲进入中国境内，过龙陵、保山，再与原来的老滇缅公路相连，打通中国生命线。

对国民党军队内部进行改革整编，让蒋介石非常不满，而史迪威还超出意识形态的差异，坚持国、共两党共同抗日的方针，主张给予国、共双方军队以平行援助，并建议将国民党封锁陕甘宁边区的数十万嫡系部队用于抗日前线。

为了充分了解中国共产党及其领导下的抗日根据地的真实情况，史迪威还冲破层层阻力，向延安派出了以包瑞德上校为组长、代号叫"迪克西使团"的美军驻延安观察组，从而开启了美国政府、美军方与中国共产党合作的先河。

这些举措，从根本上否定了国民党所坚持的"溶共反共"政策。因此，史迪威和蒋介石的矛盾进一步加深，并激化到了无法调和的地步。

1944年，国民党抗日正面战场的豫湘桂大溃败，美国政府要求蒋介石赋予史迪

滇缅公路延伸至贵州晴隆的二十四道拐

威全权指挥中国军队的权限，这一要求犹如导火索一般，让累积两年多的种种矛盾得到总爆发，蒋介石坚决要求撤换史迪威。双方经过反复磋商、争论直至摊牌，最终美国政府在蒋介石强硬提出不撤换史迪威中美两国将无法合作的要挟下，从维护美国本身利益及其与国民政府的关系出发，于1944年10月19日致电蒋介石，同意召回史迪威，另委派魏德迈将军为中国战区参谋长。

中印公路通车，从雷多出发的车队

话说滇缅公路在日军占领缅甸于1942年4月被切断后，中印公路自1942年11月轰轰烈烈地开始施工，中、印、缅、美等国20万余军民在作业条件十分恶劣的情况下奋勇筑路，要不断克服崇山峻岭、江河峡谷、丛林沼泽、暴雨山洪、酷暑病害等困难，有些路段还不得不在日军航空兵、炮兵轰击的条件下作业。经过两年零三个月艰苦卓绝的筑路战斗，以牺牲3万多人（不含前方作战阵亡将士）的高昂代价，终于在1945年1月全线正式通车。

1945年1月12日，皮克将军带领第一支113辆车队（包括重型载重卡车、吉普车和救护车）从印度雷多出发。当车队15日到达缅甸密支那时被迫停了下来，直到23日最后一股日军被中、美军队清除后才继续前进。28日，车队通过中缅边境抵达中国，并于2月4日到达云南省会昆明，受到中国军民的热烈欢迎。

1945年1月28日，蒋介石在重庆两路口的中央广播电台，公开提出并正式命名："念史迪威将军功绩，中印公路改称史迪威公路。"

然而，此时此刻，史迪威将军已于1944年10月20日奉命离开重庆3个多月了。当远在美国的史迪威将军听到这个消息后，真是百感交集。

两千英灵的驼峰航线

1941年12月30日，10架日本战斗机编队飞临昆明上空，准备对昆明实施轰炸。近一年来，日本飞机就像幽灵一般，时时出现在昆明上空，如入无人之境，昆明市民饱受其害。这一次，日本飞机就没有那么幸运，天空中突然俯冲下一群画着狰狞鲨鱼头的P-40战斗机。日本人还没有回过神来，就被一阵迎头痛击，当场就有6架日本飞机被击中，一头栽到地面，火光冲天。剩下的4架飞机夺路狂逃，"鲨鱼头"紧追不舍，途中，又有3架日本飞机"挂彩"，拖着长长的白烟坠落在广袤的原野上。只有一架日本飞机侥幸逃脱，飞回河内报信。

陈纳德将军

这便是美国志愿援华航空队第一次与日本飞机正面交锋，大获全胜，"老头子"陈纳德激动不已，他站在一架P-40（佩刀战斗机）旁，手抚机头，满眼泪花。

"老头子"并不老，当年只有47岁。或许是对陈纳德独特的作战技术和精明老练个性的尊重，志愿援华航空队的同仁们都喜欢称他"老头子"。

"飞虎队"队长陈纳德出生于美国得克萨斯州，1937年5月就抵达中国，帮助中国组建、训练空军。1941年初，陈纳德受蒋介石委托，组建美国志愿援华航空队。陈纳德回到美国宣传中国的抗战，并取得罗斯福总统的支持，替中国争取到100架英国想接收的Hawk-81A2（P-40战斗机外销型），又获得批准让美国现役、退役及预备役军人到中国作战。

1941年7月11日，由110名飞行员、150名机械师和随队医生组成的第一批美国志愿队员，从美国经澳大利亚转新加坡抵达缅甸。美国海军派出两艘巡洋舰为这批人乘坐的"琴佳·芳泰号"货轮护航。8月1日，蒋介石正式宣布成立中国空军美国志愿援华航空队，并任命陈纳德为大队长，授上校军衔。

美国志愿援华航空队在缅甸热带雨林中秘密训练，陈纳德根据敌我双方飞机的特性，有针对性地设计了"双机结对"的战术：我方飞机结成对子，共进共退，相互照应，以应对日本飞机转身灵活的特点。

"别忘了你是战斗中的一部分，而不是一架飞机。你俩应该像恋爱一样紧紧挨在一起！"训练中，陈纳德经常对飞行员们狂吼，以增加他们的印象。这些狂放不羁的美国飞行员，将自己的飞机涂满了各色各样的标志：露出狰狞牙齿的鲨鱼，偶像明星，裸体的天使，有的甚至干脆画上自己的漫画像。陈纳德也来凑趣，他根据这些图画把志愿队编成三个中队：画着男人和女人的是"亚当夏娃队"；画着飞行员自己漫画像的是"熊猫队"；画着裸体天使的是"地狱里的天使队"。

1941年12月底，美国志愿援华航空队在昆明上空第一次作战便告大捷。中国内地的民众从未见过鲨鱼，误将飞机上的鲨鱼头认作"飞老虎"。第二天，昆明出版的一家报纸便用"飞老虎"来形容志愿队的飞机。从此以后，"飞虎队"的名声传遍全世界，让日本空军闻风丧胆。

1942年7月4日，美国志愿援华航空队解散，由美国第十航空队下面的第二十三战斗机大队取代。虽然"志愿队"已不复存在，部分原"志愿队"飞行员接受了新的任命，他们的指挥官陈纳德也改任美国驻华空军特遣队司令，但"飞虎队"的精神永远存在。之后，中国战区的美国飞行员被统称为"飞虎队"。

1942年3月8日，日本侵略者攻陷缅甸仰光，切断了中国当时尚能通行的最后一条国际运输线路——滇缅公路，抗战所需的大批物资、弹药无法运进中国，中国内地的战略物资无法运出，中国成了一个"孤岛"。

美国飞虎队部分队员合影

10月8日，陈纳德在写给美国总统特使温德尔·威尔基的信件中，提出开通"驼峰航线"，开辟一条转运战略物资的空中通道。即从印度东北部阿萨姆邦的汀江等地起，至中国昆明约800公里，沿线穿过中、缅、印三国，飞越喜马拉雅山南麓及缅北的茫茫原始森林。因航线下面的山峰连绵起伏，有如驼峰，因此人们称之为"驼峰航线"。这条航线被视为空中禁区，未标明海拔高度的山峰、难以预料的雷暴以及日机的随时出没，都对运输机构成巨大的威胁。

陈纳德负责指挥驼峰航线的试飞，美国王牌飞行员福克斯上校被召至中国。他曾试飞过许多新型飞机，并开辟过多条新航线。但这一次他却没那么幸运。起飞后一个多小时，福克斯驾驶的C-46飞机在恶劣的气候中一头撞到了山峰上，不幸殉难。此后，经过中美双方的共同努力，以及飞行员前赴后继以身犯险，驼峰航线终于被打通。一直到1945年史迪威公路开通之前，驼峰航线是中国与外界进行物资流通的唯一通道，为中国坚持抗战起到了决定性作用。在三年多时间里，通过驼峰航线共向中国运送了736374吨物资，但也损失了468架运输机，有1579

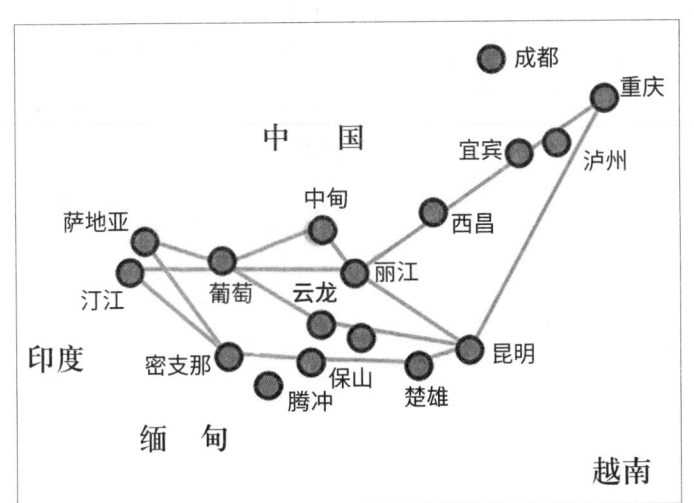

驼峰航线示意图

名美国飞行员英勇捐躯。

1943年3月，驼峰航线开通16个月后，美军将驼峰飞行的指挥权正式交给飞虎队司令长官陈纳德。从此以后，驼峰飞行与飞虎队同在陈纳德的指挥下，两者逐渐融为一体。在保卫这条航线上，飞虎队也屡建战功。

1945年7月6日，由于军事思路上与蒋介石发生分歧，陈纳德提出辞呈。在离开中国前，蒋介石把自己的座车借给他，让他到重庆兜一圈。人们闻风而至，夹道欢呼，争相一睹心目中的大英雄。人越涌越多，司机只好熄了发动机，让人们推着车子走。曾经蒙受过他保护的重庆市民在市区的一个广场上搭起了一个高台，高台用鲜花和飞虎队的队徽装饰起来，上面堆满了各界人士赠送的礼物。

陈纳德被推到台上，接受普通市民自发的欢呼。蒋介石和宋美龄设宴为他送行，并授予他中国最高荣誉——青天白日大蓝绶带。

鲜英与"民主之家"

特园主人鲜英先生

1945年8月30日正午，骄阳似火，上清寺"特园"显得出奇的安静。夏蝉时不时地拉着长长的尾音，犹如一把利剑，划破燥热的空气，让人于烦闷中又多了几分期待。对于这个通常都是人来人往、车水马龙的私家园林来说，这种少有的安静，似乎预示着将有什么事情发生。

果然，下午3点，几个稳健的身影出现在"特园"门前。为首一人显得异常魁梧，身穿灰色中山装，头戴圆顶圆边的考克礼帽（又称拿破仑帽、盔式帽），看到匾额上"民主之家"四个大字若有所思，微微颔首，然后用浓重的湖南口音念了一遍两旁的楹联：

谁似这川北老人风流，善工书，善将兵，善收藏图籍，放眼达观楼，更赢得江山如画；

哪管他法西斯蒂压迫，有职教，有文协，有政治党团，抵掌天下事，常集此民主之家。

随后，径直朝"特园"的主楼"达观楼"大门走去。原来，此人是在重庆与国民党进行谈判的毛泽东。他在周恩来等人的陪同下，前来"特园"拜访著名爱国民主人士张澜、鲜英。

"达观楼"大门口，两位银髯飘拂的老者迎了过来，其中之一正是"特园"的主人鲜英，另一位则是著名爱国民主人士张澜。见到二位风度翩翩的老者，毛泽东高兴地说："这里是'民主之家'，我也回到家了。"

鲜英仍保持着他一贯的谦逊和儒雅，连忙解释"民主之家"的得名经过。听完，毛泽东感叹道："董老起名，冯将军题字，表老赠联，堪称三绝啊！"

特园（鲜宅）大门

这次拜访，由于正处于国共谈判的关键时期，不宜过分渲染。当天上午，周恩来便提前作了安排，要求尽量低调、保密，因而，鲜英和张澜并未到朝门迎接。

重庆谈判期间，毛泽东曾三次造访"特园"，与鲜英和张澜等民主人士就中国的民主与未来广泛交换意见。

鲜英，字特生，四川西充人。军人出身，1925年出任江巴卫戍司令驻防重庆。1933年春，与张澜一起代表刘湘赴广西与李宗仁、白崇禧、黄旭初联络反蒋抗日，为后来《红桂川协定》的签订奠定了基础。1937年在成都与张澜、钟体乾代表刘湘，与中共代表李一氓签订联合抗日反蒋的秘密协定。1939年后他开始拒绝仕途，发展实业。

鲜英的经历十分丰富，横跨军、政、商三界，其身份曾是做过军阀幕僚的有道之人，也是主持过乡村改造的地方官员，更是经营实业、支持民主的爱国民主人士。

早在川军总司令部行营任参谋长时，鲜英就买下了重庆上清寺旁的一块占地70余亩的坡地。1929年，鲜英夫妇开始在小山头上建房，累年建成"鲜宅"，并以鲜英的字特生命名为"特园"。其主楼曰"达观楼"，既为主人斋名，也表达了主人的性格。鲜英是张澜的学生，由于受亦师亦友的张澜的影响至深，鲜英逐渐从一个追求利润的商人，成为一个民主自由的坚定信仰者和追求者。

英姿勃发跨三界的鲜英

在重庆定居后，鲜英与共产党人、进步人士的交往也多了起来，并在国学大师熊十力的引荐下，结识了中共元老董必武。熊十力与董必武是黄安（今湖北红安）同乡，熊十力与鲜英同年，又是鲜英儿子鲜继

冯玉祥为特园题写"民主之家"四字

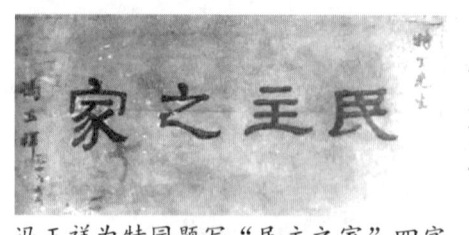

明的老师。鲜、熊、董三人年龄相仿，性格相似，因此格外投缘。这样，国学大师、职业革命家、民族资本家三者便成为一个很有意味的组合。

当中共中央南方局希望在重庆找一个便于开展统战工作的平台，便于中共与各界人士共商国是时，董必武想到了鲜英和他的"特园"。1938年底，董必武陪同周恩来拜访鲜英。当时在国民党的政治高压下，为了避免麻烦，很多人不愿与共产党接触，更不敢给共产党提供活动场所。因此，周恩来旁敲侧击探问鲜英的态度时，没想到鲜英坦然回答道："一愿意，二不怕。"此后，鲜家私宅"特园"便成为中共南方局和八路军驻渝办事处活动的主要场地。

1941年，皖南事变发生，国民党与共产党的合作遭到破坏，抗日民族统一战线危机四伏。国共两党以外的、一些主张抗日的政党和人士迫切希望联合起来，为坚持团结民主抗日而斗争。于是，在张澜等著名人士的提议下，3月19日，中国民主政团同盟在"特园"秘密成立，参加者有：中国青年党、国家社会党（后改称民主社会党）、中华民族解放行动委员会（后改称中国农工民主党）、中华职业教育社、乡村建设协会的成员及其他人士，后来全国各界救国联合会亦加入，中国民主政团同盟遂成为集合"三党三派"的政治党派。

1944年9月19日，民主政团同盟在"特园"举行全国代表大会，更名为"中国民主同盟"。民盟总部设在"特园"，鲜英本人也一直担任着民盟的重要职务。至此，"特园"成了民盟与中共以及国民党左派、地方军政要员、社会贤达等经常聚会、共商国是的地方，成了国共合作破裂之后，国统区内少有的、可以自由讨论民主的"孤岛"。

鲜英古道热肠，仗义疏财，因而"特园"经常是"座上客常满，樽中酒不空"。最鼎盛的时候，一天内在特园用餐的人多达上千人，全天开"流水席"，随到随吃。米从南充用船运来，菜由挑夫每天络绎不绝送来。鲜英经营实业的相当一部分收入，都投入到招待应酬上，而他本人却乐此不疲，毫无怨言，甚至为了提高家宴的品位，专门聘请重庆"姑姑筵"的传人为厨师。"无酒不成"，还专门自酿了家酒以飨来宾。故而，鲜英被时人称为当代"孟尝君"。

有感于此，董必武为"特园"取了一个名字——"民主之家"。冯玉祥将军听闻此一尊号，大以为然，欣然提笔写下"民主之家"的

左起：沈钧儒、张澜、鲜英、李公朴

匾额相赠。张澜只要一到重庆，就住在"特园"。"特园"朝门两边的楹联，正是张澜有感而发。因张澜字表方，因此毛泽东尊称他为"表老"。

从1937年11月到1946年5月的重庆陪都时期，中国八个民主党派，有四个先后在渝成立或筹建，陪都时期的重庆堪称民主党派的摇篮。

其一是中国民主同盟。1941年3月，中国民主政团同盟在"特园"秘密成立。1944年9月，民盟在"特园"召开全国代表会议，更名为"中国民主同盟"，公开成立。

其二是中国民主建国会。1945年12月，中国民主建国会在白象街西南实业大厦宣告成立，骨干是以黄炎培为首的"中华职教社"和以胡厥文为代表的"迁川工厂联合会"。

其三是九三学社。1946年5月，一个以文教科技界高级知识分子为主体的党派，在青年会大厦宣布成立，命名为"九三学社"。

其四是三民主义同志联合会，后改组为中国国民党革命委员会。

世界第一人工秘洞
（涪陵816地下核工程揭秘）

一个尘封了35年的旷世秘密

1965年秋，一群像地质勘探队的人频频来到四川涪陵县（今重庆涪陵区）白涛镇。这个濒临乌江，背靠武陵山，远离城市，仅有几千人的小镇顿时敏感起来，居民热议纷纷：我们镇要修大工厂了！

没有任何人回答他们的假设。

这些勘测人员只顾在馒头山（金子山）上勘察、丈量、记录，每天都忙忙碌碌，兢兢业业。没过多久，馒头山一带便设置了警戒区，拉上了警戒标记，禁止行人进入。

接下来，镇政府接到上级指示，要迅速将有政治问题和历史问题的人员及家庭迁出白涛镇。一时间，几十个有"污点"的家庭莫名其妙地搬离了故土。白涛镇这个古老的地名也随之从地图上消失，改成了"4513信箱"。

1967年2月，工程兵第

涪陵白涛镇馒头山地下核工程的巨型烟囱及公路

54师所属三个团和国家核能工业部的三个建筑公司，声势浩大地开进了镇上。全国一万名技术精英尖子也征调来此，加上涪陵地区调集来的一万民工，一下子在这个弹丸之地聚集了近6万人。千年小镇陡然来了千军万马，似乎要翻江倒海，这到底是何原因呢？没有人知道。

但凡来此工作的人，首条纪律便是"保密"。那就是对所有知道的事绝对保密。党员以党纪保证，职工以纪律约束。这支浩浩荡荡的6万大军，18年间，6500多个日夜，在近30公里长的山洞里，夜以继日，挥汗流血。其实，他们都不知道自己是在干一件什么样的大事？更别说他们要对外泄露什么了。

他们能外泄什么呢？

一起工作的同事，不许串联，不许串岗，不许互相打听消息。多年来，大家都习惯了这种保密氛围，即便在一起聊天，也只谈哪家娃儿长得乖、新人入洞房了等生活琐事，绝不谈自己的工作内容。

涪陵地区的民工，除了放假、过礼拜天，平时是不能随便离开工地的，回家也不能述说工地上的事，家属即便是近在咫尺，也不准来工地探亲。

有两个湖南籍的工程兵，是亲兄弟，都在816核洞中做开挖作业，却互不知道。三四年后，有一天在白涛镇上，俩兄弟偶然相遇，惊喜之余，相拥热泪而流！

一位80多岁的"816"老兵，身患疾病住院了。到后来低烧不退，神志不清，两眼不辨来人。当记者来到他身旁，欲采访他有关"816核洞"的事时，他突然一下子从恍惚中清醒过来，断然说道："这是党和国家的秘密，我无权告诉你！我什么都不知道！"

整整6万人，集体保密隐藏一件事情，不询问、不泄密、守口如瓶长达35年，这不能不说是一个人间奇迹！

一座30年才能完工的地下长城

"816"核洞工程，从1967年开工，到1984年停工，耗时18年，仅完成了85%的建筑工程，60%的安装工程。若要全面完工，设备调试到位，正式投入使用，估计还需要12年。当时的工程总投资为7.4亿元人民币。那时的人均工资30元，现在是3000元，涨了100倍。按现在的比价算则是740亿元人民币，远远高于三峡大坝的静态总投资500亿元。

816地下核工程主洞口之一

我们国家为何要建造如此前无古

人的宏大工程呢？

　　1958年，中苏关系因政治分歧而最终决裂。1964年8月2日，北部湾事件爆发，美国驱逐舰"马克多斯"号与越南海军鱼雷舰发生激战，战火延烧到中国南海地区。毛泽东主席审时度势，为了保护国家安全，抵御核威胁、核讹诈，消除核垄断，随即在中共中央书记处会议上两次指出：中国经济命脉都集中在大城市和沿海地区，不利于备战，各省要建立自己的战略后方。于是国家开始"三线建设"，决定在西南大后方建设一个核工厂，有关部门多次考察、论证后，在重庆涪陵白涛镇选址。

　　1966年，周恩来总理批准在涪陵县白涛镇建设中国的第二个核原料工业基地——进入山洞的原子能反应堆及化学后处理工程，即为制造原子弹提供核原料的地下核工厂，中央军委特调8342部队担负主要施工任务。于是，这一工程被列为绝密级军事机密。所有的生产区域都插着"军事禁区，严禁入内"的牌子。所有职工上班的第一课便是：保密课。

　　这项工程之所以称之为宏伟的地下长城，是因为它要将整座馒头山挖空，总长绵延24公里。洞体施工挖出的土石方量高达150多万立方米。如果将这些石渣筑成一米见方的石墙，可长达1500公里。要求工程顶部的山体覆盖层厚达200米，要求核心部位厂房的覆盖层厚度均在150米以上。816洞体要预防100万吨当量氢弹空中爆炸产生的冲击波和1000磅炸弹直接命中的攻击，还能抵抗8级地震的破坏。

　　毛泽东主席在72岁时作出的伟大决策，由于工程十分浩大，直到他去世时仅完成了不到一半的工程量。

一项举世瞩目的人工洞体工程

　　"816"核洞隐藏于简易公路边群山逶迤的丘峦中，从外表上看，除耸立于山顶的高大笔直的排风烟囱外，丝毫不见工程的痕迹。有位国际著名景观大师实地探访时说：如果上苍能用它的手刨去金子山的外壳，那么显现给世人的将是一个无与伦比、罕见的"绝世和氏璧"！

　　山体周围共有大小19个洞口，人员出入口、汽车通行洞、排风洞、排水沟、仓库等应有尽有；里面共有大小洞室18个，道路、导洞、支洞、隧道等130多条，洞内公路总长24公里,现在开放区域不到十分之一。

　　核洞内最大的洞室为反应堆主

雄伟的816工程标识

厂房，侧墙开挖跨度为25.2米，拱顶跨度为31.2米，高69米，总面积1.3万平方米，核反应堆大厅从3层直通9层。

位于8层的是核反应堆大厅，在近30米高的大厅内，当年反应堆的支架部分依然保存，将近1米宽的"工"字形钢做成的支架，绕成一个正四方形，支架下偌大的工艺管的圆形插孔密密麻麻，有1984个工艺管道，旁边1米多宽的防辐射沟内，铺满了从云南运来的重晶石砂，空荡荡的大厅顶部，布满了圆形的窟窿，每个直径有10厘米左右。反应堆大厅四周的墙上布有两层钢制的走廊，乳白色油漆刷成的墙面依然闪闪发亮。厚重的铁大门足足有两寸厚。

位于9层的是中央控制室，在大厅中央放着一个灰色的控制台。最让人吃惊的是控制室的计算机系统占据了三面墙，面积达150平方米左右，计算机高达两米左右。洞内四季恒温，温度均在25℃左右。

以上提到的所有工程及相关的电器、仪器、设备、计算机系统等，都是在半个世纪前，由中国人自己设计制造的，这不能不说是中国乃至世界的奇迹！

一群理想主义者献身的战场

比邻"816"核洞口3公里的地方，有个名叫"一碗水"的陵园，那里安息着71位掘洞的英雄。他们的平均年龄21岁，最小的19岁。在疏疏落落竖立的墓碑上，除了英雄的名字，没有其他任何信息。有的连名字也没留下，仅写着"烈士之墓"……

那么，是什么力量吸引和召唤了这批来自五湖四海、热血澎湃的青年？是信念、理想和至高无上的国家意志。

从全国各地抽调来的一万多名技术精英，人们美称为"一清二北"，即不是清华大学的学子，便是北京大学的门生。裴济仁，1965年清华大学毕业后分配到东北一家国企当技术员，接到上级调令时，儿子刚出生没满月，说是要去"顶替"一个被刷掉（非专业）的名额。裴济仁二话没说，第二天便告别妻子和儿子，踏上了开往重庆的列车。这一顶替，就是半个世纪。那时风华正茂，而今白发苍苍。

"你后悔吗？"记者问道，他慨然答道："不。那个时候青年的理想，就是到祖国最需要的地方去！何况我一个出身国民党家庭子弟，国家还如此信任我，我已经是十分自豪了。古话说，'智伯以国士待我，我故以国士报之'。不奉献我的一切便不能表达我的初心。"又道，"那时的生活

建设816工程烈士的一碗水陵园

环境的确很艰苦。住得好一点的是'冬冷夏热'的油毛毡房。差一点的就是100多个人挤在一个帐篷里。下雨天将塑料布盖在被子上，床头还立一把雨伞。我们既是设计师，又是泥瓦匠；既是民工队长，又是干打垒专家。像一匹跑马，永不停息，决无怨言，一日复一日。"

孙国才是山东人，是"816"核洞中承担掘石第一线的两万名特种兵中的一员。150万立方米的顽石就是在他们手中化为碎片。当时，洞内的施工

当年建设者重返816工程参观

条件很差，任务又很艰巨，大家都用"五面石头夹一块肉"来形容工作现场，"肉"就是战士们的血肉之躯，"五面石头"就是坑道内上下、左右和作业面，全都是岩石。孙国才是风钻手，天天使用的都是重达50多公斤的进口凿岩机。一般人别说是使用，即便是提起来走两步都很难，他还得头戴安全帽，面戴防尘罩，身穿工作服，外加防水衣，脚穿高筒水靴，紧握剧烈震动的凿岩机向顽石挑战。各种机器发出的轰鸣声混杂在一起，震耳欲聋，一轮班下来，满身泥浆、臭汗，精疲力竭，随便倒在哪儿便能呼呼大睡。夏天温度很高，常达四十摄氏度，蚊子一窝蜂从树林、草丛钻了出来叮咬他们，有时一巴掌下去就能打死好几个。大家疲劳至极，蚊子叮咬也顾不得了，只想睡觉，一觉醒来全身都是大红包。

"你们心里怎么想呢？"记者问孙国才，他答道："没有其他想法。党叫干啥就干啥。一不怕苦，二不怕死。还怕累吗？"

2002年，当"816"核洞解密，向世人开放时，迎来的第一批观光者，便是从全国各地专程赶来的原核洞建设者们。他们都年逾花甲，红颜白发。当得知这个寄托他们青春和梦想的故土，竟然是国家浩大核工程的时候，他们相拥而泣，热泪长流，甚至号啕大哭……

他们十分欣慰——他们为把最瑰丽的青春年华奉献给了国家神圣的事业而引以为豪；

他们略有不甘——他们和战友用生命与热血建造的宏伟工程成为了一座工业博物馆；

他们始终坚信——在国家意志下的行动虽有成败，但一个民族永远需要理想、信仰，永远需要勤奋坚毅和锲而不舍的精神。这是人类的至圣之神。

探寻重庆美女之谜
（一座城市的移民史）

如果，你是一个非正宗"歪果仁"，饱览重庆山川、美食、街巷与现代魔幻景观之后，给你印象最深的是什么？

如果你上百度等搜寻，瞬间便有 15 万条回复。排在前三位众口赞誉的是这两组数据：美女、火锅、红岩，或者，火锅、美女、夜景。

重庆"美女"是无论如何也忘不了的感性刺激、道不尽的眼福、抹不去的念想。

2004 年备受网友关注的"中国盛产美女地区排名"，经过百位专家及专业人士一年来对全国 20 个城市（16 至 32 岁）女子的长相、打扮、韵味三大指数进行考察、评议，结果闪亮出炉：

第一位重庆：百名女子中美女占 24.25%，三大指数为 81.77/75.35/70.01。

第二位成都：百名女子中美女占 22.89%，三大指数为 81.29/75.66/70.19。

第三位长沙：百名女子中美女占 20.57%，三大指数为 81.70/74.52/72.89。

难怪社会上流行这样的顺口溜："到北京觉得官帽小，到深圳觉得钱太少，到重庆才觉得结婚早。"为何要后悔结婚早呢？答曰，因为重庆美女太多，如果当初晚一点成家，到这儿来娶一个靓丽的妹子多好！

一个游客在网上写道："我到过很多城市，最让我惬意的事：在重庆一边吃着火锅，一边欣赏美女……"

这似乎代表了众多外地人对重庆的观感和印象。

赞赏之余，念想之外，人们便情不自禁地常常会发问，为啥子、凭啥子重庆城会有这么多的美女？

是山川钟灵毓秀、江河柔美滋润、云雾多情眷顾，还是人文源远流长？

熟悉人文地理的人都知道，在泱泱华夏大地之内，还轮不到重庆上头彩。历史上众口一词、万人公推的"闭月羞花""沉鱼落雁"的四大美女与重庆完全不搭界——貂蝉、杨贵妃出生于山西，西施出生于浙江，王昭君出生于湖北。历史上曾引人瞩目的三道美女风景线，那也是：长安丽人、秦淮艳女、米脂婆姨。

巫山神女

唐玄宗的"后宫佳丽三千人",每逢三月三要出游长安水边兜风晒美,引发万人空巷,争相目睹为快。杜甫有缘打望,写下了千古名篇《丽人行》;

明末清初的"秦淮八艳"——柳如是、顾横波、马湘兰、陈圆圆、寇白门、卞玉京、李香君、董小宛,用她们的惊人才艺和爱国风骨留下了一部凄婉的唯美诗篇;

民国重庆美女

"清涧的石板瓦窑堡的炭,米脂的婆姨绥德的汉"。这个"沃壤"肥田产出的"如脂"米汁,孕育了一代代美人……

由上古至明清,重庆没有美女的历史,也不曾有过美女风景线,但它却有中国百姓家喻户晓的美女传说——"巫山神女"。

王母娘娘有23个如花似玉的女儿,小女瑶姬向往人间的新奇,被母亲允许下凡去东海。东海龙王却冒昧求婚,使瑶姬逃往人间躲藏。瑶姬对百姓友善并为其造福消灾,还扶助大禹治水。《神女赋》说,瑶姬暗慕楚襄王,私下相约,襄王惊慕瑶姬美色,欲结连理,因仙凡阻隔,瑶姬为解襄王一片痴心,在梦中与襄王结合后,赠玉佩而别。王母遣22个女儿唤小女回宫。瑶姬不愿返家,并感动一半姐姐留下继续生活并造福于人间。后化为巫山神女十二峰。

千百年来,巫山神女这个美丽的传说脍炙人口,在百姓的口中、文人的笔下流动;连伟人的诗词也不忘问讯:"神女应无恙,当惊世界殊。"

或许可以说,巫山神女,便是重庆人多年来对心目中美好女性的向往和期盼!说直接点,一个人、一个城市首先得有理想。

要实现这个理想还需要诸多因素,而重庆历史上的多次大移民,便是造就重庆美女最佳的机遇和条件。

从先秦、魏晋、唐初、南宋、元末明初、明末清初、抗战时期,直到20世纪60年代的"三线建设",乃至近期的"三峡百万移民"(这次是重庆移民出去),重庆共经历了九次大移民。其中对重庆的人口基因影响最大的有四次:

第一次是公元前314年,秦国灭巴后,以张若为蜀守,"移秦民万家实之"。秦灭六国后,秦始皇又迁六国豪富流放入蜀,如赵国卓氏、齐国程郑,此次移民持续一百年。

第二次是从清初康熙年间开始的"湖广填四川"(即第二次"湖广填四川",第一次"湖广填四川"发生在元末明初)。据史料记载,1667年,重庆仅有三千户人家,能张口吃饭的不足2万人,到清嘉庆1820年的一百多年间,人口剧增到230余万。

一卷 巴源流长

第三次是1937年抗日战争爆发后，国民政府西迁重庆设立陪都，大批学校、工厂、企事业单位也随之内迁西南。到1941年止，据有关统计，重庆及西南地区接收移民约1500万人。

第四次是在20世纪60年代，为战备之需防范外敌攻击大陆，中央政府有计划地向内地实施战略性内迁，称之为"三线建设"。来自上海、江苏、浙江一带及华北、东北的军工企业、新兴科技企业、大学医院研究所等随之迁往重庆及西南，迁来重庆的计几十万人。

上下两千年，来自五湖四海的移民，给重庆带来了先进的科学文化，带来了时尚的生活方式，同时带来了良好的人体基因。

俗话说："混血儿女聪明漂亮。"生物学、人类学、遗传学、地理学的理论与实践都告诉我们，相距越远、基因差异越大的人相结合，所繁衍的后代越优秀。两三千年来，一批批一代代的移民涌向我们这块土地，融合交织，优势互补，和谐共振，不断更新和完美了重庆人的基因和形象，使重庆女孩渐进渐美而走到了今天。

或许有人会问，从形体五官上讲，能与重庆女孩媲美的多的是呀，如成都、大连、长沙、青岛，为什么人们却更青睐于重庆妹子？众人会说，那是因为山川的滋润、云雾的呵护、巴风的吹拂，重庆女孩不仅有健康美、外表美，而且有性格美——她们热情、开朗、坦诚、豪爽，正契合了我们这个时代的时尚观念和精神追求。

从这个意义上讲，重庆美女是移民的体，巴人的魂！

那么，纵览历次移民，重庆也可以说是当今世界最大的移民城市之一。

鲜为人知的直辖市
（六筑重庆城）

历史前进的脚步虽然不同，却总是有些相似，不管你信不信"这包药"。1997年6月18日之前，在重庆的历史上曾经有过两次直辖——

"七七事变"后抗日战争全面爆发，国民政府将重庆定为战时首都，国民政府主席林森在1937年11月下旬率第一批党政要员先期抵达重庆，于当年底开始办公，重庆按特别市组织。1939年5月5日，重庆升格为甲等行政院院辖市，即为中央直辖市，首任市长贺国光。

新中国成立后，重庆于1949年11月30日下午解放，同时成为中央直辖市和西南军政委员会驻地，中央人民政府委托西南大区代管，首任市长陈锡联。1952年8月中央决定恢复四川省，重庆改为西南行政大区直辖市，直到1954

年7月，重庆直辖市随西南大区一同撤销。

时至今日，最令重庆的百姓记忆犹新、津津乐道、必须浓墨重彩的，是重庆第三次名正言顺、顺理成章地定格在"中央直辖市"的国家格局上。

1994年秋天，时任国家民政部部长多吉才让向当时分管民政工作的国务委员李贵鲜汇报工作时，李贵鲜对他说："我向你借调一人到我处帮助工作，怎么样？"李贵鲜需要的人，必须符合两个条件：一是熟悉行政区划业务，二要忠诚可靠。后一个条件是为了保密的需要，因为行政区划改革是非常重要的事情。

民国重庆直辖市首任市长贺国光

于是不久，38岁的民政部区划地名司审核处副处长孙秀东便去了李贵鲜处报到工作。

很快，孙秀东和李贵鲜的两位秘书，一起被他召集开了一次会。会上，李贵鲜说，党中央、国务院领导交给我们一项光荣任务，论证设立重庆直辖市的可能性。他强调，要大家只做不说，必须严守国家机密，避免再次发生沸沸扬扬的"三峡省"之类的事情。

如此重大的事情，当时除了国家最高层，就只有他们四个人知道。重庆设立直辖市的调研筹备工作一直在高度保密中进行。经过一年半调研，前后共设计了4套方案：

最初的设计方案是以三峡库区为中心，设立一个一级政区，把湖北宜昌、四川万县、涪陵等沿江城市整合在一起。后来一商量，觉得牵涉方方面面的利益太多，中间管理层次没有解决，未走出原"三峡省"的思路，不符合精简、效能的原则，只好放弃。

第二个方案，是在原来重庆计划单列市的基础上，直接升级成一个直辖市。"这是最简单的办法，也不会触动各方利益。"但这个方案不仅解决不了四川人口过多的问题，也解决不了三峡移民问题。

第三个方案，在现在重庆直辖市的格局上，再加上四川的达县地区（今达州市、巴中市）、南充市、广安市。

第四个方案，就是现行的重庆市区划，只包括老重庆、万县市、涪陵市和黔江地区。

经过进一步的筛选淘汰，最终的选择集中在后两个方案上。这两个方案又叫大、小两套方案，最终是小方案获选。对此，时任国务院总理李鹏给出的理由是：（大方案）"小马拉不动大车"。

1997年3月14日，北京人民大会堂，第八届全

解放后重庆直辖市首任市长陈锡联

国人大五次会议进入最后一天。下午3时50分，时任全国人大常委会委员长乔石宣布，开始投票表决《关于批准设立重庆直辖市的决定》。大会现场有36名人大代表来自重庆，属于四川代表团成员。这一天，重庆的男代表换上红色的领带，有人第一次喷了发胶；女代表特意穿着红套装，有的还以闪光的旗袍亮相。进场前，记者从他们的打扮猜测：醒目之队来自重庆。

重庆直辖市挂牌揭幕大会

下午3时54分开始表决。会场内两千多名代表按动表决器。会场大屏幕显示出投票结果：2720人出席，其中2403票赞成，148票反对，133票弃权，36人未按键。乔石宣布："通过。"当时没有媒体直播这个场景，但喜讯立刻通过手机传到重庆，电话那端即刻响起鞭炮声。重庆的大街小巷乃至垱垱角角，很快挂出标语："我们直辖了！"

1997年6月18日，重庆直辖市正式挂牌。

然而，对刚升格为直辖市的重庆而言，历史欠账太多，基础设施落后，工业门类老旧，出海通道欠缺，经济缺乏活力，路上的车不多却交通拥堵严重，城市环境脏乱差，人均收入低，就像一个大县城。商场晚上七八点钟就熄灯关门，市民百姓早早就上床睡觉。

直辖前的1997年春节，代理市长蒲海清带着主城区的书记、区长上街检查卫生，捡垃圾，让他们上电视向公众承诺，解决"脏乱差"现象，并请电视台监督。为了改善城市环境，激发市民热情，重庆市政府还采纳建议，决定拆掉人民大礼堂的围墙，建设人民广场。由于财力紧张，政府号召市民捐款共建，有的孩子还捐出了过年的压岁钱。一时间，政府一共收到捐款近千万元。赶在重庆直辖挂牌前，占地2.3万平方米的人民广场用两个月时间建成。广场一侧专门竖立纪念碑，记录这段历史，并刻下捐款超过千元的市民名单——它记载着普通百姓对城市发展、社会进步和奔向理想生活的渴望。

第三次重庆直辖市首任市长蒲海清

1997年6月18日，重庆成为直辖市后，开始了它作为城市发展的第六次筑城，区域面积达到8.24万平方千米，人口3371万，成为最大的直辖市。

当然，这次重庆的城市发展不同于古代的前四次筑城，不是筑一座有形的城墙围起来，达到攻守兼备的目的；也不同于民国时期的第五次"筑城"，基本上只在主城区内打转，较为简单地拆去城楼、城墙的粗放式城市功能扩展。这次"筑城"是以改革开放的全新姿态拥抱世界，融入国家发展的大战略和全球一体化的进程中，历经20余年的励精图治、大开大合，建设成为了西部火车头、长江上游中心，迈入举世瞩目的、现代化的国际大都市行列。

今日朝天门

而今眼目下，重庆俨然成为了名头响亮的"网红"城市，山城、江城、雾都、桥都、温泉之都、美食之都、美女之都……各种美誉的称谓不绝于耳，尤其是"8D魔幻之都"的名头更是如雷贯耳：人流如织仅次于故宫的洪崖洞，导航都会看哭的黄桷湾立交桥，排队4小时才能乘坐的长江索道，在李子坝穿楼而过的轻轨2号线，绕晕司机的720度三层立交桥，必须绕5个360度螺旋道的停车场……最有意思的应当首推还在进行二三期建设的"一环、七射、N连通"构成的解放碑地下环道线，那绝对是重庆独有的地标符号。

重庆掌故 [典藏本]
CHONGQING ANECDOTES
璀璨星空 二卷

巴人，俊杰，璀璨也。

大禹和涂山氏

话说很久以前,有一次长江发大水,洪水泛滥,淹没到了重庆涂山的半山腰,离涂山氏部落居住的涂洞不过一人高了。

从涂洞口放眼望去,浊浪滔天,排山倒海。极目范围内,只剩下几个零零星星的小山头像落水人的脑壳在浩瀚的江水中挣扎。天上风狂雨暴,电闪雷劈;脚下怒涛澎湃,狂泄如奔……

涂山氏部落被狂风暴雨和脱缰洪水困在涂洞中已经好多天了。

食物早已吃光,全靠苔藓、野菜、树叶充饥而勉强支撑;木柴所剩无几,除了维持火种必需用的之外,其余的柴火在任何情况下都不准动用。整个部落在饥寒交迫、疾病折磨中奄奄待毙。

涂山氏部落酋长的独生女儿——涂山氏站在涂洞口,她身着九条白狐尾皮连缀成的短裙——那是她的嫁衣,自从她嫁给了那个叫禹的治水英雄后,就从来没有脱下过。

那是两年多前的事了。涂洞外面突然来了一群北方汉子,衣衫褴褛,满身泥水。为首的一个大汉身材高大,相貌雄奇,英气逼人。他自称禹,是舜帝任命治理洪水的官。他们一行人从帝都冀州出发,考察洪水的形势,制定治水方略,而今北方黄河流域基本治好,将大水引导入海;南方从前用"湮"的方法堵,使河道中塞满巨石,所以洪水难以消退。他说,只要把河道疏通,导水入海,水患就可平息。老酋长万分高兴,留他们在涂洞小憩,并派人请附近的氏族部落来涂山共商大计。

晚上,在篝火旁,大禹给大家讲治水的艰难历程,特别是在涂山上游,凿破"七门滩"的重大胜利,涂山氏听得津津有味,一种对英雄的仰慕之情也不禁油然而生。

她的心事其实人人都知道,人人都赞成。大禹的助手益(伯益)与前来共商治水大计的犲獠氏共同做媒,于是在那个欢天喜地的夜晚,她同大禹手牵手走到了一起。

深夜,歌舞停了,大禹紧紧抱着她,满怀愧疚又满怀向往地告诉她:他的父亲叫鲧,是国家前治水大臣,曾经用"湮"的方式治洪水,导致水患日益严重而被舜帝判处了极刑。

他接替父亲治水,一是要纠正父亲的错误,挽回家族的荣耀;二是要消除水患,拯救天下百姓!于国于家他都不能久待在家。日渐汹涌的狂潮,即将来临的雨季,像大山一样压着他

重庆涂山氏

的心。

她紧紧依偎在他怀里,发誓要尽全力支持他,要给他送饭。

他劝她不要这样做,因为工地艰苦,而且会越来越远,并要她保重。四天后,他走了,带着一大队治水的精壮汉子,义无反顾地走进与洪峰雷雨搏击的疆场……

她天天在涂洞外的棚户中向长江下游眺望,希望能看到他的影子。但他却越走越远,似乎没有停下脚步……

她熬不过每日提心吊胆的挂念。一天,她拖着怀孕的身子,带着侍女小涂妹,带上亲手给他缝制的皮坎肩和粮食到疏浚工地上去找他。她们顺着江流往下游走啊走……

大禹治水

直到太阳偏西,终于到了工地。疏浚工地在一个峡口上,两边是高山,中央河道被淤泥塞满,一块小山一样大的巨石横亘在江中。头上风雨交加,身后洪水滔滔,大家都在紧张劳作,号子声、呐喊声压过风雨洪涛。

她一眼就认出那个身披熊皮,站在齐胸深的水中,一边用肩顶巨石,一边喊号子的"熊",就是他——她的禹。

她百感交集,呆呆地站在那里,痛惜的泪不由自主地流了下来。

忽然,工地上齐声欢呼。原来大石的基脚终于被水流淘空,在大家一致用力下,大石终于滚下泥坝,顷刻就被淹没在洪水中。而巨石后那只"熊"却来不及躲闪,一下子没了身影。她禁不住"啊"了一声,眼前一黑,什么也不知道了。

终于,她慢慢睁开眼睛,发觉自己在一个温暖的棚屋里,睡在软和的鹿皮垫上。火塘上一只大陶罐冒着热气,散发出诱人的奶香。

一位慈祥的部落酋长夫人带着两个侍女走进来。对她说:"孩子,你醒啦!快吃点东西!"

一位侍女端来一碗雪白的、浓稠的汁,又香又甜。她没吃过。老奶奶告诉她:"这是米汤,放了蜂蜜。是你夫婿禹送来的,还叫我们今后都种这好东西。"接着给她讲起了那天的事——

那天,在天崩地裂的一刹那,她又惊又急晕过去,被工地的人发现,赶快把她抬进屋里。但她已动胎气,很快要临产。回涂山是来不及了,犭獠部落的工地队长说,赶快将她送到嘉陵江边老酋长夫人那里。大家一致赞同,于是添派人手,马不停蹄地把她送了过去。在老夫人精心救护下,她生下一个胖小子。说着,老夫人叫一个侍女递过来一个鹿皮兜,一个又白又胖的孩子甜甜地睡在兜里,皮兜旁挂着一块晶莹剔透的黑玉——玄圭,玄圭

大禹率众治水

中央刻着一个"启"字。

小涂妹告诉她,大禹并没有被水冲走。原来,他下水顶大石时,披了熊皮,腰上拴了山藤编成的"护绳"。为了防止人员落水被冲走,又在下游比较平缓的河道中用大木桩和山藤编成"遮网"。大石崩塌泥坝溃毁,他被水冲到了"遮网"上,在"遮网"被洪峰冲毁的一刹那,他被大家拉上了岸。

上岸后,大禹最急的事是要赶回去看妻子。到家时,见妻子已平安生下儿子,只是惊吓过度还没醒来。于是拜托老夫人照护,说:"孩子是大石开启时生的,就取名'启'作个纪念。"他取下玄圭,亲手刻下劲龙飞舞一般的"启"字,挂在鹿兜上,一步三回头地赶往犵獠山开庆功会去了。

小涂妹还告诉她,所有参与治水的部落除了赞颂大禹,也赞扬她的贤德。所以把从犵獠山流下来的小溪改名"慈溪";把她住的棚户命名"慈棲";把她在工地上目睹惊险而昏厥的山石叫"诞子石",也称她"启母";把拦住大禹的地方叫"遮夫滩";把她停在河边盼望大禹的地方叫"呼归石"。

犵獠部落聚居的犵獠山,也因庆功会被改名"歌乐山",并叫人在山石上刻上"大禹召众宾歌乐于此"的封铭。

涂山氏紧紧抱着儿子看不够,他宽大的额头、刚毅的眉框、高挺的鼻梁,像他的父亲一样……

巴蔓子传奇

巴蔓子出生在战国中期的巴国忠州,今忠县临江城人,为巴国大将军,辅佐巴王治理国家。

公元前4世纪,巴国由于多年来的主动出击或被动防御的对外战争,国力渐渐走向衰落,国土在慢慢丢失。一些贵族见国家内外受困,趁机向巴王施压,以图索取更大的政治经济利益,于是便在巴国朐忍(今重庆云阳一带)阴谋发动了武装叛乱。

巴蔓子将军

驻守在巴国东部边境的巴蔓子将军闻讯江州告急,决定带兵回国平乱。由于他手中的兵力薄弱,不足以战胜实力占优、嚣张狂妄的贵族武装,加之当时的国君已受到叛乱势力胁迫。形势十分紧迫,巴蔓子决定向东邻楚国借兵。

他告诫部下,叛军来袭时坚守不出、等待援兵,便启程赶赴楚国。巴蔓子历尽千辛万苦,终于到达了楚国都城。未及安顿,便去拜见楚王,请求出兵帮忙平息叛乱。

巴国和楚国在历史上长期以来战争不断，也哥们义气不断。既是敌国也是盟国，二者关系时好时坏。打仗耗费的国力巨大，前些年两国都有些打不动了，便采取联姻方式和解，共同签订盟约，一国有难须相互援助。巴蔓子的借兵请求是顺理成章的。可楚王心里却不这么想。既然你巴国国王都被挟持了，看来内乱深重，何不隔岸观火坐收渔翁之利呢？即使要借兵，也得营造点价码吧？于是便故意推辞，找借口不愿出兵。

巴蔓子见楚王推三阻四，急忙说道："大王，亡国之秋巴人赤心未亡呀！只要你大王能顺手出一把力，叛乱即可平息。倘若你不派兵相救，巴国一旦破败，这伙残暴者一旦当权之时，便是贵国不安之日！"

楚王深谙巴蔓子的人格气场，也深知一旦与邻国撕下脸皮也没有好结果。于是对巴蔓子说："这样吧，如果你答应事成之后送我鱼邑（今奉节、巫溪）、巫邑（今巫山），我就马上出兵。"楚王想，派兵出战就当远足练兵，还可轻而易举得到城池又何乐而不为呢？

然而，对于巴蔓子来说，却是一件两难的大事。将国土割让给别人，比割让自己的心肝还疼；可要是不答应，国家安危又迫在眉睫。

巴蔓子沉吟了半晌，于是含糊其辞地说道："只要国王出兵平息了叛乱，这些事情到时候都好商量。"

"谁跟你商量？这可不是戏言。还是把你的儿子送来当人质吧。"楚王严肃地说。

"我巴蔓子平生从无戏言。我用头颅担保！"巴蔓子斩钉截铁地回答道。

话到这个份上，楚王也就认了，即刻派出兵马，由巴蔓子领军急赴巴国。

在巴蔓子的英勇指挥和楚国援军的配合下，联军很快便打败了叛军，进入江州解救了巴王，巴国又恢复了往日的安宁。内乱平定以后，楚国的兵马刚刚回国，楚王就派人来讨城池了。

巴蔓子心里像油煎火熬，但他表面不露声色，准备了好酒好宴招待楚国来使。巴蔓子说："楚国这次帮了巴国大忙，我们子子孙孙都不会忘记这份情义。"

楚国使者说："记得情义就好，请眼下就把几座城池交割给我楚国吧！"

巴蔓子说："国土为国之根本，民之根本，我无权将它送人。眼下你们帮了我们一把，往后若贵国有难，我们也会倾力而助，得人滴水之恩须当涌泉而报。这难道不比几座城池更好些吗？"

楚国使者急了："割让城池可是将军当时亲口许下的诺言呀！"

巴蔓子心知肚明：若践约割让城池则失

巴蔓子将军戎装出征

忠诚之责；毁约则失君子之信。忠信难以两全呀。于是恳切地对使者说道："我们愿以全城的金银珠宝奉送楚王，以答谢出兵救巴之恩！"

楚使不敢做主，于是急遣信使报告了楚王。楚王勃然大怒："君子一言，驷马难追。割让城池，决不能改！若据城不让，即发大兵征讨，休怪我楚国无情！"

重庆渝中区莲花池巴蔓子墓

巴蔓子得知楚王的强硬态度，陷入痛苦之中，他不忍国家割让城池，同时又不愿失信于人。最后，他对楚使说道："我曾许愿楚王，得不到城池，我送上头颅。请把我的头带回去答谢楚王吧！"说完抽出宝剑，"呼"地一下，头颅落地，身子仍然站立，一腔热血喷出！

一时间，楚臣惊惧、围众惊呆⋯⋯

楚国使臣叫人做了个紫檀木盒子，装上巴蔓子的头颅怏怏回国而去。

楚王听了事情的经过，深受震撼：一则放弃了攻打巴国。深知巴人举国哀恸，人心归一，正同仇敌忾难以打败。二则盛赞巴蔓子的大忠大义，并感叹道："巴蔓子真不愧天下第一忠臣，假若我能得到像他那样的忠臣良将，称霸天下，还有何难？！"于是厚葬巴蔓子的头颅于楚国荆门山南面，让他日日夜夜望着自己的国土。

此消息传到了巴国，举国震动，君臣百姓，众口赞颂。巴王除下令厚葬巴蔓子外，还将他的遗体从临江（今重庆忠县）迁葬都城江州七星岗（今重庆渝中区七星岗莲花池）。

诗人王尔鉴题写巴将军墓志铭：

头断头不断，万古须眉宛然见；城许城还存，年年青草青墓门。

巴蔓子走了。巴蔓子的浩然正气却一代代传承给了这方山水这方人。古时说"巴师英勇"，过去说"川东出将才"，而今说"重庆兵会打仗"。这些都是对巴人王气的溢美之词。

巴蔓子如同太阳放射光芒亦有黑子一样，也给我们留下了些许遗憾。他刎去了自己的头颅，也刎去了与邻国的契约。而今，现代的重庆人已在更高的境界上传承英雄，既正义豪爽又信守诺言，不再留下巴蔓子的遗憾。

巴寡妇与秦始皇

公元前218年，秦始皇在统一六国，建立中央集权，实施修筑长城和秦直道等宏伟计划的第三年，他接待了一位来自巴郡的非凡女宾。

那天早朝后，秦始皇对眼下的文武百官说道："今天有一位贵宾要来，是一个巴郡女子。机会难得，给大家推荐一下。"

朝廷的高官们面面相觑，不禁有些傻眼，低声嘀咕："女子？""巴郡？""贵宾？"还要"推荐？"——心想，这女人是何许人也，这么风光？

秦始皇灭掉六国后，虏获的倾国佳丽近万人之多，已深锁宫中任其享乐，难道还有超凡美人让他一见钟情？

难道说是这女子身家非凡，富可敌国，想来巴结始皇？

难道说是这女子才高八斗，前来毛遂自荐？

……大臣们一时胡思乱想。

当宫女们簇拥着这位女宾缓缓来到皇廷的时候，大臣们惊讶地发现，这女宾并非是一个超凡美人，而是一个约莫五旬上下的端庄妇女。从她和善的笑脸上看得出，她年轻时有妩媚的轮廓；从她稀疏的额纹中看得出，她有丰富的经历。她的仪态落落大方，尊严而恭谦；她的眼光清澈明净，闪烁着精明和睿智。

完成统一霸业的秦始皇

始皇对众臣说道："朕要提醒诸位，她不是一般的贵宾啊。她可是我大秦难得的功臣。她叫巴清，是时下国中的儒商巨贾。而今修长城、建军团，她捐助了大批银两。骊山陵的水银、阿房宫的丹砂，也靠她鼎力供货。朕的来世今生都与她有情有缘。尔等可敬其为'姐'或'母'，切不可怠慢！"

文武百官纷纷应允，并向巴清深鞠一躬。

巴清回礼后，被始皇的侍女搀扶着进入内宫。

秦始皇为巴清安排了皇宫歌舞晚宴，以上卿之礼接待了这位来自民间的非凡女人。

以后的日子，始皇陪同她参观了首都的古迹名胜、市井风貌，参观了咸阳的长城工地，又去骊山参观了在建的皇陵……

这次始皇特邀巴清来皇城，不是仅仅让她开个眼界，游览一遭，而是请她到皇宫来养老，这是何等的荣誉？"千古一帝"对巴清的恩宠和盛情，让巴清激动不已。进宫的那天晚上,望着芙蓉帐,抚着翡翠衾,她彻夜不眠,浮想联翩。

她是巴郡枳县(今重庆长寿)人。出身寒微,少女时跟父亲学习诗书,因相貌气质出众,嫁给了当地一位家境殷实、开采炼丹的青年企业家。不幸的是,事业有成的丈夫英年早逝,她便毅然担当起丈夫留下的家业。

巴清目光远大,看准了水银、朱砂在当时的稀缺性和垄断性,便兢兢业业把它做好做强。她为人厚道,乐善好施,朋友多、人脉好,口碑相传竟直至皇廷。她干事执着专一,就像她的情感一样,在当时她完全可以风光再嫁,可她却放弃了——为了丈夫,为了丈夫的事业。凭借这些,巴清才走到了今天。

她已富甲一方,童仆千人,还有一支国家特许的庞大私人武装,成了能"礼抗万乘"的南方著名的工商业主……无人比肩。

她也曾想起往昔那些烈日炎炎的日子,她奔走在冶炼工场的汗颜和劳累;她也曾想起在那些凄风惨雨的日子,她面对孤灯顾影自怜……不过,她更多的是欣慰,她的事业,她的产品,她给国家和皇上的贡献,以及由此而来的恩宠。

而今,她已近花甲之年,家里的事业已有族人接班,40年的辛勤经营也该歇歇了……

一周的皇城生活之后,始皇问巴清,这儿的生活习惯吗?

巴清叩拜道:"很好,很好。承蒙皇上恩宠。"

秦始皇说:"不必拘礼了。这儿就是你的家。需要什么,尽管吩咐宫娥侍女便是。"

巴清再次叩谢。

"家里的事,安排好了吗?"始皇再问。

"已安排妥帖。骊山的水银货已备齐,只待运送。"

"好。眼下倒是朕欠你的账了。"始皇笑道。

"没有的事,皇上。家都在这里了,我还收账来干啥?那是奉献您的。"

始皇笑曰:"大情大义。钦佩、钦佩。"

如此这般和谐的日子,一直伴随着巴清度过了她生命中最后的几年,也是她最幸福的几年。

当她病弱即将辞世的那些日子,秦始皇几乎天天都会来看望她,或者询问御医有关巴清病情,或者静坐在她身旁默念冥思,似乎在乞求上苍护佑这个生命。

一个民众眼中穷奢极欲、焚书坑儒的暴君,一个顶天立地、叱咤风云的帝王怎么会有如此的人情味、如此的德行?

秦始皇嬴政的生母赵姬,原本是吕不韦的爱姬,因秦庄襄王公子楚(异人)喜欢,便赠与了他,不久便在赵国(异人在赵国做人质)与赵姬生了嬴政。生母的人生蜕变和波折,生母作为政治人物间的玩物,她的苦衷和无奈,她的享乐和

大秦帝国实业家巴清

淫乱，没有给年幼的嬴政留下作为母亲的真情记忆，更没有使年幼的嬴政得到真正的母爱。所以，当他结识了比自己大20岁的巴清以后，从她身上看到的那种慈爱、细腻，那种胆识、大气，那种宽和服众的精神、气质——使他感受到了这才是他心目中真正理想的母亲形象。于是便喜欢她的产品，保护她的事业，邀她到皇宫养老，从每日对她细微的敬重中去体验一个曾经失落的孝子之心。

在她弥留之际，他附耳轻轻问她，还有什么吩咐和交代？

她说，把她的遗体运回家乡安葬。在2000多年前，2000多里的路程，这个吩咐可是一桩极其艰巨的任务，秦始皇却欣然答应了。于是巴清带着微笑告别了这个世界。

巴清曾经最大的遗憾是没有子女，担忧谁来为她养老、为她送终？这一切她都看到了、得到了，而且是在一个至高无上的皇帝身上！

公元前215年秋，秦始皇派出护送灵柩的队伍浩浩荡荡地抵达巴郡枳县。全县数万百姓及地方官员倾城而出，迎接巴清的归来，并将她安葬在国家为她修筑的墓寝之中。

秦始皇亲自为她题写了墓志铭，上书三个醒目的大字——"怀清台"。

大西南孔子尹珍

杜鹃花盛开的金佛山下，重庆南川城西的龙济桥东，有一座鲜为人知却地位尊崇的祠堂——尹子祠，它是后人为纪念几乎可与孔子齐名的大西南教育先贤尹子而设立的。

尹子祠为全木结构，大屋顶，雕梁画栋，依山而建，天人合一，古朴儒雅，极具建筑美学和鉴赏价值。

尹子祠的来历，有极为深远的历史渊源和文化底蕴。东汉早中期，闻名天下的大儒，公认的大学者、文学家、教育家、书法家尹珍在南川设馆讲学，播种文明，弘扬儒学，开拓思想，为后世作出巨大贡献。

清光绪五年（1879年），南川知县黄际飞、举人徐大昌为纪念尹珍的伟绩而修建了尹子祠。尔后，文人雅士时常结伴到此凭吊尹夫子，仰止高山，慷慨吟哦，致使闻名遐迩，使南川成为川东文化发祥地之一。

小时候，我常常听南川家乡父辈讲述尹子的故事：

尹子原名尹珍，字道真，东汉牂柯郡毋敛人。生于

大西南的孔子
——尹珍

公元 79 年，出身豪门，少时聪颖好学。公元 99 年，尹珍 20 岁，自感家乡荒僻、文化落后，远赴京师洛阳拜许慎为师，学习易、诗、书、礼、春秋等五经，接受中原文化的哺育。

南川尹子祠，以纪念大西南的孔子——尹珍

许慎乃儒学宗师，汉代著名文字学家、语言学家，所著《说文解字》至今被视为汉学经典。许慎为尹珍千里求学的精神所感动，对他悉心传授。

公元 107 年，尹珍学成归来，回到故里，先后在南川、綦江、正安、绥阳等地设馆教学。尹珍设馆授徒，分为两阶段。第一阶段是蒙学，学生学习的是字书，目的在识字。童蒙识字教材，用规范的正体小篆写就，依文理编成韵文，便于记诵。第二阶段学生学习《论语》《孝经》，对学生进行较系统的儒家道德教育。即以"仁"为核心，以"礼"为形式的道德规范。

尹珍授徒以"父慈、子孝、兄良、弟悌、夫义、妇听、长惠、幼顺、君仁、臣忠"这"十义"来陶冶、约束人们的"七情"（喜、怒、哀、惧、爱、恶、欲）。

尹珍在授徒中有习字课，传授书法艺术，自己也日习千字。他的"务本堂"门前河边就是洗笔淘砚处。他的隶书精湛，远近闻名，前来求书楹联、墓碑的人络绎不绝。在绥阳旺草开馆讲学时期，还在学馆旁建一房子，专为书写之用，后人称"碑房"。

尹珍于各县的桑梓之地办学、传道、授业、解惑、启蒙教化，"兴起学校，渐进迁其俗"。使蛮荒之地的南夷边民潜移默化地接受了当时中原地区的文明、道德和风俗。尹珍身体力行，言传身教，对父母兄长的孝顺，对弟妹子侄的慈爱，以及忠于职守，交朋友重信义，对民众谦恭和蔼等，都被地方官和乡党舆论公认为"孝廉"楷模，名声远播。

于是，地方官以尹珍精通五经文字向朝廷举荐。永兴元年（153 年）尹珍应奉任武陵郡太守，虽年已古稀，但精力充沛。不久东汉朝廷又任用尹珍为尚书郎，他应诏出仕，官至荆州刺史。

尹珍功成名就，但年老体弱，遂辞官还乡，重操旧业，将原学馆改名为"务本堂"，矢志育人。公元 163 年，尹珍病逝，葬于务本堂，卒年 84 岁，可谓大德高寿。尹珍是西南地区最先走出大山、叩问中原文化的先行者，大西南儒家文化的开山鼻祖。所以正安谚云："北有孔子，南

尹珍的老师许慎

有尹珍。"实不为过。

尹珍的出生地，一直争议不断。

《华阳国志》记载：尹珍为毋敛人（这是公认的）。而毋敛为何地，史书记载不详。

清嘉庆年间编撰的《四川通志》认为，尹珍为南川人。《四川通志·杂类》载："汉，尹珍，南川人。从许慎受五经还，巴渝之人始知学。"

清光绪《南川县志》将尹珍列为县内仕宦第一人。

清朝《綦江县志》则认为，尹珍系綦江人。其理由是：在东汉时，綦江县叫毋敛县。

《绥阳县志》认为尹珍为贵州绥阳人。

《正安州志》认为尹珍为贵州正安人。

贵州正安县新洲镇的尹珍务本堂

而今，大多数学者认为：尹珍属于贵州正安人的理由更多，他的"务本堂"碑和坟墓都在那儿。

尹珍已离我们远去近1900年。这位让我们大西南远离蛮荒、远离愚昧的"普罗米修斯"，我们十分缅怀他。

尹子的籍贯之争已不重要，重要的是继承他留下的精神遗产：文化育人、自强不息、感恩故土、社会担当……而这一切首先得让我们国民认识尹珍，宣传尹珍。然而令人遗憾的是，现今我们民众对于尹珍这个伟大的先贤却知之甚少，传之更少！难道作为后生，我们心中就没有一点愧疚？

张飞巧计擒严颜

张飞，字翼德，汉族，涿郡（今河北涿州）人。三国时期蜀汉重要将领，刘备结义兄弟，当过车骑将军，被封为西乡侯。在中国传统文化中，张飞以其勇猛、鲁莽、嫉恶如仇著称。

严颜，东汉末年武将，临江（今重庆忠县）人。初为刘璋部下，担任巴郡太守（重庆府最高长官），性格刚毅忠诚，深明大义，视死如归。后降张飞，归顺刘备。唐贞观八年，朝廷追封严颜为"壮烈将军"及忠州刺史。现忠县城内有

忠州严颜老将军

严颜路、严颜桥、严颜碑。

张飞同严颜之间，在历史上有一段流芳千古的故事：

刘备听说庞统在落凤坡战死了，大哭不止。最后决定派人到荆州接军师诸葛亮至西川。诸葛亮接到刘备的书信，立即调兵遣将，让关羽带领人马镇守荆州，自己和赵云领兵从水路赶往西川，另派张飞带一万人经江州，从陆路过巴州（今四川巴中）杀向雒城（今四川广汉），特别叮嘱张飞不可抢掠百姓。

张飞带上人马前往西川路上，听了诸葛亮的话，一路上管教士兵不许骚扰老百姓，走汉川路，不到几天就来到巴郡江州城下。

巴郡的守将是严颜，这个人是西川的名将，虽然年纪已大，但精力没有衰退，能拉硬弓、使大刀，有万夫难挡的勇猛。他知道张飞的厉害，且城内守兵甚少，就紧闭城门，坚守不出，打算耗上一个月，等张飞没有粮草了，就会自行退走。同时他也知道张飞脾气暴躁，经常发脾气打士兵，如果士兵不安心，还可以趁乱袭击张飞。

果不其然，张飞性急，一到巴郡就杀到江州城下讨战。严颜在城头用乱箭把张飞射退，张飞气得双脚乱跳，每天让士兵在城下乱骂，严颜就是不出战，一连三四天都是这样。

巴郡江州城周围都是乱山高岗，张飞骑马上山观望，看见城里有许多老百姓来来往往，从城里到城外搬运石头帮助垒城，参加防守。张飞回到营寨闷头不语，猛然间想到一个好办法。他派士兵四处上山打柴，寻找别的道路，而不到城下去叫骂了。

严颜在城里坚守，几天不见张飞的动静，很是疑惑，就让十几个士兵扮作张飞部下打柴的人，混进大营，打探消息。那天，这些士兵听到张飞说，已经找到了一条小路，当晚三更，趁着夜色明亮，拔营起寨绕道过巴郡。士兵闻知，急忙跑回去把消息告诉了严颜。

严颜很是高兴，说他就知道张飞有勇无谋，迟早会忍耐不住的。随后，严颜传令手下，当天夜晚到山中埋伏，等张飞来的时候，一齐杀出来，了结这个匹夫的性命。

看着天色已经黑下来，严颜带人悄悄藏在咽喉要道上，大约到了三更，果然见张飞亲自在前带路，后面士兵、车仗粮草，陆陆续续走过来。严颜等张飞过去，一声令下，命令手下将士抢夺粮草。

严颜刚从隐蔽的地方跳将出来，就听见身后铜锣声齐响，一队人马杀了过来。严颜回头一看，却是手拿丈八蛇矛枪，跨着乌黑马的张飞。

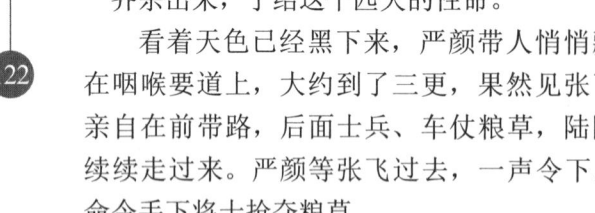

蜀汉大将猛张飞

张飞大叫："老贼，我恰好在这里等你！"严颜丝毫没有想到，张飞会在自己身后出现，慌慌忙忙地和张飞打斗了十几个回合。张飞故意露了一个破绽，严颜一刀砍将过去，张飞一闪身，猛然扑过来，一把抓住严颜勒盔甲的带子，把严颜扯下马，扔在地上，生擒活捉了他。

原来从小路上过去的是一个假张飞。西川兵一见主帅被捉，也纷纷投降。

严颜被五花大绑带进了巴郡江州城，在帅府大厅坐下，张飞让人把严颜推上来，严颜不肯下跪。张飞咬牙切齿地大声呵斥："大将到了，你竟敢不投降，还自己找死！"

严颜一点也不害怕，反厉声道："你们没有道义，侵略我的地方！这里只有断头将军，没有投降将军，要杀就杀，要砍就砍，说什么废话！"

张飞见严颜声音雄壮，面不改色，不生气反而欢喜起来，走下来，亲自给严颜解下绑绳，又取来衣服给严颜披上，扶严颜坐在自己刚才坐的位子上，给严颜行了一大礼，说道："早听说老将军是英雄豪杰，张飞出语冒犯，不要见怪。"

严颜一看张飞这样对待他，就同意归降了。

百岁神人范长生

人生七十古来稀。在中国古代历史上，能活上100岁的仅有四个人：130岁的大彭国（今江苏徐州铜山）始祖彭祖，136岁的唐代寿星李元爽，101岁的养生学家孙思邈，还有就是西晋时期的重庆黔江人，活了100岁，被称为神人的范长生。

218年，范长生出生于涪陵丹心（今重庆黔江）巴人的范氏土著豪族。家族富裕阔绰，人丁兴旺，加之前辈素谙耕读，家学渊源，范长生从小博学多能，占卜术数、天文地理、书法医学、修身治国……无所不知。青年时便担当起操持家族的重任。

蜀后主延熙十一年（248年），刘禅继位已25年，涪陵郡谋反，车骑将军邓芝率兵征讨。平定后，朝廷为免再生事端，将涪陵郡五千余户人家（巴人的后裔）强行迁往成都，其中就包括范长生大家族。

当时正值三国中后期，许多处于战乱的人们，为摆脱现实苦难的困扰和寻求精神的寄托，选择皈依宗教。人生的无常，战乱的苦难，民生的萧条，百姓的迷惘，以及以蜀汉政权为代表的汉族当局对巴人土著的歧视之

神仙范长生乱世取道

苦，深深地伤害和刺激了范长生。

范长生家族来到成都后，正值道教始祖张道陵创建的"天师道"深得人心，信众甚多，正盛极一时，范长生即刻加入了天师道。他于是定居在了成都西山（今都江堰青城山），潜心苦学道义。由于他注重信义，博学多才，深得天师道教徒的敬服，后来被拥为成都一带天师道的首领。

经过50多年的精心传道、善心待人、休养生息、口碑传颂，范长生声名远播，被众人奉为神仙，崇拜者络绎不绝。他已拥有土地、军队、部曲（家仆和家丁），领有千多户人家。

那时，西晋惠帝司马衷在位，秦、雍二州连年旱荒，略阳、天水等六郡氐族和汉人等难民流亡到至梁州、益州来讨食。流民领袖、巴人板楯蛮首领李特也率民由汉中入蜀。他们入蜀后，由于地方官吏的贪暴和朝廷限期迫令流民还乡，李特和弟弟李流便利用流民的怨怒，于公元301年在绵竹聚众起义。

范长生之师张道陵

在起义军和官军的战斗相持之中，出现了这样一个插曲：官军罗尚将军的参谋徐舆看中了范长生这股道教力量，他向罗尚要求为汶山（今四川理县一带）太守，联合范长生，共同攻打李流，但罗尚不许。徐舆十分怨怒，于是率部归降了李流，李流封他为安西将军。

徐舆是涪陵人，与范长生算是同乡，通过徐舆的游说，范长生不断资助给流民军急需的粮食和帮其招募兵马。李流的军队有了粮草和兵源后如鱼得水，迅速摆脱了困境。304年，李流的儿子李雄攻下成都，两年后称帝，建国号"大成"。

李雄夺取政权后，曾一度恭迎范长生进宫，想请他来当皇帝。一方面是慑于范长生在蜀人中的崇高威信，其凝聚人心、统驭能力和经济实力远超自己。二来若没有范长生最后助推他的那"一把火"，他也不可能得势，也想感恩。

满腹韬略的范长生深谙政道，没有应允。一是出自于李雄手下的那一批流民，人人都是野骡子，他难于把控。二是他已88岁高龄，李雄才30岁，何以领导这个初生之犊？三来，他的初心在颐养天年，弘扬道法。

李雄没有亏待这位高人，亲自大驾迎范长生进宫。封范长生为丞相，加号"四时八节天地太师"，封西山侯。经济上，他的部曲不负担徭役，他的土地也不向大成政权输纳租赋。他成了十足的封建贵族，既有土地，又有依附他的农民，还获得豁免赋役的特权。

此时的范长生虽已是耄耋之年，却精通君臣之道。

李雄成都称帝

老少同心，君臣和谐。在范长生"清心寡欲，敬天爱民"及其"休养生息，薄赋兴教，切莫穷兵黩武"的劝导之下，大成政权宽和政役，轻徭薄赋，建官学，兴文教，端风化，罚不妄举，刑不滥及，恩威远播。来称臣依附者日渐增多，大成也一度昌盛于世。

范长生在辅政之余，潜心深研养气之道、养神之道、养形之道、养食之道，成为道家始祖张道陵之后最有成就的道学先师。被后人誉为"蜀中八仙"（容成公、李耳、董仲舒、张道陵、范长生、李八百、严君平、尔朱洞）之一。

公元318年，范长生以百岁高寿辞世。后人在青城山为其立庙，名"长生宫"，尊崇他为"长生大帝"。宋代诗人陆游曾到此游览，吟诗说："碧天万里月正中，清夜珥节长生宫。"

范长生的故里黔江县城，建有范公祠，可惜在1990年扩建新城时搬迁了。

清康熙初年，彭水县为纪念道家神人范长生，在其诞生地——迁乔乡（今重庆彭水县长生镇）水田坝，修建了道家寺院——长生观。

大诗人的渝州情怀

诗人都是玩家，玩山玩水不玩世。

诗人都是骚客，忧国忧民忧自己。

在中国历史上被誉为"诗仙"的李白、"诗圣"的杜甫、"诗王"的白居易、"诗豪"的刘禹锡、"小李杜"的李商隐等蜚声中外的文人墨客，无一不钟情于巴渝这块热土——它的山山水水，它的美食美人，它的地灵人杰……

一生孤傲偶傥、及时行乐人间，"一生好入名山游"的这位李谪仙，在重庆的旅途生涯中留下了20余首脍炙人口的诗句。当他流连于巫山神女神奇的精致中时，他写下了"汉水波浪远，巫山云雨飞""远忆巫山阳，花明渌江暖"的诗句。"波浪远""云雨飞""花明""渌江暖"是何等诱人的大自然美色！

诗仙李白下江陵

当李白清晨辞别朝霞拥抱的白帝城，而乘船远去千里之外的江陵古城的时候，长江两岸，猿声欢啼，轻舟飞驰，群山远逝。大诗人又是何等的惬意！于是灵思涌动，诗情迸发：

朝辞白帝彩云间，千里江陵一日还。

二卷 璀璨星空

两岸猿声啼不住,轻舟已过万重山。

与其说这是一首千古绝唱的风景诗,毋宁说这是一串长江三峡——重庆山河美景的广告词。要不,千百年来怎会有那么多来自世界各地的游客蜂拥而至?

杜甫在他的一生中,多年流寓巴蜀。晚年时曾移居夔州(今重庆奉节)两年多,在巴渝这块热土上留下了400多首诗篇,平均不到两天一首。他热爱这儿的景物,讴歌这儿的山川,关切百姓的生活,感叹潦倒的人生。最突出的代表作有《秋兴八首》《咏怀古迹五首》《登高》。《登高》写道:

诗圣杜甫客居夔州两年

风急天高猿啸哀,渚清沙白鸟飞回。
无边落木萧萧下,不尽长江滚滚来。
万里悲秋常作客,百年多病独登台。
艰难苦恨繁霜鬓,潦倒新停浊酒杯。

这首诗作于唐代宗大历二年(767年)秋,时逢重阳节,作者登高临眺,眼前的秋景激起了他对大好河山的眷念,对身世飘零的感慨,以及对国事民生的忧虑。

"渚清沙白""萧萧落木""滚滚长江"——这是何等壮阔美丽的故土啊!

然而却"万里悲秋""百年多病""苦恨潦倒"——一个朝廷普通官员竟然如此,那么百姓情何以堪?

如果没有对巴渝大地的情深意切,贫困潦倒的诗人哪还有这般感伤忧患之情。

白居易曾经个人自由行,游览过重庆涂山,并写下《涂山寺独游》的诗句。诗曰:

诗王白居易为官忠州

野径行无伴,僧房宿有期。
涂山来往熟,惟是马蹄知。

白居易于唐元和十三年(818年),奉诏由江州司马升任忠州刺史。在忠州(今重庆忠县)为官两年。初到忠州时,发现民众贫穷,但民风淳朴,生性快乐。当地的儿女们常常起舞讴歌,让他感慨万千:

竹枝苦怨怨何人？夜静山空歇又闻。
蛮儿巴女齐声唱，愁杀江楼病使君。

作为当地的地方官——百姓的衣食父母，白居易为改善人民生活，劝农勤耕，打击偷税富绅，减少徭役刑罚，修桥铺路，栽树种草，发展教育，等等。为忠县人民做出了功德无量的善事。他有诗曰：

高城立下视，蠢蠢见巴蛮。
实可施政教，尚不通语言。
且喜赋敛毕，幸闻闾井安。
岂伊循良化，赖此丰登年。
案牍既简少，池馆亦清闲。

由诗可知，在他的施政之后，已是一派政通人和的景象！

人民为了纪念白居易，在忠县城郊西山巴台侧，参天古树中，迈过一坡宽两丈有余的大石梯，建了一栋三楼四柱的牌楼，匾额横书"白公祠"三字。它是与洛阳香山"唐少傅白公墓祠"齐名的全国唯一两座白居易祠庙之一。随后，忠州人又建起一座名为四贤阁（又叫四望楼）的楼宇，用以纪念白居易及陆贽、刘晏、李吉甫四人在忠州的功绩。

诗豪刘禹锡为官夔州

白居易在忠县留下诗作120多首，字字句句都渗透着一个伟大诗人对巴渝热土的热爱和眷念。

唐长庆二年（822年）诗人刘禹锡任夔州（今奉节）刺史时，孟春（早春二月）的某天，天气特别好，天空映着彩虹，绿水清波，岸柳青杨，一边日出一边微雨，他乘兴来到建平（今重庆巫山），见村民男男女女击鼓吹笛，边歌边舞，联唱古老的《竹枝词》曲，于是深受触动和感染，遂写成而后家喻户晓的《竹枝词》：

杨柳青青江水平，闻郎江上踏歌声。
东边日出西边雨，道是无晴却有晴。
白帝城头春草生，白盐山下蜀江清。
南人上来歌一曲，北人莫上动乡情。

刘禹锡的诗来自于巴渝民间生活及智慧的营养，又通过他天才的发挥，极

大地提升了老《竹枝词》的艺术水准，使《竹枝词》成为了巴渝甚至是中华民众喜闻乐见、朗朗上口的文化养分。人们传诵着、舞蹈着，流传至今。如果而今你有幸能深入到奉节、巫山民间欣赏到他们的节日歌舞，那还将会领受到《竹枝词》的无穷韵味。

唐宣宗大中五年秋（851年），诗人李商隐被任命为西川节度使的柳仲郢邀请去西南边境的四川梓州（今四川三台）任职。于是途经重庆，晚宿于佛图关。是晚秋雨绵绵，飘飘洒洒，厢房外池水渐长。孤灯未眠的李商隐，抚窗遥望，思念远在家乡患病的爱妻王氏。于是写下了《夜雨寄北》：

诗人李商隐夜宿佛图关

君问归期未有期，巴山夜雨涨秋池。
何当共剪西窗烛，却话巴山夜雨时。

其中的诗情画意，缱绻情爱感染了一代代巴渝人。

明代时，人们在佛图关上修建了夜雨寺、秋池等寺院亭阁，并沿路著刻《佛图关铭》《佛图关》《清正爱民》等多种记事碑铭，使得在佛图关夜雨寺听巴山夜雨成为了原巴渝十二景中不可或缺的一景。

相传佛图关上曾有块状如石笋的"夜雨石"，白天干燥，入夜后就湿润流水，即使大旱之年，仍不断。乡民常来此祈福，以保佑风调雨顺。加之名篇《夜雨寄北》的推动，更是让"佛图夜雨"名声在外。

夜雨寺曾损毁，复建于清道光十一年，坐北朝南，悬山式屋顶。中为抬梁式结构，两旁为穿斗式结构。面阔五间19.2米，进深四间，通高5.85米，门前有垂带式踏道6级。夜雨寺供奉"夜雨神像"的寺庙，早在200年前就被定为"巴渝五景"，极负盛名。而今"巴山夜雨"已成为重庆旅游胜景不可或缺的一个符号。

……

历代的诗人们在巴山渝水中汲取养料，成就了他们流传千古的不朽诗篇；而世世代代的子孙们也从他们伟大的著作中发现了一个伟大的城市。

父母官白居易

唐元和十三年（818年），白居易由江州（今重庆）司马升为忠州（今重庆忠县）刺史，但却心情沉重，一点也高兴不起来——因为他即将任职的忠州是一个偏远而荒凉的地方，自然环境十分险恶。

到任后不久的一天，白居易前往忠州城西的龙昌寺，与友人探讨治郡之道。去龙昌寺的山路陡峭，悬崖绝壁，若是遇下雨下雪更是危险，经常有人跌落山崖伤亡。这天，白居易一行走到向家嘴，忽闻痛哭声，急忙上前问询，只见一年轻妇女抱着一个头破血流的孩子哭泣，旁边一老者声音哽咽，老泪纵横。

忠州刺史白居易

原来这老者是位石匠，带着女儿、外孙下山进城，外孙不慎跌于崖下身亡。面对哭得死去活来的父女俩，白居易不禁伤心落泪，除了一番劝慰外，还拿出随身的银两周济他们，当晚，白居易躺在床上，辗转反侧而无法入眠。

第二天即刻升堂议事，商讨筹建龙昌寺道路以及规划建设老城交通的事宜。可是，这需要花费几千两银子，到哪儿去筹措呢？白居易升迁忠州时，朝廷赐予了白银千两以修造寓所，于是他当场决定把此笔款项捐出。

刺史的义举深得人心，忠州民众及官吏富商纷纷效仿，有钱的出钱，无钱的出力。前面那位石匠闻讯后，也带着他的徒弟们来找白刺史，请缨开山修路。

白居易亲自带领府吏、匠人到工地丈量、设计、修建，和民工一起干活、交谈、喝酒。几个月后，在向家嘴山崖上，一条宽一米，蜿蜒而上的石梯路从山崖绝壁上开出，并沿鸣玉溪修建了一条城区大道。

后来，白居易看到百姓常为城东的一条大河所困，又决定为百姓造一座桥。他捐献出自己的月俸二百两银子，发动官员、商贾、庶民集资，在忠州城东二里地的白桥溪开山运石，修建了一座高大坚固的石拱桥，后来人们把这条路叫作白公路，把石拱桥叫作白桥。"白桥"的称呼，被老百姓一直沿用至今。

忠州缅怀白居易之白公祠

白居易看到当地的经济落后，百姓还常常为生活发愁时，坐卧不安。经过实地考察，他发现忠州的水土具有种植荔枝的自然条件。当时，皇宫杨贵妃喜欢吃荔枝，荔枝的身价一路飙升，可是荔枝的产量却很有限，只有福建、两广等屈指可数的几个产地。

于是，他给两广和福建刺史写信，请求他们派人到忠州教种荔枝。不久，种植荔枝的官吏、技师来了，数千株荔枝苗也运来了，白居易带领全家老小及城中百姓，挖坑、培土、植苗、浇水，大种荔枝，多年以后，这里便成了著名

忠县四望楼（四贤阁）及忠义寨

的荔枝城。

当人们来到白居易的衙门和住所时，却发现房舍简陋、寒酸，于是不禁问道："大人，您不修寓所，不制车马，反倒修路种树，您是想在忠州永久住下去吗？"

白居易笑着，挥笔写下《答州民》一诗：

龙昌寺底开山路，巴子台前种柳林。
官职家乡都忘却，谁人会得使君心？

他向百姓表露了自己的内心：我到忠州来既不是做官的，也不是来安家的，是来给百姓做事的，你们可要知我、懂我啊！

周敦颐合川说莲

周敦颐是什么人？他就是写下脍炙人口的千古名篇《爱莲说》的作者，北宋著名哲学家、文学家、教育家，宋明理学的开山鼻祖。他是北宋五子之一，世称濂溪先生，程颢、程颐两兄弟就是他来合州前的学生。

北宋嘉祐元年（1056年），皇帝钦点周敦颐任合州通判（今重庆合川，相当于副县长）。在他执政的五年中，对民事、政令、法律、监察管理严明。他的正义廉洁、不媚权贵、明断狱案的口碑在朝野广为传诵，而流传得最广的是下面这个故事——

那是六月里的一个晴朗天，周敦颐的一位同窗好友远道而来看望他。为了增添点气氛，周敦颐特别邀请了当地的大富绅张宗范作陪。这大富绅可不是那种为富不仁的土老财，他既懂得周济穷人，还略晓诗文。

周敦颐这位同窗好友因不满朝廷腐败，刚弃官离职，打算这次顺道来看望老朋友之后，便回乡安享天伦之乐。

三个人有说有笑一席美餐之后，张宗范便带着二人来到合川城外嘉陵江东岸名叫学士山的坡谷中。映入眼帘的是一大片姹紫嫣红、鲜艳动人的牡丹花。

理学大家周敦颐

张宗范踌躇满志地边走边感叹道:"诸君,这牡丹可真是大饱眼福啊!"

周敦颐笑而问道:"宗范,你对牡丹可是情有独钟啊?"

张宗范不假思索地答道:"这还需问?你看它,说色有色,说态有态。天香国色,雍容华贵。自李唐以来,天子群臣、达官贵人,谁个不爱?"

"确实它美,像是当下的权贵之人,大红大紫,灯红酒绿……"周敦颐接着向同窗问道,"贤弟,你感觉如何?"

周敦颐的合川养心亭

那同窗好友说:"'朱门酒肉臭,路有冻死骨。'这牡丹之红,让我看见百姓的血泪,这牡丹之绿让我看见百姓的愁容……"

周敦颐一针见血道:"我看你倒是同陶渊明一样偏爱菊花吧?想过一番与世无争,洁身自好的生活?"

"'采菊东篱下,悠然见南山。'像菊花一样过一种优雅高洁、恬然自得的生活正是本人的心愿。通判大人,倒是说说你的想法啊!"同窗好友说。

"对,听听周大人的高见!"张宗范附和道。

两位先生都想在周敦颐身上得到支持。周敦颐却没有即刻回答。三人来到一户农家的荷塘边。周敦颐指着那田田翠盖上的莲花说:"我就喜欢莲花,她生在淤泥之中而不受污染,处于美景之地而不妖艳。通达正直,心无旁骛。幽香还能传递很远。我想,我们生存的这个世界确实很糟糕,但要躲避它,寻找一个洁身自好的环境这是消极的。我们应当勇于面对这个世界,却永葆自己的赤子之心。富足显达了要懂得远播仁爱。这就是我平生爱莲的原因……"

一席话,让他的同窗及张宗范茅塞顿开,二人皆点头称好。

之后,他们来到学士山山顶。极目远望,山下江水悠悠,白帆点点,风景爽目。周敦颐心想:这真是个读书的好地方啊,虽然合川已有一万多户人家,却至今没有一所全州学府。周敦颐于是问张宗范:"这地是谁的地盘?"

张宗范笑道:"本人的私家花园。"

周敦颐把自己的想法和盘托出,这张宗范也是个爽快人,当即便答应支持他的想法——把整座花园无偿捐献了出来,办合州学府。

周敦颐邀请张宗范主持学政,广招学生千余人,不论贫穷富贵,只要天资聪慧,都一一收录。他又遍请天下文人学士前来讲学,大文学家苏洵、苏轼、苏辙等都曾应邀前来。于是合川学子读书蔚然成风,人才辈出,每年都要出一两个进士,从此合州学府名声大振……

周敦颐的一席话让张宗范也由地方乡绅一下变成了开明士绅,成为了北宋乡绅的楷模。

那位同窗也深受感动，后来也出道来校教学，直至终老。

一生怀揣对莲敬慕之心的周敦颐，于公元1071年来星子县出任南康府衙（今江西赣州南康）知军，并在军衙东侧开挖了一口池塘，全部种植荷花。常常于池畔赏花品茗，并写下了而今家喻户晓的散文《爱莲说》。

　　水陆草木之花，可爱者甚蕃。晋陶渊明独爱菊。自李唐来，世人盛爱牡丹。予独爱莲之出淤泥而不染，濯清涟而不妖，中通外直，不蔓不枝，香远益清，亭亭净植，可远观而不可亵玩焉。

　　予谓菊，花之隐逸者也；牡丹，花之富贵者也；莲，花之君子者也。噫！菊之爱，陶后鲜有闻。莲之爱，同予者何人？牡丹之爱，宜乎众矣！

江西星子县爱莲池

周敦颐辞官归隐庐山去世后，张宗范请来能工巧匠，在合川学士山顶修筑了一座八角亭以纪念他。明成化年间，合州知州唐珣在旧址上重建八角亭，并在亭内墙壁上彩绘周敦颐画像，以表达自己对他的景仰之情。

清光绪年间，地方官员在八角亭附近修建了一座甘泉寺，塑周敦颐像，香火十分兴旺。民国初年，当地乡民在八角亭下掘得一个大岩洞，洞内滴水叮咚，人们称之为"甘泉灵乳"，八角亭又添新景，成为合川八景之一。

程颐与点易洞

中国人都知道，《周易》是中华民族一部古老而又灿烂的文化瑰宝。古人用它来预测未来、决策国家大事、反映当前现象，上测天，下测地，中测人事。然而，《周易》占测只属其中的一大功能，其实《周易》囊括了天文、地理、军事、科学、文学、农学等丰富的知识内容。只要能读懂《周易》，无论是哪一行业的从业者，都能在其中汲取智慧的力量。

应该说，《周易》是一门博大精深的学问，不能简单地说它是一部占测算命的古书。从古至今，我国的易学研究就从未停止过。宋代的程颐就对其进行过深入的理论及实践研究。

程颐，字正叔，生于宋仁宗明道二年（1033年），逝于宋徽宗大观元年（1107年），后人十分景仰他，称他为伊川先生。他还有个哥哥名叫程颢（1032—1085年），字伯淳，世称明道先生。兄弟二人被世人称为"二程"，是北宋著名的理学家和教育家。世人所熟知的"程门立雪"和"如坐春风"这两则佳话，就是二人教学风格的精妙体现。

程颢、程颐两兄弟年少时，父亲程珦任朝廷大理寺丞，在南安（今江西大余南安镇）认识了周敦颐，见他"气貌非常人"，与之交谈，更知其"为学知道"，同他结为朋友，赓即将两个儿子送至南安拜其为师受业。

程颐是一位早熟的道学先生，18岁时就以布衣身份上书仁宗皇宗。他虽怀有雄心大志，但上书却未达于仁宗。24岁时，他在太学读书，撰成一篇名为《颜子所好何学论》的命题作文，得到当时掌管太学的大儒胡瑗之赏识，立即传他相见，又"处以学职"，年轻的程颐从此一举成名。

程颢　程颐

与此同时，程颐在太学读书的同学吕希哲等人竟来拜他为师。于是一传十、十传百，他的学生遍及了全国各地。"程门立雪"的成语，就是那些前来求学的学子敬重他，而留下的感人故事。

程颐在君主面前，无奴颜媚骨，敢于直面针砭，竭力倡导儒家的"圣王之道"，以"帝王之师"为己任本色，于是崇拜他的人越来越多。但是，另一方面也引起了一些政见不同的朝臣对他的不满。

宋绍圣四年（1097年）十一月，程颐从崇政殿说书（帝师）被贬谪为涪州编管。经过一个多月的艰苦跋涉，终于从洛阳来到了涪陵。第二年，他在弟子谯定的帮助下，开始在普净禅院讲学。禅院附近有一个石洞，背岩面江，系石砂岩上人工凿成的石洞，高4米，深2.2米，宽3.8米。据说他在这座石洞中点《易》立说，历时6载。这就是"点易洞"了。

点易洞的位置在涪陵城长江北岸的北山坪下，白鹤梁的对面。据说空暇之余，程颐便在洞内点注《易经》，并在此完成了重要的学术著作《周易程氏传》。南宋理学大家朱熹就继承和发展了他的学说，形成了我国古代哲学史上有名的"程朱理学"。

据传，当时黄庭坚也在涪陵，常与程颐相会于北山，并为其讲学处题写"钩深堂"三字。此题款

涪陵北山点易洞

如今尚在，清晰可见。园内还有朱熹的题诗："渺然方寸神明舍，天下经纶具此中。每向狂澜观不足，正如有本出无穷。"虽难辨其真伪，但从此以后，点易洞却出了名，随着一些斋、楼的兴建，往来瞻仰的名流学者也越来越多。

　　点易洞的洞门额上镌刻着"点易洞"三个楷书大字，并有对联一副。中心景点为一座长400米，高20米的摩崖石刻，上有黄庭坚、朱熹、陆游、王士祯等历代名人书法手迹80余幅。崖上有佛塔一座、佛龛若干。洞壁上有清代石彦恬所题之"伊洛渊源"四字。现今洞口上方尚有"点易洞"三字。

　　点易洞是长江流域的文化胜地，也是著名的旅游景点。

状元冯时行

　　冯时行，南宋时人，生于1100年，逝于1163年。

　　他出生在重庆渝北区洛碛镇的一个普通农民家庭，从小喜欢读书，天性聪敏，又常常帮父母做农活，深得左邻右舍的夸奖。18岁时，家乡遭水灾，房屋倒塌，庄稼淹没，父亲丧命。他逃亡到了缙云山，扎起茅草屋，以种植萝卜为生，开始了耕读生涯。

　　他的勤劳、朴实和好学精神，感动了当地一位财主的三女儿。他们接触往来，便产生了爱慕之情。视财如命的财主怎么可能将自己的千金许配给一无所有的穷光蛋？于是对女儿说："你大姐嫁给了文秀才，你二姐嫁给了武秀才，难道你要嫁个萝卜秀才？"并告诫女儿，若一意孤行决不给一文陪嫁。三小姐情意已定，意志已坚，最终逃离了家庭，净身来到冯时行的茅草屋，与他缔结了百年之好。

　　爱情是浪漫的，现实是严峻的。小两口除了要面对家庭的冷落、旁人的冷眼外，还要面对生活的压力和家庭的发展。一天，三小姐对冯时行道："官人啊，你可不能为了挣钱而荒废了学业。你是读书人，就一心读书吧，或许能考个功名。家里的事你放心，由我来干。"

　　妻子的深明大义，让冯时行热泪盈眶。他何尝不想去考取功名？只因不愿爱妻深受委屈，不想让她多操劳。在妻子的鼓励下，冯时行夜以继日，挑灯苦读。三年后，一

书法大家黄庭坚

巴渝第一状元冯时行

路夺冠，通过层层考试，最终来到京城，于宋徽宗宣和六年（1124年）被皇帝殿试钦点为状元。

能考取状元，对于国家、社会、家庭及个人来说，都是一件天大的事。俗话说人生有四乐："久旱逢甘雨，他乡遇故知，洞房花烛夜，金榜题名时。"前三项的乐事，一般的普通老百姓都能经历到，而"金榜题名时"的荣耀，能领受者只有凤毛麟角。中国科举史上，曾经涌现了数以百万计的举人和十万计的进士，而作为这个庞大知识分子群体之巅峰的"状元"郎，则是屈指可数。据考证，自唐高祖武德五年（622年）的第一位科举状元孙伏伽开始，到清光绪三十年（1904年）最后一位状元刘春霖止，在这1283年间，可考证的榜数为745榜，共产生了592名状元，加上其他短命政权选考的状元，以及各朝代的武状元，中国历史上总计可考的文武状元仅为777人。状元是通过层层考试选拔出来的，到了京城还要通过笔试、皇帝面试、品德考察，能力鉴别。这可是真正的海底捞针，平均20余年全国才出一个。正因为"物以稀为贵"，所以才有"十年寒窗无人问，一举成名天下知""天下一轮才捧出，人间万姓仰头看"的殊荣。

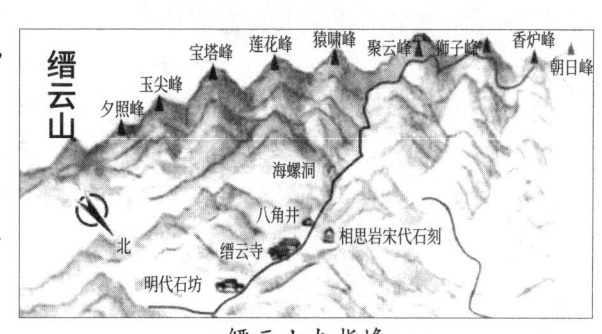

缙云山九指峰

然而，这777位人中豪杰，天之骄子，并非人人都流芳百世。他们中的一部分深谙为官之道，成为封建王朝的柱石，度过了权贵的一生。另一部分在宦海中沉浮，受尽阴谋倾轧之苦。只有柳公权、文天祥、翁同龢等状元才名垂史册，而冯时行就是这其中之一员。

冯时行考取状元后，一路春风得意，竟成为皇帝身边的咨询官和不可多得的高级智囊之一。那时正是岳飞抗金的艰难岁月，朝廷主战派和主和派争斗激烈。作为一身正气的冯时行，绝不趋炎附势认同秦桧的媚颜，于是上书皇帝不要轻信金国的议和假象，表白坚决支持岳飞的爱国抗金行为。冯时行的义正言辞，惹怒了皇上，加之秦桧的谗言，于是冯时行被罢官。

冯时行又回归故里——他最流连的缙云山。他用自己仅存的俸禄，办起了学校并自编教材，向后生们讲解家事国事天下事。自号为：缙云先生。过起了安贫乐道，教书育人的新生活。

17年过后，奸臣秦桧倒台，岳飞的冤屈得到了平反。朝廷又重新起用冯时行，那时他虽然已是57岁的人，仍是正气不改，雄心未灭，他先后被任命去蓬州（今四川蓬安）等地为官，都功绩卓著。最后去了雅州（今四川雅安）做官。

他深入百姓，体察民情，奖励农耕，减轻赋税。在他执政的几年中，这些个州县呈现出政通人和、百姓安居乐业的景象。但他仍是两袖清风，直到鞠躬尽瘁，死而后已，于63岁病逝于雅安。为他送葬那天，几乎倾城而动，人们抬着他的灵柩呼天抢地，哭声震天。呼唤"冯青天"，感恩"冯青天"，祈祷亡灵千古。

八百多年过去了，冯时行的音容笑貌早已远去，可人们仍可以在他那已入选《四库全书》的不朽诗句中看到他的心灵和节操：

"忧国忧家双鬓白，通天通地一心丹。"忧虑国家国民之事已使两鬓斑白，为国为家永远忠心不改。

"感时抚事销客魂，归挽天河洗乾坤。"面对眼前的世事真使人痛心疾首，恨不得挽起天河来洗涤这肮脏的世界。

冯时行走了，可他仍留在人们的记忆中。他的遗体初葬于雅州古城，后移葬巴县鱼嘴沱（今江北区鱼嘴镇）。山

冯时行照母山结庐照顾母亲

城人民为了纪念他，在渝中区建了"状元街"，在渝北区洛碛镇、璧山县（今璧山区）修了"状元门""状元桥""状元楼"，在北碚区缙云山还筑了他洗笔磨墨的"八角井"。

渝北区照母山为冯时行启程赴任雅州时，携母亲、妻子同往，途经大竹林，恰遇母亲患病，便在山上结庐而居，以待母亲病愈后再动身，不料母亲病重不起，赴任又不能滞行，于是将庐居取名照母山庄。后人将此山唤作照母山。

冯时行的正义气质和文化素养已渗透在巴山渝水的生活中，成了山城人民永远珍藏和继承的文化瑰宝。

冉氏土司六百年

南宋建炎三年（1129年），贵州思南地区的苗民金魁率众造反，还流窜抢劫思南及涪州、渝州境内的老百姓，闹得四邻不安，人心惶惶，朝廷几次出兵也未能平息。

原因之一是造反军占山为王。以山高路险、一夫当关万夫莫开的马鞍山（铁围城。今重庆酉阳境内）为根据地，易守难攻。二是金魁这个草头王武艺高强，又诡计多端，特别是他练就了一身刀枪不入的特异本领，无数英雄好汉都败在他的手下。所以都称他"金头和尚"。

后来朝廷思量再三，起用了原夔州都督冉显宗的十五世孙冉守忠，拜为平南大将军，率领豪雄聚姓九十余族，前去征讨金头和尚。第一仗对峙，冉军将士纷纷败下阵来。大家惊呼："这家伙铁打的身板，刀枪不入，如何了得？！"

冉守忠深思：剿贼之事不能强攻，只可智取。

酉阳马鞍山

军中有位姓田的部将，对冉守忠说道："大将军，我听一个朋友说过，这家伙通体如金铁熔铸，不畏刀斧，唯有咽喉间和阳道处有寸许柔软，颈项是用生铁铸的领环护卫着，只有那阳道才是他的死穴。我愿去诈降，了结这祸根。"守忠听后大喜，于是与田密商策略和接应方式。

一日，田某扮成客商来到马鞍山寨下，谎称酒商路过此地，久闻大王威名，愿以好酒献大王。金头和尚不疑，并邀其一同帐中共饮。田某相机将蒙汗药放入金头和尚酒杯中。入夜，金头和尚大醉，和衣而卧。田某看准时机，手起刀落，一刀割下他的阳具，金头和尚命门被除，就此毙命。冉守忠速获消息后，大兵压境，一举踏平了贼巢马鞍山。

冉守忠立功后，朝廷封他为武略将军、御前兵马使，正式建酉阳知寨，并子孙世袭。当时的封地包括今酉阳李溪、南腰界、小河、丁市以及贵州沿河县大龙、小井和松桃县的麻兔、瓦溪等地，知寨治所设于李溪官坝。

这是冉氏家族奉旨军事移民来酉阳兴家立业的第一次辉煌，而冉守忠便是当之无愧为酉阳冉氏家族的开山鼻祖。

南宋孝宗淳熙四年（1177年），冉守忠的三世孙冉维义因平定苗乱有功，受封为知州，改酉阳寨为州，结束了酉阳一直没有行政建制的历史。南宋宁宗庆元二年（1196年），冉氏五世孙冉思通以平苗功袭职，在锣鼓潭击败土酋何氏后，将治所迁往锣鼓潭，后经数代的开疆拓土，基本确定了酉阳土司地区。

元朝时，朝廷为达到"以土官治土民"的目的，推行了土司制度，封授西北、西南地区的少数民族部族头目为土司，并承认世袭首领地位。明清时期沿置土司。阿蓬江流域便是典型的土司带：源头有施南土司、青岩土司；上游有金峒土司；中下游有酉阳土司。在酉阳土司中势力最大的便是冉氏土司。一代一代，父传子，子传孙，风光了600年。

在冉守忠之后，冉氏土司的第二次辉煌，是在明朝永乐二年（1404年），土司冉兴邦（冉守忠的十一世孙）与陈忠在酉阳始兴儒学。陈忠，酉阳陈姓之始祖，原籍

酉阳冉守忠

二卷 璀璨星空

137

江西省德化县太平乡下坝村人士，仙游至贵州铜仁，土司冉兴邦闻其满腹经纶，聘为西席（师爷、文官、老师等职）。次年，土司冉兴邦请奏朝廷，朝廷允许设儒学训导员一职，并授印。陈忠至酉阳铜鼓潭后，在铜鼓潭下街落业，在铜鼓潭三佛庙开设学堂，收授弟子习汉文化礼节、儒学。为酉阳最先开设的学校，为铜鼓中心校之前身。开启了酉阳学习汉文化的历史新纪元，为酉阳的历史文化建设作出了不朽贡献。

冉兴邦兴建酉州古城及土司衙门

冉氏土司的第三次辉煌，是冉守忠的十九世孙冉维屏，因其"善承先志，克举厥官，保境安民，进兵剿寇，屡爵重赏，忠训可嘉"等卓著功勋，被明朝三任皇帝诰命嘉奖：一次是隆庆六年二月十三日下诏，二次是万历十八年二月十二日下诏，三次是永历三年二月十日下诏，三个皇帝特授冉守忠为"怀远将军"，诰命其夫人杨氏为"一品太夫人"。

冉维屏在为儿子冉跃龙选媳妇时，选中了容貌俱佳、英姿超群、豪爽刚毅的淑雅佳丽白再香。明万历四十七年（1619年），明军在关外和后金军决战，辽东告急。明廷调集酉阳土兵援辽抗金，冉跃龙身体有疾，不能亲率土兵出征，白再香自告奋勇，巾帼不让须眉，与跃龙弟见龙，子天育、天允及妹妹白再英、白再笃等一起率兵出关，数战皆捷，解奉集堡之围。尔后再援沈阳，在浑河一战中失利，冉见龙战死，酉阳土兵阵亡1700多人。天启元年（1621年），四川永宁土司奢崇明作乱占领重庆，明廷急调石柱、酉阳土兵前往围剿。白夫人再次代夫出征，与石柱土司秦良玉一起平息了奢崇明之乱。白夫人援辽平奢战功卓著，天启皇帝敕封她为汉土官兵中军都督，诰封一品夫人。白夫人和石柱女土司秦良玉一起被时人誉为土家女中豪杰。有诗赞云：

万古英雄白再香，九州巾帼酉阳光。
辽东剿寇三军遣，重庆平奢百世芳。
明国栋梁天造就，女中俊杰业辉煌。
诰封一品荣环宇，彪炳千秋懿德扬。

冉氏土司统治的社会制度实质上是一种奴隶制同封建制相混合的制度。更多的是奴隶制，由于奴隶制的专制和落后，导致了生产力低下、故步自封；而土司的绝对权威，又致使下层百姓自由缺失，尊严丧损。

一品夫人白再香

清乾隆元年（1736年），朝廷实施"改土归流"，决定取消"土司"制度，让朝廷流官执政。冉氏土司家族被改流而迁往了浙江一带。历时6个世纪、长达605年的酉阳冉氏土司的历史就此才宣告结束。

　　追根溯源，冉氏土司一脉不是当地土著，也不是土家族，实为汉人南迁入蜀的结果。据考证，南北朝时冉氏最早由山东迁来信州（即夔州，今奉节），后人多为朝廷命官及土官、土司，自南宋建炎三年冉守忠剿灭金头和尚后军事移民酉阳，直至清乾隆元年改土归流取消土司制度。

大足石刻之父

　　大足石刻，这一宗举世瞩目的世界文化遗产，八百多年来，为亿万中外游客推崇备至，可人们对它的总设计师、总建筑师赵智凤——这个把一生的心血和智慧都奉献给了这一伟大事业的人却是知之甚少。

　　赵智凤，大足县米粮里沙溪人，生于南宋绍兴二十九年（1159年）。父亲早逝，从小与母亲相依为命。

　　在他5岁时，母亲患了一场重病，久病不愈。家境贫寒的赵智凤为了给母亲挣药钱，一天，他瞒着母亲独自走到街上，头插草签，打算卖掉自己来救治母亲。可到了晚上都没人来买下他：一是因为当地百姓都穷，二是觉得这小子自己卖自己不可思议。

大足石刻之父
赵智凤禅师

　　母亲见儿子入夜未归，便硬撑着身子四处寻找他。终于在街上见到孤苦伶仃的儿子。此情此景，母子抱头痛哭。一个算命先生来到他们跟前，觉得既可笑又可怜，就问赵智凤，你为何要卖自己？赵智凤说出自己救母的原因后，算命先生说，你抽个签吧，看有没有化解之法。

　　赵智凤抽了签，算命先生一看，叨念着："济贫行善。"于是对赵母说，你这小子是个佛门的命。别自卖了，去当和尚吧，济贫行善，你的病会好，他日后定有出头之日。

　　去当和尚？那是叫我儿断后呀！"不孝有三，无后为大。"赵母怎么也不愿让儿子出家，何况这么年幼。但事到如今，自己病了，儿子还小，今后该怎么办？赵母以泪洗面。

　　然而，幼小的赵智凤却听信了算命先生的话。第二天一大早，他偷偷来到离家不远的一个叫古佛寺的庙宇，对大和尚说，我要当和尚。大和尚说，我们不收小孩，回去吧。赵智凤再次要求，被老法师听见了，于是问他道，你为什么一定要当和尚？小智凤说，要治母亲的病。

大足宝顶摩崖石刻

老法师被孩子的真诚和坚毅所感动，于是带着小智凤一同去见他病床上的母亲——还得征求家母的意见呀。老法师替赵母诊病，并把自己私存的十两银子送给了她去补贴生活。出于对老法师真善的尊重和感动，赵母答应儿子出家的事须同亲人们商议后再作决定。

不久之后，赵母的病大有好转。赵母感激老法师的医术及佛法的灵验，于是将儿子托付给了佛门。

然而，古佛寺的大和尚却很不乐意赵智凤的到来，因为本身就是个穷庙，多一张嘴，就会减少他们的需求。于是每次用膳的时候，他都背着老法师克扣小智凤的饮食。小智凤有时分得少，有时根本就没份，但他从不吭声。

有一天晚上，雷雨暴风，寺庙漏水，大和尚等扔下小智凤不管。小智凤一人孤独害怕，默默哭泣，但没有动摇在佛门的意志。小智凤终于在庙里坚持生活了下来。老法师特别喜欢他，教他看书识字，读经静息。小智凤也特别用功，学习进步很快。

16岁那年，老法师打算把寺庙交给他主持，赵智凤婉言拒绝了，他对师父说，他要去云游四方，学习更多的佛经知识回来。

3年后，赵智凤从成都大轮寺学成归来。古佛寺已垮塌，老法师也不幸遇难。赵智凤不计前嫌，带走孤独无援的大和尚来到大足宝顶山，立志要建造一个老法师生前向往的佛教密宗大道场。

那时的大足，佛教已开始流行。城内到处是香火青烟，到处是诵经敲磬之声。大足山石甚多，石刻佛像已成为当时的一种时尚。外地不少的石作高手、雕刻艺人也渐渐来到此地，现场卖艺或招徒授艺。

赵智凤的宏伟打算赢得了当地寨主黄木顺的经济支持，他普济众生的德行也渐渐得到周边大小富豪的认同和帮助。于是，摩崖石刻便开始一步一步得到实施。

在博览古籍，深研佛学，实施于石刻的过程中，赵智凤遇到了两大困惑。一就是，昔日佛经上有关"孝道"的论述与中国儒家提倡的"孝道"大相径庭。佛经认为，父母是瓶子，子女是瓶中的物，物从瓶中出来后，瓶是瓶来物是物，相关不大。而儒家却认为"父为子纲"，百行"孝"为先。不孝是最大的耻辱。怎么来缓解它们的冲突，包容它们的差异呢？二就是，浩繁深邃的佛经密宗用一种什么表现方式，才能让普通百姓有所了解，才能让老少妇孺都喜欢？通过反复思考，体察民情，他感觉到佛经要让广大的中国百姓多接受，必须要融进中国的道德伦理，包容它的文化思想。

于是他结束了佛教、儒教、道教长期以来各不相容、纷争不断的局面，让孝道、孝经走进了佛法道场；让"父母恩重难报经"系列石刻辉耀于石壁之上；让佛、儒、道三家教主和谐地坐在了一起，共叙一个屋檐下。他在同百姓的交谈中，感悟到与百姓交流的最好方式是讲故事。把深奥的佛经用百姓生活的故事来演绎，那便是老百姓最喜闻乐见的形式。所以，石刻道场就必须做成石刻故事连环画。赵智凤的这两项思维和创举是前无古人的。

养鸡女

27岁那年，正当石刻工程火红繁忙之时，赵智凤的母亲托人带信来说，自己重病在身，想在弥留之际看看儿子。赵智凤只得赶急回家望母。然而到家后才得知是一场虚惊。母亲生病是假，催智凤回来成家是真。那姑娘叫慧贞，贤淑端庄，两家已谈妥，生辰八字相配，黄道吉日已选，就待成亲。

赵智凤静坐思考了半晌，最终没有答应母亲的请求。他对母亲说，皈依佛门是从小的承诺，创建石刻道场也是他一生的理想。现在远近百姓都在关注支持他的事业，他不能半途而废，弃佛还俗；再者他已涉足佛门太深，已无专心致爱之情，更无精力来养家教子，也不愿耽误那女孩青春。

赵智凤返回石刻道场后，继续尽职于他的摩崖石刻工程，直到生命的最后终结——90岁。赵智凤为大足石刻奉献了自己全部人生。他在5岁时说，要当一个和尚，他用自己85个年头实践了自己许下的诺言。

如今，每当游客们徜徉在大足石刻的艺术雕像之中时，镌刻在石壁上有一句震撼世人的话十分抢眼："热铁轮里翻筋斗，猛火炉中打倒旋。伏请世尊为证明，五浊恶世誓先入。"

——这就是赵智凤的人生自白。

天官府主人蹇义

明宣宗年间，重庆城内之西、通远门旁边的五福宫山上，有一个显赫家族动土建房很奇特——

建筑图是皇帝老儿组织匠人设计的，按照王爵礼制建造，台阶用纳陛，房瓦用琉璃——皇帝还专门为它批准建了个琉璃瓦厂。府第落成，豪华堂皇，火树银花，瞩目山城。

不只如此，宣宗皇帝还御笔亲书该府第中堂匾额"一个臣"，御撰楹联一副，上联云："祈天永命天官府"；下联为："与国休戚国老家"。

这是何等人家的豪宅？这么大的面子？这就是在重庆城风光了几个世纪，独一无二的天官府——明朝吏部尚书蹇义的重庆府邸。

蹇义，重庆巴县陵江（嘉陵江古名）河畔龙潭大山凤居沱人（今两江新区大竹林附近），原名蹇瑢。公元1385年进士及第，授中书舍人。属内阁中书科，主管缮写文告、命令等事务。

天官府主人蹇义

一次，蹇瑢谒见明太祖朱元璋，因应答如流，言辞恳切，忠信诚笃，深得嘉许。朱元璋龙颜大悦之余，当即御笔亲书"义"字赐名，于是蹇瑢遂改名为蹇义。

建文帝朱允炆即位，蹇义升擢为吏部右侍郎。

明成祖朱棣登基，命蹇义辅佐太子监国，升左侍郎，迁尚书。其间受太子牵连入狱一年，后官复原职。

仁宗朱高炽时期，蹇义进为少保、少师，深受皇帝倚重。

宣宗朱瞻基上台，礼遇有加，还赐免死牌，免蹇义二死，子孙免一死。同时赐府第于故里（今重庆渝中区天官府），府第按王府规制建造，中堂匾额"一个臣"为御书，门联"祈天永命天官府，与国休戚国老家"亦为御撰。

英宗朱祁镇接皇位后不久，蹇义病卒，享年73岁，被追赠为"太师"，谥号"忠定"。

蹇义可谓一生跌宕与荣耀并行，历六朝，效精忠，善始善终，赠"太师"，居朝廷为最高荣典，在朝廷和重庆城传为盛事。

蹇义为人质朴正直，仁孝并忠于朋友，善于处理与同僚朋友的关系，不曾一语伤人。明代内阁首辅杨士奇曾说："张咏的不近玩好，傅尧俞的待人以诚，范景仁的不设城府，蹇义兼而有之。"

蹇义之后，蹇氏家族，人才辈出，居官者众，显赫依旧。其子蹇芳为朱棣驸马、武进士；蹇达是万历朝右都御史兼兵部尚书，抗倭名将，戚继光为麾下战将；蹇贤为永乐六年举人，湖广布政司使；蹇英为太常少卿；蹇霆为按察司佥事；蹇定为兵部主事等等。在中国政坛上，蹇家耀眼恢弘，书写了浓墨重彩的一笔。所以在重庆府文庙内外，特建坊旌表蹇氏祖先以及蹇义等人。

明宣宗皇帝朱瞻基

蹇义家族还造就了一个"离经背道"的蹇栋宇。他就是闻名世界的"小释迦牟尼",西南佛教祖庭的开山祖师——破山海明禅师。

在重庆城的历史上,留下蹇氏家族的印记也是理所当然的事:太师坊、莲花池、天官府、天官府街、天官街、蹇家巷、蹇家桥等等,因而蹇氏家族故有"蹇半城"之称。

明朝末年,张献忠打进四川,眼看重庆城不保,蹇家后人为躲避战乱四处逃命,由此分散四面八方。多数逃亡至深山老林藏匿起来。

有的在长寿最大的山——五华山上;有的在贵州桐梓的大娄山上,康熙时才回迁到綦江,用祖辈留下的遗产买下半座山,俗称"蹇半山";有的逃往万盛、綦江,而今綦江县郭扶镇垮山村,家家都姓蹇。现在重庆的蹇氏后人约2万人,单是长寿区,就有3000多人。

大竹林蹇义墓神道碑

每一年的清明节,长寿区的蹇氏族人都要开清明会祭祖,最多的时候,来了120桌人。

康熙、同治年间祖辈修建长寿的蹇氏祠堂至今仍在,里面住的恰好是蹇氏子孙。祭祖仪式就在其中一座祠堂举行,面对先祖牌位,蹇氏后人一一拜行"三跪九叩"之礼。

2008年3月13日,在重庆两江新区大竹林五云村发现明代吏部尚书蹇义的墓穴。作为市级文物保护单位的蹇氏家族墓地,重庆市文物局相关人士表示:关于蹇义家族墓的保护方案已获批准,拟由两江新区在原地修建公园,在原址上修步道、展厅以及工作用房,实行就地保护原则。

秦良玉比武招亲

秦良玉小名贞素,重庆忠县人。

她从小就生得如花似玉,娴雅大方,又有一身男儿汉的豪爽性格,所以人见人爱,远近闻名。当她出落成一个美少女的时候,前来提亲的人几乎踏破了门槛。可是秦良玉一个也看不上——因为来的大多是富贵权势之家。而她一心要想找的如意郎君,须是一个文武全才、堂堂正正的男儿汉。

有一天,她主动向父母说,她将拒绝媒人再来说媒,要"比武招亲"。父母觉得女儿很有抱负,就欣然同意了。当时的县大老爷闻讯后,觉得这是一件新鲜事,于是决定开放县里的东校场作为比武招亲之地。

英姿飒爽秦良玉

消息传出以后，四川各地乃至湖广一带的青年俊杰都纷至沓来，想来摘取忠州的这一朵金花。

比武这天真是人山人海，万人空巷，热闹非凡。秦良玉身着银盔银甲，骑马持枪，英姿飒爽。最先出场的是一个远近闻名的富绅子弟，他横枪拍马，直奔而来，不料即刻被秦良玉一枪挑下马来。第二个出场的是一位青年猎手，他要同秦良玉比射箭。秦良玉把箭垛放在200步远，连发十箭，箭箭射中靶心，猎手一看傻眼了，放了几箭便言败而归。第三个出场的是一位少年将军，与秦良玉交战200个回合不相上下，直杀到日落西山。但在宴请秦良玉父女的席间却满口脏话，于是秦良玉罢宴而去。

就这样选来选去，比来比去，转眼间又过了四五年，秦良玉还未选到如意郎君。父母家人开始为她着急了，叫她条件放宽点。她却说："没有意中人，我宁肯一辈子不嫁！"

又是一年的比武招亲日子。前来比武招亲的男子是石柱宣抚使马千乘，已年过25岁。此人仪表堂堂而又深沉内敛，与秦良玉大战300个回合难分高低。晚宴中，忠州知州和秦良玉父亲问其志向。马千乘答道："精忠报国，万死不辞！"

马千乘的忠良之心赢得了秦良玉的芳心。第二天两人继续交战时，她卖了个破绽，故意失手，长枪被打落在地。于是秦良玉成全了马千乘的胜利，也赢得了自己的理想郎君。

大婚时秦良玉芳龄二十四。婚后，秦良玉经常给夫君马千乘建言，辅佐他整改土地政策，培训军队，练出了一支训练有素、所到之地秋毫无犯、远近邪恶之徒都惧怕三分的石柱土兵。土兵们手拿白杆枪，因此被称为白杆兵。他们战时为兵，闲时便开垦荒地、发展生产。

明万历二十七年（1599年），播州（今贵州遵义）宣慰使杨应龙图谋叛乱，偷袭石柱，不巧正碰上带着三百土兵回家扫祭祖坟的秦良玉，良玉因寡不敌众，被叛军围困于浦家场后大寨，后来巧设妙计大破叛军，保住了一方太平。"女将军"的称号便由此传开。

十多年后，马千乘自认有功于朝廷，

秦良玉屯兵、练兵的万寿寨门遗址

坚决不向太监邱乘云行贿，最终被诬陷打入大牢，冤死狱中。秦良玉只好含泪忍痛，以大义为重，以国家为重，代替丈夫出任石柱土司。

后来金人频频入侵辽东，不久沈阳被困。1620年，秦良玉亲自率领三千精兵北上，镇守榆关（今山海关）。儿子马祥麟战功赫赫，被军中誉为"赵子龙""小马超"。朝廷闻报后，赐马祥麟"忠义可嘉"匾额，赐良玉诰命夫人，进二品服，并命秦良玉回川再征兵二千赴援。

同年9月，永宁（今四川叙永）宣抚使奢崇明叛乱，这时恰逢秦良玉刚回四川，奢崇明遣使石柱，欲与秦良玉结盟，不料良玉斩了使臣，留下金银，率兵潜行至重庆南坪关，阻断奢崇明退路，并转战重庆、成都和泸州等地，收复了新都。皇帝熹宗因此又授予她四川都督佥事，并充任石柱总兵官。

崇祯三年，清皇太极努尔哈赤率十万辫子军绕道长城喜峰口，攻陷遵化，进抵北京城外，连克永平四城，明朝廷上下大震。秦良玉危难之时提兵赴难，星夜兼程，直抵宣武门外屯兵，解围北京。崇祯帝大加感慨，特意在北京平台召见她，赏赐彩币羊酒，并赋诗四首彰显良玉的赫赫战功。

1648年，在西南边陲颠沛流离的南明永历帝，派人加封秦良玉为太子太傅，授"四川招讨使"。久卧病床的一代女豪杰，闻讯后霍然而起，拜伏而受诏，感激涕零道："我这老妇人虽已是病体枯骨，承蒙皇帝的恩赐，我一定竭尽余生，赴死保卫国疆，来报答皇上深恩！"

晚年秦良玉

可惜，几天之后，秦良玉便病重抱恨而终，享年75岁。孙子马万年把她安葬于龙河北岸的回龙案（今石柱县大河乡鸭桩村）。墓碑题文："明上柱国光禄大夫镇守四川等处地方提督汉土官兵总兵官持镇东将军印中军都督府左都督太子太保忠贞侯贞素秦太君墓"。彰示了这位女中豪杰不屈的民族气节和赫赫功勋。

秦良玉是中国历史上第一个以国家名义任命的女将军，是当之无愧的巾帼英雄，既是重庆人民的骄傲，也是中华民族的骄傲。

冯玉祥将军曾如此评价："纪念花木兰，要学秦良玉。"

刘继陶的发家史

刘继陶生于第一次鸦片战争前夕的1838年，土生土长的巴县磁器口（今磁器口古镇）人，少年时代曾随父亲学道。16岁时，他就私自离家出走，跑到重庆城求发展，去了同乡刘老德开设的绸布店学做生意。刘老德嫌他既迟钝又贪睡，于是把他转手推介到"全信裕"商号当学徒。

全信裕商号是金秀峰（外号"金十万"）所开设，经营的业务种类繁多，上货以匹头（按顾客指定的长度零售的布匹织物等）为大宗，兼办棉花、百货；下货贩运白蜡、桐油、成都蜀锦等。刘继陶到了全信裕商号后，再不贪睡了，用心学艺，谨慎行事，博得金秀峰的好感，于是对他加以培养。几年以后，学徒出师，当上了先生，就开始派他到外庄进货。

有一年的春夏之交，四川境内阴雨连绵，川江（长江从宜宾至宜昌段）、岷江发大水，水急浪高，漂浮物横流，过往船只损坏严重。眼看船舶大修时节来临，而重庆市面上桐油告缺。于是老板派刘继陶到川北大山深处的桐油产区，多收购些桐油回来。

刘继陶带着几个伙计，赶着一溜儿胶轮大车，日夜兼程地向川北赶去，生怕错过了收购期。可等他来到川北重镇南充一看，心里的石头就放了下来。由于这一年雨水充沛，川北地区桐籽大丰收，只见各处桐油榨户的院坝里，桐籽堆积如山。而此时桐油还没有开榨，离收购桐油还早了点，于是刘继陶和伙计们就近找了一家客栈住下来。

几天光景，从街头到街尾的客栈里都住满了南来北往的客商。刘继陶连忙带着伙计，拿着银票，急急忙忙地去收购桐油。可行情大变，那些桐油榨户个个都像鸡公一样高昂着脖子，理都不理他。碰到好说话的，才硬邦邦地回一句："没有，一滴油也没有，全部被人订走了。"

一连几天四处碰壁，眼看老板交办的事情要黄了，内心十分焦急。突然间，他竟然急中生智，吩咐随行伙计将南充市面上的油篓收购一空。而且带领伙计们天不亮就守住进城的各处路口，进来多少油篓就收购多少。伙计们心里直叫苦，桐油没买着，他却跑到这里买油篓。不到几天时间，收购来的油篓就堆满了客栈的前后院子，南充的大街小巷已看不到一只油篓。

又过了几天，那些榨户和客商等到桐油出榨了，才发现满大街没有一只油篓卖。一打听，才知道是一个叫刘继陶的年轻后生全部买走了。这下子他们便慌张起来：桐油一榨出来，如果不及时装篓封存，很快就会出问题。他们只好纷纷找上门来，愿意出高价购买油篓。当这些榨户和客商把油篓价钱抬到平常的三四倍后，刘

刘继陶率领伙计赶着大车去南充

继陶却放着白花花的银子不赚，就是不卖！

可接下来发生的事情，更让伙计们雾里看花、直抠脑壳说搞不懂。他把这些心急火燎的客户请进客栈，置办宴席，好菜好酒招待。饮酒正酣时，刘继陶端起酒杯，对着满堂客商说："各位都是生意场上的前辈，晚辈初来乍到，日后还望各位提携。我刚才说不卖，是指高价不卖，而是要原价卖给你们。"听刘继陶这么一说，全场都安静下来，一个个面面相觑，不知道他葫芦里卖的啥子药。

刘继陶接着说："晚辈有一个不情之请，各位能否把订购的桐油匀三成给在下。"刘继陶的话音刚落，下面就议论开来，他们一致认为，这个年轻人不趁火打劫，而且今年桐油本来就产得多，让他三成又何妨！于是，大家纷纷表示同意。这些榨户和客商棘手的问题，一下子就迎刃而解，一个个喝得兴高采烈，临走时，都留下商号的名称和地址，说日后生意上多加来往，与他打交道信得过！

刘继陶带着伙计，赶着十几驾胶轮大车，满载而归。一回到重庆，伙计们就迫不及待地把一路上的经历告诉了老板。老谋深算的金秀峰听后，不慌不忙地把他叫来，问道："为什么要这么做？"刘继陶说："我第一次出门做生意，不懂生意经。但古语说得好，'得道多助，失道寡助。'我想，做生意也是一样，也要广结朋友。我不能乘人之危，成为同行的众矢之的。这次虽然少赚了一点，但从长远上看，我们还是赚大了。"老板听了，哈哈大笑，拍着他的肩膀说："孺子可教！"

清咸丰十年（1860年），金秀峰派他到成都追收客户货款，并吩咐他将款子就地采购货物运回渝。当时成都经济萧条，客户交不出现金，而将历年积存的滞销品丝棉花边（俗称"阑干"）作抵。刘继陶无奈，只好将货物装船东运，途经嘉定（今乐山）时，又遇险翻船。他把打捞起来的水渍货运回重庆，深受老板责备。

无可奈何之下，刘继陶只好把全部水渍阑干送到染坊，染为青、蓝二色，下运到宜昌、汉口推销。阑干乃妇女服装和清军军服镶饰衣边所用，贵在色彩绚烂，但青、蓝二色过于朴素，即使削价出售，也难以脱手。

偏偏事有凑巧，时值咸丰皇帝驾崩，全国百姓都必须缟素，不能穿红着绿，刘继陶运抵宜昌和汉口的青、蓝二色阑干，恰逢其会，意外的得到畅销。因而转祸为福，获得几倍厚利，全信裕年终结算盈余，刘继陶也从中分得了一笔优厚的红酬。

刘继陶贩运阑干获大利，在江湖上传为趣谈，他在商场中，从此有了"福将"的名声，金秀峰对他也格外器重，逐渐将商号上的重要事务委托于他。光绪元年（1875年），金秀峰不幸得病瘫痪，不能到商号料理业务，就委派他为大掌柜，全权主持全信裕的业务。

光绪四年（1878年），金秀峰病死，其妻金陶氏无意、无力继续经营，将全信裕商号结束。因刘继陶对金家的生意颇有劳绩，金陶氏分给了他一万多两银子的酬劳金，并将客户所欠的货物、尾款一并转赠与他。当时，商场中一干人等公认他会做生意，都愿与之合伙经营，于是，刘继陶就将分得的钱，加上凑集的股金共约五万两银子，组成"德生义"商号。

刘继陶经营"德生义"商号十多年，一帆风顺，盈利越积越多。特别是光绪二十年（1894年）后，余栋臣反清灭洋的农民起义在川东爆发，川江船运受到严重威胁，重庆市场十分紧张，下货大跌，上货大涨，一般商人害怕风险，大都停手观望。只有刘继陶却趁此机会，大量低价吃进下货，同时责成宜昌、汉口外庄多进棉花、布匹等上货。没过多久，余栋臣农民起义被清朝镇压下去，军务平息，民生恢复，重庆市场上货紧缺，江汉市场下货紧缺，两地物价陡涨一两倍，德生义经营的上下货，恰好碰上档口，上下其手，赚了二十多万两银子，连同当时德生义的资金号称百万，成了一方巨商。刘继陶遂成为重庆最早的一个"百万富翁"。

许建安的生意经
（"桐君阁"创始人轶事）

李时珍的《本草纲目》中记载过这样一个人："桐君，黄帝时臣也，著有《桐君采药录》。"相传在上古时期，浙江富春江畔的一座深山里，有一位老者结桐为庐，普济众生，被世人尊称为"桐君"，并奉为药祖。

清光绪末年，有一位重庆药材商人，因十分仰慕药祖的功德，专程前往浙江桐君山祭祀，回来后将其所开药房冠以"桐君阁"三个字，取名为"桐君阁熟药房"，这位商人就是许建安。

许建安乃巴县平民，虽说出身草根，家境贫寒，年幼时读书不多，但天资聪颖，小小年纪便在药铺当了学徒。

1900年，清光绪皇帝下令禁吸鸦片，许建安看准商机，开始制作和经营戒烟药品。他用少量的鸦片混合大黄，外面涂上煤炭粉末，制成所谓的"戒烟丸"。然后肩挑药担，随制随卖，由于该产品既接天气，又接地气，更接人气，便获利颇丰。紧接着，许建安开始集资在各地建立销售点，还在武汉设置总号，牌名"寄中华"，作为向全国各省推销"戒烟丸"的枢纽。

浙江桐君山老者

短短的几年间，许建安便挣得了人生事业中的第一桶金。

1907年，许建安从所获取的暴利中拿出一万两银子创办了桐君阁熟药厂，这个药厂在当时重庆地区的药房中首屈一指。怎么能让药厂在一开办时就家喻户晓呢？许建安捕捉到一个消息：巴县衙门要在光绪三十四年（1908年）冬月十二日上午，在较场坝处决一名入室抢劫杀人的江洋大盗。他于是便选定在这个日子作为桐君阁熟药厂的开张吉日。

桐君阁熟药厂开业盛况

这一天，看斩决人犯的热闹人群挤得大街小巷水泄不通，桐君阁熟药厂店铺又在繁华的下半城鱼市口（今解放东路），正当民众洪流般涌向较场口的时候，"桐君阁"门口突然点燃香烛、纸马、鞭炮，宣布正式挂牌开业。结果，一夜之间，桐君阁名声远扬，妇孺皆知了。所以，业内人士都说，许建安是个"懂炒作"的高手。这说的是他的第一条生意经。

许建安的第二条生意经是"懂顾客"。他深深懂得顾客心理。

当时的桐君阁还属于"前店后坊"的初级形式，药厂就制定了一套严格的质量管理规章制度，做到"货真价实""童叟无欺"。比如配方中的人参，桐君阁不用东北参，而选用质地优良的高丽参；鹿茸非藏区货不用；熬炼虎骨胶，专用老虎的四大骨（前后四肢骨骼）而不用杂骨；制作安宫牛黄丸、大活络丹、苏合香丸等所需的重要原料龙脑香、苏合香、印度牛黄、暹罗犀角等，也专门托人在广州、香港、南洋诸国采办购进。又如所售的"鹿茸"和"全鹿丸"，为取信于人，每到冬季就定好日期，并事先告知顾客，届时当众宰杀专由东北运回的梅花鹿。所制的"乌鸡白凤丸"，也是当众宰杀由江西泰和县买回来的统白毛乌骨鸡。

他还在进店的门柱上刻对联一副："修合虽无人见，诚心自有天知"。铺内门面装修异常考究，店内悬挂浙江火鸡、伊朗鹦鹉、内蒙北箭耆、北方鸿雁等珍禽异兽。店内"珍奇部"陈列有玛瑙、珊瑚、朱砂、海龙、玳瑁等珍奇药材。当时，各大药房普遍采用药柜存放药材，而许健安却专程前往江西景德镇，定制了100多个青花瓷药罐，专门用于盛放各类中药材和药酒，店堂上还高悬"安宫牛黄丸""局方至宝丹""神效紫雪丹"等产品目录16块，全都是黑底金字。整个店堂高大气派，异彩纷呈，行人驻足观看，顾客盈门。

"懂产品"是许建安的第三条生意经。1984年，桐君阁曾经与四川峨眉电影制片厂合拍电影《桐君阁传奇》，讲述了一段旧时代争夺制药秘笈的传奇

二卷　璀璨星空

桐君阁熟药厂现场杀鹿

故事。事实上，这本制药秘笈真的存在，药厂还按照这本秘笈，遵古炮炙（制），循方制药，一些药品至今仍在生产。

据史料记载和毛辑熙等一批桐君阁老药师回忆，1908年，桐君阁熟药厂开业之初，许建安偶然听说广东药帮"壶中春药房"的药师张荣发藏有一本祖传秘方，于是不惜重金弄到了这本秘方。结果，这本秘方为桐君阁成为国内名药房立下了汗马功劳。据了解，这本秘方一共收录丸、散、膏、丹、片等各种中成药640多种，其中不少是疗效显著的古代验方。现在，桐君阁名药中的安宫牛黄丸、大活络丸、局方至宝丹、乌鸡白凤丸等数十种中成药，至今仍然在按照古方制作生产，也为桐君阁在业界树立"北有同仁堂，南有桐君阁"的美誉奠定了基础。

可惜的是，许建安不幸于1909年英年早逝，而他留下的"桐君阁"事业已开创百年辉煌。

李耀廷家族往事

晚清年间的中国大地，没有几个人不知道李耀廷（庭）的。他经营的"天顺祥"票号红极大江南北，成为了南帮票号的佼佼者，堪与三晋票帮并驾齐驱。当时全国18行省，天顺祥票号已分布15省，几乎无人匹敌。李耀廷以后由票号而工业，再到地方实业，曾先后投资经营过锦和丝厂、川江轮船公司、自来水公司、烛川电灯公司，以及信记钱庄等知名企业。其人精明得道，多谋善贾，日渐成为"西南首富"。

重庆商务总会于1904年成立后，他被推为首任总理。李耀廷贵为"西南首富"，如此身家的巨富，他却仗义疏财，乐于弘道。

晚清末年，资产阶级革命浪潮兴起，启蒙思想广泛传播。孙中山先生领导的兴中会、同盟会，活动于海内外，其精神追求影响到李耀廷。1897年，宋育仁到重庆创办《渝报》，此乃四川的第一份报纸，鼓吹新思想，宣传资产阶级改良主义，揭露列强侵略，抨击清政府腐败，李耀廷捐款支持。

1904年，重庆商务总会成立，李耀廷主持会务

重庆商务总会首任总理李耀廷

办起《重庆商会公报》，鼓吹发展实业，抵制洋货，倾向改良主义。1907年，他在重庆商务总会贴出楹联：

古人忠愤，异代略同，借热情规划商情，要与前人分一席
天下兴亡，匹夫有责，望大家保全时局，莫教美利让诸邦

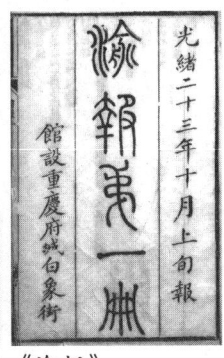

宋育仁与《渝报》

李耀廷积极鼓励两个儿子参与辛亥革命——

大儿子李湛阳，在李耀廷的推荐和张罗下被派往日本学警政，回国后任广东巡警道道台（即全省警察与司法最高首脑）。四川保路风潮发生，清朝廷督办端方率鄂军入川，适逢李湛阳回家省亲，端方授予他新巡防军统领的重任，由他扩募新兵。同盟会革命党人杨沧白等多与李湛阳熟稔，常向他讲述革命形势，趁其招募新兵，介绍一批青年同盟会员渗入巡防军，充任中下级军官，控制了这支清廷队伍。

1913年11月22日上午，朝天观与会者两三千人，在杨沧白等革命党人欲夺取重庆清政府政权时，重庆知府钮传善却不到场，在向楚和李湛阳的劝说之下（钮、李是儿女亲家），钮传善到场，连同巴县知县一同投降了革命，并跪地剪了长辫。蜀军政府的成立，不鸣一枪一弹，李氏父子功不可没。

二儿子李龢阳，留学日本时认识了孙中山先生，于是参加了同盟会。1915年，孙中山反对袁世凯推行帝制，在上海发动"肇和号巡洋舰"起义，急需筹集经费。杨沧白急忙去找李龢阳借款，李龢阳向父亲李耀廷谈了此事。李耀廷二话没说，赓即慷慨捐助3万银元，为了保障孙中山的事业成功，还重金雇佣了一个勇士去巡洋舰上潜伏爆破。孙中山得知后深受感动，手书横幅"高瞻远瞩"赠与了李家。

在反袁护国斗争中，李龢阳在上海，还掩护了梁启超，特为他租一所房屋供他隐藏，并出资找英国巡捕房派两名巡捕站岗保护；上海北洋军要押"蜀通""蜀亨"两轮去运兵，主持川江轮船公司的李龢阳得到杨沧白告知后，不顾经济损失，立即到船厂叫工人连夜秘密卸下船舵，报称船舵已坏，不为袁世凯运兵去四川打护国军。

李耀廷教育子女信奉孔子的"据于德""依于仁""立于礼"。

李龢阳一生克勤简朴，不愿做官，着重实务，为民做好

清末重庆知府钮传善

事。现在的鹅岭公园，以前是李耀廷的别墅型私家花园，原名"礼园"，现存园内的"绳桥"就是他指导石工所建的。李龢阳喜欢结交社会著名文士，重庆的陶闇士、文伯鲁、赖以庄等和他都很相好。他还自己掏钱，亲自监工、设计，支持陶闇士在米花街（今八一路）修一座院子。文伯鲁在鸡街口（今五四路市中区饮食服务公司对面）修的"寿霜药房"里面的大院，也是由他设计、点工、亲自监造、亲自贴钱修的。

李龢阳还亲自修建人和湾码头，"人和码头"四个字就是他的大儿子李天溟书写的。他有12个孩子，教育他们不坐轿、不骑马，穿草鞋步行，吃粗米淡饭，着粗布衣衫。把家中所有紫檀木、大理石桌椅送人，而做一些木桌椅。要孩子们学木工、泥石工，学一门手艺，成为一个有真才实学的人。

李耀廷晚年将经济事务交由李龢阳管理，自己退居二线，但仍然热心于社会公益事业，赈灾、救荒、修桥、兴学等等，都捐以巨款，为人所称道。云南总督林绍牟为之奏请旌扬，礼部准予建坊立祠，在原籍昭通修建了李氏宗祠。

鹅岭公园（礼园）绳桥

李耀廷在城西鹅岭按苏州园林方式修建别墅，先取名"卜凤居"，后因平生"生而好礼"，最终定名为"礼园"。（真正的李耀廷公馆"卜凤居"位于白象街旁的储奇门邮政局巷40号。）

鹅岭上风上水，俯瞰两江，风景优美，甲于重庆。李耀廷息隐园林，以娱暮年。清末民初，云贵总督林绍牟、四川护院王人文、四川盐茶道赵藩、四川议长蒲伯英和赵熙、向楚、宋育仁、王闿运、郑孝胥、蔡锷等军政大员，文人学士，都是园中的座上客。民国年间，熊克武驻重庆，伫足于此。抗日战争中，礼园为蒋介石所占用。新中国成立后改造成为鹅岭公园，而今成为山城人民文化休闲的园地。

任鸿隽的科学梦

1912年圣诞节前夕，美国纽约州伊萨卡市火车站，胡适和任鸿隽两位年轻的老朋友紧紧地拥抱在一起。

两年前，胡适考取庚子赔款官费生，先期到达美国。经过一年多的分别，任鸿隽应胡适的邀请，终于来到美国留学。他选择了胡适就读的学校、美国著名的常青藤联盟校之一，康奈尔大学，选修的专业是化学工程。

任鸿隽1886年12月生于四川垫江县（今重庆垫江），参加了中国最后一次科举考试，中巴县秀才第三名，后入重庆、上海公学接受新式教育，赴日本留学时加入中国同盟会，武昌起义回国，任孙中山临时总统府秘书。经过辛亥革命、袁世凯复辟等国内的政治变动以后，任鸿隽似乎对政治失去了兴趣，愤而弃官，转身专心于"实业救国"，志在科学，而康奈尔大学在美国是以科学著称的。

任鸿隽　　　　胡适

任鸿隽是以"稽勋生"的身份前往美国的。所谓"稽勋生"，就是由民国临时稽勋局办理的一批又一批留学生，其前提是对革命有功，并曾在政府中担任一定职务。出国之前，任鸿隽曾在孙中山临时总统府秘书处任职，孙中山就职后颁布的《告前方将士文》《咨参议会文》《祭明孝陵文》等重要文件，均出自他的手笔。

孙中山与袁世凯南北议和后，袁世凯惧怕到革命势力强大的南京就职，想用阴谋诡计到北京受职。任鸿隽看穿了袁世凯的伎俩，并对当时的政治失去了信心，于是他拒绝了北方政府参议院关于秘书长一职的邀请，决定到国外留学，将来再以所学报效国家。

留学美国期间，任鸿隽仍时时关心着祖国的安危和革命同仁的命运。当时局势动乱，留学生回国后大都无所事事。"如何才能将留学同学组织起来，发挥各自所学，在动乱的时局中为沧桑的祖国尽一份绵薄之力呢？"任鸿隽时常这样追问自己。

孙中山临时大总统

1914年6月10日，当时在美国康奈尔大学留学的几个中国学生，晚餐后聚集在大同俱乐部廊檐上闲谈，谈到世界形势的风云变幻，谈到国内局势的动荡不安，谈到留学同仁的苦闷彷徨……突然，任鸿隽抛出了他已经思考良久的方案："当今中国所缺者，莫过于科学。我等同仁远赴西域，正是为了追寻科学之曙光。然寒窗数载一朝学成，却无发挥之余地，空有满腔热情无处宣泄。既如此，我等何不组织科学社，创办《科学》杂志，高举科学之大旗，联络同志，研究学术，以共图中国科学之发达。"任鸿隽的提议赢得了一片掌声，大家群情激奋，纷纷发表自己的意见。

二卷 璀璨星空

袁世凯称帝

此后，经过多次讨论，关于科学社的组织构架和《科学》杂志的创办模式逐渐清晰起来。任鸿隽根据大家的讨论意见，执笔起草了一个"缘起"，随后，任鸿隽、胡明复、赵元任、周仁、秉志、章元善、过探先、金邦正、杨杏佛等人在"缘起"上庄重地签上了自己的名字。实际上，他们正是中国科学社的发起者。

1915年10月25日，中国科学社第一届董事会成员在康奈尔大学合影。后排左起：秉志、任鸿隽（社长）、胡明复（会计），前排左起：赵元任（书记）、周仁。右图为《科学》杂志创刊号。

当时，科学社并无正式组织，暂时以公司形式进行管理、运作，入社需交5元股金，作为刊行《科学》杂志的资本。不到几个月，社员即发展到70余人，股金集到500余元，同时，杂志的稿件已经准备了3期。1915年1月，由商务印书馆印刷、出版、发行的中国第一本介绍科学的杂志——《科学》，在神州大地上开始传播。这也是我国第一次采用西式标点排版的正式出版物。

任鸿隽执笔撰写了激情洋溢的发刊词："世界强国，其民权国力之发展，必与其学术思想之进步为平行线，而学术荒芜之国无幸焉。"他还大声疾呼："继兹以往，代兴与神州学术之林，而为芸芸众生所托命者，其唯科学乎，其唯科学乎！"

这篇发刊词全面阐述了科学的社会功能，突出宣扬了科学救国的思想，最早同时举起了民主与科学的旗帜，应该是新文化运动倡导的"德先生"与"赛先生"的前奏曲。杂志发行不久，社中同仁便感觉到要谋求中国科学的发达以及科学社的发展，单单发行一种杂志是不够的，因此建议把"科学社"改组为学会性质的组织。1915年10月25日，"中国科学社"正式成立。任鸿隽任董事长兼社长、赵元任任书记、胡明复任会计，他们与秉志、周仁组成了第一届董事会，杨杏佛为编辑部部长，并确定每年10月25日为中国科学社成立纪念日。

中国科学社是中国第一个综合性的自然科学学术社团，自成立之日起就一直致力于

任鸿隽、胡衡哲夫妇

科学在中国的传播和普及，促成近代中国科学的产生、发展与兴盛，为中国现代科学事业的发展做出了不可磨灭的贡献，在中国科学发展史上有着重要的地位。

儒商巨擘汪云松

1920年7月19日，望龙门中大街重庆府署，重庆总商会礼堂内张灯结彩、热闹非凡，重庆留法勤工俭学预备学校首届毕业典礼正在举行。当主持人"有请董事长、校长汪云松先生致辞"时，全场响起了热烈的掌声。

汪云松健步上前，看了看主席台两边的对联——"今日是莘莘学子，明天是国家栋梁"，微微颔首，然后器宇轩昂地走上主席台，开始热情洋溢的致辞："同学们，经过一年的学习考核，你们中很多人很快就会远赴法国，探寻挽救中国的道路。法国是欧洲文明的中心，世界学术发明多出于此，你们到法国以后，不但要注重学术，更要注重社会观感，为本国的发展，寻求一条长远之路……"

重庆总商会会长 汪云松

台下，年龄最小、个子最矮的邓希贤同学一脸严肃，拳头紧攥，听得特别认真，他已经被校长的话深深感染。

留法勤工俭学预备学校的毕业典礼为何在重庆总商会的礼堂举行？原来，汪云松的另一个身份是重庆总商会会长。

1917年俄国十月革命和1919年中国五四运动之后，苦苦寻求救国救民真理的中国有识之士掀起了颇具规模的留法勤工俭学运动，旨在学习西方先进的思想和技术。

1918年，吴玉章在四川成都率先成立了留法勤工俭学预备学校。1919年，成都留法预备学校首批学生途经重庆，在朝天门码头意气风发地登上轮船沿长江向欧洲进发时，思想倾向革命的时任重庆总商会会长汪云松心潮澎湃，他似乎从这些富有朝气的年轻人身上看到了中国的希望。

随后，他立即筹组留法勤工俭学会重庆分会，并出任会长。紧接着又不辞辛劳多方奔走，向杨希仲、朱芾煌、黄复生等工商界人士和社会名流集资

重庆留法勤工俭学预备学校

数万元，并经当时的教育局长温少鹤同意，于1919年8月28日正式成立了重庆留法勤工俭学预备学校，校舍设在重庆夫子祠文庙。

此时，邓希贤的父亲邓绍昌正在重庆。闻知这一消息，具有开明思想的邓绍昌立即请人带话到家乡广安县，让长子邓希贤终止在广安县中学的学习，到重庆来读留法预备学校。当年9月初，预备学校已经开学，15岁的邓希贤才风尘仆仆地从偏僻的广安县赶到重庆。

邓希贤后来更名为邓小平。这个年龄最小的学生，既灵活又稳重，既有爱国热情，做事又极有主见，是汪云松最喜欢的两个学生之一，因而特别关照。第一批学生共有110人，分为公费生和自费生。毕业考试合格以后，公费生由学校提供300元旅费，自费生由学校提供100元，自己筹集200元。邓希贤属于自费生，汪云松以私人名义送给他300元。

1920年8月27日下午3时，汪云松将邓小平、冉钧（江津人）、周贡植（巴县人）等83名川东子弟送上了"吉庆"轮，帮助他们踏上了留法勤工俭学的征途。

其实，早在1919年11月下旬，江津县的聂荣臻、乐至县的陈毅等35名来自全川各地的热血青年便集结重庆，准备自费前往法国，但由于不熟悉法国领事馆，无法办到签证，于是通过熟人找到汪云松帮忙。汪云松自然热心应允，几经奔走，终于使聂荣臻、陈毅一行顺利登上了轮船，从朝天门经上海，前往法国。

周贡植　　冉钧

1922年春，担任云南省警察厅厅长的朱德因避祸途经重庆，准备到欧洲寻找共产党。当天晚上，曾与朱德共事的川军将领杨森宴请朱德后，决定送朱德一万元旅费。可此时银行已经关门。无奈之际，经办人员找到担任大中银行总经理的汪云松，汪云松当下就爽快地把事情办妥了。

20世纪20年代初，当陈毅等留法学生被迫回国时，经济极度困难。汪云松闻知，又想方设法筹集了一大笔经费汇去，解了他们的燃眉之急。

中国革命的几位重要领导者、共和国的几位主要创始人，都曾得到过汪云松的鼎力帮助。汪云松于1950年由邓小平推荐，去北京列席第二届全国政协会议，受到朱德、陈毅的优礼相待。

邓小平将汪老介绍给毛泽东时，毛主席说对汪老在重庆的贡献早有所闻，笑容满面地与汪云松亲切握手说："感谢汪先生。"在中南海怀仁堂宴会上，邓小平说："汪云松为我们培养了两个副总理。"后来陈毅又说："加上培养了我，实际有三个副总理。"

汪云松扶持正义、爱国图新、勇于社会担当的可贵精神，无疑是重庆人永远缅怀的前辈。

吴芳吉与婉容词

1912年，吴芳吉的表哥张某在家乡与一位贤淑可爱的女孩婉容结为伉俪。不久之后，张某告别新婚燕尔的妻子，前往欧洲留学，之后又去美国攻读博士学位。在那个崇尚自由和个性解放的异域国度里，他与一位金发女郎一见钟情，很快坠入爱河。

于是，张某写了一封休书并附上1000美元，托朋友带回家乡交给婉容。他在信中写道："我非负你，你无愁，最好人生贵自由，世间女子任我爱，世间男子随你求。"他对妻子说："你待我归，归路渺。恐怕我归来，你容颜槁。百岁几人偕到老？不如离别早。"

白屋诗人吴芳吉

在家天天等待丈夫的痴情婉容，几年如一日竟盼得如此结果，面对替丈夫带信来的同学，她只有在心里暗暗自语："我无颜，见他友，只低头，不开口。泪向眼包流，流了许久。应半声：'先生劳驾，真是他否？'"可怜的婉容，还在心里为丈夫开脱。

婉容突然遭遇的不幸，不但没有得到亲人的同情，反而引来小姑子的嘲笑，"小姑们，生性憨，闻声来，笑相向"，并且说"我哥哥不要你，不怕你如花娇模样"。

在封建礼教"三从四德"压抑下的乡村女子，接到丈夫休书是一件耻辱而悲哀的事情。特别是当亲人们也用一种羞辱的眼光来对待她的时候，一个弱女子还有几分生存的勇气？

于是她来到当年离别地，"一帆送去，谁知泪满天涯。玉兔啊，我喉中鲠满是话，欲语只罢。你好自还家，好自还家。"

在怀恋一番丈夫之后，婉容悲愤地投入水中，"一刹那，砰磅浪碰花，镗嗒岸声答；窸窸窣窣，泡影浮沙。野阔秋风紧，江昏落月斜。只玉兔儿双脚泥上抓，一声声，哀叫她。"

婉容的悲剧，于1919年10月15日让吴芳吉得知。当晚，他情思哀婉，辗转反侧，难以入睡，想起寡情薄义的表哥，想起香消玉殒的婉容，想起盲目追求西方恋爱自由而淡漠责任、良心的时下青年，不禁浮想联翩，于是通宵达旦，

吴芳吉《婉容词》一部分

纪念吴芳吉雕像

一口气写出了叙事长诗《婉容词》。

诗成后，即刻引起阅读者轰动。他于是在学堂中讲解。听课学生越来越多，教室挤满，甚至壁窗门隙都是学生。讲完时，常常是满屋的学生，痛哭流涕，无法自已。后来《婉容词》发表在《新群》杂志，在上海滩乃至全国引起更多民众的共鸣与喜爱，人们争相背诵《婉容词》，纷纷谴责张某抛弃结发妻子的行径。后来，该诗又被编入中小学国文课本，当时全国中小学生几乎人人都会背诵《婉容词》。

一个人的诗作能达到国民如此普及、如此热衷的程度，在中国历史上，除了李、杜之辈更有何人？《婉容词》的艺术美、思想美、通俗美、创新美在中国新诗中无有出其右，被誉为"可以与《孔雀东南飞》媲美，分享中国旧新叙事诗皇冠之作"。

吴芳吉创作该诗时，年仅23岁。

1896年，吴芳吉出生在重庆城杨柳街碧柳院。8岁时，随父迁居到江津。13岁在作文课上写出名噪全川的诗论文《读外交失败史书》，被誉为神童。1910年，考入北京清华园，同吴宓一起读留美预科学校。1912年因声援、抗议被美籍教师无理辱骂的中国同学，并张贴《讨武檄文》又坚持不悔过，不写检讨书，被迫离校，从北平流浪回家。

随后，赴乐山任嘉属联中（今乐山一中）英文教师。曾被举荐担任过上海中国公学、湖南长沙明德中学教师，西安西北大学教师，辽宁沈阳东北大学教师。1927年受聘为成都大学中文系教授兼系主任、四川大学教授、江津中学校长等。1929年参与创办重庆大学，任文科预科主任。

1931年又继聘为江津中学校长。"九一八事变"后，他创作了抗日诗作《巴人歌》，并多次到重庆等地朗诵演讲。在一次朗诵演讲时，他慷慨激昂、声泪俱下，晕倒在讲台上，因医治无效，于1932年5月9日在江津故居白屋与世长辞，时年36岁。

猪鬃大王古耕虞

古耕虞，1905年出生于重庆山货业世家。21岁时继承父业经营"古青记"山货字号，仅两年时间便"拥有重庆山货业天下之半"，8年之间就垄断了四川猪鬃出口业，使其"虎牌"猪鬃驰名欧美市场。鼎盛时期，古耕虞占据了全国猪鬃出口总量80%以上的份额，几乎垄断全球猪鬃市场，成为世界著名的"猪鬃大王"。

1925年，父亲古槐青病重，不到20岁的古耕虞只得放弃未完成的学业，从南通学院回重庆接班。经过一段时间的熟悉业务后，"古青记"少掌柜古耕虞便迎来了他的第一场商战。不过，商战的载体不是猪鬃，而是羊皮。对手是一位"爷爷辈"的人物，重庆山货业老字号"裕厚长"的老掌柜。

精明强干的古耕虞

"裕厚长"老掌柜是一位专营羊皮的老手，财力雄厚。在第一次世界大战中，由于盛产羊皮的土耳其卷入战争，全球货源紧缺，中国羊皮大行其道，老掌柜抓住机会，一跃成为重庆山货帮经营羊皮的老大。

两相比较，古耕虞无论财力、信誉、经验，没有哪一样比得上老掌柜。偏偏"古青记"不但经营猪鬃，也经营羊皮，成了"裕厚长"的竞争对手。

这一年，眼看羊皮就要上市了。突然有一天，从钱业公会传出令人吃惊的消息：古青记的老掌柜古槐青在上海华商纱布交易所投机失败，亏累甚巨，古青记行将倒闭。

这显然是一个恶毒的谣言，令古耕虞猝不及防。如此一来，哪里还有客户敢将羊皮卖给古青记？！如果处置不当，收不到羊皮事小，恐怕古耕虞刚出师就会全军覆灭。

经过暗访，古耕虞查到了信息的源头——裕厚长以及与裕厚长长期合作的恒祥钱庄。他什么都明白了，这是一起有计划的恶意中伤。经过深思熟虑，他想出一个两全其美的办法。

古耕虞马上急电上海，让父亲分批汇来二三十万两银子，他把这些钱全部存在重庆各钱庄。到了与客户的结算日期，古耕虞连别人欠的钱都不回收，一切业务照常往来。同时，他请人

古耕虞入股聚兴诚银行契约

到店堂，摊开总账，让长期合作的复兴钱庄检查，证明他在财务上底子很厚实，然后由复兴钱庄向他大量放款。经过这么一"炒作"，古耕虞不但化解了破产危机，而且大大提高了"古青记"的信誉。

裕厚长进攻失败，接着自己却出了大问题——解雇了一位了解裕厚长全部经营手段和商业秘密的经理。此人出于报复之心，转投古青记，得到古耕虞的重用。他随即四处奔走，揭露裕厚长的老底，把裕厚长的客户关系全部顺利转接到古青记。同时，古耕虞动用全部资金，以高价把市面上的羊皮几乎一网打尽。

二卷 璀璨星空

女工生产猪鬃刷子

同行起初还以为古耕虞年少气盛,在和裕厚长赌气,等发现国外羊皮价格猛涨时,已经来不及了。

经此一役,"裕厚长"落败而归,从此一蹶不振。反之,初出茅庐的古耕虞开始在重庆商界崭露头角,基本确立了在山货业的江湖地位。

1926年冬,北伐军已经推进到长江流域,只要将长江截断,外国洋行及其武装力量就成了瓮中之鳖,当汉口、九江的英租界被北伐军收回时,重庆的外国洋行闻讯后,都匆匆逃到上海去了。

这时,一个叫纳尔斯的美国人看到了商机,他逆势而行,急欲填补洋行撤离后形成的市场空白,想大捞一把。于是,他到重庆大肆收购羊皮。但这个美国人过于高傲,对重庆市场的情况没有进行任何调查研究,就冒冒失失地一头撞进来做生意。譬如,重庆当地没有代客打包或出租打包机的厂商,他收购的大批羊皮加不了工,打不了包,装不了船;而且当时正值长江枯水期,即使打了包也找不到运货的船只。

更致命的是,他不懂得利用当地的中国商人当买办,而这本是洋商惯常的做法,仅凭一张银行开具的信用证,就孤身跑到重庆,向各山货行买进了大批羊皮。到结算时,在重庆中国银行只能凭信用证抵六成,而要付的货款大大超过预期。

偏偏羊皮又是很娇嫩的东西,一个月内不加工好,就会霉烂,只能做肥料。焦头烂额的纳尔斯已经无路可走了。

此时,古耕虞已经有了独占重庆山货业鳌头的雄心。他默默地关注着纳尔斯的一举一动。如果纳尔斯成功了,势必会阻挡古青记上升的势头。他必须抓住这次难得的机会,设法赶走这个美国人。

该出手时,他出手了。首先争取中国银行的支持:"如果不解决纳尔斯的问题,重庆许多山货行都要被迫倒闭,还会牵连到全四川许多小码头的小山货商,事情就闹大了。"

然后,他找到纳尔斯,摆出"高姿态",表示可以设法替他加工、打包,并以自己的信誉作担保,以非常低的利息,替他垫付八成货款给卖主。当然,这是有条件的:纳尔斯必须把收购的全部羊皮交给古青记清理,而古青记办理这些手续,不收取任何费用。

同时,由同业公会成立债权团,监督纳尔斯在合同上签字:(一)承认委托古青记代办一切;(二)承认中国银行是第一债权人,由中国银行将纳尔斯所购货物交古青记加工出口,出口后把信用证的收益人改为古青记。纳尔斯为了急于脱身,求之不得,立即签字。

此举一石多鸟。不但赶走了洋人，也壮大了自己，而且救了同行，受到同行真诚感激，声誉大大提高，同时，他在中国银行的信誉也提升了。

1934年秋天，刚刚经过酷暑煎熬的古耕虞正准备放心疏散一下，享受片刻秋高气爽的美好时光，一条"大鳄"却突然降临重庆，又将他拉到了生死决战的边缘。来人是中国银行总经理张公权的妹夫朱文熊。他一到重庆，便开了一家"合中公司"，注册资本高达500万元，主营业务为山货。合中公司开张那天，朱文熊在公司门前张灯结彩，大放鞭炮。古耕虞也应邀到场祝贺。他看到，朱文熊红光满面，趾高气扬，一副来者不善的样子，他马上意识到，一场恶斗在所难免。

古耕虞表面上不动声色，但暗地里已经开始布局对应之策。他首先使出的一招是"示假隐真"——装作很害怕的样子，马上将猪鬃的收购规模缩小，一段时间内甚至完全停止了收购。朱文熊一看，以为古耕虞真被自己的实力吓倒了，便对古耕虞嗤之以鼻，放松了警惕。

接着古耕虞使出了第二招"暗度陈仓"——利用多年来自己在重庆山货业树立的威望和信誉，悄悄暗示供货商将二等货统统卖给朱文熊，而他以更高的价格暗中收购一等货。

这样，朱文熊非常顺利就收购到了几千箱劣等猪鬃。为了借势古耕虞的"虎"牌，他将自己的货物定名为"飞虎"牌，发往伦敦，开口向英商要了一个超高的价格。与此同时，古耕虞也将自己的优质猪鬃悄悄运往伦敦，要了一个较低的价格。两相比较，一个质次价高，一个质高价低，英商哗然，纷纷要求朱文熊退货赔偿。

朱文熊走投无路，只好厚着脸皮求助于古耕虞。

这正是古耕虞最想要的结果。他顺势骑驴下坡，答应出面替朱文熊斡旋，解决其"烂货"问题，但有一个条件：朱文熊完全放弃猪鬃生意！朱文熊此时已经别无选择，只得答应。

古耕虞将朱文熊在伦敦的货全部接了下来，经过重新整理，分级出售给英商，又大赚了一笔。尔后，他为抗战事业做出重要贡献。

古耕虞是中国共产党的亲密战友，知名的爱国企业家，享誉世界的"猪鬃大王"，与"钢铁大王"胡子昂、上海"机械大王"胡厥文、"纺织大王"荣毅仁、天津"水泥大王"周叔弢并称"中国工商界五巨子"。

晚年的古耕虞先生

范绍增二三趣事

提起范绍增,今天重庆城知道的人或许并不多,但一说到他就是"傻儿师长"的原型,大伙就不陌生了。长期担任川军师长的范绍增,是四川大竹县人,曾为袍哥中人,出身绿林。因为从小生就一副憨眉憨眼的憨态,逗人喜爱,人称"范哈儿"。范哈儿面带憨相、心中嘹亮,平生豪爽、行侠仗义、耿直担当,在江湖上颇有盛名。

傻儿师长的故事之所以几十年后仍被人津津乐道,前些年被搬上银屏,由《傻儿师长》《傻儿军长》《傻儿司令》一发不可收拾,红遍大江南北,皆因他的行事风格和人生经历太过传奇。

国民军第88军军长范绍增

小时候,范绍增天性顽劣,不爱读书。一天到晚,不是下河摸鱼、上山打鸟,就是出入赌场、打架斗殴,最喜欢去茶馆听说书,对江湖豪侠劫富济贫、扬名立万心向往之,因而拉了一帮小兄弟伙,到处逗猫惹狗,祸事不断。

他爷爷范守中是当地乡绅,任渠县清河场(今大竹县清河镇)的场局司(类似场镇官员),老汉范先级是开明绅士,出钱扩建清河场。两爷子都十分期盼孙儿能读书成才,出人头地。然而,孙儿什么都好,就是天生不肯读书,又是个天不怕地不怕的角色,竹板、棒子都打不转,十分恼火。周围团转的乡邻都觉得他不读书,是个哈儿(傻子),"范哈儿"在清河场更出名了。

13岁那年,范绍增与人打架,没想到误伤了祖父。范守中在"新仇旧恨"的盛怒之下,将范绍增抓来当众活埋,幸亏他伯父在活埋现场巧妙遮住祖父视线,没让埋土封口就大声说"埋归一了、埋归一了",晚上刨出才救了他一命,堂嫂出钱资助他赶紧逃走。

他连更连夜逃到达县百灵口投奔袍哥大爷张作霖,被收留当小兄弟,13岁就成了袍哥,开始操社会,据说打麻将级别不是一般的高;后来又加入同盟会,当张作霖的总管事,随张作霖一起扯旗起义反袁,参加辛亥革命等等,总之是城头不停变幻大王旗,呜嗦呐喊,异彩纷呈。"范绍增"这个名字,则是在杨森麾下任旅长时,杨森给他取的,意思是范增后代。

1929年范绍增率第21军4师收复下川东,驻防万县。一次,上级给范绍增部派来了一名副师长,

听书看戏的闲赋寓公 范绍增

名叫罗君彤，外号"驼背"。

范绍增赶紧集合部队，向部下介绍这个副师长。哨子一吹，全体士兵黑压压地齐集在操场上。范绍增带着罗君彤信步登上阅兵台，发话道："全体官兵注意了，奉军长令，委任罗君彤为本师副师长，你们今后要听从他的命令！"众官兵连忙举手敬礼。

那时候，川军部队还不兴配副职，范绍增知道，手下官兵根本就不清楚副师长是个什么职位。于是他问道："你们晓得副师长是个什么东西吗？"

众人齐声高喊："不晓得！"

范绍增胸有成竹，打了一个比喻："我是师长，好比你们的爹！"接着他用手指了指身边的罗君彤："他是副师长，好比你们的妈！"众人一阵哄笑。

范绍增一挥手，训斥道："笑什么笑？一个师就好比一家人。我是外当家，他是内当家，未必你们只认老汉不认妈？"官兵们都被范绍增生动形象的比喻笑弯了腰。

罗副师长到任以后，治军甚严，见范绍增的部下时常聚赌，就颁发了若干条禁令，然而范绍增手下的团长、营长们都是跟随他多年的老部属、老兄弟伙，哪里把一个副师长放在眼里，所以照赌不误。甚至有个营长，居然把罗副师长贴出的布告给撕了。

这天晚上，一帮人又聚集在范公馆豪赌，大伙光着膀子、叼着香烟，围着"范大哥"吆五喝六。这时候，卫兵慌慌张张地跑进来报告："罗副师长带人抓赌来了。"范绍增一听，连忙把颈子一缩，一溜烟跑进内室，从后门逃之夭夭。其余几个团长、营长倒满不在乎，大大咧咧，赌具赌金摆在桌子上也不收。他们自忖这是在师长家里，你一个副师长，还敢怎样？

罗副师长不管这些，见人逮人，见钱没收，还放出狠话来，要把那个撕布告的营长枪决示众。大家没想到罗副师长敢在阎王爷头上动土，都跑去找范师长，要范绍增给兄弟们扎起撑腰。

哪知范绍增一脸的苦瓜相，连连摇头，说："这个姓罗的是包公下凡，又是军长派来的，我哪敢顶撞他哟。当时要不是跑得快，恐怕这时候我也被关在黑屋子里哩！你们说，我好去见他么？算球了，这回认栽。我奉劝大家以后遵守禁令才是。"

众人做梦都没想到，平时敢作敢为、决不拉稀摆带的范师长，不知为何忽然变得胆小怕事了？原来，这是范师长和罗副师长合谋表演的一出苦肉计，意在整治军中纪律。这招还真灵，从此以后，全师官兵中偷鸡摸狗、白吃白喝、聚赌之类的事少多了。

范绍增是个孝子，最痛恨那些大逆不道的不孝孽子。有一次，范绍增部队开赴涪陵驻防，当地县长、专员又是设宴又是请戏班演出，欢迎范师长大驾。

范绍增加入解放军

当晚的演出安排在城隍庙神台上，曲目是《清风亭》，戏中情节大致为张继保中了状元，在清风亭遇见养育过自己的穷苦双亲。可是这个张继保丧尽天良，不但不认双亲，还对自己的亲爹亲娘拳打脚踢。

范绍增看得火冒三丈，大喝一声"停"，然后命人把演张继保的小生"请"下台来。小生不明就里，懵懵懂懂地来到范师长跟前，还未站稳，范师长就一个耳光扇了过去，大骂道："你这大逆不道的小混账，竟敢在神台上打爹骂娘！国法容得了你，老子决不饶你！"小生捂着红肿的脸，提心吊胆的嗫嚅道："禀、禀师长，我这是在唱戏呀……"

范绍增黑着脸说："我晓得你是在唱戏，要不然老子早把你拖出去枪毙了！"范绍增口里在骂小生，眼光却瞟着坐在一旁的县长。原来，这个县长不孝敬爹娘，范绍增早有耳闻，就决定治他一下。县长知道，范绍增指桑骂槐是冲着自己来的。当晚戏完了以后就亲自到范绍增营上负荆请罪，并表示今后将好好孝敬双亲。一场风波才算了结。

从这些小故事可以看出，"范哈儿"其实并不傻，那是一种因地制宜的处事方式和大智若愚的人生态度。每到人生的关键时刻，在大是大非面前，他总能作出正确的抉择：

1939年初，范绍增率第88军出川抗战。88军是他争来的番号，自募兵员，半数枪支自掏腰包修理。出征前，他召集部下训话："过去我们在四川打内战，都是害老百姓。这回弟兄们随我去打日本鬼子，打的是国仗。你们要好好干，要人人当英雄，不准当狗熊。"还经常给士兵加油打气："如果我们丢城失地，将来有何面目回四川见父老乡亲？"这支部队佩戴着写有"英挺"二字的臂章，高举着"受命之时忘其家，出征之时忘其身"的军旗。虽然他们武器简陋，但纪律严明，作战勇猛。

1941年初，范绍增率部收复余杭县城，他对前来劳军的老百姓说："这一回打败了日本鬼子，为中国人出了口气。我们要是没有老百姓的帮忙，给部队带路、送饭、送水、送子弹，是打不赢的。下一回我们还要把仗打得更好，保护好老百姓。如果说了做不到，你们就朝我脸上吐口水，我范某人揩（擦）都不揩。"

最辉煌的一次战斗当是1942年5月28日，范绍增率部击毙日军第十五师团长酒井中将，在日军中引起极大的震动，因为在日本陆军历史上，"在职师团长阵亡，自陆军创建以来还是第一个"。5月29日，范绍增率部又击伤日军四十师团少将旅团长河野，连创两大辉煌战绩。

范绍增是位爱国将领。他在1927年保护共产党人王维舟，送400元旅费并护送出境。解放战争时，他以"益社"名义与民革和中共地下党联系，运出解放区的棉花，换成急需的西药、纸张运回解放区；掩护张澜、郭沫若等进步人士；西南解放前夕，他率领部队在渠县起义，为西南的解放事业做出了贡献。

武侠作家还珠楼主

民间传说，1902年，虎年，农历二月二十八日，四川长寿县（今重庆长寿区）风岭街上，有一座宏大雅致幽静的院落，院落里有一个焦急的孕妇，怀胎早足十月，可就是不见动静。这日黄昏，她正在窗前打盹儿，满墙的爬山虎被风吹得沙沙作响，她突然觉得自己腹中的胎儿是一只老虎，正惊异间，一头斑斓猛虎朝她扑将过来，她吓得大叫一声，一个圆滚滚的大胖小子出生了。

还珠楼主28岁时

这个大胖小子就是还珠楼主，原名李善基，1928年擅自作主改为李寿民，意思是"长寿县一小民"。他是近代中国武侠小说大宗师，可谓新派武侠小说鼻祖，毕生著有武侠小说近四十部，代表作有《蜀山剑侠传》《青城十九侠》等。

李寿民出身于官宦世家，三岁开始读书习字，五岁便能吟诗作文，七岁时写丈许大对已挥洒自如，九岁作《"一"字论》洋洋五千言，被誉为神童，长寿县衙特制"神童"匾额敲锣打鼓送往李家，12岁时家境败落，父亲李光乾带着他和母亲、弟弟、妹妹，一家五口前往苏州投奔做官的伯伯李光益。

在苏州，他认识了大自己3岁的文珠姑娘。朝夕相处间，两人渐生情愫，也曾信誓旦旦，"非你不娶，非我不嫁"。然而，16岁时父亲病故，生活顿时拮据，作为长子，李寿民不得不早早就挑起生活的重担。

18岁那年，他被迫与文珠分手，北上平津谋生。临别之际，两人互表衷情，分别后依然书信往来。然而，天不遂人愿，文珠姑娘后来不知何因，堕入风尘，音信全无。这一变故在李寿民的心头留下了深重创伤，从此不思情事，直至26岁那年遇见孙经洵，爱的心弦才又一次颤动起来。

长寿县有个大富豪孙仲山，携十吊制钱闯津门，长年在天津经商办实业，时为大中银行董事长，被誉为"一代侠商"，仰慕李寿民的才情，聘请他到自己的公馆里兼职做家庭教师，教授孙二小姐国文和书法。在这里，见多识广、才华横溢的李寿民俘获了小他6岁的孙经洵的芳心，而孙经洵温和文静的外表，雍容儒雅的风度，也深深地吸引了李寿民，两人很快坠入爱河。

因为地位悬殊，又因李、孙两家老辈渊源，孙仲山实比李寿民晚一辈，孙仲山气得暴跳如雷，不仅严责女儿，

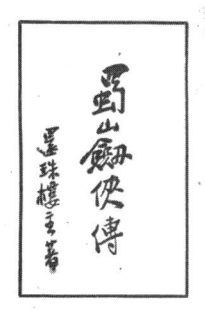

《蜀山剑侠传》

二卷 璀璨星空

辞退李寿民，还两次买通英租界工部局，以"拐带良家女子"为名将李寿民投进监狱。性格刚烈的孙经洵为与爱人相聚，弃家出走。开庭审判时，孙经洵突然出现在旁听席，并当庭发言，声明自己是成年人，婚姻可以自主，与李寿民情投意合，系自愿结合。法庭只好无罪释放了李寿民，此事轰动津城，一时传为佳话。

为了将婚事办得隆重体面，李寿民接受《天风报》的邀请，开始创作武侠长篇连载小说。李寿民幼年曾随父亲及私塾先生游遍名山大川，7岁便登峨眉、青城山，了解各地风土人情，丰富的社会阅历给他提供了写作素材，加上他从小苦读诗书，文学底蕴深厚，《蜀山剑侠传》很快出炉。

小说正式发表前，李寿民为笔名踌躇不定，与夫人商量。孙经洵主动提出："我知道你心中有座楼，那里面藏着一颗珠子，就用'还珠楼主'作笔名吧！"以此纪念丈夫的初恋，李寿民大为感动。正是这部署名"还珠楼主"的小说，被后人称为中国现代武侠小说的开山鼻祖。

还珠楼主与夫人孙经洵

《蜀山剑侠传》将神魔和武侠完美地结合起来，以其海阔天空、天马行空的想象，受到读者青睐。在读者的强烈要求下，李寿民只能夜以继日地写作，也救活了奄奄一息的《天风报》。随后，他一鼓作气，连续创作了《青城十九侠》《云海争奇记》《柳湖侠影》《兵书峡》等武侠小说，几乎所有的作品都是后边的还没写完，前边的已经发表了。后来，他也涉足川剧、京剧，写过许多剧本，所写剧本也受到空前的欢迎。还珠楼主成了家喻户晓的名人。

抗战爆发后，日本人多次请他去任伪华北教育总署和广播电台要职，均遭其严词拒绝，这自然惹恼了日本人。一天晚上，还珠楼主和几个好友到朋友家吃饭。突然响起一阵砸门声，冲进一群日本宪兵，屋子里的人全被押上了汽车。很快，其他人被陆续保释，还珠楼主却被关了70多天。那段时间，日本人百般折磨他，鞭笞、灌凉水，甚至向眼睛里撒辣椒面。在酷刑面前，他"熬"了过来，他说："因为我不会忘记，自己是人，不是狗，决不能答应给日本人做事！"

70多天的铁窗生活，极大地摧毁了还珠楼主的身体，特别是他的眼睛，再也不能像以前那样写蝇头小字了，只好请秘书笔录由他口授的文字。每天吃过午饭，吞云吐雾之后，他便意兴大发，文思如潮，在房间里踱着步子口授小说。两个秘书轮换着休息，他却要一直"说"到深夜。就这样，《虎爪山王》《大侠狄龙子》《大漠英雄》《黑孩儿》《黑蚂蚁》《天山飞侠》等武侠小说又陆续出版，上海滩涌现了"还珠热"。

还珠楼主荒诞怪异的武侠小说自上世纪20年代末横空出世,受到许多人的非议。解放后,他为总政京剧团编导、创作和改编了《南山化蝶》《李岩之死》《十五贯》等数十个剧本,创作了长篇历史小说《岳飞传》《大侠郭解传》《大侠剧孟》等。曾经文协的同志劝他"改造思想,好好为人民服务",还珠楼主深感茫然。"大跃进"时期,对政治迷茫无助的还珠楼主发表文章,检讨自己所写的武侠小说"是那么低级和内容空虚",并表示"对销行的《蜀山剑侠传》《青城十九侠》等带有神怪性的武侠小说,将停止续作"。这也是他的多部武侠连载小说没有结尾的一个重要原因。

然而,他并没能躲过这场灾难。1956年,还珠楼主"荒诞的武侠小说"被封杀,1958年,《读书》杂志抨击还珠楼主的书为"满纸荒唐言,一套骗人语",《文艺学习》发表了《不许还珠楼主继续放毒》,大有置人于死地之势。还珠楼主读后默然。次日凌晨,脑溢血突发,虽经抢救脱险,但左半身偏瘫,从此生活无法自理。

在妻子的照料和抚慰下,病榻上的还珠楼主萌生了创作历史小说《杜甫》的念头。一年后,《杜甫》初稿完成,共11回,9万多字。当秘书记录杜甫"穷愁潦倒,病死舟中"时,李寿民说:"二小姐,我也要走了。你多保重!"两天后,1961年2月21日,还珠楼主溘然长逝,享年59岁,恰与杜甫同寿。在解放前的重庆籍作家中,李寿民是唯一在中国现代文学史上占有一席之地的人物。

国药之魂朱君南

1901年9月,清政府被迫将位于重庆南岸弹子石王家沱的一块土地划给了日本人作专管租界。1931年"九一八事变"前夕,一批日本间谍以学者、商人、医生、学生等身份进入重庆,大量收集情报。一段时间内曾制造假冒中药,甚至将有毒药品渗透到重庆各地,企图扰乱药材市场,以搞垮重庆的中药业,为它的侵略做准备。

晚年的朱君南先生

就在这个危机关头,重庆有一位商界大亨挺身而出,奋力联合在渝的中药商号一起揭露日本人的罪恶行径,他在多个公开场合、媒体大事呼吁市民:

"坚决抵制日本的假药!"

"不准日本人毒害中华民众!"

"小日本滚出中国去！"

他的爱国热情和侠肝义胆，以及他在中医药业界中的威信，让日本人的阴谋嘴脸暴露在光天化日之下。日租界里的家伙们除了咬牙切齿、恨之入骨之外，便多次图谋暗杀他：在他的轿车里安放定时炸弹，在他的食物里暗中投毒，或者在他商务活动、抛头露面时伺机狙击……然而苍天有眼，日本人每次的勾当都被朱君南化险为夷。

抗战全面爆发后，他又带领中药同行在水路运输极不通畅的情况下，历经万难，将沦陷区不产的白术、肉桂、知母、砂仁等中药材抢运下来，储存了几百万斤，在抗战时期市场药品短缺的情况下，动用自己的所有力量，保护了山城各种中药材供应，并将它们源源不断提供给前线的士兵，为赢得抗战胜利作出了不可磨灭的贡献。

此人是谁？他就是民国时期重庆头号药商、重庆中药材帮主朱君南。

朱家世代习医，在清代，朱君南的祖父就已经是江北、巴县的名医。1920年，朱家在下半城白象街开了一家药铺，名为"锡麒生"，后来又将店铺迁往储奇门顺城街。那时虽然药市繁荣，但假药泛滥，风气败坏。而从不卖假药的"锡麒生"却落得年年亏损的境地。

1925年，18岁的朱君南正式接手"锡麒生"这个家族生意。

因地理的缘故，重庆城水路交通便利，很早便成为川、陕、云、贵等省药材汇集和转运出口之地。重庆开埠之后，外来药商越来越多，到了民国初年，根据药材品种和药商祖籍分类，重庆建立了"药材十三帮"。

1926年，为了更好的对药材市场进行管理，重庆废除了药材十三帮制度，成立了"重庆药材同业公会"，推选朱君南为会长。从而使药材市场得以长足发展。在经济杠杆作用下，重庆药材市场发育最为健全，形成完整产业链。上家是贩运商，下家由咀片铺、择药铺、字号、药栈、批发商、中医院组成。

当时在重庆经营药材的商家就达到数百家之多，仅在1930年，已有字号31家，药栈79家，山土药材字号53家，外省运销商（包括湖北、广东、陕西、浙江、江西、河南等省）90家。分布在长江边的储奇门、羊子坝、人和湾、金紫门一带，让重庆中药材业盛极一时。白天货船如蚁，帆樯蔽天，入夜笙歌不绝，通宵达旦，人流昼夜不息。

1930年秋，天干物燥，重庆下半城发生"八二五大火"，重庆"药材帮"所在的储奇门、羊子坝、人和湾一带全部烧毁，重庆中药材业几乎一夜之间停顿下来，中

锡麒生药铺

药材最易着火，所有的药商都欲哭无泪。而朱家刚好有一船才到码头的川芎，因为还没有来得及从船上卸货，而幸存了下来。这船川芎在这场大火中意外成了"锡麒生"的发家宝贝。短短一两年，"锡麒生"累积的资本就已超过同行们的总和。

随后，朱君南组建了抗日战争时期中国最大的药业专业营销公司——中国南方药材股份有限公司。这个公司从一开始就彻底摆脱了过去的牙行、字号等旧式经营模式，以现代化股份制公司的形式横空出世，进入了羊子坝15号这栋重庆药材业的"心脏"所在地，成为重庆药材业不可撼动的航空母舰。

所以，储奇门便成了重庆山货药材集散之地，民谣"储奇门，药材帮，医治百病"便是百年来世人对储奇门一带药材商们的美誉和口碑！

如今的南纪门街道羊子坝社区15号的药材公会大厦旧址，便是对朱君南等那批肩负大义，济世活人的民族实业家的敬仰和怀念！

"魔王"傅润华

1937年，抗日战争全面爆发。重庆艺术界人士自发组织起来，为抗战鼓舞士气，募集资金。其中最引人瞩目的是：中国"四大魔王"会聚山城，用魔术募捐救国。这"四大魔王"分别是：重庆人傅润华、东北人刘化影、中国籍越南人阮振南、湖北人马守义。他们都以手法高超，技艺精湛闻名。

"四大魔王"合作异常顺利，节目中到处穿插着民族意识和抗战精神。傅润华的《灿烂中华》《腰斩土肥原》，马守义的《枪毙汉奸》，阮振南的《九一八》《还我河山》，无一不激起观众的强烈共鸣。

傅润华表演《腰斩土肥原》

这期间，傅润华还编排了魔术《苏武牧羊》。魔术师提起一块床单，床单里仿佛有东西在动，并拖着床单走到舞台前方。魔术师重复几个动作后，床单从一个变两个、两个变三个，突然，本人消失，舞台上突然变出四条在动的床单，像几只跑动的羊，掀开后发现是三个大活人，另外一个就是魔术师本人。这是中国传统魔术的"易貌分形"。在汉代张衡的著名辞赋《西京赋》和《后汉书》里，就提到过类似的魔术。节目之所以起名为《苏武牧羊》，很大程度上是因为在苏武的故事中，体现出了强烈的民族气节。傅润华的口才好，表演之前还要讲上一段激励抗日的演讲，把现场气氛烘托得更加热烈。

"四大魔王"在重庆的募捐公演，各界反响热烈，政府要员也纷纷前来捧场，知名人士题词相赠。当时，每次表演完之后，除了现金，还有很多人捐出金银首饰，为抗战做出了重大贡献。

抗战时期，傅润华利用赴各地表演的机会，广泛地收集前后方广大军民抗战的史料，并积极邀集相关人员，为编辑抗战历史巨著做准备。

抗战胜利后，傅润华便开始着手《抗战建国大画史》的出版事宜。当时由于经济拮据，为了出书欠了很多钱，他把家里值钱的东西都抵押了出去。经过数年的努力，1948年7月，以傅润华为主编的《抗战建国大画史》，由中国文化信托服务社出版。这本书以图文并茂的形式，全面展示了中华民族万众一心，共同抗击日本侵略中国的历史全景，是抗日战争胜利后第一部记载、研究抗日战争全过程的史诗巨著，也为今天研究抗日战争史提供了珍贵资料。

抗战时傅润华在长寿县（今长寿区）表演魔术

傅润华，艺名傅天正，祖籍山西，后南下湖北麻城县孝感乡，随"湖广填四川"大迁徙进入了四川，最后在长寿县落了脚。傅润华的父亲傅志清，曾在日本学习法律，喜欢两件事：一是话剧，二是魔术。

1907年，傅润华出生，他从小也对魔术着迷，除了戏法艺人教他魔术，傅志清也教他日本的东洋把戏。傅润华曾就读于当时的重庆联中，后来到成都、上海、北京求学。读书之余，傅润华几乎把所有精力都花在了魔术上。

1930年，进入上海中国公学的第二年，傅润华出版了一本推广普及魔术的小册子《幻术初阶》。在中国公学就读期间，傅润华和很多艺术界的名家，尤其是魔术界的成名人物结下了深厚友谊，也为他日后涉足职业魔术埋下了伏笔。

1931年，傅润华考入北平大学，主修法商学。当时，傅润华召集同学、朋友，组织了一个"维纳斯幻术社"，利用寒暑假到北平各处戏院演出，还去察哈尔等地表演。

1934年，傅润华从北平大学毕业回到重庆，与妻子"曾三小姐"曾庆蒲完婚。魔术当时是"下九流"的行业，社会地位低，经营很艰难。曾三小姐为了支持丈夫，卖掉一家旅馆，筹到资金后，傅氏幻术的第一个正式魔术团在1936年成立，起名"中国环球幻术学社"。

傅润华的魔术团以家庭成员为主，还邀请了河北魔术师李天蔚，经常在当时重庆很有名的扬子江舞厅、国民戏院等地公演，后来还到昆明、贵阳等地巡演，两三年间，几乎跑遍了整个大西南。渐渐地，声名鹊起。成为一代"魔王"。

其子傅腾龙，国家一级演员，著名魔术表演艺术家，是一位集表演、设计、理论研究于一身的国际魔术大师，中国魔术师协会副会长，被誉为海内外"中国魔王"。

孙子傅琰东，为傅氏魔术第四代传人。毕业于上海华东师范大学国际金融系，是中国所有魔术师中学历最高的魔术表演艺术家。他尤其擅长于大型魔术的表演，参加过央视1995年后的多次春节联欢晚会。2011年央视春晚上，表演著名的魔术节目《年年有"鱼"》。他先后十二次担任央视《综艺大观》魔术主演，五次参加央视《欢乐中国行》主演魔术，又在《大魔术师》中担任导师，是近年来荣登央视舞台最多的魔术师。

绿川英子在重庆

1938年7月2日，重庆，国民党中央电台开辟了一档对日广播节目。节目的主持人是一位地道的日本青年女子，她用流利的日语播音道："日军同胞们，当你们的枪口对准中国人的胸膛，当你们大笑着用刺刀挑死无辜的婴儿，你们可曾想到过，这是罪孽，是世界人民不可饶恕的滔天罪孽！……"

从这一天开始，电波载着这个温柔而刚毅的女性声音，穿过烽烟战火，传到了日本侵略者的耳朵里。

反战志士绿川英子

这个每周一次的对日军广播像一把刺刀，刺向敌人的咽喉。在前线，有的日军士兵放下了武器；有人呼喊着亲人的名字剖腹自杀；军舰上，有的士兵拒绝登上中国大陆……华中日本派遣军通信兵堀锐之助收听了广播后，写下短歌："重庆广播，偷偷倾听。那流畅的日语，让心情不能平静。"

不久，日本东京警视厅查明：那个操着流利日语进行反战宣传的播音员叫绿川英子。东京《都新闻》在头版显著位置登出了她的照片，咒骂她是"恶毒地对祖国作歪曲广播的娇声卖国贼和赤色败类"。军国主义分子还给她的父亲写恐吓信，让他"引咎自杀"。

绿川英子（日本名叫长谷川照子），1912年出生于日本山梨县一个知识

绿川英子（后排左一）一家人

分子家庭。17岁时毕业于东京府立第三高等女校，同年考进奈良女子高等师范学校，并在此爱上了世界语，"绿川英子"源于她的世界语笔名：Verda-Majo，意思是绿色的五月，她向往一个绿色和平的世界。

1932年，刚满20岁的她，与反战的日本左翼文化人士接触，因此被学校当局开除。

1935年，绿川英子不顾家人的反对，与在日本留学的中国留学生刘仁举行了婚礼。

1936年3月，绿川随丈夫离开日本来到上海。后来，她就参加了上海群众要求释放"七君子"的示威游行。史料记载，她是当天游行队伍中唯一的外国人。她开始在上海世界语协会的会刊《世界》上发表文章，对于社会问题做出了深刻的观察与分析。

"七七事变"抗日战争全面爆发后，日本侨民都匆匆离开中国，绿川却相反，她义无反顾地留了下来，选择了危险，也选择了孤独。

绿川和中国成千上万的抗日青年处境不同，当时的国民党政府对绿川这样的日本反战作家的正义之举无暇顾及。她要用至死不渝的真诚和长时间的努力，赢得中国民众的信任和接纳，同时用更长时间的忍耐和理性，来面对日本军部的仇视、攻击，面对来自自己同胞的不理解和怀疑，充当"悲壮剧"的主角。

幸运的是她在1937年底，同丈夫刘仁在广州与郭沫若相识。她的理想和苦衷，郭沫若十分理解，并给绿川讲了自己的故事：他在日本生活了十年，也安了家，有了妻子和孩子。抗战爆发后，他的妻子安娜毅然支持他抛妻别子，回归保卫祖国。

郭沫若还讲述了他的朋友吴履逊先生的故事：他是国民党军官，也有一个日本妻子和他们的三个孩子。1931年他担任驻守上海的第十九路军的一个团长，"一·二八"事变中，向前来寻衅的日本军舰射出第一炮，就是他干的。军人的职责是神圣的，吴履逊后来毅然和妻子离了婚，出征到华北前线，他的三个孩子都由日本妻子抚养。

郭沫若在《在轰炸中来去》中，记下了日本妻子和吴履逊分手时的话："你是军人，国难当头的时候，正是你应该效命疆场的时候，请不要顾虑我。我虽然是生在日本的女子，但日本军部的侵略兽行，我是彻底反对的。你的儿女我要尽心抚育，要使他们继承着你的志气，使他们永远是中国的儿女。"

绿川和刘仁深受鼓舞，在郭沫若的推荐下，绿川进入国民党中央宣传部的中央电台工作，担纲了一位尽心尽职的日语广播员。她的真诚、坚强、敬业感动了每一个中国人。

郭沫若亲笔给绿川题写了一首诗："茫茫四野路弥暗，历历群星丽九天。映雪终嫌光太远，照书还喜一灯妍。"

这首七绝写在一块红绢上。诗句中的"照"字，一字双关。"绿色之星"是世界语者佩戴的标志，"照子"又是绿川的原名，所以诗中把绿川比作寒夜中一颗闪亮的星，一盏明亮的灯，用光芒照耀着身边的同志们，矢志不渝。

1941年7月，周恩来、邓颖超来到重庆赖家桥。绿川高兴地见到了仰慕已久的周恩来。当晚，周恩来提议："为在座的绿川等日本朋友干杯！"周恩来记得绿川因为对日广播受到日本政府恶语中伤、家人受到株连的事，他关爱地对绿川说："日本帝国主义者称你为'娇声卖国贼'，其实你是日本人民忠实的好儿女，真正的爱国者。"

"我愿作中日两国人民的忠实儿女！"绿川的回答感动了在场所有的人。

抗日战争胜利后，根据周恩来的指示，绿川英子夫妇带着儿子奔赴东北。当绿川英子夫妇到达武汉时，却发现4岁多的儿子刘星失踪了。绿川英子夫妇知道是国民党反动派为了阻止他们北上采取的卑鄙行动。后在多方努力下，儿子终于回到了身边。

1946年1月11日，绿川英子夫妇带着儿子秘密到达上海，随后又登上北去的轮船。一路奔波，马不停蹄，绿川英子一家安全到达哈尔滨。不久，绿川英子生了个女儿。

解放战争迫近，为了安全起见，组织上安排他们一家撤退到佳木斯，绿川英子被聘到东北大学讲课。后来，绿川英子发现又受孕了，为了不影响工作，决定做人流手术。由于条件十分艰苦，手术中不幸遭受感染，病情恶化。1947年1月10日，35岁的绿川英子不幸与世长辞。

她的丈夫刘仁，由于突然失去爱妻过度悲伤，在绿川英子逝世100天后，也相继病故，留下6岁的儿子刘星和1岁的女儿长谷川晓子。长谷川晓子在哈尔滨东北烈士子弟学校长大，后来回到日本。

中国人民永远铭记着绿川英子——这位美丽、善良、博爱的日本姑娘。1980年，中日两国还以绿川英子为主角，合作拍摄了一部电视剧《望乡之星》。

2007年8月14日，62年后的抗日战争胜利纪念日前夕，已经62岁的长谷川晓子（中文名刘晓兰）女士趁抗战胜利62周年之际，专程来

刘仁、绿川英子夫妇

到母亲曾经战斗过的重庆，寻找她当年留下的日记等遗物。

长谷川晓子在面对记者采访时，说了这样一句话："请您把中日史上这段美丽的故事告诉给年轻一代，希望中日世代友好，世界永远和平。"

民族忠魂张自忠

"仰之吾弟如晤：因为战区全面战争之关系，及本身之责任，均须过河与敌一拼，现已决定于今晚往襄河东岸进发，到河东后，如能与38师、179师取得联络，即率两部与马师不顾一切，向北进与敌死拼。若与179师、38师取不上联络，即带马师之三个团，奔着我们最终之目标（死）往北迈进。无论作好作坏，一定求良心得到安慰，以后公私均得请我弟负责。由现在起，以后或暂别，永离，不得而知，专此布达。"

张自忠将军

1940年5月初，日军为了控制长江交通，切断通往重庆的运输线，集结30万大军发动枣宜会战。当时，中国军队的第33集团军只有两个团驻守襄河西岸。集团军总司令张自忠决定亲自率领部队出击作战。5月6日晚，他给集团军副总司令兼77军军长冯治安写下了以上这份绝命书。

5月7日拂晓，张自忠亲率2000多人渡过襄河，率部北进。一路奋勇向前，主动进攻，将日军第13师团拦腰斩断。日军伤亡惨重。

日军随即集结重兵南下，以优势兵力对张自忠所部实施包围夹攻。张自忠在河东的部队只有五个师二万余人，兵力仅及日军的一半。作为久经沙场的老将，张自忠自然知道我方主力应暂时规避，另寻机会集中优势兵力分别围歼敌人。但此时的张自忠已怀着必死的决心。

早在5月1日，他亲笔昭告属下部队和将领的话语，在心中久久回荡："国家到了如此地步，除我等为其死，毫无其他办法。更相信，只要我等能本此决心，我们国家及我五千年历史之民族，决不至亡于区区三岛倭奴之手。为国家民族死之决心，海不清，石不烂，决不半点改变！"

他决定以身犯险，出其不意攻击南北两路日军。然而不幸的是，张自忠的电报密码被日军截获破译，他的军事部署完全被敌方掌握。日军当即调集两个师团另加四个大队奔袭而来。

5月14日，双方发生遭遇战。由于敌我力量悬殊，战斗异常惨烈。张自忠率领的部队只剩下 1500 余人，被近 6000 名日寇紧紧包围在南瓜店以北的沟沿里村。

此时的张自忠，不但没有丝毫的畏惧，反而有一种夙愿终将实现的痛快感。作为第 33 集团军总司令，本应坐镇指挥，但张自忠却不顾众将领的劝阻，执意亲率 2000 人直奔日军主力部队，与日军面对面直接拼杀，这种明显有违军事常理的做法，只有熟悉、了解张自忠的人，才能理解他那种长期的压抑、隐忍之后，必然的爆发与决绝。

20 世纪 30 年代中期，日本为确保"伪满洲国"的军事安全，防止中国政府突然收复东四省，要求在华北建立"非军事缓冲区"，日军北撤，国民革命军南撤，所有驻防退出华北。经过艰苦的谈判，双方达成协议，华北只留驻一支非中央军的部队，这就是宋哲元中将驻守京津冀的西北军第 29 军，当时，张自忠是其第 38 师师长。

宋哲元将军　　冯治安将军

蒋介石给这支部队的训令是"应战而不求战"。也就是说，不主动打仗，也不放弃华北，与日军作长期周旋。可问题是，这支中国军队一直视日军为死敌，比如第 37 师冯治安师长，有事没事都想找日本人的麻烦，发泄心中的不满。宋哲元军长也是这么一个人，看着日本人就别扭，根本不想跟他们多说话。

在全军高级将领中，唯有沉默寡言、身高 1 米 8 的张自忠儒雅周详，不仅革命军官兵敬仰他，日本军政也不排斥他。于是，在华北危亡的复杂局面中，张自忠先后被任命为察哈尔省主席和天津市长，艰难维系着苦涩的和平，既不能得罪日本人，又不能丢中国人的脸。对于一个具有高度民族自尊心的军人而言，这种内心的煎熬与痛苦，可想而知。

这一切，在外人看来，完全是另一番图景。大家只是看到，第 29 军全军将士对日本人都横眉立目，唯有张自忠一人，竟与日军保持往来，甚至应邀去日本访问，而且受到欢迎和敬重。于是舆论沸沸扬扬，说张自忠与日本订立了"密约"，日本人赠其巨款，还送给他一个美人儿。

张自忠成了众矢之的，被误会为叛徒、大汉奸、卖国贼。在一片痛骂声中，张自忠始终缄默着，周旋着，估算着第 29 军向目的地有效撤离的时间，努力使京津免于屠城。等到日军要求他通电反蒋之时，他已完成宋哲元交给他的任务，便断然拒绝，随后称病，躲进德国医院，然后骑车逃往天津，再换乘国轮船去青岛，至济南，然后转道南京，面见蒋介石。

二卷　璀璨星空

"民风号"专轮送张自忠将军灵柩回重庆

1938年,蒋介石委任张自忠代理第59军军长。归队当天,他泪流满面,对同样担负着汉奸恶名的老部下说:"今日回军,除共同杀敌报国外,是和大家一同寻找死的地方。"一个被疑为"华北特号汉奸"的人,从一开始便失去了撤退和打败仗的权利,他只能勇往直前,痛击日军,甚至以身殉国来证明自己。

从那时起,张自忠已经坚定了决死的意志:"我生国死,我死国生!"他一直在寻找机会,以自己的死,唤起全国人民抗日的决心。

1940年5月15日上午,日军对被围困在南瓜店以北的沟沿里村的张自忠部发动进攻。张自忠自知孤军作战,寡不敌众,仍凭借阵地奋起抗击,歼敌无数,至下午3时,身边士兵大部阵亡,他本人也被炮弹炸伤右腿。他率领所剩无几的部队边打边撤,最后死守在杏仁山上。日军发起了一次又一次的攻击,张自忠率部奋勇抵抗,竟将蜂拥而至的日军阻于山下达两个多小时。又激战到16日拂晓,张自忠部被迫退入南瓜店十里长山。

5月16日上午,日军以飞机和大炮配合轰击,弹如雨下,我军阵地变成一片火海。张自忠身材高大,穿着耀眼的黄呢军装,目标明显,日军更是从三个方向,用交叉火力,向他那里射击。

中午,张将军左臂中弹,但他坚持着,给第5战区司令部写下最后一份报告。然后,他告诉副官:"我力战而死,自问对国家、对民族可告无愧。"

下午2时,张自忠手下只剩下数百名官兵,他将自己的卫队悉数调去前方增援,身边只剩下高级参谋张敬和副官马孝堂等8人。

下午3点,张自忠将军腰部中弹,右肩、右腿被炮弹皮炸伤,只能卧地指挥。

在生命的最后一刻,

张自忠将军灵柩抵达重庆储奇门码头

将军又中3弹，却猛然站起，被身后的日本兵射杀，另一名日本兵跑上前去，用枪托击碎他的头颅，把刺刀插进他的腹部……张自忠高大的身躯轰然倒地。这是1940年5月16日下午4时。

在他倒地的瞬间，不知张将军有没有感觉一丝欣慰：汉奸之名将从此远去，他将是永远的民族英雄！

1940年5月28日晨，张自忠将军的灵柩运至重庆朝天门码头，蒋介石、冯玉祥等军政要员臂缀黑纱，肃立码头迎灵，并登上轮船绕棺致哀。蒋介石在船上"抚棺大恸"，令在场者无不动容。蒋介石亲自扶灵执绋，护送灵柩穿越重庆全城。

张自忠将军之墓

国民政府发布国葬令，颁发"荣字第一号"荣哀状。将张自忠牌位入祀忠烈祠，并列首位。5月28日下午，蒋介石与军政要员和各界群众在储奇门为张自忠举行了盛大隆重的祭奠仪式。

1940年11月16日，张自忠被以国葬之礼权厝于重庆北碚雨台山。后来，冯玉祥在墓畔种植梅花，并仿效明代史可法所葬的扬州梅花岭，将此山改名为梅花山。

胡琏的五封遗书

在日本"三个月灭亡中国"的狂妄叫嚣下，1941年3月，日军已重兵抵达宜昌，觊觎长江对岸的军事战略要地——石牌寨，妄图一举拿下，那便是长驱直入西进，攻占重庆的必由之路。

石牌要塞位于宜昌西面的长江南岸，西陵峡右岸，距离宜昌城15公里，在今天三峡大坝（三斗坪）与葛洲坝之间，兀立石壁之上，自古为长江天堑，西进三峡的必经之道，兵家必争之地，一旦失守，重庆将危在旦夕。

第11师师长胡琏

石牌战役是鄂西会战的最核心部分，根本目的是阻击日寇西进，粉碎日本占领重庆、灭亡中国的企图。其实在1940年6月宜昌沦陷后，至1943年5月前的三年内，日军多次发动小规模战役，企图占领石牌都没得逞。国民党第6战区始终以石牌为战略支撑点，沿南北展开钳形防御，构筑最后一道国门。两军长期对峙于宜昌。

1943年5月，日寇发动"江南歼灭战"，日军在石牌周边集结了两个师团、一个旅团，其中有被称为"钢铁猛兽"的，也是日军在中国战场唯一纯野战部队的第11军，一共10万兵力，200多架飞机及海军舰船等，杀气冲天，志在必得。

石牌保卫战示意图

为保卫石牌要塞，拱卫陪都重庆，国民党军政委员会派重兵防守。早在1938年冬，中国海军就在石牌设置了第一炮台，并在其左右又修设了第一、第二分台，安装大炮共10门，作为长江三峡要塞炮台群的最前线，与之相配套的还有川江漂雷队、烟幕队等。

当时，第18军负责戍守石牌要塞，军长方天以第11师胡琏部队守护石牌要塞的核心阵地，第18师罗广文部、暂编第34师马志超部负责外围策应。

蒋介石对石牌要塞的安危极为关注，他不止一次地给第六战区陈诚、江防军吴奇伟拍电报，一再强调，必须确保石牌要塞的安全。1943年5月22日，蒋介石发来电令："石牌要塞应指定十一师死守。"第11师是精锐，理所当然驻守石牌。5月26日蒋介石又从重庆发来手令，称石牌为"中国的斯大林格勒"，并严令江防军及胡琏等诸将领，英勇杀敌，坚守石牌要塞。

第六战区指挥陈诚电询胡琏："有无把握守住阵地？"

胡琏当即回答："成功虽无把握，成仁确有决心。"

胡琏非常清楚这一仗不仅关系到他和第11师的命运，更关系到民族的存亡。胡琏及其第11师都做好了杀身成仁、共赴国难的准备。

1943年5月27日晨，胡琏预感到一场生死大战即将来临。当日，胡琏起得很早，走出军营，面向东方，迎着江风，在晨曦中一连写了五封诀别信，连同遗物一同托人转交千里之外的亲属。非常遗憾的是现今只见到他给父亲、妻子的信。

胡琏给父亲的诀别信写道：

父亲大人：儿今奉令担任石牌要塞防守，孤军奋斗，前途莫测，然成功成仁之外，当无他途。而成仁之公算较多，有子能死国，大人情亦足慰。惟儿于役国事已十几年，菽水之欢，久亏此职，今兹殊戚戚也。恳大人依时加衣强饭，即所以超拔顽儿灵魂也。敬叩金安！

胡琏给妻子的诀别信写道：

我今奉命担任石牌要塞守备，原属本分，故我毫无牵挂。仅亲老家贫，妻少子幼，乡关万里，孤寡无依，稍感戚戚，然亦无可奈何，只好付之命运……诸子长大成人，仍以当军人为父报仇，为国尽忠为宜。战争胜利后，留赣抑回陕自择之。家中能节俭，当可温饱，穷而乐古有明训，你当能体念及之……十余年戎马生涯，负你之处良多，今当诀别，感念至深。兹留金表一只，自来水笔一支，日记本一册，聊作纪念。接读此信，亦悲亦勿痛，人生百年，终有一死，死得其所，正宜欢乐。匆匆谨祝珍重。

他能留给妻子的遗物，只有一块手表、一支钢笔和一本日记。

1943年5月27日正午，烈日当空，石牌要塞保卫战最具决定性、最惨烈战斗的前一天，胡琏正在准备着一件与现代战争似乎全不相干的大仪式。他要依照古例，沐浴更衣，祭拜山神，对天盟誓。他换上崭新的军装，带领师部的全体官兵登上凤凰山，跪伏在山巅，跪拜于中华之列祖列宗的面前。拜毕，将士起立，胡琏朗声祭天誓词。

胡琏战前带领全体将士，祭拜天地誓词：

大中华国民革命军陆军第十一师师长胡琏，谨以至诚昭告山川神灵：我今率堂堂之师保卫我祖宗艰苦经营遗留吾人之土地，名正言顺。鬼伏神饮，决心至坚誓死不渝。汉贼不两立，古有明训，华夷须严辨，春秋存义。生为军人，死为军魂，后人视今，亦尤今人之视昔吾何惴焉！今贼来犯，决予痛歼力尽，以身殉之。然吾坚信苍苍者天必佑忠诚，吾人于血战之际胜利即在握！此誓

大中华国民革命军陆军第十一师师长胡琏
大中华民国三十二年五月二十七日正午

祭拜天地完毕，胡琏率部走下凤凰山，将指挥部迅速移至距离前线咫尺之遥的叫虫窖蚂包的地方，坐镇前沿指挥。之前的5月12日，鄂西会战即已打响，日军已接连突破我军多道外围防线，剑锋直逼石牌要塞。如果日军占领石牌，第11师将陷入绝境，死无葬身之地。唯一的生还之路就是与日军硬

碰硬。

胡琏熟悉山地作战。他认为，虽然日军飞机大炮坦克武器精良，但因不擅长山地作战，因此可采取智取战术。他根据石牌要塞一带山峦起伏、地势险峻的特点，充分利用有利地形，抑制敌军坦克大炮之威力。

1943年5月28日黎明，决战打响。石牌要塞保卫战打得非常艰苦，非常激烈。日寇志在必得，我军拼命死守，双方伤亡惨重。5月29日，胡琏对团长们发令："从明天起，我们将与敌人短兵相接……战至最后一个，将敌人枯骨埋葬于此，将我们的英名与血肉涂写在石牌的岩石上。"在战斗最惨烈的30日下午，在曹家畈附近的大小高家岭战场上曾经3个小时听不到枪炮声，并不是因为双方停战休整，而是敌我在进行最原始、最血腥的冷兵器搏杀——拼刺刀。战况之激烈残酷可见一斑。此次白刃战，我方战亡1500人，日军死亡1000余人，将日军硬生生逼出高家岭战场。

1943年5月30日下午高家岭战场敌我双方各数千人拼刺刀3个小时

由于守军意志坚决，顽强抵抗，日军久攻石牌不下，损兵折将，士气完全丧失。到了5月31日夜晚，战场上的枪炮声突然沉寂下来，第11师的将士爬出战壕，发现进犯石牌之敌纷纷掉头东逃。

石牌要塞保卫战取得了胜利，毙伤日军达7000人，缴获枪械无数。石牌保卫战挫败了日军入三峡西进攻取重庆的部署，沉重地打击了日军，是抗战的重大军事转折点。

长江三峡入口处的石牌要塞旧址

为什么日军的铁蹄始终没有跨入重庆？为什么山城人民从未亲历日军的侵凌？我们当永远记住这场永垂青史的英勇之战。永远记住给重庆人民带来平安的英雄胡琏及他的将士们。

寅初亭修建始末

1940年，时任重庆大学商学院院长的马寅初先生，在给陆军大学将官班讲课时说："抗日战争是中华民族存亡的严重关头，全国上下应该同心同德、共赴国难。但现在不是这样，现在是'下等人'出力，'中等人'出钱，'上等人'既不出钱，又不出力，囤积居奇，发国难财。还有一种'上上等人'依靠权势，大发超级国难财。这种猪狗不如的'上上等人'就是孔祥熙和宋子文之流……"

抗战时马寅初在歌乐山家中

马寅初针砭时弊的演讲，使国民党政府大为头疼。宋霭龄、宋美龄等人向蒋介石施压，要求对马寅初进行严厉处置。蒋介石于是召见重庆大学校长叶元龙，训斥道："你真糊涂，怎么可以请马寅初当院长？你知道他在外边骂行政院长孔祥熙吗？他骂的话全是无稽之谈！他骂孔祥熙就是骂我！"末了，蒋介石说，"下星期四，你陪他到我这儿来，我要当面跟他谈谈。他是长辈，又是同乡，总要以大局为重。"

马寅初一听，火冒三丈："叫我去见他，我不去！让宪兵来陪我去吧！文职不去拜见军事长官，没有这个必要！见了面就要吵嘴，犯不着！再说，从前我给他讲过课，他是我的学生，学生应当来看老师，哪有老师去看学生的道理！他如果有话说，就叫他来看我！"

蒋介石知道后很生气，没有直接下手抓人灭口，而是给他好处，让他出国考察，给他官职想拉拢他，可马寅初没买账，继续骂。

孔祥熙为了拉拢马寅初，想请他出任财政部长，也遭到他严词拒绝。

不久，马寅初接到一封恐吓信，信上只有两句话："若再攻击政府，当以手枪相对。"马寅初将恐吓信公之于众，大义凛然说："所有指责全系事实，有实据可查，非讲不可！"还挺起胸膛说，"有种就打这，我遗嘱都写好了，我全家都来了，我不怕，怕死就不来了。"

马寅初先生真是一颗铮铮铁骨的"铜豌豆"！一位"威武不能屈"、高风亮节的学界

马寅初与最早的寅初亭合影

复建后的重庆大学寅初亭

大师!

最后蒋介石无可奈何,只得使出下下策,于1940年把他逮捕入狱。开始关押在重庆,后转到贵州息烽集中营,不久再移禁江西上饶集中营。

马先生被捕的消息传出后,在重庆主持中共中央南方局工作的周恩来等共产党人,马先生的学生、同事、朋友和知名人士黄炎培先生,都想方设法进行支援和营救。

1941年是马寅初先生60寿辰之年,为了扩大影响,争取各方对营救的支持,重庆大学的师生自动成立筹委会,决定为马先生祝寿,并在报上发布广告。蒋介石知道后,便下令禁止刊登,禁止活动,还派陈布雷、教育部长和重大校长以软硬兼施的手段竭力加以阻挠。但重大师生经过英勇顽强的斗争,终于如期为马寅初先生举行了祝寿大会。

祝寿大会那天,周恩来、董必武、邓颖超联名送去寓意深刻的"桃李增华坐帐无鹤,琴书作伴支床有龟"的贺联;重庆《新华日报》也送去"不屈不淫征气性,敢言敢怒见精神"的贺联。沈钧儒、邹韬奋以及重庆各阶层的进步人士数百人参加了祝寿大会。会上,筹委会主席赵国恩提议集资修建"寅初亭"之事,与会者强烈响应。祝寿大会后不久,商学院李新邦同学自告奋勇请冯玉祥先生题写了"寅初亭"匾额。在国民党当局的干扰下,同学们在校外先把草亭的架子做好,然后运进校园拼装。一夜之间,寅初亭就修建了起来,之后同学们还自发跑来保护寅初亭。

1942年8月,国民党当局终于迫于压力释放了马寅初。

1943年,重庆大学师生重建瓦顶寅初亭,马寅初先生亲自参加典礼并讲话。

1981年,马先生百岁大庆时,亭子再次重建落成,即现在重庆大学所存寅初亭。重建的"寅初亭"仍在原址,亭子为六角亭,绿色琉璃瓦在疏木的掩映之下颇具韵味。亭前的立石亭记之上有《新华日报》所赠"不屈不淫征气性,敢言敢怒见精神"一联,这是对马老先生在重庆时期的大无畏精神和重大师生坚持不屈斗争的赞赏。

陶行知的四块方糖

抗日战争期间，陶行知在重庆育才中学当校长的时候，有一天，他在校园里看到学生王友用泥巴砸自己班上的男同学，陶行知立即制止了他，并让他放学后到校长室去。

放学后，王友早早地来到校长室门口准备挨训。

这时，陶行知走过来了。他一看到王友，就掏出一块糖果递给他，说："这是奖给你的，因为你按时来了，而我却迟到了。"

著名教育家 陶行知

王友惊愕地接过糖果，目不转睛地看着陶行知。

这时，陶行知又掏出一颗糖果递给王友，说："这块糖果也是奖给你的，因为当我不让你再打人的时候，你立即就住手了，这说明你很尊重我，我应该奖励你。"

王友更惊愕了，他不知道校长到底想干什么。

这时，陶行知又掏出一块糖果放到王友的手里说："我已经调查过了，你用泥块砸那些男生，是因为他们不守游戏规则，欺负女生。你砸他们证明你很正直善良，并且有跟坏人作斗争的勇气，应该奖励。"

王友听了非常感动，他失声叫了起来："校长，你打我吧，我砸的不是坏人，而是自己的同学呀！"

陶行知满意地笑了，又掏出一块糖果递给王友，说："你能正确地认识错误，这块糖果值得奖励给你。现在我已经没有糖果了，你也可以回去了。"

陶行知创办的育才学校

教育不是指责、不是惩罚，而是一种激励和引导，启发被教育者内化而萌生自我教育，达到弃旧图新。这就需要教育家具有尊重对方、鼓励对方的思维。陶行知四块方糖的故事，体现了教育大家的智慧。

二卷　璀璨星空

徐悲鸿陪都买画

抗战时期，徐悲鸿在重庆任中央大学美术系主任。家就住在江北盘溪的石家花园。那时候，徐悲鸿的画已经家喻户晓、蜚声中外了，尤其是他画的马，更是他的品牌，很多人拿钱都买不到。

当时，有个叫杨竹庵的年轻人，此时还是画坛的无名小辈。他刚从四川新都到重庆，人地两疏，生意难做，生活拮据。要想留下来，吃喝拉撒都要钱，怎么办？想到自己的画画得再好也怕卖不脱。出于无奈，便想到了徐悲鸿的"马"。

徐悲鸿先生

于是，他就托朋友在淳辉阁借来一幅徐悲鸿的"奔马"，认认真真地临摹了一幅，落上徐悲鸿的名字后就挂了出去。谁知，那画上的墨都还没有干，就有人走上门来要购买。

来者不是别人，正是徐悲鸿。徐悲鸿心想：我哪时在这里画了这幅马呢？简直是丈二和尚摸不着头脑。再仔细一看，感觉这个临摹的人倒还有些才气。徐悲鸿于是决定把这幅马买了。

八骏图（徐悲鸿）

杨竹庵并不认识徐悲鸿。见这幅画刚挂出来就卖脱手了，很是高兴，忙为买画人把画卷包好送上。

徐悲鸿接过画才问："这画是谁画的？"

"徐悲鸿呀！"

"不，要真是徐悲鸿画的，我就不买了。"

杨竹庵这下子诧异了，晓得是闯到行家手头了，便说："兄台，真人面前不说假话，这是小弟临摹的，承蒙光顾。"他才把自己出于无奈，走此下着的经过说了。然后又问："请问兄台尊姓大名。"

徐悲鸿听了叹口气道:"唉!我就是徐悲鸿,杨先生的境遇我能理解。不过这样对你的艺术长进不利。"

杨竹庵一听面前这人是徐悲鸿,十分尴尬,感觉无地自容。

此时,徐悲鸿却伸出手来说:"杨先生,我理解你的境遇。我们就交个朋友吧。"

又过了一些日子,徐悲鸿在一家画店发现一张功夫精湛的画,便想把它买下。他问店主此画卖多少钱,店主回答说要300元大洋。

徐悲鸿认为贵了些,恋恋不舍地离开了画店。回去后越想越觉得此画画得好,实在是想把它买下,便又去画店问此画能否便宜些,店主坚持原价不愿降。

徐悲鸿若有所失地回家后,认为此画实属珍品。便又第三次去画店,最终以300元现大洋将此画买下。心中十分高兴地返回家里。

张大千先生

这一天,张大千到徐悲鸿家做客,徐悲鸿兴奋地对张大千说买了一张珍品画,边说边取出这张画让张大千欣赏。张大千将此画反复观看后,笑着对徐悲鸿说,此画是赝品。徐悲鸿听后很是不悦。于是,张大千即刻用水将画的右下角浸湿,轻轻撕开,上面就显露出"大千仿制"字样。

徐悲鸿看到眼前这一幕,不禁惊呆了!张大千执画哈哈大笑,遂用300元大洋将画买了回来。

·· 江姐的爱情秘密 ··

"这就是老彭,中共重庆市委第一委员彭咏梧同志;这是江竹筠同志,新市区区委委员。"当新市区区委书记魏兴学分别介绍两人后,江竹筠(小说《红岩》中江姐的原型)满脸羞红,手足无措,呆呆地立在原地竟不知说什么好。她没有想到,会以这样一种方式,这样一个身份和这位重庆地下党响当当的人物见面。

倒是彭咏梧显得大方自然,热情地伸出右手:"你好,江竹筠同志,今后就要委屈你了。"

"你好,彭咏梧同志。"江竹筠机械地应和着,也伸出右手。

当彭咏梧那双大手热烈地握住她,她顿时感觉一股暖流传遍全身。

江竹筠赶紧定了定神,偷偷打量了一下眼前这个男人:

江姐

浓眉阔额、方脸厚唇，敦厚中透出一股儒雅之气，一看就是值得信赖的人。"这就是我以后的'丈夫'，也是我配合的领导。两种截然不同的身份，我将如何与他相处呢？"她想。

1943年5月，在成都工作的江竹筠接到了组织安排的一项特殊任务：回重庆与中共重庆市委第一委员彭咏梧假扮夫妻，以掩护地下党开展工作。

就这样，这对以前从没见过面的革命同志，此后，将要以"夫妻"的名义，长期共处一室。白天，他们要像真夫妻一样，相亲相爱，不能让周围群众和特务看出破绽；晚上，他们虽同处一室，却要坚守革命同志之间的礼仪。这项任务，对于年仅23岁，还没有结婚的江竹筠来说，比领导一次武装起义还要艰巨。

江竹筠是那种为了革命可以舍弃一切的人，她很快便进入了角色，像一位正式的"太太"那样，每天早上提着菜篮子，到市场上买回各种食品，合理搭配营养，然后弄给自己的"男人"吃。晚上彭咏梧工作太晚，她会将亲手熬的莲米汤或银耳汤送到他的桌上。经过这么悉心的一段时间调理，彭咏梧之前患的严重肺病竟然好了，原来苍白的脸色也红润起来。

邻居们经常看到这对"夫妻"手挽手，有说有笑一起出去散步。"真是一对恩爱的小夫妻！"他们由衷地赞叹。

这样长期朝夕相处，江竹筠对彭咏梧产生了一种特殊的感情。她依赖她的四哥（在私人场合，江竹筠叫彭咏梧"四哥"），她迷恋这个家，她分不清她现在所拥有的，是现实还是幻想。但理智又时常提醒她，这只是工作，何况，彭咏梧在老家云阳还有一个妻子和儿子。她不愿意去想，也想不明白这么复杂的感情，只好努力地工作。然而，工作和生活哪里分得开呢？

江姐一家子

彭咏梧也在备受着煎熬。这位"妻子"无微不至的照顾，让他工作起来充满干劲，他喜欢这种家的感觉。但是，每当他心安理得地接受"妻子"的关怀时，内心便会生起一种深深的自责：我是有妻室的人呀，我欠妻子和儿子太多了。

一种莫名的情愫在两人心底悄悄滋生，但是，谁都没有捅破感情上的最后一层薄纸。

1944年春天，江竹筠发现有特务跟踪自己。党组织为了保障市委机关的安全，将她转移到成都，安排考入四川大学。

暂时的分别，让江竹筠和彭咏梧都有机会静下心来清理自己的感情。但是，经过将近一年的共同生活，两人都已深深地烙进了对方心灵深处。此时的分别，让这种感情如熊熊的烈火，即将燃烧，两人却不得不将它扑灭，压在心底。

这种情感的折磨很快就结束了。鉴于工作的需要，组织批准江竹筠与彭咏梧结婚，组成正式的家庭！

1945年暑假，江竹筠回到重庆，终于见到了分别半年的"四哥"，两人激动万分，百般恩爱。蜜月很快过去了，8月下旬，江竹筠带着对丈夫的深深眷恋回到成都继续学习。这时，她收到一份意外的礼物——她怀孕了。

第二年4月，江竹筠被同学找了一辆黄包车送到华西医科大学协和医院妇产科。却被医生诊断为难产，需要动手术。这时，江竹筠做出了一个大胆的决定：做剖腹产手术的同时，一并做绝育手术。她做这个决定，完全是考虑到革命工作的需要，没有与彭咏梧商量。当时地下斗争形势残酷，她和彭咏梧时刻都处于生死边缘，哪有条件去生儿育女！

半个月后，当彭咏梧风尘仆仆赶到成都，得知妻子做了绝育手术，虽然难过，却对妻子的做法充满了理解。当时孩子还未取名，彭咏梧想了想，说："孩子是云阳人，又出生在这风云变幻的年代，就叫彭云吧！"

彭咏梧不能久留，很快回了重庆。1946年7月中旬，江竹筠带着出生才三个月的小彭云，也回到了重庆。现在，他们终于有了一个正式的、完整的家了。

1947年秋，中共川东临委决定由川东临委委员彭咏梧去下川东地区，在"抗捐、抗丁、抗粮"三抗基础上，组织武装斗争，江竹筠一同前往协助工作，担任川东临委与下川东地工委的联络员。夫妻俩愉快地接受了这一艰巨的任务。

修复后的歌乐山电台岚垭

小彭云如何安排，却成了夫妻俩心头的痛。经过反复思考，江竹筠决定暂时将小彭云寄养在好友王珍如那里。临别，夫妇俩急匆匆地到附近街上的店铺给彭云买了件美军毛毯改制的儿童大衣和一顶小军帽。但由于衣服太小，江竹筠又急忙赶到店铺，换回一件同样的儿童大衣。夫妻俩亲手给彭云穿戴好衣帽后，带着彭云到千秋相馆照了一张合影。这张照片，也是他们一家唯一的合影。

11月底，彭咏梧和江竹筠离开重庆，踏上了到下川东组织武装起义的征程。这次分别，竟然是彭咏梧与儿子彭云的永诀。第二年元月，彭咏梧率领游击队在奉节、巫山交界地突围时，为了掩护同志壮烈牺牲。

此时，江竹筠刚回重庆汇报了工作，带领几名准备补充到游击队的干部在云阳董家坝彭咏梧外婆家等待和接头人见面。当彭咏梧牺牲的消息传来，她犹如万箭穿心，几欲昏倒。

但她强忍着内心的悲痛，继续投入到革命工作中。

1948年6月14日，由于叛徒的出卖，江竹筠不幸被捕，6月15日，特务将她由万县押往重庆，关押在渣滓洞看守所。1949年11月14日，被特务秘密杀害于歌乐山电台岚垭。

吴宓大师的故事

吴宓，中国现代著名西洋文学家、国学大师、诗人，清华大学国学院创办人之一，国立东南大学（今南京大学、东南大学等）文学院教授，国立西南联合大学外文系教授，1941年当选教育部部聘教授，1950年起任西南师范学院（今西南大学）历史系教授，后任中文系教授。

吴宓先生学贯中西，融通古今，被称为中国比较文学之父，与陈寅恪、汤用彤并称"哈佛三杰"，钱钟书是吴宓在清华大学外文系执教时的得意门生。作为民国时期最著名的学者，他既给我们留下了中国优秀知识分子可歌可泣的故事，也留下了一些常人不可理喻的生活中的小故事。

"哈佛三杰"之吴宓

浪漫的殉情者

1918年11月，留学哈佛大学的吴宓，经同学介绍，认识了杭州的女教师陈心一，回国后，吴宓同陈小姐相见13天后便举行了婚礼。婚后不久，吴宓便同清华大学读书时的好友朱君毅的未婚妻毛彦文一起，于1921年被聘为国立东南大学（1928年更名国立中央大学，1949年更名南京大学）教授。

这期间，朱君毅毁了与毛彦文的婚约，毛便请吴宓从中斡旋。哪知朱君毅去意已定，最终劳燕分飞。吴宓在往来于朱、毛之间调和感情之中，对毛彦文渐渐倾心。当朱、毛分手后，就公开提出要娶毛彦文，遭到毛的断然拒绝。吴宓便穷追不舍，后来竟然同已有三个女儿的妻子陈心一离婚。吴宓被其父骂为："无情无义无法无天。"

经过7年的爱情马拉松，毛彦文抵抗不住吴宓的痴情，终于答应了他的追求。可当毛彦文来到吴宓身边的时候，吴宓却像一个精疲力竭的长跑者，反倒无动于衷了，说自己"用情失地"，让毛彦文哭泣通宵，伤心欲绝。吴宓将他们的婚约变成了"订婚"。

毛彦文女士

在以后两三年的时间里，吴宓对毛彦文若即若离，既不谈结婚，也不收敛对其他好女子的示爱。毛彦文忍耐有度，于是毅然嫁给了比自己父亲还大的老男人熊希龄,吴宓这才如梦初醒,后悔已晚。

当三年后熊希龄过世,吴宓又重振旗鼓追求毛彦文。这次他才真正忏悔了,大写特写"忏情诗",一连写了38首,诗句凄苦悲凉,皆是自怨自艾之作。诗句四处发表,还把这些诗拿到课堂上去念,成为学生们的谈资笑料。

他写了很多感人肺腑的长信表达自己的情思,结果毛彦文再没一点回音,有的信甚至被原封不动退回。吴宓仍不死心,痴痴等待那永远也不会回来的佳音。后来,毛彦文漂洋过海到美国,吴宓得知消息后,又千方百计地向海外归国的人打听她的消息。吴宓抑郁凄苦,因思念太深,经常在梦中与毛彦文相会,一觉醒来,泪湿枕巾。

1999年的一天,研究吴宓的专家沈卫威教授在台北拜访毛彦文。此刻,毛彦文年逾百岁,眼花耳背。沈教授大声地对她说:"大陆出版了《吴宓日记》,里面有很多关于您的内容,表达了吴宓先生对您的爱慕之情。您有什么话要说吗?"毛彦文冷冷地回答了一句:"好无聊。他是单方面的,是书呆子。"这是吴宓痴情苦恋一生得到的最终回音。

吴宓的"忏情诗"

吴宓自20世纪30年代后未再娶。1953年,一个家境窘迫的20多岁的女学生邹兰芳主动走进了他的生活,崇拜他、关心他、照顾他,于是便结了婚。哪知这女子患上肺结核病,还有六七个遗孤(她两个哥哥的子女)在身边,吴宓大部分的工资都用在上面了。三年后邹兰芳病逝,吴宓一直养育她的几个侄儿侄女,直到"文革"自身难保才中断。

不愿"对牛弹琴"

吴宓对《红楼梦》的研究,造诣极深,饮誉中外。凡听吴宓红学演讲之人,无不屏息凝神,如醉似痴,末了辄发深叹:"那不是听报告,简直是看演出。"吴宓一人将林黛玉、王熙凤、薛宝钗、贾宝玉演绎得活灵活现,惟妙惟肖。

20世纪40年代,西安古城刮起"吴宓风"。1947年,吴宓来到西安的西北大学讲学,知识界奔走相告,盛况空前。一日,陕西"三青团"一帮政客故作风雅,约请吴宓讲《红楼梦》,吴宓素来鄙视此等宵小人物,遂婉辞拒谢。谁知,这帮人搬出吴宓父亲吴仲祺老先生极力通融。吴宓无奈,便胡诌一通,待其走后,吴父诘之:"何故未讲?"

吴宓答:"彼等似庙中之神,泥塑木雕,对之若谈红楼,犹对牛马奉琴耳。"

讨钱和送钱

吴宓有个习惯，每月发工资那天都要上邮局汇钱，收款者中有他的亲友，也有他的学生，有时不够，还向邻居借钱。民国时期，他的一位学生考取美国留学，但家里没有那么多钱，吴宓一次就给了他三百块大洋，使这个学生如愿以偿。吴宓再三声明："这笔钱是送给你的，不用偿还。"

某一次，西南师范学院中文系一位教师借了吴宓五块钱，说好一周内归还。可一周过去了，此人并没有还钱，吴宓走到他家里，向其讨还了欠款。那位教师很愤怒，在外面说吴宓小气。吴宓向别人解释说："我不是为了五元钱，我是在帮助他提高道德修养。"

"文革"后期，西师一位女教师看到吴宓孤苦伶仃，顿生同情之心，给他织了一双毛线袜子。吴宓回报那位女教师100元钱。在那个年代，这是一笔巨款，可以买许多贵重的东西。旁人觉得吴宓给得太多了，吴宓回答："'多乎哉？不多也。'我是把袜子的成本费、劳务费，还有无价的感情都算在里面了，我给她的不算多。"

晚年的吴宓先生

自找的"反革命"桂冠

在国家三年困难时期，粮食定量、紧缩。吴宓有一次在课堂上讲文言虚词"尚"与"况"，他脱口而出："三两尚不足，何况二两乎？"例句很生动，效果也很好，同学们都笑了。不过此言一出，班级里的学生立即心明眼亮，下课后奔去教务处，汇报吴宓攻击"党的粮食政策"。时值大饥荒，吴宓此言被定性为恶毒攻击党，从此不允许他授课。

吴宓言不阿贵，行不偎荣，在"批林批孔"时竟然喊出："头可断，孔不可批！"于是受到了批斗和监禁劳改，但他依然不思"悔改"，依然坚持自己的"中西融合"的治学理念。昔日桀骜不驯、风流倜傥的吴宓教授，最终也未被改造成一个自卑、谦恭的顺从者。于是，批斗升级，劳改加重，帽子再加一顶"现行反革命"。

钱钟书为老师吴宓著作题记

"老师"一声热泪流

"文革"中，吴宓受到批判，再也无人叫他老师。有一天，吴宓独自拄着拐杖，在北碚街上散步，走累了，就坐在路边石凳上休息。有一位青年见吴宓还活着，兴冲冲地走过去，喊了他一声"吴老师"。吴宓以为自己听错了，努力睁大昏花的眼睛问:"你在叫我吴老师?"

青年回答:"是的。吴老师,您今天上街散步?"吴宓不禁热泪盈眶,摸索着从内衣口袋里掏出一张10元钞票,送给那位年轻人。

青年连忙摇手:"吴老师,我怎么能收您的钱?"

吴宓说:"小伙子,已有很多年没人叫我吴老师了,今天你是第一个叫我老师的,我心里感动呀!你一定要收下,否则我心里就会不安。"

见推辞不了,青年只好收下,10元钱在那时足够一个月的伙食费。

小人施诈哲人

吴宓心善,乐于助人,加之老眼昏花,常常受小人之骗。他戴的进口手表,被两个无赖以仅值六元的小闹钟哄骗而去。又有张姓之人对吴宓说:"你的一个学生因病就医,急需二百元住院费。"吴深信不疑,即刻凑钱交付。嗣后,张姓骗子又来了,言称那学生开刀治疗,又急需费用若干。吴宓此时手头已空,正筹思之际,此骗子以为吴有疑虑,便拿出一封"求援信",高声朗读。此刻恰逢保姆进来,惊见客人正念白纸一张。于是保姆唤人,将骗子扭送公安机关。吴宓感激不已。

西南大学文学院前的吴宓路

吴宓,这位中华民族难得的学贯中西的天才大师,他婚姻的不幸、情感的苍凉,以及各项政治运动对他的摧残——是他的悲剧,也是民族的悲剧。尽管在他的生活中给我们留下了一些"古板""迂腐""不善变通"的小故事,然而作为中国知识分子的一代先师,他对学术的执着精研,对正义的刚直不阿,不媚权贵、威武不屈、贫贱不移的精神永远彪炳史册。

重庆掌故 典藏本
CHONGQING ANECDOTES
巴山夜语 二卷
巴事，夜话，神吹也。

巴人起源神话

伏羲和女娲同是中华民族的人文始祖。在中国神话里，伏羲与女娲一样，都是龙身人首或蛇身人首。伏羲的第三代叫后照，后照生了顾相，顾相便是民族世系上巴人最早的祖先。

传说伏羲是人的头，蛇的身。所以中国的象形文字中，"巴"仿佛蛇形；老字典中"巴"的解释，即大蛇、巴蛇。所以巴人自古以来喜爱蛇，崇拜蛇，以蛇为图腾——因为蛇是他们的祖先，即他们的保护神。

在巴文化中，最古老的文化是巫文化。

传说远古时期，灵山（今巫山）有十个巫，也就是十个神灵，人称"灵山十巫"。他们的名字叫巫咸、巫即、巫盼、巫彭、巫姑、巫真、巫礼、巫抵、巫谢、巫罗。他们能上天入地、迎神事鬼、治病消灾，还能歌善舞、占卜算命，是那个时代的精神领袖。其中巫咸曾任炎帝、黄帝的巫师，尧帝的医师；巫彭是神医之首；而巫盼便是巴人廪君的远祖。

巫盼在瞿塘峡东口与巫峡西口的宽阔地带（今奉节至巫山县），建立了自己的部落，名叫巫载国。这个巫载国在那个时代，被世人称为丰衣足食、国泰民安的极乐世界。百姓不耕种也有饭吃，不织布也有衣穿。为何能如此神奇呢？

原来在这个疆域内，有一座森林茂密的宝源山，山间有一个泉洞。有一天，一位猎人追逐一头白鹿来到这里，看见白鹿舔食泉水竟然依恋不舍，感觉十分奇怪，也上前去捧饮泉水，顿觉咸淳甘美，心旷神怡。于是召唤来族人，将陶罐盛上泉水煮煎，最后熬成白色的晶体，称之巴盐。他们用盐改善了自己的饮食，还用它对外换回粮食布匹等生活用品，渐渐过上幸福生活。从此以后，巫载国便兴旺富强起来。

宝源山上除发现了盐泉外，人们在采集牡丹、芍药、兰蕙等名贵药材时，还发现了丹砂，所以巫山也叫丹山。丹砂即硫化汞，可作装饰性颜料和涂料，又可当药材，内服可镇心养神、益气明目，外敷可治各种疮毒，《神农本草经》称它为药之上品。原始先民视丹砂为长生不死之药。

神话传说的伏羲女娲

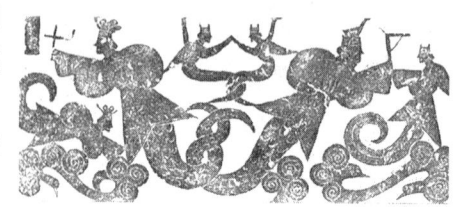

巴人的蛇图腾

再后来，一个叫巴清的妇女世代炼丹，成了秦国的巨富。

巴人的先祖们凭借"盐巴"和"丹砂"这两个宝物，凭借他们的勤劳和智慧，过上了歌舞升平、世人向往的幸福生活。

巫䍧国最兴旺的时期，正是中国道德文化的鼻祖——舜帝在中华当政的时期。他派遣了自己的儿子无淫来管理这个富庶的地方。舜的治理，又给巫䍧国带来了中原文化。

巴人先祖们生活中的迎神事鬼、占卜算命、治病消灾、能歌善舞——这些"巫文化"的元素又随着舜帝的管理辐射到了中华各地。

廪君奇人奇事

竞选巴人领袖

很早很早以前，生息在瞿塘峡与巫峡宽阔地带间的巫䍧国，由于他们发现了丹砂和盐巴这两种上天赐予的珍贵资源，所以在夏禹前后的600年间，他们都过着丰衣足食的生活。

在这个时期，有一支队伍从巫䍧国中分化出来，东迁来到了湖北清江流域一带的武落（巫落）钟离山（今湖北巴东水布垭三里城）安营扎寨。他们就是现代人口中常说的"巴人"。

巴人最早的领袖叫廪君。为什么叫廪君呢？廪，就是仓廪，仓廪就是储存粮食的库房。廪君，也就是老百姓的衣食父母。

史书上说，很久以前，武落钟离山出现了两个石洞。一个洞红得如丹，叫赤穴；一个洞黑得如漆，唤黑穴。从红色洞中出来的人姓巴，他们的头领叫务相。从黑色洞中出来的人，总共有四个姓：醰氏，樊氏，相氏，郑氏。这五个姓氏的巴人虽然生活在同一个区域中，可内政、外交却是各自为政，谁也不服从谁。这样的结果就是对外没有力量、没有声誉，而且由于生活中没有统一的约定和管理，会常常为物资的占有和分配发生争执和殴斗。于是他们便约定：要通过竞赛选一个既有武力、智慧，又能服众的头领来作为领袖。

竞赛什么项目呢？在那个人类荒蛮、弱肉强食的时代，领袖首先得勇敢，必须有英雄气质才能带领部落战胜敌人和猛兽；同时也必须拥有智慧，那时的生产、运输、生活主要同江河打交道，富有驾驭河水的能力才能让大伙儿安居乐业。所以，大家一致认可的

廪君竞争巴族首领

竞选方法是：谁能将长剑扎在洞壁上不掉下来，谁就做廪君。醰、樊、相、郑氏之人谁也没扎上，只有务相将剑扎进了洞壁，而且矛上还能挂住剑。那四个姓氏的人，还是不服气。然后他们又约定说，谁做的泥土船能浮在水面上，谁就可做廪君。后来还是只有务相做的泥船能浮在水上，于是五个姓氏的人都心悦诚服，一致拥护务相为廪君。

大战盐水女神

廪君带领他的部众，乘坐着他做的泥土船，顺夷水（清江）而下，他要告别世代的洞穴生涯，到新的广阔地域去开拓未来生活。他们首先来到盐阳这个地方。当时，这儿是母系氏族时代，他们的首领是个女神，她对廪君说："我们这个地方有鱼有盐，土地广大，吃喝都不用愁，你就跟我一块儿生活吧，不要再走了。"廪君说："我作为一国之君，要拥有自己的国土，要替大家寻找一个既能生产粮食又能快乐安居的地域，我不能停止我的追求而依附别人。"

盐水女神说服不了廪君，便想用温情来感化他。夜晚，她打扮得漂漂亮亮，让廪君觉得她很美。于是他们快乐地住在一起。但这份情感并没有打动廪君，他仍然坚持要走。女神唤来各种神灵随她飞舞于天空，越来越多，黑压压一片，遮天蔽日，让廪君举步维艰。

盐水女神撒神灵为兵大战廪君

他咆哮着，叫它们飞走，别挡了他的道，可盐水女神听而不闻，根本不理睬他。逼得廪君走投无路，只得动武了。他想"擒贼先擒王"，首先得制服盐水女神，但却始终没法分辨目标，找不到她的形影方位，像这样一直持续了十天。

后来，廪君想了一个办法：晚上他把一缕黑发送给盐水女神，并对她说："你缠上这个吧，如果适合你，我就与你一块生活；不适合的话，我就离开你。"盐水女神高兴起来，哪有女子不愿佩戴信物的呢？心想廪君一定动心了，接着便愉快地将它佩戴在了自己身上。

第二天，廪君又率众出行，盐水女神感觉被负，震惊恼怒，于是又如法炮制，让"飞虫"遮蔽了天空。廪君再三呼吼，叫她让路，但盐水女神却置若罔闻。无奈之下，廪君跳到了一块带花纹的石头上，望着头上戴有青

廪君大战盐水女神

丝的"飞虫"一箭射去……盐水女神含泪从天空中坠落下来,其他的飞虫也一下子飞散了。天空又重现光芒,照亮了廪君前行的道路。

廪君也为受伤的盐水女神心存内疚和难过,但为了巴人部落的前程和肩上的重任,他必须得告别过去走自己未来的路。

廪君化为白虎

廪君带领他的部众乘船一路下行,来到了一个叫夷城(今湖北长阳渔峡口镇)的地方。那儿的石岸曲折,泉水也弯弯曲曲的,远远看去像个大洞穴。于是廪君感叹说:"我刚从洞穴中逃离出来,想过一种视野开阔的生活,现在却又像进了洞子,怎么办呢?"

话音刚落,河岸马上就崩塌了,宽有三丈多,而且一个台阶接着一个台阶。廪君登了上去,岸上有平坦的石头,一丈有余。廪君就在上面休息,投掷蓍草来测算可否建城,占卜的结果都说建城好。于是,廪君就在这石头旁边,带领全体部落成员开始垒石建城。

城建好后,他们又逐步建立了君臣制度、社会等级制度。于是开始了有王有将、有军队有奴隶的社会生活。他们开辟良田、种植水稻、烧制陶器、开锅煮盐、开采丹砂、种植柑橘等,建起了自己的幸福家园。

廪君死后,安葬在长阳县白虎陇仿佛虎视眈眈的岩石旁边,传说他的魂魄化为了白虎。于是后来的巴人又添选了白虎为图腾——作为他们的保护神和英雄象征。他们将白虎的形象供奉在祭祀处,织在旗帜和服饰上,刻在陶器和兵器上……以表达他们对这圣物的崇拜。原因有三:一是白虎喝人血,能与人交融,与人通灵;二是白虎为兽中之王,既神威又能辟邪恶,选择它是对英雄的膜拜;三是白虎是大自然中非常稀有的动物,物以稀为贵,越是难得的就越珍奇。

廪君化为白虎图腾

巫山神女

瑶姬,是王母娘娘的第 23 个女儿,她心地纯洁,美丽动人。王母娘娘特别疼爱她,把她视做掌上明珠。瑶姬活泼好动,心眼多,脑筋灵,就像云中的大雁一样关不住。她嫌家里闷,常常一个人悄悄出门,去瑶池赏荷花,爬蟠桃树摘星星。有时候,还偷偷在天河戏水。母亲拿她没办法。

有一天，王母娘娘心烦出来散心，恰好碰上瑶姬正在拨开白云朝下望。王母娘娘一见，气得火冒三丈，对她说道："你在天宫有吃有穿，享不尽的荣华富贵，还不满足？莫非想去人间受苦。"

而女儿却说，再苦又怎样？可自由呀，就像这蓝天飞翔的白鹤。一副桀骜不驯的样子。王母娘娘更是气愤，心想，这"女大不中留"，干脆就将计就计，让她下凡，去东海龙王处走一遭吧。

东海龙王早就打过瑶姬的主意，也向王母娘娘求过婚姻之事。只是当时瑶姬还小，没有说定。眼下见她来做客，便格外殷勤。龙宫里，让人眼花缭乱和幽静的景色让瑶姬感到既好奇又胆怯。丰盛的宴席上，只有他们两个，瑶姬的心里怦怦直跳。东海龙王暗暗靠拢她，色眯眯地说："我们是天生的一对儿。你母亲让你来，不就是为这桩婚事吗？"

巫山神女

瑶姬一听，顿时感到中了圈套，一气之下，离开了龙宫，连天上也不回去了，直奔人间。她来到巫山下，见百姓扶老携幼，哭哭啼啼往外逃难。她正想上前打听，忽见上空乌云滚滚，有十二条孽龙正在兴风作浪。雷声震天，山洪暴发，房倒屋塌……瑶姬心想：这不都是东海龙王的属下吗？

于是瑶姬赶紧驾云，靠近那些孽龙，好言相劝，叫它们潜回东海里去，别在人间做坏事。

孽龙说："黄毛丫头，别多嘴！碍你什么事？"接着，闹腾得更凶了。

瑶姬忍无可忍，于是从头上拔下了一支碧玉簪，朝着十二条孽龙一挥，一道闪光之后，立刻风停雨住，云散天开，十二条孽龙全死了，坠落到地上。

可是孽龙死后还会害人，它们的尸体变成了十二座高山，挡住了东去的江水，这里便成了一片海洋。百姓们还是不能安居乐业。瑶姬看到百姓受苦，不忍离开他们，也就留了下来。

又过了好多年，大禹到这里来劈山开峡，瑶姬知道了，便交给他一本《黄绫宝卷》，教他用锤、钎凿石，造车、船运土。大禹在她的帮助下，带领众人凿石运土，几年后，三峡开通了，江水流进了大海。百姓安居乐业了，瑶姬也心情舒畅了。

再后来，瑶姬暗慕楚襄王，于是他们私下相会。楚襄王见到瑶姬后，被她的美貌倾倒，除了深表相见恨晚之情外，屡诉衷肠要与瑶姬永结连理。然而仙凡阻隔，怎么能如愿以偿呢？楚襄王返宫后对神女仍念念不忘，魂不守舍，瑶姬为了安慰他那一片痴情，于是在梦中与襄王结合后，赠给他一个玉佩，含泪而别。

然而襄王情丝难断，想踏遍巫山再觅佳人，神女不忍心看他那副痴情失落的样子,于是再现法相,并告诉襄王前缘已逝,勉励他为了百姓生计专心社稷大业。

再说,王母娘娘知道瑶姬自毁了龙王亲事,杀了孽龙,并与楚王交媾之事,又气又疼。于是,把天上全部女儿找到跟前,要她们去把小闺女找回来。

22个姑娘便腾云驾雾来到巫山,找到了瑶姬,并转告了母亲的心思。可瑶姬说:"我也想妈妈。但我不能回去,我离不开这儿的百姓。"

姐姐们埋怨说:"人往高处走,水向低处流。你为什么偏要待在这荒山野地呢?"

瑶姬说:"姐姐,现在百姓正在受苦,我不能忍心走开不管呀!……"

大姐狡黠地打断妹妹的话:"得了吧,你是在留恋楚襄王吧?"

瑶姬的脸上飞过一朵红云:"那件事已成历史。我当真是担心穷苦百姓,你们看……"边说边指着远处田里干枯的禾苗、一群奄奄一息的病人及几位正被虎豹追赶的平民……她赶紧抓了把泥沙撒过去。泥沙变成了几十支箭,把虎豹射死了;瑶姬又从头上拔下几根头发,撒在几位病者的面前,头发立刻变成了起死回生的灵芝草,救了他们的命;望着干旱的田土,瑶姬难过得哭了,她流下的眼泪,顿时变成了雨,哗啦啦,禾苗得了雨水,田里又是一片青绿。

姐姐们看得眉开眼笑,便纷纷议论起来:有的觉得应该帮助百姓,愿意陪着瑶姬留下来;也有的离不开妈妈。瑶姬数了数,一边十一个,正好是对半。于是大家高高兴兴地分手了。留下来的是翠屏、朝云、松峦、集仙、聚鹤、净坛、上升、起云、飞凤、圣泉、登龙和瑶姬自己——她们便是而今的巫山十二峰。

而那紧挨着长江,耸入蓝天的是神女峰。那峰顶上有一个俊秀美丽的影子,若隐若现,像石头又像美女,飘浮于天地人间,那就是神女瑶姬。

多情楚襄王

呼归石

相传很久以前,天荒地老之时,重庆发大水,天连水、水连天,一片汪洋。庄稼淹没了,房屋冲塌了。躲在山顶的人们日夜呼救,苦苦哀告天帝,祈求斥退洪水,可天帝无动于衷。百姓的苦难终于感动了一位名字叫鲧的天神。他在鸱鸟和神龟的帮助下,赶退了洪水,拯救了百姓。

可天帝知道这件事后,命令侍臣杀死了鲧,大地又是洪水一片。鲧虽被残暴的天帝害死了,但他那颗正义爱民的心却没有冷却,变成了他的儿子——大禹。

大禹从天上降临人间，到了江州（今重庆），又和涂山九尾狐的女奴相遇，二人情投意合，便结为了夫妻。

大禹结婚后的第四天，他来到凤凰山察看水情。水神又兴风作浪，长江浊浪排空。只见一位老人牵着一个小孩，步履艰难，小孩指着一株桃树喊道："爷爷，我饿，给我摘几个桃子吧！"老者蹒跚上前，刚爬上树，一个恶浪扑来，冲走了他们……大禹见此景象十分伤感，心想，如此下去，将有多少人家被洪水吞没啊！于是立志要把天下的洪水导入大海。于是，他急速转身回家，对涂山女倾诉了自己的理想："妻子啊，我要到很远的地方去疏通九河，你支持我吗？"

聪慧的涂山女点头答应了，却恋恋不舍地把大禹送下山去了，一直送到江边沙滩上。只见大禹摇身一变，变成一头犀牛，头上长着一支独角，尖似利刃。然后沿江而上，戳坚石垒山，铲淤泥为土。

大禹走后，涂山女天天站在石坡下，望着大禹远去的方向，思念哭泣不止……光阴荏苒，大禹治水一去就是三年。

这一天，已是黄昏，大禹回到涂山脚下，远望家门，只见山洞里射出一道亮光。啊，妻子还在等着我哩！他正上岸启步，耳听得江水拍打山岩的巨响。回头一看，上游疏通了的地方，流水欢畅；但下游的洪水仍然遮天蔽日。大禹心中一颤：河未全疏通，我怎么能回家呢？于是，他又变成犀牛，跳入滚滚洪水之中。

大禹刚刚一走，涂山女顿觉好生奇怪：怎么啦，那咆哮的江水竟变得如此平静？她飞步跑出洞口，站在山坡上眺望，只见一头犀牛正在下游戳石。她明白了：这就是她的丈夫！于是她站上江边的石头上，深情呼喊："禹呀！快归来吧！"

又过三年之后，大禹将长江的洪水完全疏通治平。然后怀着喜悦的心情，第二次回到涂山脚下，只见穴洞里仍然亮着灯光，还听见思念的歌声。大禹情不自禁地加快了脚步。可是，当他走近自己家门口时，一阵阵山风吹来，对大禹说："大禹呀，你可知道？你治水的事情传到了天庭，天帝指令山精水怪搬来一座巫山，又把长江堵塞住了，快去疏通吧！"

大禹折过身来，毫不犹豫地又离家而去。

涂山女听见洞外传来熟悉的脚步声，急忙出门探望。脚步声已变成了拱山穿岩的巨响。涂山女又跑到她前次呼喊大禹的地方。那坡石头比原先更高了，原来涂山女思念大禹的深情感动了龙王，龙王派神龟蹲在那里，好让涂山女登

大禹治水

涂山女思念大禹

高远望。

一天，涂山女像往常一样，站在坡上，手搭凉棚，瞪大眼睛远望江流，思念丈夫：禹呀，长江已经畅通，你早该回来了。突然见远远走过来一人。高高的个子，宽宽的肩膀，瘦瘦的脸膛，两道浓黑的剑眉下，闪动着一对智慧的眼睛。啊！这不是别人，正是她的大禹！涂山女喜出望外，拉着大禹说："终于把你等回来了，我们回家吧！"

朝天门外呼归石

"不行啊，还有汾河、渭河、淮河呢！"

"你手都磨出厚厚老茧，太劳累了。"

"我的身体不是很结实吗？"

"你的衣服也该补一补，草鞋也该换一双了。"

"唉，时间宝贵啊！"大禹抚摸着妻子的肩膀，"天下洪水不平，我不能回家……"大禹安慰妻子几句，便又转身走了。

涂山女追赶丈夫，却渐渐看不见他的影子了。她伫立在江边，又见江心闪现出一头破浪前进的犀牛。涂山女高声呼喊："禹呀，我就站在这里等你一辈子！"

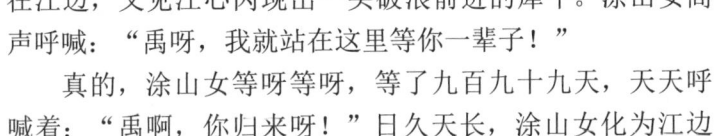

真的，涂山女等呀等呀，等了九百九十九天，天天呼喊着："禹啊，你归来呀！"日久天长，涂山女化为江边

禹帝

的一块石头。石头上至今还留下斑斑花纹，仿佛她长长的头发飘洒在江中。浪花簇拥着她的身躯。

在那儿——呼归石（夫归石）上，永远回荡着一曲爱情的挽歌"禹——归——来"啊……

弹子石

大禹治水凯旋后，见妻子涂山氏与巨石融为一体，成为呼归石，屹立于长江南滨江边。大禹顿时悲恸已极，于是伫立呼归石上，呼天抢地，声声呼唤涂山氏。其情之深、其情之哀，让山河肃穆、天地动容。悲恸之中，突然巨石应声而开，只见光芒四射，巨石裂开，一幼子出。大禹转悲为喜，遂取子名为"启"，是为夏启。该地，也因而得名"诞子石"。

"诞子石"几经衍变，被讹传为"弹子石"。

弹子石位于重庆长江南岸，与朝天门隔江相望，上接野猫溪，下连王家沱，因水码头遂形成弹子石河街、弹子石正街、弹子石新街。

史实另有说法：弹子石的江边，原有三尊巨形柱石，支撑着一圆形巨石，因其形似"弹子"，故名弹子石。后来，遭雷击爆毁，巨石虽不存，名却长留了下来。

夏王启帝

宋、明时期的弹子石，大多为荒山田土，清乾隆年间才形成码头。20世纪初，弹子石是长江南岸有名的水码头，与黄葛渡、海棠溪、龙门浩、玄坛庙齐名，有南岸"五渡口"之称。弹子石是街名亦是地名，原是巴县的一个乡，下属有五桂保、升平保、石桥保、窍角保、大佛保、天神保、老鹰保、福安保、中窟保九个保。后乡改为镇，弹子石镇辖区内有十八个保，联合公所一直设在弹子石正街。

抗日战争时期，大量下江人迁入弹子石，人口猛增，带来的社会问题不少，烟、赌、娼、盗盛行，打架斗殴、偷鸡摸狗、酗酒闹事时常发生。为惩治流氓、舁神（妥神），政府特在大街口（原石桥粮店和南园餐厅之间）

解放前的弹子石码头

设有醒酒石与舁神桩。舁神桩乃一木桩，深埋地下。凡有滋事生非不听劝阻者，联合公所团防队将其颈项上套铁链，一端穿入孔内，立于其间示众，直到悔过认错方才释放。

弹子石老码头因抗战繁荣兴旺以来，军警、袍哥在此活动频繁，码头上的袍哥组织有仁字协同心、义字永汉公、礼字福汉口三个堂口。国民党中央警官学校设在窍角沱。

那时候，弹子石的精益、文德两所中学很有名。精益中学是加拿大人文幼章创办的，文德女子中学是由市中区打铁街迁来。大作家老舍、茅盾、田汉、安娥、姚雪垠曾在文德女中讲学。音乐家李凌、诗人方殷在精益中学授过课。诗人沙鸥、足球名将严德俊、短跑名将陈家全，先后在这里读书。新中国

清末弹子石法国水师兵营

第一位女大使丁雪松，也正是从这里走出的。

1954年设立弹子石街道。1997年，面积达1.5平方公里，人口2.2万，辖12个居委会。这里有重庆市第十一中学校、重庆市第三十八中学和重庆弹子石中学。

2002年，南滨路一期工程竣工，从重庆石板坡长江大桥南桥头至弹子石，全长7.8公里。2006年完成南滨路二期工程，从石板坡长江大桥南桥头至鹅公岩长江大桥，全长4.4公里。南滨路三期工程从弹子石延伸到大佛寺长江大桥，全长2.84公里。南滨路全长18公里。它北临长江，背依南山，可观赏最美的渝中半岛夜景；历史悠久的巴渝文化、宗教文化、开埠文化、大禹文化、码头文化、抗战遗址文化如珍珠般遍布南滨路沿线，使南滨路获得了"重庆外滩"的美誉。

古盐都宁厂古镇

在遥远的古代，巫溪宁厂的宝源山上森林茂密，绿树掩映，繁花似锦，鸟语花香，远远胜过蓬莱仙境。相传，上界的神仙下凡来可以不去蓬莱，但必到宝源山来休闲。

有一天，一个姓袁的猎人肩负干粮，手挽箭弓，到宝源山和后溪河畔一带打猎。他很早出发来到山上，但日近中午仍一只猎物也没捕到。他想：今天是怎么了？这么久怎么连一只野兽影子都没看见？猎人边走边想，闷闷不乐，不知不觉来到后溪河边。一抬头，发现一头健壮的白鹿在河边饮水，于是一阵惊喜，便慢慢地挪动脚步靠过去准备射杀。可是一不小心，脚踩到一根干树枝上，树枝折断，"叭"的一声惊动了白鹿。

白鹿撒腿就跑，猎人便穷追在后。白鹿敏捷地穿梭于树林间，时隐时现；猎人也紧随其后，时追时停。不知不觉间，追到了一道瀑布前的小溪边，白鹿突然不见了。猎人累得气喘吁吁，大汗淋漓，口干舌燥。见到溪水，立即趴在溪边一阵猛喝。喝着喝着，他发现今天饮的溪水怎么不对劲，味浓而涩口，觉得很奇怪，心想这是哪来的怪水？于是便用背上的竹筒打了一筒，急忙回家去请教当地出名的老巫医。老巫医尝了水后，告诉他，这是盐卤水，盐能清火解毒，强壮筋骨，调和百味。猎人大喜，纷纷转告亲朋好友。一传十，

清末巫溪宁厂古镇谭家墩旧影

十传百，宁厂人于是取卤水制盐，一举成名。

宁厂古镇位于重庆巫溪县北的后溪河畔，是中国早期制盐地之一。《华阳国志校补图注》："当虞夏之际，巫国以盐业兴"，距今约5000年之久。天然盐卤泉自古镇北宝源山洞流出，从先秦盐业兴盛以来，宁厂古镇因盐设立监、州、县，明清时成为中国十大盐都之一。"一泉流白玉，万里走黄金""吴蜀之货，咸荟于此"，盐业带来了商业的繁荣兴旺和民众的安居乐业。

宁厂古镇是"中国历史文化名镇"。建筑多为斜木支撑的"吊脚楼"，临河而建，古色古香，别有一番风味。镇南半山腰的女王寨、镇西山顶的桃花寨，是当年李自成部将贺珍抗清的根据地。古镇地处巫溪县城北，依山傍水而建，青石街道逼仄，吊脚楼、过街楼等古建筑和民居沿后溪河蜿蜒延伸3.5公里，俗称"七里半边街"。

唐代杜甫，宋代李宏、苏轼、王十朋，明代罗洪先都在此留下大量诗句文辞。

宁厂盐泉每年自溢含盐量1.6万吨。据史料记载，到清乾隆三十七年，宁厂全镇已有336眼灶，均燃熬盐，有"万灶盐烟"之美誉。1949年前后，盐厂还有99眼灶。目前，古盐场遗址有68眼灶址，保存完整的15眼，制盐厂房近3万平方米。

云阳飞来张飞庙

云阳，对于张飞来说，既非他故乡，也非他征战东吴凯旋之地，为何那儿却建有张飞庙？这得从张飞的遇难说起……

关羽"大意失荆州，败走麦城"被擒身亡，张飞闻知"旦夕号泣，血湿衣襟"，悲痛之极，发誓要替二哥报仇。他从成都接命回到阆中，立马限令所属三军在三日内置办白旗白甲，挂孝出征伐吴。次日，部将范强、张达来报，说三日内不可备办完毕，要求宽限时日。这本是实情，做不到就做不到，据实相报，请求宽限数日便可办齐；此刻张飞报仇心切，哪里听得进去谏言。延迟者便是阻碍他报仇雪恨，那还了得！于是以延误军机罪，下令将范疆、张达二人绑于树上，各鞭背五十。

军中体罚部下已是张飞的家常便饭之事，张飞敬爱君长却疏于体恤士卒，刘备曾告诫张飞："你经常鞭打健儿，但之后还让他们在你左右侍奉，这是取祸之道。"果不其然，范疆、张达二人当然深知张飞狂暴不羁的性格，也知道张飞此时的心态，因而惧怕不能如期完成军务定会被诛

张飞

杀的后果，与其等死不如先下手为强。于是在半夜趁张飞酒醉不备之机，带刀潜入张飞帐中，杀了张飞。

范疆、张达二人取了张飞首级后，慌忙逃出阆中投奔东吴。两人昼夜不停地行至云阳时，却听说东吴、蜀汉已讲和，大失所望，便将张飞首级抛入长江中。抛江时的鬼祟行踪被一渔翁发现，待范疆、张达二人走后，便将其打捞上岸，随后埋葬于飞凤山麓。蜀汉末年，世人在此立庙纪念，故才有张飞"头在云阳，身在阆中"之说。

张飞大义大勇、刚直不阿的秉性历来为中国百姓所敬仰，每年农历八月二十八日生辰时，各地群众纷纷前来张飞庙举行祭祀活动。

值得一提的是，张飞庙一直流传着一个张飞显灵的故事：

传说在清初康熙年间，张飞显灵将"遂宁相国"、治河能臣张鹏翮的座船吹送逆风行驶30里；如今，三峡工程蓄水因而移至15公里之外。

清朝第一清官 张鹏翮

云阳张飞庙结义楼面临长江的石壁上，从右至左镶嵌着闻名川江的"江上风清"4个字，每个约2米见方，站在几十米高的庙脚下需仰视才见，顺江和逆流几里外也可远眺，其名气不亚于它的载体全国重点保护文物张飞庙本身。有趣的是，按从左至右的读法"清风上江"，字义与"江上风清"差不多。

光绪末年，曾做过国子监学正的云阳籍书法家彭聚星，回云阳养病时题写了"江上风清"这四个遒劲的大字。"江上风清"出自苏轼《前赤壁赋》"惟江上之清风，与山间之明月，耳得之而为声，目遇之而成色，取之不尽，用之不竭……"

康熙年间，文华殿大学士兼吏部尚书张鹏翮回老家四川蓬溪扫墓祭祖，乘船途经云阳张飞庙时，随从提议进庙祭拜三国名将张飞。功成名就并以清廉著称的张大学士觉得没什么可祈求的，便以"相不拜将"为由拒拜，继续航程30里后夜宿三坝溪。次日清晨船工醒来发现，头晚泊好的船鬼使神差地倒退30里，停在了下游张飞庙脚下的渡口。

张大学士认为是夜泊时没系牢船绳而顺流倒退了，启程上行30里后又夜宿三坝溪，早晨再次停在张飞庙脚下的渡口。

张大学士不信邪，又上行，天亮时第三次停在庙脚的渡口，顿时大惊，事不过三，他连忙登岸向张飞谢"罪"。张大学士返船启航时，突然江上清风鼓帆，将船顺风直送

清末云阳张飞庙之"江上风清"

30里外的三坝溪……

1883年3月27日，英国商人立德乐乘坐小木帆船从武汉去重庆，途经张飞庙时，在庙脚下的乱石沙滩上拍照留念。从这张照片上惊奇地发现，"江上风清"的位置原来刻着"灵钟千古"四个字。

彭聚星当年所题"江上风清"，为什么要覆盖原有的"灵钟千古"？究其文字风格来看，江上风清含有现代文风的味道，灵钟千古则显示一种古韵。据考证，张飞庙内铸有一口大钟，遇险火警、水警乃至匪警即鸣，以保一方平安。

清末，彭聚星去官归里休养，与云阳一些名士及庙僧对张飞庙进行大规模文化包装，翻刻全国各地名碑在庙中陈列，使张飞庙由单一的祈福之所变成了"文藻胜地"，于是书"江上风清"覆盖在"灵钟千古"之上，预示着张飞庙祈福是一种愿望，而愿景呢？是"江上风清"，人间祥和。

奉节的来历

清末奉节古城依斗门

公元223年，刘备在白帝城病重，于是紧急召见留守成都的诸葛亮来此托付蜀汉后事：吩咐诸葛亮以其非凡的才能安国定邦，并委托他辅佐其太子刘禅。还叮嘱：若刘禅有能力就扶持，没能力就取而代之，自己当皇帝。

诸葛亮深谙君臣之谊，深明"君使臣以礼，臣事君以忠"之道。在往后的岁月中，肩负"托孤寄命"的重任，"临大节而不可夺"。其"奉命守节"的崇高品质，流芳了一代又一代。唐贞观二十三年（649年），为了纪念和推崇诸葛亮的节操，当地人遂将人复县改为奉节县。

民间另有一个传说。说是夔州府一个叫许尤的府台大人贪婪成性，大肆搜刮民脂民膏，百姓怨声载道。

一日，许尤在后堂清点搜刮来的元宝时，忽然手上一滑，一个元宝掉进砖头缝里去了。许尤贪财，撬砖寻元宝，下面竟是一个地下室。他看见室内有光，便一直前行，最终发现是进入了刘备墓室。墓前一灯柱上刻有"孔明灯"三字。灯柱下立着一块石碑，上面写着："许尤许尤，无冤无仇，无故开墓，罚你上油。"落款是诸葛武侯。时间不多不少，恰恰是五百年前的今月今日今时。

许尤吓出一身冷汗，赶紧走出墓室，全身被冷汗湿透，回家一病不起。尽管遍访名医，花钱破财甚多，却不见疗效。直至白帝庙的一个和尚给他送来一个写作"油"字的单方,让他给"孔明灯"上油,病情方才见好。

说来也怪,给灯上了油,病就觉得好转一点,一天不上油,病情就要加重。许尤把搜刮来的钱财全部买了油,连夫人的私房银子都赔光了,但孔明灯老是上不满,最后只剩下夫人梳妆盒上的梳头油。等许尤诚心诚意、毕恭毕敬地把那一点梳妆油添上以后,怎么也上不满的孔明灯一下子满了。

许尤欢喜得眼泪都流出来了,扑通一声跪在地上,直朝孔明灯磕响头。当他抬起头来,目光恰巧落到孔明灯下的石碑上。原来罚他上油的几行字不见了,却显出四个斗大的隶字——"奉公守节"。

传说奉节的县名,就是取这"奉公守节"之意而来的。这不仅寄托了民众对先师诸葛亮高风亮节的怀念和敬仰,也体现了老百姓渴望执政者清廉的愿望和憧憬。

重庆文庙之首

中华民族自古以来就是一个有信仰的民族。

儒、释、道(儒学、佛教、道教)在中国家喻户晓、代代相传的历史,就是中华民族生生不息的精神发展史。

重庆曾经有多少座儒释道庙宇?在民国以前,由于庙宇遍地开花,准确数字难以统计。但仅从渝中区这个弹丸之地,据《巴县志》统计就有51座,而最大又具有领军意义的便是——重庆府文庙。

重庆府文庙的位置是建在而今市中心国贸大厦及重庆二十九中学范围内的地盘上,规模宏大。它始建于宋绍兴年间(1131—1162年),明洪武四年(1371年)重建。在明、清两朝数百年内,不断得到培修与维护,到了清宣统元年(1909年),川东道台衙门又将文庙加以大修扩建,辛亥革命爆发后,才搁置下来。

文庙的大成殿正中面朝南方,立着孔子的木雕像。以区别泥胎佛、道塑像,以示正统。大成殿外面,有名宦祠、乡贤祠,供奉着重庆本土德高望重的贤达士绅。文庙门外,就是泮池,也就是夫子池。泮池的由来,说

1917年重庆府文庙大门,革命军士兵站在台阶上

的是孔子当年讲学的地方，有一小池，孔子常在池子里洗笔、洗砚台，叫洗墨池。后来各地修建文庙时，也都建有泮池。这泮池较大，说是"周近八十一丈，阔二十四丈，深五尺"，种有荷花。泮池也是善男信女们放生之所在，时常有放鲤鱼、团鱼的。更多的是放乌龟，说是乌龟长寿。泮池的东北不远处，有一座魁星阁。魁星阁为三楼一底塔楼式建筑，寓意魁星高照，以后金榜题名，高中魁首。

1917年重庆府文庙大殿

20世纪20年代，重庆为了发展，人们觉得城内街巷曲折、狭窄，不利于交通，临江门最为碍事。于是市政当局在1921年就把临江门给拆了，但临江门这个地名却留了下来。以后，重庆筹备设市，要修马路，于是又开始拆街道并小巷建马路。直到90年代，从重庆宾馆方向过来，到了临江门十字路口，大约在途经过街地道入口位置，路边有一坡梯坎，从马路下面的隧洞穿过，到街对面下临江门正街。

抗战爆发，日本飞机对重庆进行了狂轰滥炸，文庙也被炸毁了，成了一片废墟，泮池（夫子池）也填平作了公用场地。当时在重庆的著名建筑学家梁思成见此很是不安，于是写信给当时陪都政府希望拨款修复。当局也答应了，就是建设款迟迟不能到账。于是修复的事便搁置下来。

解放初期，各种宗教活动都废止了，更不可能来关注文庙。随着对城市建设新面貌的追求，城建部门将中华路、临江路连通，马路要从文庙所在的地盘中通过，文庙这块宝地便一分为二，劈成了两半。在大成殿这一面，后来市里建了一所中学——重庆市第二十九中学。夫子池这块公共用地，后来就改建成了大众游艺园。当时的魁星阁处在马路中间，因此就被彻底拆除。

上世纪50年代的大众游艺园是很出名和很好玩的娱乐场所。进了园子在里面可以高高兴兴玩耍一天，电影、川戏、曲艺、杂技，还有喝茶、打牌、吃饭，应有尽有。80年代，这儿改为重庆艺术馆（重庆市群众艺术馆）。常常有一些画展及艺术活动在这儿举行。

近些年来，随着房地产的升级，夫子池也被拆除了，建起了一座地上67层、高271米的CBD中央商务区大楼。

从此，重庆府文庙的所有遗迹荡然无存。

在夫子池（曾经修有一个大厕所）被拆迁之前，有一天从厕所内爬出大大小小成百上千的乌龟，它们爬过人行道，横穿公路，扶老携幼，踏上漫漫的迁徙之路……

当重庆府文庙遭际彻底消失的时候，它在渝中区的那几十个大大小小的伙伴，除了罗汉寺外，其他的早已在它之前就纷纷销声匿迹了。

现在上世纪五六十年代出生的人，尤其是新中国成立前出生的人，特别怀念那些寺庙——曾经安放过他们灵魂的精神家园。

特此附录那些寺庙的名称，以资纪念：

重庆府文庙、崇圣祠、名宦祠、乡贤祠、节孝祠、文昌宫、关庙、城隍庙、龙神祠、三忠祠、肖曹庙、马王庙、崇因寺、治平寺、罗汉寺（现存）、五福宫、药王庙、东岳庙、土主庙、二郎庙、东华观、报恩寺（东水门内）、华光寺、朝天观、报恩寺（小教场）、紫霄宫、三元庙、准提庵、禹王庙（现存）、列圣宫、天后宫、山西馆、吕祖庙、昭忠祠、南华宫、三圣宫、清真寺、三教堂、忠烈祠、中山祠、云贵公所、同庆公所、宝善寺、紫云宫、镇江寺、园通寺、普济寺、朝阳阁、净慈寺、佛来寺、莲花寺。

民初重庆府文庙魁星阁及革命军士兵

金佛山之谜

中国佛教的四大名山：山西五台山、浙江普陀山、四川峨眉山、安徽九华山，都未见佛名，唯有重庆金佛山，却是无"佛"而得佛山之称。这是谜团之一。

"佛"即是空，即是无欲，又怎么能与"金"字相连，这是谜团之二。

很早以前，先民们多年来亲历体验，有一种通俗的认识：金佛山全年平均有250天起雾，115天有阳光。每逢阳光明媚的日子，落日余晖把绝壁山崖映染得金碧辉煌，金光灿灿的时候，连绵起伏50余公里的山峦仿佛一尊金色的"卧佛"。

一千多年后的一天，一位云游诗人在天生桥上蓦然回首，只见大山顶部一直被云雾遮掩的高处，竟是一幅阿弥陀佛与观音菩萨示显净土的巨幅画面，于是随口吟出："朝看金佛山，暮看金佛山，金佛何崔嵬，飘渺云霞间。"此刻，若从远处观望，金佛山就像一尊巍峨耸立的金身大佛，于是金佛山从此得名，并一直叫到今天——这便是"金"字

南川金佛山雄姿

的来由。

传说很久以前，在金佛山上有群天牛，是牛魔王的子孙，生性凶猛，经常惹是生非。山民们都不敢接近，避之犹恐不及。但偏偏在天牛出没的地方有一户人家，住着母子俩。他们虽然也躲不过天牛的危害，但生性善良，还常常送些草料、豆子之类的食物给天牛吃。

这一年，金佛山的牲畜发生瘟疫，天牛也逃不过劫难，有一半天牛已丧命黄泉，特别是有一匹刚生下不久的小天牛，嗷嗷待毙。在这危急时刻，这家母子来了。因为佛祖曾托梦给他们说，只有用他母子俩的鲜血才能挽救天牛的生命。母亲抱起小牛，抢过儿子手中的刀子割开手腕血脉，让鲜血滴到小天牛的嘴里，天牛真的就活了过来。剩下的天牛见此，纷纷走来饮血。母亲失血过多昏倒了，儿子又接着割开自己手腕，继续让天牛饮血。天牛一个一个活过来，儿子也因失血过多昏死过去。

金佛山中金佛寺

当天牛舔醒母子后，众天牛流着泪对母子说："救命恩人啊，我们世世代代要报答你们！我们天牛有使不完的力气，今后任你们吩咐。"从此，山上山下人牛和谐共处。母子的住处就变成后来的地名牵牛坪。此地慈悲为怀的精神感动了上苍，金佛山从此广接佛缘，香火旺盛——这就是"佛"的来历。

金佛山是南川最早的佛教活动场地，起于宋，兴于明，盛于清至民国中期，至今已有700多年的历史，相继建有金佛、凤凰、铁瓦、莲花四大名寺。明末清初，金佛山的佛教进入鼎盛时期，知名庙宇达三百来座，于是便有了"北峨眉、南金佛"的说法。位于南川城区的大雄宝殿，至今仍然留有旺盛香火的痕迹。建于明代的金佛寺位居金佛山四大名寺之首，其前廊石柱之上，曾有"西蜀如初福地，南平第一名山"的对联。

在探寻金佛山由来的过程中，又有一个新的谜团出来——那就是为何金佛山上300多座寺庙突然之间一起消失了？在目前可见的书籍中并没有找到任何有价值的资料记载。但是，在民间却有一段有关金佛寺消失的传说。

据传说，金佛寺旁原有一口水井，来此朝拜的人喝了这口井的水，便能返老还童，百病消除。一天，庙里的方丈在山上遇到一位云游仙人。仙人说：庙井边有一棵何首乌，千年修炼已成精。看来此山有灵。随即唱道："佛即是山，山即是佛，佛在人心，人心是佛。"

老方丈大喜，便让和尚们去挖。经过七天七夜，终于挖出了何首乌精，放在锅里熬了七天七夜后，众和尚把何首乌的肉吃了，剩下的汤被老和尚洒在了寺庙周围。第二天，山上的寺庙和那些和尚全都消失了。地灵人杰之处，何须化缘吃斋。和尚从此也没事可做了。

于是，金佛山的佛在山川，佛在人心，而无须供佛直到今天。

"一碗水"的传说

《江北县志》有一首描绘渝北地名的歌谣："好个兴隆在岩边，好只石鞋无人穿。好朵莲花无人戴，木耳飞过仁睦滩。两口喝干一碗水，坦坦平平下寸滩。"

歌谣中的一碗水与双凤桥一样，一直是两路镇的知名地标。讲知名度，一碗水超过双凤桥。

从历史来看，一碗水出名是因其地处交通要道，设乡建制的历史很悠远。南宋淳熙六年（1180年）就在一碗水建场，场上有茶店酒肆，一碗水庙内神像脚下的石上有一小水凼，宛如碗形，深约30厘米，直径约40厘米，终年盛满泉水一碗而不涸，故名一碗水，场得名为一碗水场。此前重庆到邻水、川北、陕西的江邻路和到长寿、川东及湖广的江长路纵贯回兴境内，这两条路径均要经过一碗水。

在渝北民间，与一碗水有关的，还有一个神奇的传说——

渝北区两路镇巴渝文化民俗村

很久很久以前，一碗水附近的山上有一座庙，里面住着一位叫常心的和尚，天天念佛诵经，十分辛苦虔诚。由于山上缺水，常心每天还要到很远的地方去取水做饭。常心的辛劳后来感动了如来佛祖，给他托梦说："今后你不用去很远的地方取水了。每天去山坡下取水就行了。"

第二天，常心便去了坡下，在路旁果然看见有一个碗口大的石凼。里面盛满了水。常心每次舀干水后，不久又浸满一碗。有此福利，常心可以不为水发愁，于是慢慢开始变懒了，诵经念佛后便常常睡懒觉。这样过了一段时间，常心觉得这一碗水的容积太小，想一次多取一点，就把石凼打大了很多。可是那石凼并非因为打大了，水就增多了，还是以前那么一碗水。常心很失望，带着埋怨的心情悻悻返回庙里。

那一天他连念佛诵经心情都没有了。晚上，佛祖给他托梦来说："看来我错了，不该设置这'一碗水'，本想帮助你，可却帮了倒忙。明天我就收回它吧。"

常心急忙说："佛祖，请别收回。看来是我贪婪了。"

佛祖说："那好吧。记住这句话：暴饮妄得终归少，细水长流才是多。"

常心拜谢道："领悟了，谢谢佛祖。"

从此，常心恢复了过去勤奋念佛诵经的行为，每天去"一碗水"取水。"细水长流"的禅语让他更敬业，也让来去的旅客更具平常心。

"一碗水"这个地方于是成了往来商贾行人最喜欢的地方。"一碗水"由此出名。

重庆是川东交通枢纽。山多泉水多。在古代，往来重庆的商旅不少，有些商路边上就有泉眼，于是当地人在泉眼边挖了个水函，让过往的旅客口渴时能喝口水，久而久之，这些有泉水的地方，就都被叫做'一碗水'了。比如璧山八塘镇、南山清水溪、涪陵李渡镇、万州长岭镇也有叫"一碗水"地名的。

"一碗水"既蕴含了地域文化，又浸润了佛家文化。

一千道人东华观

听老一辈人说，出生在老重庆城杨柳街的诗人吴芳吉，七岁时有一段轶事：一天，他父亲带他去神仙口的东华观拜了神仙后，给他出了一个对子的上联，叫他接下联。上联是：五百罗汉治平寺（今罗汉寺）。吴芳吉不假思索就一口答道：一千道人东华观。父亲摸着儿子的头大笑道："孺子可教！"

吴芳吉一点都没说错。东华观藏经楼位于渝中区凯旋路64号（今凯旋路73号），始建于元朝至元年间（1335—1340年），明朝天顺七年（1463年）、正德十一年（1516年）重建。东华观有殿宇三重（下殿、正殿、上殿），是一座重檐歇山式建筑，殿顶盖黄色琉璃瓦，正脊和垂脊为绿色琉璃瓦，脊上饰精巧的龙、狮、狗等动物，栩栩如生。翘檐雕梁画栋，殿屋五间，建筑用材考究，是重庆市至今唯一未变形的古老木结构建筑。殿堂和藏经楼原供奉玉皇大帝神像。观内还有花园、住客、库房六大间，占地面积在一千平方米以上。东华观后面挖掘有东华十八洞，洞洞皆相通，相传东华真君于此得道。下殿庙的大门两边石柱上刻有对联：

东华观复原图

看涂山云影飞来无限天光供一府，
问字水梅花开放几分春色到三巴。

东华观规模宏大，巍峨壮观，前来求神祈福之人络绎不绝，极盛时来此进香挂单道士及居士达千余人。观外有专门出售道冠、道袍、器具的三条街,街名"道冠境";鉴于来往此地的道士多、"神仙"多,其道法显灵多,故旁地又取名"神仙口";于是道教文化在此盛行,形成一条久负盛名的"文华街"。东华观,堪称是当时重庆府地区建筑最早的(全真龙门派)著名道观。

为何在当时的重庆会有如此宏大的道教景观呢?

首先,重庆是道教发源的思想基地和物质基地。中国古代著名的灵山十巫,即是重庆的巫山十巫,他们是一群上知天文下晓地理,能占卜、祈祷、祭祀、治病消灾的心灵大师和智慧大师。他们给一代代重庆民众留下了敬神信鬼、占卜斋醮等思想烙印。十巫在巫溪宝源山采集中草药时又发现了丹砂并炼丹,并推广至黔江、酉阳、彭水、涪陵、长寿等地,造就了以巴寡妇清为首的丹砂帝国,提供了道家炼就"长生不老"之药的物质基础。

再说,道教中最大最早,拜老子为"太上老君"的天师道鼻祖张道陵来渝后,摒除了重庆百姓信教中那些走火入魔的"巫鬼"成分,使道教在重庆得以普及盛行。1277年,蒙古人册封张道陵及其历代子孙为"天师",命张宗演"领江南道教事"之后,以宁全真为首的道教东华派等更得以发展壮大了。

特别是元朝初期,道家的全真龙门派祖师丘处机真人以74岁高龄,自山东昆嵛山西游三万五千里,在中亚机缘巧遇"一代天骄"成吉思汗,成就了"一言止杀"的历史性创举与汉蒙佳话,获得成吉思汗崇奉而呼之为"神仙",被拜之为国师掌管天下道教后,为道教在中国的大发展注入了活力。因而元朝忽必烈时代,重庆东华观能够造就如此辉煌的人气盛况,那便是顺理成章的事了。道观星罗棋布在重庆城的各个角落,与佛教并驾齐驱。至民国时期统计,仅重庆城区就有道观40余座,比如关岳庙、五福宫、朝天观、神仙洞等等。

令人遗憾的是东华观命途多舛:

1926年,东华观遭遇大火,整个道观烧掉三分之二,只剩下灵官、玉皇、丘祖三殿。

1939年,遭到日寇飞机轰炸,丘祖殿被炸毁。

1942年,城内扩张修建凯旋路时,腰斩东华观,将剩余的灵官殿和玉皇殿分为两部分,公路上为玉皇殿,公路下为灵官殿。

全真龙派祖师长春子丘处机

1953年,因建苏式粮库,又拆除了灵官殿。于是,东华观其实仅存前殿藏经楼,即以前的玉皇殿,面积200多平方米。后来藏经楼被一家印刷厂占用。直至全面修复前,里面还住有几户居民。

而今,东华观藏经楼的修复是继清朝康熙年间大修后,时隔300年后的再焕新颜。

愿东华观永远留下山城民众的文化记忆。

长寿为何"长寿"

长寿县（今重庆长寿区），是全中国唯一以"长寿"命名的县。蜀汉时期唤作常安县，唐、宋、元、明时取名乐温县，因城北有长寿山，县民多高寿，元末明初大夏国皇帝明玉珍赐名长寿县。

长寿县得名的民间故事更为精彩。传说在明代洪武年间，状元戴渠亨官拜当朝的宰相，有一次入川下乡察访民情。

当他路过今长寿区新市镇河石井时，突遇大雨滂沱，只得在临近一家酒店暂时歇息躲雨。休闲间发现酒店对面一家庭院张灯结彩，鼓乐齐鸣，笙歌不辍，人来客往，十分热闹。于是差人上前问个究竟。这时却见一位老翁，满头白发，银须齐胸，年约九十有余，来店沽酒，自称是给爷爷做寿。

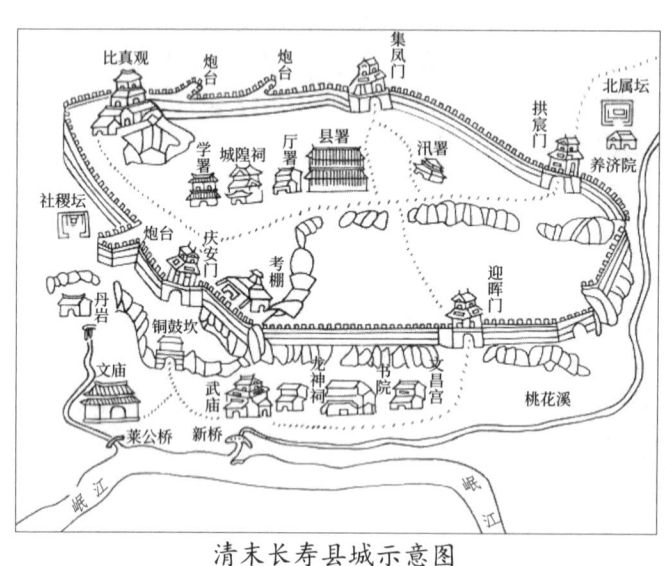

宰相听后，兴趣油然而生，便向老翁问道："令祖父高龄几何？"

老翁笑答："我的祖父正满一百五十岁。"

宰相越发惊奇，正欲细问，又见一个年约四十多岁的中年人来到老翁面前，口称爷爷，给你送来雨伞。片刻，又有一个儿童蹦蹦跳跳欢天喜地前来，称送伞者为爷爷，要他回去拜寿行礼。

清末长寿县城示意图

宰相在这里再也按捺不住心中的好奇和钦佩之情，于是亲赴寿翁家去祝贺。

在宾主间一阵寒暄中，主人察言观色，深感来人谈吐不凡，遂取出文房四宝，欲请其题词留念。宰相亦不推诿，接过笔来，龙飞凤舞地写下"花眼偶文"四个大字。主人不解其意，向他请教，宰相便以每个字为句首，写下四句诗：

花甲两轮半，眼观七代孙；

偶遇风雨阻,文星拜寿星。

下方落款是:"天子门生门生天子"。

主人家这才恍然大悟,方知客人是当朝宰相,又是皇帝的老师,大家不由肃然起敬。

戴渠亨通过这次察访,了解到自己所到之处原是一个人杰地灵、古老文明之乡——乐温县。这儿气候温和,土地肥沃,物产丰富,山清水秀,景色宜人,民风淳朴,热爱劳动,百岁老人比比皆是。于是回朝奏明天子,后获准皇上赐名,公元1363年遂改乐温县为长寿县。

这个美妙的传说历经数百年,至今民间还口碑相传,家喻户晓。

"一方水土养一方人"。长寿自古以来有得天独厚的长寿湖、大洪湖、菩提山、桃花溪等名扬天下的自然景观,大概是它的钟灵秀水滋养了乐天安命的庶民吧。

"龙隐"磁器口

在所有关于磁器口古镇的简介里,我们总能看到这样的文字:传说明朝初年,燕王朱棣篡权,建文帝朱允炆被迫削发为僧潜行来渝,隐避于宝轮寺,此地由此曾改名为"龙隐镇"。今天,在磁器口古镇通往嘉陵江边的巨大牌坊上,还书写着"龙隐门"三个大字。

口口相传的故事,给如今南来北往游客如过江之鲫的磁器口,增添了几分皇家的神秘色彩。磁器口和建文帝的渊源,到底有多深?

相传,经过四年的"靖难之役"后,明成祖朱棣挥师杀入京师南京,建文帝朱允炆仓皇从皇宫地道出逃,辗转四方。为躲避永乐皇帝朱棣的追杀,建文帝一路颠沛流离,踪影漂浮不定,最后从云南进入四川,到达了重庆。

建文帝到达重庆后不敢入城,只能驻留郊外,便来到南泉的一个山峰挖掘了一口井,修建了茅草房子,从此准备隐居于此。而这座山峰,就是今天南泉的建文峰。

一日,建文帝到建文峰顶的水井打水,辛苦劳作后就歇下来小憩。朦胧梦中,他遇到一位仙翁,经其指点,得知西北处一湾江水碧绿,有一座形如隐龙的山,山崖上有一块方方正正的白岩巨石镇山,该是他的修身之地。这地方

明初建文帝朱允炆

面向嘉陵江的磁器口龙隐门

给建文帝留下十分深刻的印象。梦醒后，他托人打听到，在重庆城溯嘉陵江上游30余里之处确有一个白岩镇。他还惊奇地发现：这和梦里所见的一模一样。

择日，建文帝只身前往白岩镇，路经李子坝时，曾在三圣宫歇息，经过化龙桥时，有位年长的道长看到建文帝身后有条小金龙时隐时现地跟着，便认定他为真龙天子现身。于是，后人称这座桥为化龙桥，过桥的路叫龙隐路。

到了白岩镇，建文帝住在宝轮寺，终日过着以晨钟暮鼓相伴、参禅打坐入定的日子，每天吃的是粗茶淡饭，一待就是五年。正由于建文帝在这寺庙里隐居多年，后来这个宝轮寺就换了名字为龙隐寺，并在明宣德七年（1432年）和成化十一年（1482年）进行了两次规模宏大的修缮。据说，历经两次修缮后，在大雄宝殿里就隐藏着一对龙的身影。一条张口龙影射的是永乐皇帝，一条闭口龙影射的是建文帝；那条张口龙看上去耀武扬威，闭口龙却神似奈何。白岩镇，也因此渐渐被后人称为龙隐镇。

此地之所以曾被人称为龙隐镇，在民间还有另一种说法。如果站在高处看，从如今的磁器口到童家桥、小龙坎、平顶山，看到的地形地貌宛若隐伏的一条巨龙。遇到大旱时期，嘉陵江石门段会现龙骨，就是恐龙化石，当江水上涨后，龙骨便消失不见。古人认为那是龙隐了身子，所以才称之为龙隐镇。

龙隐镇一直是嘉陵江上重要的水陆码头，为嘉陵江下游物资集散地。后来改名为磁器口，则是因为瓷器。1918年，地方商绅联合在青草坡创建新工艺制瓷的"蜀瓷厂"，瓷器质地好，品种多，产品远销省内外。镇上瓷器业

磁器口宝轮寺（龙隐寺）

鼎盛时达70余家，瓷器在很长一段时间里成为龙隐镇的主要产业。后来，龙隐镇改为了瓷器口；再后来，因"瓷"字通"磁"，便叫做了磁器口。因其千年不变的纯朴古风，让它成为江州古城的缩影和象征，并成为如今外地游客到重庆城区后必去的景点之一。

万县钟鼓楼

"万县有个钟鼓楼,半截伸到天里头"。

相传在钟鼓楼尚未修好的时候,还来不及取名字。当时,庙里只有一老一少两个和尚。有天晚上,老和尚做了一个梦,梦见一位仙人对他说:"明天晚上有一口神钟要来庙里。"嘱咐老和尚晚上千万不要关门。

清末万县钟鼓楼(镇江阁)、钟滩子

第二天晚上,老和尚睡觉时,果然把大门开起。可一到半夜,突然下起大雨来,风把庙里的门窗吹得叮当直响。响声把小和尚惊醒,他就起来把门窗全关死了。午夜,听到风声中传来一阵"当当"的响声:"神钟飞来了!"神钟直向庙门口飞去,哪知庙门已关,"砰"的一声,把神钟撞得拐了个弯。这一撞,神钟就飘到庙外的河边,落入水中一下子就形成了一个大滩。

后来,人们就把这庙叫做"钟鼓楼",而把河边的滩头叫"钟滩子"。

据史料记载,这长江段的"钟滩子"河床很低,枯水季节,显出狭长的石槽,石槽两旁乱石纷呈,一旦洪水来临,来往船只常有翻船事件。为了"镇江锁龙",古人便在这儿修建了"镇江阁",即"钟鼓楼"。

钟鼓楼始建于明初,其后多次被长江发大水冲毁,又多次重建。清乾隆元年(1736年)扩建后颇为壮观。它是一幢红柱黄瓦飞檐斗拱式亭阁。外观三层,内有七层。里面有钟有鼓,故名钟鼓楼。钟楼里那口大铜钟,有几万斤重。那钟子午报时,撞之嗡然,月明风清之夜,钟声能传几十里远。钟鼓楼雄踞在长江钟滩子上一碛近四十米高的巨岩上,巨岩之上再建起二十多米高的钟鼓楼。

钟鼓楼原在弥陀禅院(又称弥陀寺)内,弥陀禅院是古万州的一座名刹,盛时寺院有大僧300余众,香烛袅袅,经声琅琅,实属"洞天福地"。

钟鼓楼还见证了万州对外开放的历史。1917年3月,英国控制的重庆海关在钟鼓楼上游锦江台处正式设立万县分关。万县分关下设支关和分卡13处,管辖范围远超后来的万县地区,东至湖北宜都,南至湖北来凤县,西至忠县,北至巫溪尖山,计有万县邮局、聚鱼沱、明镜滩、忠县、云阳、奉节、巫山、尖山、巴东、资丘、来凤、三斗坪、宜都。万县海关的设立,迅速带动了万县的商贸繁荣,万县也迅速崛起成为下川东最大的城市。

三卷 巴山夜语

民间有两个谚语，其一："四川有个峨眉山，离天只有三尺三；万县有个钟鼓楼，半截伸到云里头。"其二："武昌有个黄鹤楼，半截淹在水里头；万县有个钟鼓楼，半截伸到云里头。"两个谚语都形容万县钟鼓楼的高大巍峨。在钟鼓楼于乾隆元年重新建成后的280余年里，一直是老万县的城市地标。钟鼓楼于1955年因白蚁侵害被拆除。2001年，在北山大道，以钟鼓楼为原型，建成钟鼓楼大市场。

万县西山钟楼旧影

万县西山钟楼建成于1930年，由国民党将领杨森在1925年规划修建，刘湘所部王陵基实施建好，用银元二十万，钟楼高50.23米，共12层，与上海海关钟楼齐名，是长江沿岸一大景观。

白象街呈祥

佛教里素有"青狮献瑞，白象呈祥"的说法，象征祥瑞之地。传说在佛教法会上，释迦牟尼端坐在莲花台上向信徒讲经说法，左边侍文殊菩萨专司智慧，顶结五髻，手持宝剑，表示智慧锐利，一青狮表示智慧威武；右边侍普贤菩萨，骑一六牙白象，象征功德圆满。

在老一代的重庆人间，就流传着一个"青狮白象锁大江"的传说。

据说明清年间，重庆经济发达，文化繁荣。为锁住风水，就在长江南北两岸分别兴建有一座青狮、一座白象，镇河妖，保平安，锁财富。青狮与白象隔着两岸遥相对峙，保佑重庆风调雨顺。大家别以为传说只是传说，人们在如今的南滨路上确实还能看到一座青迹斑斑的石狮子，而青狮放眼望去的对岸，便是渝中区的白象街。

慈云寺就在重庆两江汇合处的南岸，所坐落的山就是涂山，正对着的就是长江和朝天门广场，筑于狮子山崖，在中国寺院建筑中别具一格。它原本是座观音庙，唐代时期就已建成，后经重新修葺扩建，又更名为慈云寺，是当时全国唯一的僧尼合庙的佛教寺院，香火极为旺盛。

渝中区白象街的白象

最富传奇色彩的还是那头俯卧在寺门前的青狮，传说因慈云寺地处于羊角滩下，门坎石上，河流水急滩险，风水不够好，于是就有了这头青狮，用来震慑。同时，又与长江北岸的渝中区白象街上的大白象遥相对峙。"青狮白象锁大江"由此得名。

南岸区慈云寺门前的青狮

稍懂一些重庆历史的人都知道，"十七座重庆城门，九开八闭"，太安门（望龙门片区）和太平门两道古城门扼喉长江，远眺南山，城门之间就是这条背城临江的白象街。白象街得名于街口有个白象池，白象池边有一尊汉白玉雕塑的白象。因此，便有了"青狮白象锁大江"的起源。

南宋年间，四川安抚制置使兼重庆知府余玠开设的招贤馆就在白象街，以广纳人才商讨抗蒙方略；明代以来，白象街紧挨着巴县衙门、川东道台、重庆府署等一通通庙堂，旁边又是望龙门、太平门等临江码头，是最为繁华之地。自1891年重庆开埠后，英、美、日等洋人外商在长江北岸的白象街一带设洋行，形成"金融街"；抗战之前，白象街在重庆甚至川东一带都是最豪华的街道，宋育仁主办的《渝报》、肖楚女任主笔的《新蜀报》、卞小吾和杨沧白等创办的东华火柴公司、重庆海关报关行（原大清邮局）、美国大来公司等在此安营扎寨。自抗战迁都之后，重庆人口猛增，喧嚣的闹市区从商业街所在的下半城，转移到了以督邮街、大什字（今解放碑）为中心的上半城，白象街这才日渐冷落。

盛况已逝，繁华不复，但"青狮白象锁大江"的传说依然流传于坊间里巷，威猛的青狮和龇牙的白象常常被重庆老人提起。另有一说，旧时重庆，江南江北，客商往还全赖舟楫，应为保客货安全而立此二石像。一南一北，隔江对峙。如今，青狮历经沧桑依然俯卧在慈云寺山门前，近年来重庆市政府也重新打造了"白象"，让历史传说复活再现民间。

悠思金竹寺

"朝天门江边的石梯坎见不到底，一直通到金竹寺。"关于金竹寺的传说，在重庆城的历史上流传甚广。

从前，一个叫张老大的人，原本是从乡坝头出来的，在重庆城里做力夫，艰难度日，不知不觉过了20多年，仍一贫如洗，光棍一条。追根溯源，张老大应当是山城棒棒军的开山鼻祖之一，一根扁担，两根麻绳，出卖自己的力气

三卷　巴山夜语

张老大从成都返回重庆路上

为生。张老大还偶尔从事长途运输,替客商挑担送货到成都等地。

一次,张老大往成都送完货物后,住在一家小客栈里过夜,等第二天一早起身返回重庆。晚间,来了一位衣衫破烂的老者,他央求众人替他捎一封信到重庆城去,因为眼见老人很贫寒,多半出不起力钱,大家都不答理他。张老大为人忠厚,一贯有惜老怜贫之心,他应承了这个事情。

老者把信交给了他,一再叮咛:"这封信很重要,烦劳一定要把信交给长老本人!"信的地址写着:朝天门外金竹寺。

看到金竹寺这个地名,张老大好生奇怪,自己在朝天门一带住了20多年,周围都跑遍了,从来没有听说过这个地名。

老者对他说道:"金竹寺是个小寺,不大出名,不过一打听就会知道!"

张老大第二天一早就从成都起身,晓行夜宿12天,经过了"三驿""六铺""八场"(古时成渝大道上的"三驿":龙泉驿、双凤驿、白市驿;"六铺":鸿门铺、大面铺、石盘铺、莲池铺、峰高铺、邮亭铺;"八场":贾家场、合兴场、球溪场、高楼场、大安场、狮子场、永兴场、含谷场),才回到重庆。

张老大心里记着给老者送信,在朝天门附近到处打听金竹寺,可是无人知道。一连几天,他跑遍了全城的各个码头,也打听不到金竹寺,信也一直送不出去。

张老大是个诚信忠厚的人,受人之托、忠人之事是他的本分,信送不出去,他数日来眉头紧皱,寝食不安。

一天晚上,张老大坐在朝天门街口一家茶馆喝下脚茶,正与人说着打听不到金竹寺这个地方的事。

忽然有茶客对他说道:"那不是金竹寺的人吗!"

张老大抬头一看,只见大街上走过来一个小和尚,手里提着一个灯笼,上面写着"金竹寺"三个大字。张老大急忙走上前去,对小和尚说道:"小师父是金竹寺的吗?我有信要送到你寺庙里!"

小和尚说道:"好!请跟我来吧。"

小和尚带着张老大往朝天门码头下面走去,走完了石梯坎,来到江边。小和尚径直往江中走去,江水往两边排开,露出一条青石板路,

想象中的金竹寺或许是这样

前面忽然出现一片茂密的竹林，竹林中掩映着一座寺院。那些竹子十分高大粗壮，黄澄澄金灿灿的，张老大看了十分惊奇喜爱。

随小和尚进了寺院，张老大把信交给了长老，长老非常感激，坚持要送一点礼物给张老大以表谢意。张老大推辞不要，长老一再坚持要送。见长老诚心要送，张老大就说道："我是下力的人，那就给我一根竹子，能做一根扁担就行了！"

长老就让僧人砍了一截竹子送给张老大，小和尚又把张老大送出寺院。

张老大回到家里，时间已是深夜，十分疲倦，倒头便睡。第二天醒来，张老大准备把那根竹子剖开做成扁担，却发现竹子已经变成一根金棒。

关于金竹寺的龙门阵流传至今，有人说这个力夫其实叫刘诚，也有人说是叫老陈，还有人说送信的不是力夫，本身就是一个信差。曾经，还有行船两江的船工们，把嘉陵江口的一块礁石称为金竹寺。如今，这个传说连同一路向下走的石梯坎让人永远遐想。

杨柳街传奇

话说张献忠带领他的农民起义军，在通远门炸开一个城墙角后，便潮水般涌进了重庆城。士兵们挥舞着"只杀贪官，不扰庶民"的旗帜，一边追剿明军残勇，一边安抚百姓。可是市民受官府的宣传太深：认定张献忠是杀人狂，十恶不赦，所以纷纷选择逃亡。

通往佛图关的土路上，奔逃着携儿带女如惊弓之鸟的难民……在慌乱的人群中，张献忠突然看见一个年轻妇人，背上背着一个孩子，手上还牵着一个小孩在匆匆奔跑。手上牵的那小孩不过四五岁，而背上背的男孩至少也八九岁了。他下意识地觉得很奇怪：怎么这个女人背着大的而牵着小的呢？小孩哭嚷着，边跑边抹着眼泪。妇女不理睬他，只是急着赶自己的路。

张献忠在心里骂道："他娘的，这四川女人怎么这么狠！"于是便赶在那年轻妇人前面，下马来想问个究竟。

张献忠大步流星走上前去，双手一拱："大姐，打扰了。"

年轻妇人感到手脚无措，心想这么个大男人来找我干什么？她垂下眼帘，下意识地将两个孩子紧紧抱在怀里。

"大姐，这两个小娃是你什么人？"

杨柳街的传说（吕品）

张献忠问。

"军爷，他们是小妇人的娃儿。"妇女带着颤音说。

"都是你娃儿？"

年轻妇人点头。

"都是你娃儿，为啥不背小的而背大的呢？"

"军爷，这小的是我亲生的。这大的是我丈夫前妻生的，在这兵荒马乱之中，我怕丢了大儿，对不起丈夫死去的前妻……"

"啊！"张献忠这才恍然大悟。不禁油然顿生敬意。心里暗叹道：真是难得的妇道人家呀，重庆城竟有如此好心的人！于是继续问道："你丈夫呢？怎么不来帮你？"

"他……到外地去了。"

"外面这么乱，你一个人带小娃出来做啥？"

"哎呀，军爷，你还不晓得吗，那张献忠杀进城来了。"

"大姐，那张献忠杀来又怎样？他是杀官府绅粮，你怕个啥？"

"不不。说他是杀神投胎，见人就杀。我们是出来逃命的……"

张献忠大笑起来。

"大姐，你见过张献忠吗？"张献忠问妇人。

少妇摇头。

"大姐你看，咱这样子像不像张献忠？"

少妇难为情地抬起眼睛，瞥了一眼面前这个长长髯须、一脸英武刚毅的高大男人，迅速垂下目光，摇了摇头。

副官王尚义上前插话道："大姐，他就是张献忠。咱们义军的大王！"

张献忠再次哈哈大笑起来……

少妇一下给惊呆了，"咚！"的一下双腿跪在了地上。

"大王开恩，小妇人冒犯了……"

"大姐，见外了。"张献忠将她扶起。"咱老张也是平民百姓。朝廷欺人太甚，才起来造反。咱只杀官府、绅粮。天下百姓都是咱亲人决不伤害！你们娘母三人，不要再逃了，还是回城去吧！"

少妇心里拿不定主意。心想这炎凉世态，谁知道这些话是假是真？于是拱手道谢后，口称下乡看亲戚，打算转身离去。

突然有人拍马来报："大王，有几个兄弟遭毒死了！"

杨柳街的传说（吕品）

张献忠大惊："怎么个毒死的？"

"大家渴了，去喝井里的水。接着就肚子疼、口鼻来血……"

站在一旁的少妇转身来对张献忠说道："大王，官府逃跑的时候，叫人把水井都填了。来不及填的就放了毒药，还倒了垃圾粪便。你们可千万别吃呀！大王，若不嫌弃，你们到我家去吧。我后屋有口井，可去解解渴。"

当张献忠及其官兵喝上少妇家的井水后，个个连声赞叹。

张献忠旋即叫护卫拿出两锭银子，亲自送到少妇跟前。

少妇急忙推辞道："不，不。大王，一点小事，不必计较……"

"得人滴水之恩，须当涌泉而报，大姐解我燃眉之急，理当厚谢！"说罢，将银两按在少妇手上。两手一拱："告辞了！"于是起身欲踏鞍上马。

少妇急忙又赶上前来，将银子捧到张献忠马前："大王，小妇人不愿图这重赏……"

张献忠纳闷："大姐，我张献忠闯荡江湖，讲的是情义二字。不能白受别人恩德呀？"

"大王，我不图这银两……只求这乱世中一家人平安……"她打住话头，不好意思直白地说心里话。

张献忠似乎明白了她的心意，于是说道："大姐，放心。有张献忠在，一定保障你家平安。银子你就收下吧！"

他见少妇表情还有几分狐疑，于是朝四周瞧了瞧：满眼是摇曳多姿的柳条，便一下拔出腰间佩剑，对准柳树，"嚓！"的一声砍下一枝条柳，将它插在了这少妇的家门上，转身向身边的人吼道："传令各营，门上插柳枝的人家，谁敢骚扰，立斩不贷！"

左右皆答："是！"

"大姐，习武之人，信义如山，绝无戏言！"

少妇见张献忠这番仗义，不禁向张献忠深深鞠了一躬："谢大王！"

左邻右舍的人打听到少妇的这番经历，于是纷纷仿效，也在自家门上插上了柳枝。

果然，在张献忠占领重庆城的日子里，凡在家门上插有杨柳枝的住户都平平安安，农民军秋毫无犯。

后来，人们为了纪念这位少妇的美德及杨柳枝给他们带来的平安，便将这条街取名为"杨柳街"。这个街名一直沿袭了近三百年。直到1937年以后，国民政府才将它同桂花街、三教堂、油市街合并，改名为现在的"中华路"。

神秘的男根图腾

(綦江南平僚的生殖崇拜)

图腾，是古代原始部落将自然之物、血缘祖先或保护神用来作为本氏族崇拜的灵魂载体。在人类这个大千世界中，有崇拜太阳、月亮、老虎、狮子、龙、熊、鹰、蛇、树的，等等。那么，你见过有崇拜人类生殖器的族群吗？有崇拜男根的人吗？

在距离綦江城西南44公里的清溪河岸的古驿道旁，在海拔500—1200米之处，出现了大量宛如丛林、酷似男性生殖器的石刻、石雕，其宏大景观集中分布在清溪河中游的"阴阳合"河段，以灵应岩为中心辐射方圆15公里，分为灵应岩、石桥、石鼓和桅子岗4个生殖崇拜区。其中，圆雕男根（生殖柱）现有1000余根；另一类是镌刻在石壁上的线刻生殖崇拜图腾，共有2000余根。其形成时间可追溯到秦朝，以清朝中后期及20世纪初期居多，根体上隐约可见一些文字，比如"夫归""得子""求子得灵"等字迹。

这些朝向苍穹、昂然挺立的男根图腾，将男性生殖器铸就得如此雄伟、刚劲，既栩栩如生，又勃勃壮观。如此强烈的视觉冲击力，令人震撼，让人热血沸腾！

那么，是谁造就了这个绵延上千年，锲而不舍的艺术作品？是一群怎样的灵魂，在这浩渺的苍穹之下默默抒发着心底的悲哀、惶惑和渴望？

经证实，这些人叫南平僚或南平僚人，又称南川僚、渝州蛮。

那么，南平僚人又是怎样一个民族，他们又是何时来此，以后又怎样生存乃至消失的呢？

在巴国时代，居住在今天重庆辖区内有一宗巴族分支叫僰人（也叫濮人），他们人数众多。他们称江河为"沱"，重庆境内至今一直还沿用"沱"的称谓，如唐家沱、李家沱、窍角沱、牛角沱、龙王沱、西沱、南沱等。在公元前314年秦灭巴后，他们当中的一部分人便带着国破家亡的忧伤和恐惧，携儿带女来到了綦江僰溪（今綦江河）及其支流藻渡河（古称僚人河）两岸的丛林之中。这儿山清水秀、林荫丰茂、禽兽繁多，于是便安顿栖息

綦江清溪河中游"阴阳合"河段

下来。

"莫道君行早，更有早行人。"他们初来乍到之时，便发觉还有更早的人类族群在这儿居住——他们是"夜郎国"（首邑都城在今贵州福泉市）的散落部族。出于对战争的愤慨和恐惧，他们彼此和平共处，河水不犯井水。在往后的两三百年的岁月中，这些僰人目睹了夜郎国日益强大起来，成为横亘

清溪河畔男根石刻

千里、疆界至东南亚、拥有十万兵力的泱泱大族；他们也目睹了在强大的西汉帝国的征战下，夜郎国彻底覆灭的命运……同样，国破家亡的"夜郎国"遗民便融入了这些僰人的生活天地之中。

三国时期，蜀汉帝刘备死后，益州部下作乱，南蛮孟获和牂柯郡（今贵州黄平西南）的朱褒也借势造反。公元225年，诸葛亮命令马忠、关平沿东南方的僰道直取牂柯郡叛军。蜀军路经綦江时，居住在那儿的僰人和夜郎国人等一并臣服。不战而平定沿途蛮夷，马忠甚喜。于是便在綦江的东溪镇太平桥50米处立下四块"南平辽碑"，每块碑高2.4米，宽1.2米，以志纪念。

古语中，辽，通獠、僚，所以从此之后，人们就把这儿居住的僰人、夜郎国人等统称为"南平僚"。

南平僚归附蜀汉以后，除了在这儿春耕夏种之外，还用柳叶舟在僰溪、藻渡河捕鱼。妇女以棕丝织网具，男子在江河里奔梭如箭……男人们往往身着左衽衣，妇女则用两幅横布，从中贯头而穿，俗称"通裙"，她们还以三四寸长的细竹筒，斜插于耳孔，作为爱美的装饰。

藻渡河上有一片被称为铜鼓滩的水域，这里河水湍急，滩多浪高，现在已是重庆著名的夏季漂流胜地。却少有人知道这铜鼓滩，正是生活在此地的南平僚所擅长的乐器铜鼓而得名。僚人是中国"铜鼓文化"的最早创造者。每遇丰收时节，南平僚总会在铜鼓滩两岸一边击打铜鼓，一边随歌起舞。铜鼓就是南平僚部落的象征物。

南平僚关坝岩墓葬群

长久的战争荼毒，男人战死沙场，南平僚女多男少，所以妇女多负担生产劳动，并由女方向男家求婚结亲——贫苦之家没有嫁妆给女儿作陪嫁，只能卖给富裕之家作婢女……南平僚的葬俗则受僰人的影响，以岩墓葬、悬棺葬为主。

南平僚生殖崇拜

三国、两晋、南北朝时期，南平僚很少与外部有经济、文化往来，处于封闭的原始社会状态。

唐太宗贞观三年（629年），僚酋"剑荔王"遣使进铜鼓，请予内附。贞观十年（637年），朝廷以今万盛青年镇为中心置溱州，辖荣懿、扶欢二县，对南平僚予以管辖。汉人逐步迁入该地区后，在汉文化的影响下，南平僚的经济有了长足发展，开始习汉话，用汉名，生活习俗也有所变化，如墓葬由岩葬改为土葬。

宋英宗治平年间（1064年），万盛溱州僚人酋长李光吉、梁承秀、王兖三族，不满朝廷的苛捐杂税，与官府对抗，惨遭朝廷派兵灭族。其后不久，以木斗为首的南平僚再次造反。朝廷派熊本率兵讨伐，大军压境铜佛坝（今綦江区赶水镇）。这一战事非常惨烈，大多数男僚被杀，藻渡河血流漂杵。据传藻渡河有野鬼塘，即是当年僚妇以漂河灯仪式祭祀丈夫之处……

如果说秦灭巴，是南平僚前身第一次遭遇家破人亡悲剧的话，那么这一次宋军的残酷血洗，便是南平僚在僰溪生活1200年之后又一次惨遭家破人亡的悲剧。一次又一次的战争，一次又一次的血洗，将他们男丁绝灭，生命如草芥！从而造成了南平僚男女配置失衡和女多男少的严酷事实，所以才有南平僚那异乎寻常的、绵延不断的对"男根"的崇拜，对生命的渴望！当然也是对战争的切齿痛恨和对专制荼毒的血泪控诉！

经历宋军两次绝灭人性的剿杀后，南平僚几乎种族殆尽。据考证，劫余的南平僚，少部分融入了苗、汉民族中，其余则迁徙至云贵高原；更远的迁徙到了而今云南西双版纳及泰国、东南亚一带。"野火烧不尽，春风吹又生"。这个民族顽强的生命基因没有绝灭，他们更有幸融入进了世界的大家庭中，衍生成那儿的壮族、布依族、傣族……

2012年5月，由泰中研究院院长范军带队，泰国著名历史学家、95岁高龄的历史学泰斗巴色·纳那空教授，以及历史学家奥拉泰·朋迪教授等30多位专家学者组成的泰国历史学家考察团来綦江寻根。经巴色·纳那空教授辨认，近期发现的几块南平僚石碑上残留的文字就是古泰文，说明南平僚是泰国人的祖先。

2015年11月23日，泰国、老挝、越南、缅甸等多个国家的

南平僚城堡寨门遗址

社会科学和人类学的权威学者到达綦江,参加首届南平僚国际学术研讨会。会议除了研究南平僚的起源、语言、文字及南平僚研究的应用外,还重点研究了南平僚与仡佬族、壮族、傣族以及东南亚的泰族等之间的族源关系。学者们握着綦江文物管理所研究员的手说:"感谢你们,我们是寻根来了。"

而今,当我们看见泰国、日本等东南亚国家传承着"男根"崇拜风俗的时候,我们难道不认为那是南平僚的"男根"图腾已护佑其生生不息?

在而今这个世界,诸多生灵趋于"阴盛阳衰"的忧患之时,当我们能目睹那些昂然挺立、雄伟刚劲的"男根"图腾,会有怎样的兴奋呢?

繁华的八省会馆

重庆的众多会馆,多数是第二次"湖广填四川"后的产物。清初,随着移民潮的不断涌来,新到的居民由于人地两疏,为了谋求安定生活和顺利发展,需要有一个互相依靠,维护共同利益的团体,于是"会馆"——这个基于"同乡会"内涵的组织便应运而生。

从清初到清末的两百余年间,整个重庆地盘上共兴建了上千个大大小小的会馆,平均每年新开设5个。在年复一年的发展过程中,会馆已经与移民们相互依存、共生共荣,成为他们的精神家园和生活依靠。其中最著名的会馆有:湖广会馆、陕西会馆、江西会馆、江南会馆、浙江会馆、福建会馆、山西会馆和广东公所——这就是后来所称的"八省会馆"。

重庆流传着这样一句话:"禹王庙的台子,万寿宫的银子,山西馆的轿子,天后宫的顶子。"通俗一点说就是,湖广会馆的戏台了不得,江西会馆的银子堆如山,山西

重庆湖广会馆禹王宫

会馆的贵人数不清,福建会馆的大官多如云。

清嘉庆年间,八省会馆几乎主宰了重庆的文化市场,控制了重庆的经济命脉,乃至于影响到县衙的执政行为,清政府也敬畏几分。它们是为什么这么牛逼的呢?请看下面几则小故事,名为:家园、戏园、财园、义园。

家　园

　　一位姓李的青年，父辈于清道光年间从江西丰城移民到涪陵。父亲因大山采药失足而不幸早故，留下他和多病的母亲及五个弟妹。年轻人自幼学习勤奋，父亲走后只得辍学。

　　某天傍晚，这位年轻人在涪陵城里刚卖完土货，打算收拾行头返家，一位老者叫住了他。

　　老者道："后生，我一直在观察你。你手中拿的什么书？"

　　年轻人："《论语》。"

　　老者曰："《论语》？你怎么不去读书？"

　　年轻人："家境贫寒，无钱供读。"

　　老者说："听口音你是江西人吧？"

　　年轻人点点头。

　　于是老者告诉他，可以去找江西会馆寻求帮助。年轻人忧喜参半。后来老者伴随年轻人到家说服了其母，并赠予了他去江西会馆的盘缠。

　　年轻人去了酉阳万寿宫（江西会馆），果然得到赞助。除了收留他在会馆补习功课外，还给他家里送去了基本生活费。

　　年轻人奋发努力，一年半后去京城考取了举人。

　　后来，这位年轻人在贵州做官，每年都要向重庆的江西会馆捐赠银两和财物……

　　诸如此类恩泽同乡，经会馆慷慨以助的移民不胜枚举。重庆会馆对于移民来说，不仅是他们的精神家园也是他们的生活家园。

酉阳万寿宫

戏　园

　　用什么方式来联络移民们的乡土情结呢？不靠法令，靠的是戏剧文化。

　　八省会馆的建筑风格、规模大小各有不同，但有一点却是共同的，这便是馆馆皆有戏台。会馆都是通过办庙会、演戏剧，招徕移民从而联络乡情。

　　每逢唱戏、办庙会的日子，会馆都会顾客盈门，人头攒动，热闹非凡。会馆除了邀请同乡名人、外省会首、地方官绅外，普通老百姓都可免费看戏凑热闹。每次的唱戏、庙会都是一次乡情友情不分彼此的

酉阳万寿宫戏台

集体狂欢。

当年，江西会馆一年活动多达三百多次，湖广会馆也有两百多次，福建会馆在一百次以上，其他会馆七八十次不等。而在特别的节日如春节、端午节、中秋节、重阳节等，所有会馆几乎都要搞各种庙会庆祝活动，因此也就有了"千余台戏一年看"的说法。

最初，这些会馆里唱的多是原籍地的戏曲品种，如江苏昆腔《长生殿》《桃花扇》、陕西秦腔《和氏璧》《白蛇传》、湖南高腔《封神传》《琵琶记》等等。但慢慢地这些作品融合演变成风格统一的"川戏"（后改称"川剧"），成了各会馆戏台上的主打演出。其中《六月雪》《思凡》《三娘教子》等剧目场场爆满，历久不衰。这种演变，见证了各地移民逐渐融入重庆社会的文化历程。

财　园

会馆是各省人的脸面，所以不缺银子花。每个会馆在修建时，都耗资巨大，且占据城里的黄金地带。在重庆城的下半城，从朝天门到金紫门，八省会馆一个比一个"牛"，一个比一个豪华气派。

当年湖广人建禹王宫（湖广会馆）时，就是从湖北、湖南故土运来木料。那时交通不便，又没有机械设备，其工程之浩大、运输之艰巨可想而知。这样费时费力费财除了显富摆阔之外，更重要的是用这些故乡实物，激发人们对乡土的眷念和认同。

每一个会馆都财大气粗，富得流油。江西临江帮，在清乾隆年间就垄断了重庆的药材市场。当时，药商之间发生纠纷要到会馆去调解；所有的药商开业，须得到会馆的同意；用人要由会馆安排，甚至连药号（药店）的杆秤也要由会馆颁发才有效。

清嘉庆时期，重庆城里109个商行大都是八省会馆商人开的。仅仅是各地客商所经营的行业不同而已。如江西帮主要经营药材、山货、票号等；湖广帮主要经营药材、棉花、土布、山货等；陕西帮主要经营票号、典当、药材、金饰等。

清末重庆湖广会馆大门

那时，八省会馆几乎控制了重庆的经济命脉。钱多了便可呼风唤雨。据说，县衙和帮会处理地方事务，如果没有得到会馆会首的许可，也难以办妥。如有重案命案，官府要想捉拿案犯，非得会首同去，否则同乡们会拒绝交出。

义　园

会馆提倡同乡们讲义气有担当。

清朝嘉庆时，湖北黄州（古称齐安）人也在重庆建立了齐安公所。由于资金短缺，规模很不起眼。公所内只有一座小庙供奉帝主神像，未建客堂、公所，以至香烟冷落。不但众心难安，就连黄州商人的货物到了重庆销售，因名不见经传，少有人问津。生意受到较大影响。

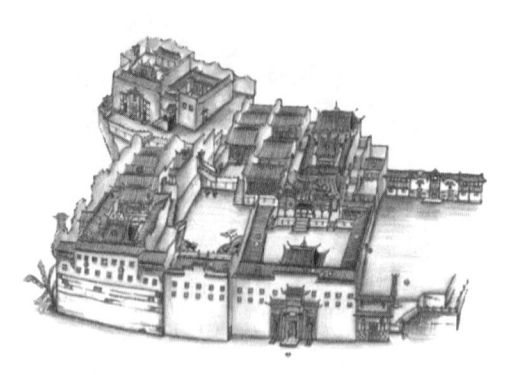

重庆湖广会馆示意图

黄州商人很是苦恼。

后来经人推荐，向湖广行省各府的会首求助，不久便得到大家一致的支持。各府齐心协力捐出了一处像样的房屋，在湖广会馆商人义举的感召之引发了大小商号60多家集体捐款。齐安公所于是在光绪年间再次重建，历时7年，耗银1.7万两白银，终于建成了规模得体的会馆。

1911年，四川发生保路运动，杨沧白等人在重庆成立保路同志协会，先后在江西会馆、湖广会馆举行大会。十分巧合的是，清廷派来镇压保路运动的钦差大臣端方，也选择了在江南会馆下榻——可见八省会馆那时多么有公信力！

不过端方这次倒霉了。第二天一早，就有人在江南会馆大门上贴出一副对联："端的死在江南馆，方好抬出东水门。"一个月后，端方在四川资中被革命党人处死，果真应验了老百姓的预测。

八省会馆的昔日繁华已成历史。它留给我们的人文情怀和自强不息精神会永驻我们心中。

三塔不见面

重庆南岸有三座塔，传说是彼此不能见面的，也就是站在其中一座塔上观望，是无法看见其他两座塔的。相传这三座塔镇压着一条火龙，分别压住火龙的头、身、尾。所谓三塔不见面，若是这三座塔见了面，火龙复活现世，便灾难降临，重庆城会因为江水猛涨，汛涝成灾，老百姓将受苦受难。

这个民间传说中的"三塔不见面"，说的就是南岸区境内的三座宝塔：文峰塔、报恩塔和鹅卵石塔。

重庆人常常提到的文峰塔，主城区有两座。其中一座是江北塔子山的白塔，另一座是南岸文峰山的文峰塔。南岸的文峰塔，通高24米，全系用石砌成，虽也是呈六角七级楼阁式，因屹立山巅，更显气势。此塔建于清咸丰元年（1851年），至今已有160多年历史。

报恩塔在南岸龙门浩莲花山麓的觉林寺中，建于乾隆二十二年（1757年），距今260余年。

旧时，龙门浩的长江河岸石梁上还有一座高不过三尺，通体为鹅卵石垒砌成的宝塔，清朝开国之初便屹立于此，何人所造，语焉不详。

南岸文峰塔

这三塔镇住的是一条怎样的"火龙"呢？传说，开天辟地，后羿射日时，射掉了八个太阳，却没有把第九个太阳九儿射掉，九儿被太阳之女所救，并释放到凡间。九儿到了凡间就现出了他的真身：火龙。尽管火龙并无伤害人间之心，但因他自身为火，走到哪儿哪儿就有灾难。于是，火龙所到之处，人们就想方设法拼命地驱赶他。无奈之下，火龙只好逃往拥有两条江的重庆藏身。重庆的人们自然又想将火龙赶走。

此时，有位出家人现身说道："若是将他赶往别处，他又会去危害别人，所以只能将他打入地下，以绝后患。"于是，人们齐心协力，把火龙打入地下。火龙在地下也不安分守己，昂头摆尾，引得山川震荡、地裂石崩。这时出家人施展全身法力，搬来两座塔，将火龙的头、尾压住。可功效并不大，听说必须再用一座塔压住其龙身，才能相安无事。人们便祈求上天，玉皇大帝遂派托塔天王李靖前往。李天王用

南岸报恩塔

手中之塔将火龙之身镇住，并在头塔和尾塔上施展了相应的法术，使三座塔永不见面，重庆才从此恢复了平静。

野史说，清咸丰年间川东道台认为，自清以来，偌大一个重庆城竟无人金榜题名，为挽救文风，特地在江南山巅造七级宝塔一座。据传，南岸文峰塔落成后，每当正午日照中天时，江南的文峰塔与禹王庙侧的七级宝塔，双双倒映入大江之中，只见长江中两个塔尖相依天成，重庆文脉由此续接上了。

游客搭鹅卵石塔自娱自乐

江南三塔，所处地势，高低错落，尤其是那江梁上的鹅卵石塔，水涨塔消，水退塔现，三塔自然是不能见面的。

三卷　巴山夜语

失踪的七牌坊

在以前老大坪电影院和菜市场的旁边，而今的英利房产那块地盘上，曾经矗立着七座牌坊。这七座牌坊中有五座是表彰节孝的：余氏节孝坊、韩氏节孝坊、徐氏节孝坊、余氏节孝坊和杨氏节孝坊，有一座表彰善良乐于助人的：金陶氏乐施坊，还有一座为长寿牌坊：淡氏百岁坊。这七座牌坊修建于清同治七年（1868年）至宣统三年（1911年）期间。

在这七座牌坊之外，旁边还建造有20余座宽约1.5米，高约5米，重达10吨的巨大长方形石碑，碑刻内容多是节孝、贞烈、德政之类，也有墓表记和警诫后辈子孙的训词。

为什么朝廷要在大坪这个位置修建七座牌坊呢？大致有两个原因，一个属于地理因素，一个为教化百姓。

大坪，历代以来都是陆路进入重庆门户佛图关的一个大驿站。它一头连接着进入重庆的最后一道关口——佛图关，一头为重庆通往成都等陆路世界的东大路的首站。元朝的军队三次侵犯重庆，最后一次曾长达三月之久滞留于此；1621年，秦良玉及官军夺回被叛军奢崇明占领的重庆城后，也在此驻军；1644年，大西军首领张献忠的60万将士，一支从铜锣峡，一支从珊瑚坝，一支就是从此地冲决佛图关，占领重庆城。当然，历代以来更有不计其数的民众迈出佛图关，经过大坪，迈入东大路、嘉陵古道，走向外面的世界……

大坪，这个行人与商旅熙来攘往，车马接送起止之地，这个中转、栖息、交流、话别之处，当然是建立牌坊的最佳风水位置。

再说牌坊一般都是四柱三门，高低错落有致，采用石质仿木质的冲天式结构。牌坊造型雄伟，雕刻细致，其纹饰多为人物故事、花鸟虫鱼、戏曲、瓜果、仙桃等。柱上刻有对仗极为工整的对联，而且书法精湛优美。特别是带有皇帝圣旨的那些碑坊更是极精工之能事。

正因为七牌坊汇集了雕刻、绘画、匾联、书法、美文等多种艺术于一体，于是便成为了当时风靡一时的碑林文藻。成为成渝古驿道上一道独特的文化风景

清末过大坪七牌坊就算真正出城了

线。碑林释放出来的关于节孝、贞烈、德政、施舍、博爱的道德元素，起到了淳朴世风教化社会的作用。每逢官员到此，文官下轿，武官下马，极为庄重——这便是朝廷和市民建造七牌坊的初衷吧？

抗日战争时期，蒋介石曾一度把佛图关改名为"复兴关"，寓意收复失地，复兴中华，重塑强国梦，于是在七牌坊附近办了训教班。训教班的官员常到七牌坊留影。

清末大坪七牌坊密集的碑林

抗战期间，美国飞虎队的情报信息基地就设在七牌坊附近的九坑子。闲暇之余，这些美国大兵常带家属来此观光。有一张很知名的照片：一个美国士兵携女友笑谈路过七牌坊的镜头，传扬甚远。

对众多百姓而言，在七牌坊这古朴的精神教化中，其灵魂也相应安息。记得上世纪五六十年代，常常到此的人，他们看到的是：

小孩在这儿滚铁环、修"房子"，唱着"城门城门鸡蛋糕……"的童谣；

男人们在这儿聊天，讲一段"诸葛亮空城计"或者"薛仁贵征西"；

老人们在这儿喝茶、下棋、摆老龙门阵，或者倚着碑石打瞌睡；

喜欢书法的到这儿来临摹，喜欢诗词的到这儿来抄录楹联……

这一幕又一幕已深深地留在了人们及七牌坊老居民的记忆里。

1966年秋，一场史无前例的"破四旧"浪潮摧毁了七牌坊中的六个牌坊，尚有一个被老百姓保护下来，不过也在1976年城市建设中被拆迁。而位于七牌坊附近曾经耸立着的、由清道光年间到民国初年建造的那20多块巨型

抗战时大坪七牌坊之一乐善好施坊

石碑呢，幸有专业工作者和当地居民的保护，有一块由于严重受损被封存，其余19块迁到了原址对面，大坪电信大楼背后的花园中——这便是七牌坊那片祥和一时的碑林留下的遗物。

七牌坊的历史已经结束。然而人们对七牌坊的记忆没有结束。七牌坊曾经渗透在市民心中功德、孝悌、慈爱的善念永不会完结……

聚奎书院百年香

有一个少年，在重庆江津白沙镇读书。10岁时，徒步去重庆为冤枉入狱的父亲鸣冤。巴县县吏见他年幼且情词恳切动人，于是就释放了他的父亲。这个少年，13岁时，学校给了两小时叫全班学生写作文，他写了一篇名"读外交失败史书"，以诗论文，豪放严谨，名噪全川，被众人誉为神童。这个少年长大了，36岁那年，即是"九一八"事变的第二年，满腔爱国热情的他写出《巴人歌》，奔赴各地朗诵讲演，意欲唤起民众，同仇敌忾，奋起抗日。在返回江津召集师生朗诵《巴人歌》之时，由于长期劳倦，慷慨激昂，声泪俱下而晕倒在台上，几日后溘然长逝……

风景如画的聚奎书院

这个人就是中国20世纪20年代的著名诗人吴芳吉，而他就读的那所学校就是百年书香、闻名巴渝的聚奎书院（今聚奎中学）。

聚奎中学是川渝地区、乃至西南地区，目前仅存并保存得最完好的清代书院。它位于江津区白沙镇黑石山上，占地2137平方米，建筑面积1318平方米。

聚奎书院始建于清同治九年（1870年），取名为"聚奎义塾"。据史料记载，清同治十三年（1874年）时，当时的江津白沙团总张元富、盐商邓石泉和邓清连人等捐银3600两动工，一年修成正室五间，因经费用尽，张元富去世，停工五年。光绪五年（1879年），由当时的江津知县国璋出面劝募，得银5000余两继续修建。

"聚奎书院"建成于光绪六年（1880年）。清光绪三十一年（1905年）改为"聚奎学堂"。民国时期以后，该学堂相继更名为"小学""初级中学""高级中学"等名称。分别为聚奎学校、聚奎小学、聚奎中学。解放后，该校又先后与新本中学、江津三中合并。学校现名"重庆市聚奎中学"。建校以来，已培养出洋洋十万学子。其中有白屋诗人吴芳吉、辛亥革命烈士卞鼐、科学家周光召、国家女排主教练邓若曾……

抗战胜利后，举行建院60周年纪念，台静农教授赞道："聚奎能屹然一隅，延续至六十年之久者，诚我国近代教育史所罕见。"

陈独秀、吴玉章、冯玉祥、黄炎培等均曾到院参观，无不交口称赞。至今原院规模及碑刻等均保存完好。院内参天古木簇绕四周,幽静典雅。春天盛夏,白鹤成群,于书院树上筑巢育雏,鹤鸣不绝于耳。

操场左边的一块大石头上刻有周光召的题词:志不求易,事不避难。此词出自《后汉书·虞诩传》:"志不求易,事不避难,臣之职也!"此语而今已成为该校的办学理念。

聚奎书院一角旧貌

图书馆六角形的大门上有一副对联,上联:百年曾聚奎;下联:万老更求英。横批:书山有径。图书馆院门上书此联显得颇为贴切。图书馆是一楼一底的西式建筑,大楼门前也有一联。上联:明日欲当天下事,下联:今朝博览馆中书。

聚奎中学内还保存着赫赫有名的"鹤年堂"。据记载,1928年,在渝经商的乡人邓鹤年(原中国女排教练邓若曾的祖父),捐款10万大洋建成"鹤年堂"。鹤年堂内分上下三层,可容纳一千四百多人,当时号称"川东第一大礼堂"。后来,寓居江津的陈独秀曾在此寓居并讲学。陈独秀为赞颂邓氏兴学善举,题词称道:"大德必寿",并篆刻鹰嘴石上。

聚奎中学内随处可见文化遗址、先贤遗迹:

大门有石刻联:"知国家大事尚可为也;得天下英才而教育之。"

院门有石刻联:"德星长聚五百里;广厦颜开千万间。"

院内有石柱联(为佛学大师欧阳渐题词):"是英雄铸造之地;为山川灵秀所钟。"

书院,是古代的民间教育机构,原由富人、学者自行筹办;后由朝廷委派教官、调拨田亩和经费,逐渐具有半民半官性质。书院有三大功能:讲学、藏书、祭祀。

据史料记载,重庆地区最早的书院出现在唐代,为大足县的"南岩书院",始创于唐贞观年间。

到宋代,重庆地区先后建立书院14所,是重庆地区教育发展的重要时期,书院教育也已形成制度。比如,奉节静晖书院、涪陵北岩书院、巫溪凤山书院、万州宏文书院等皆为这期间设立。

元代时期,大批宋代书院被毁,仅涪陵北岩书院尚存。

至明代,书院再次有了复兴发展机会。据统计,明代重庆共建书院20所。

清中期以后,官学化的书院再次成为政府"赖以造士"的主要场所。从乾隆至光绪时期,重庆共有书院173所。其中,建于乾隆时期的丰都鹿鸣书院、大足棠香书院、永川锦云书院、酉阳龙池书院,以及建于嘉庆年间的秀山凤台书院、万县太和书院、巴县渝州书院的规模较大。

光绪二十七年（1901年），清政府颁布改书院为学堂的诏令，重庆大多数书院改造为中小学校，成为近现代重要学府的前身，比如重庆第七中学的前身即重庆东川书院，江津聚奎中学的前身即聚奎书院，涪陵北岩书院的主体现在是涪陵第十三中学。

目前我市存留的古代书院已经很少，主要有江津聚奎书院、南川海鹤书院、涪陵北岩书院等。

时至今日，聚奎书院的大部分建筑都还在作为学校功能用房。作为重庆市重点文物保护单位、市级风景名胜区。聚奎中学也是重庆唯一一家对外售票可供游客参观的百年老校。

鲁祖庙显灵记

何谓鲁祖？就是祖先鲁班。鲁祖庙就是纪念鲁班的庙宇。

鲁班，春秋时期鲁国人。姬姓，公输氏，名班。人称公输盘，尊称公输子，历史上的伟大工匠。鲁班的名字，是中国古代劳动人民智慧的象征。

中国工匠祖师爷鲁班

鲁祖庙，建于1911年的辛亥革命之年。当时，重庆正处于第一次开埠后扩城的重要时期。重庆码头成为内陆地区第一个通商口岸，一时间，商贾云集，店铺商号林立，沿江码头一带的下半城土地狭窄，地盘紧缺，人们便开始大规模向山坡、悬崖寻求商业发展空间，以拓展栖息之地。于是人们争先恐后地开始大兴土木，大干快上。然而，要在这个两江交汇，山峦起伏的群山上建一座现代的城市是何等不易。所以，一时间事故频繁，工伤屡现，搞得人心惶惶，地方政府也时常顾此失彼，无所适从。

那时候，工匠艺人众多，政府一时管理不过来，由此派生出各行业堂口的公会组织，但十分松散，似乎少了精神寄托，随后由木业公会发起并出资在市中心的民生路旁修建鲁班神庙一座。神庙两旁各建一幢二层楼厢房，形成一个天井坝子，在坝子前面同时建了一个戏台。由于此庙宇完全来自民间自发兴建，所以规模不大，它不需养寺庙住持，只供奉着鲁班先师及他的几个弟子。平时就任由百姓供奉祭祀，降灾祈福，自行打理。

没想到鲁祖庙的庙门一开，香火自然鼎盛起来。戏台天天有唱，夜夜有戏，成为当时重庆主城老百姓最喜欢的消遣娱乐场所。

更想不到的是，自从建成鲁祖庙，以前市中区的工程事故频发、工伤屡现的情景从此销声匿迹，重庆城竟然迎来顺风顺水的好运。

据老人们讲，即便是抗日战争时期，日军飞机对重庆狂轰滥炸，近在咫尺的解放碑、较场口一带被炸得面目全非，较场口甚至发生骇人听闻的大轰炸惨案，而鲁祖庙一带的居民却安然无恙。老百姓啧啧称奇，却也百思不得其解，这难道是鲁班先师显灵？

于是乎，当时重庆最大的图书公司迁到了那里，鲁祖庙街道的第一幢建筑便是20世纪30—40年代最著名的"世界书局"。那儿几乎汇集了全国近千种报刊杂志。这一条连空气中都充满市井文化和人间烟火的古巷，成为了抗战时期重庆最活跃的文化活动场所。

鲁祖庙演社戏

鲁祖庙的社戏和香火也从此连绵不断，香火一烧就几十年从未间断。

新中国成立后，百业待兴，学校资源稀缺，有人想到庙产已无归属，便把鲁祖庙改建成"鲁祖庙小学校"。改成学校后，其实也只是把旁边的耳房和厢房拿来做了教室、办公室，中间正殿大堂还一直供奉着鲁班先师和他的弟子们，香火也一直持续不断地烧着，只是再也没有以前那么旺盛了。鲁祖庙小学校的名称也随着时代变迁几经更改，现在已改成了"民生路小学"。

鲁祖庙自改成学校之后，风雨飘摇又过了二三十年，于是有人提议拆庙重建，从此鲁祖庙再也不复存在。幸好有一位海外归来的老板看中了这块"宝地"，将它一下子租赁下来，取名"环球集市"。从此又恢复了庙宇原样，恢复了声歌、恢复了祭拜、恢复了这稀缺的传统文化。

但愿鲁祖庙的香火能延续不断，但愿鲁祖的神灵能永佑这座已被保佑了100余年的可爱城市。

神奇的金刚塔

1931年2月16日，正值大年三十，除夕之日，一个云淡风轻的日子，重庆人迎来了久已盼望的宗教庆典：历时两年，耗资4万银元修建的菩提金刚塔，在七星岗纯阳洞旁落成了！人们从四面八方赶来，万人空巷，人流如潮，几乎成了重庆历史上空前的盛事。

这座菩提金刚塔是内地唯一由西藏洛那活佛亲自主持修建的佛塔，汉藏结合，中西合璧，兼容了多种经典建筑风格，纯石砌成，石质实心，全塔高26米，

分为3层。方形基座上是正方形塔身，阴刻《佛说阿弥陀经》全文，塔身四角为源于古希腊的爱奥尼克涡卷柱，塔身上边是一座须弥座形方表，汉藏文横书"菩提金刚塔"五个大字。再往上是一座喇嘛塔，仅宝顶就有近3米高。佛学家张心若为金刚塔撰写了碑文，碑文用汉藏两种文字刻成。

这座宗教建筑不仅可堪称是20世纪30年代重庆建筑的典型代表，在全国也首屈一指，具有极高的宗教、审美和文物价值。但凡亲临佛塔前仰视而望，一种雄伟、威严、神奇而让人无限敬畏之心不禁油然而生。

七星岗镇鬼的菩提金刚塔

这次开光大典由藏传佛教高僧多杰格西亲自主持，国家级特派政要和重庆政府首脑及各界名流大亨纷纷出席并以此为荣。整个活动一直高潮联翩，整整延续了14天。每日燃灯数千盏，前来朝拜、观光者数万人。活动期间据统计，"远近之来此瞻拜者不下百万"，这是前无古人，或许说也是后无来者之事。

这可算是金刚塔神奇之处了吧？

人们要问，为何要建这菩提金刚塔呢？这就要从重庆20世纪20年代潘文华市长的"棺山坟堆大拆迁"说起。

重庆城自古以来"一面当陆，三面临江"，只有水路，没有陆路（马路）。而由通远门通往外界的唯一陆路仅是一条三尺宽的石板路，还要七弯八拐，爬坡上坎。世界已进入20世纪了，城市要发展就必须扩大城市规模，冲出通远门，冲出高城墙，修一条从通远门到上清寺的现代公路，与日新月异的世界接轨，才是一个城市的出路。潘文华市长的上述提议，得到了市政厅上下的一致认同。但阻碍他们思路顺利推进的最大难题，是横亘在这条未来公路上的、千百年来形成的42万座坟茔——正如歌谣唱的"通远门，锣鼓响，看埋死人"。你要去挖人家的祖坟，抄人家的祖宗，这几十万户的后人就要同你拼命。可想而知这一桩史无前例的浩大拆迁工程的艰辛和曲折，那是后话。

高僧多杰格西　　诺那（洛那）活佛

单就坟墓搬迁刚动工不久，由于拆迁中的新旧矛盾，因艰难而工作粗糙，导致"破棺露骨"，尸骨乱扔，哀鸿遍野，阴风飒飒，市民们人心惶惶，便成了潘文华政府坐立不安的心病。加之市民的担惊受怕，引发捕风捉影，疑神疑鬼，于是"七星岗闹鬼"的传言不胫而走，愈演愈烈。

　　潘文华市长毕竟是个有担当的人，他要人有人、要枪有枪，面对满城风雨，意志坚定不移："城墙再厚也要拆，坟墓再多也要迁，马路再难也要修。不如此，重庆将永远困在一个囵囵里头！"于是组织智囊团多次召开会议，最终想出了建"金刚塔镇邪"的对策——这也成了后来重庆人行酒令的口头禅："七星岗闹鬼，金刚塔镇邪。"

清末七星岗与通远门城楼相连的石板大道

　　随后，潘文华通过当时已皈依多杰格西的重庆市公安局长乔毅夫，与藏传佛教高僧洛那活佛取得联系，请他来指导建塔之事。目的是"使死者超度，生者永得安宁，消灾避难"，并为百姓提供一处祈福之地。于是才有了上述的宗教景观。

　　说来也奇怪，自金刚塔于除夕之日落成之后，"七星岗闹鬼"之事就从此云消雾散、戛然而止了，再无"闹鬼"流言，阴阳两界从此相安无事。这能不能说是这座金刚塔的神奇呢？

　　1966年6月1日，人民日报社论《横扫一切牛鬼蛇神》提出"破四旧"（破除旧思想、旧文化、旧风俗、旧习惯），开启了一场史无前例的摧毁传统文化的反孔灭佛运动，重庆的无数古迹庙宇被砸烂打碎，菩提金刚塔也未能逃脱劫难。奇怪的是，据说当时红卫兵也有几批人前去捣砸过，第一批去的人有个当场摔成骨折，第二批人中一个被飞溅的碎石打瞎了左眼，一个被斧头误伤了脚。这些莽撞的小青年吓坏了，之后再无红卫兵敢来捣乱。加上附近居民的热心保护，从此，菩提金刚塔安然幸存下来。

　　几年前，一部历史小说《失踪的上清寺》中提到菩提金刚塔内藏有宝物。书中有一句话："乱坟闹鬼不清净，菩提镇邪多宝藏。"这一信息的披露，吸引了不少"盗墓贼"前去寻宝。据金刚塔附近的居民讲，近年来至少也有几十起。奇怪的是，金刚塔至今安然无恙。居民们说，夜半三更偶尔会听到金刚塔传来惨叫声，第二天去看——发现有"造访者"的痕迹，有时甚至留有血迹。

　　居住在菩提金刚塔附近的善良居民们已习惯了"造访者"的光顾，并以宽宥谅解之心对待他们的"贪婪"。他们相信，菩提金刚塔在他们心中是不可摧毁的。

珊瑚女

有一位青年叫大成，是重庆人。父亲孝顺正直，英年早逝。弟弟叫二成，年纪尚小。

大成的妻子陈珊瑚，性情贤淑，谨慎而孝道；而她那守寡的婆婆沈氏却强悍乖张，对她百般挑刺，常常迁怒于她。大成却是个天生懦弱的孝子，明知妻子受气，还是顺从母意，反倒还责怪妻子甚至殴打妻子。这种日子愈演愈烈，最后大成终于休妻并遣送其回娘家。

珊瑚被休后，曾一度欲自杀被劝阻。后来被送到大成的婶母王氏家寄居。婆婆沈氏知道后，经常前来谴责和讥骂王氏，王氏也毫不相让，大骂沈氏不仁不义。夹在这狭缝中的珊瑚不愿连累婶母王氏，又投奔到大成的姨母于温家寄居。于温家只有一个寡媳和一个小孙子，待珊瑚亲如儿媳。

沈氏想给大成再谋婚事，但乡里人了解沈氏的脾气和为人，女方都不愿意嫁到他家。

后来，二成长大后，娶了个悍妇臧氏。凶悍超过婆婆沈氏。她驱使婆婆就像叫唤婢女。沈氏反倒畏惧了，对臧氏低声下气。大成、二成也束手无策。沈氏怄气患病，于温得知后前来看望她（她们是姊妹）。于温的儿媳也天天送美食来——这些都是珊瑚做的。于温道出真情后，沈氏才后悔自责，思念珊瑚。于是，沈氏和珊瑚言归于好。

后来，大成、二成两兄弟分家了。大成把良田全让给了弟弟后，兄穷弟富的现象日益明显。但珊瑚与大成男耕女织，虽然家穷，但一家人和睦美满。而臧氏仍隔院指桑骂槐，还暴虐逼使奴婢自杀，被告到了官府。二成将田产全卖给任翁，让大成去签署田契。大成之父投梦给任翁，告之二成夫妇是"逆子悍妇不足怜惜"，并让大成到紫薇树下取地窖藏金赎回了田产。臧氏得知有金窖，先去挖窖，却尽是砖块；而珊瑚去看，砖块又都变成了白银。大成将白银与二成对半分配。可二成将钱背回家去后又变成了砖块。臧氏怀疑大成在欺骗，又来闹事。大成又将自己的银子全给了弟弟还债。而债主又告是伪金。二成又将田券交债主自卖，扣除债款后返回二成的银子仍大半是铜。臧氏令二成将伪金送兄以试探，结果又变成了真银。大成用此银去赎回了田产。臧氏又来闹事，珊瑚将换回的田券全部付与臧氏。

当夜，亡父托梦谴责二成"不孝不悌"，臧氏却嗤笑二成信梦。直到她的两子暴死才恐惧而悔过。后将田券送归大成，从此改恶向善，孝母敬嫂。

大成的三个儿子两个中了进士,人皆说,孝悌终有善报。

——摘自蒲松龄《聊斋志异》

熊嘎婆

很久很久以前,在一座大山里,住着一户人家,男耕女织。他们抚养了两个女儿,姐姐有十二三岁,很老实,很听话;妹妹有七八岁,很聪明,很活泼。

一天,爸爸妈妈有事要出远门一趟。临走时,爸爸妈妈吩咐她们:"如果太阳下山的时候,我们还没回来,你们就去坡上喊嘎嘎(方言:外婆的意思)来搭伴,明天我们一定回来。"

姐妹两个齐声回答:"要得。"

时间过得飞快,眼看太阳就要下山了,还不见爸爸妈妈回来。姐姐对妹妹说:"爸爸妈妈今天可能不回来了,我们去喊嘎嘎吧!"妹妹回答说:"好嘛。"

姐姐和妹妹来到山坡上,朝着嘎嘎家的方向使劲地喊:"嘎嘎!嘎嘎!今晚爸爸妈妈不能回家,你来给我们搭伴嘛!"姐姐和妹妹喊了很久,终于听到一个瓮声瓮气的声音回答:"听到了,外孙女,嘎嘎等会儿就来!"

姐姐和妹妹高高兴兴回到家里等嘎嘎。天快黑尽的时候,嘎嘎拖着蹒跚的身子出现在姐姐和妹妹的面前,姐姐赶快去端板凳给嘎嘎坐,嘎嘎忙说:"大孙女,嘎嘎就坐门前外边的大石钵。"

嘎嘎坐在石钵上,妹妹听到碓窝里不时有啪啪的响声,就问嘎嘎:"石钵里是什么在响?"嘎嘎回答说:"是青蛙在跳。"妹妹感到很奇怪,心想:青蛙怎么跑到石钵里去了呢?

睡觉的时候,嘎嘎说:"今晚谁乖谁就挨着嘎嘎睡。"妹妹站得远远的。嘎嘎又说:"大孙女乖,挨到我睡,妹妹自己睡一头。"

半夜时分,妹妹听到嘎嘎在吃什么东西,就问:"嘎嘎,你在吃啥子?我吃点。"嘎嘎回答说:"我在吃干胡豆。这的,给你。"

妹妹一接过来,大吃一惊,呀!嘎嘎吃的不是干胡豆,是姐姐的一根指拇。妹妹心里明白了,今晚遇到了熊嘎婆,它把姐姐给吃了。于是,妹妹壮了壮胆,不慌不忙地对熊嘎婆说:"嘎嘎,我要屙尿。"

这时,熊嘎婆就用姐姐的肠子把妹妹的手捆起,意思是不让妹妹跑了。

妹妹下床去屙尿,就把手上的肠子解脱,套在马桶上,然后悄悄爬上家里的楼上去，把坛子搬得轰轰作响。

熊嘎婆听了很害怕，问："小孙女，这是什么声音？"

妹妹说："嘎嘎，这是外面在打雷（因为熊嘎婆做了坏事，怕打雷）。"

熊嘎婆抖着声音说："小外孙，那怎么办呢？"

妹妹说："嘎嘎，床边有一个大柜子，你在那里面躲起来就没事了。"

熊嘎婆一听，赶忙钻进柜子躲起来。妹妹在楼上不停地摇坛子，熊嘎婆吓得发抖。隔了一会儿，妹妹轻脚轻手下楼，一下把柜子盖锁了。然后，妹妹去烧了一锅开水，把开水从柜子盖缝里倒下去，烫得熊嘎婆在里面挣扎大叫。最后，终于把熊嘎婆烫死在柜子里，为姐姐报了仇。

第二天，爸爸妈妈回来了，又是悲痛，又是高兴。悲痛的是姐姐被熊嘎婆吃了，高兴的是妹妹为姐姐报了仇。因此，爸爸妈妈更加喜欢妹妹了。

巴渝灵异传说

巴　蛇

西南地界有巴国，国中有一种蛇叫巴蛇。可以吞掉大象。食后要三年才能将象骨吐出来。有高尚品德的人若有幸吃到巴蛇肉，便可终身不患心腹疾病。巴蛇为青、黄、赤、黑各色杂交，五彩斑斓。也有说巴蛇身是黑色的，脑袋是青色的。一般生活在犀牛生活地的西边。

——摘自《山海经》

巴蛇吞象

有人游瞿塘峡，那是个草木枯萎的冬季。一天，山峦突然起野火，漫山遍野，火焰映红天空。忽然，听到山崖间响起沉闷的怪鸣声，游人于是止步静候其结果：见一圆柱形庞然大物砰然坠落于地。走进一看，原来是一条巨蛇。接着剖开肚腹细看，蛇吞了一硕大猎物于腹内。野火燃烧，欲躲避却不幸坠于山谷。所谓"巴蛇吞象"，相信确有其事。

——摘自《坚瓠余集》

渝州滩

现在还有个石碑立在这石滩之旁，以志纪念。

位于重庆城西南方向三十里，即江津往东北沿江八十里的地方有一个大石滩，与岷江汇流，波浪翻腾，时止时发；水流险恶，经常酿成船翻之祸。有一个古老的传说：说是以前有个叫和来的巴州刺史，有一天船行至此滩时，不幸船翻人亡。和来的女儿及大儿子，每逢路过，怅然悲痛。和来的女儿有两个儿子，年龄都很小。有一次，和来女儿将家里的金珠为两个儿子做了锦囊并系在了他们颈上后，于是自己便悄悄离家而去。乘船到了父亲遇难之处，呼了一声："父亲，我来了！"接着跃身跳入江中。六天以后，她给哥哥投梦说："二十一天后，我和父亲一起自江面而出。"她的哥哥如约并派人守护在江面上。二十一天过后，果然他妹妹及父亲浮出了江面。

——摘自《太平广记》

巴人伐木

很久以前，巴人有个习惯，喜欢砍伐树木来做板材。唐朝开元年间，有一百多个巴人从褒中（今陕西勉县境内）到太白庙（今陕西太白县境内）沿线一带随山砍伐森林。太白庙前有百余棵松树，各自有数十围之大。巴人惊喜道："这是老天在赏赐我们！"于是准备停当，大砍大伐。在砍倒了二十多棵松树之后，有个戴帽子拄拐杖的老人对他们说："它们是神树，为何要砍伐？"开始巴人都不理他，仍砍树不停。

于是老人又说："我是太白神。已砍倒的就算了，还未砍的就不要再砍了。"巴人还是不听。老人说："如果你们再不停止砍伐。就会丧命。这对你们没有好处。"这么说，也没有让巴人停工。

老人便登山呼喊："斑子！"突然，便先后来了几只老虎。一下子便把巴人撕碎了，仅有五六个人获免。神对他们说："你们几个表现稍好点就不杀了。赶快走吧。"

后来，那些被砍倒的树到了唐天宝末年都还尚存。

——摘自《太平广记》

水 变

明弘治十四年（1501年）农历五月二日夜晚时分，重庆城外突然白光映天，居民都登楼观望，只见渝水明亮，浮光闪烁，第二天再次观察，发现水如豆汁，人不敢饮。过了三天才恢复清澈。叙州府（今四川宜宾）差人去追根溯源，未得其解。后询问老者，说是此水发源自建昌（今四川西昌），从未有过此现象。

——摘自民国《巴县志》

陨 石

明崇祯己卯年（1639年），有大石头从天而降，陨落在城市大街上，民房损坏几十栋，数十人死亡。百姓遭殃。智者说，石头"静"则正常，"动"则不正常，这是国家将有动乱的象征（这一年清军入关，李自成、张献忠起义，明王朝危在旦夕）。

——摘自民国《长寿县志》

《巴县志》官师列传选

岑 彭

河南人，公元35年，岑彭率领军队驱入瞿塘关，命令所有将士不得侵扰百姓。所过之处，百姓箪食壶浆，以牛酒犒劳。岑彭对诸位长老说："汉朝天子很怜悯巴蜀，见大家长期遭遇战乱之祸很是不安，于是叫我兴兵讨伐发难之人，为民除害。"岑彭不接受百姓的物资款待，百姓皆大欢喜，争相开门而降。后朝廷诏岑彭守成都并管治所属，施行太守之事。岑彭到重庆，治军严明，秋毫无犯。

岑彭大将军

赵 资

官至四川行省副长官，明玉珍（后大夏国皇帝）军队第二次攻占成都时，俘虏了他的妻子和儿子。当时赵资正被围困在凌云山，明军劝导其妻招赵资投降。

双方战斗打响，明玉珍将赵资的妻子驱入阵前。赵妻携着儿子呼唤丈夫道："我们母子受擒，明元帅对我们很好，望你早日投降，以保全我们母子之命！"儿子也哭着叫喊父亲。在场的军队双方都为此感动而流泪。

赵资骑马并拉开弓箭说道："蠢妇，你死吧，还等什么？你难道不知道平章夫人是怎么取义的吗？"于是一箭射死了妻子。再打算射儿子，被阻获免。战败后，赵资被捕获到重庆，明玉珍劝降。赵资说："我作为朝廷官员，不能平贼，死有余辜，难道还敢助敌？唯有早死才好。"于是被杀。

梁　用

安陆州（今湖北钟祥）人。明朝洪武期间，以人才举荐当上了掌管全国土地、户籍、赋税方面的官员，后出任重庆知府。当政期间政绩好，死于任上。送葬那天，人群遮道，军民流泪惜别，如死了自己的父亲。

饶伯纯

明朝永乐年间，做了巴县县令的辅佐。勤政廉洁，做事谨慎。百姓深受他的恩惠。为他做了一首歌："井井乡乡绝叫嚣，桑麻盈野黍盈郊。如何百姓相安好？县有清官说姓饶。"

王　澂

明朝代宗年间，以国子监生员的名义，出任巴县令。慈祥节俭，在任三年，非分之财丝毫不取。逝于当政期间，由于贫穷，无钱归葬遗体，还是市民集资为其办丧。送葬之时，百姓夹道泣送。

徐鼎亨

江苏阳湖人，清乾隆三十一年进士。先在四川梁山县（今重庆梁平区）当官，乾隆四十四年调任巴县令。

当年遭遇灾害，朝廷下令开仓济贫。由于前任奉行不善，百姓起哄闹事，当局欲起兵镇压。鼎亨说："他们是饥饿的群众啊，不能冲动，请前往解释一下吧。"

徐鼎亨受命后即日开仓赈灾，便使百姓生活安定下来。徐鼎亨离去后，巴人立牌坊以祭祀其功绩。

乾隆年间，因当时各地浮夸功绩者甚多，朝廷下令毁掉所有功绩牌坊。朝廷使者到了鼎亨功绩牌坊前，欲捣毁。士民数万聚碑下保护。一位七十老者（皮匠）大声说道："如果要毁，我的头颅愿与牌坊共碎！"使者见状，只得将鼎亨牌坊保留下来

清官能吏徐鼎亨

《巴县志》"清天"刘衡

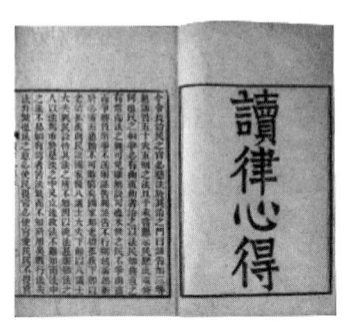

刘衡著作《读律心得》

刘衡，江西南丰人，清嘉庆五年（1800年）副贡生，道光五年（1825年）任巴县县令。

刘衡为人明察敏事，熟习文法，通达下情，爱民如子，除弊兴利，诚信动人，所到之处，深受百姓爱戴。巴县的官司特别多，白吃衙门的闲职者达7000多人。自从刘衡上任后，删减了大多数人，使其为市民，仅留下差使100余人。

刘衡喜欢法律，对百姓宽于严。常说："县官，即是亲民官也。若官贪图安逸，不自亲民，则与百姓远离。要治其弊端，唯有'官须自做'四个字。"他到任后，不设门丁，将大铜锣置于大堂前，听到有人敲鼓即为其审理。

每逢外出查勘命案，随从仅六人，并将饭菜放于囊中，就餐时泡水以食。

审案程序明了简洁，公正而不威逼。每一处罚，都让违法者心服口服。刚到县衙时，有未判难判者千余件，离任时，仅有一案而已。

创立城乡义学，公余时间亲自督课，考勤，鼓励为师笃学尚行。重庆试院，年久失修，刘衡捐助700金，以此倡导社会助学。后募集万金修缮学房，成为一时壮观。

刘衡将离巴县之前，为巴县百姓做了一件好事，就是修建公墓。风水先生测得临江门外王瓜园是个好地方，但那地为江西一位姓彭的所有。彭氏富裕，不愿出售。刘衡得知后亲自拜访，述说为民之利，动之以情，彭氏欣然应允。刘衡最后还拿出钱促其成功。王瓜园这块地，地势高敞，可安置十万坟茔。县人称颂刘衡，不仅关怀市民，还恩泽枯骨。

老百姓特别称赞刘衡的事：每逢市民买了田宅去衙门办证纳税（数额很少）时，刘衡都要亲自以酒菜招待来者，坐而与其饮，并嘱咐："你劳苦了，得有此田宅，便成为良民。今载册为粮户，望今后努力多做善事并告诫子孙。"

四川总督戴三锡巡视川东时，附近县城所有诉冤的民众纷纷对他说："请派刘清天（刘衡）来为我们做主啊！"乃至当时朝廷都知道了这个民愿。

后来，刘衡又奉命去管理绵州（今绵阳）、保宁（今阆中）、成都等地。再以后，刘衡去了河南，职务更高，担任了开封、归德、陈州、许州县的总管，直到1841年去世。

巴县民众有感于刘衡的为政功德，期望建祠堂以纪念，得到朝廷允许。同治五年（1866年），四川学政杨秉璋向朝廷整理了刘衡为官以来的功绩。说道："刘衡历任四川、河南守令，所到之处名声突出。离职四十余年，民间仍然称道不衰。所著《庸吏庸言》《蜀僚问答》《读律心得》等书，字里行间流露对人间疾苦的了解和同情。对于兴利除弊之道，均有详尽策略。真是无愧于国家庶民忠良之官。我们打算将他所有政绩存入史馆，编入《循吏传》让后人学习、借鉴。"

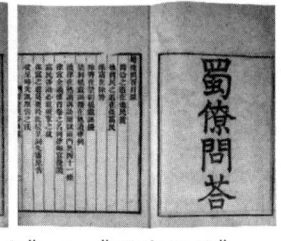

刘衡著作《庸吏庸言》和《蜀僚问答》

刘衡的著作另有《六九轩算书》五种，其深入浅出，旁征博引，对于后人继承传统文化很有益处。还著有小学书，得到社会广泛称赞。

重庆言子小传

1955年10月15日，中国文字改革委员会和教育部联合召开的第一次文字改革会议在北京举行，来自全国除西藏外的28个省市自治区以及中央一级文字改革、教育、科学、作协、外交、邮电、新闻、广播、出版、民委、总政、全总、青年团、妇联等的代表共207人参加会议。

这次会议十分重要，将决定新中国的通用语——普通话。

"中华人民共和国"国名提议者、教育家张奚若作大会主题报告时指出："为了突出我们是一个多民族的大家庭，为了突出我们各民族语言文字的平等，所以经过深入研究，我们决定不采取国语这个叫法。如果叫国语的话，担心会被误解为把汉语凌驾于国内其他民族之上。"经过研究，最后决定将国家通用语定名为"普通话"。

随后，在关于普通话的基础方言的选择上，与会代表发生了尖锐的分歧。特别是北京官话和西南官话，前者拥有定都北京及文化上的强势，后者拥有使用人数最多及使用地域宽广的优势，争执非常尖锐。

双方势均力敌，只能通过投票表决以显公允。经过紧张的投票程序，最后公布结果：北京官话以52票位居榜首；西南官话获51票，以一票之差名落孙山；第三名是吴语，获46票；

西南官话分布示意图

粤语获得25票，名列第四。也就是说，在1955年的这一场投票表决中，或许仅仅因为某位与会代表的一念之差，以巴蜀地区语言为代表的西南官话就与普通话擦肩而过，留下一个或许是历史性的遗憾。

所谓西南官话，是使用人口最多、分布区域面积最广的汉语分支之一。主要分布在重庆、四川、贵州、云南、湖北等省市，以及广西、湖南、陕西、江西等省区。西南官话在缅甸掸邦第一特区（果敢）、缅甸掸邦第二特区（佤邦）具有官方地位，是仅有的3个具有官方地位的汉语分支之一。据统计，使用西南官话的人口超过2.7亿，占目前中国全国人口的五分之一，相当于湘语、赣语、粤语、闽语人口的总和。

根据2009年版《中国语言地图集》，西南官话可以分为6大片22小片，6大片包括川黔、西蜀、川西、云南、桂柳、湖广等。其中，川黔片分为成渝、陕南、黔中3小片；西蜀片分为岷赤、雅甘、江贡3小片；川西片分为康藏、凉山2小片；云南片分为滇中、滇西、滇南3小片；桂柳片分为湘南、黔南、桂北、桂南4小片；湖广片分为鄂北、鄂中、湘西、湘北、怀玉、黔东、黎靖7小片。

西南官话中最大的一个小片使用人口接近一个亿，即成渝小片。重庆方言正是成渝小片中的一个代表。

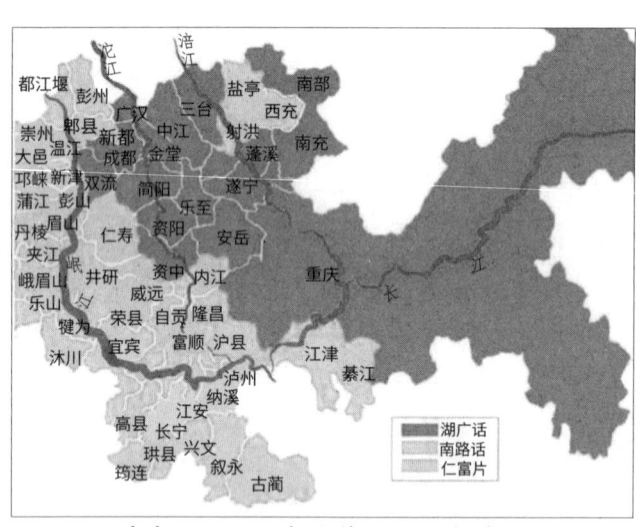

重庆、四川及湖广等地的方言特点

重庆方言作为西南官话的一个分支，它的起源与西南官话基本一致，明代及其之后，因移民西南而逐渐成型。也就是说，重庆方言大体由两部分语言组成，一是以古代巴民族的方言为基础，所以重庆话中保留了大量的古汉字的意思及读法；二是以"湖广填四川"及抗战内迁为代表的大移民带来的各地方言为补充，经过岁月的洗礼，最终形成现在的重庆方言。正是由于频繁的迁徙、杂居、五方杂处，相互影响，相得益彰，相映成趣，相互融合而形成的重庆方言，就更具有丰富鲜明，多姿多彩，形象生动，幽默风趣的特点，是中国语言大家族中一只绚丽的奇葩。

重庆方言言近旨远、生猛刚烈、个性突出、短小精悍、灵活多样，又称为"言子",这是广义的重庆言子。重庆人有一种独特的"展言子"的语言习惯,即只说出前半句,后半句隐而不言,谓之歇后,即歇后语、半截话,实际就是隐语。这是狭义的重庆言子。前半句是譬语或引子,后半句是解语或注语,是说话人的真意所在。这种语言形式类似《诗经》和陕北民歌信天游常用的"比兴手法"。

狭义的重庆言子常见的有以下几种类型:

一是写实的。把生活中存在的现象提炼出来,强化某一细节达到讽刺与幽默的效果。比如:一两米熬锅稀饭——亲(清)得很;大年初一看历书——日子还长。

二是想象的。把生活中可能存在的现象,想象其正在发生并造成一定的喜剧效果。比如:大肚皮过独木桥——铤而(挺儿)走险;十五个驼背睡一床——七拱八翘。

三是拟人的。以动物形象拟人,近乎寓言。比如:耗子钻风箱——两头受气;老虎的屁股——摸不得。

四是借喻的。借用文学艺术塑造的经典形象或历史人物为大家所熟悉的典型事件,进行借喻。比如:孔夫子搬家——尽是输(书);刘备借荆州——有借无还。

五是夸张的。在现实生活中不可能存在,但为了表达某种情绪而进行幻想夸张。比如:半天云里挂口袋——装疯(风);云端上跑马——露马脚。

六是双关的。运用双关的手法,前半句的引子,引出后半句谐音、象声和释义。比如:土地老爷洗澡——淘神;外甥打灯笼——照旧(舅)。

言子于谐趣幽默里见智慧,是重庆方言的一大特殊现象。

重庆掌故 [典藏本]
CHONGQING ANECDOTES
大案奇录
四卷
巴案，传奇，人间也。

杨应龙反叛案

明朝中后期，朝廷命官杨应龙，原四川播州（今贵州遵义）的世袭土司。明隆庆五年（1571年），他世袭了父亲杨烈的播州宣慰司宣慰使一职。到了明万历十四年（1586年），他又升任都指挥使，多次出兵平定川西的土司造反，因从调有功，被朝廷加封为骠骑将军。

杨应龙的先祖杨端，唐朝山西太原人。唐咸通十四年（873年），南诏国酋龙再次攻陷播州，据为己有，朝廷震动。唐僖宗乾符三年（876年），杨端应募从军，带领自己的部曲与其舅舅谢氏率江西向氏、令狐氏、成氏、赵氏、犹氏、娄氏、梁氏、韦氏、谢氏等九姓子弟，经由四川泸州、叙永浩浩荡荡地向播州进发，恰遇避难泸州的播州土官、太原罗荣五世孙罗太汪赴军营献策，二者一拍即合、偕同征战，明攻娄山关，暗渡赤水河，经过两年征战，最终平定南诏"土酋叛唐"，收复播州。随后，杨端因功受命于朝廷立守边陲，统领播州，官居正职，罗太汪为副职，其家人、部曲及江西谢氏等九姓子孙便定居于播州。

自杨端于唐末平叛土酋，据守播州任土司以后，历经五代、宋朝、元朝到明朝共二十九代皆统治播州，杨氏家族经营播州七百余年，势力盘根错节，俨然就是一个土皇帝。相传，杨应龙为人狡诈多疑，喜欢以诛杀部属、百姓立威，与盟友、同僚、下属结怨甚深，所管辖的五司七姓均不堪其虐，纷纷叛离他。

明万历十七年（1589年），杨应龙势力坐大，野心膨胀，公开作乱，对抗朝廷，威胁国家统一，朝廷多次都要拿他是问，但鉴于外忧内患，东面抗倭寇，西边平叛乱，时局动荡不休，都没有执行。

两三年后，全国局势稳定，杨应龙被朝廷问罪。朝廷诏命川黔两省会同勘问杨应龙，令其即刻动身前往接受惩处。但因四川巡抚李化龙建议暂免勘问，贵州巡抚叶梦熊却力主勘问，两位巡抚意见不合，而且播州归四川管辖，杨应龙自然愿意赴蜀受审，而不愿赴黔。

明万历二十年（1592年），杨应龙在朝廷允准随从的陪护下赴渝受审，依法当斩。当时倭人进犯朝鲜，杨应龙请求献金赎罪并带兵东进征讨倭寇，得到朝廷允准，赓即回到播州整顿军马。但是，李化龙很快调任京师，继任四川巡抚王继光却坚持要严提勘结杨应龙案。由于这般突然变故，杨应龙见舍财消灾、戴罪立功以求自保不成，便拥兵自重，抗命不出，于是朝廷下令进剿。

明万历二十一年，四川巡抚王继光会兵进剿，总兵刘承嗣、参将郭成统兵

3000征讨杨应龙。大军抵达娄山关，杨应龙施计诈降，却暗地里遣兵据关冲杀，官军大败且死伤过半，只好撤退收兵，巡抚王继光被朝廷革职。

过了两年，明万历二十三年（1595年），兵部侍郎邢玠命重庆知府王士请令杨应龙至綦江听勘。杨应龙舍车保帅，缚献黄元等12人抵自己的死罪问斩，并请纳银四万两赎罪。朝廷允准，但革去杨应龙播州宣慰使，以长子杨朝栋代其职，次子杨可栋留渝作人质。不久之后，杨应龙惊闻次子死于重庆，于是拒缴赎金，公开反叛作乱。

万历二十四年，抗倭及朝鲜半岛战事吃紧，杨应龙乘机派兵袭击掠夺贵州余庆、大呼、都坝，焚毁劫掠草塘二司及兴隆等地。万历二十五年，流窜劫掠四川江津、南川诸邑，袭击贵州洪头、高坪、新村诸屯，并侵扰湖广48屯，企图割据为王。弄得川、黔、湖广诸省的官民惊恐万状，朝廷震怒。

万历二十七年（1599年），贵州巡抚江东之命令都指挥使杨国柱率官兵3000进剿。杨应龙令其弟杨兆龙、长子杨朝栋至飞练堡迎战，官军大败且无一生还，巡抚江东之被朝廷革职。

播州地域示意图

此刻，杨应龙的军师孙时泰请求直取重庆，捣毁成都，劫持蜀王为人质，与朝廷分庭抗礼，而杨应龙却拖延不决，声称只是为了争夺地盘，希望得到朝廷如先前一样的赦免。

此时，明朝支援高丽（今朝韩两国）抗倭战事已经结束，万历皇帝决心平定杨应龙叛乱。同年五月，都御使兼兵部侍郎李化龙再度出山，奉命节制川、黔、湖广三省军务并兼任四川巡抚，主持平叛播州战事。甫上任，李化龙便弹劾诸多不听从命令的将官，贵州总兵沈尚被逮捕，童元镇、刘绖被革职充为事官。各路兵马大集，李化龙先令水西兵3万守住贵州，截断杨应龙征招苗人的通道，之后他移兵重庆，大会文武官兵。

万历二十八年（1600年）初春，总督三省军务的李化龙在重庆较场口登坛祭告、挥师启程，明军八路兵马汇集至播州附近，每路兵马3万，官军占三成，土司兵占七成，共计20余万人。

四川兵分四路：总兵官刘绖由綦江出兵，总兵官马孔英出南川，总兵官吴

广出合江，副将曹希彬受吴广节制，出永宁。贵州兵分三路：总兵官童元镇由乌江出发，参将朱鹤龄受童元镇节制，统领宣慰使安疆臣由沙溪出发，总兵官李应祥由兴隆出发。湖广兵一路分为两翼：总兵官陈璘由偏远出师，副总兵陈良玭受陈璘节制，由龙泉出师。

四川巡抚李化龙

贵州巡抚郭子章驻守贵州，湖广巡抚支可大移驻沅州，李化龙亲自领中军策应。推官高析枝先从南川进兵，占据桑木镇，刘𫄧又从綦江入播州境内。各路军马推进迅速，纷纷与杨应龙派出的阻击部队交手接战。

杨应龙倾其所辖之力严阵以待。他以劲兵二万交给他的儿子杨朝栋，说道："你破綦江，驰南川，全部焚毁积聚，他们就没有办法。"然而，等到抗击诸路官军的人马都纷纷大败后，杨应龙捶胸顿足叹息道："唉，我不用孙时泰的计策，今日死定了！"

突然，李化龙接报说水西兵帮助叛贼，他立即责问安疆臣，随即斩杀叛贼派来的使者，水西、播州两个土司于是断绝往来。乌江一路的兵败报告传来，李化龙立马逮捕童元镇。如此，诸位将领更加奋勇杀敌。

娄山关是杨应龙老巢海龙囤的门户，与海龙囤并称天险，易守难攻。四川刘𫄧率先进入娄山关，直达海龙囤，紧接着湖广陈璘、贵州安疆臣部也到达了。叛贼见形势危急，收拢上囤死守，派遣使者假装投降。李化龙令诸将烧掉来函，斩杀使者。由于刘𫄧与杨应龙旧日有交情，李化龙晓谕他不得与叛贼私通，否则严惩不贷，刘𫄧将杨应龙的使者拘禁以表明自己的态度。

八路兵马都汇集于海龙囤下，修筑长围以围困叛贼，每日轮番进攻。六月初六，刘𫄧攻破土、月二城，杨应龙见败局已定且走投无路，与爱妾周氏、何氏关门自缢。次日早晨，明军攻入内城，杨应龙的儿子杨朝栋等七子和弟弟杨兆龙都被俘。明军从2月出兵到6月灭贼，共114天，共斩杀杨应龙部队2万人。

十二月，李化龙班师回朝，并将杨朝栋、杨兆龙等69人押解到京，斩于闹市。至此，传位29代，历经唐、五代、宋、元、明5个朝代，历时725年的播州杨氏土司统治彻底结束。平播之役后，明廷取消土司制度，实行改土归流，置遵义、平越二府，分属四川、贵州两省。

在明兵攻破海龙囤时，杨应龙见大势已去，为保杨氏血脉，他托一姓穆的奶妈背着褓褓中的小孙子，用绳子从海龙囤悬崖峭壁吊下。这个老妪背起这幼子绕道干溪、八流水等地逃去绥阳。后隐姓埋名。由于传统

遵义海龙囤遗址

观念一直视杨应龙为"反寇",故杨应龙遗孤不敢露其真姓,幼儿取名含赤(饱含血泪之意),在绥阳高枋子一座庙里落脚,后长大成人。

明朝崇祯皇帝时,重新审视万历皇帝的平播之战,查找到杨应龙后人,给予杨氏后人平反。此时,含赤恢复杨姓,正名杨寿松。当崇祯皇帝获知杨应龙还有一孙子健在,并赐予杨寿松领取19年五品官员俸禄,为感谢皇恩,杨寿松在领取俸禄时签名为杨俸禄。

据杨氏后代杨国政说,其杨应龙家谱从杨应龙起为:"龙栋寿葵,昌木水山,起怀廷治,秉国芝光……我们对家谱中记载每处墓葬进行逐一清理和核实,目前为止,已查出居住在遵义城区周边上万人是杨应龙嫡系子孙。"

遵义史志有关专家说,从现有墓葬群显示,杨应龙的后代并没有因为平播之战后就此消沉,在新的历史条件下,依然继承了祖先的传统,奋发努力,对国家和社会都做出了一定的贡献,所以得到了历代皇帝的诰封和名家的题识。如今,海龙囤已被列为世界文化遗产。

总兵杀手邓玘

邓玘,重庆巴县白市驿(今九龙坡区白市驿)人,明朝万历年间出生在一个农耕家庭。小时候上过几年私塾,能识文断字,粗通文墨。从小志向远大,性格刚强,行事果敢,立志精忠报国,对拳脚刀弓很有兴趣。少年时代跟佛来寺的和尚学了点功夫,到了十七八岁,已练就一身本事,在当地小有名气,方圆几十里无人能敌。

清代衙门前的四抬官轿

明末天启元年,四川永宁宣抚使奢崇明在奉旨率2万兵马驰援辽东战事途经重庆时扯旗造反,派部将樊龙部攻占了重庆,随后返身攻占合江、破泸州、陷遵义、围成都,震动朝廷。明朝廷派石柱女总兵秦良玉带领白杆兵,与朝廷官军合攻重庆,激战数月,赶走了樊龙部队。

邓玘仰慕秦良玉的威名,决心投奔白杆兵阵前效力。等他赶到重庆时,秦良玉部队早已离去。于是邓玘就留在城里,通过一亲戚举荐,在巴县衙门找了一份给县大老爷抬轿子的差事。

山间行走的四抬民轿

邓玘人高马大，朴实内向，初来乍到又不懂一点行规：新人须得"孝敬"那伙"老板凳"。于是一开初便遭到几个老轿夫"穿小鞋"。

这天下午，县大老爷傅宗龙外出有事，让准备轿子。邓玘抬轿后的前杠，抬后杠子的轿夫故意把抬绳抹到了一边。大老爷上了轿，没等喊起轿，这轿夫就示意抬。邓玘就抬轿起身，他个子高，抬绳又抹到了一边，前面两人却没有动，就等于他把轿子掀到了一边。这一掀，就把傅大老爷翻倒在地上，一身尘土，灰不拢耸，狼狈不堪。三个轿夫都齐声指责邓玘，大老爷从地上爬起来，返身进了衙门，根本不听邓玘辩解，即叫衙役拉过邓玘，按翻在地，喝令责打四十大板。邓玘年轻气盛，志向甚高，哪里受得了这番委屈，板子打完后便拿起行李，一瘸一拐地咬着牙离开了县衙。

邓玘当晚回到家中，将妻女呼来一同饮酒，待妻女醉后，邓玘将其扛在肩上，抛弃于长江边的沙滩上，随即毅然离家而去。

他先投奔到贵州总兵鲁钦门下追杀奢崇明叛军。由于身手不凡，冲锋陷阵，视死如归，在经历大小数百战后，因屡建奇功，一步步升为四川副总兵。

后在朝廷围剿叛军奢崇明、安邦彦的战斗中，邓玘与四川总兵侯良柱各带人马，水陆并进，将安邦彦围困在重庆佛图关、鹅项岭一带。这一仗斩杀敌人首级数万，活捉数千敌军，包括叛军首脑奢崇明及安邦彦等高级将领。这一仗，将奢崇明、安邦彦叛军彻底消灭，使为患多年的"积年巨寇，一朝弭平，时称西南奇捷"。此役后，邓玘被升为总兵，带兵入京勤王。

在邓玘做了总兵驻防荆门州（今湖北荆州）时，原巴县知县傅宗龙此刻已是四川巡抚，即将就任兵部尚书，恰好路过荆门州。邓玘没有忘记这位老上司，前去拜访，口称恩师，门生某某拜。傅尚书一听，总兵是四川口音，却想不起什么时候见过这位总兵。又听这个总兵自称门生，称呼自己为恩师，感觉很是奇怪，便问道："邓将军，你怎么这样称呼在下呢？"

邓玘回答说："没错。恩师可曾记得，当年你在巴县时，衙门轿班有一个抬轿的轿夫，抬轿时，把大老爷弄翻在地的故事？后来你打了这轿夫四十大板，这个轿夫就是我。要不是当年你打了我，说我不长进，说不定而今还在巴县衙门抬轿，哪有我今天！"说着把当年情形一一叙来，傅尚书大惊后嘉赞不已，而后更是器重邓玘。

崇祯年间，朱明王朝已到了风雨飘摇、社会矛盾总爆发的时刻，外有清军侵掠，内有李自成、张献忠等大规模

明崇祯皇帝朱由检

农民起义。内外交困、腹背受敌、摇摇欲坠的朱明王朝,急于想将农民起义镇压下去,除了增派官兵疯狂镇压农民起义军外,还派出一些身手了得的骁勇之将行刺起义军领袖。于是邓玘便成了刺杀张献忠的最好人选。

那时,起义军张献忠部驻扎在襄阳。邓玘接受皇上命令之后,便乔装打扮成义军模样,混进了张献忠军营。他先混入厕所,用起义军的暗语向前来如厕的义军探听得张献忠正在军帐中饮酒看戏,便径直闪到张献忠面前。

邓玘并没有乘其不备刺杀张献忠,而是自报家门,说道:"大王,本官姓邓,名玘,奉朝廷之命前来取你首级。但念你我本是同命之人,不忍杀你,不过刀要见血,方可回朝复命。对不起了!"说时迟,那时快,邓玘闪身上前,手起刀落,便在张献忠的脸颊上划了一道口子。趁张献忠左右诸将尚未回过神来,邓玘双手抱拳,说了声"后会有期",便扬长而去。

作为朝廷命官,且身居显位,又深得朝廷信用,邓玘为啥会在有机会刺杀张献忠的时候手下留情呢?这似乎有些令人费解。但他那句"本是同命之人",道出他与张献忠同是出身草莽,深受委屈而奋起实现宏伟抱负的人。只不过一个是在体制内,一个是在体制外而已。

邓玘在往后的军旅生涯中,因不善用人,治军无方,且刚愎自用,招致部下谋反,他在镇压叛军途中不幸坠楼而亡,后葬于家乡巴县白市驿小虎峰山。

张献忠闻讯邓玘噩耗后,感叹道:"今而后,天下无我抗手矣!"

张献忠率大西军攻占重庆后,在向成都的行军途中,到白市驿时曾拜过邓玘墓。说道:"将军若在,吾安能至此?"(据《巴县志》记载,在巴县西白市驿前十里有邓都督神道碑,耸立道旁,乡里称为大碑。其地为成渝往来大道。父老相传,张献忠行军过此,曾下马瞻拜。)

义军首领张献忠

武功高人罗思举

腾云驾雾者,那是神话中的仙人。飞檐走壁者,那是除恶扬善的大侠。

历史上的重庆人中有飞檐走壁的武功高手吗?至少有一个,据《巴县志》记载,他叫罗思举,其人"逾屋如飞"。

罗思举(1764—1840年),字天鹏,四川东乡(今四川宣汉)人,生于乾隆年间,逝于道光帝时。他家境贫寒,六岁丧父,自幼聪明,八岁入学,能背诵诗文而不认得字。

振威将军罗思举

1778年，东乡县大旱，田土绝收，次年凶荒。16岁的罗思举带着年幼的弟弟逃荒到太平县（今四川万源市），靠种地砍柴为生。

17岁时，离乡背井到陕西终南山跟道人学武艺。由于领悟力过人又能勤学苦练，几年后于同道中无人能比肩。武艺已成，于是辞别师父返乡，途中与一批习武练功之人结拜为义兄弟，开始了劫富济贫的生涯。这批习武青年嗜赌，一次聚赌，赢了有官场背景的商人重金，商人不服，谎报遇盗。捕役追拿了这批习武青年，罗思举拒捕，击伤公人而逃。

之后，家乡宣汉发生一起客商被抢劫5000两银子的大案，衙门联想到罗思举犯有前科在逃，便四路张榜缉拿他，他的几个酒肉朋友为得赏银，把他的住所报告了官府，再设宴将他灌醉让捕役捉拿。狱卒严刑折磨要他认"罪"，罗思举坚贞不屈，深夜越狱逃跑。

随后，罗思举行走江湖，四海为家，漂泊不定，劫富济贫，行侠仗义，为盗于陕西、河南、四川、湖北、湖南一带，俨然成了江洋大盗。

此时，白莲教在四川达州地区兴起闹事又横行乡里，官民皆恨之入骨，罗思举得知消息后，认定乱世出英豪的时机到了，于是星夜兼程赶回家乡宣汉罗家坝，想杀贼立功。

当时白莲教的首领王三槐，聚集数万队伍在峰城（四川宣汉境内）。官军都不敢前去应战。开始时，罗思举加入官军罗定国的部队。他独自侦察了峰城后，向罗定国报告军情，并愿率敢死队趁夜色袭击峰城，官军外应，双方里应外合夹击，定能打败敌军。罗军首领嘲笑罗思举"狂言"，思举愤怒不已，于是单枪匹马，只身潜入峰城。

入夜，他携带火药，趁敌军熟睡之际，点燃各处篷帐。敌军惊醒，浑浑噩噩，不辨东西，相互践踏，死伤无数……罗思举以一夫之力吓敌数万的壮举惊震川东，后四川总督奖励他七品军功。

以后的年月，罗思举跟随多位清军统帅转战大江南北十余年，所向披靡，屡建功勋，事迹载于《清史》。他也因此步步高升，清嘉庆十八年（1813年）担任重庆总兵。

罗思举任职重庆总兵期间，天天训练部队将士，长途跋涉郊外，称为"练腿"。空暇时间，则施用药方给人治病。

清嘉庆皇帝颙琰

罗思举富有悲悯之心，每逢到郊外见到外露尸骨，总要将其掩埋。他发起和筹建了三个上万人的坟墓，"安乐洞"（今渝中区七星岗附近）就是一处。

他还培修书院和关侯庙。设立栖流所、救生船，拯救了很多生灵。

嘉庆二十二年三月六日，他在珊瑚坝官潭，放生了一条重六百多斤的大鱼，还在其腮下系了一个刻有祝福吉祥的文字标识。

后来，他获知重庆到巫山沿途劫匪猖獗，于是与重庆知府林培厚协谋缉凶。擒获贼首辛和尚、张绍楚等。大众皆称："思举既至，千里肃然。"

在罗思举当政重庆的两年，只要是他所制定和倡导的事情，都对军民有利，至今不废。以后罗思举又被提升为贵州提督，又历任四川、云南、湖北提督，最后官至一品水陆总督，皇上赐双眼花翎、一等轻车都尉世袭罔替。

罗思举于道光二十年（1840年），77岁高龄时再次奉命出征，在出征途中去世，朝廷赐太子太保衔，谥壮勇公，封振威将军。

他在事业最辉煌之时，也从不避讳自己青年时代的隐晦历史。他在位时曾通知四川、陕西和湖北各州："你们曾经要捕缉的罗思举，今已在为国效力，可销案了！"

在重庆的某一天晚上，他的好友陶澍方与他同饮，酒酣时，罗思举脱下外衣，只见满身皆是创伤疤痕。他为父母治病而割股的有七处伤痕，可见其忠孝之心出自天性！

二百五奇人李青云

清嘉庆二十五年（1820年），一位身材高大、声音洪亮、步履稳健，约莫五十开外的中年男人来到开县（今重庆开州区）陈家场。此地在万县与开县之间，环境幽静、民风纯朴、出行方便，可安身立命。他在陈家场落脚后，便对当地人说，自己一百年前来过此地，时人大笑其癫狂说梦。当乡人问及来者，此地一百年前的风土人情，他对答如流，均与当地史实相符，众人遂刮目相看。加之来者熟悉草药，善于医道，当地百姓又古道热肠，很快便接纳了他。

来人自称李青云（实名李庆远），祖籍上海（一说四川），生于清康熙十七年（1678年）。13岁时随三位采药老者云游四海，遍访中国名山大川，并远涉波斯、印度、越南等地。常年住在深山老林，靠药材、野果充饥，吃得最多的是何首乌、黄精等，一晃不知活了多少年。

李青云擅长眼科和骨伤科，落脚陈家场后便雇佣了一位14岁少年向此阳为伙计，为其挑药担，常年游乡治病，对富有人家收取高额药费，以供养全家生活。李青云闲时常到高桥附近的穿心店约人打牌，每次都输一百二十文左右，让牌友赢够当天饭食钱。他对人厚道，从不发怒，故邻人多愿与之相处，均尊称他为李二老师，因为曾有一位自称是他哥哥的老人从上海来陈家场探望过他。

255岁奇人李青云

还传说他善相法，曾有开县南门人张骥若年轻时，李青云算定张将来要当大官，约定算准了以后以两石谷子作酬谢。后来张骥若果真当了四川军阀的旅长，果真送了他两石谷子酬谢。

传说李青云曾娶妻24个，有180个后人，最后一个为向此阳的姐姐。李青云的生活习惯异于常人，不饮酒、不喝茶、不抽烟、不吐痰、不昼眠、不吃厚味、不拘荤素，吃饭定时定量。早睡早起；闲时闭目静坐，两手置于膝上，昂首挺胸，几个小时一动也不动。邻里说他心静，坐如龟、行如鸽、睡如狗。其左手蓄长指甲，常用小竹管套在手指上保护指甲，长至六寸左右即剪下置于木匣内保存，李青云死时有指甲壳一小匣；他平时寡言少语，从不谈及无关的话题。别人问及年龄，仅答两百余岁。他虽娶向此阳的姐姐为妻，却不同居，仅让妻室为其洗衣煮饭而已。

民国十六年（1927年），李青云应四川军阀杨森的邀请，去万县传授养身之道。李青云到达时，万县城万人空巷，都想一睹寿仙风采。他一身蓝布长袍，一双厚黑布袜，脚穿草鞋，望之如五六十岁，目光炯炯，声若洪钟。杨森对李青云敬若上宾，为他特制全身新衣，请照相馆照相，并放大陈列在橱窗里，标明"开县二百五十岁老人李青云肖像，民国十六年春三月摄于万州"。一时之间四川省内各报竞相作为奇闻报道，轰动全川。

民国二十年（1931年），《万州日报》九月十五日又载："开县二百五十四岁老人李青云，已于前晚由陈家场到万，住李家花园。老人系应王师长之邀到万的，在万期间，老人谈了长生之道只一静字。"

李青云于此次去万县返家后两年（1933年，癸酉）病逝，葬于开县长沙镇义学村李家湾。也有一种传说是，1926年杨森在万县主持建"森威桥"（后改为"万安桥"）时，邀李青云赴万州参加大桥落成仪式，当时万县万人空巷争相观看这位200多岁的李神仙云云。

杨森之所以要竭力推崇长寿之人李青云，是为了取悦刚刚定都南京的蒋介石，杨森以"长生不老"、寿星相片为证，以盛世人瑞为题，给蒋介石送了一份厚礼。蒋介石得讯后非常开心，立刻要杨森设法护送李神仙进京，"以使中外人士共瞻我国人瑞，并且有意了解他的修养摄生之道"。

美国媒体和国民党的关系甚好，

李青云上民国报纸了

美国各大媒体自然争相报道蒋介石亲自呈送的"长寿报告"。经查阅，美国《时代》杂志的确刊登过一篇关于李青云的报道，名为《龟雀狗》(Tortoise-Pigeon-Dog)。《时代》杂志认为李青云出生于1678年，死于1928年，实属当今最长寿人。其长寿秘诀有四：心静、坐如龟、行如鸽、睡如狗。由此，李青云的养生之说名扬海内外。

美国报载李青云长寿奇闻

李青云究竟有多大岁数？时至今日仍是个难解的谜团。据现在已经掌握的资料证明，李青云1820年来开县后，他雇用的14岁的挑药担子少年向此阳，生于1806年，是现在住在开县长沙镇李家湾人黎广松的外公，活了93岁，死于1899年。而李青云却是死于1933年，由向此阳的外孙黎广松将其安葬于长沙镇狮寨村，说明李青云在开县生活了113年。李青云在开县时约莫五十来岁，他的寿命至少在170岁左右。如果按他逢人便说生于康熙十七年不假，100年前来过开县陈家场为真，他活了整整255岁！

反洋教血案

自1840年鸦片战争后，西方教会在西方列强与清政府签订的不平等条约的庇护下，向中国派遣了众多的传教士。随着西方列强和资本主义势力对中国侵略的加深加重，传教士也开始从沿海一带深入到中国内陆地区，几乎覆盖了所有省份和绝大多数县内。

这些外国传教士中的绝大多数是披着宗教的外衣，干着各种侵略者的勾当和危害当地人民的坏事：他们或强迫百姓入教，侵占百姓田地，掠夺百姓财产；或霸占文庙、祠堂等公用设施；或占据要津，充当间谍四处活动，搜集政治、经济、军事、文化、社会情报危害中国，从而引起了中国人民持续不断的驱杀教士教民、捣毁教堂的反洋教斗争，一时间全国各地反洋教运动风起云涌。

从1858年到1886年的近30年中，重庆市区发生了两次大的反抗西方教会案，史称重庆教案。

1860年，第二次鸦片战争后，《北京条约》签订，原在四川已有相当教徒基础的

被起义军捣毁后修复的大足跑马教堂

巴黎外方传教会即以重庆为据点，设立主教，管辖云南、贵州、四川等各省的教务。之后，美会、圣公会、伦敦会、公谊会、浸礼会、英美会等外国教会，相继侵入四川，大肆发展教徒，扩充教会势力。

第一次重庆教案发生在1862年。法国公使提出将重庆城内的长安寺（今渝中区重庆25中学）给予川东主教改建为天主堂，消息一传出，当即引起了重庆绅商的强烈反对。法国方面坚持其无理要求，并向清廷施压。清廷害怕引起挑衅事端，就令四川省尽快将长安寺交给天主教会，但朝廷此举却引发了重庆民众"打教"。

民初重庆长安寺（今重庆25中内）

1863年3月，上千的团勇和群众，将天主教最大的真元堂及教堂设的医馆等捣毁。事发后，四川总督及成都将军立即将川东道吴镐撤职，并采取措施防止事态扩大。最后，法国主教范若瑟与重庆绅商于1864年达成协议：天主教不再要求将长安寺改建为教堂，重庆绅商付给范若瑟15万两白银作为赔偿，对打教者也不予深究。

三年后的1886年，由美、英传教士购地建教堂、住所事件又引发了第二次重庆教案。

1885年冬，美、英传教士分别在重庆鹅项岭、凉风垭、丛树碑购地建教堂、住所，遭到民众强烈反对。1886年7月1日，数百名武童生及群众，将美、英传教士在上述三地所建房屋全部捣毁。事后，成千上万群众又将城内教堂和教会建的医院、住宅捣毁，并与恃教欺民的教民罗元义发生冲突。

罗元义指挥教会武装打死群众11人，打伤22人，群众更加气愤，四处"打教"。在武童、民团的带动下，商人罢市，武童罢考，群众将重庆城内所余教堂及教会所建的各类房屋全都打毁。由此引起了川东30余州县反洋教的风潮，以及毗邻重庆的鄂、黔各县的打教事件。事发后，英、美、法公使向清廷大肆要挟，四川总督只得派员至渝，与重庆地方官会同处理此事。经过与对方的反复磋商，最后以处死凶手罗元义及民众首领2人，以白银赎回英、美教士所购之地，并向英、美、法教会赔款白银26万余两结案。

这两次教案事件是外国列强凭借不平等条约在中国领土恣意妄为，引起中国广大人民的不满与反抗，双方发生的激烈冲突。它是在两次鸦片战争后民族危机空前严重的情况下发生的，具有鲜明的反帝色彩。这些教案在重庆、四川乃至中国南方都产生了巨大影响，它们是"义和团运动"的前奏。

万县惨案始末

1926年的中国，内乱不止，军阀割据，国民革命军反对北洋军阀的北伐战争节节胜利，各地工农革命运动风起云涌，空前高涨，外国列强的在华势力遭受沉重打击。英国政府加紧了干涉中国革命的步伐，以巩固其在长江流域的势力，不仅调遣大批军舰来华示威，在我国东南沿海制造血案，还纵容其商轮在中国以长江为主的内河寻衅肇事，以浪沉中国木船，淹死中国人民为儿戏。

万县长江上的"柯克捷夫号"英国军舰

1926年8月29日，英国太古公司的"万流号"商轮在四川云阳（今重庆云阳）长江江面有意疾驶，浪沉了杨森部载运军饷的木船3艘，杨森部官兵和船民50余人落水淹死，饷银8.5万元和枪械50余支沉入江底。

杨森当时刚刚就任北洋军阀吴佩孚委任的四川省省长职位，对此愤怒异常。他找到中国共产党派到杨森部工作的朱德、陈毅二人商议。朱德和陈毅告诉杨森：反对帝国主义的暴行，是杨森部官兵和四川人民的强烈愿望，必须采取强硬态度和坚决措施，才能加强杨森在四川和军中的威望与政治影响，还须充分防范英国动用武力。

为此，陈毅提出：一、立即向报界披露事件真相；二、发动工农兵学商各界奋起御侮；三、扣留肇事船只。杨森采纳了朱德、陈毅的意见，一面电请重庆交涉员季叔平向英国领事提出抗议，要求惩凶、赔偿损失；一面命令部队加强戒备，随时听命行动。

北洋军阀吴佩孚

哪知一波未平，一波又起。杨森在沉船事件发生的当日，曾派出轮船和检查长率兵8人调查云阳沉船事件经过，不想调查途中又遭到停泊在万县的英国军舰"柯克捷夫号"的袭击，重伤数人，"万流号"商轮也在英舰掩护下逃离万县。

当晚，英国商轮"万县号""万通号"抵达万县，杨森当即派兵将两轮扣留，并同时致电重庆海关监督，要求向英国驻重庆领事提出抗议，并要求赔偿损失。杨森又分电各方，详述英国轮的肇祸经过及扣留"万通号""万县号"两轮原因，并提出"惩祸首、赔损失"的要求。

杨森部万县岸上炮兵反击英舰

可是英方不仅未满足中方的要求，反而调遣军舰云集万县江面，企图用武力夺回被扣英轮。直到9月4日，英国领事向杨森发出通牒，限24小时内将"万通号""万县号"两轮放行。次日，英舰"嘉禾号""威警号"和"柯克捷夫号"逼迫万县江岸，并开枪打死守卫英国商轮的杨森部士兵。

杨森部队按照事先的命令，万县岸上炮兵向英国军舰予以还击。

英舰无法反击杨森部岸上炮兵，竟然丧心病狂地开炮轰击万县人口稠密的繁华市区近3个小时，发射炮弹和燃烧弹300余发，中国军民死伤以千计，民房商店被毁千余家，造成"万县惨案"，又称"九五惨案"。

事发后两日，朱德、陈毅推动召开万县各界万人抗英大会，并组织万县惨案后援会，通电全国，要求严厉制裁英帝国主义，为国雪耻，为死难同胞复仇。中共重庆地委书记杨闇公等共产党人联合国民党左派人士，在重庆成立"万县九五惨案后援会"，发出快邮代电，发动和组织群众，掀起抗英高潮。随后，重庆举行了大规模的抗英示威游行。

但是到了9月23日，杨森秉承吴佩孚"和平了结此案"的电令，不得不下令释放了"万通""万县"两轮，并压制人民的反英示威运动。最终，万县惨案后掀起的群众性抗英爱国斗争，被北京政府和北洋军阀的妥协政策所断送。

被英舰击伤的杨森部士兵

杨森与十二金钗

杨森，一个颇具传奇色彩的人物，在民国时期川渝黔三地的名头十分响亮。他是川军著名将领，国民革命军陆军二级上将，首任重庆商埠督办，还曾任四川军务督办、贵州省主席、重庆市长等，外号"森威军长"，与"水晶猴子"邓锡侯、"巴壁虎"刘湘、"多宝道人"刘文辉、"王灵官"王陵基并称"川军五行"。在巴蜀民间还有另一说法："金龙"刘文辉、"水龙"邓锡侯、"孽龙"刘湘、"闷龙"田颂尧、"滚龙"杨森。

他历经辛亥革命、护国战争、军阀混战、抗日战争、解放战争等历史时期，既有早年讨袁护国，炮击英舰，保护朱德、陈毅、胡志明的正义之举，又有勾结吴佩孚破坏革命、制造"平江惨案"和积极追随蒋介石打内战、镇压革命志士的斑斑劣迹。

杨森在国民党军阀中，以妻妾成群、儿女众多而出名，他公开的妻妾有12位，子女有43人，其荒唐畸形的婚姻分外引人注目，成为重庆街头巷尾、茶馆酒肆少不了的奇闻谈资。

杨森的第一夫人是结发妻子张氏，这是典型的父母之命，媒妁之言。成婚之初，两人感情甚笃，张氏孝顺体贴公公婆婆，善待小叔小姑，又能勤俭持家，在杨家内外口碑甚好。后来，杨森考入成都陆军速成学堂后，张氏暴病身亡。杨森青年丧妻，很是悲伤，发迹后便让妻弟张元培来到20军，充当了一位军需官，算是缅怀亡妻。

杨森1908年从四川陆军速成学堂毕业后，遵从父母意愿，续弦广安老家的谭正德填房。谭氏为其育有长子、长女。杨森妻妾成群后，谭氏被冷落，独自守着广安老家偌大的宅院，直至1976年以92岁高龄谢世。

第三个老婆名为刘谷芳，云南禄丰人。1913年，杨森混迹在滇军中，替长官黄毓成在昆明的安宁温泉监造别墅。刘谷芳之父刘柱卿亦是当日施工现场的小头目，因见杨森军人气质浓，便将女儿嫁给杨森。在杨森飞黄腾达后，刘柱卿先后出任过20军驻武汉、成都办事处处长和军长代表。不过刘柱卿的女儿却没父亲那么幸运了，抗战时，刘谷芳因患肺病而卒。

第四个老婆便是杨府十二钗中地位最高，家境最好，深得杨森宠爱的田衡秋。1920年，杨森因出卖滇军利益，在刘湘的支持下得以返回四川，擢升为川军第九师师长。一次，他率部进驻阆中，在大街上与田衡秋迎面相遇。因见该女子妩媚娇艳，心中顿生波澜，当即骑马徐徐相尾，知道确切住址和家庭情况后，便派手下大张旗鼓地前去说媒。这时，田衡秋已有婚约，况且田家经商多年，是远近闻名的殷实大户，根本不愿让女儿做妾。田父遂一口回绝。杨森并不死心，一面极力讨好田衡秋，一面对田家软硬兼施。次年，杨森又被北洋政府任命为泸永镇守使，他更加有恃无恐，田家被闹得不可开交，只得将女儿送给杨森。田父不久便离开人世。田衡秋毕竟出身于商贩世家，为人大气精明，理财持家颇有招术，又能揣摩杨森内心，自然而然便成了杨森的管家太太，深得宠爱。抗战时，杨森在重庆的"渝舍"借与何应钦、陈诚、毛人凤等国民党军政大员邻近居住的机会，她陪同杨森一同接洽应酬。1949年，田衡秋带着杨森多年敛集的财富先行逃往台湾，足见杨森对她的信任。不过，未过几年，田衡秋前往香港探亲时，因突发脑溢血引起半身偏瘫达20年之久，杨森渐渐将她冷落一边。田衡秋晚年生活凄凉，治病全靠美国的女儿担负，才得以走完痛苦的后半生。

第五个老婆萧邦琼，是杨森长驻泸州时，依靠同样的手段将这位部属之女纳入府中，萧父本为杨森在滇军任团长时的秘书，一个典型的戎装书生。一次，赴杨森家宴时，萧父带上女儿随行。敬酒时，杨森眼中大放异彩，如长辈一样抚摸着萧邦琼的头赞叹道："几年不见，小姑娘长这么大了，模样周正得很呢。"一位善于摇尾逢迎的下属瞥见这一幕，便鼓动如簧之舌说服萧家将女儿嫁与了杨森。萧邦琼原本就生得艳丽照人，加之自幼入新式学堂念书，又做过教师，颇有文化。比之田衡秋，她表现得更为乖巧，应对接洽极有分寸，更重要一点，她不似田衡秋世故、虚矫和故意作态，这在杨森看来，就显得格外纯净，当然就十分钟爱。1931年，萧邦琼由泸州上船时，行至江中，因船覆溺水身亡。

陈顺容是其第六妾，一个粗眉大眼的典型广东女子。原本为三姨太刘谷芳的贴身丫头，15岁，为杨森酒后乱性奸污，后收为妾。由于语言、性格之故，陈顺容畏畏缩缩，不善承欢，是"十二钗"中最不受杨森喜爱的一个。稍有不慎，便会被杨森用马鞭抽得体无完肤，陈顺容饱受刺激，后来得了精神病，被杨森差人用铁链绑着送回广安乡下。新中国成立后病逝于重庆。

杨森从军，外号"森威军长"

第七个老婆曾桂枝，贵州毕节人。据说，她是杨森妻妾中身材最好的一个，本是杨森养女。早年，杨森率部入黔，在毕节收容了一个无家可归的小姑娘，交由属下代为抚养。流光催出玉人来，不曾相见，几年后，当年那个蓬头垢面、孤苦无助的小女孩竟然出落得亭亭玉立，楚楚动人。后来交由刘谷芳当丫环，改名为杨家桂。家桂而不"嘉贵"，杨森每日见了这位健康活泼、丰满秀挺的养女，禁不住淫心荡漾。不久，他撕下伪装，全然不顾人伦道德，在田衡秋等的帮助下，迫不及待地为14岁的曾桂枝"破了瓜"。随后煞有介事地圆了房。曾桂枝天生机敏，求知上进，杨森便为她请了家庭教师，几年后又不惜血本送往上海、北京等地求学。据说杨森支持曾桂枝求学的目标是为了将来能将她带入社交场所。然而，曾桂枝在上海读书时，情难自禁，大胆追求新生活，与同班陈姓同学相恋。杨森得知后，大为恼怒，设计将二人枪杀于渠县的荒郊野外。

第八妾汪德芳是成都人。她是"十二钗"中最大胆同杨森决裂的一个。汪德芳之父原为杨森20军军部秘书，为人谨小慎微。被无耻小人强行说合，被迫将女儿嫁与了杨森。汪德芳当时年仅15岁，尚在念中学。成亲后，杨森准予她继续求学，并送至上海国立音乐学院就读。汪德芳学成归来后，在杨森创办的成都天府中学任校长，成了社会名流，当选过国民党"国大代表"。但和杨森关系形同冰炭，几乎不往来，连所生小孩也改姓汪。"文革"期间，因杨森之故，汪德芳自杀于乐山。

第九妾为泸县蔡文娜。她是"十二钗"最为美艳，最为杨森所爱，也最为杨森所恨，同时又是命运最为悲惨的一个。蔡文娜在泸县女子中学上学时，被誉为"校花"，芳名远播，其超凡脱俗的气质、逼人的娇艳，令人摧眉折腰。杨森闻知后，特地赶去一见，大为心仪。当即便差人强行说合，蔡父本是个追名逐利的落魄书生，根本不顾及女儿的幸福，连忙答应下来，将14岁的女儿送入虎口，换回了梦寐以求的名利。当别人切齿他违背伦常的举动时，蔡父居然大言不惭地说："红粉赠佳人，美女配英雄，虽然是九姨太，但大小也是军长太太。"蔡文娜天生丽质，媚态袭人，又是见过世面的人。婚后，深得杨森宠爱，每每带着她出入大型场合，引来众人艳羡不已，极大地满足了杨森的虚荣心。后来，与曾桂枝一样，蔡文娜在成都上大学时，和同学吕某相恋。事情泄露后，被杨森杀害。

第十妾郑文如，重庆南岸裕华纱厂的普通女工。杨森担任国民党贵州省主席时，手下有位医官系郑文如远房堂舅，一心想当军医处处长。得知杨森又准备娶小纳妾时，医官跑回重庆，说动郑文如家人，将郑文如带至贵阳，精心打扮后，送与杨森。杨森一高兴，就委任这名医官为军医处处长。郑文如当时年仅17岁，经历了蔡文娜、曾桂枝的变故后，杨森将她带至身边，形影不离。后来，郑文如患肺病，容颜大改，杨森将其弃置一旁。1949年后，郑文如留在重庆，嫁给了一名普通工人。

第十一妾胡洁玉为杨森家仆之女。胡父胡应忠替杨森打点广安祖屋几十年，交情不浅。胡洁玉14岁，到重庆求学，住在杨森家，杨森众多的子女都称她为"胡妹妹"。60多岁的杨森看上了胡洁玉，胡应忠当然不答应，匆匆带着女儿回了广安。杨森追回胡应忠老家，将胡洁玉强行带回重庆并娶进了府中。胡应忠受不了乡邻指指戳戳远走他乡，后不知所终，胡洁玉则被杨森带去台湾，成了"十二钗"中继田衡秋之后，唯一带去台湾的妾。在杨森86岁时，她生下一女，后带着女儿远赴美国留学，定居美国。

第十二妾张灵凤，台湾新竹人。杨森年近90岁时，以招募"秘书"为幌子，将这位17岁的中学生弄进府中，完成了他人生的最后一次姻缘。

面对如云的妻妾，成群的子女，杨森偎红倚翠，这在局外人看来，似乎是神仙过的日子。然而，杨森和他的十二钗并不是水乳交融。为了杜绝妻妾争宠，杨森采取平衡原则，在每个老婆处轮流住宿三夜。一旦妻妾怀孕，即凭医生证明领取五千元生活费，倘使顺利产下子女，则可领取存于外国银行的补助费两万元。同时，还可以子女的名义领取一份丰厚的田产。

杨森在四川军阀中敛财手段很高，历年来通过投资地产、开办公司、贩卖烟土，赚的钱无法计数。他在英、美和日本的银行都有巨额存款。重庆、汉口、上海、泸州则有豪华的公馆，富比王公。这些钱财正是他的资本。

杨森自己随心所欲，而对于妻妾却管束甚严。他有名目繁多的家规，如规定每个早上必须早起，统一着军装，扎腰带，由一名副官带队出操。风雨无阻。

吃过早饭后，还有严格的作息时间的正课，要学古文，学英语，弹钢琴，不得无故缺席旷课。稍有触犯，便会遭到杨森鞭笞，谓之曰打"满堂红"。对于这些，杨森颇为自得，他多次向其他军阀介绍经验，大言不惭地说："我实行的是军事化管理，不然那屋子人，咋个镇得住嘛。"从某种意义上讲，美丽对于女人而言，无异于抱璧藏祸。

一个男人要应付这么多女人，必定"供不应求"，红杏出墙是早晚的事。然而"出墙"的结果必将遭到杨森的残忍报复。第七姜曾桂枝与第八姜蔡文娜的悲惨命运便是杨森邪恶灵魂的明证。

1949年，杨森跟随蒋介石去了台湾。

1975年，杨森九十大寿，蒋介石派人在国防部三军军官俱乐部为杨森布置寿堂。就在生日会上，另一四川同乡，国民党元老张群前来拜访他，杨森叹息道："我这个人就是喜欢和年青人在一起，这样才有朝气。"张群笑道："那你再讨（娶）一个嘛。"

果然不久后，大学生张灵凤被杨森以招募"秘书"为名，娶进府中，成了杨府第"十二钗"。不到一年，张灵凤居然为杨森生下最后一女，一时传为海内外的奇谈。1977年3月，杨森从菲律宾访问归来，被台北三军总医院检查为肺癌，两个月后，93岁的杨森结束了漫长的一生。

林汤圆兴衰记

提起林汤圆（电视剧《凌汤圆》的原型），在重庆二十世纪三四十年代的商界是一个响当当的名字。他白手起家创立的"钰合祥"商号，只要打个喷嚏，当时的重庆业界就难免要小感冒一次。那么，这样一个可左右重庆金融经济的巨贾是如何发迹又销声匿迹的呢？

林汤圆出身草根，一介贫民，真名林名合，1896年生于四川隆昌县倒座庙乡水竹湾（今隆昌市迎祥镇水竹村），其父林功德。幼年时家中有几亩地，还养有一头水牛。他从6岁起就开始割草喂牛。8岁那年，他随父亲去赶场，看见有人烧一种牛粪煤（很好的燃料）。回家后，就捣弄牛粪，他发现一扒牛粪（牛的一次大便）可以加工8个煤饼。于是心想：像牛粪这种人人讨厌的东西，经过合理加工，居然有那么大的价值，便在它身上动起脑筋来。但他父亲不理解，见自家小孩一门心思玩牛粪，预料难有出息，就大声呵斥，再玩就一顿暴打。天长日久，林名合受不了父亲的责骂和这般委屈，居然离家而去，时年10岁左右。

走了大半天，他来到隆昌双凤驿街上，一家卖汤圆的见这孩子孤苦伶仃，晚上睡在自家店铺的街沿上，十分可怜，就收留了他。林名合当上了小伙计，干活路很勤快，眼睛会看事，手脚挺麻利，人也很精灵，深受汤圆铺店主李少清夫妇喜欢。后来林名合将煮汤圆的燃料由块煤改为牛粪煤，不但节约了三分之二的燃料成本，煮出来的汤圆没了煤烟味，还另有一股清香，加上他机灵乖巧，汤圆铺的生意逐渐火爆起来。就这样，小小的林汤圆在双凤驿街上开始出名了。

双凤驿是成都至重庆官道的要津，与来凤驿、白市驿、龙泉驿合称川东大路上的"四大名驿"，终日人来人往如过江之鲫。有一天，一个重庆客商对林汤圆说："小伙计，凭你这手艺，到重庆肯定赚大钱。"于是，12岁的他被人点醒，就有了去外面闯荡的念头。少年林名合心思一动，便毅然辞别了师父师母，托人给乡下的父母带个口信，踏上了去重庆独自谋生的路。

东大路上的隆昌石牌坊群

刚到重庆，人生地不熟，如何才能找到吃饭的打米碗呢？由于没有本钱租铺面、制锅灶，他就先帮人卖白糕借以落脚和维持生活。半年后，重庆城的地皮踩熟了，加上省吃俭用留下的资金做本，他在街头巷尾卖担担汤圆。瘦小的身板每天挑着担子风雨无阻，因为他的汤圆味美，价格便宜，对人亲和厚道，在重庆城也开始小有名声了。

14岁那年，林汤圆"鸟枪换炮"，开了个汤圆大铺面，还请了几个帮工。

16岁那年，林汤圆想"更上一层楼"，开始干杂货铺，还经营百货。几年后开办重庆"钰合祥"商号，主要经营棉花、布匹、煤油等日用品。

20岁后，林汤圆先后在成都、昆明、上海、广州、南宁等地开设"钰合祥"商号分号，并在重庆买下一条十里长街，逐渐发展成为可左右重庆商界的豪商巨贾，在生意场上如日中天。

林汤圆做商业是奇才，若论混迹社会却十分无才。在民国时期，一个人勤劳发家致富后，如果不懂得拜码头，靠拢政界，入黑白两道，多半是死的多活的少。所以他的"霉运"也就接踵而来了。

1937年秋，抗日战争全面爆发，极富爱国心的林汤圆第一次就向国民政府捐了5 000块大洋，以资助抗战，受到当局嘉许。

1938年夏天，时逢武汉保卫战，林汤圆向抗日前线捐献两卡车的棉花和布匹，派长子林万山送到武汉交货。林万山不肯去枪林弹雨的险恶武汉，林汤圆怒骂道："国家兴亡，匹夫有责。"长子无奈，领父命押车送货上路。

当时，重庆警备司令孙元良特派士兵护送林万山及卡车去武汉，不料孙元良的手下在途中做手脚，派人偷换大量棉花和布匹，然后装上破棉絮和石头，事后将护送的4名士兵秘密处决，实则杀人灭口。货物运到武汉后，致使林万山被莫须有的"破坏抗战"罪名逮捕入狱，后被打成残废释放。林汤圆遇此变故，呼天天不应，叫地地不灵。

其实，林汤圆白手起家拥有的巨额身家，早已引发一些心怀鬼胎的官僚、军阀、警察的嫉恨和眼红。1947年，林汤圆在重庆建设康东电影院。电影院竣工后，重庆警备司令孙元良、重庆警察局局长唐毅便派人暗中破坏。

重庆警备司令孙元良

在一个风雨交加的夜晚，重庆城内的康东电影院突然倒塌，一下就压死1人，轻重伤10余人，引起社会轰动。

孙元良、唐毅二人趁此勾结地方法院、律师团伙，并鼓动地痞流氓及部分不明真相的市民对林汤圆进行敲诈勒索，"钰合祥"商号及林汤圆的财产全部被法院查封没收。林汤圆一气之下将电线缠在身上，触电自杀，所幸被家人及时发现才得以抢救过来。但是，林汤圆的事业与家产在黑白两道的压迫之下，丢失殆尽，这条路已经走到头了。

1955年，林汤圆的次子林万清在隆昌禹王宫（今隆昌第二中学）开织布厂。那年，一个和尚到隆昌回龙观大操坝设擂台比武，数日下来无人能胜，和尚十分狂妄，四处寻找对手，多方打听到林万清精于国术，自料难以取胜。

某一天，林万清去禹王宫北街子休息的路上，和尚躲在大北街牌坊附近，施放用大粪煮沸过的暗器，正好打中毫无防备的林万清的脑门，医治无效后不幸身亡。次年（1956年），林汤圆在重庆城忧郁病故，终年60岁。

重庆大轰炸惨案

1941年6月5日下午6时左右，雨后初晴，当重庆的市民们正准备吃饭乘凉时，突然空袭警报长鸣。得知日军的飞机要来空袭，人们携带行包，纷纷涌向防空隧道的入口。由于袭击突然，疏散来不及，因此，防空隧道（简易防空洞）内聚集的人特别多，显得十分拥挤。除了两旁的长条木板凳上坐满了人以外，连过道上也站满了人群。洞内空气异常浊闷。

日军轰炸机群飞越三峡前往重庆

晚上9点钟左右，日军飞机进入重庆市区上空，开始狂轰滥炸，霎时间爆炸声此起彼伏，繁华市区顿时变成一片废墟。由于防空洞内人多空间小，再加上洞口紧闭，洞内氧气缺少，人们开始觉得呼吸不畅，浑身发软。

地面上日机的轰炸仍在继续，而洞内的氧气越来越少，连隧道墙壁上的油灯也逐渐微弱下来，这时婴儿和孩童们终于忍受不住了，大声啼哭起来，气氛顿时紧张，有些人开始烦躁不安，举止反常。

随着二氧化碳增多，洞内部分油灯已经由于缺氧而熄灭，人群骚动得更加厉害了。面临死亡，沉默的人们再也按捺不住性子了，开始拼命往洞口拥挤。由于洞门是由内向外关闭的，因此，人群越往洞口挤，大门越是打不开。守在洞口外面的防护团员只知道日机空袭时，禁止市民走出防空隧道，而对洞内所发生的危险情况一无所知。

日本机群飞临重庆上空狂轰滥炸

洞内的人发疯似的往外挤，人们喊着哭着往外冲，可是洞门依然紧闭着，无法打开。洞内的氧气在不断减少，洞内人群的情绪更加急躁，他们拥挤在一起，互相践踏，前面的人纷纷倒下，有的窒息死亡，而后面的人浑然不知，继续踩着尸体堆往外挤，惨案就这样发生了。

后来洞门被打开，霎时间，洞内的人群如同破堤的河流一样冲出洞门，一部人因此而得以生还。有人回忆当时的情景和感受说："后来，木栅门不知怎样打开的，守在外面

重庆民众在战时简易防空洞躲避空袭

阶梯上的防护团也跑掉了。人流穿过闸门，犹如江河破堤，拼着全力往隧道口上冲。我和两位同学因年轻力壮，用尽力气随着人流挤出木栅门，昏头昏脑地上了阶梯，终于来到地面上。当时我到底是凌空、是滚爬，还是被人流夹住推出来，实在是闹不清楚。只觉得一出洞口呼吸到新鲜空气，浑身都感到凉爽、舒畅，瞬即又迷惘、恍惚、似睡非睡、似醒非醒地躺下了。我那时没有手表，昏睡了大约半个小时又苏醒过来，只听见隧道里传来震耳的呼喊和惨叫声。我从地上爬起来一看，自己躺的位置离隧道口约30米，周围有百来人，有的正在苏醒，有的呆呆地站着，然而，再也不见有人从隧道口里走出来。我低头一看，自己的上衣已经被扯破，纽扣大部分失落，帽子丢掉了，肩上挎包所装的信件、相片、日记本也全部不见了。东西是损坏、丢掉了，但我总算挣脱了死神，回到了人间。"

大轰炸标语"愈炸愈强"之重庆精神

日军的空袭还在继续，飞机呼啸着从空中冲过，扔下无数的炸弹和燃烧弹，地面顿时一片火海。经过4个多小时的折磨、挣扎，将近午夜时分，洞内凄厉的惨叫声逐渐减弱，很多人躺在地上，气息奄奄，面色由红色变成紫蓝色，口角的唾沫由白变红渗着血丝，不少人已无声地扑倒在别人身上。

被日机狂轰滥炸后一片废墟的重庆主城区
（今解放碑一带）

空袭持续了将近5个小时，当日军的飞机离开陪都重庆时，防空大隧道已是死一般的沉寂，听不见活人的声音。到处都是死难者的尸体。其凄惨情状正如当时重庆市市长吴国桢所说："洞内之（难民）手持足压，团挤在一堆。前排脚下之人多已死去，牢握站立之人，解之不能，拖之不动，其后层层排压，有已昏者，有已死者，有呻吟呼号而不能动者，伤心惨目，令人不可卒睹。"很多死者都是挣扎到生命的最后一刻才含恨离开人世的。他们有的面部扭曲，手指抓地，有的仰面朝天，双手垂地，有的皮肤抓破，遍体鳞伤，十分悲惨。

重庆军民搬运大轰炸殉难民众遗体

6日凌晨，防空警报解除后，国民政府当局开始组织人员处理善后事宜。从隧道内拖出的遇难者尸体成垛成垛地放在洞口……

这次，日本飞机空袭持续时间很长，进入隧道的人又太多，里面缺乏通风设备，许多市民被闷死在隧道中，死亡人数近万，酿成了骇人听闻的"大隧道惨案"。

国民党中将遭诛记

程泽润为四川省隆昌县（今隆昌市）龙市镇人，出身贫寒，中学没有毕业就考入保定军官学校，毕业后在川军中一步步从排长、连长、营长、团长至师长。

程泽润后来毕业于早期的陆军大学。

抗日战争前，国民党政府为了拉拢四川军阀刘湘等人，曾派程泽润回四川活动。程泽润又是军政部部长何应钦的主要幕僚长之一,他们之间关系颇为深切。

抗日战争爆发后,何应钦为了加强兵役工作,提升程泽润为中将兵役署长。当时役政制度弊端太多,民间强拉壮丁,怨声载道,程泽润虽然作了一些努力,但未见成效。他认为役政弊端是从上到下的,故常以"上梁不正下梁歪"之类言语抨击当局,对孔、宋家族也多有指责,而对上峰何应钦却备加赞颂。

世上哪有不透风的墙,何时纸能包住火?这些大不敬的言语早就传到总统官邸。当蒋介石要打击"拥何"力量时,自然就把程泽润当枪靶子了。

1944年初夏,程泽润被蒋介石逮捕。何应钦闻讯后,表面保持镇静,只是托人带信,希望军法总监何成浚手下留情。当他遇见蒋介石时,对程泽润事只字不提,以免涉嫌。程泽润的家属四处奔走,设法营救,先后找过代参谋总长程潜、军令部长白崇禧,以及从前线回来的傅作义等人去说情。蒋介石的侍从室人员均以"委座尚未息怒"为由,拒不传见。

中将兵役署长
程泽润

此事很快为四川的各高级将领知悉,他们多方进行营救,邓锡侯、王陵基、王缵绪、唐式遵、潘文华、杨森等川军高级将领联名请求蒋介石从宽处理,并请冯玉祥将军出面向蒋介石说情。蒋介石一概置之不理,并催促军法部立即处决程泽润。

不久之后,军事委员会参谋总长兼军政部部长何应钦被调任陆军总司令。何应钦是贵州人,这次调任陆军总司令,实际上是遭蒋介石的排挤离开重庆。何应钦一到贵阳,立即打电报给蒋介石,请调程泽润出任陆军总司令部中将参谋长。蒋介石知道何应钦要为程泽润解围,不同意调程泽润前往,于是程泽润仍被囚禁于军法部,而且开释无望。

鹿钟麟眼看各方营救无效,他仍想尽力挽救程泽润,故由军法部把讯问情况和该部意见签呈送蒋介石。签呈大意:程所犯之罪,尚未构成处决条件,请予从宽处理。军法部送上签呈后,不久蒋介石发下手谕,批示要军法部"立即处决"。

军法部接到蒋介石的批示后,感到很为难,认为处决程泽润有些过分,但又不敢违抗蒋介石的命令。怎么办?已经没有办法可想。最后军法部决定让程泽润回家住几天,与夫人和女儿相会团聚。但军法部决定保密,暂不向程泽润说出即将行刑之事。

程泽润被暂时释放回到家中,与爱

解放前被国民党抓来的"代畜输卒",
为防逃跑用铁链套住脖子

四卷 大案奇录

妻和女儿会见时热泪盈眶，悲喜交集。程泽润与家人团聚10天左右，就又回到军法部去了。程泽润哪里知道，他这一去，竟是与爱妻、娇女的永别呢！

行刑地点在重庆南岸，时间1945年7月。

在行刑之前，监刑官问程泽润有什么话要交代家属，可以代为转达。程泽润问监刑官："我为什么要受处决，犯了什么法，根据哪条法律？"

监刑官听了一愣，只好说："程署长，这是委员长的手谕，要我们立即执行。"一面把蒋介石的手谕取出来，给程泽润看。

见到手谕，程泽润至此终于绝望了，他知道蒋介石既然这样做，再说也无用，但他的心仍是不服的。戎马生涯数十年，竟然落得如此下场，这是他最痛心的。他在感到绝望之后，不想再说什么了，他等待着行刑。监刑官一再催问交代的话，他才提出："不要打烂头部，保住全尸。"监刑官接受其请求，立即下令行刑。

真是：中将生命如草芥，戎马半生终遭劫。

枪声过后，一个魁梧的身躯终于倒下了，一位执掌全国兵役大权的风云人物，竟做了枪下之鬼。程泽润被处决后，其家属前来领尸埋葬，爱妻、娇女痛哭不止，这使多雾的山城，增添了几分悲凉。

程泽润死后，全家人很长时间处于悲哀之中，后来听说程泽润的夫人回到老家江苏，曾在沪经商。

较场口血案

重庆城的较场口，那是久负盛名之地。很早以前就是热血男儿挥拳踢腿、舞枪弄棒的地方，军队操练、武状元选拔都是在这儿比试，它是川东习武之士向往的"圣地"。

较场口也是正义与邪恶、英雄和无赖争锋较劲之处——

公元1600年正月，明朝兵部右侍郎李化龙调集湖广、四川、贵州三省兵力，分八路征讨杀人如麻的四川播州（今贵州遵义）宣慰使、叛将杨应龙，就是在这儿登坛誓师，发兵启程。

公元1644年6月，农民军首领张献忠率大西军攻破重庆城后，也是在这儿砍了明朝瑞王朱常浩的头，还要了重庆府贪官陈士奇等人的命。

抗战时期，1941年6月5日，发生了震惊世界的"重庆较场口大隧道窒息惨案"，让爱好和平的世界人民永远记住了日本法西斯的罪恶暴行。

抗战胜利后，发生在1946年2月10日的"较场口血案"，历史又将记下谁的功与过、是与非呢？

1946年1月10日，国民党在军事失利和人民反内战的形势下，被迫同中国共产党签订了停战协议，宣布停止内战。就在这天，政治协商会议在重庆开幕。重庆各界热爱和平的人士为了促进政治协商会议的圆满成功，使会议作出了废除国民党一党专制，建立民主联合政府等有利于人民的决议，成立了"政治协商会议陪都各界协进会"。协进会多次召开各界民众大会，宣传民主政协，抨击独裁专制，得到了广大民众的积极参与，也遭到国民党特务和流氓打手的捣乱破坏。

1946年2月10日庆祝政治协商会议成功的大会现场

1月31日，政治协商会议成功闭幕。为了庆祝这一盛事，重庆23个群众团体成立了"庆祝政治协商会议成功大会筹备会"，拟定于2月10日上午9时在重庆较场口广场举行庆祝大会，并推选了郭沫若、马寅初、李公朴、施复亮、章乃器等20余人组成大会主席团，李德全为总主席，李公朴任总指挥。

然而，2月10日上午，国民党却早有预谋地另外组织了一个所谓的"主席团"，其成员有吴人初、潭泽森、刘野樵、周德侯、庞仪山等，他们提前登上了主席台。会场的通道及两侧不仅布满了七八百名特务打手，他们雇佣来冒充各会会员的流氓也纷纷涌进会场压阵。

左起："七君子"王造时、史良、章乃器、沈钧儒、沙千里、李公朴、邹韬奋

周德侯悍然宣布开会，并大声叫喊："我们选举占中国人口百分之八十的农会代表刘野樵担任总主席！"中统特务刘野樵竟然抢到扩音器前准备发言。这突如其来的形势，让筹备会的组织者既震惊又气愤，李公朴立即上前阻拦这一行径，却遭到一群冲上主席台的特务的围攻殴打，并身受重伤。郭沫若、施复亮、马寅初等纷纷上前制止暴行，也遭到毒打。郭沫若头部受伤，眼镜被打落在地。施复亮全身受伤。马寅初穿的马褂也被特务打手剥去。在广大工人、学生的抢救下，郭沫若、李公朴等人才得以脱险。而在场的与会者也有60余人受伤。当中国共产党代表周恩来、王若飞和著名爱国将领冯玉祥等赶到会场时，特务们才四散而去。

当晚，中国民主同盟召集紧急会议，推举周恩来、张君劢等四人赴蒋介石处当面交涉事件真相，并带去周恩来、沈钧儒、梁漱溟、罗隆基联名写给蒋介石的抗议信，对国民党暴徒的行径进行了严厉的抨击。然而蒋介石却远赴上海。

他们随即前往国民党秘书长吴铁城处交涉，要求彻底追查事件真相。

第二天，重庆市农会常务理事刘野樵却恶人先告状，反倒向重庆地方法院控告李公朴、章乃器、朱学范、陶行知、施复亮等五人"公然扰乱集会并伤害他人身体"。然而，经过法庭辩论，所谓"被告者"李公朴等民主爱国人士明显受伤才是真正的受害者，当案件真相大白于天下后，法庭只好不了了之。

庆祝大会总指挥 李公朴

然而，事件之后国民党不但没有追查事件真相，惩办凶手，维护正义，反而倒行逆施，指使特务于1946年7月11日在昆明大兴街学院坡，将这次庆祝大会的总指挥李公朴秘密杀害。

"较场口血案"的发生暴露了国民党破坏政协决议、坚持独裁内战、践踏人民民主权利的真实面目，为国共两党第二次合作的破裂和发动全面内战拉开了序幕。

陪都"焚毒"之谜

抓捕运毒、贩毒犯是治安部门长期的任务。抗战陪都为了"国际观瞻"，在重庆四周设了关卡，严加检查。因此，许多贩毒者为了过关，化整为零，从陪都之外的小县、小镇翻山越岭逃避检查关卡。这些亡命之徒铤而走险，在所不惜，常常是夜半三更把毒品悄悄运进市区内。但还是难逃被擒的厄运：这里破获贩运鸦片50斤，那里又截获吗啡若干……

1946年重庆市第一届民选参议会上，有不少人一再向市长张笃伦和警察局长唐毅提出质询：抗战期间，这些破获没收的毒品哪里去了。为了有一个交代，以平息参议们之愤，市政府决定在禁毒节仿效林则徐公开焚烧搜缴存放已久的鸦片等毒品。

时任重庆市长 张笃伦

重庆的各大报纸连日大事宣传。

1946年6月3日上午9点，市中区较场口中间的空地上，像砖一样用黄色纸包起的鸦片烟，堆得像座小山一样。围观看稀奇的市民人山人海，水泄不通，比赶场还闹热。上百个警察在现场维持秩序，重庆警察局督察处长东方白和辖区分局长到场指挥焚烧。警备司令部司令和宪兵团长均亲临现场，由国民党重庆市党部委员和市参议会议长、参议员等检查陈列的毒品后，并由市党部主任委员讲话，宣扬林则徐精神，一套官方作秀、官话形式之后，点火焚烧毒品。

当天的晚报和第二天的日报都按照国民党中央社（重庆分社）的稿件发了焚毒新闻，几千斤毒品在较场口的熊熊大火中化为灰烬。这既宣称了"禁毒"壮举，也纪念了林文忠公老祖宗（林则徐），同时也向重庆全体市民作了一个交代，这真是一举三得的好事。

满清时吸鸦片烟的中国人

可是，本应大快人心的"好事"，却没有让许多市民满意。第二天，一家晚报副刊文章，一位自称"瘾君子"为笔名的作者，写了一篇妙文章，标题是《大失所望》。文章说："我是老烟（鸦片烟）哥，听说要禁烟，我高兴惨了，跑到较场口围着焚烧的鸦片烟拼命呼吸，以为可以过一次老瘾！可是我失望了，大失所望。我虽竭力深呼吸，一点鸦片烟的味道都没有，简直是受骗！几千斤鸦片哪里去了？"

清末流落街头的吸大烟（鸦片）者

这位"瘾君子"真有其人，是当时说四川评书的名艺人。这些鸦片是真是假是骗不了这位"老烟哥"的。半年后，这位警察局长调离重庆，焚毒内幕被人捅了出来：几千斤鸦片是假的。禁毒那一天，参议员、市党部委员检查时，面上一层是真货，大约几十斤，下面全是假的。将真假鸦片一起焚烧，以掩人耳目，以平息舆论。这堆百分之九十以上的假鸦片，是当时警察局长委托义字袍哥大爷冯什竹（他在重庆公开吸鸦片烟）派人，用泥巴和锯末作为砖块充当鸦片。他说："烟土、烟土，用同样包装，真品赝品有何区别。"

真的鸦片呢？其实早已在焚烧之前若干年内就换成黄金，装进了警备司令和警察局长的腰包。

恶侠毙命较场口

抗日战争期间，南京、武汉相继失守，大批逃难的民众纷纷涌向重庆。抗战胜利后，众多的"下江人"纷纷"复原"——重返家乡，交通落后的重庆就立刻紧张起来。这个时期，上下乱成一锅粥，随之而来的是社会动荡和人心不安，紧接着治安不振，盗贼四起，棒老二（土匪）出没。

重庆城最混乱的一带当属西郊区（今沙坪坝、磁器口、小龙坎、化龙桥一

带）。其中一名叫束士侠的人更是劣迹斑斑，罪恶累累，民愤极大。束士侠及其门徒的恶行暴戾，可谓罄竹难书。控告束士侠的状子，雪片似的飞向陪都的宪兵队、警察局、卫戍司令部、军统局渝特区。几年之内，他把陪都社会秩序搞到了不可收拾的地步，终于引起了社会公愤。那时，重庆各报都刊登了《重庆教育界的社会风纪呼吁》。

实业家、金融家束士方

束士侠是抗战期间武汉失守后逃难到重庆来的下江人，经人介绍；到了位于嘉陵江簸箕石码头的第21兵工厂（重庆长安工业集团前身）当工人。但他不安心于工人这样的苦力工作，谎言是重庆裕丰纱厂总经理束士方（芳）的"堂弟"，混进了裕丰纱厂当上加油领工。他野心极大，一方面用小恩小惠拉拢手下小工，另一方面加入青帮。他一心要做陪都的黄金荣、杜月笙，便在裕丰纱厂招收门徒，同时向社会上发展，入帮来者不拒，两三年间，吸收门徒五六千人。很快，他成为化龙桥至磁器口方圆数十里内的一大恶霸，出入均有几个军官队员前呼后拥。由于排场很大，开支自然不小，钱从何处来？门徒孝敬的远远不够，就要靠敲诈勒索、估吃霸赊、偷盗抢劫，可谓无恶不作。

早在1942年，由于他好逸恶劳，长期旷工，被裕丰纱厂开除。他心头怒恨，马上指使厂内门徒借故恣意闹事，并殴打护厂警卫，抢去警卫人员步枪。抗战胜利后，各行各业开始裁减职工，裕丰纱厂也把平日表现最坏的一些人解雇，这些人恰好是束士侠的门徒。束士侠借此乘机闹事，借口救济失业工人，向裕丰纱厂"借"资100万元。当时，川渝袍哥文化盛行，许多工人为保"饭碗"加入青帮，因为非束士侠门徒而备受欺凌。细纱乙班女工杨文玉因得罪其门徒，被束士侠的恶徒多人毒打，将她腰杆打断。

束士侠及其一党，估吃霸赊、强拿抢要之事，多得不可胜数。为应付庞大开支，束士侠还令其爪牙设伏偏僻路段实施拦路抢劫。当地派出所明知乃其所为，但不敢对其采取行动。沙坪坝高家花园樊某家资殷实，但住地偏僻，被束士侠盯上，派爪牙陈朗初率同伙入室抢劫，资产被洗劫一空。

束士侠一干人的恶行暴戾，在社会上引起了极大的动乱。已经还都南京的蒋介石得悉这一情况后十分震怒，指示重庆主持西南军政事务的重庆行营主任张群专程到重庆来办理此案。此时，重庆卫戍总司令是陆军上将王缵绪，王缵绪作为四川军阀，得到张群的指示后，立即叫办公室主任史伯英、第三组组长陈攸序前来商议"行动方案"。

王缵绪等人反复磋商，制定"捕束方案"。重庆警察局刑警处长谈荣章把卫戍司令部的"传票"交给西郊区区队长江如山，异常慎重地对他说："传讯束士侠是总司令亲自交

重庆卫戍总司令王缵绪

办的，限三天归案，不得有差错。"

江如山区长接到指令后，反复思量，决定对束士侠采取诱捕、智擒一策。于是他派与束士侠拜过把子、磕过头的弟兄姜宏康执行诱捕。姜宏康答应把束士侠"诓"来。1947年6月9日晚，这一计划顺利实施，果然不费吹灰之力就将束士侠扣押。第二天清晨，便由重庆刑警处派来的人员，用吉普车秘密将束士侠押到市中区来龙巷的刑警处关押。

束士侠在监狱里关了七天七夜，重庆卫戍总司令部军法处提审了三次，最后判处死刑，立即执行。王缵绪怕束士侠的门徒们"劫法场"，从半夜开始在全城到处实行戒严。

1947年6月16日凌晨4点，束士侠被五花大绑，用中吉普载至军法处，由军法官秦万本验明正身，插上写有"杀人犯恶霸束士侠"的标牌，监斩官坐吉普车殿后，押至较场口广场，把束士侠放在一块石阶上，随即执行枪决。据说行刑官连开了三枪，束上侠当场毙命。

杨妹九年不食案

1948年春夏，重庆城发生了一件很奇怪、很扯淡的事。

虽然在重庆近现代史上也发生过不少稀奇古怪的事，但是这件事，无疑是最荒诞离奇的，此事还在全国引起了不大不小的轰动。也许你听过爷爷、奶奶辈的老人讲过这件稀奇事——杨妹九年不吃饭。

有奇闻当然就一定有奇人，"奇人"就是一位名叫杨妹的农村姑娘。当时这位年方19岁的乡村小妹是川东石柱县桥头区人，据说已有9年不吃饭仍健康地活着，而且还活蹦乱跳，被称为"不食的奇人"。1948年3月，石柱县女参议员、桥头区区长、女袍哥舵把子佘德瑜把杨妹当做"稀世奇人"，亲自护送到重庆城，向当时的重庆市市长杨森"献宝"。

杨妹（又名杨白生）

"我们杨家出了这么个奇人，很了不起！"杨森亲自接见了杨妹之后，为杨妹举行了记者招待会，还出面邀请社会名流、专家学者、罗汉寺的长老、天主教的神父、基督教的牧师和中西名医10多人组成委员会，专门研究"杨妹九年不食之谜"。

这桩奇闻立即在粮食奇缺、物价飞涨的各个城市引起了轰动。上海、南京各大报都以头版报道这一千古奇闻，杨妹的照片出现在各大报纸上。国际媒体也纷纷关注，美联社驻华记者莫德森专程从西安飞来重庆，英国驻华记者毛恩

《九年不食的杨妹》一书

则从南京赶来重庆，专门采访"人类的福音"。美国邀请她出国，还派医学专家来重庆，参加研究涉及人类生存的"杨妹不食之谜"。

为了辨清不食的真伪，"杨妹研究委员会"以三周（21天）为期，对杨妹实行严密的观察和研究，派有记者参加的医护小组日夜护守监视观察，杨妹每天的体重、体温、脉搏、有没有大小便等一一都在报上公布。连续两周的观察检验结果，她没有吃任何食物，每日饮水一杯，无大便，隔天小便一次，量少色灰白。

果然是奇迹！各大报纸宣传更为起劲了。南京国民政府新闻局派出大员来渝，继美国后，英国也来电邀请杨妹出国，本地军阀邓锡侯也接见杨妹并赏大洋20元。初来重庆的杨妹，一身村姑打扮，而今眼下已身价百倍，戴上金项链，穿华丽的旗袍艳装，关在一栋楼的一间房里，像动物园里的猴子一样供人参观、采访、拍照，日夜有人守护。

三周的观察时间很快过去了，研究会发表的结果，杨妹仍然是没有吃任何食物，每天睡眠很好。可是，故事曲折了，在第22天的晚上，正当杨森市长和女区长佘德瑜兴高采烈地宴请一个美国人，举杯庆贺"奇迹"时，被饥饿折磨得精神恍惚的杨妹突然闻到楼下大厅宴会上飘来鱼肉佳肴的诱人香味。她从床上坐起，掀开被单，偷偷跑下楼在花园的墙边发现了一个喂狗的食盆。

《申报》1948年4月27日报道

她环顾左右无人，正伸手抓着狗食往嘴里塞，狼吞虎咽时，被躲在假山后面的守护者发现，镁光灯一闪，全都摄入镜头。

据第二天报纸的刊载，监视人从她身上发现了藏着的花生米，专家们从她牙缝中发现有菜叶和食渣。闹剧被戳穿，舆论一片哗然，各大报纸都以"揭穿九年不食之谜：杨妹偷吃狗食"为题发表了头版消息。

杨森十分狼狈，为了挽回一点面子，仍以"杨妹食量极少，这种超乎常人的耐饿仍值得研究"为名要送杨妹出国。把杨妹当做政治资本的女参议员佘德瑜不敢再玩火了，她偷偷地带着杨妹回石柱去了。

"杨妹是个贫困不幸的农村姑娘，幼年父母双亡，是叔父收养了她。但家里其他人厌恶她，虐待她，使她长期处于半饥饿中，肠胃萎缩，加以精神上折磨刺激，生理上造成间歇性的畏食。"后有人在报上著文揭开了"杨妹不食"之谜，杨妹这种情况导致她常常十天半月不吃或吃得很少，只喝点水。其实，间歇期一过，她就要饥饿寻食。

"杨妹九年不食案"最后却以人间喜剧结局。

1988年夏天，事隔40年后，《人民日报》记者专程赴石柱县龙沙乡官井村采访了杨妹。记者见到的杨妹，中等身材、衣着朴实、身体健康、精神抖擞、开朗好客，像普通农村妇女一样过着平静、安稳的日子。回忆40年前的那场闹剧，她深思片刻后说道："过去，为了糊口，我只好去给桥头乡恶霸地主佘德瑜当丫头，由于常常挨打受饿，患了严重胃病，有时进食不多。佘德瑜为了巴结权贵，就向杨森说我'九年不食'。杨森听后，派人把我接到重庆，我像动物园的动物一样让人参观。你们说嘛，世上哪有活人不吃饭的事呢?!我哭脸装笑脸，暗中偷吃猫食狗食充饥，饿得面黄肌瘦。他们为了掩人耳目，在我脸上打上红粉……"

说到现在，杨妹道："现在日子越过越好了。"儿孙们正在准备给年近六十的杨妹办大寿，往日的屈辱已像风一样吹走了。

重庆城九二火灾

1949年9月2日，农历闰七月初十，时值秋老虎肆虐，素有"火炉"之称的重庆，更是酷热难当。下午3点40分左右，下半城陕西街余家巷内突然起火，火借风势，风助火威。一瞬间，从东水门到朝天门，从陕西街到千厮门一带，几十处高大的火头，无情地吞噬掉幢幢木制竹编民房，连成一片火海，滚滚的浓烟冲天而起，连太阳也变得黄灿灿的。房屋的门窗吐出火舌，烧断的屋脊带着一堵堵墙垣轰然坠落在地上，大批无路可逃的市民在腾腾烈焰的逼迫下，只好退向沙滩河边。

这年长江、嘉陵江十分反常，9月还发大水，朝天门江边的大片沙滩已被淹没，逃难的市民潮水般地涌上停靠在江边的木船和趸船。紧临嘉陵江而建的大批房屋带着烈火垮落于江边，又引燃了停泊在江边的船只。据当事人给政府的报告上说：未着火的船只"急忙撑离码头，殊水流甚速，片刻即流至嘉陵码头，被码头火船所挤，倏即着火焚尽"。着火船只把停靠在嘉陵码头附近的一只民生公司油船引爆燃烧，汽油漂到哪里，火就燃到哪里。嘉陵江千厮门至朝天门段的江面也成了火海。接着，火势又将嘉陵江对岸江北城河边的一排排房子引燃。一时间，满江是火，满岸是火，烧死和淹死市民无数。

大火因烈日和风势助虐，到处逞威，朝天门一带火光冲天，大火延续了十几个小时，最后被位于新街口的美丰银行（现中国人民

民国时期的重庆巡江消防艇

银行重庆分行)、位于字水街的中国银行(今重庆饭店)和位于曹家巷口的川盐银行(现重庆饭店旅馆部)等几处高大的钢筋水泥建筑挡住,方才停息下来。平时摩肩接踵、熙熙攘攘,被称之为重庆华尔街的银行区和重庆港的仓库区,一夜之间化为一片瓦砾。

民国时期的重庆消防车

据历史档案资料统计,这场大火烧毁大小街巷39条,学校10所,机关10处,银行钱庄33家,仓库22所。火灾后拆卸房屋236户,受灾9601户,灾民41000人,有户口簿可盘查的死者2568人,掩埋尸体2874具,伤4000余人。物资损失巨大,烧毁棉花15万担,棉纱2 500余件,布匹2000余匹,食糖640多万斤,食盐1000万担,粮食2000余担,以及大量汽油、桐油、猪鬃、烟叶、纸张等物资。据和源实业股份有限公司和交通银行、中国银行、川盐银行有关档案材料记载,仅猪鬃一项,即可折合当时的美元近25万元。

九二火灾的次日,重庆各大报纸对火势及起因均作了详细报道:

重庆《中央日报》在"本报讯"中声称:"重庆陕西街昨日空前大火,自昨日下午三时四十分开始延烧至今晨五时尚未完全扑灭,本市金融业中心全部付之一炬。火灾自陕西街余家巷十七号一油腊铺发生,转瞬即延烧至陕西街,邮局及中央合作金库首先着火。消防队赶来时,因自来水停水,施救困难,加以昨日气候亢热,风势甚大,风纵火威,陕西街即成一片火海。"

重庆《大公报》在《火势猖獗原因:秋干、风大、水姗姗来迟》的大标题下报道:"这次火势燎原的主要原因有二:一是秋干多时,昨天又吹大风,且是东风,致使火舌的方向由临江的地域伸展到房屋稠密的城区。一是自来水姗姗来迟,当它含羞带愧爬出水管的时候,火神已是张牙舞爪,而难于遏止了。"

重庆《国民公报》在头版显著位置报道:"陕西街十七号协台油腊铺老板、甲长李清发家三楼佃客陈树章屋里,因陈夫妇外出就医,家中仅留三小孩,不慎发生火警","治安机关已将火头李清发捕得,将由警备司令部严加讯办。"

其他如《和平日报》《商务日报》《新民报》等,也都对火灾情况作了内容大体相同的报道。

九二火灾发生时,正值兵荒马乱的年月,重庆经济濒临绝境,国民党政权行将崩溃,广大民众处在水深火热之中,这场火灾给百姓带来的生命、财产、心灵伤害无法估量。

李民腐败案

中国戏曲舞台上那个贪图荣华富贵，不认结发妻子，千古留骂名的陈世美，已成为腐化堕落分子的代名词了。想不到，新中国成立、西南解放后，贵州省绥阳县就出了个进了城、变了质，大闹婚姻改组，抛弃了在战争年代同甘共苦的妻子，用欺骗、迫害等卑劣手段犯下重婚罪的腐败分子李民。此案，由受害人向邓小平政委控告，引起邓政委的重视和震怒，交由西南最高人民法院审判，《新华日报》发表社论，成为轰动一时的"李民案件"。

1952年春天，邓小平政委还在西南军政大区主持工作。有一天，收到一名妇女的诉状，控告遗弃她母女、犯下重婚罪的贵州省绥阳县县长李民。邓政委看完这位妇女长达7页的诉状，十分愤怒，要求最高人民法院西南分院立案审理。

1949年底严冬，李民从遵义出发，率领接管中队，骑着高头大马进入绥阳县城（今遵义绥阳区）。全城锣鼓喧天，到处张贴迎接李县长赴任的标语。那时干部奇缺，他当上县长还兼法院院长，县委书记还未到任，也由他代理。老战友开玩笑说："老李啊，你成了绥阳的太上皇了。"说句老实话，进城初期，

绥阳县老城旧貌

李民还是兢兢业业、克己奉公的，工作再忙也要写封信给妻女报个平安。

李民当上县长不久，一起进城的战友渐渐发现他变了。特别是1950年下半年，从城里刮来一股闹婚姻改组风。李民看中一位芳龄十九，年轻貌美，刚从师范学校毕业，出身资本家的女教师之后，就春心萌动，神魂颠倒，定下心，宁愿付出代价，也要弄到手。

李民为达到目的，采取了三步走计谋。第一步将姑娘调到县政府办公室当秘书，便于游说；当姑娘家庭不愿女儿做"二婚、填房"，姑娘死活不从时，李民就实施第二步，利用自己法院院长的权力逼其家属就范。最难以逾越的障碍还是怎么使妻子同意离婚。

李民深知妻子丁华是个妇女干部，其家庭在地方很有威望，生性刚烈的她是不会饶恕他的。李民就利用他手中的权力和骗术，耍起"瞒天过海"的欺诈手法，以绥阳县法院的名义伪造证明和公函，骗取山东肥城县法院开出与丁华离婚的证明。李民自以为得计、如愿以偿，便"梅开二度"同年轻美貌的城市姑娘洞房花烛。

哪知，他的骗局很快被揭穿。山东肥城的女干部丁华，不畏路途艰险带着女儿，千里迢迢，赶到贵州绥阳。得知丧尽天良的李民真的已与年轻姑娘成婚，她当即气昏在县城街头。李民自知罪行败露，丧心病狂地不仅拒不认妻女，还以丁华是神经病人，命令法院法警将丁华母女押出县城进行迫害。丁华母女在贵州，人生地不熟，孤单无助，在李民的权势下不仅无处申冤，而且还有被暗下毒手的可能。性情刚烈的丁华，当机立断摆脱监视，深夜牵着女儿逃出绥阳县境，直奔重庆，向邓小平政委上书鸣冤。

邓政委十分重视李民案件，抓住这一典型案件来教育西南党员和干部。1953年1月2日，公开判处李民重婚犯罪案的大会在市中区两路口重庆铁路局大礼堂举行，西南和重庆各级党政军机关代表近2000人参加。

公审会场气氛庄严，最高人民法院西南分院依法判处李民有期徒刑5年。这一判决伸张了正义，维护了党纪国法，刹住了婚姻改组的邪风。遵照邓政委的指示，《新华日报》作了连续报道，并发表了《从李民事件记取教训》的社论。还报道了贵州省委、遵义地委和绥阳县有关领导机关和责任人的检讨，挽回了在当地民众中造成的恶劣影响。受害人丁华写信给邓政委和报社：感谢邓政委为她伸张正义。当时，西南服务团的不少战友都参加了公判会，深受教育，至今难忘。

人民大礼堂金顶案

张家德是谁？重庆人知道他的并不多。尤其是跟重庆市人民大礼堂——这个在重庆家喻户晓，外地人到重庆也非去不可的标志性建筑——相比，知道的人就更是少得可怜了。但若再次提到人民大礼堂，现在的人们就应当知道两者之间的"特殊"关系。

参观过重庆市人民大礼堂的人，无不对其标志性的金顶印象深刻。20世纪五六十年代，还曾一度有人盛传：大礼堂修建过程中有严重的经济问题，总工程师就是因为贪污了一些用于建造金顶的金子，被"枪毙"了……张家德，就是当时受命主持大礼堂设计和建设的总设计师与总工程师。

大礼堂总设计师张家德

世人常常说，技艺高手在民间。然而，在民间也不乏道听途说、添油加醋、以讹传讹的流言蜚语高手。这个传言中的"人民大礼堂金顶案"真相究竟是如何呢？

首先，让我们揭开眼见未必为实的真相之谜。坊间曾传闻重庆市人民大礼堂的顶部是用纯金做成，重达10吨，重庆人称为金顶，实际上金顶根本不是纯金做的。金顶里面是以木头造型，中间有楼梯，外面敷设的是混凝土和装饰砖，砖面上刷的只是一层薄薄的金粉。

建设中的重庆市人民大礼堂

其次，必须以正视听的是，张家德先生乃四川省威远县人，毕业于南京大学工程系，早年供职于中国建筑西南设计研究院，大礼堂完工后不久便调到建设部的建筑设计院，于1982年5月20日在北京因病逝世，享年69岁。这位建筑大师后来还亲自参与了北京人民大会堂、国家博物馆等北京十大建筑的设计。重庆市人民大礼堂是他最杰出的代表作之一，载入了世界建筑史册。他的塑像，如今就伫立在重庆市人民广场通往大礼堂绿树掩映的静幽小道旁，注视着他的杰作。

至此，"人民大礼堂金顶案"的讹传已是不攻自破了。那么，人们不禁要问，张家德是怎样成为这项宏伟工程的总设计师与总工程师的呢？

故事还得先从重庆市人民大礼堂（原名西南行政委员会大礼堂，后名中苏大楼）的修建之初谈起。1951年初，西南军政委员会在刘伯承、邓小平、贺龙三位首长的主持下做出决定：广泛征集方案，在重庆建一座可容纳数千人的大会堂及附设招待所。

西南设计院年仅39岁的建筑工程师张家德精心设计的方案融汇中西，力排众议入选。他设计的大礼堂是一座仿明清宫殿建筑，呈现了鲜明的民族特色，其主体参照北京天坛祈年殿，金碧辉煌，雄伟壮观。同时建筑又充分吸收了西方建筑艺术精华，在内部采用半球形钢架撑起一个大跨度的穹顶。大礼堂1951年6月破土动工，于1954年4月历时3年建造竣工，工程总造价430万元，占地99亩，建筑面积2.5万平方米，由中心礼堂、南楼、北楼组成，礼堂高65米，有五层挑楼，可容纳4000余人。

重庆市人民大礼堂在此后的半个多世纪里，一直成为重庆重要的政治文化中心，毛泽东、周恩来、刘少奇等国家领导人，以及美国前总统福特、英国前首相希思等外国贵宾先后来到过这里，亚洲议会和平协会第三届年会闭幕式、亚太城市市长峰会文艺演出、重庆市的人大会议以及政协会议等都在此举行，众多国内外知名艺术团体也曾在此演出。

重庆市人民大礼堂

尽管人民大礼堂曾遭遇过两次失火，"文革"中还被作为封建流毒加以批判，所幸并无大碍，经过整修后依旧辉煌屹立。1987年，英国出版的世界建筑经典著作《比较建筑史》首次将我国当代43项建筑工程载入世界建筑史，重庆市人民大礼堂列为第二位，仅次于北京友谊宾馆。《中国大百科全书》《当代中国建筑史》中，重庆大礼堂也被列为中国代表性著名建筑。

2006年底，张家德的子女将珍藏了55年的建筑设计方案原图，交给重庆市人民大礼堂作永久收藏。当年，正是这张彩绘在一幅长3.91米，宽1.63米白布上的设计图，彻底打动了西南军政委员会的领导们，由此开启了一座惊世建筑的伟大故事。

"11·27"元凶伏法记

自1961年12月起，半个多世纪以来，一本《红岩》小说让中华大地的人们，几乎家喻户晓了白公馆、渣滓洞的历史。江姐、许云峰、杨虎城、小萝卜头、成钢……的英雄故事感染和震撼了一代又一代的人。当人们在缅怀先烈英灵的时候，总要去追问杀害他们的那些死有余辜的刽子手——是怎么被抓获的？法律是怎么制裁他们的？

杨进兴，浙江宣平人，1940年参加国民党军统局，先在军统重庆望龙门看守所特务队当看守，1944年担任军统局长戴笠的便衣警卫、侍从副官。1946年调到白公馆看守所当行动员、看守员、看守长。杨进兴暴戾无比，惯常采用老虎凳、灌辣椒水等酷刑残害革命志士，被他亲手杀害的革命志士多达300多人。

1946年8月，他在中美合作所松林坡停车场和另一特务用手枪杀害了中共四川省委负责人罗世文、车耀先，并用汽油焚烧了他们的遗体。1947年，他用电刑将朱念群、尚承文等3人杀害。1949年9月，参与杀害杨虎城、宋绮云、徐林侠、宋振中（小萝卜头）。同年11月27日的大屠杀中，亲手杀害黄显声、李英毅、王振华、黎洁霜等，甚至连婴儿也不放过。11月29日，他又将关押在市中区新世界饭店的32名革命志士押往松林坡杀害……

"11·27"大屠杀实施完后，杨进兴自知逃往台湾无望，便与保密局（军统为其前身）的其他刽子手一起，于11月30日跳上了国民党重庆警备司令部准备好的汽车，朝成都方向逃去。杨进兴抵达成都后，按照徐远举和周养浩的事先安排，他被分配到华蓥山打游击。这帮特务共18人，都是参与"11·27"大屠杀后逃离重庆的。杨进兴还从徐远举手

特务杨进兴被抓获

中领到了165块银元和通行证，乘汽车向华蓥山进发。这伙特务从成都出发，行进途中得知华蓥山已被共产党解放了，于是不敢贸然乘坐汽车进山，而是化整为零，分散步行潜入。

杨进兴和其他特务分开，带着老婆和9岁的女儿，一路上东躲西藏来到南充。路上遇见3个抬滑竿的农民，便叫他们用

重庆公审特务杨进兴大会

滑竿把老婆、女儿抬到南充高坪永安场去。哪知来到永安场后，家家关门闭户，杨进兴的老婆和女儿又累又饿，哭闹不止，杨进兴正在犯难。这时，一位抬滑竿的好心农民腾明清见状产生怜悯之心，主动提出让杨进兴一家三口先到自己家去歇一晚上。

在腾明清家吃过晚饭，杨进兴鬼主意来了。他先是拿出一斗米的钱交给腾明清。第二天，又称肉打酒，请了当地的保甲长和邻居前来吃饭打牙祭。吃吃喝喝中，杨进兴编造了自己的身世，假冒是广安代场人，名叫"杨大发"，父母早亡，曾给地主家当放牛娃，做过小生意和工匠，四处流浪……说着说着还一把鼻涕一把泪，在场的朴实善良的乡民们纷纷同情他们，于是答应让他们一家三口住下来。

于是，见风使舵的杨进兴真正做起老实巴交的农民来了，不管刮风下雨，他都勤勤恳恳地在田间地头劳作，村民们都夸奖他："是个好庄稼人！"在解放后的土改运动中，杨进兴以苦大仇深的农民身份积极参加大会揭发地主。由于表现积极，在确定出身成分时，他家被评定为贫农，分得田地三亩多，房屋一间半，粮食五担。为了挣表现，他又捐了一部分粮食给村农会，用来资助贫困的农户。合作社运动后，杨进兴被村民们选为互助组组长，多次被评为先进，还去县政府礼堂作过报告。

一转眼的工夫，杨进兴一家到永安场乡落户已经3年了。1953年下半年，新中国开展了第一次人口普查。在普查中，根据杨进兴自己的说法，他是广安代场人。但是，经过区普查办发函调查，广安方面查不到"杨大发"这个人，而且也没有祖籍来历。

区普查办的同志迅速将这一情况向南充县公安局汇报。南充县公安局十分重视，立刻派出两名经验丰富的老侦查员前往广安代场三村，以普查办人员的身份展开秘密调查。根据各方面的调查分析，老侦查员发现，"杨大发"的身上有许多疑点，根据多年办案的经验，他们认为"杨大发"很有可能是国民党的漏网特务。但在没有足够的证据时，不能随便逮捕人。

侦查员们随即带着照相机来到永安场，一直想拍到"杨大发"的镜头，可是这家伙就是不买单，总是回避照相机。后来，侦查员想出了一个主意，

特务杨进兴被押赴刑场

说是"杨大发"所在的社是农业先进社，上级要一张全体社员合影，以便县政府宣传。"杨大发"这才放松了警惕，立即组织全体社员拍照，自己也赫然出现在照片中。拿到"杨大发"的照片后，侦查员将照片送到相关部门调查。

1955年2月9日，南充县公安局的侦查员带着杨大发的照片和调查材料来到了重庆市公安局。原白公馆看守所的老炊事员陈紫云夫妇、警卫顾有德、军统局收发股股长邓培新和军统分子陈威，以及白公馆脱险志士罗广斌、李荫枫、郭德贤等人看了照片后，十分肯定地说："这个人就是白公馆监狱的看守长杨进兴！"

1955年6月16日，重庆市公安局"追残组"派出吴国成、申俊章等4位侦查员，来到南充县青居场六区区公所，定下了逮捕杨进兴的方案。

当天晚上，村长像往常一样敲了敲杨大发家的门，大声说："杨大发，明天早上你到银行换贷款条子，顺便把村里的几把椅子带到区公所去。"

第二天上午9点20分，杨大发经过6里地的跋涉，满头大汗地挑着几把椅子走进了区公所的大门。

"杨大发，你到办公室来一下，有件事情要找你谈谈。"区干部模样的县公安局侦查员向他说。

杨大发跟着"区干部"跨进了办公室。

"听说你负责的那个互助组搞得很好，我想找你谈谈，你是咋个抓的？杨大发，你请坐嘛。""区干部"指着靠墙的一条矮板凳客气地对他说。

这时，另一位"区干部"已经走到了杨大发的后边，突然大声在他的背后吼了一声："杨进兴！"

"杨大发"神经质地回答了一声："到！"

后面这位侦查员一掌把杨进兴掀翻在地。

重庆市公安局的4名侦查员飞速从后门冲入，将杨进兴擒获。

晚上11点，囚车开进了重庆市中区石板坡监狱。经过7个小时的审讯，先是一阵短兵相接，用事实让杨进兴供认了杀害罗世文、车耀先，以及杨虎城、宋绮云两家的具体经过。

7月31日，预审员和两位公安战士押着杨进兴来到松林坡原戴笠停车房后面的松林里，经杨进兴指认，发掘出了罗世文、车耀先的遗骸和两只水壶。

1958年5月16日，重庆市中级人民法院在劳动人民文化宫召开公审宣判大会，判处杨进兴死刑，立即执行。一个罪恶的灵魂终于打入了地狱。

临刑前的张君泪

2001年5月20日，在即将被押赴刑场执行枪决之前，张君——这个曾经令渝、鄂、湘民众8年来都心中不安、作恶多端、不可一世的连环冷血杀手，发出了临终前的哀鸣和忏悔。

早上8点前，张君等11名同案罪犯从重庆市看守所押解至重庆市第一中级人民法院，等候最高人民法院的终审宣判。

因为快要"上路"了，一审主诉检察官谷安东和张君进行了交谈。谷检察官告诉张君，19日下午，他的家人分别打来电话，要求转告张君几件事。其中一件事是，张君化名龙海力与杨明燕结婚生下的女儿龙××已经被接到湖南老家，由张君的前妻肖月娥收养。问张君，女儿是否需要改名？张君表示，要把龙姓改成张姓。

随后，张君和检察官戴小冬见面。自从一审判决后，张君就提出要见戴检察官。

两眼黯然无神，呆坐在地上的张君见到戴小冬，抬起麻木的脸说道："我一直很感激检察官。我过去很少说人话，今天我说点掏心窝子的人话，请你替我转告。"

张君说："把我的（起诉书）副本和判决书寄给我儿子，让他们不要怨恨政府，我是想让他们知道我的罪孽，政府杀我理所当然。"

他又给自己一出生就带上了耻辱印迹的女儿留话："希望你长大后，找个好男朋友，找个守法的男朋友……"

大约一个小时，张君才把要讲的话说完。戴小冬叫张君放心，他刚才说的所有话，一定转达给他的亲人。张君突然道："检察官，我给你叩个头！"说着，身子就往前倾，戴小冬连忙制止了他。

与检察官的谈话结束之后，记者开始了对张君的采访。

记者："走到这一步，你对那些被你无辜伤害的人还想说些什么？"

张君："我只想抢钱。但那些人在我抢钱时妨碍了我。凡是看清楚我脸的人，我都要打死他。正因为我杀了无辜的人，所以我要再次对他们说声对不起。"

记者："现在开庭，你心里肯定明白是

警察在重庆抓捕张君并押上审判庭

怎么回事。此时此刻，你最想说的是什么话？"

张君："我要感谢抓我的警察。他们抓得很漂亮，以致我自杀都没成功。否则，我当时自杀了，就没有今天，也没有机会表达我的爱与恨了。"

上午10时半以后，30余辆警车风驰电掣地驶向刑场。

行刑前，留下了5分钟给8名死刑犯，允许他们留下临终遗言。

法官、检察官、法警一群人围住了张君，问他还有什么话要说。张君似乎突然意识到自己的生命只有300秒了，他请求："转告我的儿女，长大后千万不要做违法犯罪的事，千万要转告给他们……"

"还有没有话说？"执法者给张君最后的机会。

张君想了片刻，说出了最后的"人话"："我输得心服口服，我死得心服口服！"

刑场上，另外7名同案死刑犯也各自留下了遗言。

"时间到！"行刑法警宣布。

8名死刑犯验明正身，各就各位，命押至死亡边缘。随着一阵枪声，这8人结束了罪恶累累的一生。

1966年8月5日，张君出生在湖南省常德市安乡县安福乡花林村的一个贫穷农户家中，家里有7个兄弟姐妹，张君是最小的一个儿子，姐姐哥哥与张君同母异父，所以他们姓薛，只有张君姓张，张君是张家的独苗。

张君12岁时，母亲被查出患有子宫癌，病痛中她常常念叨，想吃一碗肉丸子汤，这成了张君当时最大的愿望，想方设法满足母亲的愿望。张君攒了一个学期才凑足5角钱，跑了30多里路为母亲买回一点点肉，然后学着姐姐们的样子，亲手做了一碗肉丸子汤，终于给母亲了却了这一桩心愿。那时他还是一个淳朴的少年。

张君14岁时，母亲病逝。由于家庭贫困，父亲的病也无力医治，不久也死于家中。

高中一年级时，张君辍学了。由于没事可干，张君就开始在外游荡、滋事、斗殴、打群架，渐渐地他在当地竟有了一点"小名气"。那时候，张君最爱看电影《少林寺》，百看不厌，最爱练武，几乎天天都练。1983年，张君因打架斗殴被送进少管所，那时张君17岁。

经济无助，生活窘迫，却又好逸恶劳、贪图吃好喝好玩好的张君，便选择了"立竿见影"和"吹糠见米"获取财物的手段——抢劫。开始小抢劫，随后渐渐升级，规模越来越大，还组成了一个组织严密的团伙，名叫"革命重建委员会"。

从1993年入室杀人越货，抢劫湖南安乡县百货商人，到2000年抢劫常德市农业银行运钞车，致7人死亡，7年来杀人作案十余起，杀死杀伤近50人，抢劫现金、首饰价值600多万元。张君团伙气焰之嚣张、手段之险恶、残害之冷酷，令人发指！

张君已经伏法。这个罪恶的灵魂理当接受地狱的烈焰。

然而，他从一个乡村淳朴少年为何演变成为一个杀人"魔头"？这将留给我们整个社会深深的思考。

重庆掌故 [典藏本]
CHONGQING ANECDOTES
雾罩山水
五卷
巴山，字水，雾罩也。

热土：史前文化说重庆

1976年初，正值全国"农业学大寨"如火如荼之时，四川铜梁县（今重庆铜梁区）组织7个乡镇的2000名社员民工在县城西面动工修建西郭水库。春节后，在清理大坝的坝基时，在离地面8米多深的土层中，发现了一层黑色腐殖土，土里含有树木的茎、叶、根和果实等，民工们觉得十分奇怪，抱着好奇心继续往下深挖，又发现了许多动物的骨骼和牙齿化石，民工们觉得太好耍了，把这些化石当作稀世珍宝据为己有。

随着对大坝坝基清理的深入，挖出来越来越多的动物化石，这就引起了西郭水库指挥部的高度重视，立即让工程停工，及时报告了铜梁县文化馆。县文化馆马上派出人员前往工地察看，同时召集民工开会，宣传文物保护的重要意义和开展被拿走化石的收集工作。

铜梁西郭水库张二塘考古发掘现场，左面是坝基

重庆市博物馆闻讯后，立即派出李宣民、黄蕴萍、张俊等专家和工作人员奔赴现场进行勘察，随着发掘工程向纵深发展，重大奇迹出现了，大批器形标准的石制品——旧石器现身了。这是一件令人振奋的事情，整个工地的民工都沸腾起来。指挥部马上发布通知，号召民工把捡到的化石、石器交到指挥部政工组。经过施工现场清理、收集整理、专家鉴定，工地上共出土了旧石器近400件，乌木数立方米，哺乳动物化石约1000件。

这一重大发现被紧急报告到中国科学院，中科院古脊椎动物与古人类研究所派出专家张森水，和重庆市博物馆李宣民、杨兴隆与贵州省博物馆曹泽田一起分析研究。之后，中国著名古人类学家贾兰坡先生、中科院古研所尤玉柱、北大教授吕遵锷、重庆市博物馆方其仁馆长等，先后赶赴西郭水库大坝工地进行实地考察和发掘工作。

发掘现场在铜梁城西北约2公里的张二塘。现场四周多是圆形山丘，山顶较平，海拔350—400米。发掘现场位于一个半封闭的谷地内，有一条属全新世发育的化龙沟小溪。现场不但发现一批旧石器，还发现东方剑齿象、亚洲象、中国犀、巨貘、獐、水牛、牛、鹿、羊、熊猫等哺乳动物骨骼与牙齿化石。还发现楠木、白楠、胡桃、毛椟、亮叶水青杠等植物化石，野核桃、南酸枣等果实化石，以及蕨类植物孢子、菊科植物花粉等成分。

铜梁发现的旧石器极其珍贵，以石核、石片为主，分为刮削器、尖状器和砍砸器三大类；复刃工具占主导地位，单刃工具不多；这些工具以锤击加工法为主，偶尔用砸击加工法，还用碰砧法修理石器，而复向加工为主的锤击法，是铜梁石器的自身特色。

这些石器粗大、古朴、形制不规整，大多数是自然成形的，显得相当原始；大型石器约占六成，砍砸器占比较大，其中端刃砍砸器约占砍砸器的三分之一，数量之多极为罕见，具有强烈的地域色彩。

铜梁文化旧石器：石核（上）、石片（下）

经专家鉴定，这批发掘的化石和石器距今25450+850年，地质年代为更新世晚期，在人类社会发展阶段上属于旧石器时代晚期的产物。铜梁旧石器文化发现地，是我国已发现的第八处旧石器文化的重要遗址，也是迄今为止四川盆地内最早、最古老的旧石器文化遗址之一。以它为代表的旧石器时代晚期的分布区域广阔，涵盖了重庆九龙坡、四川资阳黄鳝溪和遂宁都口等地发现的旧石器，其时空分布应当在36000—39000年。

一种文化是代表某一时代的人类所创造的物质文明和精神财富的总和，重庆铜梁旧石器制品的出现也代表了一个新的区域性文化。因此，经中国科学院鉴定和论证，被命名为"铜梁文化"。

铜梁文化的发现，找到了巴蜀文化的上源，证明巴蜀文化是从阶地内部的新石器文化基础上发展起来的，而不是外来文化，基本否定了原来认为大溪文化（重庆巫山大溪遗址文化，代表长江中游地区的史前文化）是四川原始文化的代表这一观点，从而将巴蜀文化的考古史料向前推进了一千多年，把铜梁和重庆乃至四川盆地的历史推进到了两万五千年前的原始社会。同时，进一步证明了我国旧石器文化发展的不平衡性、曲折性、复杂性和多样性，也间接证明了巴蜀文化是由阶地内部的古文化为主体与外来文化的相互融合而成。同时，进一步证明了长江流域与黄河流域一样，同为孕育中华民族的摇篮。

从"铜梁文化"遗址中发现的植物化石、动物群化石表明：以铜梁文化为代表的重庆与四川盆地，在二万多年前的更新世晚期，气候温暖湿润，气温比现在略高，属于暖亚热带气候，那时的"铜梁"草木茂盛，动物种群繁多，适宜于古人类生活繁衍，是一片"世外桃源式"的热土。

链接：

重庆史前文化跨度达200多万年

随着最新的古人类研究成果的推出，重庆的史前文化形成了一个自200多万年前至 1 万年前的完整演化序列，其史前遗址的密集性、连续性与独特性，在全国范围内都是独一无二的。

重庆发现的史前文化遗址主要分为两类：一类是位于山区里石灰岩地区的洞穴遗址；另一类是第四纪时期由于地壳抬升及长江下切形成的各级河流阶地上的旧石器遗址。重庆地区部分具有代表性的遗址如下：

1. 巫山龙骨坡古人类遗址，距今 214 万年前。
2. 九龙坡玉龙公园旧石器遗址，距今 140 万年至 100 万年前。
3. 丰都烟墩堡旧石器遗址，距今 73 万年前。
4. 巫山玉米洞遗址，至少距今 40 万年至 1 万年前。
5. 丰都高家镇旧石器遗址，距今 14 万年前。
6. 奉节兴隆洞古人类遗址，距今 13 万年前。
7. 铜梁西郭水库旧石器遗址，距今 3 万多年前。
8. 巫山大石洞古人类遗址，处于旧石器时代与新石器时代的过渡阶段。

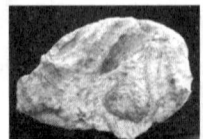

九龙坡出土的旧石器、巫山玉米洞旧石器遗址考古发掘现场

山城：名城危踞层岩上

重庆素以"山城"的雄姿和气势闻名于世。

"好个重庆城，山高路不平；爬坡又上坎，整日大汗淋。"歌谣中的重庆，便是真实生活的写照。

仿佛"巫"的神秘安排，把重庆地图逆时针方向旋转 135 度，正好是一个巨大的"山"字：黔江、石柱等渝东南地区犹如中间一竖，刚劲有力，直插云天；万州、城口等渝东北和永川、江津等渝西南犹如左右两竖，厚重磅礴，稳如磐石。

重庆恰似一个"山"字，由西南向东北分布若干平行岭，如层岩重叠

山城重庆，绝非浪得虚名。以渝中半岛母城为中心，整个城就建在一座

连绵起伏、异峰凸起的山脊上。山脊发端于朝天门的长江、嘉陵江交汇处，海拔为168米；由东向西顺势延展到解放碑，海拔上升到249米；继续向西至枇杷山，海拔达到了340米；一路向西到鹅岭时，海拔已达400米……这种山势的起伏，在渝中半岛仅有9平方公里的土地上，已经展现得淋漓尽致。

重庆这座城市，正是从这9平方公里开始发源、延伸、扩展。也就是说，这是重庆最早的城市，也是重庆建筑密度最大、人口最密集的地方。可以无限想象，高楼顺着山势，起伏林立在山脊两边乃至山脊之巅；道路沿着山形，婉转迂回在高楼丛林之中；列车骑上轻轨，时而从头顶呼啸而过，时而钻入山中遁形……这是怎样一座魔幻般的城市呐！

清末军机大臣张之洞

重庆的山，以渝中半岛母城为核心，向外如涟漪般层层扩展。第一层为城中山，山即是城，城即是山，山在城中，城在山上，包括：枇杷山、鹅岭、平顶山；第二层为城边山，从东西南北四方将重庆城围绕，成为重庆母城的天然屏障和绿色肺叶，包括：南山、歌乐山、缙云山、铁山坪、云篆山、尖刀山、照母山；第三层为外围文化名山，分布在重庆的远郊区县，成为各区县的文化地标，也是重庆人的人文给养，包括：巴岳山、古剑山、圣灯山、菩提山、四面山、金佛山、宝顶山、黑山、名山、仙女山、华蓥山等；第四层为最外围的大山，北有大巴山、东有巫山、东南有武陵山、南有大娄山、西有黄瓜山，将重庆与其他省份隔开，形成整个重庆地区的天然保护圈。重庆主城和很多区县城，完全坐落在这一层层的山中峡谷里，形成了"山城"的独特风貌。

清末名臣张之洞曾这样吟咏重庆："名城危踞层岩上，鹰瞵鹗视雄三巴。"

重庆位于四川盆地东南边缘，山是点，山脉是线，构成了山城这个立体面。除了"山"之外，重庆的"山脉"更具特色，一条条近乎平行的山脉，分布在长江南北两岸的广大区域。这种独具特色的山地类型，被称为"平行岭"，也叫"褶皱山"。

重庆境内自西向东分布着：英山、巴岳山、黄瓜山、箕山、云雾山、缙云山、中梁山、龙王洞山、铜锣山、明月山、桃子荡山、东温泉山、黄草山、精华山、铁峰山、方斗山等平行岭。就像老太太脸上的皱纹，不仅在国内独一无二，在世界上也极其罕见。在平行岭之间的谷地里，用地条件相对较好的地方，分布了重庆主要的城区，重庆主城区就位于著名的缙云山、中梁山、铜锣山、明月山的四山地带。

然而，在渝东南的酉阳、秀山、黔江等区县，还有一种"倒置"地形，多呈台状、桌状，山顶往往有较大面积的开阔区域，这种没有山峰的山，被称为

五卷 雾罩山水

297

重庆第一峰：巫溪阴条岭

"盖"，如酉阳的毛坝盖、矿铅盖，秀山的平阳盖、川河盖等。

重庆境内山高谷深，沟壑纵横，山地面积占76%，丘陵占22%，河谷平坝仅占2%。重庆市境内最高峰为巫溪县东部边缘的界梁山主峰阴条岭，海拔2796.8米；最低处为巫山县长江水面，海拔73.1米。

重庆人世世代代都土生土长在这种独特的山地地形中，练就了来去自如、如履平地的本领。但是，外地朋友初次来渝，在被山城惊艳的同时，往往会被惊吓到不能自持。前些年网络上曾流传一个《外地人千万别来重庆，都是这样被逼疯的！》帖子，我们节选几段看看外地人眼里的重庆——

某个晚上在宿舍天台歇凉，突然某同学看着远处说：靠，现在有人放孔明灯，就不怕火灾，居然都是一对一对地放。后来才发现，这是几辆汽车在走啊。你可以想象一下，看着天上的孔明灯，后来发现居然是车灯，是什么感受？

有一次，一个外地人问我解放碑怎么走，我想都没想就回答说：往上面走个十分钟，结果那个人很单纯，很惊恐地抬头开始看天空。

看看重庆的轻轨，就明白了，穿插在房屋中间，靠江而行，穿梭在桥上桥下洞里，桥齐平20层楼房，各种威武……

一个北京朋友来重庆，带他玩洪崖洞。从一楼马路进去，往上坐了十几层电梯出来，他看到一条大马路，然后他就疯了……

我才不会说，当年在重庆坐公交错过站，往回走硬是翻了一座山。

对，就是这样，坐个公交车跟过山车一样；还有，小街道有种潜伏着特务的感觉。

第一次在重庆坐公交，上车后眯了一会儿……醒的时候眼前就是悬崖，差点吓尿，把旁边的同学摇醒问这路对么？同学说对的。又战战兢兢眯了一会儿，再醒来就在悬崖底了，再次吓尿……去趟解放碑真是惊心动魄呀。

舅舅家住的那栋楼，十七楼出来到解放碑，一楼出来是洪崖洞，我觉得超级方便，每次都这么走捷径。

第一次进城时从菜园坝到两路口爬了半个小时的山，后来才知道可以直接坐电梯上去。

江城：母亲河的滋养

重庆不但是一座闻名世界的山城，而且是一座名副其实的江城。历史上有一个很霸道的名字——江州。为什么很霸道，因为是周武王分封给巴人的。

在这片活色生香的8.24万平方公里的地盘上，分布着大大小小的河流上千条，小河沟不计其数。流域面积在50平方公里以上的河流就有510条，在重庆市内的总长度达16877公里，这里面的跨省河流122条；流域面积在100平方公里以上的274条，市内总长度12727公里，含跨省河流96条；流域面积在1000平方公里以上的42条，市内总长度4869公里，含跨省河流30条；流域面积在10000平方公里以上的河流7条，市内总长度1441公里，含跨省河流7条。

这些河流中，除北部的任河由西向北流入汉水，东南部的酉水河向东注入沅江，

长江流域示意图

西部的漱溶河和大清河汇入沱江外（它们最终都流入长江），其余河流都在重庆境内汇入长江，构成了一个庞大的水系——长江水系。

长江是重庆的母亲河，在江津区羊石镇进入重庆境内，由西向东穿过主城区，流经涪陵、万州，贯通全境，在巫山县碚（培）石乡流出重庆，境内流程长达683.8公里。长江自青藏高原奔腾而下，在重庆地盘横穿巫山三个背斜，形成著名的瞿塘峡、巫峡、西陵峡（湖北境内），即举世无双的长江三峡。

长江作为世界第三长河、亚洲第一长河，它奠定了重庆作为"江城"的气质和特点。这条孕育了华夏文明的大江，同样也铸就了重庆人的性格和命运。它以包容的胸怀，兼收并蓄地将重庆境内众多支流的河水，裹挟着冲出三峡，汇入东海。长江入重庆境朱沱站年平均流量为2692亿立方米，而到了出境巫山站年平均流量已达4292亿立方米。

长江上支流众多，支流上还有更小的支流，以及小支流的小小支流，犹如一棵镶嵌在中华大地上的巨树，层层分枝，构成了庞大的长江水系。在重庆境内，长江左岸的主要支流有嘉陵江、大洪河、龙溪河、小江、大宁河等，右岸的支流有乌江、綦江等。其中，嘉陵江是整个长江水系流域面积最大的支流，

夔门是长江硬将巫山山脉切开的一道口子

达到16万平方公里，它还含有涪江、渠江等大支流。

嘉陵江与长江在重庆主城区相汇于朝天门，两江相交，将陆地围成了一个狭长的半岛地带，这就是重庆母城的发源地——渝中半岛。重庆人，就在这片三面环水、一面通陆的狭长地带生息繁衍，走过了三千年以上的历史。从长江左、右两岸支流的数量和规模可以看出，左岸河流众多、源远流长，右岸河流稀少、规模较小。也就是说，重庆所居的长江水系这棵大树发育得并不对称，北岸茂密，南岸稀疏。

重庆不但河流数量众多，而且充满了狂野的力量，堪称一绝。一般而言，河流都是顺着山谷流淌，即河流方向与山脉的走向相同，可重庆的河流偏偏与山脉——平行岭谷的走向几乎垂直。也就是说，重庆的山，哪怕再坚硬，也抵挡不住重庆江河之水的冲击，重庆的河流，硬是将山脉劈开一道道口子，然后欢快地奔向目的地。这就好比重庆的男人和女人，男人如山，刚强坚毅，充满了力量，可以顶起一片天；女人如水，温柔细腻，充满了柔劲，可以滋润一片地。山与水的交融，就构成了一个立体丰满的重庆。

链接：

长江在重庆的主要支流

长江上支流众多，大大小小多如牛毛。在重庆主城区除了嘉陵江外，还有一品河、花溪河、朝阳溪、伏牛溪、跳蹬河等，现在把长江重庆段流域面积大于3000平方公里的一级支流概述于下。

嘉陵江：发源于秦岭，流经陕西、甘肃，过四川广元、南充，在合川区古楼镇流入重庆境内，并于合川城区接纳渠江、涪江两大支流后，呈东南向横切沥鼻、温塘、观音三处背斜，形成嘉陵江小三峡后流经沙坪坝，在渝中区朝天门汇入长江，干流全长1345公里，重庆境内河长153.8公里。

乌江：长江南岸最大一级支流，发源于贵州威宁县，自贵州沿河县进入重庆酉阳县万木乡，流经酉阳龚滩古镇、彭水县、武隆区，在重庆涪陵区汇入长江，干流全长1037公里，重庆境内长219.5公里。乌江横切构造，峡多流急，称为"乌江天险"，红军长征途中飞渡乌江。其中乌江彭水、酉阳龚滩古镇至贵州沿河段约100公里，奇山、怪石、碧水、险滩、古镇、廊桥、纤道、悬葬构成奇幻的景观，拥有"千里乌江，百里画廊"的美誉。清代诗人梅若翁赞叹："蜀中山水奇，应推此第一。"

綦江： 长江南岸一级支流，发源于乌蒙山西北麓贵州桐梓县北大娄山系，在綦江区羊角镇入重庆境内，在江津区顺江镇汇入长江，境内河长153公里，流域面积4394平方公里。

小江： 长江北岸一级支流，发源于重庆开州区白泉乡钟鼓村青草坪，在云阳县城附近注入长江，主流长117.5公里，流域面积5172平方公里。

大宁河： 长江北岸一级支流，发源于巫溪县大圣庙，在巫山县城汇入长江，河长142.7公里，流域面积4200平方公里。该河自北而南切割构造，形成著名的大宁河小三峡、马渡河小小三峡等自然景观。

御临河： 长江北岸一级支流，发源于四川大竹县四方山系，流经长寿区，在渝北区洛碛镇太洪岗注入长江，境内河长58.4公里。在长寿境内建有大洪河水电站，库容3.23立方米，装机3.5万千瓦。

嘉陵江流域全图

乌江天险与乌江画廊的完美糅合

龙溪河： 长江北岸一级支流，发源于重庆梁平区天台乡，经垫江县，在长寿区主城附近注入长江，河长218公里，流域面积3248平方公里。20世纪50年代初建成狮子滩水库，即长寿湖，总库容10.27亿立方米，总装机10.45万千瓦。

磨刀溪： 长江南岸一级支流，发源于重庆石柱县杉树坪，流经湖北省利川市及重庆万州区，于云阳县新津汇入长江。

峡谷：山水合力的杰作

重庆是一座魔幻般的城市，大山大江造就了大气磅礴与非同凡响的城市风貌，让重庆显得更加立体、更加多元、更加梦幻、更加迷人。山与水的合力，塑造了众多奇特的峡谷，遍布城乡各地，让重庆成为名副其实的"峡谷城市"。重庆的峡谷颇有个性，特点极为鲜明：

巫峡就是众多褶皱山（平行岭）与长江硬碰硬而形成的

数量多。重庆知名度较高的峡谷有60多个，这些峡谷主要分布在长江及其支流嘉陵江、乌江、大宁河沿途各处。除此之外，在一些二级支流如乌江支流阿蓬江、大溪河，大宁河支流马渡河等山区河流中，也有数量较多、蔚为壮观的峡谷景观。

密度大。重庆的峡谷多以串珠式的峡谷带呈现，河流串起一个个峡谷，形成独特的"三峡""五峡"奇观，演绎出了一条条、一幅幅山水画廊的峡谷美景。重庆境内，明确冠有"三峡"之名的峡谷就有6处之多。许多人会马上联想到长江三峡：瞿塘峡、巫峡、西陵峡。其实，还有位于重庆主城的长江小三峡：猫儿峡、铜锣峡、明月峡；长江支流大宁河上的小三峡：龙门峡、巴雾峡、滴翠峡；大宁河支流马渡河上的小三峡：三撑峡、秦王峡、长滩峡；嘉陵江上北碚段的小三峡：沥鼻峡、温塘峡、观音峡；乌江支流鸭江上的小三峡：犁辕峡、花园峡、谷雨峡。这些峡谷，除了长江三峡的西陵峡在湖北宜昌外，其余都在重庆。至于不是三个相连的峡谷就更多了。

形成独特。说重庆是奇山异水打造而成的，一点也不夸张。重庆的山，是独特的平行岭（褶皱山），一条条近乎平行的山脉，分布在长江南北的广大地区。重庆的水，以长江为代表，几乎与山成垂

平行岭（褶皱山）中间高高隆起，山脚与江河猛烈撞击形成峡谷

直的方向，横穿平行岭，水到石开，石开山裂，于是一道道峡谷奇观就出现了。

河流垂直于山脉，大山挡不住河流吗？这听起来像是天方夜谭，可奇迹就在重庆到处存在。河流对着山脉冲过来，硬生生将山脉切开一道口子，然后穿山而过，一个个峡谷就是这么形成的。这一点在重庆的主城区都能看到，长江切开中梁山、铜锣山、明月山，分别形成了猫儿峡、铜锣峡、明月峡。

总面积达 8.24 万平方公里的重庆，那是世界闻名的山城，也是众人景仰的江城。重庆的山与水之间有太多亲密无间的关系，并非我们表面看到的山水相依，而是表现出一种内在力量。如果说重庆的山代表的是一种秩序，那么重庆的水则传达了一种精神，山与水合力的杰作——峡谷，则是重庆山水的深刻内涵和灵魂。

链接：
重庆最有特点的八个峡谷

最具世界知名度的峡谷——长江三峡：长江三峡重庆段始于奉节县夔门，止于巫山县培石乡，主要包括三峡中的瞿塘峡、巫峡，而西陵峡在湖北境内。长江三峡精品旅游线路不但串起了瞿塘峡、巫峡和西陵峡，以及与长江相连接的小三峡、小小三峡和神女溪等自然景观，还将丰都鬼城、忠县石宝寨、云阳张飞庙、奉节白帝城、三峡大坝等一系列历史人文景观囊括其中，形成一条气势恢宏的景观带。

国家级重点风景名胜区——巫山小三峡：小三峡是大宁河下游流经巫山境内的龙门峡、巴雾峡、滴翠峡的总称，又称为大宁河小山峡，全长 60 公里。与长江三峡的宏伟壮观、雄奇险峻相比，巫山小三峡则显得秀丽别致，精巧典雅。

重庆第一深谷巫溪
兰英大峡谷

乘舟畅游其间，峡道狭窄，抬头只见一线天，峡壁擦身而过，使人更觉幽深。巫山小三峡的特色是秀美、神奇，以山奇雄、水奇清、峰奇秀、滩奇险、景奇幽、石奇美著称，可称为"天下奇峡"。

重庆第一深谷——兰英大峡谷：位于巫溪县双阳乡、兰英乡，峡谷全长 100 余公里，谷底最窄处仅有 13 米，平均深度 1500 余米，最深处达 2400 余米，重庆最高峰阴条岭紧邻峡谷。这里峡谷地貌奇特，以瀑高、峰险、山奇、石怪、水清、洞幽、禽珍、兽异构成一条世界上罕见的山水画廊。

重庆最美养生峡谷——黑山谷：位于万盛经开区，这里夏季最高温度

23℃，年平均温度12℃，森林覆盖率高达95%，古树古藤、奇花异草遍布峡谷之中，四季花开不断，终年绿海茫茫，如同一个天然大氧吧。

黑叶猴出没之地——芙蓉江大峡谷：位于武隆区石船乡江口镇，以山青、水秀、崖雄、峰奇、峡幽、洞深、滩险、流急、瀑飞、泉涌而知名，被称为"天作画廊"。两岸古木参天。值得一提的是，芙蓉江两岸栖居着很多国家一级保护动物黑叶猴，如果运气好，还能看到黑叶猴在岸边树丛中嬉戏。

中国唯一由东向西流的河流——苍岭大峡谷：位于酉阳自治县双泉乡和苍岭镇境内乌江支流阿蓬江上，原来叫做阿蓬江大峡谷。苍岭大峡谷水源发源于湖北利川，是我国唯一的一条由东向西流的河流。峡谷内山峭、水秀、滩险、峡幽、洞古、林密、泉奇，幽深的峡谷，急流险滩、丰富的植被和罕见的巨型间隙喷泉，以及婀娜多姿的民族风情，构成了阿蓬江异彩纷呈的风景特征。

中国第一动感峡谷——武陵山大裂谷：位于涪陵区城东南约45公里的武陵山乡境内，以地球上最古老的"伤痕"——剧烈地壳运动所致绝壁裂缝称奇，有着"中国第一动感峡谷"美誉。这是一条长10公里的喀斯特地貌原生态裂谷，有1380米的天然落差，森林覆盖率达95%以上，夏季平均气温只有22℃。

主城最近的峡谷景区——金刀峡：位于北碚区金刀峡镇，华蓥山西南麓，距重庆市中心90公里，距北碚城区62公里。金刀峡全长约10公里，分上峡、下峡两段。上峡由于喀斯特地质作用，地面切割强烈，形成独特的峡谷沟壑，两岸石壁如削，山势岈合，垂直高度超过百米，上有古藤倒挂，下有潺潺流水；下峡由于流水侵蚀作用，有众多洞穴群，潭潭相连，碧玉串珠，飞泉瀑布层层叠叠。峡谷内有栈道全长近7公里。

桥都：中国桥梁博物馆

逢山开路，遇水架桥，山水之城重庆注定要和桥结下不解之缘。据网上统计，重庆市内各种桥梁已超过1.3万座，数量和密度远远超过了国内其他城市，建设和施工难度世所罕见，重庆拥有"桥都"之称实至名归。

很少有人知道，新中国成立后，重庆修建的第一座大桥，当是白沙沱长江大桥。这是一座双线铁路桥，横跨在大渡口跳磴镇的小南海白沙沱和江津珞璜镇之间，从1955年10月开工，1959年12月建成通车，历时四年零两个月。白沙沱长江大桥又名小南海长江大桥，北接成渝铁路，南通川黔铁路，全长820.3米，是重庆最早修建的长江大桥，也是继武汉长江大桥后的万里长江第二桥。

重庆主城的第一座现代化桥梁，当属连接渝中区、江北区的牛角沱嘉陵江大桥。这座桥梁从规划到建设，可谓一波三折，殊为不易。

早在1921年，作为重庆商埠的第一任督办，杨森在建江北码头的道路时，曾打算在嘉陵江上建

重庆白沙沱长江大桥（双线铁路桥）

一座钢桥。抗战时期，江北的人口已经发展到10万人左右，江北城、溉澜溪、香国寺沿江一线有中小厂家140余家。每天有大量人、财、物需要过江到市中区（今渝中区），嘉陵江成了阻碍城市发展的天堑，因此国民政府也多次打算修建嘉陵江大桥。

1946年，重庆市制定《陪都十年建设计划草案》，曾委托中国近代桥梁工程大师茅以升完成了长江、嘉陵江两座跨江大桥的初步设计。由于经费缺乏，两座大桥一直未能按计划开工。1948年，国民政府最后一任重庆市长杨森认为，同时兴建两江大桥人力物力均不允许，决定先建投资较小的嘉陵江大桥。1949年1月16日，重庆士绅在沧白路沧白堂为嘉陵江大桥举行了奠基典礼，杨森亲自主持仪式。最终，由于时局变化，国民政府自顾不暇，嘉陵江大桥不了了之。

新中国建立后，城市发展迅速，城市格局由母城市中区向外扩张已势在必行，嘉陵江大桥再次被提上议事日程。经专家仔细勘测，选择了两个适合建桥的位置——牛角沱和高家花园。其中，牛角沱嘉陵江大桥起于市中区牛角沱，终于江北区董家溪，连通的是经济往来更为密切的市中区和江北区，总长600.56米，宽21.5米，由于花费资金较少，市政府决定先行上马。1958年12月，牛角沱嘉陵江大桥正式动工。

重庆主城终于开始建设跨越两江的第一座大桥，各方建桥者热情高涨。但是开工不久，考验便接踵而至——

1959年，全国进入三年困难时期，全国性的粮食短缺和饥荒出现，人们连饭都吃不饱，哪有精力和资金去建桥。

雪上加霜的是，1960年7月28日到9月1日，短短一个多月间，苏联撤走全部在华专家1390名，其中有多名是牛角沱嘉陵江大桥的建设专家。大桥被迫停工。

大桥再度复工已是1964年初。城市的发展，让嘉陵江大桥的建设显得更加迫切；而重庆人横跨两江、天堑变坦途的梦想，经过半世纪一次次的阻塞积累，已到了必须寻找出气口进行宣泄的程度。于是，重庆人民以空

建设中的牛角沱嘉陵江大桥

前高涨的热情，克服万般困难，靠着勤劳的双手，肩挑背扛，硬是将大桥一点一点建设成型。

没有重型吊装设备，就用土办法，用千斤顶顶；没有大型浮船，就用小船拼凑；没有现代化机具，就用人工操作；建桥用的水泥、钢材极度匮乏，就把水泥当金子，论斤计划使用……

大桥的上清寺一端，原是一座几十米高的小山，为建引桥，人们硬生生在山上挖出一道凹槽；工地上，每天穿梭着上千人，大部分是青年学生。10万方土石，几个月就搬运一空！

1966年1月20日，一桥飞架南北，天堑变通途，牛角沱嘉陵江大桥正式建成通车。当天盛况空前，人们或扶老携幼，或三五结伴，专程从四面八方赶来，争相一睹重庆第一座现代化跨江大桥的风采。桥上人山人海，几万人从桥上步行通过，抵达对岸后徒步返回。从这一天起，重庆人兴起了一个新的习俗，凡是有新的大桥开通，都必须在第一时间从桥上走过，名之曰"踩桥"，大抵是想沾沾新桥的喜气，祈求家宅平安，一切顺遂吧。

牛角沱嘉陵江大桥通车典礼盛况空前

牛角沱嘉陵江大桥建成之初，为了防止坏人破坏，桥上安排了军队驻守，战士们在大桥两端桥头轮流站岗，24小时不间断，守卫大桥一直到上世纪80年代，驻军才撤出。

2009年，牛角沱嘉陵江大桥被列入市级文物保护单位加以保护。

重庆主城区的第二座大桥，也是重庆长江上的第一座公路大桥，则是石板坡长江大桥。

石板坡长江大桥是宜宾至宜昌整个川江上的第一座公路大桥，于1977年11月动工，1980年7月1日建成通车。作为当时重庆市政府的"一号工程"，可以说是全城出动，工人、军人、居民、学生，甚至幼儿园的小朋友都参加了这座桥的建设。当时的口号是"人民大桥人民建，我为大桥做贡献"，以至于连几岁大的孩子也跟着大人，在珊瑚坝上锤鹅卵石代替碎石，整个珊瑚坝出现万人同时锤鹅卵石的壮观景象。

说到石板坡长江大桥，不得不提到南北桥头的四座雕塑。四座雕塑由两男两女形象构成，分别以春、夏、秋、冬命名，由四川美术学院创作。在最初的方案中，雕塑全部为裸体。初稿一经公布，便在社会上引起轩然大波，媒体上掀起了一轮大论战。最终，迫于舆论压力，设计者给四尊裸体披上一根飘带遮住了敏感部位。至今，这四尊象征四季劳作收获的雕塑，仍屹立在石板坡长江大桥两头，身披薄纱，乘风欲飞。

从此以后，重庆便迈开了跨越两江、打通天堑的雄健步伐：1988年12月25日，嘉陵江石门大桥竣工；1996年底，李家沱长江大桥建成通车；从1997年到2000年，嘉陵江高家花园大桥、黄花园大桥、长江鹅公岩大桥相继建成；2000年到2005年，嘉陵江马鞍石大桥、渝澳大桥、长江大佛寺大桥、马桑溪大桥相继竣工；2006年石板坡长江大桥建成复线桥；2007年菜园坝长江大桥、嘉华嘉陵江大桥竣工；2009年建成渝宜高速公路大宁河大桥、重庆绕城高速公路江津观音岩长江大桥及中承式钢桁连续系杆拱桥——朝天门长江大桥；2014年、2015年相继通车的东水门长江大桥、千厮门嘉陵江大桥……

重庆石板坡长江大桥，从珊瑚坝上飞越而过

早在2005年，茅以升桥梁委员会在年会上认定：考量一座城市的桥梁状态必须权衡桥梁数量、桥梁规模、桥梁技术水平、桥梁多样化、桥梁影响力等五项指标，重庆在数量上呈压倒性优势，远超武汉、南京、上海、天津等竞争对手近一倍，无人能敌；在技术上呈压倒性优势，重庆的特大桥一举拿下了多项世界第一，技术水平没有哪个城市敢与重庆叫板；在多样化上优势明显，世界现代桥梁四大种类，包括拱桥、梁桥、斜拉桥、悬索桥，在重庆都可找得到，重庆是公认的中国桥梁博物馆。五大指标中，重庆三项有绝对优势，这样的成绩单，中国无出其右者，因而，将"中国桥都"之名授予重庆。

链接：

1. 重庆的古桥

重庆现存古桥，记录在案的有800多座，时间跨度从北宋延续至民国，其中有12座古桥被列入市级文保单位，还有数十座被定为区县级文保单位。还有大量未进入官方视野的古桥，至今仍散落在乡间或荒芜在山间溪流上，默默地发挥着"余热"，继续为人们提供着交通便利。

重庆现存最早的石拱桥：据记载，重庆现存的石拱桥中，年代最久远的当属建于北宋时期的荣昌施济古桥，桥长110.5米，7孔，每孔跨度11米，石板铺面，清代即有"川东保障"之称。

列入市级文保的古桥：万州区的陆安桥和普济桥、涪陵区的碑记桥和龙门桥、江津区的利济桥、合川区的岩溪桥和五星桥、南川区的太平廊桥、荣昌县的大荣桥、云阳县的述先桥、秀山县的溪口天生桥和客寨桥。

传说中的"奈何桥"：民间传说中，人死后要经过黄泉路，投胎转世要经过奈何桥。在重庆现存两座奈何桥，其中一座是多数重庆人熟知的丰都名山建

清末（1909年）巫山无夺桥原貌

于明代的奈何桥；另外一座奈何桥，则是位于璧山县茅莱山上，建于南宋且至今保存完好的四孔石拱桥。

"三无桥"的精神内涵："三无桥"是原位于巫山县培石乡的三座石拱古桥"无夺桥""无暴桥""无伐桥"，三座桥建成于清光绪十五年（1890年）。"无夺"指不夺农时，少征劳役；"无暴"指有功不显耀；"无伐"指有德行不自夸，均为警示世人尤其是为官者要重视民生，多为民做好事。三峡大坝蓄水至175米后，"三无桥"已易地复建保护。

2. 重庆桥梁的世界之最

重庆高山、低谷、两江的独特地貌，促使了桥梁建设大发展。建跨江大桥应先以交通需求为主，在此基础上设计得越漂亮越好，与周边景观越融合越好。重庆得名"中国桥都"，与跨江大桥拥有众多"世界第一"不无关系。

公轨两用的重庆朝天门长江大桥

世界跨度最大的钢拱桥——朝天门长江大桥：西连江北区五里店，东接南岸区弹子石，主跨长552米，比世界著名拱桥——澳大利亚悉尼大桥的主跨还要长，成为"世界第一拱桥"。朝天门长江大桥全长1741米，若含前后引桥则长达4881米，将重庆的两张城市名片——解放碑和朝天门巧妙地融合。

世界跨度最大的梁桥——石板坡长江复线大桥：大桥是一座连续钢构桥，主跨长约330米，是世界跨度最大的梁桥。重庆长江大桥复线桥与重庆长江大桥相距仅5米，构成了双桥过江的奇特景色，两座桥梁十分"亲密"，被亲切地称为"姊妹桥"。

全球首座"双子桥"——东水门长江大桥与千厮门嘉陵江大桥：两桥均是单索面斜拉桥，外形非常相似，像一对双胞胎。在"公路＋轨道"模式的大桥中，这两座桥的跨度均是世界第一，而这种"双

重庆双子桥：东水门长江大桥、千厮门嘉陵江大桥

子桥"的建造方法，目前在世界上也绝无仅有。

世界钢管混凝土拱桥跨度之最——巫山长江大桥：位于长江三峡段巫峡入口处，被称为"渝东门户""渝东第一桥"。巫山大桥属中承式钢管拱桥，主跨跨径 492 米，居同类型桥梁世界第一；大桥创下组合跨径、每节段绳索吊装重量、吊塔距离、拱圈管道直径和吊装高度 5 个世界第一。该桥已被列为世界百座名桥之一。

世界混凝土拱桥跨度之最——万州长江大桥：长江上第一座单孔跨江公路大桥，也是当时世界上同类型跨度最大的拱桥，桥拱净跨 420 米。其中钢管混凝土劲性骨架先期是施工构架，在拱圈形成后它就成为拱圈内的劲性钢筋，是世界上跨径和规模最大的钢筋混凝土拱桥。

世界最大跨径公轨两用结构拱桥——菜园坝长江大桥：长江上桥面高度最高的大桥，桥头北侧为铁路重庆站站前立交，立交高达 97 米，约相当于 30 层楼高，自离开江面后分为三层，第一层直通往上半城的两路口地区，与中山三路连接，第二层向下盘旋，通往地面菜园坝立交的向阳隧道和菜袁快速路，第三层盘旋三周后通往地面的重庆站。创下了三项世界第一：钢箱拱梁跨距 420 米，为世界第一长；是世界第一座公路 + 轻轨两用城市大桥；也是世界第一座采用缆索吊机安装的大桥。

三项世界第一的双层六线铁路大桥——新白沙沱长江大桥：世界首座六线铁路桥、首座双层铁路桥。该桥上层为四线客运高铁，通行时速 200 公里，下层为双线货运，通行时速 120 公里，是渝贵铁路跨越长江的重要通道。列车以 200 公里时速运行，通过这座大桥最快仅需 16.56 秒。

温泉之都：世界最早的温泉之地

　　国民党元老于右任，是中国近现代的政治家、教育家、书法家，晚年字号"太平老人"。1918 年，于右任担任陕西靖国军总司令，借以保卫家园；1922 年因军事失利，不得不只身离开陕西，取道嘉陵古道逃往重庆。

　　于右任由陆路翻越大巴山至合川，乘舟东去下重庆，当他途经北碚嘉陵江温塘峡时，见峡谷内景色秀丽、树木葱郁，岸边热气蒸腾，温泉特有的硫黄之气随风飘来，于是弃舟登岸，决定一探究竟。此时，温泉寺一片荒凉，杂草丛生。他来到观音殿前，见荒草中有一水池，泉水清澈见底，水面冒出氤氲之气，用手探之，居然是热的。

　　于右任知道，这就是著名的温汤，于是也顾不了那么多的斯文，又见四周了无人迹，便赤条条地下池洗起澡来。长途跋涉的疲累，经过温泉的洗涤，顿

时烟消云散。

于右任有所不知的是，当时北碚嘉陵江小三峡一带土匪横行，常常干些杀人越货的勾当，恰好在温泉寺观音殿就有一个土匪窝。一帮土匪见于右任离舟上岸独闯匪窝，如入无人之境，十分惊讶，倾巢而动，准备将于右任拿下。谁知于右任旁若无人，宽衣解带，坦荡泡澡，舒舒服服浴罢又重上征程。

众土匪见其只身一人前来，身无重物，美髯飘飘，眼里只有温泉并无恶意，于是临时起意，决定放他一马，任其独来独往。此消息不胫而走，于右任刚到重庆时，已传为佳话。

国民党元老于右任

一晃15年过去，抗战全面爆发，国府西迁，作为国民政府监察院长的于右任一到达重庆，便驱车前往北温泉。而此时的北温泉，在卢作孚的打造下，已成为名噪中外的游览胜地。从此，于右任成了北温泉的常客。

1939年他住在北温泉，恰逢后山新修的一个亭子建成，公园负责人知道他是书法大家，特请他为新亭命名题字。于右任矗立亭中，突见嘉陵江上白鹭群飞，凌空而过，于是诗兴大发，当即作诗一首："当年日落停桡，一浴荒池野庙。重来小坐江天好，绿水青山白鸟。"随即挥笔题写了"白鸟亭"三个大字。

北温泉是中国乃至世界上开发利用最早的温泉之一，古刹"温泉寺"始建于南朝刘宋景平年间（423年），距今已近1600年，比日本最古老的有马温泉早200年。寺庙以"温泉"命名，说明温泉的开发利用应该比建寺还早。所以说，北温泉是真正的中国温泉故里。难怪，清康熙年间文学殿大学士张鹏翮亲笔在温泉寺下的嘉陵江边岩壁上留下了"第一泉"三个大字。

重庆自古就是一座温泉之城，8.24万平方公里范围内，已探明的温泉分布区域有1万平方公里，温泉点有107处，温泉水日涌量达10万立方米。重庆绝大部分区县都有温泉矿藏资源，江畔温泉、湖景温泉、岛上温泉、山中温泉……种类众多，不一而足。

重庆温泉是一个世界级的温泉旅游资源，具有"山山有热水，峡峡有温泉，储丰质优，形多面广，相对集中，永续利用"的特征。重庆市地热温泉可采水量约为每年5.6亿立方米，合理的开发量达每日42万立方米，现已开发的只占了合理开发量的五分之一。

依托丰富的温泉资源，2005年重庆市政府提出了把重庆打造成世界"温泉之都"的战略决策，使温泉成为了重庆的又一张新名片，并逐步提出了"五方十泉，一圈百泉，两翼多泉"的城市建

嘉陵江温塘峡与北温泉公园

设规划。

所谓"五方十泉",就是将重庆的都市温泉按东、南、西、北、中划分为"五方",即东温泉、南温泉、北温泉、西温泉和中温泉。每方温泉,初步规划两至三个温泉旅游重点项目,并纳入市级重点项目进行管理,即东温泉的东温泉和东方温泉大世界,西温泉的天赐温泉和金剑山温泉、贝迪温泉,南温泉的南温泉和保利温泉别墅,北温泉的统景温泉和北温泉,中温泉的梨树湾温泉和海棠晓月温泉。目前,"五方十泉"已基本建成。

所谓"一圈百泉",即在重庆"一小时经济圈"内,规划建设100个精品温泉项目。"一圈百泉"目前也已初具规模。

所谓"两翼多泉",即将温泉旅游建设的触角延伸到渝东北长江三峡一带和渝东南乌江生态民俗风情带两翼,"两翼多泉"正在建设之中。

2010年,由中国国土资源部和中国矿业联合会联合评定了首批"中国温泉之都",重庆市以丰富的地热资源储量和开发利用成果获此殊荣。

2012年10月,世界温泉及气候养生联合会第65届年会暨国际科学大会在渝举办,在这次会议上,由世界温泉及气候养生联合会颁发的首个"世界温泉之都"称号,授予了重庆。

重庆——首个世界温泉之都,乃货真价实。

链接:

重庆十三大温泉

东温泉: 热洞和裸浴被誉为东温泉的"双绝"。东温泉山清水秀,俨然一幅美丽的水墨山水画,出尘脱俗。作为亚洲唯一的热洞温泉,既可蒸浴也可水浴;当地老百姓非常淳朴,保持着600余年的裸浴历史。东温泉所处的巴南区,近年被评为"中国温泉之乡"。地址:巴南区东温泉镇。

南温泉: 南温泉发现于明朝,距今已有400多年历史。南温泉自然生态资源得天独厚,秀丽柔美的花溪河蜿蜒流过,南塘温泳与峭壁飞泉是其最著名的两大景观。地址:巴南区南泉街道南泉路6号。

北温泉: 位于北碚区缙云山下,嘉陵江小三峡温塘峡中,集山、水、林、泉、峡、洞、石于一体,精美雅致。1927年,著名爱国实业家卢作孚先生将这里创办嘉陵江温泉公园,是中国最早的平民公园。抗战期间国共两党要员冯玉祥、陶行知、蒋介石、林森、于右任、周恩来夫妇等曾多次来此住宿。地址:北碚区北泉风景区212国道旁边。

西温泉: 西温泉处于长约5公里的西泉山谷中,泉水自天然的溶洞中溢出,峡中小溪潺潺,水石相击,抗战时期就闻名于世,还有铁围寨、林森和白崇禧山庄遗址、宋美龄中华女子赈济社等人文景观。地址:铜梁区西泉山谷。

统景温泉：温汤水滑、茂林修竹、洞奇山幽是她清丽脱俗的容颜；古寨、鹰舞、猿啼是她给予的神秘礼物。这般人文景致与自然生态的交融，让泡汤成为出世与入世间的潇洒往返。统景温泉最适喜欢亲近自然和探秘的人群。地址：渝北区统景镇。

天赐温泉：景区内有"天赐泉""众生泉"，可美容的"养颜泉""按摩泉"等各具特色的43个温泉泡池。园内既可品茗聊天，又可把竿垂钓。湖中小岛鲜花竞放，姹紫嫣红；湖水碧波荡漾，游鱼可数。地址：九龙坡区含谷开发区天赐温泉路1号。

中央半岛温泉：日出水量为1800吨，水温保持在49℃左右。温泉通过国际高水准的运输管道，从南山汲取温泉水。中央半岛温泉有室内温泉馆和露天温泉两大部分。地址：南岸区融侨半岛段鹅公岩大桥南桥头，南滨江路与海铜路交会处。

渝北区统景温泉

小南海温泉：小南海温泉泉水来自地层深处，为含偏硅酸、偏硼酸的氟、锶医疗热矿泉，水温57℃。除了泡池及桑拿外，还有很大的儿童戏水池、循环游泳池、激情滑梯、人造冲浪、DJ冲浪池等。小南海温泉冬天的时候开放温泉，夏天的时候开放水上乐园。地址：大渡口区跳磴镇红胜村。

海棠晓月温泉：地处巴渝十二景之一"海棠烟雨"原址。有良好的附属接待设施，室外泡池40个，室内泡池10个。以室外温泉为主，分为5个温泉养生区：温泉SPA体验区、溶洞温泉养生区、绚丽温泉观景区、粉黛温泉养颜区、快乐童年娱乐区。地址：南岸区南坪东路587号。

贝迪颐园温泉：温泉分为室内和室外两部分，室外部分有温泉特色泡池和独立汤屋。温泉属于硫酸钙医疗型温泉，注入温泉汤池的泉水无需加热、均为一次性使用。地址：九龙坡区白市驿贝迪农科大道贝迪颐园。

海兰云天温泉：是被业界喻为"金汤药铺"的特色温泉。温泉城有各类大小温泉池30个，人参温泉、当归温泉、灵芝温泉等16种特色泉池水温各异，疗效功能各具特色。地址：九龙坡区金凤镇海兰村。

融汇温泉：其室内德式健康水疗保养馆约3000平方米，堪称国内最大，包括德式健康水疗保养馆、露天温泉、动感水乐园、重庆国际商会俱乐部以及顶级温泉别院。温泉中心还配备了特色养生餐厅、养生理疗室、阳光SPA房、香薰房、24小时休息厅、棋牌室、网吧等休闲养生及娱乐设施。地址：沙坪坝区梨树湾。

望江温泉：最亲民的温泉。望江温泉为铁山坪森林公园四大景区之一，位于铜锣峡口，包括铜锣峡温泉和天趣温泉。铜锣峡温泉靠长江一边，由三个室外温泉池组成，泡在温泉中便可以望见长江铜锣峡。天趣温泉靠山一边，由两个室外池和众多位于山洞中的室内小池组成。温泉附近有张献忠进川时的锁江遗址，古迹"大江东去"石刻，紫竹林观音庙和明代僧官寺等佛教文化遗址。有鹰嘴石、猴儿石、五朵石、滴水岩、人头猫面石、气象珍珠泉瀑布等丰富的自然景观。有十多公里的铁山坪登山健身步道。地址：江北区望江路上。

巴渝十二景：秀毓高深之奇景

说到巴渝十二景，不得不提到一个人，他便是清乾隆年间的巴县知县王尔鉴。一个不是重庆本地人的官员，又没有巴渝文化背景，缘何描绘出的巴渝十二景有如此强大的生命力，时隔近300年，生活在重庆这座城市中的不少文化人，仍能朗朗上口地说出他所选取的古巴渝十二景的名字？

在今天看来，这件事情有点不可思议。

清代官员队伍，学而优入仕者靠的是熟读诗书。不过，为避免官员借乡土势力结党营私，古代采用了任官回避制。明初创立"南人官北，北人官南"的互调用人法，清康熙皇帝规定得更具体：一般文官不得在本籍或原籍任官，本省人不能做本省的官，即使不同省而离原籍在五百里以内的也必须回避。

这也许就是为什么王尔鉴无巴渝文化背景，却能描绘出流芳后世的古巴渝十二景的内在原因吧。受传统文化熏陶，拥有深厚文化底蕴的王尔鉴，为官期间，依法办事，廉洁奉公，还把自己的薪俸拿出来资助那些贫困学生。他的官品和人品，受到重庆老百姓的称颂。

正是有了这种文化背景，清乾隆十六年（1751年）由山东济宁州知州降任四川巴县知县的王尔鉴，特别注重文化事业。在他的引领下，巴县文风蔚然兴起。而他则把空闲时间放在收集文史资料上，倾全力编纂《巴县志》，其中一个重要的内容就是选取出巴渝十二景。

据说，当年巴渝十二景的选定标准是："其趣在月露风云之外，其秀毓高深人物之奇，登临俯仰，别有会心……空灵飘渺，在有象与无象之间，最称奇妙。别具幽趣，空灵不著色相……"因而，他所选取的巴渝十二景，都说得上空灵，美的地方恰巧是难以说清楚的那一部分。

王尔鉴于1751年到任重庆后，经常流连于山水之间，以探幽览胜为乐，几乎重庆的每个角落都留下了他的足迹。

探访中，王尔鉴发现，长江、嘉陵江蜿蜒交汇于渝中半岛，形似古篆书"弓"（巴）字，故称"字水"。而两江浪卷金花，满天繁星，与人间灯火上下浑然一体，五彩

巴县知县王尔鉴

字水：重庆主城两江四岸恰似篆书"㞢"（巴）字，故成"字水"

交相辉映，俯仰顾盼，情境各异，如梦如幻。这种"宵灯"映"字水"，风流占尽天下的情景，让王尔鉴写诗讴歌：

高下渝州屋，参差傍石城。谁将万家炬，倒射一江明。

浪卷光难掩，云流影自清。领看无尽意，天水共晶莹。

可见，王尔鉴是一个善诗文的官吏，关键还在于，他将自己的审美留给了后世。王尔鉴选取的古巴渝十二景，至今为人津津乐道。同时，他开巴渝十二景评选之先河，后世纷纷效仿，以"巴渝十二景"概括并命名当世有代表性的美景。

1989年4月1日，由重庆晚报、重庆市园林局和重庆电视台联合发起的"新评巴渝十二景"活动，历时一年评出了"新巴渝十二景"；1989年4月1日，由三家联合发起的"新评巴渝十二景"正式启动。活动持续一年之久，到1990年4月27日，重庆市第十一届人大第十三次会议审议通过了市政府对"新巴渝十二景"命名的决定。"新巴渝十二景"包括：大足石刻、山城灯海、四面飞瀑、缙岭云霞、北泉温泳、南山醉花、歌乐灵音、统景峡猿、长湖浪屿、独钓中原、南塘溪趣、朝天汇流。

从2006年5月起，重庆晚报又特邀熟悉重庆市景观历史文化背景和现状的职能部门，联合举办"巴渝新十二景"评选活动。到2008年4月29日，"巴渝新十二景"揭晓，分为自然景观和人文景观。其中，"巴渝新十二景自然景观"包括：阿依秀水、长湖浪屿、芙蓉滴翠、黑山幽谷、南泉溪趣、四面飞瀑、天生三桥、巫山奇峡、统景温塘、黔江奇海、金佛崔嵬、黄水林海；"巴渝新十二景人文景观"包括：朝天汇流、磁器古镇、山城夜景、彩云白帝、大足石刻、汉丰新城、名碑金街、西沱天街、钓鱼古城、红岩丰碑、石宝琼阁、丰都鬼城。

2015年，由重庆日报报业集团等第四次评选出来了"新重庆巴渝十二景"，评选出了自然景观类、人文胜地类和城市地标类景观各十二处。

字水宵灯（罗大万）：字水晚上掌灯绚丽无比，古巴渝十二景之一

链接：

1. 古巴渝十二景

从古至今，巴山渝水重庆城，景致万千，雄浑与秀美并重。巴渝十二景，是重庆美景之精华。"古巴渝十二景"产生于1760年，由巴县知县王尔鉴游历后率众评选，已有近300年历史矣。

金碧流香（渝中区人民公园）：从解放碑的邹容路沿坡上行约200米，到达临两江至高点人民公园，就是"金碧流香"的所在地金碧山。

宋淳祐年间（1241—1250年），四川制置使余玠在此垒石建金碧台；明代，郡守张希召于台上建金碧山堂；清乾隆年间，郡守书敏也在此建过金碧亭。1929年辟为"中央公园"，园内栽种珍奇树木。1939年5月3日、4日，日本轰炸重庆，金碧山堂被炸毁。重庆解放后，1950年更名为"人民公园"。

重庆渝中区人民公园乃古巴渝十二景之首

早在清中期前，金碧山下就已成为重庆文化精英汇聚之地，文人骚客常吟诗作对结伴登高至此，正所谓居高临下，可俯瞰全城，举目远眺，又水阔天空。迎面清风徐来，四处无花无草，却暗香扑鼻。这前人道出的金碧流香，是流淌文人心中"书香"和沉浸醉人"墨香"。王尔鉴曾赋诗："巴山耸秀处，金碧有高台。何处天香至，疑从月窟来。江环千嶂合，云度九门开。每一凭栏眺，清芬拂草莱。"

黄葛晚渡（南岸区南坪宏声路附近）：黄葛渡因等候渡江者有黄葛树（黄桷树）浓荫庇遮而得名，位于今南坪石板坡长江大桥下游，宏声路附近。黄葛渡是古时候从南岸过长江去重庆城中心的重要码头，每当夕阳时分，从此过江的人们络绎不绝，蜿蜒占据着很长的渡口，时常出现交相争渡的场面。宋人余玠诗曰："龙门东去水和天，待渡行人暂息肩。自是晚来归兴急，江头争上夕阳船。"以前曾有一棵黄葛古树掩盖渡口旁，树围有5米左右。可惜1968年遭遇一次洪水后受损，1972年在"文革"后期中被砍掉了。

海棠烟雨（南岸区海棠溪）：从前有海棠溪，发源于南山北坡，在今南岸区海棠溪处注入长江，溪边长满了海棠树，每当春雨降临，淡烟微布，细雨如丝，溪流映带，其趣无穷，海棠烟雨由此得名。历代墨客骚人常于此曲水流觞，吟那淡烟细雨中的幽姿淑态，吟那朝晖暮霭中的红装素裹。唐代女诗人薛涛赞曰："春教风景驻仙霞，水面鱼身总带花。人世不思珍卉异，竞将红缬染轻纱。"

龙门皓月（南岸区龙门浩）：龙门皓月与望龙门隔江对峙。水中有两座巨

五卷 雾罩山水

石，各大书楷行"龙""门"二字，龙门浩就此得名。二石壁立，狭仅容舟，若千帆竞来，唯勇胜者可入，故有游鱼化龙之说。每当皓月当空，江舟归来泊于湾内，月光照耀下的江面倒映着渔家人燃起的点点渔火，并泛着温柔橘色的波光。王尔鉴诗以咏之："石破天开处，龙行俨禹门。魄宁生月窟，光自耀云根。雪浪盘今古，

一百年前的海棠溪流过通济桥注入长江

冰轮变晓昏。临风登彼岸，涂后有遗村。"

字水宵灯（南岸区慈云寺附近）：因长江、嘉陵江蜿蜒交汇于此，形似古篆书"巴"（巴）字，故有"字水"之称。夜幕下华灯初上，波光凌照，"宵灯"映"字水"，山城夜景得雅号"字水宵灯"。如今，两个阴刻大字"字水"，仍矗立在长江南岸慈云寺附近。

旧时欣赏"字水宵灯"有三个绝妙地：重庆老城至高点"小梁子"（今人民公园附近），"江北城"（古时仅指现重庆大剧院处），南岸"老君洞"。而现在人们最爱去的观赏点，便是南山"一棵树观景台"（位于老君洞下方），在此俯瞰两江交汇，可将璀璨映月的双江灯火尽收眼底。

洪崖滴翠（渝中区沧白路）：洪崖是指渝中区沧白路的下方，面临嘉陵江的巨大崖壁，因崖上有一洞，此处也唤作洪崖洞。悬城石壁千仞，洞内可容数百人，上刻"洪崖洞"三个大篆字，并有北宋文豪苏轼、黄庭坚题刻诗章数篇。昔日，此处时而涓涓滴翠，时而晴雪飞布。还是王尔鉴对"洪崖滴翠"以诗吟诵来得妙："洪崖肩许拍，古洞象难求。携得一樽酒，来看五色浮。珠飞高岸落，翠涌大江流。掩映斜阳里，波光点石头。"

佛图夜雨（渝中区佛图关）：建于渝中半岛上的旧重庆城三面环水，只有西南山脊一线可通往"佛图雄关"，它是连接陆路交通的唯一出口。明代在这里有了"巴山夜雨涨秋池"的夜雨寺，相传，夜雨寺前曾立有夜雨石，每逢月明之夜便有雨水渗出，地气蒸腾，使佛图关烟雨朦胧。大旱之年，井水山泉枯竭，这块青油油的夜雨石却仍在夜间浸润滴水，被老百姓视为灵物，夜雨寺也成了重庆城的祈雨之地。

歌乐灵音（沙坪坝区歌乐山）：歌乐山因"歌乐灵音"而得名。一说"大禹会诸侯于涂山召众宾歌乐于此"，一说李冰之子二郎神治水有功，玉皇大帝派天宫仙乐队表彰，乐作如闻钧天之音，仙乐风飘，响彻山林。王尔鉴曾赋诗："山回清音远，聿谁弄管弦。崖鸣风度壑，松韵雨霏天。讵迓吹笙客，俨来御鹤仙。昔曾赓雅调，云顶响流泉。"

缙岭云霞（北碚区缙云山）：缙云山山脉由东向西分别耸立着九座形态迥异的高峰，其中莲花峰最高，狮子峰最秀，香炉峰最奇，宝塔峰最著名，其余五峰为朝日峰、聚云峰、猿啸峰、玉尖峰、夕照峰。站在这些山峰上，无论是日出还是日落，都有红霞相伴，一早一晚斑斓绚丽地映满天空。

缙云山素有"小峨眉"之称，国民党元老陈树人游缙云山，曾题诗纪之曰："不负蜀中好山水，大峨眉又小峨眉。"

桶井峡猿（渝北区统景风景区）："桶井"之名，是因境内峭壁峡谷，酷似桶状，当人入其中有如坐碧井观天之感。"桶井"集峡、河、泉、洞等为一体，有峡险、水柔、泉暖、洞奇、石怪之誉。而之后将"桶井"易名为"统景"，也是谓喻此处：集自然山川之灵秀、统天下多种美景之缘故。

桶井峡以猴子和广阔幽深的溶洞闻名。崖上曾经猴子成群给幽静的峡谷带来勃勃生机。清人周开丰曾赋诗："桶井多奇胜，寻源景不穷。好山偏窈窕，曲径更葱茏。挂树千猿跃，窥天一线通。桃源花落处，几度诳渔翁。"

云篆风清（巴南区云篆山）：云篆山风景区位于巴南区鱼洞城郊，长江南岸边。明成化九年（1473年）山上曾建云篆寺，清嘉庆八年（1803年）又修了云篆大寨于山隘，为当时巴县之南五大寨之一。登临云篆山，只见绿树森森，云雾悠悠，清风拂面，薄暮冥冥。王尔鉴赋诗曰："风送云为御，云盘山几重。如何非象马，偏是走蛇龙。涧影环飞瀑，江涛曲泛松。偶闻樵子唱，余韵裛前峰。"

华蓥雪霁（四川华蓥山市华蓥山）：古时华蓥山为重庆属地，今绵亘于川、渝之华蓥、邻水、渝北、合川四区县市交界之处，山麓四面环拱，正峰孤峭插天，直出云表。秋冬之交，仍苍翠丰满，无寒山之瘦，无柘木之败。据考，华蓥山冬雪初霁之时景致使人震撼，碎琼乱玉，或无或有，掩映丛林翠霭。至若雪山万叠，日色破寒，琼楼玉宇，霁色斑斓，仿佛牟尼珠光，普现出一个白茫茫的小宇宙。

华蓥山石林风光

2. 新巴渝十二景

独钓中原（合川区钓鱼城）：钓鱼城坐落在合川城东5公里的钓鱼山上，其山突兀耸立，相对高度约300米。山上有一块平整巨石，传说有一巨神于此钓嘉陵江中之鱼，以解一方百姓饥馑，山由此而得名。从1243年到1279年，钓鱼城曾抗击蒙军逾36年，历经战斗200余次，写下了中外战争史上罕见的以弱胜强的战例，钓鱼城因此被欧洲人誉为"东方麦加城""上帝折鞭处"。

大足石刻（大足区大足石刻）：大足石刻位于大足县境内，以宝顶山和北山为代表，是我国石窟艺术中的优秀作品，不但内容丰富，而且雕刻技艺精湛，被誉为"唐宋石刻艺术圣殿"，是世界文化遗产。

四面飞瀑（江津区四面山）：四面山位于江津区境内，四面山是全国罕见的瀑布之乡。四面山的岩石均为砖红色砂岩，为典型丹霞地貌，它们裸露在悬崖峭壁，形成一处处天然岩石造像和壁画。

新巴渝十二景之四面飞瀑

南山醉花（南岸区南山）：重庆南山雄峙于长江之滨，每年春风拂来之时，最美妙的莫过于南山樱花开放。每年初春，樱花紧追海棠之后吐蕊，满园粉霞弥漫，说不尽的旖旎艳丽。

缙岭云霞（北碚区缙云山）：缙云山山脉由东向西分别耸立着九座形态迥异的高峰，其中莲花峰最高，狮子峰最秀，香炉峰最奇，宝塔峰最著名。站在这些山峰上，无论是日出还是日落，都有红霞相伴，一早一晚斑斓绚丽地映满天空。

北泉温泳（北碚区北温泉风景区）：重庆北碚缙云山下，嘉陵江温塘峡边，镶嵌着一颗熠熠生辉的明珠，它就是名扬四海的重庆北温泉。

统景峡猿（渝北区统景风景区）：桶井峡以猴子驰名四方，崖上曾经猴子成群，所以清代王尔鉴选定的"巴渝十二景"，将其定名为"桶井峡猿"。后来，"桶井"更名为"统景"，意谓此处集山川之秀、统天下之景。

南塘溪趣（巴南区南温泉）：南温泉公园位于南泉风景区内，以温泉闻名于世，发现于明朝，始建于清，为硫酸钙镁钠型热泉，水温39－42℃。南泉是深受市民喜爱的温泉公园。

歌乐灵音（沙坪坝区歌乐山）：歌乐山因松柏茂密，山风吹拂，松涛阵阵；明代宪宗成化年间修建了云顶寺，该寺大雄宝殿飞檐翘角上12对铜铃随风震摇，风声、涛声、铃声混响，以至空谷传音，万籁齐鸣。

山城灯海（重庆主城夜景）：夜色降临，万家灯火高低辉映，如漫天星汉，极为瑰丽；两江环抱，双桥相邻。江中百舸争流，流光溢彩。桥面千红万紫，宛如游龙，动静有别，有似不夜之天。

南泉飞瀑

长湖浪屿（长寿区长寿湖）：长寿湖位于长寿境内而得名，是我国西南地区最大的人工湖，湖面辽阔，碧波万顷，碧水盈盈，烟波浩渺。

朝天汇流（渝中区朝天门两江交汇）：朝天门的最大特色在于两江交汇之场景壮观，旋涡滚滚，清浊分明，形成"夹马水"风景，其势如野马分鬃，十分壮观，声势愈发浩荡。

重庆古镇：镶嵌青山绿水间

明正德三年（1508年），武宗皇帝朱厚照微服私访，周游全国，来到了綦江县安稳里麻城（今东溪镇镇紫街）。一阵游玩之后，一向贪玩好耍但大事上绝不糊涂的武宗皇帝发现，进出綦江的古道都位于崇山峻岭之间，非常艰难，而从贵州夜郎古国流入东溪太平桥，然后经麻城过綦江城区汇入长江的綦江河，虽"水作苍帛色"，但两岸却杂草丛生，河道泥石阻塞，这么好的水路没有得到好好的疏浚利用而造福于民，十分可惜。

明武宗皇帝朱厚照

綦江河古称夜郎溪、僰溪、南江，全长231.3公里，流域面积大，流量大，水力资源丰富。武宗皇帝设想：綦江地势偏僻，交通不便，百姓生活困苦，如果把綦江河整治开发出来，让船只能从长江进入綦江河，进而逆水上行至东溪太平桥，那么，将极大地缩短进入贵州的物资运程，同时彻底改善綦江的交通条件，造福百姓。

回到京城，武宗皇帝并没有忘记初衷，立即降下圣旨，要求重庆府知府清理整治綦江河。重庆府知府岂敢怠慢，立即招募沿河两岸百姓参与治理工程，并亲自多次到现场督办，指挥人们砍伐杂木、砸毁巨石、清掏淤泥、疏浚河道。

綦江河经过清理整治以后，载重达几吨的木船可以直达东溪太平桥。从此以后，进出贵州的货物，可以在东溪镇太平桥码头进行交换，大大地节省了路途的距离和运输的艰难。

东溪镇是川黔盐茶古道的重要口岸，更是川、云、桂、黔的重要通道之一，流经东溪镇的綦江河可上溯黔境，下达长江，陆路交通四通八达，使东溪镇成为一个商贸云集的繁华水码头。

东溪镇原名叫做万寿场，建场于2200多年前的西汉时期。唐高祖武德二年（619年）在东溪设丹溪县，唐太宗贞观十七年（644年）撤丹溪县为东溪镇，建镇时间长达1300多年，是名副其实的千年古镇。

而今，重庆保存较为完好的古镇究竟还有多少呢？至今没有一个官方的统计。但来自驴友的报告显示，具有一定规模及知名度的古镇大抵不会少于40个。它们就像一颗颗明珠，镶嵌在青山绿水之间，将巴渝大地点缀得充满诗情画意。

从2003年至今，国家先后公布了6批历史文化名镇，重庆有18个古镇榜上有名。同时，重庆市也分别于2002年、2010年公布了两批共27处市级历史文化名镇。重庆现有的18处国家级历史文化名镇中，除石柱的西沱古镇仅为国家级而非市级外，其余17处同时也是市级历史文化名镇。这样，全市市级以上历史文化名镇的总数为30处。

从这30处文化名镇的分布地域发现，这些场镇，或处于陆路交通要道，商贾云集，如走马、丰盛、偏岩古镇；或处于大小河流的沿岸，依靠便捷的水运沟通四方，如白沙、西沱、龚滩、磁器口古镇；或坐拥盐泉，因盐成镇，经久繁荣，如宁厂、郁山、云安古镇。

重庆的这些古镇，又有着各自不同的特色，如养在深山中的中山、温泉、竹园古镇；如数省交界处的洪安、罗田、塘河古镇；如依险而建的军事要塞涞滩、龙溪古镇；如少数民族特色的龚滩、濯水、后溪古镇；如以名人故居闻名的双江、龙潭、青羊古镇等。

东溪古镇的未来效果图

重庆的古镇，没有成都古镇的悠闲，没有丽江古镇的阳光，没有江浙古镇的文艺，也没有山西古镇的大气，却有着巴渝地区特有的"麻辣"山水味道。

链接：
重庆十九个国家级历史文化名镇

国家住房和城乡建设部与国家文物局从2003年组织了"中国历史文化名镇"的评选，目前已经公布了6批入选名单。重庆共有18处古镇入选，其中，酉阳县以龚滩古镇和龙潭古镇打包入选，也就是说，重庆实际上有19个国家级历史文化名镇，占全国252个的7%。

涞滩古镇： 位于合川区东北28公里的鹫峰山巅，渠江岸边，建镇于宋代，融古庙、古城、古佛于一体，景色秀美。古寨三面悬崖峭壁，具有"一夫当关，万夫莫开"险要之势，清同治元年增修的瓮城为重庆唯一，城内保留有四个藏兵洞，具有关门打狗、瓮中捉鳖的御敌功效。清代建筑文昌宫保存完好，古戏楼外栏木刻浮雕令人叹为观止。古寨内还有狭窄弯曲但尺度适宜的石街小巷，400余间清代民居。涞滩古镇分上场与下场，其间相隔咫尺，形似兄妹，一高一低，互为照应。

西沱古镇： 位于石柱土家族自治县，与长江明珠——忠县石宝寨隔江相望。古镇早在清朝乾隆时期就被誉为："水陆贸易、烟火繁盛、俨然一郡邑。"整个场镇从山顶垂直而下如蛟龙喝水一般直下长江边，因而也叫"云梯街"。云梯街长约500米，高差近160米。云梯街是长江沿线唯一垂直江面的街道，这在中外建筑史上有着极为重要的研究价值，专家称之为"万里长江第一街"。

双江古镇： 位于潼南区城西北面，前临涪江、运河，以清代为特色的院落庭园星罗棋布。古镇青石板铺就，店铺相间，楼台错落，庭院深深，古色古韵。建于明末清初，距今已有400余年的历史。现存有中街、东街、上西街、下西街等9条街道，纵横交错，形成了双江古镇特有的古镇特色。老一辈无产阶级革命家杨闇公、杨尚昆和杨白冰就出生在这里。

龙兴古镇： 位于渝北区东南部，距重庆市中心36公里。已有600多年历史，传说因明初建文帝曾在此躲过追兵而得名。镇上散布着众多明清时代的古刹建筑群落，其风格各异，造型独特。其中最具代表性的当属龙藏寺、禹王庙二建筑，其体制宏伟，形式壮观，雕刻精美细腻，庭院、回廊曲折幽深，表现出了古朴典雅、庄严凝重、神秘清幽的特点，是建筑中的精品。

龙兴古镇

中山古镇： 位于江津区南部，渝、川、黔交界处的笋溪河畔，距重庆市区104公里，距江津城区56公里。古镇有千年老街、香火旺盛的寺庙和地主庄园，叠叠青山，小桥流水，最具代表性的是沿河并依山而建的古场镇，具有典型的历史人文风情和川东山地民居风格。古镇每年都要举行的千米长街宴，已成为当地一道独特的人文风景。

龚滩古镇： 坐落在酉阳县乌江与阿蓬江交汇处的乌江东岸，乌江天险的中段，山、水、建筑融为一体，历史上完全因水陆的物资转换而发展，后因水运的衰落而繁荣不再。古镇有长约3公里的石板街，150余堵别具一格的风火墙，200多个古朴幽静的四合院，50多座形态各异的吊脚楼，独具地方特色，是国内保存完好且颇具规模的明清建筑群。

龙潭古镇： 位于酉阳土家族苗族自治县东部，距县城40公里。古镇有1.4平方公里的明清建筑群，是重庆市保存完好、规模最大的古镇。古镇内有文物保护单位27个。现存3公里的石板街被磨得光可鉴人、青幽如玉；150多座土家吊脚楼翘角飞檐，形态美观；280多个四合院、500余栋古民居古朴幽静，颇具特色。古镇上的赵世炎故居、刘仁故居、万寿宫、"七宫八庙"以及吴家院子、王家院子、赵家院子、谢家院子、陈家院子、甘家院子等民居，具有很高的文物科考和旅游开发价值。

偏岩古镇： 位于北碚区金刀峡镇。乾隆二十四年（1759年）始建为场镇。

因镇北处有一岩壁倾斜高耸，悬空陡峭，故名"偏岩"。该镇是旧时重庆通往华蓥古道上的一座商业重镇。入口处有一座长条青石的小桥跨水横亘，街道也用青石铺筑而成，顺黑水滩河长约400米。有些临街而筑的小楼，底层空间多设为店堂，上层宅楼呈吊脚式楼，悬空依柱而筑，既节省了街道路面，又达到了"让出三尺地，多占一分天"的设计效果。

重庆古镇示意图

塘河古镇：位于江津区与四川合江县交界处，距江津城约60公里。作为渝、川、黔交通要冲和物资集散地，塘河一带很早就形成了舟马不绝，商贾如云的繁荣景象。现存明清古建筑群近4万平方米，由塘河古街区、石龙门庄园、廷重祠三部分组成。塘河古镇的石龙门是道教八仙之一蓝采和的出生地，现今石龙门仍有唐代逸士许坚墓。

东溪古镇：地处綦江区南部，与贵州习水县接壤，明朝成化年间的川黔青石板古道穿镇而过，3000余棵枝繁叶茂的黄葛树和明清时期的穿斗结构吊脚楼民居，形成"小桥流水人家"的清幽景地。重庆电视台拍摄的著名电视剧《傻儿师长》将此作为外景地。

走马古镇：位于九龙坡区西面，处于巴渝中心地带，早在明代中期便有驿站，自古以来便是商贾往返成、渝两地的必经之地，往来商贾、力夫络绎不绝，也留下了"识相不识相，难过走马岗"的民谚。来往的行人把各种新鲜故事也带到了走马，走马民间故事世代相传。

古色古香的走马古镇

丰盛古镇：位于巴南区东面，距解放碑约44公里，曾是重庆去南川、涪陵的重要驿站。始建于宋代，明末清初因商贸发达而兴场，为古代巴县早码头之首，素有"长江第一早码头"之称。古镇周边有明清时期修造的山寨寺庙近50处，巴渝式碉楼仍存有15座。古镇老街两侧均为2－3层全木质穿斗结构的店铺，保存较完整的石板街有福寿街、十字街、半边街。

安居古镇：位于铜梁区北部涪江与琼江交汇处，距铜梁城区20公里，有1500年历史。镇内不仅有闻名遐迩的"九宫十八庙"，还有令人叹为观止的"安居八景"。既有唐代诗人韩愈、宋代书法家米芾等文人墨客在此流连的史事，又有充满异乡风情的福建会馆、湖广会馆、江西会馆、广东会馆等明清建筑。

松溉古镇：位于永川区南部，与江津区石蟆镇隔长江相望，距永川城区40公里。是长江入渝第一镇，较好地保留着全长5000多米的重庆市最长的古街道，有雄伟的碉楼、依山而建的吊脚楼，古老的四合院，还有权力象征的古县衙和以罗家祠堂、东岳庙、清洁寺等为代表的祠堂和庙宇。

路孔古镇：距荣昌城区13公里，以丰厚的历史文化底蕴和旖旎的水乡风光而闻名，现已更名为万灵古镇。历经千年风雨沧桑，古镇依然保存着独特风貌。古城墙与古寨门；漕运码头；赵氏宗祠与大夫第；汉代墓葬群与宋代千佛石窟；古寺、古桥、古树；一个又一个优美的民间传说与典故……无不渗透着古镇丰富的文化内涵。

白沙古镇：位于江津区境西部，距江津城区30公里，距重庆主城72公里。早在东汉时期便有人聚居，并形成了村落。1938年初，重庆卫戍总部在白沙镇设立重庆市户口疏散白沙指挥所，以后省内外一批机关、工厂、学校纷纷迁建来此。白沙因此而成为抗战大后方的一个经济文化重镇，因而有"小香港"之盛誉。

宁厂古镇：位于巫溪县大宁河上游，依山傍水，青石街道逼仄，吊脚楼、过街楼等古建筑和民居沿后溪河蜿蜒3.5公里，俗称"七里半边街"。是三峡地区古人类文明的发祥地和摇篮，堪称世界的"上古盐都"和世界手工作坊的"鼻祖"。建筑多为斜木支撑的"吊脚楼"，临河而建，古色古香，别有一番风味。镇南半山腰的女王寨、镇西山顶的桃花寨，是当年李自成部将贺珍抗清的根据地。

温泉古镇：位于开州区东北部，距开州城区27公里，是连接重庆云阳、巫溪、城口、以及川东达州、陕南、鄂西的重要通道。因境内有热泉，四季常温，故名温汤镇，明代称温汤井。这里可能是中国最早成名的温泉，在汉代就已声名远播，主要原因是这里产井盐。由于盐的特殊价值，温汤井在历史上有着特殊的地位，故兴旺千年。

濯水古镇：位于黔江区濯水镇境内，距黔江主城26公里。

黔江濯水古镇风雨廊桥

濯水古镇兴起于唐代，兴盛于宋朝，明清以后逐渐衰落，是渝东南地区最负盛名的古镇之一。其街巷格局保留较为完整，文化积淀丰厚，码头文化、商贾文化、场镇文化以及丰富多彩的文化艺术遗存相互交织。非物质文化遗产后河古戏与西兰卡普、雕刻等民间工艺交相辉映，形成了濯水独特的地方文化。

千年要塞：从渝西三关到重庆第一关

重庆历来为西南重镇，古城沿两江而建，三面环水，一面背山。十七座城门九开八闭，象征九宫八卦之意。九道开门中八座临水，唯一的陆门在城西，即通远门。出通远门就是通往成都的东大路，一路要过佛图关、二郎关、龙洞关。这三关是拱卫重庆城的咽喉锁钥，历来都是兵家必争之地。

清末佛图关瑞丰门与牌坊、骡马（大坪方向）

由通远门或南纪门（水陆兼备）出城西行的三关中，第一关乃佛图关，离重庆古城最近，其地势险峻，两侧环水，三面悬崖，自古有"四塞之险，甲于天下"之说。

公元227年，蜀国名将李严为大都护屯兵江州（重庆）。李严的政治能力和执政能力很强，而且特别善于筑城。他在任江州大都护期间注重民生，为恢复生产和老百姓做了不少好事，把破旧矮小的江州城修筑得高高大大。同时，为了固守江州城，李严在城外"一线壁立万仞，磴曲千层，两江虹束如带"的咽喉之地大兴土木，凿岩筑关，形成了城墙高达10米，厚约5米的城关。因关上有座石佛，所以军士们取名"佛图关"。佛图关辟有迎庆（仁靖）、泰安、顺风（瑞丰）、大城等四座城门，城内驻扎重兵把守。

李严曾打算把佛图关下的鹅项岭的山体凿穿，让嘉陵江和长江的水在这里汇流，将江州古城变成一座四面环水的孤岛，利用江水形成天然屏障——护城河。要知道，当时的江州是蜀国的第二大郡，而李严则是参与了白帝城永安宫托孤的蜀国二号人物。李严此举，俨然有占据一方、拥兵自重的意思。诸葛亮何许人也，当然不会容许这样的事情发生。于是，凿山工程刚刚开工，就被诸葛亮以"不利于军事"否定了，并将李严调到成都，担任"北伐出祁山"的后勤部长，负责粮草供给。

从此以后，佛图关便成为重庆陆路的门户，西上成都的要冲，兵家必争的千古要塞。宋朝名将张珏曾在佛图关抗击元军，挫败元军五路围攻，在宋廷已降元的形势下，又坚持抗元三年，可歌可泣。明朝万历年间，四川永宁（今四川叙永县）宣抚司宣抚使奢崇明作乱，窃踞重庆，自城西通远门至二郎关，连营十七座；著名女将秦良玉与明军配合，攻破佛图、二郎两关，进而收复重庆。明朝末年，张献忠与四川巡抚陈士奇、明朝旧将刘文秀部下将领王复臣及清夔州总兵卢光祖曾先后激战于佛图关。1923年，杨森与黔军在佛图关"苦战数月，血润亢土"；同年8－10月，熊克武与杨森及北洋军在佛图关恶战数月，最终攻克重庆。

民初佛图关仁靖门
（两路口方向）

佛图关是从陆路出重庆城必经的第一道雄关，因此有"出了佛图关才算出了重庆城"的说法。关上古时候有夜雨寺，"佛图夜雨"乃古巴渝十二景之一，历代文人雅士多有题咏。佛图关原址现为佛图关公园。

迈出佛图关，逶迤向西行，过大坪七牌坊，从车歇铺（今沙坪坝区上桥，旧时曾一度设有官方铺递）上山，跨过石垭口，就是第二关——二郎关（今沙坪坝区歌乐山镇山洞街道东南的画鞍山麓）。二郎关两山夹道，一门洞开，旧时关口处有一座二郎庙，驻关兵丁常驻庙里，关亦因庙得名二郎关。

民国初期，四川军阀混战。邓锡侯的第一军与杨森的第二军，在二郎关一带打了两天两夜。杨森不敌，二郎关失守。邓锡侯占领二郎关，直趋佛图关，夺下重庆城。据说二郎关因此被毁，1937年向楚版《巴县志》将二郎关列入古迹，称"按关已毁"。但据当地老者说，二郎庙在上世纪五十年代初，尚有殿房为私塾教室，因学生不多停办，以后不久房屋因失修垮塌无存。

过二郎关继续往西去白市驿，就是第三关——龙洞关。《巴县志》记载："关踞山垭，石门垣见在。自佛图至此，三关叠障、守者得人，可收泥丸之功。"

龙洞关下行2.5公里就是白市驿镇。抗日战争时期，国民政府在白市驿修建飞机场，从机场修建了一条公路经龙洞关、凉风垭到山洞连接成渝公路。公路穿过关口，将关门拆除。

如今，龙洞关已踪迹全无，纵目所见，满眼苍翠。关下有烈士墓及纪念碑，据说，是解放重庆时遭国民党宪兵检查站突袭的三名解放军战士长眠于此。

佛图关、二郎关、龙洞关，三关叠障，拱卫重庆，虽可收泥丸之功，但毕竟离重庆城太近，一旦被攻破，重庆城也就岌岌可危了。那么，三关之外，是否还有其他关隘屏障？答案是肯定的，那就是——青木关！

重庆第一关：青木关旧影

青木关地处缙云山脉。缙云山脉跨过嘉陵江，向西南逶迤，到青木关处，突然断裂，形成一个天然关隘，东北面为宝峰山，西南面为虎峰山，两峰对峙，天堑浑成，大有"一夫当关，万夫莫开"之势。这里是旧时出重庆的最后一道关口，系成渝古道必经之路，也是通往璧山、铜梁、合川以及川北的要塞，因此有"出了青木关才算出了重庆"的说法，其在军事上的重要性，绝不亚于渝西三关，历来为兵家必争之地，遂得一美称——重庆第一关。

明清两代，数百年间，青木关一直是重庆的第一关口，筑墙设关，重兵把守，防备森严。一直到抗日战争时期，青木关仍是大后方陪都的第一道重要关隘，军、警、宪、特都在此设置了盘查哨所，过往车辆及行人必须接受检查盘问。

上世纪20年代修建成渝公路，苦于缙云山脉的阻隔，只好绕上一圈，从青木关越过缙云山脉。后来，又修建了青木关到北碚的公路。青木关也因为历次公路建设，而消失在历史的尘埃之中。

城堡：抗蒙御敌，上帝折鞭

南宋晚期，世界格局发生巨大变化。正当西罗马帝国组织的"十字军东征"在两百年中一次又一次的血溅耶路撒冷之时，能征善战的蒙古人突然兵分三路，横扫欧亚大陆。罗马教皇惊呼，说蒙古军队是"上帝罚罪之鞭"！

与此同时，一支蒙古军队一路南下，先后消灭了西夏和金国，由北面大举入蜀，四川大部分州县受到了摧残和破坏，南宋王朝危在旦夕。当时的情形是，欲保南宋，必先保四川。而成都曾两次失陷，已失掉防御指挥中心的地位，重庆虽也受到多次打击，却凭险据守，始终没有被攻陷。

因此，重庆成为扼守全川和保卫南宋的唯一政治军事中心，其存亡关系到四川乃至南宋政权的生死安危——欲保四川，必先保重庆。重庆北边门户，是沿嘉陵江而上的合川，合川如果失守，重庆岌岌可危——欲保重庆，必先守合川。而合川的战略制高点，正是嘉陵江、涪江、渠江三江交汇处的钓鱼山——欲守合川，必守钓鱼山。

于是，宋淳祐二年（1242年），四川

合川钓鱼城之内城护国门遗址

安抚制置使兼重庆知府余玠采纳了播州（今贵州遵义）人冉璞、冉琎两兄弟的策略，筑城钓鱼山，迁合州（今合川）于钓鱼城内，设险守卫全蜀，拉开了钓鱼城抗击蒙古大军入侵的辉煌序幕。

1243—1251年余玠四川山城布防示意图

与此同时，余玠以钓鱼城为蓝本，在随后的八年间（1243－1251年），以重庆城为中心，合州钓鱼城为支柱，在东起夔门（古时白帝城），西至嘉定（今四川乐山市）的长江上游，以及在由北往南汇注于长江的岷江、沱江、嘉陵江、涪江、渠江等江河沿岸，选择险峻山势建城20座。凭借这些防御性的军事城池，与实力远大于自己的蒙军展开了拉锯战。

余玠构筑的这20个防御据点，大多建立在地势险要的山上，临近大江大河，然后以江河或官道为线，点线结合，形成网状分布，互为犄角，互相照应，布防严密，层次分明，共同形成一套完整的山城纵深防御体系。

其中，在川东北部的嘉陵江、渠江等江边分布的苦竹隘、大获、平梁、小宁、得汉等城池，共同组成前沿防线，作为合川钓鱼城的北面屏障；嘉陵江、渠江、涪江、沱江等江边的运山、青居、钓鱼、赤牛、云顶、铁峰等城池，则组成主防线，以钓鱼城作为防御中心，控制三江（嘉陵江、渠江、涪江）而屏障重庆；以制置司所在地的重庆府为中心，东起夔门（白帝），西至嘉定（乐山），由横贯长江沿线的瞿塘、白帝、磐石、天生、重庆、多功、神臂、紫云、凌云等山城，则构成主防线。

在这个防御体系中，川东的重庆、钓鱼、白帝，川西南的嘉定等四座城池具有重要战略意义，宋人称之为"四舆"；剑阁苦竹、苍溪大获、通江得汉、金堂云顶、南充青居、合川钓鱼、蓬安运山、奉节白帝等八座城池最为险要，因此被称作"抗蒙八柱"，又称"川中八柱"。按照元代学者姚燧在《中书左丞李忠宣公行状》中的说法："不战而自守矣。"

1254年，因战守合州、广安等地有功，王坚被提举为兴元都统兼知合州。到任之初，王坚调动全州力量，增筑钓鱼城，加强防御工事。同时，号召全川各地军民"依山筑城、恃险据守"，形成更加庞大恢弘的防御体系。据史料记载，最鼎盛时全川筑城达83座。

1259年，就在世界历史即将被改写的关键时刻，让后来欧洲和非洲的史学家无法理解的是，蒙古大军在没有遇到任何障碍的情况下突然撤军，缓解了整个欧洲和非洲的局势。

后来，研究中国历史的人发现，原来历史的转折点就在钓鱼城！

当年二月初二，蒙古大汗蒙哥亲率10万大军渡渠江鸡爪滩，驻军钓鱼城附近，发起对钓鱼城的猛攻。数月攻城不下，蒙哥命令在钓鱼城西门外筑台，以窥城中虚实。7月22日，蒙哥亲自登台窥探，不料被钓鱼城内发射的炮石击中，重伤坠地，被护卫亲兵救回大帐。

城内宋军守将王坚从山上天池内钓起一条三十余斤重的大鱼，做成鲜鱼面饼，并附上一封书信投到蒙古御营，上书："英雄的蒙兀儿！请你尝尝我们的鲜鱼面饼吧！如果您愿意，我们再战十年，如何？"蒙哥看完信，从病床上负痛而起，对侍从说："如果攻下城池，杀尽全城军民，为我雪恨！"随后病重，不得不撤军回蒙古救治，途中，病体难支死于北碚北温泉附近。

"上帝罚罪之鞭"就此折断！因此，合川钓鱼城被欧洲和非洲的史学家称为"上帝折鞭之处"。

钓鱼城抗蒙战争的胜利，使横扫欧亚大陆、不可一世的蒙古军队遭到有史以来最惨重的失败，在世界战争史上写下了可歌可泣的篇章。钓鱼城的胜利，扭转了宋蒙战场上的整个战局。包括忽必烈在内的各路进攻者，得知蒙哥汗战死的消息后，纷纷被迫迅速撤军，致使南宋王朝暂时渡过危机，又延长了近20年的寿命。随后，蒙古贵族集团爆发了持续三年的内战。

1263年，张珏代替王坚之位，镇守钓鱼城。正式就任后，南宋王朝已经屈膝投降，两个小皇帝流亡广东。

1278年正月，重庆城沦陷，重庆知府张珏被俘，钓鱼城成为一座被元军围困的孤岛。而此时，忽必烈已经称帝建立大元朝7年。

1279年正月，钓鱼城最后一任守将王立以"不杀城内一人"为条件，打开了已坚守36年的钓鱼城城门。就在城门被拉开的那一刹那，一个王朝宣告结束，忽必烈完成全国统一大业。

历史有时候就是这么简单，36年的血腥战斗，200多场你死我活的拼搏，就在一瞬间，被凝固成一个开门的简单动作，或者，被抽象为门里门外相互交汇的第一缕阳光……

链接：
重庆十大抗蒙山城遗址

抗蒙山城防御体系指挥中心——重庆城老鼓楼衙署：老鼓楼街署遗址位于渝中区解放东路巴县街门片区，于2010年4月被发现，目前已发现宋代夯土包砖式高台建筑、明代院落基址及宋元至明清时期道路、水井、灰坑等各类遗迹。遗址在南宋时为四川制置司衙署所在，为当时抗蒙名将余玠帅府，为南宋时期川渝地区山城防御体系的指挥中心，也是重庆已发现的等级最高的建筑遗存。当时，大部分抗蒙山城体系各据点城寨守将的任命、作战任务的布置，都由这里下达。

"**上帝折鞭之处**"——**合川钓鱼城**：位于合川区东城半岛的钓鱼山上，是南宋抗蒙山城防御体系中最重要也是最著名的据点。合州军民在守将王坚、张珏的率领下，凭借钓鱼城天险，婴城自守，浴血奋战，历经大小战斗200余次，抵御了蒙元倾国之师，创造了守土抗战36年这一古今中外战争史上罕见的奇迹，被誉为"上帝折鞭处""东方麦加城"。

三峡政治中心和军事重镇——**奉节白帝城**（宋城遗址）：白帝城宋城遗址位于瞿塘峡口长江北岸（非今日白帝岛上的白帝城），南宋时面积达到5平方公里。南宋夔州路等府衙驻此，辖地涵盖今天三峡广大地区。宋城依山面江而建，地势险要，城墙坚固，是南宋抗击蒙古军队的军事重镇，也是最后才被蒙军占领的城市之一。现存城墙等遗址。

近：南宋白帝城遗址，远：白帝岛白帝城

"**天城倚空**"——**万州天生城**：天生城位于万州城区西北1公里处，因山势雄奇、平地隆起、四面悬崖、绝壁凌空、峭立如堵、自然成城而得名。南宋末年，天生城是南宋守将上官夔抗元军的据点，它与合川钓鱼城、忠县皇华城等都是宋军最后陷落的抗元据点。天生城因其险要雄奇，历史厚重，为古万州八景之一"天城倚空"。

南方第一屏障——**南川龙岩城**：龙岩城又名马脑城，位于南川区东南38公里的马嘴山上，是南宋末年为抵御蒙军而修建的作战防御城池。龙岩城的城门三面悬崖绝壁，只一条独径可上，可谓"一夫当关，万夫莫入"。因为地势险要，龙岩城直到最后也没被蒙军攻陷，因而被誉为"不败之城""南方第一屏障"。

万里长江第一寨——**云阳磐石城**：磐石城又名大石城、磨盘寨，位于云阳县新县城的最高处，形如巨大的磨盘，故名。此处地势险要，扼长江与澎溪河，军事地位极为重要。南宋末年在此筑磐石城防御蒙古军队，与万州天生城、奉节白帝城等一起，成为扼守三峡的要冲，是川东峡江地带的重要抗元据点，被称为"万里长江第一寨"。

龟陵城遗址——**涪陵三台城**：三台城遗址位于涪陵城西长江北岸的李渡街道玉屏村，本名"三台寨"，因西面小溪与长江交汇沿岸成三角阶地三迭，故名"三台山"。从长江南岸眺望，三台寨如一只墩坐江边的硕大乌龟，因此又称为"龟陵城"。三台城创筑于宋咸淳二年（1266年）春，为抗击蒙古大军的进犯，南宋涪州将州县治所由长江乌江交汇处的涪州城（今涪陵城区）迁至此。

江中仙岛——忠县皇华城： 皇华城遗址位于忠县县城城东浩瀚长江之中，现为一座方圆1.4平方公里、海拔272米的孤岛。南宋末年蒙兵大举攻川，宋度宗下令在岛固山为垒，依江为池，据险筑城，并将咸淳府也迁于此岛。皇华古城为宋末抗蒙基地，是当时川东抗元名城，如今岛上犹存古城残墙，有晚清村落遗址及宋、元、明、清古墓群。

保卫重庆的近郊防线——渝北多功城： 多功城遗址位于渝北区翠云街道翠云山顶，呈椭圆形，于南宋咸淳年间所筑。城寨选址嘉陵江东岸，同时扼守当时钓鱼城通往重庆城的陆路要道，构成了南宋末年保卫重庆的近郊防线。

多功城遗址

大宁河畔的天险——巫山天赐城： 天赐城遗址位于巫山龙溪镇天城村的天赐山。天赐山矗立于大宁河南岸北离巫溪老县城20公里，东离大昌古镇15公里，互为犄角，互相声援，且前依险峻地势，后靠"U"形山坳，坳中地肥物丰，适宜村民生息和养战。南宋景定三年在此筑天赐城，成为官民保聚、耕战戍守的良所和要地。如今，天赐城尚存"大石碑崖刻""城墙脚石群"和"小石碑崖刻"三处遗迹，隐伏于天赐山半腰。

古道：古代商贸大通道

重庆作为一座历史文化名城，被层层围困在群山之中，古时没有航空、铁路、公路，对外交往、经贸发展、文化交流如何实现？

千百年来，知难而进的重庆人，在崇山峻岭之间走出了很多古道。这些古道，犹如一条条纵横交错的纽带，串起了沿途的城市，同时也打通了城市与城市之间的血脉，扩张了生活在群山之间的重庆人的视野。可以这么说，这些千年古道，实际上就是古代的政治、经济、文化、军事、物流大通道。

重庆最著名、影响最深远，也是最重要的古道，大致为通向东、西、南、北四个方向的四条大通道：往西为通往昔日省城成都的成渝古道；往北为沿嘉陵江沟通川北、川中的嘉陵古道；往东为连接三峡地区、湖北一带的川鄂峡路；往南为连通贵州的川黔古道。这四大古道，又分别由诸多沟通省内外和各州县的大小不一的古道线路组成，同时又连接上更多通往更远州县和乡镇的次级古道，共同构成了古代重庆的道路交通网络。

成渝古道：古时重庆商贸第一大道

成渝古道被誉为最早的"成渝高速"。唐宋时期，随着巴蜀地区经济的空前发展，成渝之间形成了真正的陆路交通。当时成渝之间最主要的两条干道，就是成渝北道和成渝南道。

成渝北道从重庆的通远门或南纪门出发，会合于两路口，经过佛图关、六店子、小龙坎、歌乐山三百梯、高店子、西永、虎溪、璧山、铜梁，进入四川安岳，过乐至、简阳、龙泉驿，到达成都迎晖门。路过的地区是整个巴蜀的经济政治中心，所以，成渝北道在唐宋时期就是成渝间最主要、最快捷的官方驿路。但明清以后，北道渐渐衰落，故被称为"川东小路"或"东小路"。

成都东门——迎晖门

成渝南道从重庆通远门或南纪门出发，会合于两路口，经过佛图关、大坪七牌坊、石桥铺、二郎关、龙洞关、白市驿、走马铺、来凤驿、永川、荣昌、峰高驿，进入四川隆昌（隆桥驿，因驿后设隆昌县），过安仁驿、内江、珠江驿、资中、简阳、龙泉驿，到达成都迎晖门。到了明代，巴蜀地区驿站林立，交通发展迅速，成渝驿路也由北往南移，成渝南道变身为了官方驿路。清代，南道继续延续官方古道的地位，北道也继续使用，成为商贾往来的重要通道。

成渝南道，即是民间俗称的"东大路"，其实就是"川东大路"的简称——因重庆位于川东地区，由成都往重庆的成渝南道因之得名"川东大路"。由于成渝南道作为官道始于明末，兴盛于清代，其历史离现代人更近，所以，也更为知名，我们现在所说的成渝大道，大多指的就是这条"东大路"。而成渝北道被称为"东小路"，已经鲜为人知了。

在东大路沿途，每隔百里（有时数十里）便设有一处驿站。明清时期，随着商贸的迅速发展，东大路沿线逐渐崛起了一批商贸城镇，其中大多数都是由官道沿线的驿站发展而来。驿站是官办的，只接待往来的官差和信使，而随着往来于古道的客商不断增多，驿站周围

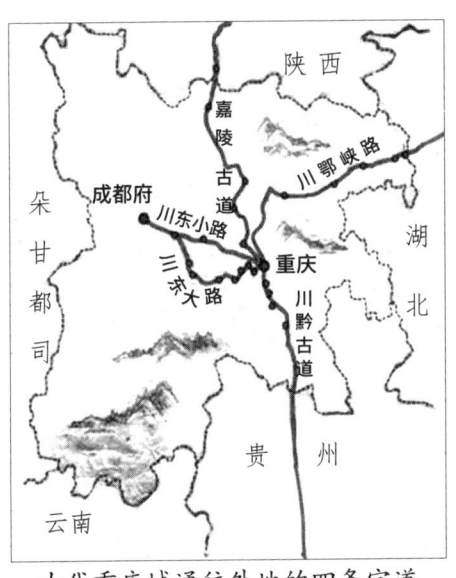

古代重庆城通往外地的四条官道

1952年7月1日成渝铁路全线通车，图为重庆至内江段通车盛况

逐渐形成以酒店、茶馆、栈房为主的塘铺、场镇。著名的"三街五驿五镇七十二堂口"就是这么发展起来的。

"三街"是指简阳杨家街、内江史家街、隆昌迎祥街；"五驿"是指简阳龙泉驿、资阳南津驿、隆昌双凤驿、璧山来凤驿、巴县铜罐驿；"五镇"是指简阳石桥镇、资中银山镇、内江碑木镇、隆昌李市镇、荣昌安富镇。除此之外，大道上还设有七十二堂口，堂口与堂口之间相距15里路，所以东大道全长1080里，一般人要走半个月。不过，官方快递消息最快只需要8个小时，快马加鞭，每到一个堂口就换一匹马。

东大路对成渝两地的影响，可以说是延续至今。民国初年修建的成渝公路，便是沿着这条古道的走向，部分路段甚至是在古道的石板上直接垫高加宽而成。20世纪50年代初修建新中国的第一条铁路——成渝铁路，也是沿着这条古道行进。而上世纪90年代修建的重庆第一条高速公路——成渝高速，绝大部分也沿用了这条古道的走向。

川黔古道：最早的"茶马古道"

川黔古道起于重庆朝天门，坐木船（后来为轮渡）横渡长江到海棠溪，然后通过黄葛古道上南山黄桷垭，经过老厂、百节驿、北渡驿、綦江、东溪驿、赶水铺，从安稳驿出重庆进入贵州，过桐梓、娄山关、遵义，到达贵阳。

贵州自古盛产茶叶，宋元以后，贵州茶享誉全国，其中不少成为贡品。同时，贵州还盛产良马。唐代贵州的罗甸马已经销往省境以外。两宋时期，在今天的川黔交界地区，设置了买马场。南宋时，北方马市断绝，川马、黔马成为战马的主要来源。川黔古道作为贵州北上中原最便捷的线路，成为唐宋时期茶马互市的主通道。因而，从时间意义上讲，川黔古道应该是最早的"茶马古道"。

贵州山区自古缺盐，而重庆巫山、巫溪一带，是中国最早因盛产井盐而繁荣的地区。因而到了清代，川黔古道变成了渝（川）盐入黔的要道，称为"綦岸盐运道"，大量的渝盐通过这条古道运送入贵州，大量的茶叶通过这条古道运送到巴蜀地区。因此，这条古道历史上也被称为"盐茶古道"。

嘉陵古道：关中入蜀主要通道

嘉陵古道起于重庆通远门或南纪门，会合于两路口，经佛图关、井口二塘、歌乐山金刚坡、土主四塘村、青木关、璧山六塘、七塘、八塘、合川九塘、十塘、武胜、南充、蓬安、南部、阆中、广元、略阳、汉中、到达西安。

或许是因为通往中原的政治经济文化中心长安（西安），嘉陵古道在历史典籍里曝光率极高。从三国时期曹操讨伐张鲁，诸葛亮围陈仓，到唐末僖宗入蜀，这条古道都扮演着重要角色。

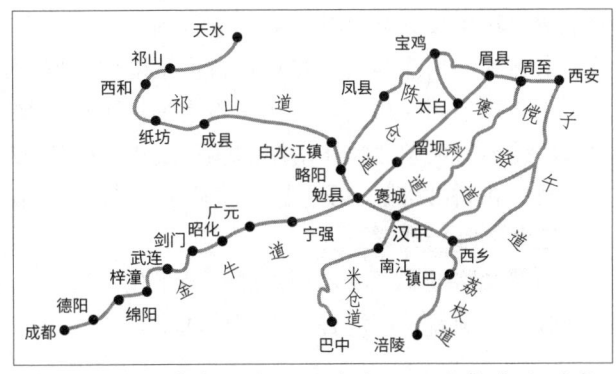

嘉陵古道由重庆➡合川➡南充➡巴中接米仓道或南充➡广元接金牛道

而嘉陵古道在历史上最为人所熟知的，却是楚汉相争时"明修栈道、暗度陈仓"的故事。汉王刘邦为避项羽锋芒，烧毁古蜀栈道，表明自己不再进关中。后来刘邦命韩信明修栈道，自己却取小路暗度陈仓，一举占领关中。故事里先烧后建的栈道就是著名的褒斜道，而刘邦引大军奇袭的小路，就是这条嘉陵古道。

作为唐代由关中入蜀的一条主要通道，那些怀才不遇或被贬谪的唐代诗人，大多数经由此道进入四川。面对这条时而穿越深沟峡谷，时而翻越崇山峻岭，时而跨越奔腾河流的古道，诗人们感慨万千，诗兴大发，为这条古道留下众多旷世名篇，如李白《蜀道难》等。

川鄂峡路：最早的出川古道

根据考古资料显示，早在商周时期，巴渝地区和中原王朝就已经开始交流。那么，上古的巴渝先民是通过什么方式穿越崇山峻岭、走向外界的呢？

还好，剖开重重迷雾，我们通过古籍里的蛛丝马迹，发现了这条穿越峡江的峡路。峡路起于重庆，经合川、广安、渠县、大竹、梁平、分水驿、万州、云阳、奉节、巫山、宜昌、荆州到达武汉。连接四川重庆与湖北武汉，因而被称为"川鄂峡路"。

从所经过的路线可以看出，从重庆出发后，一直到万州，川鄂峡路主要走的是陆路，而从万州以下，基本沿着长江水路，过三峡，一路东进。

长江三峡是一条非常出名的夺命航道，峡窄水急，滩多浪高，暗礁密布，每年春末至秋初的洪水期，江水暴涨，十船九沉，根本无法通行。

长江三峡峭壁上开辟的陆上川鄂峡路（川江栈道）

为了解决每年长达数月涨水期的通行问题，古人在三峡陡峭的崖壁上开凿了一条蔚为壮观的川江栈道，将川鄂古道从陆路上联通。

正是这条川江栈道，给川鄂古道增添了许多神秘的色彩。栈道自奉节瞿塘峡起，经巫山至湖北长江南岸的鯿鱼溪止，全长97.5公里。路面宽1－3米，有平桥、拱桥27座，可通骡马和轿子，为长江沿线上水运拉纤、陆运物资和行人通勤的唯一通道。

川鄂峡路过了三峡，便到达一马平川的江汉平原，古道延伸到这里也变得十分驯服，顺着长江河谷一直到达武汉。

链接：

重庆现存十段经典古道

嘉陵古道歌乐山三百梯

万梁古驿道： 位于万州区孙家镇兴发村，始修于明代，为连接古代万县和梁山县（今重庆梁平区）的重要通道。现残存2.5公里，属川鄂峡路。

御泉河古栈道： 位于涪陵区乌江支流御泉河边，相传为古代巴人在悬崖绝壁上开凿的通行之路。长约10公里。

歌乐山三百梯： 位于沙坪坝区歌乐山高店子，为沟通川渝的东小路中翻越歌乐山的石梯大道。属成渝北道即"东小路"。

成渝古驿道： 位于九龙坡区走马镇慈云村七社，在九龙坡、江津、璧山三区交界处的缙云山上，始筑于宋，为成渝东大路一段。现残存1公里。

黄葛古道： 位于南岸区南山北面，始建于唐宋，是昔日川黔古道的一段，现在是重庆市区最著名的步道之一。

张飞古道： 位于北碚区嘉陵江温塘峡左岸，北温泉风景区对岸，相传为三国时张飞所开辟。环境幽静，风光秀美，适合郊游。

铁岭山古驿道： 位于永川区中山路街道孙家口村铁岭山，为古代成渝官道，由方形石板铺成，保存较好。现存长约2公里。

封门古道： 位于垫江县与邻水县交界的明月山群峰之间，为古蜀道的一段，有保存完好的千年古道和摩崖石刻群。

南陵古驿道： 位于巫山县巫峡镇南陵居委会至建平乡春晓村，始于唐，为巴盐出川入鄂的重要通道。现存约10公里。

巴盐古道： 位于石柱县西沱镇至冷水镇石门坎一线，为历史上巴盐入楚的重要盐道。现存西沱镇街等数段，均保存较好。

长江三峡：自然与人文的瑰丽画卷

远古时期，瑶池宫里住着西天王母的第二十三个女儿，名瑶姬。她聪慧美丽，心地善良，活泼开朗，哪里耐得住仙宫里寂寞的生活。于是，这一年的八月十五，她邀约身边的十一个姐妹，腾云驾雾，遨游四方。

一路上，仙女们飞越千峰万岭，阅尽人间奇景，好不欢快。当她们来到云雾茫茫的巫山上空时，却见十二条蛟龙正在兴风作浪，把治水英雄大禹围困在滔滔洪水之中。瑶姬敬佩大禹三过家门而不入的精神，决定助他一臂之力替人间铲除恶龙。只见她按住云头，用手轻轻一指，但闻惊雷滚滚，电光闪闪。恶龙被困雷电之中，垂死挣扎，地动山摇。

待到风平浪静，十二条蛟龙的尸体已化作十二座大山，堵住了巫峡，壅塞了长江，使得滔滔江水，漫向田园、城郭，今天的四川、重庆一带变成了一片汪洋大海。

长江三峡

瑶姬赶忙掏出一本《上清宝经》治水天书送给大禹，并告诉他破译天书的口诀。大禹得此神助，顿时找到了治水的办法——疏导法。他遇山开道、遇壑填沟，一路将水患引向东方。在大禹治水之时，瑶姬还召唤了黄摩、童津等六位侍臣，施展仙术暗暗相助，很快就疏通并形成了长江三峡水道，水患得以解除。

治水成功，瑶姬却深深爱上了这片雄奇险峻的土地。早就厌倦了仙宫生活的她以及其他十一个姐妹，决定留下来，继续为船民除水妖，为樵夫驱虎豹，为农夫布云雨……她们每天奔波于巫山群峰之间，久而久之，竟然幻化成十二座奇秀绝美的峰峦，耸立在峡江两岸。这便是"巫山十二峰"。瑶姬是十二仙女的杰出代表，所立山峰位置最高，每天第一个迎来朝霞，便赢得了"望霞峰"的美名。她还有一个美丽的名字——神女峰。

巫山十二峰峰形秀丽多姿，同时，变幻莫测、来去无踪的巫山云雨也大大增添了它的神秘色彩，是长江三峡上最著名的景点。

长江三峡位于长江中上游，即瞿塘峡、巫峡、西陵峡等三座峡谷的合称。

长江三峡全长近 200 公里，沿江地貌奇特，风光秀丽，是世界著名的风景区。

瞿塘峡西起奉节县白帝山，东迄巫山县大溪镇，总长 8 公里，是三峡中最短的峡，但也最为雄伟险峻。湍急的江流，闯入夔门，在紧逼的峡谷中奔腾咆哮。船驶峡中，真有"峰与天关接，舟从地窟行"之感。

巫峡西起巫山县城东面的大宁河口，东迄巴东县官渡口，总长 40 余公里，包括金盔银甲峡和巫山十二峰。峡谷特别幽深

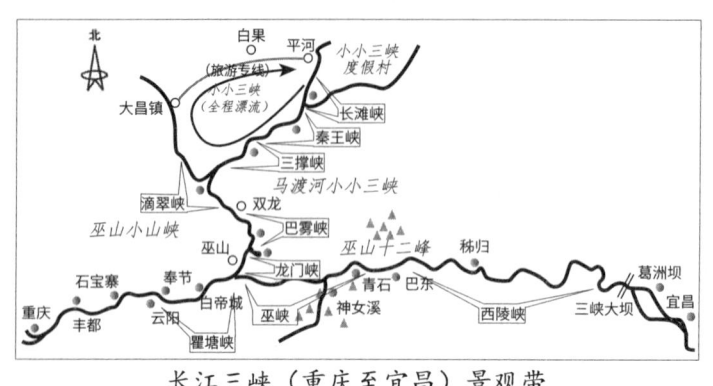

长江三峡（重庆至宜昌）景观带

秀丽，整个峡区奇峰突兀，怪石嶙峋，峭壁屏列，绵延不断，是三峡中最可观的一段，宛如一条迂回曲折的画廊。

西陵峡东起香溪口，西至南津关，总长约 70 公里，是长江三峡中最长的一个峡，以滩多水急闻名。整个峡区由高山峡谷和险滩礁石组成，峡中有峡，大峡套小峡；滩中有滩，大滩含小滩。自西向东依次是兵书宝剑峡、牛肝马肺峡、崆岭峡、灯影峡等四个峡区，以及青滩、泄滩、崆岭滩、腰叉河等险滩。三峡大坝位于西陵峡中部宽敞处。

雄奇壮丽的长江三峡，不但是一幅瑰丽的自然画卷，自然景观举世无双，同时还曾经发生过许许多多动人的故事，留下许多美丽的传说，形成了众多底蕴深厚的人文景观，是一条孕育了人类文明的历史文化走廊。

链接：

1. 放舟下巫峡，心在十二峰

"曾经沧海难为水，除却巫山不是云。"巫山云雨，在历史上留下了浓墨重彩的一笔，同时也成了文人骚客们心中散不去的牵挂。巫山云雨，以巫山十二峰为代表，从灯笼峰到聚鹤峰，绵延 25 公里，尽在长江巫峡之中。清朝诗人许汝龙在《巫峡》一诗中吟道："放舟下巫峡，心在十二峰。"活画出了人们对巫山十二峰的倾慕之情。

登龙峰： 从巫山县城码头乘船东下约 7.5 公里，首先进入眼帘的是登龙峰，海拔 1210 米，为 12 峰中最高的，只见临江的一面悬崖峭壁，气势雄伟，六峰攒簇，层叠而起，似

登龙峰

一条长龙跃然而腾，欲飞上九重云天，云彩缭绕峰间，有如卧龙登天之势。

圣泉峰： 在横石溪的东侧，可见圣泉峰，海拔950米，山峦挺拔，悬崖如刀劈斧削。此峰屹立于山腰，峰形像一块光洁晶莹的岩石，好似一块玉牌吊在雄狮的颈下，当地人称之为"狮子挂银牌"。峰下有一股清冽的泉水，终年不绝，为三峡有名的甘泉之一。

朝云峰： 随江轮东下，行至箭穿峡口，可仰望朝云峰，海拔900米。此段峡江湿气浓度大，蒸郁不散，朝有彩云笼罩峰顶，时而集聚，时而照射，彩云飞舞，使人领略到唐代著名诗人元稹"曾经沧海难为水，除却巫山不是云"的千古绝唱。

望霞峰： 即著名的神女峰，海拔940米，西邻朝云峰，东界松峦峰，为巫峡十二峰中最为纤丽奇峭之峰，神女峰上入云端，下临大江，山峰旁有一尊人形石柱，形如一位俊俏的少女，亭亭玉立。它就是相传数千年、老幼咸知的巫山神女的化身。神女峰白云缭绕、霞光辉映，身影纤秀，古称"望霞峰"，又名"美人峰"。每天，神女峰第一个迎来三峡朝霞，又最后一个送走三峡晚霞。

松峦峰： 在神女峰的东侧，海拔900米，峰峦成圆形，古时峰顶苍松环盖，枝叶繁茂，形状好似帽盒，故当地人又称之为"帽盒峰"。古人作诗颇多，赞美此峰胜景。其中一首这样写道："节彼层峦翠万重，何年蟠结几株松。苍烟日午高冲雁，老干春深欲化龙。"

集仙峰： 在松峦峰之东部，海拔920米，峰顶石列，参差矗立，高入云际，如一群神仙在云雾山上相聚。峰顶天然分开一叉，恰似一把张开的剪刀，故古人又称之"剪刀峰"。相传，每年八月十五日月明之夜，峰顶上有美妙的丝竹之音，猿鸣达旦方消失，充满浓厚的神话色彩。

飞凤峰： 长江南岸可见飞凤峰，海拔820米。它位于长江与神女溪交汇口，山形如一只翱翔凌空的凤凰，展开双翅直下长江中饮水，江水与山峰相交之处，犹如凤凰美丽小巧的嘴。在半山腰平台上，古有授书台，相传为神女授宝书给大禹的地方。

翠屏峰： 在青石镇的后面耸立着翠屏峰，海拔820米，山峰起于平缓山坡，漫山苍翠，郁郁葱葱，超然卓立，形如一面巨大的屏风。关于翠屏峰的美丽，也有历代诗人咏唱赞颂。其中一首较为典型："巫山四面屏无二，却望东南欲滴翠。碧色分明云母光。清辉掩映琉璃器。"

聚鹤峰： 屹立在翠屏峰的东面，海拔900米，峰顶怪石嶙峋，松杉茂密，四季常青，夜有仙鹤相伴，栖身于松杉之上，因故名"聚鹤峰"。每当明月星稀或凄风冷雨之时，白鹤引颈长啸，与猿啼接应，最是消魂断肠的场景，使无数游子、过客洒泪沾襟，思乡不已，产生了一种感伤。

上升峰： 海拔860米，在巫峡"七女塘"附近。山峰高突，巍然屹立，一角斜上，有飘摇之势，好似一只大鸟在飞腾上升。到达上升峰顶，可以远看万里长江，截断巫山云雨，一水奔腾，万峰峭拔。还可看到大宁河在莽莽群峰间穿行，犹如飘在群山间的银带。

起云峰：在神女溪北岸蓝厂岩附近，海拔800米，峰腰常有云雾缠绕，由上而下渐变，突而腾飞，变化无穷。古人疑此处为巫山云雾之源。历代诗人描写此峰最多，如其中一首是这样描写的："极目烟岚欲烧空，荡胸石壁疑翻水。地云云复起奇峰，变幻无端从此始。"

净坛峰

净坛峰：从神女溪上行5公里，可望见最后一峰，即净坛峰，海拔1100米，峰峦秀净，岩石层叠，岩色白净明亮。峰脚下有一碧绿的水潭，风景幽静。取名净坛峰，有诗人赞美净坛峰："三清世界翠微巅，谁筑仙坛不计年。自有层城瞻紫气，更无纤翳累丹田。"

2. 穿越秀丽的历史迷宫

长江三峡西起重庆奉节白帝城，东至湖北宜昌南津关，是中国最早推向世界的黄金旅游线，是国内最大的风景名胜区和国家地质公园，也是世界上唯一能通航的著名大峡谷。长江三峡沿线不但自然景观瑰丽奇特，还留下了许多著名的人文景点，不妨由重庆至宜昌进行展望。

丰都名山鬼门关

丰都鬼城：又称为"幽都""中国神曲之乡"，位于重庆丰都长江北岸。鬼城以各种阴曹地府的建筑和造型而著名。鬼城内有哼哈祠、天子殿、奈何桥、黄泉路、望乡台、药王殿等多座表现阴间的建筑。

巴族和蜀族以氐羌部落为主，东周时，丰都曾为巴子别都，随着巴、蜀两族的不断交往，政治、经济、文化、思想、习俗相互渗透，于是产生了一个共同信仰的宗教神——土伯，这就是巴蜀鬼族的第一代鬼帝。这位鬼帝就住在幽都，至今丰都还留有"幽都"遗迹，丰都也就成了鬼都。

丰都"鬼城"是人们凭想象建造的"阴曹地府"，人们用类似人间的法律机构先后建成"阎王""鬼门关""阴阳界""十八层地狱"等一系列阴间机构。各关卡的鬼神形象又是千姿百态，峥嵘古怪。刑具令人恐怖万分，不寒而栗。

忠县石宝寨：位于重庆忠县境内长江北岸边，距忠县城区45公里。此处临江有一座俯高十多丈，陡壁孤峰拔地而起的巨石，相传为女娲补天时遗落下来的一尊五彩石，故称"石宝"。这一巨石形如玉印，又名"玉印山"。明末谭宏起义，据此为寨，"石宝寨"由此得名。

石宝寨内有三组雕塑群像，其一为巴蔓子刎首保城的故事，其二为张飞义释严颜的三国故事，其三为巾帼英雄秦良玉的故事。

清末石宝寨（1909年）

清乾隆初年，借助架于石壁上的铁索在山顶修建了一座寺庙，清嘉庆年间又聘请能工巧匠研究如何取代铁索上山，于是便依山取势修建了一座九层楼阁。从此，香客及游人可免去攀援铁索之苦，上楼直达山顶，1956年又加以修建改为12层，如今这里已成为游客眺望长江景色的"小蓬莱"了。

云阳张飞庙： 位于重庆云阳盘石镇龙宝村狮子岩下。据传张飞在阆中被部将范疆、张达暗害后，二人取其首级投奔东吴，行至云阳，闻说吴蜀两国讲和，便将其首级抛弃江中，为一渔翁捕鱼时打捞上岸，埋葬于飞凤山麓，世人在此立庙纪念，故有张飞"头在云阳，身在阆中"之说。

张飞大义大勇，为人民敬仰，历年来农历八月二十八其生辰各地群众纷纷前来举行祭祀民俗活动，颇具一定规模与影响。

清末张飞庙（1888年）

史载张飞庙始建于蜀汉末年，后经宋、元、明、清历代扩建，已有1700多年历史。庙前临江石壁上书有"江上清风"，字体雄劲秀逸。庙内塑有张飞像，珍藏有汉唐以来的大量诗文碑刻书画及其他文物数百件，多为稀世珍品。素有"三绝"（文章绝世、书法绝世、镌刻绝世）之盛誉。现为三峡库区内重庆市唯一全淹全迁的重点风景名胜古迹。

奉节白帝城： 位于长江北岸，距奉节城东约7.5公里，掩映在郁郁葱葱的绿树丛中，是三峡的西口，入川的门户。由于地势险峻，古往今来，常为兵家必争之地。西汉末年公孙述据蜀，在山上筑城，因城中一井常冒白气，宛如白龙，他便借此自号白帝，并名此城为白帝城。公孙述死后，当地人在山上建庙立公孙述像，称白帝庙。

白帝城（三峡大坝蓄水前）

世界第八大工程奇迹：三峡大坝

由于公孙述并非正统，明正德七年（1512年）四川巡抚毁公孙述像，祀江神、土神和马援像，改称"三公祠"。明嘉靖十二年（1533年）又改祀刘备、诸葛亮像，名"正义祠"；以后又添供关羽、张飞像，遂形成白帝庙内无白帝，而长祀蜀汉人物的格局。

秭归屈原祠： 位于湖北省秭归县东1.5公里的长江北岸向家坪，又称清烈公祠，占地面积约30亩，为纪念屈原而建。屈原祠始建于唐元和十五年（820年）。1978年建葛洲坝水利枢时，迁到向家坪，且按原貌重建。祠堂内有山门、屈原青铜像、屈原衣冠冢、纪念屈原陈列馆、东西碑廊等。

三峡大坝： 位于湖北宜昌市三斗坪，距下游葛洲坝水利枢纽工程38公里，是当今世界最大的水利发电工程——三峡水电站的主体工程、三峡大坝旅游区的核心景观、三峡水库的东端。

三峡大坝工程包括主体建筑物及导流工程两部分，全长约2308米，坝高185米，工程总投资为954.6亿人民币，于1994年12月14日正式动工修建，2006年5月20日全线修建成功。

大足石刻：石窟艺术最后的丰碑

大足石刻的千手观音究竟有多少只手？在大足千千万万的石刻中，最奇的要数那千手观音了，在观音的左右两侧和头顶上方，呈放射状似孔雀开屏般地浮雕着一只只似乎是难以计数的"金"手，而且每只手掌中心都有一只眼睛，每只手中各执法器，堪称为"天下奇观"。

相传，这尊观音像造于宋代，千百年来人们一直想解开这个谜，但是，数来数去由于千手观音的手在排列上并没有一定规律，分布得纷繁复杂，所以一直都没有数清。于是，千手观音手的数量竟成了一个难题。直到清朝，宝顶山有一个小和尚，他日夜守护

大足宝顶卧佛石刻像

着千手观音。一天，他下定决心一定要破解这个祖祖辈辈传下来的难题，正好，当时要给观音像贴金箔，小和尚每给观音的一只手贴上金箔，他就往地上扔一支竹签。整尊观音的金箔足足贴了一年零三个月，小和尚一数，竹签不多不少，正好1007支，从此，这尊观音造像也成为中国佛教艺术造像中名副其实的千手观音了。

　　源于古印度的石窟艺术自公元3世纪传入中国后，在丝绸之路和黄河流域，先后经历了北魏的灿烂，隋唐的辉煌。在人人都认为石窟艺术即将衰败的时候，在两宋又迎来了一个高峰，这就是大足石刻。

　　在重庆大足区的大足石刻里，每一个雕塑都在讲故事。

　　其中有一个雕像为九龙浴太子，它展现的是释迦诞生之事，释迦之母摩耶夫人40岁尚未有子。一晚，梦见一孩子乘六牙白象进入她的右腋，于是她便身怀有孕了。怀胎十月，释迦太子出生，一落地便是芳香遍地，祥云缭绕。他朝东南西北四方各走七步，步步生莲。然后一手指天，一手指地，称"天下地下，唯我独尊"。于是两位金刚力士手捧金盆凌空而至，天空九龙奋飞，喷吐冷暖二泉为太子洗礼。此雕像处本是一山水汇集口，终年流淌不息。工匠们巧妙利用水流，使造像静中寓动，表现得颇有意趣。

　　养鸡女是大足石刻中的一组经典造像，是"刀船地狱"组雕之一，展现的是一位盲眼农家女子掀开鸡笼，下面两只鸡啄食一条蚯蚓的场面。中国曾发行过一套四枚有关石窟的邮票，大足石刻的代表就是这位美丽的养鸡女。其相貌端庄，神态逼真，被专家们誉为东方的蒙娜丽莎。

　　据说这位养鸡女真名叫做奚成凤，就住在宝顶山下。一次，奚成凤的鸡跑到山上佛堂里，被一个和尚打死了。奚成凤就去找当时的住持赵智凤理论，赵智凤把鸡钱赔给了奚成凤，可是养鸡肇事一事却铭记在了心里。于是，在修造地狱石像时，他一定要把奚成凤放进去。但当时的工匠刘思久平时颇受奚成凤照顾，为她感到不平，于是虽然将养鸡女塑造成了盲女，却留下了幸福的微笑。

大足宝顶养鸡女石刻像

　　大足石刻打造在山水之间，包含着浓厚的山水人文精神，它是神的居所，人的庙堂，这种民本思想，这种人文主义观念，比欧洲的文艺复兴都要早整整400年。同时，大足石刻所在地大足县，除石刻雕像之外，还有玉龙山、龙水湖等国家级自然风景区，以及千年五金、宝顶香会等创意文化产业，与石刻一起，构成一个完整的旅游体系。

链接：

大足"五山"摩崖造像

大足石刻位于重庆大足区境内，是唐末、宋初时期宗教摩崖石刻，以佛教题材为主，儒、道教造像并陈，是著名的艺术瑰宝、历史宝库和佛教圣地，有"东方艺术明珠"之称。是世界文化遗产，世界八大石窟之一。

大足石刻是区内102处摩崖造像的总称，其中75处列为各级文物保护单位，国家级有宝顶山、北山、南山、石门山、石篆山五处。大足石刻由5万余尊宗教石刻造像，总计10万多躯，铭文10万余字组成。以宝顶山和北山摩崖石刻最为著名，是中国晚期石窟造像艺术的典范。

宝顶山： 位于大足区龙岗街道东北15公里处。宝顶山摩崖造像始凿于南宋年间，长2.5公里。内山岩上遍刻佛像，包括以圣寿寺为中心的大佛湾、小佛湾造像。巨型雕刻360余幅，以六道轮回、广大宝楼阁、华严三圣像、千手观音像等最为著名。

宝顶石刻由号称"第六代祖师传密印"的赵智凤于南宋淳熙至淳祐年间，即1174—1252年，历时70余年，总体构思组织开凿而成，是一座造像近万尊的大型佛教密宗道场。

北山： 位于大足区城北2公里的北山上。北山摩崖造像始刻于唐末，至南宋结束，和宝顶山石刻同为大足石刻中最大石刻，以大佛湾为中心，遍及四周的观音坡、营盘坡、佛耳岩、北塔寺共五处。除部分碑刻、塔幢和浅小龛窟残毁外，其余均保存完好。

北山"二佛背塔"

北山摩崖造像近万尊，主要为世俗祈佛出资雕刻。造像题材51种，以佛教密宗为主，其次有三阶教、净土宗等。北山造像以雕刻细腻、艺精技绝、精美典雅而著称于世，展示了9世纪末至12世纪中叶（晚唐、五代、两宋）中国民间佛教信仰及石窟艺术风格的发展、变化。

南山： 位于大足区龙岗镇南2公里。山顶上原有道观，名玉皇观。南山石刻造像开凿于1131—1162年（南宋绍兴年间），属道教造像，是中国道教石窟造像最多、最集中、反映神系（神仙系统）最完整的，生动地反映了公元12世纪道教已由早期的老君、"三官"崇拜演变为神系、神阶明确的"三清""四御"信仰的历史事实。明清两代稍有增补。

石篆山： 位于大足区龙岗街道西南25公里处的三驱镇佛惠村。造像于北宋元丰五年至绍圣三年（1082—1096年）开凿而成。有造像10龛窟。石篆山摩崖造像为典型的释、道、儒"三教"合一造像区，在石窟中罕见。

石门山：位于大足区龙岗街道东20公里处的石马镇新胜村。造像开凿于北宋绍圣至南宋绍兴二十一年（1094－1151年）。有造像12龛窟。此外，尚存造像记20件，碑碣、题刻8件，培修记8件。石门山摩崖造像为佛教、道教合一造像区，尤以道教造像最具特色。

红色胜地：被鲜血染红的地方

小学课本中那个身处牢狱却聪明好学的小萝卜头，给我们留下了深刻的印象。他那用草纸订成的作业本、用小布头缝制的小书包，曾久久地萦绕在我们的脑际；在语文老师的带领下，我们也曾大声朗诵："人，不能低下高贵的头，只有怕死鬼才乞求'自由'；毒刑拷打算得了什么？死亡也无法叫我开口"……红岩村、渣滓洞、白公馆上演着革命先烈的悲壮故事，一幕幕，一件件都震撼着我们的心灵。

红岩村：南方局暨八路军驻渝办事处

1936年12月西安事变。1937年7月7日卢沟桥"七七事变"发生，抗日战争全面爆发，当年11月20日国民党政府宣布迁都重庆。

紧接着，1938年12月的一天，周恩来从桂林乘飞机抵达重庆。

1939年1月16日，以周恩来为书记的中共中央南方局在重庆渝中区红岩村正式成立。中共南方局在周恩来的领导下以党的机关报《新华日报》和《群众》周刊为阵地，积极宣传共产党的抗日主张，组成全国抗日统一战线。

然而，为执行蒋介石"攘外必先安内"的政策，国民党在明面上不能采取军事手段围剿共产党，却大肆发展特务组织军统和中统等，暗中排除异己。

1939年春，军统头领戴笠为审讯、关押革命者的保密起见，亲自出马到歌乐山一带选址，选中了原四川军阀白驹的别墅"白公馆"，用重金买下后改为看守所。军统将白公馆改为监狱以后，在院内的墙上写了"进思进忠、退思补

杨虎城将军 　　黄显声将军 　　陈然烈士

五卷　雾罩山水

罗世文烈士 　车耀先烈士 　许建业烈士

过""正其宜不计其利，明其道不计其功"等标语。原来的地下贮藏室改为地牢，原防空洞改为刑讯室，一楼一底的住房改为牢房。

抗日爱国将领黄显声，同济大学校长周均时，爱国人士廖承志，共产党员宋绮云、徐林侠夫妇及幼子小萝卜头等被关押于此。最多时，这里曾关押了200多名"政治犯"。

紧接着，军统又逼死了渣滓洞煤窑的主人，并霸占煤窑设立看守所，使渣滓洞也成为了关押共产党人和进步人士的重要监狱。渣滓洞分内外两院，外院为特务办公室、刑讯室等，内院一楼一底16个房间为男牢，另有两间平房为女牢。关押在此的有"六一"大逮捕案、"小民革"案、"挺进报"案、上下川东三次武装起义失败后被捕的革命者，如江竹筠、许建业、何雪松等，最多时达300余人。

1945年8月15日，日本天皇宣布无条件投降，二战及抗日战争结束。1946年5月5日，国民政府由重庆迁回南京。于此同时，公开的中共四川省委成立，中共中央南方局结束在重庆的使命，与中共代表团以及其他中共公开机构一道迁往南京（随后改为中共中央南京局）。

1945年8月，蒋介石连发三电，邀请毛泽东到重庆谈判。最终达成双十协定，并在美国斡旋下，实现1946年1月13日国共停战。其间，召开了政治协商会议，着手起草宪法。

1946年6月，南京国民政府撕毁停战协定，发动全面内战。

此时，距离重庆解放还有3年，在这不长不短却是黎明前最黑暗的日子里，渣滓洞和白公馆的革命志士也在迎接着胜利的曙光。1949年10月1日，当新中国成立的消息传到渣滓洞和白公馆监狱后，革命者欣喜若狂。被关押在白公馆监狱的罗广斌、陈然、丁地平等人难平心中的激动，他们用一幅红色的被单和几个纸剪的五角星制作了一面红旗，红旗做好以后被藏在牢房的地板下。然而，万万没有想到的是，11月27日，除了罗广斌等少数革命者脱险以外，其他300多人全部牺牲——这就是震惊中外的"11•27"大惨案。

为了纪念殉难烈士，1954年建烈士墓、烈士纪念碑和集中营旧址展览馆。

3年后的1957年，周恩来总理又来到重庆，

白公馆旧貌

他含着悲恸的心情亲自为罗世文、车耀先题写了墓碑碑文。罗世文（曾任四川省委书记等重要职务）和车耀先（成都市抗日救亡运动的领导人），1940年被国民党特务逮捕后关押到重庆渣滓洞监狱，1946年被国民党秘密杀害，尸体被焚烧并就地掩埋。直到1956年，有关部门才找到并挖出了两位烈士的遗骨。

"小萝卜头"虽然没有见过高墙外的世界，吃的是霉饭，住的是牢房，但是他用有限的笔头描摹了一个光明美好的世界。陈列室小萝卜头的画，虽然没有五彩的装饰，但是可爱的小鹿、骑着自行车的孩子、惟妙惟肖的飞机让人触碰到的是孩子澄净乐观的心灵。

宋绮云、徐林侠夫妇与小萝卜头等子女

如今，每年有上百万游人来此参观悼念烈士英灵。

链接：

重庆的红色圣地

周公馆：即曾家岩50号，坐落在重庆市渝中区中山四路的东端尽头，占地面积364平方米，建筑面积882平方米。1938年冬，中共代表团由武汉迁移重庆后，为便于工作，周恩来以个人名义租赁这幢房子，作为中共南方局在市内的一个主要办公地点，南方局军事组、文化组、妇女组、外事组和党派组均设在这里。中共代表周恩来、董必武、叶剑英、林彪、王若飞等人在渝期间常住于此。

桂园：位于重庆市渝中区中山四路65号，是一个独立的小院。1939年张治中任国民政府军事委员会委员长侍从室一处主任（分管军事）时租下。迁居入住时，张治中亲手种下桂花树，并启用父亲"桂徽"名字，将此小院命名为"桂园"。1945年8月至10月"重庆谈判"期间，张治中将此处备作毛泽东同志在市内办公会客的地方。1945年10月10日下午6时，国共两党在桂园签署了著名的《双十协定》。桂园，成为国共谈判的重要见证地。

红岩村：位于重庆市渝中区化龙桥，占地面积约0.7平方千米。20世纪30年代，这里是饶国模女士经营的"刘家花园"。抗日战争时期，中共中央南方局和八路军驻渝办事处设于红岩村。周恩来、董必武、叶剑英、博古、吴玉章、王若飞、邓颖超等中国共产党著名领导人曾在此生活、工作，历时8年，为中国抗日战争的胜利作出了卓越的贡献。

烈士墓：位于沙坪坝区巍巍的歌乐山脚下。1949年11月27日，震惊中

渣滓洞旧貌

外的"11·27"大惨案发生在歌乐山下。为纪念殉难烈士，1954年建立烈士墓、烈士纪念碑和集中营旧址展览馆。

渣滓洞： 渣滓洞是国民党设立的看守所，关押在此的有"六一"大逮捕案、"小民革"案、"挺进报"案、上下川东三次武装起义失败后被捕的革命者，如江竹筠、许建业、何雪松等，最多时达300余人。1949年11月底重庆解放前夕，囚禁于此的200多位革命志士被杀害。

白公馆： 1939年国民党军统局将此地改建为监狱，1943年中美合作所改为第一监所。监狱背靠歌乐山，四周高墙、电网密布，墙外至高点上有岗亭和碉堡。大门终年紧闭，只有侧面开一扇小门与外界相通。狱内有牢房20间。

邱少云烈士纪念馆： 在抗美援朝战争中，为避免暴露而放弃自救壮烈牺牲的邱少云，其纪念馆位于铜梁区巴川镇西凤山顶，翠柏森森，池水涟涟，古榕树撑开巨伞点缀在奇形巨石之间。

邱少云烈士

万州革命烈士陵园： 位于万州风景秀丽的太白岩下。随着三峡工程的兴建，为褒扬先烈，教育后人，原万县市人民政府（辖三区八县）将三峡库区水淹没线下近千座烈士墓和烈士纪念标志，统一迁建为万州革命烈士陵园。张爱萍将军题写了园名，老革命、忠县籍著名作家马识途题写馆名。

城口县苏维埃政权陈列馆： 位于城口县葛城镇半月池路2号，县政府东南100米处城口县苏维埃政权纪念公园内。公园建于1984年，是为了纪念红四方面军解放城口后，于1934年9月在城口县大竹河区（现已划为四川万源市）正式成立城口县苏维埃政权而建的。公园占地面积4666平方米，内有城口红军苏维埃政权陈列馆和城口县苏维埃政权纪念碑。

酉阳南腰界革命根据地： 位于酉阳西南部，距县城80公里，是贺龙、任弼时、关向应、萧克等老一辈无产阶级革命家领导创建的川黔湘鄂革命根据地，也是重庆市唯一的省级苏维埃政权。景区完好地保存着中国工农红军第三军司令部旧址，红军会师纪念亭，红军烈士墓，红军石板街，红二，六军团会师旧址，红军纪念亭，十大政纲，南腰界区苏维埃成立大会会址，大坝场战斗遗址等革命遗址景点共56处。

双桂堂：酒肉和尚的侠与义

说到西南地区的佛教寺庙，就无法回避一个响当当的名号——破山法师！

在佛门中人的描述里，破山就像一尊神，站在云头上一阵痛棒猛喝和玄言妙语，凡间立时梵音渺渺，丛林四起。也难怪，由于破山的出现，西南佛教在经历了500来年的衰落之后，由衰而盛，在明、清之交的社会动荡时期"兴盛到历史的顶点"，成为中国佛教发展史上"最后活跃及其终结"。

破山因此被时人称为"小释迦"。并自成一派，史称"双桂禅系"。

破山所创建的梁平"双桂堂"，则被尊为"西南祖庭"，也就是西南各大禅院的接法寺庙，西南各大丛林之首。

除了佛法，破山的书法和诗歌也为人称道。

佛坛巨匠、诗人、书法家，三顶不同的桂冠同时戴在这个老和尚的头上，多少显出几分传奇，加之"酒肉和尚"的行状以及往来于南明政权、清朝政府、农民领袖、地方武装等各种政治力量之间的不羁言行，使他留给后人的背影竟显得那么模糊，以至于到了今天，除了佛门中人还屡屡敬畏地谈及这位"破祖"，寻常百姓大多不知其何许人也。

破山本是四川省大竹县双拱乡人，俗名蹇栋宇，祖籍重庆，明初朝廷重臣蹇义之后，十九岁在家乡姜家庵出家，法名海明，号破山。之后开始游历天下，寻师问道，并到当时佛法盛行的浙江遍访知名高僧。

明崇祯五年（1632年），破山离浙回蜀，来到梁山（今重庆梁平区）万年寺。这一年，他35岁。此时，破山面对的是：自南宋以来，西南佛林一片荒芜。而明末连年的饥荒，持续的战乱，更使得寺院萧条，佛法下衰，满地狼藉。但破山厌倦了江南禅门貌似繁华的背后，却潜藏着十分复杂尖锐的矛盾，他决定"不如归去且图安"，重振蜀地佛坛。

万年寺本来藏于深山，是"红尘飞不到"的绝好修行之所，但由于地处交通要道，山高水险，自古为兵家必争之地。当时张献忠正挥师犯川，因此第二年，时任梁山知县费鼎耀便"请住万峰太平寺"。万峰山之行，使这一年成了明末清初西南佛法复兴的开端。

在地方官员及檀越护法的鼎力相助下，破山开始了他的传法活动。短短的时间内，他的座下就聚集了一大批信徒、居士和文人学者，四川佛门为之震动。巴蜀学侣，跋山涉水，纷纷来到万峰山太平寺，聆听法音。万峰山由于破山的到来,一改过去的冷清,数年之内变得"英灵泉涌""道化日隆",成为西南禅宗的发祥地。而此时的破山,俨然"权衡一世"的"一代宗盟",其影响不啻于声震四方的精神领袖。

"万峰法派"如日中天,破山在西南佛坛的地位,也借此确立。

然而,万峰山终究无法与世隔绝,无法抗拒普天下的混乱局面,无法超越历史的轮回。崇祯十五六年(1642—1643年),形势急剧变化,清军大举入关,北方烽烟四起;中原地区的李自成,西南方向的张献忠势力日渐扩张,明王朝岌岌可危。天灾人祸,大明王朝尚且支离破碎,何况区区万峰山!

破山从来往其门下的落魄士子以及无家难民中,早就洞察了山外的朝代更替,心中一片悲凉。

然而,越是时局动乱,人们越需要心灵的抚慰、追求精神的寄托。此时此刻的破山,犹如黑夜中的明灯,成为千千万万游荡灵魂的希望。因此,破山的影响力反而因为战乱而增强,破山其人也就成了特殊时期各种势力拉拢的目标。比如,南明大学士、相国吕大器就在这一时期成了破山的正式嗣法弟子。

梁平双桂堂大门

吕大器之后,李占春、于大海、胡云凤、谭文、谭诣、谭弘、姚玉麟等地方军阀,竞相请破山到其营门山寨传道说法。而地方官也大展其能拉拢破山,其中包括对清廷攻占西南、完成统一大业作出卓越贡献的四川总督李国英。

此时的破山,来不及感叹时局的动荡和个人身世的悲凉,他以一副普度众生的菩萨心肠,大袖飘飘地来往于兵营与衙门之间,游走在明末清初各种势力之间,劝说这些重兵在握者停止杀戮、"民安则国安"。为此,破山以一个佛门高僧的身份,公然开斋,喝酒吃肉,担当着"酒肉和尚"的骂名,却俨然成了百姓的保护神。

对于破山开戒"喝酒吃肉"这一事件,各种史料多有记载,但说法不一,民间传说更将其附会到张献忠头上。

一次,张献忠专门营造了一座精舍,请破山前去主持法化。张献忠此时血洗四川,志得意满,为庆贺胜利,他将俘虏五花大绑,并拉来上千百姓准备处决。

破山劝诫道:"上天有好生之德,你又何必滥杀无辜呢?"张献忠不以为然:"我杀人就像你吃斋念佛一样,早已习以为常。要我不杀人,除非公吃肉。"

破山大声说道:"老僧为百万生灵,忍惜如来一戒乎?"于是不假思索,抓起肉就吃,端起酒就喝。张献忠又递过来一枚鸡蛋,他二话没说,往嘴里一扔,一边大嚼一边高声吟唱:

混沌乾坤一口包，也无皮肉也无毛。
老僧带尔西方去，免在人间受一刀。

张献忠在众目睽睽之下不好食言，只好将俘虏和老百姓都放了。

破山此举，当时就受到了"酒肉和尚"的指责，但也受到更多人的尊重。应该说，破山为阻止杀戮而破戒，并非是对佛门清规戒律的破坏，而是突破，是超越。

梁平双桂堂因开山之初便有两株古桂树而得名，至今，山门石柱上仍镌刻有破山亲笔提写的楹联：

二株嫩桂久昌昌，正快时人鼻孔；
数亩荒田暂住住，稍安学者心肠。

这里的"二株嫩桂"，是指禅宗初祖菩提达摩只身东渡，临行前其师般若多尊者所赠的诗偈："路行跨水复逢羊，独自栖栖暗渡江；日下可怜双象马，二珠嫩桂久昌昌。"暗寓佛法必盛行于东土大地。这一层意思，与破山创建双桂堂时的心情暗合，异曲同工。

当时是清顺治十年（1653年），破山已经56岁。在反清复明的乱世英雄、"夔东十三家"之一姚玉鳞的庇护之下，他在姚玉鳞驻军之地梁平金城寨传法已将近一年。

之前，他从浙江取法归来后，已经在蜀中各地寺庙漂泊了二十年，并且声名远播。然而，"流落天涯十载余，老将安枕欲何居？怪行索隐皆荆棘，惟有同尘即敝庐。"流落归来，何处是安枕逸老之地，破山对前途充满了迷茫。因此，当顺治九年冬姚玉鳞邀请破山入住金城时，破山率领门徒欣然前往。另一层原因，梁平是破山由浙还蜀后最初演法的道场，基础扎实、弟子众多，光复旧道场正是他的希望所在。

金城寨上有一座一殿一楼的小庙，名金城寺。由于破山的到来，金城寨上僧侣云集，参拜者源源不断，刀光剑影的御敌山寨仿佛成了谈佛论道的法场。小小山寨已经无法接纳众多信众。姚玉鳞已敏感到这种将成大气候的征兆，便亲自下山考察，准备为破山营建一座大道场："和尚门墙高大，龙象甚多，非大道场不能海纳山容！"

姚玉鳞选中的地方正是现在双桂堂所在地："有老桂二株，局面恢弘，可建一大梵刹。"并引导破山前去定夺。破山看后非常满意，曰："此山较之千二百人同居，犹其少者也。"于是动员各方力量，伐木采石，建堂立殿，当年年底即初具规模。

双桂堂竣工后，破山与姚玉鳞合写了"双桂堂"匾额。这种文人雅士常有的笔墨游戏，在当时的社会环境下，有着不同寻常的意味，它透露出佛堂与世俗、僧侣与社会某种不可分割的联系；同时也传达出破山"兼容并包"的佛学思想。

双桂堂建成，破山大开法堂、广纳门徒、钳锤子弟、力整宗纲，使得道之风大振，一时间，文人学士、前朝故吏、官宦缙绅、空虚浪子以及无家可归的流民都纷纷投奔门下，破山兼容并收，来者不拒，去者不留。最鼎盛时，寺庙拥有田产两千余亩，佛门弟子近万人。

双桂堂破山塔

之后，双桂禅系分化四方，如：嗣法弟子丈雪开法贵州遵义禹门寺，中兴四川成都昭觉寺；圣可创建重庆华岩寺；燕居开法湖北楞严寺、贵州平越福权山；莲月开法湖北随州玉泉寺；雪臂开法盛京（今辽宁沈阳）圣恩寺；破浪开法江西胜缘寺；灵隐开法贵州安顺紫竹院、云南集云寺；易庵开法西安大杏善寺；四维开法于湖南衡山；淡竹重建四川成都草堂寺；啸宗重建四川新都宝光寺……再传弟子慈笃重建成都文殊院；圣水重建内江圣水寺；懒石中兴陕西汉中静明寺……

数十年间，西南佛教已成燎原之势！

久乱思治，祈求安宁成为破山晚年的强烈愿望。在南明大势已去，"夔东十三家"民心尽失的情况下，他反清复明的思想逐渐淡化，并接受清廷封疆大吏、四川总督李国英的示好，与之成为朋友。

李国英不失为一个善于攻心的人，赢得了破山，从很大程度上就赢得了民心。在军事围剿的同时，他又采取政治攻势，招安反清复明势力。梁山姚玉鳞就是这一时期投降的。而姚玉鳞的归顺，与破山不无关系，在他犹豫时，破山以"民安"为由鼓励他前去重庆李国英的总督府。

清康熙三年（1662年）秋，李国英剿灭反清势力，完成清朝统一大业后，借口为其母超度亡灵，请破山前往重庆。

到重庆，李国英摆出上等的荤宴，请破山享用。破山放下筷子说："我以前是因为遇到恶魔而开斋，现在因为遇到好朋友而停止食荤。"从此以后，破山结束"酒肉和尚"的生涯，重新回到清虚自守的佛门正常生活中，"天下大定，国家无事，众将军已封了刀，老僧亦封了斋也。"

链接：

重庆十座著名的佛教寺庙

重庆是著名的山城、江城，好山好水间隐匿着许多寺庙。"人间四月芳菲尽，山寺桃花始盛开。"重庆现有佛教场所279座，其中，主城区就有42处佛教寺庙，以及两处居士林。

双桂堂： 位于梁平区金带镇万竹山，始建于清顺治十八年（1661年），约7万多平方米，为汉族地区佛教全国重点寺院、全国重点文物保护单位。被尊为"西南佛教禅宗祖庭"，在中国及东南亚佛教界都具有显著地位，世谓之"西南丛林之首""第一禅林""宗门巨擘"。近代著名书画家、佛学家竹禅大师也担任过双桂堂第十代住持方丈。

双桂堂之所以是"堂"，而不以"寺""庙"命名，只因这里原本是一个旧式学堂。后人附会颇多，称双桂堂是西南禅宗之"大学堂"，"教"出一批方丈与住持，因此尊其为"堂"。

华岩寺： 位于九龙坡区华岩乡大老山，因寺庙南侧有一华岩洞而得名。民间传说古洞中石髓下滴成水花，故称华岩。华岩寺岩高百丈，形状如笏，雄伟壮观。环寺岗峦起伏，群山如莲，又有天池夜月、曲水流霞、万岭松涛等八景。全寺由大老山的大雄宝殿、接引殿和华岩洞三部分组成，建筑总面积近1万平方米，寺院占地70余亩，有房300余间，被誉为巴山灵境、川东第一名刹，为国家重点文物保护单位。

罗汉寺： 位于渝中区民族路，是全国汉族地区重点佛教寺庙之一、全国重点文物保护单位及重庆市佛教协会所在地。寺内罗汉堂有造像总计524尊，皆泥塑像。寺院门前有明朝天启三年（1623年）石碑一通，刻"西湖古迹"四字。门内通道两旁石壁名"古佛岩"，长20余米，上有不少佛像浮雕，是市级文物保护单位。

罗汉寺大门

缙云寺： 位于北碚区嘉陵江畔缙云山，寺庙始建于南朝刘宋景平元年（423年），明万历三十年（1602年）神宗皇帝正式改名为缙云寺，因迦叶古佛曾在缙云山跏趺修行过，故神宗皇帝又赐缙云寺为"迦叶道场"。1932年中国佛教协会会长太虚法师在此创建"世界佛学苑·汉藏教理院"，曾培养出如法尊法师、印顺导师、法航法师、演培法师、正果法师等大批佛教人才，被誉为"川东佛教圣地"。

慈云寺： 位于南岸区玄坛庙狮子山麓，濒临长江。寺门左侧卧一石刻青狮，与长江对岸的白象街遥遥相望，素有"青狮白象锁大江"之说。始建于唐代，重修于清乾隆年间，1927年云岩法师募资扩建，更名慈云寺，是当时全国唯一僧尼合庙的佛教寺院。建筑具有中西合璧风格，在中国佛教寺院中独树一帜。

涂山寺： 位于南岸区涂山之巅，占地面积1万多平方米。涂山寺历史悠久，在西汉年间为禹王祠、涂后祠，为纪念夏禹治水的功绩，供奉大禹与涂后的塑像，位置在今天的老君洞。明万历九年（1581年），与老君洞对换才开始成为佛教寺庙，明清时期，寺庙有所扩大，真武寺因与禹王祠旧址合并，故人们称为"涂山寺"。

宝轮寺：位于沙坪坝区磁器口，背依白岩山，面对嘉陵江，始建于宋真宗咸平年间，寺院正殿"大雄宝殿"为明宣德七年所建，占地约400平方米，寺中供奉如来佛、四大天王、弥勒佛、观世音菩萨、千手观音、送子观音等佛。

潼南大佛寺：位于潼南城区西北1.5公里的定明山下，始建于唐咸通年间（860—873年），初名"定明院"，又名"南禅寺"。后因宋朝在寺内依山凿一大佛，改称"大佛寺"。大佛为世界第七、中国第一大室内装金摩岩大佛。寺内有最早使用全琉璃顶的古建筑"七檐佛阁"、我国四大回音建筑之一的"石磴琴声"、全国最大的摩崖石刻书法顶天"佛"字、罕见的天然回音壁"海潮音"等十八胜景。

潼南大佛寺

涞滩二佛寺：坐落在合川区城东北约40公里的涞滩古镇。所谓二佛，是相对乐山大佛而言，与高达70米的大佛相比，10余米高的二佛逊色良多，但在善男信女眼中，却是一般肃穆庄严。寺院分上下两殿，上殿建筑群有灵宫殿、天王殿、玉皇殿、韦驮殿、大雄殿、国母娘娘殿、观音殿；下殿是依山建造的两楼一底殿堂，檐拱翼着，势若飞动。现存主要龛窟42个，全部造像计1700余尊。

石门大佛寺：位于江津区石门镇白坪村（原凉亭村）东100米处。东西各有一条石曲径从崖上到河边与寺院相连。石门大佛寺建筑为七重檐山木结构建筑，是中国清代典型的高层建筑。正殿供奉脚踏莲花观音造像，坐北向南，通高13.5米，肩宽5.9米，胸厚5.2米。造像刻工精湛，细腻，线条流畅，立体感和审美感极强。

老君洞：川东道教第一观

老君洞在哪里？它在南岸区南山镇的老君山上，是川东地区第一道观，现为全真教龙门派子孙丛林道观。沿古时川黔大道（今黄葛古道），登行470余级石梯至老君坡，然后折向观前石梯，再上427步就抵达山门月台。老君洞又称古涂洞，传说是涂山女居住的地方，当年大禹娶涂山女，新婚燕尔即踏上治水的征程，正是从这里出发的。

老君洞原名广化寺，是一座佛教寺庙，在三国时已有殿堂，正式建于隋末唐初，明成化十六年（1480年）重建。明万历九年（1581年）与真武山的涂山寺交换位置，改建道观"太极宫"，人称"老君洞"。山门上刻有"上清仙界"四个字，牌楼上绘有太极图。

清乾隆四年（1739年），北京白云观的朱一品道长云游到重庆，见老君洞因战乱年久失修，颓废不堪，于是留任道观住持，招徒传代，为道教全真龙门派在重庆地区的传衍起到了重要的作用。

清咸丰六年（1856年），李复昆为巴县的道门领袖，苦心募化，兴建邱祖殿，兴办庚申斗会；咸丰八年（1858年），重修正殿和西殿，新建文武阁；咸丰九年（1859年），建王爷亭以培风水；咸丰十年（1860年），立斗姆阁，老君洞从此由废而兴。

老君洞大门

清同治元年（1862年）二月，太平天国大兵临境，在老君山四周扎下大营，将老君洞团团围住。观中道士卷单逃去，张复林与李复昆坚守五月余，诚心哀恳，并仗神力，方获保全。同年九月，建玉皇殿，塑祖师、十元帅、灵祖金身，并建桂苑、池塘等处。同治三年（1864年），李复昆冠巾后，培植祖堂、抱厅、乐楼；居士金烁乐捐巴县洞青场田土，并在庄上设立义学。所得资产除束脩外，其余作观内生活使用，道观面貌开始为之庄严，规模更为光大。

清光绪三十四年（1908年），老君洞扩建，进入鼎盛时期，成为远近闻名的名山古观。

川军将领王陵基

进入民国时期，由于军阀混战，社会动荡，出家人不能出世自保，各地寺庙大多萧条衰败。但老君洞一路走来，却辉煌依旧。究其原因，一是得益于当时的住持道长晏园珪。据说晏道长袍哥出身，武艺高强，三教九流都敬畏他三分，因此，他主持老君洞事务三十载，老君洞一直平安无事；二是得益于川军师长、重庆卫戍司令王陵基。王陵基的母亲是个虔诚的信徒，王陵基孝顺，为其母亲在老君洞的斗姆阁上加修了一层念经楼，并题赠"天外一人"匾额悬挂楼檐，这犹如给老君洞罩上了一把保护伞，各色人等绝不敢在此有半点造次。

老君洞环境幽静，林木参天，浓荫夹道。整个道观依山造殿，凿壁成像，自山门起沿峭崖、陡壁呈"玄"字形层层布置，盘旋而上，直达山顶。观内有三清殿、真武殿、灵祖殿、三丰殿、斗姆殿、文武殿、七星殿、邱祖殿、慈航

殿、玉皇殿、财神殿等13座殿堂。

老君洞道观以其深邃的山景和道教玄妙的传说，使朝山进香的信徒和游览观光的宾客络绎不绝。观内有许多极富观赏和研究价值的文物和楹联题字，也吸引来不少文人墨客和社会名流。大殿前的九龙浮雕，刻画细致，技艺精湛；大殿内的对联"先天后天，本无道外之道；无极太极，妙有玄中之玄"韵味悠长；斗姆阁右侧石刻草书"犹龙"二字，笔走龙蛇，倒映池中，二龙戏珠，妙趣横生；三丰殿石壁上整块多幅的"渔""樵""耕""读"和"文王访贤""伯牙抚琴""观音救八难"等浮雕，莫不形神兼备，栩栩如生；山顶奇绝的岩壁之上，浮雕着一只四蹄腾空的青牛，更是令人遐思不已……

清末老君洞天自石牌坊

顺着青牛旁的山脊石梯而上，即是"南天门"，这里是老君洞的至高点。登临此处，犹如登上天宫的"南天门"，跨进一步，似乎便可得道成仙。我等没有古人成仙的痴想和福分，却有古人永远也无法想象的眼福。站在南天门，视野开阔，重庆城尽收眼底。远处，渝中半岛犹如一个瑰丽而奇特的山水盆景，从朝天门到菜园坝，呈椭圆状被长江如托盘般轻轻托起；中间，南滨路犹如一条镶满珍宝的彩带，随意地摆放在山水之间；脚下，老君洞道观在朦胧中渐渐睡去……

链接：

重庆四座著名道教宫观

綦江白云观：位于綦江区石角镇，居老瀛山最高峰，海拔1085米，隔綦河与古剑山遥遥相望。距离重庆市区80公里，是西南著名的道教圣地。明嘉靖壬子年(1552年)江西新县道士杨常符来此建观，因掘基时得一石砚，上刻"白云"二字，故以此命名。相传老子曾在此修炼，道观分上、中、下三殿排列，被列为西南三大道教场所之一，香火旺盛。

缙云山绍龙观：坐落在海拔1050多米的北碚区缙云山的幽谷之中。占地70余亩，总建筑面积5000平方米，有三清殿、玉皇殿、灵官殿、元辰殿、慈航殿、财神殿等三重主殿六大殿堂。

江津清源宫：坐落在江津区西部边陲的石蟆古镇。始建于明正德五年(1510年)，占地8000多平方米，三殿一院中戏楼两边对称，呈四合院布局。建筑是传统的徽派建筑，也是迄今西南地区体量最大、保存最完好的道教宫观。

缙云山白云观：位于北碚区缙云山东南坡的竹海之中，始建于大周昭武元年（1673年）。相传为轩辕黄帝的炼丹之所，现存轩辕洞、丹丘台等炼丹旧址。

若瑟堂：穿越世纪的钟声

每次从若瑟堂经过，总会不经意间将目光停留几秒钟。这是一座让人过目不忘的奇特建筑。青砖、朱红大木门，衬以爬满墙面的爬山虎，若瑟堂给人一种冷峻、古朴，甚至有些阴森的感觉。经堂正中上方的钟楼，典型的哥特式建筑风格，尖顶直刺蓝天，使这座建筑虽淹没在城市单调、拥挤而灰冷的高楼中，仍不失一种傲气，仍显得那么另类。

若瑟堂的钟声能在重庆上空回旋，不得不说一位叫穆天池的外国传教士，正是他，以基督耶稣替世人受难般的勇气和毅力，将天主教带到了重庆。

清康熙四十一年（1702年），穆天池受意大利罗马教廷的派遣来到重庆传教，同年4月，穆天池在华光楼（今民族路老鸡街口）购买了一栋房屋，改造成重庆最早的天主教堂。当时，重庆只有教徒50人。

从地球的西半球来到这个东方古国，在当年交通和通讯都极不发达的情况下，可以想见，穆天池历经了怎样的艰辛。可是他来了，而且一来就深入到这个古老国家的腹地，开始用他信奉的宗教，与这个国家固有的文化碰撞、交融。

这种不同文化碰撞的力度，甚至比穆天池和其他传教士远渡重洋的艰险旅程更为强大而激烈。来中国之前，他们显然低估了这个文明古国既有文化的力量，几千年尊儒的传统，孔孟之道无处不在的巨大影响，犹如构筑了一道铜墙铁壁，让天国的阳光也无法渗透。

穆天池在中国撞得头破血流。

康熙四十六年（1707年），因清政府禁止天主教，穆天池被解送到澳门。然而，这位把传播教义作为终身事业的传教士并没有灰心。1711年他又偷偷潜回到了广州，并于第二年的3月27日从广州动身，再次潜往重庆。带着希望，怀着梦想，从春天出发，到达重庆时，已经是深秋，时间定格在1712年10月7日。这一次，穆天池终于以他的勇气和毅力，在构筑了几千年的铜墙铁壁上叩开了一道缝隙。天主教开始在重庆生根发芽。此后，西方各国传教士陆续登陆重庆。

如果说，穆天池最初将天主教带入中国、传到重庆，仅仅是为了一种意识形态的传播，或者仅仅是为了一个教派的扩张。从宗教的形态看，这还可以理解和容忍，从某种意义上说，也是封建社会孤立无助的老百姓所需要的一剂精神麻醉药。

但是，1840年鸦片战争以后，外来宗教沦落为侵略中国的工具，教会就

渝中区若瑟堂旧影

失去了其本身的意义。随着英法等列强强迫清政府签订了一系列不平等条约，中国沦为半殖民地半封建社会，来到中国的各国传教士日益增多，他们深入城市和乡村，进行传教活动。外籍传教士肆意恃强凌弱、强买强占土地，甚至侵占庙宇和民宅，教会与民众之间的矛盾日益突出。

法国传教士范若瑟就是这一时期来到重庆的。

中国满清王朝国政的式微，显然让包括范若瑟在内的外国传教士忘记了他们先辈们叩开铜墙铁壁的艰辛，忘记了作为传教士本身的职责，也让他们低估了这个古老国度民间蕴涵的巨大能量。

咸丰八年（1858年），范若瑟要求清政府归还自雍正王朝开始禁止天主教以来，没收的川东四所教堂旧址，"请准长安寺地，改建重庆教堂"。并持清朝文牒，拆除长安寺，修建真原堂，川东三十六属团体保甲办公暨省首事聚会之处，均从长安寺迁出。1863年3月，范若瑟又扩建真原堂，侵占附近民产民房，终于激怒了附近民众，民间的力量瞬时爆发，大家齐心协力，一举捣毁了真原堂及神父的住所。

这是第一次重庆教案。这次教案，似乎成了一个信号，民众对教会的为所欲为已经到了无法容忍的程度。这次教案，也是一个标志，民众与教会的冲突开始演变成武力的对抗。

从此以后，重庆境内先后发生了第二次重庆教案、江北教案、大足教案、酉阳教案、奉节三角坝教案，等等。

清光绪二年（1876年）四月九日，江北教案发生。范若瑟与当时重庆、江北官府的构怨越积越深，于是上京告状。他没有继承到他的前辈穆天池对宗教的那份虔诚和平和，却有着与穆天池一样执拗的生命。告状的结果是不了了之，范若瑟于1878年经由上海，灰溜溜地返回法国。

尽管教会与群众的冲突日益升级，但是，由于外国列强政治上的强势，外国教会以不可阻挡之势迅速在中国蔓延，在重庆城乡，教堂、育婴院、教会医院、孤老院、难童教养所等纷纷修建。

1893年，重庆若瑟堂在原来木质平房的基础上，被改建成砖木结构。1917年，由法国神父孟东主持，在教堂大门前增建50余米高钟楼，安置大自鸣钟及大小金钟各一口，逢星期日和重大宗教节日，三钟齐鸣，节奏悠扬洪亮，四周数里可闻。

中国人喜欢用一百年、一个世纪作为评判历史的标准。一百年往往是一个转折。鸦片战争之后一百年，即1940年，正是中国抗日战争如火如荼的时候。3月，华籍比利时神父雷鸣远将《益世报》迁到重庆复刊，除了报道教会消息外，还宣传抗日救国和民主政治。

1940年5月，若瑟堂被日本飞机炸毁，但坚固的钟楼依然挺立。从此以后，若瑟堂的钟楼上，安装了报警器，一旦日机飞临，即向市民发出警报。若瑟堂的上空，劝人悔过的钟声变成了救人性命的警笛。

尽管雷鸣远神父落脚重庆仅仅几个月，便于当年6月病逝于重庆中央医院（今西南医院前身）。但是，《益世报》却犹如重庆天主教的一面旗帜，这面旗帜将教会带向了抗日救国、救助难民、传播真理的道路上。

雷鸣远是比利时来华的传教士，辛亥革命以后，他在天津创办了师范学校和《益世报》等文化教育事业。1916年因抗议法国领事在天津扩展租界，触怒了法国人而被驱逐出天津教区。1920年被遣送回欧洲。1927年再度来华，同年加入中国籍，自称天津人。

如果说，穆天池忠诚的是教会，范若瑟忠诚的是国家，那么雷鸣远所忠诚的才是真正的信仰。这种信仰，从小里说，就是基督耶稣为救赎人类而甘愿受难的奉献精神；往大里说，就是对真理的追求。为了这种信仰，他不惜放弃原有国籍和自己的过去，义无反顾地踏上一个迫切需要真理的国度。

雷鸣远神父

雷鸣远甚至主张，改良中国社会，中国人自办教会。这对于当时由罗马教廷控制着的中国天主教来说，无异于大逆不道。然而，雷鸣远没有看到自己的主张实现，他长眠在这个他为之奉献的国家里一个叫歌乐山的地方。这里因为诞生了红岩精神而被中国人传诵。他的主张，通过《益世报》得以传承。

解放以后，重庆天主教坚持独立自主自办教会的方针，终于割断了与罗马教廷的政治关系。1952年，重庆教区22名外籍传教士全部离境回国。

"文化大革命"期间，所有教事活动停止。直至1979年12月24日，维修后的若瑟堂正式恢复宗教活动。若瑟堂的上空，再次响起了悠扬的钟声。若瑟堂的早上，再次回旋着朗朗的诵经声。

链接：
重庆较有特色的七座教堂

自西方天主教传入重庆，就开始在重庆城乡各地建设教堂。这些肃穆神秘的教堂经过了漫长时间的洗礼，静静地伫立在山城的一角，等着你驻足观望，或长久对视。

圣爱堂： 位于渝中区解放碑旁，是重庆目前最大的一座教堂，抗战时期重庆常有各教会联合举行的宗教节日活动和抗日活动，曾有冯玉祥、郭沫若、邹韬奋、陶行知、黄炎培等社会知名人士在该堂作过学术和抗日救亡演讲。

德肋撒堂： 位于江北嘴中央公园内。先后接待了港澳台地区天主教、法国、美国、日本、韩国、菲律宾等宗教界人士的来访,是天主教重庆教区在对外交往中较有影响的教堂之一。

福音堂: 位于江北嘴中央公园内,1898年由美国传教士马嘉礼(后为重庆宽仁医院院长)创建,总建筑面积1400多平方米,堂内面积700多平方米。目前每周还有查经聚会、中青年聚会、祷告聚会、诗班练唱等活动。

慈母山大修院: 位于南岸区鸡冠石镇下窑43号。建于1913年,传统的西式建筑、精美的浮雕、多道拱门构成的廊道都极具美感。这里作为天主教重庆教区神学院所在地,先后创办天主教大、中、小修院,培养学生350余人。

露德堂: 位于璧山区正兴镇金堂湖边,于清光绪十六年(1890年)由法国神父选址修建,是西南地区最大的天主教堂。露德堂历经百年风雨,至今基本完好无损。

河包真原堂: 坐落在荣昌区河包镇经堂村山顶。清光绪三十一年(1905年),法国人利用清政府"余栋臣教案"赔款修建。该建筑最大的特点是双塔矗立,相映成趣。

荣昌天主堂: 位于荣昌区城后西街,建成于1915年,是利用"余栋臣教案"赔款修建。主体为哥特式建筑风格,由圣堂主体楼、神父楼和教会学校三部分组成。电影《1942》曾在此取景。

黄山陪都遗址:中国抗战决策中心

抗战全面爆发后,国民政府移驻重庆。为避日机轰炸,蒋介石侍从室选中南岸黄山,以军事委员会名义向白礼洋行买办黄云阶征购其私家园林,作为战时指挥中心及蒋介石居所,后陆续在原有建筑基础上新建了防空洞和部分辅助用房,最终形成了如今的规模。

1938年12月8日,蒋介石率军事委员会统帅部到达重庆,当日即进入黄山官邸办公。八年抗战期间,作为第二次世界大战同盟国中国战区最高统帅、中华民国最高行政长官,蒋介石大多时候居住于此。黄山因此成为国民政府军政要员的决策中心,以及第二次大战远东战场指挥中心。

1939年8月8日,第二次世界大战发动者、纳粹德国元首希特勒派遣密使冯·戈宁来到重庆黄山官邸,要与蒋介石密谈,企图阻止中国加入同盟国参与第二次世界大战。蒋介石深

重庆黄山陪都遗址

知希特勒的阴谋，因而有意回避，安排宋美龄接待，并放下话来："凡我夫人的谈话，一概就是我的谈话。"

果然，此次戈宁来重庆的主要目的，就是代表希特勒前来斡旋中日之战，给双方讲和。其核心思想是，暂时拖住中国不参战，让其轴心国日本腾出军力来缓解德军在欧洲东西两条战线的压力。

宋美龄当然知晓希特勒的目的，问戈宁："你们取得了日本方面的同意吗？"戈宁回答："取得了。"宋美龄继续问："怎么个和法？"戈宁说恢复到"七七事变"之前的状况，中日亲善。

宋美龄当即严词拒绝："敝国领袖蒋中正，我本人，敝国的全国政府官员，全体将军、军官、士兵，以及全体国民万众一心，誓与日本侵略者血战到底！一定要把侵略者全部赶出中国国土！现在、将来，都绝不和侵略者——日本强盗讲和！"

这次谈判不欢而散。日本从此被中国抗日武装力量牵制在中国的敌后和正面战场上。中国的全面抗战，对缓解第二次世界大战其他战区的压力，起到了非常积极和重要的作用。

1941年12月8日，日军偷袭珍珠港，太平洋战争爆发，1942年1月，二战反法西斯同盟国宣布成立中国战区，由蒋介石担任最高统帅。根据蒋介石的请求，美国于1942年1月29日派任史迪威中将来华担任中国战区统帅部参谋长，同时，史迪威还兼有多重身份——中缅印战区美军总司令、美国援华物资监督、美国政府出席重庆军事会议代表、中国战区与南太平洋战区间联络员等。

3月9日晚上，蒋介石和宋美龄在黄山官邸举行宴会，宴请刚刚抵达重庆的史迪威将

黄山官邸云岫楼

军。第一次见面，虽然气氛还算友好，双方对未来的合作也充满信心，但史迪威却不喜欢蒋介石的严肃和无趣。

在史迪威、蒋介石开始合作的同时，双方在指挥权、隶属关系以及战略战术上开始出现分歧和矛盾，这种矛盾随着第一次缅甸战役的发生、失败更加突出和加深，以致出现蒋介石每提出一个观点，都遭到史迪威的反驳；史迪威也萌发出"要么任事态自由发展，不闻不问也不干涉，要么辞职不干，离开这里"的想法。蒋介石第一次有了撤换史迪威的念头。

1943年，依然是在黄山，在制订缅甸反攻计划时，蒋介石和史迪威之间再次发生冲突。随后双方在关于对中共进行军援的问题上矛盾更加尖锐，以至于直接闹僵。蒋介石于10月再次向罗斯福提出撤换史迪威，仍被拒绝。

1944年国民党正面战场出现豫湘桂大溃败，美国政府要求蒋介石赋予史

躲过日军轰炸后蒋介石宋美龄走出黄山官邸防空洞

迪威以指挥中国军队全权的时候，蒋、史矛盾得到总爆发，美国政府与蒋介石双方为此反复磋商、争论甚至摊牌，最终美国政府在蒋介石不撤换史迪威，中美两国即无法合作的要挟下，于1944年10月19日致电蒋介石，同意召回史迪威，另委派魏德迈将军为中国战区参谋长。史、蒋矛盾最终以蒋介石的胜利而宣告结束。1944年10月21日下午，史迪威离开重庆飞昆明，转道缅甸、印度回国。

抗战期间，国民政府的许多重大决定，都发生在黄山。可以这么说，黄山陪都遗址见证了重庆陪都的岁月以及中国抗战的历史。

蒋介石居住黄山期间，这里先后建造和改建了蒋介石官邸"云岫楼"，宋美龄别墅"松厅"，宋庆龄别墅"云峰楼"，孔祥熙别墅"孔园"（实际上为孔二小姐居所），张治中、蒋经国、马歇尔旧居"草亭"，美国驻中国军事代表团驻地"莲青楼"，抗战阵亡将士子弟"黄山小学"，空军司令周至柔旧居、侍从室用房等。此外还有望江亭、长亭、半月亭、六角亭等建筑，以及蒋介石与军政要员躲避空袭的防空洞、防空炮兵阵地和防空壕等。这些建筑或军事设施，沿山脊建在一马蹄形的地带上，掩映于丛林绿浪之中，静静地向后人述说着那段战火纷飞的岁月。

如今，黄山陪都遗址已被辟为重庆抗战遗址博物馆。

链接：

重庆的抗战遗址

重庆，抗日战争和世界反法西斯战争中具有重要地位和贡献的英雄城市。她的受难与荣耀，在那段关乎民族存亡的时光，在那个战火纷飞的岁月，与那个大时代一起，成为胜利的象征，铸就了中华民族历史中最辉煌的一页。让我们一起触摸那段岁月的记忆，回顾曾经峥嵘的岁月！

李子坝抗战遗址公园： 位于渝中区李子坝轻轨车站旁，背靠鹅岭，北面嘉陵江，全长1.8公里，面积12万平方米，是重庆首个抗战遗址公园。园内包含5组抗战历史文物建筑，分别是高公馆、李根固旧居、刘湘公馆、国民参议院旧址、交通银行学校旧址，集中展示了重庆抗战时期的政治、经济、文化、军事、外交、金融等各个方面的历史风貌。

重庆大轰炸惨案遗址： 位于渝中区较场口磁器街。1938年至1943年间日机空袭重庆203次，出动飞机437批，9166架次，炸、焚毁房屋17452栋、37182间，造成人员伤亡2.5万余人。其间的1941年6月5日晚，日机24架分三批偷袭重庆，在5个多小时的疲劳轰炸中，渝中区十八梯、石灰市和演武厅（现磁器街）三段防空隧道内，发生了震惊中外、惨不忍睹的避难民众窒息、践踏惨案，造成人员伤亡2500人左右。

国民政府军事委员会大礼堂： 位于渝中区解放西路66号，重庆日报社大院内。透过仅存的大礼堂，依稀可见往日的森严。

重庆大轰炸惨案遗址

1945年9月4日下午5时，毛泽东、蒋介石曾在此庆祝抗战胜利并进行会谈。

飞阁： 位于渝中区鹅岭公园内。前瞰嘉陵江，背倚佛图关，一览山城小。抗战期间蒋介石夫妇曾在此居住过。蒋氏夫妇离开后，当时的英国大使卡尔在此居住5年。

张自忠烈士陵园： 位于北碚区梅花山、渝武高速路北碚出口处。张自忠将军在抗战中英勇杀敌，"是抗战以来战死前线的第一位大将军"，年仅50岁壮烈殉国，举国哀悼。

林园： 位于歌乐山双河街。是抗日战争时期国民党政府主席林森的官邸，修建于1939年，1943年林森因车祸辞世，蒋介石迁此处住1号楼，宋美龄住2号楼，3号楼为蒋介石办公和开会用，林森原居编为4号楼。1945年8月28日，毛泽东同志从延安飞赴重庆参加国共谈判。蒋介石于当日晚邀毛泽东、周恩来、王若飞至林园，为其接风摆宴。毛泽东等当晚宿于林园2号楼。29日清晨，毛泽东在花园散步，于小礼堂前林荫处与蒋介石不期而遇，两人便就近在一张石桌边对坐交谈。

万县防空指挥部遗址： 抗战时期，重庆境内除了主城外，三峡地区也是日本侵略者轰炸的重点。当年的万县（今万州区）作为沿江大城市，也遭到日机多次轰炸。1937－1945年，万县防空指挥部成立了，负责指挥万县及第九区（三峡）各县的防空工作。

万州大瀑布：亚洲第一瀑

万州区甘宁坝，因为是三国时东吴大将甘宁的故居而得名。相传很久以前，这里土地肥沃、水草肥美，人们过着丰衣足食的安定生活。

在坝边山崖上的洞中，盘踞着一条小青龙，已经过300多年的修炼，和附近的村民相处和谐，深得村民们的敬仰。每逢天旱，人们便成群结队来到洞前求雨。青龙对村民们的请求总是有求必应，便从洞中吐出一股紫雾，冉冉上升

到天空，凝成一团团乌云。顷刻，雷声隆隆，大雨倾盆，甘宁坝旱情立即得到缓解，人畜兴旺、五谷丰登。

这种安详宁静的日子不知过了多少年，这一天，甘宁坝上空来了一条孽龙，见青龙洞前香火旺盛、祭品丰富，不禁心生嫉妒，暗下决心要将青龙赶走，夺下这块风水宝地。原来，这条孽龙是从东海偷偷逃出来的，一路躲避东海龙王派来的虾兵蟹将的追捕，惶惶如丧家之犬，因而急于寻找一处安身之所。

清朝甘宁画像

于是，孽龙开始施展法术大发淫威，在空中扭动身躯、口吐火焰。随着它身躯的扭动，一股股热浪袭来；随着火焰的喷射，天地干裂。没过多久，整个甘宁坝便庄稼枯黄、树木枯萎、人畜干渴，遭遇百年难遇的干旱。眼见原本山清水秀的甘宁坝就要变成一片荒芜之地，青龙及时发现了此事，急忙亲自飞身甘宁坝上空，呼风唤雨，瞬间电闪雷鸣、大雨倾盆，解除了甘宁坝的旱情。

如此这般反复几次较量，孽龙的阴谋都未能得逞。

孽龙见阴招没有效果，便直接来到青龙洞外，威胁青龙说：快快把洞府让出来，不然叫你葬身洞窟！面对孽龙的威胁，青龙好言相劝。两龙互不相让，终于厮杀起来，从相互施法布阵到贴身肉搏，只杀得天昏地暗、日月无光。这一场恶斗，引起了追逼孽龙的虾兵蟹将的注意，及时赶到将孽龙制服，押回东海龙宫去了。

此时，青龙也奄奄一息。望着被毁的庙宇和龙窟，青龙不忍离去，它决定长眠于此，好永生永世为甘宁坝百姓服务。于是它把躯壳留在山上，自己躺卧在甘宁湖中，头南尾北，两只龙角伸出水面，从口中喷出甘泉，汇成一条河流，这就是青龙河。青龙河水日益丰沛，腾下百米悬崖，形成一个壮观的瀑布，人们称之为青龙瀑布。

如今，青龙瀑布已改名为"万州大瀑布"。经过专家测算，万州大瀑布高64.5米，宽151米，比著名的黄果树瀑布尚宽19米，是名副其实的"亚洲第一瀑"。万州大瀑布不但雄伟壮阔，而且瀑布的走向呈弓形，成为名副其实的水帘洞。瀑布内部有一条小道可通行，沿着小道，从瀑布里面眺望外面的景色，另有一番滋味。瀑布之下有一约2000平方米的石洞，曰"青龙洞"，造型奇特，令人神往，是游人坐洞观瀑的绝佳去处。

万州大瀑布

如今，青龙已化为传说，融入地名，继续默默地守护着这一方民众。

链接：
重庆七处瀑布奇观

看过峰峦层叠的山脉，赏过风吹草低的草地，游过静谧凉爽的森林，重庆还有一种奇特的景观，那就是的雄浑壮阔、万马奔腾，引无数文人骚客争相吟叹的瀑布。重庆地区山势起伏，河流众多，造就了众多的瀑布景观：

梁平崖泉瀑布： 位于梁平区东山森林公园内，据《梁山县志》记载，"崖泉瀑布"下泻200余丈，宽二三十丈。水势汹涌澎湃，浪花似飞珠溅玉，激起云升雾腾，在山谷中发出巨大轰鸣，如雷霆震荡山川，四方回旋，若站在下游仰望瀑布"恰似银河下九天"，其壮观胜过庐山瀑布。南宋朝廷参政知事，著名诗人范成大称它为"天下瀑布第一"。

江津望乡台瀑布： 位于江津区四面山，是四面山的标志性景点，比著名的黄果树瀑布高出一倍以上，堪称"华夏第一高瀑"。瀑布绝妙之处不仅在于飞瀑高出九天外，水声如雷，震山撼谷，更在于晴朗之日，经阳光的折射，赤橙黄绿青蓝紫的彩虹融入飞瀑，在山谷间架起的一座令人神往的彩虹桥。

龙岩飞瀑又叫马尿水瀑布

南川龙岩飞瀑： 位于南川区金佛山龙岩景区石板沟景点之南，高约200米，宽约10米，系龙岩河源头，四时不竭，飞流直下，散若烟雨。若遇谷风倒卷，水雾翻飞，好似水流高过岩口，形成水往高处流的奇观。

涪陵青烟洞瀑布： 位于涪陵区青羊镇，因其天然峡谷地形地貌，再加上人工修建的水电站，形成了独特的天然和人工混合的梯级瀑布群。

巫溪白龙过江瀑布： 位于巫溪县大宁河庙峡河谷之中。瀑布从西岸峻茂的峭崖间从天而降，宛如一条矫健的白龙，撞石飞越宽近百米的大宁河，汹涌壮阔，七彩斑斓，蔚为壮观，形成"飞瀑峡中过，舟从瀑下行"的天下奇观。

武隆龙水峡地缝瀑布： 位于武隆仙女山景区，龙水峡地缝设有80米瀑布水帘，奇哉妙哉。地缝中老树藤萝盘绕，泉水流瀑挂壁险峻幽深，怪石峥嵘，明涧湍急。仰望壁立千仞，天光曦微，让人昏昏然不知身之何处。可以说，观龙水峡地缝，可知百万年地质变化。

北碚大磨滩瀑布： 位于北碚区歇马镇，磨滩河在这里遇到了断崖，于是形成了瀑布，宽62米，高38米，遇到丰水期，河水就哗啦啦地倾泻而下。瀑布两边是森林和农田，浪花飞溅，水雾茫茫，别有一番趣味。

长寿湖：西南最大的人工湖

长寿湖是国家"一五"期间重点工程狮子滩水电站拦河大坝建成以后形成的人工淡水湖，水域面积65.5平方公里（约10万亩），库容10亿立方米，是我国西南地区最大的人工湖。

长寿湖因位于长寿区境内而得名。那么，"长寿"因何而来呢？

相传，明朝初年，状元及第官拜当朝宰相戴渠亨，奉旨微服访贤，路过乐温县时突遇暴雨，躲进路边小店避雨，但见一位白发苍苍的老人正在店里购买酒、菜等东西。突然，一位壮年男人拿着雨伞走进店铺，对白发老人说："爷爷，我给你送雨伞来了。"

戴渠亨见了，觉得有些奇怪，便上前问白发老人："老大爷，你买这么多东西干啥呢？"

老人回答说："给我爷爷祝寿。"

戴渠亨听后，兴趣油然而生，赶忙问："令祖父高龄几何？"

白发老人笑答："祖父正满一百五十岁"。

戴渠亨越发惊奇，决定跟随这祖孙二人前去看看。

他们来到一个叫"何石井"的地方，但见一座庭院张灯结彩、鼓乐齐鸣、人来人往、十分热闹。一位白发银髯、精神矍铄的老翁，站在门前微笑相迎。一个儿童蹦蹦跳跳从老翁后面冲出来，拉着壮年男人的手问："爷爷，你到哪里去了？"戴渠亨急忙快步走到老翁面前下拜，问询老翁的长寿之道。老翁都一一作了回答。

宾主寒暄的过程中，主人已发现来人谈吐不凡，绝非普通士绅，于是取出文房四宝，请其题字留念。戴渠亨也不推辞，接过笔来，龙飞凤舞地写下"花眼偶文"四个大字。主人不解其意，向他请教，戴渠亨便以每个字为句首，写下四句诗："花甲两轮半，眼观七代孙；偶遇风雨阻，文星拜寿星。"下方落款是："天子门生、门生天子"。主人这才恍然大悟，原来来人是当朝宰相，又是皇帝的老师，不由得肃然起敬。

戴宰相通过查访，了解乐温县物产丰富、民风淳朴，百岁老人比比皆是。回到朝廷，向皇上奏明此事，皇上便降下圣旨，将乐温县改名为"长寿县"，即今重庆市长寿区。

长寿湖的天然"寿"字

重庆境内有龙溪河发源于梁平区，流经梁平、垫江、长寿三个地方，最后在长寿区城郊羊角堡附近汇入长江。龙溪河流经长寿区境内的狮子滩后，河床悬崖跌落，水流陡险滩多，形成多级瀑布，水能蕴藏量极为丰富。1954年春，国家决定建设狮子滩水电站，于是成立了电力工业部狮子滩水力发电工程局。8月1日，狮子滩水电工程开挖第一锄泥土，正式奠基开工。这一工程前后历时4年，共挖掘土石方189万立方米，浇筑混凝土36万余立方米，移民39000余人。1957年3月，狮子滩发电站工程全部建成投产，总装机容量4.8万千瓦。狮子滩水电站为中国"一五"期间苏联援助的156个重点建设项目之一，与北方的丰满水电站齐名，当时流传着"北有小丰满，南有狮子滩"的说法。

2005年，重庆卫视对长寿湖进行航拍时，从空中俯瞰发现，八个湖汊围合而成的众多半岛组成了一个巨大的繁写魏碑体"寿"字，笔锋刚劲有力，笔画简约明快，结构疏密相宜，气韵和意境完美统一。这个天然的"寿"字，犹如上天恩赐，将长寿区以及长寿湖的长寿文化，进一步烘托到了一个至高的境界。

链接：

重庆十大最美湖泊

重庆向来以"山城""江城"闻名，有大山大水，也有精美湖泊。重庆的湖泊就像是这座山城的精灵，把一种灵动的美景展示给世人，让人感觉到这座城市并不是刻板的繁华，而是具备了自然的灵性。

龙水湖： 位于大足区，离重庆市区100公里。因地处"小五金之乡"龙水镇，故名龙水湖。水域面积5000多亩，蓄水量1200多万立方米，相当于四个杭州西湖。湖内岛屿星罗棋布，108个自然岛各具特色，20多种珍禽嬉戏其间，其色彩恰似蓬莱仙境。

龙水湖

长寿湖： 位于长寿区，离重庆市区100公里，是我国西南地区最大的人工湖。湖上有203个大小岛屿星罗棋布，湖湾岛汊纵横交织，湖区范围内栖息着42种鸟类、28种水禽，1997年入选为重庆市新巴蜀十二景之一——长湖浪屿。

青龙湖： 位于璧山区北部的云雾山中，距重庆市区60公里，景区以青龙湖和两座宋代寨堡为中心，有12个主要景观和72个小景点，被园林专家誉为"川东小九寨沟"。

南天湖： 位于丰都县东南45公里，与武隆的仙女山相毗连，处在100平方公里的莽莽群山之中。由于受喀斯特地质的影响，湖水早已伴着古老的神话悄然隐退，留下了荒原上星罗棋布的海子以及海子周围草木摇曳出的怀旧与向往。

双桂湖： 位于梁平区金带镇，距西南佛教祖庭双桂堂 5 公里，因堂得名。总面积 7365 亩，其中水域面积 1800 亩。周围丘陵低山峰峦起伏，淙淙流水自山涧注入湖中，湖光潋滟，碧波荡漾。

高阳湖： 位于云阳新县城西北部的高阳镇。三峡工程蓄水后，135 米水位淹没部分平原，形成面积为 9.25 平方公里（1.39 万亩）的内陆湖泊，湖周尚存大量平原及缓坡地带和低矮山峦。

汉丰湖： 位于开州区，是三峡工程建设而形成的人工湖，开州移民新城坐落在湖畔，构成"城在湖中，湖在山中，意在心中"的美丽画境。蓄水量 8000 万立方米，岛屿 41 个。

大昌湖： 位于巫山县大昌镇，湿地面积为 1020.59 公顷（1.53 万亩），是三峡蓄水后，库区形成的面积较大的湖泊，风景独特，与大昌古镇相邻，公园美景和古镇文化交融。

卫星湖： 位于永川区双竹镇，距永川城区 10 公里。幅员 12 平方公里，全长 8 公里，水面 1500 亩，湖湾交错，有自然形成的多个半岛和全岛。

胜天湖： 位于北碚区金刀峡镇境内。800 亩水面曲弯秀美，四面环山峻逸，集碧水、青山、高瀑、怪石、孤岛、游鱼、幽境于一体。是巴蜀大地少有的高山人工湖泊，也是中国人定胜天的历史见证，湖由此而名。

金佛山：金佛何崔嵬，飘渺云霞间

金佛山春天花海一片，夏天清凉世界，秋天红叶画染，冬天玉树环枝，四季景观独具特色。古时的金佛山，树木参天，狼虫出没，人迹稀少。直到最近两三百年间，才逐渐有人烟光顾。这座神秘山峦，又名金山，古称九递山。其中"递"字有升降变化之意，即山有九层、九折、九峰，重峦叠嶂之意。"九递山"这个名字是怎么来的呢？人们将这一说法归于神话传说。

据当地的老百姓流传，"九递山"的来历与李冰父子有关。李冰父子修建都江堰，触怒了镇江的水龙。于是，水龙联合八条神龙，与李冰父子对抗。九龙兴风作浪，但最终还是被打败了。在都江堰竣工的那天，李冰的儿子二郎神将九龙用锁链锁于大山之上，令其不得随意行动。

但是，有一天，洪水暴

金佛山

发，李冰父子出去巡视水情。水龙借洪水之力挣断锁链，并救出其他八条神龙，试图东山再起。九龙奔向三峡，想堵塞夔门，截住长江水，令蜀中变为沧海，淹没二郎庙。李冰的儿子二郎神发现九龙逃脱后，立即沿途追来。此时二更已过，九龙已到南川地界。如果九龙天亮前到达三峡，夔门被堵，将水漫全四川。在这紧要关头，二郎神设计擒住了九龙。二郎神正要斩杀九龙时，突然观音菩萨现身。观音告诉二郎神，九龙与佛门有缘，有朝一日，功德圆满佛祖自会前来接引。经观音点化，九龙就地生根，自成一峰。九龙的躯体变成九个梯次巨大的山形，被当地老百姓称为"九递山"。九龙苦苦修行，感悟佛法。也因九龙功德，此地常年风调雨顺，百姓安居乐业。

直到一千多年后的一天，一位云游的诗人在天生桥上蓦然回首，只见大山顶部一直被云雾遮掩的高处，竟是一幅阿弥陀佛与观音菩萨示显净土的巨幅画面，于是随口吟出："朝看金佛山，暮看金佛山，金佛何崔嵬，飘渺云霞间。"传说在那个时候，九龙已修成正果，被弥陀接引而去。因金佛现身，老百姓渐渐将九递山称为"金佛山"了。

关于金佛山这三个字的来历，除了神话传说，未见于任何史料记载。金佛山名字的由来依然还是个谜。

当地又有一种通俗的说法，称金佛山全年有250天起雾，115天有阳光，不知道哪一个夏秋的傍晚，落日余晖把绝壁山崖映染得金碧辉煌，金光灿灿。此时，有人从远处观望，就像一尊巍峨耸立的金身大佛，于是金佛山由此得名。

链接：

重庆十大名山

重庆是有名的"山城"，山在城中，城在山上。重庆的山，每一座都各有特色、各有风景。这里精选重庆十座最有名、风景最好、历史文化厚重的山，让读者对重庆的山有一个粗略了解。

南山：位于长江南岸，汪山、黄山、袁山、蒋山、岱山、老君山、文峰山等数十座山峰临江拔地而起，与涂山寺、老君洞、大佛寺等古建筑相映生辉，点缀得山城重庆分外妖娆。总面积约2500公顷（25平方公里），平均海拔400余米，最高峰春天岭海拔681.5米，从渝中区隔江遥看，峰峦叠嶂，沿江列峙，林木联袂，郁郁苍苍，恰似一道护卫山城的绿色屏障。

歌乐山：位于沙坪坝区，因"大禹会诸侯于涂山，召众宾歌乐于此"而得名，有"歌乐灵音""云顶烟云""狮峰幽岩"等几十处秀美清幽的自然景

重庆南山金鹰

观，历来为巴渝游览胜地。历代文人骚客，达官名士都爱到此探幽览胜。抗战时期，郭沫若、冰心、老舍、臧克家等曾在山上留下众多名文佳句；蒋介石、林森、冯玉祥等也在山上设有官邸，并留下大量题刻。

缙云山： 雄峙北碚区嘉陵江温塘峡畔，古名巴山，素有"小峨眉"之称。山间云雾缭绕，似雾非雾，似烟非烟，磅礴郁积，气象万千。早晚霞云，姹紫嫣红，五彩缤纷。据地方志记载，4700年前，华夏始祖轩辕黄帝在此山修道炼丹，因为丹成之时天空出现非红非紫的祥云，轩辕黄帝遂命名为缙云，缙云山因此而得名。为重庆主城北边屏障。

铁山坪（玉峰山）： 被誉为"绿色宝珠"的铁山森林公园，系重庆四大天然公园之一，岭长25公里，主峰海拔584米，系华蓥山脉东部山系，是主城区东部的一道绿色屏障，距市中心20公里。后山即为玉峰山。

巴岳山： 位于大足区、铜梁区、永川区交界处，因峰顶巨石形似香炉，又名炉峰山。宋代，因其峰峦奇秀，林青竹茂，又地处巴川县（今铜梁区）近郊，遂改名巴岳山。巴岳山由耸立山巅三十五峰组成，主峰香炉峰海拔780米。主要景观有茶园、古树名木、巴岳寺、玄天宫、三丰洞、慧光寺、天灯石、棋盘石、飞来石、黄桷门等。

古剑山： 位于綦江区西北部，距綦江城区10公里。由贵州境内大娄山蜿蜒而来，森林总面积10万余亩，海拔750—1300多米，气候宜人，负氧离子含量居全市之首，全年平均气温18.5℃。其中以丹霞地貌、奇峰怪石、万顷林海以及古刹梵语而闻名于世。

圣灯山： 位于巴南区，距重庆市区70公里。亦名"圣登山"，相传明代建文帝避难至巴时，曾在此结庐而居。山上森林茂盛、繁密，尤多奇树珍禽，富有天然奇趣。因其奇特、幽美、古老、惊险的自然景观而闻名遐迩。

四面山： 位于江津区，距重庆主城区130公里，面积213平方公里，地处云贵高原大娄山北翼余脉，系地质学上的倒置山，拥有世界自然遗产"丹霞地貌"特征，极具世界级品质的景观观赏价值。四面山"奇山""异水""红石""厚文"四大景观资源特色明显，主要有望乡台、土地岩、龙潭湖、洪海、珍珠湖、爱情天梯等核心景区，有128个景点，其中"望乡台瀑布"被称为华夏第一高瀑，"爱情天梯"被评为中国当代十大经典爱情故事。

金佛山： 位于南川区境内，大娄山脉北部，面积1300平方公里，最高峰海拔2238米，有"天然植物陈列馆"之称，被誉为"东方的阿尔卑斯山"。其中变幻莫测的气象景观和名刹古寺遗迹而与峨眉山、青城山、缙云山荣列巴蜀四大名山。

仙女山： 位于武隆区乌江东岸，方圆400多平方公里，森林面积30多万亩，草场面积10多万亩。地属武陵山脉的一部分，有各种植物千余种，珍稀保护动物百余种，尤以草原风光最具特色，有"南国第一牧场"之美誉。

芙蓉洞：地下艺术宫殿

传说，芙蓉洞是一个仙洞，是龙王三太子在此建造的庞大地下宫殿。三太子之所以将地下宫殿建在芙蓉江畔，是因为这里仙气拂散，青山绿水，篁竹依依，江边芙蓉，花开浪漫，香风袭人，可以接天地之灵气，享日月之精华。宫殿修好以后，三太子的女儿非常喜欢这里的环境和景致，便搬到洞中居住，乡亲们尊称她为"小龙女"。

芙蓉洞大门

小龙女与当地群众关系十分友好，她广施恩泽，救助穷人。特别是遇到灾荒年生，小龙女会主动借稻谷给村民，以助他们平安度过灾年。但为了不养懒人，小龙女也定了一项规矩，借出的稻谷，第二年丰收之后必须偿还。在小龙女的庇护之下，当地村民安居乐业，过着自给自足的幸福生活。

村里一位无赖，见村民借稻谷屡屡成功，便动起了歪脑筋："小龙女的稻谷取之不尽用之不竭，何苦要村民们归还呢？"于是，也不管是不是遇到了灾年，他总是编造理由向小龙女借稻谷。有吃有喝，农事自然荒废了下来，到了归还之期，却无谷可还。开始时，无赖在借来的稻谷中掺入少量糠壳进行归还，后来，又变成在糠壳中掺入少量稻谷进行归还，到最后，索性直接归还糠壳。

小龙女生性单纯，见自己的好意被如此践踏，便对人性失去了信心，从此封闭洞口潜心修行，不再理会尘间俗事。小龙女将自己封闭在地下宫殿，发挥她少女的想象力，一心一意将宫殿打造得奇幻炫丽，并以此为乐，怡然自得。有时候她也会从洞口尚留的缝隙飘出来透透气。于是，人们会看到山腰上有祥雾飘飘，偶尔会出现仙女幻象。

就这样不知过了多少年，到20世纪60年代，江口段军用电缆一位管护工作者对传说中小龙女居住的洞穴非常向往，独自偷偷地从缝隙钻了进去，眼前的景象让他非常震惊，同时他也被溶洞里的奇幻美景深深折服。出来以后，他只字未提曾探索过这个溶洞，将秘密保守了整整30年。临终前，这位管护员终于向政府报告了洞里的情况。

1993年，6个农民喝酒壮胆后，打着电筒火把，再次进洞寻宝。他们从洞口下到洞内的小沙坝，艰难往前爬行600米，眼前豁然开朗。深入洞厅，他们看见里面全是奇形怪状的钟乳石，或倒立或悬挂或横卧，像宝塔又像人形，处处冰清玉洁……地下宫殿终于揭开了神秘的面纱。由于溶洞地处芙蓉江畔，所以当地人将其命名为"芙蓉洞"。

科学家论证，芙蓉洞是一个大型石灰岩洞穴，形成于100多万年前。芙蓉洞主洞长2700米，总面积3.7万平方米，其中"辉煌大厅"面积1.1万平方米，最为壮观。洞内钟乳石类型几乎包括世界各类洞穴近30余个种类的沉积特征，其中"生命之源""珊瑚瑶池""巨幕飞瀑""石花之王""犬牙晶花池"等并称为芙蓉洞"五绝"。

链接：

重庆十大最奇溶洞

重庆山清、水秀、坡陡、峡深，事实上，在这些表面特征覆盖之下，重庆的山川里还蕴藏着大量神奇的地下溶洞，这些溶洞，与天坑、地缝、竖井等结合，构成了重庆独特的地质风貌。目前，全市已开发相对成熟或独具特色的溶洞景区有43个，而更多的溶洞却躲在深闺，等待我们去发现、发掘。

雪玉洞： 在丰都鬼城的长江对岸，位于龙河峡谷险峻陡峭的岩壁之上。因为洞穴沉积，环境封闭很好，洞顶厚度很大，洞内景观百分之八十都"洁白如雪、质纯似玉"，晶莹剔透的钟乳石给人以弹指即穿的感觉，因此而得名。是目前国内已开发的洞穴中最年轻的溶洞，观赏价值和科考价值极高。2003年8月18日，雪玉洞正式成为我国第一个洞穴科普基地和第一个溶洞观测站。

仙女洞： 位于开州区温泉镇河东山腰。洞内宏阔深邃，迷疑奇巧，冬暖夏凉而著称，既有广阔的洞室，又有幽深的密径，钟乳石和石笋百态生媚，令人遐想无限。唐末杜光庭有《录异记》，称仙女洞在"唐麟德年间（664－665年）雷雨震霹，山脚摧裂，洞门自开"，故仙女洞古名"雷洞"。

芙蓉洞： 位于武隆区江口镇芙蓉江畔。发现于1993年5月。拥有庞大的洞体，丰富的洞穴沉积物，不但征服了各国洞穴专家，更受到众多前来观光的游客的青睐。经中国与澳大利亚有关溶洞科研机构两次实地勘测，评价为"世界奇观，一级洞穴景点""一座地下艺术宫殿和洞穴科学博物馆"。

夏冰洞： 位于大宁河上游，巫溪县城西80公里的红池坝高山草场原始森林内，洞口海拔2200米。每当夏季，洞外绿树成荫，各色杜鹃怒放，而洞内却是一个冰冻的世界，故称夏冰洞。洞中最令人叫绝之处，要算洞内四壁的冰瀑，一排排、一道道，似银河决堤，气势恢宏；似急流汹涌，飞涛走澜；似飞冰流瀑，奔流而下。

姜家溶洞群： 位于巴南区姜家镇境内，距重庆市区70公里。溶洞成群，被誉为"地下艺术长廊"。已开放的有雾露洞和龙池洞。雾露洞长

夏冰洞

800余米，长20米、宽5米的亚洲第一大穴盾，微缩长城似的千丘田，横长5厘米的卷曲石以及洞口常年缠绕的雾霭，被称为雾露洞四绝。龙池洞外有瀑布三叠，泉水冬暖夏凉，可供人们四季沐浴。山梁上雄踞7座明、清古寨，寨内绿荫如盖，寨外悬崖绝壁。

张关水溶洞：位于渝北区张关镇境内。目前已开发全长6公里，是亚洲第一地下长河，洞中地下河终年不绝，游览以地下河荡舟为主。洞内层层叠叠分为四层，现已开发的这段溶洞是其中最为壮观的一层，可谓集幽、奇、险、秀于一身。

伏羲洞：位于酉阳县桃花源景区金银山脚"秀才看榜"景点绝壁下。全长约3000米，洞宽10－50米，高度20－80米，因洞穴入口处顶部的一块天然巨石酷似易经中的平面图形"伏羲龙图"而得名。与武隆芙蓉洞、丰都雪玉洞相比，伏羲洞则体量更大、更宏伟，形态更细腻。

灵巫洞：位于大宁河风景名胜区上段，距巫溪县城北12公里。天生五组溶洞群，景观各异，错落有致，相得益彰。洞内金碧辉煌，流光溢彩，钟乳上悬下立，千奇百怪，栩栩如生，钟乳天桥、定海神针、九龙壁为"中国溶洞三绝"，被专家和游客誉为"库区第一洞"。

蟠龙洞：位于梁平区蟠龙镇境内。有二洞：干洞、水洞（也称为天洞、地洞），洞内有二石，龙状首尾相蟠，故名蟠龙洞。洞内游程528米，分三层，上层天堂通天洞，下层龙泉地下河，中层九龙长廊，层层相连，曲折迷人。

碑槽山溶洞群：位于江津区油溪镇六合村境内。是西南地区最大的溶洞群落，迄今已有1亿年左右的形成历史。自1992年开发以来，已形成由简家洞、观音洞、龙宫洞、打铁洞、吊洞、冷洞、爬岩洞、乳花洞、燕子洞、石帘洞等10余个天然溶洞组成的景观；阴河中水流清澈，常年不绝，有数千米阴河可涉险。

黄安坝：天上牧场在人间

传说在很久以前，大巴山上有一棵神奇的马桑树，经历几万年的生长，越长越高，到后来竟然直插云霄，直抵天宫。

一天，齐天大圣孙悟空发现了这个秘密，顺着大桑树爬上了天宫。在天宫，他偷吃了仙桃，偷喝仙酒，然后趁着酒劲调戏仙女，在逃跑的时候，顺手掀翻了天河水。天河的水一下子倾倒到人间，造成人间洪水泛滥，浊浪滔滔、生灵涂炭。玉皇大帝眼见人间遭此大难，再不拯救就会人畜灭绝，赶紧派他的贴身护卫黄安下界治水。

城口黄安坝草场

黄安来到大巴山地区，放眼所见，全是一片茫茫的洪水，只有一棵巨大的马桑树连接在天地之间。黄安知道是这棵马桑树惹的祸，一脚便将马桑树踹翻。从此以后，人间就断了通向天宫的通道，只有神仙才能腾云驾雾来到人间。黄安观察了一下眼前的水势，抡起开山大斧，照着脚下的大巴山劈下，大巴山顺势裂开一道峡谷。他劈开一山又一山，一共劈开了九座大山，造成了九道峡口，洪水顺流而下，慢慢消退，大灾终于被解除。现在人们看到从黄安坝流下来的河水和沿河的九道峡口，就是黄安用斧头劈开的遗迹。

见洪水已经退去，黄安不敢停留，赶紧回到天庭复命。玉皇大帝大喜，为黄安庆功摆宴，并召来金童玉女和天鹅、凤凰，为他歌舞弹琴、慰劳辛苦。为表彰黄安治水救民的功劳，玉皇大帝封他为"泽灵侯"，下界执掌九州生灵善恶大事，并将水患之后的山川平地赏给黄安作为封地，同时安排杨四将军作为随身护卫一同前往。后来，当地老百姓为了感谢黄安治水的功劳，纪念他为大巴山人民作出的贡献，将这片封地称作"黄安坝"。

黄安来到黄安坝，为了防止马桑树长至天宫，施展法术，让马桑树长到一定高度之后就变得弯弯曲曲，变成所谓"三尺弯腰"，再也长不高了。所以，现在就没有那种直冲云霄的马桑树了。而被黄安踹断的那棵马桑树，则被当地村民建房子时用作穿架的大柱。至今，在黄安乡金燕村五社，用这棵马桑树作穿架大柱的古屋，仍矗立在群山之中。

从那以后，泽灵侯黄安和金童玉女、天鹅、凤凰就在黄安坝的出口处住了下来。人们现在沿草场公路就可以清楚地看到那满身荆钗岩身、头戴大帽、胸前长须飘洒、身穿锦袍、腰横玉带的石圣人和旁边的石将军柱。这石圣人就是黄安的化身，他矗立在黄安坝大河西岸，被四周的秀峰环绕；石将军柱就是杨四将军的化身，他忠实地护卫着石圣人，并以猴子岩、龙头寨、宝剑岩为伴。人们目睹此景无不为之心醉神迷。传说，沾了这里的灵气，就有好运降临，后来就有不少的善男信女来这里搭红布，烧香敬拜。

黄安坝草场东西长50余公里，南北宽10多公里，分布于大巴山主峰上，草原面积近200万亩，是我国南方最大面积的天然草场。这里群山高耸、峰聚壑连、气象壮观、美不胜收。由于海拔在2000－2600米之间，夏季平均气温21℃，所以又被称为"天上牧场"。

链接：
重庆十大勾魂草场

重庆的植被覆盖以森林为主，但也有面积广大的草原，总面积超过3000万亩。重庆的草原大多数分布于丘陵山地，重庆人则更喜欢称之为"草场"，具有单块面积不大、相对分散等特点，并常与森林伴生，形成林草相融的别致景观。

仙女山草场： 位于武隆区乌江北岸仙女山国家森林公园内，冬天可以在皑皑白雪上滑雪，夏天可以在碧绿的大草原上滑草。仙女山国家森林公园总面积8910公顷

武隆仙女山草场

（13.37万亩），平均海拔1900米，最高峰2033米，以其江南独具魅力的高山草原、南国罕见的林海雪原、青幽秀美的丛林碧野景观而誉为"东方瑞士"。

武陵山草场： 位于涪陵区大木乡境武陵山国家森林公园内。蓝天白云下，广阔的草场，奔驰的骏马，虚无缥缈的长雾云海，油彩画般的杉林晚霞，让你心旷神怡。尤其是在炎炎夏日，林下吊床小憩，凉风送爽，是避暑休闲的天堂。

千野草场： 位于石柱县方斗山山脉岩口至瓦屋沿线，平均海拔1300米，地势宽广平坦，区域面积6600公顷（9.9万亩）。相比于别的草场，它最大的特色是整座山都散落着花岗岩，像春天发芽的竹笋，与周围的石芽、火棘、森林相映成趣。

红池坝草场： 位于巫溪县西北边缘，是战国历史名人楚相春申君黄歇故居所在地。面积近2万公顷（30万亩），海拔1800—2500米，由多个岩溶槽谷平坝组成。槽谷底部地形辽阔平坦，夏季绿草如茵，繁花似锦，冬季银装素裹，一派北国风光。

黄安坝草场： 坐落在大巴山南麓，距城口县城70公里。东西长50余公里，南北宽10多公里，草原面积近200万亩，宽阔的草原上，山峦起伏像一座座蒙古包。

巫溪红池坝草场

菖蒲大草原： 位于阿蓬江神龟峡左岸的酉阳县菖蒲盖山脉，面积达100平方公里（15万亩），核心区面积约10万亩，被誉为"江南的鄂尔多斯""重庆的川西大草原"。既有南方山水的特色，又有北方草原的气势放眼望去，真有风吹草低见牛羊的感觉。

五卷 雾罩山水

雪宝山草场： 位于开州区北部雪宝山国家森林公园内。在峰峦叠嶂的山麓间，在悬崖峭壁的山顶上，15万亩保存最原始、最完美的亚高山草甸南国第一，你可以在看蓝天白云、享草原风光的同时，骑马穿过原野，在空旷的天地间任意驰骋。

葱坪草场： 位于巫山县当阳乡高坪村边缘，与湖北省神农架林区相连。平均海拔2100米，占地10平方公里（1.5万亩），夏季平均气温为21—24℃，是人迹罕至的原生亚高山湿润草甸。这里是重庆最后的高山湿地，被驴友赞为"未经开垦的处女地"，有很多药材、各类杜鹃花，还有金丝猴、金钱豹等国家一级保护动物8种。

大官山草场： 位于巫溪县东北部，东靠神农架原始森林，属阴条岭自然保护区的实验区。大官山内10万亩原始森林和8万亩辽阔高山草场，人迹罕至，动植物资源种类繁富，山地垂直生态景观独特，参天古木随处可见，草场辽阔苍茫。山间的云雾变幻莫测，十分秀丽。

九重山草场： 位于城口县庙坝镇九重山森林公园内。有九重山、卧龙草场、青草塘三大景区。九重山峰聚壑连，众多高峡窄谷幽深神秘，雄奇险秀，撼人心魄；卧龙草场，广阔无边，绿草成茵，野趣盎然；48个青草塘蜿蜒起伏，长达25公里，草塘四周，绿树成荫。

陈万宝庄园：西部民居瑰宝

在距离涪陵城区42公里的青羊镇，平坦开阔，溪流纵横，青山掩映中有一座百年老庄园群——陈万宝庄园。它是晚清涪州（今重庆涪陵区）大地主，诰赠朝议大夫陈万宝及其子孙所建庄园群落，共有14座庄园（目前仅存7座），累计建筑面积达10万平方米以上，民间素有"川东陈万宝，川西刘文彩"的说法。

陈万宝并不是土生土长的涪陵人，他的祖籍在江西临江。其祖辈在明末清初交会年代迁至贵州省安化县，随后其五世祖陈我仁由贵州安化迁入重庆，定居在涪陵区青羊镇安镇坝。陈万宝就是陈我仁入渝后的第五世孙。

陈氏家族至陈万宝之时，其父辈仅仅积有少量田地，陈万宝凭借祖业田土，以种田和贩卖米粮起家，家境逐渐兴旺起来。清道光元年（1821年），鸦片由英属印度辗转输入重庆，1843－1859年，涪陵公开买卖鸦片，常年走南闯北贩运米粮的陈万宝瞅准鸦片这门赚钱的大生意，将上万亩良田用以种植罂粟，并将多年做大米生意积累的经验用以经营鸦片，实行了种植、加工、运输、销售一条龙，从而走上了快速大量聚集财富的道路，很快就成了涪陵巨富。到他晚年时，拥有的土地横跨涪陵、南川两县，共有4万余亩，每年收租10707担，每担350斤，即3747450斤，约合2000吨。2000吨粮食是什么概念？足够现在四五千人吃上一年时间。

清同治、光绪年间，陈万宝为自己及子孙修建庄园达14处之多，累计建筑面积在10万平方米以上。在这些庄园中，建筑水平最高、保存最完好的，当数陈万宝给二儿子陈荣达修建的居所——石龙井庄园。

石龙井庄园始建于清同治元年（1862年），占地面积7026平方米，有房屋120余间，为穿斗木结构，两重堂四合院带附院一楼一底建筑，300余名工匠历时12年半、耗银上万两才建成。柏木青瓦，雕龙画凤，梁柱纵横，枋挑串连，其建筑结构、建筑风格、建筑设计、建筑艺术堪称民居精品，民国初年曾获得"能工巧匠"银樽奖。

庄园坐北朝南，呈四合院布局，四周围墙为通高3米的石墙加2米高青砖砌成。虽然石龙井庄园看起来气派奢华，但与其他13座庄园一样，并没有豪华气派的大门，而且没有正门，仅仅只有一个不到两人宽的侧门，供家里所有人进出。

陈万宝庄园之一：石龙井庄园大天井、戏台

从这个侧门往里望去，是一条贯穿了整座宅子廊道。顺着通廊进入宅院，里面布置得相当精致和考究。遍布整座大宅的数百处木雕石雕无一重复，就连窗槛的雕花都绝无雷同。行至廊道中央，原本应该开建大门的大宅正前方中轴线处，却是一座高高的戏台。戏台上布满了各式精美的木雕，静静地叙述着陈家由赣迁黔入渝，发家致富的故事。戏楼下正对的五级石阶，是通往东西厢房和正厅的主踏道。主踏道两边石栏杆上雕着大象、麒麟和猴子，"象"与"祥"谐音，石雕大象象征吉祥如意；麒麟有镇宅辟邪的意义；"猴"与"侯"谐音，石雕猴子象征马上封侯，都是一些美好的祈愿。

石龙井庄园已发现的"四大谜团"至今仍未破解。

其一，为何没有正门仅建朝东开的小侧门？陈万宝及其子孙的十四处庄园都有一个与众不同的特点，没有正门，仅仅修建了两人宽的小侧门，并且全部都朝东开。民间有人猜测，陈万宝官至四品，功名并非通过科举考试取得，而是捐钱得来的，所以开侧门印证"旁门左道"之说。这一说法显然不可信，若真是旁门左道所得，隐瞒都来不及，何必非要昭示于众？还有人从风水学的角度解释，门朝东开有引紫气东来之意。这种说法也疑点重重，为何不将门开得更大以接收更多紫气？

其二，修建庄园的上万方石料从何而来？石龙井庄园里的石护栏和石花凳，都是巨大的整块石头雕凿而成，7—8米长的石头用了上万立方。但是，庄园周围没有能找到类似石料的开采场地，如果石料不是本地产，那么这些石料究竟是通过什么方法被运送到这个并不靠水的地方的呢？

其三，整石之上开凿的水井为何水位百年不降？庄园正厅房后十余米高的堡坎下，有两口长方形水井，均是在整体沙石上开凿而成，井水清澈甘甜，不因旱季而枯竭、不因雨季而溢出。任凭取用，水位不降低半分。两口水井是庄园的生活用水来源，但为何取之不尽用之不竭？

其四，庄园的水是如何排走的？整个庄园建筑占地 7000 余平方米，但遍寻屋角瓦面，却找不到排水用漏斗，庄园外围连雨水排出口也不见踪影。不见下水道口并不意味着庄园没有兴建排水管道，百余年来，不论下雨多大，庄园内从不积水，足见其排水系统之科学。所有雨水从何而去？流向何处？

链接：
那些曾经辉煌的豪门大院

在重庆的青山绿水之间，隐藏着一些古代"土豪"居住的豪门大院。每一座古庄园里都有着形形色色的传奇故事，演绎着豪门家族的悲欢离合，也被赋予了很多历史的承载。

会龙庄：坐落于江津区柏林镇双凤场，确切来说应该是藏匿于四面山的原始森林里，占地总面积 20468 平方米（30.7 亩），有 16 个院落、18 口天井、202 间房、308 道门、899 个窗户，井然有序，气势恢宏，堪称西南第一庄。庄内世袭居住王姓族人。关于会龙庄的身世，存在着多个版本：一是建文帝宫殿之说，二是贪官和珅的官邸，三是明代官宦避难说，四是清朝高官失职说即吴三桂修建的避难之地。但有个问题却让人无法回避，也无法不把它和皇家联想在一起，那就是庄园内处处透露出的皇家元素和雄浑龙气。

石龙门庄园：位于江津区塘河镇，始建于清雍正年间，总占地面积 2 公顷（30 亩），建筑面积 13200 多平方米，建有房屋 520 多间，建筑群的格局和道家的"八阵图"相似。石龙门庄园是陈氏家族的宅院。据族谱记载，雍正继位之前，皇位争夺惨烈，陈家担心站队失误引来杀身之祸，于是带着幼子在全国找寻隐秘藏身之地，最终选定这里。还有一个版本是称清朝民间组织红花会总舵主陈家洛曾隐居于此，并建成神秘的八卦阵图。

朱家大院：位于巴南区南彭街道石岗社区原石岗农场内，始建于清同治五年（1866 年），复式四合院结构，坐北向南，在中轴线上布局上、中、下三厅及左右 2 个四合院，建筑面积 3009.6 平方米，占地面积 4044.84 平方米（6.07 亩）。上厅右角往后为生活、生产的碾房、磨房、厨房；前厅左右有小姐楼，除上、中、下三正厅无厢房外，其余四合院均有厢房。

四知堂：坐落在潼南区双江镇金龙村"长滩子"，俗称"长滩子大院"。为杨闇公、杨尚昆的曾祖父杨世绥发迹后建造的老宅，始建于清同治元年（1862

年），为木结构悬山顶的四合院，占地8246平方米（12.37亩），杨尚昆就出生在这里。厅门上挂着一块"四知堂"的金字横匾。

彭氏大院： 位于巴南区南温泉镇，始建于清道光二年（1822年）。四面由5—7米高的围墙环抱，构成履合四廊式四合庭院。1938年，国民政府迁都重庆，这里成为国民党中央政治大学研究部。

雅舍：梁实秋的精神与物质家园

梁实秋是中国著名的散文家、学者、文学批评家、翻译家，一生给中国文坛留下了两千多万字的著作，其散文集创造了中国现代散文著作出版的最高纪录。梁实秋的著作，多冠名"雅舍"二字，如《雅舍小品》《雅舍杂文》《雅舍谈吃》等。可见，他对"雅舍"的喜爱，"雅舍"于他，既是遮风挡雨的物质家园，也是自成一统的精神家园。

所谓"雅舍"，乃梁实秋抗战时定居重庆期间的居所，位于北碚区西南大学旁边的山坡上，是先生与好友吴景超共同购得的一栋平房，共有6间房，梁实秋居住其中的一室一厅。这里离梁实秋当时服务的国立编译馆很近，为方便邮差递信，便以吴景超之妻龚业雅的名字，命名为"雅舍"。当然，也有取吉雅之兆、美好之意。

梁实秋是1938年7月辗转来到重庆的，12月出任《中央日报》副刊主编。一

梁实秋与北碚雅舍

次，他借《编者的话》批评"抗战八股"，文中写道："所谓'文坛'，我根本不知其坐落何处，至于'文坛'上谁是盟主，谁是大将，我更是茫然。"这段话，引起了一场轩然大波，使身为中华全国抗敌文协主席的老舍大为不满，遂写了《给〈中央日报〉的公开信》，指名批评梁实秋"态度轻佻，出语摆薄，为抗战以来文艺刊物上所仅见"。当时，梁实秋初到重庆，与老舍并不相识，通过这次"交锋"，彼此都留下了深刻的印象。

1939年，梁实秋从市区迁到北碚"雅舍"居住，听闻老舍也居住在北碚，便在朋友的介绍下登门拜访。两大文人见面，大有惺惺相惜之感，当即捐弃前嫌，成了一生好友。老舍曾给梁实秋写信："实秋兄：北碚别后，想已康复健饭；天署，千万珍重！在碚，友众酒香，返乡顿觉寂苦——此间惟鼠跳蛙鸣，略有声色耳！工作之余，以旧体诗遣闷，已获数律。笔墨游戏，不计工拙，录呈乞正，或足当'清补'剂也。祝吉！弟舍启"。两人情谊可见一斑。

一次，北碚各机关团体，发起募捐劳军晚会，需大家自排自演节目。老舍与梁实秋商量，决定同台说一段相声。可梁实秋从来没上台表演过相声，在排练过程中，便向熟悉民间曲艺的老舍请教。老舍相声造诣颇深，直接给梁实秋讲解相声要领："说相声第一要沉得住气，放出一副冷面孔，永远不许笑，而且要控制住观众的注意力，用干净利落的口齿，在说到紧要处，使出全副气力，斩钉截铁一般迸出一句俏皮话，则全场必定爆出一片彩声，哄堂大笑，用句术语来说，这叫做'皮儿薄'，言其一戳即破。"

他俩说的《新洪羊洞》和《一家六口》两个段子，由老舍"逗哏"，梁实秋"捧哏"。经过反复练习，二人已配合默契。一胖一瘦，往台上一站，虎着脸，泥塑木雕一般，三分钟不开腔，仅此，观众便乐不可支。开了一个好头，两人便一路欢快地演绎下去。老舍说得一时兴起，高举折扇向梁实秋头上打去。梁实秋条件反射地"哎呀"一声，同时向后一躲，折扇正好打在眼镜上。眼镜应声往下掉，梁实秋本能地两手一捧，恰巧接住眼镜。台下观众以为这是故意设计的情节，对两人天衣无缝的配合大加赞赏，掌声雷动，不住喝彩。演出取得了意想不到的成功。为此，梁实秋后来还专门写过一篇叫《我和老舍说相声》的文章。

梁实秋从1939年到1946年，寓居"雅舍"七年。其间，创作了大量散文和译作。他去台湾后，将散文集结出版专辑《雅舍小品》，再版300余次，世界上凡是有华人的地方，就有《雅舍小品》流传。因此，"雅舍"之名也不胫而走，随这部文集名噪于世。

那么，"雅舍"究竟是一栋怎样的房子呢？他在《雅舍》一文中写道："到四川来，觉得此地人建造房屋最是经济。火烧过的砖，常常用来做柱子，孤零零的砌起四根砖柱，上面盖上一个木头架子，看上去瘦骨嶙峋，单薄得可怜；但是顶上铺了瓦，四面编了竹篾墙，墙上敷了泥灰，远远地看过去，没有人能说不像是座房子。

梁实秋　老舍

我现在住的'雅舍'正是这样一座典型的房子。不消说，这房子有砖柱，有竹篾墙，一切特点都应有尽有。"

链接：

重庆名人旧居

古往今来，巴渝大地英雄辈出、地灵人杰。特别是抗战陪都时期，重庆聚集了全国政治、经济、军事、文化、科技、教育等领域的精英人士及国际知名人士，他们曾经生活工作过的旧居及相关遗存，成为重庆一笔宝贵的财富。现将部分名人旧居及地址摘录于后。

潘文华旧居：1.渝中区中山四路81号。2.沙坪坝区山洞街道平正村75号。潘文华历任川军教导师师长兼重庆市长、国民党第7战区23军军长、28集团军总司令兼川陕鄂边区绥靖公署主任、西南长官公署副长官。1949年12月率部起义。解放后任西南军政委员会常务委员。

潘文华公馆（渝中区中山四路81号）

沈钧儒旧居：渝中区枣子岚垭马鞍山18号。沈钧儒是著名的救国会"七君子"领头人，历任新中国第一任最高人民法院院长，第一、二、三届全国政协副主席，第一、二届全国人大常委会副委员长，民盟中央主席等职。1939－1946年在此居住。

宋庆龄旧居：渝中区两路口新村5号。宋庆龄是伟大的爱国主义、民主主义、国际主义和共产主义战士，第一届国家副主席、全国政协常务委员。1942－1945年间居住于此。

保卫中国同盟总部旧址暨宋庆龄旧居

张治中公馆：渝中区中山四路65号，即"桂园"。重庆谈判期间，毛泽东住在这里，是签订《双十协定》的地点。

李宗仁旧居：1.渝中区中山四路36号，1949年重庆解放前夕，在此居住20多天。2.渝中区枇杷山正街93号，原为郭勋祺公馆，抗战时期，李宗仁曾在此居住。李宗仁系中国国民革命军陆军一级上将，曾任中华民国首任副总统、代总统。

冯玉祥旧居：1.渝中区大坪街道高新区渝州路79号，1938年冯玉祥随国民政府西迁重庆，在此居住八年。2.沙坪坝区陈家桥镇白鹤村西北，1939—1945年曾在此居住。

史迪威旧居：渝中区李子坝嘉陵新路63号。原为宋子文寓所，抗战期间，成为史迪威将军寓所兼美军司令部。2000年更名为史迪威博物馆。

李根固旧居：渝中区李子坝正街61号。李根固曾担任过重庆警备司令、防空司令、新编第二十五师师长等职。

刘湘公馆旧貌（李子坝抗战遗址公园）

五卷　雾罩山水

刘湘旧居： 渝中区李子坝正街189号。刘湘作为四川省政府主席，在重庆主政十年，为重庆的城市建设，为重庆成为中国抗战大后方有重要贡献。

徐远举旧居： 渝中区嘉陵新村73号。徐远举曾策划破坏中共重庆地下机关报《挺进报》组织，指挥镇压下川东武装起义及华蓥山起义，1949年12月被捕。

贺国光旧居： 渝中区健康路4号。贺国光是民国时期川军著名人物，蒋介石控制四川的智囊，曾任西康省主席、重庆警备司令、重庆防空司令等职。

杨森旧居： 1.渝中区中山三路134号。2.沙坪坝区山洞街道平正村53号。杨森系川军著名将领、陆军二级上将，曾任贵州省主席、重庆市长等。

陈诚旧居： 渝中区胜利路187号。陈诚系陆军一级上将。历任台湾省政府主席、中国国民党副总裁等职。

唐式遵旧居： 渝中区金汤街80号。唐式遵曾任川军刘湘部队第二十一军军长，国民党第二十三集团军总司令、第三战区副司令长官等职。

王缵绪旧居： 渝中区金汤街64号。著名川军将领，创办巴蜀学校，曾任四川省主席、国民革命军第二十九集团军总司令、第九战区副司令长官、重庆卫戍总司令等，1949年12月在成都率部起义。解放后曾任四川博物馆馆长。

王缵绪公馆（重庆市妇幼保健院内）

郭沫若旧居： 1.渝中区天官府8号。郭沫若1938年刚到重庆时在此办公和居住。2.沙坪坝区西永镇香蕉园村全家园子，1939年日军对重庆进行大轰炸，国民政府军事委员会政治部第三厅由渝中区天官府迁来这里，郭沫若主持工作并住在这里。

戴笠旧居： 1.渝中区枇杷山正街72号，是抗战时期为电影明星胡蝶所建。2.渝中区中山四路85号，戴笠在重庆有数处公馆，这里是主要居住地，在周公馆右侧，便于监视。戴笠是国民政府军统局首长，由于其行踪不定、神出鬼没，被美国《柯莱尔斯》杂志称为亚洲的一个神秘人物、中国近代历史上最神秘的人。

王陵基旧居： 渝中区枇杷山正街72号。王陵基是川军中资格最老的将领之一。历任国民革命军第九战区副司令长官兼第三十集团军总司令、四川省政府主席兼四川省保安司令、四川省军管区司令、第七绥靖区司令官等职。

康心远旧居： 渝中区中山四路重庆市委四号楼。康心远是美丰银行老板康心如的弟弟。抗战时期，于右任、贺耀祖、邵力子也曾在此居住。

蒋介石、宋美龄旧居： 1.渝中区中山四路36号，即"尧庐"。抗战时期蒋介石住在这里。其国民政府军事委员会侍从室也在这里。2.小泉"校长官邸"巴南区南泉街道西1.5公里。

鲜英旧居（特园）：渝中区嘉陵桥西村5号。1945年秋，重庆谈判期间，张澜在此宴请毛泽东。鲜英是民盟创始人之一，著名民主人士。

宋子文旧居：渝中区上清寺四新路19号。国共谈判期间，马歇尔住在这里。宋子文是民国时期的政治家、外交家、金融家，曾任国民政府行政院副院长及财政部长。

饶国模旧居：渝中区化龙桥红岩村52号。一度作过周恩来、董必武住宅。

孙科旧居：1.渝中区嘉陵新村189号。孙科是孙中山长子，曾任中华民国考试院、行政院、立法院院长。2.北碚区歇马镇磨滩河高坑岩。1942－1943年曾与家人在此居住。

宋子文公馆"怡园"（上清寺派出所内）

徐悲鸿旧居：江北区大石坝98号。1942－1946年在此居住，之后离开重庆回到北平。徐悲鸿是现代著名画家，对当时中国画坛影响甚大，与张书旗、柳子谷三人合称画坛的"金陵三杰"。所作国画彩墨浑成，尤以奔马享名于世。

绿川英子、刘仁旧居：江北区猫儿石街道建新路28、30号。1938－1946在此居住八年。

石荣廷公馆：江北区石门街道渝江村1号。又名石家花园。石荣廷是民国时期重庆工商界有影响的实力人士。

林森旧居：1.巴南区南泉街道东南570米，1938年由南京迁此，后又迁往歌乐山林园。2.沙坪坝区山洞街道林园甲1号，1938年11月，蒋介石在歌乐山双河街道修建官邸，后送给林森居住，此后称为林园。

林园官邸

何应钦旧居：沙坪坝区山洞街道游龙山20号。何应钦历任第四战区司令长官、中国远征军总司令、中国战区中国陆军总司令、任国防部长、行政院长等职。

黄复生旧居：九龙坡区九龙镇杨家坪。抗战期间在此居住，曾刺杀载沣。

潘友新旧居：南岸区南山36号。潘友新是苏联驻华大使。

梁实秋旧居：北碚区梨园村47—51号，即"雅舍"。1939年春迁居北碚，1946年离开。

晏阳初旧居：北碚区歇马镇。晏阳初中国平民教育家和乡村建设家，曾为世界上为社会贡献最大影响最广的十大名人之一。

老舍旧居：北碚区天生新村63号。1943年居住在此，创作《四世同堂》一、二部。

卢作孚旧居：北碚区文星湾42号。建于1944年，是卢作孚来北碚时歇息及办公之处。

于学忠旧居：渝北区回兴街道黄桷坪回兴中学校内。于学忠是东北军著名将领，抗战中参加淞沪会战、台儿庄会战、武汉保卫战等，立下赫赫功勋。西安事变后，在此隐居。

卢作孚旧居

杨沧白故居：巴南区木洞镇第二居民委员会前进路46号。辛亥革命的先驱者、孙中山大元帅府秘书长，曾任四川省省长、广东省省长、国民党本部财政部长、北京政府司法总长等职。

孔祥熙旧居：巴南区南泉街道东南500米，即"孔园"。抗战期间，常住这里。任中华民国南京国民政府行政院长，兼财政部长，亦是一名银行家及富商。

陈立夫旧居：巴南区南泉街道虎啸村以西1500米。抗战期间，随国民党中央政治大学来此。陈立夫历任蒋介石机要秘书、国民党秘书长、教育部长、立法院副院长等各项要职。创立了中统。

陈果夫旧居：巴南区南泉街道白鹤村南750米。1926年，陈果夫当选为国民党第二届中央监察委员，任中央组织部代部长。

解放碑：抗战"精神堡垒"

任何一座城市，都有自己的标志性建筑；任何一个标志性建筑，都是一座城市历史的浓缩与见证。在山城重庆，最能体现重庆人精神的，则是"人民解放纪念碑"，重庆人习惯称之为"解放碑"。因为它特有的历史内涵，仍牵动着人们景仰的目光，在海内外具有非凡的影响。

1937年底国民政府迁都重庆，1940年定重庆为陪都，从此，中国抗战的指挥中心转移到重庆。为表达坚决抗战的决心，"国民精神总动员会"等四家单位决定在重庆树立一座精神丰碑。于是1941年12月30日，一座四方形炮楼式建筑巍然耸立在重庆最中心的"大什字"，名为"精神堡垒"。建筑采用木质结构，外涂水泥，呈方形锥体，因防空袭需要，通体涂为黑色。共5层，通高7.7丈，象征"七七"抗战。

"精神堡垒"建成后，一直是陪都各界及中枢当局举行庆典、集会的场所。随后，日机轰炸重庆，"精神堡垒"被炸坍。后拆除，利用原地辟成街心草坪，

"精神堡垒"为防空袭漆成黑色

当中立一根旗杆悬挂国旗，直到抗战胜利后在原址修建"抗战胜利纪功碑"。

1945年8月抗战胜利后，国民政府开始着手还都南京的各项准备工作。为此，1945年10月召开的重庆市第二届第五次临时参议会决定：为纪念重庆在抗战中的重要地位并确保这种地位能在战后继续延伸下去，决定在"精神堡垒"的旧址上，建立宏伟的"抗战胜利纪功碑"，以纪念抗日战争的伟大胜利。

精神旗杆，每天举行升旗仪式以激励军民抗日

1946年10月31日，"精神堡垒"原址弹坑处新纪念碑奠基。12月，新纪念碑正式动工。1947年8月纪念碑主体完工，同年10月10日竣工，耗资当时旧币2.17亿元，碑身刻"抗战胜利纪功碑"，时称"纪功碑"。"抗战胜利纪功碑"是全国唯一一座为纪念抗战胜利而立下的丰碑，是对民族史上那段最为波澜壮阔的历史的纪念，是对重庆人民为民族大义所做出的牺牲和贡献的肯定，是对重庆这座英雄城市所经历的悲壮与辉煌的缅怀。

抗战胜利纪功碑

"抗战胜利纪功碑"外形即今日所见的解放碑，为钢筋混凝土结构，高27.5米。碑石由青石砌成，碑座有石碑八面加青石护栏而合成，碑身外部亦为八角形，内部圆形有悬臂扶梯140步，碑身东西镌刻有国民政府文官长吴鼎昌先生撰写的碑文。上部为标准钟，四面可见。顶部为瞭望台，并设有风向仪、风速器及指南针等。

在纪功碑中，至今仍然存放着美国总统罗斯福在二战胜利时写给重庆人民的信：

> 我以美利坚合众国的名义致书重庆市，以表达我对英勇的重庆市民的敬意。还在世界人民了解恐怖袭击之前，贵市人民在多次残暴的空袭面前，表现出的坚毅镇定、英勇不屈的精神。这光荣地证明：决心争取自由的人民，其意志决非暴力恐怖所能摧毁。你们对自由事业的忠诚将永远鼓励子孙后代。

1949年11月30日，山城重庆回到了人民的怀抱。次日，纪功碑的顶端飘起了欢庆重庆解放的第一面五星红旗。1950年10月1日，重庆人民在这里隆重庆祝新中国成立的第一个国庆节，真可谓万人空巷，盛况空前。从那时起，纪功碑正式改名为"人民解放纪念碑"。西南军政委员会主席刘伯承亲自题写了"重庆人民解放纪念碑"。之后，人民群众将之简称为"解放碑"。

从此，解放碑成为重庆举办盛大集会、重大节日的庆典之地，成为重庆当之无愧的标志性建筑。

解放碑的钟声是很著名的，但是在碑体里面看不见打钟的器具，在第四层可以看到一台时钟电脑。这个就是用来控制钟声的。碑顶上2000年安装的时钟是电子钟，钟声不是敲打的，而是通过扩音器发出去的电子钟声。这个电子钟比较先进，运用了GPS卫星导航技术，每一小时就会自动纠正一次时差，时间发生错误的概率几乎没有。

重庆人民解放纪念碑

很多人都不知道解放碑的设计者是谁。就在解放碑的碑底，一块已经有些许斑驳的块石上，留有记载。上面记载了筹备委员会的名单：张季群、吴贺清等9人，还有设计者的名字：黎谕（黎抢杰）。

链接：

重庆主城三塔

重庆主城区有三座宝塔：一是南山黄桷垭附近的文峰塔，二是龙门浩觉林寺的报恩塔，还有一座是江北塔子山的文峰塔。因为南山有了一座文峰塔，它也被称为"白塔"或"寸滩塔"。据说，这三座塔镇住了一条恶龙，文峰塔镇其头，白塔镇其尾，报恩塔镇其身。三座宝塔各处一方，无论你到哪一座宝塔，都看不见另两座宝塔的影子。若是三塔见了面，城区将江水猛涨，洪水泛滥，必有大灾。

文峰塔： 位于南岸区南山镇黄桷垭，为七级楼阁式塔，通高约28米，砖石结构，底层为条石筑成，余为砖砌，塔顶为六角攒尖葫芦宝顶。塔身呈六边形，层层上收。进门从左侧沿石阶旋至二层，以上为木楼梯至顶，每层有窗洞两个，可极目山城数十里。目前已不对外开放，塔一层的门被封堵，无法进入。

报恩塔： 位于南岸区涂山路，建于清乾隆二十二年（1757年）。楼阁式八面九级空心塔，砖石垒砌，通高45米，塔基周长46米。塔身从下到上，逐层收拢缩小，层周有外突觚棱翘角，塔内构筑盘旋而上的石阶，可达塔顶，每层镌刻佛像，洞开小窗，可以纵目远眺，山川秀色，鳞次屋宇，尽收眼底。

白塔： 位于江北区溉澜溪塔子山，修建于清光绪十四年（1888年）。塔高26.6米，分为七层，呈六角形，底层用条石砌成。塔内的木制楼梯早已垮掉，用条石封闭了大门，塔两边的石雕也已模糊不清，唯有门额上书繁体的"题名胜迹"四字还清晰可见。

朝天门：迎官接圣大码头

相信很多重庆人，小时候都听父辈们念说过《重庆歌》。在这首重庆人家喻户晓的童谣里，开头就是"朝天门，大码头，迎官接圣"。原来所谓"迎官接圣"，乃是朝天门在古代最主要的功能。

相传在古时候，由于重庆地处山区腹地，陆路艰险，必须穿越"难于上青天"的蜀道。因此，皇帝派遣传达圣旨的钦差和到任的官员们，宁可多费一些时日，绕开艰难险阻的蜀道天堑，舍近求远地绕道湖北，从宜昌逆水而上向重庆进发。当他们循着长江水道历经月余时光抵达重庆府时，朝天门便是迎接他们的第一关，地方官员也在朝天门码头上的"接官厅"迎接上差。

清朝中后期的朝天门气势恢弘

到了明洪武年间，指挥使戴鼎扩建重庆旧城，按九宫八卦之数造城门十七座。在这"九开八闭"的十七座城门中，朝天门就是其中规模最大的一座。之所以叫"朝天门"，一是因为它延续了古代"迎官接圣"这一功能，二是因为当时明朝的首都还在南京，朝天门的地理位置恰好正对着帝都，因此戴鼎便将此门命名为"朝天门"。

由于承担着"迎官接圣"的重任，所以在戴鼎修筑的众多城门中，朝天门是规模最大、最雄伟的一座，景色也最为壮美。据清代有关图经记载，当年的朝天门屹立在江崖高处，三面环水，一面靠山。城门为双层结构，正门之外还有瓮城。瓮城门额上刻有"朝天门"三个大字，而正门额上则刻有"古渝雄关"四个大字。

然而时光如刀，岁月无情。600多年后的今天，当年因"迎官接圣"而尊崇无比的朝天门早已被巨大的广场和新建的码头所代替。当年雄伟的朝天门老城门早就因为1927年的码头扩建，以及1949年那场让朝天门附近两公里内都化为乌有的"九二"大火灾，只剩下残破的城基墙垣。再加上近年来朝天门的不断修建，老城门早已从人们的视线中消失了。

早在汉晋时期，朝天门就是连接汉沔和荆襄的水陆要冲；元明两代，朝天门都是川江水路上的重要驿站，元代称"朝天水站"，明代则叫"朝天水驿"，并设有重庆递运所；到了清代，朝天门更是沟通泸州、叙州（今宜宾）、嘉定（今乐山）、眉州（今眉山）、成都、保宁（今阆中）、顺庆（今南充）等

20世纪60年代的朝天门码头乘客缆车

70余个水驿的交通中心……重庆城千年来的繁华昌盛，很大程度就在朝天门得以展现。

不过鲜有人知的是，其实在清康熙朝以前，朝天门码头由于承担着"迎官接圣"的重任，因此是被官府列为专用的官码头，不准商船、民船在码头靠岸，甚至不允许老百姓在此逗留。这个规矩直到康熙中期才被当时奉命到重庆巡查的清代名臣张鹏翮所废除。这段轶事虽然在史书上并未记载，但却在重庆人的口中代代相传。

如今的朝天门，早已和老人们口中描述的景象相去甚远，朝天门的历史和传说似乎也在现代都市的烦嚣中被人们悄然遗忘。但是无论是今天的新朝天门还是记忆中的老朝天门，都有一个共同点——商贸繁荣。

链接：

重庆那些曾经辉煌的码头

重庆城被长江、嘉陵江环抱，因而诞生了众多的码头，更是孕育出了特有的码头文化。重庆的码头不仅承载着历史的印记，更有山城百姓一代又一代的记忆。时过境迁，如今重庆的那些码头大多已经废弃，但每当矗立江边，码头昔日的繁华景象还依稀可见……

黄沙溪黄家码头——竹木盐糖水码头： 明清时代的重庆，城内百姓日常生活所需之物，除通远门一条陆路直通省城成都外，全靠木船装载而来。船队入渝，需由长江入渝，而菜园坝上方的黄沙溪黄家码头，便成了重庆港最为理想的竹木盐糖集散地。清末民初，重庆海关报关行、税务机关、川盐银行办事处等均设于此处。1942年，四川省船舶总队特地在此设立木船管理站，凡长江上游进入重庆的木船，全都入港停靠黄沙溪。

时过境迁、沧海桑田，在近年的旧城改造中，黄家码头已不复存在。

储奇门码头——西南地区最重要的药码头： 储奇门码头一带，历来是山货、药材行业的集散地，所以，也有称呼储奇门码头为"药码头"的。

储奇门码头旧址处，仍矗立着一根石柱，石柱上赫然刻着几个大字——大庆路码头。之所以被称作大庆路码头，是因为"文革"时期，将老码头更名。如今新的渝港13码头、14码头取代了老码头的身影，偶尔会有船舶停靠在此。

菜园坝码头——最年老的铁路港口： 菜园坝码头从1891年重庆被辟为通商口岸后，开始逐渐繁荣，解放后主要担负着铁路运输物资的集散，以及渝中区、南岸区等地的生产、生活物资的水上运输任务。

重庆解放后对菜园坝码头进行改建整治，分为1码头、2码头、3码头、4

码头和兜子背码头等5个码头，总长480米。

江北嘴码头——最重要的对外通商口岸：1891年重庆开埠后，江北嘴码头成为重庆重要的对外通商口岸，食盐、粮食、土陶、木材等交易品充街塞巷。岸上最繁华时，曾有6000余户商家。解放后，重庆港务局设立江北港务作业区，修建码头、货场、桥梁、公路等，这里又成了重庆进出口物资的主要中转站。

如今，江北嘴一跃成为长江上游经济带商务中心区。高档住宅、豪华写字楼、大剧院、科技馆让陈旧的江北嘴老城焕发出新的色彩。

清末民初的江北嘴码头

铜元局码头——迈出近代工业第一步：1905年4月14日，重庆建立了第一家大型机械化工业企业——重庆铜元局，因其生产金属货币铜元而得名。它开启了重庆第一台机器设备，亮起了重庆第一盏电灯，聚集了重庆第一批产业工人，标志着重庆这座古老城市向近代工业迈出了第一步。铜元局沿江岸兴建，江边码头也随厂而名，成为铜元局的专用码头。

如今的铜元局码头，已经被一条餐饮街取代。而码头上方的融侨公园内，依然保留着铜元局过去的旧铁轨。

九龙坡码头——重庆第一座"洋码头"：1938年10月，国民政府在九龙滩附近江边原米坊码头基础上，建成九龙坡码头。码头设置了2台木架缆车和1台手摇绞车，安装了1台起重40吨的进口蒸汽浮吊，成为重庆第一座半机械化码头，被称为"洋码头"。

如今，那些犹如擎天巨臂的重型机械静静地矗立在江边，不再运转，曾经热闹的集装箱码头已经变得寂静如夜。

磁器口码头旧貌

磁器口码头——出产和远销瓷器：磁器口旧称龙隐镇，自古以来是嘉陵江下游的天然良港和商贾云集的物资集散码头，素有"小重庆"之称。磁器口码头以出产和远销瓷器而得名。1918年，地方商绅集资在附近青草坡创建新工艺烧制瓷器的"蜀瓷厂"，瓷器质地良好，品种较多，远销外地，名声渐大，逐渐以"磁器口"名代替了"龙隐镇"。

磁器口码头逐渐淡化了过去的水路码头作用，转向旅游和商业方向发展，与磁器口码头紧紧相连的古镇，传承着山城文化的城市缩影。

弹子石码头——南岸"五渡口"之一：形成于清乾隆年间。20世纪初，弹子石是江南有名的水码头，与黄葛渡、海棠溪、龙门浩、玄坛庙齐名，有南岸"五渡口"之称。过去弹子石军警、袍哥活动频繁，乃至于到现在老人们都还在讲述码头上仁字协同心、义字永汉公、礼字福汉口三个袍哥"堂口"的故事。

如今码头已废弃，取而代之的是码头附近一个总体量达 150 万方的大型综合体项目，项目内保留了些许码头的元素。

人民大礼堂：亚洲十大经典建筑

重庆市人民大礼堂作为中国最宏伟的礼堂建筑之一，以其非凡的建筑艺术蜚声中外，被评为"亚洲二十世纪十大经典建筑"。1987 年，英国皇家建筑学会和伦敦大学编写的《世界建筑史》中，首次收录了新中国建立后的 43 项工程，其中第二位便是重庆市人民大礼堂，并作了详细介绍。2010 年 7 月在上海举行的"第五届梁思成建筑创作设计颁奖大会"上，重庆市人民大礼堂又获得"创作设计大奖"。2016 年 9 月，重庆人民大礼堂入选"首批中国 20 世纪建筑遗产"名录。

人民大礼堂已成为重庆市的标志性建筑之一，每年吸引海内外许多游客前来参观，那么有谁知道，它是怎样诞生的？它的设计者是谁呢？

让我们回到解放初期。彼时的重庆，刚刚经历劫难，可以说是满目疮痍、百废待兴，新建的西南军政委员会，一面要负责剿匪、清除反动势力的余毒，一面要建设城市、发展城市，当时军政委员会的主要负责人刘伯承、邓小平、贺龙等高瞻远瞩地号召全市人民"建设人民的、生产的重庆"。

当时重庆还没有一个像样的礼堂，而随着城市的发展，已迫切需要一个能举行各种大型会议和集会的地方，于是，建造大礼堂便纳入了新政权的工作计划中。

重庆人民大礼堂

主抓大礼堂建设工作的，是时任西南军区司令员的贺龙。有主要领导亲自推动，各项工作进展迅捷。1951 年 4 月开始从各部门、各单位抽调人员，筹组"大礼堂建设工程处"，段云任处长、张一粟任副处长、张家德任总工程师，设计施工、后勤采购、行政财务等人员来自西南建筑公司、重庆大学、西南工专以及市属部门，很快，"工程处"近 40 名成员便从四面八方聚集起来，紧锣密鼓地开始推动前期工作。

当时，贺龙对前期设计工作非常重视，将设计人员分为若干组，分别展开设计工作，没多久，就拿出了五套建造方案供选择。经过专家学者反复研究论证，最终选定了张家德的设计方案。

张家德的设计，仿明、清的宫殿形式，采用轴向对称的传统手法，结构匀称，对比强烈，布局严谨，古雅明快。整座建筑由大礼堂和东、南、北楼四大部分组成，占地总面积为6.6万平方米，其中礼堂占地1.85万平方米。主体部分即大礼堂，设计为一个穹庐金顶，脱胎于北京天坛的祈年殿，有祷祝"国泰民安"之意，建筑高65米，大厅净空高55米，内径46.33米。圆形大厅设大型舞台一座，四周环绕五层挑楼，四楼一底共4200个座位。正中的圆柱望楼，是北京天安门的缩影；南北两翼，镶嵌着类似北京紫禁城四角的塔楼；广袤的庭院中，前阶宽阔平展，梯次六重。

1951年6月，大礼堂工程在"马鞍山"破土动工，首批施工队伍是从西南军区工兵营调来的200多人，战士们在极短的时间内完成了地基平整和30多万立方土石方的挖掘工作。而土石方的外运，则通过市委、市政府的号召，从全市的机关团体、学校及企事业单位征集大量的义务劳动者，采用最原始的肩挑背扛的方式，硬生生将30多万方土石运走。

大礼堂设计师张家德先生

最难的攻坚战是穹顶钢网架的起吊安装工作。这个庞大的钢网架是由36根经杆和19根纬杆作为骨架，用75000多颗螺丝钉铆接而成的，重达280吨、直径为46米的半球形网架。在没有任何机械设备的情况下，要从近50米大跨度和近70米的高空上将这个庞然大物安装上去，并且毫厘不差地放到指定的位置，以现在的眼光看来，完全是不可想象的。但是，高手在民间，数十位工程人员经过一番精心策划后达成共识，采用南竹搭架，以爬杆吊配滑轮铁链的起吊安装土办法，在高超技术的操作下，奇迹般攻下了穹顶钢网架的安装。

历时三年苦战，经过各方面的努力，大礼堂工程于1954年3月正式竣工。贺龙同志亲笔题名"西南行政委员会大礼堂"。

1955年西南大区撤销，"西南行政委员会大礼堂"随即更名为"重庆市人民大礼堂"。1997年重庆直辖，市委市政府采纳民意，拆除大礼堂围墙，建设了人民广场，成为重庆市旅游和接待的重要场所。

重庆市人民大礼堂的设计者张家德是四川威远人，毕业于南京国立中央大学（南京大学、东南大学等前身）建筑工程系。人民大礼堂建设工程完工后不久，调到城市建设部建筑设计院工作，后任中国建筑科学研究院副总工程师。1982年5月20日在北京病逝，享年69岁。

链接：

中国三峡博物馆

在重庆市人民大礼堂的正对面，就是"重庆中国三峡博物馆"，是保护、

研究、展示重庆和三峡地区历史文化遗产与人类环境物证的公益性文化教育机构。因中国三峡博物馆与重庆市博物馆合并共建，所以又名重庆博物馆，是首批国家一级博物馆，中央地方共建的国家级博物馆。

三峡博物馆

重庆中国三峡博物馆主体建筑气势宏伟，内涵深邃。工程总用地面积2.9316公顷，主体结构长157.3米，宽98.085米，地面以上总建筑高度为25.2米，共5层，总建筑面积为42497平方米。馆藏文物达17万余件，其中馆藏一级文物683件，如乌杨汉阙、鸟形尊、虎钮錞于、明玉珍玄宫之碑、铜关公像等。

湖广会馆：全国最大的古会馆建筑群

翻阅重庆人的族谱，绝大部分姓氏都来自于"湖北孝感麻城"。也就是说，现今的重庆人，绝大多数都是移民的后裔。

"湖广填四川"，是中国古代历史上规模最大的一次移民，也是重庆及四川人绕不开的话题。湖广填四川带来的影响可以说是至深至远，我们今天的风俗、习惯、方言、饮食、衣着、建筑等等，无不打上移民的烙印。

元末明初，连年战乱造成四川（含重庆）人口锐减，到朱元璋的部队打败元军，剿灭各路起义军统一天下时，整个四川只剩下十万余人。为了让四川尽快恢复元气，恢复生产，朱元璋下令迁徙附近人口密集地区填充四川，于是，大批以湖北、湖南为主体的南方移民奉旨入川，这是第一次湖广填四川。到明洪武十四年（1385年），四川人口上升到146.45万人；万历六年（1578年），四川人口上升到310万人。四川这个曾经的天府之国在移民安居乐业后逐渐恢复元气，慢慢恢复原来的繁华景象。

二百年后，四川（含重庆、遵义）又遭遇浩劫。明末清初，战乱频仍，张献忠剿四川，清兵入川，吴三桂起兵伐川及其后被朝廷剿灭，使四川人遭受到空前的大灾难。特别是清军入川，遭

重庆湖广会馆含广东公所、江西会馆、齐安公所、湖广会馆等

到顽强抵抗，清军损失惨重，在肃清一切抵抗者并站稳脚跟后，清朝当局如同一切外来并占据统治地位的统治者一样，下令屠城！四川一下子变成了人间地狱。人口由600多万锐减到8万人。据《四川通史》数据，到清顺治十八年（1661年），四川在籍人丁仅余1.6万户！

康熙年间，清廷大局已定，巴蜀地区的兵荒马乱之势终于渐渐平息，一批批新的地方官员开始走马上任。

四川巡抚张德地来到新的属地，发现昔日的天府之国，竟然荒凉残破、千疮百孔，要想重振天府之国的美名，以现在的人丁数量，根本不可能。于是在康熙七年，他忧心忡忡地向康熙皇帝上了一道奏折，表露出强烈的忧患意识。奏折写道："我被皇上荣幸地任命为四川的最高地方官员，来到这片饱受战火摧残的地方一展宏图。但现在当我站在满目疮痍的昔日天府，增赋无策，税款难征，使我感到局促不安、寝食俱废。我等下官受皇上差遣，惟有精忠报国效忠朝廷。经过几日思索，我觉得要重振四川天府之美名，惟有招来移民开垦土地，重建家园，除此似无别的良方上策。"

康熙皇帝听取了张巡抚的建议，在平三藩、收复台湾等大事完成后，正式颁布了一份诏书——《康熙三十三年招民填川诏》，下令从湖南、湖北、广东等地大举向四川移民。

圣祖仁皇帝招民徙蜀诏

奉天承运皇帝诏曰

朕承先帝遗统，称制中国，自愧无能守成自惕。今幸四海同风，八荒底定，贡赋维周，适朕愿也。独痛西蜀一隅，自献贼蹂躏以来，土地未辟，田野未治，荒芜有年，贡赋维艰，虽征毫末，不能供在位之费，尚起江西江南助解应用，朕甚悯焉。兹据御史温卢等奏，陈言湖南民有毂击肩摩之风，地有一粟难加之势，即着该部饬行川省湖南等处文武官员知悉，招民徙蜀。凡有开垦百姓任徙速往，毋得关隘阻挠。俟之年外奉旨起，科凡在事官员招抚有功另行嘉奖。

钦此

康熙三十三年九月初七日

在官方的强制推动下，历史上最大规模的"湖广填四川"拉开帷幕，直至清朝中后期。到乾隆四十一年，四川人口升至779万；到嘉靖十七年，升至2100万；到咸丰元年，四川人口已达4400万。

这次持续近百年的"湖广填四川",只是一个统称,如此巨大的移民数量,绝不可能仅仅来自于两湖一带。历史的真相是,这是一个牵涉全国各地的大移民活动,几乎所有省都派出了自己的移民队伍。据史料记载,移民中湖广(今湖北、湖南)占25%,河南、山东5%,陕西10%,云南、贵州15%,江西15%,安徽5%,江苏、浙江10%,广东、广西10%,福建、山西、甘肃5%。

随着移民人口的增加,带来了重庆商业的繁荣,也吸引了大量外地商人进入重庆市场,尤其是两广、两湖和山西、陕西、福建、江西、云贵等省的商人。

各商帮自乾隆时期就陆续在重庆城里设立会馆,以便于同乡商人之间互利互助。昔日重庆城有著名的"八省会馆",它们都具有相当的规模和经济实力。它们是湖广会馆,又名禹王宫、三楚公所,在东水门内;江西会馆,又名万寿宫,在东水门内;广东会馆,又名南华宫、广东公所,在东水门内;齐安公所,又名黄州会馆、帝王宫、齐安宫,东水门内;陕西会馆,又名三元庙,在朝天门内;福建会馆,又名天后宫,在陕西街;云贵会馆,在绣壁街;山西会馆,在人和湾;以及同庆公所等。

当年的八省会馆中,建筑规模最大,最宏伟气派的要数财力雄厚的湖广会馆和江西会馆。这两大会馆和毗邻的广东会馆都集中在当年商业繁华的东水门内,形成庞大的建筑群。这就是今天仍静静地矗立在原地的"湖广会馆建筑群",它是全国最大的古会馆建筑群。

湖广会馆始建于清乾隆二十四年(1759年),总占地面积达8561平方米,坐北朝南,大门面对千帆竞渡的长江。会馆整体建筑依山而建,鳞次栉比,结构严密,气势宏伟,分大辕门(庙门)、大殿廊房和戏楼庭院三部分。大殿、戏楼和廊房所用的木材,都从"楚北运来,投工之多,造工之精,叹为观止"。

湖广会馆独特的建筑风格,在当年就成为重庆城的一大景观。

链接:
重庆区县现存的典型移民会馆

当年"湖广填四川"时,外来移民要在一个地方生存,往往需要互相依靠,抱团结社,共同维护自己的利益。因此,就产生了会馆这一建筑形式,它是移民在异乡的精神家园和"组织依靠"。会馆的经费一般来源于同乡的捐赠。据统计,在清代后期,重庆各厅、州、县和乡镇的会馆不会少于一千所。

龙兴禹王宫(湖广会馆):位于渝北区龙兴古镇。始建于清乾隆二十四年(1759年),规模宏大,为四合院布局。戏楼面宽5米,进深8米,两侧为耳房,上下两层,长50米,进深3.5米,耳楼外为砖砌风火山墙。正厅为三重檐歇山顶:第一层檐下有横额木匣,题"帝德神功",额下横枋镂刻九龙纹图案;第二层檐下左右各有横匣,左题"三江既奠",右题"九州攸同"。

龚滩西秦会馆（陕西会馆）：位于酉阳县龚滩古镇。光绪年间，陕西商人张朋久最先来龚滩开设盐号，并亲自经手修建了"西秦会馆"。因会馆的建筑风格和一般寺观庙宇大致相同，红粉涂墙，所以当地人称之为"红庙子"。西秦会馆是龚滩古镇最高大宏伟的建筑，四周围以风火墙，外壁朱红粉饰，馆内地面都以石板铺就，大门临街西开，内设正殿、偏殿、耳房、戏楼，雕梁画栋，筒瓦覆顶。如今虽已物是人非，显露出衰败萧条景象，但仍有一股宏大挺拔的气派。

龙潭万寿宫（江西南昌府会馆）：位于酉阳县龙潭古镇。始建于清乾隆三年（1738年），道光六年（1826年）重建。三进三院，面积约2400平方米。万寿宫有两个山门，一个面临酉水河，牌楼墙上写着"万寿宫"三个竖排白底蓝字；另一个面临龙潭老街，牌楼墙上镶嵌石匾，镂刻"豫章公所"四字。江西南昌在汉代为豫章郡，因此，龙潭万寿宫应为江西南昌府会馆。

东溪南华宫（广东客家会馆）：位于綦江区东溪古镇朝阳街18号。始建于清乾隆元年（1736年），复建于清道光十五年（1835年），占地面积约400平方米。戏楼保存基本完好，屋顶为歇山式，脊饰为岭南风格。戏台上的穿枋雕刻精美，台口横额镂刻分上下两幅，上为栩栩如生的戏曲人物，下为生动有趣的二龙戏珠。"文革"中，当地群众用黄泥将戏楼鎏金木雕封盖，乃躲过一劫，使戏楼精美的木雕基本保存下来。

双江禹王宫（湖广会馆）：坐落在潼南区双江古镇北街。始建于清初。占地面积2216平方米，建筑面积2556平方米，其占地面积和建筑规模在重庆市保存下来的会馆中算较大的。禹王宫右侧有一规模宏大、面阔五间的大殿，系专供祭祀大禹的场所，为光绪二十年重建，至今保存完好。

鹅岭公园：重庆最早的私家园林

鹅岭原名鹅项岭，地处于长江、嘉陵江南北挟持而过的陡峻、狭长的山岭上，形似鹅项颈，故而得名。鹅岭背倚山城，高挑出世，挟两江而西望，览尽雄、险、旷、秀的自然风光。

清末民初，显赫一时的重庆商会首届会长李耀庭，这个由贩盐起家，后以经营钱庄而富甲西南诸省的云南昭通人已经年迈。他的儿子李湛阳、李和阳兄弟接过了其父创下的庞大产业，苦心经营。两个儿子为让年迈的父亲有一个安静舒适的环境养老，出重金于清宣统元年（1909年）买

鹅岭石碑

下了鹅项颈这一片地盘，开始建造别墅花园。名曰"宜园"，后改名"礼园"。这是重庆最早的私家园林。据说，李家在这30余亩土地上，总共耗银10万余两。

这座花园别墅以江南苏杭园林为蓝本，又根据鹅项颈的山林特点、地形精巧设计，着意布置。楼台周围，点缀着奇花异草，名木佳卉。亭榭之间，有莲池绳桥、曲径通幽。使得整个园林既有小桥流水、玲珑剔透的江南特点，又不失西南重庆高山大河、气势恢宏的大气。这精巧布局、陈设豪华的礼园，让重庆城内外各私家园林都为之失色。

礼园不仅花木葱郁，奇石峥嵘，楼阁雄伟，更引人瞩目的是，李氏弟兄从云南弄来孔雀和金丝猴，从东北弄来了熊、仙鹤与梅花鹿，更在风景秀丽的绳桥下，用江南的太湖石堆砌了一个以假山石岩和石洞构成的豢虎园，用高价在孟加拉买回五只孟加拉虎，在礼园里搞了个重庆最早的生态动物园。因而，过绳桥、穿竹林、去虎园的这条路叫"虎径"。

1906年礼园竣工，大门刻对联一副："人间凡尘不到处，天外神仙第一家。"重庆官绅、名流及各界头面人物纷纷前来贺喜，李耀庭父子在礼园中大排宴席，搭台演戏，轰轰烈烈，闹了一个月。李氏友人、清末蜀中五老七贤之一、光绪年间进士赵熙曾书赠"鹅岭"两个大字，并刻石立碑；另一友人、光绪年间进士宋育仁作《题礼园亭馆》诗："步虚声下御风台，一角山楼雨涧开。爽气西浮白驹逝，江流东去海潮回。俯临木杪孤亭出，静听涛音万壑哀。"对礼园的风光描摹颇为传神。

礼园（鹅岭公园）建造的苏杭园林

鹅岭飞阁

1911年，两个儿子又在礼园内为李耀庭专门修建了一座用于避暑的石屋，当时，石屋边梧桐参天，故取名"桐轩"。桐轩面积132平方米，为仿罗马式石架构建筑，顶呈拱形，屋内正壁刻有清朝时的中国地图等。外墙巨石镂空，上有篆体"桐轩"二字。

1912年，李耀庭突然离世。一时间，重庆城内对李耀庭的去世产生了种种说法。后来经证实，李耀庭是因风湿病严重，服用含有毒药"乌头"的除风湿药酒过量，中毒而亡。

1949年11月底，重庆解放。西南军区领导机关有一段时间设在礼园，刘伯承、贺龙、李达等西南军区首长常到礼园办公。

1957年，周恩来总理出访欧亚11国，回国途中在重庆停留。周总理提议把位于鹅项岭的礼园加以扩建，建成一个供市民休闲、游玩的大众公园。第二年公园建成开放，命名为"鹅岭公园"。

链接：

饱经沧桑的李耀庭公馆

李耀庭公馆，位于渝中区邮政局巷40号与双子巷交叉的路口，建筑面积1003.88平方米，占地面积250.97平方米，建于清末，坐南朝北，正对着长江，黄桷树荫遮蔽着院落。正面是三层，背面是四层，错落有致。整座建筑形态似"船"形，砖木青瓦是中式结构，而圆弧形的墙角又是西式风格，是一栋中西合璧的小楼。中式石槽门，是李耀庭公馆最典型的标志，阴刻的"卜凤居"三个字，留在老宅门的门头上。

李耀庭公馆是重庆第一盏电灯点亮的地方。清光绪三十二年（1906年），巴县绅商刘沛膏在太平门安装100千瓦直流发电机，11月25日首次向外供电，正是李耀庭70岁寿辰。当晚公馆内50盏电灯齐明，成为轰动一时的新鲜事。

法国水师兵营：重庆的"奥当军营"

打开重庆口岸，让对华贸易扩张到大西南乃至整个中国西部，一直是英、法、美、德等西方列强的梦想。

在1876年的中英烟台谈判中，英国提出开放重庆为通商口岸，以此作为解决发生于1874年2月21日的"马嘉里事件"的条件之一。原本毫不相干的两件事，被英国人蛮横无理地扯到一起，充分暴露了其野心。清政府的谈判代表李鸿章当然不可能答应，只能以"川江峡滩险阻，轮船万不能行"来搪塞。

但是，羸弱的满清政府，最终还是与英国签订了《烟台条约》，被迫答应英国人可以"驻寓"重庆，"查看川省英商事宜"，并规定了重庆开埠的先决条件——"俟轮船上驶后再行议办"。这是李鸿章的一招"太极"，就是一个"拖"字诀，这一拖就拖了15年。

15年的时间，满清治下的中国并没有富强起来，而来自英国人的压力却没有间断。1890年3月31日，中英两国在北京签订《烟台条约续增专条》，清政府终于不得不妥协，准许"重庆即准作为通商口岸无异"。经过30年的努力，英国终于实现了夺取重庆的目标。按照"一体均沾"的原则，西方列强（除日本外）同时获得通商权益。

清末重庆海关建于南岸弹子石王家沱

五卷　雾罩山水

1891年3月1日，重庆海关建立，重庆正式开埠。重庆海关的税务司一职由英国人霍伯森担任，其顶头上司是身居中国海关总税务司职的英国人赫德。也就是说，成立之初的重庆海关，实际上控制在英国人手中。

被觊觎已久的重庆的大门一打开，西方各国纷纷进驻重庆，设立相关机构。

经清政府同意，法国于1896年3月在重庆设立领事馆，任命原驻汉口副领事哈士为重庆首任领事，馆址设在城内二仙庵，后迁至领事巷。凡四川、贵州、甘肃、新疆、青海、西藏的事务，皆在其管辖之下。

1902年，根据法国远东舰队司令波特尔的命令，法国海军军官虎尔斯特率领测量队乘法国军舰来到重庆。法国政府决定，由印度支那总督杜梅尔捐款10万法郎，"奥利号"舰长休斯特·南希负责，于1902年在原清朝北洋水师营务处的基础上重新修建法国水师兵营。工程于1903年竣工，人称"奥当军营"。

"奥当军营"的功能是提供法国军舰士兵和军官居住的营房、储存食物的仓库、修理车间和物资补给站。同时作为法国在长江上游的控制站，担负着长江航道上水上警察的任务。

1941年，因日机轰炸重庆，位于市区的法国维希政府驻重庆领事馆迁至此处办公。1943年，国民政府断绝了与维希政府的外交关系，奥当军营改归为法国民族解放委员会驻重庆大使馆所有。

法国水师兵营（奥当军营）大门

法国水师兵营为典型的中西合璧建筑，大门为牌楼重檐中式古典建筑，原顶部并不是现在的西藏佛塔似的尖顶，而是一只展翅而立的雄鹰，两侧有一对中国石狮。进去右边为平房，院内设有操场，其余三面均为两楼一底西式建筑。其中，主楼为仿欧洲中世纪城堡式风格，回廊式结构，其内阁楼有序环绕，留存有中国传统雕刻艺术，以及仿古罗马的立柱、牛排式的窗棂、哥特式的拱形柱廊等。

历经百多年沧桑，法国水师兵营至今矗立在长江南岸的南滨路上，是重庆近代史上保存最为完好的建筑之一。

链接：

同盟国驻渝外交机构

同盟国驻渝外交机构旧址群位于重庆市南岸区和渝中区，是抗日战争期间同盟国驻陪都重庆的外交机构留下的遗迹，2013年被列为第七批全国重点文物保护单位。

苏联大使馆旧址： 位于渝中区枇杷山正街104号，原重庆市第三人民医院内。为四楼一底仿巴洛克式砖石、木结构建筑。始建于1936年，由原川军师长曾子唯斥巨资修建。1938年1月至1946年5月，苏联大使馆由南京迁渝，租此洋房，辟为使馆办公楼。1947年开始改作市立医院使用。

苏联大使馆

南山苏联大使馆旧址： 位于南岸区南山植物园山茶园内。典型的中西式建筑，砖木结构，一楼一底带一地下室。为避免日军轰炸，1941年苏联驻华使馆出资在南山建立了郊外大使馆。苏联驻华大使潘友新在渝期间曾在此度假。

苏联大使馆武官处旧址： 位于渝中区沧白路69号，为三楼一底（第三层阳台处为解放后增建）砖木结构中西式建筑。始建于民国时期，为留法学生沈芷仁修建使用，别名沈芷仁公馆。1938年苏联大使馆迁渝，将使馆武官处设此。"皖南事变"后，周恩来曾到此会见武官处武官崔可夫，向他通报了国民党当局制造皖南事变的情况。

美国大使馆旧址： 位于渝中区健康路1号。为仿巴洛克式砖木结构。始建于1942年，使用至1946年5月，为美国大使馆馆址之一。1946年美国大使馆返迁南京，该址即纳入当时的中正医院使用范围，辟作医院的行政办公楼和食堂。抗战八年中，美国派驻重庆的四届大使，以高思任期较长。高思在促成新闻记者访问延安，向延安派军事观察员方面起了较好的作用。

美国大使馆

美国大使馆武官住所： 位于南岸区涂山路140号，重庆社会主义学院内。为典型欧式建筑，砖木结构，一楼一底带阁楼，房顶坡度较陡，带烟囱，屋后有一门廊，四根砖砌廊柱，廊上方为二楼的露台。该建筑原为汤姓兄弟修建，抗战时期为美国使馆武官住所。

美军招待所： 位于南岸区南山公园路11号。中西式砖木结构三面围廊式建筑，围廊每面均有6个柱子，柱子下施有覆盆式柱础，屋顶为小青瓦、歇山式屋面。该建筑始建于1898年，瑞典人安达森修建。上世纪30年代为国民政府21军独立旅袁筱如旅长府宅。抗战时期又将此辟为美军招待所。

英国大使馆旧址： 1938年10月，英国驻华大使卡尔爵士飞抵重庆设馆，先后驻领事巷15

英国大使馆

五卷 雾罩山水

号、鹅岭正街 176 号、南岸区马鞍山 4 号。抗战期间，英国大使馆被日机轰炸次数最多，多次被炸弹直接命中，房屋多次被毁。

中英联络处旧址： 位于渝中区解放碑五四路。二楼一底，西式砖木结构建筑。欧式风格建筑，原属法国天主教真原堂的一部分，最早由法国传教士于 1844 年修建。上世纪 30 年代曾为日本人所用。抗战开始后，从日本人手里没收。战时它对外为英国怡和公司使用，实际是作为中英军事联络处。

法国领事馆旧址： 渝中区南纪门凤凰台 35 号。为三楼一底砖木结构欧式建筑，中西合璧的折中主义风格，建筑形态带内庭和回廊的合院式，西式的拱形柱廊共有 88 个，配以中国传统建筑、雕刻艺术，灰塑精致的柱头、券拱造型和罗马式的外廊栏杆还依然保存完好，透出当年领事馆高贵典雅的品味。该建筑是 1898 年创建。

法国领事馆

抗战时期，原设于领事巷 12 号的法国总领事馆遭日机炸毁后，领事馆曾迁设于此。

法国大使馆旧址： 位于南山植物园山茶园内。中西合璧式建筑，一楼一底，门外有走廊，廊柱为两根方形柱子。抗战时期为法国使馆别墅。

法国水师兵营： 位于南岸区弹子石谦泰巷 142 号，坐落在南滨路上。为一栋带内庭和回廊的合院式建筑，中西式砖石木混合结构，主体建筑高两层（带一阁楼），西式风格，拱形回廊式结构，临江面条石基础高 7 米。大门为三重檐仿古牌楼式建筑。距今已有 100 多年的历史，是重庆市开埠以后重要的历史建筑之一，具有较高的历史研究价值和建筑艺术价值。

印度专员公署旧址： 位于南山植物园山茶园内。中西合璧式建筑，主楼为一楼一底，砖木结构，建于条石垒砌的堡坝上。房屋正面及左侧为围廊，廊宽 1.8 米，廊柱 12 根，栏杆柱为花瓶形状。附楼为一栋单层平房，小青瓦人字坡屋顶。抗战时期是印度专员公署办公和寓居之所。

澳大利亚公使馆

澳大利亚公使馆旧址： 位于渝中区鹅岭正街 176 号，鹅岭公园内。为一楼一底砖木结构建筑，建筑造型典雅大方，具有中西合璧的折中主义风格。1940 年抗战时期，澳大利亚修建的驻重庆公使馆，1946 年抗战结束后迁往南京。

土耳其公使馆旧址： 位于渝中区鹅岭正街 176 号，鹅岭公园内。与丹麦公使馆同一院落，与澳大利亚大使馆一墙之隔。为一幢西式平房砖木结构建筑，建于民国时期。1939 年 12 月至 1946 年 6 月，土耳其公使馆（1944 年升格为大使馆）租设于此。

白鹤梁：世界水下碑林

想象一下，突然进入滔滔长江水下40多米深的地方，从一个透镜中窥视江水中的石刻时，那是怎样的一种雄壮？长江水下博物馆，光是这个工程就足以让人觉得震撼。如果你还没有乘着长长的扶梯进入水下世界，请去感受一次，不光是这种奇妙的感觉，还有与古人雕刻的水文近距离接触，沉在江底，走进历史的腹地。

白鹤梁题刻位于长江三峡库区上游涪陵城北的长江之中，是三峡文物景观中唯一的全国重点文物保护单位，联合国教科文组织将其誉为"保存完好的世界唯一古代水文站"。白鹤梁是一块长约1600米，宽15米的天然巨型石梁。三峡工程竣工之前，每年12月到次年3月长江水枯的时候，才露出水面；三峡蓄水以后，永远沉入江水中。以石梁题刻为核心的水下博物馆的建立，却使得这片"水下碑林"从此安身无虞。

白鹤梁名字的来历有一个传说，相传唐朝时尔朱真人在此修炼，后得道，乘鹤仙去，故名"白鹤梁"。据《涪州志》记载，在北魏时期有一位皇子叫尔朱通威，他厌倦了与哥哥尔朱荣争权夺位的生活，所以弃家学道，来到民间修炼。通过他的刻苦修炼，练出一种长生不老的丹丸，来到合川一带售卖。

长生不老的药谁不想吃呢，合川的州官知道后也想买一粒，希望自己吃了以后也能长生不老。尔朱通威的道号叫尔朱真人。尔朱真人说："你银子比较多，我要加价，要加十倍。"有点杀富济贫的意思。州官听了以后非常生气，派人将尔朱真人抓了起来，编了一个大的竹篓子，把他塞在里面，然后沉入合川的江中。尔朱真人这个时候虽然没有得道成仙，但却不是凡夫俗子，他在沉入江中以后并没有被淹死，他只是做了一个长长的梦。

白鹤梁位于涪陵城靠近江心的长江边

他顺嘉陵江而下，经过朝天门，就来到长江波涛中的白鹤梁题刻前，《涪州志》原文记载的是："有一石姓者打鱼人，举网而得之。"说是有一个打鱼人，把他给网了起来。这时涪州城里传来磬声，尔朱真人"闻磬方醒"，然后来到白鹤梁上继续修炼，并和打鱼人成了挚交朋友。

有一天，他们在白鹤梁上喝酒，喝得正酣的时候，尔朱真人就把自己炼的仙丹拿了两粒出来，一个人吃了一粒，二人走到一个叫"荔枝园"的地方，乘鹤西去，成为仙人。

白鹤梁全长1600米，由于江水冲刷被切割成了三段，古代上梁到中梁是可以通行的。

白鹤梁上刻着历代名人真迹，如黄庭坚、晁公道、黄寿、朱昂、吴革、刘甲、庞公孙、王士祯等，共300多人题写的诗词，达3万多字。荟萃"颜、柳、苏、黄、真、草、隶、篆"各体书法于一梁，大放异彩，流芳千古。

链接：
川江七大枯水石刻

在古代，长江水位的变化与先民的生存和发展息息相关，因此，长江两岸留下了大量记录水位涨落的石刻，这就是水文石刻。目前所知，最早的水文石刻，是公元前407年的重庆朝天门灵石石刻。通过石刻定位，进行水位观测，这是我国两千多年前十分重要的一项创造。

唐代是长江枯水水文石刻的成熟时期，从唐代以后，在从重庆到巫山的川江段中，出现了江津莲花石、巴县迎春石、朝天门灵石、江北耗儿石、涪陵白鹤梁、丰都龙床石、云阳龙脊石等"川江七大枯水石刻"，构成了内容丰富、蔚为奇观的水下石刻宝库，成为长江上永不消逝的记忆。

江津莲花石：位于江津区几江镇东门外长江航道北侧江中，由36块礁石交错组成，形状像莲花。三峡蓄水前全露时，面积达800余平方米。整朵莲花石上题刻38段，记录了南宋乾道中期至民国二十六年之间近800年的长江枯水位情况，在水文考古方面具有重要价值。

巴县迎春石：位于巴南区麻柳嘴镇长江主航道南侧的礁石上，分为上下石，相距约50米，上石长约19米，宽约8米；下石长约27米，宽约13米。题刻始于南宋绍兴十八年（1148年）三月进士冯时行。

朝天门灵石：位于朝天门长江与嘉陵江交汇处的石梁中部的水下石盘上，长约200米，上面凿刻着12处碑文，有从东汉建武年间（公元25—27年）到清朝康熙年间共17个年份的枯水记录。因东晋义熙三年（407年）凿刻的《灵石社日记》，于是便将这块石头称为"灵石"。据史料记载，灵石最后一次出水是清乾隆十九年（1754年）。

江北耗儿石：位于长江北岸，江北鱼嘴下游5公里蒋祠沱江段航道上，长2.4米、宽0.8米、高0.65米，重4吨，因为形似耗子而得名。面向江中心一端的岩壁上，刻有约30个文字，记载了后蜀明德三年（936年）的丰年盛况，该题刻在水下保存了1064年，面貌完整。

丰都龙床石：位于丰都县城南水门子外的长江河心，是一条长形的水下磐石，长约28米、宽约13米。龙床石约有40段题刻，目前测知最早的题刻是南宋绍兴年间的，另外还有南宋端平年间和元代大德年间的题刻。

云阳龙脊石：位于云阳县城前长江江心，是一处长200余米，宽10多米的砂岩石梁。在三峡大坝修建前，每年冬春枯水季节露出水面，宛如一条白龙潜于长江，故名龙脊石。龙脊石上古诗文题刻极为丰富，有自北宋元祐三年（1088年）以来的各代石刻题记170余处，其中含53个枯水年份的68段水文石刻题记。

816地下核工程：世界第一人工洞体

在重庆涪陵区白涛镇金子山上，矗立着一根150米高的烟囱，远远望去，犹如一个巨大的惊叹号，直抵苍穹。这可不是一根普通的烟囱，而是三线建设时期中国在建的最大地下核工程的排风道。同时，也通过这根烟囱排放烟雾，在工程上空制造隐秘区，以便于秘密作业。

20世纪60年代，根据国际国内形势，国家决定在大后方西南地区建设一个核原料工业基地，根据当时三线建设的一贯方针，要求靠山进洞，即"816地下核工程"。

有关部门经过多次考察、论证以后，决定选址四川省涪陵县白涛镇。当时的白涛镇，山高林密，人烟稀少，是乌江边上一个仅2000人的小镇，为了保密，凡是有"问题"的人一律迁出，"白涛"这个地名也随之从地图上抹去。

1966年，"816原子能反应堆及化学后处理工程"正式获批，即为制造原子弹提供核原料的地下核工厂。这在当时被列为绝密级军事机密。

为了保密，816当时对外的形象是"国营建新化工机械厂"，厂区有一个团的部队负责警卫，建设地点也绝不允许外泄，通讯地址只能写"重庆市4513信箱"，职工家属不能进厂，职工只能回家探视亲属。

为了建设这个庞大的地下工程，中央军委特调工程兵第54师（代号"8342部队"）担负主要施工任务。8342部队是中央军委直属的一支特种工程兵部队，长期担负国家重要的国防工程建设任务。1967年2月，8342部队所属三个团入驻白涛镇。1970年，8342部队参加抗美援越的一个团和留在酒泉基地的一个团全部归队。至此，全师共两万多人全部聚集白涛，承担"816工程"最艰巨的洞体开挖和开挖后的被覆工程任务。

国家核能工业部也陆续派出三个建筑公司，主要任务是架桥铺路、建厂房和住宅区。涪陵地区也调配了民工1万

816地下核工程控制室示波器

人左右，加上从全国征调的人才和老厂转调的技术尖子近1万人。一时之间，这个名不见经传的小山沟里，一下子聚集了将近6万人。

由于保密的需要，当年来这里工作的人，根本不知道自己是在做什么，工人之间几乎没有交流。最艰辛的是生活在"密洞"里的战士们，数年如一日过着挖洞的枯燥生活，有些战士甚至没有到附近的白涛镇上去过。支撑他们的，是当时毛泽东提出的"备战、备荒、为人民"和"深挖洞、广积粮、不称霸"两个口号。

1975年，54师完成坑道施工任务，奉命撤离白涛。两万多战士耗时8年，将整座大山掏空，洞体施工挖出的土石方量有151万立方米，如果将这些石渣筑成一米见方的石墙，可长达1500公里。洞厅最高处高达79.6米，相当于20多层的楼房，所有洞子、通道全部加起来总长24公里。山体周围共挖出大小洞口19个，根据不同规划，人员出入口、汽车通行洞、排风洞、排水沟、仓库等一应俱全；里面共有大小洞室18个，道路、导洞、支洞、隧道等130多条。

为了挖掘这个庞大的"地下长城"，54师付出了惨痛的代价。据不完全统计，"816工程"共牺牲官兵107人，年龄最小的仅有19岁，其中76人被评为烈士！

工程兵撤出以后，由816工程建设队伍继续进行厂房的建设和设备的安装。

1984年2月，由于国际形势的变化，"816工程"停止并被封闭了起来。而此时，建筑工程已完成85%，安装工程已完成60%、总投资达7.4亿元人民币。

为了战备需要，洞体工程设计可以预防100万吨级TNT当量炸弹爆炸冲击，所用钢筋水泥全部为高标号材质，能抵抗8级地震的破坏。

这个神秘的巨洞，在地下埋藏了18年之后，于2002年4月8日，国防科工委以"科工密办（2002）14号"文同意对其解密。之后，"816工程"以旅游的方式，终于向世人揭开了神秘面纱。

链接：

溶洞深处的飞机厂

1937年，中意南昌飞机制造厂在七七事变遭到日机轰炸，在时任南川县长陈文藻的帮助下，飞机厂内迁到重庆南川县丛林镇海孔洞（今万盛经济技术开发区丛林镇），成立"民国第二飞机制造厂"，历时约9年。

第二飞机制造厂建设是分期进行的。在川湘公路49公里处修建一条约7.6公里的简易公路与海孔洞相通，在洞内建有1200平方米的简易工房，在洞外建有机身库、办公室；沿公路建小型工房20余栋。在后沟建有1000平方米的员工宿舍。该厂全称为"国民政府航空委员会第二飞机制造厂"，通讯信箱为"南川丛林10号"。

在简陋的山洞，第二飞机制造厂的职工们，靠自己的力量研制出近代中国第一架军用运输机"中运1号",1944年10月在重庆白市驿机场试飞成功。

日本侵略军曾获悉国民政府在南川县建有飞机制造厂的情报,先后5次派飞机轰炸,但工厂隐蔽在山洞中,日机未能找到目标,却在距工厂20公里的南川县城投下大量炸弹。

第二飞机制造厂坚持生产至抗战胜利两年后,总计有上百架飞机在山洞中制造成功,装备抗战空军作战及训练之用。1947年,飞机厂奉令迁往江西南昌驻马店。

天生三硚:七仙女的爱地

传说七仙女十八岁的时候,偷偷来到凡间,发现武隆仙女山脚下有一处谷底小溪流淌,水草丰美,牛羊成群,便爱上了这地方。这一美妙之地就是现在的武隆区天生三硚。

造物者似乎特别恩赐这里,地质的变化造就了这里的奇观,不需要修饰的地貌诠释着何为鬼斧神工,只需要来到这里,你就可以看到,在距离几百米之内有三座宏大的天生石拱桥傲然挺立。这是亚洲最大的天生桥群,真不愧为自然界留给人类的宝贵财富。

天生三硚旁边有一处湖泊,透明如镜。七仙女每到傍晚,都要到湖里沐浴,这处湖就叫仙女湖。在这里,遇到了来放牛的牛郎,仙女爱上了牛郎,二人结为百年之好,过上了男耕女织的生活。从此,七仙女便成为织女。

武隆人家

没想到,二人的恋情很快被天庭知道,玉帝发起怒来,决定让雷公和电母捉拿织女。牛郎携织女逃跑。雷公追上,打在地上,震出了天龙天坑和神鹰天坑。此时,牛郎织女潜入羊水河,雷公看不见,决定让电母寻找。电母一道电光,硬生生劈出一条地缝,这地缝便是龙水峡地缝。

牛郎被击昏,织女被捉回天庭。织女回天庭后,日思夜盼,身体逐渐消瘦。王母看织女用情至深,被感动了,决定让他们在每年的七月初七见上一回。但由于牛郎是凡人,织女是仙人,他们只能隔河相望。那么远,他们只能用心去呼唤。

在他们的呼唤里,各地的喜鹊都来搭桥了,羊水河的三条龙也献身为桥。天龙是上天派的,代表上天的恩德;青龙是地神派的,代表东方紫气;黑龙是

五卷 雾罩山水

403

水神派的，代表北方神灵。三条龙各献功德，形成天生三座大桥，气势宏伟，规模宏大。

牛郎织女相会的过程里，喜鹊也功不可没。为了奖赏喜鹊，王母封喜鹊为神鹰。现在我们在神鹰天坑看到的那一片山崖，就是神鹰展翅的样子。神鹰在搭建情人桥的过程中，又渴又累。仙女为感念这种神鸟，在仙女山脚下引一泓清泉来给它们解渴，这汪泉便叫做报恩泉。

每到旧历七月七，报恩泉涌得更加清澈甘甜。在中国情人节这天，如果有缘分或有爱心的人，在天生三硚会看到三龙架虹，也会看到神鹰在报恩泉饮水。

武隆天坑三硚是全国罕见的地质奇观生态型旅游区，属典型的喀斯特地貌。景区以天龙桥、青龙桥、黑龙桥三座气势磅礴的石拱桥称奇于世，属亚洲最大的天生桥群。三座桥呈纵向排列，平行横跨在羊水河峡谷上，将两岸山体连在一起，形成了"三硚夹两坑"的奇特景观。

武隆景区

链接：
重庆第一个世界自然遗产

武隆天坑三硚以其壮丽而独特的"三硚夹两坑"景观称奇于世。在这里，世界最大天生桥群和世界第二大天坑群相映生辉，坑与坑之间以桥洞相望，桥与桥之间以坑相连。2007年6月27日，天坑三硚与芙蓉洞、后坪箐口天坑景区一起被列入世界自然遗产名录，成为中国第六个世界自然遗产和重庆第一个世界自然遗产。

天龙桥：为羊水河峡谷上的第一座天生桥，又名头道桥。高大厚重、气势磅礴，以雄壮称奇。桥高235米，桥厚150米。天龙桥桥下发育有两个穿洞，左（南）侧的穿洞称为迷魂洞，洞底高出右（北）侧穿洞120米。洞壁有大量的破痕、窝穴及溶孔等水流活动的痕迹，地下伏流曾经从左穿洞流过，后来改道为右侧的穿洞。

青龙桥：为羊水河峡谷上的第二座天生桥，又名中龙桥，因雨后飞瀑自桥面倾泻成雾，日照成彩虹，似青龙扶摇直上而得名。桥面高度为281米，是三座天生桥中最高者，桥面厚度168米，桥面宽124米。青龙桥以高大著称，为世界喀斯特天生桥高度之最。

黑龙桥：为羊水河峡谷上位置最下游的天生桥，桥名古已有之，因其拱洞幽深暗黑，似有一条黑龙蜿蜒于洞顶而得名。桥面高223米，桥厚107米，桥面宽达193米,为三桥中宽度最大者。洞壁北侧发育有雾泉、珍珠泉、一线泉、三叠泉等4处悬挂泉,风格迥异。

纵观三座天生桥,均以"龙"命名,这不仅形象地说明了三桥壮阔的体态与宏伟的气势,也表现出人类对于自然的崇拜与敬畏。

桃花源:《桃花源记》原型地

东晋太元年间,武陵郡有一个人以打鱼为生。一天,他顺着溪水行船,忘记了路程的远近。忽然遇到一片桃花林,生长在溪水的两岸,长达几百步,中间没有别的树,花草鲜嫩美丽,落花纷纷的散在地上。渔民对眼前的景色感到十分诧异,继续往前行船,想走到林子的尽头。

酉阳桃花源洞口、溪畔与问津亭

桃林的尽头就是溪水的发源地,一座大山挡在眼前,山上有个小洞口,洞里仿佛有光亮透出来。于是渔民下了船,从洞口走进去。起初洞口很狭窄,仅容一人通过。他大着胆子又往前走了几十步,突然变得开阔明亮了。呈现在他眼前的是一片平坦宽广的土地,一排排整齐的房舍,还有肥沃的田地、美丽的池沼,桑树竹林之类的。田间小路交错相通,鸡鸣狗叫之声到处可以听到。人们在田野里来来往往耕种劳作,男人、女人的穿戴,都跟洞子外面的人完全不一样。老人和小孩们个个都安适愉快,自得其乐。

村子里的人看到渔民,都感到非常惊讶,问他是从哪儿来的。渔人详细地作了回答。村里有一长者就邀请他到自己家里去做客,杀鸡做饭酒肉招待。村子里的人听说来了这么一个人,都来打听消息。他们说,他们的祖先为了躲避秦时的战乱,带领妻子儿女和乡邻来到这个与人世隔绝的地方,不再出去,因而跟外面的人断绝了来往。

他们好奇地问渔民现在是什么朝代,竟然不知道有过汉朝,更不必说魏晋两朝了。渔民把自己知道的事一一详尽地告诉他们,听完以后,他们都感叹惋惜。其余的人又各自把渔民请到自己家中,都拿出酒饭来款待他。渔民在这里住了几天,遂向村里人告辞离开。

村里的人都对他说:"我们这个地方不值得对外面的人说啊!"

渔民出来以后,找到了他的船,就顺着旧路往回划,一边划船一边沿途标记。到了郡城,赶紧去拜见太守,报告了自己的奇特经历。太守立即派人跟着渔民,前去寻找之前所做的标记,却迷失了方向,再也找不到通往桃花源的路了。

南阳人刘子骥是个志向高洁的隐士，听到这件事后异常兴奋，兴高采烈地计划前往。但没有实现，不久因病去世了。此后就再也没有人提起过桃花源。1600多年前，晋代大诗人陶渊明写下了《桃花源记》，留下了一个令世人追逐向往的"世外桃源"。

这一方远离世俗喧嚣的净土究竟在哪里呢？它就位于重庆市酉阳县城北500米处的"桃花源"，经国内外专家、学者从地理、路线、景物、历史、距离、环境等六个方面进行论证，一致认为这就是陶渊明笔下《桃花源记》的原型，并且有历史资料加以佐证。据《酉阳直隶州总志》记载，"核其形，与渊明所记桃花源者，毫厘不爽。"《重庆通志》记载："酉阳汉属武陵郡之迁陵地，渔郎所问之津，安之不在于此？"

酉阳桃花源地处武陵山的腹地，渝、鄂、湘、黔四省（市）在此接壤，距重庆主城区360公里。桃花源洞为石灰岩溶洞，长100多米，宽约30米。洞前的桃花溪水自洞内流出，溪畔有一个四角木质小亭，传说是当年那位渔民问津之处，故名"问津亭"。仰视洞口高处，有著名历史学家马识途先生题写的"桃花源"三个大字。穿过幽深的桃花源洞，眼前豁然开朗，只见洞内四面环山、土地平旷、阡陌纵横、良田美池、村落点布，好一个与世隔绝的世外桃源！

小南海：最完整的古地震遗址

黔江后坝许家湾，是位于武陵山区一个普通山谷的普通村庄。村庄三面环山，山上绿树常青、植被丰富，一条清澈的小溪缓缓地从村子中间流过，冲出峡谷，奔向远方。数千土家人世代居住于此，日出而作，日落而息，过着世外桃源般的生活。

清咸丰年间，许家湾犹如掩映在群山里的明珠，打破了空山的寂寥，给群山带来了鸡鸣狗吠的生活气息。

小南海地震遗址，1856年地震后形成的堰塞湖

那时的黔江巨富、财主罗炳然是许家湾的大户。这一年，他决定修建祠堂，光耀宗祖，于是雇请百余名工匠，紧锣密鼓地开始施工。

在修建祠堂基础的时候，有一位小石匠挖出一块斗大的卵石，正当他准备将卵石砸碎的时候，被师父曾石匠及时发现并制止。曾师傅告诫所有徒弟："谁也不能动这块

石头，否则将会大祸临头！"

整整修了三年，罗家祠堂终于竣工。只见这座祠堂气势恢宏，飞檐斗拱，雄踞在许家湾，显得鹤立鸡群。正殿七柱五间，供奉着罗氏家族列祖列宗的神牌，其庄严肃穆、风光气派，方圆百里绝无仅有。

眼见祠堂顺利落成，罗财主非常高兴，于是遍撒请帖，广邀当地乡绅贤达以及社会名流，决定举行竣工庆典。曾师傅作为掌墨师也受到了邀请，有些受宠若惊。庆典这天，曾师傅特意换了一身干净衣服，想象着别人投来的尊敬目光，高高兴兴地去赴宴。

师父赴宴去了，徒弟们却有些不乐意了，辛辛苦苦工作了三年，不但没有拿到一分工钱，连庆典宴会也没有资格参加。大徒弟平常除了做具体的石匠活，还经常代理师父负责管理其他师弟，他越想越觉得委屈，决心想法整治一下罗财主，于是对师弟们说："师父说那块宝贝石头砸了会惹祸，我们去砸开试试，看看师父的话灵不灵。"

众徒弟的心中早就有怨气，听大师兄这么一说，应声而上，抡起大锤，砸向卵石，只两三下，卵石便四崩五裂。这时，卵石下面蜷缩着一条鳝鱼般大小的小红蛇露了出来。二徒弟抡锤便想砸下去，被大徒弟连忙制止："听说屋基挖出活物，说明这屋藏龙卧虎，是块风水宝地，现在我们把这块奠基石砸了，罗氏家族肯定要衰败了，暂且放过这精灵吧！"

再说曾师傅，虽然受到邀请参加宴会，却被安排和下人坐在一起，顿觉受到轻视，心生十分不快，连饭也没有吃就气冲冲的返回祠堂。

刚返回祠堂，一眼就见到徒弟们面前破碎的卵石和手中的大锤，曾师傅顿时明白了一切，根本来不及责备，只是急吼吼地催促大家："赶快收拾东西，往山上跑！快！"边说边带领徒弟们冲向山顶。众人一窝蜂刚跑到半山腰，突然狂风大作、电闪雷鸣、乌云密布、大雨倾盆，不一会儿工夫，地动山摇、山崩地裂、房倒人晃，

小南海国家地质公园

犹如世界末日到来。当大地平静下来，师徒等人回头一望，山脚已是一片汪洋，罗家庄园及村庄全部被淹没。

据清《黔江县志》载，"清咸丰六年（1856年）五月壬子，地大震，后坝乡山崩，溪口遂被埋塞。厥后，盛夏雨水，溪涨不通，潴为大泽，延裹20余里。"据当地村民传说，这场大地震，将罗氏庄园及另一李姓财主的李家庄园，深深地淹埋在了水底。

地震发生时，巨大的能量把山体摇松并撕裂，随后的地震波把山体拦腰震断，垮下来的山岩被水平拉力抛到一公里以外，堆积成一条天然的石坝，大坝

南北走向，长 1170 米，坝高 67.5 米，宽 70 米，堵塞山谷形成堰塞湖。垮下来的巨石四处滑落，形成巨石阵，直径一般为 1 — 5 米，大的 10 米以上。

这场灾难彻底改变了当地的风貌。10 年后，风景秀丽的湖泊逐渐形成，面积达 2.87 平方公里，平均深度 30 米，最深处 47 米。湖面波光潋滟，如烟如雾，犹如天上瑶池、人间仙境，当地的土著居民以讹传讹，称其为"小南海"。

1967 年，云南省三位地震专家首次进入小南海后，这里独特的地貌才渐渐被世人知晓。从此，一场关于小南海形成的争论持续了近半个世纪，直到 2005 年，经过中俄专家四次现场探测，小南海形成之谜才被彻底破解：小南海是由断层引发的震级为 6.25 级，烈度为 8 度的构造型地震造成，是目前中国国内历史最长、保存最为完整的一处古地震遗址。2001 年，国家地震局批准小南海为"国家地震遗址保护区"和"全国防震减灾科普宣传教育基地"。

链接：

黔江的奇山异水

黔江，位于渝东南边缘，是重庆主要的少数民族聚居地之一。地处武陵山腹地的黔江，自然风光神秘怡人，境内山雄水秀，植被葱郁，野生动物繁多，一片净土恰似重庆的"后花园"。

城市峡谷： 横跨七个地质年代，垂直落差达 500 米，全长约 8 公里，拥有高达 123 米的巨幅摩崖观音像和悬空玻璃栈道。景区位于黔江城区，也成就了黔江"东方卢森堡，黔江峡谷城"的美誉。

濯水古镇： 位于黔江区濯水镇境内，距黔江主城 26 公里。地处乌江主要支流阿蓬江畔，四面环山，是武陵山区少有的土家水乡，是一个集土家吊脚楼群落、水运码头、商贸集镇于一体的千年古镇。

蒲花暗河： 位于黔江区濯水镇境内，距濯水古镇 2 公里。暗河部分长约 2 公里，河水最深处 20 余米，由蒲花暗河、天生桥群、大漏斗群、绝壁栈道、蒲花河大峡谷等组成，景观迷人，独具魅力。

八面山： 在黔江城的西北，南至火烧岩的梅子关，西至凤池山，北至板凳岩，面积 30 平方公里，东西南北四路可通、八方能上。地接南海、石会，现属城西街道辖，最高处钟顶山海拔 1720 米，天然植被葱郁，奇花异草富集。

武陵仙山： 位于黔江区石会镇。唐天宝元年（742 年），唐玄宗李隆基赐名武陵山。后因涪陵抢先注册"武陵山乡""武陵山国家森林公园"，而更名为"武陵仙山"。山峰绵亘十余公里，山势峻峭，奇峰兀立，危崖深谷，云缠雾锁。以武陵山为中心的 19.2 万亩的林区是"黔江国家森林公园"。

神龟峡： 是阿蓬江峡谷景观的组成部分，长 38.9 公里，峡口距黔江城区 44 公里。因峡口两山酷似雌雄双龟对卧而得名。河道斗折蛇行，沿途绝壁夹江。

峡谷由神门峡、天门峡、人门峡三段组成。全程有27道弯、28个门（即一线天）。

官渡峡： 距黔江主城区22公里，因古驿道从这里船渡过江而得名，峡谷全长18公里。两岸悬崖峭壁，江水蔚蓝清澈，并有悬棺神庙、水寨遗址、渔滩大坝，使得自然景观和人文景观在这里交相辉映。

板夹溪十三寨： 位于黔江区小南海镇新建村，东距黔江主城区约30公里，景区面积为6.5平方公里，有13个典型的土家院落，这里集居生活着200多户近1000名土家族人。

聚奎书院：白屋诗人吴芳吉的归宿

在重庆江津区白沙镇黑石山，有一座川渝两地保存最完好的书院园林建筑，这就是聚奎书院。现为聚奎中学，是重庆市唯一一所向游客收取门票的中学。

聚奎书院始建于清同治九年（1870年），最初名为"聚奎义塾"，早于北京清华学堂。清同治十三年（1874年）时，当时的白沙团总张元富、盐商邓石泉和邓清连等人捐银3600两，在"聚奎义塾"的基础上扩建"聚奎书院"，一年修成正室五间，因经费用尽，张元富去世，停工五年。光绪五年（1879年）由当时的江津知县国璋出面劝募，得银5000余两继续修建。第二年即光绪六年（1880年）"聚奎书院"建成，为当时江津四大书院之首。1905年，改为聚奎学堂。

白屋诗人吴芳吉

聚奎书院自开办以来，培养了无数人才，最出名的当属"聚奎三杰"，即聚奎校友中在诗、书、画上各有造诣的吴芳吉、邓少琴、张采芹等三人。最终，三人落叶归根，墓地都在聚奎中学内九曲池边。

"三杰"中最为知名的是吴芳吉，20世纪20年代中国著名诗人。著名诗作除《婉容词》《两父女》外，尚有《护国岩词》《巴人歌》等。诗歌被选入上世纪30年代教材。自编《白屋吴生诗稿》，于1929年出版。他是重庆大学的创办者之一。

吴芳吉1896年7月1日出生在重庆城杨柳街碧柳院。他小的时候，父亲吴传姜为了保持家贫不短的骨气和持身以正的家风，将祖辈留下来的三间茅屋用石灰粉刷得白白的，并在门口挂上"白屋吴宅"的木头牌匾，以示身家清白。吴芳吉遂自名曰"白屋吴生"。

吴芳吉刚上重庆城大梁子左衙门小学不久，父亲经商破产，又遭恶人陷害，涉讼入狱，家道衰落。母亲刘素贤被迫携儿回故居江津德感坝，投靠吴氏伯叔生活，吴芳吉转入江津二守镇小学读书。

伯叔家里也不富裕，加上儿女众多，经济常感拮据。为寻生计，母亲刘素贤毅然迁居江津县西南的白沙镇。1906年，刘素贤将10岁的儿子吴芳吉送入白沙镇东南黑石山的聚奎学堂读书。

校园生活、师生友谊、如诗如画的环境，依然改变不了吴芳吉对父亲吴传姜的思念。他大胆决定，要救父亲吴传姜出狱回来。聚奎学堂会计龚茂如听说吴芳吉要为父申冤，慷慨资助路费。吴芳吉立即启程，从江津白沙到重庆城探监，来到监狱门口，恳求狱警让他见父亲一面。狱警拒之门外，吴芳吉长跪不起。几小时过去了，天渐渐黑了。两顿没吃饭、一天没喝水的吴芳吉昏倒在监狱门口。狱警感动了，准许吴芳吉去探望父亲。吴传姜抱紧儿子，百感交集。

当晚，吴芳吉回到旅社，奋笔疾书诉状，数千字一气呵成。第二天清晨，吴芳吉奔赴衙门会见州吏。10岁孩子，掷地有声地为父亲申辩。他摆事实，讲道理，说到伤心处，潸然泪下。州吏见其小小年纪，恳切动人，条条理由无可辩驳，甚为感慨，下令释放了吴传姜。

13岁时，吴芳吉在学校的作文课上花两个小时写出了1400余字的读后感——《读外交失败史书》，其老师同盟会会员、辛亥革命先驱肖湘读完此文，拍案叫绝，在批文中写道："以诗论文，有李太白之豪放与杜子美之谨严。何物神童……咄咄怪才！"同时将文章推荐给堂长邓鹤翔，后印发全县各学堂，吴芳吉一时名噪全川，被誉为"神童"。

1911年，吴芳吉以优异成绩考入首届清华留美预备学校（清华大学前身）。

吴芳吉对黑石山及聚奎学堂情有独钟，曾说："聚奎，为某儿时肄业之地，山川之胜，甲于全蜀学校，某之诗趣，得此诱启最多。"他生前返黑石山时，对人说，"我死后可葬于此地，任听树声、鸟声、书声。"

1932年5月9日，吴芳吉病逝，故乡人遵其意愿将他葬于此地。白屋诗人墓是江津著名的文物古迹，80多年来，前来谒墓者络绎不绝，冯玉祥、卢前、萧公权、曹刍、佘雪曼等众多名人都曾来此并留下诗文。

链接：

重庆现存书院

清代，巴渝大地有书院上百所，小什字缙云书院、来龙巷算学书院、重庆七中东川书院、长生乡三益书院、迎龙乡鹏云书院、白市驿观文书院、木洞镇观澜书院、南彭乡行余书院等。总之是无州无县不书院。这些书院大多损毁，如今还保留的书院建筑并不多。

海鹤书院：即"尹子祠"，位于重庆南川区城西2公里龙济桥东，始建于清光绪五年（1880年），南川县令黄际飞和举人徐大昌为纪念汉代著名学者、文学家、教育家、书法家尹珍在南川设馆讲学而倡修。尹子祠是南川文化的发祥地，也是重庆地区仅存在的三个古书院之一。

白岩书院： 位于涪陵区长江北岸黄旗山北山坪南麓的北岩。北宋绍圣二年（1095年），著名哲学家、教育家程颐被贬涪陵，在北岩的石洞中点《易》立说，历时六载。南宋理学家朱熹继承和发扬了他的学说，形成了我国古代哲学史上有名的"程朱理学"。

三块石运河：中国第二大运河

京杭大运河作为中国第一大运河，可以说是家喻户晓。那么，中国第二大运河在哪里？又是哪一条运河呢？这个问题，估计没有几个人能回答上来。

很少有人知道，中国第二大运河就在重庆，位于潼南区新城北面的桂林街道办事处境内，是潼南三块石电站的引水河，因而被称为"三块石运河"，也有人直接称其为"潼南大运河"。运河全长15.2公里，宽110米，呈自西向东流向。北靠群山，有远近闻名的八面山十里桃林；南邻全国著名的无公害万亩蔬菜基地；西接三块石大坝，东进潼南新城，运河上有十几座人行天桥，两岸小桥流水，村落散布。

运河上至今有机动班船通航，从三块石大坝附近登船，逆流而上至运河与涪江交汇处附近，然后调头顺水而下回到起点。特别是赶场天，运河沿岸村落的村民到城里采购了生活物资和生产用品，挑着担子、背着背篓、提着大包小包、扶老携幼搭乘班船，船上热闹非凡。每到一个村落附近，船便慢慢靠向岸边，村民们一步跨下船头，肩挑背扛，顺着石阶慢慢消失在岸边的树丛中……

20世纪70年代，潼南全县只有一座300千瓦的电站。长期缺电导致全县数十万亩稻田常年干旱，生产、生活受到严重影响。1976年6月18日，潼南县委动议修建三块石水电站。四川水利厅专家组现场勘察后，决定采用筑拦河滚水大坝、混合式长引水渠的方案。经多方论证，大坝最终选址涪江三块石，并在左岸平坝上依山修建15.2公里的长引水渠，至莲花寺修建厂房发电。因拦断涪江，引水渠兼具航运功能，船只设计通行能力500吨。

三块石电站于1977年12月6日开工。动工前，潼南县委向全县人民及在外地的军、工、干发出公开信，号召出力出钱。运河及大坝被划成若干工段，全县

三块石运河上拼接的车渡浮桥

3000多个生产队，轮流派劳动力，自带工具、被褥和伙食，按军事编制，到指定工段劳动。

在那个物资特别是食品匮乏的年代，为了摆脱缺电困境，潼南人勒紧裤腰带，在涪江下游安营扎寨，摆开修建水电站的战场。一时之间，运河上下30里，左右5里内热火朝天，沿线密密麻麻都是人。当时，几乎全县的壮劳力都参加了修建运河的义务劳动，短的两三个月轮换一次，长则一年半载不回家，高峰时工地上聚集了民工6万多人，最少也有4万人。人们掘河道，筑护堤，挥钎放炮，肩挑背扛，夜晚灯火通明，通宵达旦。

县里凡会点技术者，都被抽调参加测量、施工、质检等。没钱买压路机，怎么办？大家用水泥钢筋铸出10多吨重的大碌子，在大堤上推动来回碾压。需要闸门，既没有钱，又无法将一道重20多吨的闸门运回来，怎么办？县里经过研究，派一位邓姓师傅去最近的四川夹江闸门厂学习，回来自己买钢板设计制造。邓师傅因此得了一个外号"邓闸门"，他的本名反而被人忘记了。大家想出了许多土办法给运河工程保驾护航，还有什么"巴杆吊装法""土法抽模设计水轮机页片"等等。

就这样，6万民工风餐露宿，肩挑背扛，鏖战三年，人工开挖土石方447万立方米，用双手凿通全长15.2公里的人工运河，筑起了千里涪江第一坝，创造出潼南有史以来的人间奇迹。1979年9月1日，总装机容量14400千瓦的三块石水电站首台机组建成发电。

三块石电站以及运河就像一座历史丰碑，静静地传达着"自力更生、团结协作、敢创第一"的精神，这就是至今被潼南人津津乐道的"三块石精神"。这种精神并不是虚无缥缈的，而是潼南人用血汗凝结成的，用生命为代价树立的——三块石电站及运河工程，200多民工致残，35名青壮年牺牲！时任四川省委第一书记的赵紫阳来到运河，称赞三块石精神是红旗渠精神的传承。

如今，随着涪江航电枢纽工程的竣工，三块石电站因水位落差太小将停止使用。三块石电站已完成它的历史使命，而三块石运河仍静静地流淌，见证着潼南这座城市的变迁。

链接：
潼南特色旅游景点

潼南区旅游资源丰富，除本书其他篇章已有介绍的大佛寺、杨尚昆旧居、双江古镇等景点外，还有陈抟故里、马龙山卧佛、东升茶山等特色旅游景点。

陈抟故里·崇龛花海景区：位于潼南崇龛镇，距潼南城区30公里。崇龛镇是五代宋初著名道教至尊陈抟老祖的故里，最著名的是油菜花景区，清澈的琼江穿境而过。其中，青岗村种植以油菜为主要背景、小麦为配景，直径达

236 米的中国最大油菜花太极图案；长寿村种植了长 120 米，宽 80 米的帆船图案；白沙村主会场周边种植长 160 米，宽 60 米的油菜浪花艺术图案。

马龙山卧佛：位于潼南至大足公路段的卧佛镇马龙山上。存有雕刻 186 龛，造像 723 尊，其中规模最大的一龛长 40 余米，最小的一龛仅 0.57 米。建

琼江崇龛油菜花海

于 1926 年，其建造年代之晚，规模之大在我国石窟建造史上是极为罕见的。马龙山卧佛长 36 米，头长 9 米，手掌长 3.8 米，比大足宝顶卧佛还要长 4 米，是我国第一大卧佛。整个造像构思奇巧，工艺精湛，实为我国石刻艺术的珍品。

东升茶山农业观光园：位于潼南城东 8 公里处的梓潼镇李台村茶树湾。以潼南茶叶有限公司所辖的万亩茶叶基地为依托。属浅丘地貌，坡丘起伏不大，地势相对平坦，达 150 万立方米蓄水量的藏粮湖点缀其中。园区的茶叶基地有 5000 亩成片茶林和 300 亩茉莉花基地。

天坑地缝：探险家的天堂

奉节小寨天坑

相传牛郎与织女成婚以后，男耕女织，夫妻恩爱。后来织女先后为牛郎生下了一儿一女，一家人更是其乐融融，幸福美满。

可惜，好景不长，先是与牛郎相依为命的老牛突然死去，临终前嘱咐牛郎把它的皮剥下来，在紧急的时候便穿上。

后来，王母娘娘得知织女私自下凡，并与凡人结为夫妻，大发雷霆，命令天兵天将前来捉拿织女。牛郎爱妻心切，挑着两个孩子，拼命地追赶。眼看就要追上来的时候，王母娘娘用手朝地上一划，牛郎面前便出现了一条又宽又长的地缝。牛郎被阻止在地缝一侧，情急之下想起了老牛的话，于是赶紧穿上牛皮，往前一跨便越过了地缝。王母娘娘见此情景，更加气恼，又用手往地上一指，这下牛郎前面出现了一个更加硕大无比的天坑。牛郎把心一横，把眼一闭，奋不顾身地跳了过去。眼见牛郎不仅跳过了天坑，而且居然朝着织女被抓走的方向已经飞向了天宫，王母娘娘也不由得大吃一惊。但她法力无边，只见她再次用手往空中一划，牛郎面前便出现了一条又宽又长的银河。

奉节天井峡地缝

牛郎毕竟是凡人，在老牛的帮助下能飞过地上的天坑地缝，却终究飞不过天上的银河。从此，牛郎与织女分别在银河两边，天各一方。但他们彼此都非常执着地深爱着对方，非常深情地呼唤着对方。王母娘娘终于被他们坚贞的爱情打动，同意他们每年的七月初七在鹊桥上相会。看着牛郎与织女情投意合、相亲相爱的情景，王母娘娘也感慨地说："无论是地上的天坑地缝，还是天上的银河，都阻挡不了尘世间最伟大的爱情。"

天坑地缝位于奉节县长江南岸的莽莽群山中。其中天坑坐落在兴隆镇小寨村，坑口直径622米，坑底直径522米，深666.2米，是世界上深度和容积最大的岩溶漏斗。坑口四面绝壁，如斧劈刀削，宏伟壮观，坑中有无数幽深莫测的洞穴和一条汹涌澎湃的暗河，暗河来自神秘的大地缝。

地缝，也是让中外科学家赞不绝口的一处绝世奇观。两道山梁之间，夹着一条神秘的深谷，远远望去，宛如披着绿衣的大地被无情撕裂，留下一道巨大的创伤。地缝名曰"天井峡"，全长37公里，最宽处500米，最窄处仅1米，是典型的"一线天"。英国探险队员测得地缝最深的地方为900米，其深度当属世界第一。地缝分上、下两段。上段从兴隆场大象山至迟谷槽，长约8公里，为隐伏于地下的暗缝。由兴隆场大象山天井峡能进入缝底，可通行3.5公里。下段由天坑至迷宫峡，是长约6公里的暗洞，1994年8月由英国洞穴探险家探通，有玉梭瀑布、犁头湾瀑布、变幻峰、巨象探泉、石观音、鬼门关、阴阳缝、双凤洞等景点。

天坑地缝，犹如一幅绚丽多彩的丹青长卷，石林、溶洞、洼地、竖井……包容万象，应有尽有。

链接：

天下第一缸——龙缸

龙缸风景区位于云阳县境内东南隅，紧邻湖北利川市，集天坑、峡谷、溶洞、高山草场、森林、土家风情于一体，主要景点有龙缸天坑、云端廊桥、龙洞风光、龙窟峡、岐山草场、蘽草古长城、岐阳关古道遗址、盖下坝湖泊等。其中龙缸天坑深335米，居全国第三、世界第五。龙缸内壁如削，缸壁由峭壁拱成，最宽处2米余，最窄处不足40厘米。人站于缸沿上，一边是千仞缸壁，一边是万丈深渊。壁缝松枝横卧，古藤倒挂，缸底丛林碧绿，四季吐翠。林间百鸟争鸣，盘旋低飞，烟云升腾，景色优美，素有"天下第一缸"之称。

重庆掌故 [典藏本]
CHONGQING ANECDOTES
巴风民俗 六卷

巴戏，鬼吼，闹热也。

① 俚 俗

巫文化：人类原始文明的发蒙

上古巴地群巫篝火晚会

上古时期，天地混沌，洪荒愚昧，民风未化，神、仙、巫、妖、鬼、人等一众共同生活在这个世界上。

在巫的故乡灵山，居住着巫咸、巫即、巫盼、巫彭、巫姑、巫真、巫礼、巫抵、巫谢、巫罗等十个当时最著名的大巫师，被称为"灵山十巫"。所谓"灵山"，就是现在重庆的巫山山脉一带，传说就是巫溪宝源山。灵山十巫的巫术高明，不但精通占星术和占卜术，还通晓祈祷祭祀和迎神降仙的秘诀，有的甚至还对采卤制盐的技术深有研究。

民间传说，灵山中有天梯可直达天庭，十巫经常从天梯上下，往返天地间，向下传达天神的旨意，向上通告民众的诉求，同时也通过天梯进入山中采药，为民众治病消灾。

灵山十巫个个都大有来头。老大巫咸是皇帝的国师，又是帝尧的医师；老二巫即、老四巫彭、老八巫抵都是那时有名的神医；老三巫盼是巴人廪君的远祖；老五巫姑是"十巫"中唯一的女巫，相传她就是巫溪的盐水女神；老六巫真是巴子"五姓"中郑氏的始祖；老七巫礼主要司职巫教中的祭祀礼仪；老九巫谢是巴人廪君部落中五姓之一；老十巫罗为巴郡板楯蛮"七姓"之首的罗姓，是后世巴族的酋长。

远古时期，有一位人面蛇身、跑得最快的神人叫做贰负，性喜杀戮。他的臣子名叫危，同样性情凶残。一天，危无缘无故将蛇身人面的神兽窫窳杀死了。皇帝大怒，将危羁押起来，并命令十巫赶快救治窫窳。十巫领命之后，用不死的仙药竟然将窫窳救活了，但他却变成了龙首马足的怪兽。

这是有关巫的最早的传说和故事，从中可以看出，原始巫文化最早的发祥地，应该是在重庆的巫山地区（今巫溪、巫山县一带）。这一点，已经得到当世学者的论证和认可。

学者们还有一个共识：一切人类文化均来源于早期巫文化！

近代人类学家把对巫术的研究作为理解原始文化的主要途径，把巫文化当作原始文化的主导形态，并视之为宗教与科学最初发展的阶段。

作为原始文明的发蒙，巫是一切文学艺术、科学技术的最早源头，其中包括后来日益发展成熟的武术、体操、诗歌、戏剧、音乐、舞蹈、书法、美术、建筑、医药、天文、地理、语言、文字、数学、化学等。许多现代社会现象都可以在巫中找到古老的模糊的踪迹，比如占卜、星相、风水、跳神，等等。

巫文化的影响深远，至今在偏远山区和少数民族地区比较流行。比如羌族端公踩铧头：当有人患肚痛、腹胀等疾病时，端公将一铧头放在火塘中烧红，然后取出，赤脚踩上去跳舞，最后把脚踩在患者腹部，由下而上轻轻抚擦三次，患者的病立即痊愈，而端公却毫发无损。云南省屏边苗族自治县的巫师把烧得通红的铁犁头放在舌尖上舔，舌尖虽发出"吱吱"的灼烧声，巫师却安然无恙。重庆渝东南土家族称当地的巫师为梯玛，他们可以在烧红的炭火上自由行走而不灼伤足底……

今人演绎巫文化

巫的时代早已远去，但是，即便今天生活在城市、乡村里的我们，也能在生活中随时找到它留下的遗痕，比如成语"小巫见大巫""巫云楚雨""诃佛诋巫"，重庆方言"不落教""巫教得很"，地名"巫溪""巫山""巫峡"，民间职业"巫师""巫婆"……

川江号子：千年之音，渐成绝唱

话说洋人立德乐驾驶"利川号"轮船，于1898年2月14日从宜昌出发，准备逆水而上，穿越长江三峡，直抵重庆朝天门码头。这是一次把脑壳别在裤腰带上的冒险之旅，奔腾万年的峡江，将第一次被机器轮船的轰鸣声打破宁静。

"利川号"轮经过千难万阻，上水成功通过三峡，终于到达重庆云阳县境内。在兴隆滩前，一向勇猛精进的立德乐也犹豫了。这是一个因山崩而形成的浅滩，一块巨石挡着川江主航道，两边滩涂水深仅四英尺（1.22米），曾毁去木船无数，长江上的老把式过往此处，无不提心吊胆，更何况"利川号"的轮盘入水就有三英尺六英寸（1.07米），

清末上水木船过云阳兴隆滩，必须依靠成十上百的纤夫拉船

六卷 巴风民俗

加之航道曲折，稍有不慎，搁浅在所难免。

经过反复考察现场，并聘请长年穿行于峡江的领江（老船夫）一起商量后，立德乐制定了一个万无一失的方案。他雇请了300名纤夫，分成三队，两队向前一起使力，快速将轮船拉过险滩，一队在旁边准备，必要时刻，旁队使劲拽纤绳，让船横移，而不至于搁浅。同时，他雇请了当地有丰富经验的领江。经过研究，决定从巨石左边水路，借滩上的回水之力，直冲而上。

做好一切准备后，随着一声令下，"利川号"轮"轰隆隆"的机器声，伴随着300名纤夫齐声吼出的"川江号子"，一起在峡谷中回响，震撼山野——

　　船过峡江呀，
　　人心寒！哟嗬也，嗬哟嗬嗬，
　　最怕是兴隆滩呀，
　　鬼门关！嗬，哟嗬，
　　一声的号子，
　　我一身的汗！嗬，哟嗬，
　　一声的号子，
　　我一身的胆！嗬，哟嗬嗬，
　　三声号子又一滩，
　　我的连手，哟嗬也嗬哟嗬嗬……

正当上滩之际，只听得"咔嚓"一声，往前拉的一根主纤绳绷断，百余名川江纤夫顿时跌倒一片。大伙顾不得身上的伤痛，跃然起身，立即奔向另外一根纤绳，将肩上"搭布儿"的短绳挽在唯一的主纤绳上，汇合原来的百余名纤夫，200人拉一根主纤绳，躬身伏地向前，蹬直了双脚，双手紧紧抠住岸边的岩石缝，吼着更为雄壮的号子，使船一点点往前移动。300名纤夫齐心协力，经过将近一刻钟的拼搏，终于将"利川号"轮拉过险恶的兴隆滩。

随着"利川号"轮首航川江成功，长江航道上的机器轮船越来越多，木船越来越少，曾经响彻峡江两岸的川江号子，与木船一道，一步一步走向历史。

特别是解放后，新中国整治长江水道，炸毁了从四川宜宾至湖北宜昌南津关约1020公里川江上的大批险滩、暗礁，机器船

解放前上水船过三峡险滩，船主雇佣百十名纤夫抢滩场景

彻底取代木船，生产劳作中的川江号子渐成绝唱。

所谓川江号子，就是在举世闻名的长江三峡上，船工和纤夫们为了协调步伐、提劲鼓气、互助壮胆，发明的许多不朽的船工号子。从重庆至湖北宜昌之间660公里航道上，有阻碍航行的险滩311处，像青（新）滩、泄滩、空舲（崆岭）滩、兴隆滩等有名的"鬼门关"就有37处。在机器船未进入长江三峡之前，木船要通过这些险滩，全部靠的是船工和纤夫的人力，所以，统一动作和节奏就显得非常必要，这是川江号子诞生和发展的基础。

清末长江三峡青滩放滩的木船

川江号子慷慨激昂，阳刚雄壮，既是技术又是艺术，就像汽车的油门，控制船只的行驶速度。根据江河的水势水性不同，明滩暗礁对行船存在的危险性，以及摇橹扳桡的劳动节奏，号子的节奏、音调、情绪也不同，如船行下水或平水时，要唱"莫约号子""桡号子""二流摇橹号子""龙船号子"等，此类号子音调悠扬，节奏不快，适合扳桡的慢动作，也是船工在过滩、过礁的紧张劳动后，体力、精力上的劳逸调剂；闯滩时，唱"懒大桡号子""起复桡号子""鸡啄米号子"，此类号子音调雄壮激越，具有强烈的劳动节奏，适合闯滩时紧张激烈的场景；船行上水拉纤时，要唱"大斑鸠号子""幺二三号子""抓抓号子""蔫泡泡号子"，此类号子一般旋律性强，拉纤时船工很累，为缓解紧张情绪、统一脚步和力点集中的需要而形成；过险滩时，要唱"绞船号子""交加号子"，此类号子以激烈、雄壮的音调为特点。

对号子头的要求很高，既要熟悉传统号子调子，又要熟悉川江航道的情况，并且头脑灵光，能即兴创作，能及时调动情绪，有的能连唱几天而不重复。从某种意义上说，号子头就像个行走江河的行吟诗人，他们大量运用赋、比、兴等手法，让旅程具有诗歌的意趣。

随着川江号子逐渐退出川江航道，为了使这门艺术瑰宝不成为绝唱，一批有识之士开始收集、整理川江号子，并致力于将其搬上舞台。老船工陈邦贵就是其中之一。1987年，法国阿维尼翁艺术节"世界大河歌会"上，时年71岁的陈邦贵和同伴们演唱的川江号子，一炮而红，震惊了所有听众。热情的法国姑娘跑上台，给了陈邦贵一个热烈的拥抱。

2008年奥运会期间，川江号子从朝天门唱到了天安门。2010年上海世博会，川江号子从长江头唱到了长江尾。

六卷 巴风民俗

链接：

山地劳动号子多

重庆山多坡陡，路窄不平，江河纵横，水势凶猛，劳动时必须通过号子来鼓舞人心，统一节奏，因此巴渝大地的劳动号子特别丰富。

三江号子：是指以合川为中心的嘉陵江、渠江、涪江三江流域的人们在从事水上体力运输过程中产生的船工号子。它是一种历史悠久、曲调多样、内容丰富、风格独特，具有浓郁地方风情和鲜明艺术特色的民间劳动歌谣，是合川航运历史进程中产生的不可磨灭的水上文化，是巴渝文化的重要组成部分。

龙骨坡抬工号子：抬工号子又称搬运号子。龙骨坡抬工号子是一种三峡地区抬工在劳作中所吟唱、具有浓郁地域性特征的民间音乐，发源于重庆巫山县庙宇镇，距今已有上千年的历史，在三峡抬工中广为传唱。反映了勤劳勇敢的劳动人民对生活的热爱、向往和追求，以及朴素的审美情趣。

抬连二石场景

老茶馆：一杯清茶，一种生活

自古以来，重庆就有"城门多，寺庙多，茶馆多"之说。

重庆人爱坐茶馆，不仅仅冲着那一杯热气腾腾的沱茶，更多的是将茶馆当成了一个社交的场所，上至国际国内新闻，下至张家长李家短，全在这一杯热茶中发酵、传播、感叹。正所谓，一杯清茶，一种生活。

今天，重庆的老茶馆已为数不多，最出名的当属"交通茶馆"。

交通茶馆位于黄桷坪正街4号，最早是黄桷坪运输公司员工食堂。1987年，国家号召集体企业自寻出路，于是当年员工食堂的二楼变成了如今的交通旅馆，一楼变成了交通茶馆。佘定明女士是黄桷坪运输公司的老员工，后来成了交通茶馆的老板，连她自己都没有想到的是，茶馆一开就是30年。熟悉佘定明的老茶客，都亲切地称呼她为"幺妹"。茶客们在交通茶馆从青丝坐成了白发，而"幺妹"也在这里见证了茶馆的兴衰变迁。

交通茶馆之所以让人牵挂，令人心焦，是因为它几次传出即将关闭或即将被拆迁的消息……

九龙坡黄桷坪交通茶馆

2005年，随着网络的兴起，有人看中了交通茶馆位置比邻学校地区，想要将交通茶馆拆掉开成网吧，黄桷坪运输公司也有意将店面盘出去。为了保住茶馆，长期在这里喝茶创作的四川美术学院教授陈安建向九龙坡区政府上书，由自己和茶馆每月各出1500元的租金，才让交通茶馆躲过一劫。当时，陈安建教授只提一个要求：茶馆坏了，可以修补，但绝不能改变茶馆的内部原貌。他说这里有时间凝固的味道。陈安建的大多数作品都出自这里，那些老茶客就是他的模特，而交通茶馆的每一处风韵，都留在了他的油画上。

2006年，宁浩在重庆拍摄电影《疯狂的石头》，这期间，他来到交通茶馆坐了几天。点上一杯老沱茶，如一个熟门熟路的老茶客，把自己置身于茶馆的市井画面之中，安静地感受着生活的宁静与力量。最终，促成了电影中郭涛和几十个棒棒在此"谈判"的经典镜头。原本安静地躲在

抗战时期重庆茶馆遍布大街小巷、江边山上

黄桷坪一隅的交通茶馆，也随之成为重庆文艺青年心目中的圣地。特别是附近四川美术学院的老师和学生，经常来交通茶馆坐一坐，接接地气，寻找灵感，有时还将自己的一些艺术展览放在交通茶馆举办。

陈安建教授一直信守诺言资助着交通茶馆，算来，如今已付出将近20万元。但是陈教授并不觉得吃亏，因为他以交通茶馆为原型的创作也一直持续不断，并且作品多次获奖。正是因为有了陈教授的坚持，交通茶馆的价格几十年间仅仅涨了两次，每次涨五角，如今，一杯沱茶只需要两块五。

交通茶馆每天早上6点开业，但来开门的并不是佘定明，而是附近的老茶客。"他们自己保管钥匙，这里面又没有值钱的东西，大家都习惯了。"30多年来，老茶客与老茶馆之间，已经形成一种相互依存的关系，谁也离不开谁，就像一对风烛残年的老友，相携而行。

第一泡茶的水，也是茶客自己烧的。水来自茶馆里面的大水缸。水缸里有鹅卵石加棕垫自制的滤水器，头天把自来水加满，"镇"一晚上，就成了上好的泡茶的水。老茶客们好的，就是这一口"镇"过的水，有古旧的味道。水缸一个月会清洗一次，以保证过滤的效果。放在搪瓷盅盅里面的老沱茶，也不加盖子，就这么敞着，反正这一天要沏两百来杯茶，差不多用得完。很多老茶客自带茶具、茶叶，两块钱的开水费便可以坐

清末的江边茶馆开在吊脚楼、捆绑房子内

六卷 巴风民俗

上一天。

近段时间以来，关于交通茶馆即将被拆除的消息再次泛滥。而这一次估计没有以前几次那么幸运。据说，黄桷坪长江大桥即将开始修建，规划中，黄桷坪老街一带都要拆迁，交通茶馆也不例外。"只要通知一来，我们就要和这里告别了。"老茶客们心目中永远的"幺妹"佘定明不无伤感地说。

如今，老茶馆的身影已经在主城很难看到，而"高大上"的茶楼、茶室、茶坊却越来越多，或许，以老茶馆为代表的一种生活方式，也即将随着老茶馆的消亡，渐渐淡出人们的视野。

链接：
寻觅山城老茶馆

而今眼目下，盖碗茶离我们越来越远，却并未消逝，它隐藏在这座城市的垱垱角角之间，仍然有一批人执着地保持着传统的生活方式。比如这些深藏在闹市区里的老茶馆，就像美丽的孤独者，保持着原汁原味的重庆风情。

翰林茶园（磁器口老茶馆）：茶馆老板自小就爱喝茶，而且无师自通，从天文地理到社会人文，都能与茶客聊上几句。在这里，你还可以跟着老板学"堂口暗号"，茶盖立着放到茶碗旁边，叫"楞起"，意思是当请人喝茶的时候忘了带茶钱，为了避免尴尬，以此示意老板，今天茶钱赊着，改天补上。特色：喝茶的时候可以赏花，可以吟诗作画，还可以听老板讲"袍哥"故事。

人民公园坝坝茶（人民公园老茶馆）：环境宜人的露天茶馆，喝喝茶，看看报，看人聚人散，闻鸟语茶香，在这里坐一整天，可感受到最纯粹的生活闲趣。特色：绿树成荫、鸟鸣不断、环境宜人的露天茶馆。

长亭茶园（公园老茶馆）：从解放前一直保存至今的为数不多的老茶馆之一，郭沫若、老舍、曹禺等名人也都曾在这里喝过茶，当然留下了足迹。绿树成荫，环山道路与石级阶梯蜿蜒曲折、纵横交错。特色：历史最悠久之一。喝茶赏景别有情趣。

现今人们喜欢坐坝坝茶馆

老街十八梯茶楼（收藏茶馆）：始于清代的茶艺馆，从前是供脚夫饮歇的茶楼。楼上可直望长江，凭窗观看下面层层叠叠的瓦背老房，心思也会随着茶香回溯那座正在逐渐远去的老山城。特色：茶楼高四层，依山而筑，具有巴渝古朴吊脚楼民居的特征，内部收藏很多茶具、古旧家具与字画。

吊脚楼：三面临江悬吊吊

李调元是清代著名的戏曲理论家和诗人，出生于四川罗江，与遂宁的张问陶（张船山）、眉山的彭端淑合称"清代四川三大才子"。

话说李调元某日来到一个小乡场。那乡场有一座过街楼，楼上是旁边戏楼的耳房，楼下是一个小酒馆。李调元在小酒馆坐下来连喝了几碗酒，已有了几分醉意，便开始摇头晃脑地吟诗作乐。

蜀中才子
李调元

李调元的大名谁人不知，店主早就认出了他。店主也是一个读过几天私塾的人，粗通文墨，自我感觉还是有文化的人，便有意和这位"蜀中才子"开开玩笑。于是对李调元说："我出一联，你若对上，则酒钱全免；若对不上，则加倍付钱，如何？"

李调元正无聊之际，见有人主动陪自己玩，自然高兴，自负地说："请出。"店主指了指过街楼左右两侧的路，说道："两头是路穿心店。"李调元愣了一下，陷入了沉思。店主也不理会他，径直招呼客人去了。

李调元边想边饮，不知不觉间碗中的酒已经空了，竟然还是没有对上。只见他满面通红地站起身，把双倍酒钱放在桌子上，心头怪不安逸地出了小酒馆。

蹀步来到场口，只见江边悬崖上，几根杉木和南竹支撑着一间木楼，看似风雨飘摇，实则坚固异常。此时，一阵江风吹过，李调元顿时头脑清醒，文思泉涌，"三面临江吊脚楼"。一句佳联脱口而出。

石桥、流水、穿心店，枯树、酒肆、挑水人

可惜，为时已晚，酒钱都付了，李调元只有扼腕叹息的分。他心疼的倒不是那几个酒钱，而是堂堂正正的"蜀中名士"，竟然在阴沟里翻了大船。

给李调元挽回点面子的吊脚楼，是一种很有特色的川东民居，尤其是山城重庆（重庆位于四川东部，未直辖前属于四川省），由于"城是一座山，山是一座城"的特殊城市面貌，更是将吊脚楼发挥到极致，成了重庆一道奇异的风景线。难怪，上世纪90年代重庆媒体评选"重庆十八怪"时，"房如积木顺山盖"竟位列榜首。

六卷 巴风民俗

重庆城依山而建，长江、嘉陵江穿城而过，两江四岸，悬崖峭壁，人们"重屋累居"，久而久之，竟形成一片片绝世独立、层层相叠的吊脚楼。著名作家张恨水在《说重庆》一书中，将重庆吊脚楼称为"世界上最奇怪的建筑"；中国科学院院士、建筑大师齐康盛赞吊脚楼为"世界一绝"。

吊脚楼一般是穿斗结构或捆绑结构，随便拣几根木棒或者南竹竿，背靠山壁，面朝大江，脚撑坡地，横竖捆扎在一起，下面悬空防潮，上面铺上木板，盖上破瓦，

清末紧贴东水门城楼、城墙搭建的吊脚楼

能遮风挡雨就成了安身立命的家。如果是独自一间，远远望去，像是鸟笼，歪歪斜斜，晃晃荡荡，似乎风一吹就要倒下来。如果是一大片，则鳞次栉比，层层叠叠，互相依靠，似乎只要一分手，全都要倒下来。

可是，就是这种风雨飘摇的吊脚楼，却年年抵抗两江洪水的侵袭和风雨的肆虐，依然顽强挺立，一如重庆人的意志。如果说四合院民居反映了北京人的大气和安稳，石库门建筑反映了上海人的精细和开放，那么，吊脚楼反映的则是重庆人的顽强精神和坚韧性格。

吊脚楼总是吱呀吱呀叫，楼板总是闪悠闪悠晃。屋顶的几匹亮瓦把天光透进屋里，使楼上显得既温馨又神秘。有的吊脚楼向临江一面挑出一个阳台，作为晾晒衣物、休息"打望"的场所，但那阳台极小，仅容一人侧身坐下。吊脚楼一般没有厕所，也没有厨房。家家户户的门口摆一个柴灶或一个煤炉，下面垫上几块土砖隔热，但依然十分危险。

清末重庆长江边上的吊脚楼、吊脚戏台、小棚屋

因此，重庆城的火灾特别多。翻看《重庆市志》的大事记，从清乾隆以来，到解放前夕，几乎是四五年就有一次特大火灾，一烧就烧掉半边城。1949年的"九二"火灾，因一个老太婆失手，引燃了灶前的柴火，结果燃了几天几夜，把朝天门、东水门、千厮门一带化为灰烬！

如今，随着旧城改造，传统的吊脚楼已经逐渐淡出人们的视野。仅存的吊脚楼在高楼大厦的缝隙里，就像看透世事的老人，似乎就要被时光的尘埃湮没。但不管社会如何变迁、城市如何发展，曾经为重庆人遮风挡雨的吊脚楼，依然是山城人集体记忆中无法抹去的精神符号。

杀年猪：吃刨汤，过肥年

每年农历腊月间，荣昌区万灵镇（路孔古镇）上的曹礼伦就要开始忙碌起来，作为一名从业近30年的"杀猪匠"，他每年春节前要为当地数十户人家杀年猪。也就是说，每年经曹礼伦之手"出栏"的肥猪，至少数十头。而与杀年猪相生相伴的，是杀年猪习俗的整套仪式。要完成这套仪式，需要5人左右。由于曹礼伦熟悉这套杀年猪仪式，因而他现在成了重庆市级非物质文化遗产"荣昌杀年猪习俗"的传承人。

杀年猪是一门技术活和气力活

一进入农历腊月，重庆各地乡村就会开始"吃刨猪汤"，也就是"杀年猪"，为过年做准备。按照重庆乡坝头的传统，年猪要越肥越好，预示着一家人在来年幸福美满、五谷丰登，因而有"杀年猪、过肥年"之说。

重庆荣昌区自古就产猪，荣昌猪作为全国三大保护猪种之一，备受业内关注，因而，荣昌关于杀年猪的习俗，更加详尽，更加完善。

正式杀年猪之前，主人家会拿出家中的酒、茶、米等当作祭品，供请"保护神"和祖上牌位，以保佑来年风调雨顺、人畜兴旺。根据荣昌出土的清嘉庆九年（1804年）的屠工碑记载，当时屠宰户已达数百家；而早在清乾隆四十年（1775年）还成立了屠工帮会，并在县城关圣殿后面右侧修造殿宇，祭祀张桓侯（张飞）。也就是说，杀猪匠所公认的保护神就是吹胡子瞪眼睛的张飞。

祭祀之时，主刀屠工会作为主祭人，诵唱祭文，其他屠工站在主祭人身后。祭文根据当天的时间、环境、主人家的情况而作，大体意义都是禳灾祈福、岁岁平安。

祭祀完毕后，屠工们要吟诵祝颂词："大财上凳，听我昭告，送你西去，来生人道……"同时把待杀的肥猪抬上杀猪凳。祝诵词中的"财"，就是"猪"的意思。

整个仪式的核心部分，就是"杀猪"。两三个屠工把猪按住固定，在抑扬顿挫的祝诵词中，"主刀"屠工手起刀落，一刀刺进肥猪的喉部深处的颈动脉血管。随着肥猪的哀嚎声，鲜血从刀口喷涌而出，直至哀嚎声渐衰……

杀年猪讲究"一刀清"，即一刀杀死。在乡人们看来，这是大吉之兆，当然也可以减少猪的痛苦。如果一刀下去猪断不了气，还长时间挣扎，主人家会不高兴。来年，就不会再请这位主刀"杀猪匠"。重庆人称猪血为"血旺"，"血旺血旺，越多越旺"。猪的鲜血要越多越好。

猪死后，杀猪匠会在猪后脚开一小口，用铁制梃杖插入小口内向猪全身捅插，然后用嘴对准小口将猪吹涨，便于褪毛。褪毛时，猪头上要留手掌大的一块毛，尾巴尖上也要留三寸左右的猪毛，意为"有头有尾"。

重庆人热情好客，杀年猪当天，主人要请族中长辈、亲朋邻里前来帮忙并吃饭，主要菜肴是刚杀的年猪内脏和精肉，这就是"吃刨汤"了。春节是喜庆的日子，"杀"字戾气太重，乡人们都有所忌讳，所以，杀年猪常常被称为"出栏"或者"出槽"。

荣昌杀年猪仪式的摆杂多、名堂多

杀猪匠每年要杀几十头猪，手上岂不是"沾满鲜血"？古人讲究平衡，有"死"必有"生"，因而在杀年猪习俗的仪式里，也有"放生"的环节。

杀完年猪后，为了表示杀猪匠和主人家的慈悲好生之德，杀猪匠会把预先准备好的泥鳅或小鱼端到房前屋后的池塘边放生，并诵唱："一池清水四四方，鲫鱼鲤鱼游中央；今日放生由你去，佑我子孙寿诞长……"

按照最原始的习俗，年猪"出槽"全部完毕之后，为表示主人家的大方，主人家还会将猪肉割成小块，用红绸系好，悬挂于大门外屋檐下，任他人晚上拿走，这叫"施善肉"。挂肉时，主人会诵唱："主家财门开，猪肉挂屋檐；君子拿它去，财运滚滚来。"

滑竿：国共两部长，合作抬校长

1944年10月17日，沙坪坝的南开中学内张灯结彩、热闹非凡，校友们从四面八方赶来，庆祝南开建校40周年，同时也为老校长张伯苓庆祝68岁寿辰。

张伯苓（1876—1951年）是天津人，中国现代著名教育家，被誉为"南开之父"。他于1904年在天津创办南开中学，此后又建起了南开大学、南开女中、南开小学。到1937年以前，南开已形成了从小学、中学到大学的完整体系。

"七七"卢沟桥事变后，南开学校被日军飞机炸成废

张伯苓先生

墟，大学部先迁长沙，继迁昆明，与北大、清华合组成西南联大，张伯苓任校委会常委。早在1936年，迫于抗战形势的紧要和南开学校的生存发展，张伯苓亲自到重庆，在沙坪坝先后购得800余亩土地，创办了重庆南开中学。

张伯苓提倡教育救国，南开建校40周年，他便担任校长40年，桃李满天下，其中不乏国、共两党要员和社会名流。双重喜庆，学生们自然会放下手中一切事务前来祝贺。

周恩来也于百忙之中来到张伯苓居住的津南村。当他看到住所内有一乘滑竿，就请老校长坐上去，拉上站在一旁的张励生一起，两人抬着张伯苓在院子里走了一圈。张伯苓笑得合不拢嘴。在他看来，这一乘滑竿意义不凡，因为周恩来、张励生二人同为南开校友，分别在共产党和国民党中担任要职，又都是国民政府军委会政治部副主任。

田间乡野坐滑竿是很土豪、很有面子的享受

的确，周恩来此举不仅表达了自己对张伯苓和南开的尊重，而且也巧妙地表达了国、共两党合作的意思。

第二天，南开中学校园的墙报上出现一段顺口溜："国共两部长，合作抬校长，师生情谊厚，佳话山城扬。"

张伯苓老校长乘坐的滑竿，正是山城重庆特有的一种代步工具。滑竿始于何年何月已无从考证，但它从轿子演变而来，却得到民俗学家们的共识。滑竿轻巧灵活，大道小道、爬坡上坎皆可行走，尤其适合山区小路，因此在重庆特别盛行。抗战时期，蒋介石在南岸汪山建官邸，进出官邸的唯一方式，就是坐滑竿。

"滑竿"之名是怎样得来的？同样无法考证。一说是用滑溜溜的竹竿绑扎而成；另一说是它轻便快速，山涧路上滑得快（走得快），所以叫滑竿。两种说法似乎都有一定道理。

滑竿制作简便，两根三米多长的斑竹竿，两头各留尺把长的短杠作抬肩，中间用竹片编成软扎，前系脚踏，冷天垫毛毯，热天撑凉篷，软扎上可坐可卧。

滑竿一般两人抬，一前一后。后者视线被坐滑竿的乘客挡住，须前者传话告诉路上的情况，前后一呼一应，于是就产生了"报路号子"。比如，前面路很平直，前呼："大路一条线，"后应："跑得马来射得箭。"要上桥了，前呼："人走桥上过，"后应："水往东海流。"前面的路弯拐多，前喊："弯弯拐拐龙灯路，"后应："细摇细摆走几步。"路上有牛粪，前呼："天上一枝花，"后应："地下牛屎巴。"路上有个小孩，前呼："地下娃儿叫，"后应："喊他妈来抱。"

发展到后来，见啥说啥，前后默契，生动风趣，除了报告路况，还有振奋精神、鼓舞干劲的作用，与船工号子、抬工号子有异曲同工之妙。在重庆的许多风景点，至今仍有滑竿可供游人乘坐。

说到滑竿，不得不说说抬滑竿者为我们贡献的一个生动的词语——敲竹杠。旧时抬滑竿的一些滑头，想从坐滑竿的人身上多捞点油水（力钱），于是两人商量好，当滑竿抬到半山腰，其中一人敲几下竹竿棒，两人就放下滑竿，想出各种理由向乘坐者加价。

抗战时老外坐滑竿体验重庆山地风俗

荒郊野岭处，山高皇帝远，叫天不应，叫地不灵，坐滑竿的人无计可施，一般都只好乖乖就范。这种带有强行勒索意味的行为，为大多数抬滑竿人所不齿，因此人们便把半路上强行提价称作"敲竹杠"。

山城棒棒军：一根竹棒挑起生活

2011年元旦，万州城乌云密布，不时飘下几丝小雨，冬日天气更显阴冷。

"棒棒"老郑在凄风苦雨中守了整整一上午，一个业务也没有接到。这个58岁的男人，来自重庆忠县涂井乡清平村，是家里的顶梁柱，多病的老伴加上儿子和儿媳离婚后丢下的两个小孙孙，还在老家盼望着他挣点钱回家过年。

下午4点多，终于等到一个客户。一位四十来岁的中年人，要老郑将两大包货物从小天鹅市场挑到高笋塘女人广场，劳务费10元。这个价格，别的"棒棒"都嫌少，不愿去，但老郑的想法不同：一天没有业务，伙食费、住宿费还要倒贴将近20元，不如挣一点算一点，还可以暖和暖和身子。

看老郑挑上两大包货，雇主自顾自地往前走。老郑紧赶慢赶跟在后面，来不及歇一口气、换一下肩。万州是重庆的第二大城市，整座城建立在一片近乎45°角的山坡上，比山城重庆还要"山城"。郑棒棒挑着两包货物，吃力地一步一步蹬上一坡陡峭石梯的最后一步梯坎，重重地缓了一口气。猛一抬头："咦，老板到哪里去了呢？"他加快脚步，一路追赶到目的地——高笋塘女人广场，还是没有发现雇主的身影。

这下"好耍"了。货物在手上，货主却走丢了。郑棒棒心头那个急呀，比自己丢了货还着急。在市场上找了一圈，没有看到雇主，他索性挑着两包庞大的货物沿路往回走，期望能在路上碰到他。一路寻过去，都快要到出发点了，还是没有看到主人。怎么办呢？干脆站在原地等吧，郑棒棒心想："老板一定会找过来的。"

寒风裹挟着冷雨，像刀子一样打在老郑的脸上，他的手脚都冷麻木了，清鼻涕流了出来，身子也禁不住冷得发抖。天渐渐黑了下来，老郑正在犹豫如何处置这两大包货物时，老伴的电话来了。老伴前两天又生病了，输液花了100多块钱，让他寄点钱回去。老伴还要他春节回去的时候，再买件棉衣，因为上次买的棉衣暖和，给孙子当铺盖用了。他没有告诉老伴，上次那件棉衣，实际上是货主正要丢弃，他捡回来的。

朴实耿直的郑棒棒

眼看实在等不到货主了，老郑将两大包货物寄存在女人广场物业管理办公室。拖着疲惫的身子，踩着城市寒冷的灯光，朝自己的出租屋走去……

这两大包货物全是羽绒服，据商场其他老板估计，价值起码上万元。一路上，老郑想，要是能给老伴买一件这样资格的羽绒服，那该多好呀！

第二天一早，万州城飘起了新年的第一场雪，天气更加寒冷。老郑一觉醒来，发现浑身酸痛，头昏沉沉的，身上一点力气也没有——头天在冻雨中等待雇主，衣着单薄的他感冒发烧了。

郑棒棒强打起精神，先去女人广场物业办公室，得知没有人前来寻找货物后，又开始在风雨中奔波，满城寻找货物的主人。

这一找又是三四天，他没有再去接一个业务。直到1月5日，实在没得办法了，老郑只得求助媒体，希望媒体帮忙在更大范围里寻找货主。而在这一天，他又接到来自老家的电话，老伴突发尿结石和肾结石，住进了忠县石宝镇卫生院，等他回去交住院费。

手头的钱只够回家的路费，老郑的心都焦烂了，到哪里去找这么多钱呢？

有的棒棒给他出主意："干脆将两包货处理了。"

老郑断然回绝："我缺钱，但不缺德！"之后，他借了2000元钱，坐上了回老家的汽车。

但老郑心里始终挂记着两包还没有找到主人的货物。安顿好老伴，他又匆匆赶到万州，继续整天整天地寻找货主。直到第十四天，不再抱任何希望的货主终于现身了。看到自己的货物完好无损，货主激动万分，掏出500元钱奖励郑棒棒，并连声说："是我低估了棒棒。"

"我只要10块力钱。"老郑有些不好意思，婉拒了雇主的报酬。

郑棒棒大名郑定祥，是山城棒棒军中的平常一员。他用最草根、最朴素的方式，演绎了一段"缺钱不缺德"的平凡故事，一度在网络上疯传，给诚信缺失的现代社会注入了一丝救赎的信心。

山城棒棒军，也就是力夫，是最具重庆特色的一道风景。因山城爬坡上坎，货物、行李无法直接运达，需要人力搬运，因此应运而生。他们的工具只有一根竹棒、两根绳子，阵容又十分浩浩荡荡，因此而得名——山城棒棒军。

链接：

行走在崇山峻岭的背二哥

以背运东西为生的人，又称背二哥、背老二。重庆巫溪和彭水两县自古产盐，要将盐巴运出崇山峻岭，最有效的方法是沿着狭窄险要的陡峭山道，翻越秦岭或武陵山脉背出去，因而产生了盐道和背二哥。背二哥所用工具为喇叭形背篼一个，绳架一副，丁字拐杖一根。一般每人背100斤左右货物，走累了，便用丁字拐杖置于背篼下支撑休息一会儿。如果背运是集体行动，领头的背二哥要呼吼节奏感强的号子，统一众人的行动步伐，也起到提神醒脑防险的作用。

清末巴蜀山地的背二哥

走马故事：驿站上的故事之乡

从前有个媳妇，父母去世得早，孤苦伶仃地嫁到夫家。婆婆见她无依无靠，便时常欺负虐待她，不但让她包揽了家里所有的家务，每天从早到晚也做不完，而且从来都不让她吃新鲜饭菜，每天总有吃不完的剩菜剩饭。终于有一天，媳妇忍无可忍，将剩饭剩菜全部倒进了潲水桶里。"没有残羹冷炙，总会让我吃上一口热汤热饭吧。"她想。

不料，她的这一举动恰好被正准备前往天庭的灶神爷菩萨看见了。灶神菩萨是专门监督人间善恶的，每月的初二和十五这两天，都要到天庭向玉皇大帝报告他在人间看到的和听到的情况，然后玉皇大帝根据他的汇报，奖善罚恶。

"好哇，白白净净的大米饭就这么倒掉了，也太糟蹋粮食了吧！"灶神菩萨严格履行自己的职责，一到天庭就将刚才看到的情况如实地向玉皇大帝作了汇报。在中国古代，不孝和浪费粮食都是重罪，是要受到雷劈的。

走马故事会

玉皇大帝立即派遣雷神去惩罚这个媳妇。

当天晚上，媳妇睡着了，梦到去世的母亲突然出现在自己面前，满脸焦虑地对她说："女儿呀，你糟蹋粮食是要受到天谴雷劈的，玉皇大帝派来惩罚你的雷神已经在路上了。"媳妇一下子从睡梦中惊醒了，满身冷汗。她意识到自己真的是做错了，无论如何也不该浪费粮食呀。这时候天也快亮了，她立即起床，拿漏瓢将潲水桶里的米饭全部捞了起来，用簸箕将米饭洗净滤干，揉成饼子的形状，放到油锅里煎好后，放到碗柜里。

天亮了，雷神从天上腾云驾雾来到媳妇家。天庭惩罚人家，总得有罪证吧，雷神来到潲水桶边一捞，哪里有什么米饭，连一颗米的影子都没有。雷神性子急、脾气暴，一下子火冒三丈："好个灶神菩萨，冤枉这家媳妇不说，还让我大老远的白跑一趟！"他不由分说就给一同赶来的灶神菩萨几个巴掌。雷神力气大、出手重，灶神菩萨还没有醒豁过来，耳朵就被他打聋了。从此以后，灶神菩萨再也听不到人间的善恶之声了，人世间做坏事的人也就越来越多了。

再说婆婆起床后来到厨房，看到碗柜里用剩饭做的粑粑，尝了一口，又香又脆。当她得知是媳妇用剩饭做的，觉得媳妇越来越能干了，慢慢对她的态度也就转变了。从此以后，媳妇也不再吃剩饭了。

魏显德讲完这个故事，故意停顿了一下，看看大家的反应。

不出他所料，茶馆里立即爆发出"嗡嗡嗡"的议论声："原来是灶土爷耳朵聋了，难怪得有的坏人没有受到惩罚哟"，"这个媳妇硬是有点聪明哟，还发明了一种美食"，"这么坏的婆子妈，雷神啷个不去打她呢"……

魏显德在茶馆讲走马故事

魏显德是重庆非物质文化传承人，他因为能绘声绘色地讲1500多个故事，而被中国民间文艺家协会授予"中国十大民间故事家"的称号。他的胞弟魏显发，同样可以活灵活现地讲上千则民间故事，两人被联合国教科文组织的专家称为"中国的格林兄弟"。

魏显德、魏显发两兄弟所居住的走马镇，是重庆市九龙坡区的一个古镇。这里流传着一种以"走马"（即赶马、贩夫）为职业的人群中口头创作并传承的民间故事，人们通常称其为"走马故事"。走马故事究竟起源于何年何月，如今已不可考证，大致应该与走马场建立的历史相差无几——明代中叶，距今至少已有四五百年历史。

走马古镇之所以故事多，和它特殊的地理位置有关。在铁路和公路出现之前，这里是重庆到成都官道上的一个重要驿站——走马场。又因它地处老巴县，西临璧山，南接江津，号称"一脚踏三县"。旧时候，从重庆城出发紧走慢赶一整天，到走马场已是人马困乏的掌灯时分，人们都会选择在这里住宿宵夜。

于是，走马场商贾云集，客栈满员，饭馆兴隆，茶馆、烟馆、赌馆更是人声鼎沸，各种趣闻、典故、传说便成为南来北往的人们茶余饭后的谈资，久而久之，这些传说和故事就融进了当地人的记忆之中，并且代代相传、口耳相授，成就了今日的"民间故事之乡"。

2006年，"走马民间故事"被列入国家级非物质文化遗产保护名录。之后，九龙坡区还成立了走马镇民间故事保有会，致力于走马故事的搜集、整理、保护和传承工作。

东泉裸浴：顺乎天性，顺应自然

相传秦灭巴之后，将巴国的青壮男子全部抓了壮丁，押解到北方下苦力，修筑长城。

重庆巴县（今巴南区）东温泉镇五布河岸边的木耳山上，住着一位叫冬娃的少年，十六岁，父亲早逝，与母亲相依为命，靠山上打柴，背下山到集市上卖几个钱来维持生活。这一天，冬娃卖了柴换了些生活必需品，正准备赶回山上，不料一队士兵冲过来，二话不说就将他押上了去往北方的路途。冬娃根本没来得及与母亲告别。

冬娃这一去就是整整十年，十年的非人摧残，让他失去了双臂。回到家时，母亲已经双目失明，在草屋中奄奄一息。冬娃见状，悲伤难抑，跪在地上大哭不止，呼天抢地，泪如雨下。如此百日，竟然惊动了天神。

文殊和普贤菩萨实在看不下去了，便相邀到凡间抚恤母子俩。两位菩萨来到五布河边，见这里山清水秀，河水润冽，非常喜欢，忍不住宽衣解带，跳入河中沐浴圣体。河水欢腾，水温骤然升高，竟形成了温泉。

两位菩萨洗浴完毕，又接引冬娃母子来到泉边，叫母子俩裸体进入灵泉洗濯。不一会儿，奇迹出现了，母亲双目复明，冬娃断臂再生，两人均变得仙风道骨，尘世的蹉跎一扫而光。

灵泉可治百病、葆青春的消息迅速传开，附近村民争相从四面八方赶来，天体裸浴，放松身心，强健体魄。久而久之，竟形成一道奇特的民俗，传承至今。村民们还自发约定规则：男女分时段裸浴——如果女人在洗浴，男人回避，过一会再

东泉纯真无邪的自然天体浴场

来；如果男人在洗浴，女人则在旁边的竹林或树下等候，待男人洗完后再去。特别是夏天，天天傍晚如此。

近年来，不少地方都半遮半掩地开办起了"天体浴场"。所谓"天体"，说白了，就是"裸体"。之所以说是"半遮半掩"，一方面，是借"裸体"之名，行炒作吸引眼球之实，目的并不是要大家真的都接近天然、回归自然；另一方面，由于中国国情，"裸体泡澡"这个事情，你可以这么做，却不能大声嚷嚷，否则，就有被扣上"有伤风化"这顶帽子的风险，带来诸多不必要的麻烦。

但在东泉镇显然少了这些烦恼。这里的"裸"是一种传统文化，是一种乡风民俗。要说"天体"，这才是名副其实的"天体浴"，顺乎天性，顺应自然，没有任何商业痕迹，而是真正的天人合一。

石柱酒令：从"酒战"到"文战"

在重庆石柱县，每当遇到有人家婚丧嫁娶，或者重大庆祝活动，土家人陈鱼乐便开始忙碌起来。作为重庆市级非物质文化遗产石柱酒令的传承人，他总是第一时间出现在现场，记录石柱特有的酒令。有时候，他也会受主人家的盛情邀请，替主人家招呼各路客人，充当酒席上的说客。

两老者划拳饮酒作乐

重庆人豪爽，喜欢豪饮，特别喜欢吆五喝六，聚众豪饮，而非寡酒式独饮。因此，每遇喝酒必划拳。重庆人划拳的方式大抵有两种：一种是"乱劈柴"，没有固定套路，双方各伸出一只手出拳比数字，谁喊中了两人数字之和，便为胜者，输者喝酒；另一种为"搭拳"，即在出拳比划之前，双方要同时喊"兄弟好"或"哥俩好"或"全家幸福"，然后再进行厮杀。无论哪种方式，都比较简单、干脆、直接，不太讲究章法。

但是，石柱酒令却是重庆酒席上的一个异类，不出拳比划手指，不高喊数字，而是有章有法、有板有眼地吟诵出一句句类似于打油诗的句子，表达主客之间的各种情绪。石柱酒令既是一种喝酒助兴的方式，又是劝客饮酒的说辞，实际上就是酒席上的"说客词"，体现了当地土家人热情好客、耿直豪爽的性格。

石柱酒令有五言八句、四言八句、五言六句、五言四句等多种形式，内容丰富，言简意赅，并且生活气息浓厚，语句押韵文雅，包含着比喻、借代、夸张等修辞手法。虽然大多是即兴创作，但也讲究韵律，读起来朗朗上口，听起来抑扬顿挫。

"来此是贵客，礼应长亭接；先敬酒一杯，不过把罪雪。"这段酒令主要是主人谦虚地表达自己接待不周，恳请客人谅解，于是要敬酒客人一杯；"接"字和"雪"字押韵，用方言念起来悠扬婉转。

清人酒席划拳欢喜闹热

见此情景，客人也会客气起来："依你说来，有礼不缺；这些礼节，我也晓得；从前说客，客来远接；今日说客，礼信简洁；先生之话，休言是墨。"这是表达客人请主人不必太讲究礼节，简单一点就好，最要紧的是赶快端酒杯。

"请到贵先生，说来也无别。小儿花烛期，请你去陪客。照顾不周到，吃亏是积德。操劳又烦心，鲁酒喝够也。"表达了主人请陪客，酒孬也要喝好等意思。

"承得主人，一番盛情。教导愚人，陪候众亲。迎宾送客，不才应承。大呼小叫，莫放脚筋。"陪客寥寥数语，阐明自谦、承诺等多层意思。陪客受主人之托，指挥参与婚俗礼仪中帮忙的亲朋邻里，如有言重，请主人不要拆台，用"莫放脚筋"来比喻，话语虽土，却意味深长。

陪客受托，开始履职，走到抬花轿的轿夫跟前敬酒："你们是云抬，轿子好生抬。人人有子女，路上莫要挨。各敬两杯酒，均要吃起来。"陪客用"人人有子女"的浅显道理要求轿夫（云抬师）们沿途注意安全、不能拖延时间，真是推心置腹、开诚布公、话短意长、通情达理。

于是，各位云抬师不敢怠慢："尽是好脚色，个个都抬得。先生你放心，不再之乎也。我们都不会，不用把酒泻。"轿夫之语通俗而不伤大雅，用"不再之乎也"表了态度，尽心竭力，不抽吊桥，不发生不安全的事故。

陪客举杯来到各位帮忙的兄弟伙面前一站，行酒令道："诸位来帮忙，过去抬嫁妆。或是抬碗盏，或是抬柜箱。路上要小心，各敬酒一双。"

帮忙的急忙回应："娶亲抬嫁妆，我们是老行。四样不铺设，草鞋多买双。虽说是帮忙，未必在吃上。"帮忙的并无奢望，不图回报，仅要求多买一双草鞋。心直口快，心地善良，字字见心声，句句现真情。

实际上，像在婚宴、寿宴等一些大型宴会上，还会有押礼先生、乐师、陪客等多种"角色"，每个人主、宾的角色不同，使用的酒令也会不一样。如此一来一往，见啥说啥，信手拈来，百说百答。石柱县文化馆相关负责人说："其精彩程度不亚于刘三姐对歌，整个宴席不只是一场'酒战'，更是一场'文战'！"

❷ 节 庆

端午会：激情澎湃划龙舟

端午节吃粽子、赛龙舟，是我国的一个传统习俗。相传屈原于农历五月初五怒投汨罗江，楚人纷纷划船追赶相救，百舸在江面争先恐后，追至洞庭湖时不见踪影。人们见相救无门，赶紧将随身携带的干粮等投入水中，希望水族吃了粮食，不要伤害屈大夫的身体。之后相沿成习，每年的五月初五，人们都要吃粽子、划龙舟纪念屈原。

重庆江河纵横，水域丰富，特别是主城，得长江、嘉陵江的便利，再加上重庆人的性格生性豪爽，因而，划龙舟的习俗盛行，并不逊于屈原的故乡楚地。

龙舟竞渡，娱人娱神，既有宗教性，又有娱乐性。因而，传统的龙舟比赛不仅仅是一个简单的输赢，必须有一套仪式化的程序。

历史上，重庆端午会举办的龙舟赛多由各码头帮、船帮等行业帮会兴办，实力强的帮会单独参赛，实力不济的也可三两帮会联合。比赛要造龙舟，统一服装，请鼓手、舵手和众多划手参加训练并管吃管喝，开支非常大，对帮会的实力是一个不小的考验。

清末长江上赛龙舟

参赛的队伍，按各自的帮会特点，形象化地取名，比如，卖米的米帮，取名"黄头"；卖酒的酒帮，取名"白龙"；卖炭的炭帮，取名"乌龙"……帮旗、服装、龙头甚至舟身，都做成相应的黄、白、黑等颜色，以示区别。就像现在的VI（视觉识别）系统，远远望去识别性很强。

每年的农历四月，欲参加当年龙舟比赛的帮会，要在自己的码头上公开竖起帮旗，这才算正式报了名，有了参赛资格。一旦竖起帮旗，也可以说是一种公开宣战，自此就成了其他所有参赛队伍暗中较劲的目标。

帮旗一竖，非同小可，那是不能拉稀摆带的，必须紧锣密鼓开始准备应战。

第一大事是准备龙舟。如果是新造，要事先请好"掌墨师"，选良辰吉日以雄鸡祭祀后，才开始造船。祭祀时，掌墨师左手提大公鸡，右手拿锋利的菜刀，在鸡脖子上轻轻一抹，鸡血喷涌而出，第一滴血滴在龙舟定位的第一块底板上。掌墨师趁公鸡还没有断气，奋力往空中一抛，公鸡挣扎着往前飞。据说，公鸡飞得越远，这条龙舟今年赢的可能性就越大。如果是往年的旧龙舟，则要重新修补，然后以石块打磨龙舟全身，再刷三遍桐油，焕然一新。

龙舟下水必须慎重，吉日为农历四月二十八。先要在码头上临时搭建龙棚龙架，然后从当地龙王庙请出上一年龙舟赛结束后供奉在此处的龙头和龙尾，敲锣打鼓地送进已经搭建起来的龙棚龙架上。然后由会首带领帮会中的大小执事以及参加龙舟赛的鼓手、舵手和划手，虔诚敬香，诚心叩拜，祈求龙神护佑赢取比赛的胜利。之后，小心翼翼地将龙头龙尾请出，安放在龙舟上。然后由划手们分成两排，分立龙舟两边，将龙舟托起，龙头在前、龙尾在后，一步一步、无比庄重地走向江中，直至水淹过膝，才慢慢将船放下。

正式比赛是在端午节。这天一大早，河两岸就站满了大人娃儿、男男女女。小生意人也趁机将摊点搬过来，将担子挑过来，一边吆喝做生意，一边看热闹。有钱人家，则一家或几家人包租一艘游船，携家带口坐在船上，一边喝酒、嗑瓜子，一边等待令响。

那时候没有发令枪，只有发令的火炮，只听得"轰"的一声巨响，"咚、咚、咚"急促的鼓点声随之响成一片，"嘿唷、嘿唷"有节奏的吆喝声也此起彼伏，一条条各种颜色的龙舟，如离弦的箭，贴着水面向前冲出。划龙舟需要的是集体配合，鼓手打鼓，鼓点不能快不能慢，快了，划手跟不上节奏，慢了，速度提不起来；舵手掌舵，要胸怀全局，判断哪里能过哪里不能过，提前匀速转舵；划手划桨，要跟随鼓点整齐划一，使用巧力。

江面上，每一条"龙"都在奋力拼抢，丝毫不得喘气；河岸上，人们却在悠闲地指手画脚，说说笑笑。直到终于有一条"龙"脱颖而出，直抵终点，夺得标旗，岸上、水上才爆发出震天欲聋的欢呼声。

抗战时期重庆在嘉陵江举办端午节划龙舟比赛（厉华《抗战记忆》）

抗战时期，重庆曾多次举办龙舟比赛，总指挥长多次由宋美龄担任。其中，比较盛大的一次是1941年，入夏时节，缅甸传来消息，中国远征军以少胜多，打了胜仗。恰逢端午，国民政府决定举办一场龙舟大赛，以示庆祝并进一步提振军威士气。

赛程从嘉陵江的红沙溪（今嘉华大桥附近）到相国寺（今华新街观府国际）一带。指挥台设在牛角沱的生生花园（今李子坝抗战遗址公园）里，花园靠江边有块巨石，指挥台由木料临时搭建在巨石上。总指挥长宋美龄端坐指挥台中间，两边则是政府要员和社会贤达。

1946年6月4日，抗战胜利后的第一个端午节，可以说是重庆龙舟大赛的最后一次辉煌，重庆城两江四岸共48个码头帮全部竖旗参赛。日本投降，中国胜利，人心大快，万众同庆，很多帮会举全帮之力参加这次盛会，都想扬眉夺冠。

这次是嘉陵江逆水赛，左航道水势较缓，南岸玄坛庙的青龙会会首冷静分析，其他队肯定会争走左航道，势必打拥堂；而右航道水势虽急一些，但走的龙舟一定不会多。比赛那天，赛况和分析的一模一样，绝大部分队都争走左航道，互不相让，寸步难行，还撞沉了几只龙舟。青龙队独辟蹊径，从右岸迎激流而上，全力以赴冲刺终点，等其他队醒悟过来时，青龙队已顺利夺冠。

链接：

龙舟传统，传承不息

在重庆很多地方，一直保留了端午节举办龙舟竞赛的传统。如今随着经济的发展，更有越有越多的地方开始寻找并恢复这种传统。每年端午节，那激昂的鼓点、呐喊的号子，伴随着飞驰在水流中的龙舟，令人心潮澎湃。

重庆武隆芙蓉江龙舟锦标赛： 从2004年开始举办，到2018年已连续举办了15届，目前已成为武隆乃至重庆一个知名体育赛事品牌，为武隆地方经济的发展和旅游的开发立下汗马功劳。地点：武隆县芙蓉江。

云阳龙舟民俗文化旅游节： 新津乡自古以来有过小端午和大端午的习俗，小端午指的是农历五月初五，大端午则指农历五月十五，龙舟赛是大端午的看点。比赛期间还将举行龙舟祭祀仪式以及文艺表演等，到2018年已成功举办10届。地点：云阳县新津乡灌塘湾。

江津塘河龙舟文化节： 到2018年，塘河已成功举办了10届龙舟文化节。节日当天，除了龙舟竞渡，还将开展水上运动表演、塘河婚俗展览等一系列洋溢着浓郁江津地方风情特色的民俗文化活动。地点：江津区塘河古镇。

黔江濯水古镇土家龙舟赛： 端午赛龙舟民俗已成为濯水古镇最具人气的民间传统活动，具有广泛的群众基础。至2018年，已成功举办8届。伴随龙舟赛的，还有端午点睛仪式、粽子赛、民俗文化展演等活动。地点：黔江区濯水古镇。

秀山龙舟民俗文化旅游节： 到2018年已成功举办9届比赛，有龙舟、彩舟、水上方阵、龙舟竞渡抢鸭子等表演。地点：秀山县洪安边城清水江上。

重庆长寿湖龙舟赛： 2016年举办首届赛事，全市有13支区县代表队和9支乡镇队参赛。同时还将举行圣火传递、长寿湖彩妆跑、水上飞人表演、水上音乐焰火表演、长寿湖抢鱼大赛等活动。地点：长寿区长寿湖。

万州武陵龙舟赛： 武陵自古有划龙舟的习俗，2016年举办首届比赛，17支代表队，17艘龙舟，随着一声令响，如离弦的箭，冲向终点。地点：万州区长江武陵镇段。

华岩寺腊八节：十万人排队喝粥

说到腊八节，无法回避它与佛教的深厚渊源。的确，在很多传统节日都已消失的今天，腊八节还顽强地保存在佛教寺院中——每逢农历腊月初八，许多佛教寺庙都会熬制腊八粥，免费向信众施放。

重庆华岩寺的腊八节，不但是每年寒冬腊月里重庆市民一个温暖的去处，而且已经入选重庆市级非物质文化遗产加以保护。

华岩寺腊八节祈福活动

相传，佛教的创始人释迦牟尼本是古印度北部迦毗罗卫国（今尼泊尔境内）净饭王的儿子，他见众生受生、老、病、死等痛苦折磨，又不满当时婆罗门的神权统治，遂舍弃王位，出家修道。初无收获，绝欲苦行，饿昏倒地。一牧羊女以杂粮掺以野果，用清泉煮粥将其救醒。释迦牟尼在菩提树下苦思，终于在腊月初八这天悟道成佛。从此，佛门定此日为"佛成道日"，并效法牧羊女以杂粮煮粥，并诵经纪念，相沿成习，延续至今。

这是目前最为常见的关于腊八节来历的说法，也是佛教鼎盛进而影响社会生活的一个典型案例。其实，腊八节的真实起源是中国古代天子的"大腊八"。在佛教经典中，佛祖成道之日并无定论，而佛教传入中国后将之附会为农历十二月（腊月）初八，正是受古代天子"腊祭"的影响，是外来宗教地方化的典范。

我国古代天子每年到年终之时，都要用干物祭祀与农业相关的八大神祇。这八位神仙一是先啬，即农耕的创始人神农氏；二是司啬，即农耕的管理者后稷；三是农，即农夫神；四是邮表，即窝棚神、地头神和井神；五是猫虎，即猫神（吃老鼠）、虎神（吃掉糟蹋粮食的野猪）；六为坊，即河堤神；七为水庸，即沟渠神；八为昆虫，即百虫之神（吃掉祸害庄稼的害虫）。从这八位神仙的"职能"看，"天子大腊八"，实际上是感谢八位神仙的庇护，使人们喜获丰收、生活太平，并祈求来年的丰收和吉祥。

因干物曰"腊"，所以这一年一度的盛典被称为"腊祭"。秦始皇统一中国之后，沿袭旧制，照例于每年农历十二月举行腊祭，因此把十二月正式定为"腊祭之月"，即"腊月"。腊祭的具体日期，以前规定在每年冬至后的第三个戌日，并将这个日子称为"腊祭之日"，即"腊日"。但是，在我国农历中，冬至的日期并不固定，致使"腊日"也无法固定，甚至会落到下一年的正月里去，这显然不符合腊月进行腊祭的传统。解决的办法，唯有将腊日固定于某一具体日期。因"大腊八"而想到腊月初八，至此，每年十二月初八日为腊祭日被正式确定下来。

华岩寺免费施放腊八粥

后来佛教传入，为了扩大在本土的影响力而将传统的腊八节定为佛成道日。随佛教盛行，佛祖成道日与腊日逐渐融合。到明清，敬神供佛更是取代了传统的祭祀祖灵、欢庆丰收和驱疫禳灾等民俗，而成为腊八节的主旋律。

腊八吃粥的习俗，也随佛教相沿至今。华岩寺每年举行的"腊八节施粥祈福法会"，已成为重庆的一大盛会，每年有10余万人前来喝粥祈福。每年的施粥现场，领取腊八粥的队伍，最多的时候要排至山门之外，几公里长。来得最早的市民凌晨4点就到达华岩寺，等待领取第一碗腊八粥。

为此，华岩寺每年要提前准备上万斤大米和红枣、橘皮、山楂、薏仁、雪莲花、枸杞、山药等数十种原材料，6口直径1米的大铁锅，提前一天开始熬粥，通宵达旦24小时不停歇。而参与熬粥和维持秩序的义工，就有200多人。

鬼城庙会：阎罗天子大婚之日

很久以前，四川大竹县龙水镇有一个家财万贯的卢员外，他的独生女卢瑛，年方二八，不仅生得眼如丹凤，唇似樱桃，身材苗条，体态端庄，而且琴棋书画样样精通。

丰都鬼文化节上街游行的鬼神

有一年，卢员外到外地去收账，一走就是半年，音信全无。卢瑛母女俩天天望眼欲穿，也得不到卢员外的信息，心中焦急不安。此时，二月香会之期即将来临，镇上组织的敬香队，正要去丰都名山敬香。员外夫人想：久闻名山神仙灵验，何不前去祈求神灵保佑老爷平安归来？于是安排好家中事务，带上女儿卢瑛，跟随上香的队伍来到丰都。

丰都是远近闻名的"鬼城"，因为西汉的王方平和东汉的阴长生在这里修道成仙，后人误会"阴""王"二人为"阴王"，即"阴间之王"，以讹传讹，丰都也就成了阴王居住的"阴曹地府"

了。丰都的名山，被道家列为七十二福地之第四十五福地，山上古木参天，云雾缭绕，古道纵横，殿宇连环，钟鼓不绝。卢瑛母女跟随万万千千香客，诚心诚意，一路叩拜，来到天子殿。

卢瑛从未出过闺房，猛然看到佛面金身的阎罗天子被塑得五官端正，气宇轩昂，庄严中带几分英俊，威武里又有几分慈祥，不像其他神像那般面目狰狞、奇异怪诞，于是心里动起了少女的小心思：没想到世上还有这样英俊伟岸的男子，日后若能寻得这般品貌的夫婿就好了。

谁知，她刚这么一动念头，便见阎罗天子真的垂下眼帘，对着她含情脉脉地微笑。卢瑛心里一惊，霎时间羞得双颊绯红。这时，员外夫人礼拜完毕，拉着卢瑛走出殿外。却不知从哪里飞来一只小蜜蜂在她耳边"嗡嗡"地说："你父亲三日后便可回来。"卢瑛听后非常高兴，立即告诉母亲，而员外夫人却笑她在胡说。

卢瑛母女敬香后的第三天，卢员外果然突然回来了。并说他梦见天子爷爷的书童告诉他，家里有桩事等他回来做主。

几天后，卢瑛坐在窗前绣花，那只小蜜蜂忽然从窗外飞了进来，围绕着她的脸颊、耳根边飞边问："小姐好漂亮，嫁与不嫁？"

卢瑛顿时满脸绯红，没好气地说："嫁给谁呢？"

小蜜蜂回答："天子爷爷。"

卢瑛吓了一跳，问："天子爷爷是神，我是人，如何嫁呀？"

小蜜蜂说："这个自有办法。嫁与不嫁？"

卢瑛被小蜜蜂纠缠得没办法，拿起香扇一边扑打小蜜蜂，一边嬉笑着说："嫁、嫁、嫁，去、去、去。"

听她这么一说，小蜜蜂"嗖"地飞出窗外不见了。谁知，从这时起，卢瑛开始神情恍惚，茶饭不思，莫名其妙地病倒了。

当天晚上，卢员外夫妇同时梦见空中仙乐齐鸣，热闹非凡，一队车马停在了自家院坝。在管弦金石，音乐迭奏声中，阎罗天子被众人簇拥着走下轿，并与凤冠霞帔、金翠珠玉的女儿卢瑛一起来到他们面前拜了三拜。女儿双眼含泪看着父母说，自己已被封为天子娘娘，三月初三是她与天子成婚之日，让父母去丰都看望她。然后便跟随阎罗天子坐进轿中，伴随一片霞光升到半空，向西南方缓缓离去。

夫妇俩惊醒后，急忙跑到女儿闺房查看，哪里还有卢瑛的影子，只见被子叠得整整齐齐放在床头，室内空无一人。两人惊愕不已。

天一亮，卢员外夫妇便急忙赶到丰都名山，当他们走进天子殿，在后殿小神龛里果

阴曹地府也要惩恶扬善匡扶正义

然找到了供奉着的天子娘娘，不仅模样和女儿卢瑛分毫不差，而且肌肤柔润与真人无异，夫妇俩见状不禁失声痛哭起来。

方丈听到哭声后，匆匆赶来，问明缘由后安慰他们说，女儿的肉身能成仙做了天子娘娘，这是前世修来的福分呀。

天子娘娘三月初三大婚的消息不胫而走，附近的信男善女都准备了丰厚的祭品，前来丰都朝拜天子爷爷和天子娘娘。特别是四川大竹一带的人，将天子爷爷视为亲戚，不但备办全猪、全羊，几十斤重的大烛，三尺长的青香，锣鼓喧天，唢呐交响，浩浩荡荡前来祭拜，而且在大竹县还修建了一座天子娘娘庙，香火旺盛。

丰都鬼城三月初三举办庙会的习俗，一直流传至今。而"阴天子娶亲""城隍出巡""钟馗嫁妹""鬼国乐舞"等惊奇谐趣的表演，则成了鬼城庙会的保留节目。

链接：

丰富多彩的节庆庙会

庙会，又称"庙市"或"节场"，是中国民间宗教及岁时风俗，一般在宗教节日或传统节日举行，春节至元宵节，是中国传统民俗的高潮，因而庙会亦尤其热闹。庙会是中国集市贸易形式之一，其形成与发展与宗教活动有关，多设在寺庙内及其附近，进行祭神、娱乐和购物等活动。也就是说，庙会并非丰都鬼城独有，而在全国各地的寺庙都有举行。只不过，民风淳朴的巴渝地区，庙会也独具特色。重庆的庙会丰富多彩，除了以鬼文化为主题的鬼城庙会之外，著名的庙会还有：

宝顶香会：大足宝顶香会起源于南宋，是一项历史久远的佛事活动和民俗活动相交融合的文化活动，距今已有近千年的历史。宝顶香会自明代以后十分兴盛。宝顶香会顶礼观音菩萨，自正月中旬至三月初前后四十五天均为会期，以农历二月初一、十五、十九上山拜佛者最多。二月十九为观音菩萨诞生日，为香会正期，尤为热闹。每年的农历二月内，来自云、贵、川、渝、湘、陕等地的善男信女，约数十万人前来进香拜佛，场面宏大壮观，故有"上朝峨眉，下朝宝顶"之说。

双桂堂观音会：梁平双桂堂在佛教界地位崇高，被尊为"西南佛教禅宗祖庭"，在中国及东南亚佛教界都具有显著地位。每年的农历六月十九为观音菩萨得道日，双桂堂都要举行声势浩大的观音庙会，即观音会。同时还要举行大悲观音法会，以祈愿佛法兴盛于十方，化解世界劫难，永保世界和平。

禹王庙会：渝中区禹王庙及湖广会馆，因祭祀大禹而得名。湖广（今湖北、湖南）一带水资源丰富，民众大都崇拜治水的大禹，称他为禹王、禹神。后湖广人移民四川，也将他们的神带了过来，供奉在湖广会馆里。每年的正月初一至初三，人们都要举行盛大的禹王庙会，祭祀大禹以求平安。这是自清康熙年间以来，移居重庆的湖广移民及其后裔依托禹王宫而形成的一种传统民俗活动。

土家赶年：纪念白杆兵出征

秦良玉是明末战功卓著的抗清名将，她是中国历史上唯一单独载入正史将相列传的巾帼英雄，也是唯一凭战功封侯的女将军。在渝东南地区，关于秦良玉的传说很多，其中之一，与土家族的过年习俗有关。

丈夫马千乘去世以后，秦良玉继承了丈夫的职位，出任石砫（今重庆石柱土家族自治县）宣抚使。

这一年的年关将近，渝东南一带的土家人聚居地一派喜庆热闹、祥和安宁，家家户户都在准备年货，准备一家团圆，喜迎新年的到来。宣抚使秦良玉突然接到皇帝诏书，要求她立即率领"白杆兵"，北上抗击入侵的清兵，保护皇帝。

所谓"白杆兵"，是秦良玉训练的一支善于山地作战的特殊部队。士兵用结实的白蜡树干做成长枪，长枪一头配上带刃的钩，下配坚硬的铁环，作战时，钩可砍可拉，环则可作锤击武器。必要时，数十杆长枪钩环相接，可作为攀山越墙的工具，悬崖峭壁瞬间可攀。秦良玉就是靠这支"白杆兵"立下了赫赫战功。

腊月二十八土家人赶年

"眼看就要过年了，总不至于让士兵们不过年就奔赴战场吧！"秦良玉为难了。一边是国家社稷的安危，一边是兄弟子民们的亲情，忠义难以两全呀！她左思右想，终于想出了一个兼顾二者的良策：提前过年！于是她发出一道命令，所有土家山寨，根据自身情况，提前一到几天过年，大年三十这天早上，所有"白杆兵"统一出征。

土家山寨顿时忙碌起来，纷纷贴出喜庆的春联，挂上大红的灯笼，玩狮子，舞龙灯，提前邀请三亲六戚团圆"吃年饭"……由于时间太过紧迫，食物来不及精雕细琢，亲人们就将猪肉大坨大坨地砍开，与香菇、粉条、豆腐、萝卜、白菜、大蒜等数十种菜一起煮了，端上桌，为子弟兵饯行；连酒也来不及一碗一碗地倒，直接在酒坛里插上一根竹管，抱着坛子就开喝。虽然仓促，土家人仍然把年过得有滋有味、热热闹闹。

大年三十这天一早，"白杆兵"个个了无遗憾、士气高涨，在亲人的目送下，跟随秦良玉赳赳气昂昂地出征了。到达前线，士兵们个个英勇无比，奋勇杀敌。秦良玉率领"白杆兵"血战浑河，重创清军主力，收复永平四城，战功赫赫，受到明崇祯皇帝御笔亲书四首诗以表其战功。

每逢赶年时土家人祭奠白杆兵将士

为纪念这位民族女英雄，土家山寨自此之后每年提前过年，"赶年"习俗一直沿袭至今，大多数土家山寨提前一天，若逢腊月大是二十九日，若逢腊月小是二十八日开始团年"吃年饭"，也有提前几天团年的。土家人过"赶年"，家家桌上都有一道数十种菜与大坨猪肉煮在一起的"合菜"，俗称"团年菜"；家家桌上都有一坛插着竹管的酒，名叫"咂酒"。这些习俗，都是当年的延续，也是对当年"白杆兵"出征的一种纪念。

后来据专家考证，土家人应该是巴人的延续，从某种意义上说，土家人应该是重庆人的先祖。那么，重庆人性子急，脾气火爆，什么事情都喜欢"赶"，不知与渝东南武陵山区土家人"赶年"是不是有某种内在的关系呢？

清源宫川主会：为大老爷菩萨贺寿

四川合江县木广场（今合江县榕右乡木广村）大山下有一古刹，名石柱寺，寺旁有一口既深又大的水塘，叫龙王潭，据说潭里每晚都有钟鼓管弦之声传出。明正德五年（1510年）五月初一，潭中突然冒出一根光怪陆离的巨木，石柱寺僧人觉得十分奇怪，认为是不凡之物。是夜，太乙真人托梦给和尚，说此木三圣一体，需谨慎待之。

于是，和尚找来一位技艺高超的木匠，将巨木分成大、中、小三段，雕刻成三尊川主神像，最大的一尊取名为"大老爷菩萨"，其次分别叫"二老爷菩萨""三老爷菩萨"。后来，大老爷菩萨被迎送到重庆江津区石蟆场清源宫供奉，二老爷菩萨供奉在石蟆稿子坝，三老爷菩萨供奉在江津塘河场。三处都称为"川主庙"，又叫"清源宫"。

大老爷菩萨、川主李冰

三个川主菩萨都非常灵验，每次遇到干旱年景，当地百姓就将菩萨抬到合江木广场龙王潭边求雨，称为"菩萨回娘屋"，供奉猪头鸡公，三牲八果，一路上鸣锣开道，道士诵经念法，浩浩荡荡，吹吹打打，往木广龙王潭而去。

到了龙王潭边，道士点燃香烛做法事，潭边干燥的岩壁会突然涌出泉水，求雨人用瓶子接盛。如果水中有小鱼小虾，则预示求雨效果好，将会下大雨；如果水中有灰尘，则预示效果稍逊。求雨法事做完，由德高望重的道长亲自用法器盛龙王潭水，为菩萨沐浴净身，长跪虔拜，仪式完之后，再将菩萨抬回供奉之地。

江津石蟆清源宫（川主庙）

大老爷菩萨最为灵验，求雨的队伍还没走回石蟆，天上便降下甘露，一般是霖霖细雨，润物无声却刚好解决旱情。所以，石蟆这个地方，一直以来从未有过天干雨涝，物华天宝，人杰地灵。

据说，二老爷菩萨脾气要大一些，抬着他祈雨，一般都会下瓢泼大雨，雨水倾盆而下，把求雨的人淋成落汤鸡不说，还会汇流成泽。

相传，三老爷菩萨脾气更大些，抬着他祈雨，十有八九会电闪雷鸣，狂风暴雨，冰雹夹杂其间，因此，人们称塘河的三老爷菩萨为"三冒火"。

1944年，抗战胜利的前一年，开春120多天滴雨不下，百姓不能春播，叫苦连天，纷纷要求抬石蟆清源宫内的大老爷菩萨回合江木广场龙王潭求雨。合江秀才刘襄国吩咐甲长，须沿江津、合江两道鸣锣通知各家各户禁杀生三天。

农历四月二十日，刘秀才沐浴后来到石蟆场，组织队伍将"大老爷菩萨"从清源宫的佛台上抬下送入轿中，跪拜并行法事之后，"大老爷"起驾前往木广场"娘家"。道士在前开道："川主神在此，诸神回避。百煞莫侵，大吉大利。"仪队鼓乐齐鸣，彩旗飘扬。

长长的队伍缓缓前行，每过山庙桥店，都要落轿小息。沿途香案相迎，所需的茶水、斋饭全由所至地的乡绅负责。走了一整天才到达龙王潭。石柱寺的住持早已做好准备，待大老爷菩萨一下轿，便开始通宵作法祈雨……

次日返回时，天气陡变，乌云密布，凉风飕飕。待至四月二十八日，"大老爷菩萨"终于显灵，天降大雨，干旱得以终结。于是，石蟆场组织唱大戏三天，以酬神灵。

大老爷菩萨有求必应，非常灵验，远近闻名，使得渝、川、黔三省周边的香客纷纷前来祈福，有求子求财的，求婚姻幸福的，求长辈安康的，求儿女学业有成的，求生意顺利的……为表诚意，许愿之后，若有灵验，还需还愿。还愿根据自己的经济实力，量力而行，有的

川主庙会

许以一头猪，有的愿意奉上两桶油，有的许愿请一台大戏，不一而足。

还愿一般选在农历六月二十四日，川主生日这天。每年此时，石蟆都会大办"川主会"，周边民众自发聚集于清源宫，为川主贺寿。届时，将请出大菩萨，抬着菩萨神像巡游石蟆，同时，还要进行请水、翻五台、爬灯杆、舞狮、耍莲枪、点灯等民俗活动，江津、合江等地的戏班子，齐聚清源宫，十天半月鼓乐不断，热闹非凡。

江津石蟆镇自20世纪90年代恢复清源宫以来，每年均要举办一次川主会，至今已有20余年历史。

链接：
川主及川主信仰

所谓"川主"，是流行于巴蜀地区，并在周边贵州、云南、湖北、陕西等地产生广泛影响的民间信仰，起源于唐朝及之前巴蜀地区对于秦国蜀郡太守李冰的信仰崇拜。秦代奉敕修建都江堰的李冰父子死后被尊为护佑一方水土的大神，巴蜀乡人向这对父子祈求风调雨顺、五谷丰登，并把李冰尊为"川主""川王"。

川主信仰的祭拜的场所是川主庙（亦称为川主宫、川王宫、二郎庙、清源宫、万天宫、惠民宫等）。明清以来，川主成为了巴蜀本土乡神，清朝川主庙遍布巴蜀各州县，有方志记载的便超过500处。

在川渝之外的川主庙，则同时还兼有川人会馆的功能。

踩山会：苗家狂欢节

万盛关坝、石林、丛林、黑山一带，居住着苗族的一个分支，因为头缠红帕，衣饰红花边，被称为红头苗。这一带地处山区，各村寨之间相隔甚远，来往非常不便，所以村寨与村寨的交往比较少。

有一位叫冷懂的苗家大户，家业大，人口多，儿女们长大成人后个个年轻貌美，勤劳善良。特别是小女儿

万盛踩山会开幕式

米紫彩，自幼乖巧可爱，长大后更是美若天仙。然而天有不测风云，一天，不

知从何处突然飞来一只小鸟，站在她家屋前的大树上鸣叫："米紫彩嫁给我！米紫彩嫁给我！"米紫彩顿时晕倒在地，口吐白沫，人事不省。说来也奇怪，当小鸟飞走以后，她就会慢慢苏醒过来，恢复如初。米紫彩从此患上怪病，只要小鸟一来，她就会发作。

冷懂最疼爱这个小女儿，四处寻医访药，每位医师的答复几乎都一样：必须除掉这只小鸟！冷懂和寨子里的人想尽了一切办法。但这只小鸟机警得很，只要一察觉有危险，立即飞走，等寨子里放松警惕，又会飞回来。

正当冷懂一筹莫展的时候，这天，有个身材魁梧、英俊潇洒的苗家小伙从寨子经过。冷懂看小伙子背着弓箭，猜到他是个猎手，于是请求他帮忙除掉小鸟。小伙子爽快地答应了，悄悄埋伏在树下，张弓搭箭，只等小鸟出现。小鸟哪里想到会有埋伏，几天之后，见寨子里并无异样，果然又飞来了。还没有在树枝上停稳，只听得"嗖"的一声，一支冷箭飞出，小鸟一头栽了下来。冷懂一家人高兴得不得了，等他们反应过来的时候，小伙子早已匆匆离去。

小鸟被除掉以后，米紫彩的病真的好了。冷懂希望她早日成家，了却自己一桩心事，于是请左邻右舍介绍了好多苗族小伙子，但米紫彩就是不同意。原来，她的心中早就有了意中人——那位救他的苗家猎手。父亲也看出了她的心思，决定成全她，但是，莽莽群山，这么多苗寨，到哪里去找这个人呢？

姜还是老的辣，父亲冷懂思忖良久之后，终于想到一个万全之策：正月初三这天，邀请所有的苗寨，在不远处的石林举办一场"踩山会"活动，既沟通了村寨之间感情，加强村寨之间联系，又可以找到女儿的意中人，何乐而不为？

"踩山会"的时间到了，远远近近苗寨的人们都闻讯而来。大家在石林的平坝上吹着芦笙跳着舞，唱着歌儿拉着家常，更有青年男女，在欢闹嬉戏中增进了了解，成双成对地走到一起。"踩山会"活动持续了三天，人们才依依不舍地离去。

这座"山"有点高

米紫彩在"踩山会"上，终于如愿以偿，找到了自己的另一半，从此过上了幸福快乐的生活。而"踩山会"活动，被苗族人代代沿袭下来，演变成苗族一个重要的传统节日，成为展现苗家传统绝技的一个重要舞台，也是苗家青年男女寻找自己人生另一半的重要场所。苗家人的淳朴、自然、浪漫、热情、能歌善舞，都在这个活动中得以体现。

后来，当地政府为发展旅游产业，促进地方经济发展，将"踩山会"活动改造成"踩山节"，并在征得苗族人民同意的前提下，将时间改到每年的5月1日。这一节日延续至今。

四月八：苗族英雄纪念日

苗族，是一个古老的民族，传说其祖先是蚩尤，因被黄帝、炎帝打败而从黄河中下游地区迁徙到西南山区居住，主要分布在贵州、湖南、云南、重庆、四川等地。

传说苗族迁徙到西南山区以后，深受统治者的压迫，生活艰难，民不聊生。当地一位名叫"亚宜"的青年，决定将各个苗寨组织起来，向统治者进行抗争。他偷偷走访苗族村寨，游说苗寨头人共同举事，并将重要村寨的头人邀约至一个叫"喝血坳"的地方，商议起义细节。最后，大家歃血为盟，喝鸡血为誓，决定共同联合，战斗到底，并约定农历四月初八在某山头聚众起义。

四月初八很快就到了，各村寨按照约定，都将人马带到既定地点，交给亚宜统一指挥。亚宜果然不负众望，带领义军一路攻城掠寨，连连获胜，从贵州一直打到湖南、重庆、四川等地，所向披靡。

激情战斗的岁月，一年很快就过去了。第二年四月八，亚宜在带领起义军战斗的过程中，不幸战死于嘉坝西（今贵阳喷水池一带）。英雄倒下，举族悲伤，大家满含悲愤将亚宜埋葬在他倒下的地方。苗族人民为了纪念这位民族英雄，之后每年的四月八这一天，都要穿着盛装、带着五色糯米饭，跋山涉水来到埋葬亚宜的地方，举行纪念活动，追思亚宜的功绩。路途遥远不能赶到的苗族群众，则自发在就近的地方聚集进行纪念。

苗族祖先蚩尤

这一习俗延续至今。全国各地的苗族，每逢农历四月初八这一天，都会披戴银饰，穿戴新衣，从山顶、山腰、河谷、平坝向当地约定的活动地聚集，人们吹芦笙、舞狮子、荡秋千、打花鼓、上刀梯、下火海……还要举行傩戏表演和赛歌大赛等活动，好不热闹。

随着时代的发展，四月八的意义也在发生着变化，祭祀英雄的意味已经弱化，更多的成了苗族人民相互交流、共庆美好生活的一个节日。因而，各地关于四月八的名称大相径庭，有的延续传统叫"苗王节""祭祖节"；有的顺应时代叫"风情节""跳花节"；很多地方直接就叫"四月八"；更有甚者，因四月八已成为苗族青年男女寻找意中人的一次狂欢聚会，民间有的称之为"东方情人节"。

苗族青年上刀山

重庆的彭水、秀山等县是苗族聚居地。其中秀山县梅江镇民族村，地处湘黔渝交界地带，是重庆市唯一完整保存苗族语言的村寨，拥有重庆市唯一采用苗、汉双语教学的小学。民族村2012年入选中国第一批传统村落名单，至今保存着大量传统木质建筑和许多苗族风俗文化。每年四月八，这里将隆重举行传统的"苗王节"。

❸ 曲 艺

川剧：普益社的追求

川剧脸谱

民国四年（1915年）四月的一天，重庆江北城问津门旁鞭炮齐鸣，热闹非凡，重庆第一个川剧科班"普益社"正式开班。四五十个孩子，整齐有序地站列在"厂棚"内，听候班主训话。

班主名叫罗文江，是江北县的一位乡绅，资产颇丰，思想比较开通。从清末开始，川戏就在巴蜀大地盛行，特别是重庆，更是川剧科班活动的重点区域，川南、川北的科班，要想在天府之国闯出名声，无不以重庆为起点站和重要舞台。罗文江是一位资深川戏发烧友，不但积极参与"玩友"打唱活动，而且将一些剧本词句修改，编成零星成段的新唱词，供"玩友"们自娱自乐。

罗文江虽是江北县的乡绅，却也"狡兔三窟"，他在城里置有自己的产业，在朝天门接圣街开了一家"阳春茶园"，在江北城汇川门外开了一家"汇江茶园"，生意都不错。当年的"茶园"，实际上就是一个简易的戏院，有舞台，有科班表演，茶客们边欣赏戏剧边品茶。

有感于活跃在重庆各大"茶园"的川剧科班全是外地组织培训的，重庆本土的一家也没有，罗文江决定组建本土第一家科班。于是，他在江北城问津门城墙内自建了一座捆绑瓦房作为厂棚，内设一个戏台，然后召集江北县四五十名贫苦儿童，招请一些川剧各行老角，于民国四年四月正式开班。每天闭门教习，就像一所学校。这些儿童有的是完全无依无靠的孤儿，有的是父母自愿送来学习的，全为男性，没有一个坤角儿。罗文江宣称创立"普益社"的宗旨是"改良戏剧，救济贫苦子弟"。

不久，罗文江将"普益社"更名为"普益科班"。经过几个月的训练，"普益科班"便开始边学习边演出，正式设卖茶座，每天分为上、下两场。由于收费低廉，每天看客打拥堂。更有一些人，纯粹是为了看稀奇专程来捧场。

一年多后，科班学生中资质聪慧者脱颖而出，成为各种角色的优秀人才，生、旦、净、末、丑，都有演唱出色的。罗文江见时机已成熟，特地在江北城正街修建了一座新戏院，取名"重光茶楼"，面积虽不算大，但内部设备却一应俱全，绝不输于当时同类型的戏院。

"重光茶楼"开业那天，就是"普益科班"正式对外公演之日。罗文江特地邀请了各机关团体的负责人，以及县官、驻军等前来捧场。演出大获成功，轰动一时。

然而天有不测风云，没过多久，罗文江便去世了。"普益科班"随之解散，所有学员自寻出路，分散到其他戏班，从此渐渐被人们淡忘。

"普益科班"虽然解散了，但罗文江所开的风气之先，却得以传承，以后重庆的川剧科班逐渐多了起来。到后来，竟形成川剧四大流派之一——"下川东派"。所谓川剧的四大流派，是依各种声腔流行地区和艺人师承关系的不同，以川西岷江、川南沱江、川北嘉陵江、川东长江等四条河道为中心而形成：一是"资阳河派"，主要在自贡及内江地区各县，以高腔为主，艺术风格最为谨严；二是"川北河派"，主要在南充及绵阳的部分地区，以唱弹戏为主，受秦腔影响较多；三是"下川东派"，主要在以重庆为中心的川东一带，特点是戏路杂，声腔多样化，受徽剧、汉剧影响较多；四是"川西派"，主要在以成都为中心的温江地区各县，以胡琴为主，形成独特的"坝调"。

川剧的角色与京剧大同小异，分生、旦、净、末、丑等，以生、旦、丑角戏居多。川剧的服装和脸谱与京剧也有相似之处，以明代服饰为基础，参照唐、宋、元、清的服饰制成一个统一式样，没有朝代、地域和季节的分别。

川剧 《上关拜寿》

川剧在唱腔方面的最大特点是，由昆腔、高腔、胡琴、弹戏、灯戏等五种不同声腔组成，这在中国剧种中都是十分罕见的。

川剧还善于运用绝技塑造人物，烘托环境，营造气氛。变脸、藏刀、吐火、踢眼等杂技动作，配以川剧的服饰，在特定的剧情中展现，诡异、神奇而震撼。难怪一代天王刘德华也被深深吸引，拜在"变脸大师"彭登怀名下。

改革开放以后，包括川剧在内的传统戏剧逐渐式微，院团举步维艰，生存困难。但重庆川剧院在院长沈铁梅的带领下，在重庆独自撑起了传承川剧的大旗。沈铁梅被称为"川剧声腔女状元""川剧皇后"，2011年6月，她"三度探梅"成功，成为川剧历史上第一位、也是西部地区第一位三度获得有"中国戏剧奥斯卡"之称的"梅花奖"。梅花奖设立28年来，此前只有4人获此殊荣：京剧表演艺术家尚长荣、越剧表演艺术家茅威涛、话剧表演艺术家宋国锋和河北梆子表演艺术家裴艳玲。

铜梁龙舞：中华第一龙

相传东海龙王患了腰痛病，痛苦不堪，彻夜不眠。龙宫里各路虾兵蟹将、海夜叉、龟丞相、龙太子、小龙女……想尽一切办法，都没有将龙王的病治好。一天，龟丞相给龙王出主意："听说人间有神医，能治百病，大王何不上岸走一遭？"东海龙王想起上岸就心慌意乱，犹豫片刻，终于下定决心，"也罢，这是最后的办法了。他日若受天庭责罚，总好过现在这般生不如死、终身痛苦吧。"

于是，东海龙王摇身变为一个老者，悄悄上岸来到重庆铜梁县求医。大夫给老者把脉时，大吃一惊，此老者脉象大不同于常人。再看老者面相，鼻孔大、下巴尖、额头突出……也大异于常人。大夫毕竟是见过世面的，知道来者并非人类，于是起身关上医馆的门，对老者说："你就放心恢复原形吧。"

戏龙

东海龙王见真身已被识破，也不解释，二话不说就一下恢复了龙身。大夫根据龙王描述的病情，在龙王腰部的一枚鳞片下，找到了一条深藏不露的红头蜈蚣。当蜈蚣被捉下，龙王的病顿时好了。

龙王感激不已，以泄露天机甘愿受天庭惩罚来感谢大夫及人类对他的帮助，他悄悄告诉大夫："你们只要照着他的样子，造一条龙四处游走、舞动，就能保佑风调雨顺、五谷丰登、人丁兴旺。"

从此以后，铜梁便兴起了舞龙的习俗。据传，铜梁龙舞起于唐宋，盛于明清，誉于当今。

铜梁人舞龙有不少讲究。过去沿袭汉代的春舞青龙、夏舞赤龙、秋舞白龙、冬舞黑龙的规矩。现在逢年过节均舞彩龙，舞到人家门前就暂时停下来，龙头频点，向主人拜年祝福，然后再上下翻腾，左盘右旋。这时，主人必须鸣放鞭炮以示欢迎，并有所答谢——装着钱的"红包"或糖果、香烟等。

飞龙

铜梁龙经过数百年的演变，种类繁多：有头大、胫长、节内点灯，以灯光取代烟火的"正龙"；有用竹编作龙骨，纸扎龙头，布做龙脊，借助灯火而起舞的"彩龙"；有用皮纸或绢绸做皮，彩绘鳞甲，龙身能伸缩转动的"肉龙"或"蠕龙"；还有天旱时求雨，舞动时可泼水的"黄荆龙"；用白花扎成，用来祭祀亡灵的"孝龙"；用稻草扎成，插入竹竿，执持起来耍舞的"草把龙"；以及由孩子们耍舞的，用一棵棵大白菜插上竹竿，点燃红烛，中间串以绳索的"菜龙"……

当然，最让人震撼的还是被冠以龙舞之首的"火龙"，舞以铁水打金花，辅以不同材质的导引火、口中火、脊上火、腹中火、场中火、升天火等，组成一片狂热的立体火阵，极为热烈多彩。每到元宵节，人们便有钱出钱、有力出力，购买火药，制造火龙，配以烟架、禹门等多种火焰表演。最长的火龙长达40多米，表演时场面壮观、惊险奇特。交织的火花、炸鸣的鞭炮、激烈的打击乐，浓郁的乡土气息，充分调动着人们的观赏热情。民间传说认为，火烧龙火花袭人，可以除去身上晦气，可为来年祛病免灾，事事称心如意。火花越大、鞭炮越响，舞龙人和观龙人就越有兴致。

中国是龙的故乡，龙是炎黄子孙的图腾，龙已经渗透到中国人的文化基因里。难怪乎，凡是重大的节庆活动，

耍龙盛会

都能看到龙的身影，国庆35周年、国庆50周年、2008北京奥运会、国庆60周年，铜梁龙舞进京献艺，技惊全国，被誉为"中华第一龙"。

链接：

1. 品种丰富的姜家舞龙

巴南区姜家镇舞龙习俗历史悠久，可追溯到远古巴人时代，距今3000年以上，是先民巴人龙蛇图腾崇拜的遗存。

经过世世代代的流传，姜家舞龙的形式丰富多彩，有火龙、柑子龙、黄荆龙（亦称水龙）、虾子龙、萝卜龙、草龙、扁担龙、板凳龙、旱龙（俗称旱龙船）、独龙、女子龙、彩龙、箩筐龙、肉龙、墨龙、童子龙、青菜龙、桐子龙、兜兜龙、孝龙等20余个品种，是巴渝地区乃至在全国范围内少有的龙舞品种多样性的地区之一。

姜家舞龙以春节期间火龙最有代表，最为热闹。不仅本地火龙参舞，附近一些场镇也纷纷前来共舞。在1942—1948年间形成"九龙盛会"，至今被当地人津津乐道。

2. 北泉板凳龙：板凳相连即是龙

北泉板凳龙流传于北碚区澄江镇，已有上百年的历史。原始形态的板凳龙毫无装饰，一条四脚长板凳，三人操之，两人玩龙头，一人玩龙尾，伴着鼓点，以"套翻身""两边侧"两个简单动作，在田间院坝腾跃翻舞。

经过上百年的传承及发扬，板凳龙有了很大发展。角色上增加了逗宝人；规模上增加到数条乃至十数条板凳；动作上增加了踏龙背、上天梯、龙缠身、群龙抢宝等数十个套路；在音乐伴奏上，也由只凭口念锣鼓经的"肉锣鼓"发展成为以大鼓、镲、锣、马锣、唢呐、钹等为乐器的打击乐，并套以川剧锣鼓曲牌进行伴奏。

车车灯：逗着幺妹跑旱船

唐代大德年间，有一位非常吝啬的财主，嗜钱如命，刻薄寡恩。但是他却有一个漂亮大方、伶俐多情的女儿。小姐天生有一副清纯甜美的嗓音，唱歌像百灵鸟，深得十里乡亲们的喜爱。

眼见小姐到了婚配年龄，远近的小伙子虽然心中渴慕，但知道财主的为人，没有人敢前来提亲。隔壁的表哥家庭贫穷，但为人善良，与小姐自幼一起长大。两人青梅竹马、两小无猜，常常背地里眉目传情，暗暗相好。财主也看出了小姐与表哥之间的情愫，为防意外，赶紧将小姐许配给了城里的一个大户人家的公子。为此，财主没少索取彩礼。

根据当地的习俗，女儿出嫁之时，送亲的队伍中，必须有新娘的哥哥挡轿。但是，财主偏偏只有这么一个宝贝女儿，思来想去，只好请表哥来挡轿。出嫁这天，财主为了节省开支，舍不得花钱请多的轿夫，就安排自己的两个长工去抬轿，让一个驼背亲戚去押轿。由于沿途要经过很长的陡坡和山路，道路崎岖难行，两个长工知道没法坚持将新娘抬到城里，所以坚决不同意。财主急中生智，立即叫人挖去轿子的底板，让新娘自己在轿子里面跟着走，这样一来，轿夫抬的就是空轿子。

送亲的队伍出发了，两个长工抬着空轿子，一点也不费力气，为了讽刺财主的创意，他们故意做出很多夸张的动作，将轿子颠得前俯后仰、左摇右摆，惹得围观的人群捧腹大笑。而挡轿的表哥和轿子里的小姐原本就

车车灯，逗幺妹，跑旱船，去赶亲

是一对小情人，此时却不得不分离，一路上互诉衷肠、打情骂俏，恨不得将对方搂紧怀里不放开。原本是形式上的挡轿，变成了真正的挡轿。一路上围观的人成千上万，被这场特别的迎嫁新娘的场面逗得时而哈哈大笑，时而掩面沉思。

这个送亲的场面，后来成了当地人的一个热点话题，也成了乡民们讽刺财主的一个笑料。田间地头休息时或者农闲时节，有好事者就学着当时的场面，更夸张、更逗笑地表演出来，大大地缓解了大家的疲劳。久而久之，老百姓就在喜庆或者节日时模仿这一过程，逗笑取乐，增添欢乐气氛。慢慢地演绎成了大家喜欢的一个民俗节目。

这就是广泛流传于三峡库区的"车车灯"，因为整个表演形式都是围绕轿子里的"车幺妹"而进行，所以又称为"逗幺妹"；后来，无底的轿子逐渐演变成无底的旱船（地上跑的船），所以又称为"跑旱船"。

车车灯的表演团队，都由当地乡民自发组成，一般在每年春节前临时组队，一直要表演到旧历二月二龙抬头之后解散。团队多由三人组成，一人饰演车幺妹，一人饰演艄公，一人饰演小丑。也有四人表演的，除了上述三人，增加第四个手执灯笼的"报子"（打场人）。

旱船的制作，也是一项传统手艺。先是依照船的外观形状制成木架子，然后在木架周围缀上绘有水纹的棉布裙或是海蓝色的棉布裙。在船的上面，装饰以红绸、纸花，有的地方还装有彩灯、明镜和其他装饰物。

民间节庆划旱船

表演之时，几个人要配合默契、动作夸张、语言风趣，表现出上山下坡、拐弯抹角、陷入泥沼、抬轿出坑等情节。三峡库区民众表演的车车灯，曲调来自唐朝就喜欢唱《竹枝歌》，而唱词的内容则信手拈来，看见什么唱什么，并且每句以七个字为主，句句押韵。

车车灯的表演一般是小丑先出场，做出一些逗笑的动作，说一些搞笑的言语先热场，见观众的情绪被调动起来，小丑朝后台一声吆喝："幺妹咧，走起！"

后台传来一个脆生生的回答："来啰……"然后人随声至，车幺妹摇着旱船扭着腰身闪亮登场，一出插科打诨的民间表演艺术就此开始。

钱棍舞：荷花一朵莲花海棠花

正月就把花灯耍，柳也柳连柳呀！
二月风筝手中拿，荷花一朵莲花海棠花。

三月清明把坟挂,柳也柳连柳呀!
四月秧子插满田,荷花一朵莲花海棠花。
五月龙船下河坝,柳也柳连柳呀!
六月花扇手中拿,荷花一朵莲花海棠花。
七月农夫把谷打,柳也柳连柳呀!
八月十五看月发,荷花一朵莲花海棠花。
九月九来是重阳,柳也柳连柳呀!
十月里来小阳春,荷花一朵莲花海棠花。
冬月就把年猪杀,柳也柳连柳呀!
腊月三十把年过,荷花一朵莲花海棠花。
大年初一吃汤圆,柳也柳连柳呀!
大人吃了打麻将,荷花一朵莲花海棠花。
小孩吃了放鞭炮,柳也柳连柳呀!

城口钱棍舞

一根根系着彩带、悬着铜钱的竹棒,伴随着动听的旋律,在舞者手中有节奏地挥舞,发出清脆悦耳的响声,欢快的节奏表达了舞者欢乐情绪。这就是被称为汉族民间舞瑰宝的——打莲枪,又名钱棍舞、柳连柳、打花棍、打莲箫、打连厢等。打莲箫是在巴渝地区流传非常广泛的传统舞蹈艺术,特别是在城口县境内,至今非常盛行。

据传说,打莲箫起源于一个非常美好的爱情故事:

很久以前,山上住着一个英俊勇敢的男孩柳莲,但是家境贫寒;山下住着一个漂亮贤惠的女孩荷花,家里却很富有。他们冲破门第之见,相互爱慕,时常在一起互述衷肠。后来,荷花的父母知道了他们的关系,嫌弃柳莲家境贫寒,坚决反对他们继续交往。柳莲知道,只有自己出息了,才能和荷花在一起,也才能给心爱的人带来幸福的生活。于是暗下决心,苦读诗书。皇天不负有心人,终于考取了状元。

在迎亲的时候,柳莲组织了一支队伍,手拿两端系有铜钱的竹竿,唱着"柳也柳连柳呀!荷花一朵莲花海棠花"的调子,直奔荷花家门,风风光光将荷花娶进了门。两人从此过上了幸福美好的生活。为了纪念他们的传奇爱情故事,巴渝地区的人民竞相模仿,逢年过节的时候,也制作钱棍进行表演,表示对幸福美好生活的向往,钱棍舞就此流传下来。

钱棍的制作,一般选取一寸左右粗细,长约一米的金竹,在竹子的两端交叉钻上四至六个不超两寸长的小孔,每个小孔里穿上铜钱。以前一般一根竹竿可穿32个铜钱,现在因为铜钱比较稀少,一般一根竹竿穿上14—16个铜钱。然后将竹竿两头染色,并扎上色彩鲜艳的流苏作装饰。

钱棍舞需在领唱和乐器的带领下,众人手拿钱棍共同参与。其技术要领包括步调一致,整齐划一;跳跃结合,击打准确;曲舞相融,动作舒展等。击打的部位包括头部、肩部、臂部、腰部、双胯、脚掌脚背以及脚跟;种类按打击部位的次数分八下、十下、十二下、十六下、十九下、三十二下等;动作名称包括雪花盖顶、黄龙缠腰、黄莺展翅、苦竹盘根等。演出队伍前面要求有一名经验丰富的队长,手执红绿旗进行指挥和调度。这样,配上乐器,领唱者跟着红绿旗的指领,钱棍队伍通过又跳又打又唱的形式变换各种队形进行表演。

城口传统的钱棍舞,表演者一般为男性,动作简朴苍劲,舞姿舒展大方,在回环往复的身体击打中,体现出沉郁厚重的阳刚之气。而钱棍与身体击打过程中产生的金属碰击之声与人声一道,构成了独特的音乐体系,隐然有"金声玉振"之余韵。

2009年9月,钱棍舞被列入重庆市第二批市级非物质文化遗产名录;2012年12月,城口县被中国民间文艺家协会确定为"中国钱棍舞之乡"。

土家摆手舞:东方迪斯科

相传明朝嘉靖年间,倭寇连年对我国东南沿海进行侵犯骚扰,使得江浙一带民众苦不堪言。官府屡次派兵攻打,要么大败而归,要么无功而返,拿倭寇毫无办法。一位朝中重臣建议:居住在武陵山区土家人,乃巴人的后代,秉承了巴人英勇善战的秉性,善于在恶劣的环境中作战,何不调集土家土司带兵前去攻打倭寇?皇帝此时也别无他法,一纸圣旨连夜发到武陵山区酉水河畔。

恰逢寒冬腊月,漫天飞雪。土司接旨,调集万余名土家兵,喝过壮行酒,第二天就出发了。经过几个月的行军,到第二年春天,土家兵到达东海之滨,经过短暂的休整以后,严阵以待。倭寇从未把官兵放在眼里,依然小股出动,声东击西。这一次,却遇到英勇的土家兵,屡屡击败倭寇的骚扰。倭寇不甘心,调集周围所有的流寇,集中力量,想一举击破土家兵。土家兵早有准备,趁势反攻,大获全胜,将倭寇全部歼灭。皇帝大喜,赐土家兵"东南战功第一"的美称。

这年冬天,土司带领部队凯旋。土家人欢天喜地,奔走相告。大家纷纷自发聚集到土司城中,载歌载舞,

土家人摆手舞

庆贺土家兵的卓越战功。这一天，刚好正月初三，是一个吉祥的日子。

连续几天，周边湖南、湖北、贵州、四川、重庆边境的土家山寨得到消息，都连更连夜赶来。夜幕降临，人们在满天星星的照耀下，打着火把，提着灯笼，吹着木叶，敲着锣鼓，尽情狂欢。

看大家玩得尽兴，城中的长老突发奇想，何不将这些热情洋溢的青年男女组织起来，来一个大型集体舞蹈，"那该是多大的场面呀！"他想。于是，他找来土家族最漂亮、最聪明的姑娘阿惹，对她说："在这个大喜的日子里，你能不能让阿可（男青年）、阿打（女青年）一起来跳舞？"

阿惹长得像春天的映山红，热情而大方，又有土家人的豪爽。她从各寨子找了一个代表，要他们回去带领本寨子的青年男女，一边唱山歌一边比划劳动的场面，然后听从她的指挥。

阿惹将所有人集中到院坝中央，自己则站到高岗之上，然后安排人敲响了大鼓。随着鼓声的节奏，阿惹翩翩起舞，院坝里的青年男女也随之舞动，锄地、点豆、割稻、打谷、摘包谷、种小米……大家跳得有板有眼。

凯旋的士兵也按捺不住，加入了跳舞的队列，他们一边唱着土家的山歌，一边做些战场上打仗的动作，拉弓、射箭、舞矛、挥盾、骑马、刺杀……战争场面历历在目。

一段舞蹈跳完，土司非常高兴，对阿惹说："这个舞蹈好，场面宏大，有土家人的气势和热情，得取一个响亮的名字呀！"

阿惹笑笑地说："您看，千百双手都在摇，都在摆，就叫摆手舞吧！"

摆手舞是土家族的传统舞蹈，有"东方迪斯科"之称，主要流传在鄂、湘、渝交界的酉水流域。关于摆手舞的起源，众说纷纭。一说源于土家人的宗教祭祀活动；二说由巴人传统的白虎舞、巴渝舞演变发展而来；三说起源于战争中以歌舞诱惑敌人；四说土家人生性喜爱歌舞，摆手舞纯粹是一种娱乐形式。

摆手舞分为大摆手和小摆手两种。小摆手，土家语叫"舍巴"或"舍巴巴"；大摆手，土家语称为"叶梯黑"。举行摆手活动的时间，有的地方在三月份，称为"三月堂"，有的地方在五月份，称为"五月堂"，大部分地区在正月初三至十七之间，且大多在夜晚。短则三天，长可达七天。摆手活动一般在"摆手堂"或"摆手坪"或"土王庙"举行。凡百户之乡，皆建有摆手堂，有的还建有排楼、戏台等。

举行摆手活动时，人们扛着龙凤大旗，提着灯笼、打着火把，吹起牛角号、唢呐，敲着大鼓、大锣，点燃鞭炮；抬着牛头、粑粑、刀头、米酒等供品，浩浩荡荡涌进摆手堂。

先举行祭奠仪式，由一位有声望的土老司带领众人行过叩拜礼后，在供奉的神像下面边

土家摆手舞

跳边唱神歌，颂扬土王及祖先的恩德和业绩，表达土家人的无穷怀念之情。并恭请土王和祖先前来参加摆手盛会，与民同乐。

祭奠完毕，土老司带领众人来到堂外的坪坝，在一棵挂满五颜六色小灯笼的大树下依次围绕，随着锣鼓的节奏起舞，"男女相携，蹁跹进退"。

这一习俗，至今还保留在酉水河畔。2008年6月，酉阳土家族摆手舞被列入第二批国家级非物质文化遗产名录。

秀山花灯：赖花子围着幺妹子

宋真宗（赵恒）的第一个皇后死后，刘妃和李妃同时怀孕了，显然，谁生了儿子，谁就有可能被立为正宫。刘妃心怀嫉妒，唯恐李妃生了儿子被立为皇后，于是买通宫中总管都堂郭槐和接生婆尤氏，趁李妃分娩昏迷之际，将一只剥了皮的血淋淋、光油油的狸猫换走了刚出生的太子，并命令宫女寇珠勒死太子。宫女不忍心，暗中将太子送到八贤王处抚养。皇帝看到狸猫，以为李妃产下一个妖物，从此将李妃打入冷宫。不久，刘妃生下一个儿子，顺理成章被立为太子，刘妃也被册封为皇后。

谁知六年之后，太子夭折，真宗再无子嗣，于是将皇兄八贤王之子赵祯收为义子，并立为太子。这位赵祯，正是当年被宫女寇珠救下来的李妃之子，被立为太子，也是实至名归。

真宗驾崩以后，太子登基，号仁宗。宋仁宗即位以后，在包拯的帮助下，终于知道了真相。此时，李妃因年年月月对着孤灯悲愤哭泣，早已双目失明。仁宗愧疚不已。因相传花灯能祛病除灾，象征光明幸福，为了祈求生母的眼睛重见光明，仁宗许下红灯三千六百盏，在京城大闹花灯。

同时，为了讨母亲欢心，仁宗还下令各地带着地方特产进京朝贡。当时，秀山地区有龙、石、张、罗、方等五姓番，总共四五百人一起进京。大家在京城尽情游玩之后，返回之日，悄悄带回了两盏花灯，希望能沾皇帝的光，给家乡秀山也带来平安吉祥，光明幸福。花灯从此在秀山地区一代一代流传下来，并逐步演变成一种艺术形式——秀山花灯。而当年进京的龙姓和石姓，成了秀山的花灯世家。

秀山花灯一般从正月初二开始，正月十五结束。花灯班子每年出去表演之前，有一个特别的"启灯"（请灯）仪式，花灯客（民间花灯艺人）首先要在

秀山花灯

颇有难度的秀山高台花灯

自家堂屋设灯堂，供奉"金花小姐""银花二娘"的神位，并敬各位花灯祖先，同时将花灯的历史传说唱上一遍，才可以正式开始走村串寨表演。

　　秀山花灯表演的场地不限，院坝、堂屋、街头巷尾，只要有一块平地即可。有一种特别的"高台花灯"，需要传统的木方桌二至三张重叠搭成高台，花灯客在最上面一张桌子上表演。

　　表演的形式一般是"二人转"，"赖花子"围着"幺妹子""跳团团"，保留有原始的女性崇拜的特点。"花灯二人转"中的"赖花子"实际就是丑角，手拿一把用棕叶做的蒲扇，做出各种搞笑的动作，逗大家发笑。

　　欢乐总是短暂的。到正月十五晚上，花灯班子就在河边坝子举行辞灯仪式，祭拜神灵，唱《送灯调》，由掌调灯师傅领唱一遍春节期间所有演唱的花灯曲调（称"收调"）。然后焚烧花灯及神位，并将跳灯人的衣服从火上抛过，祈求跳灯人一年平安。

木叶吹奏：只用木叶不用媒

　　"大山的木叶烂成堆，只因小郎不会吹，几时吹得木叶叫，只用木叶不用媒。高坡上种荞哪用灰，哥妹相爱哪用媒，用得灰来荞要倒，用得媒来惹是非。"这是酉阳土家族家喻户晓的《木叶情歌》。

　　以歌传情，以吹奏木叶表达爱意，是千百年来酉阳土家小伙独特的求爱方式。青年男女相互倾慕，却难以启齿，又不愿媒人从中搬弄是非，于是，热情豪爽的土家青年就将满腔爱意寄托在木叶上，形成了"以叶为媒"的神奇婚俗。

　　关于吹奏木叶的起源，武陵山区土家村寨里至今流传着一个美丽的故事：据说有一个土家小伙叫海木（意思是茂盛的竹子），一天他翻山越岭到山的那边打猎，遇到了正在拾柴的土家姑娘惹木（意思是美丽的竹子）。惹木就像她的名字一样，身材修长美丽，婀娜多姿，一下子就迷倒了海木。海木也像他的名字一样，青春健壮，散发着强烈的生命力，一下子就夺走了惹木的芳心。两人一见钟情，相互用山歌表达爱意。分别的时候，两人相约下个月的这一天，在老地方相见。

　　海木和惹木受尽了相思之苦，终于熬到再次相见的日子。一个月的思念、一个月的煎熬，在相遇的瞬间爆发，两人情难自已，走到了一起。

没过多久，惹木就来到海木的家，与海木和他的母亲生活在一起。可是，海木的母亲却不喜欢这个主动上门的媳妇，总想把她赶走。惹木想尽一切办法讨好海木的母亲都不奏效，伤心欲绝，悄悄收拾行李准备离开。海木看在眼里疼在心里，为了挽留姑娘，他心生一计装病卧床不起。惹木割舍不下，只好承受着天大的委屈留下来服侍海木。这一留就是三年。三年之中，惹木既要照顾海木，又老照顾老人，还要承担家里所有的劳动，吃尽了苦头，但是，海木的病情却始终不见好转。

惹木心灰意冷，提起包袱怏怏地离去。海木知道情况后，既伤心又心急，赶紧追出门。此时，他心中千言万语犹如万马奔腾，却不知如何用言语和歌声表达，顺手摘了一片木叶，放到嘴边，鼓动腮帮，吹奏出一串串优美而凄婉的音符。随着音符的流动，所有的情感，犹如黄河决堤，倾泻而出……

凄厉的木叶声飞过田野、越过山岗，飘到半山坡上，传到了惹木的耳朵里。惹木听出了海木绝望和伤心，也听出了海木对她的眷念和召唤，痛哭流涕，脚下再也迈不开步子。海木终于追上了姑娘，两人相拥而泣，发誓再也不分开。

老外体验木叶吹奏

海木的母亲被姑娘的勤劳、善良和一片痴情打动，也被两人的真情深深感动，再也不赶她走了。从此以后，他们一家过上了和睦幸福的生活。

之后，土家山寨的青年小伙，纷纷效仿海木，一旦看上了心仪的姑娘，就吹奏木叶表达情感。随着岁月的积淀，木叶吹奏慢慢演变成了酉阳的一门民间绝技。

民间传说总是寄托着人们的美好祈愿，对完美爱情和人间真情的渴望，让我们愿意相信，只因土家青年海木的一时情急，偶然间便发明了一项演奏技艺。其实，现实的生活哪有这么简单。木叶吹奏是一项极需技巧的绝活，它是运用适当气流吹动叶边，使叶片振动发音，木叶就是簧片，口腔犹如共鸣箱，没有三五个月的艰苦训练，发出声音都难，更何况还要吹出优美的旋律。

木叶是最简单、最古老的乐器。原始社会就已经产生，最早的作用，是人们狩猎时用以拟声捕猎禽鸟，后来逐渐演变为以声代乐、以音伴唱的乐器了。据说，改变叶片的振动频率，可吹奏出高低、强弱不同的效果，音域达十一二度。到了唐代，吹木叶更为盛行，在皇室宫廷乐队中也占有一席之地，乐队在演奏《景云河清歌》和《霓裳羽衣曲》等重要乐曲时，也一定要有吹叶。

吹木叶，要选择优良的树种，通常采用橘、柚、杨、枫、冬青等无毒的树叶，叶片的结构匀称，正、背两面都应平整光滑，以柔韧适度、不老不嫩的叶子为佳。太嫩的叶子软，不易发音；太老的叶子硬，音色不柔美。叶片一般以长 5.5 厘米，宽 2.2 厘米左右为最佳，过大或太小的叶子都不便吹奏，发音也不集中。

"吹木叶要趁叶子青，谈恋爱要趁年纪轻。"千百年来，小小的一片木叶，不知成就了多少土家青年男女的姻缘！

重庆掌故 [典藏本]
CHONGQING ANECDOTES
美食江湖 七卷
巴菜，好吃，美食也。

❶ 传统菜

豆花：美食即道场

　　豆花之美味，无人不赞叹。然而，豆花及豆腐的来由却众说纷纭，但无论是传说还是史料，都直指同一个目标——西汉淮南王刘安。据说刘安为求长生不老之药，在炼丹时以黄豆制作的豆浆培育丹苗，无意中将石膏掉入豆浆，于是产生化学反应，便形成了豆花。

　　豆花可以说是中国人的一大创举，特别是巴蜀大地，豆花遍布城乡——在城市，豆花是草根一族出门在外的便餐首选。一碗豆花饭，物美价廉，可以提供大半天的营养，让人心满意足，继续奔波在个人奋进之路上。在农村，豆花则是乡人待客的最高礼遇。黄豆虽不值几个钱，但豆花的制作工艺相对复杂。在重情重义的巴渝人民看来，待客之礼花多少钱倒是其次，重要的是用了多少心，倾注了多少情谊。于是，豆花这种费工费时又童叟皆喜欢的美食，就成了衡量主人家是否真诚待客的标志之一。

淮南王刘安，豆花祖师爷

　　得知客人要来，女主人早早就将自家产的黄豆用清水浸泡，并将角落里的石磨冲洗干净。待客人到达休息片刻，便召集男主人推磨，女主人一边往石磨中间的磨眼里添加黄豆和水，一边和客人东家长西家短拉些家常。雪白的豆浆就在石磨缓慢而又匀净的旋转中流出，然后顺着磨槽流到下面接着的大木盆里。而乡野的新闻，亲朋的变故，亲戚之间的牵挂，就在石磨上下磨盘摩擦发出的均匀且轻微的"轰隆隆、轰隆隆……"声中，得以传播、慰藉。所以，与其说豆花是一道美食，一种待客之道，不如说推豆花是一种仪式，一个道场。

　　黄豆连水磨细成豆浆，还需将豆渣过滤。巴渝农村的做法是，家家户户有一个专用的可收折的架子，使用时取出用绳子吊在房梁上，将专用滤布（也就是一张正方形的白纱布）的四角固定在架子的四角，豆浆连渣倒入滤布中，白花花的豆浆就漏到底下接着的木盆中，而豆渣则被保留在滤布中。为了加快过滤的速度，使黄豆的蛋白质、淀粉得以充分过滤到豆浆中，需用专人把住滤架并且不停地摇晃滤架。这个过程，看似简单好玩，实则充满技术含量，稍不留意，豆渣就会打翻在地。

　　这边过滤豆浆，那边灶房里的大铁锅已经洗净，

推豆花待贵客

柴火灶已经点燃。豆浆一盆盆被端过来倒进铁锅里，不一会儿工夫，灶房里便蒸汽氤氲，主客的脸都被燃烧的柴火映得通红。进入这种氛围，吃什么？好吃不好吃？都已经不重要了。

铁锅里的豆浆煮涨（煮沸），将灶膛里的火灭了。先舀一碗豆浆，加上两勺白糖，递给客人，"远道而来辛苦了，先解解渴吧！"然后待豆浆温度稍微降低，用事先准备好的卤水（重庆称胆巴，没有发生化学反应之前有毒，切勿入口）加入豆浆，轻轻搅拌，不一会儿神奇的事情就发生了，豆浆里的蛋白质、淀粉慢慢变成白色的絮状物。用竹筲箕轻轻按压，将凝结物与水分层，再过一会儿，所有絮状物就被压到锅底，形成一整块，洁白如玉，这就是豆花了。

这个过程，重庆人称之为"点豆花"。据说，这是一个非常考究技术和经验的步骤。高手点出的豆花，不但豆花的分量多，而且既细嫩又绵扎，筷子挑起来打闪闪，不易断裂，入口即化。这种人一般会受到大家的尊重，民间的说法是：某某的手出豆花。

垄（笨）豆花的作料也是成败的关键之一。重庆普通人家厨房里的作料都非常齐全，所以自制豆花作料也就非常简单了。豆花作料一般有青椒与红椒之分。青椒作料用事先做好的糍粑海椒，加入蒜蓉、芝麻油、味精、川盐、葱花搅匀即可；红椒作料用事先做好的油辣子海椒，加入蒜蓉、芝麻油、味精、川盐、葱花搅匀即可。调制豆花作料有一个小技巧，千万不能用酱油，酱油与豆花相遇简直就是一场美食灾难，不但掩盖了豆花特有的豆香味，而且掩饰了豆花洁白的色彩，于色、于香、于味都给豆花减分。那么，增加咸味最好用什么调料呢？你没有猜错，就是最简单最普通的盐巴。

巴蜀街头巷尾的豆花饭

大功告成。主客随意，就着作料，吃得满头大汗，满心欢喜，满脸愉悦。过去的生活很慢，一碗豆花，就是半天。

链接：

苗家菜豆腐的做法

渝东南是土家人、苗家人聚居之地。苗家有一道综合营养价值极高的绿色佳肴——菜豆腐，深受吃货的喜爱。苗家做菜豆腐，冷天要用青菜（苗语叫"芮熊"），热天要用广菜（苗语叫"芮广"）。做菜豆腐不能用石膏或卤水作凝浆剂，必须用"苗酸汤"，它是一种有机酸，富有绿色营养素。菜豆腐制作方法与豆花大同小异，待豆浆烧开，将洗净切细的"芮熊"或"芮广"放入浆中搅拌均匀，到菜熟后再加入苗酸汤，凝结后压实即成了绿色豆腐块。

苗家特色菜豆腐，可以煎、炒、煮、烤、炸，一般做汤的比较多。要清淡加清水汤，要浓郁加肉汤，要鲜香加鸡汤，要香辣加苗鱼汤。口重口轻，或荤或素，皆可根据自己的喜好选择调料。

八大碗：八仙桌上三蒸九扣

八仙过海的时候，不慎惊动了龙宫，东海龙王大怒，率虾兵蟹将出海，与八仙展开了一场生死恶战。

双方势均力敌，八仙渐渐饿得力不从心，决定退到海滩，吃饱了再说。于是分头寻找食物，谁知此处海滩与世隔绝，偏僻荒凉，连半个人影都没有，哪来充饥的美味佳肴？个个垂头丧气地回来了。

只有曹国舅不辞辛劳，腾云驾雾行至内陆深处的重庆上空，突然一股异香扑鼻而来。曹国舅心中大喜，急忙按下云头降落凡间，循着香味来到一个农庄。化身为一个农夫，前往宅院窥探一番。

只见院子里八人围坐一张四方桌，猜拳行令，畅怀痛饮，诱人的菜肴一个接一个地上。曹国舅想着激战多时的众位仙友，赶紧顺手拿了七样菜肴，正准备离开，又想起何仙姑不食荤，所以又为其独带了一样素菜——青菜豆腐，总共八大碗。神仙做事，光明磊落，临走未忘留下一张字条：国舅为众仙借菜八大碗，日后定当图报。

三蒸九扣八大碗

众仙等候多时，早已饥肠辘辘。见曹国舅带来这八碗美食，不顾形象地一阵狼吞虎咽后，只觉美味登峰造极，天上人间无与伦比。酒足饭饱之后，众仙精神倍增，再战龙王，竟大获全胜。

之后，八仙齐齐来到农庄，说明原因，并兑现诺言，替当地村民排忧解难。以后人们为纪念八仙并讨个吉利，将方桌改为八仙桌，每桌坐八人，食八大碗菜，成为重庆地区一道独特的民俗。

如果你运气好，至今可以在重庆偏远农村看到这样的场景：农家院坝上，十数张八仙桌随意摆放，每桌八人，长幼有序，大家酒酣耳热，大快朵颐，几位妇女双手捧大土碗穿梭席间，将一碗一碗美味佳肴送上餐桌。院坝角落里，用砖头石头临时搭建的火灶上，直径一米多的大铁锅里沸水翻腾，锅里放着高过人头的蒸笼正冒着呼呼热气……这正是传统"八大碗"宴席的现场。重庆农村，但凡婚丧嫁娶红白喜事，主人家都要大办宴席，热闹异常，堪比过年。

八大碗宴席的座次安排，也是有讲究的，上席一定是德高望重的长者，更以上席左边座位为尊。坐此位置者，一举一动无形中影响其余七人的举动。若此人不动筷子，那全桌人只好眼巴巴地看着满桌美味吞口水，哪怕周围其他桌子已经一片狼藉。

喝酒一定是用大土碗，一桌一个。酒一般是当地土法烤制的包谷酒或者红苕酒，满满一碗。坐上席左边的尊者首先颤悠悠地端起酒碗，意味深长地呷上一口，顺手将酒碗

重庆乡村坝坝席

传给上席右者，如此这般，逆时针方向一路传下去，到第八次的时候，酒碗又回到了第一个人手上。只见他把酒碗轻轻放到面前，举起筷子指向桌子中央的菜说道："开船！"于是，全桌客人的筷子才会齐刷刷地伸向桌子最中间的菜碗。每一双筷子都准确无误地指向离自己最近的那一块食物，绝不会发生争抢的情况。吃完一筷，大家会自动放下筷子，继续转着圈子喝酒。

八大碗的内容，虽在各个乡镇不尽一致，但基本上大同小异。头碗一般是"鸡蛋卷肉"，下面是笋儿等打底。然后陆续有"糯米丸子"，即用猪肉丸子裹上糯米，然后上笼蒸熟；"红烧肘子"，整只肘子放入五香料卤锅卤至五成熟，然后捞出将皮炸黄加作料上屉蒸烂，再加作料勾芡，成菜油浸鲜亮；"烧白"，猪三线肉过水、上色并将肉皮炸酥以后切片，覆盖农村自制干咸菜蒸至入口化渣；"夹沙肉"，将豆沙夹在两片肥肉之间，用糯米饭打底，蒸至酥软作甜食上桌……你会发现，八大碗里很多菜都使用了"蒸"这道工序。对啦，这就是所谓的"三蒸九扣"了。

麻婆豆腐：此麻婆非彼麻婆

麻婆豆腐可以说是全世界知晓度最高的川菜名角，任何一个国家的影视作品，只要一涉及川菜，必定绕不开麻婆豆腐。

简单点说，麻婆豆腐其实就是肉末红烧豆腐，起源于成都，光大于重庆，是重庆将其麻辣味型发挥到极致，成为重庆家家户户的保留菜品。

相传麻婆豆腐创始于清同治元年（1862年），那时成都北门外的万福桥边（大致在今人民北路大桥处），有家饭铺名叫"陈兴盛"，店主陈春富早年去世，小饭店便由老板娘经营。当年的万福桥是一座横跨府河，桥不长但桥面

陈麻婆就在成都北门万福桥

却相当宽的木桥。桥上有一座绘有花花绿绿彩画的桥亭，过路的贩夫走卒，推车抬轿之人常在此歇脚。顺便将自己买的豆腐、牛肉等交给"陈兴盛饭铺"的老板娘加工。老板娘一个人日子过得艰难，知道这种代为加工的活路赚不了几个钱，也不推迟，"大家都不容易"。

日子久了，老板娘对烹饪豆腐有了一套独特的技巧，做出来的豆腐色香味俱全，深受人们喜爱，甚至有人专程前来，就为了一尝"陈兴盛饭铺"的豆腐。

老板娘姓陈，随同夫姓，因脸上有几颗麻子，人称"陈麻婆"。陈麻婆的豆腐做出名以后，人们口口相传，不知怎么就变成了"陈麻婆豆腐"，最后简称"麻婆豆腐"。

后来，老板娘干脆将饭铺名换成了"陈麻婆豆腐"。自此以后，"麻婆豆腐"的名头在全川内迅速传播。在传播的过程中，人们将麻婆豆腐改良，用更容易获得的猪肉代替了牛肉，所以，现在的麻婆豆腐，里面的肉末一般都是猪肉了。

重庆和成都，历来是两座性格迥异的城市。重庆人简单直接，他们认为，麻婆豆腐之所叫做麻婆豆腐，全是因为肉末点缀在豆腐上面，极像白皙的脸庞上布满了麻子，故名。

由于麻婆豆腐重"麻辣"的特点，深得重庆人的喜爱。重庆人将麻和辣进一步放大，做出来的麻婆豆腐，更加个性鲜明。特别是"麻"味的运用，可以说是达到了一个极致高峰，除了烹饪调味时需用上大量花椒，起锅以后，还需在成菜的表面撒上大量花椒面。上桌之时，热腾腾的豆腐卷起空气流动，首先飘入鼻腔的，一定是麻香味。

渝派正宗麻婆豆腐的特色在于"麻、辣、烫、香、酥、嫩、鲜、活"八字，称为八字箴言。花椒的麻、海椒的辣、成菜的烫、作料的香、肉末的酥、豆腐的嫩、原料的鲜、配料的活，缺一不可。

麻婆豆腐是老外必点的菜

链接：
麻婆豆腐速成做法

1. 豆腐切成 1.5 厘米见方的小块，入开水焯一下，盛出备用。
2. 猪肉切成小粒，葱、姜、蒜分别切成末。
3. 热锅下油，先放入少许葱、姜、蒜炝锅，放入肉粒翻炒至变色，再放入郫县豆瓣和适量花椒粒，炒出香味，放入豆腐，旺火翻炒一分钟，再加入高汤、盐、五香粉炒匀，小火烧三分钟，待豆腐入味，勾薄芡，出锅盛入盘中。
4. 在豆腐上面撒上蒜末、姜末，浇上一勺滚烫的热油；然后再撒上花椒面、葱花即可。

粉蒸肉：红遍大半个中国

国人曾长时间纠结于粉蒸肉究竟属于哪一个菜系。的确，粉蒸肉在我国很多地区皆有，而且都属于当地的地方名菜，比如重庆、四川、江西、陕南、豫西、安徽、湖北、湖南、浙江、福建、广东等，只不过各地的粉蒸肉味道口感侧重不同，巴蜀地区的粉蒸肉，偏重于麻辣；江浙地区的粉蒸肉，口味偏甜；湖南的粉蒸肉，则以香辣取胜……其实，"蒸"

渝派粉蒸肉

本是烹饪的一大常用手法，各地都会采用。因而，随着各地文化的融合，菜系也逐渐交融，不同菜系出现同一道菜，就再正常不过了。

重庆人对粉蒸肉特别偏爱，民间称之为"鲊肉"或"鲊蒸笼"，几乎每一个家庭主妇或家庭炊哥都有一整套独创的粉蒸秘笈，几乎每一个餐馆都有粉蒸系列菜品，更夸张的是万州区，粉蒸系列成为其美食的旗帜，只不过，当地人根据粉蒸所用蒸笼的形状，形象地称为"格格"。

关于重庆粉蒸肉的来历，民间有一个传说——宋朝时，重庆境内有一个县官姓朱，此人横征暴敛、贪得无厌，致使民不聊生，老百姓怨声载道。当时，衙门外一个饭馆的师傅为泄民愤，发明了一道菜，将猪肉切成片，裹上米粉及辣椒面、花椒粒等调料，然后缠上粉条，上蒸笼蒸熟。取名"呛猪捆肉"，"猪"与"朱"同音，暗讽朱县官，意思是用辣椒等呛死朱。

消息一传十、十传百，老百姓争相来饭馆咬几口"朱"，出一出心中恶气。饭馆的生意一时非常兴隆。朱县官听说衙门外新创了一道美食，也来凑热闹，

七卷 美食江湖

点名要吃"呛猪捆肉"。饭馆师傅不敢不接待，但心中气愤难平，于是抓了一大把辣椒面撒在蒸肉上。县官吃腻了官府的美食，吃所有的东西都没有味道，这道给他特制的"呛猪捆肉"，虽然辣得热汗直冒，但恰恰让他找到了吃东西的快感，之后，每天都要来吃上一碗。后来，他听说了这道蒸肉暗喻的意思，暴跳如雷，却又抓不到厨师的把柄，只好不了了之。只是，他从此以后再也没有出现在饭馆。此后，蒸肉慢慢流传，成为重庆家喻户晓的一道美食。

随着蒸肉的流传，人们对原材料也做了各种尝试，到目前为止，粉蒸已形成一个庞大的系列，菜品众多，如粉蒸猪肉、粉蒸排骨、粉蒸牛肉、粉蒸羊肉、粉蒸肥肠，等等。

粉蒸肉糯而清香、酥而爽口、有肥有瘦、红白相间、米粉油润、五香浓郁，吃起来肥而不腻、嫩而不糜，但现代人口味刁钻，讲究养生，因此选用一些适合的配料打底会更受欢迎。一般打底的配料有莲藕、老南瓜、红苕、洋芋、芋儿等，顺应养生风潮，也有用香菇、山药、牛蒡等打底的。重庆厨师一贯风格大胆、创新独特，发明了用青豆打底，红润的粉蒸肉配上翠绿的青豆，既养眼又养胃，堪称一绝。

链接：

川味粉蒸肉烹饪秘笈

川味粉蒸肉的烹饪方法其实很简单，照着下面的步骤做，绝对不会错。

1. 五花肉切成长薄片，加入料酒1勺，生抽1勺，老抽3勺，郫县豆瓣2勺，白糖1勺，蚝油1勺，拌匀腌制半小时。

2. 加入五香蒸肉粉（超市有卖，加多加少根据自己口味），与腌制好的五花肉拌匀，让每一片肉都均匀地裹上蒸肉粉。

3. 红苕等去皮后切成大块放入笼底，再铺上拌好蒸肉粉的肉，放入蒸锅，盖上盖子，上汽后中火蒸60分钟即好。

但是，要想将粉蒸肉做得尽善尽美，甚至做出自己的风格，还是需要下一些功夫的，比如下面这几条秘笈，一般人我不会告诉他：

秘笈一：蒸肉粉（重庆叫鲊面、酢面）虽然超市里有卖，但传统工艺做出来的更香。方法很简单，干锅不加油，加入八角2个、桂皮1小块、花椒10粒、香叶2片、淘净大米半碗，小火翻炒，至米香扑鼻，焦黄干燥时，盛出来装碗里摊开晾凉，然后用料理机将炒好大米和香料搅打成较粗的米粉即可。

秘笈二：切好的五花肉拌鲊面时，可以加入适量的鲜汤或者生菜油，这样可以保持粉蒸肉的滋润。

秘笈三：最好用竹蒸笼，蒸出的粉蒸肉十分清香。

红烧肉：真爱的味道

每个人记忆深处都有一碗红烧肉，要么是爸爸的红烧肉，要么是妈妈的红烧肉，要么是外婆的红烧肉……总有一款红烧肉，能勾起你对家的记忆，对亲情的记忆，对爱的记忆。

每个家庭都有一道做法独特的红烧肉，或甜或辣，或香或鲜，带有某种家族符号意义，家庭成员之间无论相距多远，都可以凭着这份味道的记忆而找到情感的纽带。

一碗红彤彤、热气腾腾、喷香扑鼻的红烧肉，不仅仅对于巴蜀大地的人们具有特殊的意义，甚至对所有炎黄子孙，它都像是一个家的象征。因为，在中国八大菜系中，处处可以看到红烧肉的影子，比如，湘菜中的毛氏红烧肉，浙菜中的东坡肉，鲁菜中的糖色红烧肉，当然，还有大名鼎鼎的川式红烧肉。各菜系中的红烧肉，都具备鲜明的地域特色，口感味道也各有侧重。

大美食家苏东坡

东坡肉

红烧肉东西交汇，南北通吃。有一种说法，所有的红烧肉，都可以统称为"东坡肉"。从尊重它的发明者及中兴之祖苏东坡的角度来说，这一说法不无道理。

苏东坡不但工于诗词书画，而且是位美食家，许多美食经他妙笔生花评点，或者身体力行推荐之后，从而扬名千古，比如这道东坡肉。

宋神宗熙宁十年（1077年）四月，苏东坡赴徐州任知州。当年8月21日，黄河决口，洪水围困徐州。苏东坡身先士卒，亲自率领军民抗洪筑堤保城。经过70多个昼夜的艰苦奋战，终于保住了徐州城。徐州百姓为感谢与他们同呼吸、共存亡的好知州，纷纷杀猪宰羊，担酒携菜上府慰劳。苏东坡推辞不掉，收下后亲自指点家人将肉切块，用大料、白糖等一锅炖了，回赠给参加抗洪的徐州百姓。百姓感恩知州的情谊，称这道美食为"回赠肉"。从此，"回赠肉"成为徐州的传统名菜。

宋元丰三年（1080年）二月一日，苏东坡被贬到黄州任团练副使。黄州盛产猪肉，苏东坡在徐州时发明的红烧方法基础上，逐渐摸索了一套独特的烹饪方法，亲自制作红烧肉，每天怡然自得，并写下了《猪肉颂》，诗曰："黄州好猪肉，价贱如粪土。富者不肯吃，贫者不解煮。慢着火，少着水，火候足时它自美。每日早来打一碗，饱得自家君莫管。"

随着这首诗的传播，红烧肉的制作方法也广为流传。人们出于对苏东坡的敬重，因此将这道菜命名为"东坡肉"。由于苏东坡曾在杭州工作过一段时间，并在此期间将红烧肉发扬光大，杭州百姓家家竞相模仿，因而，杭州至今保留了"东坡肉"的叫法和做法。

红烧肉属于家常菜。不但各大菜系的红烧肉口感味道各有侧重，每一个家庭，由于调料的品种或者配比略有不同，做出来的红烧肉口感也不相同。但不管风格和口味如何变化，正如苏东坡《猪肉颂》里所写，制作红烧肉还是有一些基本的方法和技巧可循的。以川式红烧肉为例：

主料选用正宗的三线肉，将肉带皮的一面在烧红的锅底上烙一下，不但可以烙掉皮上的毛，还可以使肉更香、猪皮软糯。然后将肉洗净切成一厘米见方的肉块。切肉时，最好每一小块肉都能带皮，吃起来更加糯香。

锅里放适量菜籽油，倒入切好的肉块生炒，不断翻炒，当肉块开始出油以后，将肉块铲到锅的一边，在锅底的油中加入一定量的白糖，炒化，然后翻炒猪肉上色。又将肉块铲到锅的一边，在锅底的油中加入郫县豆瓣，炒香，翻炒猪肉继续上色。（郫县豆瓣是川式红烧肉的关键，现在市场上已经很难买到传统工艺传统口味的郫县豆瓣了，因而，如果有条件最好自制豆瓣。）加入老姜、花椒、八角、桂皮、草果、茴香等香料，以及料酒、醋等翻炒。加适量水慢慢煨。醋、糖都是增加红烧肉的鲜度的，不能吃出醋味和明显的甜味，所以醋和糖的量要掌握好。

如果嫌只吃肉太腻，还可以在文火红烧肉半个小时以后，根据个人喜爱以及季节的变化加入竹笋、苦瓜、高笋、土豆、胡萝卜、板栗、香芋等任一种配料，文火将猪肉和配菜煨软，一盘色泽红润、肥而不腻的红烧肉就起锅了。

回锅肉：川菜的化身

说回锅肉是川菜的代表绝对不为过。在巴蜀地区，只要是会下厨整几扳手的，绝对不可能不会炒回锅肉；普通家庭上桌率最高的菜，绝对没有哪一道菜能超过回锅肉；长期最受欢迎的菜谱，绝对不会少了回锅肉。据说，川菜厨师考级，回锅肉是必考菜品。因而，有人认为回锅肉是川菜之首，有人说回锅肉是川菜的化身，都有一定的道理。

回锅肉之所以叫"回锅肉"，顾名思义，就是将猪肉煮熟后切片回锅，进行第二次烹饪。第一次烹饪，是将上好的五花肉煮到八成熟。说来也奇怪，回锅肉不但烹饪的时候需回锅，在炒好之后，越回锅越好吃。所以，巴蜀地区一般家庭炒回锅肉都有一个习惯，炒满满一大盆，吃不完放着，第二顿、第三顿回回锅，热一热，更好吃。

回锅肉是谁发明的？如何发明的？已不可考。但巴蜀地区民间的一种说法，与当地风俗吻合，比较靠谱。

话说巴蜀地区祭祀鬼神和祖先，从古至今都有一个风俗，需用一块煮熟的肥肉，俗称"刀头"，放到祭台上，表示对祭祀对象的尊重。礼成，"刀头"已冷，丢弃可惜，吃掉吧既难啃又没味还伤胃，于是，聪明的古人将"刀头"切成薄片，放到锅里加少许菜油爆香，加入家里现有的配料如大头菜，或红椒，或蒜苗，或泡菜……一起炒了，加入豆瓣、酱油、甜面酱，起锅，一盘色香味俱全的下饭菜就这么成了。口味独特、色泽红亮、肥而不腻、入口浓香，真乃绝世美味也！

回锅肉就这么流传了下来。

回锅肉之所以广受巴蜀大地普通家庭欢迎，竟发展成为川菜第一菜，估计与其平民姿色有关。回锅肉的烹饪手法极其随意，只要有一块肥多瘦少的猪肉作为主料，其他的配料就随意了，家里有什么就用什么；甚至连调料也随意，有什么调料就用什么调料。这就造成了不同的地区、不同的家庭、不同的人烹饪出来的回锅肉，其口味和风格是截然不同的。同样属于巴蜀地区，重庆的回锅肉和成都的回锅肉，就像重庆人和成都人的性格一样，十分不容易找到共同点。

由于回锅肉的草根性、平民化，所以用回锅肉的配菜（俗称俏头）来分类，回锅肉的种类特别多，比如，干豇豆回锅肉、红椒回锅肉、青椒回锅肉、花菜回锅肉、薹头回锅肉、仔姜回锅肉、蕨菜回锅肉、蕨粑回锅肉、酸菜回锅肉、莲白回锅肉、蒜薹回锅肉、汤圆回锅肉、豆腐干回锅肉、胡萝卜回锅肉、藕片回锅肉、冬笋回锅肉、麦粑回锅肉，等等。总之，几乎所有的配菜都可以用来炒回锅肉，当然，不变的经典还是——蒜苗回锅肉。之所以用配菜来给回锅肉分类，那是因为回锅肉里的配菜，往往比主菜更好吃，更有味道，更受欢迎。

家喻户晓的回锅肉

回锅肉的烹饪手法虽然个性化十足，但在一个凡事讲究标准的时代，经过高档餐厅厨师的总结，还是有一些可以提升回锅肉味道的共性，可以让主妇和炊哥遵循与追求的。

比如猪肉的选择，最好是当天宰杀的新鲜猪肉，做回锅肉最好的部位是二刀三线肉，也就是通常所说的五花肉，有肥有瘦，肥瘦相间，不至于太肥吃起来腻人，也不至于太瘦嚼起费牙巴劲。

比如煮肉，一般家庭用清水煮熟即可，这样难出肉香。讲究的厨师，需在水滚开以后，先放入生姜（用刀拍破）、大葱长节、大蒜（拍破）、花椒等吊汤，等汤气香浓，再放入洗净的猪肉，八成熟捞起，太软太硬都不太好。

再比如切肉，等肉冷了再切，肥瘦易断；肉热的时候切，烫手造成下刀难以均匀。这时你可以把捞起的肉放在冷水里浸一浸，趁外冷内热时下刀，先皮后肉，刀刀入肉，厚薄均匀，皮肉一体。

回锅肉的火候至关重要，用中火，将切好的肉片熬制成为一个一个卷窝形状，里面盛满了熬出来的猪油，极像古时的油灯，所以俗称"灯盏窝"。肉片成窝，关小火，下入豆瓣酱、甜面酱及少许酱油、料酒等炒匀，稍微爆入味。然后加入配料，改为大火，翻炒至熟即起锅。

"小妹，来份回锅肉！"

烧白：上得厅堂下得灶房

烧白，有咸烧白和甜烧白之分。重庆人习惯上默认咸烧白为"烧白"，而甜烧白，根据其制作特点，取了另外一个名字——夹沙肉。

烧白是一道具有浓郁乡土气息的民间菜。重庆农村，过年过节每家每户必做烧白。之所以形成这种习俗，大概与重庆人善于制作干咸菜有关。一进入冬季，重庆农村家家户户种植青菜，菜头可煮汤、生炒或炒肉，可凉拌，可制作成泡菜，若吃不完，还可以制作成榨菜，放得越久越香醇。

但青菜叶子却无法消耗，于是聪明的农家人将其晒干、洗净、码盐腌制，就成了干咸菜，与空气隔绝保存，愈久弥香。干咸菜服猪油，单独吃时虽香却不爽口，一旦与猪油相遇，立即发生化学反应，油脂香与咸菜香相互促进，香飘万里，干咸菜吸饱了猪油，入口时浓香中有一种满足感。因此，重庆农家喜欢用干咸菜炒回锅肉或者蒸烧白。

重庆农家过年必杀年猪，腿子、前夹、保肋等上好的猪肉，一般都安排了可上台面的用途，将在之后的过年时段中招待亲朋好友、大显身手。而槽头、肚皮等边角料却不好处理，那便就地取材，肉切片加酱油、姜末、花椒，用干咸菜覆盖，蒸炉，端上桌，香气四溢，吃进口，肥而不腻，一家老少，吃得一团和气，吃得喜气洋洋。烧白于是诞

人见人爱的烧白（咸烧白）

生了。

　　这道菜只要一上桌，一定是最先吃完，不仅烧白一片不剩，最后连干咸菜也颗粒归"仓"。对于农村人来说，不但吃出了舒服的满足感，而且还特别经济实惠，就着干咸菜，几碗白米饭就下肚了。因此，烧白成了重庆农家的必备菜品，也是农村传统宴席"三蒸九扣"的保留菜品之一，可谓上得厅堂入得灶房。不但每家每户过年过节必做，就连场镇上的小店铺或路边的幺店子，一般只要有烧白和豆花两样菜，就可以立足于江湖而不败。

　　时至今日，很多老重庆人出门在外，也习惯于标配一份烧白和一碗豆花加二碗干饭解决一餐，既便宜又满足。当然了，一碗蹄花汤加豆花饭，或一份烧肥肠加豆花饭，偶尔换换胃口也是可以的。

　　经过民间厨师的逐步规范，烧白的制作方法也渐趋统一。

　　首先是选料，以带皮五花肉为最好，配料以大足特产的冬菜为最妙。

　　制作时，锅中放入适量的水，放入料酒、花椒、葱节烧开；将整块的五花肉放入水中，煮15分钟左右，肉八成熟时捞起沥干水分，并在肉皮上抹上甜面酱；炒锅或平底锅内放入少量的油，将肉皮朝下放入锅中炸至肉皮呈棕红色并微微起泡时捞起；切成6厘米长，3毫米厚的大片；用老抽、料酒、糖和一汤匙油混合成料汁；将切好的肉片在料汁中浸一下，肉皮朝下整齐地码在一个大碗内；撒上姜末和花椒，将大足冬菜切成细粒覆盖在肉片上压实；放入蒸锅内蒸40—60分钟，吃的时候用一个大盘扣在蒸肉的碗上，快速翻转过来，将碗揭开移走即可。

　　制作烧白，最考究的是炸皮这道工序，俗称"梭皮"，炸得好与不好，直接影响整个肉的口感，这也是烧白之所以肥而不腻的诀窍之一。

　　重庆人生长于码头边，粗犷豪迈，有好事者将烧白制作成长20厘米，宽4厘米，厚6毫米的大长方片，状似大刀，号称"大刀烧白"。更有好事者将蒸好的烧白进一步按照水煮的工序进行加工，即：去掉打底的冬菜，沥去汤汁，将烧白翻扣在事先装有葱白的窝盘内；锅倒油烧至七成热，下干海椒炒至棕红色捞出铡碎，锅再置旺火上烧热下郫县豆瓣、姜米、海椒面炒红炒亮，下永川豆豉炒香，掺入鲜汤，下胡椒粉、味精、料酒煮出味，去掉料渣，起锅浇在烧白上，再撒上铡碎的海椒、蒜米，浇上辣子油，最后撒上花椒面。一道集烧白与水煮肉片于一体的"水煮烧白"闪亮登场了。

老人最爱的夹沙肉（甜烧白）

链接：

甜烧白快速上手的方法

甜烧白又叫"夹沙肉"，是重庆民间一道非常普遍的菜品，特点是鲜香甜糯，丰腴形美，炪软适度，肥而不腻，色感口感形象俱佳，深受百姓民众的喜爱。制作方法如下：

将保肋肉刮洗干净，用清水煮到五成熟捞出，抹去皮上油水，趁热抹上一层红糖晾凉；将糯米淘洗干净，上笼蒸成糯米饭，趁热拌入红糖50克，同时放熟猪油15克拌匀；将豆沙在锅内用熟猪油翻炒，下红糖再炒几下铲起，晾凉备用；将肉切成5厘米长，3厘米宽，0.5厘米厚的夹层片（第一刀切到皮上，不切断，第二刀切断），每片肉中间夹上一份炒熟的豆沙，装入蒸碗有序排列，再填入糯米饭，隔水蒸至熟透。吃时翻扣入盘，撒上白糖即可。

水煮肉片：麻辣江湖，水煮沉浮

川菜名厨"范三爷"范吉安

"水煮"是川菜里的一大流派，著名的菜品，除了水煮肉片外，还有水煮鱼、水煮牛肉、水煮腰花、水煮鳝片、水煮牛蛙、水煮肥肠，等等。

水煮肉片的特点是麻、辣、鲜、香。特别是渝派川菜，更是将水煮肉片麻辣的特性发挥到极致，重庆厨师做出来的水煮肉片，仅仅是看一眼浮在面上的辣椒面和花椒，就能让你两眼发光、两颊生津，不吃它就能吞下小半碗白米干饭。可以这么说，重庆，正是水煮系列的中兴之地。

但是，水煮肉片并非起源于重庆。

相传北宋时期，自贡一带盐业发达，人们采集盐井的卤水熬制出井盐，以品质上佳行销全国，因而自贡被称为盐都。井盐采卤等体力活，都是用牛作为拉车的动力。因此，役牛一旦老病或者受伤，就会被淘汰。盐工的生活简单清苦，他们将退役的牛宰杀，就地取盐加水将牛肉煮熟，为减少腥膻，用盐、酱油、辣椒和花椒等作料，调制成蘸水，在碟内蘸牛肉吃，既经济实惠又可口下饭。这就是自贡传统名菜"渗汤牛肉"。

水煮肉片的江湖

到了20世纪30年代，自贡名厨范吉安有感于渗汤牛肉过于粗犷，一点都不雅致，而且每食必须专门制作调料，每个人面前必然放味碟一个，太过复杂，于是决定改良——让菜品在制作时一次定味，上桌即可直接食用。对于一位名厨来说，只要确定了思路，制作的过程其实只是信手拈来的事情。

以牛肉片为主料，菜薹或莴笋、菠菜、白菜等时鲜蔬菜为辅料；将精盐、酱油、辣椒、花椒等作料和淀粉与牛肉片拌匀；食用油烧熟，下郫县豆瓣、蒜末、姜末炒香，加骨头汤煮开；蔬菜下锅过水捞起放入盘内打底；牛肉片下锅断生即捞起铺在蔬菜上；将锅内骨头汤倒入盘中，面上撒上辣椒面、花椒粒、蒜末、姜末；锅内食用油烧至120℃，倒在盘内即可。因牛肉片没有经过铁锅煎炒，以水煮而熟，因此，范吉安将这道菜定名为"水煮牛肉"。

水煮牛肉的特点是：肉质细嫩、鲜香可口、油而不腻、麻辣诱人，一经推出就受到食客的好评，成了川菜里的一道名菜，1981年被选入《中国菜谱》。

后来，范吉安用相同手法烹制出水煮猪肉片，简称"水煮肉片"。由于猪肉这种食材更为普遍，比牛肉更容易获得，肉质更细嫩，价格更便宜，烹饪更好把握，因而水煮肉片大受欢迎，传播得更快更广，迅速将"水煮"系列推上川菜的一个巅峰。

链接

水煮肉片高手诀窍

经过巴蜀地区众多厨师的不断总结，制作水煮肉片还是有一些诀窍可循的：

1. 食用油首选菜籽油，这才是正宗川菜的味道；肉片下锅前用淀粉和蛋清腌制，锁住肉的汁水，才能保持鲜嫩口感；郫县豆瓣一定要炒香，炒出红油来，既可上色又能提香。

2. 撒在水煮肉片面上的辣椒面和花椒粒，一定要经过制作。制作的方法是，干辣椒切成段，和花椒一起下入油锅中，低温慢慢炸得棕红脆香，然后捞起剁碎以后撒在肉片上，这样吃起来才会焦香满口，十分有味；最后浇的热油一定要烧得尽可能热，油温尽可能高，浇上去才能把姜末、蒜末的香味炝出来。

蒜泥白肉：自片自食"跳神肉"

蒜泥白肉是川菜里的一道传统名菜，历来颇受欢迎，尤其是三伏天吃起来十分爽口，不管在重庆还是成都，无论是川南还是川北，在餐厅、饭店里的点击率都非常高。不过，重庆餐厅里的蒜泥白肉，师古而不泥古，变出各种花样特色。比如，将煮熟的肉切成15厘米长，3厘米宽，2毫米厚的薄片，与切得同样大小的黄瓜片一起，相间着拦腰挂在一个特制的竹架上，放入盘中端上桌，是为"晾竿白肉";将煮熟的肉切成薄片,中心裹入黄瓜丝,形成卷状,依次摆入盘中,淋上调料,是为"蒜泥肉卷";将煮熟的肉切成薄片顺盘摆成圆环状,中心放入调料碟,吃时,将白肉在调料碟中蘸入味,是为"蘸水白肉"……正是因为重庆厨师在坚守传统的基础上善于改良创新,因而在川菜这个大体系里独树一帜,称为"渝派川菜"。

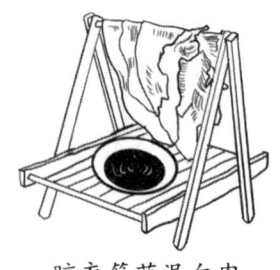

晾衣竿蒜泥白肉

蒜泥白肉的老祖宗应该是"白肉",据说发源于满族同胞聚居之地的东北,袁枚在《随园食单》中称之为"白片肉",并说"此是北人擅长之菜"。根据袁枚的描述,"割法虽用小刀片之,以肥瘦相参、横斜碎杂为佳,与圣人割不正不食一语截然相反。其猪身肉之名目甚多,满洲跳神肉最妙。"也就是说,白肉来源于满族人的"跳神肉"。所谓跳神肉,就是满族人敬神祭祖仪式上所用的祭品。与巴人祭祀神仙或祖先所用的"刀头"极其相似,选取肥瘦相间的上好猪肉,白水煮熟,祭祀时当贡品,礼毕之后,分而食之。只不过,满人是"自片自食","善片者,能以小刀割如掌如纸之大片,兼肥瘦而有之";而巴人将其切片下锅,与俏头(配料)同炒,成了回锅肉这道名菜。

随着满人入关,成为中国的实际统治者,白肉随之传入中原,并传到当时的经济中心江南一带。"清代蜀中三才子"之一李调元的父亲李化楠宦游江南时,曾收集了许多菜肴的制作方法,其中就有江浙一带的"白煮肉法",李调元将其录入《醒园录》之中。

白肉是什么时候传入巴蜀地区的,已经不可考。在傅崇榘写的《成都通览》上,可以看到成都街市餐馆里已经有"白肉"和"春芽白肉"等菜品。《成都通览》出版于1909年,正处于清朝末期,可见,白肉应该是清朝就进入川菜序列了。

由此推断,白肉经东北、中原、江南而四川,周游大半个中国,终于找到了将其发扬光大的安身立命之所。

川厨善调味,"味在四川"名不虚传,白肉一进入四川,就被川厨用大量蒜泥调味,破解了白肉肥腻的缺点,使"蒜泥"味型得以固化,形成了川菜中的一道名菜——蒜泥白肉。

清代美食家袁枚

链接:

李庄白肉的自炊做法

李庄白肉,全名"李庄刀口蒜泥白肉",俗称"大刀白肉",是四川宜宾市历史文化名镇李庄的传统美食。目前,重庆很多餐馆也有这道名菜。制作李庄白肉,讲究的是选料精、火候准、刀工绝、调料香,四个要素缺一不可。

选料精：最好是饲养时间在一年左右，不喂任何添加剂、皮薄肉嫩、肥瘦比例恰当的土猪"二刀肉"，即猪后腿将臀部去掉第一刀之后的第二刀部位，每头猪仅有3公斤左右。这一部位的肉质佳，肥瘦匀称，无泡少筋，成菜后肥瘦连接紧实，不脱层分离，给人以感观美。

火候准：用90℃水温煮约30分钟，用竹签或牙签刺进肉内无血水冒出时，表明肉已断生煮熟。将肉捞起放在凉开水中浸泡，以防"结皮"影响刀工片制。煮肉时，水沸即加凉水控制水温，使肉从外到里受热均匀。若水温过高，就会出现皮𤆵肉生的现象，影响成菜。

刀工绝：在砧板上铺上干净毛巾，一为防止片肉时打滑，二为吸收片肉过程中渗出的水分，然后把泡在凉开水中的熟肉捞起，待水分"收汗"，放在毛巾上，刀放平，从猪皮面进刀，慢慢从右往左进刀片肉。手艺高超的厨师片出的肉片厚薄均匀，每片长可达20－30厘米，宽15－20厘米，厚1－2毫米，肉片薄可透出人影。将片制好的白肉平铺装盘。

调料香：用干七星辣椒、花椒、大蒜一同舂成糊状，名曰"糍粑海椒"，加入酱油和适量味精、白糖、麻油调制成调料，淋在装盘的白肉上即可。

李庄白肉清香爽口，肥而不腻，咀嚼化渣，回味无穷，食后感觉令人叫绝，久久不忘。

糖醋排骨：天下谁人不识君

金庸笔下的韦小宝是一个特殊的武林人物，凭着机灵劲儿周旋于朝廷与江湖、正派与魔教、男人与女人之间，并且还游刃有余，屡次逢凶化吉。如果非要在广袤的中国菜谱之中寻找一位"韦小宝"，那非糖醋排骨莫属。

糖醋排骨的糖醋味非常讨巧，适合东西南北中所有的吃货，虽然不能保证每一位食客都非常喜爱，但至少不会心生讨厌。一如韦小宝的防身宝衣和锋利匕首，虽不能保证他每役必胜，但至少可以保障他每战不败。

有了糖醋味型作为压身之技，糖醋排骨行走于美食江湖，就有些肆无忌惮、所向披靡了，以至于全国几乎所有的菜系中，都有这道大名鼎鼎的糖醋排骨，全国几乎任何一个地方，都可以吃到这道无人不识的糖醋排骨。

只不过，各大菜系里的糖醋排骨，在糖醋这个基础味道之上，多了一些更富有地方特色的调味方式和烹饪方法。在中国美食江湖中，同一道菜能有如此蔚为大观的调味方法，也算

乖巧玲珑的糖醋排骨

是一个奇迹。

沪菜里的糖醋排骨属于烧菜，调味非常简单，用到了番茄酱提升其酸甜度；湘菜里的糖醋排骨，没有跳出湖南人嗜辣的窠臼，用辣椒熬制出辣椒水倒入排骨烹制；浙菜中的糖醋排骨也属于烧菜，制作方法最为复杂，先要用湿淀粉加面粉给猪排挂糊，然后分两次油炸将排骨炸得金黄，接着葱段煸出香味下排骨，最后是用调好的芡汁调味、上色、收汁、挂浆；糖醋排骨在川菜系里是一道很有名的凉菜，川人善于运用花椒，不抗拒麻味，体现在糖醋排骨的烹饪上，排骨过水之时，需用老姜、花椒放入水中同煮以去猪肉的腥味，川味糖醋排骨属于炸收的烹饪方法，调味以后，控制火候将水分慢慢收干，无需辅助芡粉，这样做出来的糖醋排骨琥珀油亮、干香滋润、甜酸醇厚、不油不腻，是一款极好的下酒菜和开胃菜。川味糖醋排骨还有一个特点，可以趁热吃，酸甜适中，口感丰富细腻；也可以等排骨凉透以后再吃，甘中带甜，回味无穷，又是一种独特的风味。

链接：

川味糖醋排骨的做法

重庆某报社搞了一个"最难做的川菜"无记名投票，结果糖醋排骨排名第一。其实，这是一个很打击人的误解，只要亲自动手，糖醋排骨做起来并没有想象的那么难。

1. 猪签子排骨（正肋骨）500克砍成2厘米长的节。水中加入花椒、姜片、葱段，排骨倒入同煮30分钟捞起。

2. 用一汤匙料酒，一汤匙生抽，半汤匙老抽，二汤匙香醋（非白醋）腌渍20分钟。

3. 捞出洗净，沥干水分，下油锅炸成金黄。油别放多，只要勤翻身就好了。

4. 锅内放少许菜油，小火，放三大勺冰糖或白糖炒化，半碗肉汤大火烧开，倒入排骨炒匀，加适量盐，一勺醋，继续炒匀。

5. 小火焖10分钟，大火收汁，收汁的时候最后加一汤匙香醋，酸甜味就出来了。

6. 加一小勺香油，少许味精炒匀，起锅装盘，表面撒熟芝麻点缀即成。

有几个小技巧与大家分享一下：一是如何做到外酥里嫩——煮30分钟后肉已煮熟，再大火热油炸到外面焦黄，就外酥里嫩了。二是为何要腌渍——因为热锅热油会迅速封住猪肉的外表，糖醋汁不容易吸收进去，因此要先腌渍入味。三是怎么炸排骨——大火猛催，反正已经煮了30分钟，早熟透了，所以只要保证外面酥脆就可以了。

盐煎肉：回锅肉的另类姐妹

说起盐煎肉和回锅肉，现在很多人都分不大醒豁，包括一些不大不小的川菜馆，硬是活生生的把盐煎肉炒成了回锅肉。仔细想想，盐煎肉能在众多川菜品类中脱颖而出、长盛不衰，成为让川人赏心悦目、心心念念的菜品之一，难道就凭"回锅肉的翻版"这点姿色？

若是如此，那也太小看盐煎肉了，同时也小看了以好吃、善吃闻名天下的巴蜀吃货们——就凭这点东施效颦的伎俩，即使忽悠得了一店人，难道还忽悠得了一村人、一城人？

在很多人看来，盐煎肉和回锅肉的区别，仅仅是盐煎肉生爆，回锅肉煮熟以后再二次下锅；盐煎肉要多一味调料——豆豉。没错，这确实是盐煎肉和回锅肉的区别。但如果仅仅只有这么一点区别，那么做出来的盐煎肉就不应该叫盐煎肉，而是另类回锅肉。

让我们来看看盐煎肉与回锅肉的区别究竟有多大：

首先是选肉。最好的回锅肉食材是二刀三线肉，最好的盐煎肉食材是二刀后腿肉。道理很简单，盐煎肉是生爆，突出的味道是鲜香，猪二刀后腿瘦肉多、肥肉少，更容易爆香。你若问，那我全部用瘦肉，行吗？不行！瘦肉太多没有油水，吃起来"柴"，除非你牙口特别好，而且豆豉容易煳锅。

下酒好菜盐煎肉

其次是味型。回锅肉属于家常味，突出的是醇厚的香辣，因此需用大量郫县豆瓣以及酱油、白糖等提味；而盐煎肉属于咸鲜味，强调的是鲜香，酱油是大忌，提味主要用永川豆豉。如果咸味还不够，只能适量添加川盐，所以才叫"盐煎肉"。郫县豆瓣最好不要用。

再次是烹饪方法。回锅肉需将猪肉煮熟切片回锅；而盐煎肉，先将猪后腿肉去皮，切片，生爆，待肉片爆熟开始出油，放入永川豆豉等调料炒匀，再下蒜苗炒至断生即可。

烹饪这道菜的时候，火候最为重要——爆炒时，中火偏小，将肉片爆熟并开始出油；放入调料特别是永川豆豉后，一定要用小火并快速翻炒，因为永川豆豉是用黄豆蒸熟发酵而成，如果锅里油水不够或者火太大时，容易粘锅、烧煳；下配料以后，大火快速翻炒至配料熟透起锅。不知你有没有注意到，烹饪盐煎肉的火候及步骤，与烹饪回锅肉的火候及步骤几乎一模一样。的确是这样，所以人们将盐煎肉称为回锅肉的姐妹菜，也正因为如此，才会有那么多的人将盐煎肉误会为回锅肉的翻版。其实，原材料和关键调料的变化，已经让看似按照同一步骤做出来的菜品，呈现出完全不同的味道和风情。

盐煎肉同样可以加配菜（俏头），但与回锅肉的兼收并蓄不同，盐煎肉的配菜非常讲究，最好的配料是蒜苗，其次用蒜薹，而青椒、大葱等可勉强代之，如果连这些配菜都没有，那就不要做这道菜了，免得弄巧成拙地活生生整出一个"东施效颦"来。

鱼香肉丝：此处无鱼胜有鱼

鱼香肉丝是川菜里一个特立独行的异类。一贯重麻辣、尚辛香的川菜厨师，也不知道什么机缘巧合，或者哪根筋搭错了，硬是发明了鱼香这种味型，让川菜的调味技能在八大菜系中脱颖而出、独领风骚，使"吃在中国，味在四川"成为大家公认的真理。

泡海椒、泡老姜是必需的

鱼香肉丝诞生的历史应该不长，其依据是，1909年出版的《成都通览》收录了1328种川味菜肴，却没有鱼香味型的菜品。据说，鱼香肉丝起源于民国初年的泡椒肉丝，后来经抗战时期蒋介石的厨师将杭帮菜的调味方法融入，最终定味、定名为"鱼香"，尔后流传至今。

鱼香肉丝因其味带鱼香而得名。分解开来，口感兼具咸、甜、酸、辣、鲜、香等特点，可以说是"五味杂陈"。但是与同样属于川菜味型的"怪味"，又有着本质的区别。这正是川菜厨师的高明之处，同样是"五味杂陈"，却因为作料的比例和调味的手法不同，而呈现出完全不同的味道和风格。

鱼香味的关键作料是泡海椒，这可以说是鱼香味的杀手锏。夏秋之交，红艳艳的二荆条辣椒或者朝天椒，放在老坛盐水里浸泡一个月以上，味道醇厚、香味醇郁、酸爽生津，抓起来切成碎粒。就这一道作料，鱼香的味道已经得到了基本的保障。至于二荆条辣椒和朝天椒的区别，其实就是辣度不同，温和者如二荆条，火爆者如朝天椒，都是调味的佳品，关键看个人的喜好。当然，你也可以是一个中庸主义者，一样用一半，或者探索出一个适合自己的比例。

鱼香肉丝的食材一般选用里脊肉或精瘦肉，这是餐馆普遍的做法，也是众多食客的首选。但本人偏好肥瘦搭配的肉，最好是肥三瘦七。有一点肥肉，炒出来的鱼香肉丝口感更加细嫩，并带有猪肉特有的香味，也就是脂香味。红烧肉、回锅肉之所以香味浓郁，正是因为肥肉的脂香味被激发了出来。

切肉丝的刀法也有技巧。很多人都知道切牛肉等纤维较粗的肉特别讲究，不能顺着肉的筋丝纹理顺刀切。具体的做法是，菜刀与牛肉的肌理纹路垂直，斜刀切，这样炒出来的牛肉才细嫩。

最下饭的鱼香肉丝

其实，切猪肉又何尝不是呢，对于一个追求美食极致体验的吃货来说，能有一定的方法让美食更加细腻，又何乐而不为呢？

肉丝切好了要先码味，加少量盐，给肉丝铺上底味，加一点芡粉，用手反复揉匀，边揉边根据需要少量加水，直到肉已经无法再吸水，这样炒出来的肉丝滑嫩化渣。盐一定要少加，因为有泡海椒、酱油等提味。芡粉也要少加，芡粉多了肉丝会糊锅并凝成块，影响口感和形象。码味有一个诀窍，是一次听一个川菜老厨师透露的——适当淋一点油，让油膜在肉丝的表面保水，这样下锅进入油中滑炒时，水分才不会流失。

做了这么多铺垫，成败的关键，还是要看下锅后的几分钟。锅热下油，最好是猪油和菜油混合，现代人养生怕吃猪油，那就将猪油的比例缩小，一成二成均可，要的是猪油那特有的脂香味。油热至七分时，小火下切碎的泡海椒粒、泡姜粒、蒜粒，同时加点葱花。等到炒出香气，改中火并下肉丝，炒至肉丝散籽，把青笋丝加进去，改大火翻炒几下，再勾入兑好的味汁，炒匀便可出锅装盘。

忘了交代味汁的勾调方法。其实很简单，取酱油、香醋（忌白醋）、白糖、味精、葱花（宁可多一些），加入很清淡的芡汁，调匀即成味汁。味汁里面的芡汁一定要淡薄，因为厚了下锅会糊成一团，严重影响形象，而且肉丝的颜色和口感也欠佳。

好了，一盘微黄中透着青绿，泡椒的亮红点缀其中，鱼香扑鼻，诱人食欲的鱼香肉丝，可以隆重上桌了。

链接：
鱼香茄子的入门做法

茄子含多种维生素、脂肪、蛋白质、糖及矿物质等，是一种物美价廉的蔬菜。特别是茄子富含维生素 P，100 克紫茄中的含量高达 720 毫克上，不仅在蔬菜中出类拔萃，就是一般水果也望尘莫及。维生素 P 能增强人体细胞间的黏着力，改善微血管脆性，防止小血管出血。鱼香茄子是川菜的著名菜肴，主料为茄子，配以多种辅料加工烧制而成，做法很简单：

将茄子洗净对剖成两半，取其一从带皮面斜着切入三分之二，留三分之一不切断，半个茄子切完以后换方向从刚才切口的垂直方向继续切成网格形状；大葱、生姜、大蒜切成细末，拿一小碗倒入一勺生抽、两勺醋、两勺糖、少许清水调和成鱼香汁备用；锅烧热倒油，油适量偏多，将茄子放入油中，小火慢慢将两面煎软，把茄子刨到锅的边上，放入葱、蒜、姜末及郫县豆瓣煸炒出香味，倒入鱼香汁，轻铲锅边的茄子调匀。汤汁熬煮至黏稠，起锅装盘。

合川肉片：荤菜素做最典范

民族英雄王坚

南宋抗蒙晚期，大宋江山摇摇欲坠，兴元府都统兼合川知州王坚固守钓鱼城十多年，无数次击退蒙古大军的进攻，用石炮将蒙哥汗击成重伤而不治身亡于北温泉，深得官民拥戴。

某一日，王坚处理军政要务忘了时辰，早过了吃饭时间。他信步来到护城门处一家小饭馆，要求厨师随便炒个菜，吃了好继续安排抗蒙大计。由于早已过了饭点，一般都不会有顾客，炒菜师傅按照惯例离店回家午休去了，只剩下小徒弟照看店铺。

眼见知州大人要用餐，小徒弟搞刨了，一阵手忙脚乱，赶紧将最受人欢迎的五花肉切成肉片，准备炒一大盘肉好好招待知州大人。谁知心中慌乱，忙中出错，竟然将肉片和芡粉、鸡蛋一起混合下了油锅。小徒弟见大势已去，只有硬着头皮等挂糊肉片炸得焦黄时起锅，然后加入豆瓣酱、姜片以及店里剩下来的莴笋尖一起炒了，战战兢兢端上桌，缩手缩脚守候在旁，生怕知州大人怪罪。

谁知知州大人品尝以后，竟然连声说："妙！妙！妙！"一大盘肉片随着几碗白米饭下肚，知州大人顿时心满意足，临走时问道："这道菜叫什么名字呀？"小徒弟又是一阵慌乱，张口结舌答道："合……合川的肉……片。"

从此以后，"合川肉片"就在钓鱼城、合川境内流传开来，后来逐渐流传到重庆，成了川菜谱系里的一道名菜。

合川肉片的与众不同之处在于，明明是荤菜，原本可以靠食材取胜，却偏偏要伪装成素菜，靠味型取胜。合川肉片创造性地将常用于做素菜的椒盐味型，用来做荤菜，也就是荤菜素做，成就了一道颜色金黄、口味咸鲜、外酥里嫩、回味甘甜的独特美食。

弄拙成巧的合川肉片

合川肉片的做法，比起常规的炒肉片要复杂得多。一般选择前夹肉或五花肉，切成片，加豌豆粉、鸡蛋、食盐和少许白糖，拌匀之后，放进锅里中火煎炸，待两面金黄、散发出一股淡淡的荔枝味时，加入豆瓣酱、姜片、玉兰片、细木耳煎炒，改大火，加入豌豆尖或莴笋尖、黄瓜片等时令鲜蔬爆炒点缀，迅速起锅，一盘色香味美的合川肉片就完成了。

炒合川肉片对于火候的要求极高，火候过于温柔，肉片颜色上不去，且不能做出外酥里嫩的效果；火候过于猛烈，又容易造成煳锅。因此，现在一般的餐馆，已经很难找到正宗合川肉片了。

合川肉片起锅后，要趁冒着呼呼热气时迅速上桌，而且还要趁热吃，否则肉汁浸出来，表皮就会变得不脆，也就失去合川肉片外酥里嫩的最大特点。

江津肉片：外酥里嫩入口香

川菜佳肴中，有以创造者的名字命名的，如宫保鸡丁、东坡肘子、麻婆豆腐；有以发源地的地名命名的，如合川肉片、温江炝锅鱼、邛崃文君香鸡等，显然江津肉片属于后者。

据说，江津肉片创始于清末。其时，江津城的河街（现竹器街）有一家"兴隆饭馆"，主要经营一些家常的川菜小炒，由于价廉物美，味道巴适，深得南来北往的客商以及出门在外的赶路人喜爱，生意还不错。

忙碌一天下来，饭馆里每天都会剩下很多猪肉的边角料，奇形怪状，有肥有瘦，有粗有细，很不好处理。丢了很可惜，不丢又大大小小不成形。这天晚上，老板突发奇想，将这些边角料全部码味、裹芡，下油锅炸成两面焦黄的油炸肉片，然后再勾调出一种酸辣回甜的调料。第二天，有客人来，就抓一把油炸肉片，淋上自制的调料上桌，没想到食客们非常喜欢，纷纷称赞其味道独特。由于这道菜是用边角料制作的，价格非常公道亲民，更是受到食客们的追捧。

因为这道菜发源于江津，食客们亲切地称其为"江津肉片"。

由于江津肉片经济实惠、广受欢迎，江津城里的大小餐馆纷纷效仿，如法炮制，竞相打出"江津肉片"的招牌，江津肉片很快享誉全川，成了一道地方名菜。

后来，经过一代代厨师的创新、改良和提高，江津肉片的味型和制作技艺基本定型。摒弃原来初创时的边角料，改为猪前夹肉或者里脊肉作为主料，配以木耳、笋片、青菜心等辅料，再辅以鸡蛋、豆粉、

信手拈来的江津肉片

老姜、葱、泡椒、大蒜、香醋、料酒、酱油、白糖等调料，经过炸、熘等两道工序，最后形成一道厚薄均匀、色泽金黄、外酥里嫩、味浓鲜香的美食，呈小鱼香味的特点，保持了固有的大众化和地方特色。

1959年，江津肉片在成都举办的四川省饮食展销会上，以其独特的地方风味，赢得各方食客和专家交口称誉，被称为"风味独特的精品川菜之一"。

江津肉片与合川肉片的命运有些相似，由于其制作工艺较为复杂，对厨师的要求较高，现在一般的餐馆已经难觅其踪迹。不过，一些传统的川菜厨师，却传承了江津肉片的做法。

链接：

江津肉片入门做法

将猪肉切成两毫米厚的肉片，加入精盐和料酒码味；鸡蛋一个与干豆粉拌匀成鸡蛋糊；再将肉片均匀挂上鸡蛋糊；大葱切成粒，姜、蒜切末；泡红辣椒去籽去蒂剁成蓉；取一只碗放入白糖、酱油、醋、味精、水豆粉和两勺鲜汤制成味汁。

锅内下油烧热，将肉片展开后下锅炸呈金黄色捞出；锅内留底油，下泡红椒、姜蒜煸炒出红油，下水发玉兰片、水发木耳和大葱粒炒匀，下肉片后烹入味汁，颠匀起锅装盘即可。

烹饪江津肉片有两个关键点，一是炸肉片时油温要高，一片一片理抻展才能放入油锅，在高温的作用下，肉片表面很快酥黄，而内部却保持着猪肉的鲜嫩，此时要迅速捞起。二是味汁烹入后，快速翻炒，迅速起锅才能保持外酥里嫩的风味。

重庆卤菜：深藏不露功与名

重庆的美食，往往深藏功与名，默默地隐藏在街头巷尾、市井陋巷、路边野店，一眼望之，形色不佳，让人无法与"美食"二字产生联系；但一尝之下，立马会惊艳："哇噻，这还是人做的吗！"比如重庆小面，寂寞坚守、不求闻达这些年，终于在《舌尖上的中国》及央视与孟非等名人的助力之下，开始声名显赫起来。

重庆还有一样美食，时至今日，仍如若干年前的重庆小面，随处可见却又默默无闻；既是小酌下酒的佳品，又是大宴拼盘的主菜；既藏身于家属区、菜市场，又登堂入室于大饭店、大酒楼、红白喜事……话到这里，重庆土著多半已经有了答案，这就是无处不在的重庆卤菜，土著们称之为烧腊。

重庆卤菜已经有一千多年的历史。重庆产盐，巫溪宁厂古镇的古盐井，至今汩汩冒着盐水。西晋人常璩所著《华阳国志》在追述巴人的饮食习俗时，就有"尚滋味，好辛香"及"鱼盐、茶蜜、丹椒"的记载。从中可以看到，当时人们已经学会使用井盐和花椒制造卤水。

烧腊是最好的下酒菜

传承至今，重庆卤菜的制作技艺已经非常成熟，而且遍布城乡的每一个角落，乃至每一户人家，成为重庆人生活中不可或缺的一道美食。

重庆卤菜讲究的是"调乎五味"，虽然所用调料基本上差不多，但由于调料的比例略有差异，反而成就了千人千味的"百花齐放"盛况，无论是自家卤、川菜馆或者路边街沿的卤菜摊，很难吃到味道完全一致的卤菜。至于各种调料究竟孰重孰轻，没有定论，完全根据个人喜好。这一点，就像重庆小面，不同的人，做出来的味道风格完全不同。所以重庆人对卤菜的喜爱也如对小面的喜爱一样，每个人都有自己专属的味道以及卤菜摊。

在不明就里的人看来，重庆卤菜的制作方法非常复杂，但是一旦掌握了其中技巧，其实烹饪方式非常简单。"卤"这种烹饪技艺，说简单一点就是"煮"，只要有一锅味道纯正的卤水，有容乃大，包罗万象，什么都可以放进去煮。

卤水的制作，就是将各种香料按照一定的比例，投入清水中熬制。香料的比例，影响卤菜的味型；香料过多，卤菜会出现苦涩；香料过少，成菜香味不够。这是一个纯技术活，需要不断摸索总结经验，才能最终找到适合自己的口味。制作卤水的香料及调料有20种左右，包括山柰、八角、冰糖、老姜、干海椒、花椒、胡椒、丁香、小茴香、砂仁、百里香、肉桂、香草、豆蔻、草果、白芷、薄荷、香叶、陈皮、荜拨、孜然等，有些香料平常很少使用，连名字都可能没听说过，但不要被吓住了，超市和农贸市场都有卖的。

卤水讲究的是一个"老"字，使用的时间越久，味道越醇厚。重庆普通家庭的一盆老卤水，甚至有传承上百年、历经几代人的个例。一盆老卤水的传承，恰如一代一代人生活经验和生活态度的传递，其象征意义，远远大于实用意义。

老卤水的保管显得至关重要。卤水经过一段时间的使用后，会留下少数原料或香料的残渣，这时便需要进行过滤，以此来保证卤水的质量；长期卤制荤菜，油脂过多，容易使卤水坏掉，所以要经常将卤水面上的浮油打掉；卤水不使用时，应烧沸后放入搪瓷盆内，令其自然冷却，然后放入冰箱急冻室保存。烧沸以后，切忌随意晃动卤水，否则容易变质变味；长期盛放卤水的容器，不能用铁盆，容易生锈，不能用木盆，容易变味，不能用塑料盆，容易分解对人

七卷 美食江湖

体有害的化学物质。

说起来复杂，做起来其实非常简单，不信你试试？

链接：

烧腊卤水制作秘笈

将鸡骨架、猪筒子骨（用菜刀背捶断）用冷水氽煮至开，去其血沫，用清水清洗干净，重新加水，放老姜（用刀拍破），大葱（整根挽结），烧开后，用小火慢慢熬成卤汤待用。切记不能用猛火，因为小火熬出的是清汤，猛火熬出的是浓汤。

冰糖先捣成细粉状，锅中放少许油，下冰糖粉，用中火慢炒，待冰糖由白变黄时，改用小火，糖油呈黄色起大泡时，端离火口继续炒（这个时间一定要快，否则易变苦），再上火，由黄变深褐色。当由大泡变小泡时，加开水少许，再用小火炒至去煳味时备用。这就是专为卤菜上色的糖色，要求不甜、不苦，色泽金黄。

香料拍破或者改刀（千万不能弄细，稍微改下，以免影响效果），用香料袋包好打结。先单独用开水煮5分钟，捞出香料包放到卤汤里面，加盐和适量糖色、辣椒，用中小火煮出香味，一锅卤水初坯就制成了。

卤制食品时，先将食材在开水里焯一下，以去掉食材（特别是肉类食材）的血污，然后再放入卤水中，并根据食材的多少添加适量的食盐。卤水里切忌添加酱油，加入酱油的卤水，时间稍长，经氧化后会色泽发黑发暗。

轰炸东京：一道菜的抗日情结

"轰炸东京"是一道菜么？是的，这是一道抗日战争期间在陪都重庆非常流行的名菜。

名字听起来很玄乎，其实就是川菜中的"锅巴肉片"，又叫"响堂肉片"。用多汁的川香肉片，淋在刚刚油炸起锅的、用米饭煎的锅巴上，产生"噼噼啪啪"的爆响，就像美军飞机从中途岛、从重庆起飞轰炸东京时产生的声响效果，让人泄愤，使人解恨。

说到"轰炸东京"这道抗日名菜，不得不说说这道菜的命名者——李岳阳。

大隐于市的李岳阳

李岳阳于1893年出生在四川安岳，20世纪40年代初在重庆国泰大剧院附近开了一家"凯歌归"餐厅。餐厅规模不算小，生意也还不错，但李岳阳却并没有因此而欣喜。

原来，李岳阳并非等闲之辈，这位隐藏于重庆最繁华闹市区的餐厅老板，是黄埔军校一期学员，与国共两党的名将徐向前、左权、陈赓、杜聿明、陈诚、胡宗南、孙元良、李延年等都是同学，当时的校长是蒋介石，政治部主任周恩来，教育长何应钦。毕业后，李岳阳任北伐军独立二团团长，许多黄埔一期同学都是他的部下，率部参加过东征、北伐。早在北伐时就与贺龙结为拜把子兄弟。

当年贺龙参加南昌起义，军事失利后撤退，要从李岳阳的防区经过。李岳阳刚刚接到蒋介石的密令，要他加强截击，置贺龙于死地。李岳阳左右为难，思忖再三，决定佯装疏忽，让贺龙率部晚上悄悄通过，放了贺龙一马。蒋介石知道以后极为震怒，本想严惩，但又念及师生之情，只撤销了李岳阳黄埔一期学籍和团长职务。

李岳阳由此解甲归田，尔后东渡日本学习军事，学成回国后又重入军中，率部参加淞沪抗战。七七事变后随国民政府迁都重庆，出任重庆卫戍司令部高参、防空司令部处长。此时，李岳阳已无心仕途，不愿在宦海中浮沉，从不去防空司令部上班，甘愿做个挂名处长。随后辞去军职，改行经商创办"凯歌归"餐厅，大隐于市。

李岳阳虽然开了"凯歌归"餐馆，却壮志难酬。这位在战场上颇有建树的老将，看到国难当头却无从效力，自然心里窝火，所以，凡是黄埔同学来吃饭，一律免单。每当黄埔同学称他"老大哥"，李岳阳就会感觉很难为情："啥子老大哥哟，你们在前方拿枪杆子，我在后方拿锅铲子；你们在前方杀敌，我只能在这里杀鸡杀鸭。"餐馆之所以命名为"凯歌归"，就有祝愿黄埔同学浴血抗战、凯歌归来的意思。

1944年6月16日，李岳阳和"白玫瑰"餐厅的老板唐绍武正在凯歌归闲聊，突然有消息传来：美国B-29轰炸机，已于当天零点起飞，首次轰炸日本本土的钢铁中心八幡市。

这一消息，对于惨遭日本连续轰炸了多年的重庆人来说，无异于挖了仇人的祖坟，那种报仇雪恨的快感，扬眉吐气的痛快，使山城重庆犹如陷入节日的喜庆之中。李岳阳原本心里就憋了一股气，听此消息，立即想到了店里颇受欢迎的锅巴肉片：炸得酥脆的锅巴放在大盘中垫底，堂倌端上桌，再把一大碗热滚滚的海参汤居高"淋"下，酥脆的锅巴一遇热汤，立马溅起一阵嚓嚓作响的"轰炸"之声，先声夺人。"这不就是轰炸东京嘛！"李岳阳将想法与唐绍武一说，立即得到赞同，"对，马上推出'轰炸东京'。"两人当即宣布：为庆祝东京被炸，凯歌归和白玫瑰餐厅从即日起，赠送"轰炸东京"三天！

一时间，两家餐厅生意火爆。堂倌一边上菜，一边报菜名，"轰炸东京了！

轰炸东京了！"既有美食可吃，又发泄心中怨愤，何乐而不为？"轰炸东京"迅速火遍陪都，成为陪都"第一名菜"。

链接：

锅巴肉片的速成做法

制作锅巴肉片，先要有锅巴。将剩余米饭平摊在烤盘中，压实，放在阳光下晾晒；将晒干的米饭切成小块放入油锅中，炸至金黄色后捞出。当然，现在超市也有做好的成品锅巴出售，买回来用油炸至金黄色。炸得酥脆的锅巴放在大盘中垫底备用。

将猪精瘦肉洗净，切成薄片，加入适量料酒、盐、淀粉拌匀后腌制一刻钟左右；笋子洗干净后切成片，香菇切成片状；准备一个干净的碗放入适量淀粉、盐、味精和白糖，再倒入酱油、料酒和适量清汤搅拌成酱汁。锅里倒入适量油开大火放入肉片翻炒片刻，倒入香菇和笋片，再放入葱、姜、蒜快速翻炒几分钟，倒入之前调好的酱汁，炒匀；将炒熟的肉片及酱汁，趁热倒入放有锅巴的大盘中。伴随着嚓嚓作响，一股热气蒸腾而起，一盘色香味声俱全的锅巴肉片就做成了。

家常豆腐：最是那人间烟火

家常豆腐，川菜里经典菜式之一。

所谓"家常"，大概有两层意思：一是此菜在川渝地区的普通家庭里极为常见——自家推的豆花，当天没有吃完，榨干水分就成了老豆腐，便于保存。在没有冰箱的年代，豆腐极难过夜，容易酸，于是精明的主妇便将豆腐切成大小一致的小片，热火油锅煎得两面金黄，又叫"二面黄"，炸干水分后可放心存放过夜。第二天，用家里简单的作料煮上一锅，美味也！

另一层意思，"家常"实际是川菜特有的一种味型，与麻辣、红油、鱼香、荔枝等味型并列。"家常"一词，按照辞书上的意思为"寻常习见，不烦远求"。当然，以"家常"命味，也有取"居家常有"之意。家常，最是那人间烟火。

川菜家常味型广泛运用于热菜，基本特点是咸鲜微辣，但针对不同的菜式，又有不同的侧重，有的回味略甜，有的回味

煎二面黄

略有醋香。家常味主要有郫县豆瓣、川盐和酱油这三种极其普通的原料调制而成。因不同菜肴风味所需，也可酌量加泡红辣椒、料酒、豆豉、甜面酱及味精等。

家常豆腐对豆腐的要求极高，豆腐的老嫩、点豆腐用的是卤水或是石膏、制作豆腐的黄豆品种或质量……都直接影响豆腐的质量和口感。每一家的豆腐绝对不会一样，每一位主妇做出的家常豆腐的味道也绝不会一样，这才是家常豆腐的魅力所在，也是家常味的魔力所在。

家常豆腐的做法很简单，将豆腐切成6厘米长，4厘米宽，0.4厘米厚的小片，青蒜苗切成马耳朵形，郫县豆瓣剁细，大蒜、生姜、大葱切成末，五花肉切成薄片。这些菜在加工之前，该洗还得先洗一洗，这是常识，所以在步骤里没有强调。

下一步是做家常豆腐的关键。净锅倒油，油烧到有些微青烟冒出时，将切好的豆腐一片一片放入锅中，用中大火炸到两面金黄发硬时，捞出沥油。川渝地区的人给炸好的豆腐取了一个形象的名字"二面黄"，这其实也是炸豆腐的工艺标准。

将炸豆腐的油倒出，留1汤匙底油，稍凉后，放入五花肉片、黄酒，炒香并爆出猪油；将肉拨到锅沿，下入葱、姜、蒜末炒出香味；下入郫县豆瓣用小火炒出红油；将锅沿的肉片拨进锅底炒匀；放入炸好的豆腐炒匀，加入适量酱油和白糖再炒匀；往锅里注入清水淹没住豆腐，大火烧开转小火慢煮，

家常豆腐的做工一点都不"家常"

中途可适当翻动，让豆腐入味均匀；待锅里汁水与豆腐齐平时，豆腐已烧透入味，下入青蒜苗；马上倒入用1.5汤匙干淀粉兑2.5汤匙水形成的芡汁，快速翻匀，芡亮关火；装盘再撒上几根青蒜苗点缀，一道红亮中透着嫩绿，咸鲜微辣，内含浆汁，食之绵软香浓的家常豆腐就做成了。

家常豆腐讲究的是"家常"，虽然味型有基本的要求，但操作起来大可以不必拘泥于成法，所以，上面的做法，仅当做参考，你完全可以抛弃菜谱，放开手脚，按照自己对食材的理解，心手相通，做出一道属于你个人的家常豆腐。

其实，做菜就像搞艺术，个人的理解不同，作品的风格也就完全不同。所谓菜谱，不应该是用来照本宣科的，只能给创作者提供一个基础的概念。所以，想学厨艺的朋友，不妨从家常味开始入手，强调的就是个性。

回过头来说家常豆腐，做这道菜的秘笈，一是炸豆腐时油要多，油温要高，才能保证炸出来的豆腐外脆里嫩，又易吸汁，这样做出来的成菜才会有酥香口感；二是烧豆腐时，水要一次性放足，火不能太大，以保证汤汁浓厚丰富；三是勾芡要浓，让豆腐尽可能挂汁，才能保证味厚且里面汁水丰富。

白油肉片：大道至简

很多人以为白油肉片属于北方的菜肴，原因很简单，白油肉片不麻、不辣，没有川菜惯常的鲜艳颜色，成菜上桌，一清二白，简单至极。

若是这般理解，这不但是对川菜的误解，也是对重庆人性格的误解。

川菜尚麻辣，但川菜并非只有麻辣一味。在川菜菜系中，真正麻辣的菜品，大约只占三分之一。正如重庆人的性格，并不一味只是火爆，真正的重庆人，有情有义、敢爱敢恨、侠骨柔情。白油肉片就是重庆人柔情的绽放。

白油肉片属于川菜系的一道传统名菜。做法非常简单，莴笋切成菱形片，用少许盐码一下；干木耳用清水发好；葱、泡辣椒切成马耳朵形；猪肉切成约4厘米长、3厘米宽、1毫米厚的片，用盐、水豆粉拌匀；盐、味精、胡椒粉、鲜汤、水豆粉兑成芡汁。炒锅置旺火上，放油烧至六成热，放入肉片炒散发白，加泡辣椒、姜片、蒜片、葱、木耳、炒匀放莴笋片炒断生，烹入芡汁，收汁起锅装盘，一道色泽美观、肉质细嫩、咸鲜味美、热气腾腾的白油肉片就可以上桌了。

有点考手艺的白油肉片

如果要用一个词来总结白油肉片的特点，那就是"简单"，极致的简单。首先是成菜的色泽，不用任何辅料或烹饪手段进行上色，充分利用食材本身的颜色进行搭配，肉片炒熟后的白，莴笋片的青绿，木耳的深黑，配搭和谐，对比鲜明。其次是调味的手法，白油肉片几乎没有使用过多的技巧，仅仅是常规的调料，平常的手法。最后是烹饪的手段，白油肉片只是充分将"炒"这一道工序完美演绎，先将肉片炒熟并炒出所需的感觉，然后炒调料，用高温将调料的味道逼出，接着炒熟莴笋片，最后是将所有的东西混合翻炒，炒出一道简单而味美的菜肴。的确，这道菜与重庆人餐桌上惯常见到的回锅肉、麻婆豆腐、鱼香肉丝等风格完全不同。

虽然做法简单，但白油肉片的味道却一点不简单，肉片的鲜嫩，莴笋片的清香，木耳的清脆，都在简单的翻炒中被发挥到极致。这就像中国哲学中一个非常重要的概念——大道至简！越是美味，其制作的方法越是简单，将食材本身的味道发挥到极致，比如三文鱼刺身、炭烤松茸，等等；越是真理，越是言简意赅，一两句话就能说明白，所谓"真传一句话，假传万卷书"。

大道至简，直指人心。大道至简，直抵本味。

当然，简单并不等同于粗糙。白油肉片的烹饪手法虽然简单，但为了追求更加完美的味道，却也有一定的经验可循：炒肉片时，最好是用三成猪油七成色拉油，猪油的香味，本身就是一道调剂，同时还能让咸鲜味型更加突出强化；莴笋片下锅炒之前，最好用少许盐码一下，去除多余水分，且更容易炒熟；起锅前舀一勺子油淋在菜上会好看得多，这通常是餐馆为了提升成菜品相的做法，在家里自炊，就看个人兴趣了。

豆瓣鱼：留住川菜的魂魄

豆瓣鱼是川菜里的一道传统名菜。之所以叫豆瓣鱼，是因为主要调料是来自四川郫县（今成都郫都区）的豆瓣酱——郫县豆瓣。

郫县豆瓣是川味食谱中最常用的调味佳品，运用广泛，川菜中名震四海的回锅肉、粉蒸肉、红烧肉等，都离不开郫县豆瓣，甚至连大名鼎鼎的重庆火锅，郫县豆瓣也是主要调料之一。可以这么说，川菜的代表味型"麻辣"中的辣，基本上都是用郫县豆瓣定味的。因而，郫县豆瓣历来有"川菜之魂"的称谓，在众多调味品中独树一帜。

郫县豆瓣的强势还在于，在川渝地区，凡是食品加工厂生产的豆瓣酱或者家庭自制的豆瓣酱，人们都习惯性地称之为"郫县豆瓣"。

对于外地人来说，郫县豆瓣充满神秘色彩，香味醇厚、辣味浓重、色泽红润、回味香甜，却没有添加任何香料和制剂，这些独树一帜的口感，全靠食材之间的巧妙搭配和自然发酵而成，其制作技艺深得大自然的精华，因而被列入国家级非物质文化遗产名录。

的确，郫县豆瓣的传统制作技艺，工序虽不复杂但却极难掌握，并且非常考验耐心。红辣椒剁成椒坯，每日翻、晒、露，一年左右方才成熟。胡豆瓣从正月开始发酵，需要六个月才能成熟。其间要不断搅拌，让豆瓣不断接触到空气。将发酵的胡豆瓣和酵制好的辣椒坯按照一定比例混合在一起，搅拌均匀，再接着翻晒三四个月，到十一二月份，这缸豆瓣酱才算是成熟了。传统豆瓣酱制法耗时越长，风味越佳。

日晒夜露后嬗变升华的郫县豆瓣

但川渝本地人却从没把郫县豆瓣当回事，几乎家家户户都会自制豆瓣酱。勤劳的主妇，几乎人人会做豆瓣酱。不过，制作方法已很少严格按照传统技艺了。

看似简单的豆瓣鱼其实不简单

盛夏时节，辣椒成熟，由青变红，选本地产的"二荆条"——一种川渝地区特产的辣椒，颜色鲜红艳丽，食之清香微辣，剁细而不至于太碎，加入已经发酵好的胡豆瓣、适量的盐、花椒、白酒，搅拌均匀，倒入色拉油将其淹没，然后密封在容器里待其发酵，一个月后即可作为调料使用。

虽然川菜里许多菜谱都离不开豆瓣酱，但却从未见有文章分享豆瓣酱的具体使用方法，毕竟，这是厨师们安身立命的秘诀，也是厨师们形成各自风格的秘密武器。也就是说，仅仅是豆瓣酱这一种调料的品质、风格、用量及使用方法等，就决定了一道菜的口味。同一道菜，不同厨师的习惯和使用的原材料不同，做出来的味道就会大相径庭——百厨百味。对于豆瓣鱼——这道以豆瓣为主要调料的传统名菜，更是如此。个中细节，全靠自己去领悟。

豆瓣鱼的做法很简单，将鲫鱼或草鱼去内脏、鳞片、鱼鳃，洗净，在鱼身两面轻轻划三四刀，用少许胡椒粉和黄酒抹在鱼身上腌一下去腥气；葱、姜、蒜切细末，豆瓣酱剁细备用；锅烧热下少许植物油烧到八成热下鱼，大火将鱼两面煎黄出锅。切记不可以久煎，否则鱼会变老；把煎鱼的油倒掉，放一些新油，油量稍微比平时炒菜大一些，小火温油煸豆瓣酱至吐油酥香；放葱、姜、蒜末，中火煸炒约10秒钟至香味散出，下酱油和黄酒大火爆香，然后下热水放白糖烧开后把鱼轻轻放入汤中，小火烧5分钟然后翻身再烧5分钟后把鱼盛到盘中，把锅里的汁勾一个薄芡后放醋，然后浇到鱼上即可。

豆瓣鱼做得到位，成菜汁色红亮，鱼肉细嫩咸鲜，味道醇厚香辣，豆瓣味芳香浓郁，口感微辣略带酸甜，可得川菜之魂也，无论是下酒或是佐餐，均是最佳选择。

链接

豆瓣鱼的烹饪秘笈

中式烹饪的神奇之处在于，每一道菜的每一道工序，都会有一些神奇的技巧，也可以说是秘笈。这些秘笈大多看起来微不足道，但如果能有效掌握，往往事半功倍，味道提升；如果没有掌握，则可能前功尽弃，白白浪费食材。豆瓣鱼作为一道操作空间比较大的菜品，秘笈自然不会少：

1.给鱼剞花刀的时候轻轻划一刀就可以了，不要切太深，更不能把刺切断，否则在烹饪过程中鱼会断开。

2.葱、姜、蒜一定要多一些才能体现这道菜的风味。

3.烧鱼用的水量不用没过鱼，没过鱼鳍差不多就可以了。

4. 最后的汤汁勾芡不能太浓，稍微勾一点薄芡，能让汁挂在鱼上就可以了。

5. 醋加热易挥发，因此一定要最后放，才能起到提鲜的最大效果。

干烧鱼：胸怀宽广纳百川

川菜的烹饪技法，体现在文字上，大多简单明了，掷地有声：炒、煎、炸、熏、泡、炖、焖、烩、贴、爆、炝、蒸、腌、拌、烤、冻、卤……可谓十八般武艺，任意使出一招一式，都可以将食材驯服，制作出绝世美味。

其中，"烧"是一个非常大的流派。无论山珍海味，还是鸡鸭鹅鱼，甚至菜蔬干果都可以烧。"烧"字虽然看起来简单，技法却各不相同，有红烧、清烧、生烧、熟烧、葱烧、酱烧、干烧等不同的"烧"法。

日常生活中，红烧最为常用，大名鼎鼎的红烧肉、红烧豆腐等就靠此技法安身立命，红烧菜品颜色红艳油亮，让人赏心悦目；清烧，与红烧恰恰相反，重点在一个"清"字，清静无为、清淡如水、冰清玉洁，基本不用麻辣，强调的是用"烧"这种手法，将食材的本味发挥到极致，所以，成菜一清二白，色泽自然；生烧和熟烧，是针对主料在"烧"之前的状态而言的。在烹饪之前主料是全生未做任何加工的，即生烧，在烹饪之前主料已然被煮熟，是为熟烧。生烧的菜肴，原汁原味，味道更纯正，熟烧的菜肴，由于经过二次烹饪，味道层次更丰富；所谓葱烧，顾名思义，就是在烧的过程中加入大量葱段，成菜强调浓浓的葱香味；酱烧是一种传统的烹饪方法，先将甜面酱下入锅中炒香，再加入调料和适量鲜汤炒匀，然后放入油炸（或焯水）过的主料，烧至甜面酱汁均匀地裹覆于主料上，突出的是酱的甜咸香味。

最具川菜特色的还是干烧，也比较考验厨师的手艺，要求成品菜味浓油亮，颜色红润，香味浓郁。干烧与其他几种"烧"法的最大区别在于，主料烧熟装盘以后，锅中的汁水不用水淀粉收稠，而是继续熬煮，待水分将干、余油吐出时，方才离火将汁浇在主料上，使主料的口味更加浓厚，

干烧鱼十分考究鱼的品质

这种方法称"自然收稠"。而其他几种"烧"法，最后的汁液可以用薄芡收稠，使菜品显得滋润醇浓。比如，清烧肚条，就是清烧的形象大使。

干烧的形象大使应当是干烧鱼。

干烧鱼是川菜中的一道传统名肴，其胸怀宽广，几乎可以包罗所有的鱼种，

或草鱼、或鲤鱼、或鲫鱼、或黄鱼……菜名以主料命名，如干烧草鱼、干烧鲤鱼、干烧鲫鱼、干烧黄鱼等。但是，干烧鱼中的上品，非"干烧水米子""干烧岩鲤"莫属，"干烧翘壳""干烧青波"也还将就。

链接：

干烧鱼的做法

首先将鱼去鳞去鳃去内脏洗净，两面剞花刀，别太深，不然烧的时候会断开；豆瓣剁细，五花肉切成丁，大葱切成段，姜、蒜切成小块。

接着炸鱼，这是比较重要也比较讲究技巧的一步，多油，下油烧至八成热，油温要高，大火将鱼两面炸黄就成，注意炸鱼的时间不宜太长，否则鱼肉容易变老。炸鱼时，最难做到的是保证鱼不粘锅，方法有两个，一是在烧锅之前用姜的断面将锅擦一下，然后再下凉油，粘锅的概率几乎为零，二是不停地晃动锅，让鱼处于运动状态没法粘锅。

把炸鱼的油倒掉，虽然有点浪费，但健康最重要。重新倒适量的油，温油放肥肉粒、火腿粒小火煸炒，煸到肉粒缩小猪油溢出，放剁好的豆瓣，小火慢煸至吐油出香气，红油出现，下葱、姜、蒜接着煸炒，香气完全释放出来后下黄酒、酱油——酱油不宜太多，不然成菜颜色太深且味道偏苦；加入高汤，量以不浸过鱼为好；放少量盐——一定要充分考虑豆瓣的咸度和酱油的咸度；加入白糖、胡椒粉把汤烧开。

把鱼放入汤中，中火慢烧，烧的过程中需要时常晃晃锅，以防鱼皮粘底。鱼不宜烧太久，三分钟左右就需翻面。待锅里油多汁少快要收干的时候把鱼盛出装盘，然后用大火，待水分将干、余油吐出时，淋一点香醋调匀，把锅里连干带稀的汁浇在鱼上就大功告成了。

所谓"干烧"，并不是在烹饪过程中不加水，而是在最后环节，用大火将汁水烧干，然后淋在鱼上，让鱼的口感更加醇厚，颜色更加红亮，味道更加鲜美，干烧鱼因之而成为鱼类菜品中的佼佼者。

肝腰合炒：肝与腰的旷世之恋

猪肝是个好东西，含有丰富的铁质，是最为常用的补血食品，贫血患者经常食用，不但可开胃口，而且可直接补充各种营养素，尤其是铁和蛋白质。因而，泡椒猪肝是巴蜀地区每家每户餐桌上常见的一道家常菜。炒猪肝味道浓而不腻，入口软嫩滑爽，口感饱满，回味悠长，的确是一道美味。

猪腰，学名猪肾，俗称腰子。民间有"吃哪里补哪里"的说法。猪腰含有蛋白质、脂肪、碳水化合物和维生素等，有健肾补腰、和肾理气之功效。泡椒腰花这道菜清香不腻，质嫩可口，也是川渝地区一道出镜率比较高的美食。还在《抓壮丁》王保长的呼唤下露过脸。

《抓壮丁》剧照王保长

猪肝和猪腰，原本井水不犯河水的两种食材，不知为何，竟然被厨师前辈们巧妙地搭配在一起，创造了"肝腰合炒"这样一道传统川菜，流传至今，竟然成了川菜的经典菜品之一。分析原因，或许两种食材在制作过程中都强调一个"嫩"字，烹制手法也比较接近，讲究的是快速翻炒，而且用泡海椒爆炒味道最好，因而放在一起，也就毫无违和感。这就像一对个性接近的男女，相互吸引，终于被撮合在一起，开始了一场旷世之恋。

肝腰合炒的做法很简单——

先是处理猪肝。才买来的新鲜猪肝用流水冲洗干净后，切成大小厚薄均匀的薄片。在一个大碗中加入面粉、白醋、清水，和匀，将切好的猪肝放入浸泡15分钟，这样可以去血水、除腥味。

王保长打牙祭必点肝腰合炒

接着处理猪腰。将猪腰对剖成两半，用刀去掉里面的白筋。切记一定要将白筋去除干净，否则会有很浓重的臊臭味。翻面即从正面开始，将猪腰切而不断，称之为"花刀"。然后横向切成2厘米左右长的小条。将切好的腰花放入装肝片的大碗中，和匀浸泡15分钟，同样是为了去血水、除腥味。

将浸泡肝片、腰花后的血水倒掉，换清水，捧住肝片、腰花轻轻挤压，挤出里面的血水，换清水后重复上面的动作，直到血水完全挤干净，水变清。挤干水分放入碗中。放入姜丝、花椒面、豆瓣酱、盐、鸡精，和匀，入味，再加入淀粉，拌匀后腌制30分钟。

锅中放入食用油和少量猪油、泡海椒段、泡姜片、蒜片，开火，炒香。倒入肝片和腰花爆炒，直至肝片和腰花变色。油可以多加些，这样炒出的肝片和腰花才会嫩。放入洋葱、红椒丝翻炒大约20下。倒入葱段翻匀，关火。撒入白糖、盐、鸡精，炒匀，起锅装盘，大功告成。

肝腰合炒香辣可口，色彩鲜艳。其中，肝片嫩滑，腰花脆爽，两者结合，堪称完美。这道菜一定要趁热吃，才能保持最佳风味。

❷ 江湖菜

🦁江湖菜：你方唱罢我登台🦁

食客不怕寻路难，爬坡上坎只等闲；
吊锅狗肉腾热浪，鱼鳅鳝段笑开颜。
……

重庆人都是好吃狗，最爱那些江湖厨师自创于乡间田野的江湖菜。

啥子是江湖菜？就是那些菜谱上没得，全凭厨师的喜好、经验与手感，怎么麻辣、怎么巴实，就怎么炒的菜，属于率性而为的"野道"佳肴。如果你不放心，伸长颈子往厨房里头一打望，看到厨师动作麻利，将花椒、海椒像"不要钱"一样大把大把往锅里头甩，这就对啦！地道的江湖菜，要的就是这种豪迈。

挑着担子沿街叫卖的早期火锅：水八块

重庆江湖菜的起源，如今已无法考证。有人说是从歌乐山辣子鸡开始的，也有人说是从璧山来凤鱼开始的，都没有依据。依我看，重庆火锅的鼻祖——水八块，应该就最具备江湖菜的雏形，重麻辣，重鲜烫，风格粗犷，食材粗糙，吃法豪放。

重庆江湖菜最大的特点是"土""粗""杂""快"。

先说"土"，就是指江湖菜非常朴实、原始，极具乡土气息。这是由于江湖菜的发明者多为民间高手，樵客、渔夫、堂客、村姑皆有可能，绝少专业厨师，因此调味个性张扬、我行我素、独树一帜。再加上江湖菜馆一般都位置偏远，资源有限，故多半就地取材，调料自制，靠山以鸡，临水则鱼，兔鸭牛羊不论，因地制宜，道法自然，以麻、辣、鲜、香为号召，油重料厚地制作出一道道有风味、有新意、有个性，不墨守成规的江湖菜式，正好暗合了重庆人的重口味，形成了自己特有的风格。

而"粗"，则是指江湖菜那粗犷豪放的气质。在原料上粗犷自然，鸡肉要么大块大块的，要么乱刀斩成细丁，大蒜一定是整瓣下锅；在烹调上不拘常法，大把海椒，大瓢花椒，煳辣壳里藏鸡丁，红油汤里游鲫鱼；在形式上不拘小节，烧土灶，用土碗，大盘装肉，大盆装汤。菜品粗糙豪放，食客粗犷豪爽，大碗喝酒，大口吃肉，吆五喝六，吃麻尝鲜，怎一个"爽"字了得！

再说"杂"，是指江湖菜具有兼收并蓄的"杂交"手法与"混血"妙招，惯用怪异离奇的烹饪技巧，北料南烹，南料北烹，中菜西做，西菜中做。烹制出来的菜品让人感觉到似曾相识，又搞不大清楚套路，既匪夷所思，却又叫人拍案称绝。最近网上流行一个段子，很能说明重庆江湖菜"杂交"一切食材的气魄：

东北人说"我们有饺子"，重庆人说"拿来烫火锅"；

云南人说"我们有米线"，重庆人说"拿来烫火锅"；

海边人说"我们有海鲜"，重庆人说"拿来烫火锅"；

山西人说"我们有羊肉"，重庆人说"拿来、拿来，拿来烫火锅"；

藏区人说"我们有牦牛肉"，重庆人说"拿来、拿来，全部拿来烫火锅"。

重庆江湖菜还离不开一个"快"字。一是江湖菜更新换代节奏快。辣子鸡、泉水鸡、芋儿鸡、水煮鱼、来凤鱼、酸菜鱼、泡椒兔、哑巴兔、啤酒鸭、盘龙黄鳝、辣子田螺、香辣蟹……你方唱罢我登台，各领风骚三五月，让人眼花缭乱。二是江湖菜的烹饪速度快。菜品下锅之前，铁锅已被大火烧得通红，菜油透亮冒着青烟，三下五除二，刚才还活蹦乱跳的一只鸡已打整斩切完毕，随着"哗"的一声巨响，鸡肉入锅，香味伴随一股浓烟弥漫整个灶房，再三铲两铲，作料的香味已被大火逼入菜品，此时起锅，不软不硬，口感正好。三是顾客吃得快。大盘子装菜，刚上桌时还堆成一座小山，转眼之间已经吃脱大半，只见桌上每个人都一边哈气、一边伸舌头以减缓嘴壳子内外的麻辣感觉，一边全神贯注在大盘里寻寻觅觅。

重庆人之所以追捧江湖菜，和重庆独特的地理环境、气候特征有关。重庆特有的大山大江，造就雾多湿重的环境，促成了重庆人"尚滋味，好辛香"的饮食习俗，于是，以吃感觉、吃风味、吃麻辣为主的重庆人，哪里有新、奇、怪的饮食，就杀向哪里。听说辣子鸡"霸道"，就一窝蜂奔向歌乐山；盛传泉水鸡"安逸惨了"，结果南山就成了吃泉水鸡的根据地；打探到花椒鸡"销魂"，铁山坪晚上就漫山遍野的车灯交织；磁器口最先出名也不是因为它乃千年古镇，而是古镇上的毛血旺和椒盐花生。重庆人似乎很享受这种追逐美食的感觉，哪里出了什么新菜品，立即口口相传，广而告之。如果江湖上久不出新菜品，心里头就有点毛焦火辣的感觉。

重庆江湖菜的菜品变化之快，花样翻新之速，有时连正宗重庆人都有追不过来的感觉。只不过这些菜品除了主料不同，口味都万变不离其宗，紧扣麻、辣、鲜、香，外加一个烫字，一如重庆这座城市的性格：豪爽耿直、敢爱敢恨、胆大亡命、脑筋灵活……也许，只有这样一个复杂而又矛盾的重庆城，才能如此吸引本土重庆人和跑来重庆的外地人，试想又有几人能抵抗一座城都在铁锅上沸腾翻滚的热情？

现如今，以江湖菜起家的饭馆，很多已经不复初创时的草根与粗陋，而变得时尚、精致、洋气起来。比如"顺风123"，短短几年时间，已经从街边大排档摇身变成了有点气派的连锁酒楼。他们学会了玩概念，做包装，还学会了整点小诗意、弄点小情调:"打虎梁山去,喝酒顺风来;书剑过江湖,还看一二三。"这已经不是不登大雅之堂的江湖菜,而是时尚江湖菜了。

不过话说回来,不管啷个整,江湖还是那个江湖,菜还是那道菜,即使换了门面、穿上新马甲,却仍然换不了食客对江湖的向往,以及对江湖菜的无上宠爱。

重庆火锅:重庆人 DNA 的释放

清朝末年,有一位八府巡按到重庆来查案子。初到巴县地面,因水土不服,竟然病倒了,吃任何东西都没得味道。一连几天不思饮食,什么药都试过了,就是不见好转。

这天下午,巡按心头闷得慌,独自走出衙门来散心。他一路漫无目的,从正街到背巷,从下半城到上半城,从都邮街至道门口,不停地边走边打望,不知不觉来到朝天门河边的棚户区。这里居住的都是下力人,大部分是在大河(长江)、小河(嘉陵江)上谋生的船工,他们用能够找得到的连二石、木棒、竹子等简陋材料,搭建出一片蔚然壮观的吊脚楼,然后在里面世代生息繁衍。

突然,巡按闻到一股特别的味道,浓烈的牛油底味中,刺激的麻辣鲜香犹如冲破迷雾的东南风,显得异常突出;紧随在麻辣之后的,是一种厚重又特别的香味,隐隐约约、时浓时淡,却是过去从来没有体验过的。顿时,鼻子一下开窍,嗅觉灵敏了。巡按情不自禁地循着香味一路找过去,只见一家人男女

河边坡坎上的船工露天火锅

老少六七个,围坐在一口大铁锅周围,你一筷子,我一筷子,吃得好不热闹。大铁锅下,红泥炉子将柴火烧得旺旺的;大铁锅里,红汤翻滚,热气蒸腾,香气四溢。

巡按从来没有看到过这种吃法,一下子兴趣、胃口洞开,恶狠狠地吞了一下口水,想吃极了。但堂堂巡按大人,哪里放得下这个架子,与庶民百姓一口锅里争食,只好强忍食欲,转身就往回走。

飞快回到衙门,巡按立马要求厨倌儿也弄这么一种下头有火、上头有锅的食物。厨倌儿平时都烹制一些雅致、清淡的菜品,哪里会做这种狂野的食物。一接到任务,赶紧按照巡按的指引,来到船工们居住的吊脚楼。只见家家户户

几乎都是这么一种吃法。

船工们生性豪爽、待人耿直，不但给厨倌儿过筋过脉地讲解怎么做这种"火锅"，而且邀请他一起吃。厨倌儿一番学习、体验、回味，深得"火锅"精髓，回去以后照样煮了一锅，并且根据自己的理解又添加了一些香料，味道比在吊脚楼吃的还要好。

厨倌儿做的"火锅"端上桌，巡按哪里像一个吃不下东西的人，一坐下来就没有停过筷子，眼睛没离开过锅缘，直到满身大汗，一番痛快淋漓。第二天，病竟奇迹般好了。

重庆火锅的发明者，正是那些在长江上风里来雨里去的船工。旧时长江水道凶险，滩多浪激，随时都有可能把木船掀翻。船工们提着自己的脑袋和大自然抗衡，被称为"死了还没埋的人"——

抗战前火锅开始进入重庆城内的小店

与之对应的是挖煤的窑工，被称为"埋了还没死的人"——所以养成了重庆人豪爽、耿直、火爆的性格。

过去，船工处于社会最底层，劳累辛苦，生活简单。见牛下水（毛肚、牛肝、牛腰和牛血旺等内脏）没人吃，便捡来或者象征性给几个钱买来，洗干净后放到鼎罐里，然后加些老姜、盐巴、海椒、花椒之类的作料一锅煮了，就着"老白干"，吃了蒙头便睡，一天的劳累顿时消散得无影无踪。花椒必须多放，因为有温中散寒、除湿止痛的功效——船工常年在水上漂，难免患上风湿疼痛等职业病——这也成了重庆火锅的一大特色。

这种吃法很快流传开来，有人竟用一对箩筐挑着沿街叫卖。箩筐一头放的全是牛下水，生切成薄片摆在几个碟子里；另一头放着红泥炉子，上面一只大洋铁盆被分成数格，盆里煮着麻辣牛油和卤汁。食客自选一格，站立摊前，拈起碟里的生片，且烫且吃。吃后按空碟子计价。价格低廉，经济实惠，吃得热络，方便痛快，所以深受码头力夫、贩夫走卒和城市贫民的欢迎。这种吃法，一般只有八种菜品，故被称为"水八块"。

直到民国二十三年（1934年），才有人把"水八块"搬进小饭店。从担头移到桌上，泥炉依旧，只是将分了格的铁盆换成了赤铜小锅，卤汁、蘸汁由食客自行调和，以求干净而适合众人口味。慢慢的这种小饭店越开越多，在重庆城临江门对岸江北刘家台这一条小街上几乎全都是这种饭店，并且吃的人相当多。

说到今天，重庆火锅已经登上大雅之堂，火锅店在全国到处开花，越建越豪华，火锅的菜品早已经突破了牛下水的界限，越来越高档，各地特产、生猛

七卷　美食江湖

499

海鲜,无奇不有。甚至有重庆餐饮界名人严琦,召集一批女企业家,集火锅文化之大成,在北滨路建起了"天下宴火锅博物馆",将博物与餐饮融合在一起,在馆里烫火锅,边烫火锅边欣赏文物展品。

然而,重庆人最热爱的火锅,依然是大排档——有九宫木格子的土灶老火锅;重庆人最喜欢烫的菜,依然是毛肚、鸭肠。

男女老少都十分享受火锅带来的快感

夏天的夜晚,三五个重庆崽儿,打着光巴胴(赤裸上身),围坐在红汤翻滚的火锅边,满身流淌着血性的汗水,猜拳行令,声若洪钟,夜深不散……这样的场景,外地人永远无法理解,只有重庆人自己知道,这种阳刚的表达,是重庆人DNA的释放。

链接:

火锅底料:随手礼的首选

重庆是世界闻名的火锅之都。有一种说法,到重庆不吃火锅,算是白来了。的确,重庆火锅魅力无穷,到重庆的游客,无不以酣畅淋漓地吃一顿正宗重庆火锅为快事。但是,火锅虽然好吃,熬制火锅底料却是一项技术含量非常高的技巧活。回到原籍又想吃正宗重庆火锅了怎么办?重庆土著想在家里邀约三五亲朋围炉夜话烫火锅怎么办?

于是,便于携带的袋装火锅底料应运而生。已无法考证是谁最先开始生产袋装火锅底料了,反正重庆有名气一点的火锅店,都有自己的底料厂,都生产袋装火锅底料,比如德庄、桥头、秦妈、刘一手、胖子、毛哥等,都是火锅底料的大户;紧随其后的专业食品厂也加入火锅底料的生产,如周君记、秋霞、红九九、德义等,都取得不俗的战绩。

如今,火锅底料俨然已成为重庆最具知名度的土特产,到重庆旅游出差的外地朋友,都习惯性地买几包火锅底料带回去;去外地出差公干或访亲寻友的重庆人,也习惯带几包火锅底料作为随手礼。

重庆烧烤:火锅之后又一张名片

烧烤是人类从生食到熟食最早的烹饪方式。

烧烤的诱惑对于人类而言,是最难以抗拒的,因为它能调集起人们最原始萌动的本能感觉。人类最初茹毛饮血，自从邂逅了火，便开启了一个全新的美味历程，熊熊烈焰之上，食物吱吱作响，以最原始的方式转变成美味。尤其是肉类，在烧烤过程中散发出的浓烈香味，能满足人们对于美味的所有想象。当一块鲜嫩多汁、外焦里嫩的烤肉入口，那种纠缠于舌尖的复合味道，用"满足"二字已不足为道矣。

烧烤在全国各地都有，似乎北方因为有烤羊肉串等而更出名。殊不知，重庆烧烤无论从品质、规模、技术、味道等各个方面，并不输于全国的任何一座城市。那么，重庆烧烤为什么名与实之间的落差如此之大呢？"大抵是因为重庆火锅、重庆中餐太强势，掩盖了重庆烧烤的锋芒。"重庆市级非物质文化遗产"谢氏烧烤"传人谢文利如是分析。

小烧烤

"重庆是全国最早制定烧烤行业标准的城市！"作为重庆烧烤专委会的成员，谢文利一说到烧烤就两眼放异彩、滔滔不绝，难怪江湖人称"烧烤狂人"。听他说，重庆烧烤业的规模在全国处于领先地位，每年仅全羊就会烤掉20万只！"重庆烧烤，完全有能力、有资格与重庆火锅、重庆中餐三足鼎立，支撑起重庆餐饮这个大江湖。"

烧烤，原本就是川菜的一种重要烹饪手法。为了证明烧烤在重庆的正统地位，谢文利搬出了已近失传的传统名菜——烤方，又叫"叉烧酥方"，现杀的猪，选取最好的三线肉（即五花肉），切成约五六斤一块的方形，用洋葱汁、料酒、川盐等腌制48小时，让底味深入肉内；然后风干至表皮没有水分；最后挂在炉壁上，用炭火烤制50分钟。边烤边观察、翻面，直至色泽金黄、香味浓郁即可取出，切成小片食用。"这道菜的精髓在于外酥里嫩、鲜美化渣，是以前川菜大厨的功夫菜，如果烤方做不好，那就不可能成为大厨。"

谢文利来自烹饪世家，他的爷爷解放前曾在望龙门开"谢氏烧猪馆"，专营烧烤；他的父亲作为乡厨曾挑担走乡串户，做传统的"九大碗"，"遇到有钱人家，知道父亲有一手烧烤绝技，有时也会要求烤全猪。"谢氏烧烤就是这么传承下来的，如今成了重庆市级非物质文化遗产。

谢文利将重庆的烧烤分为"小烧烤"和"大烧烤"。

所谓的小烧烤，以路边的烧烤摊为代表，原料是穿成肉串之类的

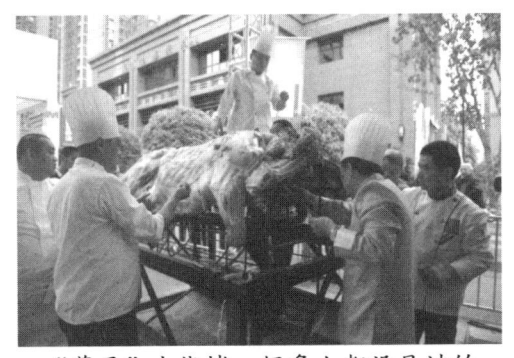

"莽子"大烧烤：好多人都没见过的烤全牛

半成品，放在炭火上，不停地刷油，原料遇热产生的油脂和刷的油滴到炭火上，产生明火和浓烟。"烧烤分'烧'和'烤'，这种小烧烤实际上是'烧'而非'烤'，将食物烧熟，会产生苯并芘等致癌物质，极不健康。"谢文利分析，正是这种"烧"的方式，让人们对烧烤多有误解，阻碍了烧烤行业的发展。

而重庆之所以在全国烧烤行业处于领先地位，一个很重要的原因是，重庆有"大烧烤"，并且"大烧烤"的规模不亚于很多以烧烤著称的城市。所谓"大烧烤"，就是以鲜活宰杀的整只动物为原料，直接烧烤，比如烤鸡、烤兔、烤全羊、烤全牛等。大烧烤的特点是，通过木炭燃烧产生的热辐射折射到原料上，高温让原料由生变熟。"这才是真正的'烤'，"谢文利解释，"在烤的过程中，还要通过一定的方法，让动物的油脂和刷的调料一滴也不要滴到炭火上，这样就不会产生一丝油烟。"

"真正的烧烤，其实是最健康的！"谢文利要代表重庆烧烤为烧烤正名，他进一步分析，"烧烤时，食物一般在250—300℃开始成熟，而烧烤的最高温可以达到350—400℃，高温可以锁住食材的水分与营养汁液，让烤制的食物更加美味营养。而传统的中餐，油温超过150℃就会焦糊，产生有害物质。"

谢文利津津乐道于他的烤全牛。1300多斤的一头全牛，绑上他自己发明的专用烤架后，只需要烤制4个小时，牛的每一个部位一起熟透，而且没有任何一个地方被烧焦，同时，在烤制过程中不产生一丝油烟。他的底气来自于，目前其他城市的烤全牛至少需要12个小时，用大型吊车反复拉起放下，而且烤出来的牛肋骨部分，肉已经被烧焦不存在了，被称为"骨肉分离"，这是烧烤之大忌。

"重庆烧烤，完全有可能继重庆火锅之后，成为重庆的又一张名片！"谢文利对重庆烧烤的未来充满激情与愿景。

重庆汤锅：如女子般柔美滋润

外地人传言：在重庆，连炒菜的锅都是辣的。在他们的想象中，重庆就没有不辣的菜。这其实是对重庆菜与整个川菜的误解。重庆菜的味型有20多种，除了辣之外，还有蒜泥、姜汁、芥末、麻酱、烟香、酱香、五香、糟香、咸鲜、豉汁、茄汁、醇甜、荔枝、糖醋等味道，甚至连辣，也可以细分为麻辣、红油、糊辣、酸辣、椒麻、家常、荔枝辣香、鱼香、陈皮、怪味等等。

就拿在全国乃至全世界都久负盛名的重庆火锅来说，除了红汤火锅，还有清汤火锅、三味火锅。鸳鸯锅正是重庆人的创举，同一口锅里，用物理方式分隔出两个部分，或左右对分似太极图，一边装红汤（麻辣），一边装清汤；或锅中套个小圆圈，外面的大圆是红汤，里面的小圆是清汤，既能满足同一个人的不同需求，也能让不同口味的人同桌进食。一红一白，一重口一清爽，或许，称其为阴阳锅也不会错。

除清汤火锅之外，重庆还有另外一种和火锅比较类似的美食，可以满足对麻辣不感兴趣或看到红汤就被吓倒的朋友——重庆汤锅。

汤锅，顾名思义，就是汤和锅的完美结合。其实质是一款汤，但是以火锅的形式呈现。再说明白点，就是将一款靓汤放在锅里，架在火上，像火锅一样边煮边吃，可以喝汤，也可以烫（涮）一些适宜的菜品。

同心圆鸳鸯火锅　　太极图鸳鸯火锅

如果将重庆火锅比喻为一位性格豪爽火爆的汉子，那么，重庆汤锅就应该是一位性情温柔内敛的女子。由于火锅汉子的名声太过响亮，呈压倒一切之势，掩盖了汤锅妹子的柔美锋芒，以至于汤锅女子被很多外地人忽略了。其实，重庆汤锅前进的脚步，以低调内敛而坚韧不拔的方式，从来没有停止过向全国版图的扩张。说几个有点名气的连锁品牌——鹅掌门、毛哥老鸭汤、小羊倌、白板鸭等，你或许会恍然大悟：哦，原来这些都是来自重庆的呀！

重庆汤锅的种类很多，比如，酸萝卜老鸭汤、酸菜豆瓣鸭、竹荪肚子鸭、苦藠鹅掌汤、蹄花鹅掌汤、酸菜鹅掌汤、番茄牛尾汤、羊肉汤锅、羊杂汤锅、山珍菌汤锅等，但最具代表性的大致有三个：苦藠鹅掌汤、酸萝卜老鸭汤和羊肉汤锅。

先说苦藠鹅掌汤。从"鹅掌门"这个招牌就可以看出，这是鹅掌门行走美食江湖并且扬名立万的标志性菜品。苦藠鹅掌汤的做法很简单，苦藠、鹅掌、少量老姜、大葱、大蒜，在炖锅里炖好，放上盐和味精就可以了。讲究一点的，要先将鹅掌焯水备用，用油将老姜、大葱、蒜等爆香后捞出扔掉，加高汤及新的老姜、大蒜熬汤，然后倒入苦藠和焯过水鹅掌文火炖两个小时，加大葱端上桌。

这个汤锅的关键是苦藠，是渝、川、黔地区特产，辛辣冲鼻、味道微苦，可凉拌、泡制、煲汤，尤以煲汤更加鲜美。据《本草纲目》记载，苦藠能通阴散结，行气导滞，调理中气，止久疾、冷泻、脑瘴刺痛、下积食、散包块，具有清热、消暑、降燥、开胃、健脾、排毒的功效，是夏季食用佳品。鹅肉有补阴益气、暖胃开津、祛风湿防衰老的功效，是中医食

柔美滋润如处子的汤锅

疗的上品。因而，苦藠鹅掌汤在夏天深受重庆人的喜爱，很多家庭都会自制。

再说酸萝卜老鸭汤。这是"毛哥老鸭汤"和"白板鸭"的招牌菜品，只是两家为了突出自己的品牌，都将菜名作了改变，一个叫"毛哥老鸭汤"，一个叫"白板鸭"，均和招牌吻合。做法也很简单，成年老鸭一定要整只，宰杀冲净，在沸水中氽10分钟左右去除血水；酸萝卜也就是泡萝卜，切成3厘米长，0.5厘米宽的长条，泡姜、老姜切片，大葱切段；锅内放入色拉油，烧至四成热时，下姜、葱用大火煸香，下酸萝卜条、泡椒、泡姜翻炒出香味，放入高汤、盐、鸡油大火烧沸，下胡椒粉，改小火，放入老鸭小火熬煮至少两个小时，至汤白鸭香时放入鸡精、味精、葱段，带火上桌。这道汤锅的关键，一是鸭子要够老，越老越香营养越丰富，二是酸萝卜要够有味，传统陶制泡菜坛，至少要泡半年以上。

最后说羊肉汤锅。不用说，这肯定是"小羊倌"的招牌菜。重庆山多，大量出产山羊，加之重庆有冬天吃羊肉温补的说法，所以，一进入冬季，遍街的羊肉馆就开始活跃起来。特别是冬至这一天，基本上是一锅难求。小羊倌就是在这种背景下发展起来的。羊肉汤锅的制作方法与前面两种汤锅基本类似。但羊肉天生有一股羊膻味，这是美食的大忌，因而在制作汤锅之前，羊肉已经下锅轻微卤制过，一是去掉血水，二是去除膻味，三是增加羊肉的底味。

洁白的奶汤羊肉汤锅

重庆汤锅还有一样秘密武器——味碟。这也是汤锅成败的关键之一。味碟一般有两种，青椒酱和豆瓣酱。青椒酱是用重庆本地产的青色朝天椒加适量老姜搅碎，加入熟菜籽油、蒜泥、盐、味精、麻油等调制而成，一般每次做一大缸，吃的时候分装到味碟里。豆瓣酱是用本地产的红色二荆条辣椒加适量老姜搅碎，然后加入半发酵已经开始长毛的胡豆瓣、新鲜青花椒、生菜籽油、盐等调匀，密封让其发酵。由于辣椒一般夏天成熟，所以豆瓣酱常常是在夏天制作，温度足够，大概半个月以后就可以食用。这也是重庆很多菜的秘密武器，比如回锅肉，用自制的豆瓣酱，做出来的菜的味道，是用市面上销售的郫县豆瓣做出的菜远远无法比拟的。

有了青椒酱和豆瓣酱还不够，随汤锅一起上桌的，一般还有豆腐乳、香菜末、香葱粒（火葱），可以根据自己的口味，自助随意组合添加。

重庆汤锅和重庆火锅就像一对完美的情侣组合，表现出重庆美食的丰富性和完整性。

辣子鸡：辣子门一统江湖

　　重庆江湖菜的现身乃至受到食客的追捧，大多是在不经意之间完成的。比如被称为江湖菜"老大哥"的辣子鸡，从其发明到一夜之间爆红两江四岸，都有些偶然，让这道菜的发明者朱天才一度有些手足无措。

　　上世纪80年代，退休后的朱天才用自己多年积蓄的2万元，在重庆沙坪坝到歌乐山森林公园的必经之路旁建了个小屋，出售稀饭、馒头之类价格低廉的食品，一段时间后，老朱意识到，光卖这些东西不足以改善生活——利润太微薄了。

　　但在这个偏僻的地方能卖什么呢？重庆人喜欢吃火锅，可是平常来小店吃饭的绝大多是赶路人，哪里有心情和时间坐下来慢慢烫火锅哟，老朱想，干脆就地取材，用歌乐山的农家土鸡，做一道炒起来快、吃起来方便的菜。

最早挑动重庆江湖菜神经的辣子鸡

　　说干就干，老朱将土鸡打整干净，然后加入大蒜、泡海椒、干花椒一起红烧，这种家常味的菜，毫无特色，挑动不起老朱的食欲，客人自然不会买账。赶路的人口味重，总是要求老朱将麻辣味加重点。一天，泡海椒用完了，老朱索性就用干海椒和干花椒将那只砍成细丁的土鸡肉爆炒，出锅后一尝，麻、辣、鲜、香，味味俱全，个性鲜明。还没有端给食客，自己就开始流口水了。

　　老朱给这道菜取了一个"很重庆"的名字——辣子鸡。后来，老朱根据食客的反馈，不断改善，最终形成了辣子鸡的风格：在辣子里面找鸡。也就是说，作为调料的辣椒，比主料鸡肉多得多，吃的时候，要用筷子不停地在辣椒里翻找鸡丁。外地人光看一眼那满盆红彤彤的辣椒就被吓住了，这是炒的辣子还是炒的鸡肉呢？他们完全无法理解，这正是重庆江湖菜的精髓所在：将某种调料的味道放大到极致——要麻，就麻得找不到舌头；要辣，就辣到变成腊肠嘴……

　　辣子鸡一举成名，重庆人蜂拥而至，大有没有吃过辣子鸡就不算正宗重庆人之势。歌乐山俨然成了"辣子鸡"的代名词。朱天才一家也因此赚得盆满钵满。

　　让老朱万万没有想到，他的一次无意之举，却开创了重庆江湖菜的一大流派——辣子系列。重庆江湖菜的厨师个性豪放自在，大多都没有经过正规培训，因而做菜时也就无固定框框，有一些任性与恣意妄为。眼见辣子鸡备受追捧，"香辣"口味深得人心，于是纷纷借鉴跟风，凡是他们想到的菜品，统统以干海椒和干花椒爆炒之，辣子田螺、辣子肥肠、辣子蹄花、辣子鱼丁、辣子竹虾等层出不穷,一时间,"辣子门"俨然成了重庆江湖菜的第一大门派,而辣子鸡自然是当之无愧的掌门了。

老朱的火爆生意,带动歌乐山镇三百梯上方绵延一公里多的街道两旁,如雨后春笋般在一夜之间冒出30多家辣子鸡店,形成重庆名震一时的"辣子鸡一条街"。据说,生意红火的店一天就能卖出200多只鸡,翻台持续好几轮,停车位难寻。而辣子鸡以及因之而产生的辣子系列菜品,也是遍地开花,几乎成了重庆所有中餐馆的保留菜品,甚至传向全国各地。

辣子鸡一条街的火爆盛况,持续了约20年,也算是重庆江湖菜中除火锅之外寿命最长的奇迹,近十来年在重庆众多江湖菜的围剿之下,逐渐衰落。如今,当年人声鼎沸、火爆异常的"辣子鸡一条街"显得十分冷清,只有4家店铺仍在苦苦支撑。据说,歌乐山镇政府已经开始着手规划,力图重振"辣子鸡一条街"的雄风。

辣子田螺:一颗螺蛳执牛耳

重庆人原本没有吃田螺的习惯,但辣子田螺改变了这一固有的思维。重庆江湖菜里绝大多数菜品都是无意间促成的,只有辣子田螺是被有意识发明的。可以这么说,辣子田螺就是重庆江湖菜的异类。

1992年,助理会计师严琦辞职下海,开了人生中的第一家小餐馆。当时,她的想法很简单,重庆人都有到郊外追逐美食的习惯,因而选择了离重庆市区20公里的白市驿——这个位于成渝高速公路旁,地理位置偏僻的地方。

别看当初馆子小,却有个很响亮的名字——陶然居。经营的也是一些当时流行的江湖菜,如辣子鸡、啤酒鸭、酸菜鱼之类,毫无自身特色,更无招牌菜。可以想见,生意不会好到哪里去,仅有的5张桌子都经常坐不满。

抗战时期白市驿街上
人来人往有点闹热

朋友提醒她:重庆人对美食的追求永无止境,只有菜品特色鲜明,才能吸引人们驱车前来。于是严琦开始在心里头做减法,将能想到的食材排列出来,然后在心里逐一验证是否具有特色。鸡、鸭、鱼、兔,在重庆都有比较响亮又有特色的江湖菜,要想超越根本不可能;鹅肉粗糙且腥味较重,重庆人不太喜欢;驴肉有特色汤锅,重庆人并不太接受……螺蛳?严琦心里突然冒出了这种重庆人熟视无睹却平常不太涉猎的食材，"对，这个对于重庆人来说绝对有特色！"她想。

既然想到就立马去做，严琦赶紧到市场上买来田螺进行试验，然后送给客人品尝。但客人并不买账，普遍反映田螺腥味重、有泥沙、肉质粗、口感差。试验算是彻底失败了。

1995年初，严琦偶然在报上看到一则消息，西南农业大学（今西南大学）的教授，引进了一种叫做福寿螺的新品种。这种田螺不同于本地田螺，以新鲜蔬菜和野生草类为食，个头大，肉质饱满，鲜嫩没有泥腥味，属于绿色生态食品。这则简短的介绍，让严琦如获至宝，她赶紧去西南农业大学所在地北碚，通过教授找到了福寿螺的饲养基地——就在靠近大学的地方有一个福寿螺养殖专业村。

落实了货源，严琦欣喜若狂，这场对于追新求异的重庆吃货的争夺战，因食材的奇特，已经成功了一半。下一步，只要做出能满足重庆吃货口感的味道，必然会取得成功。重庆人好麻辣，无辣不欢，无麻不成席，但是，重庆菜的麻辣却层次分明，各有侧重，各具特色，要想在众多麻辣味道中脱颖而出，谈何容易。严琦和厨师一起，把所能想到的做法和味道统统试了一遍，泡椒的、过桥的、蘸水的、水煮的、火爆的……始终感觉有所欠缺，送给客人品尝，客人也没有惊艳的感觉。经过反反复复上百次的实验，严琦从几十种做法中，最终确定了福寿螺的品味：通过类似于辣子鸡的炒法，让营养成分保留的同时，炒出香辣的味道。但是，具体的炒法并不是完全照搬辣子鸡，而是根据福寿螺的特性，在火候、调料比例、辣椒品种上又有所调整：先将圆形的干辣椒用五成热油炒到呈棕红色，下花椒、姜蒜以及剁碎豆瓣炒香，倒入田螺，加料酒、川盐、白糖、味精、酱油以大火不停翻炒，待田螺入味起锅，撒上芝麻、葱花即成。

辣子田螺就这样闪亮登场了。

吃这道菜时，需要戴上一次性手套，右手两根筷子轻轻夹住田螺，左手持竹签插进螺肉，轻拉而出，然后在盘底的油汁里蘸上一蘸，缓缓送入口中，上下牙齿一合，香辣味厚、肉脆鲜香，那种满足！——谁说江湖菜就不能优雅地慢慢品尝？！

陶然居的招牌菜之一辣子田螺

在重庆，一道江湖菜诞生并受到肯定以后，就像队伍吹响了集结号，吃货们会朝着共同的目标蜂拥而至。辣子田螺以特别的食材、丰富的味道、独特的吃法，很快就吸引了吃货们的注意，大家一传十、十传百，"陶然居"迅速由5张桌子扩展到30多张桌子，而后60张桌子……道路两旁停的全是从城里头赶过来吃辣子田螺的车子，最多时有200多辆。

严琦很快赚取了第一桶金，并抓住商机，迅速扩张，到2009年，在全国

26个省市就有91家大型中餐连锁店，年营业额达23.16亿元，并且带动上游的养殖、种植产业，形成完整的产业链条。如今的陶然居，已发展成为集团企业，旗下拥有陶然居·重庆会馆、陶然会馆、陶然古镇、陶然素食阁、陶然大观园、陶然半山桂花森林酒店、陶然居新农村金色阳光生态酒店等品牌，在中国餐饮十佳品牌中名列第四，在重庆市商贸流通业餐饮酒店（住宿）类中排名第一，为重庆市政府颁发的重庆农业产业化龙头企业三十强。

一颗田螺成就一个餐饮帝国！谁还敢小觑重庆江湖菜？

泉水鸡：坐拥两江山水

南山是重庆老牌的花木基地，被称为"山城花冠"，大概有两层意思：一是南山的花，冠绝重庆；二是南山距离重庆主城最近的一座高峰，山上一年四季花开不绝，犹如给重庆戴上一顶花冠。特别是到了冬天，满山腊梅飘香，沁人心脾。

李仁和是南山上土生土长的农民，种植花木之余，在马路边开了一家幺店子，给南来北往订购花木的客商提供伙食方便。幺店子的菜品也没有什么特色，无外乎是些时令菜和家常菜。因房子是用木料搭建的老式民居，当地花农和来往客商约定俗成，称其为"木楼"。

1993年初夏的一天，幺店子照例没有客人，已到中午一点多了，李仁和刚吃完午饭准备躺在凉椅上休息一下，等太阳势头稍微松和点，再下地料理花木。这时，突然来了几位客人，显然已经饿得饥肠辘辘，一跨进门就迫不及待地问有什么吃的，李仁和根本没有料到这时会有客人，毫无准备，显得有些为难。一位戴着眼镜的客人替李仁和解了围，指着正在院子里四外觅食的土鸡说："那就杀只鸡来红烧吧！"

只好如此了。李仁和充分显示出劳动人民的勤劳本色，动作飞快也不太讲究，很快就将一只活鸡变成了一盘大小不太均匀的鸡肉块，调上食盐和姜粒码味。由于缺少烹饪经验，也不知作料该放哪些，该怎么搭配，反正是家里有的，统统都准备一些：从屋角的泡菜坛子里抓起大半土碗泡青椒和泡老姜，噼里啪啦几刀乱切了，从屋后山壁上的花椒树上顺手摘下一把青花椒，然后舀上半碗去年自家做的红海椒豆瓣酱，剥上几颗大蒜，拿出自家做的豆豉，自家种的干辣椒、干花椒……准备好一切，倒菜油入锅烧至八成热，将鸡块全部下锅。为了让客人尽快吃上午饭，李仁和故意多倒了一些菜籽油，为的是将鸡肉酥炸一下，更容易烧粑。几分钟后，将多余的油滗出来，把炒炸熟的鸡肉刨到锅边，作料依次放入油锅中爆香，然后和鸡肉混合；加半瓢水，将调料的味道红烧进鸡肉里。

李仁和做梦都没想到，如此土法炮制乱劈柴的红烧鸡，还没出锅时就香气四溢。出锅上桌，居然受到一致好评，几位客人吃得狼吞虎咽，风卷残云。原来，这几位客人都是记者，相约到花木基地采访，下山途中偶然走进这家幺店子，竟然无意间促成李仁和发明了一道美食。

记者的职业习惯就是刨根问底，几位立即向李仁和请教这道独特的红烧鸡的做法，听说都是重庆十分家常的作料，有些不太相信，于是亲自到后院考察，看到后院赫然有一口深井，一打听，原来水源来自后山的山泉，红烧鸡肉时加的水，正是从这里打起来的山泉井水。秘诀终于找到，"这道菜就叫泉水鸡吧！"那位戴眼镜、给李仁和解围的客人建议。

南山泉水鸡麻辣鲜香欲罢不能

记者这个职业，天生具有很强的传播性，南山上有美味泉水鸡的消息很快传开，许多人慕名前来尝鲜，以前冷清的木楼变得顾客盈门，天天排起了很长的队伍。泉水鸡也在李仁和的摸索下形成了固定套路：鸡肉用于红烧，鸡杂用泡椒爆炒，鸡血加时令蔬菜煮清汤，统称为"一鸡三吃"。这一组合堪称绝配，红烧的泉水鸡麻辣味重，鸡血小菜汤正好可以缓解，泡椒鸡杂的麻辣味介于两者之间，又提供了"泡椒"这种很具巴渝特色的味型，丰富食客味蕾的层次。

有需求就有供给，木楼的生意火爆，让周围的农民看到了发财商机，纷纷扯起了"泉水鸡"的旗帜。一年之间，长约一公里的"泉水鸡一条街"形成了，每天晚上车水马龙，灯火辉煌。

由于离泉水鸡一条街不远的地方就是重庆夜景的最佳观赏点——一棵树观景台，于是乎，但凡有外地的朋友到来，重庆人的保留节目就是：晚餐先开车到泉水鸡一条街，在树荫下或花香里，在明月光辉的映照下，喝着用南山桂花酿制的桂花酒，吃着"麻、辣、烫、香、嫩"的泉水鸡，酒足饭饱之后，带着一丝醉意到一棵树观景台，俯瞰重庆城在长江、嘉陵江的拥抱之下，犹如一锅沸腾的大火锅，然后在客人的醉眼蒙眬中，作为重庆人的自豪感油然而生。

花椒鸡：黑松林的传奇

重庆主城周边，南有南山，山上有泉水鸡；西有歌乐山，山上有辣子鸡；东有铁山坪，却一无所有。在1998年之前，铁山坪很寂寞，没有叫得响的美食，也就没得啥子人气。但重庆人追逐美食的热情，注定会让山城的大山大水都与美食结下不解之缘。1998年春天，铁山坪花椒鸡突然开始扬名，让重庆人始料不及却又意料之中。

花椒鸡的来历已不可考证，最先进入重庆人视野的，是处在铁山坪半山腰一片松林中的一家幺店子（小店，又叫苍蝇店），店名很有江湖气息——黑松林。说是小店，其实就是一间普通农房，房前平整出一个院坝，保留高大的松树，松树底下随意摆上几张桌子，在松林里吃饭，树根处人声喧哗，树梢上鸟雀欢腾，人鸟相安无事，倒也别有情趣。

铁山坪九曲十拐的盘山道边隐藏着花椒鸡

重庆江湖菜走的都是野路子，大多发端于偏远的角落，先不论口味好孬，这独特的环境，就能让人生出几分欢喜。再加之山村野夫大胆的调味和创新，每一道江湖菜都风格独特、个性鲜明，大有菜不惊人死不休的架势，往往让食客一尝之下便有惊艳之感，欲罢不能。

花椒鸡，顾名思义，就是以花椒为主打作料的一道美食。这里所用的花椒，是尚未成熟还没变红的新鲜青花椒，辅以新鲜青海椒，麻辣之外，多了一层清香。江湖菜厨师下手都很重，鸡肉和作料的比例，大概是一斤鸡肉起码六七两青花椒和三四两青海椒。待锅中菜籽油烧至十成热，将青花椒、青海椒以及蒜粒、姜粒等调料下锅爆香，然后倒入斩成小块的鸡肉炒匀，加少量水，大火猛煮。新鲜鸡肉有收缩性，不一会儿，鸡肉就萎缩在新鲜花椒之间，一眼望去，满锅花椒。

如果说辣子鸡的灵魂是"在干辣椒里找鸡肉"，那么花椒鸡的灵魂就是"在青花椒里找鸡肉"。正宗的花椒鸡，怎一个"麻"字了得！几块鸡肉入口，嘴唇的神经已经被彻底麻木，感觉嘴巴已经不是自己的，只觉得舌头在嘴壳子里头跳舞。但是味蕾所体验到了"麻香、辣香、清香、鲜香、嫩香"等层次的变化，又让大脑神经支配着手和嘴无法停下来。不知道吸毒上瘾是不是这种感觉？

黑松林花椒鸡接待能力有限，稍微去晚了，要么排队的时间太长，要么根本吃不到，因而每天下午四五点钟，便有食客早早赶到，一边等待落日，一边等待美食，然后在落日的余晖中尽情释放吃的激情和对美食的追求。

黑松林的火爆场面，让铁山坪终于有了自己的美食标签，山上所有的饭馆、农家乐、农庄，都以"花椒鸡"作为招牌。但重庆人的口感刁钻，对待美食的态度认

铁山坪花椒鸡绝对让舌头在嘴巴头跳舞

真，不知是先入为主还是黑松林的味道确实有过人之处，大家宁愿"受虐"也不愿将就。由于黑松林没有停车场，食客只有把车子依次停在坎下的盘山公路边，造成每天堵车严重，怨声载道。

当地政府决定整顿这一乱象，提升铁山坪的档次，对山上进行科学的规划。黑松林自然成了拆迁整顿的重点。仿佛一夜之间，黑松林突然神秘消失，让对美食的追求永无止境的重庆人怀念了好几年。

黑松林就像一个绝世武林高手，悄然之间闪亮登场，扬名立万于江湖，又悄然之间人间蒸发，销声匿迹于江湖，徒留一套神功——花椒鸡传之后世。不过，功夫虽然还是那套功夫，却没有了当初的神威；花椒鸡虽然还是叫花椒鸡，却没有了当初的传奇。

烧鸡公：飞扬的荷尔蒙

最好的美食，往往是在不经意间产生的，正如重庆的烧鸡公。

烧鸡公最先出自重庆璧山县（今璧山区）。据说一帮跑长途的货车司机哥们，错过了饭点和吃饭的地方，已经饿得腰杆都伸不直了，但此处前不巴村后不巴店，更别说餐馆了。大家只好强忍饥饿继续往前开，终于在一个荒村野岭，看到了一家歪歪斜斜的民房，急忙把车停在马路边，问主人家能不能提供点吃的东西。

30年前的那个年代，山里人家穷，没有什么食材，自然也没有可吃的东西。几位司机平常都是"吃货"，爱自己下厨，于是说尽好话，主人家终于答应把自家喂养的公鸡宰杀一只卖给他们，由客人自己掌勺。

山里人家肯定没有什么好的作料，搜尽主人家里所有的角落，只有一般人

抗战时期成渝公路上的长途货车

家常有的老姜、干海椒、干花椒和山柰、八角、桂皮等香料。对于一个资深重庆吃货来说，这些作料已经足以做出一道美食了。其中一人当主厨，先将菜油烧至八成热，加入火锅底料化开，然后将老姜、干海椒、干花椒、八角、山柰、桂皮等作料下锅爆香，加入鸡肉翻炒至水分渐干，加水，文火将鸡肉炖耙。

一道从此之后风靡川渝两地的美食，就这样静悄悄地横空出世了。这道菜口感辣而不燥，鸡肉软嫩鲜香，汤汁浓香诱人，大家好一阵狼吞虎咽。跑长途的司机大多数都没啥子文化，不可能给出什么文雅的名字。因重庆人把公鸡叫

在民间，烧鸡公的传说其实早于辣子鸡

作"鸡公"，红烧的鸡公，于是就叫"烧鸡公"。

其实很多外地人不知道，在重庆方言里，"烧鸡公"还有另外一层意思，就是男性的雄性荷尔蒙分泌较多，容易性趣盎然。而跑长途运输，绝对是一个雄性的职业，几位司机哥们其实是有互相打趣的意思。但无意中也暗合了这道菜的功效——鸡公肉有温中益气、补精添髓、补虚益智的作用。

回到家后，几位哥们又聚到一起，重温"烧鸡公"的美味，于是买来土鸡公如法炮制。这一次，作料充足，时间充分，所以先把切成块的鸡肉在开水里氽一遍，去除血水，然后再下锅。当作料的味道已经充分深入鸡肉以后，将鸡肉连汤倒入高压锅，压制大约10分钟，鸡肉更加软糯。

这边有人在主厨加工的同时，那边早有人准备好了秘制的蘸酱。蘸酱的秘制方法，后来也随着烧鸡公的做法传之江湖：将重庆本地产的（最好是自家做的）豆瓣酱大约一斤倒入碗中，加蜂蜜一勺、麻油少许拌匀，放入蒸锅中用小火蒸10分钟。将适量辣椒粉、干花椒、丁香粉、肉桂粉、生芝麻、姜丝等放入碗中备用。锅中倒入花生油，烧至油开始冒烟后将油倒入装有香料的碗中。在香料碗中的沸油尚未平静下来时，倒入蒸好的蘸酱中，然后快速搅拌。一碗香气四溢、辣中带甘的酱料就做好了。蘸酱的好坏，也是烧鸡公成败的关键之一。

经过这么一改良，烧鸡公的味道更加完美，很快就传遍重庆。犹如雨后春笋，一夜之间重庆的大街小巷都冒出了密密麻麻专卖"烧鸡公"的餐馆。

链接：

南川刘氏烧鸡公

还有一种说法，风靡川渝的烧鸡公起源于南川刘氏烧鸡公，这个无法考证，依我的吃货经历基本不可能。但南川刘氏烧鸡公的配料和口感，确实与其他地方的烧鸡公有些不同。首先从配料上，加入了南川方竹笋、香芋等，因而在口感上除了软糯爽口、麻辣鲜香之外，还具有方竹笋的爽脆和香芋的细腻。

南川刘氏烧鸡公由刘勇、李小波夫妇创立于1995年，在全国十二届厨师节被评为中国名菜，第四届中国美食节又获"金厨奖"殊荣。2013年9月，被评定为重庆第二批"老字号"，是南川区第一个重庆市的老字号。国际烹饪大师、全国十大名厨之一张正雄为其题词："奇料众才鸡公为最，美滋佳味刘氏领先。"

芋儿鸡：可调众口的追求

凭借"辣子田螺"扬名巴渝的严琦，深知"一招鲜、吃遍天"的时代已经过去，决心继续研发可以媲美"辣子田螺"的招牌菜。她深知，把所有的希望都寄托在一个支撑点上是非常危险的，必须努力寻求更多的支点。

严琦心目中对招牌菜有着极高的期待："地无南北，人无老幼，皆爱食之。"

然而，要复制传奇，又谈何容易？她将天上飞的、地上跑的、水里游的，各种食材都试遍了；炒、焖、煎、煮、炸，各种烹饪技法都用上了，还是没有创出令人满意的菜品。当看到店里食客如云，却只对"辣子田螺"大声叫好，对其他菜品怠慢敷衍时，挫败感油然而生。

那一天，她深入武陵山区采购最新鲜的山货。正当满载而归时，车却意外抛锚了。时值中午，饥肠辘辘。卖山货的土家族妹子热情地邀请严琦一行在家用餐。菜一道道端上来，严琦忽然停住了筷子："这是什么菜？"土家妹子腼腆地搓着手："我们山里头没什么拿得出手的，你们是贵客，我们就用自家种的洋芋烧鸡招待客人。"

严琦闭上眼细细品味。脑海里忽然灵光一闪，这不就是苦苦追寻的"可调众口"的美食吗？她仔细询问了洋芋烧鸡的做法。原来食材好是前提条件。鸡是散养山林五六个月大的土鸡，洋芋产自海拔千米的山坡地，质地细腻，粉甜回香。海椒、花椒都是选用当地新鲜山货，连水也是用自家后山汩汩流淌的泉水。烹饪方法不复杂，关键是突出食材的本味。鸡肉的细嫩滑润，洋芋的炕糯绵香，在海椒、花椒的助力下，渗透出一种奇妙的香味。

"食材重新鲜，烹调贵凡简。"严琦突然想起了餐饮界的这句名言。自己以前研发菜品时，多原料、重手法，过于繁复，反而失去了食物本真的味道。

回家后，严琦与厨师一道，对这道菜进行了仔细研究。洋芋粉质过于细腻，虽易入味，但极易散碎不成形，且饱吸太多油脂，对健康不利。土家妹子的这道菜，燥烈有余，但回味不足。她忽然想起，小时候最爱吃的芋儿蘸白糖。糯糯的、面面的，掰开还有丝丝缕缕的拔丝，蘸着白糖吃，那股甜香在嘴里久久挥不去。对了，把洋芋换成芋儿怎么样？

选材、下刀、生火、调料……在严琦的指

芋儿鸡展现的是两种食材的相亲相念

导下，厨师一试成功。初食辛辣鲜香，回味甘甜绵长，当芋儿遇上鸡，芋儿的香甜与鸡肉的鲜香相互渗透，融合得恰到好处。

"陶然芋儿鸡"甫一亮相，便受到了食客的热烈追捧。这道菜软糯易消化，特别受到老人和孩子的欢迎，真正达到了严琦心目中"众口可调"的标准。随后，严琦又根据食客的反映，不断改进配方和制作工艺，陶然芋儿鸡成为了重庆江湖菜中的一道名菜，名播四方，于2002年被评为中国名菜。

毛血旺：融入码头气质

毛血旺发源于重庆沙坪坝区的磁器口古镇。这里曾经是嘉陵江下游重要的物资集散地，重庆城郊的通邑大埠，南来北往的船只都停泊这里，水码头舟楫如林，热闹非凡，街市店铺兴旺，商贾云集。

重庆因水而生，以长江、嘉陵江为代表的众多江河，孕育了重庆特有的码头文化，也在重庆人性格中植入了豪爽、粗犷、耿直、包容等性格。码头文化犹如重庆这座城市的人文基因，体现在重庆人的吃、穿、住、行等每一个侧面，因而，也只有在重庆这座城市，才能产生像重庆火锅那样包容一切的烹饪手法，也只有繁华的水码头磁器口，才能产生如毛血旺这样既粗犷又独特的美食。

磁器口的毛血旺、猫儿面、椒盐花生还可以

民国初年，磁器口有一王姓屠夫，每天杀猪卖肉，养活一家人，日子倒也过得自在。那时，对于猪内脏和卖肉剩下的杂碎，人们还没有吃的习惯，一般都是扔掉，大家也习以为常。王屠夫的儿媳妇张氏是一个善于持家的女人，见公公每天扔掉这么多东西，觉得十分可惜，于是试着用猪头肉、猪骨头加豌豆熬成汤，加入猪肺叶、肥肠、猪心等内脏，再加入老姜、花椒、辣椒、料酒等用小火煨制。没想到，味道特别好，一家人都喜欢吃。

有一次，张氏试着将凝固了的新鲜猪血直接放入杂碎汤中，发现血旺越煮越嫩，越煮越鲜，整锅杂碎汤在之前麻辣的基础上，又增加了鲜香，口感更加完美，层次更加丰富。果然，一家人都惊呼："好吃！"

重庆人将才凝固的新鲜猪血，尚未下锅煮之前称之为"毛血旺"，"毛"在重庆方言中，就是粗糙、马虎的意思。张氏这道杂碎汤，主打原料是毛血旺，而且做法粗犷豪放，于是一家人都称它为"毛血旺"。

从此之后，毛血旺成了王屠夫一家每天的保留菜品。

但是，无论多么好吃的佳肴美食，天天吃也会有泼烦（腻烦）的时候，更何况，即使是一家人天天吃，仍然消耗不完每天剩下来的猪内脏和杂碎。张氏心头在默想，磁器口南来北往的商贾和船工那么多，何不开一家小店专卖毛血旺呢？既解决了食物浪费问题，又可以挣点小钱补贴家用。她的想法得到了王屠夫的支持，小店很快就在磁器口当街开起来了。每天早上，张氏刚刚把炉火生起，把杂碎汤熬上，香味立即飘洒满街。果然不出所料，毛血旺大受欢迎，每天供不应求。

毛血旺的烹饪方法并不难，很快就在磁器口遍地开花。经过后来仿制者逐步总结，鲜鸭血比鲜猪血的味道更佳，另外还要添加鳝鱼、火腿、水发鱿鱼、黄豆芽、莴笋头、洋芋、金针菇、水发木耳等，形成基本固定的套路。当然，江湖菜的自由之处就在于，没有什么能捆住厨师的手脚，在大体差不多的基础上，厨师每一天的心情不同，或许你就会吃出不同的配菜和不同的味道。

如果说牛下水（牛内脏）成就了重庆火锅，那么，毛血旺就是由猪下水（猪内脏）成就的。但是，毛血旺绝不是重庆火锅的翻版或缩小版，虽然都以麻辣见长，但烹调的方法和麻辣的细节是截然不同的。所以说，现在很多川菜馆偷懒取巧，以火锅底料作为毛血旺的调料，只能说这些厨师没有真正领略到毛血旺的精髓。如今，毛血旺作为渝派川菜的代表之一，已从偏居一隅的江湖菜，摇身一变登上大雅之堂，全国各地几乎所有大大小小的川菜馆都推出了这道菜，俨然重庆的代言菜。

冬天来一盆毛血旺的感觉好极了

酸菜鱼：酸菜与鱼的热恋

中国八大菜系中，最不守章法、最喜欢标新立异的菜式，非川菜莫属！而川菜之中，能在祖国一片河山掀起阵阵美食江湖热潮的，必为重庆江湖菜。酸菜鱼是较早从重庆走向全国，掀起一片江湖波澜的又一典范。

说到酸菜鱼，就不得不说到它的创始人邹开喜。邹开喜原本在江津县双福镇（今江津区双福街道）开了一家炒菜馆，卖些传统川菜。一个闲适的午后，送走了中午的最后一桌客人，已经忙碌了一上午的邹开喜坐在店门口的小树下打瞌睡，一个孕妇什么时候来到店里，他也没有注意到。

"我想吃一份酸萝卜烧的土鲫鱼，你这里能做吗？"孕妇的问话惊醒了瞌睡迷稀的邹开喜。小店生意本来就不太好，客人有需求，哪能拒绝呢？邹开喜满口答应："能做，能做！"

虽然从来没有做过这道菜，但凭着多年的经验，他用自家土坛泡制的酸萝卜，加点泡姜、泡海椒一起用混合油炒出香味，然后加高汤用猛火将汤冲成乳白色，再倒入已经码味的土鲫鱼，很快将酸萝卜鲫鱼端上了桌。

传说酸菜鱼是这样发明的

不知是鱼做得太好吃，还是饿坏了，一大盆酸萝卜鲫鱼竟然被这名孕妇吃完了。当邹开喜问起鱼的味道如何时，孕妇向邹开喜竖起了大拇指。

从此，邹开喜的店里多了酸萝卜鲫鱼这道菜。但并不是很受欢迎，顾客反映，泡萝卜酸而软，没得嚼头，土鲫鱼刺多肉少，吃起来不过瘾还麻烦。让邹开喜感到安慰的是，大家一致反映，这道菜的味道还是不错的，这给了他很大的信心。既然知道了问题所在，那就解决问题。

此后，他将酸萝卜换成了重庆农村家家户户都有的酸菜——这种酸菜用重庆本地的笋壳青菜泡制，久煮不烂、色泽鲜翠、酸脆爽口，将鲫鱼换成了本地草鱼——刺少肉多，便于切片处理，薄薄的鱼片过水即熟，鲜嫩清香，入口化渣。经过反复实验，酸菜鱼终于定型。

这道菜犹如酸菜与鱼的一场热恋，两者相互成就——酸菜将鱼的鲜嫩更加激发，鱼将酸菜的爽脆衬托得更加完美。成菜特点鲜明：鱼肉鲜嫩无比，酸菜酸脆可口，汤汁酸中带辣、醇厚鲜爽。邹开喜自信，凭借这套独门绝技，完全能在餐饮江湖上占据一席之地了，于是他打出了"邹鱼食府"的招牌，专营酸菜鱼。

最先发现这道美食的，还是南来北往的长途司机，大家一传十、十传百，酸菜鱼渐渐在司机中有了一定的知名度。双福镇位于江津最北端，前扼地势平坦的津马要塞，背靠风景秀丽的缙云山脉，与璧山区来凤街道相邻，通过（江）津（走）马公路与成渝高速公路衔接，酸菜鱼的香味惹得来往于成渝高速公路的司机频频刹车，宁愿绕道双福，品尝美食以后再回各自的目的地。

夏季品尝酸菜鱼最佳

让邹开喜始料不及的是，到了上世纪90年代初，他的小店突然传遍重庆城，很多人专程开车前来品尝美食，每天客人络绎不绝，人声喧哗，从上午十点多开始，到深夜才能清静下来。一个人自然忙不过来，于是开始招收徒弟，来来去去，很多徒弟离店后都自立门户，酸菜鱼的做法随之流传到四面八方。

随着时间的推移,大家记住了江津酸菜鱼,却忘记了它的发明者邹开喜,"正宗酸菜鱼"的招牌满天飞。看到这种乱象,邹开喜一方面痛心疾首,另一方面也开始有了品牌意识,2004年,他将"邹开喜酸菜鱼"注册了商标,并在江津白沙镇和主城杨家坪直港大道开起了分店,扩大经营规模。但是,当年热闹喧哗的景象已经不复存在了。

链接:

陈有良尖椒鸡

江津还有一道著名的江湖菜——陈有良尖椒鸡,发源地也是在双福镇,发明者陈有良夫妇苦心经营餐饮二十多年,根据重庆消费者的口味需求,逐步琢磨出尖椒鸡的做法。

这道菜的做法与铁山坪花椒鸡有些类似,只是作料的比例做了较大的调整。铁山坪花椒鸡的作料以新鲜青花椒为主,新鲜青海椒为辅,特点是青花椒里找鸡肉,强调的是带着清香的麻味。陈有良尖椒鸡则反之,以新鲜青海椒为主,新鲜青花椒为辅,特点是青海椒里找鸡肉,强调的是带着清香的辣味。因重庆本地将小米辣称为尖椒,所以后者以"尖椒鸡"命名。

水煮鱼:水煮与火锅同欢

在重庆,许多江湖菜都是由出租车司机促成的。一方面,为了满足出租车司机的重口味,诞生了各种以麻辣味为主调的江湖菜,另一方面,由于出租车司机的流动性传播,不管多么偏远,只要是美食,很快就会传遍全城。比如大名鼎鼎的水煮鱼。

江北机场1.0版见证了水煮鱼的辉煌

水煮鱼的前身,其实是火锅鱼,是专门为南来北往的长途货车司机推出的,曾经风行一时。当时,重庆境内省道、国道边的许多集镇多有这道菜,以江北机场附近最为著名。

火锅鱼的做法相当生猛,选取8—10斤重的大鱼,片成巴掌大的鲜鱼片。将大铁锅烧得绯红,以熬制火锅底料的手法,下重油以及大量辣椒、花椒、老姜、大蒜等熬出味,鱼片下锅轻微氽一下,鱼片刚刚熟透即起锅。成菜用大盆端上桌,红艳艳、热腾腾。一圈司机朋友围着大盆,大口喝酒大块吃肉,大声说笑大颗流汗，好不痛快淋漓。鱼片捞完了，再煮点青菜白菜豆腐魔芋，换换口味去去油腻。从称鱼到吃完结账走人，一气呵成，干净利落，绝不拉稀摆带。

重庆出租车司机嗅觉灵敏，对美食天生敏感，很快就发现了这一美食，常常借送客人到机场，或到机场接客人的机会，品尝完美食以后再返回。长途货车一般几辆车同行，而且每辆车上至少有两个人，所以鱼越大，吃起来越过瘾；出租车司机一般单独行动，最多邀约一两个同伙一起吃饭，鱼太大没法解决，餐馆于是根据需求进行改良，大鱼换成两三斤的小鱼，大盆换成小盆，火锅鱼的名称已然显得名不副实，更名为更加贴切的"水煮鱼"。

既然菜名改了，鱼的做法也进行了大胆的改革。将鲜活鱼切成薄片后稍加些盐、蛋清及湿芡粉，以开水氽至断生后装盆，再以调好配料的热油浇之，立马上桌，可以说是一道抢火候的菜。由于加工的时间、温度恰到好处，鱼肉的鲜活口感与平日久炖入味的鱼肉简直不可同日而语。这种烹饪手法，其实与传统的"水煮"已经大相径庭，或许叫做"麻辣油浸鱼"更为恰当。

重庆城以翠云水煮鱼名头最响

据传说，这种烹饪方法的发明者是一个年轻的民间厨师，曾在一次厨艺大赛中，以一道"水煮肉片"获得大奖。随着火锅鱼的走红，以及出租车司机"分量小、赶时间"的要求，他尝试着以水煮的方式对火锅鱼进行改良。经过多次试验发现，水煮之后，再以热油炒香调料浇在鱼上，这样做出来的水煮鱼口感滑嫩、油而不腻、麻辣适中、鲜香有度，更为难得的是，在浓重的麻辣味道压制下，鱼类特有的鲜味仍然顽强地与之对抗，两种原本不太相容的味道，居然在口腔中和谐共舞。水煮鱼还有一个特点，刚刚端上桌之时，沸腾的热油还在盆里翻滚，辣椒和花椒发出吱吱的声响，视觉、听觉冲击力特别强。

出租车司机的传播能力超强，水煮鱼很快在重庆地面名声大噪，江北机场附近形成了"水煮鱼一条街"。其中一家字号叫做"翠云"的水煮鱼，甚至将连锁店开到了全国各地，"翠云水煮鱼"一度几乎成了重庆水煮鱼的代称。

1999年初，北京人杨战在重庆偶然吃到水煮鱼，立即被水煮鱼的味道和上桌时的形式感吸引，决定将水煮鱼引进到北京。当年的7月22日，北京第一家主打水煮鱼的餐馆开业，杨战根据水煮鱼制作时热油翻腾、辣椒滚动的特点，将餐馆取名叫"沸腾鱼乡"，水煮鱼很快占据京城餐饮重要地位。再后来，外地一些餐馆的菜谱上，也有将"水煮鱼"叫做"沸腾鱼"的，万变不离其宗，只是叫法不同而已。

黔江鸡杂：老坛水的秘密

在地道的重庆江湖菜大厨眼中，绝对没有不能用的食材，只有缺乏想象力和创造力的伙夫。比如：以前丢弃的牛内脏，被民间高手做成了重庆火锅，雄霸四方；以前卖不掉的猪内脏，被码头居民做成了毛血旺，威震全国；以前不受欢迎的鸡杂碎，被乡坝头的美食家做成了黔江鸡杂，美名远扬。

乡坝头冬天里的一把火：黔江鸡杂

这里要说的正是黔江鸡杂。所谓鸡杂，即重庆人所说的鸡杂碎，也就是鸡的内脏，包括鸡心、鸡肠、鸡胗和鸡肝等。重庆江湖菜的伙夫们似乎和动物的内脏扛上了，很多美食都用其他菜系的大厨们看不上眼的动物内脏做成。

比如黔江鸡杂，一半鸡杂加一半泡萝卜等俏头，浸在半锅油里，让外地人既爱又恨，吃饭的过程就是一场复杂的内心思想斗争：伸筷子之前总要纠结一阵，什么胆固醇啦、高油脂啦、高盐值啦，等等；然后说服自己，难得到重庆吃一次，就尝尝味道，只吃一口；一旦尝到味道，立马一发而不可收拾，早把禁忌忘得一干二净，偶尔想起之前的担忧，也会自我安慰：不要紧，就吃这一次；吃完之后，又难免在心里增加一丝负疚感，但立即会自我解围：难得吃到这么美味的东西，即使增加点胆固醇也值得！

重庆土著绝不这么矫情，就着一瓶山城啤酒，或者二两江津老白干，大口吃鸡杂，大碗喝白酒，筷子夹着鸡肠子就像挑着面条，在空着闪几下，将多余的油沥到锅里，然后"呼哧"一声就下肚了。黔江鸡杂口味脆嫩鲜香、麻辣兼备、色艳味美、醇香可口，食之让人食欲大振，深得重庆人喜爱。据说，黔江鸡杂的招牌，如今也飘到了全国各地，让重庆武陵山区的一个小地名——黔江，被更多的人知道了。

黔江鸡杂发端于渝东南武陵山区的黔江区，因此而得名。到底是谁发明的？如何发明的？谁也说不清楚。一种说法是，上世纪90年代初，辣子鸡在黔江流行，剩下大量鸡杂碎没人吃，于是有经营辣子鸡的小店，在烤火盆里（黔江高寒山区，一年有一半的时间需用炭火盆取暖）支起三块石头，用瓷盆将鸡杂、泡菜等混在一起炒，用来招待不见外的朋友或自己吃。没想到这么做出来的鸡杂酸辣鲜美，大受欢迎，于是便流传开来。至今，黔江鸡杂仍保持这种别具特色的形式，鸡杂煮熟后连锅端上桌，放在一个小灶上，用文火边炖边吃，吃完鸡杂，还可以烫一些时令蔬菜等。

黔江鸡杂的烹饪手法非常简单，油热至八成热，将已经切好的鸡杂下锅炒至断生，加入豆瓣等调料翻炒，加入切好的泡姜、泡辣椒、泡红萝卜炒至鸡杂熟透入味，起锅撒上花椒面，另起锅烧热油浇上即成。这么简单的制作方法，却做出这么美味的鸡杂，难免让人生疑：其秘笈究竟在哪里？其实，黔江鸡杂的诀窍非常简单，说出来外地人可能会不相信，但重庆人绝对心领神会：老母子水！

所谓"老母子水"，就是泡菜的"老坛水"。正宗的黔江鸡杂，所使用的泡菜必须泡在用了几十年的老母子水里。泡菜坛类似窖池，里面有很多微生物，不但改变了食材原有的风味，而且这些酵母菌随泡菜进入鸡杂，也会改变鸡杂的口感。黔江的泡菜与众不同的是，还会加上紫苏、藿香等十几种香料或中草药，另外还要加入当地土法熬制的麻糖，以提高泡菜的脆度。为了保持老母子水不坏，每年都要捞去泡菜坛里的沉淀物。

炒制一锅黔江鸡杂很快，从油下锅到热腾腾的鸡杂端上桌，大概不超过5分钟；但是，酝酿一坛老泡菜很慢，需要十数年到数十年。黔江鸡杂的秘笈，其实真的不简单！

太安鱼：形状坨坨，嫩若豆腐

1994年，《人民日报》《重庆日报》《四川经济日报》等纷纷聚焦潼南县（今重庆潼南区）太安镇的一道美食——太安鱼。能获得如此高规格的媒体同时关注，可见太安鱼在当时的影响力。的确，太安鱼绝非浪得虚名，至今仍是重庆江湖菜的佼佼者之一，遍布全国各地，深得吃货们的喜爱。

那么，太安鱼有什么过人之处，能屹立江湖近30年而不倒？

从外形上看，太安鱼造型独特，成菜后一大盘红彤彤的浓汤里，浮着一寸见方的鱼块，恰似红烧豆腐，所以，太安鱼又被称为坨坨鱼；从口感上看，太安鱼入口即化，嫩若豆腐，甚至比豆腐还嫩；当然，最关键的还是味道，用洪七公品鉴黄蓉厨艺后所说的话来形容太安鱼，再准确不过："每咀嚼一下，便有一次不同滋味，或膏腴嫩滑，或甘脆爽口，诸味纷呈，变幻多端，直如武学高手招式之层出不穷，人所莫测。"

与其他江湖菜的初创者多为乡野村夫不同的是，太安鱼的发明者是一位川菜名厨，大名郑海清。上世纪80年代末，已经75岁的郑师傅回到老家太安镇，准备安享晚年。一年之后，在镇上

太安鱼从外形、品质上确实像豆腐

开餐馆的米希伟找到他，希望他出山指点厨艺，以改变自家餐馆要死不活的局面。勤劳惯了的人，本来就闲不住，更何况就在家门口，郑师傅欣然答应出山，并收了米希伟的儿媳伍雪梅、女儿米春菊为徒。

太安镇自古就产鱼，餐馆顺其自然，将主打菜品定位在鱼类美食上。郑师傅施展平生绝学，烹饪出的鱼名声大噪。太安镇地处重庆和四川交界处，是川渝交通要道，来来往往的客商和货车司机纷纷驻足品尝，并将"太安鱼"的美名迅速传到巴蜀两地。

虽然食客好评如潮，但郑师傅并不自满，而是虚心听取顾客的意见，最后慢慢将太安鱼的做法定型。这道菜经过郑师傅的精雕细琢，从外形、口感、味道上，与其他江湖菜以粗犷豪放为主调的风格都有所不同，充分体现了一个名厨的专业和细腻功底。太安鱼的做法重在把握火候，将传统的"大火豆腐细火鱼"改为"大火煮细火煨"。据说，最好吃、最正宗的太安鱼，需用文火煨半个小时以上且鱼不散型，这样才能达到鱼肉嫩滑、汤汁浓郁、入口化渣的境界。

随着吃货们的口口相传，"太安鱼"仨字被叫得顺口，米希伟顺势将店名也改为"太安鱼"。太安鱼从此有了正式的名分，传播更加便捷快速，许多人专程开车前来品尝美食，"太安鱼"店铺常常通宵达旦24小时营业。几年之间，太安镇街头上出现了桥头、何鲜鱼、惠林、Y牌、九九八等20余家太安鱼店，形成太安鱼一条街。这一现象甚至引起了媒体的关注，纷纷聚焦潼南的这个偏远小镇。

随着媒体的报道，慕名前来拜师学艺的人纷至沓来，郑师傅毫不保留，将技术广泛传授。"太安鱼"影响到了哪里，他的徒弟就将"太安鱼"开到那里，一时间，"太安鱼"如雨后春笋般出现在全国各地，成为渝派川菜的又一道名菜。

看到这里，一些擅长厨艺的吃货早就按捺不住，"胃口都被你吊起来了，你总得负责到底吧。"那就简单交代一下太安鱼的烹饪要领，其他的全凭自己去发挥了——

1. 码味。优质鲢鱼切成1.5厘米见方的小方块，加盐、酱油、料酒、味精，红薯淀粉码味。淀粉稍多，便于下锅油炸。

2. 过油。大火高温让鱼在油锅里稍微炸一下捞起，使淀粉和鱼充分粘合不易煮散，不是为了让鱼熟。

3. 调汁。铁锅烧热放入植物油和牛油，下泡姜、泡椒爆炒，加适量红辣椒块、花椒、豆瓣、八角、茴香、盐炒香，再加酱油、料酒和糖提色提味。

4. 煨汤。锅内加高汤，煮开之后把鱼放入，小火慢煨。十七八分钟后加入拍扁的大蒜，再煮两三分钟放一大勺子醋去腻。

5. 装盆。直接倒入盆中，因为鱼非常嫩，一用锅铲，鱼就碎了。

北渡鱼：并非产于北渡

北渡，一个天生具有江湖气质的地名，因为在这里出现了纵横江湖 30 余年的江湖名菜——北渡鱼，也就理所当然了，谁也不会去质疑。然而，很多事情，哪怕是我们亲眼所见的，也会有被蒙蔽的时候，何况是这种顺理成章的推理呢。

比如綦江北渡鱼，在重庆完全可以达到"天下谁人不识君"的程度，却很少有人知道，北渡鱼其实并不是产于北渡，甚至根本不是产于綦江！

北渡位于綦江区西北部，距离城区仅仅 6 公里。綦河从这里缓缓流过，河岸有一个繁忙的渡口，摆渡船连接着南北两岸，北渡也因此而得名。

江津彭桥綦河渡口，河对岸就是綦江北渡

如今，一座大桥连着北渡的两岸。北渡大桥是重庆綦江区和江津区的分界点。桥这边是綦江区的北渡乡，桥那边是江津区的彭桥乡。彭桥乡以前隶属于江津区广兴镇，但离广兴镇有 10 公里远，离江津城区就更远了——84 公里，而距綦江城区却只有 7 公里路程。何况，一个区的政治经济文化中心，哪里是一个偏远小镇所能比拟的，因而，对于彭桥人来说，无论是生产用具、农副产品交易或是购买日常生活用品，綦江城区远比广兴镇便捷得多、丰富得多。正因为如此，彭桥人对于綦江的归宿感，也比对江津的认同感强得多，或者干脆说，他们就自认为是綦江人、北渡人。以至于首创于彭桥乡的江湖菜被食客命名为"北渡鱼"，他们也欣然受之，绝对不去理论。

彭桥是重庆到贵州的必经之地，210 国道横穿而过，又是渝黔铁路綦江北站的所在地，所以十分繁华。1980 年，见多识广的彭桥村赤脚兽医吴文超从广兴乡（当时为乡）领回一个副食餐饮集体执照，这个执照由江津市（今江津区）工商局颁发，为此，吴文超每年要向乡里上交管理费 100 元。他在渡口边开了一个小店，主营家常炒菜和野生河鱼，兼营副食，取名"彭桥过路食店"。当时的綦河还没什么污染，野生鱼的种类与数量都比较多，如草鱼、鲶鱼、鲤鱼、鲫鱼、黄辣丁等，尽管只是沿用最传统的烹饪手法，但由于鱼的品质非常好，食店渐渐名声在外，生意一天比一天兴隆。

顾客大多是疲于奔波的长途汽车司机，口味重，追求味觉的刺激，吴文超根据顾客的需求，推出了具有典型江湖菜风格的麻辣鱼，更是大受欢迎，小食店成了过往司机的驻足之地。但与其他江湖菜不同的是,吴文超并没有因为一道菜受热捧而停止不前,为了满足更多顾客的不同需要,他继续在烹制不同的味型上做足了功夫,家常鱼、豆瓣鱼、麻辣鱼、瓦块鱼、脆皮鱼、豆花鱼……只要是你能想到的口味,他都能做出来。1984年,吴文超在江津酸菜鱼创始人邹开喜之外,自个儿琢磨出了酸菜鱼。1988年,他又推出了独创的番茄鱼。

食客越来越多了,喜在心头的吴文超做了一件简单的事:他搭上梯子,在"彭桥过路食店"几个字旁的空白处添上了一个斗大的"鱼"字。谁会想到,就是这么一个简单

迎风楼招牌

的举动,竟然奠定了"北渡鱼"30多年来风雨不动的江湖地位。1989年,已经靠北渡鱼赚了钱的吴文超鸟枪换炮,盖起了新楼,以前"彭桥过路食店"的招牌显然不太适合新的发展需要,儿子吴卫星给餐馆取了一个显得有些招风旷逸的店名——迎风楼。这个招牌一直沿用至今。

吴文超推出的鱼品的做法虽然有十多种,但经过时间的选择和淘汰,真正受顾客欢迎的却只有麻辣、酸菜和番茄三种。后来,北渡鱼固化为"一鱼三吃",也就是一条鱼可以做麻辣、酸菜和番茄三种口味,由不同的主厨操刀,从做法到吃法都各有讲究。

民间的选择总有其道理,北渡鱼的三种口味,可以满足不同的需求。比如一家老小,虽然每个人对味蕾都有各种挑剔,但北渡鱼统统可以搞定:口味重的,麻辣鱼正好给予强烈的刺激;喜欢清淡的,番茄鱼刚好可以给予酸酸甜甜的抚慰;口味适中的,酸菜鱼微辣鲜香,不温不火,恰好可以带来丰富的味蕾体验。

至于"北渡鱼"这个称呼,则是由长途汽车司机叫出来的,北渡鱼最火爆的那些年,来往于渝黔之间的长途汽车司机,在接近綦江附近时,往往要相互邀约:"走,到北渡吃鱼去!""北渡鱼呀!"

江口鱼:芙蓉江的馈赠

武隆县(今武隆区)以奇山秀水闻名于世,是"中国南方喀斯特"世界自然遗产的重要组成部分。然而,坊间却流传着这样一句话:"未尝江口鱼,枉来武隆县!"对于吃货来说,武隆美食比武隆美景重要得多,特别是江口鱼,堪与世界自然遗产争宠。的确,民以食为天,中国人向来认为"吃"是人生最

大的事情，因而才有了"雷公不打吃饭人"之类的古训。

江口鱼是指产于江口、兴于江口的各种鱼的统称，并不是指某一种河鱼或某一种固定的味型，但由于江口的酸汤鱼深入人心，所以现在人们所说的江口鱼，大多默认就是"酸汤鱼"。

芙蓉江上打鱼船

江口镇位于武隆县东部，是进出贵州的一个重要节点，素有"渝黔门屏"之称，坐落在乌江与芙蓉江的交汇处。江口古镇历史悠久，早在隋朝时期就置信安县。凭借着乌江、芙蓉江的天然地理优势，河鱼当然是流行于此的一种最最普通的食材。

自古以来，江口人吃鱼的方法既野趣又天然：渔人将才从江中打上来的活蹦乱跳的野生花鲢、黄辣丁、青鱼等，在渔船上就着江水开膛破肚、洗净、切块，倒入白酒腌渍去腥。在河边捡几块干柴点燃，上方支一口小锅。鱼块倾倒锅中，先大火烧制，后舀几瓢江水并加入各式作料，中火微炖。不出十分钟，鱼香便在江面上飘散开来。

江口古镇有家"悦来饭店"，掌门兼厨师李云擅长烹鱼，并因此而有些自得。上世纪80年代末，李云陪同专家组考察芙蓉江，行至跳鱼滩时已过午饭时间，只好拜托当地村民随便做点吃的东西填饱肚子。芙蓉江里最不缺的就是鱼，于是村民将上午才从芙蓉江打起来的野生鱼，加上自家泡的陈年泡菜一锅炖了，端上桌后居然大受欢迎。李云大受刺激，对野鱼的美味久久不能释怀。回家以后，在自家餐馆里反复调味试验，终于掌握了芙蓉江野生鱼的做法。至20世纪90年代初，江口鱼初具雏形。

美食的最高境界，是以看似简单却充满机巧的烹饪手法，将食材的缺点掩盖并将其优点强化到极致，比如经典川菜开水白菜，用母鸡、母鸭、火腿、干贝、肘子等上料吊制高汤，成菜乍看如清水泡着几棵白菜心，一星油花也看不见，但吃在嘴里，却清鲜淡雅、香味浓醇、汤味浓厚、不油不腻、不淡不薄、柔美化渣，有不是珍肴、胜似珍肴之感。

江口鱼的做法，其实就是一个抑其缺点、扬其优点的过程：将菜籽油下锅烧至八成热，下入泡姜、泡尖椒、泡萝卜、老姜片、蒜片以及适量的花椒，简单炒香以后加入泉水煮沸。最关键的时刻到了，将鱼倒入锅中，让最新鲜的鱼与最陈年的泡菜在翻滚的浓汤里相遇、缠绵、相互渗透，短短两分钟，就产生了江口鱼绝美的鲜味。泡菜是越老越好，至少需要泡制两年以上。老泡菜的妙处在于，泡菜越老，酸性成分越能有效去除鱼腥，将鱼本身的鲜嫩提炼凸显。酸爽的口感，又能恰到好处刺激人的胃口，通过烧制，一丝丝浸透进雪白的鱼肉。驱寒的老姜，除湿的泡椒，通气的萝卜，多年醇厚的积累，就在这两分钟里绽放。

江口鱼的秘笈其实很简单，一是芙蓉江的馈赠，江口鱼的食材是来自于芙蓉江的野生鱼类，以黄辣丁、鲢鱼、江团、鳜鱼等最为普遍，由于芙蓉江沿岸生态环境非常好，江水清澈并含有丰富的矿物质，堪称野生鱼类的天堂。芙蓉江出产的野鱼，最大的特点是鲜嫩肥美。二是富有江口特色的泡菜，江口的泡菜以辣椒、红萝卜、老姜为主，浸泡时间越久风味越醇厚，也越能祛除鱼腥味。泡红萝卜的清脆口感、泡辣椒的微辣搭配上最新鲜的野生鱼，碰撞出酸辣鲜嫩口感，这正是江口鱼的味型特点。

链接：

武隆一绝，羊肉美食

俗话说，"靠山吃山，靠水吃水"。武隆奇山秀水，江口鱼是典型的"靠水吃水"，因水而兴，那么，"靠山吃山"吃的是什么呢？

武隆气候温湿，地处武陵山区，山上植被茂盛，特产黑山羊，羊肉能御寒、补虚、防病，属肉中珍品，因而武隆人喜欢吃羊肉，也善于烹饪羊肉。武隆的羊肉美食，也堪称一绝。

碗碗羊肉：武隆最有特点的是碗碗羊肉。碗碗羊肉发源于武隆区羊角镇，是以羊肉汤锅演变而来。将带皮的鲜羊肉（正宗的武隆碗碗羊肉必须是带皮羊肉）煮熟捞出切片备用；用羊骨加入姜、蒜和秘制香料熬汤；然后用羊油、豆瓣、花椒、辣椒和其他香料炒料；熬好的汤和炒好的料加上切好的羊肉煮一锅汤锅，待食客来之后盛上一碗，这便是正宗的碗碗羊肉。

红汤羊肉火锅：只有在武隆才能吃到正宗的红汤羊肉火锅，因为这里的地貌决定了这里的羊肉绝对鲜嫩。武隆的红汤羊肉火锅虽然叫做火锅，做法上却与重庆火锅完全不同。将羊肉、羊杂一股脑儿扔进锅里，加上辣椒、花椒、老姜以及各种香料一锅煮，更像汤水没有收干的红烧羊肉。火锅荡漾着红油浪花，夹带着锅中的羊肉、羊杂碎片翻滚，诱人的香气弥漫在四周。这红汤羊肉火锅越熬汤越浓，味越醇，配上几样武隆本地特产：鸡枞菌、竹笋干、高山红苕粉丝等，叫人吃得不亦乐乎。

邮亭鲫鱼：三国演义打擂台

说到邮亭鲫鱼，若在重庆主城区，更多的人知道的是"陈鲫鱼"；若从邮亭鲫鱼一条街路过，招牌更响亮的是"刘三姐鲫鱼"；若问当地人，会热情地向你推荐"向鲫鱼"。邮亭鲫鱼的起源有些扑朔迷离。

2014年1月,"邮亭鲫鱼传统制作技艺"入选重庆市第四批非物质文化遗产名录,这说明邮亭鲫鱼至少满足了以下两个条件,一是要有一定的历史,二是要有传承谱系。

的确,邮亭盛产鲫鱼,历来有烹饪鲫鱼的习俗。

邮亭位于大足县最南端,地处渝西、川东交界处,自古为成渝交通咽喉,老成渝铁路、老成渝公路由此经过。"邮亭"原为"邮停",意为邮政信件等停留之地,史称"邮亭铺""邮亭驿"。"铺""驿"为清代传递文书、邮政的交接点或中转站,同时也是来往商贾歇脚休整的重要聚集地。

邮亭铺的鲫鱼十分悠久,以农家泡椒味主打

有人的地方,就会有江湖。有江湖的地方,就会有买卖。邮亭铺来往人多,食店遍地开花。食店老板自然就地取材,利用当地特产土鲫鱼,烹饪出各种美食,特别是用大足本地辣椒、花椒当作料,以芹菜打底煮出来的鲫鱼,以其味道鲜美、口感细腻、辣中带香、回味无穷而大受欢迎。

真正将邮亭鲫鱼的名声叫响的,是"向鲫鱼"的老板向俊东。向俊东军人出身,退伍后在邮亭铺买了一处房子定居。由于在部队时即在招待所当厨师,复员后再就业,最好的办法就是重操旧业。向俊东将定居处改成了餐馆,1991年正式打出了"鲫鱼"的招牌——大概从这时起,邮亭鲫鱼的名声就注定了要在巴蜀大地鹊起。

果然,向俊东凭着一手好厨艺,以及对鲫鱼的独特理解,其制作的鲫鱼很快受到食客的追捧,"邮亭鲫鱼"成为当时美食江湖的一匹黑马,迅速在成渝两地走红。

然而,"向鲫鱼"却并没有因此而"飞黄腾达",也没有一路引领邮亭鲫鱼的风头。转折来自于修建成渝高速公路时,征地占据了向俊东的老店,他不得不搬家。由于一直没有找到合适的铺面,向鲫鱼一歇业就是两年。两年之后,当向鲫鱼重新挂上招牌,邮亭鲫鱼的格局已经发生了翻天覆地的变化。而作为邮亭鲫鱼的开创者,向俊东这个名字,只有邮亭铺的人知道了。

两年之间的变化究竟有多大?陈鲫鱼和刘三姐鲫鱼已经异军突起,甚至在一些菜谱资料上和很多人的心目中,大有取代

出锅装碟的鲫鱼十分完整,色泽不错

向鲫鱼成为开创者的趋势。当然，邮亭鲫鱼与其他江湖菜的最大区别在于，邮亭铺在历史上就有烹饪鲫鱼的传统，而作为开创者的向俊东，也只是在新的时期，在传统做法的基础上加上自己的创造而已。从这个意义上说，将有谱系传承的陈鲫鱼和刘三姐鲫鱼作为非遗文化的传承人，也有一定的道理。

陈鲫鱼的掌门人是陈青和，在重庆主城已开出多家分店，并且在餐饮公司之外，成立了自己的酿造品公司，专做邮亭鲫鱼的相关调料，因而很多人了解邮亭鲫鱼是从陈鲫鱼开始的。刘三姐鲫鱼的掌门人是刘著英，据说2001－2002年最火爆的时候，每天能卖1000多斤鱼，日营业额达1.5万元。如今陈鲫鱼和刘三姐鲫鱼是当地的旅游定点接待餐厅。

说完了邮亭鲫鱼的因缘，再来说说邮亭鲫鱼为什么20多年来一直长盛不衰。对于吃货来说，一道美食的来源并不重要，唯一关键的是——味道，味道，还是味道！邮亭鲫鱼的味道麻辣鲜香、肉质细嫩、层次丰富，得益于其不同的烹饪手法和食用方法。鲫鱼烹制前，需煎成两面黄，然后倒入熬好的汤料里煮熟。蘸料是邮亭鲫鱼的一大特色，有香酥花生脆米、榨菜粒、葱花、干豆豉等调料，然后舀一小瓢汤料调匀即可。食用时将整条鲫鱼从锅中取出，放入长条形的调味盘中，鲫鱼的麻辣鲜嫩，辅之调料里花生的脆香、榨菜的醇香、火葱的芳香，同时口中迸发出来，几种味道缠绵交织，无穷无尽。如果鱼吃完了还不尽兴的话，再来几款毛肚、时令蔬菜等煮在汤料里，鱼的鲜味迅速渗入配菜里，喝点小酒，美酒配佳肴，是一场不醉不休的欢乐宴。

链接：

防空洞里头吃鲫鱼

在重庆主城还有一家邮亭鲫鱼，虽然其血统并非来自邮亭，但其名声和味道并不比任何一家邮亭鲫鱼差，那就是位于渝中区长滨路的"曾老幺鱼庄"。曾老幺鱼庄除了味道好且一直稳定而深受吃货们拥戴之外，还有一个最大的特点：整个店面就是一个长长的、幽深深的防空洞，因此，人们一般称其为"洞子邮亭鲫鱼"。防

防空洞内吃邮亭鲫鱼别有一番滋味在心头

空洞靠墙一面，依次摆着餐桌，一眼望不到尽头，颇为壮观。防空洞究竟有多长呢？真没人去认真考证过，但是，要走到最里面一桌，起码要好几分钟！防空洞里冬暖夏凉，走到最里面，手机信号都不好了，服务人员只能用对讲机喊话，也是一景。

巫溪烤鱼：烤鱼鼻祖口述史

烤鱼，是重庆江湖菜的又一朵奇葩！开创了烧烤和干锅相结合的烹饪手法与用餐形式，可谓别具一格，从重庆众多美食中脱颖而出，自成一派。重庆大街小巷遍布烤鱼店，其中以"万州烤鱼"的招牌最为醒目，偶尔可见"巫山烤鱼""巫溪烤鱼"和"黔江烤鱼"。然而，探究重庆烤鱼的起源之地，其鼻祖竟然是——巫溪烤鱼！

巫溪县位于重庆东北部，是重庆的东北门户，与湖北、陕西两省交界，大宁河跨境而过。巫溪自古因盐而兴，其境内的宁厂古镇有4000多年的制盐史，远古时期是"不绩不经，服也；不稼不穑，食也"的乐土，唐尧时期就是极盛一时的巫咸国的首邑所在地。因此，巫溪是三峡地区古人类文明的发祥地和摇篮。

清末大宁城（今巫溪县城）北门及大宁河

盐业的兴旺带来了商业的发展，大宁河上百舸争流；大宁河的流淌提供了足够多的江河鲜鱼，为巫盐运输途中的旅人提供了食物补给。于是，用盐巴给鲜鱼防腐、提鲜的技术早早就被巫溪的古人发现。

从巫溪宁厂古镇坐船出庙峡，由大宁河抵巫山入长江，行船要走好几天，大宁河两岸悬崖峭壁，一路上只能在船上生火做饭。船工拿出随带的渔网捕捞河里的鲜鱼，用刀从背部剖开，在大宁河里洗净，顺手从船上的盐包中抓一把白盐抹在鱼身上腌制，去腥提鲜，然后寻一处浅滩靠岸，在河坝上随便找一些晒干的树枝燃起一堆篝火，用竹棍穿起腌制好的鱼肉在烈火上烤熟，然后就着瓦罐里的烈酒，酣畅淋漓的大快朵颐。这种吃法也不知流传了多久，经后来的美食家们不断改良，往里添加咸菜、豆豉、香料等，终于形成巫溪烤鱼的风格。

真正将巫溪烤鱼重新引入现代人视野的，是被称为"烤鱼王"的张宗成。张宗成从1987年开始摆夜摊卖烧烤，当时也卖烤鱼——从大宁河捕捞的一种小鱼，两条一串，每串五毛至一元。生意异常火爆，每天可卖20斤左右鲜鱼。

2002年，怀孕了的女儿"害喜"想吃鱼，

巫溪烤鱼味道独树一帜而久食不厌

张宗成就从市场上买来草鱼，用当地民间流传的烤鱼制作方法，给女儿做了一条巫溪烤鱼。女儿对烤鱼的味道大加赞赏，这给了张宗成极大的信心。

一天，一位朋友从外地来访，张宗成正在做烤鱼，于是就以烤鱼招待朋友。朋友大呼"过瘾"，送下肚四大碗干饭才打住，后来的三天，天天缠着要吃烤鱼。从那时起，张宗成做的烤鱼就在朋友圈里出了名。

张宗成索性开起了巫溪第一家烤鱼店，4张桌子，当晚就坐满了客人。8张桌子、12张桌子……张宗成就这样成为巫溪的烤鱼王。同时，也带动巫溪烤鱼的发展，最鼎盛时，一公里长的漫谈路（漫滩路）上，分布着50多家烤鱼店，每到深夜，一派繁荣景象。特别是夏天，许多人都爱在大宁河边，吹着江风喝着啤酒吃着烤鱼，甚至将餐桌摆到河滩浅水里，一边泡脚一边吃烤鱼，有时可看到几千人一起吃烤鱼的壮观场面。

细心的朋友肯定发现了一个问题：既然烤鱼发源于巫溪，那么，为什么万州烤鱼更加有名呢？如果了解重庆的历史和地理，很容易解答这个问题。重庆直辖之前，巫溪属于万县市（含现在的万州区）管辖，说巫溪烤鱼为万州烤鱼并不为过，就像现在，说巫溪烤鱼为重庆烤鱼也没有什么错——这是历史原因；巫溪与万州相比，地处偏僻，位于大巴山脉之中，因而，巫溪烤鱼传播渠道没有万州烤鱼畅通——这是地理原因；由于巫溪地理环境封闭，人的商品意识和推广意识也相对落后于万州，所以在传播推广上，万州占有先天优势——这是意识原因。

重庆烤鱼，起源于巫溪烤鱼，扬名于万州烤鱼。

链接：

巫溪烤鱼与万州烤鱼的区别

巫溪烤鱼的火爆，自然会引起其上级主管万县市的注意，不少人去巫溪学成后回万州开店，生意红火起来后，以万州烤鱼之名大力宣传推广，因此名气远大于巫溪烤鱼。万州烤鱼虽来源于巫溪烤鱼，但经过万州厨师的改良创新，又与巫溪烤鱼有很大的区别。

香辣与酥脆： 万州烤鱼较为偏重香辣口味，以洋葱和香菜为辅料搭配，口感鲜嫩香辣；而巫溪烤鱼吃起来口感更加酥脆，鱼皮吃起来非常有韧劲，特别是加入了浓郁的孜然后，更加保留了烧烤的味道。

多元与传统： 巫溪烤鱼和万州烤鱼在烹饪方式上大同小异，但味型上有很大不同。巫溪烤鱼多以青海椒、麻辣、渣海辣（鲊/酢海椒）等几种口味为主，近几年都没太大变化，更忠实于传统；而万州烤鱼除了特色的鲊海椒、麻辣两种味型，还开发有豆豉味、椒香味、葱香味、蚝油味、尖椒味、酱香味等几十种味道，味型更加多元化。

三溪口豆腐鱼：成也豆腐，败也豆腐

仅仅凭"豆腐鱼"三个字，很容易让人误解，究竟是形似豆腐的鱼呢？还是豆腐和鱼的组合呢？

前者如龙头鱼，顶着一个凶悍霸气的龙首，却拖着一个肥美漂亮、雪白透亮的身躯。所以，欣赏这样一条鱼的奇葩外形时，请自动忽略它的头，专注于它的躯体，发挥你的想象，简直是吹弹可破、冰清玉洁、丰腴诱人，堪称完美。正因为这个原因，市场上售卖的龙头鱼，一般都去掉龙首，留下躯体，洁白白、软绵绵、肉嘟嘟的，堪比豆腐，因而称豆腐鱼。

而豆腐和鱼的组合，最有名的当属北碚区蔡家岗镇三溪口村的豆腐鱼。

三溪口沿街大排档皆有豆腐鱼可尝

三溪口位于212国道两旁，过去是重庆主城前往北碚、合川、南充、广元等地的必经之路。当地人王安文在路旁开了一家"文明食店"，专门接待过往的卡车司机和长途客车司机，生意不好不孬。

有一天，一位过路的卡车司机边吃饭边与王安文闲聊，说他曾在某地吃到一种魔芋鱼，把魔芋和鱼混合红烧，特别好吃，"做餐饮，一定要有自己的特色菜品，才能吸引司机们停驻，也便于大家相互传播。"卡车司机无心的话，却被王安文听出了门道，他立即想到了村里有一个老刘豆腐作坊，"我为什么不能用豆腐代替魔芋呢？"于是，当晚王安文便和妻子一起，用本地产的草鱼切成块，本村的豆腐切成丁，商商量量地做出了一道红烧豆腐鱼，一尝，味道还真不错，鱼肉鲜、嫩、香，豆腐麻、辣、烫，两者搭配，鱼香味浓、辣香浓郁、麻味绵长，堪称完美。豆腐鱼一经推出，便大受欢迎，由于这个地方叫三溪口，渐渐地，"三溪口豆腐鱼"便由此传开。

接下来的桥段与重庆几乎所有江湖菜都一样，由于一家生意的火爆，继而带来一条街的繁荣，最鼎盛时，三溪口村212国道两旁，林立着20余家鱼庄，村里一半的人都在做与鱼有关的生意，每家鱼庄每年的纯利润平均在百万元以上！

但与重庆其他江湖菜火爆之后迅速遍地开花不同的是，三溪口豆腐鱼并没有乘势走出去。热闹的场面没有维持多久，2002年，随着渝合高速公路通车，喧嚣的212国道顿时安静下来，三溪口的生意犹如漏气的皮球，从此一蹶不振。到今天，虽仍然有十余家鱼庄在勉力支撑，但生意真正说得上好的，也只有那么一两家了。

重庆的江湖菜一旦成名，绝大部分都会由偏远江湖而登上大雅之堂，成为渝派川菜的主力军，被全国各地大大小小的川菜馆请上菜谱，比如辣子鸡、酸菜鱼、泡椒兔等等，为何三溪口豆腐鱼始终没有走出三溪口，甚至连重庆主城都难觅其踪影呢？

三溪口的豆腐鱼，不管是出自哪一家之手，都有一个最大的共同点，豆腐特别好吃，既有传统豆腐所特有的豆香，又融合了鱼肉的鲜香，入口化渣，鲜嫩无比。简单点说，三溪口豆腐鱼最大的秘笈其实就是这不起眼的豆腐，所有鱼庄的豆腐都出自村民刘华家的作坊。即使是现在鱼庄生意已经大不如前，刘华每天仍要做800余斤豆腐，上午9点钟不到，豆腐就一售而光。

十分豪迈的大铁锅烹饪、大盘装鱼

听人传说，刘华做豆腐很考究，首先是对水质的要求非常高，为此，他在自家院里打了一口水井，所有豆腐，都是用井水做成；其次，他摸索出了一套独特的技术，比如水和豆子的比例、磨豆子的功夫及翻豆腐的力道等，都是他家的"武林秘笈"。

正因为三溪口的豆腐特别，成就了三溪口豆腐鱼独有的风味，所以，当豆腐鱼一旦离开了赖以生存的国道212线，就像突然失去了生命力一般。"不用本地豆腐，味道就变了，不正宗。"不是没有人尝试走出去，但最终都知难而退。真是成也豆腐，败也豆腐。

这几年随着私家车普及迅速，三溪口鱼庄的生意有所回升，也仅仅是比渝合高速公路才通车的那几年稍微好一点而已。三溪口豆腐鱼的不温不火，还有一个重要的原因，服务态度太差。老板和服务员都是当地村民，或许是见惯了前些年火爆的大场面，或许是长期接触粗犷的长途车司机，所以基本没有什么服务意识，永远板着一张脸，完全无法适应现在食客以私家车为主的变化。很多人吃过一次之后，虽惊艳于豆腐鱼的美味，却惊吓于餐馆软硬环境的恶劣，少了再次前往的动力。不过，重庆人追逐美食，最看重的永远是味道，所以，偶尔也会吆五喝六的前去尝尝鲜、回回味。正是重庆人的这种"好吃性"，让重庆江湖菜永远那么丰富多彩。

链接：

重庆最跩的江湖菜馆

重庆人喜欢化繁就简，将一个人性格霸道、个性独特、脾气古怪，用一个字形容——跩。重庆人对美味专注，只要味道做得好，可以自动忽略其他条件，因而也催生了许多很"跩"的江湖菜老板。下面这几个是公认的重庆最跩的餐馆，让吃货们又爱又恨，经常是一边在心里骂娘一边又不自觉地前往。

六合鱼：绝不加菜

老板董伟在酸菜鱼的基础上发明了六合鱼，所谓"六合"，是指集"麻、辣、酸、嫩、烫、鲜"等六种滋味于一体。餐馆位于巴南区南泉街道虎啸村南泉到界石的公路左侧。

老板的规矩：一、一次性点足，之后绝不加菜；二、晚上9点钟准时关门。

传说餐馆还有一本不断更新的"黑名单"，有一个小伙计专门核对车牌号，列入"黑名单"的人下次恕不接待。"鱼都是现杀现做，多点一次餐，就要多洗一次盆子。"老板认为，这太费时间了。而对于晚上9点打烊的规定，老板这样解释：伙计也是人，也需要正常休息。

莽子牛肉：每人喝三个

这家餐馆有个外号，叫"受气牛肉"，老板态度又歪又恶、规矩还多。要想吃到莽子牛肉，前提是必须"每人喝三个"：每人必须在店里消费3杯白酒或者3瓶啤酒、3听饮料，否则恕不接待。在此前提之下，还有很多规矩，例如，酒没喝到一半不加牛肉牛筋，只加小菜；渣滓入篓不准乱摔，不准大声喧哗，否则不给加牛肉；晚上就餐只接待4人以上，两三人只中午接待；晚上9点后不接待，10点准时打烊；与老板性格不合者，概不接待。

让吃货们能够忍受如此霸王条款的，就是其招牌牛肉，喷香的牛肉，超大一坨，软糯合适，麻辣重口，一口下去，绝对有满足感。地址在南坪宏声大酒店斜对面南兴路居民楼2楼，如果没有人带路，不一定找得到。

易老头三样菜：五种人不接待

所谓"三样菜"，指的是"美蛙、鳝段和泥鳅"，这是老板易旭初闯餐饮江湖时的三板斧。易老头深谙重庆人的美食套路，大辣加大麻，强烈的味蕾冲击，一下子就征服了重庆的吃货，瞬时名传江湖。老板再接再厉，接连推出吊锅狗肉、干煸耗儿鱼、粉蒸肠头、肥肠萝卜汤等特色菜品，并且不时有新菜品推出。易老头三样菜发源于与南滨路相连的宏声路，目前已开数家分店。每家店的墙上，都用毛笔字大书老板定的规矩，这些规矩后来也随着美食传到了全国——

五种人不接待：1．斗地主赢了钱不说的。2．买了好车不借的。3．打麻将专和老丈人的。4．点菜很积极，买单时上厕所或外出打电话的。5．穿西装打领带的。

九九牛肉：下回请早

久久牛肉馆位于风景优美的南山上，重庆邮电大学旁，开创者原是杀牛匠，所以每天能拿到最新鲜的牛肉和牛内脏，用最重庆的手法将这些原料烹饪，受到食客好评，居然名声远扬，很多人慕名而来。如今开创者已经退休，将小店子交给女儿打理。父女俩一脉相承，脾气古怪，要吃就吃，不吃走人。菜品也十几年如一日，永远只有9个菜。准备的原料有限，碰到哪天某个菜点的人多了，缺货了，你只能有啥吃啥。如果有怨言，老板永远只有一句话："下回请早。"

姚姚鸡： 提前几天预订

店铺位于沙坪坝区土湾胜利村72号，环境非常差，用"糟糕"二字形容一点都不为过分。但是，不提前几天预订，根本吃不到。主打菜是"姚姚鸡"，鸡肉软糯，非常入味，配上店家秘制榨菜，蘸上红油味碟，味道确实安逸。配菜也是一绝，芋头入口即化，回味悠长。其实，不能怪老板耍大牌，而是小店确实太小，追捧的人又太多，求大于供，自然供应紧张且催生了老板的任性。

美蛙鱼头："1+1等于2的平方"

美蛙与鱼头，两种风马牛不相及的食材为什么会搭配在一起？面对大街小巷遍地开花的美蛙鱼头店，大家都习以为常，恐怕没得几个人会觉得这是个问题。

所谓美蛙，原名叫美国沼泽青蛙，原产地北美洲的落基山脉，它的适应能力强，堪称蛙中战斗机。至于鱼头，吃货们就不陌生了。那么，美蛙为什么会与鱼头成为黄金搭档？美蛙与鱼头是什么时候开始联姻的呢？

与重庆众多江湖菜一样，美蛙鱼头的准确起源已经淹没在岁月之中了，也无人有兴趣去考证。但说到美蛙鱼头这道美食，肯定无法回避位于南岸区福利社的"红蜻蜓美蛙鱼头火锅"。在资深吃货的心目中，"红蜻蜓"就是美蛙鱼头的鼻祖，也是美蛙鱼头的标杆，屹立于重庆餐饮江湖十多年不倒，时至今日，如果没有提前订座，稍微晚到一点就会等上长长的队伍，每天如此。

美国青蛙的神态

据说，红蜻蜓从2002年就开始专卖鱼头火锅和单独用美蛙做的美食。彼时，重庆正风行鱼头火锅。重庆火锅发展到2000年左右，一度有细分化和专题化的趋势。一方面，火锅的口感百花齐放，虽然都以麻辣为基础，但不同风味的火锅呈现出来的细节却各不相同，比如：有的火锅加入几十种中药熬制，醇厚而有药香味，并且具有保健作用；有的火锅麻辣浮在表面，入口即被震撼，满足重口味和偏好简单刺激者；有的火锅滋味回甘醇和，温和而有底蕴，适合追求味觉层次感的人……另一方面，以某一种或某一类食材为主打的主题火锅此起彼伏，比如：以海鲜为主打的海鲜火锅，以鳝鱼为主打的鳝鱼火锅，以鸭肠为主打的鸭肠火锅，以毛肚为主打的毛肚火锅……鱼头火锅是其中的佼佼者，遍地开花，仅次于传统火锅。

红蜻蜓的鱼头火锅不温不火，倒是美蛙做的美食，虽然只有泡椒和水煮等传统做法，但由于当时重庆还没有流行吃美蛙，市场上稀少，比较新奇，很有一阵子受到食客的热捧。但是，习惯了重口味的重庆吃货们，在尝过鲜之后，慢慢地开始不满足于泡椒和水煮美蛙了，红蜻蜓的生意也渐渐冷淡了下来。

红蜻蜓的老板舒迅东是个脑壳够用、爱琢磨的人，经过分析，他发现，重庆人对美蛙是接受并且喜欢的，现在的问题是，美蛙的做法太传统，容易被追求新奇、喜欢重口味的重庆人抛弃。找到问题所在，解决的办法就相对简单了：为美蛙寻找新的出路！

舒迅东赶紧带领厨师搞实验。既然在做法上不能突破，那么就在搭配上下功夫吧。大厨试着将美蛙分别与鸡、鸭、排骨、肥肠、牛肉等搭配在一起煮，但由于鸡、鸭、排骨等煮熟后都有一股独特的味道，反而破坏了美蛙原有的鲜味。实验屡试屡败。

在一次员工午餐时，不知是谁无意中将剩下的几只美蛙丢在鱼头火锅里，待煮熟后，舒迅东捞起一只放进嘴里，顿时感觉一股惊艳传遍全身，那种鲜爽，不正是这段时间苦苦寻觅的吗？舒迅东赶紧又专门煮了几只美蛙进行测试，美蛙经火锅高温煮熟，腥味已经被火锅的麻辣掩盖，鲜味被更好地激发了出来。美蛙的鲜味与鱼头的鲜味融合在一起，天衣无缝，两种鲜味相互叠加促进，已不是简单的 1+1=2，而成了 1+1 等于 2 的平方 4 了。

美蛙鱼头烹饪依然是豪放、粗犷的手法

至此，美蛙鱼头火锅闪亮登场。

重庆江湖菜更新换代的速度、模仿跟风的速度是相当快的，没过多久，以前满大街的鱼头火锅，几乎全部变成了美蛙鱼头火锅，虽然山寨店远多于原创店。美蛙与鱼头的搭配，也就成了一种约定俗成的美食定式。

其实，喜欢吃什么、不喜欢吃什么这一看似无意识的行为，是有其科学道理的。人们常说的"人体需要什么就喜欢吃什么"，就是一个例子。

回到美蛙鱼头，后来经营养师证实，蛙肉和鱼肉都属于性味偏凉的食物，吃了几乎不上火，因此美蛙和鱼头搭配制作的火锅，很适合重庆的气候和人们的饮食习惯。又有专家从动物营养学的角度分析，食用蛙类和鱼类都能补充蛋白质，两者搭配没有副作用，一起食用效果会更好。

哑巴兔：让人无话可说

哑巴兔不是一道江湖上的菜名，哑巴兔是一家扬名于江湖上的店名，专营以兔肉为主料的、各种味道的美食，发端于渝北区两路镇江北机场附近。对于为什么取店名为"哑巴兔"，店主讳莫如深，不置可否。于是，江湖上充满了对哑巴兔的种种猜测。

一说，哑巴兔的开创者乃哑巴，口不能言却味觉特别灵敏，于是发挥所长，发明了兔肉的各种烹饪秘制方法，深受人民群众喜爱，于是"哑巴兔"的美名不胫而走。

二说，兔子没有声带，终身不能发出声音，自然是天生的"哑巴"。

还有一种说法：只要将第一块兔肉送入口中，就会因为兔肉的鲜美而顾不上说话，犹如一个哑巴，所以美其名曰"哑巴兔"。

三种说法，三个角度，究竟哪一种说法是正确的？或者根本就没有一种说法是正确的。对食客来说，这些都不重要，重要的是这家店秘制的兔肉确实美味到巅峰，其分店也占据了主城好几个区。

哑巴兔之水煮最受吃货们的青睐

兔子一定要现点现杀，有水煮、泡椒、青椒、辣子等做法，点杀一只兔子一般可以选择做两种口味。正宗重庆土著，一般会选择泡椒兔和水煮兔。

水煮兔借鉴传统川菜水煮肉片的做法，师古而不泥古，又在此基础上有所创新。兔肉洗净，切成一厘米见方的兔丁，码盐、鸡精、花椒、淀粉、料酒去腥味；炒锅烧热放油，依次放花椒、姜蒜、干红辣椒、豆瓣、大葱炒香；加适量水烧开，熬制三分钟，放黄豆芽煮两分钟捞起放在容器里打底；把兔丁放下去煮五分钟起锅。最后还有关键的一步，将事先准备好的姜、蒜颗粒，以及较粗的干辣椒颗粒撒在面上，烧热油浇其上，撒上葱花，一盆完美无瑕的水煮兔丁才算完成。这道菜，满满的辣椒、花椒漂浮在浓重的红油上面，颜色红艳，香气十足，兔肉辣度适中、辣而不燥、细嫩可口。

哑巴兔之泡椒佐酒、下饭绝对好

泡椒与兔肉的搭配，堪称完美。兔肉切丁码味去腥与水煮兔相同。热锅猛火，下适量新鲜青花椒和青辣椒粒炒香，下泡姜、泡辣椒炒出味道，下兔丁翻炒至刚好过心，下大葱段翻炒起锅，撒上葱花即可。泡椒兔以鲜嫩见长，咸鲜微辣，肉质细嫩，泡椒味浓郁，有久违的家乡味道，用来下酒或者佐餐，能依稀勾起儿时的回忆，黯然销魂。

泡椒兔的做法，有两大秘笈：一是火候，兔丁下锅翻炒不能太久，久之则兔肉变老，影响口感；也不能翻炒时间过短，时间太短兔肉不入味且有可能不过心。二是好的泡椒，这是做好这道菜的前提。重庆人对泡椒特别讲究，一定要自家用土坛泡制，且一定要泡制半年以上才有那种猛烈的泡椒味，也就是家乡的味道。所以，像哑巴兔这种主打泡椒味的餐馆，一定会有一间专门的房间，密密麻麻地摆放着至少十几个半人高的巨型泡菜坛子，蔚为壮观。泡菜坛子循环使用，前面坛子泡的调料使用完了，就转向下一个坛子，但空坛会立马被填满，新鲜的辣椒、仔姜等，在坛子里发酵变化，等待下一次升华。

兔肉吃完，剩下来的泡椒也别浪费，记着将泡椒和油打包回家，炒猪肝、炒鳝鱼、焖魔芋等等，二次回锅，味道同样醇厚——这就是自制泡椒的威力。

泡椒系列，在重庆江湖菜中俨然占据了重要位置的一大门派。从1996年开始风行，最开始是泡椒牛蛙受宠，继而泡椒墨鱼仔受追捧，泡椒兔将之进一步推向高峰，于是各种泡椒口味的江湖菜遍地开花。

璧山兔：一冷一热，双雄争锋

璧山人十分善于烹饪兔肉，许多乡镇、街道都有拿得出手的涉兔美食，比如西木兔、口水兔、香草兔、跳水兔、辣子兔、青椒兔、酸汤兔、火锅兔、烧烤兔、炒兔丝，等等。有好事者统计过，璧山人发明了60多种兔肉的做法，口味也有麻辣、五香、糖醋、酸辣、荔枝，等等。因而，"璧山兔"不是某道美食的名字，也不是某个餐馆的名字，而是璧山所有兔肉美食的统称，是璧山的一大招牌菜系。想象一下，如果璧山搞一个兔子全席，那将是多么壮观而香艳的场面啊！

璧山兔最具代表性的是丁家兔，据说已有280多年的历史，发源于1728年。丁家兔以"白砍兔"最为地道，历经两百多年的传承和改造，形成了独特的风味，以及自成一体的做法。

兔子一定要选取天然植物喂养的土兔，确保原料的绿色纯天然，并且

丁家白砍兔可雅俗共赏

一定要通过放血保持肉质的鲜嫩，然后选择璧山本地的七星红辣椒作为主要调料。兔子放血洗净以后，放到清水里漂半个小时以去除血水和腥味，然后用竹签穿在两个前腿与两个后腿之间，把兔子打造成平板状，之后切出来摆盘时才平整好看。

兔子过水的火候最为关键，火太大或者过水太久，兔肉显老，口感不好；过水时间太短没有彻底过心，切开会有血水而影响食欲，如何拿捏得恰到好处，全凭厨师的经验。丁家白砍兔，味道麻辣咸鲜，回味悠长，肉质细嫩柔滑，既有嚼劲又能化渣。

丁家是璧南重镇，如今是重庆市重要的蔬菜基地。抗战时期，当时的交通大学、同文中学等名校和国家商标局等内迁于此，一时之间，众多文人与政要往来，比如周恩来、冯玉祥等，大家品尝了当地的传统名菜白砍兔后都赞不绝口。丁家兔更是借助名人政要的传播，在重庆主城、南京、上海、苏州、无锡等地都颇有名气。

如今，丁家白砍兔也紧跟时代步伐，有了一个形象而生动的名字——口水兔。各家餐馆在追求极致的味道上可谓不遗余力，经过各家餐馆厨师的总结和发挥，又形成了各自的品牌和味道特点，比较出名的有唐兔、财兔、家福玉兔等。据说，唐兔的秘笈是保持原材料——兔肉的新鲜，一只活兔经过一两个小时的烹饪制作就上架销售，同时制作的唐兔在上午品尝和下午品尝口感都是大不一样的。

西木兔是后起之秀，但其风头大有盖过丁家兔之势。西木兔和丁家兔犹如璧山兔的双雄，共同顶起了璧山兔的半壁江山。

若要将西木兔的做法归入川菜的某一种烹调手法，还真的有点困难。西木兔形似水煮，但又不是完全照搬水煮的做法。到底该怎么烹饪西木兔才好吃，不妨借鉴下面的套路试一扳手。

西木兔的这份姿色可与丁家兔争锋

将兔子斩成小块，用清水反复洗净，加入盐、胡椒粉、葱、姜、料酒腌制；锅内下油烧至七成热，将兔肉下入滑油捞出沥干，将八角、山柰、桂皮、香叶、小茴香等捣成五香粉，莴笋、冬笋、草菇等配菜洗净切块。锅内留底油，转小火下豆瓣酱炒香，再下姜片和拍破的蒜瓣、干辣椒段、干花椒、五香粉以及辣椒面小火炒透；掺入事先炒好的糖色水，调入盐、鸡精、胡椒粉和料酒，盖上锅盖烧开后熬五分钟；下入配菜煮熟捞出打底，再下入兔肉，盖上锅盖大火煮熟捞出盖在配菜上；锅内烧热油，小火将干辣椒段、鲜青花椒炸香后撒入盆中，撒上葱花，大功告成。鲜嫩的兔肉，浸在麻辣鲜香的红汤中，光是看一眼就让人食欲大振。

西木兔肉质细嫩，丰富的调料、香料的浓厚之味简直入肉三分。吃的时候可以单独加兔肚，一只兔子加一斤兔肚煮在一起，脆、嫩、鲜、香全占齐了。难怪重庆人那么喜欢。

链接：

来凤鱼的故事

璧山还有一道招牌美食——来凤鱼。来凤鱼因产生于来凤驿而得名。来凤驿原是成渝古驿道上的一个驿站，与龙泉驿、双凤驿、白市驿齐名，是成渝古道上的"四大名驿"之一，自古为鱼米之乡，其境内的璧南河中盛产各种鲜鱼。上世纪80年代，当地以唐德兴、唐治荣为首的一帮厨师，在继承川菜传统烹制手法的基础上，大胆创新，烧制出以"麻、辣、烫、嫩"为主要特征的"来凤鱼"，受到了过往食客的喜爱。名声传到重庆主城，一时间，食客不分远近，身份不论贵贱，云集来凤，共品佳肴。比如，著名表演艺术家张瑞芬、游本昌，歌星李丹阳、蔡国庆，书法家范朴等，都曾专程前往品尝来凤鱼的美味。

据说，最鼎盛时，以经营"来凤鱼"为主的食店达到120多家。

香辣蟹：无数"光头"之争

重庆江湖菜，天生具有草根性，多由草民在无意间创制，食材都是就地易取的土货、山货。因而，香辣蟹这道菜的发明，显然不是率性又任性的江湖菜厨师所为。螃蟹这种高档食材，江湖菜厨师一般不会涉及，即使偶有接触，也缺乏对食材属性了然于胸的底气，不敢放手大胆创新。

香辣蟹的起源无法考证，正如许多传统川菜的发明，绝不可能是某个厨师一人之力、一时冲动所为，而是经过许许多多厨师承前启后的不断改良，最终形成基本固定的做法。

香辣蟹与重庆其他江湖菜的行进路径完全相反。如果说其他江湖菜是草莽英雄，先扬名立万于江湖，然后走进楼堂馆所"被招安"，成为渝派川菜的重要一员；那么香辣蟹就应该是公子哥儿，先在楼堂馆所广受欢迎，然后自降身份流向民间，成为重庆江湖菜的一大重要流派。从1996年开始，重庆江湖菜开始风行香

香辣蟹的传说

辣蟹，大大小小的香辣蟹餐馆遍地开花。

坊间普遍有一种说法，重庆人善于创新，成都人善于包装。体现在餐饮上，重庆江湖菜新品层出不穷，但都是"傻大粗"的样子，只重口味不重外形。但这些江湖菜一旦流传到成都，立马摇身变成"白富美"，形象精致、有款有型地走进高档餐厅，不过口味也变得模糊不清，差不多是一个味道。

香辣蟹这道流传、流行于重庆美食江湖的菜品，又被成都人玩了一把，推到了一个高处不胜寒的高度。重庆的老板凳们或许有些记忆，2000年初，原本风格各异的香辣蟹餐馆，犹如川剧变脸一般，突然之间统一标识、统一着装、统一店名，全部变成了"光头香辣蟹"。

更为奇特之处是，餐馆从迎宾小姐到店小二到传菜师到收银员，无论男女老少，全是亮晃晃的光头。一走进餐馆大堂，顿时有闪电耀眼的感觉——无数个"灯泡"在店堂里晃来晃去。这是成都人"光头"杨义与人称"勾哥"的王庆生，眼见香辣蟹从重庆风靡到了全国，于是根据自身形象特征，包装出了"光头"品牌，并迅速设立加盟店扩张到全国，两三年之间，全国开设了110多家加盟店。

重庆首当其冲成为"光头香辣蟹"的城池！这座原本就是码头文化滋养发育的城市，原本就有"嗨袍哥"传统的城市，对这种有着帮派文化基因的老套路十分乐意，迅速接受。

一时之间，"光头"成了香辣蟹的代名词，无数个"光头"冒了出来。就像后来的串串香，由于"李记"的深入人心，后来开的很多串串都叫"李记串串香"。2003年，深圳市有四家香辣蟹餐馆甚至为了争夺"光头"之名对簿公堂，官司打得如火如荼。这件事后来也不知结果如何，现在看来只是一个应景笑话而已。因为原创的"光头"并没有风光几年就退出了江湖，如今仍然屹立于各地的无数个"光头"，其实都是"李鬼"，至少不能说是正宗。

香辣蟹对重庆江湖菜的贡献其实挺大的，由香辣蟹的做法，开创了"香辣干锅"一大门派，大致的做法是：倒油入锅烧至八成热，下生姜片、大蒜瓣、大葱段、干花椒、干尖椒、桂皮、八角、山柰等爆香，加入已经洗净切成块的主材翻炒，约5分钟后，加入盐、鸡精、料酒烹香，加少量水，炒均，盖上锅盖，小火焖5—10分钟。

与火锅相比，干锅汤少，味更厚足；不需要自行点菜，菜品搭配相对固定，可直接食用。干锅同样体现了重庆菜的包容性，目前市场上的主要品种有：干锅鸡、干锅鸭、干锅耗儿鱼、干锅兔、干锅牛蛙、干锅虾、干锅排骨、干锅牛肉、干锅肥肠、干锅茶树菇，等等。

万州格格：笼笼蒸蒸日上

清末民初重庆朝天门江边卖笼笼的小食摊

说到格格，一般人首先想到的应该是还珠格格、紫薇格格、新月格格等清廷皇宫里的公主们。但万州人不同，只要听到"格格"二字，头脑里第一条件反射的肯定是那些遍布街头巷尾、热气蒸腾的"笼笼"美食。在此，还得费点口舌申明，此"格格"非彼格格。这里所说的格格，是万州俗语，指的是小蒸笼，也称作笼笼，可以将各种食材蒸制成美食，粉蒸羊肉就叫羊肉格格，粉蒸肥肠就叫肥肠格格，粉蒸排骨就叫排骨格格，粉蒸牛肉就叫牛肉格格，统称"格格"。万州格格里面，最出名的是羊肉格格，万州人最喜欢的也是羊肉格格，所以，羊肉格格大有指代"格格"的趋势。

万州的笼笼特别袖珍，只有女生的巴掌大小，也不知是不是这个原因而得到这个显得有些卡哇伊的名字——格格。格格用竹子制作，大多是南竹，偶尔也有用水竹、斑竹的，共同的特点是韧性好、硬度够。之所以选择竹子作为原材料，除了竹子柔韧便于弯曲成笼笼所需的圆形，还有一个重要的因素是竹子有一股清香味，并且具有清热、解毒、润肺的功效，在蒸制过程中，这股淡淡的清香随着蒸汽渗透进食物，让美食具有一种独特的风味。

关于万州格格的来历，当地流传着这样一个故事。

话说三国时期，关羽败走麦城之后，蜀汉昭烈帝刘备为了替关羽报仇，屯重兵于古万州天生城，剑指江南蓟北，准备发动夷陵之战。天生城孤峰突起，四方悬崖峭立如壁；独径通天，仅寨门一线可通；雄关如铁，一夫当关、万夫莫开。蜀军纪律严明，为了不扰民，刘备下令，不得掠用寨门外的一切食物、用品、用具等。常年征战，蜀军缺锅、缺罐、缺鼎，于是就地取材，砍伐生长旺盛的竹子编制成蒸笼，然后宰杀当地盛产的山羊，取其肉拌上盐和杂粮，置旺火上隔水蒸熟而食之，以缓解燃眉之急。后来，这种应急之法传到民间，被聪明的万州人发扬光大，并经过1780多年的改良和发展，终成今天独具特色的餐饮奇观。

暂且不论这个传说故事的真实性，民间的智慧原本是无穷的，但庶民百姓向来崇尚权威，因而即使是民间发明的好东西，往往也会寄托在名人头上，使其多了一层光环而更具传播性。

万州格格蒸笼虽小，但聚少成多就蔚为壮观。蒸格格的灶台、锅儿一般放在店门的一侧。锅是普通的大铁锅，锅里加满水，锅下旺火不灭，开水沸腾不止，源源不断地制造蒸汽。铁锅上有一个特制木锅盖，盖上有数个孔让蒸汽溢出。每个孔上都放有蒸笼，一个一个重重叠叠，如宝塔般一摞几十个甚至上百个。数个宝塔参差耸立，高矮不一，蒸汽在宝塔里一格一格地攀升，直至冲上最顶端一格，然后冲出竹编的盖子，整个场面，犹如魔幻城堡，云遮雾罩，烟雾蒸腾。

码成烟囱一样的万州格格

格格的制作方法其实很简单，以羊肉格格为例：先将羊肉洗净，切成食指粗细的长条，用料酒、盐、酱油、味精、姜、蒜、花椒面、海椒面和少许剁碎的干橘子皮（去羊肉的腥味）码至入味，用磨碎的米粉（鲊面）加温水调匀，使之沾肉不掉且紧握不出水为度，然后将切好的洋芋（红苕、芋儿亦可）平铺笼里打底，再将拌好的羊肉放在洋芋上面，最后用猛火蒸15分钟即可。格格上桌前，刷上香油，放上葱花和香菜，即成一道色、香、味、意、形俱佳的美食。越是简单的有可能越难掌握，这道菜的关键就是要掌握好味道和火候。

万州人之所以爱吃格格，是喜欢格格洋溢出的浓浓的人间烟火气息和市井生活氛围。食客跨过蒸汽笼罩的店门，选一空角落坐下，高声吆喝："老板，来两个羊肉一个肥肠。"立马有小妹过来招呼："需要点个汤吗？喝酒还是吃饭？"就像到了邻居家里做客一样自然。摆一个让自己坐起最舒服的姿势，不需像吃中餐那样正襟危坐，也不用像吃江湖菜那样过于豪放不拘，更不必像吃火锅那样热烈粗犷，一切随性。格格端上来就吃，不用客套，吃完了结账就走，绝不拖泥带水。就像平常过日子，谁不想简单一点，洒脱一点！

盘龙黄鳝：盘龙踞在山水间

"盘龙居"这个名字，在重庆资深吃货心目中的地位，不亚于武侠世界里的四川唐门，独自隐藏在有山有水、清静恬淡的南温泉风景区内，不大参与江湖纷争，但绝对有独门绝技。盘龙居的独门绝技就是盘龙黄鳝。与众不同的是，盘龙居的盘龙黄鳝，还有"干盘龙"与"水盘龙"之分。

盘龙居创立于 2000 年 4 月。老板兼大厨何文芳原本是个会计，为许多公司代账，见多了各种公司的生生死死与不活不死的状态，开始为自己的未来担忧和操心："代账始终不是长久之计，代账的公司说垮就垮，事先没得一点兆

干盘龙味道好，吃起来麻烦

头。"她经过反复思考，觉得只有做一个现金回笼快的实体店才有前途。

何文芳原本不是厨师，但她喜欢厨艺，只要在外头吃到什么美食，回家一定会复制出来，甚至还会根据自己的理解有所创新，比在餐馆吃到的味道更安逸。第一次创业，自然从自己熟悉的行当入手，于是就有了盘龙居。

开餐馆之前，何文芳并没有想好主打的菜品是什么，在她看来，重庆地区流行的菜自己都会做，客人想吃什么就做什么。做招牌的时候，听当地政府的朋友说，南泉镇有意规划引导当地餐饮业，学习南山泉水鸡一条街和歌乐山辣子鸡一条街，准备把盘龙黄鳝当做本地的特色菜品。何文芳想都没有想就将"盘龙黄鳝"几个字加在了招牌上。其实，当时的她从来没有做过盘龙黄鳝，也不知道政府是否有打造"盘龙黄鳝一条街"的规划。

开业前两天，根本没有生意。第三天中午，突然来了一伙客人，点名要吃盘龙黄鳝。何文芳赶紧系上围裙进入厨房倒腾。从来没有做过这道菜，她开始想当然地先用开水把鳝鱼（重庆人称为黄鳝）烫死，然后再倒入已经炒香了的辣椒、花椒里爆炒。成菜之后发现，鳝鱼根本没有盘成这道菜应该有的小卷，卖相首先就不地道。好在客人是熟人，也不太计较，还给她提了很多意见和建议。

何文芳做事较真，倔劲一上来，一定要把这道菜搞透彻。她开始到市场上买来各种鳝鱼，用各种方法进行试验，也不知反复了多少次，终于摸索出了一套烹饪盘龙黄鳝的秘笈。

首先，主料一定要来自农村的土鳝鱼，"即使是土鳝鱼，不同地区由于水土不同，品质也不同"。何文芳练就了一双火眼金睛，只要看一眼大脚盆里的活鳝鱼，就知道这个鳝鱼大概的产区以及品质。其次，鳝鱼一定要新鲜，最好是当天从水田里抓起来当天下锅，这样吃起来口感最好。第三，作料一定要正宗，海椒用贵州的小米辣，花椒用四川茂汶的大红袍花椒。第四，鳝鱼一定要鲜活下锅，下锅之前，先用适量的盐码味。具体做法是，先将海椒、花椒以及大蒜下油锅爆香，然后将已经码味的活鳝鱼倒入，炒熟后加盐加味精起锅即可。这道菜其实就是干煸鳝鱼，也是何文芳所说的干盘龙。

据传说，盘龙黄鳝的起源也与刘备有关。有一天，刘备心血来潮，下巡进入一个名叫饶三的村民家，饶三夫妇很紧张，拿什么来招待大王呢？只有昨天在水田里捉的大小不一的黄鳝了。两口子赶紧生火做饭，慌忙中饶三的老婆不小心将半桶活黄鳝全部倒进了油锅，饶三见状赶紧补救，加些重庆人家里都有的海椒、花椒下锅爆炒，却不料歪打正着，条条黄鳝曲蜷叠盘，油黄鲜酥，味香色浓。饶三惴惴不安地将这道菜端上来请刘备品尝，刘备尝后大喜，忙问这是什么菜？饶三灵机一动，巴人以蛇为图腾，视蛇、鳝、蚯蚓为无足小龙，遂答道:"大王驾到,恩泽蓬门,小民特试烹这小龙状之菜,尚无名,请大王赐名!"刘备夹菜举杯,赐名"盘龙鳝"。

盘龙黄鳝后来随刘备传到了四川自贡一代,被以"味厚、味重、味丰"为特点的自贡盐帮菜吸收并发扬光大,成了盐帮菜里的一道名菜。2000年左右,盘龙黄鳝突然回归故里,成了重庆当时颇为流行的一道江湖菜。经过十多年的大浪淘沙,如今重庆的美食江湖,以盘龙黄鳝为主打菜品的餐馆已经不多了,盘龙居则一直在资深吃货的心目中具有重要的地位。

水盘龙味道不错,吃起来更麻烦

何文芳搞定了干盘龙,想起了当地农家常做的一道家常菜——水煮黄鳝,于是将水煮黄鳝也引进店里,取名"水盘龙"。这道菜以海椒、花椒加泡椒、大蒜熬出味,然后将活鳝鱼入锅煮炝,成菜麻辣鲜嫩,犹如蛟龙入海。而干盘龙成菜麻辣香绵,犹如龙盘火山。两者从外形、口感、色彩等刚好形成互补。

不管是干盘龙还是水盘龙,成菜后都是整条没有去除内脏的黄鳝,因而吃法上颇有讲究,江湖上流传着一首吃盘龙黄鳝的口诀:"筷子夹住喉,咬断脊梁骨,慢慢往下撕,抛去肠和头。"

汤香耗儿鱼:能吃出爱情的味道

吃了汤香耗儿鱼才有爱情的味道

好几次去永川,动身前都电话咨询永川的资深"好吃狗":"你大永川都有啥子好吃的,快快报上名来。"兄弟伙不约而同地将目标指向一处:"咂,来永川晃嗦?你娃去整汤香耗儿鱼噻,绝不会辜负你的期望!"

汤香耗儿鱼位于永川区南大街大修厂旁,在一排茂密行道树的掩映下,不大不小的招牌若隐若现,很不起眼。门面有些破旧,但五六个门面连成一排,每一个店面里都座无虚席,香味飘散到人行道上,还是有几分气势的。据说,汤香耗儿鱼最初只有一个店面,店面的逐步扩张,见证了其发展的历程。

关于店名里为什么会以"汤香"两个字打头?绝大部分食客都会理所当然地认为:老板不外乎是想标榜自己做的耗儿鱼味比较正、汤比较香吧!如果我告诉你:"这只是你的一厢情愿,其实里面包含着一段罗曼蒂克的爱情故事!"

吃耗儿鱼要带节奏

你会相信吗？

汤香耗儿鱼的老板兼大厨叫张华，一说到自己的耗儿鱼，不由自主地流露出几分自豪："我们所选的全是正宗泰国进口的耗儿鱼，每条基本上在二两左右，肉质绝对称得上极品。"但一说到"汤香"二字，便多了几分羞涩。

1996年，张华在永川望江楼做厨师，遇到一位服务员，两人一见如故，慢慢地两颗年轻的心走到了一起。经过一段时间的交往，两人都有强烈的走进婚姻殿堂的意愿，于是向家人坦白这段恋情。没想到，女方的家长强烈反对，因为当时的张华，仅仅是一个一无所有的打工崽儿，甚至在老家连像样的房子都没得。

张华虽然黯然神伤，但他依然理解女方的家人："谁愿意让女儿去过一种没有保障的生活呢？"为了多挣钱，他毅然辞职，独自踏上了开往深圳的列车。

彼时的张华，对这段无疾而终的恋情已然死心。南下深圳，其实也是想给自己寻找另外一个起点。但让他感到意外的是，女朋友竟然追随他的足迹，背着家人跑到深圳来和他相会。张华在感动和震惊之余，也多了一份责任："一定要让她过上幸福的生活！"

女大不由娘，见女儿心意如此坚决，如此死心塌地，父母也不好过分反对，反对也无用，只好默许了女儿的选择。几个月后，张华带着女朋友回到永川，租了一间小店面，利用自己的厨艺特长开了一家餐馆。最开始，做的都是常规的家常菜，虽说厨艺精湛，但由于缺乏特色，始终不温不火。有一次，张华到重庆主城吃饭，一道耗儿鱼美食吸引了他，这道菜麻辣适中，味道层次丰富，关键是耗儿鱼烹调得鲜嫩入骨，食之回味无穷。他当时就灵机一动：何不就用耗儿鱼作为招牌！

回去以后，张华就买来各种耗儿鱼进行试验，从原料、作料、味型到火候的把握，可谓花尽心思。经过两年多的摸索与实践，张华做的耗儿鱼名声越来越响，顾客也越来越多。而此时，当年的女朋友，已经变成了他的妻子，并且一直跟随在他身边默默地支持他创业。

张华妻子的名字叫——汤香！

来店里吃饭的顾客，常常夸奖张华做的耗儿鱼汤香味美，张华索性就用妻子的名字做起了餐馆的招牌，一是表达对妻子的感激之情，同时也凸显餐馆的特色——"汤香耗儿鱼"从此广为传播，在永川几乎达到无人不知、无人不晓的地步，甚至重庆主城也有很多吃货慕名而来。张华为人内敛，从来不愿主动给顾客解释"汤香"两个字的真正来历，当有心的顾客无意中知道了店名的内涵，总会在心头自动给张华做的耗儿鱼加分："嗯，不错，能吃出爱情的味道！"

张华做的耗儿鱼以水煮和泡椒两种口味最佳，另外，红糖汤圆和脆皮豆腐也堪称一绝。

链接：
犹如神龙的吊锅耗儿鱼

曾经有一段时间，重庆江湖菜突然开始流行吊锅耗儿鱼，就是将铁锅用铁链子吊在房顶上，铁锅垂到餐桌上方，餐桌上放一小炉子，且煮且吃。这种吃法，其实就是干锅的一种创新形式。但不知什么原因，吊锅耗儿鱼没有流行多久，就仿佛一夜之间销声匿迹，如今，已很难觅其踪影，犹如神龙，见首不见尾，只有一些旮旮角角，还保存着少量的标本。

比如这个家庭餐馆，开在重庆市体育馆旁边的平街居民楼里（上大田湾62号附1号），依然保持着吊锅的形式，甚至连招牌就叫"吊锅耗儿鱼"。这是

吊锅耗儿鱼的形式感强

一家老店，开店已有些年，所以在资深吃货心目中具有一定的地位，当然，不是资深的吃货，一般也不会知道它的存在。

䀇子鸡：不用生水自有水

俗话说："食在中国，味在四川。"可是，"歪果仁"乃至外省人一说到川菜，首先想到的只是"麻辣"，认为其特色舍此二字再无其他。确实，川菜特别是渝派川菜中有不少麻辣味重的菜品给人印象深刻，甚至只吃一次就终生难忘，比如麻婆豆腐、水煮肉片、灯影牛肉等，特别是发源于重庆的江湖菜，更是将麻辣发挥到了极致，作为调料的辣椒、花椒甚至多过主材。

但是，如果因此认为川菜的口感仅有麻辣二味，那就是对川菜的最大误解甚至曲解，还算不上真资格的美食家。据了解，现在登记在册的川菜有五千多种，其中麻辣口味的仅占三分之一。

发源于奉节县竹园镇的䀇（古）子鸡，就是渝派川菜里麻辣之外的一朵奇葩。

准确地说，䀇子鸡应该是一道传统菜。据说起源于两百多年前，当地人爱用䀇子鸡的创始人龚绍虞在1804年专门创作的一首诗来佐证其历史的悠久，这首诗以短小精练的手法总结了䀇子鸡的烹制工艺和食用价值："鸡不开叫腊肉香，大头萝卜配生姜。不用生水自有水，文武火用小火常。骨肉相离最适味，

阴阳相调最壮阳。"

诗里有一句"不用生水自有水",意思是说,在烹制的过程中不用加水,但成菜却自然会产生汤水。听起来有点像变魔术,这是怎么做到的呢?

原来,烹制鹽子鸡,需要用当地乡间民窑烧制的一种奇巧器皿,初看是一只普通的陶瓦罐,圆柱体形,中间有些凸出,很像乐器中的"鼓",名字就叫"鹽子"。鹽子的神奇之处在于,鼓形的瓦罐上,均匀地分布着四条凸出的空心暗槽,空心暗槽的下端连接鹽子底部边沿,上端有小孔通往鹽子内壁。也就是说,将鹽子放到有水的铁锅里,随着水的沸腾,蒸汽会通过四条空心暗槽直接进入鹽子内部,将里面的食材汽熟。这种烹饪手法,与云南建水的汽锅鸡原理相同,因此,鹽子鸡又可以称为汽锅鸡。

鹽子有点奇形怪状,蒸出的鸡奇香

鹽子鸡的主料是当地农家散养的土鸡,配上农家自制的腊猪蹄髈,配料是农户自家腌制的陈年大头菜。大头菜其实就是球茎甘蓝(茎蓝),因外形酷似萝卜,当地人也称"大头萝卜",其腌制方法与做榨菜一样,先用盐浸渍,然后将水分晒干,最后放到陶罐里隔绝空气储存,让其继续发酵转化,一般年生越久风味越足。大头菜与榨菜、芽菜、冬菜一起,为四川民间四大腌菜,统称"干咸菜"。

干咸菜在川菜中的作用非常大,既可以作为主材烹饪出风味独特的美食,也可以作为辅材增加菜品的口感层次,更多的时候,是作为一种调料,以达到提味增香的目的。

将土鸡、腊猪蹄髈斩成小段,腌大头菜和生姜切成片,直接放进鹽子,一滴水也不用加,然后上锅蒸制。与云南建水的汽锅鸡不同的是,奉节人在烧制鹽子的盖子时,盖面上做了几厘米高的沿边,形成一个与盖子连体的陶盘。在陶盘里随时加满冷水,可以保持盖子的凉度,鹽子里的蒸汽遇冷凝结成蒸馏水,滴在食材里,化汽为汤,合着土鸡的鲜香、猪蹄髈的腊香、陈年大头菜独有的腌香,三香合一就有了一锅鲜美的鸡汤。所以,当地人总结鹽子鸡的特点是:"冷凝蒸馏,化汽为汤,肉质鲜嫩,汤醇味美,入味七分,回味三分。"

前些年,随着手工业的衰微,鹽子的制作工艺已经失传,而鹽子鸡,也仅仅在民间有少量家庭还保持着其烹制方法。下岗工人常引航决定恢复这一民间美食,于是找到乡间土窑,与师傅一起研究制作鹽子,经过数十次实验,终于恢复了鹽子的制作工艺,并大胆改良,将传统的四条空心暗槽改为六条,使蒸汽更猛更快进入鹽子内部,缩短了烹饪的时间。

2011年4月,竹园"鹽子鸡"被列入重庆市第三批非物质文化遗产名录。

烂肥肠：真心哥们的选择

没吃过烂肥肠的人，算不上正宗梁平人。

一人只花十多块钱就能吃个饱，一家人花钱不多就能解决一顿。远方来了朋友，能真心实意请他吃顿烂肥肠，说明你们是好兄弟、真哥们。

这是梁平人对烂肥肠的两个评价。从这两句评语可以看出：其一，烂肥肠味道绝佳，基本上可以代表梁平美食；其二，烂肥肠价格便宜，便宜到在这里请客吃饭都不好意思，除非是交心的哥们。所以，下次如果有梁平的朋友请你去吃烂肥肠，你应该心生感激之情，绝对不能拒绝。

"烂肥肠"这个名字的由来，不是老板哗众取宠故意命名的，也不是因为肥肠太炝、太烂顺便得来的。而是因为创业之初，小餐馆的房子烂、桌子烂、板凳烂，甚至连碗都常有缺口，筷子长短粗细也不齐整。把这里当成伙食团的劳动群众也不在乎这些，他们最在乎的永远是实惠和味道、方便与快捷，因而一到吃饭时点，常常吆五喝六："走，去吃烂肥肠。"于是，烂肥肠之名在梁平县城（今梁平区）就传开了。

梁平烂肥肠的味道确实霸道，价格也公道

所谓烂肥肠，其实就是黄豆烧肥肠。肥肠这种食材，它的另一个更通俗的名字叫猪大肠，因其特殊的作用，很容易让人产生些许心理障碍；又因其有一股特殊的味道，很不容易烹饪，所以很多菜系基本弃之不用。但以重口味著称的重庆人，却对其情有独钟，可以做出很多美食，如辣子肥肠、青椒肥肠、火爆肥肠、粉蒸肥肠、卤肥肠等，甚至还可以做成海带肥肠汤、萝卜肥肠汤、苦藠肥肠汤。当然，最常见、最受欢迎的还是红烧肥肠。

烂肥肠的吃法很简单，有点像中式快餐。肥肠是清早八晨就烧好了的，一大锅煨在炉火上，顾客随时来都可以吃到。进得店来，来上一碗烂肥肠，炒一个青菜，再叫一个素汤，几分钟之内可以上桌。肥肠味道好，白米饭遭殃，两碗干饭10分钟之内就送下了肚，顿时感觉心满意足。

今天，烂肥肠在梁平可谓家喻户晓，在成都、长沙、利川、大竹、开江和重庆市内的万州、丰都、忠县等地已有20多家加盟店开业。一碗看似简单又不起眼的红烧肥肠，能做到目前不大不小的局面，着实让人有些惊讶。这其中的辛苦与坚持，只有老板常健心里最清楚。

1987年，梁平安胜乡的常健初中毕业，根据乡坝头的习惯，一般初中毕

七卷　美食江湖

业就进入社会自谋出路求生活。商业意识较强的常健想到了父亲在县城北新街58号的破旧商铺，虽然只有30多平方米，利用得好足以养活自己。他和母亲商商量量进城，在坑洼不平的店内撑起两张破旧的小桌子，开始卖汤圆等小吃。烧煤炭的炉灶就摆在街沿边。

如今店面比开初好了

1987年的中国内地，改革开放还不太久，人们还不富裕，人口的流动性也不大，因而小店的目标客户就是附近农贸市场上拉板板车、肩挑背扛之类的下力人。下力人出汗多，口味重，对价格也十分敏感，为了迎合他们的消费能力，常健每天到屠宰场拿一些不值钱的猪内脏——猪心肺加香料炖萝卜，猪肥肠加香料烧黄豆，然后以套餐的形式，花很少的钱就可以美滋美味地饱餐一顿。最初，吃一餐只需要5毛钱！

常健红烧肥肠，要将肥肠里所有的油脂细心撕掉，既可去腥，又能保证做出来的肥肠油而不腻。红烧时要掌握好火候，做到软硬适中、香脆可口。这么用心做，肥肠自然大受欢迎，常健的小店也成了下力人的伙食团，桌子扩张到了四张。因小店房子烂、地面烂、桌子烂、板凳烂、碗也烂，食客口中的"烂肥肠"之名不胫而走。

随着"烂肥肠"的名声远扬，顾客都是冲着肥肠而来，就不太在乎店面和碗筷的"烂"，顾客结构也在悄然发生变化，来吃饭的商贩、小老板、教师、公务员越来越多。红烧肥肠的销量猛然上升，炖心肺的销量急剧下降，常健听从"高人"的建议，干脆取消炖心肺，专营肥肠，就用"烂肥肠"作为自己的招牌。

生意好得出奇，常健就像一头被套在石磨上的骡子，永远也停不下来。

"每天早上三点钟就起床生火，卖到下午两点多。再去采购第二天要用的原料并加工，忙到晚上十一二点。每天只睡三四小时，白天一坐下就打瞌睡。"这种无休无止的劳累，让年轻的常健看不到尽头，他不知道这种生活的意义是什么，于是有了逃离的想法。

参军入伍，不但是一个很冠冕堂皇的理由，同时也是好男儿自我觉醒、自我锻炼的一个渠道。1991年，22岁的常健入伍，辗转河北、成都等地武警军营。

常健参军走了，小店交到父母手上经营。老两口虽然辛苦打理，毕竟年岁已高，没有年轻人灵活，生意也一落千丈。

1997年，年迈的父母将小店交给常健的哥哥打理，生意虽然稍有起色，但毕竟掌勺的师傅换了人，顾客并不是很买账。

如果说当初常健的逃离是因为太年轻，心理上有些脆弱，那么，在军营经过十多年的锤炼，他已经具备了军人的坚毅和成熟，对人生、对世界，甚至对商业，都有了自己的看法。2004年，三级士官常健退役了。在老父亲的主持安排下，常健继续经营北新街58号老店，哥哥另起炉灶。这一次，常健再没有退路，也不需要退路了，他以更加成熟稳健的方式，让"烂肥肠"之名再次在梁平县城传扬。2008年，常健申请获得了"常氏烂肥肠"餐饮类商标。2012年，常氏烂肥肠被双桂旅游文化盛典美食组委会评为"梁平名小吃"。

如今，虽然"烂肥肠"已经扩张到全国各地，但常健仍然一直坚守在梁平老店。店面经过多次装修，显得干净整洁。店内有员工五六人，桌子发展到了10张。中午，常常会看到常健骑着电动车去送餐。

卤白鹅：瞟一眼就走不脱

"卤鹅卤鹅，瞟一眼就走不脱。"这是荣昌城内流传的一句顺口溜，可以说是妇孺老幼皆知，可见卤鹅在荣昌城的江湖地位之高。但在写作本书时，究竟写不写卤鹅？将卤鹅放入哪个地方更好？却很费了些思量。最后决定：既然卤鹅在荣昌乃至重庆城有如此多的食客，不写就可惜了。又考虑到卤鹅毕竟是江湖上的一道美食，虽然离江湖远了一点，但其特点是将川味卤的风味发挥到极致，就把它归入江湖菜吧。

卤鹅原本是广东潮汕地区的一道传统名菜，属于潮菜系。潮汕人对鹅情有独钟，源于古人婚嫁聘礼中的"奠雁礼"。雁不再偶，往来不失其节，飞行齐一有序，终身不改。在人们的心口中是一种"贞禽"。但雁在天上，且每年迁徙，毕竟难寻，于是潮汕人娶妻便送一对与雁极为相似的白鹅。潮汕人对鹅的情感，也体现在"吃"上，卤鹅至今是潮汕人餐桌上不可或缺的食物，每家每户都会在自家做卤鹅。

那么，潮汕地区的传统名菜，为何不远千里飞到了重庆的荣昌？以重庆地区"尚滋味、喜辛辣"的饮食习惯，卤鹅的出现多少有些不合常理！

这得从古时候四川历史上六次大规模的移民说起。据考证，现在的重庆人，约85%为移民后裔。而在元末明初的第四次移民中，就有部分来自广东的客家人落户于古昌州（今荣昌），后来的数次移民中，又有大量客家人迁居荣昌，使荣昌成了全国著名的客家人聚居地。目前，重庆大约有10万客家人，主要分布在荣昌的盘龙、荣隆、龙集、仁义、安富以及江津的仁沱、中山等乡镇，其中荣昌盘龙镇，至今仍有约4万人以客家话作为日常交流的语言，形成了有趣的"语言孤岛"现象——

荣昌卤白鹅已自成一体

在家说客家话，出门说重庆话，到外地说普通话。

客家人将语言、风俗、文化带到荣昌的同时，也把饮食习俗带了过来，比如客家人的至爱——卤鹅。凑巧的是，荣昌自古盛产大白鹅，据县志记载，清朝光绪年间，荣昌白鹅就被列为全县的重要特产，1989年，荣昌白鹅更被列入国家级保护鹅种，成为荣昌县重要而宝贵的地方资源。

迁居荣昌的客家人，一方面努力接受当地的文化以融入新的环境；另一方面，客家的风俗习惯在岁月中也改变了荣昌人的生活习惯和饮食结构，连长期以来受南方人青睐的卤鹅，也遂渐成为荣昌老百姓的餐桌佳肴。双方的融合体现在卤鹅的制作工艺上，以潮汕的卤制手法为基础，配以巴渝地区川味卤的各种香料，制作出来的卤鹅色泽金黄发亮、五香味浓、炧软适中、骨质松脆、骨髓香滑、肉感香嫩，再以具有川味特色的麻辣鲜香作料进行调味，生生的将一道潮汕传统名菜改变成了川味特色美食。

自然生态养成的白鹅十分健康

荣昌人传承了客家人对鹅的喜爱，如今的荣昌城内，各具特色的卤鹅满街飘香，并产生了小罗卤鹅、小薛卤鹅、陈老五卤鹅、伴之鹅、小蒋卤鹅等知名的品牌。更有商家推出了全鹅宴，以鹅肉为主料，采用川菜的炒、熘、炸、爆、蒸、烧、煨、煮、煸、炖、煎、炝、烩、熏、拌、卤等烹饪手法，制作出各种美食，甚至还有鹅肉包的饺子、包子。荣昌人好客，邀请朋友到荣昌做客，最喜欢说的一句话是："走，到我们荣昌吃鹅儿肉！"

链接：

直暖心窝的盘龙羊肉汤

羊肉汤也是荣昌一绝。荣昌人用羊肉汤作早餐招待亲朋好友，可算作是最高的早餐标准和礼节了。尤其在寒冷的冬天，早饭吃上一碗热气腾腾的羊肉汤，浑身上下都散发着热气，直暖心窝！

荣昌盘龙羊肉汤起源于解放前，据说是一个叫陶镀光的人无意中发明的。经过几十年的发展演变，羊肉汤已今非昔比，其汤汁乳白，咸鲜味正，香味浓郁，肉质细嫩，无腥臊味及药料味，是冬令时节滋补的佳品。昌元城内陶前贵的"陶老八羊肉馆"应该是最正宗的，他是"陶羊子"第三代传人。另外在南顺城街的"正宗盘龙羊肉汤"、昌州中段的"陶羊子酒楼"也能吃到羊肉汤，味道都不错。

竹溪大混蒸：巧妇无米也成炊

世世代代的人们口口相传的事情，并不一定都是绝对正确的。比如"巧妇难为无米之炊"，这句话看似真理，但在开州区竹溪镇，却被完全彻底地颠覆了。

你的意思是：竹溪镇的巧妇，不用米也可做出美食？

那是当然的：竹溪大混蒸，无米也成炊！

咱们先来说说竹溪大混蒸的前世来历吧。

开州"十里竹溪养生庄园"董事长钟文一旦打开话壳子，那就是口若悬河：好多年前，竹溪镇一农户家里突然来了贵客，这可把主妇急坏了，家里已经断米多日，怎么招待客人呢？看到前几天杀年猪废弃一边的骨头、心肺、肥肠等，主妇灵机一动，干脆把家里所有能找到的食物一锅蒸了，既当饭又当菜。于是，她手脚麻利地取出从前蒸馒头的大蒸笼放在铁锅上，将家里现有的萝卜、洋芋、老南瓜、红苕等洗净切成大块打底，将猪骨头、心肺、肥肠以及剩下来的边角肉切成大坨，把最后剩下的一点米粉倒进去，加入自制的豆瓣酱、山上的野花椒，以及八角、茴香、盐巴等调料，搅拌均匀后放在打底的食材面上，盖上盖子，旺火让蒸笼上汽，然后小火慢蒸。

旺实的大混蒸，一桌人都整不完

两个小时后，刚好到饭点，主妇将大蒸笼整个端上桌，热气腾腾、香气四溢。客人刚动筷子一尝，立即被美味吸引，大呼过瘾，大快朵颐，直至酒足菜饱。一顿无米之炊，主人尽谊，客人尽兴。此时，客人才终于回过神来："这道菜从没见过，不知菜名叫什么？"主妇一时语塞，不知如何回答才好，沉吟半晌，支支吾吾地说："屋头没得米了，就用大蒸笼把家里可以吃的东西混在一起蒸，对头，就是大混蒸！"

从此以后，"竹溪大混蒸"之名传遍开州区，成了开州最具代表性的美食。

大混蒸的特点，恰恰体现在菜名上，关键字就是"大""混""蒸"。

"大"，指的是形式上的大。无论是打底的红苕洋芋也好，还是面上的心肺骨头也好，都是大块大坨的，最大限度地保持食材的原味，绝对不能过于精细。更为神奇的是，直接用家里蒸馒头的蒸笼上桌，直径五六十厘米，大如铁锅，霸气外露。一格蒸笼，足够一桌八个壮汉食用。钟文补充道，为了方便人少的客人，十里竹溪养生庄园曾尝试将蒸笼做小，结果彻底失败了，"蒸出来的味道完全变了,没有传统大混蒸的感觉。"

"混",指的是食材内容上的混合。大混蒸的食材,没有固定的套路,无论荤素,家里有什么食材,都可以一起上笼蒸了。混,体现在一个"乱"字上,不拘一格乱搭配,正是构建大混蒸独特味道的前提,"在高温的作用下,各种食材的味道相互促进、融合,激发各自的优点,最终形成单一食材永远不可能达到的复合香味。"钟文说。

"蒸",指的是烹饪的方法。川菜在烹饪方法上,有炒、煎、烧、炸、熏、泡、炖、焖、烩、贴、爆等三十八种之多,其中,蒸是最传统、最常用的技法之一。川菜传统宴席讲究三蒸九扣,大部分用的是"蒸"这种方式。

"大混蒸一上桌,热气腾腾,象征生活热热络络;大蒸笼是圆形的,象征团团圆圆;蒸笼里的食材种类众多,象征生活丰富多彩;大家在同一个蒸笼里取食,象征同舟共济。"钟文这么一分析,给竹溪大混蒸赋予了小清新的含义,"用大混蒸待客,主客均有面子。"

不知各位吃货发现没有,开州竹溪大混蒸,与大名鼎鼎、名扬四海的重庆火锅有很多相似之处:都是巧妙利用边角食材,都是混在一起烹饪,都是围坐一圈美餐……唯一不同之处是烹饪的方式:一个用蒸笼蒸,一个用铜锅煮。

由此可见,重庆人粗犷豪放的性格,不仅仅体现在激流勇进、爬坡上坎、耿直包容、绝不拉稀摆带等方方面面,还体现在火锅、大混蒸等美食上。

野生菌汤锅:神秘北纬30°的礼物

石柱县的黄水镇距离重庆主城240公里,距离县城63公里,与湖北利川接壤,是重庆的东部出口。按理说,这里应该是重庆最边远的地方之一,不会有多少人流连忘返。但是近些年来,因为特殊的高海拔地理,黄水却成了重庆著名的避暑胜地和旅游胜地,每年夏天游人如织似过江之鲫。

黄水位于神秘的北纬30°上。在这条奇特纬线左右,是地球上许多大自然奇观和古文明奇迹所在地,比如,地球之巅珠穆朗玛峰,海底最深处马里亚纳海沟,气势磅礴的长江三峡,见首不见尾的神农架,闻之丧胆的百慕大三角魔鬼区,令人费解的狮身人面像,叹为观止的远古玛雅文明遗址,千年不倒的比萨斜塔等,这些鬼斧神工的神秘之地与令人惊讶不已的古建筑遗址会聚于此,不能不让人感到无比的神奇和异常的蹊跷。

黄水也不例外,同名的黄水国家森林公园东西长12公里,南北宽7公里,可游览面积6000公顷(9万亩)。黄水的海拔高低悬殊,垂直气候差异大,年平均气温12.1℃,夏季气候凉爽,公园所在地海拔1600米处,7月份平均气温20℃。这个温度，对于每年必须经历火炉炙烤的重庆人来说，简直就是避暑天堂。

黄水的确是重庆人的天堂，不但夏季气候宜人，而且，神秘的北纬30°也给黄水带来很多特别的礼物，比如黄连，黄水获得国家地理标志；比如莼菜，黄水是我国第一大种植基地，与太湖、西湖三足鼎立；比如野生菌，黄水的原

山野路子的武陵山珍菌锅汤十分诱人

始森林中，有20多种。因此，黄水的特色美食，有黄连茶、莼菜羹和野生菌汤锅。

黄水茂密苍茫大山中的野生菌，以牛肝菌、大脚菌、千夫头、九月香、鸡脚菌、黄丝菌等大众品种最为常见，偶尔也能采摘到松茸、黑虎掌、鸡枞菌、黄香菌等高档品类。一到夏天七八月份，降雨量增多，雨过天晴气温变化较大，野生菌子就如同雨后春笋般见风就长。

此时此刻，小镇山民纷纷带上背篓或提篮等工具，深入大山之中拾取大自然的特别馈赠，一天下来，每个人的收获少则三五公斤，多则十多公斤。新鲜的吃不完，就晒干收藏，等到冬天再拿出来享用。所以，黄水野生菌汤锅一年四季都能吃到，只不过春夏吃的是新鲜野生菌，秋冬吃的是用水发出来的干货。

黄水野生菌汤锅汤色雪白、味道鲜美，口感清爽滑腻，吃后齿颊留香、回味无穷。除了野生菌的天然优势，其烹饪诀窍是必须用黄水的土鸡。可以这么说，黄水土鸡与野生菌是天生的绝配。烹饪时，先用土鸡斩成块熬汤，大概三四个小时，汤色雪白，香味四溢，此时加入野生菌子再煮15分钟，菌香和肉香完美融合。吃野生菌汤锅，一定要一块野生菌一块鸡肉交替入口，菌子的柔滑鲜嫩刚刚将味蕾调动起来，土鸡肉的肥美韧劲立即给味蕾全方位的满足，如此反复，小清新和重口味交替对味觉进行刺激，让吃的人既满足又感动。

冬天的黄水气温较低，家家户户都将安装在堂屋的铁炉子生上火，一冬不灭。黄水人喜欢将汤锅放到铁炉子上，一边烤火，一边大快朵颐，如果再喝上一坛当地人自酿的土啊酒，这样的场景配这样的时刻，所谓身后的利益，所谓无端的追求，还有什么意义呢。

链接：
烤全羊到石柱来

烤全羊也称"烤整羊"，将羊子宰杀以后，整只上架放到炭火上，一边刷作料提味一边烤制，直到满屋飘香、外酥里嫩。烤全羊原本为蒙古族传统食物，

流行于内蒙古、新疆等地，是它们最名贵的菜肴之一，一般用于接待贵宾。

　　石柱土家族自治县位于大娄山区，县境内崇山峻岭、气候独特，因而山羊养殖成了当地的特色农业项目。随着养殖业和旅游业的发展，以此为基础的餐饮业也迅速兴起。烤全羊被引进到石柱，流行于黄水、千野草场等景区。由于石柱养殖山羊都是采用的漫山放养方式，所以羊肉肉质自然，味道鲜美，肥而不腻、瘦而不干，成为当地的一道特色美食。与烤全羊的发源地内蒙、新疆所不同的是，石柱的烤全羊已经降低身份，只要你想吃，随时都能吃上。

柴火鸡：昙花一现背时运

　　柴火鸡像一阵风，2014年突然之间风靡全国，尤以巴蜀地区为甚，柴火鸡的招牌几乎随处可见，2015年又突然之间几乎消失殆尽，剩余不多的店家勉力支撑局面。用昙花一现来形容柴火鸡并不为过。

　　柴火鸡发源于何处？没有谁能说得清楚。这一次，川渝两地表现出了少有的虚心与谦让——重庆人说，柴火鸡发源于四川；四川人说，柴火鸡发源于重庆。其实，川渝原本就是一家人，重庆直辖前隶属于四川，所以，说柴火鸡发源于巴蜀大地总没得错。的确，巴蜀地区的乡间，生活习惯一脉相承，历来有用柴火灶、大铁锅做菜的传统，包括红烧土鸡。

　　柴火鸡正是借鉴了巴蜀乡间的柴火灶和大铁锅做菜的方式，在店堂里面修一至几排阵仗翻天的大灶台，当着客人的面进行现场操作，以示货真价实、充满情趣，不过耍的吸引眼球小花招。烹饪时，先点燃灶膛里的柴火，一股青烟冒起来，一片火光映出来，然后在大铁锅里倒入农家压榨的纯菜籽油，待菜籽油差不多七八成热，放入农家自酿豆瓣、老姜、花椒、八角、香果、茴香、干海椒等调料炒香，然后将客人点杀后、已经打整干净、切成块的土鸡倒入锅里炒匀，一阵油烟滚滚冒出香味，盖上锅盖焖熟。

　　柴火鸡其实就是每户人家都会做的农家红烧鸡，现场土灶烧柴火、大铁锅炒制这种形式，正是其卖点。对于年轻一代来说，这种方式很稀奇，既有现场感又有仪式感，具有感官上的吸引力；对于有农村生活经验的人来说，犹如将老家的厨房搬到了眼前，能勾起食客的怀旧情绪。都说妈妈做的菜最香，柴火灶炒的菜最好吃。每次吃柴火鸡，很多食客脑海中浮现的都是儿时家乡的灶房，灶膛里的

土灶柴火鸡让人返璞归真

火光映红了妈妈的脸，妈妈在土灶前一阵忙碌，整个屋里都弥漫着大铁锅里散发出的香气。这就是久违了的美食的记忆、家乡的味道。柴火灶打通了现实与记忆之间的情感通道。

一些讲究的柴火鸡，还会在锅沿上摊上一圈包谷粑（玉米饼），和锅底的土鸡一起焖熟。开吃时，用大铁锅铲将包谷粑铲下，一人发一个，就像妈妈的奖赏，然后一口香脆的包谷粑，一口香辣的柴火鸡，吃得人泪流满面。这种场景、这种形式，吃的已经不仅仅是味道，而是一种怀旧情怀。

柴火鸡锅边烙的包谷粑好看又好吃

鸡肉以及里面的配菜吃完以后，还可以适当加点水烧开，煮些时令蔬菜，柴火鸡又摇身一变成了火锅。正是因为柴火鸡的原生态、接地气，既怀旧又新鲜，既乡土又时尚，因而迅速蹿红，传遍全国各地。

但是好景不长，就在柴火鸡开足马力，在全国攻城略地、大展宏图之时，柴火鸡遭遇了滑铁卢，各地纷纷曝出环保问题：柴火燃烧产生的浓烟，违反《中华人民共和国大气污染防治法》，被一些大城市的环保局先后要求更换燃料，用天然气或煤气代替柴火。于是，一夜之间，柴火鸡变成了气火鸡。原本以形式感取胜，如今形式已经被阉割，失去了特色的柴火鸡，消费者并不买账。

就这样，柴火鸡在火了一年左右之后，黯然集体谢幕。

从柴火鸡开始，重庆江湖菜进入了一个新时代——群雄混战的时代。由于竞争的激烈，江湖菜已经很难创新，更难以凭借一道菜而走红大江南北甚而独霸江湖。某一道菜如果有幸受到吃货们的欢迎，多半这道菜还没火起来，就会迅速被复制，形成乱战的局面。

悲哀，江湖已不是原来的江湖了！

❸ 名小吃

麻辣小面：不吃不自在

重庆人崇尚麻辣，重庆美食中集麻辣大成者，火锅当仁不让。外地人不理解，以为重庆人都是火锅泡大的，"你们重庆人天天吃火锅，怎么受得了哟？"问这个话的人，不算真正了解重庆，至少对重庆的饮食文化没有作过稍微

重庆麻辣小面

深入一点的体验。其实，最能代表重庆这座城市的美食，并不是名声在外的重庆火锅，而是遍布重庆大街小巷的麻辣小面。同样是麻辣，重庆火锅热烈、直白、沸腾、气势若虹，犹如邂逅一场轰轰烈烈的爱情，让人死去活来；而麻辣小面则敦厚、细腻、五味俱陈、绵里藏针，恰似同床多年的老夫老妻，没有爱情只有亲情。爱情是不能当饭吃的，所以重庆人吃火锅也是非常克制的，一周最多一次，足矣；但亲情却可以相互温暖，所以重庆人对麻辣小面，那是相当的钟情和依赖，一天不整上一碗，就觉得浑身没得劲。

重庆人可以说有小面情结。每天早上洗漱完毕，急慌慌地冲到楼下角落的小面摊，还没来得及坐下，就听见老板冲着正在下面的师傅吼道："又来一个二两，重麻辣，少面多青。"面摊的老板们，充分表现出重庆人精明能干的一面，对天天光顾的熟客，连吃面的习惯、什么时候来都记得一清二楚，省得你每天重复了。

当然，也有不太熟悉的顾客，有什么特殊的口味，就需要跟老板交代清楚了。

"老板，起硬点。"

"好的，二两提黄。"

"不要花椒，多放点小菜。"

"要得，少麻重青。"

"干溜哟。"

"没得问题，干溜就干溜。"

……

这些只有重庆人才听得懂的术语，俨然袍哥人家的江湖切口，勾勒出一幅活生生的麻辣小面风情画。

在重庆，只要有人过的地方，就一定会有小面馆（摊），由此可见麻辣小面在重庆的江湖地位。但是，无论地处富丽堂皇的城市中心，还是偏居偏僻冷清的乡镇一隅，麻辣小面的精髓，无外乎"粗中有细"。

所谓"粗"，就是要风格粗犷。煮面的锅，一定要够大；锅中的水，一定要够宽；锅下的火，一定要够旺。而且，这锅水一定要煮过多次面，以至于变得够浓稠，这样煮出来的面才够味；用来煎油辣子的海椒，一定要够粗……所以，重庆人吃麻辣小面，一般不愿意在家里，家里小锅小灶，哪里做得出那种粗犷的感觉。

所谓"细"，就是对作料和味道的要求，一定要精细。麻辣小面之所以好吃，作料是关键。一碗标准的麻辣小面，起码的作料就有：白花花的猪油、清亮亮的小磨香油、油浸浸的芝麻酱、天原厂的味精、黄花园的酱油、阆中的保宁醋、黄黄的姜汁、白白的蒜水、碧绿的葱花、切成粒的涪陵榨菜、压碎了的花生粒、酥香了的黑白芝麻，当然还有不可或缺的红亮亮的油辣子、异香扑鼻的花椒面。每家小面摊的作料大致都差不多，谁家的面好吃谁家的面不好吃，关键就看如何搭配了。这可是个技术活，也是面摊老板的独门绝技，即使你想偷师学艺，如果没有老板亲自点拨，看是看不会的。

重庆人对麻辣小面的喜爱，不分男女老少有钱没钱，也不管是开宝马的还是坐公交的，大家或坐或站或蹲，一人端一碗，吃得酣畅淋漓其乐融融。以至于重庆某报评选"重庆十八怪"时，"不吃小面不自在"理所当然地与"空调蒲扇同时卖""背起棒棒满街站""女士喜欢露膝盖"等并列其中。

近年来，有好事者在网络上发起评选"重庆小面50强"，居然整出了不小的动静，成了重庆人街头巷尾热议的话题。更有麻辣小面的超级发烧友，呼朋唤友逐一品尝小面50强，来了一个小面游。

猪耳朵面有点开胃

估计也只有重庆才会如此，居然有人专门为小面创作了一首歌曲。这首《小面》MTV一经在互联网上出现，便引起大量围观。作者用R&B等时尚的表达方式，算是为麻辣小面定了一个调：

能不能简单一点生活，
过得太腻了就像火锅，
二两它也能装满快乐，
小面虽平凡但却自我。

链接：

品种丰富的重庆小面

重庆人虽不如北方人好面食，但对面条却情有独钟，很大部分重庆人的每一天，是从早餐的一碗小面开始的。除麻辣小面之外，重庆小面的品种非常丰富，比较著名的有牛肉面、肥肠面、杂酱面、鸡杂面、豆花面、豌豆面、豌杂面等，甚至还有将面凉拌的凉面。

担担面： 担担面是重庆民间极为普遍又颇具特色的一种著名小吃。所谓"担担"，一头是个煤球炉子，上面放一口锅，里面当然就是滚水喽；另一头就是碗筷、调料和洗碗的水桶。用扁担挑在肩上，晃晃悠悠、颤颤巍巍的沿街游走，还边走边叫："担担面！担担面！"担担面因此而得名。这是来自社会底层、特殊年代的叫卖方式，如今"担担"已几乎绝迹，但"面"的制作方式却传承了下来。

担担面的独特之处在于特别的臊子：取猪腿肉剁成肉末，甜面酱用少许油解散；锅置火上，放少许油烧热，下肉末炒散，加料酒炒干水分，加盐、胡椒粉、味精调味；然后放入适量的甜面酱炒香，肉末呈现诱人的茶色，微微吐油就可以起锅了。担担面的调料非常多：盐、味精、酱油、醋、辣椒油、香油、白糖、碎米芽菜、葱花和少许鲜汤，甚至还有人会放点花生碎和芝麻面增香。似乎看起来非常麻烦，但这正是重庆厨师的高妙之处。

凉面： 凉面在全国各地都有，各有各的口味，各有各的风格，如陕西的"狗肉凉面"、山东的"麻酱凉面"、广东的"鸡蛋凉面"、上海的"粗条凉面"、山西的"柳叶凉面"、天津的"打卤凉面"、北京的"素什锦凉面"、湖北的"炸酱凉面"等。但重庆的红油凉面却独树一帜。从凉面的称谓就可以看出，其他地方的凉面又叫"冷面"或"过水面"，强调的是凉面的状态——冷，或者制作方式——过水。重庆的红油凉面，永远只有"凉面"一种说法，强调的是"凉拌"这种烹饪手法，体验到的是由作料调出的一阵"凉快"的口感。重庆优秀的凉面师傅，在做凉面时绝不采取过水的方式。一旦过水，凉面势必表面稀糊，严重影响口感和卖相。那么，怎么才能做到既让才从热锅里挑起来的面条迅速冷却又不至于糊成一坨呢？重庆的凉面师傅每个人都有独门秘籍。

重庆凉面由近20种调料凉拌而成，除了基本的油辣子、花椒面和酱油、醋、白糖，点睛之笔是油酥花生米、榨菜颗粒、绿豆芽和葱花，让凉面在麻辣之外，多了一些鲜香爽口。

万州杂酱面： 如果说重庆人喜欢小面，每日从一碗面开始，那么万州人更喜欢面，可以一日三餐都吃面，因而万州的面也非常有特色，其中最为人推崇的当然是杂酱面。万州的面条好吃，首先得益于主要原料——水面的品质好。重庆人将晒干后用包装纸卷成一捆进行销售的挂面称为"干面"，其特点是可以存放，随吃随煮；而没有晒干水分且没有包装的挂面，称为"水面"，为让其便于短时间保存，里面加有食用碱。面馆一般都用水面做原材料。万州的水面，筋道弹滑，麦香浓郁。万州杂酱面的突出特色是杂酱。制作杂酱特别讲究，从选肉开始，到各种辅料和调料都有所要求，具体烹调时，掌握好火候，全凭厨师的技艺配料炒作。高手炒出的杂酱其味香远、其色鲜嫩诱人。杂酱面的吃法也有讲究：干溜带红，即是说杂酱面不加汤，味要麻辣；干溜带黄，就是表示面要煮硬点；如要吃带汤的则也要特别说明。

酸辣粉：醋劲十足

重庆的"好吃街"多如牛毛，几乎每个区县都有一到几条好吃街。而重庆最闻名遐迩的好吃街，位于市中心最繁华的解放碑商业区内，那就是当之无愧的八一路，这里汇集了各种特色的重庆小吃，品种繁多，价格实惠，堪称吃货的天堂。而八一路好吃街里人气最旺的店铺，当仁不让地应该是"好又来"酸辣粉。好又来酸辣粉位于八一路靠近解放碑一端，每时每刻都排着十几人甚至上百人的长长队伍，成了好吃街的一景。每每还没有走进好吃街，便闻到一股酸酸爽爽的味道，一旦进入，半条街都是端着酸辣粉正在大快朵颐的吃货。在酸辣粉的诱惑面前，谁也顾不得斯文，谁也不会因吃相丑陋而被人嘲笑。

酸辣粉原本是重庆乡间的一道土得掉渣的食物，即便是在农村，原来也只是粮食短缺或农忙季节无暇做饭时的一种补充食物。不知何时，这种黑黢黢的酸辣粉，竟然登上大雅之堂，成了大受欢迎的重庆名特小吃。

重庆乡间有做红苕粉的传统，红苕粉用来做凉粉、滑肉片、酥肉等，毕竟用量有限。于是，剩余的红苕粉就被村民做成红苕粉条晒干，便于存放，随吃随煮，这就是所谓的"干粉"；还有一种"水粉"，将铁水瓢或铝水瓢钻上密密麻麻的小孔，红苕粉调制到合适的浓稠度，放到特制的水瓢里，延绵不断地从小孔里漏出，就形成了粉条，这种没有晒干的"水粉"可直接下锅。一般的酸辣粉，都是用干粉经凉水发软以后，再下锅煮熟加上调料做成的；但重庆一些旅游地，如磁器口、洪崖洞等，店家为了吸引顾客，现场制作水粉，而且设计了一套花架子，比如，将粉团抛向一丈多高的高空，然后从容接住，再直接将粉条漏制进沸水锅里。这多少带着一点表演的性质了。

现场表演做红苕水粉

酸辣粉的调味，借鉴了麻辣小面的调味方法。但是，由于红苕粉条具有不易吸水和不易附着作料的特点，所以，调味的难度更大。这并没有难倒对口味执着且对味道的追求永无止境的重庆人，重庆的调味师傅善于因材施料，创造出了个性鲜明、味道独特的酸辣粉专属口感。

既然红苕粉条油盐不进，那就集中优势兵力重拳出击。先狠狠地来一勺油辣子海椒，获得味型的基本定位；然后将姜末、蒜蓉不用高汤冲调直接加入，让姜末、蒜蓉裹覆在粉条上；花椒粉下重手，让辣椒和花椒相互制衡相互衬托，使辣味和麻味显得更猛更呛；醋的大量使用堪称创举，挥发性强的醋，可以激发出其他调料的气味形成综合香气，让一碗酸辣粉那勾人的麻辣酸爽老远就能闻到。正宗重庆酸辣粉绝不会用山西陈醋和镇江香醋，山西陈醋太醇和，在刺激的麻辣味面前缺乏底气；镇江香醋太温和，犹如江南女子，哪里抵得住巴人汉子的进攻。有着数百年历史的阆中保宁醋，用嘉陵江中游的冬水酿制，酸香浓郁微甜，醋酸气味含蓄不刺鼻，犹如四川的辣妹子，可泼辣可温柔，与重庆酸辣粉绝配。这是主要的调料，和重庆的麻辣小面一样，还有十多种增加香气的配料，如花生碎、豌豆碎、芫荽、白芝麻、涪陵榨菜粒、宜宾芽菜等等，可以根据自己的喜好选择。最后撒上一把香葱花，既是味道上的点睛之笔，又是外形及卖相上的添花之笔。

酸辣粉口感不错

正宗的重庆酸辣粉必须具备两个基本特点：一是苕粉要软而有韧性，柔而有筋道，外表晶莹剔透；二是味道要麻、辣、鲜、香、酸五味俱全，并且麻而不苦、辣而不燥、鲜而纯正、香而厚实、酸而不涩，同时还要做到汤色红亮、油而不腻，吃完以后，口齿留香。二者必须满足，缺一不可，否则非正宗重庆酸辣粉也。

随着重庆酸辣粉传到外地，许多外地厨师不了解重庆酸辣粉的精髓，以为重庆酸辣粉就是重庆小面的简单翻版，因而仿照重庆小面，做出了牛肉粉、肥肠粉、鸡杂粉等，其实他们哪里知道，无论是肥肠还是牛肉，加入酸度很高的酸辣粉，口味都难免有所冲突。

配料和臊子，可以提升口味和香型的层次，避免口感的单调，重庆酸辣粉并不排斥，只是，加什么配料、浇什么臊子，这是有考究的。

传统的重庆酸辣粉，常见的蔬菜配料是绿豆芽，口感爽脆，能很好地配合红苕粉的软糯特点。有时也用时令青蔬作为配料。重庆酸辣粉的臊子，唯一的就是肉末，再加入烂炖的豌豆在重庆也比较常见。肉末不能太瘦也不能太肥，需选肥瘦适中且较嫩的猪前夹肉，去皮，和适量老姜一起手工斩碎以后，加入盐、酱油、胡椒粉等调味，然后下油锅爆炒而成。

在重庆吃酸辣粉，去十家店有十个味，同一家店每次去味也不同，这正是重庆厨师的狂野任性之处，随心所欲，信手拈来，永不重复。

川北凉粉：伤心出走重庆

重庆直辖前，属于四川的地盘，位于四川东部，称为川东地区，但是重庆的"川北凉粉"却相当有名。在重庆,"川北凉粉"曾经就像一个金字招牌,敢于挂出这个招牌的,一定是在口感和口碑上都有过人之处的食店。

解放前后,整个重庆城也仅仅只有三家"川北凉粉",分别位于解放碑、中山四路和上清寺。特别是上清寺的"川北凉粉",上世纪80年代曾创造了在七八年间卖出400万纯利润的罕见纪录。要知道,当时的川北凉粉才两角钱一碗。

抗战初期的上清寺车水马龙商铺林立

1948年,四川遂宁人税和声再次来到重庆谋生,在上清寺的车站旁边开了一家餐馆,店名就用自己的名——和声食店。这是税和声第二次来重庆,他之前曾在重庆工作生活过几年,对重庆,既有感情又比较熟悉。

和声食店只有4张桌子,主要卖些回锅肉、鱼香肉丝之类的家常炒菜,兼做一些烩面、炒面之类的面食。餐馆最先是请的师傅炒菜,税和声没有当过厨师,一边开食店一边跟师傅学艺。当时的上清寺非常热闹,一条街上全都是餐馆。

那时候生意并不是太好,因为临近解放,重庆城内一片混乱。特别是1949年9月2日下午,下半城陕西街余家巷内突发大火,火借风势,一瞬间从东水门烧到朝天门,陕西街到千厮门一带成了一片火海。这就是重庆历史上有名的"九二火灾",这次灾难,造成2568人死亡,4000余人受伤,灾民达4万多人。火灾造成的混乱,加之国民党即将溃逃台湾,到处抓人,重庆城更是人心惶惶。税和声只好将餐馆关闭,回到老家遂宁暂避兵荒马乱。

1949年11月30日重庆解放,社会秩序逐渐恢复正常。1950年,税和声第三次来到重庆,还是在上清寺,又开起了"和声食店"。这回生意非常好,特别是税和声发明的"八仙面"——参照三鲜面的做法,用海参、墨鱼、肚子、心舌、肉片、鸡蛋等"八仙"做成一碗面,这碗在现在看来都堪称豪华的面条,在当时更是面中珍品,附近很多单位的职员流着口水来"打牙祭"。

之后便是公私合营。上清寺的餐馆,包括卖刀削面的百味香,卖小吃的川北凉粉,做炒菜的山城食店、清圆食店、饮一杯,以及和声食店,等等,集中起来成立了上清寺饮食服务公司,所有餐馆把当天的营业额全部收起来算作股本,把锅碗瓢盆充公算是入股,每个人根据安排的岗位不同,核发不同级别的工资。税和声被安排到上清寺餐厅,负责站炉子炒菜。

几年之后,税和声被调到川北凉粉店负责。当时的川北凉粉,已经有些没落,生意也不太景气。在餐饮行业摸爬滚打这么多年,税和声一去就看到了问题的关键:"作为一家以小吃为经营内容的食店,味道上没有独特之处,很难得到顾客的认可。"也就是说,调味的师傅,应该是川北凉粉的关键。

税和声立即请来了自己的亲家赖云清:"他在解放前就是比较厉害的厨师,在作料配置上有一手,不是吹,整个重庆城都没得几个厨师的白砍鸡比他做得好吃。"

赖云清果然不负重托,来了之后立即对作料进行了很大的提升。豆母子是正宗川北凉粉最重要的调料,也是川北凉粉区别于其他凉粉的标志。豆母子是用豆豉经过炒制而成的。因为川北凉粉绝对不放酱油和醋,要有盐味,但又不完全依靠盐巴,就通过豆母子的味道来达到效果。豆母子做得好,凉粉才裹得起味道。赖云清炒制的豆母子堪称一绝,咸鲜微辣,醇和厚重,裹在凉粉上进入口中,满嘴柔顺鲜香,有一种满足的感觉。

川北凉粉的名堂多

川北凉粉由此名声大噪,成了重庆人进城或外地人来重庆必须品尝的美食之一。到最高峰的上世纪70年代末,每天下午都排着一百多号人的队伍。一间小店,请了20多个营业员还忙不过来。

这一盛况一直持续到上世纪80年代末。到了90年代,位于川北的四川南充突然发起了对"川北凉粉"商标的争夺,最终,在行政干预协调和经济补偿之下,"川北凉粉"商标易主。自此之后,"川北凉粉"黯然地、伤心地离开重庆,从重庆美食江湖彻底消失。这个老字号离开重庆这一美食沃土后,品牌影响力日渐式微,已被食客从心中抹去了最后一道底色。

"川北凉粉"商标虽然退出了重庆,但是,凉粉本身是重庆人一直喜爱的一道特色小吃,在重庆民间,几乎家家户户都会用红苕粉、豌豆粉、绿豆粉甚至米粉制作凉粉,所以,凉粉这道美食,永远不可能退出重庆。现今重庆的餐馆,根据凉粉的味型特点和重庆特色,一般将凉粉定名为"麻辣凉粉"。

链接:

重庆民间的特色凉粉

重庆人好吃,每个区县都有独到的美食,哪怕是看似简单的凉粉,也被重庆人弄出很多花样和名堂。

荣昌黄凉粉:黄凉粉要用荣昌本地产的豌豆做出来的才正宗。做得好的黄凉粉,切成洋芋样的细丝能成条不烂,软而不断,调成咸鲜、微辣带麻,姜、葱、蒜香味突出的味道,吃起来有粉质感,口里有股豌豆的清香味。因不放酱油,用盐巴、豆豉和豆粉做成的黏稠调料,将各种作料均匀地黏附在凉粉上,吃起来自然入味。黄凉粉的摊点在荣昌城内随处可见,最为集中的要数南门桥一带,最有名气的当属"李氏凉粉"和"张凉粉"。

巫山翡翠凉粉： 巫山有一种观之绿如翡翠、晶莹剔透，闻之清香幽远、余香绕梁，尝之淡雅细滑、爽如果冻的凉粉——翡翠凉粉。翡翠凉粉是一种被称为"臭黄荆"的植物叶子的汁水，用纯草木灰做的卤水点卤，再温柔地搅拌均匀，凉透之后形成的。大概因为植物叫臭黄荆，当地人称其为"臭叶子凉粉"。毕竟，"臭"字放在美食中不雅，有好事的客人根据它碧绿如翠的颜色，取了一个小诗意的名字——翡翠凉粉。

秀山米豆腐： 用大米淘洗浸泡后加水磨成米浆，然后加碱熬制，冷却后形成块状"豆腐"即成，也有称为"米凉粉"的。其实米豆腐也好，米凉粉也好，只是一个称谓罢了。吃的时候切片放入盘内，再将切好的大头菜、盐菜、酥黄豆、酥花生、葱花放于米豆腐上，用小碗放入红油、麻油、花椒油、酱油、醋、姜汁、蒜水等调料兑成汁，浇淋于米豆腐上即可。

伤心凉粉： 这是传统小吃由现代化商业包装的一个案例。凉粉还是传统的凉粉，但在调味上发生了变化。将泡椒、辣椒粉、辣椒油的辣味融合起来，闻着喷香，刚吃一口只觉得好吃，酸酸辣辣的味道很特别。吃上三口，便有辣味从喉咙里直冲鼻子，让人忍不住抹眼泪，不知道的人还以为是在"为谁伤心"。于是取名"伤心凉粉"，惹人遐想。

糍粑块：舌尖上麻木的颤抖

糍粑和糍粑块，都是重庆的传统小吃，仅一字之差，既表明主料相同，但其做法却完全不同，许多外地人常常搞不大醒豁。

糍粑是糯米浸泡以后蒸熟，迅速放到碓窝（石臼）里，用木槌或者芦竹舂至绵软柔韧，趁热将糯米饭泥制作成可大可小的圆饼状，周身裹上黄豆面和白糖混合做成的拌料即可食用，拌料还可是芝麻炒香磨粉与拌白糖混合而成的一道美食。在重庆的民俗中，这是一道节日小吃，传统的中秋节，家家户户都要做糍粑。节日当天没有吃完的糍粑，往往被趁热做成饼状，让其自然冷却，然后适当风干水分，这样，秋冬季节可以保存半把个月。吃的时候，将糍粑切成小块，裹上鸡蛋液放入锅中油煎至金黄酥泡，起锅摆盘，撒上黄豆面和白糖拌料。这道小吃在重庆的餐馆基本都会提供，名字叫"蛋煎糍粑"或"糍粑"，也有简称"糍粑块"的。

但重庆人平常所说的糍粑块，却是完全不同的另一道小吃。至于为什么会叫糍

早上卖的糍粑块、油果子等

粑块，以至于与实为糍粑的"糍粑块"有些混淆视听，已无从考证，大抵是因为原料相同——都是用糯米做成，就被简单粗暴地归入同类了吧。

糍粑块一般作为早餐出现在早餐摊点上，其制作方法很简单。将糯米洗净，用清水浸泡两三个小时，使其充分吸收水分，上锅蒸熟后倒出，加入少许盐和花椒拌匀，拿擀面棒捶打压实。这就像成长的过程，既需要风雨的磨炼，又不能让暴风雨摧残本性，摧毁初心，因而捶打不能过头，要保留米粒的形状。然后装入木盒，冷却以后翻在案板上，切成8厘米见方、1.5厘米厚的块状。此时的糍粑块，犹如少女初长成，纯洁青涩，离成熟只有一步之遥。最后一步，下油锅，中火炸至表面金黄即可。女大十八变，从洁白青纯到金黄成熟，往往是在不经意的一个短暂瞬间，一场热恋，一个变故，一次特别的人生经历⋯⋯都犹如这一锅热油的淬炼。

油炸好的糍粑块色泽金黄，外酥内软，香脆味美，咸鲜微麻，口感很是独特。少年时期的记忆中，边嚼着糍粑块脆脆的外皮，边用舌头舔下粘牙巴的糯米，边小心翼翼地注视着手里的糍粑块，好随时揪出隐藏在糯米深处的地雷——花椒。一不小心，地雷爆炸，糯米的清香混合着舌尖麻木的颤抖，想象着初吻的感觉，憧憬着美好的爱情⋯⋯一块小小的糍粑块，能吃出别样的滋味与情怀。

链接：

那些越来越少见的小吃

传统重庆小吃非常丰富，街头巷尾经常可见各种不同的小吃，一般都是现场制作。如今，随着城市的发展和管理的规范，这些重庆人曾习以为常的小吃，已经越来越难觅其踪影了。

麻圆：用糯米粉加白糖、猪油和水揉制成圆球形，再入锅油炸而成。因其呈圆球形，中间为空心，表面又沾裹着一层芝麻，故名"麻圆"。重庆麻圆个大皮脆、色泽微黄，一层芝麻紧紧地镶在皮面上，口感香甜绵软，性黏而不粘口。

油钱：糯米蒸熟后舂至半蓉，逐个包入洗沙馅，制成圆窝状，下锅用菜油中火炸至酥脆、茶黄色即成。因其外呈圆形，中有小窝，犹如铜钱外圆内方，因而得名"油钱"。油钱一般作为早点热食，酥香爽口、绵扎香甜。

熨斗糕：米粉浆加入鸡蛋、白糖、桂花蜜等，舀入专制的烙碗内翻烙至金黄色。由于其烙制的器具很像老式熨斗，故得名"熨斗糕"。烙好的熨斗糕，外酥呈棕黄色，里面松软香甜呈白色，咬一口满嘴酥脆香甜，虽烫得说不出话，还是让舌头在嘴里不停地搅动着。

熨斗糕

三角粑： 把米打成的黏糊用勺子舀到一种铁制的三角容器里，在放进去之前要先在容器内壁刷上一层油，以免粘住，然后盖上铁夹，经过几分钟在炉上的翻转烘烤就可以吃了。因形状像一个直角三角形，故取名"三角粑"。三角粑吃起来香、酥、爽，不但有稻米的香味，还有一种油煎的香味。

糯米团：童年的记忆

每一个在重庆长大的人，记忆中都有那温馨的一幕：早上离家，在妈妈的叮嘱下，接过妈妈递来的五毛钱，然后到楼下买一个糯米团，边吃边蹦蹦跳跳去上学，弄得满嘴满脸都是黄豆粉，像一只偷吃了东西的小花猫。可以这么说，糯米团是每一个老重庆人的童年记忆。

糯米团之所以受小孩子的喜欢，口感是一个方面，糯米的口弹与油条的酥脆，在咀嚼时会在口腔中形成一种抑扬顿挫、张弛有度的感受；加之糯米的清香、油条的焦香以及黄豆粉的浓香，形成立体分布又层次不同的香味体系，填充着口腔的每一个角落；白糖的甜味单纯而直接，可以唤起记忆中愉悦的体验；而咀嚼到白糖时发出的似河沙碎裂的"嚓嚓"声，又带有几分调皮和可爱，可以满足小孩子天生的好奇。

另一方面，制作糯米团的过程，对小孩子也充满了吸引力。糯米团一般现场制作。当然，原料是事先准备好的：蒸好的热气腾腾的糯米饭、现炸的油条、白糖、黄豆粉。

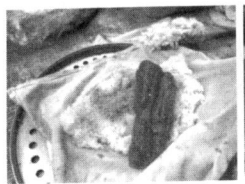

做糯米团的，一般都是和蔼可亲的大妈大婶。一旦有顾客，迅速将一张纱布铺开在案板上，用

糯米饭裹油条　　糯米团裹白糖　　糯米团沾黄豆面

饭勺从密闭的甑子里舀出适量的糯米饭，放在纱布上压平。随后，用勺子分别取少许白糖与黄豆粉均匀地撒在糯米饭上，再从一旁的油条袋里挑选两节炸成金黄酥脆的油条放在糯米饭中间。将纱布从两边裹起来，让糯米饭包住油条，揉搓成一个长条团子（橄榄形），然后双手握住纱布两边，朝着不同方向旋转四五下，拧紧包住的糯米团。最后，将糯米团从纱布里取出，蘸上适量的白糖、裹上一层黄豆粉，一个完美的糯米团就算做成了。整个过程就像一场表演，一气呵成绝不拖泥带水。

糯米团做得好不好吃，关键在于糯米饭蒸得好不好，油条炸得酥不酥。糯米上锅蒸之前，要先浸泡4－6个小时，时间太短没有浸透，时间太长泡得太软。蒸糯米饭的火候也很关键，太硬太软都不行，只有蒸到恰到好处，吃起来才既口弹又有嚼劲；油条的做法与平常早餐吃的油条一样，但火候却不同。平常的油条炸泡炸出金黄色即可，而做糯米团的油条，在这个基础上，还需用小火慢慢炸酥炸脆。糯米饭和油条，做好以后都必须尽快使用，这无形中给糯米团的制作者带来难度，因而现在糯米团越来越难找到了。

因而，糯米团必须趁热吃，一旦冷却，糯米饭就会变得非常坚韧，咀嚼吞咽都很困难，而油条也因为回潮而变得绵软，失去酥脆的口感。

童年的冬天，一个烫乎乎的糯米团，不但可以暖心暖胃，还可以暖手暖身。早上的寒风让小手僵冷，抱着一个糯米团，直到不再烫手时，再慢慢吃掉——一个平常而温暖的早晨。

山城小汤圆：杭州人扬名重庆

山城小汤圆，重庆非常经典的一道风味小吃，也是重庆一家非常著名的老字号小吃店。与重庆美食大多麻辣、粗犷、豪放不同，山城小汤圆甜润、细腻、温和，简直是重庆美食中的异类。

山城小汤圆的实质，就是重庆人春节之时家家户户都要做的"包心汤圆"，民间俗称为"大汤圆"，以示与"醪糟小汤圆"之间的区别。重庆人耿直，说一不二，大汤圆果然很大，常规的相当于乒乓球，在农村甚至有鸡蛋那么大的，里面包着猪油、芝麻、核桃、花生、白糖等混合做的芯子，咬上一口，又香又甜，满嘴流油，那种感觉，只能用"满足"来形容。同样是包心汤圆，山城小汤圆之所以以"小"扬名，是因为其个头，不足重庆民间做的大汤圆的四分之一，大抵相当于一颗桂圆大小，显得娇小玲珑、雪白圆润、俏皮可爱，就像温柔美丽的江南女子，我见犹怜。

山城小汤圆虽以"山城"命名，但其血统却来源于杭州。

上世纪40年代末，杭州人余国骅来到重庆，先是在裕民面粉厂当了一名工人，1949年临近解放前被解雇。无奈之下，为了谋生，余国骅就在八一路（以前叫保安路）口摆了一个小摊摊，卖粽子、芝麻糊、花生浆、汤圆等小吃。到50年代初，生意越来越好，小摊摊已经不能满足顾客的需要，余国骅也赚了一点小钱，就在小摊附近开了一家小食店，经营的内容依然不变。

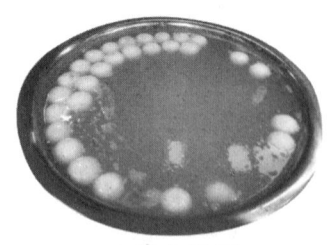

山城小汤圆

江浙人天生脑子活络，有生意头脑，有创新意识，余国骅也不例外。到60年代后期，小店的生意已经开始上路。余国骅发现，重庆本地的大汤圆虽然一口下去顿生满足感，但由于个头太大又太油，很容易让人生腻，特别是女人，根本不敢亲近它。于是他首先将汤圆的个头作了调整，根据浙闽一带包汤圆的方法，把汤圆做得和桂圆一样大，显得玲珑小巧，让人见之心生喜爱。接着又将传统的馅料作了改良，虽然馅料的原料还是猪油、芝麻、桃仁、花生、白糖等，但对这些原料的比例却作了调整，减少猪油、白糖的分量，增加芝麻的比重，使馅料的口感更香却不油腻。对于主要原材料的来源，也作了大范围的筛选：芝麻，要选用江西的油芝麻，其油脂度和香度，是山城小汤圆的精髓；糯米，则采用无锡太湖边上的优质大糯米，这是山城小汤圆滋润柔滑的关键。由于余国骅来自杭州，且汤圆也借鉴了浙闽一带的做法，于是给这种新汤圆取名"杭州小汤圆"。

杭州小汤圆不管是外形还是味道，都让山城的民众耳目一新，一时在老山城风靡。后来，余国骅见素以粗犷口味著称的重庆人，对这种小巧精致的食物视如己出，并且自己也有扎根山城的打算，于是将招牌改为"山城小汤圆"。

山城小汤圆创立了50余年，如今已深深扎根重庆这片土地，成了重庆的名特小吃。山城小汤圆对于重庆的贡献在于，让重庆在外地人的印象中，除了简单、粗犷、豪放这些褒贬不一的定位之外，多了温柔、细腻、甜蜜之类的认知维度，让重庆的形象显得更加丰满、更加立体。

链接：

夜摊上的醪糟汤圆

醪糟汤圆是重庆夜摊上的常客，上桌率非常高，这种小吃在民间又叫"掐掐汤圆"。醪糟汤圆的做法非常简单，将干湿适度的汤圆面搓成细小长条，然后掐成指甲盖大小的小汤圆，与醪糟一起煮熟，加入少量白糖或红糖即可。也可以在水沸时打入蛋花，营养口味都更好。醪糟汤圆清香爽口，有酒味但不浓烈，很适合酒后暖胃，或者吃了麻辣食物之后的缓和。特别是在冬天的夜晚，一碗热气腾腾的醪糟汤圆下肚，一种幸福感油然而生。

油茶：当馓子恋上米羹

重庆的早餐小吃，有越来越单调的趋势。近几年定居重庆的外地人越来越多，以为重庆的早餐除了麻辣小面，就只有稀饭、包子、馒头和豆浆、油条，这是对重庆早餐的极大误解。其实，传统的重庆早餐非常丰富，老重庆人闭着眼睛就可以报出一长串小吃名字：糍粑块、油钱、麻圆、油果子、煎饼、烧饼、糯米团、白糕、熨斗糕、三角粑、米粉、米线……对了，还有油茶。

油茶全国各地都有，做法各不相同，但有一点基本一致，就是既有油又有茶——用当地特产的动物油（羊油、牛油等）和当地特产的茶，以及其他食材一起熬制，口感味道也呈现出不同的风格。重庆油茶却独树一帜，算是油茶中的异类，因为，重庆油茶与茶没有半毛钱的关系。也不知当初"油茶"这个名称是怎么得来的？但这并不影响老重庆人对油茶的喜爱，也不妨碍油茶成为一道地道的有特点的美食。

不知是因为身份太平民化，还是销售的利润太薄，重庆油茶很少进入正规的店铺，一般只在临时占道经营的路边早餐摊点才能看到其踪影。由于种种原因，现在路边早餐摊点越来越少，因而很多传统的小吃，越来越不容易看到，甚至有失传的危险了。

馓子遇上米羹，一场旷世之恋就完成了

其实，时间倒转回去二十年，几乎每一个居民小区的楼下，都会有好几个路边早餐摊点，他们一般早上六点钟左右出现，热气腾腾地做好一切准备，等待着为休整了一夜的街坊邻居提供最温情的早餐，提供一天最早的慰藉。七八点钟是最忙碌的时候，现场一片热火朝天。然后，该上班的上班、该上学的上学，九点后又消失得无影无踪。这些早餐摊点自发错位经营，一般不会卖重复的东西，你做豆浆、油条，他做熨斗糕、三角粑，我就做油茶、糯米团……既避免了同质化竞争，又让居民们各取所需，皆大欢喜。正是这些早餐摊点，让老重庆具有更多的烟火味和浓浓的生活味，也让重庆人每天都从热气腾腾的早餐开始新的一天。

油茶是重庆人除了麻辣小面之外，最爱的一种早餐。重庆油茶，其实就是一碗热络的米羹，加上油辣子海椒、猪油、花椒面、炒过的盐、味精、炸香的黄豆、胡椒粉、花生碎、榨菜粒、葱花和香菜等调匀，然后将酥脆的馓子捏碎堆在米羹上面，在碗里堆成一座金灿灿的小山，很有视觉冲击力。

油茶的调料里有一样东西必不可少，那就是猪油。猪油经米羹的热量融化，会产生一种特殊的香味，能激发并融合其他调料的香味，立即散发出一种家的温馨感，这正是形成油茶独特风味的关键。按照中医的说法，猪油味甘、性凉，有补虚、润燥、解毒的作用，可治脏腑枯涩、大便不利、燥咳、皮肤皲裂等症。现代人因为减肥而远离猪油，殊不知拒绝了一样非常优秀的食疗佳品，可惜了。

油茶要趁热吃，边吃边用勺子将馓子搅拌到米羹里，让每一根馓子都裹满米羹，然后一起送进嘴里，米羹的软糯和馓子的酥脆，既对立又统一，就像一对珠联璧合的璧人在口中舞蹈、脆柔相融、凸凹有致、刚柔相济、和谐共舞，然后再配合各种调料呈现出来的不同层次的香味，满口舒爽，回味悠长。特别是在冬天的早晨，吃一碗热乎乎的油茶，简直是暖心暖胃，温暖一天。

  重庆油茶的主要原料是米羹和馓子，米羹的做法很简单，大米浸泡两个小时，以前用石磨而今用搅拌机打烂，倒入锅中边煮边搅拌，直至煮熟呈稀糊状；馓子其实也并不神秘，将无碱水面蒸熟沥干，锅内加油，大火加热后倒入已沥干的面条，炸成金黄色出锅，就是所谓的馓子了。至于调料，看起来虽然品种繁多，但对于重庆的民间高手来说，这些都是家家几乎必备的东西，信手拈来而已。

  也只有重庆人，将一道如此民间的小吃，做出了一道经典大菜的丰富口感的味觉层次。

  连接：

1. 南川油茶面块

  油茶面块是南川区大有镇的一道特色小吃。大有镇属于高海拔地区，寒气较重，当地人每天上坡劳作前，如果不喝一碗油茶，浑身都不对劲，因而油茶也被当地人称为"干劲汤"。

  在当地，普通人家通常会在地里种上几棵茶树，俗称"家茶"。每年春季，家茶发芽的时候，人们就在灶台上支起大铁锅，把还带着露珠的茶叶倒在锅里，用微火烘干，再铺在院坝里晒几天。油茶面块则是将面粉用手工精细调制，再加上腊油油茶烹饪而成的，吃后令人神清气足。

2. 土家油茶汤

  重庆武陵山区的酉阳是土家族聚居地，土家人日常生活中必不可少一种"油茶汤"。据说在明代，土家族人民经常遭受侵扰，被封建统治阶级围攻。到了大年三十这天，所有人家中的东西搜完，只剩下了一些粗茶叶、茶油、玉米、黄豆、腐干、松茹、腊肉等，于是只好用这些东西煮成一锅"油茶汤"，共同分享，从此这一风俗一直沿袭至今。

  油茶汤味道鲜美，既能作为食品充饥，又能作为饮料提神。土家族有一首歌谣这样唱道："土家儿女爱唱歌，只因烧了油茶汤喝……"

凉糍粑：亲情的浓缩

糍粑是重庆的一道节令食品。以前在农村，每逢中秋节，几乎家家户户都要舂糍粑，家家户户都会飘散出糯米的清香。糍粑与月饼，都象征着团圆。

舂糍粑，在重庆方言中被形象化为一个"打"字——"打糍粑"，言简意赅、铿锵有力，形象而生动地抓住了制作糍粑的关键环节。打糍粑具有很强的仪式感，一般由家里的老人坐镇指挥，全家男女老少一起上阵。

舂对窝是巧力+蛮力的活路

先是由女人用温水将淘洗干净的糯米浸泡二三个小时，滤干水分后倒入木甑子内，用大火蒸熟。糯米刚刚熟透即可，切记不宜蒸太久，否则糯米会失去韧劲。那么，怎么判断糯米已经熟了呢？观察甑子上大汽后，甑子盖开始滴汽水时，一般糯米已经熟透。此时起锅的糯米饭，不烂不焦，香味浓郁，粒粒白似珍珠，柔软而有弹性。

将蒸好的糯米饭倒进碓窝（巴蜀叫对窝）里。此时，男人该出场了。如果家里长子已有劳动力，那么，打糍粑就应该是父子俩的事情，因为打糍粑是个力气活。两人相对而站，一人一根木槌，开始，两人握住木槌使暗劲将碓窝里的米饭压烂，然后扬起木槌对准糯米饭打，你一下我一下，此起彼伏。两人必须心手相通，配合默契，把握好节奏，不然，就会将木槌砸在对方的木槌上或者碓窝边沿上，不仅虎口震痛，木槌也易被砸烂。一场糍粑打下来，两人都气喘如牛，手臂酸痛，虎口发麻。打糍粑要趁热，越快越好，否则时间久了，糯米饭冷却，米粒就会变硬，也会失去黏性，糍粑就无法成形了。

经过一阵"嘭咚、嘭咚"的捶打，所有的糯米都已失去原形，糅合成瓷实的一堆米泥，黏糊糊的有韧性，糍粑算是打成了，接下来，就该给糍粑塑性了。将打烂的米泥从碓窝里抠出来，倒在已经撒了糯米面的方桌上。女人们早就围等在方桌边，在手上抹了一些菜油，然后一人扯一绺糍粑，有的往模具里放，然后压平，有的直接用手捏。捏糍粑当然也有技术，熟练的但见两手翻动，右手指配合左手大拇指和食指，几捏几捏，然后右手一拧，一个又圆又白、冒着热气的糍粑团就摆在了桌上。

此时孩子们也没有闲着，踮着脚尖从大人们的缝隙间伸出一只只小手，摸到糍粑，随便扯一坨，就往嘴里放。奶奶心疼孙辈，赶紧端出已经准备好的黄豆面与白糖调和的拌料，"来，快到这里来垄一下再吃。"此时孩子们吃的糍粑，还冒着丝丝热气，所以重庆人一般称之为"热糍粑"。

与"热糍粑"相对的就是"凉糍粑"——桌上的做成团的糍粑，完全冷却以后，就成了"凉糍粑"。凉糍粑在秋天的自然温度下可保持半个月甚至更长的时间不会变质。

凉糍粑的食用方法很多，可油煎，可水煮，可火烤，也可同甜酒一起煮沸加糖。但重庆最常见的吃法，还是油煎。几乎每一次稍微上点档次的宴席，都少不了油煎凉糍粑这道小吃。

用锋利的菜刀将冷却的圆饼形糍粑切成薄小块或者长条，至于小块和长条的大小尺寸，那就根据自己的喜好定吧，斯文者切小一点，粗犷者切大一点，当然，不宜过小或过大。切糍粑的时候一点要注意安全，冷却后的糍粑坚硬如铁，极不易切断。

切小的糍粑裹上蛋清。铁锅里倒菜油烧到八成热，中火，下入糍粑炸至膨胀变大、色泽金黄，捞起沥干菜油，摆盘，撒上黄豆面和白糖，趁热吃。也有不撒黄豆面的，提前将红糖加水熬成糖浆，待糍粑炸好装盘，淋上红糖水，吃起来又是另外一种味道。

传统农村，中秋节正是收获之后的农闲季节，一家人团聚在一起，用打糍粑这种仪式化的美食制作过程，将家里男女老少的情绪都调整到最好的状态，你叫我嚷，欢声笑语，边吃边玩，好不快活，日子就这么一点一点地浓缩，亲情就这么一丝一丝地凝聚。

冰粉：似冰似粉，非冰非粉

一到夏天，重庆街头就会出现一种特别的小吃，看起来晶莹剔透，似冰非冰，似粉非粉，吃起来爽滑透凉，甜蜜蜜，凉幽幽，这就是"冰粉"了。冰粉因爽滑、透明、冰爽、美味、价廉而深受草根一族青睐。特别是其生津解暑、清凉降火的功效，成为重庆家庭夏日必备的降暑美食。

重庆的家庭主妇，几乎人人会做冰粉。用纱布将冰粉籽包起来放入干净的水中搓揉，将其汁液搓到水中，然后放一些石灰水或者牙膏在水里，放进冰箱，待其凝固就成了似冰非冰、似粉非粉的冰粉。吃的时候盛一些在碗里，浇上红糖水，一勺入口，犹如果冻一般爽滑香甜。

所谓冰粉籽，其实是一种叫假酸浆的植物的种子，比芝麻略小。假酸浆是一年生草本植物，在各地叫法不同，有蓝花天仙子、大千生、野木瓜、田珠、鞭打绣球、草本酸木瓜、苦蘵、果铃、天茄子、灯笼花等别称，分布在四川、重庆、云南、贵州、广西等地，一般野生于田边、荒地、屋园周围、篱笆边，

夏天冰粉摊摊的生意十分火爆

也被作为中草药和观赏植物人工栽种。作为中草药，具有清热解毒，利尿镇静的功效。

假酸浆的种子内含有大量的果胶——顾名思义，就是一种能呈现"胶"状的物质。这是假酸浆籽能够制作冰粉的基础。果胶很容易溶于水，因此，制作冰粉时要先将冰粉籽在水中搓揉。不过，溶解在水中的果胶要想成为凝胶状，却需要含碱较重物质的帮助，于是石灰水或者牙膏就派上了用场。

现在制作冰粉要容易得多，直接到超市买一小袋冰粉，加开水冲调即可。这就像咖啡，传统的是现磨，现在有速溶。当然，从口感来说，速溶的肯定没有现磨的好。

重庆人吃冰粉，讲究的是简单纯粹，一般只添加红糖水即可；冰粉在四川地区也非常普遍，四川人吃冰粉，比较追求花样，于是冰粉里被添加了芝麻、山楂片、葡萄干、水果以及坚果碎等。在重庆人看来，四川的吃法，口感层次虽然丰富了，却弱化了冰粉本身冰凉嫩滑的特点。

有科学考证，冰粉的果胶是人体无法消化利用的，所以，如果要减肥，冰粉既能增加饱腹感，又能控制能量的摄入，倒是一个不错的选择。

链接：

凉虾

在重庆，有冰粉的地方，一定会有另一种小吃——凉虾。凉虾是用大米制浆煮熟，用漏勺漏入凉水盆中而成。因头大尾细形似虾，故此得名。凉虾的吃法与冰粉有些类似，冰镇以后加入红糖水，是夏季解渴佳品。

白白小小的虾儿团在糖水中，滑滑溜溜地入口便直钻入腹中，凉意霎时从心底里滋生开来，那滋味甜甜的、凉凉的，令人神清气爽，倦乏之感顿消。凉虾因其小、滑、糯、爽，可饮可吃，可小口喝也可大口吞，感觉各有不同。

荣昌铺盖面：扯向全世界

山城虽不以面食为主，但重庆人天生爱钻研的性格，在面食上同样做足了功夫。比如重庆小面，有近二十种作料，十多种口味，让外地人觉得不可思议。而荣昌铺盖面，则是形式上的创新，一碗铺盖面，只有一张如铺盖（被子）般遮天蔽日的面块，显得霸气十足。

的确，荣昌铺盖面造型独特，面薄爽口，筋道十足，汤鲜味美，如今已然占据了重庆的大街小巷，成了重庆面食的一大主要势力。

一般人只知道铺盖面起源于荣昌，却不清楚铺盖面最早的发源地是荣昌昌元镇（原城关镇，今昌元街道）。如今，荣昌敖家巷子里，历经数十年，仍有一家兰氏铺盖面通过代代相传，延续着最初的手艺。

刚出锅的鸡杂豌豆铺盖面

1933年，15岁的兰海云来到荣昌昌元镇，拜师面摊老板陈有权，向他学习制作面块。做面块几乎家家都会，但与众不同的是，陈有权的面块是面团扯出来的，面积大、面皮薄，还要在里面加入一段油条，油条浮在面汤上面，形似鸡头，所以这种面块被称为"鸡婆头"。兰海云每天跟随师傅出摊，生火发炉子，配料扯面块，洗碗抹桌子，事事亲力亲为。一晃就是三年，已经18岁的兰海云终于可以出师了。

出师以后，兰海云在敖家巷开了一家面馆子，专卖"鸡婆头"。他还对口味进行了改良，每天熬制一大锅新鲜的骨头汤用来煮面块，使面块更加鲜香；将当地特产的黄豌豆炖烂用来打底，使面块的口感层次更加丰富；然后用肥瘦相间的猪肉制作成焦香的杂酱，既增加面块的色泽又提升香味。改良后的面块大受欢迎，店内两张八仙桌总是高朋满座。到上世纪60年代中期，由于政治形势紧张，当时所有私人门店全部关门，兰海云的面馆子也不例外。

改革开放初期的1982年，兰海云重操旧业，在敖家巷重新开张了更大的面馆。时过境迁，人们的口味发生了很大的变化，兰海云再一次对面块作了变革，去掉面汤中的油条，用鸡汤作为高汤，将面块扯得更大更薄。"鸡婆头"这个名字既粗俗又难免让人想到以前的口味和形式，兰海云索性依据面块面积大、呈方形，犹如一张铺盖的特点，将面块更名为"铺盖面"，店铺命名为"兰氏铺盖面"。"铺盖面"这个名字，独特生动，形象易懂，俚俗而不粗俗，很容易让人记住并传播，加之面块本身的口感独特、味道鲜美，"兰氏铺盖面"很快就名声大噪，前来学习的人络绎不绝。

学徒们逐渐将铺盖面分店开往全国各地，甚至全世界有华人的地方，都可以发现荣昌铺盖面的身影，因而，荣昌人自豪地说："荣昌铺盖面，扯向全世界！"

荣昌铺盖面最关键的一道工艺就是——扯。每一家铺盖面店铺的门口，都有一口沸腾的大锅，一旦有客人点了铺盖面，店主通常是在揉好的面团上揪下一小坨，双手一起动作，麻利而熟练地拉扯成一张薄薄的面皮。这也是考验店主技术的关键，技术不好会将面皮扯得千疮百孔，技术过硬，扯出的面皮厚薄

七卷 美食江湖

均匀，呈半透明状。面皮扯好，然后在空中抛出一条弧线，稳妥妥地落在沸水锅中，犹如渔翁撒网。一两分钟后，面皮浮于沸水面上即可捞起。

扯面皮的过程，既是美食的生产过程，又是表演吸引食客眼球的过程，这也是铺盖面的奥妙之一。

如今，兰氏铺盖面已传到兰海云的女婿田伟手上。田伟最大的愿望是，大家都能保留住铺盖面最初的工艺，这样才担得起铺盖面传承人的称号。比如，和面必须两个小时以上，达到三不粘（面不粘手，手不粘面，面不粘盆）的境地，面才柔韧筋道；当天没用完的骨头汤每晚必须倒掉，第二天重新熬的汤才鲜美；醒面要充分，让面团充分渗透，醒发，面会更有韧性……

合川羊肉米粉：鲜上加鲜再加鲜

如果说大部分重庆人的一天，是从二两红艳艳的麻辣小面开始的，那么合川人的一天，就是从二两热气腾腾的羊肉米粉开始的。

合川作为重庆的一个区，早餐习惯与重庆绝大部分地方截然不同，或许是合川与川北重镇南充接近，又得嘉陵江水相连的便利，早年经嘉陵江水路传入，得南充米粉的真谛，然后改良精制，成了重庆传统名特小吃。合川羊肉粉是由米粉和羊肉汤、臊子，配上考究的作料而成，具有粉鲜、汤鲜、臊鲜等三鲜的特色。

先说米粉，传统的手工制作方法是，选用合川区太和镇出产的上等油米淘净，用清水浸泡几天，然后用石磨细细磨成米浆，放到屋外晒干，和成粉团后将粉煮熟，再用碓窝（石臼）使劲捣煮熟后的粉团，使之变得极有筋力，最后用压榨机将粉团压榨成一根根韧性极好的米粉条，再卷成约二两的小团即成。手工米粉最关键的工艺是"捣"，捣得越久越好，做出来的米粉越是筋道有力，好的手工米粉质细、绵软，且极有韧性、不易断碎。

如今传统手工的米粉已不可寻，全部改为机器批量制作。但机器制作的米粉也有"水粉"和"发粉"之分。水粉是大米发酵五至六个小时后，直接由机器制成的米粉，未添加任何食品添加剂，粉本身很软无需在水里泡就可直接烫食。但是，"水粉"的卖相不好，煮好的粉容易断成小短节。很多

合川红汤羊肉粉　　合川清汤羊杂粉

不明就里的顾客会误会老板，认为是老板将粉泡的时间太长导致。也正因如此，老板一般只提供了"发粉"。这种粉有嚼劲，而且不容易断。但粉中添加了食用类胶作为添加剂，如果经常吃，对身体必然是不好的。从成本上来说，"水粉"的价格比"发粉"高，因而，如果不是老顾客，老板根本不会提水粉这一茬。

水粉和发粉在口感上有什么区别呢？发粉由于加了添加剂，完美成型，必然与羊肉汤之间会有所隔阂，产生疏离感，粉是粉，汤是汤，换句话说，就是不那么入味；而水粉与羊肉汤之间完美融合，羊肉汤的鲜味直接浸入水粉中，水粉的爽口中带着羊肉的鲜香，吃上一口，根本停不下来。

下次到合川吃粉，如果有幸听到老板问了一句："吃节节粉（水粉）还是泡的粉（发粉）？"你一定要毫不犹豫地回答："节节粉！"

交代清楚了粉，接着说汤。羊肉米粉最讲究吃原汤。原汤一般用羊头、羊腿骨等冷水入锅，加老姜、陈皮等慢火熬制而成。熬制原汤时，第一次一定要将水加够，中途绝对不能加水，否则汤的味道会大打折扣。原汤一定要当天熬制，绝不能过夜继续使用。原汤的特点是，汤浓色白，鲜味独特，香气高扬。

最后说说臊子。取合川另一特产"山羊"的颈、排骨等带骨肉，下汤锅煮至过红，斩成厘米见方的丁，过油备用，另置炒锅，高热后放油，下老姜，郫县豆瓣炒香，下肉丁爆炒，掺原汤细火熬至汤鲜香浓稠。合川羊肉米粉的臊子味清香无腥膻，堪称一绝。

如是，米粉、原汤、臊子三者俱备，粉鲜、汤鲜、臊鲜，鲜上加鲜再加鲜，合川羊肉米粉终成占据一席之地的重要巴渝美食也。

梁平张鸭子：吃肉不吐骨头

重庆主城到梁平城区距离约200公里，开车需要两个半小时。重庆人有个习惯，只要到梁平，一般都会绕道318国道边，买一只张鸭子回来，然后一家人其乐融融，边看电视边啃鸭子，或者邀约三五兄弟伙，聊天喝酒啃鸭子。可见，梁平张鸭子在重庆人心目中的地位。

梁平张鸭子的造型还是很可爱

梁平张鸭子以干、香、瘦著称。"干"可以和牛肉干媲美，很有嚼劲；"香"以浓烈的大料香味为主，辅以其他香料，深入骨髓，连骨头都味道十足；"瘦"得有型，没有一点点脂肪。所以，梁平张鸭子并不适合作正餐食用，其发挥作用的最佳场合是看电视时的零嘴，或喝

"豆豆酒"时的下酒菜。

因此，重庆吃货对于梁平张鸭子的评价呈两极分化之势。

拥护者将其捧上了天，认为是人间至美之味，闲暇时将鸭肉一丝丝撕扯下来，入口、咀嚼、吞咽、下肚，回味无穷，这个过程，越慢越能体悟到梁平张鸭子的与众不同。更有甚者，鸭肉撕完，连骨头也不放过，将骨头放进嘴里慢慢咀嚼，越嚼越有味道，最后吃肉连骨头也不吐。

不喜欢者又将其贬低到了地底下，甚至还要踏上一只脚。在他们眼里，梁平张鸭子"干、香、瘦"的特点也成了缺点，干得费劲，香得闷人，瘦得无趣。可见，人也好、物也好，越是有个性特点，越容易引起争议，越无法满足所有人的口味。不过，不管大家对梁平张鸭子的评价如何，有一点是共同的，说到张鸭子就会想到梁平，说到梁平就会想到张鸭子，每次到梁平，都会带回一只张鸭子。

张鸭子之所以姓"张"，源于其创始人张兴海。解放前，张兴海跟随义父张良俊在万县（今重庆万州区）太白岩设店卖烧腊，学习烧腊制作技艺。"烧腊"原本是粤菜里的"烧"和"腊"的统称，"烧"主要包括烧鹅、乳鸽、乳猪、叉烧以及一些卤水菜式，"腊"指腊肠、腊肉、肉脯、酱封肉、晾肉、豉鸭等，但"烧腊"在重庆特指五香味的卤菜，如卤猪头肉、猪耳朵、猪拱嘴、猪肥肠、猪尾巴等，切成薄片加上调料，浓香可口，深受人们喜爱。

解放后，张兴海重操旧业，来到梁山县（今重庆梁平区）西中街继续卖烧腊。为了差异化经营，他不仅继承了义父的卤制技术，还在此基础上不断研究改进鸭子的制作工艺。1953年7月，张兴海经过无数次的实验，终于成功摸索出一套卤烤鸭技术，即将鸭子卤制以后，以适当的温度将水分慢慢烘烤干，这样做出来的鸭子香味浓郁、回味无穷。这就是张鸭子的来源。

1976年，张兴海在梁山镇大河坝街道318国道路边建立了一个小作坊，开始了规模化经营。他将卤鸭所用的料方，由原来的28味名贵中药增加到了36味。由于店铺位于318国道旁，不少司机都会停下来吃顿便饭，张鸭子的名气经过司机们口口相传，逐渐从梁平这个小县城向重庆、成都传播。张鸭子的名气越来越大，店铺也一次次扩大规模，最终创立了"张鸭子"品牌。到现在，张鸭子一年能实现上亿元的产值，成了重庆餐饮食品行业的又一佼佼者。

木洞油酥鸭：延续八十年的诚意

巴县木洞（今巴南区木洞镇）因"洞出神木"的传说而得名，明清之际商贾云集，是长江沿线著名的水码头，也是商品进入贵州的重要集散地。从木洞溯长江而上30余公里，即到重庆朝天门码头。

如今，随着公路运输的发展，靠水路繁荣的木洞已然衰落，渐渐被人遗忘。如果说木洞还有什么被人叨念之处，那就是油酥鸭了。经历近百年的历史变迁，木洞的民风民俗发生了翻天覆地的变化，但有

木洞油酥鸭

一种世俗的礼节一直延续至今——逢年过节或平日家中来客，一定会去街上买一只油酥鸭——在木洞人心目中，油酥鸭是节日的最高礼遇和待客的最大诚意。

据说，木洞油酥鸭起源于1935年。当地人邱永福制鸭出售，先是提篮沿街叫卖，每天数量有限，售完即止。因邱永福制作的油酥鸭颇受人欢迎，因而得了一个"邱鸭娃儿"的外号。随着名气的提升，便在木洞石堡街设了一个固定摊点，邱永福负责制作和销售，其妻邱陈氏负责宰切。邱陈氏练就一手好刀工，动作干净麻利，宰鸭均匀断骨，然后用荷叶包装递给顾客。夫妻俩配合默契，生意一天好过一天。

1948年，已经赚取了第一桶金的邱永福在木洞老街开起了"柳春园"餐馆，正式打出"邱记鸭子"的招牌，小镇居民喜欢简单直接，称之为"邱鸭子"。上世纪60年代，根据邱鸭子的制作工艺特点，易名为"木洞油酥鸭"。木洞油酥鸭正式得名。

木洞油酥鸭素以选料严格、工艺考究、制作精细、风味独特著称。原料必须是2—4个月大，3斤重的本地土麻鸭，而且要偏瘦的。然后严格按"炒盐腌、香卤复、酥得干"的传统工艺制作。鸭子宰杀洗净之后，首先需用炒熟的食盐进行腌制，诀窍在于掌握不同季节用料数量、腌码时间的规律，对厚薄部位采用不同的涂抹方法。接着将鸭子放入卤水中温和卤制一个小时，让其入味。

卤水是木洞油酥鸭最大的秘密，用30多味香料按照一定的比例调配而成，比例稍有变化，味道差之千里。卤水讲究一个"老"字，理论上越久越好，只有陈年老卤制作的卤菜，才能去掉各种香料自身的辛燥，吃出卤菜特有的陈旧卤香味。巴渝地区很多人家都有自制卤菜的习惯，有的卤水甚至代代相传了几十年。最后一步才是油酥。油温不宜过高，水分炸干，色呈焦黄，浅表皮酥脆即可。

做好的木洞油酥鸭，体形丰盈饱满，表皮油光润泽，看起来赏心悦目。夹一块入口，外酥里嫩，紧密咸香，腴美醇厚，回味不尽，让人百食不厌。

七卷 美食江湖

涪陵油醪糟：隆重的待客之礼

在巴渝民间，有一种待客之礼叫"吃开水"。

客人到来，主人家刚刚招呼客人坐下，便会抽身去灶房："你坐倒耍哈，我去煮点开水。"话音未落，风一样的主人已经进入灶房，灶房里立即传来柴火烧得噼噼啪啪、从水缸舀水倒入铁锅里的声音。

不一会儿工夫，主人就小心翼翼端着一个大海碗向客人走来。如果是了解这一风俗的本地客人，自然知道主人"煮开水"的意思，客气一阵，半推半就地接过大海碗；如果是不了解这一风俗的外地客人，此时立马傻眼，这哪里是什么开水呀，明明是一碗实实在在的醪糟鸡蛋。根据巴渝地区的待客风俗，为客人接风的醪糟"开水"，每位客人碗里至少要有3个荷包鸡蛋，如果主人家豪气，碗里能装多少就煮多少，七八个也不在话下。遇到这样热情的主人，客人往往有苦说不出，不吃吧，是对主人的不尊重，吃了吧，胃又承受不了。农村人处事简单，主客之间一阵你来我往嘻嘻哈哈之后，要么主人客人分而食之，要么客人勉力为之，总之，已经煮好的鸡蛋绝不会剩下。

如今，巴渝农村仍然保持着这种隆重的待客之礼，好在随着时代的进步，习俗也在与时俱进，变得更加文明，一般都会尊重客人，先问问客人的意思。

"我去煮点开水吧？"

"那就麻烦你了。"

"吃几个，四个没问题吧？"

"不用不用，两个就行了。"

重庆的农村家庭，醪糟是必备之物。醪糟即米酿、米酒、甜酒，有健脾开胃、舒筋活血、祛湿消痰、补血养颜、延年益寿的功效，因而对长年劳作的农家，一年四季一般都不会缺少。

醪糟一般自酿，糯米经过筛选粒粒饱满，浸泡三四个小时后蒸熟，混合酒曲让其自然发酵。蒸煮的火候要恰到好处不老不嫩，酒曲一定是当地名家所制，发酵不迟不早，这样，制作出来的醪糟才会状若白棉花，团而不散、香气浓郁。

早些年，家家户户都备有一只小小的木箱，可当发醪糟的器皿，也可作发面、发豆瓣之类的"发酵仓"。夏天做醪糟，将混合了酒曲的糯米饭直接装盆入箱，一

吃油醪糟配碗炒米糖开水

日后白醪糟即成；冬天做醪糟，在木箱四周铺上一层棉絮，最冷的时候甚至在棉絮外放一只热水袋加温辅助其发酵，三两日后糯米饭即变成米酒。能干的家庭主妇，可以根据气温的情况，随意调整棉絮的厚薄，将醪糟发到最好的状态。

重庆涪陵区的醪糟与众不同，要在普通醪糟之内加入捣细的核桃、芝麻、酥脆之后的花生、冬片、枣泥、橘饼等辅料，然后以上等猪边油煎炒，直至基本失去水分，最后装入陶罐中封存。这种"油醪糟"经年不腐，随吃随取，非常方便。

食用时，锅中掺入少量清水烧开，舀入油醪糟，加糖煮开后即可。也可以加入鸡蛋，即成油醪糟荷包蛋或油醪糟蛋花；加入小汤圆，即成油醪糟小汤圆；加入干糍粑（切成块状），即成醪糟糍粑。甜淡因人而异，吃法颇多。

据《涪陵辞典》记载，1799年春节，涪陵一富绅人家喜添人丁，亲朋好友前来道喜祝贺，主人吩咐煮汤圆招待客人，由于客人太多，搓汤圆根本来不及，厨子便将供太太"坐月子"吃的醪糟和鸡蛋，再加些汤圆芯子一起煮了，给每位客人吃。没想到客人们吃后赞不绝口，纷纷询问是什么东西，厨子情急之中答曰："油醪糟煮荷包蛋。"从此，涪陵满城竞相效仿。

由于油醪糟在客人心目中有"第一印象"的作用，因此，油醪糟的制作尤其精细和讲究，甚至成为衡量一家主妇是否能干的民间标准之一。长期积累的结果，涪陵油醪糟声名远播，成了"重庆名特小吃"。

丰都麻辣鸡块：与鬼怪扯上关系

丰都是个神奇的地方，因各种造型独特的鬼建筑将人们想象中的阴曹地府完整地再现于人世间而著名，因而被称为"鬼城"，为了避开吓人的"鬼"字，又取名"幽都""中国神曲之乡"。丰都因鬼文化而闻名于中华大地，这里的一切均与神仙鬼怪扯上关系，包括美食。

比如，在重庆家喻户晓的丰都麻辣鸡块，原本与川菜名菜白砍鸡应属同宗，只是调味的方式略有不同而已，但在丰都的传说中，麻辣鸡块却与鸡脚神有关。

在丰都县名山仙都观门前，至今站立着高约2米的白面无常和青面鸡脚二神，手执脚镣手铐，专职缉拿鬼魂、协助赏善罚恶。白面无常爷负责迎孝接善，青面鸡脚神负责锁恶拿顽。在巴渝地区的传说中，鸡脚神还有一项重要的任务，

白面无常居左、青面鸡脚神靠右

丰都麻辣鸡块

人死后头七之日晚上，鸡脚神会带领亡者魂魄返回其生前的家中，看望亲人，做最后告别。所以民间多会在当天晚上摆上贡品讨好鸡脚神，并在屋内撒上薄薄一层柴灰，留下鸡脚神的脚印，以证明亲人魂魄是否真有返回。

在丰都这个鬼神之都、神曲之乡，对鸡脚神却多有不恭。因为当地传说，鸡脚神生前是一只已修炼到一定至仙境界的大公鸡，但却好色成性，常常幻化成人形，深夜潜入民宅，祸害良家女子，当地人恨之入骨。为了泄恨，当地人每每将公鸡大卸八块，拌以麻辣大料，痛快撕扯，快意吞噬，寓意要将大公鸡生吞活剥。既可得食美味，又泄了心头之恨，久而久之，竟成习俗，鬼城麻辣鸡块因之而产生。

后来，大公鸡终因作恶太多而折损了阳寿，提前暴毙断送了性命。大公鸡幡然醒悟，悔不当初，于是当了白脸无常爷的跟班，协助冥界阎罗王赏善罚恶。但民间对它的憎恶唾弃始终无法断绝，麻辣鸡块一直延续至今。

根据传说故事的内容，丰都人认为：麻辣鸡块的起源，最早可追溯到唐宋时期。这一民间说法，或许只是当地人的一厢情愿，不一定准确。但对美食的追求，让饕餮者对美食的来历并不太愿意去刨根深究，他们更看重的是——味道，味道，还是味道！

丰都麻辣鸡块显然满足了吃货们对味道的追求，鸡肉煮熟却不煮烂，肉质有韧劲却能轻易地用牙撕碎，极易入口，口感香辣味鲜，略带回甜；极易下肚，鸡肉滑顺，咀嚼不费力，伴随着香辣就到胃了。

作为白砍鸡的同宗，麻辣鸡块的做法与白砍鸡如出一辙。精选一年生三斤左右上等散养土鸡，宰杀后去毛后备用；在清水中加入食盐、黄酒浸泡三小时，然后在铁锅内加水，放入老姜、花椒、桂皮、八角、食盐等烧沸后将鸡放进同煮，一刻钟后起锅沥干放凉，待凉透后，将鸡宰块切片装盘。煮鸡时，火候是关键，太嫩没有断生，有血丝影响食欲；太老则失去鸡肉的鲜味与弹性。

麻辣鸡块最关键的是调料。油辣子都有两种，一种是粗辣椒面炼制的油辣子，一种是细辣椒粉制作的红油。汤卤是麻辣鸡块区别于白砍鸡的调味绝技，将煮鸡原汤加入老姜、砂仁、白蔻、桂皮、丁香、草果、花椒、茴香等微火熬制2小时，形成香味浓郁的汤卤水，再调入油辣子、红油、食盐、白糖等搅拌均匀，就形成了独特的调料，浇在已装好盘的鸡块上，一盘红亮鲜艳，味厚香浓的麻辣鸡块，色、香、味样样俱全，任你如何视而不见，但唾沫腺却会出卖你——等着咽口水吧。

④ 老字号

老四川：食尽人间烟火

　　严文治是四川自贡人，其父亲在自贡开了一家"严氏牛肉馆"，专门做牛肉菜品，在当地小有名气，深得盐都人喜爱。特别是祖传的"灯影牛肉"，堪称一绝，据说是唐朝大诗人元稹被贬谪西域时带回来的配方及制作方法。因这道菜薄如纸片，隐隐约约能透过灯光，极像民间皮影戏所用的皮影，所以元稹给它命名为"灯影牛肉"。此秘方后来辗转落入到了严文治祖上的手中。

　　自贡地处成渝之间，因此发展空间受限，一大家子人守着一个作坊小店，绝非长久之计。严文治的妻子钟益凤精明能干，颇有胆识，她看到了这一点，鼓励丈夫放弃目前的安稳日子，到更广阔的天地去拼闯，大不了失败后再回来。

　　离自贡不远的重庆，就成了首选之地。当时的重庆，在四川地方军阀的管制与治理之下，社会相对稳定，人口众多，商业繁荣，水陆方便，带动四方能力较强，是一个较为理想的创业之地。

昔日白龙池，今日八一路好吃街

　　1931年，严文治夫妇挥泪告别父亲，拖儿带女来到重庆城。

　　初来乍到，人生地不熟，经过几天考察，他们选中了城内的白龙池（今渝中区八一路好吃街），这里不但地处城市的核心地带，人流集中，而且是重庆的美食、小吃聚集之地，"好吃街"之名虽然还没有叫响，但已渐成气候。于是在白龙池租了一间小屋住下。

　　夫妻俩在收拾清理行李时，严文治意外发现包袱里有一张破旧的纸条，小心翼翼地展开一看，居然是祖传的灯影牛肉秘方。原来，临行前，老父亲偷偷将祖传秘方放进了严文治的包袱里，希望他们在外闯荡时，有一个压身之技。严文治夫妇感动不已，向着自贡方向磕了三个响头。

　　严文治夫妇本来就在严氏牛肉馆学习多年，深得父亲真传，对烹饪牛肉有一套独特的技巧，如今又得秘方相助，更是如虎添翼。

　　第二天一早，夫妇俩就来到长江边凤凰门外川道拐的屠牛场，精选上好的黄牛肉。回到家，夫妇俩就忙碌起来，严格按照秘方上的方法，先将牛肉切成薄片，然后腌、烤、蒸、炸，丝毫不得马虎。三天之后，第一批灯影牛肉出锅，夫妇俩一尝，与老父亲做的灯影牛肉味道一模一样，果然是得到了真传。

夫妇俩就在出租屋外寻得一方空地，将门板取下，往两个长条凳上一放，就成了一个案板，摆上制作好的灯影牛肉及刀、秤等工具，小摊就正式开张营业了。虽然无名无号，但灯影牛肉的香气飘荡在整条街上，立即吸引了不少路人过来询问。人们一旦靠近小摊，立即被灯影牛肉油亮红润的色彩，精湛独特的刀工所震撼，一尝之下，更是麻辣鲜香，味味俱全，欲罢不能。因此，灯影牛肉一炮而红，很快在重庆城声名鹊起。严文治、钟益凤夫妇俩的牛肉生意，也越来越红火。

一晃几年过去了，抗战全面爆发，重庆进入陪都时代。

这一天，《新民晚报》一位资深记者在严文治的小摊上要了一份灯影牛肉，就着二两烧酒，吃得直呼过瘾。借着酒兴，这位记者给严文治夫妇支招："此菜香浓味醇、利口醒胃，最能代表川味神韵，干脆你们的招牌就叫'老四川'吧！"钟益凤听罢大喜，赶紧恳求记者为她书写了"老四川风味小吃"的招牌。

此时，严文治夫妇起早贪黑几年下来已经有了一些实力，于是就在白龙池租了一间固定门面，正式挂出了"老四川"的店招。同时，严文治夫妇依据祖传秘技，在灯影牛肉的基础上，开发了色似琥珀、质赛丝绒的"精毛牛肉"和色泽红亮、形如鞭炮的"火鞭牛肉"。这三道菜深受食客欢迎，被合称为老四川的"三肉"。老四川声名远扬、食客盈门，成为陪都重庆家喻户晓的餐饮名店。

老四川的近邻，是一家叫做"粤香村"的餐馆，老板祖籍广东，因而以广东的简称"粤"来命名，主理清真菜谱。粤香村的主厨陈清云为人机敏，有一股子钻研劲，在实践中摸索总结出了一套"清炖牛肉汤"的绝招，并在此基础上，相继推出了独具特色的"枸杞牛鞭汤"和"沙参牛尾汤"。这三款汤均受食客好评，被大家誉为"三汤"。

1964年，老四川与粤香村合并，先后经历了"渝香村""红岩餐厅""粤香村"等名字，直到1982年，考虑到"粤香村"这个名字不能突出重庆地方特色，才恢复严文治夫妇最初的招牌——老四川，并请书法家题写了店名。

老四川以善于烹饪牛肉而著名，牛身上的任何一个部位均可以成菜。老四川独创的"全牛宴"，在2003年第四届中国美食节上被授予"中国名宴"金鼎奖。2006年，老四川凭借悠久的历史、传统的工艺和独特的菜品，被国家商务部授予"中华老字号"的称号，这是重庆市中餐业获此国家级殊荣的第一家。

颐之时："秀才厨师"的绝活

川菜大师罗国荣

"颐之时"是重庆现存历史最长的餐饮名店，2006年被国家商务部授予"中华老字号"称号。然而，很多重庆人都不知道，颐之时并非土生土长于重庆，而是来自于四川成都。

据《重庆市志》记载，颐之时创立于1920年，由当时成都著名的乡贤根据《易经》中"颐"卦的内容而取名。《易经》曰："颐之时，大矣哉！"意思是说："因时制宜进行颐养之道，太重要了；颐养有时，大于一切！"

店子招牌"颐之时"三字，由当时成都著名的书法家盛光伟题写。如此高雅的店名，注定颐之时今后有不俗的表现。果然，颐之时创立没多久，便成了成都一流的川菜馆，大受食客追捧。

抗战全面爆发，重庆成为战时首都，军政要员、社会贤达、商贾名人、三教九流齐聚陪都，重庆的餐饮业非常发达。1940年，颐之时转战重庆，在重庆开设分号，专营高档川菜。经国民党第二十四军驻渝办事处处长、大银行家丁次鹤推荐，由罗国荣担任重庆颐之时的厨师长及经理。

罗国荣是四川新津人，12岁便独自到成都学艺，拜川菜名厨王海泉及川菜大师黄绍清为师，深得二人真传。1933年担任四川省主席刘文辉的家厨，后到成都"姑姑筵"帮工，向"七品厨师"黄敬临学到许多绝活。1937年，罗国荣离开"姑姑筵"，受丁次鹤聘请来到重庆，成为丁家的主厨。

罗国荣特别注重自身形象，走出厨房与客人见面时，绝不像其他厨师那样，头上顶着厨师帽，胸前挂一块围腰，双手戴着袖套，周身油腻腻、脏兮兮的。而是穿着一身洁净的蓝布长衫，足蹬圆口老布鞋，头戴缎青瓜皮帽，加上他五官清秀，身材修长，很像一个满腹学问的读书人，所以人称"秀才厨师"。

罗国荣悟性甚高，技艺精湛，博采众长，创制了"罗烧鱼翅""开水白菜""干烧虾仁"等许多新菜品，成为川菜的经典。手下得意弟子白茂洲、黄子云、周海秋等均成为川菜大师。

最让人称奇的是"开水白菜"，因汤清澈见底，不见一星油花，视之如白开水而得名。水中片片白菜心，犹如碧玉漂浮在碗中，热气腾腾。颗粒味精未放，食之却鲜美无比。连见多识广、口味刁钻的宋子文品尝后都说"没想到四川味这么可口"。其实，这里的"开水"并不简单，而是用母鸡、母鸭、火腿、干贝、肘子等上料调制的高汤，堪与山珍海味媲美。

左起：被毛主席称为四大名厨的陈胜（粤菜）、范俊康（川菜）、罗国荣（川菜）、王兰（淮扬菜兼北方菜）

在罗国荣的打理下，颐之时蒸蒸日上，很快成为重庆社会名流宴请贵客的首选之地，张群、林森、贺国光、顾祝同、孔祥熙、宋子文等成了颐之时的常客。一次，孔祥熙到颐之时订席，60块大洋一桌，吃完后非常高兴，又订了两桌送给蒋介石。蒋介石吃罢，连称几声"好、好"，罗国荣听不清楚他的宁波话，以为是在清喉咙。还是一旁的侍卫告诉罗国荣："委员长夸你的手艺好。不容易啊！"蒋介石自己吃了一桌，把另一桌送给当时的国民政府主席林森。林森吃完也满意极了，写了一块"川菜圣手"的匾送给罗国荣。

1945年8月国共谈判，毛主席飞抵重庆住了40多天。国共两党及民主人士相互往来交流，很多宴请都在颐之时进行。正是在这些宴会上，罗国荣给共产党的领导人留下了深刻印象。1954年，罗国荣被调至北京，先在中南海，后在北京饭店任主厨，直至1969年去世。

1954年，颐之时被供销合作社接管，更名为"重庆第二合作餐厅"；1956年，重庆市饮食公司接管合作餐厅，还原为颐之时；1967年更名为"人民饭店"；1982年又还原为颐之时。

如今，颐之时在解放碑、江北、南岸、巴国城、杨家坪开了五家店，经营面积8000余平方米，有员工1000余人。

小洞天：名厨的摇篮

"小洞天"是重庆餐饮业仅有的四个"中华老字号"之一。原先的老店依山筑楼，凿壁为室，设席其间，热气蒸腾，恍若置身于洞天福地；觥筹交错，杯盏尽欢，仿佛过的神仙日子。所以，老板将其命名为"小洞天"，祈愿这里与神仙居住的"十大洞天，三十六小洞天，七十二福地"一样，成为人间仙境。

1924年，廖青廷、朱康林、樊青云等三人合伙，在重庆城内的后伺祠坡（今人民公园附近）创立了小洞天。三人不仅是经营高手，将小洞天打理得井井有条，很快就名声远扬，深得当时社会各界赞赏，不少军政要人、社会名流如刘湘、范绍增、康心如等都是座上客，生意红火，可谓"日有百宴，座无虚席"；而且是烹饪行家，在菜式上不拘一格，善于探索求新，"醋溜鸡""小煎鸡""豆渣鸭子""半汤鱼"等都是他们推出的创新菜。

到上世纪30年代末，小洞天已成为重庆屈指可数的川菜名店。小洞天的迅速崛起，当代名厨廖青廷功不可没。廖青廷既是小洞天的老板之一，又是主厨，功底扎实、烹技精湛，擅长以高超的技艺把普通原料做成特殊口味的菜品，让小洞天在当时的餐饮界独树一帜。他不仅在技术上能继承发扬川菜传统，而且能博采各家之长，有"七匹半围腰"之称。

所谓"七匹半围腰"，是饭店中各个工种的总称，技术性较强的工种为"一匹"，技术性不强的辅助工种为"半匹"，旧时以此来确定小费分配的单位。由于各地区、各饭馆的情况不同，"七匹半围腰"的具体内容也不尽一致。有称招待、炉子、墩子、冷菜、笼锅、白案或饭锅、水案各一匹，杂务半匹为"七匹半"的；有称墩子、炉子、烧烤、笼锅、冷碟、大案、小案各为一匹，水案为半匹的。以"七匹半围腰"形容一个厨师，应该是对此人的最高褒奖，赞扬其为烹饪全才，具有多种技能。

小洞天"水煮牛肉"获全国大赛金奖

上世纪40年代末，由于时代变迁，局势动荡，小洞天关门歇业。一位国民党高官用专机将廖青廷请到台北一家餐厅任主厨。他甫到台北便厚积薄发，一连半个月所做菜品不重复，在台北传为佳话。全国解放前夕，廖青廷独在异乡思念家人，又回到重庆，以后便在蜀味餐厅和民族路餐厅主理厨务。

1974年12月，重庆市市中区（今渝中区）饮食服务业技术培训班在较场口朝阳饭店开办，培训班半年为一期，不仅为重庆市餐饮行业培养人才，还为北京、新疆、贵州、湖北等省市及铁路局、大专院校、煤矿、涉外饭店等单位培养技术力量。

1982年，朝阳饭店改名为小洞天。"小洞天"字号得以恢复，由解放前单一的餐馆，变身为一家集餐饮、客房、娱乐、旅游等功能为一体的二星级酒店。

小洞天继续承担培训川菜人才的功能。当代名厨曾亚光、张国栋、李燮尧、杨安全等都曾在此教学带徒，为烹饪界培养了很多烹饪大师和大批技术骨干。今天活跃在重庆、四川及全国各地的川菜名厨，有不少就是该培训基地的学员，有的成为餐饮界的名流，有的成为餐饮企业家。

在小洞天的第二代、第三代厨师中，有多人被评为国家级烹饪大师、国家级服务大师、国家级烹饪名师；有多人被授予高级烹调技师、特级厨师等职称。小洞天在全国第二、第三届烹饪大赛中夺得三块金牌，四块铜牌，堪称名厨的摇篮。

桥头火锅：食在桥头边，炉火红遍天

担着挑挑走街串巷吆喝叫卖的水八块

李老大原本是一位船工，与其他船工一样，常常从屠宰场拣些当时没得人吃的牛下水回来，洗净放到鼎罐里，加些老姜、盐巴、海椒、花椒之类的作料一锅煮了，吃几口菜，喝一口老白干，吃完了蒙头便睡，既能消除一天的劳累，又能除湿止痛。人们称这种吃法叫"连锅闹"。

但与其他船工不同的是，李老大头脑灵活，善于调味，煮出来的"连锅闹"特别好吃，深受船工和纤夫的好评。在众人的怂恿之下，李老大干脆向船主辞工，"下海"专职做连锅闹。

他将家里的旧箩筐翻出来洗干净，把牛下水切成薄片摆在几个碟子里，放在箩筐一头；另一头放一个红泥炉子，上面一只大洋铁盆，盆里煮着麻辣牛油和卤汁，挑着沿街叫卖。大洋铁盆被分成数格，如有人要吃，自选一格，站立摊前，拈起碟里的生片，边烫边吃。吃完后按空碟子计价。由于价格低廉，经济实惠，吃起来方便热络，居然大受欢迎。这种吃法，被称为"水八块"，当然，很快就有了模仿者，一时间，重庆城内到处可见"水八块"。

"水八块"这种吃法，由于没有固定场所，因而想吃的时候往往看不到担挑挑身影，难免让人遗憾。于是乎城内有人顺应食客需求，将"水八块"搬进了小饭店，固定场所经营，极大地方便了食客，生意非常火爆。

李老大长期在南岸海棠溪码头一带活动。海棠溪是重庆长江上一个非常重要的水陆码头，渝黔官道的起点，既是重庆运往贵州、云南的盐巴等重要商品的集散地，也是从云南、贵州运来的茶叶等山货的接收地，每天人来人往不断线。

此时的李老大，已经有了一些积蓄。他受到城内"水八块"固定地方经营的启发，在海棠溪通济桥的桥头开了一家小客栈，又在客栈里摆起了"连锅闹"，以方便住店的客人和过往的下力人。李老大的小店取名"桥头连锅闹"，由于他为人和善，薄利经营，"桥头连锅闹"每天座无虚席，生意非常好。

随着抗日战争的爆发，重庆成为陪都，海棠溪码头也被历史选中，成了中国联通世界的唯一通道——滇缅公路延伸至重庆的起点和终点。国际上重要的援华物资，全部通过滇缅公路运到这里；重庆出去的猪鬃、桐油等战略物资，也全部从这里出发，运往前线。

让许多外地人，甚至重庆人都十分困惑、搞不大醒豁的"四公里""五公里""六公里""七公里""八公里""九公里"等地名，正是以海棠溪为零公里起点开始命名的。一时之间，海棠溪码头货物堆积如山，人流如潮；而长江江面上则桅杆耸立，船舶拥挤。

一百年前海棠溪码头渡口在夏天涨水后被淹的通济桥

"桥头连锅闹"每天顾客盈门，生意更加火爆。李老大使出浑身的劲也忙不过来，只好劝儿子赶紧子承父业，回来把小店做大。此时，李老大的儿子李骏已是船主，船只每天来往穿梭，生意也不错。但李骏熬不过老父亲经常苦苦相求，并且考虑到"水上漂"的生活也并非长久之计，终于痛下决心，托人卖掉船只，全身心投入到老父的"连锅闹"事业中。

李骏回家的第一件事，就是在海棠溪通济桥的桥头搭建木屋，垒石砌灶，扩大"桥头连锅闹"的规模。第二件事是改良"连锅闹"的味道，他在原来的锅底中加入白酒、冰糖、醪糟等作料提味，使味道更加醇厚有回味；又针对吃了容易上火的缺点，把麻油和鸡蛋清加入小蝶中蘸食，增加清热散火的功能。第三件事是增加菜品，他尝试着将日常常见的荤菜、素菜都放到卤汤里煮来吃，居然别有风味，大受欢迎。

"桥头连锅闹"的名声，通过口口相传，迅速传遍整个重庆城。

有位文人在品过"桥头连锅闹"后，吟诗一首："人在路上行，食在桥头边；万物锅中游，炉火红遍天。"

李骏精灵，听罢文人吟诗，灵机一动，取诗中的意思，将店名更改为"桥头火锅"。"桥头火锅"就此在海棠溪通济桥头诞生。

1943年2月23日，剧作家、社会活动家丁玲37岁生日，当时在重庆的郭沫若、张恨水、夏衍、廖沫沙等文化名流给她祝寿，地点就在桥头火锅。几片毛肚吃罢，几两烧酒下肚，郭沫若兴致颇高，信口胡诌打油诗一首："海棠桥头子，开个幺店子，一张方桌子，中间挖洞子，洞里生炉子，炉上安锅子，锅里熬汤子，食客动筷子，或烫肉片子，或烫菜叶子，吃上一肚子，香你一辈子。"

解放初期，桥头火锅与其他餐饮名店一样，经历了公私合营，加入地方国有企业。所幸的是，"桥头火锅"的字号一直保留到现在，未曾发生过变更。

1995年，桥头火锅被国家国内贸易部评为"中华老字号"，2006年，被国家商务部再次授予"中华老字号"。

丘二馆：三百年宫廷鸡汤秘笈

一碗清澈见底的鸡汤有点补人

丘二，在重庆方言中，指的是在店铺里打杂的伙计，引申为一切生活在社会最底层，没有多少技能，靠力气活谋生的打工者。

丘二馆，顾名思义就是丘二开的馆子。丘二馆的鸡汤远近闻名，其制作技艺甚至还入选重庆市级非物质文化遗产名录。那么，丘二馆是如何诞生的呢？

故事得从清朝宫廷的御膳房说起。

李劳三是清宫御膳房专门负责制作汤品的御厨，炖得一手好汤。由于他为人机敏好学，深得老一辈御厨的喜爱，因而，将起源于御膳房并在御膳房内传承的"御制铜炉炖鸡法"传授于他。李劳三得此真传，果然不负众望，将一碗鸡汤炖得炉火纯青，备受慈禧太后赏识。

一次，慈禧老佛爷邀请军机大臣张之洞共进晚餐，自然少不了李劳三炖的鸡汤。张之洞见此汤的汤汁清澈油黄，鸡肉酥软滋糯，味美鲜腴，滋味醇和，大加赞赏。慈禧见张之洞喜欢，一高兴，便将李劳三赏给张之洞，成了张府的家厨。

来到张府，张之洞的侍卫韩德称与李劳三是同乡，两人一见如故，成了无话不谈的交心朋友，经常相互照应。

1900年（清光绪二十六年）八国联军入侵中国，京城一片混乱，李劳三流落到民间，穷困潦倒。李劳三除了炖得一手好汤，别无其他谋生技能。于是，韩德称出钱，资助李劳三在京郊开了一家炖鸡馆。李劳三为了感谢韩德称，将"御制铜炉炖鸡法"秘技倾囊相授。

后来，韩德称参加国民革命军，并逐步升任第十军少将旅长。抗战全面爆发，第十军开赴前线，成了抗战主力。在一次与日军的对垒中，第十军伤亡惨重，韩德称随军长撤退到重庆。蒋介石乘机排除异己，撤销了第十军编制，将剩余人员编入亲信部队。韩德称此时年龄已不小了，于是便退伍了。

脱下军装后生活怎么办？坐吃山空终究不是办法。1943年6月，韩德称在城内新生市场（今解放碑美美时代百货外）开了一家炖鸡馆——李劳三传授的炖鸡秘法终于派上了用场，店招取名"丘三馆"。

之所以取名"丘三馆"，韩德称一是要表明身份，二是有些自嘲的意思。因"兵"字拆开就是"丘八"两字，旧时人们将当兵混饭吃的人，贬称为"丘八"。韩德称从丘八退伍,那不就是"丘三"了嘛。估计还有韩德称感谢与致敬李劳三赠炖鸡秘笈的意思在里头——"丘"寓指韩德称自己,"三"表谢李劳三,一名含两意。

丘二馆

丘三馆虽然店堂面积不大,但陈设雅致,餐具精美,并且售价较高。一块"清宫御厨"的牌匾高悬堂上,彰显其皇家血统。而且,韩德称很有经营头脑,不求多,只求精,一开始就实行定时、定量、定价销售,售完即止。一时之间,丘三馆名声大噪,重庆的达官贵人、富绅商贾争相以品尝到"丘三馆"的宫廷风味为荣,通常是开门不到一个小时,主要菜品就基本售完。

虽然每天供不应求,但韩德称仍坚持经营思路,绝不扩大规模和每天的生产量。这种在今天被定名为"饥饿营销"的方式非常有效,丘三馆一直保持着很好的口碑和人气。1949年前夕,韩德称已经赚得盆满钵满,后半辈子衣食无虞。他是见过世面的,识时务地将"丘三馆"交给徒弟打理,自己潇洒地放弃一切,衣锦还乡,安享晚年去了。

韩德称走后,虽有徒弟在精心经营"丘三馆",但"丘三馆"毕竟缺少了灵魂人物,凝聚力开始打折扣了。于是,就有店里的丘二出来单干,在邹容路(原国泰电影院旁)打出了炖鸡馆的招牌,名曰"丘二馆",意思是"'丘三馆'的丘二开的馆子"。

"丘二馆"与"丘三馆"的炖鸡汤技法一脉相承,都源于清宫"御制铜炉炖鸡法",其制作技艺,已经有300余年的历史,在民间传承也有100余年。

1972年,"丘三馆"因拆迁而拆店,并入"丘二馆"经营,两店合一,统称为"丘二馆"。

2000年9月,"丘二馆"荣获"中华名小吃"称号;2009年,"丘二馆"炖鸡技法入选重庆市"非物质文化遗产保护名录";2013年,"丘二馆"获评"重庆老字号"殊荣。

吴抄手:一枚有态度的抄手

重庆码头多,重庆人粗犷,表现在饮食风情上,刚烈豪放的美食往往在重庆得以发扬光大,如代表性的重庆火锅、毛血旺、辣子鸡、泡椒兔、太安鱼等,而精细温和的菜品,重庆人虽不拒绝,但也不可能受到太大的追捧。

吴抄手算是个例外。一枚讲究的抄手,做工细腻而复杂,原本不是重庆人擅长,但是吴抄手却坚持自己的态度,几十年如一日,任凭风吹浪打,始终坚守原地，至今拥趸众多，长年生意火爆。

1952年，李文森、程尚志、马远碧等五人合资，准备在重庆市中区中华路54号开一家面食店，主营抄手。之所以主推抄手，是因为中华路当时已经形成抄手一条街，并且家家店子都小有名气，如李芳阳抄手、抄手大王、龙抄手、蓉味抄手等。五位创业者的想法，无非是借势中华路已成气候的名气和人气。

当时重庆的抄手店虽多，但大多数都借了成都抄手店的招牌，就像今天成都的火锅店大多数借了重庆的招牌一样。我们必须承认，做抄手这种细腻的小吃，成都人比重庆人花的心思多得多，因而也擅长得多。不但招牌借成都的，连做抄手的师傅，很多也是来自成都的。

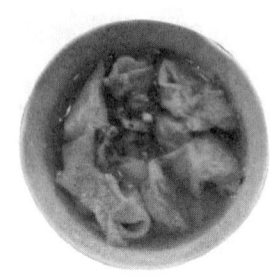

一碗清汤吴抄手解饥渴

开家抄手店十分简单，店铺很快就有了雏形。但是，几位股东却为店铺取什么字号伤透了脑筋，五个人合伙做的抄手店，总不至于就叫"五抄手"吧。经过反复商议，最后大家达成一致意见，根据当时重庆的惯例，还是"借"一个在成都比较响亮的招牌吧！由"五"而"吴"，最后大家将视线落在了民国初年在成都青石桥一带闻名遐迩的"吴抄手"上。由此，"吴抄手"正式落户重庆。

为了招来食客，李文森、程尚志等人专门聘请了成都名厨张玉山来做吴抄手主厨。张玉山来头不小，曾先后在四川督军熊克武家和国民政府四川省财政厅长刘航琛家当家厨，其制作的金钩抄手成为熊府、刘府家宴的压轴小吃，受到张澜、刘湘、刘文辉等文武名流的赞赏。

张玉山制作金钩抄手特别讲究。首先，选料绝妙，配方独特：以猪背柳肉为主，加金钩、鸡汤等辅料调制成特别的馅料，颠覆了传统只用净猪肉或净鸡肉的习惯。其次，加工精细，功夫独到：面皮色泽微黄，薄而均匀，煮时不浑汤，煮熟以后微黄色皮中透出淡红色的心馅，入口面皮绵扎滑爽。制馅时，捶、剔、斩、剁、搅、拌环环相扣。再次，调味巧妙，风味独特：馅料中除了加金钩、鸡蛋等辅料外，还要加鸡汤、葱姜汁、胡椒面等调味，使馅料口感层次丰富，香味浓郁。同时，为了满足不同消费者，开发了清汤、红油、蒜泥、炖鸡等四种口味。

张玉山主厨吴抄手以后，紧锣密鼓地又开发了牛肉臊子抄手。抄手煮好装碗后，在抄手上面加红烧牛肉为臊子，臊子炕糯，心馅鲜嫩，口感层次分明。抄手加臊子别有一番风味，在众多的抄手中吃法独树一帜。由于金钩抄手和牛肉臊子抄手深受顾客喜爱，短短时间，吴抄手名声大振，引得不少食客排队等候。

"文化大革命"期间，"吴抄手"曾更名为"重庆抄手"，1980年恢复"吴抄手"字号。

2001年，"吴抄手"被中国商业联合会、重庆市政府命名为"餐饮名店"。2011年获评"重庆老字号"。吴抄手从开业到现在，几十年一直在中华路经营，从未间断，是主城区唯一没有"挪窝"的餐饮老字号。

九园包子：包子烫了背

苏泽九是四川内江人，早年追随孙中山参加革命军，为喻毕威部的参谋长。退伍后来到重庆安家落户，由于多年行伍生涯，身无所长，一时不知做什么为好。

后来，在开书画店的朋友公孙长治的建议下，决定开一个小餐馆。为此，公孙长治资助了苏泽九2000个大洋，同时附送店名一个——九园——来源于

民国年间开在小什字的九园包子铺（最右边）

苏泽九名字的第三个字，有企盼"长久圆满"之意。据说，公孙长治是在大年除夕之夜题写的店名，当写完最后一笔，刚好新旧交替，窗外鞭炮之声大作，公孙长治笑曰："此乃大发之兆也！"

1931年，"九园"在重庆鱼市街（今较场口得意广场轻轨通风口前）低调开业，专营各种小吃。因为老板苏泽九是内江人，自然首先想到的是将内江名小吃"一品点心"搬到重庆，为此，他从内江请来了大厨郑均林。郑均林并没有照搬内江"一品点心"，经过调查，他发现重庆人对包子情有独钟，于是，他以"一品点心"为基础，然后博采众长，研制出了独具特色的九园包子。

九园包子做工精细，皮薄馅多，酥松爽口，味道独特，深受食客欢迎。分为两个品种，一种是咸馅，用带皮猪宝肋肉、精瘦肉、干贝、金钩、口蘑，加老姜、小葱、甜酱、精盐、芝麻油、胡椒粉、味精、酱油、料酒等调制而成；另一种是甜馅，用猪板油、冰糖、蜜枣、蜜樱桃、蜜瓜条、核桃仁、芝麻、白糖等原料制成。

九园包子不但味道与众不同，销售方式也是一大创新，不以"个"为单位出售，而是以"客"为单位出售，一客两个，一咸一甜。每天只做500客，上午10点开门，现做现卖，卖完即止。苏泽九的理论是：再好的东西，多则让人生厌，唯有得不到满足，才能吊起食客的胃口。又是"饥饿营销"。看来，

九园包子的食客就是多

如今市场上大行其道的饥饿营销手法，早在几十年前就被重庆的商家用得烂熟。

苏泽九吊足了食客的胃口，九园包子一时成了紧俏商品，天天都要提前排队，才能有幸抢到一二客。

九园包子好吃，何以证明？民间流传的"包子烫了背"的故事，便是一个佐证。据说某年夏天，有一人路过九园，刚好遇到包子出笼，热气腾腾、香味四溢。此人忍不住买了一客，迫不及待地拿起糖包子咬了一口，谁知，已经完全熔化了的糖油流了出来，滴到手腕上，此人忍不住埋头举手，用舌头去舔。手不自觉地往上抬，手上拿着的包子，也随之高举过肩，包子里的糖油再次流出，滴到背上。糖油流到之处，背上烫红了一片。"包子烫了背"成为一时的美食笑谈。

1938年之后，九园几易其主。先是苏泽九以20两黄金转让给傅文彬经营。1939年5月3—4日重庆遭日机轰炸后，傅文彬将"九园"转给南京人孙伯清经营。到1945年，孙伯清又转给张壁成。临近解放时，"九园"由申子华主持。其间，该店先后迁至关庙、磁器街、新生市场、五四路、道门口、打铜街，最后在小什字驻足。每次搬迁，均是店开到哪里，生意就红火到哪里。

1956年公私合营后，"九园包子"销售大增，不仅群众喜爱，而且经常成为接待中外宾客和中央领导人的席上名点。到上世纪八十年代，重庆有三家九园包子店，新华路、民族路、上清寺各有一家。后因旧城改造等原因，仅存上清寺一家。

在2014年9月24至27日举行的第十五届中国美食节展会上，"九园"荣获"中国十大包子名店"，"九园酱肉大包"和"九园芝麻糖包"获评"中国特色包子"殊荣。2015年获评"重庆老字号"殊荣。如今，"九园包子传统制作技艺"已被重庆市政府列入"重庆市非物质文化遗产名录"。

兼善餐厅：名流商贾风云际会

毛泽东曾对黄炎培说：在中国近代历史上，有四个人是我们万万不可忘记的，他们是：搞重工业的张之洞，搞化学工业的范旭东，搞交通运输业的卢作孚，搞纺织工业的张謇。

其中，只有著名爱国实业家、教育家、社会活动家卢作孚是重庆人，生长于合川，践行乡村建设试验于北碚，1925年创办的民生公司，是中国近现代最大和最有影响的民营企业集团之一。

1930年，卢作孚为了完善他的北碚试验，让北碚尽快进入现代化，在试验区里创设中国科学院，包括四所（理化、地质、生物、农林四个研究所）、两馆（博物馆、图书馆）、一学校（兼善中学及附设小学），卢作孚自任院长。

"兼善中学"之名取自《孟子》里的名句："穷则独善其身，达则兼善天下"，诠释了"兼善天下，兼善教育"的办学理念，并立校训："舍得干，读兼善。"传承至今。

1932年，卢作孚聘请张博和担任西部科学院院长兼总务主任，同时兼任兼善中学校长。张博和毕业于天津南开大学银行学系，曾在成、渝等地任教，与卢作孚志趣相投，相互赏识、成为挚友。在卢作孚和张博和的共同努力下，西部科学院很快发展成为中国西南颇具规模的科学研究机构，在地质、农林等方面，作出了显著成绩。

兼善三绝：兼善汤、兼善包、兼善面

1939年，为了保证办学经费来源，开发地方经济，张博和在卢作孚的支持下，筹建兼善实业股份有限公司，由张博和出任总经理。公司负责经营由西部科学院农林研究所创办并拨赠给兼善中学的西山坪农场，同时创立兼善餐厅，附设石灰厂、砖瓦厂、硫酸厂、面粉厂等，职工大多数是兼善中学毕业的学生，为学生提供实习和就业场所。

兼善餐厅1940年正式开业。以卢作孚和张博和的个人影响力，餐厅一开业便声名远播、生意兴隆，并成为当时名流商贾会客交流的首选。冯玉祥、孙科、郭沫若、老舍等，成为该店的常客。上世纪50年代，邓小平、贺龙、刘伯承曾多次在该店进餐。

兼善餐厅当时主营的三种小吃——兼善汤、兼善包和兼善面，被称为"兼善三绝"。据说，"兼善三绝"有两大奇效，一是针对厌食者，先喝兼善汤，再吃兼善包和兼善面，可以增进食欲；二是针对喝酒者，先吃兼善包暖胃，接着喝酒，酒后再喝兼善汤，可以缓解酒力。"三绝"之名由此而来。

"兼善三绝"做工很考究：兼善包从不封口，包口处放置一块鸡肉，待鸡肉味熏满整个馅才被端上桌。兼善面绝对是使用蛋清手工和面，由老母鸡汤、鱿鱼等材料调制而成。兼善汤为酸辣口味，不仅开胃，还能解酒。也因如此，兼善三绝数度被评为"中华名特小吃""重庆市名特小吃"。

当年居住在北碚的老舍，正进入《四世同堂》写作的关键时期，不料胃病犯了，吃不下任何东西，也无法继续写作。老舍及妻子想尽了办法，问题都没有得到解决。这天，老舍的妻子听闻"兼善三绝"口碑不错，专门来到兼善餐厅买了一碗兼善汤带回家。老舍一尝之下，感觉汤味酸辣可口，胃口大开，于是，经常让妻子买给他吃。自此，老舍胃病缓解，精神大振，创作也有了灵感，《四世同堂》得以顺利完成。从这个意义上说，兼善餐厅成就了中国文坛的一桩雅事。

由于有兼善餐厅等实业源源不断地供血，兼善中学经费充裕，实力不断壮大，由开办时只有初中一个班，仅三十个学生的状况，发展到高初中各有六七个班，拥有学生六七百人的完全中学。

如今，兼善中学和兼善餐厅依然在北碚大放异彩，但斯人已去，我们只能重游故地，睹物思人。兼善中学曾改名重庆第十三中学，1985年恢复原名，是重庆市首批重点中学之一；兼善餐厅现为国有，隶属于北碚区饮食服务公司；卢作孚1952年辞世；张博和1983年11月30日去世，享年93岁。

小滨楼：重庆小吃大本营

打造成民国风情的小滨楼

"梆梆糕，咄咄咄，里面装的耗子药，大人吃了没得事，娃儿吃了跑不脱。"

上世纪50年代，每到傍晚时分，便有小贩挑着担子，木棒敲得"梆、梆、梆"直响，沿街叫卖。一旦有人需要，立即停下来，取出事先准备好的糕点，现场烙烤，满街飘香。每次小贩人还未到，"梆、梆、梆"的声音已经传来，因此人们形象地称这种小吃为"梆梆糕"。孩子们哪里抵挡得住这种声音和香味的诱惑，而当时物资极度匮乏，大人兜里又没有闲钱，所以大人们为了阻止孩子的纠缠，只好谎称里面装的"耗子药"，吃不得。于是，就有了上面这首当时流传甚广的童谣。

这种时代的记忆，如今已经荡然无存，但是，记忆中的梆梆糕，却在"小滨楼"得以恢复保存。今天的小滨楼，虽然几易其址，但经营模式却依然如初，经营着上百个具有历史文化沉积的重庆风味小吃，集重庆小吃之大成。

抗战初期，巴县人王全顺在重庆城中正路（今新华路、小什字交叉路口处）开了一家食店，因食店濒临长江、嘉陵江交汇处而取名"小滨楼"。

抗战时期，各路英豪、难民纷纷涌入重庆，各种美食在重庆汇集，为了尽可能照顾来自全国各地顾客的胃口，王全顺就将小滨楼定位为"小吃的大本营"，他收集了来自全国各地的著名小吃，如重庆本地的素椒炸酱面、四川的红油水饺、湖北的三鲜烧麦、扬州的汤包、广东的鸭参粥等，特别是重庆本土的风味小吃，更是应有尽有，几乎一网打尽。小滨楼因经营品种多、品质好而深受顾客欢迎。

但是，小吃毕竟难登大雅之堂，无法接待比较正式的客人和宴请。后来，王全顺又顺应顾客需求，开始经营川菜。

这一天，宋美龄来到长江、嘉陵江交汇处的朝天门散步，突然感觉到有一些饥饿，刚好看到一座临江的吊脚小楼和一个很有诗意的名字——小滨楼，于是信步走进店里，寻一临窗的位置坐下。作为当时的"第一夫人"，谁人不识宋美龄！整个小滨楼立即紧张起来，老板亲自端茶送水，后厨打起十二分精神，使出看家本领，不一会儿，一道道丰盛的菜肴就陆续端上桌面。

宋美龄原本就有些饥饿，看到这一道道精致的菜品，食欲更加被勾起，迫不及待地一尝，居然非常对胃口，对小滨楼大加赞赏。从此之后，宋美龄经常光顾小滨楼。就这样，小滨楼一炮而红。

小滨楼的民国范

由于有了宋美龄的铺垫，后来蒋介石也成了小滨楼的常客。这里既能展示中国美食的精髓，又显得低调而隆重，是蒋介石接待外宾的场所。这个曾经默默无闻的小餐馆，华丽变身为当年的"名人会所"。

新中国建立初期，王全顺病故，店面被"九园"老板申子华盘下，与九园合并，改名"九园"。改名后留用原来的技术骨干，保留原来的经营特色，增加了九园包子、燕窝粑、三鲜烩面等。

1984年，重庆市市中区饮食服务公司把同处新华路的"九园""新蓉""东风甜食店"等三家老字号合并，恢复了"小滨楼"字号，并全面恢复以前的经营模式。如今，小滨楼汇集了冷菜、热菜二百种；重庆特色小吃一百多个。许多传统美食，在这里得以传承光大。

味苑：川菜黄埔军校

"味苑"是重庆餐饮界一个神奇的存在，它创立的年生并不久远，如果单从历史传承的角度来看，将其放在老字号之列，稍有不妥。但是，味苑在重庆餐饮界乃至全国餐饮业的影响力，在重庆的餐饮名店里面，无出其右。

1982年，国家商业部设立传统的川、粤、鲁、淮扬四大菜系的培训站，专门培训商业部系统内的在职职工，每期的学员名额、条件、学制、收费标准均由商业部下达。其中，川菜培训站落脚重庆，是当时全国五大烹饪技术培训站之一。培训班由中国饮食服务公司和重庆市饮食服务公司联合举办，

曾经位于邹容路的"味苑"

七卷 美食江湖

具体操作事务由重庆市饮食服务公司负责实施。

为了办好培训班，让学员既能学到理论知识，又有实践操作的机会，同时让学员能直接面向消费者，重庆饮食服务公司在解放碑附近的邹容路37号专门开办了"味苑餐厅"，一边教学实践，一边对外营业。之所以取名"味苑"，大意是说这里"美味集中，名师荟萃"。

的确，味苑的技术力量非常雄厚，特级厨师陈志刚、吴海云、吴万里、刘应祥、许远明、李新国、王偕华、姚红阳、张正雄、刘锦奎、张长生、曾群英、陈泽新等都曾在此教学、主厨。而且，味苑高、中、低档菜式都有供应，很快就成为重庆市家喻户晓的知名餐厅，并且被定为重庆市旅游涉外定点餐厅。

重庆人喜欢打麻将，重庆麻将的打法俗称"倒倒和"，可以"碰"牌桌上任何一家打出的牌，也可以"吃"上家打出的牌。当时民间俗语"打牌坐在味苑里面"，意思是说运气好，胃口好，能有机会"吃"到上家打出的牌。由此可见味苑在当时民间的知名度。

为了便于教学，味苑创造性地对每个菜点都进行了技术规范。二十余年间，味苑为全国各地共培养了高、中级厨师1182名，初级厨师上千名，其中有近100名学员已晋升为特级烹调师或高级技师。重庆市经考核获特三级以上职称的厨师，大都在味苑餐厅接受过培训。因而，味苑在业界享有"川菜黄埔军校"的美誉。

一四一火锅：一是一、二是二

1934年，绝对可以称得上是现代重庆火锅的元年。

据著名作家李劼人考证，民国二十三年（1934年），重庆城内的一家小饭馆，率先打破常规，将挑着担子流动销售的"水八块"请进店里，坐摊销售，"把它高尚化了，从担头移至桌上，泥炉依然，只是将分格铁盆换成了赤铜小锅，卤汁、蘸汁，也改由食客自行配合，以求干净而适合各人的口味"。现代火锅从此开创新局面，这家小店，也就成了现代重庆火锅的鼻祖。

从此以后，火锅店在渝中半岛的重庆城内、嘉陵江北岸的江北城至刘家台、长江南岸的海棠溪码头至下浩码头一带遍地开花，大家很快接受了这种新颖的火锅方式。

正宗老火锅，土灶、铁锅、木质九宫格、全红汤

一大批火锅名店，犹如火山喷发，也在这一时期相继产生，如桥头、川道拐、夜光杯、不醉不归、汉宫等。一四一和云龙图，正是在这个背景下诞生的。

眼见火锅这种新颖的餐饮方式大受欢迎，脑壳灵光的蓝树云有些坐不住了，他断定：重庆人热爱火锅，绝非一时的好奇！于是，他效法其他火锅店的做法，在城内保安路（今八一路）141号安起了红泥火炉，开起了火锅馆。

创业之初，事事节约，店招就不用花钱请人取名、题字了。蓝树云虽然文化不高，想法却不少，灵机一动，就用门牌号作为店名吧，于是"一四一"就这么简单粗暴地诞生了。当时，重庆城本来就有以数字作为店招的习俗，蓝树云此举，算是顺势而为。

蓝树云做生意讲究诚信，"一是一、二是二"，制作火锅底料，该用什么料就用什么料，绝不掺杂使假；卖的菜品，该是什么价就是什么价，绝不短斤少两；清洁卫生该怎么做就怎么做，从不马虎行事……后来有老顾客开玩笑："一四一火锅，硬是一是一、二是二嘛！"此后，"一四一"又被附会为"一是一"。蓝树云喜在心头，也不解释，这不正是自己想要的效果吗？

当时火锅的吃法，在今天看来有点古怪，一四一也不例外。店堂内安放红泥火炉，炉上置铜锅或铁锅，锅中有木制九宫格子。四人一桌，自由组合，每人自选一格，点的菜多就多占几格，且烫且食。也就是说，一桌几个人，可能互不认识，到店先后不一，却在同一口锅里煮食，各吃各的菜，各结各的账，吃完各走各的路。这种传统的火锅文化，在上世纪八十年代还很盛行，近日听说某火锅店正在恢复，给大家提供交友交流的平台。当时的火锅，桌子矮、凳子高，食客围坐凳上，各自为政，居高临下，看中间沸腾的锅底，红浪翻滚，百花盛开。重庆人对吃火锅有一个代称——看盆景，或许就是这么来的吧。

"一四一"这个招牌，顺口、响亮、新奇、简单、好记、易传播，加之蓝树云热情诚实、经营有道，"一四一"很快就在城内有了一定的影响力。后来，公私合营，"一四一"变为国营。

几乎与"一四一"同一时期，杨海林创办了"云龙图"火锅。云龙图最初设店城内临江路（今重庆医科大学附二院），原名为"临江毛肚火锅"。

1963年，已经变为国营的"云龙园"迁至七星岗，更名为山城火锅馆。

1966年，"云龙图"与"一四一"合并，"云龙图"的创始人兼掌勺师傅杨海林被调往"一四一"做主厨。他将云龙图和一四一的调味技术中和，使一四一的味道更加提升了一个档次。同时，原云龙图的老顾客，也跟随来到一四一，一四一的生意更加火爆，一年四季，天天座无虚席。这一盛况，一直持续到1993年，八一路拆迁，一四一也未能幸免。

心心咖啡馆：因孔二小姐扬名

重庆城最早的咖啡馆，大概是抗战前夕由白俄女人开的"黛吉咖啡厅"。1936年，白俄女人另辟蹊径，在重庆上半城民族路上的会仙桥开了这么一家咖啡厅，从此，开启了重庆人的洋派生活方式。

不过，好景不长，抗战全面爆发，重庆遭遇日机大轰炸，特别是1939年"五三""五四"大轰炸，重庆城许多建筑毁于一旦，满街狼藉，遍地残骸……"黛吉咖啡厅"生意惨淡，白俄女老板心灰意冷，顿生歇业打道回府的念头。

当时有两兄弟——田常松和田常柏，曾在"美军招待所"当过招待领班，练就了一手煮咖啡的技艺，也懂得几句应酬之类的英语。在他们看来，随

心心咖啡馆街边广告牌

着国民政府西迁重庆，党政衙门和盟军官兵长期驻扎重庆，很多场合都少不了咖啡这种洋饮料，"咖啡时髦新鲜、稀奇洋盘，"他们想，"如果经营得法，完全可以成为各色人等以及各个层面的顾客的会客厅"。于是，兄弟俩从白俄女老板手中将店铺承转了过来，修葺一新，重新开业，还给店铺取了一个动听的名号——"心心咖啡馆"，大概是取两兄弟心心相印的意思。

心心咖啡馆面积不大，却不失精致，玻璃的弹簧大门，摩登味十足。不仅是卖咖啡，还有牛奶、红茶、可可之类，加上各式各样的西式点心，一开张生意就好得很。一时之间，成了重庆人品味优雅，体验异国风情的最佳去处，商人、文人、知识分子、白领职员，达官贵人，盟军官兵、各国友人等，成了这里的常客。

那个年代，孔二小姐绝对是风云人物，作为行政院长、财政部长孔祥熙与宋霭龄夫妇的次女，第一夫人宋美龄的干女儿，孔二小姐以女扮男装和飞扬跋扈而出名。

这天，孔二小姐闲来无事，决定去看看这家新开不久的心心咖啡馆。照例是一身男装，大摇大摆走进咖啡馆。招待一看来人气势不凡，立即将孔二小姐引到大厅当中唯一的一张空桌上。

招待把茶几一擦："先生，吃点什么？"孔二小姐眼皮都没抬："随便！"招待也不敢多说话，连忙一路小跑过去拿了一杯咖啡，一客点心，毕恭毕敬的往孔二小姐面前轻轻一放，就再也没有过问了。

孔二小姐孔令伟

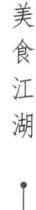

孔二小姐当然不是来吃咖啡的，主要是来看闹热的。她从身上摸出一个烟盒，熟练地取出一支烟往嘴上一衔，又从裤包里摸出一个打火机，在手上玩弄了一会儿，轻轻一弹，火苗就冒了出来。这个打火机可是个洋玩意儿，不大，不小，不圆，不方，是个椭圆柱形；用法也特殊，不撳，不扳，更不用甩，而是自动打火，只要轻轻一弹，"嚓！"机头就自动跳起来，火也就燃起来了。点燃烟，孔二小姐顺手把打火机放在茶几上，继续观察咖啡馆里形形色色的人。

正在这时，只听大厅的玻璃弹簧大门"哗"地开了，"噔噔噔"走进来一个人。三十多岁，身上穿一套中山服，头发梳得油光水滑，看起来器宇轩昂。咖啡馆里很多人都认识此人，重庆市警察局的局长，名叫徐中齐。

招待当然认识徐中齐，赶紧将他往里带，眼睛巡视了一圈，见只有孔二小姐对面还有一个空位置，就把徐中齐安排与孔二小姐坐了一桌。招待也没有多问，也给徐中齐上了一杯咖啡和一客点心。

徐中齐刚刚落座，就掏出一支烟叼在嘴上，准备吞云吐雾，谁知身上几个口袋都摸遍了，也没有找到火。——警察局长当久了，脾气大，爱闹排场，吸烟一向有专人点火，所以，这次独自出来，居然忘了带火。

正在尴尬之际，突然看到茶几上摆着个打火机，由于平时搞惯了，所以想都没想，伸手就拿了过来。这下，孔二小姐不乐意了，心想：我的东西，都是你随便拿的吗？你要借用一下嘛，也该打个招呼噻。但孔二小姐并没有发作，忍住心头怒火，看这个人要做啥子。

谁知徐中齐拿着打火机却不会用，撳，撳不燃，扳，扳不燃。甩，也甩不燃……东摸西摸、翻来覆去研究、折腾了半天，硬是没有把火打出来。

孔二小姐忍不住乐了，"噗！"一笑，气也消了。她一把抢过打火机，轻轻一弹，"嚓！"火就燃了。孔二小姐有些得意，把火往徐中齐面前一送，意思是说：你看，这不就打燃了嘛。谁知徐中齐却误会了孔二小姐的意思，平常抽烟都有人帮着点火，搞成了习惯，看到孔二小姐把火打燃了送过来，自然而然伸长了脖子去接火。

孔二小姐何许人也！平常除了给姨爹蒋介石和姨妈宋美龄点烟，没有把任何人放在眼里。眼见徐中齐口中叼着的烟刚刚要接上孔二小姐手中的火，孔二小姐"噌"地一下站起来，居高临下，顺势就给徐中齐脸上一记耳光。

"啪！"这一响亮的声音，把整个心心咖啡馆都震住了，人们齐刷刷站起来，把大厅中间的孔二小姐和徐中齐盯住。

宋美龄和孔二小姐

徐中齐作威作福惯了，没有想到会突然在大庭广众之下被人扇了一个响亮的耳光，一时间也是懵了，没有反应过来。大约半分钟后，他终于明白了这是怎么回事，正要发作。突然，斜刺里穿出一个人来，抱住他的肩膀，对着耳朵说了几句悄悄话。

来人正是心心咖啡馆的田老板之一，听到大厅里这一记响亮的耳光，正在吧台内忙碌的他，赶忙出来一看，两个人他都认识：打人的是孔二小姐，被打的是重庆市警察局长，都惹不起。他三步并作两步来到徐中齐身边，悄悄对着徐中齐的耳朵说："局座，动不得手啊，她是孔二小姐哟！"

徐中齐一听到孔二小姐的名号，气焰顿时委顿下去，吓得把一口牙齿血"咕噜"一声吞了下去，毕恭毕敬地说："二小姐，对不起！"

田老板又赶紧来到孔二小姐身边轻声说道："二小姐，都不是外人，这位是警察局的徐中齐徐局长。"

孔二小姐也不多说，掏出手帕擦了擦手，然后收拾起东西就往外走，对着徐中齐不温不火地说了一声："跟我走吧！"听到这话，徐中齐不敢不走，紧跟在孔二小姐后头，边走边想：完啦！今天这个祸事惹大了。

出了心心咖啡店，孔二小姐朝着徐中齐头一偏："上车！"徐中齐战战兢兢的跟着孔二小姐上了车，车子离开了会仙桥。第二天，《中央日报》刊登了一则消息：重庆市警察局局长徐中齐荣任四川省警察厅厅长！

一记耳光换来一次升职，心心咖啡馆生意更加火爆，心心咖啡馆也随着这则消息顿时传遍全城。心心咖啡馆的火爆局面，一直延续到抗战结束。随着国民政府还都南京，重庆结束陪都的历史使命，心心咖啡馆也退出历史的舞台。

链接：

上世纪30年代重庆的西餐厅

大约在20世纪二三十年代之交，重庆城出现了三家比较知名的西餐厅，其中一家名为"祺春西餐厅"，开在重庆下半城和中城之间一个叫做"后市坡"的地方。另一家叫"巴山西餐厅"，规模比"祺春西餐厅"小一点，位于中山公园（今人民公园）内。最为知名的一家是"沙利文西餐厅"，由上海人开在西大街。当时，白象街、西大街一带是重庆城最为繁华的区域，西大街上百货林立，人气很旺，因此"沙利文西餐厅"生意非常火爆。

当时的"沙利文西餐厅"，可以说是重庆城最为时尚的去处之一，达官贵人、名流商贾、文人骚客聚会或者相互宴请，都把"沙利文西餐厅"作为首选，因此"沙利文西餐厅"就像一棵摇钱树，也引起了重庆各种势力的关注。据说，重庆鼎鼎大名的袍哥大佬唐绍武，在出狱之后开始投资餐饮酒店业，经过一番运作，成功成为"沙利文西餐厅"的大股东，成了实际控制者。

正东担担面：全民狂欢的小吃

走街串巷的担担面

很多外地人不明就里，以为"担担面"就是干溜版（小面里不加汤）的"重庆小面"，这是对重庆小面最大的误解，也是对担担面最大的"伤害"。固然，重庆小面的发展历程，有从担担面演化而来的痕迹，但担担面就像一个上百年的金字招牌，始终屹立在原地，任凭风吹雨打，我自岿然不动，不管演化出多少不同口味的面种，担担面就是担担面，自成体系、口味独特、独树一帜的担担面。

据说，担担面起源于清道光年间的 1841 年，一个叫陈包包的自贡小商贩发明了一副独特的担子，担子的一头是火炉和方锅，方锅分为两格，一格煮面，一格熬鲜汤；担子的另一头装面条、作料和碗筷。然后手持一个竹梆。它是一截两头带有竹节的南竹，顺着竹子的纹路掏出一个一厘米左右宽的缝隙，用木棒一敲，发出"梆、梆、梆"的声音，一边敲打，一边吆喝，走街串户沿街叫卖。

这种现煮现卖的方式，很快被人们接受，在重庆各区县和四川自贡、成都广泛流传。人们把这种挑着担子卖的面，称为"担担面"。上世纪二三十年代，担担面在重庆城已经非常普遍，城内有担担面挑子上百副之多。

1936 年，当时家住重庆的董德民、陈淑云夫妇也加入了担担面的行业之中。由于董氏夫妇的担担制作精巧，面条细腻筋道，舍得放作料，一时间从众多的担担面中脱颖而出，被周围团转的老百姓追捧，生意越来越好，担担一放下，吃面的人就转上来，几乎成了坐摊。

到了 1950 年，夫妇俩索性在保安路中段（今八一路渝都大厦大门东侧）设固定摊点，取名"正东担担面"。因为面条的味道好，慕名而来的客人越来越多，于是夫妻二人在 1953 年买下街对面（今雨田大厦麦当劳门前）一间铺面，将面摊搬到了室内，"正东担担面"的招牌也搬了过去。从此，担担面开始登堂入室，成为重庆的一个特色小吃。

20 世纪 50—90 年代，正东担担面在八一路经营红火，多次被评为重庆风味小吃、重庆名小吃，2000 年被评为中华名小吃。

正宗的担担面，最大的特点是素面加干溜。这是由重庆人独特的口味爱好决定的，一方面是因为这样可以让作料的味道更加浓烈，另一方面是可以让所有的作料都能够附着在每一根面条之上，带来更好的味觉享受。

担担面与重庆小面的最大区别在作料的搭配上，担担面以宜宾芽菜、芝麻

正东担担面

酱和猪油的香味、海椒的辣味为特点，融合了芽菜、芝麻酱和海椒三种味道；重庆小面则以麻辣为主。

听老一辈人讲，传统的担担面有十多种不同的味道，随着面摊老板配进的调料不同，一碗担担面可以变换出酸辣、香辣、麻辣、咸鲜等十余种味道。可惜的是，热爱香辣口味的重庆人，最终在百年间为担担面的流传定下了基调，麻辣、酸辣、咸鲜等味型被遗弃，唯独剩下香辣味流传至今。过去的时光里，担担面是一种全民狂欢的物美价廉小吃，它让所有人都可以享受到一丝快乐，因此有着不可磨灭的地位。

王鸭子：一只特立独行的鸭子

重庆美食江湖上曾流传着"四大名鸭"的传说，至于究竟是哪四大名鸭，一说是白市驿板鸭、熊汉江烧鸭、颐之时樟茶鸭和王鸭子，另一说是王鸭子、李鸭子、熊鸭子和刘鸭子。不管哪一种说法，王鸭子都在其中，可见王鸭子当年的盛名。

王鸭子的创始人是巴县白市驿（今九龙坡区白市驿）的王忠杰，他在十多岁时就离开家乡进城谋生，在一位老乡开的卤菜摊打杂，顺便学做卤菜。王忠杰知道，艺不压身，只有学好了手艺，今后才有谋生手段，因而他对钻研技术特别上心。两年后，他主动辞职，拜烤鸭店老板喻德全为师专门学习制鸭。

上世纪 30 年代末，已经学会全部制鸭技术的王忠杰离开了喻德全烤鸭店，开始尝试自己制作卤鸭、烤鸭。王忠杰并不满足于之前学到的技术，在他看来，烹饪技术是永无止境的，只有持续创新，满足人们不断变化的口味需求，才能永远立于不败之地。于是，他在原来学会的卤鸭、烤鸭技术的基础上，不断尝试，最终创造出一套制作鸭子的秘方——烟熏鸭。

制作这只"特立独行"的鸭子，要经过腌制、除坯、烘烤、烟熏、卤制等五道工序，大概要花半天时间。有了烟熏鸭作为招牌，王忠杰也有了底气。他每天晚上加工鸭子，每天早上提着篮子走街串巷吆喝叫卖。

由于他制作的鸭子色如琥珀、油润光亮、肉质细嫩、咸鲜馥香、回味悠长，大受顾客的喜爱，每天制作的鸭子供不应求。王忠杰赚到了人生的第一桶金，开始考虑如何扩大规模。要扩大规模就得固定下来，停止货郎式售卖鸭子。

1942 年，王忠杰在夫子池（今中华路、邹容支路口）摆上固定的摊位，正式打出了"王记鸭子"招牌，但顾客为了叫起来方便，更习惯喊"王鸭子"。

约定俗成的力量无穷，久而久之，"王鸭子"之名不胫而走。

有了固定摊位以后，王忠杰负责制作鸭子并送到摊位上，他老婆龙素华负责守摊销售。龙素华人称王二嫂，为人和善、动作麻利，有一手好刀工，宰鸭干净利落、均匀断骨，然后用荷叶包装好再递给顾客。顾客每每买鸭，不仅仅是因为鸭子的美味，也有对龙素华的认可。因此，"王记鸭子"的生意一直火爆，大有一鸭难求的架势。

这种热闹的场面一直持续到1959年，随着公私合营，"王记鸭子"迁入保安路（今八一路解放军剧院对面）设店，售卖烟熏鸭、烟熏鹅、白卤鸭、挂炉烤鸭、樟茶鸭、软烧鸭、卤鸭翅脚等。其中，烟熏鸭是全年应市名品，白卤鸭属季节性佳肴，樟茶鸭、软烧鸭等按客户宴席需要而订制。

上世纪60年代，为顺应群众的呼声，"王记鸭子"店名改为"王鸭子"。随后，王鸭子被评为"重庆名特小吃""中华名小吃"，并获得"金鼎奖""中国名菜称号"等。

陆稿荐：巴吴一枝开两花

对重庆土著来说，"陆稿荐"这个名字既熟悉又陌生。熟悉的是，作为一个传统老字号，老一辈重庆人几乎无人不知、无人不晓；陌生的是，尽管陆稿荐曾享誉重庆美食江湖七八十年，但至今很少有人知道它的来历和"陆稿荐"三字的意思，其实有的年轻人还以为这是一个人的名字。

清康熙二年（1663年），"陆稿荐"之名诞生于姑苏城内崇真宫桥边，它原本为一家普通的肉铺，规模很小，甚至没有店招，专营生肉和熟肉。老板陆蓉塘虽是一名屠夫，但生性善良，信奉道教，每月的初一、十五都要到附近的"神仙庙"烧香，与神仙庙里的道士都非常熟悉。

这座神仙庙大有来历，原来的名字叫"福济观"，是苏州人为了纪念八仙之一的吕洞宾而建造的。苏州人但凡到福济观烧香，都是为了拜祀神仙吕洞宾，久而久之，民间都直接称福济观为神仙庙。

吕祖的生日是农历四月十四日。民间传说，这一天，吕祖会化身为乞丐、小贩、秀才、路人等，混在人群中济世度人。也就是说，每年吕祖生日这一天，你身边的每一个人都有可能是吕祖

陆稿荐的传说：破草垫的妙用

的化身。因而，每到这一日，人们都要齐刷刷来到神仙庙，互相触碰，你挨我，我挨你，希望能碰到吕祖，沾沾仙气，交上好运。苏州的这一民俗活动，叫做"扎神仙"。

话说这一年的农历四月十三日，"扎神仙"前夕，陆蓉塘与往常一样开门营业，但生意十分清淡，不禁愁上心头。正在此时，一个衣衫破烂、浑身脏兮兮的老乞丐来到店前，要求借宿一晚。只见他背着一条破草垫子，手捧两只叠在一起的破陶钵，病容满面，风一吹就要倒的样子。陆蓉塘见其可怜，遂发善心，允许他在灶门前的空地上蜷宿一晚。乞丐也不说话，径直来到灶前，铺上草垫，将两只陶钵合叠当枕，倒下便呼呼入睡。

第二天便是农历四月十四，吕神仙的生日，陆蓉塘起了一个大早，准备做些熟肉到神仙庙烧香。他走进厨房，发现老乞丐已经不辞而别，不知去向，只留下那条破草垫甩在灶门前。陆蓉塘也没有太在意，继续按照平常的习惯烧火煮肉，肉快熟时，柴火却烧完了，他顺手将乞丐留下的破草垫扯下一把塞进灶膛。

此刻，灶膛火烧着了扯下的一把破草垫，奇怪的事情就发生了，小店里顿时肉香四溢，奇香无比，并且飘到了街上，早起的人们循着香味寻来，纷纷要求买锅里的卤肉。

陆蓉塘一边照顾顾客，一边寻思：莫非昨日那老乞丐是仙人化身，那两只破陶钵合叠恰好是个"吕"字，原来是吕祖显灵！悟到此点，陆老板连忙把未曾烧掉的破草垫留下来，以后每天抽出一根放在灶内，烧出来的肉异香扑鼻。

小店的生意从此以后好得出奇，每天都供不应求。陆老板灵机一动，干脆将小店命名为"陆稿荐"。所谓"稿荐"，指的是稻草或麦秸编成的垫子。稿，同蒿，干的禾草。荐，垫子，铺垫。

"陆稿荐"之名，随着吕纯阳化身乞丐借宿留草垫的故事广为传播，从此以后，"陆稿荐"长盛不衰。或许有人会问，"陆稿荐"乃苏州百年老店，何以成了重庆老字号？

且听我慢慢道来——

中国进入全面抗战，国府由南京西迁，重庆成为陪都，一时之间，东、南、西、北、中的各路英豪齐聚重庆，粤、杭、鲁、湘、苏、淮扬各种菜系汇集山城，重庆成了一个美食之都。

1944年，来自苏州的孙云飞将家乡的品牌及美食带到重庆，在城内青年路54号开办了一家苏州风味小店，专营烧腊、卤肉、冷酒和面食等，取名"陆稿荐卤味号"。由于其风味来自于苏州的传统老店"陆稿荐"，重庆"陆稿荐卤味号"很快受到客居重庆的下江人和部分重庆本地人的追捧，制作的烤麸、肴肉、叉烧肉、酱牛肉、兰花干、大肉面、阳春面等享誉陪都。

新中国建立后，公私合营了，"陆稿荐卤味号"搬迁到邹容路，正式更名为"陆稿荐"。

上世纪七八十年代，重庆人最惬意的事情，莫过于劳作之余来到陆稿荐，打一碗散装啤酒，就着一碟盐水花生，下一碗阳春小面，有滋有味、无忧无虑地品味生活。这一场景，成了许多老重庆人的集体记忆。

上世纪 90 年代初，由于旧城改造，陆稿荐搬迁到较场口经营至今。

2011 年，重庆"陆稿荐"获评首批"重庆老字号"；2014 年，陆稿荐被列入"重庆市非物质文化遗产保护名录"。

而在苏州，"陆稿荐"被尊为"苏州第一灶"，鲁迅、陆文夫等文章里都有提及；2007 年"陆稿荐苏式卤菜制作技艺"便列入"苏州市非物质文化遗产保护名录"。

重庆陆稿荐与苏州陆稿荐一脉相承，犹如一枝开两花，各有各的精彩。

顺庆羊肉馆：为羊肉正名

重庆人对羊肉，有一种历来已久、莫名其妙的误解：原本温补的羊肉，在大多数重庆人看来，因为太过燥热而不能在夏天食用，只适合在冬天特别是冬至之后进补。所以，羊肉在重庆的待遇，可谓冰火两重天：一到冬天，满街羊肉飘香，处处生意火爆；但一到夏天，羊肉几近销声匿迹，踪影难觅。

顺庆羊肉馆

然而，凡事都有例外。重庆也有那么几家深藏小巷，一年四季均生意火爆的羊肉馆，只有老重庆人才能轻车熟路寻到。可以想见，要在重庆这种对羊肉的偏见根深蒂固的地方杀出一条血路，没有点独门绝技，是绝不可能生存下来的。

顺庆羊肉馆就是其中之一。

20 世纪 20 年代初，朝天门水巷子开了一家专卖羊肉米粉的小店。老板张生来自四川南充，羊肉米粉正是南充的名小吃，初到重庆谋生，他自然选择从自己熟悉的米粉入手。张生做事兢兢业业，一丝不苟，严格按照南充羊肉米粉的传统做法，炖制的羊肉汤汤汁浓郁醇厚，羊肉粑软细嫩，羊肉米粉味道特别鲜香，深受进出朝天门的贩夫走卒以及力夫船工欢迎。

让张生意想不到的是，更受人喜爱的是他熬制的羊肉汤，食客往往要了一碗羊肉米粉，还要另外加上一份羊肉汤。食客吃得过瘾，有时候也和张生开玩笑："张老板，你做的羊肉这么好吃，干脆开个羊肉馆算了，保证生意火爆。"

说者无心，听者有意。待稍微有些积蓄之后，张生开始实施他心中的羊肉

顺庆羊肉馆的羊肉笼笼

馆了。首先是增加了羊杂汤、红烧羊肉、凉拌羊肉、炒羊肉等主菜，而羊肉米粉反而弱化成了辅助的食物，这样一来，就可以名正言顺地打出"羊肉馆"的招牌了。其次，店面总得有个字号吧，张生没什么文化，想不出什么高深的名字，他灵机一动，自己来自南充，南充以前叫"顺庆府"，那就叫"顺庆羊肉馆"吧。

顺庆羊肉馆就这么诞生了！

之前的食客果然没有说错，由于张生在南充学得一手烹制羊肉的绝活，羊肉馆一开张便生意火爆。在以后的发展过程中，由于种种原因，顺庆羊肉馆几经搬迁，从朝天门水巷子迁到民族路、民权路、解放西路，最后在解放东路和南坪大石路落脚。每迁一地，老顾客就追随而至，生意都非常好。

张生一边维持正常的经营，一边不断发明新的菜品，到后来，顺庆羊肉馆的菜品品种非常丰富，煎、炒、炖、烧、拌……应有尽有；麻辣、家常、咸鲜、泡椒……五味俱全。

1955年，张生专门从南充引进了"粉蒸羊肉"，成了顺庆羊肉馆的一大特色，更是大受欢迎。顺庆羊肉馆的粉蒸羊肉，表面看起来与其他粉蒸羊肉无异，但做起来却极其考究：上好的羊腿肉，放入清水中浸泡直至肉质发白、血水除尽，捞出切成条片；加花椒、姜末、料酒、精盐等调料码味半个小时；倒入蒸肉粉和秘制的调料拌匀；小竹蒸笼用红苕打底，将调好味的羊肉放到红苕上；盖上盖子，用旺火蒸12分钟即可。这样做出来的粉蒸羊肉，色泽金黄，鲜香微辣，炽软细糯，堪称一绝。

1991年，顺庆羊肉蒸笼荣获重庆市"风味小吃"称号；2013年，顺庆羊肉馆被评为"重庆老字号"。

高豆花：重庆第一家国营餐馆

豆花，可以说是川菜里历史最悠久的快餐。一碗豆花，可以送三碗白米饭下肚，轻松解决一餐，物美又价廉，深受巴蜀老百姓的喜爱。因此，在重庆，豆花馆遍地开花。

但是，能将豆花做出名堂并得到食客公认，却不大容易，两大条件必不可少：一是高超的豆花制作技艺，二是高明的作料调味技巧。比如高豆花，做出来的豆花洁白如雪、细嫩绵扎、入口即化、豆香浓郁，配以由糍粑海椒、蒜蓉、芝麻酱、榨菜粒、香酥黄豆、花生碎、火葱粒、盐、味精等辅料特别制作的调料，堪称一绝。因而，高豆花得以传承上百年。

话说清代末年，重庆人高和清在城内天花街小巷一宅院内，利用自家的住房开了一家小店，专卖冷酒和豆花饭，为的是给城里的下力人和附近的街坊提供一个方便，因而，也不需要什么店招。因为老板姓"高"，食客们口口相传，都称小店为"高豆花"。

高豆花不但豆花做得好，而且价格公道，老板为人谦和，深受底层劳动人民喜爱，名气慢慢大了起来。时间过得飞快，一晃就是几十年，进入抗战时期，高和清将小店交给儿子高白亮打理，自己则退居二线含饴弄孙，安享晚年。

从1938年2月18日开始，日本开始对重庆实行无差别大轰炸，重庆城内的很多民房和民用设施都没能幸免，被炸成一片火海，天花街一带的房屋也被炸成废墟。当时的重庆人民很是英勇，并没有被日机的轰炸而丧失信心。相反，大家同仇敌忾，共建家园，以顽强的毅力守护着这座城市，为中国的抗战提供了一个巩固的大后方。

高白亮利用积蓄，很快在邹容路重建了一栋临街楼房，正式打出"高豆花"的招牌，并且扩大经营范围，除豆花之外，还开起了红锅（红案），增加了炒菜、蒸菜、卤菜等。"高豆花"成为了一家颇具规模的综合型饭店。这一发展壮大过程，虽然高白亮的长子高先佐没有亲自参与其间，但作为长子，他其实在心里面是与父亲在共同经历的。或许正是这段难以忘怀的经历，给"高豆花"今后的命运与走向埋下了伏笔。

高先佐人称"高大少爷"，少年求学成都，就读于天府中学。求学期间，他接触到进步思想，秘密加入了中国共产党。学成回渝后，就继承祖业，成了"高豆花"的第三代掌门人。高先佐虽名义上为店主，实际上店里的一切经营活动都由他母亲在负责。高先佐以"高豆花"为掩护，暗地里从事革命活动，为了革命需要，他还加入袍哥组织，成了小有名气的袍哥大爷。

重庆刚刚解放，高先佐就将"高豆花"所有产业主动捐献给了国家。1949年，"高豆花"转为国营，成为重庆市第一家国营餐厅，当时的经营地址在保安路中段（八一路与邹容路交界处）。

1993年，八一路改造拆迁，"高豆花"在拆迁之列，从此淡出人们的视野。

德元：酸梅汤绝配伦教糕

位于较场口的"德元"，曾是老重庆人的集体记忆之一。夏天，一杯冰凉可口的酸梅汤和一块热气腾腾的伦教糕，一冷一热，一干一稀，简直是绝妙的标准配置。在物质并不丰富的年代，这已是人间美味，至今让人口水滴答。

酸梅汤配伦教糕

德元的创始者是江苏人朱元章，一个"璋"字少了王旁仍有霸气的名字，与他的名字同样霸气的，是他的脾气，据说，他一手绝活从不外传。当然，这是后话。

1933年，从江苏到重庆淘金的朱元章与重庆本地人陈德合伙开店，取两人名字中各一字便成了店招——德元。当然，至于为什么是"德元"而不是"元德"，现在已无从考证（估计是"德元"叫起来顺口）。两人开店的初衷，并非是要做甜点，而是做麻将镌刻生意。他们的如意算盘是，当时重庆经济相对发达，社会相对稳定，无论是达官贵人还是平民百姓，都热衷于国粹麻将。理论上讲，麻将镌刻应该很有市场。

然而，人算不如天算，镌刻麻将的生意并没有给两人带来丰厚的利润。一个小店，也不足以支撑两个股东家人的生活。于是1940年，二人分道扬镳，陈德退出小店，由朱元章一人独自经营。

彼时的重庆，已进入陪都时期，大量外地人涌入，重庆城已经人满为患。朱元章经过仔细观察得出结论：最好做的生意，莫过于解决人们的吃住问题。于是，他将小店改造为饮料店，聘请小吃名师左元主厨，主打"北平酸梅汤""广东伦教糕"等冷饮和糕点。

德元的酸梅汤和伦教糕配方独特，做工讲究，味道上乘，很快就在重庆城传播开来。重庆乃火炉之首，炎炎夏日，一杯冰凉酸甜、回味芳香的酸梅汤，佐以晶莹油亮、细嫩爽滑的伦教糕，是消夏食品的绝配。

酸梅汤原本北京特产。德元博采京、渝冷饮制法的长处，用綦江的乌梅、内江的红糖和白糖，加上橘子油、丁香、蜜桂花、蜜玫瑰等多种香料秘制而成的德元酸梅汤，食之清凉酸甜、芳香隽永，饮用后让人齿颊留香、回味无穷。

据说，朱元章性格古板，将酸梅汤的做法秘不示人。后有用心的好事者，每天到德元喝酸梅汤，连续三年不间断，终于搞清楚了德元酸梅汤的做法。原来，酸梅汤里光是糖就放了两种，而且两种糖的比例也很有讲究，哪个放多点、哪个放少点，味道都有很大差别。同时，梅子经过适当发酵之后才进行加工，这样做出来的酸梅汤更加醇厚。做成一批酸梅汤，至少需要5—7天时间。

伦教糕源于广东顺德县城西北的伦教镇，至少有160年以上的历史，于抗战时期传入重庆。德元的伦教糕以"菱形块状，对称有序，浸白晶莹，光泽油亮，细嫩绵扎，爽滑香甜"的特色，独占重庆米糕业鳌头。

20世纪50年代公私合营后，德元增加了泸州白糕、花生浆、八宝饭、大汤元、什锦鸭参粥、八宝醪糟、麻圆、油钱、三合泥、猪儿粑等品种，日常经营的风味小吃品种达到20多个，成为集甜食之大成的著名风味食店。

特园枣酒：主席也醉了

在上清寺的西南角，风景秀丽的嘉陵江畔，有一座私家公馆，1931年建成时占地七十余亩，由鲜宅、达观楼、平庐、康庄等十余栋建筑物组成，这就是川军实力派将领、著名爱国民主人士鲜英的宅邸。因为鲜英字特生，故名为"特园"。

如今，特园康庄依然矗立在嘉陵江畔，但已改造成为"中国民主党派历史陈列馆"，馆内再现了当年的生活场景，陈列了大量当年的文物，其中一坛"特园枣酒"特别引人注目。

鲜英夫人金竹生出生于四川西充县城，家里开过一间小小的中药铺，初通药理，因而知道大枣有益气、养血、安神的功效。每年农历八月，鲜枣熟透的时候，金竹生女士总要吩咐厨房师傅买回冬枣，洗净风干后装入大酒坛，然后派人买来上等白酒灌入酒坛并加盖密封。逢年过节，鲜英就用这种入口绵甜、回味悠长的特制枣子酒招待八方宾客。

抗战时期，鲜英曾用这款酒招待过毛泽东、周恩来、董必武、吴玉章、王若飞、邓颖超、郭沫若，以及于右任、张澜、黄炎培、沈钧儒、梁漱溟、李公朴、陶行知、柳亚子、冯玉祥、李济深、史良、章伯钧、邓初民等两百多位国共政要、社会贤达及爱国志士。据说，毛泽东在国共谈判期间光顾特园，与鲜英把酒换盏，推心置腹，平生第一次大醉而归。

抗战全面爆发后，鲜英谢绝出仕，决不参与国民党军政事务。此时，中共希望在陪都寻找一处共商国是的安全场所，1938年董必武陪同周恩来拜访鲜英。面对政治高压，重庆许多公共场所不愿也不敢与中共接触。因此，周恩来旁敲侧击探问鲜英的态度，没想到他坦然回答：一是愿意，二是不怕。

鲜英与夫人金竹生

为此，鲜英开放特园，一时宾朋云集，每天的客人少则数十，多则上百人，全天开流水席，随到随吃。由于他待人接物豪爽好客，因而被毛泽东誉为"孟尝君"。

1945年秋国共谈判，毛泽东三顾特园共商国是，重庆谈判的许多细节在此形成。1945年8月30日，毛泽东在周恩来的陪同下来到特园看望张澜、鲜英；9月2日，张澜以民盟名义在特园宴请毛泽东、周恩来、王若飞、沈钧儒、鲜英、黄炎培等作陪；9月14日，毛泽东第三次到特园，与张澜长谈。

往事斗转星移大半个世纪留存了下来：重庆谈判期间，毛泽东与鲜英痛饮枣子酒，平生第一次大醉而归的典故，被历史真实地记录了下来。2015年7月出版的《回首中南海：走进中南海》一书中，作家顾保孜与毛泽东、周恩来的专职摄影记者杜修贤如实地揭示了这个典故：

"毛泽东终身不善饮酒，这在党内外不算是秘密，甚至许多平民百姓都知晓。因为他本人太不能喝酒了，只要喝酒便会脸红——从脸上一直红到脖子上。然而，作为领袖，毛泽东总有应酬。因此，毛泽东在各种应酬场合便不得不随大流，喝上几杯。

"1945年8月，毛泽东去重庆谈判，经常出席各种宴会。有一次，毛泽东去知名人士鲜英家私访。鲜英很好酒，特意取出封存多年的自制枣子酒招待毛泽东。毛泽东认为不能辜负主人一片盛情，于是便一杯接一杯地对饮起来。他们一边饮酒，一边对诗。当然，不善饮酒的毛泽东这次尽管借着酒兴尽情地潇洒了一回，但他却平生第一次大醉而归。

"后来，谈判结束前蒋介石也举办了一个招待会。宴会上，蒋介石举杯向毛泽东敬酒。但毛泽东却不领他的情，只是礼貌性地与蒋碰了杯，未喝一口酒。也许，这也是毛泽东的一种性格，一种'不逢知己酒不香'的性格。"

因此，如果说特园是抗日民族统一战线的历史见证，那么特园枣酒就是抗日民族统一战线的催化剂。抗战期间，为鼓励特园对民主事业的贡献，中共元老董必武提议以"民主之家"的称号赠与特园，国民政府军委会副委员长冯玉祥遂手书"民主之家"匾额。民盟主席张澜题写楹联赞曰："谁似这川北老人风流，善知兵、善攻书、善收藏图籍，放眼达观楼，更赢得江山如画；哪管他法西斯蒂压迫，有职教、有文协、有政治党团，抵掌天下事，常集此民主之家。"

如今，"民主之家"匾额被定为国家一级文物，收藏在重庆红岩革命纪念馆。

鲜英历任民盟中央执委、西南军政委员会委员、重庆市民盟主委、四川省民盟副主委、全国政协委员、全国人大代表等，1968年在北京逝世，享年83岁。

2016年，鲜英的孙女、特园第三代传人鲜述文与其子隆准，根据家传配方创建企业复兴特园枣酒上市，以飨万众。

叶本堂老炒面：食药两不误

二十世纪二三十年代，中医世家的叶相陶先生由于医术精湛，为人和善，渐渐地在川南和贵州一带闻名遐迩。

1936年重庆大旱，璧山县三个多月没下一滴雨。田畴龟裂，庄稼枯萎，河流干涸，人们纷纷四处寻找水源。由于饮水卫生不能保障，一时间，肠胃病人陡增。

叶先生开设在巴县青木关（今沙坪坝区青木关镇）的诊所天天挤满了胃痛、纳差、呕吐、泄泻的候诊者。脾为后天之本，脾胃出了问题，就导致营养不良，营养不良就会引起诸多病症发生：消瘦、倦怠、失眠、免疫力低下等。而脾胃健康恢复得靠调养，并非一剂断根。一些原来体质差的人就向叶先生请求道："医生，我们都相信你的医术。能否给我们开一种既能当饭吃又能治病的药膳？"叶先生问道："为何要这样？"回答："我们本来就食欲差，一碗药水下肚就什么也不想吃了。再说，天天喝这汤药真不是滋味！"

叶本堂老炒面

叶先生还是第一次听到这么语重心长的话。当晚，他失眠了。他回味着病者的苦衷和期望。要在药物的大千世界遴选一种既是食品又是药品且好吃的食材谈何容易！天亮了，他在养生学家、道家孙思邈的药书里，查阅到了一个满意的物选——"糯米"。糯米健脾暖胃、补中益气，而且人人爱吃。然而又怎么同既能益胃又口感好的中药掺和在一起，做成人皆喜欢的食品呢？他不得其解。

当日中午，炎日高照，路上行人寥寥。突然来了老少两个道士，声言想进门歇歇脚并讨口水喝。叶先生对二者以礼相待，老道士深受感动。原来老道士来自太白山，已入道五十有年，这次是去重庆"东华观"讲学。他乘兴给叶先生讲了道家先祖孙思邈在太白山的一则经典医案：将糯谷加工成阴米，再同焙炒后的温脾补肾之药研磨调匀，以开水调匀当餐用，治疗一男子肾阳衰弱、食少便溏、中年无嗣而重焕青春的故事。

叶先生深受启发。于是潜心研制。每做好一种配方便在亲人中尝试，经过反复改进，达到了最佳效果，才推荐给亲戚朋友、病者。从1936年研制成功，一传十、十传百，惠及了难以计数的客户。时至今日，它已成为脾虚胃弱者的最佳调养食品，也成为上班族、"夜猫子"理想的营养快餐。

特别是他家里制作的"老炒面"能养胃补身，更让病者视为珍品。何谓"老炒面"？它不是当今大家所熟悉的用面条炒菜肴的那种食品，而是将糯米及一批极具食疗价值的物料焙烤研末后再加工，冲开水（或牛奶）即餐的食品。

20世纪50年代后，他的"老炒面"更是年年制作，从未间断，无偿满足亲戚朋友之需，且口碑相传而美誉连连，直至1981年逝世。尔后，其子女为延续他的德行，于2015年在众多有识之士的鼓励和支持下，成立了以制作养生食品为宗旨的"叶本堂"，以弘扬他的精神和事业。

❺ 土特产

重庆泡菜：家的图腾

大大小小的土陶泡菜坛子

对于重庆人来说，每个人的心目中，都有一坛妈妈的老泡菜。

泡菜，是重庆每个家庭的必备之物。可以这么说，每一个家庭，只要有一坛泡菜，这个家庭顿时充满了烟火气息，顿时有了家的味道。泡菜就像家的象征、家的图腾，跟随着一个个家庭南迁北移，所以，重庆人搬家，选定了良辰吉日，首先会把泡菜坛子和锅碗瓢盆搬过去往新居一放，这个房子就算是家了，至于其他的东西，早搬晚搬，都无所谓了。

重庆泡菜（四川泡菜）讲究一个"老"字。泡菜坛子最好是传统老手工制作的土陶坛子，盐水最好是有些年生的老母水（老盐水）。重庆人以前嫁女，嫁妆讲究十六台大轿，甚至二十四台、三十六台大轿，其中必定有一坛泡菜。这坛泡菜俗称"嫁妆菜"，这坛泡菜的盐水，是母亲出嫁时，母亲的母亲置办的嫁妆之一。一坛老盐水，传女不传男，传承了不知多少代人，俨然成了评判这族这脉女性是否是持家好手的标准之一，就像广东女人一定得会一手煲汤的绝活。泡菜做得好不好，还会影响到一个家庭的声誉。所以，巴蜀大地有句俗语："嫁妆没泡菜，女儿头难抬。"

以前，重庆的大户人家一般会有一间专门的屋子放泡菜坛子，一溜十几个坛子密密匝匝排列，颇为壮观。为此，还要专门雇个老妈子负责腌制泡菜。如今，普通家庭已经很难看到这样的盛景，但在一些专门以泡椒系列为主打菜品的餐馆，还能目睹这一壮观场面。

现在重庆的普通家庭，一般至少还保持着两个泡菜坛子。一个用于制作泡姜、泡椒等作料和泡酸菜等配料；另一个用于制作泡萝卜、青菜、莲藕、芹菜、莴笋头等时鲜菜，这些菜一般不宜泡得太久，需即时直接食用，重庆人称之为"跳水咸菜"，意思是说，就像跳水一样，放到盐水里很短的时间就捞起来，有的菜头天泡下去，第二天就必须吃掉，否则，就过了最佳食用时间。

也就是说，重庆泡菜一般有两种用途。第一种用途是及时食用，其味道咸酸、口感脆生、色泽鲜亮、香味扑鼻、开胃提神、醒酒去腻、老少咸宜，是重庆人居家过日子常备的小菜。重庆的跳水咸菜，一般会将泡好的蔬菜切成一寸长的小条或者一厘米见方的小丁，然后放上一点味精、白糖、芝麻油和油辣子调匀，用于下酒或佐餐，简直就赛过大鱼大肉。所以，重庆人不管是在家里或者餐馆就餐，一般都会有一小盘跳水咸菜。跳水咸菜做得好不好，直接影响到餐馆的口碑和生意。

第二种用途是被当做调料和配料。就像重庆的家庭必须有一坛泡菜才能被称为家一样，重庆的餐馆如果没有一坛自制的泡菜，几乎无法在餐饮江湖立足。很多重庆菜都需要泡菜作为配料，比如泡椒鲫鱼、酸菜鱼、泡椒牛蛙、泡椒兔等等，直接以泡菜作为主打味型；还有一些重庆菜，泡菜只是提味的调料，比如鱼香肉丝、泉水鸡等，不是专业人士，很难品尝出隐藏其中的泡菜的味道。

其实，泡菜还有另外一种用途——药用。在以前，泡菜作药用在民间非常广泛，而现在随着科技和医药的发达已经被忽略了，如用泡萝卜祛寒，用泡青菜清热去暑，泡茄子治腮腺炎，泡姜祛寒御湿等。记得小时候，但凡有风寒感冒，母亲就会从传家的老泡菜坛里捞出一个已经泡了若干年的酸萝卜，加热以后在娃儿背上来回滚动，虽然烫得丝丝吸凉气，但却感觉异常温馨舒服。这一番"治疗"前后需要20分钟左右，说来奇怪，治疗之后，凉寒顿去，整个人立马轻松。

要制作一坛好的泡菜，首要条件是一个好的坛子。重庆的泡菜坛子，以纯黏土为原料手工拉坯、土窑烧制的为上品。因为重庆家家户户都需要泡菜坛子，所以成就了荣昌县安富镇这个著名的陶都，这就是全国四大陶之一的"安陶"，安陶制作工艺，已经被列为国家级非物质文化遗产。

重庆泡菜坛子的坛口突起，坛口周围有一圈凹形托盘叫坛沿（即水槽），扣上碗状盖子，在水槽里加满水后，就可以完全隔绝外面的空气进来，而坛子里发酵产生的气泡，也可以通过水槽排出去。它可以使泡菜在缺氧的情况下加速发酵，产生大量乳酸。选择泡菜坛子的方法很奇特，在坛沿（水槽）注入一半清水，把一张纸点燃后放入坛内，迅速盖上盖子使坛子密封，只听得"嗞——"的一声，坛沿的水就被全部吸进了坛子里。一般来说，水从坛沿被吸入坛子内壁的速度越快，说明泡菜坛的质量越好，反之则越差。其实，是通过这种方式检验坛子的密封性，如坛壁是否有砂眼，漏不漏气。

泡菜的另一个关键因素是盐水的质量。老母水的作用，是将乳酸菌引入新坛子里，加速其发酵，提升其风味。但并不是有了老母水就万事大吉，随着蔬菜的放进取出，盐水也是一个动态调整的过程，这就是一个家庭的泡菜做得好与不好的核心机密：不脆可以加点52度以上的纯粮食白酒；太酸可以加点盐；太咸可以加点糖；发霉生花变味，是坛中热气太高或取用工具不干净、沾油造成，应将霉点去掉，加点食盐和白酒，移放阴凉处，每天敞口10分钟。如果发现泡菜软烂发臭，说明泡菜已变质，不能食用，一坛盐水也就不能再用了。各家各户手法不同，做出来的泡菜的味道也略有差异，也表现出重庆泡菜味道的丰富多彩。

北魏贾思勰在《齐民要术》中，就有制作泡菜的叙述，可见至少在1400多年前，泡菜就已经产生了。到今天，泡菜的制作方法基本延续一千多年前的传统，这门古老的厨房手艺，是我国悠久而精湛的烹饪技术遗产之一，因为泡菜和家联系在一起，成了家的象征和图腾，必然会源远流长。

链接：

铜梁杨记泡凤爪

泡凤爪是以鸡脚爪和野山椒为主要食材，采用专门技术、特殊工艺与传统重庆泡菜方式相结合，泡制而成的休闲食品，主要是突出泡菜的酸盐味。

铜梁区的杨记泡凤爪，是当地非常知名的小吃，每天限量销售，售完即止。杨记泡凤爪色泽天然，香辣纯正，营养丰富，好吃又开胃；肉质滑嫩，咸鲜微辣，回味微酸，山椒味浓郁，是佐餐下酒、休闲旅游的佳品。当地人送朋友，外地人带手信，无不以杨记泡凤爪为荣。

白市驿板鸭：一点不干绷

明朝末年，农民起义军张献忠的队伍从湖广一路杀过来，到了重庆境内。传说张献忠心狠手辣，无论小孩老人，妇女病号，见到人就杀。于是老百姓纷纷外出躲避。

特别是白市驿，由于地处重庆到成都的东大路主道上，是成渝间的第一大驿站，为进出重庆的必经之道，当地老百姓更是惊恐万分，纷纷到附近的山上躲藏了起来。

果然，没过多久，张献忠的队伍就成行成串地从白市驿开过去了。但出乎老百姓意料的是，张献忠的兵并不像传说中那样凶恶，不但一个个规规矩矩，从不骚扰穷苦百姓，而且专门收拾平常欺压穷苦百姓的地方恶霸。

等到张献忠的队伍全部离开白市驿以后，人们才放心地陆陆续续下山回家。回到家里，发现房门、粮食、牲畜都秋毫无犯，于是有人提议："地方恶霸平常在我们头上屙屎屙尿，只有张大帅能替我们出气，我们何不去找张大帅，跟他一起打天下？"

白市驿板鸭就是这么干绷后晾干的

"要得！"老百姓被欺负久了，早

就有了造反的想法，只是苦于没有人带头起事。这下可好了，出了一个替老百姓做主的张大帅，于是大家纷纷响应。

出发的时候，白市驿的男女老少都来送别，有的拿粮食，有的拿衣服、鞋子，有的人把自家喂的鸭子杀了，抹上盐巴腌着，要带去给张大帅补补身体。

一行一百多人一路上紧追慢赶，三天了还没有追上张献忠的队伍，而鸭子却放不得。人们想了一个办法，就地取两片竹篾，交叉着将鸭子撑开绷起，挂在包袱外面，让它自然风干。

又追了一个星期，还是不见起义军的队伍。有人提醒："这么热的天，鸭子怕是要变味哟。"有人出主意："干脆像腊肉那样熏了，放一年都不得坏。"于是大家赶紧找来柏树枝等柴火，把所有鸭子集中起来，熏得两面焦黄，闻起来喷喷香，看起来油浸浸。这下没有后顾之忧了，大家放心大胆一路追过去，硬是追上了张献忠的队伍。

当天晚上，张献忠设宴招待这些前来投靠的白市驿人，下酒菜里就有他们送来的鸭子，被伙夫蒸熟以后，还没有端上来，香气就先飘过来了。张献忠咬了一口，连说："好吃、好吃。"当问到这是什么鸭子时，大家傻眼了，张老幺望王老三，不知道如何回答。张献忠继续问道："那你们是从哪里来的呢？"大家异口同声地说："白市驿。"

"那这就是白市驿板鸭嘛！"张献忠一锤定音。从此，"白市驿板鸭"就有了名字，制作工艺也流传了下来。

时光穿梭到了抗战时期，国民政府迁到重庆，以山城为陪都，更将机场修在了白市驿，原本就商贾云集的白市驿，又成了进出重庆的空中门户。白市驿板鸭的名声，随着来往的旅人客商，被传播到全国各地。板鸭销量大增，竟成了重庆的一张名片。

而且，白市驿板鸭的制作工艺，也被风趣幽默的重庆人浓缩成了一句至今还在流行的歇后语："白市驿的板鸭——干绷。"不过，不知为何，这个歇后语的意思却变成了"没有这个条件或本事却冒充了不起"，也就是"打肿脸充胖子"，按现在的流行说法是——装逼。

链接：
江北熊鸭子

江北熊鸭子始于清宣统元年（1909年）。当年，重庆江北有个叫熊汉江的小商贩，常在街头巷尾出售熏鸭，他制作的鸭子色泽金黄，肉质软嫩，爽口化渣，很受顾客欢迎。1923年，曾取名"熊汉江烧鸭"，在陈家馆沙湾以家庭作坊式生产，运到城里大阳沟一带销售。上世纪40年代，不少酒馆、餐厅争相找熊汉江订货。从此，江北"熊鸭子"名噪一时，生意兴隆，商贩跟风仿制者众。熊汉江为了维护自己的信誉，就用金纸剪成"熊汉江"三个大字，贴在玻璃柜内，因此，又有"金字熊鸭"之称。

制作熊鸭子的作料中用花椒，是为了压腥味。熊汉江独创出在鸭舌下放两颗花椒，大家只要吃到鸭舌下有两颗花椒的，就知道是正宗的"熊鸭子"。

涪陵榨菜：开胃天下人

清道光年间，忠州（今重庆忠县）人邱正富因为天天吃鸡鸭鱼鹅、大鱼大肉，体内油水过重，致使食欲减退，身体渐渐消瘦。一天夜晚，他迷迷糊糊入睡，梦见一位鹤发童颜的老道走过来，向他面授机宜："涪州（今重庆涪陵区）天子殿用包包菜做的泡菜最下饭。"醒来后，他立即前往天子殿进香。

屋檐下晾晒的青菜头

老和尚用庙里自制的斋饭招待远道而来的香客。其中有一种泡菜，颜色青生生、入口干脆、味道鲜嫩，邱正富特别喜欢吃，急忙问老和尚是用什么菜做的，老和尚答道："本地包包菜。"邱正富大喜，向老和尚讨了些种子以及栽种包包菜和制作泡菜的方法，心满意足地回忠州去了。

邱正富回家以后，按照老和尚传授的技法，种出包包菜，然后制作成泡菜，虽不及天子殿的嫩脆，但还是很好吃。他的食欲开始好起来，精神也一天比一天好。可是第二年再种，菜怎么也长不出包了。邱正富以为老和尚使了法，又去天子殿进香，并献上一大笔善资，再次讨回种子，可是仍然与第一次一样，头年灵验，第二年又长不出菜头。

邱正富一心想吃包包菜，只得到涪州天子殿以东的洗墨溪这个地方买下一块地，举家搬迁过去居住。从此以后，年年有包包菜做的泡菜、咸菜享用，最后活到93岁，无疾而终。

这是流传于涪陵地区的传说。其实，传说并非全部都无根无据，许多传说本身就是由历史事实附会而成。比如涪陵榨菜的发明者，与上面这则传说就有很多相似之处。因为两者都姓邱，并且最先开始生产榨菜的地方，正是城东的洗墨溪溪边。如今，洗墨溪已不复存在，代之而起的是"红光桥"这个新地名。

腌制好的涪陵榨菜正在装坛封存外运

在涪陵区红光桥一带，有一座邱家院，正

是涪陵榨菜的发明者邱寿安的故居。邱寿安是湖北宜昌人，并在宜昌开设了"荣生昌"酱园，生产销售调料、酱油、豆瓣酱等，兼营各种腌菜。家中雇有资中人邓炳成负责干腌菜的采办整理和运输。

清光绪二十四年（1898年），邱寿安来到洗墨溪，发现这里的人用青菜头腌制的泡菜非常可口，他以商人的眼光看到了这里面蕴藏的巨大商机，决定改良农人腌制青菜头的工艺，使它便于运输和保存。经过反复实验，他发明了用压豆腐的木箱让青菜头脱水的方法，并将这种新工艺制作出来的腌菜制品取名"榨菜"。

榨菜试制出来后，他将几坛榨菜送到宜昌，客人们品尝以后都觉得鲜香可口，为其他酱腌菜所不及。于是，邱寿安在涪陵洗墨溪购置房产，专用于生产榨菜，并在附近买了20担谷子的土地，用于种植青菜头，安排邓炳成负责，开始批量生产。他还严令家人及长工保密加工方法，连年扩大生产和销路。

光绪三十四年（1908年），邱寿安的弟弟邱翰章因经商的原因，顺便捎运80坛榨菜试销上海。当时上海滩无人问津，于是在报上登广告，又以切细的小包榨菜在公共场所免费送给行人品尝，并附上食用说明书，产品逐渐为消费者接受。至宣统二年（1910年），上海一年已能销售四五百坛。当时已有人将涪陵榨菜转运国内其他市场，以至远销南洋各地。民国初年（1912年）以后，邱氏加工榨菜的技术广泛传开，涪陵榨菜加工业开始兴起，并带动涪陵青菜头种植业快速扩张。

时至今日，"涪陵榨菜"已获得原产地商标，并成为与德国甜酸甘蓝、欧洲酱黄瓜齐名的世界三大酱腌名菜之一，名扬天下，形成了一个庞大的产业。

涪陵榨菜不仅可直接用于佐餐，而且成了渝派川菜一道非常重要的调料。重庆美食之所以名扬天下，涪陵榨菜的贡献也不可忽视。

链接：

大足冬菜

冬菜是巴渝特产，中国传统四大名腌菜之一，尤以重庆大足县种植、腌制的冬菜最为知名。大足人自古有好种冬菜之习俗，追溯历史始创于1180年，每棵冬菜"白露播种"，"立春收获"，历经播种、收获、晾晒、腌制、装坛、开坛六道工序。冬菜装坛蕴藏，密封发酵，吸山水之灵气，采日月之精华，三年酿制方可开坛。此法制作的冬菜油润脆嫩，香味浓郁，享有"菜味精"的美誉，既是烹制川菜的重要辅料，也是重要的调味品。

冬菜原名芥菜，因生长在冬天，所以得名"冬菜"，且冬天病虫害极少，不用农药化肥等化学药剂，是纯天然无污染的健康食品。大足冬菜已获国家地理标志，其酿制工艺是重庆市非物质文化遗产保护项目。

合川桃片：片片飞来是桃花

从前都是手工切桃片

清朝晚期，合州城（今重庆合川区）的糕点生意十分红火，大街小巷的糕点铺纷纷使出各自看家本领，热火朝天地推出自家特制的糕点招揽生意。

众多糕点铺中，要数"祥云斋"糖果铺最为霸道。这家糖果铺选用上等糯米、核桃仁、白糖、蜜玫瑰等原料，加工制作出一种芳香四溢、香甜可口的糕点，并起了个雅俗共赏的名字——合川桃片。这一口味新颖的糕点一经推出，就像在坊间丢了颗重磅炸弹，立即受到了众多食客的青睐。一时间，桃片成为了风靡一时的时髦甜点。其他糖果铺见有利可图，也开始争相效仿，纷纷推出自家特产的合川桃片吸引顾客。

到了民国初期，有一家名叫"同德福"的糕点铺，当家的名叫余鸿春，他对祥云斋的桃片进行了反复研究和改进，生产出来的桃片比祥云斋的颜色更白、更加绵软。这种外观与口感上的改变，得到了资深食客的一致好评。一时间，同德福名声大噪，门庭若市，就连合川县举人张石特也亲自带着合川的这一特产去成都、北平（今北京）等地，作为礼物馈赠师友。至此之后，合川桃片的名声逐渐传播到全国各地。

几年后，同德福的当家余鸿春去世，他儿子余复光子承父业，接管了糕点铺。余复光不是一个墨守成规的人，他不仅精明干练，而且极富经营头脑。为了在众多竞争对手中立于不败之地，余复光进行了一系列改革。他首先从原料着手，进一步提高原材料的品质，如糯米一律用上熟大糯米，糖则是当时市场上最好的英国太古公司的白糖，其他如桃仁、麻油等也都采用上等优质品。这种毫不吝啬的用料与用心，无疑使同德福桃片的口味更上一层楼。

但是，余复光更是一个精益求精的人，他深知好的制作工艺同样是决定产品优劣的关键。因此，他严格要求每个步骤都必须精工细作，并认真研究刀法，使每片桃片厚薄均匀、大小相仿，将每斤桃片控制在250片左右，从而改善了桃片的外观。

除此之外，余复光对于同德福桃片的选料、磨粉、搅糖、蒸块、包装等每道工序，都制定了详细的规章，要求按章办事。为了保证质量，他甚至专门设立了"质

灯草糕与桃片都是娃儿伙的最爱

量检查"这一岗位，严把质量关，做到不合格的产品绝不准出门。

正是在余复光的用心改革之下，同德福桃片的质量在同行业中遥遥领先，并在国内外获得了多个奖项。1926年，驻扎合川的川军第28军第三师师长陈书农主持召开的合川、武胜、铜梁、大足、璧山五县展览会上，同德福桃片又一次得到一等奖。三师旅长杨杰华还亲笔题写了"片片飞来是桃花"的匾额，送与同德福。同年，同德福桃片在美国费城世博会上获得金奖，并被誉为"世界第一桃片"，从此名扬海外。

百余年来，中国的历史几经变迁，但合川桃片的知名度却与日俱增。直到今天，我们除了吃到最传统的香甜味，还可以吃到椒盐、八珍、红豆、黑米、黑芝麻、绿豆等多种口味，合川桃片也不仅仅只是那一块入口即化的糕点，它已成为了我们对城市的一种记忆，让我们在回味的时候，内心深处不由自主地涌起一抹沁润心脾的香甜。

链接：

云阳桃片糕

云阳桃片糕始于唐代，前身为云阳民间普遍制作的糯米糕。安史之乱，诗圣杜甫避居云阳，对糯米糕倍加赞誉，作诗吟赋，将其命名为"云片糕"，云阳云片糕遂知名天下。到了明朝末年，一位糕点师在云片糕中加入了核桃仁、蜜玫瑰、桂花等配料，味道更加可口，同时也将云片糕改名为桃片糕，又名八宝糕。清朝光绪年间，"瑞兰斋"成为以生产桃片糕闻名于云阳县内外的大斋铺。

云阳桃片糕以糯米、桃仁、白糖、饴糖为主要原料，特点是粉质细润、绵软、片薄、色洁白、味香甜，突出浓郁的桃仁、玫瑰香味。其口感，与合川桃片不分伯仲，但历史却比合川桃片更悠久。

江津米花糖：炒米糖开水的升华

陈汉卿是重庆江津长冲乡人，由于家境贫寒，从16岁开始就进城谋生。在县城的糕点店赊点糖果、杂糖等，放进一个特制的玻璃盒子里，然后肩挎玻璃盒，手执拨浪鼓，一路"嘣嘣、咚咚"沿街串巷叫卖。陈汉卿每天起早贪黑，非常勤劳地出入茶坊酒肆，加之为人机敏，生意自然不错，几年下来，竟然小有积蓄。

然而，与所有梦想勤劳发家的草根一样，他并不满足于做一个每天卖别人糕点的"售货郎"，他的目标有点远大，是想拥有一家自己的糕点作坊。1909

炒米糖开水　　　江津米花糖

年，24岁的陈汉卿花光了自己的积蓄，与弟弟陈丽泉一起，在县城几江镇通泰门外一家钟姓茶馆内租了铺子开设糖果店，取名"天太斋"，由游摊变坐摊了。

几年之后，兄弟俩又将几江镇小什字街张元臣茶馆租下一部分，前面摆设柜台，后面开作坊，自行生产糖果糕点，并将招牌改为"太和斋"。陈汉卿终于可以销售自己生产的糖果、糕点了。

江津民间乃至巴蜀乡场都有一种待客的常用茶点——炒米糖，就是用淘净泥土的河沙将阴米炒到熟透膨胀，然后熬制红糖与炒米混合，待冷却后切片保存，随时取出作为待客的小吃。制作"炒米糖"是江津的风俗之一，家家必不可少。

陈汉卿以一个商人的敏锐眼光，看到了需求与供给之间的矛盾，他决定改良"炒米糖"的制作方法，批量生产投放市场。经过反复试制，并征求顾客意见，最终，陈汉卿摸索出了一套完整的制作工艺。改阴米沙炒为油酥，改红糖为白糖，再加冰糖、桃仁、花生、芝麻、玫瑰等辅料，经过15道工序，于1924年制成了洁白晶亮、酥脆化渣、香甜爽口、营养丰富的油酥米花糖。产品一问世，大受欢迎，迅速占领市场，并成为江津的一大特产，人称"江津米花糖"。

抗战时期，进出江津的外地客人迅猛增多，米花糖这一风味独特的食品，成了外地客人到江津必买的礼品，于是销量猛增，声名远播，成为享誉全国的名牌产品。

因为陈汉卿当年的贡献，成就了一个庞大的产业，到今天，江津每年米花糖的产值达上亿元，江津米花糖已经走出国门，远赴日本、欧美等国家和地区。

但是，任何事物有其利必有其弊，就像工业革命给我们带来便利的同时，也给人类带来了无尽的灾难。同样因为陈汉卿当年的创新，重庆大街小巷的一项意味深长的民俗，却消失在历史的尘埃中……

小孩最爱的"炒米糖开水……"

"炒米糖开水哟……"上世纪三四十年代，在重庆的街头巷尾，不时会传来一声悠长而寥远的吆喝叫卖声。随着声音由远而近，一个挑着担子的小贩缓缓而来，担子一头是一个红泥火炉，上面放着一个锡水壶，火炉里杠炭烧得通红，水壶里的开水冒着蒸汽；担子另一头是碗勺和炒米糖。有稀疏的行人经过，或是腹中饥饿，或是受了诱惑，叫住小贩。更有临街的小楼，几个闲着无事的太太搓麻将，听了小贩的吆喝，找出早就备好的系了绳子的竹篮放下楼去，要小贩冲了炒米糖开水，再吊上来加餐。小贩一边照顾街边的主顾，一边招呼楼上的女客，直到大家都满意，才捡好钱收藏了，又缓缓移向前去，"炒米糖开水哟"的吆喝声，由近而远……

这一幕，随着工业化生产的米花糖大量上市并迅速被食客接受，竟渐渐淡出了人们的视野。炒米糖开水，也就成了重庆人的一道集体记忆。

链接：

江津芝麻杆

芝麻杆是很有特色的重庆市传统名特小吃，盛产于江津，大凡生产江津米花糖的厂家，一般都会出产芝麻杆。芝麻杆的历史悠久，据说有300多年的传承和延续，其原材料选用优质的芝麻和纯麦芽糖，经传统工艺加工制作而成，口感为香、酥、脆、甜。

芝麻杆里含有丰富的芝麻，而芝麻中的维生素E非常丰富，可延缓衰老，有润五脏，强筋骨、益气力等作用，可强壮身体，益寿延年，滋补肝肾，润养脾肺。有习惯性便秘的人，肠内存留的毒素会伤害人的肝脏，也会造成皮肤的粗糙。芝麻能滑肠治疗便秘，并具有滋润皮肤的作用。

五香牛肉干：永远的休闲食品

牛肉原本是北方人喜爱的食品，牛肉干自然也发源于北方。据说，成吉思汗开疆拓土时，其触角已经延伸到欧亚大陆，由于路途遥远供给不便，蒙古人就把草原上的牛杀了，晒制成肉干，随身携带充当军粮，这样既减少了行军的辎重，又能为蒙古骑兵补充体力，增加能量，为军队的粮食补给做出了巨大贡献。可以说，这是蒙古帝国取得胜利的重要因素之一。后来，草原牧民晾晒牛肉干成了一种风俗，他们把晾晒出来的牛肉干多用来招待尊贵的客人。

随着人们生活水品的提高，休闲食品开始进入百姓生活。人们发现，牛肉干不但食用方便，而且营养丰富，于是不断改进，加入各种香料进行调试，最终制成了各种口味的牛肉干。

巴蜀大地原本对牛肉并没有特殊的爱

五香牛肉干

好，但川菜善于调味的特点，在休闲食品上也发挥得淋漓尽致。早在1937年，重庆街头就出现了专门制作牛肉干的私人作坊。重庆人调味出来的牛肉干，当然离不开"麻辣"二字，麻辣牛肉干是必不可少的。让人意外的是，以十余种香料调味出来的五香牛肉干，居然受到崇尚麻辣的重庆人的热捧，比麻辣牛肉干更受欢迎。五香牛肉干和麻辣牛肉干，当之无愧成了重庆牛肉干的两块招牌。

新中国成立后，随着公私合营，所有私营企业和私人作坊仿佛一夜之间消失，统统变成国有资产。1954年，牛肉干作坊被并入重庆金星糖果厂。1990年更名为国营重庆金星食品厂，1994年经重庆市人民政府批准，吸收数十家企业投资入股，组建成现在的重庆金星股份有限公司。重庆金星股份有限公司生产的牛肉干，1988年被评为中国商业部优质产品，1991年被评为国家旅游局优质产品，1994年被国家旅游局命名为旅游产品定点生产企业。公司拥有的"金角"和"老四川"两个品牌，1998—2007年连续四次被评为重庆市著名商标。

重庆生产的五香牛肉干回味甘甜、绵长、口中生津、耐咀嚼、蛋白质含量高（40%以上）、营养丰富、风味独特，是居家旅行、佐酒助餐、馈赠亲友的上品。重庆人对于五香牛肉干有着特殊的感情，从小吃零食，就少不了五香牛肉干；成年之后，女人喜欢一边咀嚼五香牛肉干，一边陪着肥皂剧里的主角落泪；男人则喜欢邀约三五好友，就着五香牛肉干喝酒侃大山；年长之人牙齿不好，虽已嚼不动，但喜欢将五香牛肉干放在口中慢慢品味那种深入牛肉每一根纤维的香味。可以这么说，五香牛肉干是在重庆最受欢迎的休闲食品之一，也是重庆人心目中永不过时的休闲食品。

链接：

酉阳麻辣牛肉片

"麻辣牛肉片"产于重庆酉阳县，以本地原生态黄牛肉为原料。制作时，精选腿肉剔骨去筋，顺纤维切成规律肉块，清水漂洗，去血水、污物。下锅20分钟捞出，原汤待用。肉块凉后，切成均匀的肉片。将各种配料放入原汤煎熬至一定浓度，再倒入牛肉片煮熟，文火收汁，待汁干液净时起锅，然后将冷凉熟肉片倒进烧热的食用植物油锅内煎炒，焦酥适度时取出冷却，用香料涂抹均匀，即得成品。成品外观紫红透明，麻辣兼备，焦酥香脆，瘦不塞齿，久嚼味长，开胃诱食，且保鲜期长。

陈麻花：乱花渐欲迷人眼

走进磁器口古镇，就会发现一个奇特的现象，短短不到两百米的正街上，密密麻麻挨着十多家麻花店，每家麻花店门前都排着十几二十个人的长队。看招牌，每家店都叫"陈麻花"，每家店门口都有工作人员声称自己才是正宗陈麻花，吆喝叫卖之声不绝于耳。如此阵仗，常常让想买点麻花品尝的外地客人眼花缭乱，无所适从。那么，究竟哪一家是所谓的正宗呢？

陈昌银当年误入磁器口卖麻花

其实，陈麻花无所谓正宗不正宗。根据我国《商标法》，"陈"和"麻花"都是通用词，不能注册为商标，所以，"陈麻花"不是一个商标，而是市民和消费者对磁器口古镇麻花的一个统称，没有任何一家麻花店拥有"陈麻花"的单独使用权。

那么，陈麻花是怎么叫出名的呢？

这得从昔年间冷清寂寞的磁器口说起。看到如今人头攒动、人声鼎沸、摩肩接踵的磁器口，你很难想象，2000年以前，磁器口还只是一片人影稀少、清汤寡水、被人遗忘的破烂房子，上午还多少有点人气，到了下午连买菜都很困难，更不要说有游客了。

2000年3月的一天，卖麻花的小贩陈昌银挑着担子无意中走进磁器口，麻花没有卖脱多少，却遇到了磁器口管委会的负责人。当时磁器口正在开发古镇旅游，急需引进民间风味小吃和传统工艺品。陈昌银一手炸麻花的好手艺，立即引起了管委会的重视，他们决定，无论如何要把陈昌银的麻花引到磁器口来。

管委会开出了一系列优惠条件，但陈昌银并没有动心："那个时候磁器口人气不是很旺，没有什么人。我前后考察了三次，都没看好这个市场。"虽然一直没有答应管委会的邀请，但管委会负责人所描绘的如花愿景，还是深深地烙进了陈昌银的心里，毕竟，挑着担子"打游击"也不是长久之计。

陈昌银依然晚上炸麻花，白天挑着担子走街串户。这种模式的最大优点是，想去哪里马上就可以去。2000年5月，陈昌银和妻子再次来到磁器口，想看看磁器口的人气有没有起来。在一家毛血旺餐馆门前，陈昌银和店主张秀英拉起了家常。很意外的是，两人居然是老乡，都来自重庆合川。

他乡遇老乡，两眼泪汪汪。陈昌银十分激动，他把心里的烦恼全说了出来。

七卷 美食江湖

张秀英听后，告诉陈昌银，磁器口还没有一家炸麻花的，并劝他试一下。同时看在老乡的情面上，愿意把自家的门面租给他。张秀英说出的租金，让陈昌银打消了一切顾虑——才80块钱一个月，好便宜哟，即使亏也亏不到唐家沱去。陈昌银马上就决定，先交三个月的房租，试做一个季度看看情况。

麻花也能成大气候

一阵紧锣密鼓，几天之后，陈昌银的麻花铺子在磁器口开张了。这也是磁器口的第一家麻花店。尽管事先做好了心理准备，但每天少得可怜的销量，还是让陈昌银有些后悔："人少得很，只有当地的几个人，根本没有磁器口以外的人来。"他在心里盘算，三个月以后如果还不见好转，就赶紧撤退。

但是这三个月的租金已经交了，还得认真对待钱这个事，少亏即赚。为了达到现场演示的效果，让顾客亲眼看到麻花是怎么做出来的，买个放心，陈昌银每天都将麻花搬到街边来炸，苦苦支撑。

2000年6月，磁器口管委会加大了对古镇的宣传力度，一阵狂轰滥炸式的营销，磁器口一炮而红，迅速成为重庆本地人的休闲耍处和外地人的旅游目的地。过去冷清的老街，一下子变得人流如织，每天客流量超过万人，人流量最大的节假日，甚至每天接近十万人。

陈昌银现场制作麻花的优势立即显现出来，游客每每走到店门就被吸引，围上来看他表演，临走，会带上几斤麻花边吃边继续逛古镇，或作为伴手礼带给家乡的亲朋好友。时间一长，"陈麻花"的名气渐渐大了起来，陈麻花的生意也一天比一天好。"最多的一天，销售了1000多斤。"说起当时的辉煌，陈昌银有些自豪。赶上节假日，麻花不够卖，陈昌银不得不实行"限量购买"的规定。可是越限量，买的人越多。

看到生意如此火爆，陈昌银迅速主动出击，抢占先机，在磁器口开了两家分店，原先的麻花小铺渐渐扩张成拥有四五十名员工的麻花公司。到2003年底，陈昌银的年营业额突破了100万元。

此后的桥段，就和重庆江湖菜的境遇有些类似了。随着一家火爆，迅速跟风产生许多模仿者。仿佛一夜之间，磁器口老街上就冒出了十多家麻花店铺，家家店都叫"陈麻花"，都声称自己是最正宗的"陈麻花"。

好在磁器口的旅游蛋糕越做越大，人气也越来越旺，尽管有这么多的"陈麻花"店，生意基本都不错。这种短兵相接的局面，虽然对第一家店来说有些不公平，却促进了磁器口"陈麻花"一条街的迅速发展，成为重庆名特小吃中的一张名片。

黄花园酱油：酱油泡饭的记忆

汤志轩是浙江诸暨人，幼年丧父，家境贫寒，靠母亲替人帮佣为生。后来，他和母亲随帮佣的主人从浙江诸暨迁移到辽宁丹东、沈阳等地。汤志轩只读过七年私塾，长大成人后，他先是做挑担卖山货的小贩，省吃俭用攒了一点钱，于1925年与两位同乡共同集资1000元，在沈阳盘下了一家南货铺，改名为"三阳春南货铺"。

两年后，因三人意见不合，另外两人退股，南货铺由汤志轩独自经营，再次改名为"南稻香村"。为保证商铺货源充沛且质优价廉，他想方设法从全国各地进货。

"九一八"事变后，东北三省沦陷。汤志轩眼看日寇肆意横行，商铺已无法正常经营，决定将资金从沈阳转移到上海，并在家乡浙江诸暨购置了60多亩地。随后，他以上海为基地，继续开拓自己的老本行南货业。当时，上海生产的卫生酱油在浙江一带成为抢手货，汤志轩敏锐地感觉到这一行业大有可为，准备进行重点开发。

正在此时，湖北沙市的"同兴酱园"生意萧条，资金亏蚀过半，无法支撑下去，急于寻找下家。当合作伙伴濮庆忠受"同兴酱园"老板应祥焕委托，找到了汤志轩，真可谓机缘巧合，双方一拍即合。旋即，汤志轩接受了濮庆忠的提议，决定增资改组"同兴酱园"，扩大生产经营范围。他亲自前往沙市，着手增资改组事宜，并将店名改为"老同兴绍酒酱园"。

"老同兴绍酒酱园"开业以后，汤志轩从内部管理、生产工艺和业务经营三个方面进行了大刀阔斧的改革、调整和创新，并加大了宣传力度，效果很快显现。短短两年之内，"老同兴酱园"的产量和利润跃居当时沙市19家酱园之首，利润达到开业初期股本总额1万元的2.6倍。随后，相继在湖北宜昌、湖南常德和沅陵、四川万县、云南昆明等地建立分园。

1940年6月，日军相继占领湖北沙市、宜昌，汤志轩决定西进中国战时首都——重庆，筹组建立分园。他带着酱油生产工艺，集沙市、宜昌两园所出资金和个人新增投资共11万元，在重庆神仙洞（今渝中区兴隆街，旧址尚存）开设了老同兴系统中资本最雄厚的重庆分园。由于经营得法，"老同兴酱园"很快在重庆声名鹊起，成为战时重庆人必不可少的调味品。

上世纪黄花园酿造厂工人在生产车间劳作

1949年解放以后，公私合营，重庆"老同兴酱园"因地处黄花园，被更名为"黄花园酿造厂"。以后几十年中，黄花园酱油完全把控了重庆的酱油市场，"黄花园"成了酱油的代名词。

上点年纪的重庆人或许对这样的场景还记忆犹新：每次经过解放碑，在"三八商店"（今重庆百货大楼）斜对面，总会看到排着长长的队伍，每个人手里拿着一两个玻璃瓶或塑料瓶，秩序良好的往前慢慢挪动。

是的，你没有猜错，他们都是"打酱油"的。看来，"打酱油"一词的发源地应该在重庆。只不过，当年的排队打酱油，是一种物资匮乏下的积极人生，而今的网络流行语"打酱油"，则是现实困境中的诸多无奈。

重庆人对黄花园酱油的喜爱，可以达到直接用酱油泡饭的程度。一首当年学校、街上都流行的童谣，是最好的诠释：

> 黄斯黄斯马马，
> 请你嘎公嘎婆过来耍耍，
> 酱油和的饭饭，
> 豆瓣炒的肭肭。

童谣里的酱油就是指黄花园酱油，而豆瓣是指黄花园酿造厂后来新开发的金钩豆瓣。

怪味胡豆：五味纠缠和而不同

山城北碚，是一座富有灵气和悟性的山水园林城市，这些令人称道的禀性，必须归功于卢作孚先生。抗战时期，因名人要员、贤达商贾云集，被称为"陪都中的陪都"，意为陪都重庆的陪都。

北碚街上的解放路有一家炒货摊，摊主熊荣成从小就跟随父母来到北碚学做生意，以经营"豆制品"为特色。及至上世纪20年代初，创办了老字号"蝶花"。后来，熊荣成娶妻生子，并和妻子一道研制出了挨刀胡豆、油炸胡豆、油炸花生等，因风味独特，深受当地人喜爱。

抗战时期，老舍迁居北碚"雅舍"，无意之中品尝到熊荣成夫妇制作的挨刀胡豆、油炸胡豆、油炸花生，分分钟就被它们征服了。尤其是"挨刀胡豆"，先是被"入口酥、香、脆"的口感深深吸引，然后"甜、辣、酸、咸、麻"五味一起在口腔里喷涌，除此直观感觉外，还有想象之味，凭你想到什么味，味蕾就会获得这种味道，使人惊奇称好。由于味道奇特，难以定位，老舍欣然为挨刀胡豆取名"怪味胡豆"。又因北碚地处缙云山脚，故建议以"缙云"为名号。"怪味胡豆"之名从此名扬四海，成为重庆极具代表性的一道名特小吃。

怪味胡豆作为重庆的一项特色代表，可以说是当仁不让。它的味道旗帜鲜明却又复杂多变，具有典型的重庆风格和气场，在全世界都难以复制，也无法模仿。

怪味胡豆绝对是重庆特产

怪味胡豆在食品大家族中，是唯一的酸、甜、麻、辣、咸五味同时纠缠在一起的"怪味"，但同时五味之间如君子和而不同，互不欺压，各自为政，互不侵犯，互不干涉内政，犹如抱团包容的重庆人，有难同当，有福同享。

它天生一副不卑不亢、知白守黑的模样，质朴中迸发出极具摧毁力的味道。不抛光粉饰，不染色掩盖，一副我行我素"老子无所畏惧"的诚实模样，有点重庆崽儿敢爱敢恨的脾气，看了就让人放心。

"怪"是它的主旋律，它不按常规出牌，一阵拳打脚踢，乱拳打死老师傅；"麻、辣、酥、脆"是它的协奏曲，它万变不离其宗，剑走偏锋却又云卷云舒，走得再远都能找到回来的路。

它不似上海城隍庙的五香豆，虽名满天下却脂粉气太重，总感觉缺点男子汉的气概；它不像浙江绍兴的茴香豆，虽名声大噪却软绵无力，一如孔乙己的迂腐与麻木。它脆生生的一派阳刚之气，放进嘴里，须用大牙才能压碎又不至于太硬，你可以感受到它轻微的抵抗，然后就是臣服的拥抱，一种强烈和奇怪的快感，酣畅淋漓横扫口腔。

解放后，怪味胡豆这一特产一直延续下来。1955年成立五四联社，就以熊荣成先生为主，生产怪味胡豆和其他糕点。在1958年公私合营后，正式将厂名更名为重庆缙云食品厂，仍沿用熊荣成先生"缙云牌怪味胡豆"的生产工艺和技术。"缙云"以"怪味胡豆"为特色，月饼、蛋糕、饼干为系列，当时在重庆与知名的冠生园、华生园齐名。

而今眼目下，重庆几乎所有的食品厂都会生产怪味胡豆，俨然形成一个庞大的产业。

方竹笋：金佛山的神奇造化

大自然的造化之功，可谓无奇不有。

比如说，连小学生都知道"雨后春笋"这个常识，可偏偏有的笋子是在秋天萌发，成了"雨后秋笋"；再比如说，"竹子是圆的"这是千百年来颠扑不破的真理，可偏偏有的竹子是四四方方的。

刚采回和剥好的方竹笋

的确，在重庆南川区金佛山海拔1000—2200米的范围内，就生长着这种"逆天"的方竹和方竹笋。这种方竹，因主要生长在金佛山上，其他地区很少见其踪影，得名"金佛山方竹"。金佛山方竹的外形似方非方、似圆非圆，有四个椭圆形棱角，如果仅凭肉眼观察，不仔细看很难发现它与其他竹子的区别，但用手轻轻握住竹竿，立即感觉棱角分明。

因金佛山是世界自然文化遗产，国家级自然保护区，生态环境非常好，加之与其他竹笋比较，方竹笋肉质丰厚、细嫩化渣、纤维细脆、色美味鲜，因而极其珍贵，被誉为"山中珍品"。

每年8月中旬，金佛山2200米左右海拔一带，方竹笋开始陆续破土而出，然后逐渐向海拔较低的1000米地带扩散，到国庆节前后结束。这是收获的季节，也是采笋人最辛苦的时节，他们深入深山老林，上绝壁、过溪涧、越丘壑，和时间赛跑，一路追赶着笋子前进的方向，将鲜笋采回加工。

采笋的动作很奇特，一般是两人配合，一前一后，前面的人看到竹笋，只需轻轻起脚将竹笋踢倒，然后继续向前寻找下一个目标。后面的人跟上，将倒伏的竹笋顺势一拉，竹笋已经在手。剥笋更是一绝，笋尖朝里，专用笋刀由内向外一刀削下，用食指绞住笋衣慢慢转圈，笋衣就被优雅地褪下，一根白若凝脂嫩若婴儿肌肤的竹笋便展现在眼前。

方竹笋的吃法多种多样，可以当作时令山珍现采现做，也可以制作成笋干保存，需要时用水泡发再烹饪，无论是烧、炒、煎、炝，还是炖、烩、拌、煮，均可以做出不同风格的美味。

本人曾在金佛山西坡工作一年，和当地的笋农多有接触。当时吃得最多的是"盐水方竹笋"，即方竹笋采下以后，不沾生水，连笋衣一起浸泡在盐水里腌制保存，吃的时候带壳将其蒸熟上桌。盐水腌制便于保存，又能最大限度地保持竹笋的鲜爽风味，南川区的大酒店一般都有这道菜。

印象最深的是当地笋农的做法。曾在一山野农家吃到过一道特别的"凉拌烧笋"，将刚刚采回来的毛壳笋直接放到柴火堆里烧熟，用火钳夹出来，拍掉柴灰，剥去外壳，改刀成所需形状，然后加胡辣壳海椒、盐、味精等凉拌。这种做法，将大自然的精灵用火进行淬炼，激发出了方竹笋最特色、最个性的风味，然后用胡辣壳海椒进一步提炼、反衬这种风味，堪称绝美。只有在原产地，只有在山野农家，才能用这么简单奇特的手法，做出这道与众不同的美食。

本人还曾在一笋农家里吃到过一道"白水鲜笋",将才采回的鲜笋剥壳,切成滚刀块,沸水锅下鲜笋,刚刚煮熟即起锅。这道菜最大限度地保持了鲜方竹笋的原味,吃的时候不加任何作料,让方竹笋原始的清香通过味蕾沁入心脾,唇齿间能感受到来自山野的种种自然清灵之气。

由此而知,简简单单才最美。

永川豆豉:一颗黄豆的蜕变

相传明朝年间,永川城内有一姓崔的富家小姐,容貌俏丽,聪明能干,温柔贤良,在县城内外小有名气,媒婆们准备上门提亲。然而天有不测风云,刚到谈婚论嫁的年龄,父亲竟一病不起,崔家从此开始破落。守孝三年之后,崔氏嫁给了在城东河边开小饭馆的男子,过上了起早摸黑的清苦日子。

永川豆豉的现代生产工艺

一天,丈夫外出办事,崔氏带着孩子在蒸黄豆。黄豆刚起锅,就听到店门外一片杂乱之声,原来有官兵要从这里路过。此时正值兵荒马乱之际,官兵烧杀抢掠的事情时有发生。崔氏慌忙中将一筲箕蒸熟的黄豆顺手倒在后院的柴草下,然后抹上烟灰化装成丑陋的老太婆,带着孩子逃了出去。

半个月后,官兵走了,崔氏回到小饭店。刚走到后院,便闻到一股异香飘来。循着香味找过去,竟然是柴草下的黄豆发出的。此时,黄豆已经发酵,并生出近半寸长的白霉,变成了"毛霉豆"。崔氏本想扔掉毛霉豆,但又觉得可惜,"不如留着饥荒年生家人下饭用。"她想。于是,将黄豆上的白霉洗净,加盐装进坛子里,放在屋角便忘了此事。

次年开春蔬菜缺少,正是青黄不接的季节,崔氏突然想起还有一坛毛霉豆。打开坛子后,一股异香扑鼻而来。倒出豆子一看,颗颗清香散粒、色泽晶莹、光滑油黑。放进嘴里一尝,入口化渣,简直是人间美味。

自此之后,崔氏靠做永川豆豉发了家。凡是到永川的商人,都以吃崔氏店里的豆豉为荣。

永川豆豉的做法也慢慢传开,并逐步演变成川菜不可或缺的调味品之一。可以这么说,辣椒造就了川菜阳刚硬朗的主要特征,永川豆豉成就了川菜温婉柔和的次要特色,让川菜具有了麻辣之外的另一面。

比如回锅肉和盐煎肉,一个微辣,一个咸鲜浓香,都是川菜中的经典菜品,就像川剧中的文生和旦角，是用来撑场面的，属于台柱子。所以，学习传统川菜，首先要学的就是这两道菜，这两道菜拿捏好了，基本就可以学徒出师了。

不过，现在情况发生了许多微妙变化，什么都讲究中性，连回锅肉和盐煎肉也被一些小餐馆糟蹋得难分彼此，既不"回锅"，也不"盐煎"，不但样子长得一个样，连味道都差不多。让坚持传统的老川厨们情何以堪？

其实，这两道菜的最大不同在于：回锅肉离不开鲜红透亮的郫县豆瓣，盐煎肉必不可少晶莹油黑的永川豆豉。

零卖的永川豆豉

是的，盐煎肉的秘诀就在于那一颗黑不溜秋、晶莹透亮、毫不起眼的永川豆豉。永川豆豉作为川菜必不可少的调味品，却是很多人不了解的。比如豆豉蒸鲶鱼、干烧钳鱼、豆豉蒸腊肉等，永川豆豉都是主要调料。就像缺了永川豆豉的盐煎肉不是盐煎肉一样，如果这些菜少了永川豆豉，也就不是那个味了。

链接：

永川松花皮蛋

重庆永川区还有一样非常有名气的特产——永川皮蛋。永川皮蛋始创于1822年（清道光年间），有近两百年的历史，如今畅销巴渝，走向全国。正宗的永川皮蛋，松花朵朵，若隐若现，茶色蛋白，橙色蛋黄，犹如琥珀含珠，千姿百态，栩栩如生。松花是蛋白质在水溶过程中，生成的盐类和游离氨基酸沿不同的方向扩散，慢慢凝结形成的结晶花纹。由于类似松针，因此又称为松花皮蛋。

松花皮蛋

松花皮蛋不但是美味佳肴，而且还有一定的药用价值。王士雄《随息居饮食谱》中说："皮蛋，味辛、涩、甘、咸，能泻热、醒酒、去大肠火，治泻痢，能散能敛。"中医认为皮蛋性凉，可治眼疼、牙疼、高血压、耳鸣眩晕等疾病。

城口老腊肉：一家煮肉百家香

城口县位于大巴山南麓，重庆东北部，地处渝、川、陕三省市交界处，是距离重庆主城最远的县。一说到城口，首先跃入脑海的肯定是老腊肉。的确，城口自古就有冬季炕制老腊肉的习俗。但是，城口老腊肉真正走出大山，走上大众餐桌，却和一个叫赵孝春的人有关。

赵孝春是城口县修齐镇茶丰村的村委会主任，也就是村长。20世纪90年代，赵孝春靠养猪致富，成了当地远近闻名的"养猪大王"，被评为城口县劳动模范。

1994年，全国猪肉价格急剧下降，出栏的猪儿越多，亏损越大。但养猪的规律特点是，猪儿喂到一定的时候必须出栏，否则只消耗饲料不增加体重，

风味独特的城口老腊肉

亏损会更大。赵孝春不得不忍痛割肉，将生猪一批批的以低价卖出去。当饲养的生猪减少到40多头时，他决定把猪儿全部杀了，按照城口的传统做法，炕制成腊肉，放一段时间，看看行情会不会好转。

市场情况并没有改变，一个多月以后，猪肉价格仍然一个劲地往下跌。从某种意义上说，养殖业就像炒股，你永远不知道价格什么时候探底，也不会知道拐点何时出现。等待终究不是最好的办法，唯有不断买进卖出，方能立于不败之地。赵孝春决定出手了，他决定将腊肉卖掉，趁低位买进猪仔，抓住下一次猪肉价格回升的机会。城口历来有做腊肉的习俗，几乎家家户户都有腊肉，所以，几千斤腊肉要在城口销掉是不现实的。赵孝春选择了离城口较近的中心城市——万县市（今万州区）。

那时候，重庆还没直辖，成渝高速公路都还没通车，从城口去万县是一件很背油的事情，他花了3天时间才将腊肉全部运出大巴山，没想到，一听说是来自城口的老腊肉，大受万县市民的欢迎，短短四天时间，几千斤腊肉竟然卖光了。

做腊肉原本是权宜之计，没想到这么受欢迎，赵孝春心里更加有底气，又饲养了400多头猪仔。等到出栏时，猪肉的价格还没有探底，还在不断下滑。这一次，他一点没有担惊受怕的感觉，毫不犹豫地将400多头猪陆续分批做成了腊肉，一头活猪儿都没卖。赵孝春从养猪大户，变成了城口腊肉的推广大使，

七卷 美食江湖

他背着腊肉，出入万州与重庆主城，胸前挂着劳模奖牌，不断地为家乡的腊肉吆喝。

通过赵孝春的不断推销，以及重庆电视台等媒体的热心推介，"城口老腊肉"的名声渐渐在重庆主城打响，成了城口县走出大巴山的第一个特色品牌。"城口老腊肉"打出了自己的品牌，其单价和销量也不断提升，到2000年，一年销量超过了1000吨，赵孝春也当选为全国劳模。

城口老腊肉素有"一家煮肉百家香"的说法，具有色、香、味、形俱佳的特点。炕好的腊肉表里一致，煮熟切成片，透明发亮，色红似火，吃起来醇厚回甜，甘香爽口。与其他很多地方熏制的腊肉相比，城口老腊肉虽肥不腻口，虽瘦不卡牙，风味独特。

城口老腊肉之所以大受欢迎，秘密有两个：一是选用城口产的土猪作为原料。据赵孝春介绍，制作城口老腊肉的原材料，是经青蒿、蒲公英等中草药以及玉米、红薯、马铃薯等杂粮喂养的土猪，而且，饲养的周期要达到8—10个月。二是坚持用硬杂树烘炕。猪肉先要在木缸里腌制2—3天，然后晾在竹竿上风干后再烘炕。烘炕需用青冈、九里香等多种中药材和香料树枝、硬杂树枝，烘炕的时间不得低于45天，"材料不能掺假，时间不能缩水"。

赵孝春强调，老腊肉是用火炕而不是烟熏的，用柏树枝熏腊肉，一是柏树枝油会收紧猪肉的毛孔，不利于水分渗出；二是短时间烟熏腊肉，腊肉虽表皮颜色蜡黄，但里面还是生肉，并且还可能带有烟味。

忠县豆腐乳：长霉心莫焦

话说北宋太平兴国年间，忠州（今重庆忠县）城边上有一个不起眼的小小豆花店。店主刘三娘是一个寡妇，待人古道热肠，爱做好事，与14岁的儿子刘柱香相依为命。小店的生意不好不孬，勉强可以养活娘儿俩。

有一天，刘三娘正在做豆花，一个猎人提着一只白鹤进店歇脚，买了一碗豆花、一碗酒吃起来。刘三娘看见白鹤眼巴巴地望着自己，心中不忍，便求猎人把白鹤卖给她。猎人不肯，刘三娘再三恳求，终于说动猎人，用一吊铜钱买下了这只白鹤。

刘柱香天天给白鹤涂药治伤，又去河沟捉鱼、虾、螺蛳喂它。养了七七四十九天，白鹤的伤好了。等到天晴了，刘三娘对它说："去吧，以后要多加小心。"白鹤点了点头，振翅而起，飞上了天空，绕着豆花店飞了三圈，才依依不舍地向远处飞去。

过了不久，一个年轻尼姑，挑着一担清水，刚走到刘三娘的豆花店门口，竟然昏倒在地。刘三娘和儿子赶紧去把她扶进店中，从锅中舀来一碗热豆浆，用汤勺舀着慢慢喂她。尼姑渐渐苏醒过来，对刘三娘母子千恩万谢，说道："你们母子救了我一命，我出家人没有什么可报答，只有这担清水相送，用它能做出最好的豆花。"刘三娘说什么也不要，尼姑一闪身走出店门外，刘三娘叫刘柱香挑着水桶去追。

刘柱香人小气力小，挑着一担清水追尼姑，累得上气不接下气，哪里追得上。眼看尼姑越走越远，便把桶往一棵枯树旁放下歇口气。谁知桶刚落地，就化成一眼水井，井水清亮亮的，喝一口，甜津津的。刘柱香赶紧跑回店，把这件奇怪的事告诉了娘。刘三娘当真来这口井挑水做豆花，做出的豆花又鲜又嫩又绵实，人们特别爱吃，生意一天天好起来。

城里有个姓王的大财主，称霸一方，并且非常富有，传说财富相当于半个忠州城，人称"王半城"。"王半城"也开着一个豆花铺，但做出来的豆花又老又硬，像嚼烂棉絮，吃的人很少。他见刘三娘生意好，十分眼红，暗中打听，才晓得是用这口井水做出的豆花。他马上想霸占这眼井，带着几个家奴，气势汹汹地来到刘三娘家说："这眼井是我家的祖业，我要收回来，你们不能再到这井里挑水了！"

刘柱香不服，大声申辩。"王半城"打个手势，几个家奴一拥而上，一阵拳打脚踢，把他打得半死不活，然后扬长而去。

"王半城"霸占了这眼井后，很是得意，用井水做了一锅豆花，尝一口，硬是好吃。心里盘算着，把豆花铺开大点，肯定要发财。于是，发出请帖，选了个好日子，请知州和衙门的大小官员以及城中的一些士绅来吃豆花宴。一清早，叫家奴挑来两担水，用两升黄豆磨成五桶豆浆，倒在锅里烧着，准备点豆花。

宾客们陆续到齐了，"王半城"向他们吹嘘这井水做的豆花是如何如何好，讲得口水四溅，听的人也口水直流。午时过了还不见把豆花端出来，"王半城"走进灶屋一看，锅里的豆浆竟然变成了一锅清水。赶紧安排重新挑水磨豆子，可是豆浆倒进锅里一煮又变成了清水。

太阳都偏西了，还是没有豆花端出来。客人们个个饿得肚子咕咕叫，七嘴八舌说起了风凉话："王员外精明，请客不花半文钱！"……知州大人很生气，"哼"了一声，率先甩袖而去，其他客人也纷纷跟着走了。王半城脸面丢尽，带上几个家奴，拿着锄头、铁铲，冲到井边，准备挖土填井，出口胸中恶气。刚准备动手，突然从井里飞出一只白鹤，两下就啄瞎了王半城的双眼，还抓破了他的脸皮，接着朝远处飞去。王半城痛得

农家自做红油、白油豆腐乳和水豆豉

在地上打滚，回家没几天就死了。

刘柱香被"王半城"打成重伤，几天滴水不进。刘三娘成天守着儿子哭泣，无心经营豆花店，之前做的豆花块都在锅里、碗里，已长满了一层白绒毛。

正当刘三娘守着儿子伤心啼哭时，一只白鹤飞了进来，变成先前那位尼姑，从口袋里摸出一颗红药丸，递给刘三娘，说道："我本是白鹤仙子，前次被猎人射伤捉住，全靠你母子相救，特用井水报答恩情，谁知反而害了你们。现在恶人已除，莫再焦愁，这颗药丸可治好你儿伤痛。这些霉豆花，也有法子挽救。"随即口念一偈："长霉心莫焦，装坛加作料，待到六月后，满城香气飘。"说完，又化为白鹤腾空而去。

刘三娘对天叩了三个响头，谢过白鹤仙子，舀碗水，让刘柱香服下药丸。真是仙丹妙药，吃下就好了。母子俩欢天喜地，赶紧找来几个坛子，把长霉的豆花块依次放进去，加进盐水、白酒和陈皮、八角等作料，用稀泥巴把坛口封好。

六个月后，揭开坛口泥巴，顿时一股香气扑鼻而来。尝一口，细腻化渣、味美香甜。母子俩欢喜得不得了。因为泡豆花的盐水已变得好像乳汁一样，因此给它取名"豆腐乳"。就这样，刘三娘的生意又兴隆起来了。

豆腐乳在重庆农村还有一个形象的名字——"霉豆腐"。不仅是忠县，重庆农村普遍有做霉豆腐的习俗。每到冬季，家家户户的女人们都要行动起来，做上一坛霉豆腐。这种手工自制的霉豆腐，与超市里批量生产的豆腐乳略有不同，一般块头比较大，每一块的外面裹了一张菜叶子。吃的时候，先用筷子将菜叶子拨开，然后夹一小块放进嘴里，有一股浓浓的乡土气息，头脑中顿时浮现出"外婆"那慈祥而忙碌的身影。当春节腊肉香肠吃腻了的时候，来上一坨霉豆腐，那个味道就不摆了。

巴人咂酒：巴乡清酒赛玉璧

万颗明珠供一瓯，王侯到此也低头。
五龙捧出擎天柱，吸尽长江水倒流。

传说这是太平天国翼王石达开偶然喝到巴人咂酒后，豪气干云，有感而发。"明珠"，是指酒坛里的颗颗粮食，这句诗说的是咂酒的酿造方法，以高粱、苞谷、小麦、红稗等杂粮，经蒸熟发酵而成。"低头"，是说咂酒的饮用方法，低头咂饮。"五龙""擎天柱"分别指双手和吸管，说的是咂酒的饮用姿势，用双手捧着坛子，坛口插一根空心细竹管。这首诗气势磅礴，把咂酒的风情和豪壮，表达得淋漓尽致。

咂酒，巴渝传统酿造美酒，自古有之。巴人善酿，有部分史学家考证后认为，中国白酒的始祖仪狄，就是远古的巴人。如果这一观点还有争议，那么成书于公元6世纪北魏时期郦道元所著的《水经注》中对巴人酿酒的记载，就是确凿无疑的："江水又迳鱼腹县（今奉节）之古陵……江之左岸有巴乡村，村人善酿，故俗称'巴乡清'，郡出名酒。"可见，自古巴乡出清酒，而且，巴人的酿造技术已经达到了一个相当高的水平。

史载，秦灭巴以后，秦昭襄王与巴人订下互不侵犯条约："秦犯夷，输黄龙一双；夷犯秦，输清酒一盅。"意思是说，如果秦国侵犯了巴人，就送黄龙玉璧一对以示惩罚；如果巴人侵犯了秦国，就用清酒一盅以示补偿。一盅清酒堪与一对玉璧媲美，可见，巴人酿出的清酒在当时获得了怎样尊崇的地位！

翼王石达开

巴国，就这样带着一个关于酒的传说，消失在茫茫的历史长河中。但是，作为巴人后代的重庆人，却继承了巴人豪爽耿直、好酒尚武的习性，咂酒，历经千百年的传承，至今仍在重庆的部分乡间流传。

其实，历史不用倒回去多久，就在大概30年前，重庆乡村的普通家庭，家家户户每年必做咂酒。咂酒作为待客的必备之礼，是当时的乡村家庭招待宾朋的必需之物。同时，咂酒还是劳动中驱散疲劳的最好饮料。

做咂酒一般是在盛夏农闲时节，全村的妇女不约而同，几乎都集中在前后几天，很有些仪式化。发端应该是村里做酒曲的长者，一般一个村只有一位长者会做酒曲，并且代代单传。乘着盛夏的烈日，长者将从山上采下来的二三十种中草药晒干，磨成粉，然后按照一定的比例做成汤圆状的酒曲。酒曲年年做，年年质量都不同，因为做曲的手法、天气、草药的质量、水质等等，哪怕是一丝细微的变化，均影响酒曲的发酒效果。所以，每年酒曲做好，长者都会送给同院子的邻居先行试用，测试今年酒曲的质量。

咂酒的做法是，先将杂粮（一般以本地产红高粱为主）煮熟，然后倒入簸箕内摊开扒散，将酒曲碾成粉拌匀，待冷却到还有些许余温的时候，舀进锅里，并洒上热水，加盖密封好后抬到楼上，焐热发酵，直至透顶。这个过程即使在盛夏也需要两三天。发酵以后，将粮食连同发酵产生的汁水一同舀入坛子里，不用装满，半坛即可，留些空间给继续发酵产生的气体以及今后掺入开水，然后密封保存。好的咂酒，一般要在阴暗潮湿处秘存半年以上，才能开盖加水饮用。

整个村子，只要有一家做咂酒，酒糟的香味就会飘散到全村，于是，全村的妇女好像得到了信号，几天之内，家家门前都摊出了蒸熟的高粱，全村上空弥漫酒香。

咂酒一般用于招待重要的宾客。开饭时，宾主落座，席桌旁置以高凳，上面放一坛已经酿制好的咂酒。主妇当着宾

酒祖仪狄，传说为巴人

客的面，将密封的黄泥撬开，倒入开水，插进自制的细竹吸管，用吸管顺势搅拌几下，待开水冷却还带着余温，就可以畅饮了。咂酒的传统喝法是，同一根吸管，按照长幼尊卑的顺序轮流上前咂饮，谁也不会在意卫生不卫生。这种聚餐宴饮的方式，实际上已经超出了吃的范畴，是传统乡村社会调节邻里关系的一种重要手段，也是区别上下、明辨长幼、强化尊卑的传统礼仪的重要外在表现形式。

本人此生中第一次喝醉酒，就是因为咂酒。适逢动画片《大闹天宫》上演，深受孙悟空醉打二郎神的鼓舞，恰逢家里有一坛已经开坛且未饮尽的咂酒，乘着妈和老汉全部到人民公社出工，一阵豪饮，酩酊大醉。

那时才5岁。第一次醉酒印象深刻。若干年后，将这段经历写成小文投寄报社，居然得以发表。这是笔者正式发表的第一篇文章，受此鼓舞，从此走上写作路。

鲊海椒：土家人的集体记忆

土家人说的鲊海椒，是武陵山区土家族的特产，在巴蜀黔乡村叫做鲊海椒、酢海辣，是经济困难时候巴蜀人家常备的下饭菜。近年来，随着土家菜在重庆主城的风靡，鲊海椒也走进大众视野，成了人人喜爱的美食。特别是一盘鲊海椒回锅肉，用炒回锅肉的手法，将打底的菜——也就是重庆人所说的"俏头"——换成鲊海椒，炒出来的回锅肉色泽艳丽、浓香扑鼻，入口麻辣鲜香、回味悠长。无论是吃遍大江南北的骨灰级吃货，还是来自武陵山区的土家子弟，很少有人不在这道菜面前低头。

在土家人看来，鲊海椒是他们先辈赐予自己的传家宝，每一道制作工序都是一段记忆和情感的延续，每一次制作鲊海椒，都是对土家人集体记忆的传承和对先辈的致敬。

每年夏季辣椒成熟时节，土家山寨每家每户都会齐上阵，做上几大坛子鲊海椒，然后供一家人吃上整整一年。鲊海椒的制作工序并不复杂。选适量的红辣椒洗净，沥干水分，然后剁碎，加入盐、生姜、大蒜等作料，再将玉米粉或大米粉放进辣椒里，搅拌均匀以后立刻装入"倒扑坛"里，静待时间这个世上最大的魔术师，将其发酵转变为又香

制作鲊海椒的倒扑坛　　做好的鲊海椒

又酸的鲊海椒。至于玉米粉与辣椒的比例，一般在10∶7左右，但这并没有特别严格的规定，根据自己的喜好和口感，完全可以自由发挥任意调配。

"倒扑坛"是巴蜀人的一大创举，就是一个大肚长颈的土陶坛子，里面装满需要与空气隔绝的食材，倒置在一个盛满清水的土陶盆之中。这个装置的好处在于，装在里面的食材的多余水分，会顺着坛壁流入下面的陶盆中，保证食材不因水分过多而腐烂；陶盆里的水，隔绝了外面空气进入坛子里，相当于将坛子密封；同时，食材在坛子里持续发酵，产生的气体又可以通过陶盆的水排到外面。

重庆人善于制作各种咸菜，重庆人将咸菜分为水咸菜和干咸菜。所谓水咸菜，即用盐水泡出来的咸菜，也就是前面介绍过的泡菜，重庆泡菜种类丰富，素菜如萝卜、青菜、白菜、黄瓜等，荤菜如猪耳、凤爪、猪尾等，均可以泡制；所谓干咸菜，就是将蔬菜水分去掉，加上盐和调料，然后让其储存发酵的咸菜，如萝卜干、榨菜、大头菜、冬菜等。干咸菜的储存发酵神器就是"倒扑坛"。用倒扑坛装咸菜，越存越香，历经数年而不坏，但前提是，每半个月至少清洗一次陶盆，将陶盆里换上清水。

按照重庆人对于干咸菜的定义，鲊海椒也属于干咸菜系列之一。做好的鲊海椒密封在坛子里，任由大自然里的微生物对其加工改造，大概两周以后，风味独特的鲊海椒便形成了。但是，若想让鲊海椒变得更加惊艳，就得耐住性子，让时间在坛子里沉淀，最终演化成一场华丽的转身。和其他干咸菜一样，鲊海椒在坛子里存放愈久，香气愈浓郁醇厚。当然，在存放的过程中，可以反复从坛子里取食——这就是重庆干咸菜的神奇之处，如果你用心体会，每一次取食，其风味都有一些变化。

鲊海椒可以用少许菜油或猪油炒熟以后单独食用，也可以作为配菜与其他菜同炒。除了前面提到的鲊海椒回锅肉，还有鲊海椒土豆片、鲊海椒煎银鳕鱼、鲊海椒炒肉末等，都是鲊海椒的经典菜谱。

鲊海椒做的菜，最大的特点是下饭，不知不觉间，几碗白米饭已经下肚。因而，黔江区白石乡农民工李清华返乡创业批量生产鲊海椒时，给自己注册的商标是——送饭宝贝。

链接：

莽海椒

重庆民间还有一样用海椒制作的特色土产——莽海椒。每年正月间，农民走人户，常常会带上一小坛做礼物。上得席来，无论大人还是细娃儿，一见到它，欢喜得眼睛都笑眯了。在重庆方言里，"莽"有喂食、填塞的意思。"海椒"就是辣椒。"莽海椒"顾名思义，就是往辣椒里填充另外的食材制作而成。

选用本地产的优质大个红辣椒，剪去蒂柄，洗净沥干，竖向中间划上一道口，然后把糯米粉加适当的食盐、花椒面拌匀，从口子处装入辣椒肚子里，一直装填到辣椒壳饱满，用大拇指将米面压实，并将它红背向下，白肚向上，一个紧挨一个放入事先准备好的"倒扑坛"里。装完后用坚韧不易腐烂的树叶（如棕树叶）盖上，再用竹片圈起来压紧坛口，倒立于装有干净水的土陶盆内，大概两周以后就腌制好了。要吃的时候从倒扑坛里取出，蒸熟晾凉，然后锅里放油及作料煎或炸。也可以改刀后和其他菜一起炒，如莽海椒炒腊肉、莽海椒回锅肉等。

莽海椒入口的感觉十分奇妙，酸唧唧又肉嘟嘟的，还带有海椒独有的辣味，吃了以后开胃健脾，特别下饭。

羊角豆干：乌江纤夫的口粮

羊角豆干，味道甘美又生津止渴

渝湘高速公路没通车前，从重庆主城开车去黔江、酉阳、秀山或湘西旅游，必走319国道；要走319国道，必经过武隆县羊角镇；过羊角镇，必下车买豆腐干。这几乎是所有重庆人一个不成文的规矩。

羊角豆干，因此成了羊角镇的招牌。人们往往是先知道羊角豆干，才知道武隆有一个羊角镇。

羊角镇位于乌江边上，离武隆县城14公里，背靠白马山。这里原先不叫"羊角"，而叫李家湾。清乾隆五十年（1785年），李家湾发生大规模山体滑坡崩塌，巨大的泥石流将乌江阻塞，迫使其改道，并在乌江边堆积成碛，形成千里乌江第一长滩——五里滩，因形似羊角而得名"羊角碛"。

由于羊角碛滩险、水急、河道浅，在没有炸礁石和建绞滩站前，上下货船必须在此卸货中转，于是羊角碛从只有几户人家的小渔村，逐渐发展成为一个大型码头集镇，每日南来北往的商贾、船帮、纤夫都聚集在这里，等候货物起船、转运、装船，故而餐饮、住宿、修船等服务行业随之而兴起，羊角一度成为乌江沿线的中心城镇。

为了解决各类人员的饮食需要，特别是船帮、纤夫等路上所需的干粮，一些小店铺便极力开发当地的特色食品，豆腐干由于保质期长、便于携带、营养丰富、价格便宜等特点，深受远行者和下力人的欢迎。

传统工艺制作羊角豆干，需选取当地出产的优质黄豆，以山泉水浸泡，然后经过磨浆、煮浆、过滤、点浆、包箱、反复压制、改刀、滑水、卤制、晾晒等一系列繁复考究的环节，通常需要一天一夜甚至更长的时间。

卤制豆干的卤水，是从白马山上采集的数十种中药煎制而成，所以，羊角豆干才能呈现出与其他地方制作的豆腐干不一样的味道。正宗羊角豆干，细腻绵扎，有嚼劲，入口有天然香料的香气，美味可口。可直接食用，也可进一步加工，制作成为美味佳肴。

羊角豆干的制作过程，极其考验制作者的技术。若有环节不仔细或是火候不到，最后出来的豆干就会出现口感不够细腻、香味不够纯正等缺憾，失去正宗羊角豆干该有的美味。

乌江纤夫，世上最危险的职业之一

当时的羊角豆干，是乌江岸边纤夫的口粮，当时的羊角，几乎家家户户都做豆干，然后由妇女用提篮盛着，到乌江边叫卖。由于羊角豆干物美价廉，深受过往客商的喜欢，因此，做豆干买卖成了当地人谋生的主要手段。民国时期，羊角滩作为乌江流域重要的商贸码头，十分兴旺，羊角豆干好吃的美名已盛传于川东区域。

随着武隆旅游经济的兴起，羊角豆干用其美味俘获了众多顾客的心，深受全国各地顾客甚至海外游客的青睐。最鼎盛时，在千米长的羊角场镇上，顺着319国道一字排列着20多家有名的豆干店。

目前，羊角镇年产豆干近万吨，年销售收入近两亿元。产品不仅销往全国20多个省、市、自治区，而且出口到东南亚及欧美地区。豆腐干成了武隆最具标志性的旅游商品，这个产业也成为全镇的重要经济支柱。

链接：

羊角老醋

"要险不过羊角渡，要香不过羊角醋。"羊角老醋源于明朝中期，至今已有300多年历史。经历了曹、田、黄、高姓四代，现在的羊角老醋属第四代传人。羊角老醋的生产十分考究，以大米、小麦为主要原料，辅以40多种名贵中药材，用羊角镇独特泉水精制而成。具有酸甜适度、香气馥郁、味道鲜美，长期存放不腐败变质等优点。1985年被列入《中国土特名产辞典》；1987年被国家正式收入《中国名特产品辞典》第一辑；1992年获首届巴蜀食品节"优秀产品"称号；1995年获国际食品博览会银质奖章；2001年"羊角老醋"被重庆市评审为"重庆市著名商标"和"重庆市知名产品"。

土坨麻饼：光阴的味道

当娃儿的时候，最喜欢过节，因为过节就会有很多好吃的。春节就不说了，那是一个全民都兴高采烈地狂吃的节日，其次就是中秋节，有月饼、糍粑、盐蛋，还有土坨（沱）麻饼。在那个普遍贫穷、买东西凭票的年代，中秋节可能会没有月饼，但一定少不了土坨麻饼。因为土坨麻饼价廉物美。

第一次吃土坨麻饼的记忆非常深刻。那一年的中秋节，在城里头上班的父亲回到了农村老家。这一回，父亲没有像往常一样，及时从军用挎包里掏出一颗水果糖递给我，而是拿出一包圆柱体状的东西放进碗柜，然后很认真地对我说，出去耍吧，晚上等妈妈回来一起吃！

一个下午都是煎熬，老是想着那个红色圆柱体的包装纸里面，究竟包的是什么东西，是甜的还是香的？小时候对父亲的崇拜，就是从他每次回家变着花样带回来的零食开始的。或许吃货兼半个美食家的本色，就是从那时候开始培养起来的吧！

手工制作土坨麻饼坯子

吃过晚饭之后，一家人洗漱完毕进了卧室，坐在煤油灯下，听爸爸讲着外面的精彩片断，妈妈时不时插上两句，唠叨家长里短。煤油灯火苗闪烁，把一家人的影子拉得上下左右不停地晃动。突然，爸爸想起了什么，说了一声"等一等"，就自顾地拿着煤油灯去了厨房，房间里立即暗了下来，很快伸手不见五指。还好有母亲在，也不觉得害怕。

只听到厨房的碗柜里一阵窸窸窣窣，接着又听到菜刀切在菜板上的声音……不一会儿，煤油灯闪烁的光亮慢慢由暗到明，爸爸再次出现时，手里多了一个盘子，盘子里装满了一些被切成扇形的糕点，"吃吧，今天中秋节，团圆的节日"。说着拿起一块递给母亲。我早已迫不及待抓起一块小扇形，狠狠地咬上一口，那种甜香，那种松酥，那种润滋……从此深深地烙进了脑海里。

第二天，从父亲口中我知道了这道美食的名字——土坨麻饼。

土坨麻饼产于重庆北碚区水土镇。水土镇历史悠久，因嘉陵江流经这里时拐了一个弯，形成回水沱，因此解放前称"水土沱"。

1925年，一个叫陈国恩的本地人，在土沱老街上开设了一间"振江"私房斋馆。陈国恩以面粉、白糖和麻油，辅以核桃仁、花生仁、芝麻、冰糖等制作出了斋馆的主打产品——酥皮麻饼，由于皮薄馅大、松酥滋润、味美花香、甜而不腻而远近闻名，一时小城为之躁动。随着麻饼的名气与日俱增，人们称之为"土坨麻饼"。

土坨麻饼的传统工艺要求，在烤制时不能用明火，而是在离炭火约20厘米的距离用吊锅吊着烤制，因此土坨麻饼又被叫做"拗锅酥皮麻饼"，也有人称之为"吊锅酥皮麻饼"。

到上世纪30年代初，土坨麻饼的生产达到了鼎盛时期。在农历各大小节日期间，每天有近百个吊锅同时烤制，日产量达到10吨以上，除了销售于重庆各大茶馆和剧院外，商贩们还使用木船将麻饼送往长江、嘉陵江各码头销售。

老灶烤制土坨麻饼

如今，土坨麻饼依然保持着传统的味道，其烤制技艺已经传到第三代传人手中。2014年，土坨麻饼入选重庆市级非物质文化遗产名录。

时至今日，虽然各种美食已经泛滥，虽然医生告诫应该少食高糖高油脂的食品，但每年的中秋节，我仍然会习惯性地买上一包土坨麻饼，然后慢慢咬、慢慢嚼，慢慢体会记忆中亲情的味道，光阴的味道。

链接：

香山蜜饼

香山蜜饼是重庆忠县的传统小吃。主要原料有面粉、蜂蜜、香油。制作方法非常简单，先和成面团并加入蜂蜜揉搓成坯，然后平底锅抹油，放入饼坯慢慢烘烤至色泽黄亮，香味四溢。起锅稍微冷却以后入口，外皮酥脆焦香，内里酥软甜美。

相传，香山蜜饼与唐代大诗人白居易有关。白居易因上书议政，得罪权贵，贬为江州司马，后调至忠州（今忠县）当刺史。有一天，他独自一人微服出访，来到当地非常出名的"巴记"烤饼店，买了两只烤饼却硬涩难吃，白居易忍不住问："传说巴记烤饼相当出名，为何如此质量？"店主是个小后生，叹了口气回答说："那是爹妈在世时的名气，爹妈去世得早，我没有得到他们的真传。"听后，白居易决定帮小后生一把，于是制作出一种香甜味美的蜜饼，并将技术悉数传给小后生。从此，蜜饼在忠州大受欢迎，后来，人们为了纪念白居易，便特用他晚年"香山居士"的雅号，将此饼命名为"香山蜜饼"。

杜甫晒枣：来自唐朝的甜蜜

唐代宗初年，杜甫寓居夔州（今重庆奉节县），住在城边一所破旧的草堂

里，草堂门前种有一棵枣子树。一天夜里，杜甫正在为国家内乱而忧愁焦虑，思考着下一步是否要离开夔州，到鄂、湘一带游历，突然听到外面有动静。

杜甫悄悄披衣起床，开门来到门前院子里，但见一个老妇人正在吃力地用竹竿打树上的枣子。那老妇人见惊醒了主人，扔下竹竿，跌跌撞撞就朝外跑。杜甫轻声叫住她："老嫂子，请留步。"

老妇人见杜甫并无恶意，停下脚步无措地站在原地。惨淡的月光下，杜甫见老妇人瘦骨嶙峋，衣不蔽体，顿时大动恻隐之心，问起老妇人的身世，才知老妇人是草堂西边那间破草棚的邻居，丈夫和儿子被官军拉去当苦力，至今生死不明，老妇人独自谋生，无依无靠，家中已断粮多日，实在饿得不行，才来偷枣子……

打枣

杜甫内心一阵凄凉，联想到在战乱动荡之中，还有多少老百姓像老妇人一样在经受着痛苦的煎熬啊！不由得老泪纵横。赶紧对老妇人说："以后要吃枣子随时来打吧，半夜三更的，可不要跌倒了。"

老妇人千恩万谢地离去了。杜甫默然回屋，望着窗外惨白的月光，再也无法入睡。

之后，老妇人时常到杜甫的草堂前打些枣子充饥，也时常和杜甫说一说所见所闻，相处得非常融洽。转眼将近一年，杜甫就要离开夔州，他将草堂借给了曾任忠州（今重庆忠县）司法参军的亲戚吴南卿，并且交代，一定要让西边破草棚子的老妇人前来打枣。

临行前，杜甫向老妇人辞行，老妇人感激不尽，千言万语却无从开口，朝杜甫拜了三拜，默默地祝福杜甫一家平安……之后杜甫携全家乘舟跨出夔门，去了鄂州一带。

谁知杜甫走后，吴南卿在草屋周围筑上了高高的篱笆。有篱笆的阻挡，老妇人当然不好意思再到院子里打枣子。杜甫得知此事后，非常着急，特意写了一首题为《又呈吴郎》的诗：

堂前扑枣任西邻，无食无儿一妇人。
不为困穷宁有此，只缘恐惧转须亲。
即防远客虽多事，便插疏篱却认真。
已诉征求贫到骨，正思戎马泪盈中。

杜甫用深切真挚的感情，朴实无华的语言，简洁白描的手法，描绘了一个"无食无儿"的贫妇形象，并且用自己"扑枣任西邻"的具体行动来影响吴南卿。

吴南卿读到诗后，马上领悟到杜甫的良苦用心：既表达了对老妇人哀怜，又抨击了不平的社会以及战争引来的灾难。他顿觉羞愧，忙叫人拆除篱笆，并亲自去老妇人家赔礼道歉。

几个月后，吴南卿离开夔州回到忠州。临走那天，他把草堂收拾得干干净净，请老妇人住进来。吴南卿说："遵照杜公的意思，我走后，这草堂便是你的了。那棵枣树望悉心照料，杜公最喜爱吃枣，说不定哪一天还会回来！"

老妇人为感恩准备的杜甫晒枣

从此，老妇人悉心照料枣树，枣树越长越粗，枣儿越来越甜。每逢枣收的季节，老妇人都要精选一批饱满的、颜色好的枣子，摊在草席上让太阳晒干，然后用蜜水浸泡数日再捞起来，自然风干后，贮藏在坛子里，等待杜甫随时回来都可以吃上甜美的晒枣。

老妇人贮藏的枣子，色似琥珀，纹如金丝，外酥内润，醇甜爽口，化渣离核，深受人们喜爱。后来，老妇人制作枣子的方式也流传了出去，人们竞相模仿，竟然成了夔州家喻户晓的一道美食。由于这种枣子的起源与杜甫有关，淳朴善良的夔州人就用杜甫之名命名，称之为"杜甫晒枣"。

杜甫晒枣的制作工艺从唐朝开始，一直流传至今，经历了一千多年仍保持着那份遥远的甜蜜。

链接：

木洞蜜枣

巴县木洞蜜枣创制于19世纪末，至今已有100多年的历史，是今巴南区木洞镇的特产。经过秘制的木洞蜜枣，保持了鲜枣形状，颗粒均匀饱满，呈红褐色，油光闪亮，有透明感；食之滋润，爽口翻沙，蜜甜化渣，有生津、开胃、健脾的功效。正因为这独特的口感，让木洞蜜枣名声大噪。上世纪30年代，一些外国传教士会购买木洞蜜枣带回本国作为礼物；1934年，木洞蜜枣在成都花会上荣获四川省农产品一等奖；1942年，在重庆夫子池举办的全国农产品展览会上再次获得一等奖；1983年，在山西的全国蜜枣评比会上，木洞蜜枣获得了全国第一名。

重庆掌故 [典藏本]
CHONGQING ANECDOTES
重庆言子　八卷
巴语，妙趣，言子也。

① 言 子

巴适

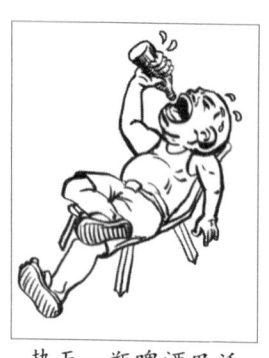

热天一瓶啤酒巴适得跋

巴适，有人认为应该是"粑实"。在重庆方言中，"粑"是如糍粑一样粘住、牢靠的意思，"实"是严实、实在的意思，"粑"和"实"合在一起，自然就稳当、妥帖、严丝合缝了，按照现代网络语言来说，就是"妥妥的"。后来，巴适又逐步引申为"安逸""舒服""满意""满足""好得很""不摆了"等。

重庆言子的魅力在于，一个简单的词语，绝不能只表达一个单一的意思，必须有多层意思。往往同一个言子用在不同的语境中，就会产生意想不到的韵味，或赞赏、或平实、或调侃、或挖苦、或恶毒、或张扬。

李二娃那天上街，无意中看到一个美女，回来就害了相思病，看到熟人就口水滴答地说："那个女娃儿，长得才叫巴适哟。"在这里，巴适就是形容女子长得漂亮好看，让人看了心里舒服，甚至有点念想。

李二娃一直想买一件外套，找了好多地方都没有发现满意的。那天，他到美美百货楼上吃饭，路上顺便逛了一家男装店，居然看中了一件西服便装，但一看价签，标价九千八，即使打了对折也要四千九，李二娃顿时泄了气："妈哟，这件衣服确实巴适，就是价格也很巴适！"前一个巴适，指的是衣服，很满意，很适合；后一个巴适，指的是价格，很昂贵，嘿霸道，无法接受。

重庆人说话夸张，仅仅一个简单的"巴适"，还不足以表达那种满意、安逸、舒服的情绪。如果非要给这种情绪加一个程度的话，那就是"巴适得跋"（板）。"跋"在重庆话里有不停地翻转、跳动、扭动的意思。马上要过年了，重庆人每年要杀年猪，几个大汉将猪按住："看你还跋不跋得动。"因此，"巴适得跋"，就是完美、安逸、舒服到极致，犹如爽到地上打滚一样，可简单翻译成"安逸惨了"。

巴倒烫

重庆人是巴人的后代，对"巴"字情有独钟，所以方言中有很多词都与"巴"

有关，比如，盐巴（重庆是最早产盐地之一）、巴树（爬树）、牙巴（牙齿）、巴紧点（挨紧一点）、巴不得（很希望）、巴心巴肠（全心全意）……可以看出，"巴"字在重庆方言中有不同的意思，但最常用的是——粘贴、附着、紧靠，比如"巴膏药""打巴壁""巴倒烫"。

"巴倒烫"，本意是"碰到了就要烫手"。例如，妈妈提醒儿子："小心点哈，这个东西'巴倒烫'哟！"儿子回答："晓得了，我不碰到它就是。"

什么东西最烫手，当然是煮熟的山芋啰，否则，怎么会产生"烫手山芋"这个词组呢？山芋煮熟以后肉质

烫手的山芋

松软，像稀泥巴一样容易粘在手上，甩都甩不脱，"巴倒烫"，所以成了烫手的山芋。故此，"烫手山芋"引申为"棘手的事情"，"巴倒烫"引申为"甩不掉的难题"。

那天，李二娃路过菜园坝火车站，看到一个流浪儿非常可怜，善心大发，顺手丢了两块零钱给他。没想到，不知从哪里一下子冒出来十多个流浪儿，将李二娃团团围住。李二娃翻遍了衣裳、裤儿的所有口袋，也只找到几角零钱。流浪儿们不依教，非要李二娃一视同仁。

李二娃被纠缠得有些冒火了，"咝，好心还做了坏事嗦，硬是'巴倒烫'！"丢下一张五十元的钞票，愤愤而去。

包包散

"包包散，包包散，不要妈妈看见！"

"包包散，包包散，明天吃个大鹅蛋。"

小时候走路不稳当，摇摇晃晃、跌跌撞撞，一扑爬跶下去，额头上经常碰一个大包，哭得呼天喊地。大人们总是第一时间奔至现场，一边唱着这句童谣，一边抚揉孩子头上冒出的大青包。这几乎是每个孩子的童年记忆。"包包"，即身上长的包块。"包包散"，最直接的意思是指"身上的包块散掉了"。

不哭哈，接包包散哟

由有形的、看得见的"包包"，到无形的、看不见的"包包"，重庆人将"包包"引申为包袱、问题、困难。"包包散"，比喻包袱被卸下来，问题得以解决，困难消除了。

"吴老幺，听说你前几天遇到点麻烦，问题解决了没有嘛？"

"有厂长亲自出面协调，事情自然包包散噻！"

重庆人喜欢在"包包散"前面加一个表示揉搓动作的"挼"（rua）字，意思与和面的"和"字有些接近。"挼包包散"，意思是当和事佬，和稀泥。

李毛儿劝同学黄天棒不要到处逗猫惹狗，尽去招惹女生，黄天棒反而责怪李毛儿到处惹是生非招来麻烦，却让自己出面搁平捡顺，两人互不服气，你一言我一语，闹得不可开交，友谊的小船说翻就翻，最后竟然绝交了，哪怕当面对穿对过也互不理睬。

这下可急坏了两人共同的好兄弟贺得转，他先找到黄天棒："天棒，我相信毛儿是无心的，大家既是同学又是兄弟伙，我看这个事情就让它过去算了。"

"你说，我平时替毛儿挡了好多子弹！这次我遇到点小麻烦，他李毛儿不但不帮忙，反而来洗刷我，完全没有把我当兄弟伙，点都不落教。"黄天棒话锋一转，"咃，贺得转，你挼包包散嗦！"

贺得转没得法，又找到李毛儿，"毛儿，天棒连追几个女娃儿都没搞归一，本来心头就毛焦火辣的，你还在这个时候去教训他，等于在伤口上撒把盐，他当然不服气。毛儿，干脆你先下个矮桩。"

"咃，贺得转，包包散不是你怎个挼的哟。"听说要自己先下炮壳蛋服软，李毛儿立马跳了起来，"黄天棒这么做本来就不耿直，看在兄弟伙的分上，我只是轻言细语表达了一下观点，他就跳起八丈高。"

贺得转成了耗子钻风箱——两头受气，顿时觉得很委屈："算球了，老子再也不管了，随便你两副颜色哪个整。"

宝器

这个红灯闯还是不闯啊？

外地人初来乍到，听到重庆城大街小巷如雷贯耳的"宝器"声，很是惊讶。

何为宝？何为器？翻开《辞海》，宝，玉也，玺也。再看《老子》"大器晚成"，器，人才也。但当"宝器"二字从重庆人嘴巴里说出来时，却完全不是那么回事。"宝器"，讽刺的是那些像活宝一样，爱出洋相，又带些哈儿气，还自我感觉特别好的人。

做事稀里糊涂——"宝器"；狗拿耗子多管闲事——"宝器"；说话不分轻重——"宝器"；发了点小财就显摆——"宝器"；对畜牲也喊幺儿——"宝器"；看到红灯还踩脚油门——十足的"宝器"。

最完整的用法是意味深长地来一句："你娃完全是个宝器"，简单点："你个宝器！"最简单："宝"。

其实，"宝器"介于骂与未骂之间，看似咬牙切齿，实则伤人不重。有时还暗含一种作用：表面上逞自己口舌威风，也给对方一个台阶下，两人争执，弄得脸红筋胀，只要一句"宝器"出口，多半也就是鸣金收兵的意思了，武戏也就唱不下去了。

有时也常针对自己，例如，经常发现脑筋不够用而做错事，大骂自己"宝器"或"我确实有点宝"，这种时候，多半就是一种无限后悔的感觉了。

板眼儿多

"板眼"，按照字面意思理解，即有板有眼，指说话、做事很有条理；或说话的样子、语气有模有样。

重庆有句著名的歇后语："光屁股坐板凳——有板有眼"。想象一下这个歇后语的香艳画面，是不是很形象。所以说，民间语言、民间文学往往是最生动、最接近生活的。

但重庆言子有几个是仅仅根据字面意思来理解的呢？"板眼"在重庆话的语境中，最好是加一个儿化音，即"板眼儿"，这样说起来才意味深长，听起来才回味悠远。

光屁股坐板凳——
有板有眼

"板眼儿"在重庆方言中指的是主意、办法、手段或名堂，是一个中性词，不褒不贬，不扬不抑。"板眼儿"往往和"多"字联合起来使用——"板眼儿多"，也就是主意多、办法多、手段多、名堂多。重庆还有个歇后语："脱了毛的牙刷——板眼儿多"，指的就是这个意思。

重庆人有时也将"板眼儿"与"长"字联合起来使用——"板眼儿长"，此时就不能解释为主意长、办法长、手段长或名堂长了，仔细体会，是不是多了几分嗔怪，甚至带有稍许的贬义了。比如，责怪某人歪点子多，馊主意多，重庆人会送他一句："咃，你娃硬是板眼儿长也！"

"板眼儿"还有一层意思，虽然用得比较少，但还是偶尔会出现在人们的对话中。比如，"你终于说到板眼儿上了，对这件事的认识有点深度，说明你娃还是有两扳手。"在这里，"板眼儿"指的是"关键的地方"。

据说,"板眼儿"这个词的起源,与川剧有关。川剧中的节拍,每小节中最强的拍子叫"板",其余的拍子叫"眼",四拍子即一板三眼,二拍子即一板一眼。以前,川剧是巴蜀地区人们的主要娱乐形式,因而,川剧对人们的影响就比较深远,川剧语言甚至川剧的专业名词难免走入民间,被赋予了新的意义。

可见,脱了毛的牙刷——板眼儿多!

编方打条

篾匠用竹子编方打条做箩筐

重庆盛产竹,毛竹、水竹、慈竹、苦竹、麻竹、箭竹、方竹……竹子可以编制各种器具,所以,重庆的很多农具,都是农人自己编制的。

但是,你绝不能因此而断言"重庆人善编"。这句话如果不加特定的定语,保证整个重庆城的人都会站出来日映(痛骂)你。因为,在重庆言子的语境中,"编"有两层意思,一是实体的编,即"编制",如编笤箕、编背篼、编笆篓、编箩篼等;二是虚拟的编,如编故事、编理由、编借口、编方打条等,有"故意寻找、捏造"等含义。

"编方",并不是要编制一个实实在在的物体,而是要捏造一些事实或理由,以达到目的。"打条",用竹条或木条抽打,故意强化。"编方"和"打条"叠加在一起,有加强语气的作用,就不是一般拉撒的编,而是想尽一切办法的编。

"编方打条"在重庆话里的意思,就是旁敲侧击、迂回曲折、想方设法、挖空心思,不达目的誓不罢休。

李二娃看中了北城天街的一个门面,想盘下来做餐饮,却拿不出20万元转让费,他决定给老同学刘老大打个电话,看能不能借到这笔钱暂时周转一下。

"老大呀,最近生意好嚎?"

"还不是老样子,死眉秋眼的。"

"听说你生意越做越大了,看来你现在最不缺的就是钱了哈。"

"哪里哟,钱这个东西,一辈子都挣不完,人人都不嫌多呀。"

"是呀,连你这种土豪都嫌钱少,像我们这号穷人咹个办哟?"

"二娃,你清早八晨吃错药了?到底要做啥子?莫在这里'编方打条'的,有啥子想法直接说。"

背油

"背"这个字，有两层不同的意思，一是用脊背驮，比如通常说的背柴、背书包、猪八戒背媳妇等；另一层意思用以比喻负担，比如读书的时候最讨厌妈和老汉说的一句话："好好学习哈，你背负着全家人的希望哟。"李毛儿心头想：怪古稀奇的，各人有各人的生活，为啥子非要把你们的希望寄托在我的身上呢？

1921年人类第一次背18升汽油给飞机空中加油

在重庆话中，"背"如果和"油"字组合在一起，就不仅仅是背菜油、麻油、桐油、酱油那么简单了。重庆言子"背油"的意思是指过多地耗费时间、精力、情感、钱财等，而得到的太少，性价比太低，一点都划不着。

"炒个藤藤菜逗用了二两菜油，背不背油哦！""做这个菜要十二道工序，好背油哟！"重庆人恁个说，外地人往往搞不大醒豁。

那天下午，陈崽儿在加州花园旁的一家宾馆大厅等人，等得有点婆烦了，准备放朋友的"飞鸽"。突然一个操着外地口音、衣冠楚楚的中年男子上来"搭飞白"，自称是安徽黄山一家宾馆的副总，来重庆办事，买了一些高档茶叶送人，却没有送出去，准备便宜处理了好回家，请他帮个忙，说着就到停在大厅外的一辆黑色宝马后备箱拿来茶叶给陈崽儿看。陈崽儿放松了警惕，也想耿直做点好事，花200元钱买了一斤据说价值3000元的茶叶。结果拿回家一泡，茶叶全部是枯树叶。陈崽儿欲哭无泪："现在的骗子也太花血本了嘛！为了两百块钱，连宝马也开过来了，背不背油哦？"

梅老坎在副处长这个位子上一坐就是10年，成了差点连"坐板疮"都长起了的"老板凳"。梅老坎其实嘿早就明白"不跑不送，原地不动"的道理，以前只是想保持自己做人的底线，不想这么干，现在眼看年龄已是50+，再不快马加鞭，就没得机会了。于是乎，他往局长家里不知跑了多少趟，"米米"（钞票）不晓得除脱了好多，眼看就要荣升为处长了。局长却忽然因为收受贿赂、贪污公款被关进了鸡圈。梅老坎后悔不迭："早知今日，何苦当初恁个背油哟！"

不存在

"不存在",原本是动词"存在"的否定形式。但放到鲜活的重庆方言语境中,其意思就变得非常多元化了,犹如将一条鲶巴郎(鲶鱼)放到了一口鱼塘里,整个鱼塘都河翻水翻了。重庆人一句轻描淡写或掷地有声的"不存在",自带了几分洒脱和豪放。

自从王婆婆的君子兰被偷了以后,李二娃连续跑了两个星期,才将吴老幺堵在了家里。李二娃开门见山,直接告诉吴老幺:"你龟儿戳锅漏,连街坊邻居也不放过?兔子不吃窝边草,把王婆婆的君子兰还了,其他的,不存在。"这里的"不存在",最接近其原始意思,即"存在"的否定形式,有点"没有、不再计较"的意思。

李二娃拿到君子兰,喜滋滋地给王婆婆送过去。王婆婆高兴惨了,拉着李二娃的手一个劲地夸:"哎呀,二娃越来越懂事了。谢谢你哟,二娃。"李二娃被夸得有点不好意思了,连忙说:"不存在,不存在,这点小事情。"这里的"不存在",是一种礼貌用语,意思是"没关系、不用谢"。

王婆婆顺便喊李二娃帮忙修理一下窗户。李二娃二话没说,搭起木梯子就爬上去了。王婆婆年龄大了,嘿啰唆,生怕李二娃摔下来对不起人家,不停地提醒:"二娃,慢点哈,注意安全哟。"李二娃嘴里应付着:"没得事,不存在。"手脚却没有停。这里的"不存在",是一种承诺和安慰,可理解为"不会发生的"。

李二娃三刨两爪就将窗户修好了,正准备离开,王婆婆突然想起了什么:"二娃,给你妈带个信,她托我做的豆腐乳,这几天没来得及,我过几天做了给她送过去哈。"李二娃将两只手揣在裤兜里,头也没有回,远远地甩过去一句:"不存在。"意思是"无所谓、都可以、随便啷个都行"。

一句"不存在",用在不同的语境下,意思和感觉就完全不同。

不依教

"依",本义是依傍、靠着、依靠、按照等;"教",一般说来,指宗教、政教、教育。"依教"合在一起,意思是讲理、同意、依从。

比方说,江湖杂耍艺人在空坝子上把圈子扯圆了,步步设套将观众引到陷阱里去："各位看官，我今天活得不耐烦了，准备把这把剑吞到肚子里去。如果剑从喉咙里拔出来我已经死了，请各位不要伤心，从哪里来就回到哪里去；如果剑吐出来我还活起的，在场的看官每人赏我一个银元当营养费，大家依教不依教？"

清末在北京天桥表演谋生的江湖杂耍艺人

这时，如果你回答"依教"，那就证明已经上套了；如果回答"不依教"，那杂耍艺人就有话说了："这位看官，你既然不依教，我劝你还是赶紧回家烧锅锅宴，不要误了正事。"

现在，重庆方言里"依教"二字已经很少用了，一般使用的是其否定句式"不依教"。不依教有两层意思，一是"吃了亏而不服气"，二是"不同意或不依从"。

李二娃见小区里的很多人乱搭乱建都平安无事，于是也动起了歪脑筋，和堂客淑芬商商量量后，花8万块钱，将紧靠着自家客厅的公共绿化带占为己有，搭建了一间阳光书房。书房刚刚完工，还没来得及享受，就被街道和物管通知限期拆除。李二娃不依教了："小区里那么多违章建筑都没有拆除，凭什么只要求我一家？"

物管三番五次通知李二娃拆除，二娃始终不行动，于是一纸诉状将二娃告到了法院。法院认定李二娃是违章搭建，判定二娃输，并在限定的时间内拆除。二娃不依教，准备提起上诉："这口气咽不下，我一定会跂到底！"

插烂污

重庆言子来源广泛，有巴蜀古语传承至今的，有唐宋古文流传下来的，有吴侬软语转化而来的，也有北方方言演变而来的……大概是因为重庆人包容，从不排斥一切外来人员和外来文化。而重庆文化又有极强的融合性，无论多么有特色的外地文化，进入重庆以后，很快就被重庆那浓浓如雾罩般的烟火气息包裹、消融，直至改造为我所用。

"插烂污"一词据说来自吴越方言，原为"拆烂污"，可理解为"出烂污"。"烂污"在吴语方言中指的是腹泻者排除的废物，"出烂污"相当于书面语"出恭"。后来，重庆人根据"拆烂污"的读音，简单粗暴地改成了"插烂污"。

"插烂污"现在的意思，已经与"出恭"毫无瓜葛，而是指做事苟且马虎、不负责任、不守信用、胡搞乱整，致使事情糟糕到难以收拾的地步。

吃过晚饭，李二娃安排毛儿洗碗。李毛儿虽然心不甘情不愿，但迫于老汉（爸爸）的淫威，一点都不敢扳弦（反抗）。还没过几分钟，李毛儿就回到客厅，一屁股坐在沙发上看电视了。李二娃见毛儿这么快就完成任务，晓得有理乱（问题），走到厨房一看：只见洗过的锅碗盘筷乱七八糟地摆在案台上，而且满地都是水，顿时火冒三丈："毛儿，你插烂污嗦，各人过来把厨房收拾了！"

这个小崽儿插烂污

"插烂污"一词运用广泛，大到破坏大自然的生态平衡和社会的平安，小到生活琐事和个人细节，都可冠之以"插烂污"。这个词相当形象，寥寥三字，道尽了人们对插烂污之人之事的鄙薄和厌弃。

菜背篼

"菜背篼"，本意是指装菜的"背篼"。"背篼"即"背篓"，一种用竹、藤、柳条等编制而成的背在背上运送东西的器具。

菜背篼背在背上做什么呢？当然是去"送菜"的。重庆人所谓的"送菜"，送的并不仅仅是菜，还有各种福利，甚至直接是人民币。因此，对于打麻将、斗地主一直输钱这一行为，重庆人称之为"送菜"；打麻将、斗地主一直输钱的人，自然就是"菜背篼"啰。

"菜背篼"也引申为"菜鸟""菜鸽"，指学艺不精的"小白""黄棒"，与"老板凳""老麻雀"的意思刚好相反。

小女孩的菜背篼

李毛儿初中没毕业就准备要休学，整天无所事事游手好闲，与左邻右舍的几个"少幺爸"纠结在一起，到处惹是生非打架斗殴。这天晚上，李毛儿鼻青脸肿的回来了。李二娃一追问，才知道是几个"少幺爸"去欺负一位小学生弟弟，结果这位小弟弟的哥哥也是操社会的，约了一帮兄弟伙，把几个"少幺爸"打得满地找牙。

李二娃听了儿子的叙述，鬼火冒，顺手抓起一根叉棍就开打，一边打一边教训："你个龟儿'菜背篼'，不学好人又学艺不精，还想到社会上去混，总有一天要把命除脱了。"

李毛儿还是有些血性，被打得双脚直跳，还不住顶嘴："'菜背篼'又哪个？哪个不是从'菜背篼'变成'老板凳'的！等我变成'老板凳'的时候，那帮天棒崽儿也变'老不死'了，我就不相信还弄不赢他！"

唱黑脸（唱红脸）

在中国传统戏剧中，一般把忠贞耿直的人物扮成红脸，把性格粗暴的角色扮成黑脸。后来，人们用红脸代表好人，"唱红脸"，就是以和善面孔出现，安抚笼络别人；用黑脸代表坏人，"唱黑脸"，就是以凶神恶煞的面孔出现，威胁恐吓别人。

"唱红脸"与"唱黑脸"往往同时出现，配合默契演"双簧"，以达到意想不到的效果。

两副颜色的效果

李二娃那天把公司的商务车开出去撞了，被副经理狠狠地理麻了一顿。二娃十分不服气："交警都下了结论，是对方驾驶员的全责，我又没有责任，你凶啥子也。"

为了不激化李二娃与副经理之间的矛盾，同时化解李二娃的怨气，经理急忙过来打圆场："水经理，你去忙你的，这里交给我。二娃，你少说几句。"

然后把李二娃拉到一边开导，"二娃，刚才水经理的态度确实有点问题，但他说得也有道理。真正车开得好没有一点责任，就应该能提前预见危险提前处理嚒，怎么可能被别人撞到呢？更何况，根据我们公司的规定，不管是谁的责任，只要发生了事故，这个月的安全奖就要被扣掉，影响的是我们整个团队的收益，水经理当然着急哟。"

李二娃一想：是哒，我这一撞，把整个团队的安全奖都撞脱了，其他同事没有责怪我，我还有啥子好说的呢。但是心里还是有些不服气，咕哝道："你两个，一个唱黑脸，一个唱红脸，麻我喽。"

"一个唱黑脸，一个唱红脸。"是重庆的一句俗语，就是一个当恶人，一个当好人，目的是通过恶人的反衬，使做好人的人更得人心。可谓用心良苦。

吃独食

"吃独食"是一个贬义词，意思是指一个人把好吃的东西整完，不给别人留一点油水分享。

吃独食

曾经看过一则寓言，说是一群猴子，在一个高高的悬崖顶上发现了一串熟透了的果子。悬崖太陡峭了，没有任何一只猴子能爬上去，于是猴子们团结起来，一个踩着一个的肩膀，搭起了"梯子"，这样最上面的猴子就摘到了果子。谁知，这只摘到果子的猴子独自在上面大快朵颐"吃独食"，丝毫没有想到与下面的猴子分享。下面的猴子很生气，一哄而散撤去"梯子"。最上面的猴子吃完了所有的果子，才发现自己身处悬崖绝顶，再也下不去了，最后饿死在悬崖上。

这则寓言告诉我们，吃独食的后果很严重，是要付出生命代价的。

由实实在在吃的东西，进而扩展到一切相关的利益，现在"吃独食"的意思已经延伸，比喻个人独占全部利益，而不让任何人沾边。

房地产行业不景气了，刘老大想转行，经过反复考察论证，发现VR虚拟现实是今后的一个发展方向，于是投入巨资开发了一款VR实战游戏。游戏需要VR眼镜、枪械等作为配套，刘老大心想，这个钱不能让别人挣了，于是又投入人力物力开始生产硬件设备。刘老大吃独食吃惯了，设备刚刚有点眉目，他又发现，游戏的运营更是一个无本万利的事情，于是赶紧组建团队开始运营……

不到一年，刘老大已经涉猎VR游戏的上下游所有产业，看来打通整个产业链指日可待了。刘老大沾沾自喜："当初那些说我吃独食的人，都给我睁大眼睛看到起，这个独食我吃定了。"谁知刘老大高兴得太早了，VR游戏开发过程中遇到一点麻烦，没能如期上市，这么一折腾，刘老大脆弱的资金链断裂了，他建立起来的VR全产业链条瞬间崩塌。

刘老大以吃独食的传统垄断思维来指导现在的商业逻辑，这次是栽了大跟斗、吃了大亏。"现在这个社会，分工越来越细，合作越来越紧密，吃独食的人根本没有生存的机会。"他终于醒豁过来了。

除脱

王老五开着一辆9座面包车，硬是塞进了17个孩子，刚出幼儿园大门就被交巡警逮了个正着。王老五连忙辩解："这都是老板喊这么干的，与我无关哟。"交巡警教育道："驾驶人忽视交通法规，把孩子安全当儿戏，同样不可饶恕！"最终，王老五被罚款2000元，扣12分，还除脱了驾驶资格。

  这是 2011 年底全国整顿校车安全，发生在重庆某地的一个案例。听到这个处罚结果，当场就有家长叫好："不除脱他的驾驶资格，他就有可能除脱娃儿的生命呀！"
  重庆言子里"除脱"一词，内涵大概等同于"洗白"，即没有了、完蛋了、结束了的意思。"除脱"是个动词，其主体可针对事情、物品，比如：请了几天病假，工作被除脱了；这个月的工资，到重百商场走一圈就除脱了；才买的新鞋子，穿第一回就除脱了……总之，都是些悲催的事情。

这个月的工资又除脱了

  如果"除脱"这个词针对的主体是人，那就更具有重庆言子的神韵。这种情况下，"除脱"就相当于北京话里的"灭"。但"除脱"显然比"灭"更具有动感，更符合重庆人尚武豪放的个性。举个例子，当威胁某人要结束他的生命时，北京人说："我灭了你！"重庆人说："老子除脱你！"两相比较，重庆话掷地有声，孔武有力，强调的是过程，而北京话则文质彬彬，韵味婉转，强调的是结果。
  有一次坐公交车，一个扒手正在对旁边美女的包下手之际，被我发现了，见这个扒手矮小瘦弱，周围似乎也没有掩护的同伙，我自恃 160 斤的体重还高出他一个脑壳，可以冒充一下强壮，豪气顿生："狗日的不学好，信不信老子今天除脱你！"此时汽车刚好到站，扒手恶狠狠地瞪了我一眼，径直下车去了。

吹垮垮

两个神吹的老虎

  "吹垮垮"，就是闲聊、聊天、摆龙门阵、冲壳子的意思。这个言子，应该是重庆方言里最具有生命力的词语之一，因为重庆人喜欢吹垮垮，善于吹垮垮，热衷吹垮垮。就像做菜必须要有原材料一样，吹垮垮也需要有素材。原材料越新鲜、越优质，做出的菜就越美味、越好吃，素材越独特、越丰富、越稀奇，吹垮垮就越容易把人吹得神魂颠倒。
  吹垮垮原本是一个中性词，不带任何感情色

彩,与北京的"侃大山"、东北的"唠嗑"有点相似。

但重庆人对吹垮垮者的态度,却呈两极分化。对有些吹垮垮者,重庆人会咬牙切齿、痛心疾首:"一天到晚就晓得到处吹垮垮,有那个时间,还不如认认真真做点实事。"对另一些吹垮垮者,重庆人又充满艳羡、颔首赞许:"听说吴老幺那个儿子会吹垮垮哟,被重庆电视台录用了,成了主持人哟。"

两种吹垮垮的人,其实代表了两种不同的人生态度。一种是油嘴滑舌,光说不练,没有真本事,当然得不到人们的尊重;另一种能说会干,能力出众,亲和力强,自然会成为大家拥戴的对象。

扯把子

幺妹:"莽娃,看到干豇豆去哪里了没得?"
莽娃:"好像是到贺得转家里去了哟。"
幺妹:"你娃又扯把子,我才从贺得转屋头回来!"

何谓"扯把子"?在重庆方言里,其本意是扯谎日白、说假话、哄人骗人的意思,后来又引申为扯、喜剧、莫名其妙、过分、可恶……总之,只要用法得当,可以表达任何意思——这正是重庆言子的魅力所在。

前不久,李二娃在马路边一个游摊那里买了一篓土鸡蛋,兴冲冲提回家向婆娘炫耀了一番,婆娘见鸡蛋个个匀净好看,直夸二娃能干,买得便宜,还奖赏了一个"啵啵"。二娃喜在眉头,甜在心头,跷起二郎腿看电视,等到婆娘做好晚饭后好生喝两口。突然,听到婆娘在厨房一声尖叫:"二娃,快点来!这个鸡蛋味道啷个不正常呢。"

二娃飞奔进厨房,鸡蛋还在锅里煎着,从外形也看不出什么异样,只是仔细一闻,鸡蛋却散发出一股塑胶的味道。"遭球老,买到传说中的人造鸡蛋了!"二娃无奈地摇摇头,"这才扯把子哟!"

爱扯把子的匹诺曹

去年元旦,闷墩到成都去参加大学同学的婚礼,回来后逢人就要摆一摆他的见闻。大学同窗隔了十年再次相聚,都拖儿带女的,自然异常兴奋,大家都放得开,一阵风卷残云把桌子上的菜全部吃光了,叫服务员给每个人上一碗酸菜肉丝面当主食。谁知服务员说:"不得行,这个不能打在婚宴开销里头。"大人娃儿都没吃饱,大家也顾忌不了这么多了,就说自己买单,服务员当时就把眼睛都鼓圆了。"这个婚宴好扯把子,吃碗酸菜肉丝面还要自费。"每次说到这里,闷墩都要总结一句。

戳锅漏

锅原本是用来煮饭炒菜的,谁也不愿意它漏,可偏偏有人将它戳漏了,只有两种可能,要么是故意的,要么是无意的。

"戳锅漏"也有两层意思,一是指"暗中捣鬼的人"。莽娃虽然哈千翻,但人品不坏,最恨那些偷鸡摸狗的人。春节前两天,二楼的三嫂子惊爪爪地叫起来:"哎呀,哪个砍脑壳的,把我刚焐(秋)好的腊肉香肠偷走了嘛?"

好心办臭事的戳锅漏

莽娃听到后非常气愤:"肯定是黄天棒那个戳锅漏,三嫂子,你不要着急,我去给你找回来。"

戳锅漏还有一层意思是"好心办坏事、弄巧成拙",在重庆方言中,这个意思占主流。

王婆婆的孙子是远近出了名的戳锅漏。那天王婆婆六十大寿,一家人忙活了好几天。到大寿当天中午十二点,还有一些客人没有到场,桌子空了好几桌没人坐。王婆婆着急了,叫孙子去看看。

孙子一边数空着的位子,一边自言自语:"咄,哪个该来的还没有来哟。"旁边一家人,是王婆婆的远房亲戚,本来关系就不太和谐,但碍于王婆婆盛情邀请的面子,终于捐弃前嫌来祝寿,听了孙子这句话,不依教了,牵起娃儿就走。这孙子一阵手忙脚乱的阻拦没有留得住,急了:"唧个不该走的走了呀。"又被一个心眼小的亲戚听到了,心想:看来我是该走的那个。也不打招呼,抬腿就走了。

王婆婆看孙子久不回话,出来看个究竟,人都走了一小半,气不打一处来,指着孙子的头就是一阵数落:"你个砍脑壳的戳锅漏,你做得成啥子事情嘛!"

搭飞白

"搭飞白"的意思，与普通话里的"搭讪"基本一致，就是无话找话，主动与陌生人进行交流。但是，"搭飞白"显然比"搭讪"生动得多，一个"飞"字，抓住了这个词最关键的内涵：原本毫无瓜葛的两个人，被这一"飞"过来的搭讪，从此建立了某种联系。

搭飞白

"搭飞白"最常用在追女孩子上。干豇豆在大街上看到美女，一下子就被迷住了，再不行动就会擦肩而过，怎么办？赶紧上前"搭飞白"，想法把联系方式要到再说。"搭飞白"的要点是胆大、心细、脸皮厚。要学会观察细节，巧妙利用周边的环境，勇敢的去"搭"。

"搭飞白"，别看只是几句话，绝对是一门技术活，搭得好的，人家爱听，愿意回答，进而达到自己的目的，甚至因此而喜结良缘；搭得不好的，轻则招来人家白眼，重则两句话一呛，引发吵嘴和斗殴。

因而，"搭飞白"是要有条件的：

第一条当然是"勇气"。街头偶遇，擦肩而过还是抱得美人归，就在一念之间。

第二条自然是"幽默"。"搭飞白"时表现出一些幽默，不至于引起对方反感，甚至有起死回生或者锦上添花的效果。

第三条绝对是"谈吐"。任何事情的结果都可以分成好、中、差三种，"搭飞白"也不例外。"搭飞白"对象的表现大致也可以分为三类：态度特别友好的，你怎么问都可以；态度特别恶劣的，你怎么说也没用；还有就是中间这部分，也就是最需要去争取的。她们从道德上并不排斥"搭飞白"，但要留给你电话，却一定要有足够的理由。这种情况下，你的谈吐和学识，将决定她对你的评价。

第四条一定是"外表"。别怪我是外貌协会的，一个长相俊朗和一个长相猥琐的人同时去搭飞白，你觉得人家女生会理谁？虽说外表是父母给的，天生长的，谁也改变不了，但至少你可以通过衣着和修为，改变你的气质吧。

打望

　　"打望",字面意思是"打量着观望,实际为看美女帅哥,让眼睛得以滋润的审美活动"。这个解释,详见于观音桥广场连接北城天街的人行通道口,那是有关方面专门为"打望"正大光明竖立的一个注解牌。

　　重庆城最著名的打望之地,以前只有解放碑,现在随着城市化进程,打望的地方越来越多,扩展到各区的商圈——时代天街、北城天街、西城天街、三峡广场,以及各区县大大小小的步行街。

打望的猫鼬

　　那一回,广西南宁的樊帅哥到重庆来报考四川美术学院的研究生,在八一路好吃街,一边站着吃"好又来"酸辣粉,一边打望美女,口水滴答的:"你们重庆崽儿好幸福哟,美女太多了,考不考得起,我都不想回去了。"

　　好多年前,重庆人还流行集体打望。一群动机各异的男人经常相约,成群结队一起去过眼瘾,发乎情而止乎打望。而重庆的美女大多数不怕被打望,甚至乐意被打望;目前更是画风开始反转过来,美女打望帅哥。

　　现在,升级换代的一种打望形式开始出现,有星火燎原的样儿,那就是街拍。几个背着单反相机的男女,一见有打扮入时的俊男美女由街上走过,就赶忙上去打招呼开拍,"我们是某某街拍网的"。真是独乐乐,不如众乐乐。

　　食色性也,"打望"是很多外地人在山城非学不可的重庆方言和审美活动。放心,你永远都不会审美疲劳。

打白撒气

　　重庆言子内涵丰富,一个言子,常常有多层意思,因而,对应某一固定的汉字,往往无法准确表达其含义。

　　比如"打别沙气",原意是击打、敲打别的东西来发泄心头的怨气或怒气,引申为气度小、输不起、说些赌气的话。但重庆方言里把"别"读成"白",因而有观点认为,打别沙气写作"打白撒气"更准确一些。"打白"在这里作动词用,就是翻着白眼问话或斜搭着眼皮回答,表示对某人某事心里头不舒服或不安逸的意思;"撒气",指借别人或别的事物发泄怒气。

打白撒气合在一起，意思就很直白了：翻着白眼或斜着眼皮说话，借此表达或发泄对某人、某事的强烈不满，很简单直接的一种表达不满情绪的方式。耿直的人可以直接回答，当然也可以借别的事情影射，目的都是为了赌那一口气。想象一下，一边翻着白眼或斜着眼皮，一边阴阳怪气地说着一些含沙射影的话，画面感很强烈。

表情有点复杂

天太热，李二娃和淑芬吃过晚饭，决定去逛逛附近的商场，蹭蹭免费空调。刚进入商场，李二娃的眼睛就不晓得往哪里放了。重庆女娃儿向来以会打扮敢穿着而出名，只见商场里个个女娃儿都衣着清凉貌美如花。李二娃的眼光就像舞台上的追光，照亮了这个主角，又去追寻下一个主角。

淑芬看在眼里、气在心头，没有开腔，看二娃要做个啥子。

这时，一个穿着露背吊带裙的美女出现了，李二娃瞪大了眼睛死死盯着人家，连脚步也不动了。淑芬气不打一处来："呲，眼睛里都差点伸出一双手爪爪来，恨不得把人家抓过来吃了。有本事就跟着人家去嘛！"说完转身就往回家的方向走。

二娃"回豁"过来，赶紧一路小跑追过去："哎呀，淑芬，你打白撒气的做啥子吗？人家穿得怎个清凉，就是给人打望的哒嘛。"

打横耙（爬）

世界上有一种动物，是横着爬的，大家都知道，就是螃铠（螃蟹）。螃铠不按套路走，非要与众不同横着爬，所以，不明就里的其他动物都怕它三分。

世界上有一种工具，由木把、耙头组成，在耙头横着装有许多铁齿，这个工具叫耙，也可称为钉耙、横耙。耙作为农具可以平地碎土、平整菜园、耙土耙草等，作为武器可进攻、可防守、可击、可打、可耙，运用非常灵活，也就是猪八戒用过的兵器。

不管是"横爬"还是"横耙"，都是很厉害的角色。所以重庆话里的"打横耙"，也沾染上这种厉害的气质，多少有些让人抓狂。

重庆方言里，打横耙有两层意思。一是赖账，或不承认说过的话、做过的事，还有一个言子与它的意思相近——打翻天印。

上一回，李二娃借给吴老幺五千块钱，都一年多了，吴老幺一直没有要还的意思。李二娃忍无可忍，这天专门来到吴老幺家催债。

"吴老幺，我家毛儿马上要上职高了，急需用钱，你之前借的那五千块钱，现在方不方便还给我？"李二娃尽管心里头有一万个"草泥马"在狂奔，但面子上却小心翼翼，生怕哪句话惹得吴老幺不高兴。"没办法，现在欠钱不还的都是大爷。"他想。

"钱？啥子钱哟？我好久欠你钱哟？"吴老幺装出一脸很无辜的样子，恇（矿）眉恇眼的把李二娃盯到起。

打横耙的高手

李二娃心头一下子就炸毛了，嘿想给他龟儿子飞起一脚尖，强压控制住自己的怒气："老幺，你要打横耙嗦，当初你买车的时候说得好好的，只借半年，现在都一年多了，不但没有要还的意思，现在还不认账，你过分了噻。"

吴老幺经李二娃一点，立即"回豁"过来："哦……想起来了，想起来了！买车的时候借的五千块，我一直把这个事情搞忘了，你啷个不早点提醒我也？"

李二娃看吴老幺认了账，悬在心头的石头终于落地了："嗯……想起来就好，想起来就好！我这不是不好过分催你嘛。"

打横耙还有一层意思是：说话做事蛮不讲理。比如老汉教育儿子："还不快去做作业！再在这里打横耙，看我今天不收拾你！"

哦，对了，在重庆方言里，打横耙的"横"字，应该读作"环"（huan）。来，跟着念一遍，"打—横（环）—耙"，是不是感觉更加霸气无敌。

灯晃

如果要形容一个人不定性、四处漂浮、游手好闲、不务正业、吊儿郎当，"灯晃"二字就很形象。

从前没得电灯，要用煤油灯、桐油灯、菜油灯来照明。黢黑的房间里，伸手不见五指，夜来风乍起，闻雨听炸雷。不管是风动还是心动，总之灯光是晃动了。光影跳处，人心思动，无论此时是在为考取功名苦读，抑或是煮茶论英雄。而油灯的灯光晃来晃去，于是就总有些见不得光的地方存在。所以难怪，灯晃也指干了一些见不得光的事情。

不定性状态

如果灯影晃出窗外，灯晃者绝对不会宅在家里，在外也绝非是一个人在战斗，常常是成群结队。隔壁邻居家的儿子黄天棒，毕业后就只爱跟社会上的朋友往来，不去工作，也不求上进，女朋友像走马灯式地换来换去。但灯晃的少年终究会有晃不动的时候，要么是油尽灯灭，要么就是添油闭窗、拨亮灯芯,灯光不再摇曳。

灯晃也并非一味贬低他人,视其不堪。熟人之间见面时,也经常会开开玩笑,"昨晚到哪里去灯晃了来嘛",搞不清楚是调侃、羡慕、挖苦,还是嫉妒。

川剧里有一项绝活叫"滚灯",一般由丑角来表演:一盏燃着的油灯,演员顶在头上,随着音乐的节奏或旦角的指挥,不停地扭摆起舞、上蹿下跳、钻板凳、翻跟斗……只见油灯在头顶上晃来晃去、摇摇欲坠、险象环生,最终油灯不熄不落,安然无恙。这是"灯晃"的最高境界。

逗猫惹狗

现代社会,不少家庭都养宠物,或猫或狗,或鸟或虫,不一而足,但以猫猫狗狗最为普遍。闲暇时光,要么逗引逗引猫猫,要么招惹招惹狗狗,要么幺儿长、幺儿短的呼唤——逗猫惹狗,好不惬意。

如果你认为"逗猫惹狗"四个字就这么简单,那就大错而特错了。重庆话里的"逗猫惹狗",多指不安分的好事者,唯恐天下不乱,到处惹是生非,一副作死的节奏。

逗猫惹狗

前一种"逗猫惹狗",大不了被猫挠一下,被狗咬一口,不过是些皮外伤,打几针狂犬病疫苗,也就不会有什么大碍了。而后一种"逗猫惹狗",轻则被人唾弃,重则有可能发生打架斗殴的流血事件,后果很严重。前一种"逗猫惹狗"怡情养性,多多益善;后一种"逗猫惹狗"无事生非,最好还是不要为之。

重庆话里的"逗猫惹狗"还有一层非常特别的意思,专指在男女关系上不专一,三心二意,吃着碗里望着锅里,找些机会逗引招惹异性。

李毛儿的同学黄天棒为了追求隔壁学校的女娃儿,差点和隔壁学校的几个天棒崽儿火拼,这个事情被老师制止以后,李毛儿心有余悸。为了让黄天棒彻底回心转意,这天李毛儿在放学路上开导黄天棒:"天棒,你不是在追求我们班花吗?我看班花对你也有意思,以后就不要再对其他女娃儿逗猫惹狗的了,免得又惹些事情出来。"

黄天棒有些不高兴了,"毛儿,我们还是不是兄弟伙?你一天到黑逗猫惹狗的欺负其他同学,好几回都是我出面给你搁平捡顺的,你这么快就忘了?"

翻院墙

"翻院墙",本意是指爬过横亘在中间高高的院墙,从这边翻到那边。引申为做生意时,跳过中间人,直接和客户接触。有时也指迈开直接领导,悄悄向上级报告。现在泛指一切甩开中间人的行为。比如,现在有的人热衷于跳过中国的网管,直接查看国外的新闻,这也叫"翻院墙"。不过,有的翻院墙只会受到道德的谴责,而这个翻院墙,搞不好就会受到法律的制裁。

俗话说,吃水不忘挖井人。那种有水吃就把挖井人甩开的行为,是商业上的大忌,为人所不齿,所以一般说到"翻院墙"的人,大家都会流露出一种蔑视的表情。

吴老幺想买一块好一点的玉石送给领导,为明年谋个一官半职打下基础。但吴老幺不懂玉,晓得玉石行业水嘿深,怕被坑了不说,反而得罪了领导。吴老幺知道李二娃有一个同学在卖玉,于是找到李二娃帮忙。

李二娃非常热心,将吴老幺带到同学的店铺。折腾了半天,吴老幺看中了一个手镯,犹豫再三,最终还是没有"下叉"。

翻院墙

几天之后,李二娃路过同学的店铺,顺便进去坐坐,发现吴老幺看中的镯子已经不见了,于是问同学:"那天吴老幺看中的那个手镯怎么不见了?卖了?"

"是呀,卖了。"

"咂,是哪个龟儿子,审美趣味跟吴老幺一样,恶俗。"

"就是吴老幺本人呀,第二天他就来买走了。"

"狗日的吴老幺,'翻院墙'嗦。"

李二娃之所以冒火,是因为每带一个人来买玉,同学会给他10%的回扣。吴老幺"翻院墙",显然就是断他的财路。不过,老同学耿直,这一单的10%还是照常提给李二娃了。

凫上水

重庆城两江环绕,江面开阔,江水湍急,所以,重庆人大多是游泳健将。

特别是早些年生，娱乐资讯不发达，好耍的东西不多，重庆的男人女人都还保持着巴人的血性。

夏天傍晚，长江、嘉陵江边，全是游泳的人。有的是以家庭为单位；有的是街坊邻居自发组成；最热闹的，往往是一群群半大不小的"半截子幺爸"，年龄相仿，血气方刚，争强好胜。比赛谁游得快，比赛谁游得远，比赛谁潜水憋气时间长……当所有能玩的都玩完了，体力还没有消耗完。怎么办？那就比赛"凫上水"——逆流而上，看谁坚持得最久。自己估量，体力消耗得差不多了，就地折返，"放滩"而下。

"凫上水"不进则退

随着一声令下"开始"，所有的小伙伴都使出吃奶的劲头，奋力往上游"挣扎"。之所以叫"挣扎"，一是因为确实费力，长江水流快，每前进一步都相当不容易；二是大多使用"狗刨骚"游泳姿势，虽难看但实用。这种"凫上水"，如果用书面语言代替，就是——力争上游。

不过，重庆人常用的"凫上水"，却是用来形容"讨好巴结上级"的人。

每个单位都有至少一两个"凫上水"的人。

"凫上水"的境界也有高低之分。境界高的"凫上水"，恰到好处又不露声色，不显山不露水就把心里头想的事情搞定，很快达成自己的目的，最终人往高处走水往低处流嘛；境界低的"凫上水"，手法低劣又动作夸张，处处留下痕迹，常常把马屁拍到大腿上、腰杆上，让被拍的人极其尴尬，最终遭人厌恶，遭人鄙视。

"凫上水"无所谓好坏。"凫"得好，叫有上进心；"凫"得不好，叫投机取巧。

无论哪种"凫上水"，都应三思而行，否则，后果自负。

该背时

"该背时"，是一个使用频率较高的重庆方言，意思是活该倒霉——原本已经够倒霉了，还要加上"活该"，按照重庆话说，那就是"霉起冬瓜灰了"。

那天晚上，李二娃在王大汉家喝了五瓶啤酒，非要把车开回去，怎么也劝不住。开到半路，酒劲发作，李二娃一个恍惚，对直朝马路边的电线杆冲了过去。结果可想而知，车头撞扁，李二娃的脑壳也挂了彩。交警赶到，吊销驾照，行政拘留15日，车损保险公司不负责。李二娃欲哭无泪，追悔莫及。围观路人纷纷指责："该背时！"

的确，李二娃不顾行车安全，造成一系列后果，确实该背时。不过，他这个行为，却不是因为时运不济造成的"倒霉"，而是"不作就不死"，自作自受。

重庆人对词语的解构能力，往往匪夷所思。比如这个语气如此强烈、情绪如此鲜明、褒贬如此明确的"该背时"，经重庆人的语气和使用场景稍一变化，就完全变了另一个意思。

追尾

李二娃和隔壁的张二嫂在言语上有些暧昧，每次见面都开一些不荤不素的玩笑。李二娃醉驾挂彩的事情，早就成了街坊邻居的笑谈。

这天，张二嫂碰到李二娃，故意装着对李二娃撞车的事情不晓得，有意奚落他："咂，二娃，你婆娘这回下手有点重哟，脸上都挂彩了，哪个喊你晚上不把婆娘服侍好嘛，该背时哈。"

李二娃正郁闷得哭丧着一张脸，听到这个话，立马暴眼一瞪："背你妈个时哟！"

可以看出，"该背时"在重庆方言中有两层意思，一是对于坏人坏事得到应有的惩罚时的畅快感叹，二是日常生活中朋友之间的相互玩笑。

▶ 行市 ◀

在重庆方言里，用"行"（航，hang）和"市"两个字组成的词有两个，一个是"行市"，一个是"大行大市"。两个词看起来很接近，但实际上意思完全不同。

先说"行市"，重庆语境中的意思是"能干、有本事"。从字面上看，意思和文字没有任何牵连。这就是重庆言子的任性之处，也是重庆言子的张力所在，有很多言子所表达的意思，完全不能用现有的文字去对应，没办法，只好达成共识，找几个同音字代替。

造两个句子，或许能帮助你进一步体会"行市"的意味。

"刘老大果然'行市'，把修建市政府大楼的业务都拿下来了。"

"这个人，'行市'！"此处最好配合伸出右手的大拇指。

猴子骑电动车绝对行市

重庆言子的用法往往灵活多变，不同的语境会呈现不同的效果，一般一个言子不会只有一种意思。比如，儿子在外头调皮惹了祸,母亲一边体罚儿子,一边口中念念有词:"你'行市'得很也,居然敢去欺负女同学了!"原本是一个掷地有声的褒义词,话音一变,又成了一个略带贬义的词。

再说说"大行大市",指商品的一般市场价格。这是一个成语,全国通用。不过,用重庆话讲出来,又烙上了巴渝的印记。到农村赶场,询问农产品的价格,往往会得到这样的答复:"大行大市的,人家那个质量差的都卖五块,我这个质量还要好一些,也卖五块嘛。"

擂得转

"擂",在重庆话里是搅拌、调和、翻动、拌匀的意思。"擂得转",本意是搅拌得均匀。

重庆人爱吃凉拌菜,特别是折耳根(鱼腥草),简直是重庆人的最爱。重庆人吃折耳根,与同样喜好折耳根的四川人、贵州人的吃法完全不同。川黔两地人只吃根不吃叶,白白净净、规规矩矩的一盘根,显得了无生趣。重庆人吃折耳根,根和叶子一块拌,甚至更偏爱叶子。折耳根的叶子呈"心"形,放在碗里,一碗紫色的"心"重重叠叠,相互支撑,生动坚挺,很不容易拌匀。

所以,在做凉拌折耳根这道菜时,厨房里常常传来这样一段对话:

"擂转了没有?"

"还在擂。"

"哎呀,你这个碗小了,擂不转哒嘛。"

"擂得转,擂得转!慢慢擂嘛。"

擂得转

在巴掌大的小碗里把凉拌折耳根都擂转了,那还是要点本事哟。于是"擂得转"又延伸为"吃得开""本事大",变成了一个形容词。

李二娃最近失业了,决定去投靠老同学刘老大。刘老大做生意发了,成了周围团转的成功人士,大家都晓得他"擂得转"。

刘老大向来看不惯李二娃眼高手低、吊甩甩的德行,有意点拨、洗刷他:"二娃,你来找我干啥子也?"

李二娃明明知道刘老大在奚落他,求人三分矮,只好硬着头皮上:"老大,兄弟我现在落难了,实在没得办法,只好来求你拉兄弟一把,都晓得你路子广,'擂得转'。"

"兄弟,你也太看得起我了。当年我起早摸黑摆地摊的时候,你天天莺歌燕舞,那才是真正的'攞得转'。"

"哎呀,老大,我要是'攞得转',就不会走到今天这一步了。当年若有得罪的地方,兄弟我在这里给你赔礼了。"

"千万别这样说。都是老同学,我就给你说实话,我哪里'攞得转'呀,都是因为一直踏踏实实做事,一分一厘找钱,合作伙伴和客户信任,才帮我走到今天。"

李二娃听出了弦外之音,也觉得刘老大说得不无道理,赶紧附和:"你说得对,还是认真做事才有前途,仅仅靠'攞'是'攞不转'的!"

黄棒

"黄棒",其实并不是说的"黄色的棒子",而是指"做事很'黄'的人"。"黄"在重庆方言里的意思是"不专业、不熟练",如"黄司机""黄师傅""黄棒"是他们的总称。

干豇豆才拿到驾照,公司老总就把车钥匙甩给他,"干豇豆,你把车开起,把这份文件送到解放碑英利国际去。"

干豇豆从来没有独自上过路,开起车在路上走"S"形,后面的车喇叭按成一片,好不容易超过来,有那性子急的,按下车窗对着干豇豆一阵吼:"'黄棒'嗦?练熟了再上路嘛。"

黄司机追尾了

干豇豆自知理亏,不好回话,闷着脑壳继续往前开。过了一号桥,上了北区路,要到临江门了,恰恰遇到堵车,又是上坡,车子不停地启动、停下、启动、停下……偏偏老总的车是手动挡,一不留神就往后溜。干豇豆急出一身冷汗,把脑壳抻出车窗外,对着后面大喊:"后面的车不要跟近了哈,我是'黄棒'!"

跟在后面的第一辆车见势不妙,找个缝隙钻到旁边车道去了。第二辆车没搞清情况,一脚油门上来贴紧干豇豆的车屁股。干豇豆刚一启动就往后滑,只听得"嘣"的一声,"哦豁,烟杆打破,果然撞上了。"

黄棒办事,多半会把事情搞砸、办糟。但也有例外,重庆话里有一种说法,叫"黄棒手硬",特指那些运气好的"黄棒"。

黄幺妹不但姓黄,而且是周围团转出了名的"黄棒"。麻将桌上只会摸牌不会算牌,觉得筒子好看,就把条子和万字全部打掉,也不管会不会放炮,也不考虑自己可不可能和牌。"噼里啪啦"几圈牌摸下来，居然就发现手上有四个一筒，暗杠，再一看，没牌打了，为什么呢……哦，清一色加龙七对，和了！

假巴意思

假巴意思

"假巴意思"，应该是书面语"假惺惺"一词的本地化表达方式，原意为：假装、虚情假意、不耿直、不真诚、不落教。

学校上晚自习，李毛儿在桌面上摆一本书做样子，眼睛却死死盯着桌子下的手机在耍游戏，被老师发现了。老师悄悄咪咪从后面走过来，一把抓过手机："李毛儿，你莫假巴意思看书了。你喜欢耍游戏哈，来，站到讲桌边耍够了再回自己的座位。"假巴意思在这里，是"假装"的意思。

吴老幺到李二娃家借电钻，正好碰到李二娃一家吃晚饭。李二娃赶紧邀请吴老幺吃了再回去，但语气有些勉强，有些拖泥带水。吴老幺当然知道李二娃不过是客套话，直接一句棒棒话就甩过去："二娃，都几十年的街坊了，何必假巴意思的嘛，你就是真心请我，我也未必会赏脸。"在这里，假巴意思表示"虚情假意"。

李二娃那点小心思、小摆杂，遭吴老幺毫不留情地点穿了，心头鬼火冒，但又不便发作，发作不就上了吴老幺的套了？只好表面上继续假巴意思说些客套话："老幺，你这是以小人之心度君子之腹哟，我是真心留你吃饭哈。"这里的假巴意思，意思偏向于"不真诚"。

夹毛驹

"我想辞职，主动下课了。"赵四哥已经有了七分酒意，瞪着一对发红的眼睛向裓裓裤朋友王老五抱怨。

"不可能哟，你幺姨妈的妹夫的堂兄好不容易把你安排进这家单位，才不到两个月哟！"王老五更恼火，起码有八分醉意。

"唉，天天遭夹毛驹，日子难过呀。"

"哪个叫你一天到晚日不拢笀的嘛，以为自己有多大的背景，妖不倒台。"

"主要是我们领导嘿弯酸，经常医我的焖鸡。"

外地人看到赵四哥和王老五这段重庆味十足的对话，肯定云里雾里，不知所云。这里的"夹毛驹"，就是穿小鞋，也可理解为坐冷板凳。在重庆话里，"夹"含有欺负人、整人、压榨人的意思，"驹"本意是指小马儿，这里可以理解为新手、新人或者是处于弱势的人，"毛"在重庆话里也是弱、笨之类的意思。合起来讲，"夹毛驹"通常就是指老手欺负新手，上级压榨下级，内行整外行，芝麻大点权就刁难别人，总之让别人过不去。

眼看就要到教师节了，黄幺妹两口子却因为给不给娃儿的班主任老师送礼发生了争执——

"娃儿才读一年级，我坚决不赞成给老师送礼。报纸上不是说，这个坏风气，都是家长自己搞出来的嘛。"

"你懂个屁，我们不送，万一其他家长都送了，那娃儿岂不是要遭夹毛驹！"黄幺妹很是纠结。

5路公交车司机牛一筋这天有点霉，早晨跑第一趟车，刚出总站就被交巡警拦住了："对不起，麻烦你下车测一下酒精含量。"

"遇得到哟，清早八晨的测酒精含量，是不是夹我的毛驹哟。"牛一筋颇不耐烦，叽叽咕咕的下车后主动拿起仪器，鼓起腮帮子一吹——105毫克！牛一筋的眼睛立马就绿了。

"对不起，你已达到醉驾的标准！根据《中华人民共和国道路交通安全法》，你将被处以拘役15日。"交巡警向牛一筋敬了一个标准的礼，说道。

"你们这是夹毛驹哟，我是昨天晚上喝的酒哒嘛。"牛一筋师傅显然没有了刚才的底气。

夹毛驹

假打

"假打"和"打假"，同样的两个字，排列不同，意思截然不同。"打假"好理解，就是打击假冒伪劣，有个叫王海的，专门买假索赔，因而成为打假英雄。"假打"是重庆方言，形容装腔作势、弄虚作假、装疯迷窍捉弄人。

成都有个李先生，以散打评书而出名；重庆有个吴先生，以重庆言子而被人知晓。两人的表演风格、内容、形式等，都在各自所处城市文化的基础上而产生，原本应该在各自的城市里继续发扬光大，做大做强。但两人都不满足于在一座城市里动静颇大而在另一座城市却波澜不兴，于是，李先生高调宣布，离开成都加盟重庆，甚至还整出了一系列告别仪式；而吴先生也广而告之，离开重庆加盟成都，成为成渝文化界一时之大事。喧嚣一阵之后，待所有目光都不再关注此事，不知何时，吴先生悄悄回到了重庆，李先生默默潜回了成都。搞了半天，两个人都在假打，目的是提高知名度。

假打

假打还可以指一个人对事对人的态度。比如，李二娃遇到在观音桥买门面的事情，急需一笔钱来周转解决。思来想去，只有去找已是富翁的老同学刘老大借。谁知话还没有说完，刘老大就打断了李二娃："二娃，按说我们两个是老同学，借这点小钱不算什么，但最近钱都全部套到楼市里了，下个月工人的工资都开不出来了。"

李二娃是锄把斗镰刀的直爽人，最看不惯哪个假打，于是毫不留情的直接揭穿："上个星期天开同学会，你还在说马上要买个凯迪拉克，今天就被楼市套牢了。不想借就'月亮坝儿耍弯刀——明砍（侃）'，何必假打噻！"

架 墨

"架麦"，在重庆话里就是"开始"的意思。按照字面意思理解，就是架起麦克风，开始演说或者唱歌了。但是，产生"架麦"这个重庆言子的时候，肯定不可能有麦克风。也就是说，"架麦"绝不是从"架起麦克风"演变而来的。

另有一种说法，"架麦"应该写作"架墨"，"麦"和"墨"，在重庆话里的读音是完全一样的。以前有一种工具，叫墨斗，是木匠和石匠做活路

木匠的绝活之一架墨

时必不可少的，一头是摇车，一头是墨盘，一根细线缠绕在摇车上，使用时细线通过墨盘拉出来，早已在墨盘里染上墨汁，然后两头绷紧，提着细线的中间轻轻一弹，只听"嘣"的一声，木头或者石头上已经留下了一根笔直的定位线。

这是木工或者石匠干活的第一道工序，叫做"弹线"。所以，"架墨"也就是开始工作。显然，这种说法符合农耕时期的工作条件，更加靠谱。

李二娃和吴老幺这两副颜色相约第一次去江北嘴的大剧院开洋荤，看芭蕾演出，心情十分激动，去早了点。

"呔，都等了半个小时了，啷个还没有架墨哟？"

"时间刚刚才到，估计要架墨了哟。"

顺便说一句，在重庆言子中，还有一个与架墨意思刚好相反的词语——杀割，也就是结束的意思。

不啰唆了，这篇小文就此"杀割"。

捡㞎活

占便宜之心从古至今皆有，虽说不是每个人都这么想。所谓的"捡㞎活"，主要就是指占到了便宜，买到了相音（便宜）货。

柿子拣㞎的捏，正好下手。也正因为有这种贪便宜的心理，所以这个词现在常见于形形色色的促销广告中。

房地产公司高喊："捡㞎活了！房子买一层送一层！"

捡㞎活

百货卖场明示："捡㞎活了！买 200 送 200。"

甚至路边的 10 元店都在以"跳楼价"牵引着那些想捡㞎活者的目光和神经。

晚上回家，淑芬十分兴奋地从手提口袋里掏出一大堆皱巴巴像从泡菜坛里抓出来的衣物："今天捡㞎活捡安逸了，重百在搞活动打折！"

李二娃对淑芬捡㞎活的恶习早就看不惯了，瞥了一眼乱七八糟堆在床上的东西，颇不以为然："总共花了好多钱吗？搞不好是花了高价哟！"

淑芬正在兴头上，没有计较二娃的冷嘲热讽："真的很便宜，有的才打一折。你看，这么大一堆，总共才花了四百八十多块钱。"

二娃懒得再搭理淑芬，各人看电视去了。电视剧才看到一半，就见淑芬垂头丧气地从卧室里出来："二娃，糟了！"

"遭啥子了也？"二娃眼睛仍然盯着电视屏幕，问道。

"东西买糟了，一件都穿不得。"淑芬眼泪都差点掉出来了。

"该背时！"二娃看电视的心情也没得了，起身到阳台上抽烟、打望去了。

天下没有免费的午餐，没有无缘无故的爱，也没有无缘无故的恨，捡㞎活者一不小心就会陷入卖家的圈套中，到时候就会发现：原来㞎活还真不㞎活。

"捡㞎活"，还有挑那些轻松容易事情做的意思。比如高考时，作文出的题目正好是模拟考试时做过的题目，不用去抠脑壳，直接快速立意快速落笔完成，轻松加愉快，这也叫捡了一个㞎活。

结叶子

"结叶子",不是树上长满了叶子,而是心头结起了"疙瘩"。也就是说两人有了仇怨,成了冤家,解不开的话就成了死对头。

那为何不直接叫"结疙瘩"呢?一来疙瘩一词难听难看,没有韵味。二来疙瘩有很多种,无形的疙瘩,叫心结,有形的疙瘩,叫肿瘤,不好区分。而"叶子",轻描淡写,随风飞舞,有形有韵,回味悠长。一句"这个叶子我们算是结上了",充分体现了重庆人性格中洒脱的一面。

叶子有两种结法,一种明结,一种暗结。

所谓明结,就是双方挑明了,相互都知道,以后彼此多了一个仇家。这种情况不用多解释,现实生活中以及文艺、影视作品中都有很多。有的叶子结得深,老死不相往来的,这种人叫做看不开。也有叶子结得浅的,时过境迁之后,一笑泯恩仇,这种人心胸宽广。还有一种情况,祖辈结下的叶子,让子孙继续承担,世世代代相互对抗,成了"世仇"。一般出现在武侠小说里的武林世家之间,现实生活中极少见。

这两个人结下叶子了

所谓暗结,就是一方心里面结下了叶子,而另一方根本不知道。这个叶子,结得毫无价值,多半是因为误会或者一方心眼太小,但这种叶子还多半结得很长久。

小米米从偏远农村考上大学,毕业后留在重庆工作。由于小米米家境不好,所以很自卑,最忌讳人家提到他的农村经历。

单位同事王欻欻(chua)是个大大咧咧、没得心机的人,刚从小米米的老家出差回来,就迫不及待地给同事们讲解一路的见闻:"那个地方穷呀,穷得锅儿吊起打铛铛,有的家庭只有一条裤子,一家人平时就躺在床上,谁要做事就穿上这条裤子出去。哎,那个谁……小米米的老家不就是那里吗?不信你们问问他。"

小米米远远地坐在办公室的角落里,假装在工作没有听到,头也没有抬一下,看起来很是平静如水,可是心里却五味杂陈,气得脚板心冒烟,对王欻欻恨得咬牙切齿。这个叶子算是结上了。

揪发条

"发条",发动机器的一种装置,卷紧片状钢条,利用其弹力逐渐松开时产生动力。机械钟、手表和音乐盒等玩具里都装有发条。

随着机器装置的持续运行,发条会逐渐松开,松弛到一个极限就会失去弹力,机器将停止运转。因而,当发条松到一定程度,必须旋转发条将其卷紧,这个动作叫做"上发条"。

只要发条持续不断地上得及时,机器就会永不停息地运转。后来,人们用"上发条"形容人进入一种像机器一样不知疲倦的状态。比如:"高考临近,同学们必须把发条上满,一点掉不得链子,最后冲刺一个月。"

上发条时,一般会旋转一个按钮,直到片状钢条已经被卷紧,再也旋转不动了。这个动作重庆人称为"揪"。因此,"上发条"也可称为"揪发条"。

揪发条

然而"上发条"与"揪发条",虽只有一字之差,表面上意思一样,但其引申出来的含义,在重庆方言里却大相径庭。"揪发条",专指那种巧妙设计套路,运用情感因素或经济因素,持续在某个特定的个体身上实施诈骗或巧取豪夺的行为,多通过非正当的关系来实现。

前不久,一个漂亮美女突然请求添加李二娃的微信,李二娃没细想就爽快地通过了。之后也没有把这个事放在心上。一段时间后,不知怎么就和美女聊上了,一来二去,李二娃竟然有相见恨晚的感觉,每天不和美女聊上一两个小时,心里就很失落。美女似乎也很迷恋李二娃,每天在微信里"二娃哥、二娃哥"地喊得相当亲热。

大约过了三个月,李二娃甚至开始设想和美女私奔的情景了。美女坚决不同意,提出必须要有经济保障了才跟李二娃在一起。美女提出教李二娃炒石油期货,一起找钱共创未来,李二娃嘿干脆爽快地答应了,按照美女的要求,把所有家当共20万元全部投了进去,兴致勃勃地等待着发大财。

几个回合下来,20万元血本无归,李二娃猛然醒悟:"糟了,遭'揪发条'了!"

李二娃准备找美女质问,谁知微信已被拉黑,再也看不到对方了。赶忙买了一张飞机票,给淑芬扯了个把子,按照之前美女提供的地址找过去,哪里有这个地方嘛？——地址是假的！

李二娃这一次发条被揪得特别彻底，不但血本无归，而且还打不出喷嚏。按照重庆人的说法——被揪了一个老发条。

开国际玩笑

在重庆方言中，"开玩笑"有表示肯定、表示骄傲的意思。比如，商场搞限时特价活动，所有商品打五折，李二娃刚好碰到，急忙挑了一些自己需要的东西后，匆匆往家里赶，见到每一个街坊邻居都告知打折好消息。整条街都立即行动起来。

最近，不晓得啥子原因，王婆婆对李二娃有些不太信任了，反复问李二娃："二娃，是不是真的在打折哟？"

李二娃被问得有些不耐烦："真的呀，我问好了才买的，要打折到晚上六点，你现在去还来得及。"

这个玩笑开大了

王婆婆还是有些不确信："二娃你莫哄我哈？"

"开玩笑！"李二娃头也不回，径直走了。

但"开玩笑"一词更普遍的意思是戏弄、耍弄、逗别人。这个意思的"开玩笑"使用普遍，似乎大江南北通用。

在现实生活中，适当开些玩笑，有利于拉近与他人的距离，化解尴尬的氛围，赢得别人的好感。但如果玩笑开大了，开得离谱了，那就是"开国际玩笑"了。因而，重庆面对离谱的事情、奇葩的事情、不切实际的事情，常常会说上一句："开国际玩笑！"掷地有声地表达自己的否定态度。

那么，为什么是"开国际玩笑"，而不是"开宇宙玩笑""开太空玩笑"呢？后者岂不更大？

国际上人种很多，即使是同一个国家，也民族众多，不同人种不同民族的幽默观和笑点是不一样的，如果你开了一个玩笑国际通用，无论哪个国家哪个民族的人听了都会发笑，那自然是"开国际玩笑"啰。中国人什么都喜欢与国际接轨，从这个词可见一斑。

当然，这个"开国际玩笑"的解释，本身就是"开国际玩笑"，戏说的。但现实生活中还真有开国际玩笑的。

记得是2016年11月24日，普京总统在一场电视直播的地理学颁奖大会上说："俄罗斯的边界没有尽头！"虽然随后普京立即表示"这是一个玩笑"。但在俄罗斯与北约军事对峙程度达到冷战后的巅峰之时，这句话已在西方世界引发轩然大波。英国 BBC 报道的标题直接就是——玩笑开大了!

空搞灯

"空搞灯",重庆人有时也说成"搞空灯"。无论"空搞灯"还是"搞空灯",其实都与"灯"无关,也不是"有空了去修理灯"。

"空搞灯"的大体意思是"白忙一场没有收获",犹如"瞎子掰橘子——扔瓤吃皮"。

春节要到了,李二娃的左邻右舍都挂上了彩灯,一到晚上就赤橙黄绿青蓝紫地闪,看起来喜气洋洋。李二娃的老婆淑芬看不得人家有个啥子,眼睛都被闪花了,自言自语说:"硬还是洋气,我们也去买来挂起。"

李二娃一听就急了:"既浪费钱,又浪费电,空搞灯!"

淑芬不依教,瞟了李二娃一眼:"过春节,图个喜庆嘛!就几百块钱的事情,你也不至于这么抠门噻。"

李二娃有点冒火了:"几大几百块钱哟,不心痛?还不如提高一下物质生活。我喝 10 块钱一斤的渣渣儿茶都好些年了,能不能让我春节喝点 12 块钱一斤的叶叶儿茶?"

淑芬不依不饶:"那啷个得行?你个人的物质生活水平提高了,毛儿呢?毛儿的婆婆爷爷呢?毛儿的外婆外公呢?"

空搞灯

最后,淑芬我行我素,独断专横,上街买回了彩灯,然后不厌其烦地拉线、接灯。当天晚上,李二娃家的彩灯与邻居家的彩灯交相辉映。淑芬望着大红大紫的光芒,满足极了。李二娃却梦到喝着 12 块钱一斤的叶叶儿茶,感觉有点苦。

后半夜,狂风大作,彩灯给吹得乱七八糟,狼藉一片。淑芬一早起床,赶忙去摁开关,结果,所有的灯都不亮了!

李二娃心痛忙了,无奈地说:"空搞灯!"他心头想,又要喝好多年的渣渣儿茶了!

空了吹

"空了吹",本意是指没有时间和别人聊天,等以后有空了再聊。当然,也可延伸至不想或不愿浪费时间来讲一些毫无意义的废话,于是以没有空为借口的推脱之词。

但重庆人善于演绎,不知缘何,"空了吹"竟然成了否定别人、不赞成别人的一种说法,并且成了重庆人的一句口头禅。

同一个车间的学徒工想跟李二娃显摆,突然对李二娃说:"二哥,我明年准备去考研。"

李二娃白了学徒工一眼:"就你这副颜色,高中都没有毕业,还想考研究生,空了吹!"

公鸡打鸣

这天,李二娃在解放碑碰到了小学同学包搞定和钱崽儿,三人十多年未见,偶然相遇分外亲热,连忙找了家茶楼,想吹点老龙门阵。谁知,才刚叙了几句旧,包搞定就和钱崽儿谈起了生意上的事情:

"钱总,我这里有个500万的工程,你做不做?"

"哎呀,包总,这种渣渣业务,做起累,我一般低于5000万的业务都不做。"

"怪说不得,钱总生意做得大,在做啥子发财也?"

"不瞒你说,包总,我们最近正在跟北京方面谈,准备给长城贴个瓷砖。"

……

李二娃一看这阵仗,生意都要做到月亮上去了,说了声"空了吹哈",一溜烟闪了。

拉稀摆带

在巴蜀地区,"拉稀摆带"的使用,往往和"袍哥人家"联系在一起的——袍哥人家绝不拉稀摆带。在重庆方言里,"拉稀摆带"的意思是不耿直、不干脆、拖泥带水、做事不可靠、关键时刻掉链子,其否定句式"不拉稀摆带"当然就是干脆、耿直、可靠、说话算话了。

袍哥是明代时从天地会分出来的哥老会的俗称,是全国三大帮派之一,解放前在巴蜀地区非常有势力。特别是在说话做事豪爽耿直的重庆，袍哥更是如鱼得水，无论是平民百姓还是达官贵人，但凡行走社会，出入江湖，几乎人人都是袍哥，人人以袍哥自居。所以"袍哥人家绝不拉稀摆带"就成了一句口头禅。

当然，这句话也最能体现重庆人的性格：豪气干云、掷地有声、说一不二……"袍哥人家绝不拉稀摆带"。

拜拜了，你们结账哈

李毛儿的同学黄天棒为了追求隔壁学校的女娃儿，和隔壁学校的几个天棒崽儿结下了叶子，两边相约星期五下午放学后在珊瑚坝操碰锤解决。黄天棒邀约李毛儿帮忙："毛儿，星期五给我扎起哈，你不会拉稀摆带嚓？"

所谓操碰锤，其实就是打群架。李毛儿心里直打鼓：你娃去泡妹儿，泡出了祸事，却要我们去给你扛大刀承担责任，万一对方拿出砍刀，平白无故被砍几刀才划不着哟！李毛儿心里虽然一千个不情愿，但碍于兄弟伙情义，还是假装爽快地答应了："放心，袍哥人家绝不拉稀摆带！"

这几天李毛儿吃睡不香，一想到对方那明晃晃的砍刀，就心里犯怵，克膝头打闪闪。好不容易熬到周五，上午正在上课，班主任突然把黄天棒叫了出去。一直到上午最后一节课的下课铃声响后，黄天棒才垂头丧气地回到教室："被老师发现了，今天下午的行动取消。"

李毛儿一颗悬吊吊的心终于放了下来。

老板凳

真资格的老板凳

"老板凳"，意思是年轻的时候操社会，而且操出了水平，后来年纪大了，操不动了，就成了老板凳，也就是"老麻雀""老江湖""老资格"。老板凳强调的是一个"老"字，与"板凳"无关，一如北京话里的"老炮儿"，也强调一个"老"字，与"炮儿"无关。

"老板凳"一词虽然无所谓褒贬，却不由自主地透露出一种敬畏。也就是说，不是谁都可以被称为"老板凳"的，只有那些在某个行业里浸淫日久、经验丰富、技艺高超、徒孙广众、实力雄厚的资深人士，才有"老板凳"的资格。老板凳虽然多指年长之人，但也不绝对，也有"年轻的老板凳"。

和北京"老炮儿"一样，重庆"老板凳"也是一种文化，一种精神，一种情怀，一种原本拥有却被高速发展的社会环境逼退蚕食的人性本真，一副支撑着这个世界豪迈前行的侠骨柔情。"老板凳"们老辣劲道，行侠仗义、敢作敢为、敢爱敢恨，坚守着传统的规矩，传承着传统的手艺。

李二娃在谁面前都一副嬉皮笑脸、无所畏惧的样子，唯独面对独居老街一角的刘老头时，立即收敛神态，一脸严肃，充满敬意。因为，李二娃很小就听说了刘老头的故事。

当年，刘老头是远近闻名的袍哥大爷，一个响当当的人物，在周围几条街说一不二。附近的老百姓受到地痞恶霸的欺凌，甚至官府的打压，都是由刘老头出面摆平。因此，刘老头保护了不少人，也得罪了不少人。一天，刘老头才当完"和事佬"从茶馆回来，还没走进家门，就闻到一股血腥味。他急忙跑进屋里，见堂客和一双儿女都倒在血泊中。刘老头对着房顶长啸一声，冲进灶房，提了两把菜刀就冲了出去。后来，听人说刘老头力战五个最凶狠的地痞，硬是将五人砍翻在地，然后自己也倒在血泊中。刘老头后来被街坊邻居救醒了，从此孤独一人，变得沉默寡言。

李二娃每次说到刘老头，就情不自禁地抻出大拇指："佩服！真资格的'老板凳'。"

乱劈柴

百分百的乱劈柴

天然气没进每家每户之前，煮饭炒菜需要给煤炉子发火，发火就需要木柴。木柴来自大自然，往往是一些废弃的不成材的树木枯枝，长短粗细大小不一，无法直接使用。所以就需要用斧头，把粗的劈细，把长的劈短。劈柴的方法是有讲究的，先要把长长的树干锯成短木桩，然后将木桩竖在地上，用斧头顺着木柴的生长纹路劈下去，一会儿就将一根巨大的木桩分解成很多小木条。这个时候，如果还要将木条劈短，直接在木条下垫一块木头或者石块，轻轻一劈，立马一分为二，省时省力。

闷墩到农村"走人户"，看到主人家正在劈柴，也想"搞毫"，不管柴火的横竖，抡起斧头乱劈一气，不但木柴劈不好，而且木柴蹦起来，在额头上撞了一个大包。闷墩只好大叫倒霉："乱劈柴，硬还是要球不得。"

所以，重庆人把做事不守规矩、不讲章法的行为，统称为"乱劈柴"。后面还隐藏着一层若隐若现的意思,"最终是会产生不好的后果的。"

不知何时,"乱劈柴"被重庆人引用到了划拳行令上,成了一种花式拳法。这种拳法天马行空,现场随意发挥,与重庆言子相结合,花样百出,内容上至天文,下至地理,远到飞禽走兽,近到生活琐碎,俨然成了重庆特有的一种酒桌文化现象。

两人同时口喊"乱劈柴",出掌化斧,往下一劈,字字珠玑,源源而来——

九宫庙的妹儿,一定要你润儿;

两路口闹鬼,七星岗涨水;

舞(五的谐音)都不会跳,六角钱张票;

骑(七的谐音)个烂摩托,八方找老婆;

刘(六的谐音)德华的妹,二回又来耍;

……

落 教

为人仗义、厚道,言出必行,热心帮人,不为难别人,那就是"落教"。反之,就是"不落教"。所以说"落教"与"不落教",跟人品有关。

有种说法是"落教"原为"落轿"。这个词据说来自于新姑娘(新娘)出嫁时。人有三急,坐轿出嫁的新姑娘有时也会遇到。知书识礼的新姑娘就会提出"落轿"要求。但本着对新人娱乐至上的轿夫们,反倒会趁机捉弄一下轿中人。这种不与人方便、损人又不利己的行为叫做"不落轿";反之,就叫"落轿"。

事实上,"落教"这个词在找人帮忙的时候,也确实是使用频率最高的。对方如果爽快答应了,就很"落教",如果推三阻四、婆婆妈妈的,就是"不落教"。

因为标准的不同,有时候"落教"与否见仁见智。比如邹二毛火烧火燎地找到同乡黄幺妹:"近来堂客管得严,借300块钱江湖救急,下周发了工资就还你。"黄幺妹自认为很落教,身上没带勒个多钱,马上找别人借了300块钱转借给邹二毛。

一周又一周,一月又一月,这笔债拖起了。黄幺妹觉得对方有点不落教,一催再催。邹二毛也抱怨连天:"这点钱都在催,太不落教了。"

对坏人,绝对不能落教

常见的词句组合是,"你娃硬是不落教哦"。加重语气,让人深思二回求到我时,哼!

冒皮皮

吴老幺最近有点跩，走起路来衣服角角都撼（惨）人。这天下午，刚好碰到李二娃，李二娃不信邪，硬是要问个所以然出来。

"吴老幺，你最近在忙些啥子也，生意做得大哦？"

"也没做啥子大生意，就是个千把万的工程。"

"咝，几天不见，硬是要刮目相看哟。做的啥子工程也？"

"我一个老战友，部队正师级干部，专门管工程发包，最近正在落实一个大项目。"

"哦。"

"可惜你不是搞工程的，如果你搞工程，我叫他先发个几百万的工程给你做。"

"冒皮皮！"李二娃心想，把老子"二娃"两个字都直接省略了。街坊邻居几十年，你吴老幺有几斤几两难道我还不晓得。

"谢谢老幺的好意哈。"李二娃说了一句客套话，车转身就走了。

士兵打飞机

重庆话"冒皮皮"，相当于北京话的"吹牛皮"，说大话，夸大其词，本来二两五，冒充二百五，以显示自己能力超强。

在现实的语境中，为了更形象地说明"冒皮皮"，重庆人喜欢在"冒皮皮"后面再加上三个字——"打飞机"，合起来就是"冒皮皮，打飞机"。寻常之人，无论你用什么手段，想要打下几千米高空的飞机，显然是绝对不可能的。可见这个牛皮吹大了。

猫刹

重庆人性格刚烈，脾气火爆，三言两语不对，就会砣儿碇锤倒拐子、真刀真枪地干起来，用重庆话说，就是"猫刹得很"。

这天出小太阳，不冷不热，黄天棒一个人到解放碑去灯晃。刚走到大世界酒店门口，就看到惊心动魄的一幕：一辆出租车径直冲过50步梯坎，3层转换平台，接近40°的斜坡，10多米高的垂直落差，平稳地降落在来龙巷极其狭窄的人行通道上。

黄天棒连连大呼："猫刹！"还要加重语气，"确实猫刹"。一激动，竟然一脚踩在旁边同样看热闹的"小平头"贼亮贼亮的皮鞋上。

黄天棒回过神来，赶忙道歉："对不起！对不起！"

哪晓得小平头根本不依教："对不起？对不起值几个钱？"

来龙巷真实演绎的猫刹

一句话把黄天棒惹毛了："老子都是天棒，你还跟我比猫刹。老子今天踩了你的脚，你又能啷个？"

两个天棒崽儿正要动手，被赶来处理车祸的交巡警及时制止了。

"猫刹"这个言子，没有褒贬之分，在不同的语境中，表达的感情色彩也有所不同。比如，单位来了一位留学生，同事们常常在背后议论："毕竟是'海归'，设计图一晚上就整出来了，硬还是要猫刹些！"这显然是赞扬，是褒奖。

再比如，黄天棒的街坊邻居教育娃儿："不准去和黄天棒裹哈，猫刹得很，惹不起。"这显然是蔑视，是贬义。

扭到吠

你不喝，就是瞧不起我！

"吠"，犬鸣也，也就是狗叫。"扭"，揪住不放也。"扭到吠"，按照字面意思理解，就是不但像狗一样对着某人狂吠，而且还要一直揪住不放。在重庆方言中，引申为执着于某人某事，一直不放弃。

为何要"扭到吠"？要么是神经错乱大脑不受控制，要么是有特别的目的非要达到不可。也就是说，"扭到吠"有两种可能，一是让人讨厌的"扭到吠"，一是让人敬佩的"扭到吠"。同样是"扭到吠"，换个角度，看法和感受就完全不同。

周末中午，李二娃一个人在屋头，炒了两个下酒菜，一边哼着小曲，一边晕两杯。突然响起了敲门声，李二娃打开门一看，门口站着两个推销保险的小伙子，还没有来得及开口，就被"扭"住了：

"大哥，我们公司最近推出了几款新险种，对家庭特别有意义。"

八卷 重庆言子

"对不起，我不办保险。"
"大哥，你听我说嘛。我们有一款财产险，特别有价值……"
"我说了不买保险，你啷个'扭到吷'哟。"
"大哥，我们还有一款健康险，特别适合你，每个月只要存入……"
"不需要、不需要，你不要在这里'扭到吷'。"
"大哥，看你的年龄，娃儿估计刚开始上小学，我们有一款儿童学习保障险，非常有用……"
"这个有意思，仔细介绍介绍呢。"
最终，李二娃不知不觉就买了两份保险，一份给儿子，一份给妻子。
当签完保单，把两个卖保险的送出门，李二娃无意中听到了两人的对话：
"看到没有，要想把单子签下来，就要脸皮厚，'扭到吷'。"
"毛哥果然厉害，'扭到吷'的功夫了得！"

炮壳蛋

家住城乡接合部的孙大爷家有一宝物——一只每天按时生蛋又非常可爱的老母鸡，给孙大爷带来了很多欢乐。可是近段时间来，这只老母鸡经常生出炮壳蛋，孙大爷担心极了，生怕老母鸡得了怪病，赶紧到畜牧兽医站咨询。工作人员断定：老母鸡缺钙了！建议孙大爷给老母鸡补钙。

孙大爷半信半疑："只听说过男人缺钙会成为炮耳朵，没想到老母鸡缺钙会生炮壳蛋！"

"炮壳蛋"，也就是"软壳蛋"，由于母鸡缺钙，造成鸡蛋的壳质柔软不坚硬。

如果你认为"炮壳蛋"仅仅是这个字面上的意思，那就是太小看重庆方言了。重庆方言的神奇之处，就是一个看似平庸的词，往往会有意想不到的意思。比如这个"炮壳蛋"，就是用来形容柔嫩、软弱、不坚强的人。非常形象生动。

莽娃出差到成都，看到两个成都男人发生了纠纷，在相互对"撕"——
"你个瓜娃子，有本事你等到，看我不弄死你！"
"等到就等到，有本事你莫走哇，老子今天不把你灭了才怪！"
"你娃撒眼子，还要灭我，看哪个把哪个灭了！"
"瓜娃子，你信不信我一砣子把你打回你妈肚子里去！"

又是一个炮壳蛋

......

莽娃看了半天闹热，两个男人相隔一米，吵得唾沫星子横飞，围观的人群都换了好几拨，就是不动手，顿时没了兴趣："结果是两个'杷壳蛋'嗦！"

耙耳朵

重庆话里的"耙耳朵"，指的是怕老婆的男人，也就是常常说的耳根软、惧内、"妻管严"。至于"耙耳朵"为什么叫"耙耳朵"而不是别的什么，比如"耙脚杆""耙膀子""耙脑壳"……谁也说不清楚，大概是因为男人结了婚以后，常常被老婆揪着耳朵教训。性格比较凶悍的老婆，甚至会揪住男人的耳朵转上一圈，就像早些年给黑白电视机换频道，在男人"哎哟、哎哟"的叫唤声中，男人的耳朵就像"耙"面团一样，已经变了形。"耙耳朵"就此流传开了。

重庆人对于"耙耳朵"的态度，一直有些暧昧不清、阴晴不定。一方面有点嫌弃"耙耳朵"男人太过软弱；另一方面又有些赞许"耙耳朵"男人的宽容。如何分辨这两种态度？全在语气之间，只可意会不可言传。

比如，说某人："耳朵耙起那个样子哟！"这是恨其不争。

再比如，介绍某人："他是出了名的耙耳朵哟！"这是赞扬他爱护妻子。

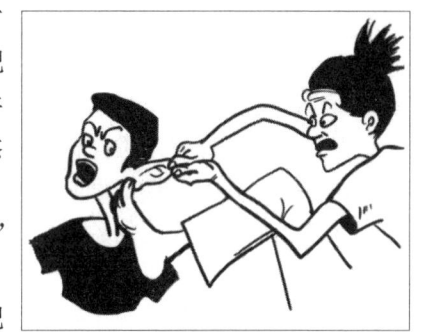

绝对的耙耳朵

李二娃是出了名的"耙耳朵"。一天晚上，李二娃多喝了两杯，老婆嘿不高兴，一张脸阴得好像就要下雷阵雨。李二娃心头一惊，赶忙哄老婆："淑芬，你说要我啷个做你才高兴嘛？"老婆正在气头上，顺口一说："你跳进长江嘛！"李二娃一听，二话不说就跳进了长江。谁知道江水湍急，挣扎了几下就被冲走了。好在几百米之后就被冲到岸边，被几个路人合力拉了上来。大家听李二娃说了跳河的原因，个个情绪复杂，言语和语气所蕴含的内容各不相同：

"咂，硬还是天下第一耙耳朵也！"

"见过耳朵耙的，没见过这么耙的！"

"啧啧，这耳朵耙得有盐有味、有境界哈！"

孬火药

火药这个东西，从使用的角度说，只有可使用与不可使用两个极端，没有中间层次。好的火药一点就燃，可以正常发挥作用；劣质火药点而不燃，燃而不尽，一点用处也没有，这就是"孬火药"。

孬火药的"孬"字，在普通话里读"nao"，如"孬种"，有两层意思，一是"怯懦、无能"，多对于人而言，如：那哥们是个孬种；二是"坏、不好、质量差"，多对于物而言，如：大山里的孩子吃得孬、穿得孬，营养也孬。在重庆方言中，孬，读"瞥"（pie），字义与普通话相同，但更带感情色彩，有很强烈的蔑视意味。

南宋开封府战役使用的"大火箭"

"孬"和"火药"合在一起，就不仅仅是指火药了，可指物，可指人。对于物而言，泛指质量不好的东西；对于人而言，比喻无能的人。

李二娃为了讨好淑芬，破天荒给淑芬买了一双皮鞋。淑芬跩昏了，穿起皮鞋就到小区里到处显摆。谁知道，没走几步路，一只鞋子就裂开了一条长长的缝，像一个张大了嘴巴的鲶巴郎，望着淑芬狂笑。

淑芬面子丢尽了，气不打一处来："狗日的孬火药也孬火药，买双鞋子都不会。"边说边将鞋子脱了提在手上，光着脚板往家里走。

进门就看到二娃正在看电视，淑芬将手上的鞋子一下给他甩过去。二娃吓了一跳，下意识地躲开了。"你看你买些啥子孬火药，来哄老娘嗦！"二娃还没有反应过来，淑芬已经开火了。

二娃捡起地上的鞋子一看，顿时明白了，赶紧打圆场："哎呀，淑芬，都怪我，我确实是个孬火药，买双鞋子都没有买好。恁个，我明天去找商场扯皮，叫他们换一双。"

淑芬看二娃态度端正，怒气顿时消了："好嘛，你在哪个商场买的孬火药嘛？"

跷脚老板

想象一下，如果一个老板自己不用做事，天天跷着二郎腿、喝着好茶、听着小曲，过着舒坦的日子，却有盈利源源不断地进账，那是一件多么惬意的事情啊！这就是"跷脚老板"，人人都想当的跷脚老板。

　　能当跷脚老板的，自然都是人中龙凤，生意做得贼精、管理做得贼好的人。一切走上正轨，公司员工各司其职，企业运作按部就班，各项管理有条不紊，至于老板嘛，除了看看报表，整合一下资源、组织高层开会，当然可以跷着二郎腿喝茶看报了。这是人家的本事。

跷脚老板

　　但偏偏有些人，不够这个格，也没有尝过创业的艰辛，就想一步到位当上跷脚老板。显然这是痴人做梦、痴心妄想，不可能的。于是，"跷脚老板"在重庆方言语境里，又多了一层讽刺的意思，一是讽刺那些没有资格享受生活却偏偏追求享乐的人；二是讽刺那些自己偷懒却指手画脚安排别人做事的人。

　　这天中午，外头的太阳很毒辣，淑芬顶着40°的高温正在家里打扫卫生，李二娃"弹性放假"回来了，往沙发上一坐，打开电视就看起了肥皂剧。

　　淑芬拖地刚好拖到李二娃脚下，用拖把往李二娃脚上一扫，说道："你这个跷脚老板当得安逸也！冰箱头有西瓜，去拿来吃嘛。"

　　李二娃一边去拿西瓜，一边安排："淑芬，趁天气热，窗帘该拆下来洗一下了哟。"

　　淑芬没有搭理二娃，继续拖地。

　　李二娃抱着半个西瓜，用勺子搲（瓦），东搲一瓢根、西搲一瓢根，没多久就把西瓜挖空了，继续看电视。

　　淑芬拖完地走过来："好热呀，西瓜也，我也来点消消暑。"突然看到半个像钢盔一样的西瓜皮，"哇"地一声哭了起来，"你就晓得当跷脚老板，也不管人家死活，这个日子过不下去了。"

　　"跷脚老板"，在重庆话里还可以用另外一个词代替——甩手掌柜。不管是跷脚，还是甩手，其实都是不做事。

千翻

　　"千翻"，意思是形容一个人调皮、淘气、不听话、爱捣乱、瞎折腾，还爱搞点小破坏，带有些许贬义。

　　有一首古诗说，沉舟侧畔千帆过。此千帆非"千翻"，掰起手指算一哈，有多少重庆人小时候没有千翻过呢。有一种望文生义的解释是：翻滚一千次，可想而知有多闹腾。只能当作是有此一说。

"千翻",主要是形容小孩子的专用语。当小娃儿的时候,建设厂家属楼里的尹四狗最没得名堂的一次千翻就是:过年前邀约了一帮小兄弟伙,去偷晾在窗户外的自家腊肉、香肠。寒冬腊月,半夜三更,这帮小崽儿成功得手,一溜烟跑到长江边,江风渔火,烤熟下肚。

尹四狗腆着肚皮回到屋头,听到自己的老汉正在咆哮:"哪些背时娃儿把我屋头的香肠、腊肉割了一大半走了。"大人谈论起"千翻娃儿"时,"背时"这样的恶评和诅咒总是如影随形。

小崽儿很千翻

"千翻"二字,用于成人世界里,有时会成为暧昧之事的隐晦调侃。"兄弟,看上去无精打采的,昨晚上又千翻了嗦?"所以,对重庆言子不能只知其一,不知其二。

日白

"日白",最常见的是形容一个人很会说,很能说,喜欢说,说大话、谎话一整套,吹牛不打草稿,可以上不挨天、下不沾地说几个小时。

"日白"是一个贬义词。大众总爱以"日白"来嘲笑那些说话不着边际的人。每一个地方,还总有一些因日白而出名者。如果此人姓

牛皮吹得太大了

罗,那就得外号"罗日白";此人姓钟,那就得外号"钟日白"。每个日白都有他们的大话故事,也有他们不为人知的落寞。

巴塘村有个一文不名的钟日白,二十年前就靠着一张巧舌如簧的嘴壳子,骗娶了公社的一枝花,最后这个不安心务农的"钟日白"几经创业,居然还真的让他混成了"钟百万"。所以现在看来,日白者说不定也是有想象力和前瞻性的人,只是碍于现实条件暂时无法实现而已。

特别提一句,日白还有"很厉害、很强大"的意思。例如:一帮兄弟伙都是打坝坝篮球的,丁丁猫居然一路打到了省队,还差点进了国家队,真是太日白了。

臊皮

俗话说：人活一张脸，树活一张皮。树剥了皮要死亡，人不要脸，活着也就失去了价值。"臊皮"一词，大概就是根据这个意思产生的。而且，"扫"要读成"绍"（shao）才能表现这个言子的意味。

重庆人自尊心极强，有恩报恩，有仇报仇，敢爱敢恨，爱憎分明，最怕被人臊皮。十年前，曾经有个重庆崽儿，平时都嘿聪明，从外地出差回来到达陈家坪长途汽车站，刚下车就被一帮骗子霉住了，鬼使神差地用自己新崭崭的手机换了几张黄色光碟。

骗子得手后呼啦一下作鸟兽散，重庆崽儿顿时回豁过来："这回臊皮了，在家门口被骗了！"重庆崽儿哪里忍得下这口气，发誓要抓住这帮骗子："我就不信你这几副颜色从此收手了！"于是他天天在陈家坪蹲点，到车站附近的老家属区走访，有一天，硬是在一个老茶馆里发现了其中一人，他不动声色叫来警察，将骗子一举擒获。

都说重庆妹儿长得乖，可是重庆妹儿有一个很大的缺点，开口就把脏字带，"老子""龟儿"如同家常菜。外地人了解重庆地域文化的，善意地称重庆妹儿"辣妹子"，不了解的则评价为"没有教养"，这不但是臊了重庆妹儿自己的皮，还臊了重庆人民的皮，臊了重庆这座城市的皮。所以呀，不管是重庆妹儿还是重庆崽儿，不要以为豪放粗犷是重庆人的本性，就肆无忌惮的任意自恃。

长江边的游摊剃头匠给人理发修面

抗战时期，重庆有个著名的"哈儿师长"范绍增，在早年一次落难的时候身无分文，这个"老袍哥"心生一计，来到一家理发店，叫剃头匠将头发和眉毛全部剃光。剃头匠照办了。可是"范哈儿"却不"依教"了："咹，把眉毛剃了是臊皮的事情哟，啷个说？"剃头匠有口难辩，最终赔钱了事。"范哈儿"因此渡过了难关。

水流沙坝

清末云阳兴隆滩的纤夫伏行在水流沙坝上拉船

"水流沙坝",长江水流过白沙坝子,白沙沱因此得名。从字面上看,这个词很阳春白雪。但重庆方言特有的解构能力,绝不会让任何一个词语与世隔绝、高高在上。所有的阳春白雪,最终都会坠入凡尘,沾染上重庆特有的浓浓的烟火气息。这正是重庆这座城市的特点和魅力。

回到水流沙坝,河流纵横的重庆,两江四岸处处是水流沙坝。也就是说,水流沙坝是重庆码头文化的产物。

在陆路交通不那么发达的年代,水路自然是重庆人外出的首选。码头,自然成了一个鱼龙混杂的"是非之地",三教九流,无所不包的:达官贵人、客商要贾、文人雅士、江湖豪侠……一个小小的码头,把众多原本毫无交集的人联系在一起,久而久之,便形成一套独特语言体系和行事规矩。

水流沙坝,正是形容江湖码头上那种率性而为、狂放不羁、不受约束、不服管教的人和状态。这种人,就像上海滩的许文强,有几分坏,但又没有坏到骨子里;玩弄世事却又看不破红尘;嘴边时常带着脏字却又没有下流到极限;至情至性,努力生活。

解放后,码头被改造,码头文化存在的基础消失,码头文化的表象也随之湮没。当然,码头文化并没有消失,其内核已经深深烙进重庆人的基因,一代代传承。水流沙坝这个词的意思,也随着码头的改造而发生了变化,一度成了说话带把子(脏字)的代名词。完全没有任何韵味。

淑芬教育儿子李毛儿:"毛儿,你以后再这么水流沙坝的,看老子不撕烂你的嘴!"

李毛儿不服气:"老子还不是跟到你学的,你啷个不撕烂各人的嘴也?"

淑芬火冒三丈:"一天不学好,你看哪个娃儿像你怎个一说话就水流沙坝的嘛?"说着顺手抓起一张油济济的抹桌布就朝李毛儿掷去。

李毛儿躲过飞来的"暗器",一溜烟出门找兄弟伙耍去了。

踏屑

"踏屑",也写作"踏亵",是故意贬低、讥讽、挖苦的意思。简言之,就是用嘴皮子糟蹋人——不费一拳一脚,凭着三寸不烂之舌,就把人糟蹋得人不是人,东西不是东西,还叫你打不出喷嚏,有苦说不出来。

"屑"指碎末,"踏屑",原意是将一件完好的东西践踏成碎末,其毁坏性就可想而知了。

李二娃心情不好时就为人十分刻薄,踏屑人不要本钱,张口就来。这一天,厂里新来的小徒弟想拉拢和李二娃的关系,主动凑过来说:"二哥,我和你一样,都嘿门喜欢文学。"

李二娃心想,你一个才从乡坝头出来的小崽儿,懂啥子文学也。略一沉吟,说道:"我给你讲个故事嘛。"

李二娃的板眼多,摆杂多,端起茶杯先润了下喉咙,又喊小徒弟把烟发了一圈。

这是从前的一个老故事:上世纪六七十年代,时兴斗地主,大地主、小地主些坐成

你真的是个孬火药

一排,批斗大会开始前,这些即将挨斗的地主还是可以悄悄说上几句话的。某正宗老地主,在旧社会时颇为富饶,对旁边的小地主说:"老子们当一盘地主,还过了些好日子:吃了、喝了、用了、赌了、嫖了、欺压了……你看你娃,当的是啥子地主哟,䐗儿(肉)没有吃过几回,儿女没有读过一天书,还好意思跟我坐成一排,臊不臊皮嘛!"

小徒弟听不懂,说:"二哥,你这个故事好好听哟。"

踏屑有轻重缓急之分,轻微适当踏屑,把握一个度,那就是一种幽默,或者自己踏屑自己,就成了自嘲;如果出招狠毒,招招致人命,那就成了伤人,杀人不见血。

洗白

"洗白",如果用现在流行的英文解释的话,那就是"GAME OVER",玩完了,结束了,一了百了老。也宛若对电脑硬盘的格式化,将磁带的记录抹掉,洗白,一切都归零。

上场打乒乓球，三下五除二就被高手洗白了，最惨的当然是被剃了个光头，一分不得；钱包里揣了几百块大洋，到商场走一圈就洗白了，一分不剩。这样的洗白是彻彻底底，绝不拖泥带水。

"洗白"有时候还用于形容某一个人的去世。但有调侃的成分在里面，对逝者不太尊重，慎用。只不过想来也形象哈。

李二娃的钱包遭洗白了

眼看结婚纪念日就要到了，李二娃兴高采烈地揣了1000元私房钱去逛解放碑，准备给淑芬一个惊喜，整一份大礼。逛了一整天，脚板心都走麻木了，李二娃经过反复比较，选中了女人广场的一根装饰项链，准备下叉。可是，身上所有的口袋都掏空了，也没有找到钱包，"糟了，钱包遭洗白了！"李二娃惊出了一身冷汗。

"是不是哦？买不起哝，就不要出来装嘛，耽误了我两个多小时。"营业员小妹生意没做成，心头鬼火冒。

李二娃顾不得理会营业员小妹的挖苦、洗刷，悻悻地离开了商场。边走边盘算：这个事情不能告诉淑芬，不然我要遭洗白。

洗 刷

"洗刷"，普通话里一个非常标准的词，有两层意思，一是"在水中冲洗"，例如：二娃，吃了饭你负责洗刷锅碗瓢盆哟。另一层意思是"辩白冤屈或除去污辱"，例如：他所犯下的滔天大罪，是无论如何也洗刷不了的！

但在重庆话的语境中，"洗刷"的意思大变样，成了"嘲笑、挖苦、贬低、调侃"等意思。

"洗刷"是双向的，有可能是别人洗刷我，也有可能是我洗刷别人。

李二娃和吴老幺久未碰面，这天在街上遇到了。两个都是那种吹牛不打稿子的人，都想在对方面前显摆一下。

李二娃先开口："老幺，最近在忙些啥子也？"

这一问，正中吴老幺下怀："最近确实有点忙，在谈两个与人工智能相关的业务，顺便又在研究VR技术。VR你晓得嚯，就是虚拟现实。"

李二娃心想，你吴老幺的名堂难道我还不晓得，初中都没毕业，还人工智能，假打。但李二娃学老尖了，也不抽他的底火，顺到毛毛抹："哋，

洗刷洗刷脑袋瓜就清醒了

兄弟，你现在不得了哦，耍的全是高科技哈，果然是上天入地，无所不能，人见人爱，花见花开呀……"

吴老幺当然知道李二娃是在"洗刷"自己，心头怪不安逸："二娃，你就'洗刷'我嘛。"

李二娃也不客气："老幺，不是我'洗刷'你娃，就凭你那两把刷子，连智能手机都整不抻展，还想整人工智能，自己屙脬（泡）尿好生照哈嚛。"

仔细体会，前后两个"洗刷"，意思是有微妙的不同的。吴老幺所说的"洗刷"，更多偏向于"嘲讽、调侃"的意思；李二娃所说的"洗刷"，更多偏向于"贬低、挖苦"的意思。

下烂药

"烂药"，会使皮肤腐烂的药，又称为"烂肉药"。比如古方中的"白降丹"和"红升丹"，都是可以烂肉的药，前者可消散溃浓、脱腐消肿，后者可拔毒、去腐、生肌、长肉。从功效可见，下这两种烂药，为的是去腐，达到治病救人的目的。

但重庆方言中的"下烂药"，目的就没有这么善良了，专门比喻那些暗地里说人坏话，进人谗言，告人黑状，背后中伤别人，破坏别人好事的小人行径。

又在说我的坏话？！

"药"，是烂药，是阴招，是害人之物；"下"，是下作，是下三滥，是害人之事。

有下烂药之人，就必有被下烂药之人，在重庆方言中，与"下烂药"相对应的是"挨汤头"。一个"下"，一个"挨"，有主体，有受体，形成闭环，下烂药才算下成了。

在当今世上，还真有很多损人不利己，喜欢给别人下烂药的人。

这天中午，李二娃突然被车间主任叫去批评了一顿，说他上班时间经常溜号，去找三车间的王晓霞吹牛。"二娃，你都是结了婚有了娃儿的人了，做事还那么不靠谱，不认真上班，天天去吹牛泡妹妹。"

李二娃一听，顿时脸红筋胀、激动起来："主任，你给我说，是哪个龟儿子下的烂药，喊他来当面对质。"

车间主任说话逗是有水平："二娃，你莫激动嘛，先不管有没有人下烂药，你说说看，你有没有上班时间去找王晓霞？"

李二娃一听是这事，更加火冒三丈："主任，我不能平白无故挨汤头，你

八卷 重庆言子

693

给我说,是哪个龟儿子下的烂药。"

车间主任也有些冒火了:"二娃,你莫扭到吰,你上班时间去找王晓霞吹垮垮,人证物证都在,难道还跛得脱?"

"主任,我有啥子跛不脱。上周五我确实去找过王晓霞,那是我老婆淑芬喊她帮忙带点礼物回去给她妈。"李二娃进一步解释道,"王晓霞是淑芬的表妹,王晓霞的妈妈是淑芬的姨妈,难道有错!"

李二娃不依不饶:"哪个龟儿子恁个喜欢'嚼舌根',在背后下烂药,老子早晚有一天要把他揪出来!"

下课

在1996年那个硝烟弥漫的全国甲A足球职业联赛的赛场上,重庆还没直辖,重庆球迷自然把四川全兴队当成了自己的主队。每逢全兴打主场,重庆球迷都浩浩荡荡、旌旗飘飘、乌嘘呐喊地赶到成都去扎场子。当全兴队在主场再次"雄不起"而主教练依然更"雄不起"时,愤怒的重庆球迷集体喊出了惊世骇俗的"下课"声浪,从此这个简洁有力的词语风靡大江南北。

重庆人生性幽默风趣、豁达乐观,头脑中没有那么多正统观念,敢于藐视传统,嘲笑权威,富有表达能力和创造能力。他们利用丰富的联想和机智的调侃,巧妙地把校园里学生的"下课",同仕途上的失势"下台"相比喻,这就从内涵上拓宽了学校"下课"到某人职位上变动的意义,使它从原来狭窄的校园扩大到许多领域乃至人生的舞台。

下课

"下课"一词生动别致,节奏感强,经广大球迷传播,很快走出足球领地,走向社会生活的方方面面,成为当今中国各个领域里使用最为频繁的词语之一。现在,工人下岗称之为"下课",干部离退休称之为"下课",玩游戏输了叫"下课",辞职炒老板的鱿鱼叫主动"下课",甚至连夫妻离异也戏称为让对方"下课"。

哦,对了,"下课"这个言子,一定要用干净利落的重庆话说,最好由重庆男人从喉咙里吼出来,才具有那种特殊的磁性和神韵。如果是用拖泥带水的成都话或不温不火的普通话说出,就像火候不够的烤红苕——不粑不硬,半生不熟。

雄 起

"雄起",全中国最出名的重庆言子之一,与"下课"一样,也是在全国甲A足球职业联赛上由重庆球迷喊出名的。同样是给人鼓劲、打气,"雄起"比喊"加油"来得更为直接、有力、带劲,从喉咙里吼出"雄起"更为响亮、流畅和有节奏感,更适合男性。

有好事者追溯古书,说"雄起"一词至少在汉代就已有了:"有人雄起,戴玉英,履赤矛。"这里的"雄起"是崛起的意思。这和今天说的雄起多少有点牵强附会。其实重庆人口中的"雄起",最开始是形容男性阳根的勃起,一如贵州话中的"弹起",进而演变成为鼓动男人遇事不要虚火,要勇往直前我做主的口头词语。巴蜀文坛泰斗流沙河先生还曾为这种生殖崇拜正名:"雄起乃大雅,对应是雌伏。"

曾经的"雄起"响彻川足主场

外地人知道"雄起"一词,多是从甲A联赛开始。但在成为足球场"加油"同义词之前,"雄起"却更多隐藏着不怀好意的怂恿和激发血性的挑唆。在重庆人的市井生活中,"雄起"是好事的围观者生怕事情闹不大、怂恿别人跟挑衅者干上一仗,或者挑唆男人在女人面前要抬得起头、说得起话的最好语言工具。

有雄起的时候,也就有雄不起的时候。重庆不少男人在老婆面前,在精神气质上却通常是雄不起的,所以就只好与"耙耳朵"为伍了。

妖不倒台

"妖",不仅仅指神话传说里的妖魔鬼怪,还引申为神态不正常(妖里妖气)或艳丽(妖娆)。妖,如果始终屹立不倒台,那就不得了啦,不是神通广大的老妖怪,就是千年不老的老妖精,让人躲之唯恐不及。

闷墩的办公室有一位女同事,老公是某区某局的局长。这位女同事经常在办公室里显摆:"哎呀,我老公前两天到巴黎出差,又给我带回来一个LV包包,家里本来就有两个了,买这么多回来做啥子嘛!"另一位女同事赶紧奉承:"你

老公对你好好哟。"等"LV"刚刚跨出办公室,这位女同事立即变脸:"呸!不就是个局长嘛,有啥子妖不倒台的嘛!"

女儿正在地板上搭积木,父亲过路时不小心将女儿即将完成的杰作碰翻了。女儿不依不饶、又哭又闹,非要父亲给她恢复原状。父亲被闹得"婆烦"了:"哭啥子哭?屁大点事情,硬是妖不倒台!"

闷墩的小侄女从乡下到城里来玩,特别喜欢吃火锅。有一天吃火锅的时候闷墩告诉她,重庆有个地方的火锅,有一间屋那么大,可以几十个人围着锅儿同时吃。侄女眼睛瞪成了"二筒":"恁个大的火锅,妖不倒台哟!"

小崽儿妖不倒台

妖艳儿

艳则艳也,还很妖娆;妖艳就妖艳吧,还要加一个儿化音,变成"妖艳儿"。你说这个词"妖艳儿"不"妖艳儿"?

"妖艳儿"这个词,大多与美女有关。上世纪八十年代初,刚刚开始改革开放,不少爱美的女性就迫不及待地扔掉传统的青蓝二色服装,画起了口红,穿起了红色连衣裙,蹬上高跟鞋,耀眼地从大众视野中"飞"过。这一前卫的举动,极大地刺激了保守派的神经,"啧、啧,何家那个女娃儿,才妖艳儿哟,今后哪家的儿子敢娶她哟!"显然,在妖艳儿的最初意思中,是带有强烈贬义的。

但是,与许多重庆言子一样,妖艳儿在使用过程中,不知何时就变成了中性词甚至略带褒义。当然,这种微妙的变化,估计只有老重庆人才能体会其中真意。比如——

形容孩子天资聪颖、讨人喜爱,"这个娃儿'妖艳儿'哟!"

形容某人思维活跃,想法奇特,"这个人的想法'妖艳儿',点子多!"

形容某人的想法非主流,行为与众不同,"这个人'妖艳儿'!"

进一步演变,"妖艳儿"又有了新的意思,用于评价调皮捣蛋、目无尊长、惹是生非的孩子,表示对他的否定和厌恶,相当于书面用语"讨厌"。

举个例子。李二娃小的时候是当地出了名的千翻娃儿,偷鸡摸狗、上房揭瓦无所不能。如今长大了虽然改邪归正,但老邻居一回忆起他当年做的可恶事情,厌恶之情仍然会情不自禁地流露出来,"二娃,你小时候才'妖艳儿'哟,把我家一只正在生蛋的老母鸡偷了。"

妖艳

医焖鸡

王婆婆到菜市场买菜，被一个年轻崽儿拉住，说是可以免费领取全虫草，而且数量有限。王婆婆心想：机会难得，便宜不占白不占。于是跟随这个年轻崽儿来到一个酒店。

酒店里正在举行一个新闻发布会，宣讲人员在台子上吹得唾沫横飞，意思就一个：红酒精华复合胶囊可防癌控癌，为美国原装进口保健食品。

参会者是清一色的中老年人，大约六七百人，每人需先缴纳30元领取宣传资料，填写癌症筛查表，然后领取5盒口服虫草片。

笑里藏刀医焖鸡

随后，从北京请来的著名"专家"给王婆婆做了免费筛查。结果出来了，王婆婆被告知有早期癌症因子，需服用红酒精华复合胶囊进行治疗，服用一年后再复查。

王婆婆顿时被吓得脚炸手软，想到孙孙还小，还需要自己照顾，立即去银行取了9800元，买了半年的药量：6瓶红酒精华复合胶囊。

回家路上碰到李二娃，王婆婆心焦火燎地苦诉一番。二娃听王婆婆说了事情的来龙去脉，知道王婆婆遭"医了焖鸡"，立即带着王婆婆往酒店赶。酒店早已人去楼空，刚才还热火朝天的宴会大厅，如今已一个人影都没有。

"医焖鸡"，趁鸡不备，出其不意，出手卡住鸡的脖子，手腕一转一抖，使点巧劲，鸡连哼一声都没有来得及，就闷声不响地丢了性命。此处的"医"，并不是字面意思"医治"，而是整人的"整"。"医焖鸡"，不择手段，悄无声息，"医"的其实不是鸡，而是人。

扎起

锣鼓"咚咚"响，圈子扎圆了。江湖艺人抱拳绕场一周，感谢前来"扎场子"的支持者："虎瘦拦路伤人，穷人当街卖艺。今天哥几个到贵宝地求生活，多谢各位弟兄为我们'扎起'。"

这里的"扎场子"和"扎起"其实是一回事，都是重庆方言，意思是"捧场子、给面子"，引申为"鼓励、支持、帮忙、制止捣乱"。

老外也要扎起

重庆人一说扎起，便自带了一副雄赳赳气昂昂的架势，一看就知道是那种有实力、有气力、有能力的样子。朋友遇到麻烦了，喊一声"扎起"，三五个兄弟伙、七八个姊妹伙便挺身而出，有钱的出钱、没钱的出力，为朋友两肋插刀。重庆人说话做事简单直接，哥们义气，朋友感情，同学情怀，老乡情谊，不用多言，全在这一声"扎起"里。

眼看年关将近，刘老大的外债还没有收回来，员工的工资都发不起，更不要说过年钱了，急得像热锅上的蚂蚁："啷个对得起跟随我多年的兄弟伙哟？"此事被平常最贴心的几位中干知道了，大家凑拢一商量："老大为人耿直，平常都嘿'落教'，关键时刻，啷个都要给他扎起。"于是号召全体员工放弃年终奖，工资过了年再拿，自己掏腰包回家过年，"给老大扎起，就是给自己扎起！"

杂 皮

"重庆妹妹硬是怪，不爱帅哥爱杂菜。"

重庆街头，经常可以看到这样的场景，一群游手好闲、其貌不扬的小杂皮，个个身边都挽着一个身材高挑、面容姣好的美女，犹如癞疙宝陪天鹅散步般招摇过市，让大妈大婶们硬是想不通："啧啧，恁个乖的妹儿，为啥子非要跟这些烂人混在一起嘛？"

这里的杂皮、杂菜和烂人，意思都差不多，指的是游手好闲、不务正业的人，有点类似上海的"瘪三"，北京的"痞子"，东北的"地癞子"。

但重庆言子里的"杂皮"，显然又不仅仅局限于此。重庆人对"杂皮"的态度，是既爱又恨、暧昧不清的。比如重庆人常说："这个崽儿'杂'得很。"一方面瞧不起此人，说他不地道、路子野，不按江湖道义出牌；另一方面也隐隐有些艳羡此人有能力、路子广、办法多的意思。所以，重庆的"杂皮"特别多，动不动就称呼人家为杂皮：上了年纪的叫老杂皮，年轻的叫小杂皮，姓李的叫李杂皮，姓王的叫王杂皮……

重庆人对"杂皮"的态度为什么如此错综复杂呢？源于杂皮这个群体所散发出来的一些共性——肆无忌惮、敢爱敢恨、蔑视权威、野性十足——这不正是从巴人时代延续至今的典型的重庆人性格？只不过，在今天工业文明的冲击和外地移民的稀释下，重庆人这种鲜明而嚣张的个性，越来越稀缺了，仅仅在这个被

杂皮

称为"杂皮"的特殊群体中得以张扬。

难怪,解放前嗨袍哥相互扶助的,是重庆杂皮;

在"文革"武斗中,敢于开着坦克上街的,是重庆杂皮;

为了心爱的女人,敢与麻风女热恋的,是重庆杂皮。(见莫怀戚小说《白沙码头》)

正南齐北

说到"正南齐北",你首先想到的肯定是"坐北朝南"。从字面上理解,"正南齐北"应该是一个表示方位的词语,其起源不可考,大抵是修房子的时候,必须讲究屋子的方正以及朝向的准确,一边朝向正南,另一边朝向北边的也必须整整齐齐。

不知缘何,"正南齐北"被重庆人演绎成了表示肯定语气的一个词语,相当于"真的""绝不骗人""绝不假打"的意思。看来与重庆的房子、街道没得方向感有关。

"正南齐北的,那天下暴雨,江北金源广场上停的一辆奔驰被广告牌直接砸成了一块铁板。"

"正南齐北,我已经提出辞职了。"

为了强调这种肯定的语气,说话之前,先来一个"正南齐北",似乎后面要表达的内容就成了铁板上钉钉子——毋庸置疑了。"正南齐北",表明了一种态度。

辞职书

但重庆话正南齐北却没有这么简单。同一个"正南齐北",用法和语境不同,意思也就有了很明显的区别,语义也就有了不一样的韵味。

"明天演讲比赛就要正式开始了,今天我还是正南齐北地演习一下。"这里的"正南齐北",有"一本正经"的意思。

"你下个月就满二十岁了,还是正南齐北去学个技术找份工作嘛,难道要在家里当一辈子的'刮家干部'。"这里的"正南齐北",有"正式"的意思;

"你一天就晓得在外头晃,还是正南齐北做点事情嘛,免得二天造孽。"这里的"正南齐北",有"正当、正经"的意思。

"这个事情我是正南其北给你说的哈,不是说起耍的哟。"这里的"正南齐北",有"严肃、认真"的意思。

上面这几个例子,估计正宗重庆人看了后会发出会心一笑。而外地的朋友,如果能准确体会其中细微的差别,恭喜你,你的重庆话考试过关了。

❷俚俗语

门门门，整熟人

相信每个人都有过被熟人花言巧语坑骗的经历，一旦发觉自己被熟人医了焖鸡，重庆人喜欢用一个铿锵感极强的言子来表达此事："门门门，整熟人。"意思就是"杀熟"，专门整熟人。

杀熟就杀熟，为什么还要"门门门"呢？这就是重庆言子的精妙之处，不但指出了"整熟人"这个结果，还强调了整熟人的路径，即"三个门"。

第一个门，是"门道"。其实坑蒙拐骗也是个技术活，没有高超的技巧和过人的胆识，是很不容易成功的。于是，要想整熟人，必须使出各种手段、各种门道，如障眼法、迷魂阵、离间计……方有成功的希望。

第二个门，是"家门"。既然是对熟人下手，那就一定要伪装成一副家人般的温善，步步设机关、处处安机器，打消熟人的心理防线，让熟人犹如进入自己家门一般心理放松，然后在毫不知情的情况下，主动将脑袋伸过来挨一刀。

第三个门，是"关门"。熟人已经被诓睡着一般进了家门，是收获胜利果实的时候了，心狠手黑是关键，于是一声"关门、放狗"，终于露出狰狞面目，手中早就高高举起的大砍刀应声落下，"咔嚓"一声，熟人成功被"宰"。

门、门、门，环环相扣，步步逼近，干净利落，有的熟人被整一次两次还收不到秤，也不晓得痛，根本无法觉悟，多次上套之后，才幡然醒悟遭"医了焖鸡"，可惜悔之晚矣。

最善于"门门门，整熟人"的是传销组织。只要进去被洗了脑，立马变成另外一个人，头脑里、电话本、通讯录……乃至八竿子都打不着的人，绞尽脑汁，反复搜索，只要能沾边的，不管是三亲六戚、七姑八姨，还是同学朋友、战友兄弟，甚至老师长辈、同事领导，统统不放过，一拉就是一大串。就像毒瘾发作必须以吗啡、冰毒来解救一样，有时候连妈老汉、婆婆爷爷、外公外婆都不放过。

当然，这些人也有可能是被熟人整了的，反过来又整自己的熟人，一个整一个，大家都跑不脱，形成恶性循环，最终害人害己。所以，为了救人，为了自救，最好还是不要"门门门，整熟人"。

整熟人

半罐水响叮当

"满罐水摇不响,半罐水响叮当。"这是生活常识,但不从物理学的角度解释,为啥子会满罐水摇不响,半罐水响叮当,很多人就搞不大醒豁了。

通常我们用"满罐水"来比喻知识渊博的人,真正看透世事、明白事理的人。他们已走到一个认知的高度,不需要平白无故、不分场合炫耀学识以证明自己;他们已经获得心灵的满足,不屑于时时显摆以博得世人的尊重;他们见过的大江大海比"半罐水"走过的路还多,明白"山外有山、人外有人"的道理,更不会随意冒皮皮以暴露自己的短板。所以,满罐水是不会主动响的,甚至被人用力摇晃,也不会轻易发声。

半罐水

对应的"半罐水",自然是比喻那些一知半解,学养不够的人。他们的"响叮当",或许是因为无知,刚刚才入门,就以为自己穷尽了宇宙的真理,自鸣得意,大鸣大放;或许是因为急于获得承认,稍有成绩,就到处冲壳子,到处炫耀,希望得到别人的尊重和认可;或许是因为认知的局限,这就像攀爬一座高山,他们才走完下半段刚到半山腰,没有见到上半段留下的累累白骨和山顶上无数的高人,不知道这座山究竟有多高这个世界究竟有多大,就以为之上再无他人,于是开始丢失本我、狂妄自大。

有句老话:"学问深时意气平。"真正有学问的人,往往低调谦逊、朴实本真,从不标榜自己。这就像一个得道之人,从不觉得自己有多了不起,而是劈柴与挑水,该做啥做啥。反之,常常做出一副得道样子的人,切莫轻信之,他所谓的"道",只是中途半道,黑暗的隧道。

李毛儿刚学了一点计算机常识,就时常在妈老汉面前显摆,而且常常流露出对不懂计算机的李二娃和淑芬的鄙视之情。这天,一家人正在家里看电影《变形金刚》,李二娃惊叹于电影中的打斗场面,自言自语道,"打得这么精彩,是哪个拍出来的哟?"

李毛儿一副不屑的表情,"这个都不懂,是计算机合成的嘛!"

李二娃被儿子这么踏屑,心头自然不舒服:"小崽儿,就你懂?你还不是半罐水响叮当,有本事你就合成一段出来嘛。"

比到箍箍买鸭蛋

"箍"字的基本意思有两个，一是动词，用竹篾片或金属条束紧，用带子之类勒住，如箍桶。二是名词，紧紧套在东西外面的圈，如铁箍儿。"箍箍"偏向于第二个意思，即竹条或铁丝等做成的圈。

买鸭蛋原本不需要箍箍，但鸭蛋有大小，标准不太统一，于是有做事认真得近乎死板者，非要用一个箍箍去作为量具，"比到箍箍买鸭蛋"，这样买回来的鸭蛋，绝对保证大小一致。

买鸭蛋

买鸭蛋的次数毕竟有限，那做其他事情需不需要"比到箍箍"呢？当然需要，而且非常需要。比如德国，其工业之发达，长期以来称霸世界，这就与德国人做事喜欢"比到箍箍"有关。德国人严谨，甚至有点刻板，做任何事情都必须按照标准，有板有眼，一丝不苟，因而德国工业产品的质量，绝对信得过。

"比到箍箍"引申为严格遵照标准，"买鸭蛋"可引申为所做的任何事情。

当今社会，职业道德似乎成了一个老套过时的名词，少有人再提起。所以，各行各业都出现了道德溃散、人心涣散的情况，最需要的就是"比到箍箍买鸭蛋"的精神，将自己的本职工作严格按照行业标准做好。

但是，任何事情一旦过度，或者被人利用，就失去了它原本的意义。"比到箍箍买鸭蛋"如果过了度，就变成了死守成规。而有些特别的地方，千万不能"比到箍箍买鸭蛋"。比如招投标，为了让兄弟单位中标，在设置招标条件时，完全按照兄弟单位的情况"比到箍箍买鸭蛋"，这已成了招投标行业公开的秘密。不过，久走夜路要闯鬼，当心，鬼正在向你靠近。

逼到大牯牛下儿

"大牯牛"，就是健壮的大公牛。要让大牯牛下儿，显然是不可能的事情，无论你如何逼迫，最终都办不到。所以，"逼大牯牛下儿"的意思很明确，强迫别人做办不到的事情，逼着别人去做不可能实现的事情。

大牯牛不可能下崽，这是常识，就像男人不可能怀胎生育一样，这是老天爷的安排，是不能乱劈柴的。但是，有的人偏偏不信弦，也不考虑具体情况，明知山有虎，偏向虎山行。

吴老幺家最近买了一辆新车，吴老幺的堂客翠花没有少在淑芬面前炫耀。

大牯牛

淑芬心头极为不服气，回到家就开始找李二娃的麻烦："二娃，我们下个月也去买一辆车，一定要比吴老幺的车高级一个档次的。"

李二娃心头一惊："我们哪里还有钱嘛，房贷都还没有还完哒嘛！"

淑芬才不管这些："我不管，反正要买，你自己想办法。未必你比吴老幺笨些？吴老幺买得起，你李二娃为啥子就买不起。"

李二娃越听越不巴谱，只好示弱："人家吴老幺本来就比我能干哒嘛。"

淑芬一听这话，更是火冒三丈："放屁，我记得小学三年级的时候，你有一次期末考试的名次就在吴老幺前面两位。"

李二娃欲哭无泪："那是哪一年的陈谷子烂芝麻了哟，亏你还记得。"

淑芬借势乘胜追击："是嘛，那就说明你并不比吴老幺笨嘛。"

李二娃只好采取曲线救国："先不说钱的事情。关键是我们两个都不会开车，买个车来做啥子也？"

淑芬不依不饶："那我不管，买了现学。没有学会之前，放起当摆设。就是要买一个车，杀一杀吴老幺两口子的锐气。"

李二娃被逼得有些气恼："你这是'逼到大牯牛下儿'哒嘛！"

🎺 不蒸馒头争口气 🎺

这是一句民间谚语的后半句，整句话为"卖了麦子买蒸笼，不蒸馒头争口气"。

蒸馒头需要面粉，面粉是用麦子加工而成的，现在连麦子都卖了，显然无法蒸馒头了。那么，卖麦子做什么呢？原来是为了买蒸笼。没有麦子，蒸笼能蒸什么呢？只有蒸空蒸笼。空蒸笼里有什么？蒸（争）汽（气）呗！

蒸馒头

"不蒸馒头争口气"，表示不为别的，只为争口气，形容做人要有骨气。

做人要有骨气，不为五斗米而折腰，这原本是一件让人肃然起敬的事情。然而过犹不及，如

八卷 重庆言子

果这口气争得太过分，或者为了争这口气而做出一些极端的行为，那就不可取了。

北方还有一句与"不蒸馒头争口气"相关的谚语，"卖了孩子买笼屉，不蒸馒头争口气。""笼屉"，也就是南方蒸笼的意思。为了争这口气，连孩子都可以卖掉，这口气如此之大，需要丧心病狂到何等程度！

淑芬总是爱把自己家与吴老幺家进行比较，又总能发现自己家里与吴老幺家的差距：

"二娃，你看人家都买车了，我们家连个车都买不起。"

"二娃，吴老幺给翠花买了一套高档化妆品，你啷个不给我买也？"

"二娃，人家的娃儿就是乖，成绩又好又听话，哪像我们家毛儿，千翻得很。"

……

李二娃天天听淑芬鬼戳戳念这些，耳朵都听出了老茧："人比人，比死人。你能不能安安静静过自家的日子？！"

淑芬正愁找不到地方出气，接过话头就给李二娃一个劈头盖脸："就你娃才这么窝囊，'不蒸馒头争口气'嘛！"说着，竟一把鼻涕、一把眼泪哭了起来。

李二娃彻底无语了，逃命似的摔门而出："我出去走走。"

扯起半截就开跑

李二娃的儿子李毛儿四五岁的时候是个莽娃，恍兮惚兮的，性子比较急。

这天，李二娃喊李毛儿去买点东西："毛儿，这是一百块钱，你去买一瓶酱油……"

"要得！"李毛儿脆嘣嘣地答应了一声，人已经跑到了门口。

"回来，我还没有说完。"李二娃赶紧把李毛儿叫住："还要买一瓶醋……"

"要得！"李毛儿又是一声脆嘣嘣的回答，已经把大门打开。

扯起半截就开跑

"站住！你啷个'扯起半截就开跑'哟？我话都还没有说完。"李二娃再次把李毛儿喊了回来。

"还要买啥子吗？你赶紧一次说完嘛！"李毛儿折回来，规规矩矩站在李二娃面前。

"顺便再带一包盐巴回来。"李二娃说完，见李毛儿仍旧站在原地没有动，"呔，你啷个不去买也？"

李毛儿显得有些无辜："老汉，你说我'扯起半截就开跑'哒嘛，我再等一哈，看你说完没有嚟。还要买啥子赶快说哟，等会儿我走了不要说我'扯起半截就开跑'哈。"

李二娃举起手掌，作势欲敲毛儿一搕转："小崽儿，装怪嗦！"李毛儿扮了一个鬼脸，赶紧跑去打酱油了。

"扯起半截就开跑"，意思是别人一句话才说了一半，你就以为说完了，没有听明白就开始采取行动。后来泛指事情才做了一半，就以为做完了，就开始指手画脚妄加评论了。

出门看天色，进门看脸色

重庆雾多，雨水也多，特别是夏天，雷阵雨、偏东雨说来就来，说去就去。因此，人人都要学一些基本的气象知识，出门之前先看看天色，未雨绸缪，免得出去就下雨，被淋成落汤鸡。另一方面，无论是走人户、打工、做客还是寄居，进了人家的门，都要看看领导或主人家的脸色，不给领导添乱，不给主人家添堵，做好自己的本分，让小世界更和谐。

"出门看天色，进门看脸色。"不是圆滑和世故，而是一种防患于未然的策略，一种敢于正视现实的勇气，是一种冷静理智的表现。天有不测风云，人有旦夕祸福，谁也无法保证天空永远风清气朗、彩虹高挂。所以，出门之前先看看天色，居安思危、有备无患，晴带雨伞饱带干粮，把主动权永远掌握在自己手中，这不仅仅是一种勤劳，更是一种积极的人生态度。

况且，人上一百形形色色，人和人相处，每个人都有自己的情绪，都有自己的规矩或要求，因而，多看看人家的脸色，从脸色中读懂人家的期冀，这既是对人家的起码尊重，是做好本分的前提，又是给自己寻求更大的生存空间，是一种生存的智慧。

我们每个人从小就在看脸色中认识社会，看父母脸色，看幼儿园老师脸色，看隔壁邻居脸色，看玩伴脸色，从人家脸色中读懂人与人之间的关系；长大了在看脸色中不断壮大自己，看社会"脸色"，看市场"脸色"，看客户"脸色"，看家人"脸色"，看领导"脸色"，从各种脸色中寻找发展的机会，处理好角色之间的关系。

所以说，学会"出门看天色，进门看脸色"是一个人真资格成熟的标志。

吃家饭，屙野屎

上世纪六七十年代在解放碑拉粪的板板车

"吃家饭，屙野屎。"意思是在自己家里吃饭，却把屎屙到其他地方去了。

有人会说，"这不是很好吗，可以减少自家处理排泄物的麻烦呀。"一听这话，就知道说话者是个新毛头，太年轻了，没有经历过传统的乡坝头生活。

"吃家饭，屙野屎。"这句话是农耕世代的典型产物，那时候没有化肥，有机肥料的主要来源是人畜粪便，所谓"庄稼一枝花，全靠肥当家"，所以农人对动物的屎尿特别看重。当时的农村，家家户户都会养几头大肥猪，杀过年猪有朒朒（嘎嘎）吃是原因之一，另一个更重要的原因是可以不断产生农家肥，庄稼才有希望。

农村人烟稀少，农人时常外出劳动，家里空无一人，那时还没得保安一说，狗就成了唯一可以看家的伙伴。但是与猪不同的是，狗在家里吃饭，却到外面到处屙屎，完全不怜惜农人对肥料的渴求。于是主人经常骂家里的狗"吃家饭，屙野屎"。

为了积累肥料，农人们一有空闲，就会左手提一个竹箩筐，右手拿一个特制的竹夹子，漫山遍野搜索，寻找狗留下的排泄物。这就是"捡狗屎"。有运气好者，突然发现前面有四五堆狗屎，生怕别人赶过来抢，赶紧走过去，用夹子三下五除二就捡进了箩筐里，这就叫走了"狗屎运"。

有农人准备去赶场，买点农具等待春耕，刚走到附近生产队的地盘上，突然肚子疼，"不好，要屙屎了！"赶紧一路小跑朝自家田里奔去。就在千钧一发之际，及时到达，将一脬（泡）分量十足的屎屙在了自己的田里，农人心满意足。这就叫"肥水不流外人田"。

"吃家饭，屙野屎。"比喻吃着家里或单位的饭，却为别人做事，给别人做贡献。现在又引申为"吃里扒外"，或者讽刺那些不务正业、没有做好本职工作的人。

李二娃下岗以后，非常郁闷，想在家窝着又被淑芬赶了出去，没法，只好去找一同下岗的丁日白吹牛，让两颗凄苦的心相互安慰。

两人惺惺相惜，天天以酒解愁。可是，喝酒需要酒钱菜钱，两个下岗职工到哪里去找钱呢？李二娃想起家里抽屉里放着每个月的生活费。平常淑芬把生活费计划出来后放在抽屉里,家里谁买菜谁就自己去拿,拿多那少全靠自觉。于是,李二娃打起了生活费的主意,今天二十、明天三十悄悄咪咪地拿,没过几天,淑芬就发现了蹊跷:"二娃,你个'吃家饭,屙野屎'的东西,家里生活费都要偷,这个日子还过不过?"

李二娃自知理亏,躲在一边假装没听到,一句也不敢"开腔"。

除了肚脐眼,没得一个疙疤

人体原本是一个完美的艺术品,但偏偏腰间多出一个肚脐眼,就像光滑的树干上长了一个刺眼的疙疤,显得特别扎眼。但是,肚脐眼毕竟是天生的,从人类诞生开始就是如此,怨不了谁。从某种深层面上说,只有有了肚脐眼,人体才能称为完美无缺。

你见过没有肚脐眼的人吗?如果有这号人,肯定是病态。

也就是说,真正完美的人体,是"除了肚脐眼,没得一个疙疤"。"疙疤",在重庆方言里指的是"疤痕、节疤"。这句有点调侃意味的俗语,用来形容人长得完美,没有任何缺陷,也就是我们常说的一表人才、玉树临风。

李毛儿刚进入高中的时候,淑芬第一次去给李毛儿开家长会,回来以后就口水滴答地给李二娃说:"二娃,毛儿他们班主任好帅哟!"

无疙疤

作为一个男人,自己的婆娘开口就夸奖别的男人帅,心头自然不舒服,于是没好气地说:"有好帅嘛?能不能当饭吃吗?"

淑芬还沉浸在无限美妙的想象之中,完全没有注意到李二娃语气的变化:"真的嘿帅也,周身上下,除了肚脐眼,硬是没得一个疙疤!"

李二娃好不容易才控制住自己没有发作:"那你明天就去报名噻,给毛儿当同学,坐一张桌子嘛。"

打不出喷嚏

打喷嚏,与放屁、打饱嗝一样,都是一种正常的生理现象。打喷嚏是人体为自动清除鼻腔内的异物而产生的一种应激反应。一个喷嚏之后,身体通畅,心里满足,身心俱爽。所以,医生说:放屁、打嗝和打喷嚏,是人生三大宝;

打不出喷嚏

文人说：放屁、打嗝和打喷嚏，乃人生三大乐事也！

可见，打喷嚏对于个体而言，无论生理还是心理，都至关重要。

设想一下，如果因什么原因打不出喷嚏，那将是一种怎样的悲催。估计谁都有过因感冒而打不出喷嚏的经历——酝酿半天又中途夭折，鼻子又酸又痒又胀，异物呼之欲出却又突然停止……有人形容：打不出来的喷嚏，就像牙缝里掏不出的肉屑，手指尖上扯不掉的倒刺，后背上挠不到的痒痒。一句话：难受！

这是生理上的"打不出喷嚏"，可以通过一定的技术手段，让这个喷嚏打出来，甚至连打几个又大又爽的喷嚏，顿时所有的不爽都得到缓解。

如果是心理上的"打不出喷嚏"呢？除了难受，还会让你无法言说，憋得慌。所以，重庆人一般用"打不出喷嚏"形容被人构陷、设计，却又没有着力点而无法反击；或者吃了亏却有口难言，吃的是"哑巴亏"。

络耳胡出差到重庆城，住在朝天门，要到解放碑办点事，因找不到路只好打出租车。在路边连招几个出租车都没有停。

这时，"嗞"的一声，一辆"黑车"刹到他面前，司机按下车窗："老师，你到哪里去吗？上车，我拉你去。"

"我到解放碑，有点急事，好多钱吗？"络耳胡问。

"解放碑还远哟，看你这么着急，就收你50块钱嘛。"

络耳胡一是着急，二是不晓得远近，就没有想那么多，拉开车门坐上了车。谁知车子开出不到5分钟就到了。络耳胡知道被揪了发条，有些不服气："咂，师傅，这么近你就要收我50块钱嗦？"

司机也不示弱："50块钱是加急费，先说好的嘛！"

人生地不熟的，络耳胡一点"打不出喷嚏"，只好心头嘿不安逸的把钱给了。

大懒支小懒，一支一个翻白眼

独生子女政策实行之前，一般家庭最少生两个孩子，正常的三四个，多的五六个乃至七八个，比较夸张的十来个。孩子多了，父母照应不过来，又没得钱请保姆，于是大孩儿带小孩儿、小孩儿带小小孩儿就成了常态。孩子无论大小，都必须力所能及地帮父母做些家务事。

父母出门上班的时候，一般会安排："老大，今天在家把地扫了，把晾干的衣服收了折好放衣柜里。"

老大爽快地答应了。父母刚一出门，就玩得不亦乐乎："嗯，还早，下午去做吧。"

到了下午，"凭什么只安排我呀？"于是把老二叫过来："你去把地扫了。"把老三叫过来："你去把晾干的衣服收了折好放衣柜里。"

小哥俩领命而去，心想：还早呢，玩一会儿再做也不迟。玩得一时兴起，把什么都忘到九霄云外了。老大做了安排，心头的石头落地，再也没有任何牵挂。

凭啥子只喊我做

时间过得真快呀！不知不觉间母亲就下班回家了。辛苦一天，看到家里被几个孩子玩得一团糟，而安排的事情，一件也没有做，火冒三丈："老大，安排你做的事情呢？"

老大知道问题严重了，怯生生地辩解："我已经安排老二、老三做了。"

"你还会大懒支小懒也。"母亲更加愤怒，眼睛直视老二和老三。

老二、老三为了自保，不认账："哥哥比我们大，他自己不做，非要叫我们做。"

这就叫"大懒支小懒、一支一个翻白眼"。"支"，支使的意思。整句话的意思是：大的懒人自己不做，支使小的懒人做事，却遭到对方的白眼，毫无结果。

打破砂锅问到底

砂锅是一种传统的陶质炊具，由石英、长石、黏土等原材料配合，然后放进土窑烧制而成，具有通透性好、吸附性强、传热均匀、散热慢等特点，主要用来炖汤或者熬中药，当然熬中药的不叫砂锅，叫药罐。

砂锅的优点是均衡而持久地把灶上的热能传递给内部的原料，有利于食物鲜香成分的溢出，所以煨出的汤特别鲜醇，滋味悠长，比铞锅、高压锅炖的汤鲜美得多。砂锅的缺点也很突出，稍不小心极易破裂，而且，一旦砂锅打破出现裂纹，就会一"纹"到底。所以有"打破砂锅纹到底"的说法。

在重庆话中，"纹"与"问"同音，"打破砂锅纹到底"就演变成了"打破砂锅问到底"。砂锅一旦打破，裂纹一直会延续到最底部，因此，"打破砂锅问到底"比喻追究事情的根根底底，一定要把事情弄

打破砂锅

清楚、搞明白。

李毛儿突然有一天对自己是从哪里来的产生了浓厚兴趣，扭着淑芬问个不停："妈妈，我是从哪里来的呢？"

淑芬正忙着做饭，没好气地回答："捡的！"

"哪里捡的呢？"

"渣滓堆。"

"哪个渣滓堆呢？"

"楼脚。"

"啷个捡的呢？"

"你还有完没完，"淑芬招架不住了："莫在这里'打破砂锅问到底'，赶快去做作业。"

东一榔头西一棒

"东一榔头西一棒"，与北方方言里"东一榔头西一扫帚"同一个意思，更简单的说法是"东一下西一下"，全国通用。东与西，原本就是南辕北辙的两个方向，一会儿东一会儿西，显然是不靠谱的，做不成什么事情的，再加之一会儿榔头一会儿棍棒，就更加成不了气候。

所以，"东一榔头西一棒"最基本的意思是比喻力量分散，劲没有往一处使。

李毛儿参加年级举办的围棋赛，在预选赛阶段就输了，很郁闷。班主任给李毛儿分析原因："你的问题在于，一开始布局就东一榔头西一棒，没有集中力量，所以轻易就被对手各个击破了。"

东南西北

"东一榔头西一棒"还引申为做事情缺少全局观，忙于局部应付。

李毛儿听了班主任的分析，有些不太理解："可是，对方不断在各个点冲刺，我必须去应对呀！"

班主任继续分析："这更暴露了你的弱点。一开始没有一个整体规划，东一榔头西一棒，最后就被别人牵着鼻子走了。"

"东一榔头西一棒"还有一层意思是形容做事情没有计划，东一下西一下。

李毛儿若有所悟："张老师，那我要怎么才能克服这个问题呢？"

班主任接过话头："我们先来分析为什么会这样。这和你平常做事情的习惯有关，你平常就像个三脚猫，做事总是东一榔头西一棒，从来做不杀割，久而久之，就形成了不好的行为方式和思维习惯。"

光脚板不怕穿鞋的

显然，在"光脚板不怕穿鞋的"这句俗话里，"光脚板"和"穿鞋的"是两种完全不同的人，两种对立的人。那么，哪些人是"光脚板"？细细想想，连鞋都买不起，当然是没有钱的人、一无所有的人、穷人，引申为生活在底层的人，没有身份地位的人。那些"光脚板"的对立面——"穿鞋的"，自然是些有钱人、富人，引申为身居高位、非富即贵的人，有身份有地位的人。

我光脚板，不怕你！

"光脚板"已经处在社会的最底层，除了一条贱命已经一无所有，因而再也不怕会失去任何东西。如果把心一横，连命也不珍惜了，那就成了亡命之徒，"舍得一身剐，敢把皇帝拉下马。"还有什么好害怕的？还有什么不敢做的呢？

与之相反，"穿鞋的"是既得利益获得者，有权有势有钱，有自己的追求和生活，遇到事情，自然会权衡对自身的利弊，趋利避害是人之本能。因而，"穿鞋的"大多不敢做冒险出格之事，做事瞻前顾后、踌躇犹豫，生怕有所失。

当然，"光脚板"和"穿鞋的"是相对而言的。谁拥有的少，谁就是"光脚板"；谁拥有的多，谁就是"穿鞋的"。

如果"光脚板"和"穿鞋的"相遇，高下立判。"光脚板"敢于拼命，鱼死网破，破釜沉舟，气势上首先高人一等；穿鞋的，拥有的东西越多，顾虑就越大，财富、地位、荣誉，失去任何一样，对于他来说都是致命的打击。所以说，"光脚板"永远不会怕"穿鞋的"。

引申到竞争的层面，拥有越多，思想负担越大，越放不开手脚。因而，我们都应该有"光脚板"心态，放空自我，背水一战，置之死地而后生，这样才有更大的胜算。

车间主任找到李二娃，叫他国庆节一个人加班。

李二娃晓得遭夹毛驹了，非常气愤："主任，为啥子整个国庆长假只有我一个人加班？不要过分了哈，我是'光脚板不怕穿鞋的'哟！"

锅儿吊起打铛铛

锅儿吊起打铛铛

　　锅儿，不管是炒锅、炖锅、煎锅、蒸锅还是平底锅，都是厨房用品，都是用来煎、炒、煮食物的。如果有人将家里的锅儿都吊起来当钟用，打得"铛铛"直响，如果此人神经正常，那就只有一种情况，家里已经一贫如洗，无米下锅了。这就是"锅儿吊起打铛铛"的本意。

　　中国有一个特殊年代，大家都把"锅儿吊起打铛铛"，不是因为无米下锅，也不是因为都神戳戳了，而是因为"大炼钢铁，超英赶美"。大跃进时期，每家每户，不但把锅儿吊起打铛铛，而且将锅儿敲碎了扔进土法炼铁的炉子里，熔化成一坨坨废铁。那么大家吃饭的问题怎么解决呢？好办得很，集体伙食，集中解决，提前过上共产主义。于是乎，伴随着漫山遍野冒着白烟的土法炼铁炉而生的，是热火朝天的人民公社食堂。

　　这段沉重历史的后果，是老百姓家里的锅儿还没有砸碎多久，整个社会都"锅儿吊起打铛铛"了。于是，每家每户又分头买回锅儿，勒紧裤腰带过上几年苦日子，才度过了这段非常困难的时期。

　　家里已经揭不开锅了，按理说应该很着急、很伤心，甚至应该积极找米下锅，或者主动找钱买米，有的人却将锅儿吊起来敲钟玩。说明什么问题？说明此人不负责任，不务正业，不积极寻找解决问题的办法，而是被动等待别人的帮助救济。"锅儿吊起打铛铛"的本意之外，又隐藏着这一层意思。

　　李二娃突然下岗了，非常失落，心情沮丧，天天躲在家里打游戏混日子"疗伤"，连门也不愿出。几个月之后，家里的经济马上就要出现赤字了，淑芬忍无可忍，终于对二娃的行为看不下去了："二娃，你下岗了心头不舒服，大家都理解你，但是你不能长期这么消沉下去。你看，家里马上就要'锅儿吊起打铛铛'了，娃儿又马上要上大学了，我一个人啷个撑得起这个家。"

　　李二娃心头震颤了一下，随即又恢复了无精打采的样子："我都五十多岁的人了，在工厂干了大半辈子，其他什么事情都不会做，你叫我啷个办嘛？"

　　淑芬一下子鬼火大了："男子八叉的，未必然还被一脬尿憋死了！我明天就去给你做一套擦皮鞋的工具，你天天上街擦皮鞋，也能把娃儿的学费挣回来嘛。"

捏到鼻子哄眼睛

李二娃的老婆淑芬，闲暇之余爱打点小麻将。最近一个月来手气不好，老是输米米（钱），所以强烈要求李二娃，以后不准在她面前提"输"这个字。

李二娃安慰道："娱乐一下嘛，何必认真呢！"

淑芬不依不饶："说到'输'字就不吉利，我们对有些东西，还是得有点畏惧之心。"

话音未落，她突然想起一件事："二娃，刚才隔壁吴老幺的老婆翠花微信我，问今天的战况如何，我该哪个回答呢？"

李二娃知道淑芬今天输了200元，但刚才规定不能说"输"字，于是想了想："那就说支出了200元嘛，说成倒贴200元也行。"

淑芬还是不依教："不得行、不得行，支出和倒贴，还不是相当于输了。"然后一脸期待地看着李二娃。

李二娃调动所有的神经，终于想出一个绝妙的点子："那就说赢了负200元，你看怎么样？"说到这里，李二娃自己都忍不住笑了。

淑芬喜不自禁："哎呀，二娃，你好聪明哟，这个回复好，不但没有说'输'，还说我'赢'了，好吉利哟！"淑芬兴高采烈地去回微信去了。

李二娃很是无奈，自言自语道："捏到鼻子哄眼睛，自欺欺人。"

是的，"捏到鼻子哄眼睛"，就是"自己哄自己、自己骗自己、自欺欺人，做些莫名其妙的荒唐事"的意思。

人吵败，猪吵卖

以前，农村喂的猪，必须是骟过的。所谓"骟"，也就是阉割，在小猪出生后一个月左右，将公猪的睾丸或母猪的卵巢割掉。所以，农村除了杀猪匠之外，还有一个与猪紧密相关的职业——骟猪匠。

骟猪匠工作时，坐在一根小板凳上，将小猪的头和一条后腿用左右两只脚不轻不重地踩住，既不踩伤小猪，又让它逃不掉，右手捏一把特制的小弯刀，在小猪的腹部特定部位划出一道小口子，熟练地用手轻轻一挤，睾丸或者卵巢就出来了，带着腥臊味和血沫子，被骟猪匠顺手割下，甩出老远。完事以后，也无需缝针，先抓住猪的一条后腿，然后松开双脚，让小猪的三条腿着地，最后手一松，小猪一下子就蹿出去，躲到阴暗处，一个劲儿地喘气，半天不敢见人。

猪为什么必须骟掉呢？因为"去势"之后，猪就没有发情期，性情温和，贪吃贪睡，好养而且长肉快，能直接给饲养户带来收益。

灯泡打架

也有骟猪匠手法不高明，去势之时没有割干净的，猪长到半大不小的时候就要发情，发起情来聒噪不安，在猪圈里哼哼唧唧，上蹿下跳，既难饲养又增重缓慢。主人非常厌恶，欲除之而后快。但是，杀掉吧又不划算，只好绑到市场卖掉，"去祸害别家吧！"所以，猪太吵，是会被卖掉的。

俗话说："家和万事兴。"如果一个家庭夫妻不和，天天吵吵闹闹，各打各的小算盘，心不往一处想，劲不往一处使，这个家，不要说兴旺发达，能够平平安安过下去都已经不错了。最终的结果，不是夫妻在冷战不息、凄风苦雨、孤苦寂寞中了此一生；就是夫妻分手、家庭破裂、子女遭殃。所以说，人太吵，家是要败的。

"人吵败，猪吵卖。"后果都很严重。还是各安本分，平淡过日子吧！

少时夫妻老来伴，三天不见惊叫唤

"少时夫妻老来伴，三天不见惊叫唤。"这句话有三层意思。

第一层意思：少时夫妻。指的是男女之间，无论是自由恋爱还是媒妁之言，不管感情深浅，只要成为夫妻，就成了一对欢喜冤家。每天为柴米油盐而操心，为养育下一代而操劳，为建设美好家园而努力，难免磕磕碰碰，吵吵闹闹，将一段生活，过成了人间烟火。但不管白天怎么吵闹，甚而互不相让，一到夜晚，就钻进同一个被窝，互相需要，"床头打架床尾和"。有人说，这才是生活的真滋味，虽说有些以偏概全，但世间的确没有不吵架的夫妻，要不然中国人也不会说"打是亲骂是爱"了。

第二层意思：老来伴。夫妻之间，年轻的时候互相折磨，使劲折腾。当老了，所有的棱角都消磨了，所有的激情都消耗了，已经没有吵架的理由和力气了，这时候，

少时夫妻老来伴

两人更像是一对亲人，互相宽容，互相理解，互相扶持，互相陪伴。叫唤一声就能听到对方的回答，这就是最大的心安。粗茶淡饭有什么要紧？年华老去有什么担心？

第三层意思：三天不见惊叫唤。"惊叫唤"是不断大声喊叫的意思。无论是少时的夫妻，还是老来的伴侣，男女之间是相互依赖的，就像砣不离秤，不要说三天，就是一天没有见到对方，就开始思念担忧，四处找寻呼唤。

李二娃和淑芬因为李毛儿的班主任"帅不帅"的问题闹得不可开交，两个人已经三天三夜没说话了。虽然各自都有放弃这场冷战的意思，但碍于面子问题，谁也不愿意先下矮桩。李二娃觉得再这样下去就不好耍了，无奈之下，只好找到吴老幺，暗示吴老幺到家里来调解调解，让夫妻双方各自都有梯坎下。

晚饭过后，吴老幺来到李二娃家，看到二娃和淑芬同处一屋却如同路人，不禁又好气又好笑："好了、好了，你两个都莫耍小娃儿脾气了。来、来、来，两个人握个手，不计前嫌，以后的日子该啷个过还啷个过。"

李二娃和淑芬都犹犹豫豫的，不愿意先向对方伸出手。

吴老幺见状，给李二娃背上一砣子，顺势往前一推："二娃，你是男人家，主动点嚟。"然后接着说，"少时夫妻老来伴，你两个是典型的三天不见惊叫唤。"

输齐唐家沱

唐家沱，位于重庆江北区长江北岸，铜锣峡上游入口处，是川江上一个非常著名的回水沱。清初"湖广填四川"时，一唐姓人家在此落户，开荒种地，繁衍生息，于是有了"唐家沱"之名。

唐家沱回水面积之大，达25万平方米，又因为地处重庆主城的下游，离朝天门30多里水路，所以从重庆城、江北城，甚至更上游的地方掉入长江、嘉陵江的各种破烂玩意儿，经历种种冲刷、沉浮，都会到唐家沱打转、会齐，最终被回水冲到岸边。甚至上游溺亡的人畜尸体，最后也

赌博害死人

会和各种破烂一样，归总到唐家沱。所以，一般有人口失踪或溺亡，首先想到的是到唐家沱寻找尸体。不仅重庆城，就连长江上游的泸州、宜宾，嘉陵江上游的南充等，也到唐家沱寻找尸体。

重庆人对于漂浮在长江上的尸体见惯不惊，每年夏天上游发大水，都会有几具尸体顺江而下。尸体经江水泡发，全身浮肿，犹如充气的气球，重庆人称之为"水大棒"或"水打棒"。"水大棒"的终点就是唐家沱。

重庆的牌桌上有句俗语，叫做"输得只剩内裤了"。而到了唐家沱的水大棒，全身衣裤已被冲刷得丝缕不剩，赤条条地来，赤条条地去。如果要论输赢，唐家沱的水大棒应该是输得最惨的，输到了极致，不但内裤都没有了，连生命也没有了，"输齐唐家沱"，就再也没有任何东西可以输了。所以，重庆人用"输齐唐家沱"来形容输到了某种境界。"齐"，就是"到"的意思。

早些年，重庆人忌讳三个地方：一是石桥铺，因为那里有"高烟囱"，也就是火葬场；二是金紫山，曾经是一座荒凉的山坡，精神病院就建在山上；三就是唐家沱。至于原因嘛，你懂的！

手长衣袖短

从前的家庭，子女众多，那个年代又物资匮乏，一件衣服老大穿了老二穿，老二穿了老三穿，老三穿了老四穿……直到穿得不能再穿。由于孩子长得快，而且每个孩子的身高体重各不相同，衣服经常会出现"手长衣袖短"的情况。于是做母亲的，总是及时寻来边角布料，将袖子接上。

手长衣袖短

"手长衣袖短，儿孙要讨饭。"这句谚语说明，以前农村特别忌讳家里人长期穿手长衣袖短的衣服，他们认为，这将给家人后代带来不利的影响。的确，如果谁家的孩子长期穿着手长衣袖短的衣服，至少说明这家女主人不贤惠、不能干、不勤快——非心灵手巧之人，孩子当然会受到影响。

后来，"手长衣袖短"演变、引申为"心有余而力不足"，理想很丰满，现实很骨感。"手"大概是指"理想、心意"，心意是到了的，如手臂，有这么长；"衣袖"大概是指"现实、能力"，现实却那么不堪，如衣袖，短得遮不住手臂。"手长衣袖短"，是一种尴尬，是一种无奈。

"手长衣袖短"更多是指经济实力的不足。比如：朋友急需资金进行周转，否则资金链断裂将陷入万劫不复之境，找到李二娃借钱，李二娃心有余而力不足："不是我见死不救，确实是手长衣袖短。"

与"手长衣袖短"相关的还有一个歇后语：手长衣袖短—高攀不上。意思很明确："您地位太高、名誉太盛，而我等小老百姓，想结交却高攀不上。"

手板心煎鱼给你吃

煎鱼必须用金属锅具，而且要在高温下才能进行，这是常识。人的手掌是肉长的，温度也就相当于人的体温，正常情况下37.5°左右，发高烧时不会超过40°，莫说煎鱼，要不是因为把鱼拿着离开了水，甚至不会让鱼感觉一丝丝不适和痛苦。

但偏偏有人会说："我拿手板心煎鱼给你吃！"这种明知不可为而为之的行为，要么是自残，要么是脑残。当然，在重庆话里还有一种情况，就是与人打赌——明知某人达不到某个高度，于是你尽可以放心大胆地说：你要是怎么样怎么样，我拿手板心煎鱼给你吃。这种打赌，又多少带了几分居高临下或蔑视的意思。

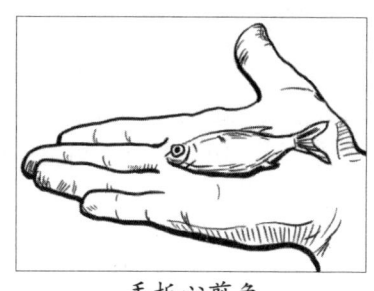

手板心煎鱼

马上要期末考试了，班主任找李毛儿等几个班上调皮的同学谈话，当着几个同学的面，突然调侃李毛儿："毛儿，你数学成绩从来没有及过格，如果这次考及格了，我用手板心煎鱼给你吃！"

李毛儿心中一愣，眉毛一皱，心想："咂，班主任也太'洗刷人'了吧！当着这么多同学的面，把我'看白'了嗦！"继而转念一想："我就不信这包药，看你手板心啷个把鱼煎熟了给我吃！"

这一回，李毛儿的自尊心被深度刺激了，破天荒的每天端坐在家里复习到半夜，哪点都不去耍。

期末考试成绩出来了，李毛儿的数学成绩居然进入全班前十名，考了79分！这下他开始"得意"了！主动找到班主任："张老师，啥子时候给我手板心煎鱼呢？"

班主任哈哈一笑："手板心啷个能煎鱼呢？你成绩上去了，鱼就煎成了噻！"

咸吃萝卜淡操心

"咸"和"淡"是一对反义词，代表的是两种不同口味的人，引申开去，则代表了两种不同生活习惯和不同生活态度的人。

关于萝卜咸吃还是淡吃萝卜，只是个人爱好、个人口味问题，原本没有什么妨害。但是，如果淡口味者非要干涉咸口味者，要求人家必须和自己一样，也吃淡口味，那问题就大了。

每个人的个人喜好不同。对于咸口味者而言，咸吃萝卜是一种享受。就像有的人喜欢收藏，有的人喜欢阅读，有的人喜欢旅行，有的人喜欢看电影，甚至有的人还有一些见不得人的个人恶趣味，只要不妨害社会，不妨害他人，这些喜好都值得尊重。至少，这些喜好让他本人感觉舒服和满足，这就够了。如果每个人都能常常处于舒服和满足的状态，社会一定会更加和谐安宁。

有的人不理解别人的喜好。没关系，你喜你的，他好他的，求同存异，相互尊重，至少可以做到互不干涉、相安无事吧。偏偏有的人还要对人家的喜好指手画脚，甚至横加干涉。

"作为一个有知识有文化的人，你怎么能不讲营养学，吃这么咸的萝卜呢？"

"我就喜欢咸吃萝卜，有本事你也吃呀！"

"我就喜欢看武侠小说，你能怎么着！"

"我就喜欢收藏古代春宫图，有本事你也去收呀！"

"我就喜欢恶趣味，关你屁事！"

是的，关你屁事，这不是狗拿耗子多管闲事吗！

"咸吃萝卜淡操心"，就是形容那些不该管的事瞎管的人，对人家的喜好横加干涉的人。显然，这一类人是不受欢迎的。

小时偷油，大时偷牛

重庆人说到孩子的教育问题时，喜欢引用一句俗语："小时偷油，大时偷牛。"有时也会用："小时偷针，大时偷金。"两句话的意思几乎一模一样，偶尔为了强化语气，还会合在一起使用。

关于这两句俗语，民间流传着一个故事，讲的是一位可悲的母亲和她的独生子。

有一天，挑担货郎摇着拨浪鼓来到院坝前，村里人纷纷围上去挑选心仪的物品。一个小孩乘货郎不注意，顺手拿了一根绣花针。当孩子将绣花针交给母亲时，母亲不但没有及时教育孩子，还笑眯眯地夸奖孩子机灵。

有了第一次就有第二次，后来小孩偷过人家的菜油，偷过鸡蛋，偷过鸡……孩子慢慢长大了，成了一名惯偷，偷人家马，偷人家牛，最后入室偷盗金银。

终于有一天，他被抓起来关进牢房，判了死刑。临刑前，他提了唯一的要求："要吃娘的奶。"母亲赶来喂他最后一次奶，谁知他却一口将母亲的乳头咬掉。县令问他为什么，他的回答发人深省："我小时候偷人家的针，偷人家的油，母亲每次都不告诉我这是错误的，以至于后来理所当然地偷人家的牛、偷人家的金，最后丢了命。都是她害了我！"

偷油

俗话说："千里之堤，溃于蚁穴。"无论多么恢弘伟大的堤坝，如果发现蚁穴而不及时处理，解决隐患，最终将会坝毁堤溃，造成非常严重的后果。

刘备去世前给其子刘禅的遗诏中有一句话："勿以恶小而为之，勿以善小而不为。"这句话是劝勉刘禅要进德修业，有所作为。不要因为好事小而不做，更不能因为坏事小而去做。小善积多了就成为利天下的大善，而小恶积多了则足以乱国家。

每个人身上都有或大或小的缺点，大得刺眼的容易引起自身的注意而加以修正，小得微不足道的往往被人忽视，最终日积月累，成为可以毁坏基业、甚至丢掉卿卿性命的大"恶"。所以，在人生之路上，我们时时要修正自身行为，防微杜渐。

衣服角角都攦得死人

"衣服角角"，指的是人身上穿的衣服前衣襟下摆的两个角。

世界上，有的人气场大，来去如风，气势若虹，只要他出现的地方，就会卷起一阵"龙卷风"，成为大家注目、避让的焦点。但无论其人气势如何，周围的人应该均无性命之忧。如果衣服角角都把人攦死了，那绝对不是真的被攦死的，而是被气死的。那么，哪种人会气死人呢？我相信大家都有过这样的经历，只有那种盛气凌人、趾高气扬、不可一世、大套得很的人，经常会气得人牙齿都要咬爆了。

也就是说，"衣服角角都攦得死人"形容的是狂妄嚣张的人。

谁会狂妄嚣张到把人都要气疯、气死的程度？按常理来讲，没有那份实力，就不会有那份自信。有钱有势者，特别是暴发户（包括经济暴发户和政治暴

八卷 重庆言子

719

晚清的地主婆走路带风，穷人纷纷避让

发户），往往特别愿意炫耀自己的实力，渴望能引起别人的关注，喜欢看到别人膜拜臣服的样子，所以，倨傲之间，言语带刺，走路带风，往往"衣服角角都撞得死人"。当然，人家有钱势，可以目中无人地任性，别人无话可说。咱惹不起，躲得起，大不了不接触就是。

世界上，偏偏有些原本没有这份实力的人，却养成了一身有权有势者的坏毛病，以自我为中心，谁都看不惯，唯我独尊，弄得自己走路带风，"衣服角角都撞得死人"。这种人，既想从人家那里获得一些支持，又处处表现得要比人家高明一等，最终，让所有人都避而远之。

他的自信从哪里来的呢？只有天知道了。

一个钉子一个眼

一个钉子原本只有一个眼，这是基本常识。但时代变迁，怪相迭出，有的一个钉子非要钉几个眼，有的几个钉子才只要一个眼，甚至没眼。所以，再次强调一个钉子一个眼，是有必要的。

一个钉子一个眼，原本的意思是做事认真，有板有眼，"他做事总是一个钉子一个眼，事情交给他，放心。"这种人有自己做事的原则和底线，领导放心，群众喜欢。一个团队，如果大家都发挥"钉子"精神，一个钉子一个眼，没有干不成的事业。

钉子

但是，当今社会纷繁复杂，世事变迁势不可挡，新科技、新技术层出不穷，如果坚守"一个钉子一个眼"的死理而不懂得变迁，那必然会不适应这个瞬息万变的社会。所以，稍不与时俱进，"一个钉子一个眼"就演变成了死板、固执的象征。"王师傅，别总是这样一个钉子一个眼的，时代变了，技术革新了，要学会适应。"语气一变，"一个钉子一个眼"瞬间由褒义变成了贬义。

有的人偏偏不信邪，要将这个钉子和这个眼坚持对峙到底，这就不是固执和死板了，而是针锋相对、针尖对麦芒了。出现这种情况，一般得有一个积怨已深或冲突激烈的对象。而今在许多地方，许多人的内心中，"阶级斗争"的余毒未消除，遇到矛盾冲突或者观念不一致，总是敌我对立，一个钉子一个眼，要么你死，要么我活。这样有意思吗？

一锄头挖个金娃娃

谁都知道，农民种地是最辛苦的：面朝黄土背朝天，一身力气一身汗；一草一苗眼盯准，腰酸背痛仍向前。依据自然规律，春播、夏长、秋收、冬藏，一年才只有一个轮回，一年才只有一次收成。而这次收成，总是经过农人一锄头一锄头慢慢挖、慢慢积累才获得的。俗话说："一分耕耘一分收获"，讲的就是这个道理。

如果有人胆敢妄想一锄头就能有所收获，一锄头就能挖出金子或者金娃娃，那无异于痴人说梦。"一锄头挖个金娃娃"，表示一下子就发大财，显然是不可能的。

淑芬自从买车的计划被李二娃无情打破后，就天天逼着李二娃去赚钱，想一洗在吴老幺和翠花两口子面前丢了的面子。偏偏李二娃能力有限，始终没有找到赚钱的方法。

锄头挖个金娃娃

淑芬急了："喂，二娃，你啷个的嚅，每个月还是这点死工资，你向人家吴老幺学习嘛。"

"学啥子嘛，做生意我又没得门路。"李二娃懒心无肠地答道。

"干脆你辞职去当棒棒算啦，我听说现在棒棒越来越少，俏得很，找钱哟。"

"遇得到你哟，我这个豁飘身体，莫遭棒棒压垮了？"

"那……那你去朝天门进点女式内衣来卖嘛，听说女式内衣的利润高哟。"

"亏你想得出来。你硬是想'一锄头挖个金娃娃，一口气吃个大胖子'唛？看来，我只有去抢人了！"见淑芬越说越带劲，二娃忿然道。

有前手，没得后手

人人只有左手和右手，从来没听说过人有前手和后手。因而，前后手不是指手长在身体的前后，而是指做事的先后。

"有前手，没得后手。"形容那些做事顾头不顾尾的人，多指物品用完后不放回原处，偶尔也指做事丢三落四。

国庆节过完，天气突然降温，寒风刺骨，李毛儿决定戴上围巾去上学。他翻箱倒柜，始终没有找到，眼看就要迟到了，一着急，把衣柜里的所有东西统统扯出来摆了一地。终于找到了围巾，赶紧穿戴整齐去上学。

只晓得往外扯

还没有跨出大门，就听到卧室传来母亲歇斯底里的叫喊声："你嘞个鬼娃儿，啷个'有前手，没得后手'，衣服、裤子甩了一地，也不晓得收拾，乱成狗窝……"李毛儿没敢回头，一声不吭地跑去学校。

下午放学回家，淑芬一眼就看出李毛儿的颈子上没有围巾："咃，你早上七翻二阵、翻箱倒柜找的围巾呢，甩到哪里去了？"

母亲一提醒，李毛儿这才发现围巾不见了，身子在原地车了两圈，想了半天也想不起在哪里丢的围巾，于是没有敢吭声。

淑芬接着数落："围巾才戴一天就整丢了，硬是'有前手，没得后手'也。还好，你人没有丢哟！"

鱼配鱼、虾配虾，乌龟配王八

解放前，中国社会历来等级森严，鱼是鱼，虾是虾，鸡是鸡，鸭是鸭。鸡不同鸭讲，有鱼不吃虾。因而，中国人做什么事情都讲究门当户对，无论是婚配，还是交友，最看重的是"物以类聚、人以群分"，所谓"鱼配鱼、虾配虾，乌龟配王八"。在这句俗语里，鱼和鱼是同类，虾和虾原本是一家，相互配对无可厚非，只是这乌龟为何要配王八？

配对

据说远古时期，三皇五帝常常以"神龟"卜筮，将"神龟"分为八卦。每一卦都有一个名称，第八卦名为"王龟"，于是，后人慢慢将列在第八位的"王龟"简称为"王八"。久而久之，"王八"也就成了乌龟的别名，所以说乌龟必须配王八。

富家公子选择千金小姐，贫民子弟切不可高攀大家闺秀，老祖宗上千年总结的经验，自有他的道理，原本无可厚非。只是这鱼和虾，本就是极其贫贱之物,又容易让人联想到死鱼烂虾;而乌龟和王八,在中国话里原本就是骂人的词语,所以,这句俗语,多少带有几分鄙夷的神情,每每说此话者,往往埋藏着一句潜台词没有说出来,"就你这副德性",后面再接着说"只适合鱼配鱼,虾配虾,乌龟配王八!"

的确,与"鱼配鱼、虾配虾,乌龟配王八"相对应的还有一句俗语,"凤找凤、龙找龙,好汉找英雄"。你看,就一两句俗语,就把有的人定义为人中龙凤、英雄好汉,而另一些人只是底层鱼虾、乌龟王八——果然等级森严。

好在这种等级现在已经有所松动,正在逐步被打破。特别是网络普及以后,虚拟平台的建立,让屏幕后面的真实身份,已经显得不再那么重要,而人与人之间思想的门当户对,却成了交流的基础,于是,一个新的概念诞生——圈层。所谓圈层,就是以共同的兴趣爱好、品味修养、专业方向、社会责任等为条件划分出一个个专属领域。也就是说,在当今圈层社会,同样讲究的是"凤找凤,龙找龙,好汉找英雄",同样需要门当户对,只不过,现代人更看重的东西已不是传统的财富和地位,而是爱好、才华以及责任感等。

▶ 银钱不外露,家丑不外扬 ◀

中国人讲究"财不外露",也就是重庆俗语说的"银钱不外露"。这本是风水上的术语,意思是财神位不能外露直视。根据风水学上的定义,每一个商铺或者家庭,与主人的生辰八字相对应的,都有一个神位。而财神的位置,应避免正向面对入门口,以免财神位外露或附近人员流动频繁,使财气流走,由聚财变为散财。

银钱不外露

后来,人们把这个概念引用到生活中,成为一种行为规范,即所有财富,都不宜外露。重庆还有一句俗语:"不怕贼偷,就怕贼惦记。"玩弄炫耀财富,既有可能让财富成为贼惦记的对象,也可能诱惑一个原本不坏的人起了歹猫心肠。也就是说,如果违背了"银钱不外露"的原则,可能既伤害了自己,也伤害了他人。

中国人还讲究"家丑不外扬",意思是家庭内部发生的问题需在内部消化解决,不能向外宣扬,否则就成为别人的把柄或笑料,遭到别人算计或耻笑。

有一种说法:世界上有三件事,自己的事,他人的事,老天的事。

人的烦恼往往来自于,忘了自己的事,爱管别人的事,担心老天爷的事。这是提醒每个立于社会的人,应该懂得划清人际边界关系。另一方面,每个人

八卷 重庆言子

自己的事，也可以分为家庭的事，单位的事，朋友的事，每一种事情之间也应该有相应的边界。朋友的事，切不可带入单位；单位的事，切不可带入家庭；家庭的事，也不应该带给朋友、带到单位……家丑外扬，轻则让不相干的人看笑话，重则让心怀不轨的人找到机会，所谓"亲者痛，仇者快"。

"银钱不外露，家丑不外扬。"两句话合起来运用，就成了一个偏正结构的短语，意思更偏向于后者。

李二娃因为淑芬三番五次夸奖李毛儿的班主任长得帅，一时醋意大发，与淑芬由口角上升为冷战，三天三夜硬是没有说半句话。其实，李二娃心头明白，是自己吃飞醋引来的错，但男子汉大丈夫不能当面给老婆下矮桩，于是悄悄找吴老幺来家里调解。

双方有了吴老幺这个台阶，都借坡下驴，顺势而为，一眨眼的工夫就和好如初。晚上，淑芬开始"咬"李二娃的耳朵："二娃，你咋个能把我们家里的事情给吴老幺说呢，俗话说'银钱不外露，家丑不外扬'，你这不是自爆短处给人家吗？"

二娃赶紧打哈哈："淑芬，是我大意了，以后再也不这样说了。但是你也要体谅我嘛，我也是为了挽回你哒嘛！"

站着说话不腰疼

解放前，有一种职业叫长工、长年，就是整年受雇于地主家的贫苦农民，工资以年计算，吃住在雇主家。长工除了进行农业生产劳动以外，还要兼做雇主家里的各种杂务。

长工长工，长年都在做工。因此，几乎每时每刻都能看到长工弯腰弓背在劳作的形象，而雇主却想尽最大可能榨取长工的劳动，于是，常常可以看到雇主挺直身体、双手叉腰站在旁边指手画脚。而此时的长工，早已累得腰酸背痛，心里直犯嘀咕："站着说话不腰疼！"

后来经医学证明，站着说话还真的不腰疼。据说，坐着时腰椎间盘所承受的压力比站着时大得多，所以，"能坐着绝不站着"的传统想法是错误的。

站着说话

现在，"站着说话不腰疼"用于比喻某些人只说不练、没有亲身实践，却站在旁边指手画脚，当然很容易。

李毛儿到外婆家过暑假去了，李二娃心头很高兴，专门到菜市场买了菜，自己下厨做了几个平时爱吃的菜，准备和淑芬过一过难得的二人世界。李二娃满以为淑芬会表扬自己勤快、能干，心里充满了期待。

吃饭的时候，李二娃特意倒上两杯"老白干"，和淑芬喝两口。淑芬天生粗放，似乎没有理解李二娃的一番苦心，举起筷子，一会儿批评这道菜盐放多了，一会儿埋怨那道菜炒久了，一会儿又指责汤没有煮好……

李二娃顿时兴味索然："站着说话不腰疼，以后炒菜还是你全承包算了！"

正做不做，豆腐垄醋

豆腐是中国人的独特发明，是豆浆与石膏、卤水等碱性物质经过化学反应而产生。豆腐中含有大量的钙成分，因而，豆腐不宜与醋同食，否则，醋酸与钙结合会产生醋酸钙，人吃了不易吸收，会产生"结石"。

所以，我们在烹饪豆腐时，一般都不会放醋，更不用说直接用豆腐垄醋了。"垄"（笨）是一个重庆方言，在调料里裹一圈，或蘸满调料，有点"拌"的意思。如果有谁偏要用豆腐垄醋，那就是不干正经事了。

偷奸耍滑

"正做不做，豆腐垄醋。"意思是该做的、重要的事情没有做，却去做一些不需做或无关紧要的事情，反而使事情搞糟。

接到上回的龙门阵摆：

老大被母亲训斥了一通，心头很不舒服："凭啥子只吵我，不吵老二老三！凭啥子只让我做事，让老二老三尽耍！"

老大心里有气，拿起扫把，东边挥舞一下，西边挥舞一下，地上舞一下，天上舞一下，把整个屋子弄得乌烟瘴气。他必须抓紧时间，在父亲回家之前完成任务，否则，以老汉的猫刹脾气，今天免不了要挨一顿痛扁。

母亲从厨房出来，看到眼前的一幕，顿时气不打一处出："你是'正做不做，豆腐垄醋'，哪个叫你现在扫地的？你各人看，墙壁都被你扫花了，看你老汉回来收不收拾你！"

老大被母亲这么一训一吓，想着等会儿老汉回来后盛怒的样子，所有的委屈和不满一下子涌上心头，"哇"的一声哭了出来。

老二老三见老大哭了，赶紧过来安慰："哥哥，哥哥，不要哭了，我们帮你扫！"

只有你的席坐，没得你的话说

小的时候最喜欢跟着妈老汉走人户，人多热闹，而且可以吃胸胸（嘎嘎）。在那个物资匮乏的年代，一年难得吃上几回肉，走人户就相当于"打牙祭"。

终于等到可以上桌了，看着桌子中间放着的烧白，口水都吞了好几次，却不敢动筷子去夹。根据传统习俗，必须要坐在上席的老辈子发话，并率先拿起筷子夹上一箸菜，然后招呼大家："来、来，大家都吃吧。"其他人才能动筷子。可偏偏老辈子的话讲个不停，一点没有要吃饭的意思。

吃席

眼看着中间的烧白冒出的热气越来越少，孩子们终于忍不住："爸爸，我饿。"这时，父亲总是义正严辞地说："只有你的席坐，没得你的话说。"然后愧疚地看着上席的老辈子，好像这就说明自己家教不严一样。

是的，"只有你的席坐，没得你的话说"已经是莫大的尊宠了。因为，还有很多连席都不能上的人，只有端着饭碗在旁边站着吃，或者就在灶房里简单吃一点，比如，大家庭里的妇女们。

"只有你的席坐，没得你的话说。"这句俗语大概就是在大家庭里餐桌之间产生的吧，后来泛指"可以参与，却没有发言权"的一切场合。

比如，单位讨论未来三年的发展规划，局长提一个建议，下面就唯唯诺诺一片，新来的大学生觉得不妥，想表达自己的看法，刚准备站起来发言，就被坐在旁边的科长一把按住了，低声说道："只有你的席坐，没得你的话说。"

捉些虱子在脑壳上爬

虱子是一种寄生在人畜身上的寄生虫，以吸食人畜血为生。虱子不仅有吸血的危害，而且使人奇痒难受、焦躁不安，并能传染很多严重的人畜疾病。所以，虱子是一种人人厌恶、人人欲灭之而后快的昆虫。

但问题是，一旦传染上虱子，清除起来却非常麻烦，很不容易彻底消灭。虱子喜欢藏在人的头发之中，要彻底消灭它，要么将头发剃光，要么用剧毒药品喷洒头部，两种方法都可以让人彻底崩溃，特别是女孩，更不能接受。不仅如此，为了防止虱子交叉传染，还需要将家里用过的所有衣物被子用药水消毒或者高温煮烫，以彻底杜绝后患。清理虱子这件事，要多麻烦有多麻烦。

这么一种讨厌的"吸血鬼"，人人避之唯恐不及。所以，感染上虱子都是被动的、无奈的、是在不知情的情况下感染的。以前农村卫生条件差，偶尔听说有感染虱子的情况，一般家里都会如临大敌，孩子也会休学几天，专心在家将虱子灭杀以后再去上学，以防感染其他同学。现在卫生条件好了，已经很少听说有感染虱子的情况了。

捉虱子

如果有谁胆敢主动将虱子捉起来放在自己脑壳上，你的第一反应是什么？要么是这个人疯了，大脑已经不由自主；要么是这个人具有大无畏的奉献精神，以身饲虱。对了，还有一种情况，就是这个人闲得一塌糊涂，如果再不找点事情做，已经无法排遣有涯之生了。

"捉些虱子在脑壳上爬"，重庆人一般用这句话形容那些没事找事、无中生有、无事生非、自找麻烦的人。

吴老幺和翠花两口子闹矛盾。两口子打架，原本"床头吵架床尾和"，但淑芬看不过去，主动去调节，今天给吴老幺做工作，明天给翠花做工作，每天说得口干舌燥，累得半死不活。非但没有将吴老幺和翠花两口子调解好，自己还陷入其中，成了吴老幺和翠花倾吐的垃圾桶和发泄的出气筒，吴老幺和翠花一旦心里不舒服，就来找淑芬诉苦。

淑芬现在是进退两难，一半的精力都耗在吴老幺和翠花身上，连自己家里也没时间管。李二娃嘴上不说，心里早就有了意见。"这个哈婆娘，各人捉些虱子在脑壳上爬！"这句话他在心里憋了很久了。

嘴狡屁眼松

嘴硬

民间俚语里有些说法看似不雅观，却极富生活气息，极有生命力，比如这句俗话"嘴狡屁眼松"。"嘴"和"屁眼"，人和动物身上两个至关重要的器官，一上一下，一进一出，一显一隐，任何一个器官有什么动静，都关系着主人的身体健康，马虎不得。

两个器官同属于一个主体，一般来说，应该同进同退，同松同紧。比如说，重庆俗话里有一句"嘴狡屁眼歪",两兄弟配合得就很好,上面一个"狡",就是"霸道、不服输"的意思,下面一个"歪",就是"厉害、蛮不讲理"的意思。"兄弟同心,其利断金",可见这位主人有多么蛮横、厉害、霸道,咱们惹不起躲得起,最好不要跟这种"嘴狡屁眼歪"的人计较。

但有时候偏偏事与愿违,上面的兄弟"狡"起来了,下面的兄弟却没有紧随其后一路雄起,而是躲在背后肌肉松懈,这就有了重庆的另一句俗语:"嘴狡屁眼松"。无论上面如何能言善辩,巧舌如簧,嘴硬不服输,而下面始终松松垮垮,懒懒散散,不成气候,这两兄弟的主人,虽然嘴硬实际胆怯,也就是一个外强中干的角色了。

李二娃和淑芬手拉手逛街,淑芬的钱包被"扒二哥"用镊子从包包里刚刚夹出来,就被淑芬发现了。淑芬一把抢回钱包,顺手将扒手拉住:"你要做啥子,走,派出所去!"

扒手立马翻脸,一副歪稇(捆)了的样子:"你个哈婆娘,再不松手,小心老子把你整成个花脸巴。"

李二娃一听,吓得不轻,一边对扒手说:"你不要走,给老子等到,看老子不收拾你!"一边对淑芬说,"淑芬,你松手,等我回去找兄弟伙来捶他狗日的。"

淑芬一听,火了:"二娃你莫'嘴狡屁眼松',还不快点来帮我的忙。"

这时,围观看热闹的群众将三人围得水泄不通,有打抱不平的已经开始摩拳擦掌,二娃一看,胆子顿时"旺实"起来,一把抓住扒手的另一只手,一副"嘴狡屁眼歪"的样子,"你娃凶啥子凶,我今天非弄你不可!"

嘴是江湖脚是路

有人的地方就有江湖,有江湖的地方就有险恶,所以"老板凳"一贯教导:行走江湖,必须要有护身的"利器"。现代江湖,虽说有别于传统武林江湖,护身利器也发生了变化,或拥有高深科技,或拥有精湛技术,或拥有天才文艺……唯有技精艺绝,方能扬名江湖,立威立德。

这是专门针对江湖舵爷、大佬而设置的标准,但舵爷、大佬毕竟是少数,对于绝大多数普通人而言,并不一定需要扬名立万,只要能安身立命就可以了。如何才能在江湖上安身立命?老板凳还有一句经典:嘴是江湖脚是路!

"嘴是江湖脚是路",意思是说,闯荡江湖,想在江湖上寻得一席之地,必须依靠一张嘴;而行走江湖,想要在江湖上顺风顺水,必须依靠一双脚。花开两枝,先说"嘴是江湖",有两层意思,一是在行走江湖的时候,要多问多交流，才能掌握江湖的最新动态，紧跟江湖的最新潮流；另一方面，要拥有一张"江湖嘴"，见人说人话，见鬼说鬼话，才不至于在江湖上吃亏。再说说"脚是路"，意思大抵相当于俗语"路是走出来的"，既然投身江湖，就必须遵循江湖规矩，多多走动，永不停息，永远在路上。

当然，江湖之大，无所不包，有行业的地方就有江湖，有圈层的地方就有江湖，有人打堆的地方就有江湖。

江湖嘴

放暑假了，刘老大的儿子刘天才坚决要去西藏旅游，刘老大犟不过，只好同意。临行前一天，刘老大语重心长地给儿子交代政策："你从来没有一个人出过远门，第一次独自出去就跑嘞个远到西藏，有几个问题必须注意……"

刘天才有些婆烦了："我都这么大了，有什么好交代的，我晓得注意些啥子。"

刘老大话到嘴边，被愣小子硬生生憋了回去，有些气愤，"你这是不撞南墙不回头，既然你不愿意听，我也懒得说了。总之你记住一句话，出门在外——嘴是江湖脚是路！"

❸ 歇后语

▶ 矮子过河——安（淹）了心 ◀

过河

从前，交通条件差，河上没有桥，一条河就成了天堑，将两岸隔绝成两个世界，老死不相往来。田野乡村的小河沟，更不可能有桥，要过河，只有寻找浅水处蹚水而过，久而久之，附近乡邻都知道，哪个季节哪里可以过河，哪个季节哪里的河水将淹到身体什么部位。

正常人能过的小河沟，对于身材矮小的人来说，就成了一个巨大的挑战。究竟过不过河，这是个问题：不过河，永远到达不了目的地；过河，人家只淹至大腿，而他却要淹至胸口。胸口里有心脏，承受着河水的压力，一颗小心脏"咚咚"直跳。

在重庆方言里，"淹"字的读音是"安"，"淹了心"读作"安了心"。所以，矮子过河，不但要在岸边下定决心，也就是"安了心"，还要在河中"淹（安）了心"，才能到达对岸。后来，"矮子过河——安了心"这句歇后语就顺理成章用来形容"打定主意、下定决心、排除万难、不怕牺牲"。

李毛儿接连几次模拟考试的成绩都非常糟糕，眼看马上就要高考了，班主任非常着急，专门找李毛儿谈话，"毛儿，你最近是啷个回事呢？几次模拟考试都不理想，完全没有考出你的水平，难道你是矮子过河——安了心，不想考大学了？！"

龅牙巴咬虼蚤——咬到一个算一个

龅牙巴，突出嘴唇外的牙齿。因为排列不整齐，并且向外翻，所以既影响美观又影响功能，咬东西特别吃力，而且不关风。

虼蚤，一种寄生在人畜身上的昆虫，吸血为生，特别善于跳跃，也就是我们常说的跳蚤。

功能严重受损的龅牙巴，要想咬住世界跳高冠军虼蚤，其难度就像"冒皮皮，打飞机"一样。对于龅牙巴来说，就别指望能有多大的斩获，咬到一个都是"豌豆滚进屁眼——遇老缘"，所以，咬到一个算一个吧。

"龅牙巴咬虼蚤——咬到一个算一个"，正是用来比喻碰运气，能得多少算多少。

从消极的角度看，这句歇后语有"不思进取"的意思。李毛儿连着几次模拟考试成绩都不理想，班主任找李毛儿谈话，"毛儿，你是啷个搞的也。难道是矮子过河，安了心不考大学咚？！"

李毛儿满脸委屈："张老师，我要是考不上大学，不遭妈老汉吙死才怪。主要是选择题，我总是觉得每个选项都像正确答案，所以只好凭感觉选了。"

"咂，你硬是龅牙巴咬虼蚤——咬到一个算一个噻。"张老师一听，顿时有点着急了，"你这是基础知识学得太不扎实了。"

从积极的角度看，这句歇后语有"随遇而安"的意思。周末，李二娃在濑澜溪河边钓鱼，过路的人问他钓到没有，李二娃答道："钓了几条小鱼。今天休息，打发时间，龅牙巴咬虼蚤——咬到一个算一个。"

半夜吃桃子——按到㞎的捏

小时候贪吃，半夜饿了想吃东西，又怕父母责骂，于是悄悄起床，也不敢点灯，轻手轻脚摸黑到厨房。白天刚刚买回来的桃子，还有一筲箕在厨房里。

桃子是越软越好吃，于是逐个捏过去，将软的挑选出来，抱进卧室，饱餐一顿。

"按"，是拣、挑选、选择的意思。"耙"与"硬"相对，"软"的意思。半夜摸黑吃桃子，看不见生熟，只有选择捏起来感觉软的。

"半夜吃桃子——按到耙的捏。"后来用来比喻欺负性格软弱或者地位低下的人。

李毛儿在学校和同学打架，被请家长。李二娃心急火燎地赶到学校，遭老师一顿训斥，听了半天终于搞明白了事情的来龙去脉：李毛儿和班花多说了几句闲话，被同班同学张小龙嫉恨于心。张小龙仗着父亲是教育局长，平常在学校里耀武扬威、作威作福惯了，趁课间休息，将李毛儿的课本、文具甩了一地。李毛儿忍气吞声，将课本和文具捡起来放好，又被张小龙甩在地上。

李毛儿忍无可忍，眼露凶光说了一句："你不要过分了！"

张小龙哪里听得这种话，一句"我就过分了，你要爪子……"话还没有说完，已经抓住李毛儿的衣领，把他推到了教室最后面的墙壁上。这一下把李毛儿彻底惹毛了，使出黄天棒教的黑虎掏心术，一砣子打在张小龙的胸口上，两人你来我往就整起来了。

搞清楚事情真相以后，李二娃不服气了："咃，老师，张小龙同学请家长没有也？"

老师含糊其辞地推诿道："张局长今天在开会，忙得很。"

李二娃的鬼火都涌到了脑门心，但又不敢在学校发作，强压着怒火说道："老师，这个事情应该是张小龙的错吧，你不但不让张小龙请家长，反而把我喊来教训一顿，硬是'半夜吃桃子——按到耙的捏'嗦！恁个处理恐怕搁不平哟！"

半夜吃桃子

半天云里挂口袋——装疯（风）

所谓"半天云"，就是悬在半空中的云朵。与半空中的云朵相伴的，不外乎自然界里的基本现象——风雷闪电，日月星辰，等等。半天云原本高高在上，远在天边，虚无缥缈，好似与人的社会生活干系不大，特别是从前认识自然界的能力有限，半天云与人更是风马牛不相及，彼此相安无事。

但是，重庆人天性浪漫豪放，想象力超级丰富，偏偏喜欢拿半天云说事，关于半天云的歇后语，一拉就是一长串：半天云里喊口号——呼声很高，半天云里拍巴掌——空想（响），半天云里唱歌——调子太高，半天云里打灯笼——高明，半天云里打电话——空谈，半天云里翻账簿——算得高，半天云里放屁——臭气熏天，半天云里聊天——高谈阔论，半天云里翻跟头——不着实地，半天云里写文章——空话连篇……

云里挂口袋

　　对了，还有一个非常好用的"半天云里挂口袋——装疯（风）"。半天云上，除了风还是风，因此，在半天云里挂口袋，只有装风了。歇后语喜欢用谐音来达到幽默的意境，"装风"即"装疯"，故意装着疯癫的样子，装疯卖傻。

　　李二娃连着被车间主任冤枉了几次，心里头一直很不爽。这天，他趁着多喝了几口江津老白干，胆子旺实了一些，三分醉七分醒地来到车间主任的家里，大甩甩的一屁股坐在沙发上："章主任，我要汇报思想。"

　　车间主任闻到李二娃满身酒气，知道他今天是专门来"撕皮"（找茬）的，赶紧打圆场："二娃，你看你也累了，淑芬还在家里等着你，赶紧回去休息。"

　　李二娃不依不饶："主任，上次给我下烂药的是哪个，你还没有喊来和我对质哟。要不，你告诉我是哪个，我自己去找他。"

　　车间主任一看来软的不行，只好把脸一马，厉声说道："二娃，你少给我在这里半天云里挂口袋——装疯（风），喝了几口马尿就妖艳十怪控制不住自己了。各人回去休息，有啥子事情，等酒醒了，明天到办公室再说。"

吃包谷粑打呵嗨——开黄腔

　　重庆人喜欢将饼类的食物，统统称为"粑粑"。"包谷粑"，就是包谷面做的饼子或者糕点。"打呵嗨"，即打呵欠。

　　包谷（玉米）的颜色，以黄色为主，偶尔有白色、五颜六色的玉米，磨碎做成粑粑后，也呈淡淡的米黄色。并且，包谷粑纤维粗糙，吃起来满口钻。所以，吃包谷粑的时候，嘴巴里全是黄色的。此时若困意来袭，张开大口，爽快地打一个呵嗨，一眼望去，绝对"满眼尽带黄金甲"。

黄了

　　重庆人把说话称作"开腔"。开腔之时，口腔里黄浪翻滚，黄沙塞满牙缝，当然是"开黄腔"，开黄色的腔。

但是，重庆人所谓的"开黄腔"，又不仅仅是"开黄腔"。"黄"字在重庆话语体系中，意义丰富，除了常规的黄色和色情之解外，某件事情没有办成、办砸了，叫"黄"或者"黄了"；做事毛手毛脚不成规矩，叫"黄手黄脚"；不懂行、胡乱整，叫"黄棒"；说话不着边际，叫"黄腔"……

所以，"开黄腔"实际上指的是打胡乱说、说外行话、说没有根据的话，与普通话里的"胡说""瞎说"意义基本相同。但是，"胡说""瞎说"之类，直接指斥，简单粗暴，总觉得少了一点回旋的韵味和语感，而"开黄腔"就要温柔婉转许多，多了几分意味悠长。

"吃包谷粑打呵嗨——开黄腔"，按照字面意思理解，就是吃了包谷粑以后，满嘴是黄色的；而实际是讽刺那些"open yellow gun"的人。

床脚下的夜壶——离不得又见不得

说起夜壶，现在的新新人类恐怕绝大多数都没有见过这个神器，也不知道它的用途。

夜壶，其实就是过去男人们半夜三更方便时接小便的器具，所以又叫尿壶、便壶。一般都在夜间使用，所以有一个更形象的名字"夜壶"。

从前，居住条件差，屋内没有厕所，晚上起夜是一件极痛苦的事情，尤其在冬季。因此，家家户户睡觉的地方都准备有两件神器，根据男女之别及生活习惯的不同，男人用夜壶，女人用尿罐。特别是爷爷辈，因身体虚弱，连起床撒尿都有可能伤风受寒而一病不起，于是夜壶就发挥了极大的作用，可以直接提到铺盖窝里接尿。这就对夜壶的形状与做工要求颇高。

倒夜壶

夜壶，一般有一个大肚用于盛尿；肚子一边上方有一个大概45°角斜伸出来的颈口，用于导尿；肚子的正上方有一个把手，便于男人提住方便。整个形状，就像一个张开大口的老虎，所以，唐朝之前夜壶叫"由虎子"，唐朝开始为避讳李世民曾祖父李虎之名而改名。

普通人家的夜壶，一般是土陶烧制的，与其他土陶生活用品一样，不太上档次，破了也不太心疼。根据家庭经济和男人的身份地位不同，夜壶也有瓷做的，再稍微好一点的是铜做的，更好的是银子做的，最顶级的如皇帝的夜壶，是用金子做的。

不管什么材质的夜壶，始终摆脱不了一个既实用又尴尬的现实，与尿为伍，臭气熏天，这真是离又离不得、见又见不得，所以，无论是平民百姓家庭，还是达官显贵，一般都是把夜壶藏在床脚底下的。"床脚下的夜壶——离不得又见不得"由此而来。

这句歇后语的字面意思很简单，"不可缺少又不能让人看见"。引申出来的意思是：互相之间谁都离不开谁，但在一起又互相看不惯。活脱脱的一对欢喜冤家。

李二娃与淑芬两口子又因为一点小事拌嘴劲，互不相让。儿子李毛儿正在做作业，不胜其烦，也不知哪里来的勇气，突然大喝一声："你们两个是床脚下的夜壶唛？离不得又见不得！一天到晚都在吵，既然这么"婆烦"（讨厌）对方，干脆明天去把婚离了算啦！"

李二娃和淑芬同时一愣，同时开口，"毛儿，有你怎个说妈老汉的唛？！"

大阳沟的鲫壳——死的多活的少

在重庆，如果你不知道"大阳沟"，那你OUT了，肯定不是"老重庆"。大阳沟在老重庆人心目中的地位，绝不亚于解放碑。

大阳沟在哪里？就在解放碑的边上，曾经是重庆最大的农贸市场。形成于20世纪40年代，1956年公私合营。占据了今天五一路全部，北至江家巷，南达新华路，是一个典型的马路市场，两旁钢架棚屋，高高的屋顶，四周通风，屋顶有透亮的玻璃瓦。每天都像赶场，特别是过年过节，人山人海，摩肩接踵，重庆各区县的口音，在这里大荟萃。

过去的大阳沟有点热闹

大阳沟市场之所以在重庆人的心目中至今还占有一席之地，美丽的记忆挥之不去，不仅因为这里曾经是重庆物资最丰富、品种最齐全、价格最低廉、市场最繁荣的地方，而且是重庆商业系统率先改革开放的前沿阵地。上世纪80年代，大阳沟市场开始承包经营，以前在国营公司体制里卖菜的、划黄鳝的、杀鱼的、卖调味品的……纷纷承包各自负责的小摊位，成了重庆市第一批个体户。大阳沟市场也一跃成为全国十大菜篮子市场之一，风光一时，盛极一时。

从国企大锅饭，转化为给自己打工的个体户，大阳沟的经营户们干劲十足，每天天不亮就起床，午夜还在准备进货，足迹遍及全国各地。那个火红的年代，有一个特别响亮的词语来形容发家致富的人——万元户，大阳沟催生了重庆首批万元户。

大阳沟卖鱼的几十个摊位给人印象最深刻，大盆小盆的，水流沙坝般顺着街边摆了长长的一溜，一到下午，尤其是热天，由于缺氧，盆子里的鱼死了一大片，白翻翻的。特别是鲫壳（不知为何，重庆人硬是要将鲫鱼称为鲫壳），更是死的多、活的少。所以，了解行情的大妈们，最喜欢半下午去大阳沟"捡炕活"——这个时候的鱼价格最便宜，死而不僵，拿回家马上处理，和鲜杀的没有什么区别。

依托大阳沟最先富起来的一批人，文化程度普遍不高，还没有做好当有钱人的准备，就突然变成了有钱人，很多人要么得意忘形，要么无法适应，从而染上了赌博、吸毒等恶习，最终走向没落。到1997年重庆直辖、大阳沟拆迁时，这些曾经风光一时的万元户，犹如大阳沟的鲫壳——死的多活的少，很大一部分被打回了原形，从终点又回到起点，让人不免欷歔。

当然，也有小部分经营户做得更大了，成就了一番事业。对了，重庆至今有名的老四川、胖子妈、王鸭子等品牌，都是从大阳沟走出来的。

肚鸡眼打屁——妖（腰）里妖（腰）气

"肚鸡眼"为何物？外地人搞不太醒豁，但重庆人恐怕连三岁的细娃儿都晓得："肚鸡眼就是肚脐。"

肚鸡眼长在人的腰部的正面中心，除了在娘胎里供给胎儿营养外，对于成年人来说其实没得啥子用处，更不要说打屁了，那是人体另一个部位的功能，颠倒不得的。

但是，重庆人非要拿肚鸡眼打屁来说事儿。腰杆里放出来的气体，那只能是腰（妖）气了，所以就有了"肚鸡眼打屁——腰（妖）里腰（妖）气"的说法。这个歇后语有两层意思，一是明知不可为而"估倒"为之，按照重庆人的说法，就是"妖艳儿"得很；二是，明明不该干的事情却非要干，"妖精十怪"的。

妖里妖气

重庆女人爱打扮，敢打扮，最可爱的是敢穿上街去争奇斗艳。经常可以在大街上看到惊世骇俗的壮举。比如一个满脸皱纹的大妈，估计家里即将三世同堂了，非要扎着两个小辫子装天真，还要穿一身艳丽的露脐装扮清纯，露出小腹上满是呼啦圈的赘肉，刺得周围的人眼睛都睁不开。

重庆土著见怪不惊，遇到这种情况，大不了自言自语"肚鸡眼打屁"，听者自然都心照不宣——"妖里妖气"，然后露出会心一笑。外地来重庆的人哪里见过这种阵仗，惊得嘴巴张成"O"字，眼睛鼓成"二筒"，心里肯定在想：果然不愧巴人的后代，强悍如斯呀！

冬瓜皮做帽子——霉到顶了

冬瓜，起源于中国和东印度，广泛分布于亚洲的热带、亚热带及温带地区，果实巨大，一般呈圆球形或长圆柱状，最大的可以长达七八十厘米，直径二三十厘米。是的，这就是我们最常见的蔬果之一的冬瓜。

冬瓜最大的特点是表面有一层硬毛和白霜，轻轻一碰，满手白粉，犹如掉了一层灰，重庆人称之为"冬瓜灰"。冬瓜表面的硬毛和白霜，远远看去，极像食物搁置太久而发了霉。发霉的霉，与倒霉的霉，原本就是同一个字，因而，重庆人喜欢用冬瓜灰来形容倒霉——有一种倒霉，叫"霉起冬瓜灰"。

麻雀来筑巢安家了

如果用冬瓜皮做成帽子，那岂不是霉到顶子上了！所以，重庆人喜欢用"冬瓜皮做帽子——霉到顶了"这句歇后语来强化倒霉的程度：霉到顶了，霉到人的最高点了，霉到极限了！

李二娃上街买个菜，钱夹就不知丢到哪里去了，怎么找也没有找到。回家后一脸苦瓜相，诖（瓜）兮兮地对堂客说："淑芬，我今天是冬瓜皮做帽子——霉到顶了，钱夹被偷了。"

淑芬一听，惊爪爪地叫起来："啥子也，钱包丢了？看来我们下半个月只有天天喝稀饭了哟！"

二两花椒炒盘肉——肉麻

花椒是川菜常用的一种调料，味道奇麻，因而在调味时，只能放极少的量（一般放一二十颗，不会超过几克）进行点缀、提味。假设有人在炒一盘肉时，胆敢用上二两（100克）花椒，那绝对不可能是用来吃的，而是用来"麻人"的。重庆方言里的"麻人"，有点迷惑对方、麻醉对方、欺诈对方的意思。

"二两花椒炒盘肉"的直接后果就是，肉根本无法入口，吃起来很麻——即"肉麻"。这是"二两花椒炒盘肉——肉麻"这个歇后语的字面意思。但实际上，任何一个歇后语都不可能只有字面意思这么简单，否则就失去了歇后语的趣味。

"肉麻"一词，基本的意思是：由轻佻的或虚伪的或超甜的言语、举动所引起的不舒服的感觉。

吴老幺发了一笔横财，想在李二娃面前显摆，李二娃不以为然。但淑芬却已经羡慕得口水都差点流下来了："哎呀，老幺，你好能干哟，你从来都嘿能干，是我们这一片最会找钱的。看在你和二娃这么多年兄弟的分上，你以后就多带带二娃嘛。"

吴老幺听得眉开眼笑的，满口应承："没得问题，没得问题。"

李二娃却不高兴了："淑芬，你今天晚上炒肉用了二两花椒吧，啷个这么肉麻呢？"

"肉麻"一词，还有一层意思是"轻佻地狎昵"，多指男女之间过分亲昵的行为。

那天下午，开山脑壳坐轻轨去时代天街办点事，刚上车，就见一对年轻情侣在座位上依偎一起，旁若无人大秀恩爱，每每轻轨进洞子车厢昏暗时，两人就上演热吻戏。把开山脑壳的眼睛都"整瞎"了："这也太过分了噻，还让不让我们单身汉坐轻轨也？硬是要'二两花椒炒盘肉——肉麻'唉。"

告花子守马路——坐倒找钱

告花子，有些地方也称叫花子，其实就是乞丐。告花子的特点是不劳而获，往马路边一坐，面前摆个空钵钵，自然就有心地善良的大妈大婶往里丢些零钱。所以就有了"告花子守马路——坐倒找钱"这句歇后语。

这句歇后语产生的背景，应该是在农耕文明时期，绝大多数人都从事农业劳动，每天面朝黄土背朝天，得不到片刻闲暇，因而对坐着就能找钱的人，心里多少有几分艳羡。而在农耕文明的大背景下，坐着就能找钱的人，是很少的。

人类进入工业文明，"坐倒找钱"的事情就太多了，公司白领、企业老总、公职人员，无一不是"坐倒找钱"。因而，"告花子守马路——坐倒找钱"这句歇后语，就多了一份调侃的意味。一个热天下午，莽娃对黄幺妹发牢骚："幺妹，我们一天到晚在外头跑，都快被太阳烤成牛肉干了，你倒好，天天在办公室享受空调，告花子守马路——坐倒找钱！"

当然，从告花子的不劳而获"坐倒找钱"，进而可引申为一切人的不劳而

八卷 重庆言子

获,"告花子守马路——坐倒找钱"包含了深深的贬义。

李二娃下岗后一直意志消沉,天天酗酒。淑芬实在看不下去了,就和李二娃商量:"二娃,干脆你到朝天门去批发点小商品回来,每天晚上出去摆地摊?"

"丢不起这个人呀!"二娃否定了。

"要不,我们凑点钱,你去开个小面馆吧?"

"从来没有做过,做出来的小面不好吃,没有顾客怎么办?"

"那……你卤的菜好吃,每天卤点菜,挑到你们厂的家属区去卖?"

"你想得出来,还不如让我饿死!"

淑芬一下子冒火了:"二娃,我看你是告花子守马路,光想坐倒找钱。可惜你的八字生错了。从下个月开始,如果你还不出去找个事做,就不要回来了。我一个女人家,养儿子已经够累了,养不起你这个大男人!"

擀面棒吹火——一窍不通

早些年间,重庆人民煮饭多用柴火,每次煮饭之前,必须把柴火引燃,所谓"生火造饭"就是这么来的。柴火的干湿程度不一、易燃程度不一,烧火煮饭的过程中,难免会出现熄火或者燃烧不顺畅的情况,所以,家家户户都必备一个神器——吹火筒。

吹火筒的做法很简单,将一段生长多年的老竹子,大概一米左右长,用尖锐的铁器将中间的竹节打通。使用时,将一头对准柴灶内有火星的地方,另一头放在嘴壳子边,轻轻一吹,火星就会被再次引燃。

吹火

吹火筒之所以能作为引火工具,最大的原因就是中间被打通的一个个孔洞,也就是一窍而通。而擀面杖虽然外形与吹火筒有相似之处,但却是实心的,没有中间那至关重要的一窍,所以,如果用擀面杖来吹火,那肯定是一窍不通,没有任何效果。后来,"擀面棒吹火——一窍不通"就被引用来比喻某人什么也不懂。

一天下午,李二娃的工厂召开全体员工大会,厂长给大家作远景分析报告"洗脑":工厂马上要开展电商业务,进行线上销售,要大力发展O2O,要跟上时代步伐与"互联网+"接轨。李二娃听得云山雾绕,一知半解。

下班回到家,李二娃想显摆一下,也照本宣科给淑芬"洗脑"。谁知淑芬像听到外星人语录一样,一脸茫然,怔(矿)眉怔眼问:"二娃,电商是啥子板眼哟？线上销售是啷个回事呢？O2O 是个什么东西，吃的还是穿的？"互联网+"是不是互联网上的家呢？"

二娃一听，顿时没了兴趣："你才是'擀面棒吹火——一窍不通'哟！算老，不敢给你讲这些高科技了，免得把你的脑壳搞方了。"

狗戴眼镜——假装斯文

在中国，狗狗的命运大致可以分为两个阶段。

从 20 世纪 80 年代至今，狗狗被当成宠物，享受着与家庭成员相同的生活待遇，并拥有"狗幺儿"的昵称。现在的狗狗也学得嘿门智慧了，或卖萌争宠，或调皮撒娇，或狗仗人势……总之，狗狗享有无上尊宠。

而在上世纪 80 年代以前，狗狗多是农村家养的一种牲畜，主要目的是用来看家护院，因而其代名词是"看家狗"。彼时的狗狗，社会地位低下，每天吃的是家里

狗戴眼镜

的剩饭剩菜和小孩拉下来的屎——所以才有"狗改不了吃屎"这句俗语，稍不如意，就会被主人棍棒相加，夹起尾巴奔逃野外，惶惶如丧家之犬。因而，彼时的狗狗，大多面相凶恶，性格残暴，一有动静就狂吠，见到生人就狂咬。在农村，若要走乡串户，必须自带打狗棒一根方能自保。

眼镜，近视之人佩戴之物。近视之人，在百姓的心目中必是读书之人、做学问之人、斯斯文文之人。这类戴眼镜的人，在彼时的农村极为少见，因而备受尊重。

看家狗与戴眼镜之人，原本不能放在一起比较。但好事者非要将人的眼镜给看家狗戴上，虽然看家狗凶恶的形象顿时有所弱化，变得有一丝丝的斯文之气，但其见生人就咬的本性却一点没有改变，因此，所谓的斯文，也是假斯文吧！所以，"狗戴眼镜——假装斯文"由此而生，其意思也非常明确，就是"假装斯文"呗！

国庆节前，李二娃突然心血来潮，去买了一件唐装正儿八经地穿上，问淑芬："好看不？是不是像知识分子了？"

淑芬瞥了二娃一眼，心头十分不了然："明明就是没得几滴墨水的大老粗，再怎么打扮，都是狗戴眼镜——假装斯文。"

棺材里面打粉——死要面子

俗话说:"人活一张脸,树活一张皮。"脸和皮,都是面子问题。

鲁迅在《说"面子"》一文中曾专门论述了中国人的面子问题:"'面子'究竟是怎么一回事呢?不想还好,一想可就觉得糊涂。它像是很有好几种的,每一种身价,就有一种'面子',也就是所谓'脸'。这'脸'有一条界限,如果落到这线的下面去了,即失了面子,也叫作'丢脸'。不怕'丢脸',便是'不要脸'。但倘使做了超出这线以上的事,就'有面子',或曰'露脸'。"

死要面子

可是,鲁迅所说的"界限",却没有明确的标准,以至于什么是有面子?什么是没面子?什么是丢了面子?什么是找回面子?一直没有一个可供人参考的尺度。因而,面子问题就成了一个困扰所有中国人的大问题,千人有千个标准:你觉得丢了面子,他觉得无所谓;你觉得够有面子,他觉得掉了身价……

于是,所有的中国人都在为"面子"而活。从这个意义上说,"人活一张脸,树活一张皮"完全可以理解,树剥了皮会死去,人丢了面子活着也没有价值,犹如行尸走肉。

人活在世上,饭是要吃的,面子也不能不要。毕竟,适当的面子,可以促进我们自尊自强,激励我们奋发向上。但是,鲁迅所说的脸上的这条界限究竟应该放在哪里?也就是说,好面子究竟应该到什么程度?却至关重要。

有人把自己贬低到尘埃中,把面子抹下来放到衣兜里,什么都无所谓,这种人不要脸,无耻,无所谓面子不面子;有的人每天戴着一张假面具示人,要面子到了一个人神共愤的程度,明明家里已经揭不开锅了,却天天炫耀自己吃的是大鱼大肉、山珍海味。这种面子,已经超出了面子的范畴,实际上是一种心理上的疾病,极度的自卑转而变为极度的自尊,还是不要的好。

还有一种极端的要面子,人都死了,躺在棺材里,按理说,反正什么也不知道了,要不要面子已经不重要了,但是,面子事大,"对不起,麻烦您递一盒粉给我,谢谢!面子问题没有处理好,我死不瞑目呀。"这叫"死要面子"。死了都要面子,虽然说法有些夸张,但这个群体的人数还真不少。因此,"棺材里面打粉——死要面子"就应运而生了。

棺山坡上卖布——鬼扯

"棺山坡",就是专门埋棺材的山坡,又称为"坟山"。解放前,重庆城的棺山坡就在七星岗到观音岩那一片荒山坡上,"七星岗闹鬼"就是这么来的。

"扯",在重庆话里有"说话幽默"的意思,"那个小丑'扯'得很,每句台词都逗得观众哈哈大笑"。也有"胡搅蛮缠"的意思,"白纸黑字写得清清楚楚的,你不要跟我'扯'。"还有"商量摆谈"的意思,"明天下午我们在北城天街星巴克碰个面,'扯一扯'合作开店的事情。"另外还有"说谎"的意思,"这件事明明是你错了,还在跟我'扯把子'说这些。"

麻将桌上鬼扯工作

"扯"还有另外一个如今已经不常用的意思,即"买"东西,特指买布。例如,"幺妹,你今天去两路赶场时顺便给我'扯'两尺花布回来哈,我用来缝一条围腰。"之所以只有买布才用"扯",因为布料一般是整匹存放,需要多少,用尺子量好,剪刀剪一个小口,拉住小口两边用巧力一"扯","哗"的一声就一分为二了。因为是根据购买需求"扯"下来的,所以买布就叫"扯布"啰。

棺山坡阴气森森,人迹罕至,平常在棺山坡活动的,恐怕只有传说中的鬼了。如果有人非要到棺山坡去摆摊卖布,那么来买布的,肯定不会是人类。会是谁呢?当然是鬼了。所以,棺山坡上卖布,只有鬼扯了。

鬼扯,鬼扯,与鬼胡扯,与鬼闲扯,引申为"没有中心或者没有根据的打胡乱说"。

"李二娃,听说你前几天捡到一个钱包,里面有一千多块钱哦。"

"吴老幺,你这是'棺山坡上卖布——鬼扯'哟,我啷个自己都不晓得捡了钱包也?"

好吃街的板栗——现炒现卖

重庆的好吃街很多,不仅主城有,每个区县都有一至几条各具特色的好吃

重庆城最早的好吃街的炒板栗

街。说起好吃街的知名度和穿透力，最出名的是解放碑的八一路，各种小吃琳琅满目，特别是酸辣粉，每天排着长队。至于曾经很受欢迎的板栗，如今已被美食创新能力超强的重庆人渐渐遗忘，在寸土寸金的好吃街已难觅踪影了。但好吃街的板栗，至今还留在重庆人的记忆中。

老重庆人记忆中板栗飘香的好吃街，不是今天的八一路，而是浩池街。这条街位于南纪门片区，属于传统的下半城，因街边有一个很大的水池，所以叫"浩池街"。街上聚集了众多小吃，又因为"浩池"与"好吃"同音，所以民间干脆称这条街为"好吃街"。这才是重庆传统的好吃街。

好吃街卖板栗的情景堪称一绝。老板在街边支起一口大铁锅，里面装了大半锅乌黑发亮油浸浸的沙子，裹挟在沙子里的，是饱满圆润的板栗，在丘二操一把巨大锅铲的翻炒下，板栗若隐若现。随着热气的升腾，半条街都飘荡着板栗的香味。人们循着香味而来，排着长长的队伍，秩序井然等待这一锅板栗炒熟。这就是"好吃街的板栗——现炒现卖"。

时间久了，大家觉得"好吃街"之名不雅，又将这条街改名为"厚慈街"。如今，厚慈街已经在城市大拆大建的进程中荡然无存，簇新的高楼大厦即将拔地而起。一条街的变迁，浓缩了一个时代的变迁。

"好吃街的板栗——现炒现卖"，本意是指现吃现炒。李二娃给淑芬说："开餐馆就是麻烦，就像好吃街的板栗——现炒现卖，客人一多就忙不过来，客人一少厨师又没得事做。"

这句歇后语现在已经引申为一切"现过现"的事情，比如，刚学到什么知识，转身就用来教育他人。淑芬："二娃，你才是好吃街的板栗——现炒现卖也，上午车间主任教育你的那些话，下午就用来洗刷我。"

耗子钻风箱——两头受气

从前，煤炭很紧缺，家家户户都有一个传承了上千年的"半自动"鼓风设备——风箱，一般安放在厨房的灶台旁，生火煮饭时，左手拉风箱，右手添柴火，火就风势，越烧越旺。风箱的功能与吹火筒类似，只不过，吹火筒是原生态、纯人工，风箱是升级版、半自动。

风箱由一个木箱、一个推拉的把手，以及木箱里与把手相连的活塞构成。操作人员用手拉把手，带动木箱里的活塞运动，空气通过进气口使风箱里的皮囊内充满空气；然后推动把手，活塞将皮囊内的空气压出，空气通过输风管进入灶膛内。

风箱的进气口很小，出风口更小，若耗子钻进去，很不容易钻出来。钻进风箱的耗子，无论是推把手还是拉把手，都要被风吹灌，耗子的感觉嘿难受。这就是"耗子钻风箱——两头受气"的来历。这个歇后语用来形容一个人处于矛盾双方的对立之中，进退不得，左右为难，两面不讨好，到处受委屈的尴尬处境。

李二娃和淑芬因为一点琐事吵架，两人互不理睬好多天，在家搞冷战。

耗子钻风箱

李毛儿一看苗头不对，妈老汉又搞卯了，抓紧时间挣表现的机会到了，一个人在厨房翻箱倒柜忙了一下午，做了一桌丰盛的饭菜。先去请老汉来吃饭，被李二娃一句"不想吃，气都气饱了"给呛了回来；又去请妈来吃饭，淑芬劈头盖脸就是一句："滚一边去，少给我来讨好卖乖这一套！"

李毛儿"耗子钻风箱——两头受气"，顿时觉得很委屈，大喊道："好，你两个有本事一辈子都不吃。"说完摔门而出，气鼓鼓的找同学聊天散心去了。

耗子啃菜刀——死路一条

耗子，即老鼠，在十二生肖中排名第一位，跟十二地支配对为"子鼠"，这是"耗子"称谓中"子"字的来源。那么，"耗"字是如何来的呢？据说古代官府征收钱粮时，会以损耗为名，额外进行摊派，名为"雀鼠耗"，意思是麻雀和老鼠造成的损耗。

原本苛捐杂税就多，再增加了"雀鼠耗"，老百姓负担更重，苦不堪言，但又不敢公开埋怨官府，只有将一肚子怨气发泄到老鼠身上，咒骂老鼠是"耗子"。这一说法，流传至今。

千百年来，耗子一直与人类共生共存，同时，人类也一直与耗子进行着斗争。所谓"耗子过街——人人喊打"，可见人们有多么憎恶耗子，恨不得抓住它，剁之、砍之、剐之、淹之、烧之……但是，耗子异常聪明，不断与人类斗智，且繁殖能力超强，总能有效躲过人类的剿杀。

耗子啃菜刀

在这种情况下，有耗子胆敢主动送货上门，啃食菜刀上残留的肉屑，或者在菜刀上磨牙，那岂不是活得不耐烦了！最终结果，只有死路一条。所以，

"耗子啃菜刀——死路一条"这句歇后语就应运而生。

重庆人使用"耗子啃菜刀——死路一条"这句歇后语,不仅仅是指生命的终结这一条死路,还比喻事情到了绝境,道路走到尽头,思路陷入死胡同,等等。总之,凡是没有回旋余地的、没有前途的、没有翻盘机会的,都可以称为"死路一条"。

自从李毛儿上了高中以后,李二娃就不停地在李毛儿耳边念叨:"毛儿呀,高中阶段一定不能松懈哟,要是考不上大学,就只有'耗子啃菜刀——死路一条'了。"

这天晚上,李毛儿实在是忍无可忍了,愤恨地顶了一句:"死路一条就死路一条,在菜板上被一刀砍死,总比现在这样被念死好。"

黄桷树的根——栽得深

铜梁巴岳山黄门村的"黄桷树门"市树。

黄桷树学名大叶榕,也叫黄葛树,为高大落叶乔木,小崽儿特别喜欢爬到黄桷树上摘黄桷苞来吃。它的茎干粗壮,树形奇特,悬根露爪,蜿蜒交错,古态盎然;枝杈密集,大枝横伸,小枝斜出虬曲;树叶茂密,叶片油绿光亮,寿命在百年以上。总而言之,它的生命力极强,像极了重庆人的性格,因而,当仁不让被选为重庆的市树。

黄桷树的根系特别发达,黏附力和穿透力非常强,有的根系要比树干发达2-3倍,所以不能栽在房前屋后。在重庆市儿科医院对面的堡坎上有一棵黄桷树,主干直径只有8厘米,但有一根树根的直径却有134厘米。树高只有3米,树冠只有4米,但它的一条侧根却顺着堡坎横着长了16.5米,超过树冠的4倍。可见,黄桷树的根,不是一般的栽得深。

重庆人对"栽"字深恶痛绝,特别是爱好打麻将的人,一听到"植树造林——栽",立马犹如万里长城崩于眼前,对人生都失去了希望。因为在重庆土语中,"栽"的意思是"输、倒霉,走背运"等,总之一切不好的事情,都可以用"栽"来形容。比如:"悍匪周克华在重庆终于栽了,被公安干警当场击毙。"

重庆人民喜爱黄桷树,正是因为它的根"栽得深",性格顽强,但却对"栽得深"在重庆方言中的引申含义颇为忌讳。"栽"已让人接受不了,"栽得深"就更让人简直没有活路。

淑芬打麻将深夜归来，丧脸扮嘴的嘿不高兴，对李二娃爱理不理。

二娃无话找话："淑芬，看你的脸色，今天肯定是植树造林一个字——栽。"

淑芬重重地叹了一口气，"今天是黄桷树的根——栽得深哟！二娃，我们下半个月只有吃咸菜喝吹吹稀饭了哈。"

李二娃知道淑芬心情不好，不敢招惹，赶紧应承："要得、要得，正好吃点稀饭咸菜清清肠。"

黄泥巴滚裤裆——不是屎也是屎

重庆盛产黄泥巴。黄泥巴是黄色的，屎也是黄色的，两者的颜色、外形、黏性极为相似，所以，当原本应该在黄土里的黄泥巴，落到很容易让人联想到屎的裤裆里时，后果会是什么样子的呢？当然是多数人都会误认为裤裆里是屎。即使你用一百张嘴辩解，会有人相信吗！所以，"黄泥巴滚裤裆——不是屎也是屎"的意思，就是"遭遇到说不清的冤枉事，难逃嫌疑，不能辩清"。

跳进黄河更洗不清了

李二娃被人下了烂药，说他上班时间泡妹妹，这事不知怎么就传到了淑芬耳朵里。

这天二娃下班刚回家，就被淑芬一阵骚言骚语："咃，二娃，你们单位那个妹妹乖嚯？"

李二娃一听就着急了："淑芬，连你都不相信我嗦，我硬是黄泥巴滚裤裆——不是屎也是屎了。"

"屎"与"死"，在重庆话里读音相同，因而，重庆人说"不是屎也是屎"，听起来就是"不是死也是死"，横竖都是死，死路一条。

二娃被淑芬冤枉，知道以淑芬的性格，怎么解释都没有用，心想反正今天是"黄泥巴滚裤裆——不是屎也是屎"了，于是把心一横："淑芬，既然你坚持认为我泡了妹妹，为了证明你说的话没有错，我还非得出去晃一盘儿。"

淑芬杏眼圆睁："你敢！"

肩膀上放烘笼——恼（捞）火

随着电热毯、暖手器、空调、地暖的普及，一个老物件——烘笼，离我们越来越远了。"烘"是它的功用,"笼"是它的外形,合在一起就有了"烘笼"这个名字。重庆人说到"烘笼",喜欢在后面加一个儿化音,就成了"烘笼儿",听起来感觉更加温暖如春。

猫咪烤烘笼

烘笼的结构简单,分为两个部分:讲究点的里面是一个陶钵,简陋的就用泡菜坛子的上盖或者土碗,外面是用竹片或柳条等编成的笼子。冬天,将烧得红红的木炭火放到里面的陶钵、土碗或泡菜坛盖子里,然后盖上薄薄的柴灰,可以保温三四个小时。这可是以前家家户户必备的物品,特别是农村,每人提一个,随身携带,再也不怕冬天的寒冷。老人还喜欢在上床之前把它放到被窝里,与电热毯、热水袋的功能差不多;有小孩的人家,也用它给婴儿烤尿片、尿裤子等。

使用烘笼时,走路时提在手上,迎风时偎在外衣里,坐到时踩在脚下,如果有人将它放到肩膀上扛着,不是发神经,就是遇到了大麻烦。重庆人扛东西不说"扛",而是发明了一个特别的替代字——"拷"。肩膀上放烘笼儿,那自然是拷火了!重庆方言"拷"与"恼"同音,拷火即恼火。重庆言子表现力丰富,单一个"恼火"就有三层意思,一是指困难、辛苦、麻烦、难办;二是指遇到棘手的事情心里烦躁、不爽;三是形容愤怒、气恼。

春节放长假,张老坎穿了双刚买的新皮鞋出门会朋友,刚走到公交车站就被人踩了一脚。正恼火之际,对方不但不道歉,反而责怪张老坎的皮鞋硌了他的脚。张老坎望着对方"估吃霸赊"的凶神恶煞样子,只好自认倒霉。他强压着恼火的心情,去寻找擦皮鞋摊。可是,春节期间,擦皮鞋的人都回老家过年去了,擦皮鞋成了一件恼火的事情。

一句话里出现这么多"恼火",你是否感觉肩膀上放烘笼——恼火呢?

较场坝的土地——管得宽

一天晚上,两口子打架,锅碗瓢盆满天飞,整得雷翻阵仗,隔壁邻居跑来劝架。然而,自古以来清官难断家务事,好心不一定有好报,这位古道热肠的隔壁户没想到挨打的女人不但不领情,反倒是得了一句冷言冷语:"你手抻得太长了嘛,我两口子的事情,你管得宽。"

在重庆城,这句歇后语完整的表达是:较场坝的土地——管得宽。这较场坝的土地,招谁惹谁了?

古人信鬼神,认为阳间和阴间对应存在。而土地一职,应该是管理阴间的鬼神中最低级别的官员了。他们各管一方，并受阳间的当地人设立神祠供奉，也就是常说的土地庙。但重庆较场坝这地方，却是没有土地庙的。较场坝之所以得名，就是因为这个地方，以前只是清朝时候川东地区武秀才考试的考场而已。这个空旷的巨大场坝，除了考试期间外，平时空无一人，又哪来的土地庙呢？可武试期间，这里却是人气高涨。原来各地考生云集，万家瞩目，所以一大批商户就看准了商机在此搭棚经商，这期间也就有了临时的街道，甚至还有热闹的夜市。

抗战时期较场口的唯一电影院

经商之人尤其崇信鬼神，较场坝没有土地庙，就只有就近寻找土地庙祭祀，恰好临近的关庙街口有一个。于是，这关庙街口的土地，在武试期间也就兼管起了较场坝的业务。时间一长，人们就默认了这关庙街的土地，也就是较场坝的土地了。

"管得宽"，暗讽的是狗拿耗子——多管闲事，不该你管的，你却来管了。但"管得宽"，总比没人管，或者是明明有人管却不来管，更受人欢迎一些。

菜园坝的老鸹——飞起来吃人

话说"菜园坝的老鸹——飞起来吃人"前，先摆个老龙门阵。

较场坝，明清两朝是"武举"考场和阅兵场，因为时常集结人马操练武艺，所以坝儿十分宽阔，东起米亭子，西至中兴路，南连凯旋路，北接和平路。旧时的关庙街、木货街、十八梯、百子巷等街巷均在此交会，是去往通远门、金汤门、南纪门、定远门、金紫门、储奇门的交通道口。因此重庆人习惯称这里为"较场口"，这一地名沿袭至今。

过去菜园坝两路口的缆车最网红

较场坝儿宽阔平坦，不但可以习武练兵，还可以斩头示众，因而这里也是昔日犯人砍头、死刑犯敲沙罐（枪决）的地方。每次犯人被砍头，待行刑者散去，总会有成群乌鸦飞来，啄食被杀之人的尸体，于是民间就产生了一种说法：较场坝的老鸹——飞起来吃人。老鸹，重庆人对"乌鸦"的称谓，有时也把老鹰叫做"老鸹"。

清政府垮台后，开科取士的功能废除，较场坝失去原来的作用，转瞬变为三教九流、五行八作、各色人等杂陈之地，坑蒙拐骗，凶诈恐吓，夺人财物之事时有发生。于是，"较场坝的老鸹——飞起来吃人"被借用来形容此等既不要脸又不要命、穷凶极恶之人，或者欺行霸市、巧取豪夺之事。

解放后，较场坝的功能彻底转变，回归交通要道口的本质，变得清净起来。

几乎同时，菜园坝却因为成渝铁路通车，成为当时重庆唯一的火车客运始发站，成了南来北往客人的集散地，也逐渐成了各路"牛鬼蛇神"的出没之地，偷抢财物、勒索钱财、敲竹杠之事时有发生。在当时重庆小面只卖两元一碗的情况下，外地人吃一碗小面被要求支付数十元的新闻时有发生。于是乎，"较场坝的老鸹——飞起来吃人"逐渐演变成了"菜园坝的老鸹——飞起来吃人"。两者的意思完全一模一样，只是换了一个地方而已。

解放碑的钟——不摆了

从前解放碑的机械钟经常不摆了

2005年的一天，细心的市民给重庆的报社打热线电话："解放碑的钟啷个不动了也，是不是坏了哟？"

"哦豁，解放碑的钟——不摆了。"老一点的重庆人，趁机打趣提起了这句歇后语。

自从20世纪40年代以来，解放碑的钟可说是标志物中的标志物，地标中的地标。最开始，这钟是气派非凡的摆钟，整点准时敲出的钟声，连朝天门都听得到。进入上世纪70年代后，这大摆钟不但越走越不准了，有时还干脆就停摆了。于是乎，这句歇后语开始在市民中流行起来。

"不摆了"是何意。"摆"，在重庆人口中有"说话、聊天"的用法；"不摆了"，是一种很提劲的说法，形容一个东西好得都没法用语言来形容。这种自我夸耀或是羡慕、妒忌的程度，又怎一个"惨"字了得。当然，重庆话当中的"惨"跟"悲惨"没得关系，可看做是形容程度极其之深的一个语气副词。例如，到临江门老灶火锅店点上一锅老油底料，那最正宗的麻辣烫味道，简直是不摆了。

解放碑的钟不摆了，后来就由机械摆钟换成了石英钟，大约在2005年前后，现在使用的便是劳力士电子大钟，1个母钟，4个子钟，通过GPS接收卫星传送的格林尼治标准时间。精准是绝对精准了，几百年出入可能不到10秒。但永远都摆不起来了。

因而，解放碑最老的摆钟，赋予了重庆人太多的精神文化寄托，也衍生出了这句歇后语。

糠壳揩屁股——倒巴一坨

从前，物资极度匮乏，对于揩屁股这种既浪费资源，又见不到什么实际好处的事情，处理起来往往十分草率。草纸是稀缺资源，紧俏还价格昂贵，绝不可能用来揩屁股。最常见的，就是放一捆竹青以及用来编农具后剩下的竹黄小条在茅厕边，大事之后，顺手折一段竹黄，按到起一刮了事。

如果是在野外或者其他场所，一时间找不到竹黄小条，只有见到什么用什么，一根小树枝，几片树叶子，一把干茅草，都有可能。但农村人都晓得，糠壳是万万使不得的，用糠壳来揩屁股，不但揩不干净，反而粘上很多，"糠壳揩屁股——倒巴一坨"。

"糠壳"，就是谷子加工成大米后，先前包裹着大米的一层壳，即米糠；"巴"，贴、附的意思。原本是想用糠壳来解决问题，结果不但问题没有解决，反而增加了新问题。"糠壳揩屁股——倒巴一坨"比喻为人排忧解难不但没有成功，反而给自己惹上许多麻烦。

淑芬是个热心人，给隔壁的周二妹介绍了一个男朋友，两人见面以后各自都觉得比较顺眼，就开始交往。谁知没过多久，两人不知为啥子事闹起了矛盾，分别来找淑芬，言语中都有责怪淑芬介绍错了人的意思。

晚上和二娃说起这事，淑芬还有点愤愤不平："我开头介绍他们两个认识，还不是想做点好事，成就一段姻缘，没想到糠壳揩屁股——倒巴一坨，现在都来怪我。"

传统风车将谷子分离成米和糠壳

癞疙宝吃豇豆——悬吊吊的

癞疙宝是个啥子宝呢？外地人不明就里，以为重庆人口中的癞疙宝，真是个什么奇珍异宝。这是外地人不熟悉重庆的语言习惯而产生的误会。重庆话生动、形象、幽默、有趣，喜欢把什么都说成"宝"，比如"宝器"，如果某人对你说："你娃真是个宝器哟！"这并不是在夸奖你"宝贵得像一个国家机器"，而是在调侃你"哈戳戳的"。至于癞疙宝，既是癞子，又疙里疙瘩的，肯定不会是什么好东西。

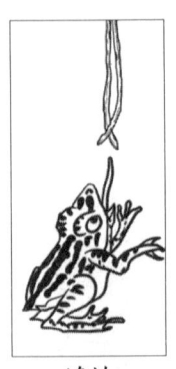

不信，你自己看嘛，蟾蜍满身布满疙瘩，而且背上皮肤乌一块紫一块的，让人一看见心里就发麻，所以重庆人就给它取了一个形象的名字——癞疙宝。它在民间还有一个名字——癞蛤蟆。对的，正是那个大名鼎鼎的、想吃天鹅肉的癞蛤蟆。癞蛤蟆没有吃成天鹅肉，这一次，改吃豇豆了。豇豆长呀，一口、两口、三口都吞不下去，所以癞疙宝吃豇豆，总是剩那么一段吊在嘴巴外面，上不沾天下不挨地，悬吊吊的，让人心里很不踏实。

蟾蜍

汶川大地震时，我正在解放碑的办公室里，突然感觉办公楼在晃动，惊爪爪地跑到门口，格老子的又没有动了："难道是年龄大了，脑壳昏了？"边想边往办公桌走去。突然又是一阵摇晃，我的妈呀，是不是发生地震了哟？转身就往楼下跑，心里头就像癞疙宝吃豇豆——悬吊吊的。

有一次到成都出差，从解放西路去菜园坝的路上发生了大堵车，出租车一路上过五关斩六将，终于到达火车站时，离发车时间只有五分钟了。我一路狂奔进站，看到火车已经缓缓启动，就近找了一节车厢，一个箭步跨过去，乘务员连拉带拽帮助我上了车，此时，火车已经提速离开站台。这真是癞疙宝吃豇豆呀——悬吊吊的，如果再晚一秒钟，肯定赶不上火车了。

癞疙宝打呵嗨——好大的口气

癞疙宝，也就是癞蛤蟆，学名蟾蜍，由于皮肤粗糙，背上长满了大大小小的疙瘩，所以成了被人讥笑讽刺的对象，成为"丑陋、妄想、自大"的象征，比如，"癞蛤蟆想吃天鹅肉"。

癞疙宝喜欢捕食各种害虫，胃口极好，连和它体形差不多大小的老鼠，都可以整个吞下去，可见癞疙宝嘴巴之大，张开的时候甚至大过自己的头。

癞疙宝打呵嗨

打呵嗨，就是打呵欠。癞疙宝打呵嗨之时，嘴巴一开，犹如一张血盆大口，要吞掉面前所有的害虫。——咦，好大一张口！后来引申为"好大的口气"。

"癞疙宝打呵嗨——好大的口气"，比喻说话的气势大，一般用来讽刺那些自以为是、不知轻重、不晓得天高地厚的人。

吴老幺最近不知从哪里发了一笔小横财，有些飘飘然起来。这天，专门请李二娃吃饭，一是为了显摆，二是请李二娃出山给他当听用。

酒至半酣，吴老幺舌头都有点拴不转了："二……二娃，在厂头每……个月拿那点工资……有啥子意思嘛，出……出来跟倒我混，保证让你一……一年之内发财。"

李二娃知道吴老幺做事"吊甩甩的"（不靠谱），也没有把吴老幺的话放在心上："老幺，你给我说，你究竟在做啥子生意呢？"

吴老幺拴了半天才把舌头理顺："我……我现在做……做的大生意，马……马上就要启动一个项目，修……修一座重庆最……最高的大楼。"

李二娃十分不以为然："老幺呀，你这是癞疙宝打呵嗨——好大的口气哟！那我提前恭喜你了哈！"

老太婆打呵嗨——一望无牙（涯）

歇后语往往从日常生活中的现象入手，先形成前一部分，即引子，有点像谜语的谜面。然后由前一部分自然贴切地引出后一部分，即后衬，有点像揭晓谜底。在一定的语言环境中，通常说出前半截，"歇"去后半截，就可以领会和猜想出它的本意，所以称为"歇后语"。

歇后语幽默风趣，耐人寻味，可以看成是汉语的一种文字游戏。由于来自民间，由劳动人民在日常生活中创造，因而具有鲜明的地域特色和浓郁的生活气息，非常接地气。关于歇后语表达的内容，我们不能以今天的眼光去审视。比如，"老太婆打呵嗨——一望无牙（涯）"，并没有要讽刺老太婆的意思，只是从一种现象，联想到了另一种意境。

年龄大到一定程度，人和动物的牙齿都会掉光，这是自然生理现象。已经掉光了牙齿的老太婆打呵嗨（打呵欠），小嘴一张，放眼望去，一定是满口无牙，所谓"一望无牙"是也！"牙"与"涯"同音，由"一望无牙"而"一望无涯"，由"老太婆打呵嗨"，却引出了"一望无涯"。

所以，"老太婆打呵嗨——一望无牙（涯）"这句歇后语的意思就层次丰富起来，字面意思是"一望无牙"，看不到一颗牙齿；引申意思是"一望无涯"，一眼望不到边际。但为啥子不用"老大爷打呵嗨——一望无涯"呢？缘由就整不清楚了。

李二娃和淑芬省吃俭用存了小半年的钱，又好不容易凑在一起耍年假，终于到内蒙古大草原去旅行了。站在宽阔的大草原上，劲风吹拂，绿浪滚滚，一眼望不到尽头，李二娃情不自禁、感慨万千："这才真是老太婆打呵嗨——一望无涯呀！"

麻雀跳进糠箩篼——空欢喜

麻雀，是中国境内最常见、分布最广、适应能力最强的鸟儿，随时"叽叽喳喳"叫个不停，因此，重庆人对在公共场合聒噪不休的人，常常比喻为"闹山麻雀"。麻雀生命力极强，为了保持这种旺盛的生命力，必须不停地"吃、吃、吃"，田间地头，庄稼地里，居民小区，随时可见它们忙碌的身影。基于以上两个原因，麻雀颇受人厌弃，上世纪50年代，曾被国家层面当成"四害"之一，全国人民欲除之而后快。

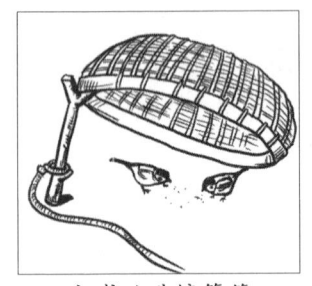

箩篼，用竹篾或者藤条编织成的一种器具，多为方底圆口，一般成对制作，使用方法为一人肩挑，也有两人抬的。常用来装盛稻谷、玉米等粮食。当然，重庆方言为了避免直接说"屁股"的不雅，也将屁股称为箩篼，因不在本文讨论之列，所以就省略了。

麻雀跳进糠箩篼

箩篼原本是用来装粮食的，麻雀一看到箩篼，就知道又可以搞着了，又可以饱餐一顿了，自然欢喜得不得了。于是站在树梢上，乘人不备，群起而飞入箩篼，"叽叽喳喳"也忘了，因为嘴巴忙不过来。几口一下肚，不对，不是谷子，是糠壳！糠壳，即米糠，简称"糠"，稻谷的皮，一般不能食用。显然，"麻雀跳进糠箩篼——空欢喜"一场。

李二娃听说厂里要给他加工资，高兴得不得了，晚上回家就把这个喜讯告诉了淑芬。

还是淑芬谨慎些："是哪个给你讲的呢？"

"我们班组的王大汉说的。他说，那天他到车间主任办公室去，正听到车间几个领导在讨论，正说到我的名字。"

"二娃，不对哟，如果是车间讨论的，肯定是车间主任告诉你噻，你明天去章主任那里打听打听，莫是'麻雀跳进糠箩篼——空欢喜'哈。"

二娃一夜没有睡好觉，第二天多早八早就来到车间主任办公室，碍口失羞地问："章主任，听说最近厂里要调工资哇？"

章主任正在填一张报表，头也没有抬："打胡乱说，最近产品降价严重，厂里几乎没有利润，没有降工资都是好的，你还在梦想着涨工资，是不是清早八晨喝醉了酒哟？"

李二娃诖（瓜）兮兮地退出车间主任办公室。一想到王大汉，恨得咬牙切齿："狗日的王大汉，害得老子'麻雀跳进糠箩筐——空欢喜'一场，看我下次啷个整你娃！"

猫翻甑子——替狗干

猫和狗，虽然同为人类的宠物，同在一个屋檐下混伙食，性格却截然不同。就拿吃饭来说，猫对食物的精度要求颇高，往往要有一点小鱼小虾拌饭，吃起来才畅快。而且猫的食量非常小，每天一小碗，往往还要剩上一点点。因此人们习惯用"吃猫食"来形容那些食量小的人。

猫翻甑子

狗对食物的要求就不高了，但凡剩菜剩饭，一律照单全收，甚至以吃屎为乐，所以有"狗改不了吃屎"的说法。狗还有一个特点，不知饱足，食量惊人，似乎永远都在吃，永远都吃不饱，因而民间又有"喂不饱的狗"的说法，用来形容那些永不知足的人。

所以，对于甑子里的饭，猫和狗的态度是不同的，猫不屑一顾，狗求之不得。不管什么原因，如果猫把甑子打翻了，里面的白米饭倒出来，猫肯定弃之而去，而狗肯定将之吃得颗粒不剩。所以，猫翻甑子虽然费了大力气，得大利的却是狗。"猫翻甑子——替狗干"这句歇后语，正是用来比喻"自己费了力，而别人得了利"这种情况。

"二娃，你这个月的工资啷个少了好长一拃（卡）呢？"李二娃刚回到家，淑芬就惊爪爪地追问。原来，李二娃是十足的耙耳朵，工资卡由淑芬掌管，所以，淑芬总是第一时间知道二娃的工资情况。

"旷工一天，被扣了两天的工资。"李二娃有些无可奈何。

"不可能哟，你天天都上了班的哒嘛！"淑芬紧追不放。

"哎呀，我到人力资源部去查了，有一天下班忘了打卡。"李二娃很沮丧，像做了错事的小学生。

淑芬一听，顿时来气了："你拱起背背干到黑，结果因为没有打卡，就叫旷工，还要扣两天的工资，落得个猫翻甑子——替狗干，你说你哈不哈嘛？"

猫抓糍粑——脱不了爪爪

重庆江津区有一个中山古镇，古镇的石板烤糍粑非常有名，软糯香甜，趁热吃，堪称美味。关于这种风味独特的糍粑，古镇还流传着一段有趣的故事——

相传当年孙悟空大闹天宫，二郎神奉玉帝之命前去捉拿。两位尊神一路斗法来到中山古镇，始终不分高下。二郎神心生一计，摇身变成一个水灵灵的村姑，把当地的特产香糯米蒸熟舂成糍粑，团成蟠桃状。然后找了一块光滑的青石板放到火炉上，把团好的糍粑放到上面烤起，再把黄豆炒熟磨成黄豆面撒在上面，黄灿灿、香喷喷的，真像一个个蟠桃。青石板被火一烤，滚烫滚烫的，但却不变色不冒烟，一点儿也看不出来。

孙悟空果然就被"蟠桃"散发出的香味吸引过来了，他用火眼金睛一看，一下子就识破了村姑是二郎神变的。孙悟空艺高人胆大，摇身变成了一只猫，跳上青石板，抓起两个黄灿灿的"蟠桃"，一屁股坐在青石板上就开啃。谁知"蟠桃"的滋味还没尝到，屁股底下就感觉到火辣辣的。他两个爪爪赶忙一甩，想丢掉两个"蟠桃"开跑。谁知那"蟠桃"又黏又烫，硬是甩不脱。孙猴儿一急，顿时现了原形，连滚带爬跑到笋溪河里，凫水过河朝竹林跑去。只听身后传来一阵哄笑声："真是猫抓糍粑——脱不了爪爪哟！"

重庆人用这个言子来比喻"脱不了干系"，告诫人们做事要三思而后行。比如偷鸡摸狗的、欺行霸市的、为非作歹的，最终都是猫抓糍粑——脱不了爪爪！

猫抓糍粑

茅司头打灯笼——找死（屎）

在重庆广大农村，如厕的地方叫做"茅司"。这个称谓，大概来源于全国人民都还没有富裕起来之前"茅司"的简陋外观——农村卫生条件差，各家各户都在房前屋后、东侧西边，总之，只要不是正对着大门的地方搭一个茅草棚，挖一个坑就算成了；或者直接在猪圈旁边挖一个坑，每次出恭，所有的秘密，都被哼哼唧唧的大肥猪尽收眼底。讲究点的人家，还要在坑上盖一块木板，一般在屎尿下坠的地方斜靠一块木板，防止"浪花"溅起来弄脏了屁股；不讲究的人家，直接在坑上搭上两根木棍，前面弄出一个浅浅的水槽了事，人站在上面晃晃悠悠的，如厕就成了一个技术性很强的活儿——既要保证肠道畅通，还要注意身体平衡，免得一不小心掉下去成为落汤鸡。

在茅司里头打灯笼，要么是在如厕，要么是在找东西。可是，茅司里面会有什么东西呢？除了"米共田"，还是"米共田"，重庆人说话不拐弯抹角，直接称之为"屎屁屁（巴）"。茅司头打灯笼，自然是找（屎）死了。

男孩打灯笼

有一次国庆长假，搭朋友的车去自驾游，为了享受免费通行，半夜才出发，晚上在高速公路上飞飙，突然从对向车道看见一辆车，远光灯射得人眼睛睁不开。朋友吓得赶忙减速靠边，让这个亡命的"大爷"通过，气得他一边把喇叭按得大响，一边大骂："不要命了呀，真是茅司头打灯笼——找死（屎）！"

十五个驼背睡一床——七拱八翘

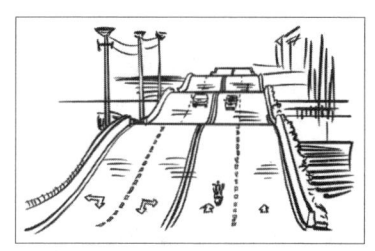

巴南界石七拱八翘的"网红"波浪公路

早些年生，医疗条件和营养水平都不高，驼背是一种较为常见的脊柱变形，胸椎后突引起背部隆起。驼背睡觉，背部伸不直，要么拱要么翘。如果是十五个驼背睡在同一张床上，那么，不是"七拱八翘"，就是"八拱七翘"。

"十五个驼背睡一床——七拱八翘"，一是用来形容同一个平面上的高低不平；二是形容心情不舒坦；三是比喻人心不齐，内部不团结。

李毛儿放暑假，准备回妈妈的老家华蓥山去探望外婆，临行前，淑芬不停地叮嘱："路上要注意安全哟，特别是从镇上到你外婆家那段山路，'十五个驼背睡一床——七拱八翘'的，一定要小心哈！"这是指的路面高低不平。

一路上，李毛儿的情绪犹如"十五个驼背睡一床——七拱八翘"。原来，走之前他找老汉李二娃资助500元钱，原本打算到了乡坝头好在小伙伴们面前显摆一下，请小伙伴们大吃一顿，谁知，老汉不但没有给钱，还把他教育了一通。这是形容心情不平静。

到了外婆家，李毛儿第一时间找到几个儿时的玩伴，谁知，几个人再也找不到儿时的感觉了，什么事情都说不到一块，"十五个驼背睡一床——七拱八翘"的。这是比喻人心不齐，内部不团结。

土坨的麻饼——鬼点子多

土坨麻饼是重庆北碚区水土镇的特产。水土镇历史悠久，因嘉陵江流经这里形成回水沱，因此解放前称"水土沱"。这里产的酥皮麻饼，曾远近闻名，人们称之为"土坨麻饼"。

麻饼之所以叫"麻饼"，是因为其表面密密麻麻的布满了黑白芝麻，看起来星星点点特别多。土坨麻饼也不例外，表面沾满了芝麻点子，土坨的麻饼——点子多。点子，又指想法、思路、主意或者办法。点子多到一个层次，精到一种境界，就成了"鬼点子"。土坨的麻饼——鬼点子多。

点子多

"鬼点子"一词，可褒义、可贬义，关键是看这个鬼点子是什么人想出来的，用来做什么。如果是坏人提出来的，自然是"坏主意"，是"阴谋"；如果是好人提出来的，那就成了"好主意"，是"阳谋"。如果是水平不高的人提出来，绝对是"馊主意"，一点都不"智慧"；还有一种情形是"馊主意"的极品——"屙屎主意"。

一天，李二娃和淑芬逛超市，发现有一件原本标价280元的衣服，打四折后只卖112元。淑芬看到"优惠三天"的招牌时，顿时开了窍："二娃，这件衣服优惠三天，可是超市却支持七天退货。那么，我们现在以打折价买下来，三天之后再去退货，岂不应该退全价，净赚168元。"

李二娃也被淑芬带动起来，沉浸在贪小便宜的快乐之中："淑芬，你硬还是土坨的麻饼——鬼点子多也。要不我们先买三件来试一盘？"

还是淑芬考虑周到："万……万一退货的时候超市反应过来，不准退货，那我们岂不是亏大了？"

李二娃顿时蔫了气："那还是不要冒险的好，免得偷鸡不成，倒蚀一把米。"

脱了裤儿打屁——多此一举

网络曾经流传一个笑话：某人上厕所办大事，脱了裤儿蹲下，刚放了一个屁就发现没有带纸，赶紧提起裤儿就往外跑——找纸去了。隔壁位子的人全程听到这一系列动作，不禁感叹："这哥们素质真高，放个屁也要脱了裤儿！"

笑话本就是人们消遣时编来娱人娱己的，不可当真。但上面这个笑话至少透露了一个事实：正常情况下，放屁是不用脱裤子的。

的确，放屁是一种正常的生理现象，是人体新陈代谢的表现。人人都会放屁。而屁则是身体排放的废气，大部分是二氧化碳、氢气和甲烷，完全可以透过裤子，消散于无形之中。当然，屁一般是臭的，很容易被鼻子捕捉到。所以，放屁的时候，虽然不用脱裤子，但还是看看周围环境为妙。

脱了裤儿打屁

放屁原本用不着脱裤子，可有人偏偏要"脱了裤子放屁"，要么是"素质太高"，要么是"多此一举"！所以歇后语"脱了裤儿打屁——多此一举"通常用来讽刺别人说多余的话、做不必要的事，以及说话、做事画蛇添足、弄巧成拙。在重庆方言里，还有一个歇后语的意思与之相近：瞎子戴眼镜——多余的圈圈。

吴老幺过生，李二娃送去 500 元的红包表示祝贺。

红包送出还不到一个月，又轮到李二娃过生，吴老幺也送来一个红包。李二娃打开一看，整整齐齐的 500 元。李二娃有点讶异，对淑芬说："这不是脱了裤儿打屁——多此一举吗？改天我要给吴老幺说，以后我们两家都不要送礼了，你送过去我还回去的，成了瞎子戴眼镜——多余的圈圈。"

瓦片里头装稀饭——二流

瓦片里头装稀饭

瓦片看似微不足道，城里头的小娃儿可能还认不大到，但它在中国家庭的地位可不低，至少在 3000 多年前的商周时，就已将它用于屋顶防水。

瓦片半个圆筒形的造型，让它翻个面后，在野外临时也能客串下容器。但这个容器显然不能装流质物品，比如稀饭，倒在瓦片上绝对会从两边流出来，挡都没法挡。于是乎，"瓦片里头装稀饭"就引申为"二流"——两边都在流。此"二流"，绝不是屈居"一流"之下的"二流"，因此，一旦听到有人说你"瓦片里头装稀饭——二流"，千万别沾沾自喜，以为是在表扬你具有一流之下、万流之上的二流水准，那就太高估自己了。

重庆话里的"二流"，大抵有"下流、不入流"的意思。前者如"二流子"——社会上不务正业游手好闲的人。如："你个二流子哟，天天只晓得到李寡妇那里吹俏俏，坡上的红苕早就该挖得了也不管。"

谁说重庆人就不会拐个弯来骂人了。有些重庆人弯酸起人来，就不是一般的人。比方说这些歇后语，大部分就是拐起弯来骂人的。比如：主办方号称邀请了欧洲的顶级足球队来打友谊赛，经常看欧洲五大联赛不睡瞌睡的超级球迷贺得转看完出场名单后，非常失望，自言自语道："还说是顶级足球队，简直就是'瓦片里头装稀饭——二流'。"这句话一语双关，既骂了主办方搞欺骗——下流，又表达了对参赛球队的看法——不入流。

同样是"瓦片里头装稀饭"，还有人解读为"顾了这头，顾不了那头"。家里的保姆同时照顾两个婴儿，这边刚准备喂奶，那边又哇哇大哭起来，保姆这个"瓦片"，真是哪头都顾不了。

王大娘的裹脚布——又臭又长

在重庆方言中，"王大娘"是一个虚构的角色，意思接近"老太婆"。只不过，具体的"王大娘"，比泛指的"老太婆"，更容易将人带入歇后语的语境之中，比如：王大娘的皮蛋——变了；王大娘的话——讲也罢，不讲也罢；王大娘的裹脚布——又臭又长。

旧时妇女都要缠足，从小就以布缠脚使之变得又尖又小，以"三寸金莲"为荣，要求脚不但要小至三寸，而且还要弓弯。在缠足时代，大多数妇女从四五岁起便开始裹脚，直到成年后骨骼定型了方将布带解开，也有终身缠裹者。

古代中国女性从小都要裹脚

缠脚的布就叫裹脚布。裹脚布有蓝色和白色两种，一般宽三寸，长约八尺，即2.67米，可见裹脚布都很长，要解开或者缠上都费时费力，所以为了省事，很多妇女缠上就是多日，以至于布都开始发臭，这就是"王大娘的裹脚布——又臭又长"的来历。

由裹脚布的又臭又长，让人生厌，进而联想到其他又臭又长让人讨厌的东西，"王大娘的裹脚布——又臭又长"用来形容文字或语言的冗杂繁长，让人无法忍受。

最近，厂里召开全体员工大会，厂长在主席台上大讲目前的改革形势，已经一个多小时了，还没有要结束的意思。李二娃听得昏昏然，竟然发出了欢快的小鼾声。

旁边的同事赶紧用手道拐把李二娃弄醒："注意点，刚才车间主任一直在朝这边看。"

李二娃一下子惊醒了："还在讲呀，这才是王大娘的裹脚布哟——又臭又长。"

蚊子咬菩萨——认错了人

　　菩萨，指佛教中修行到了一定程度，地位仅次于佛的修行者，也泛指佛和某些神。菩萨的存在方式，要么是以雕塑、泥塑或图画的形态，存在于庙宇殿堂中，要么以神的形态，存在于人们的心里或典籍中。

　　蚊子，是一种以人畜的血液为生的吸血昆虫，经常趁人不注意，偷偷叮咬人类，当然说的是母蚊子哈，别个公蚊子只吸食植物汁液。然而，蚊子有眼不识泰山，竟然去叮咬菩萨，显然是将菩萨误当成真人，说明这只蚊子的眼睛已经被有些阴暗的东西蒙蔽，认不清事实真相了；泛指认错人了，同时也比喻乱咬人、诬陷人。

蚊子咬错人

　　李二娃常常将"蚊子咬菩萨——认错了人"这句歇后语当成口头禅。

　　某日黄昏，他独自出门散步，刚走到一排茂盛的黄桷树下，就从阴暗里窜出一位穿着暴露的美女，主动与他搭讪："大哥，一个人哇，要不要去唱一会歌嘛，嘿好耍哟。"

　　李二娃顿时明白是怎么回事，义正辞严地说道："你是蚊子咬菩萨——认错了人哈，你看我像是你要找的那类人唉！"

　　还有一次，李二娃刚上班就被车间主任叫到办公室："二娃，三车间的周四因为偷厂里生产的产品出去卖，已经被'记大过'一次，这个事情你是晓得的。他昨天举报，说你也曾经偷过一次厂里的产品出去卖？"

　　李二娃一听就炸了："他是蚊子咬菩萨——认错了人，有本事找他来当面对质。"说着，头也不回，径直出了办公室。

乌龟打屁——冲壳子

　　一个完整的歇后语，重点是后面半句。比如这句"乌龟打屁——冲壳子"，主要是为了突出"冲壳子"，至于前半句"乌龟打屁"，只是为了引出后面的结果而已。

　　乌龟到底打不打屁，不重要。假如乌龟打屁，上面有"壳子"罩着，一股千年陈气放出，肯定只有冲到壳子上。乌龟打屁——冲壳子，形象而生动。这正是歇后语的精彩之处。

"冲壳子"，本意是吹牛、聊天、摆龙门阵；后来引申为撒谎、日白；再往后，又有了说大话、冒皮皮的意思。

这天，李二娃一个人正在逛街打望，突然接到吴老幺的电话："二娃，昨天我在长江头钓了一条真资格的鲤鱼，今天晚上到兄弟伙屋头喝点小酒酒，我还请了王大汉，我们几个好久没有在一起'冲壳子'了哟。"这个"冲壳子"，是吹牛、聊天的意思。

乌龟打屁

当天晚上，兄弟三个坐在一起，吃长江鱼，喝老白干。

席间，李二娃问吴老幺："现在上游污染严重，长江头恐怕鱼都不多了哟？"

说到吴老幺的强项，吴老幺来了兴趣："长江头的鱼确实一年比一年少了，不过，不是我'冲壳子'，以我吴老幺的技术，一年还是可以弄一两百斤鱼来吃。"

王大汉当场点黄："老幺，你就莫'冲壳子'了，上个星期我才看到你婆娘翠花在街上买堰塘头的鱼。"这里的"冲壳子"，是"说大话"的意思。

李二娃不想把气氛搞得这么尴尬，于是赶紧"揪开关"，换一个话题："老幺，你今年钓到的鱼最大的有多重？"

吴老幺想了一想："上个月，我才钓了一条20斤重的江团，我们一家人吃了三天才吃完。"

王大汉性格耿直、心直口快，没有懂起李二娃的意思，接过话头又开始点黄："老幺，你娃又'冲壳子'嘛，20斤重的江团，长江头少不说，起码卖两千多块钱，你舍得吃？"这里"冲壳子"，是"撒谎"的意思。

李二娃又赶紧打岔，把话题扯到其他事情上。

细娃儿穿西装——大套

当娃儿的时候，最喜欢干的一件事情是穿上我屋老汉的西装，对表弟表妹们发号施令。可以想象，西装肯定是大了，用重庆话说就是"活摇活甩"的。再配上我那神气活现的神情，常常逗得大人们哈哈大笑："这还真是'细娃儿穿西装'也。"那时候，总觉得大人们都"怪眉日眼"的，细娃儿穿西装有什么好笑的呢？

直到进入高中，青春期逆反，父亲说什么都给他顶过去。

有一次期末考试没有考好，父亲善意地提醒："下次一定要细心呀，都快要高考了哦！"

我想也没想就一句话顶过去："我本来就很细心，高考有啥子关系嘛！"

父亲终于被激怒了，顺手抓起一根帘帕棍就是一顿暴打："你现在是细娃儿穿西装——大套得很也，几天没有修理你，要打翻天印了。"

这是我最后一次被父亲棍棒教育，结果是深刻理解了"细娃儿穿西装——大套"这个重庆言子。

大套

重庆话骂人不带脏字，常常是三言两语，被骂的人还没有反应过来，其实已经被骂了，而且骂得淋漓尽致。比如这"细娃儿穿西装"，并不是提醒你衣服大了，而是在骂你"大套"，也就是大肆、放肆、肆无忌惮的意思。

开车在公路上依次行进，突然从后面蹿出一辆车到前面插队，重庆人性格火暴，自然不依教："呕，大家都走得好好的，你硬还是细娃儿穿西装——大套些唉！"猛踩一脚油门，汽车如离弦的箭直冲过去……只听得"轰"的一声，哦豁，两辆车来了个亲密接触，谁都走不脱了。

📢 小什字迷路——不是（识）东西 📢

小什字，位于渝中区民族路、新华路、打铜街相交处，是连接朝天门、解放碑、人民公园、道门口的交通要道，历来是钱庄、银行的集中地，也是重庆最繁华的地方之一。

小什字之名是相较于附近的大什字而言的。所谓大什字，也就是现在的解放碑所在地，重庆的商业中心。

小什字虽为十字路口，但四个方向并不平坦，呈不规则的西高东低走势，地形极为复杂，且十字路口的四个方向也并非指向正东、正西、正南、正北，而是分别指向西南、西北、东北、东南方向，加之这里小街小巷众多，商业发达，人员复杂，因而外地人到此，极容易迷路。特别是北方人，如果想按照北方寻找东西南北的方式分辨方向，那是几乎不可能的。因此，如果在小什字迷了路，那就不识东西了。"识"和"是"谐音，"不识东西"演变成"不是东西"。

上世纪40年代的小什字

"不是东西"，在重庆方言里是骂人的语言，意思是不是一个好人，不是一个正常的人，不是一个脱离了低级趣味的人。

时常有无聊透顶、不是东西的大人逗小孩子："你是一个东西吗？"小孩子不明就里，诚实地回答："我不是个东西！"于是周围的人哈哈大笑。如果小孩子发现是个圈套，违心地回答："我是个东西！"同样会逗得周围的人哈哈大笑。"东西"这个词，把它和人联系起来，就变得真"不是东西"了。

响篙儿吆鸭儿——呱呱叫

吆鸭儿

以前，巴渝大地有一种职业——鸭棚子，专门放养鸭子的赶鸭人，职业属性有点像专门放养蜜蜂的"追花人"。只不过，为了让蜜蜂能多产蜂蜜，"追花人"会追循着花开的步伐，不停地迁移并寻找蜜源；而"鸭棚子"为了让鸭子增加营养并多产蛋，会寻找水稻已收割的农田，驱赶着一大群鸭子不停地转战，也有点类似草原牧民赶着羊群转场。

每年水稻收割的季节，就是赶鸭人最忙碌、最欢快的季节。他们驱赶着几百只鸭子，穿过田野阡陌，寻找已经收割的水田，将鸭子赶入田中，让它们尽情地捕捉田里的小鱼小虾，寻找掉在水里以及遗漏的稻穗。鸭子们一边在水里嬉戏打闹，一边寻找美食，发出欢快的叫声。彼时的鸭子是幸福健壮的，吃的是大自然的馈赠，住的是天地之间，每年还有一次集体长途旅行。

赶鸭人赶着鸭子们在水田里觅食，放下行李担子，坐在田坎上悠闲地抽上一袋叶子烟，然后将鸭子赶到另外一块水田里……然后，顺便在田坎上寻找一些野菜，为晚饭做准备。

如果连续几天，这一片水田都被鸭子们"扫荡"过一遍，赶鸭人就会再次启程，赶着他的宝贝们，翻山越岭，寻找新的才打过谷子的地方。

赶鸭人的标准形象是：头戴大斗笠，身披长蓑衣，肩挑一对大箩筐，箩筐的一头，装了煤油炉子和锅碗瓢盆等，箩筐上头，搁着一捆卷起来的竹篾席——竹篾席有两种，一种是用来铺在地上睡觉的，另一种是摊开铺在架子上当帐篷布用，防雨防露水；箩筐另一头，装着赶鸭人的换洗衣服和米油等生活必需品，箩筐上头，放着一叠竹编的篱笆。

赶鸭人赶着鸭子，风餐露宿，风雨兼程。傍晚时分，在苍茫旷野，选一风水宝地,放下担子,用竹编篱笆将鸭子全部圈在里面,用随身携带的木棒搭一个帐篷,铺上篾席,然后就地寻找一些柴火或者拿出煤油炉子,在夕阳的照拂下,生火做饭。这种生活孤寂而浪漫。

哦,对了,赶鸭人随身携带的,还有一种神器——响篙儿——一根长长的竹棒,将一头破开成五六块竹片,破开部分长度大约是竹棒的三分之一。赶鸭人拿着竹棒没有破开的一头轻轻一晃,另一头破开的竹片相互碰撞,发出非常响亮的"啪啪"之声,所以命名为"响篙儿"。

赶鸭之时,鸭子排着长长的队伍,在领头鸭的带领之下,迈着鸭步有序向前行进。而赶鸭人则挑着担子,拿着"响篙儿"跟在后面。但是,也有些调皮的鸭子,时常跨出队伍,准备另外走一条岔道,赶鸭人及时朝着鸭子想造反的方向挥舞一下"响篙儿",听到"啪"的一声,多数听话的鸭子都惊恐地发出"呱呱"的叫声加快了脚步,而调皮的鸭子则知趣地回归大部队,规规矩矩地排队向前。

"吆",在重庆话里是"驱赶"的意思,如:"赶快把这条狗吆开,免得它咬人。"而重庆土话喜欢把"鸭子"叫做"鸭儿",所以有了"响篙儿吆鸭儿"的说法。每次"响篙儿"一响,鸭子总是"呱呱叫",并且迅速归位。所以"响篙儿吆鸭儿"的效果,那是没得说,顶呱呱,呱呱叫。

🎺 鸭子死在田坎上——嘴壳子硬 🎺

鸭子其实死与不死,嘴壳子都硬,但如果已然死在田坎上了,全身行将腐烂,嘴壳子依然坚硬如初,没有一点软下来的意思,那就有些说不过去了。识时务者为俊杰,到哪个坡唱哪里的歌,既然死都死了,就应该说死了该说的话、做死了该做的事,面对事实承认事实。

为什么是鸭子,而不是同样嘴壳子硬的鸡,或者嘴壳子既硬且大的鹅?大抵来源于农村的生活经验。鸡的嘴壳子小而尖,不足以说明问题,而且鸡不到水田里头去;鹅的嘴壳子虽然大,但比较安静,不到关键时刻绝不轻易使

鸭嘴壳子

用嘴壳子,给人的印象还不错;只有鸭子,嘴壳子大小适中,突出在脑袋上足以让人一眼就能看见。最关键的是,鸭子的嘴壳子一刻也没有闲着,要么在不停地吃、吃、吃,要么在不停地嘎、嘎、嘎。鸡、鸭、鹅三种家禽的嘴壳子比较,人们最烦的就是那个一直聒噪不休的鸭嘴壳子。所以,鸭兄,非你莫属。

"鸭子死在田坎上——嘴壳子硬",形容那些明明知道错了,却为了面子,

打死不承认错误的人。这个歇后语的背景通常是，某人在某个争斗的场合原本已经一败涂地，但是嘴巴上还不服输，强词夺理。这种外强中干的行为，其实实质就是死要面子活受罪，自己找不痛快，也给别人添堵。

李毛儿连着几次单元测试成绩都不理想，李二娃觉得有必要帮毛儿分析哈原因了。这天吃过晚饭，李毛儿借口到同学家去问一道题，准备出门，被李二娃喊住了："毛儿呀，你这几次考试成绩都不理想，有没有分析一下原因呢？"见李毛儿低着头不说话，李二娃继续说道，"你这段时间每天吃了饭就跑出去耍，基本没有复习预习，成绩怎么会不下滑嘛！"

"我没有出去耍，我是到同学家里问问题去了。"李毛儿不服气地辩解。

李二娃强忍住心中的不满，故意以平和的语调说道："你这是鸭子死在田坎上——嘴壳子硬，强辩有什么意义呢？成绩不就是最好的说明嘛！"

哑巴吃黄连——有苦说不出来

黄连，别名味连、川连、鸡爪连，一味名贵中药，有清热燥湿，泻火解毒之功效。重庆石柱县是黄连的原始产区，中国黄连之乡，"石柱黄连"是中国国家地理标志产品。

黄连味道极苦，苦到已经超出了正常人的承受能力。常人将一小片黄连入口咀嚼几下，估计会忍不住立即吐掉，并且情不自禁地感叹"好苦呀。苦死了！"但是，如果是哑巴无意中吃到黄连，却只有捶胸顿足、抓耳挠腮、有苦难言了。

由味道之苦，进而比喻人生之苦，"有苦说不出"的，恐怕不仅仅是哑巴了。人这一辈子，难免会遇到几次"哑巴吃黄连——有苦说不出来"的情况。

上次李毛儿和张小龙打架，李二娃硬是不依不饶，让老师把张小龙的父亲、教育局的张局长也请到了学校。张局长倒是面色和蔼，把张小龙狠狠训斥了一顿，并且给李二娃和老师表示了歉意。

但是，从此以后，李二娃和李毛儿都明显感受到了老师及学校对他们态度的变化：表面上看，学校和老师对李二娃父子更加尊重，更为彬彬有礼，但实际上，老师基本上把李毛儿边缘化——冷处理了，只要李毛儿不影响别人，对他的学习一概不闻不问。

李二娃"哑巴吃黄连——有苦说不出"，他心头在想："这可怎么办呢？长期下去，肯定会影响毛儿的学习成绩和心理健康。是不是该给毛儿转学了？"

腰杆上别个死耗子——冒充打猎人

在男耕女织的时代，打猎是男人必备的生存技能之一。男人进山一趟，往往十天半月，出来的时候，习惯将小型猎物挂在腰杆上，大型猎物扛在肩膀上，凯旋，接受全村女人的赞扬。当然，大型猎物不容易获得，一般还是以小型猎物为主。腰杆上挂的猎物越多，说明这个男人越能干。

冒充打猎人

有一次，村里几个男人相约上山打猎，大伙儿都多少有些收获，但其中一人却一无所有。回家路上，此人自觉惭愧，正为难之际，刚好看见路边有一只死去的耗子。此人大喜过望，立即捡起来挂在腰杆上。回到村里，此人腰杆上别个死耗子围着村子走了一圈，逢人便说自己上山打猎了。后来，村里就有了"腰杆上别个死耗子——冒充打猎人"的说法。

这句歇后语，用来讽刺那些原本没有本事，却虚张声势、打肿脸充胖子、冒充有本事的人。并且做出种种小动作，好让人相信他做的事十分了得。

李二娃买回一个高级豆浆机，摆弄了半天没有搞得懂该如何用。

李毛儿刚好放学回家看见了这一幕，一把抢过机器："奓火药，这个都搞不懂，让我来。"一边说，一边手毛脚躁地抓了一把干黄豆丢进机器。

李二娃见状，心痛急了，一把推开李毛儿："你莫在这里腰杆上别个死耗子——冒充打猎人，卖机器的营业员特别提醒了的，黄豆必须泡软才要得，不然机器要遭打烂。"

夜明珠蘸酱油——宝得有盐有味

有盐有味

夜明珠是个宝，人人都知晓，因而人人都想寻之、得之。但问题是物以稀为贵，既然是宝物，肯定轻易不可得，甚至难见其真身。人生在世从没见过、占有过，难免遗憾。

重庆的"宝"很多，常曰"宝器"。初到山城的人，听到满耳"宝器"之声，难免惊讶："重庆这座城市不得了，物华天宝，遍地是宝！"殊不知，重庆的"宝器"，并不是国之重器，而是讽刺那些像活宝一样，傻头傻脑还感觉特别好的人，北京人称之为"二百五"。

重庆人为了加深"宝器"的程度，又发明了一句短语——"宝得有盐有味。"形容人宝到了某个高度，到了某种境界，宝得有滋有味有风采。

的确，重庆城的"宝"都是有盐有味的，犹如夜明珠加了油盐、拌了调料、蘸了酱油，"夜明珠蘸酱油——宝得有盐有味"，这个歇后语的逻辑，就这么简单直接。

今年立春过后，李二娃一改平常只穿夹克衫的习惯，突然穿了一套崭新的西装，但脚上穿的，还是以前那双已经有些破旧的旅游鞋。

吴老幺怎么看怎么不顺眼，有意调侃一哈："吔，二娃，'夜明珠蘸酱油'嗦，洋气哟！"

李二娃知道吴老幺故意在润（洗刷）自己，自我解嘲道："你说我'宝得有盐有味'个嘛，我就喜欢'夜明珠蘸酱油'，你能把我啷个样？"

一坛子泡萝卜——抓不到缰（姜）

无泡菜坛子不成家。所以重庆人家家户户都有泡菜坛子，少则一两个，正常三四个，多则五六个。泡菜坛子里泡的东西，最根本的是板姜、辣椒等调料，然后是各种适合泡制的时令蔬菜，如胭脂萝卜、青菜头、藠头、黄瓜、包包白等，重庆人称之为跳水咸菜，意思是到盐水里"洗个澡"——泡很短的时间就可以捞起来食用。之所以说姜、辣椒等调料是基础，一是川菜体系里有一个庞大的分支——泡椒系列，全靠泡制的调料来调味；二是泡菜本身，也需要姜、辣椒等调味。也就是说，泡制跳水咸菜的坛子里如果没有同时泡一些姜、辣椒等调料，跳水咸菜的味道很糟糕。所以，姜和辣椒，应该是一坛泡菜的关键。特别是泡姜，更是关键中的关键，因为，不仅仅是泡椒系列菜品需要泡姜调味，其他很多菜品也需要泡姜调味，泡姜的适用范围非常广。而泡椒由于太辣，在很多场合用不上或者不敢用。

如果一坛泡菜里只有萝卜，抓不到姜，那说明这坛泡菜缺乏了灵魂的东西，犹如骑马没有抓住缰绳，要么从马上摔下来，要么泡一坛没有经过调味的毫无意义的萝卜。"抓不到姜"，实则是"抓不到缰"的意思。"一坛子泡萝卜——抓不到姜"比喻做事抓不住关键，找不到头绪，或者束手无策。

李二娃上班的工厂说破产就破产了，毫无征兆，

骑马抓紧缰绳

二娃和其他员工一起，被迫下岗。

回到家，李二娃唉声叹气，郁闷不乐。

淑芬看在眼里急在心头，原本想温柔地安慰一下二娃，但说出来的话，却完全整反了："二娃，你都叹了两个小时的气了，饭也没有吃，我看你死了妈老汉都没得恁个伤心！"

要是平常听了这个话，李二娃立马跳起脚脚给淑芬骂回去。但这回，因为下了岗，气也短了，人也矮了半截，少有的没有冒火："唉……淑芬，我端了大半辈子铁饭碗，现在饭碗突然没得了，你说我啷个办嘛？现在是'一坛子泡萝卜——抓不到缰'呀？"

淑芬是天生的乐天派，遇到事情不容易上心，也就是常说的没心没肺："抓不到姜唛，还有一坛子泡萝卜可以抓噻，等泡萝卜吃完了再操心嘛！"

玉皇大帝的拐杖——天棒

玉皇大帝何许人也？道教神话传说中天地的主宰者！也就是说，玉皇大帝老儿是天地间的"一哥"，上掌三十六天，下辖七十二地，但凡一切神、仙、佛、圣、人间、地府的所有大小事务，他都要管，不但法力无边，而且权力无边。玉皇大帝一般住在天宫，就是孙悟空大闹天宫那个地方。

作为天地间的"一哥"，玉皇大帝使用的东西，自然是所向披靡、天地无双的。比如他用的拐杖，绝对是天地间第一棒，简称"天棒"，不晓得要比孙悟空的金箍棒霸道好多倍。"玉皇大帝的拐杖——天棒"就是这么来的。

但重庆方言中的"天棒"，却与玉皇大帝的"天棒"完全不是一回事。

重庆方言中的"天棒"，原本指那些吊儿郎当、行为不正经、不务正业、游手好闲、好逸恶劳的人，以及爱打架斗殴、惹是生非的人。有时也叫"天棒槌""棒槌"。后来词义发生延伸，比喻那些胆子旺实、无法无天、不受管束的人，词义虽是中性，但言下之意，多少含有一点赞扬其英雄气概的意思。比如孙悟空，在重庆人心目中就是一个十足的"天棒"，心性自由，敢作敢为，敢于与玉皇大帝作对，敢于用金箍棒将天捅破，虽被压在五指山下，亦无怨无悔。

重庆著名作家莫怀戚的小说《白沙码头》，写的就是一群重庆"天棒"崽儿，肆无忌惮地生死，肆无忌惮地爱恨。尤其八师兄，身为乐团首席小提琴，

天棒

一把绝世名琴，一曲贝多芬，云南赌玉，重庆杀仇，爱麻风女，恋女囚徒，琴心揽月，色胆包天。那嚣张的人生境界，那典型的重庆性格，让人目瞪口呆，又热血沸腾。

月亮坝儿耍弯刀——明侃（砍）

耍弯刀

正所谓明枪易躲，暗箭难防。耿直的重庆人不兴"暗箭"这一套，喜欢明里来明里去。想象一下：夜半时分，月光如洗，四周寂静，在开阔的土坝坝里（不是树林、屋里）耍起弯刀，刀锋所到之处反射出片片寒光，明晃晃耀人眼。明人不做暗事，重庆人要的是"明砍"，此处"砍"，是"侃"的谐音。

看到一个人欲言又止，吞吞吐吐，害口失羞，半天放不出一个屁，性急的重庆人这个时候就忍不住了："有啥子你要说啊，你不说我啷个知道也，有什么就'明砍'嘛。"

月亮，坝儿，弯刀，是不是有点古龙"天涯·明月·刀"的武侠风范？说不定是和巴人尚武的传统有关吧。尤其是遇到对方隐晦的言语中有挑衅的成分时，用上这句言子，就能主动挑开话题，先发制人，镇住场面。

但明眼人都看出来了，此情此景，对方把你的一切动作、所有想法都一目了然于胸，还怎么伤人呢。所以，可见这种"明砍"的行为，更多也只能是虚张声势、故作镇定而已。不战而屈人之兵，上上策也。

猪鼻子插根葱——装相（象）

猪与大象，相似度极高，皮厚、毛短、体格壮、耳朵大……但二者的命运却截然不同，猪最终会被杀掉取肉，成为人类的食物，或者被猛兽吃掉；而大象则招摇过市，不但食肉动物不敢轻易近身，而且人类也会对大象尊重三分。

猪想不通，"不就是少了那根与众不同的象鼻子吗？"于是找来一根大葱，插到鼻孔里，立马找到了当大象的自信。这就是"猪鼻子插根葱——装象"。

但猪始终是猪，无论怎么装，也成不了象，最终还是免不了被吃掉的命运。所以，"猪鼻子插根葱——装象"就

猪鼻子插根葱

用来讽刺那些自不量力、没有自知之明、装模作样的人。此处的"装象"，应该是"装相"的意思。

　　李二娃自从春节后穿上了一套崭新的西装，立马像变了一个人似的，说话变得轻言细语，不再大声武气；音量压得低低的，节奏放得慢慢的，还操起了阴阳怪气的川普："老幺，你看我像不像才从大上海回来的？"

　　吴老幺见李二娃越来越日不拢耸，越发宝得有盐有味，气不打一处来，也操起半生不熟的普通话："二娃，我看你是'猪鼻子插根葱——装象'，你再怎么装，始终是一头猪！"

　　李二娃听吴老幺骂自己是猪，顿时鬼火冒，不自觉操起了重庆话："格老子，你龟儿子说哪个是猪？"

重庆掌故 典藏本
CHONGQING ANECDOTES
过客打望 九卷

巴客，好耍，打望也。

古籍谈巴人

（1）江州以东，其人半楚，姿态敦重；垫江以西，精敏轻疾，上下殊俗。 ——《华阳国志》

白话文：重庆以东，一半是湖北籍，庄重诚实；合川以西，精明急躁，两地风俗不同。

（2）人性淳朴，俗耻华靡。 ——《晋志》

白话文：性格淳朴，以奢华为耻。

（3）刚悍生其力，风谣尚其武。 ——《蜀都赋》

白话文：生性刚强勇武好斗，民歌民谣都表现崇尚武功。

（4）锐气善舞。 ——晋《礼乐志》

白话文：猛锐而善于歌舞（巴渝舞）。

（5）人多秀异，喜以诗书自娱。 ——《舆地记》

白话文：气质文秀出类拔萃，喜欢以诗书自乐。

（6）士民叠居，冠婚相袭。 ——《南平军学记》

白话文：人口稠密，冠礼婚礼都照古礼。

（7）向鬼信巫。 ——《南平志》

白话文：敬鬼神而相信巫术。

（8）民力稼穑，士喜静退。其风淳质近古。 ——《元一统志》

白话文：老百姓重视农业生产，读书人不喜欢争名夺利。风俗淳朴而接近远古。

（9）二江商贩，舟楫旁午。 ——《四川通志》

白话文：船舶很多，商业发达。

《华阳国志》

《汉书·礼乐志》

《元一统志》

北岩题壁

朱 熹

渺然方寸神明舍，
天下经纶具此中。
每向狂澜观不足，
正如有本出无穷。

注释：北岩，今重庆涪陵铁柜山之南。著名理学家程颐潜心研学之处。

朱熹，南宋著名理学家、思想家、哲学家、教育家。

悼重庆府张珏

文天祥

气敌万人将，独在天一隅。
向使国不亡，功业竟何如！

注释：张珏，南宋抗元名将。先后任合州知州、重庆知府、四川制置使。

文天祥，民族英雄。南宋末政治家、文学家、诗人。

重庆行

吴 皋

一片石头二水环，天墉城阙破愁颜。
逐家岚气生衣上，隔市江光入座间。
莺语晴空明月峡，树林春点缙云山。
玉珍未必能胜此，收拾清朝批重关。

注释：吴皋，元代临川人。官至临江路儒学教授。元亡后，拒不出仕，遁迹而终。

巫山庙

马致远

暮雨迎，朝云送，
暮雨朝云去无踪，
襄王谩说阳台梦。
云来也是空，
雨来也是空，
怎挨十二峰。

注释：马致远，元代著名戏剧家，与关汉卿、郑光祖、白朴共称元曲四大家。

奉节制胜楼

王十朋

绝塞依天险，高城瞰阵图。
公孙曾帝蜀，诸葛欲吞吴。
尊俎冲千里，关山敌万夫。
人谋兼地利，端坐静边隅。

注释：王十朋，南宋状元，诗人。曾任夔州（奉节）知州。

咏双桂堂

破 山

地冻雪留砌，天寒日照迟。
游人愁出户，野鸟怯临枝。
远岫云封壁，平溪水结弥。
何时开雾色？扶杖过长堤。

注释：破山，明末清初著名佛门巨匠、诗人、禅宗大师，创建双桂堂。

五福宫远眺

王尔鉴

清都高耸古渝巅，袖拂渝州万户烟。
两派虹盘一字水，千帆蚁聚九门船。
几回城破江山在，无数云擎日月悬。
我倚危栏频眺处，霏霏花雨落遥天。

注释：五福宫，明代修建于重庆城通远门上的传奇建筑群，最高处为"桂香阁"。

王尔鉴，清初进士。诗人，曾知巴县令。

五福宫

渝州登朝天城楼

李调元

五鼓城头画角催，四山云雾黯然开。
三江蜀艇随风下，万里吴船卷雪来。
剩有小舟来卖酒，更无诗客共衔杯。
少年壮志无人识，袖手寒天寂寞回。

注释：李调元，清代蜀中三才子之一，诗人。

李调元

涂 山

邹 容

苍崖坚石连云走，
药义带荔修罗吼。
辛壬癸甲今何有，
且向东门牵黄狗。

注释：邹容，近代著名资产阶级革命家。写有名著《革命军》。

邹容

咏重庆

赵 熙

万家灯火气如虹，水势西回复折东。
重镇天开巴子国，大城山压禹王宫。
楼台市气竽歌外，朝暮江声鼓角中。
自古全川财富地，津亭红烛醉东风。

注释：赵熙，清光绪十八年高中进士，世称"晚清第一词人"。

赵熙

华蓥雪霁

张九镒

渝州无积雪，冬日但轻寒。
胡为六花出，一夕遍林峦。
玉尘亦戏尔，堆作白银盘。
诗情在澹远，写入辋川看。

注释：张九镒，清乾隆任川东道。诗人。

重庆偶得

张问陶

风林坐爱相思寺，
云水遥怜不语滩。
一字帆樯排岸直，
满城灯火映江寒。

注释：张问陶，清代杰出诗人，著名书画家。

张问陶

渝州夜泊

王士禛

涂山斜月落，巴国曙鸡鸣。
乱艇烟初合，三江夜潮生。
霜寒催晓角，石气录高城。
不寐闻猿啸，迢迢入峡声。

注释：王士禛，清代诗人，进士，刑部尚书。清初诗坛上"神韵说"的倡导者。

王士禛

出益州

刘伯承

微服孤行出益州，今春病起强登楼。
海潮东去连天涌，江水西来带血流。
壮士未埋荒草骨，书生犹剩少年头。
手执青锋卫共和，独战饥寒又一秋。

注释：刘伯承，中华人民共和国元帅，军事家。1914 年，刘伯承参加了孙中山领导的中华革命党，写下了这首诗。

刘伯承

入川抒怀

张伯苓

大江东去我西来，北地愁云何日开；
盼到蜀中寻乐土，为酬素志育英才。

注释：张伯苓，中国著名教育家，南开教育体系缔造者。

张伯苓

小艺术家赞

冯玉祥

冯玉祥

小小艺术家,成绩真可夸。
各拿刀和笔,绘画抗日画。
处处有意思,幅幅都秀拔。
表现出天真,满眼皆奇葩;
唯爱全人类,唯爱我中华。
艺术作武器,向敌猛冲杀。
打走日本鬼,打倒希特拉。
世界侵略者,一律铲除他;
要以自由血,开出和平花。
但凭正义感,描写真理话。
抗战兴建成,有赖新文化。
此亦文化军,战果实不差。

注释:冯玉祥,安徽巢县人。国民革命军陆军一级上将,抗战中任国民政府军事委员会副委员长。1938年,战功赫赫的抗日将领冯玉祥随国民政府西迁重庆。

致重庆市民的纪念状

〔美〕富兰克林·罗斯福

美国总统罗斯福

我以美利坚合众国的名义致书重庆市,以表达我对英勇的重庆市民的敬意。

在世界人民了解恐怖袭击之前,贵市人民在多次残暴的空袭面前,表现出了坚毅镇定、英勇不屈的精神。这光荣的证明:决心争取自由的人民,其意志决非暴力恐怖所能摧毁。你们对自由事业的忠诚将永远鼓励子孙后代。

注释:富兰克林·罗斯福,美国第32任总统,美国历史上唯一连任四届的总统,病逝于第四届任期中。他是第二次世界大战期间同盟国阵营的重要领导人之一。

修葺"重庆文庙"函

梁思成

大纯先生副秘书长勋鉴：

　　惠书，敬云一是，今春在渝，承孔院长面谕，为陪都建设委员会驱驰，并以孔庙修葺计划相嘱。弟因经常工作地点（南溪县李庄）距陪都甚远，且在渝未能久留，故得庸公面允，委托基泰工程司先代测绘孔庙现状图，以为设计根据。嗣因空袭频仍，测量时受阻碍，直到七月下旬始由基泰将现状图寄至李庄。现正设计中。鄙意拟将修葺计划分为永久计划及暂行计划两种，其永久计划以恢复孔庙原状为原则，拟俟战后付诸实施；其暂行计划，以保持现状，防止其继续毁坏为原则；即使敌机轰炸，亦可免新修部分之损失，如西庑、北首两间，皆不修复，是其一例，谅邀赞同，一俟脱稿，当即呈请卓裁。

抗战时期的梁思成

梁思成拜覆　八、廿三

　　注释：梁思成，梁启超之子，中国著名建筑历史学家、建筑教育家、建筑师。

"五四"之夜

老舍

　　五四，我正赶写剧本，已经好几天没出门了，连昨日的空袭也未曾打断我的工作。写，写，写；军事战争，经济战争，文艺战争，这是全面抗战，这是现代战争：每个人都当作个武士，我勤磨着我的武器——笔。下午四时，周文和之的罗烽来了。周文来自成都，刚下车，即来谈文艺协会成都分会今后会务推动的办法。谈了没好久，警报！到院中看看，又回到屋中，继续谈话。五时，又警报，大家一同下了地洞；我抱着我的剧本。一直到六点多了，洞中起了微风——天空上必有什么变动；微风从腿下撩过去；响了！响了！洞里没有光，没有声，没有任何动静，都听着那咚咚的响声，都知道那是死亡的信号，全咬上牙。

　　七时了，解除警报。由洞里慢慢出来，院里没有灯光，但天空全是亮的。不错，这晚上有月；可是天空的光亮并非月色，而是红的火光！多少处起火，

抗战时期的老舍先生

不晓得；只见满天都是红的。这红光几乎要使人发狂，它是以人骨、财产、图书为柴，所发射的烈焰。灼干了的血，烧焦了的骨肉，火焰在喊声哭声的上面得意的狂舞，一直把星光月色烧红！

之的罗烽急忙跑出去，去看家里的人。知道在这一刹那间谁死谁生呢。狂暴的一刻便是界开生死的鸿沟。只剩下周文与我，到屋里坐下。没得谈，我们愤怒；连口水也没得喝，也不顾得喝！有人找，出去看，赵清阁！她头上肿起一个大包，脸上苍白，拉着一个十二三岁的小学生。几句话就够了：她去理发，警报，轰炸，她被震倒，上面的木石压在身上；她以为是死了，可是苏醒了过来。她跑，向各路口跑，都被火截住；火，尸，血，断臂，随时刺激着她，叫她快走；可是无路可通。那小学生，到市内来买书，没有被炸死，拉住了她；在患难中人人是兄弟姊妹。她拉着他，来找我，多半因为只有这条路可以走过来；冲天的火光还未扑到这边。安娥也来到。她还是那么安闲，只是笑不出；她的脸上有一层形容不出的什么气色与光亮；她凝视着天上的红光，像沉思着什么一点深奥的哲理。

清阁要回家，但无路可通。去看陆晶清，晶清已不知上哪里去了。我把周文请出来，打算去喝点水，找点东西吃。哪里还有卖水卖饭的呢，全城都在毒火的控制下！院中喊起来，"都须赶快离开！"我回到屋中，拿起小皮包，里面是我的剧本底稿与文艺协会的重要文件。周文一定叫我拿点衣服，我抓了一把，他替我拿着。到院中，红光里已飞舞着万朵金星，近了，离近了，院外的戏园开着窗子，窗心是血红通亮的几个长方块！到门口，街上满是人，有拿着一点东西的，有抱着个小孩的，都静静地往坡下走——坡下是公园。没有哭啼，没有叫骂，火光在后，大家静静的奔向公园。偶然有声音叫，是服务队的"快步走"，偶然有阵铃响，是救火车的疾驰。火光中，避难男女静静地走，救火车飞也似的奔驰，救护队服务队摇着白旗疾走；没有抢劫，没有怨骂，这是散漫惯了的，没有秩序的中国吗？像日本人所认识的中国吗？这是纪律，这是团结，这是勇敢——这是五千年的文化教养，在火与血中表现出它的无所侮的力量与气度！

在公园坐了会儿，饿，渴，乏。忽然我说出来，看那红黄的月亮！疯狗会再来的，向街上扫射；烧了房，再扫射人，不正是魔鬼的得意之作么？走，走，不能在这里坐一夜！绕道出城。大家都立起来。

抗战时期老舍北碚旧居

我们想到的，别人也想到了，谁还不认识日本鬼子的那点狡猾呢！出了公园，街巷上挤满了人，都要绕道出城。街两旁，巷两旁，在火光与月色下，到处是直立的砖柱，屋顶墙壁都被炸倒烧毁；昨天暴敌是在这一带发的疯。脚底下是泥水，碎木破砖，焦炭断线；脸上觉到两旁的热气；鼻中闻到焦味与血腥。砖柱焦黑的静立，守着一团团的残火，像多少巨大的炭盆。失了家，失了父母或儿女的男女，在这里徘徊，低着头，像寻找什么最宝贵的东西似的。他们似乎没有理会到这第二次空袭，没有心思再看今晚的火光，低着头，不再惊惶，不再啼泣，他们心中嚼着仇恨。我们踏过多少火塘，肩擦肩地走过多少那样低头徘徊的同胞，好容易，走到城郊。地势稍高，火头更清楚了；我们猜想着，哪处哪处起了火；每一猜想，我们心中的怒火便不由地燃起；啊，那美丽的建筑，繁荣的街市，良善的同胞，都在火中！啊，看那一股火苗，是不是文艺协会那一带呢？！假若会所遭难？噢，有什么关系呢，即使不幸会所烧没，还有我们的手与笔；烧得尽的是物质，烧不尽的是精神；无可征服的心足以打碎最大的侵略的暴力！啊，我们的朋友呢？蓬子的家昨天已被炸坏，今晚他在哪里呢？是不是华林，沙鹰都在观音岩呢？那最远的一个火烽是不是观音岩呢？罗苏呢，纪滢呢，他们的办事处昨天都被炸毁，今天或者平安吧？我们慢慢的走，看看火苗，想想朋友，忘了饿，忘了渴，只是关心朋友们：差半秒钟，差几尺路，就能碰上死亡，或躲开死亡，这血火的五四之夜！

　　转过小山，回顾火光，仍是那么猛烈。火总会被扑灭，这仇这恨永无息止。打倒倭寇，打倒杀人放火的强盗，有日本军阀在世上，是全人类的耻辱。我们不仅是要报仇，也是天职！

　　领周文到胡风处，他一家还未睡；城外虽比较安静，可是谁能不注意呆视那边的火光呢？从火光中来了朋友，那热烈，那亲密；啊，有谁能使携起手来的四万万五千万屈膝呢！那位小学生已能自己找到了家，就嘱咐他快快回去，免得家中悬念：他规规矩矩的鞠了躬，急忙地走去，手里还拿着在城内买来的一张地图。安娥与清阁都到了家，倚窗望着刚才离开的火城。路上不断的行人，像赴什么夜会那样。两点左右又有警报，大家都早已料到，警报解除，已到天明，街上的人更加多了。

　　次日早晨，听到消息，文艺协会幸免于火！住在会中的梅林，罗烽，辉英，都有了下落。晚间到文艺社去，得到更多的消息，朋友中没有死伤的，虽然有几位在物质上受了损失。朋友们，继续努力，给死伤的同胞们复仇；记住，这是五四！人道主义的，争取自由解放的五四，不能接受这火与血的威胁；我们要用心血争取并必定获得大中华的新生！我们活着，我们斗争，我们胜利，这是我们五四的新口号!

——选自一九三九年七月《七月》第4集

注释：老舍（1899—1966年），原名舒庆春。中国现代小说家、著名作家，杰出的语言大师、人民艺术家，新中国第一位获得"人民艺术家"称号的作家。代表作有小说《骆驼祥子》《四世同堂》、剧本《茶馆》等。

故乡的清明节

钟惦棐

钟惦棐先生

我的故乡——四川江津，虽只是个小城市，但它富庶，封建传统文化的根底也比较深。正因为如此，五四之后，新文化在这里也总是以突奔的力量冲击着旧文化。我在做小学生时，音乐教师便在课堂上教《湘泪》《月明之夜》《葡萄仙子》，甚至《尼姑思凡》和《毛毛雨》了，后来连"北新书局"在城里也有了分店。每年开春，作为这个城市社会解放标志的女学生也三三两两地从城外采回一簇簇的桃花，令人十分招眼了。而另一方面，城隍庙却在加紧翻修。翻修后的新城隍庙成了全城永久性的泥塑展览会。因为在十殿阎罗统治下的鬼物中，已经有穿高跟鞋和长裙的少奶奶和小姐们。

从1919年以来的十数年中，新旧文化互争短长，而新文化对我们一些正处于启蒙状态的年轻人，就更富有魅力，令人全身心地为之向往。而年轻人向往什么，总预示着时代的发展趋势。到了清明节这天，最准确而又令人视野为之一新的，是男学生们雪白的制服制帽和女学生们的中式短裙配上青裙，每个胸前都佩戴着作为知识分子标志的校徽。在这个小城市中，如此阵容，当时是很可观的。

我的父亲是个银匠，这种职业是注定要以城市为生的。这样，清明节这一天对我就特别难忘。除了这一天，我们家从不一起到郊外去，更没有在郊外举行野餐的份儿。而在清明的前一天晚上，母亲为我们准备好一大盘香椿炒鸭蛋，一大盘野葱炒新蚕豆。另外则是一大块称作"刀头"的熟猪肉和一小壶酒，以及上坟用的香、蜡、纸钱之类：路线是出西门，绕鼎山而至武城，最后从南门回家，终年不作郊游，开始还欣赏满山遍野金黄色的油菜花和已经成熟了的蚕豆丛。上了几个坟，肚子有些空了，便眼巴巴地瞪着椿芽蛋和蚕豆，连坟头被风吹得直颤动的灯笼花（蒲公英）也顾不上采了。到了武城附近，算是最后一站，除了整块的熟猪肉是要带回家去的以外，其余的便都可以在这里全部吃掉。我参加此行，与其说是余兴，还不如说是诱因和目的。后来当我不再参加家庭的集体而从学校列队前去的时候，气势自然十分壮观，而情趣反没有了。武城原在城南不远一个小山坡上，顾名思义，它是我们祖先练武的地方，占地两三亩大，城墙之内完全是个空荡荡的所在。它的诱人，还不如说是东门外的两棵大约十围的黄葛树。地处道边，又是在两坡之间的高地上，自然成为人们歇脚和乘凉的地方。还在清明节前几天，城里的饭铺便在树边占地、搭棚，运送桌子板凳以及锅碗瓢盆之类。但我能见到的，并不是煎炒烹炸，倒仍是大盆的蚕豆和大锅的"盘龙黄鳝"。也许在武城里，会有如今被称为"高级饭馆"的酒家，但亦并不为人所注意。倒是那些故意用马桶装着凉菜和用尿壶装满烧酒的名士派和名士派的效尤者，由于招摇过市，能引起人们特别的关注。

在我的记忆里，清明节就是我的家乡的狂欢节。北方常有的庙会，在清明节前后的也很多，但它实际是集市贸易，而以地方戏曲相号召。江津的清明节既非"赶场"，也不唱戏，而是郊游。满山遍野的猜拳声，嬉笑声，杯盘碰击声，孩子们的叫嚷声。快到中午，便到处是被醉倒的汉子们，尤其是在日落之前，被醉倒而又无人扶持的汉子，便从40°左右的斜坡上往城里的方向滚动。生活中常说的"滚回去"，恰好是这里的醉汉们在夕阳残照中的描摹。我很怀疑家乡的清明节是群婚制向不稳定的对偶婚过渡的遗迹。江津地处重庆上游长江弯曲成"几"字形地方，别称几江，倚山而面水。"暮春者，春服既成"之后，到这里来"踏青"的红男绿女，一定愈古而愈烈，如果说元宵是灯节，端午是船节，中秋是月亮节，那么，清明的"踏青"，则是洋溢着浪漫色彩的青春节。

这种节日在汉族礼教的最后约束下还能长久被保留下来，还留下狂欢的浓郁色彩，我以为是难得的。江汉之滨，古为青年男女游乐之处，戏而且谑，这便是马桶盛菜、尿壶盛酒和上假坟的来源。江津在长江上游，而且在长江南岸呈半岛形地带，在远古时候，到这里来聚会的男女，其范围恐不止于目前的县治概念。直至唐代，在孟浩然的《大堤行》中——

> 大堤行乐处，车马相驰突。
> 岁岁春草生，踏青二三月。
> 王孙挟珠弹，游女矜罗袜。
> 携手今莫同，江花为谁发！

可见在我少年时代所见的"踏青"，较孟浩然在《大堤行》中描写的更接近原来的样子。这主要不同在于"王孙"。唐代的王孙，挟珠弹以郊游，而在我所回忆的时代，王孙也还是有的，但他们已经注定地"式微"了。其中稍年长者，可能正是那些抬马桶、提尿壶的；年轻或并不很年轻，但已看准风向的，

钟惦棐先生

已经穿上制服混迹在学生群中了。直到 1933 年我上初中的时候，有的已是已婚男子，年龄在 20 岁以上，作文从来不用语体而是满篇"之乎者也"，连对国文教员，也每每侧目而视，但唯其如此，越足以证明"王孙"时代的注定没落。

40 多年不再回到江津，故乡有人来，我总要打听武城的变化。听说从抗战以后，"下江人"相继入川。武城就已经修建工厂了。"踏青"是否随"四旧"被消灭或早已荡然，亦不甚了了。40 多年来我走过祖国南北许多地方，包括举世称为名胜之地，我仍觉得故乡是美丽的。有时也怀疑这是否亦如未庄之于阿 Q，但是这种偏见对于一个人来说，几乎是不可避免的。因为这和一个人生活历史中最值得怀念的部分紧密联系的。文化部干校在渤海之滨的李焕庄的时候，整个春天，孩子们就只能到苇塘里去挖芦苇根，把它当甘蔗或水果嚼着玩。这在一年从樱桃吃到橘子的江津人看来，是够单调而寂寞的了，但李焕庄的苇根，对这些孩子们和他们将来的孩子说来，仍旧是具体而美好的。20 世纪 50 年代初一个同志从北京调到四川，写信回家说想吃北京的水萝卜，当时令我大惑不解，也就是容易混同各人生活历史的缘故。生活的丰富性来源于它的差异性，只要是实在的而不是虚幻的生活，无不具有这种差异，一万年也不能消灭也根本不用去消灭它。

生活总是要变的。谁也不能阻止。中国不是变得太快，而是变得太慢，但是作为地方色彩，乡土之情，人民没有改变的愿望，也就不必去变它。马克思的两个女儿从英国的父母所居之处嫁到法国，每年燕妮去看她们时，总是事先征询她们需要从英国带什么她们喜欢的东西。因为她们从小生活在伦敦，伦敦的物件，便足以唤起他们儿时的回忆。

从 1936 年渡长江而西，而北，1937 年底在广元看秦岭南麓，不及江津葱翠，已有苍凉之感。坐敞篷汽车在陕北黄土高原上奔驰一日，下车时已互相不可辨认。1955 年在浦口等轮渡，江南江北，色彩迥异，已经觉出天公之不平。多年的北方生活，使我深知北方严峻的自然养育出北方人的坚强刚毅和质朴纯真的性格，一部中国历史，他们经常是在前台并担任主角，而这丝毫也不妨碍我们的乡关之情——故乡的民俗，经常是构成民性中颇具特色的东西。而一个人的性格、情趣，又往往和他自小生活的环境有关。

——节选自《江津县志》

注释：钟惦棐（钟永发）。重庆江津人。当代著名文艺评论家、电影美学理论家。

跋 一座城的英雄传奇

其实，人们浏览的《重庆掌故》仅仅是重庆这座城市的"冰山之一角"。重庆这座庞大的自然与人文生命体，它拥有的精神灵魂和可歌可泣的故事，皆因游客匆匆而知之甚少。如果游客能稍留脚步，同这座城市的灵魂对话，去发现它一路走来的精彩往事，那么就一定会爱上这座城市并缅怀胸中，进而心驰神往。

重庆，一座英雄的城，生活着英雄的人；

重庆，一方英雄的人，造就了英雄的城——

这是一方英雄的人，3000多年前一本被誉为华夏圣经的书《山海经》记载着：灵山（重庆的巫山）有十巫，他们通达天地，带领民众修养生息、耕种渔猎。他们发现了盐并在巫溪造建了上古时期世界最大的盐都和最早的手工作坊。"一泉流白玉，万里走黄金"，盐业的兴起，使这块土地上的居民"不耕而食，不织而衣"，过着伊甸园式的美好生活。大禹还特派他的儿子无淫来管理这方土地。重庆的始祖是大自然的智者，大自然的英雄，使这块土地成为了中国南方文明的起源……

这是一方英雄的人。为了保卫自己的美好家园，重庆的先祖巴人同周边源源不断的侵略者进行了长年的战争，也成就了巴人英勇善战的气魄和胆略。公元前三千年，武王伐纣将三千巴人作为前锋敢死队；巴人气吞山河视死如归，一举赢得了胜利，武王为表彰巴人的勇敢，将嘉陵江之滨的土地分封给他们建立巴国。在建国后 600 余年保卫家乡抗击侵略者的殊死战中。涌现出了像巴蔓子一样刎颈保城，彪炳千秋的众多爱国英雄。

这是一方英雄的人。一个叫巴清的穷乡寡妇，在这片土地上。担纲夫业，发动民众，大炼丹砂，开创了中国乃至世界上第一个富可敌国的丹砂王国，成为前无古人名垂青史的女企业家。她把毕生巨大的财富捐献给了国家。秦始皇感念她事业的恢宏、博大的胸怀及爱国的慷慨，邀她进宫养老，去世后还特地为她修筑坟墓并取名"怀清台"。这是千古一帝的秦始皇一生中唯一礼遇的一个礼抗万乘的普通妇女。

这是一方英雄的人。1644 年 6 月嗜杀成性的农民起义军首领张献忠，带领 60 万大军攻占了重庆城。他在追杀逃兵的人群中，发现一个背着大男孩却牵着小女孩的奔跑少妇。于是追上去问道为何这般无情？少妇答道，这女孩是我亲生的，这男孩是我丈夫死去的前妻生的，我怕他在兵荒马乱当中丢失，所以紧紧背在身上。张献忠被这大义凛然的善行所感动，于是叫她回家去在家门上插上柳枝，他的军队绝不侵扰。于是这少妇带着孩子回去了，并在家门插上杨柳，邻居们知道了也纷纷仿效。果真在张献忠占领重庆城的日子里，从没侵扰插有柳枝的街民。人们为了纪念这件事儿，将此街取名杨柳街，直到 1933 年才改名。300 多年来，人们一直传诵着这个杨柳街的故事。

这方土地上，还有中国唯一一个作为王朝名将列入正史将相列传里的巾帼英雄秦良玉；

这方土地上，还有"革命军中马前卒"，被孙中山追赠为大将军的民主革命先驱邹容；

这方土地上，还有被誉为"中国船王"，指挥宜昌大撤退为抗战做出卓越贡献的爱国英雄卢作孚；

这方土地上，还有被我党称为"民主之家"的家长，中国著名民主人士，策反杨森保卫重庆的铁血英雄鲜英。

……

这是一座英雄之城。1257 年，野心勃勃的蒙哥汗，带领几十万蒙古大军挥师南下来到合川城下，妄图一举拿下重庆，接着会师消灭南宋。然后再横扫欧亚非，让铁木真的铁蹄踏遍全世界。哪知钓鱼城之战让"上帝折鞭"，几个月疯狂攻城，不仅没有拿下，连蒙哥及其主将也赔上了性命。誓不罢休的蒙军一战就是 36 年，钓鱼城军民即便弹尽粮绝，易子而食也终不言败，在忽必烈承诺不伤一个子民后才决定弃城。蒙军入城之时没有一人乞怜，32 个将军全部尽忠自刎。英雄的钓鱼城让南宋王朝延续了 20 年，鼓舞了欧亚非人民的和平意志，成为世界战争史上以少胜多、顽强制敌的千秋典范。

这是一座英雄之城。1927年以前，重庆市中心母城不到2平方公里面积，住着20万人。只有拓城，修筑通向外面世界的公路才是城市的唯一生路。公路的起点是通远门，而通远门前方却面临42万座重庆人祖先的坟墓，这可是重庆人世世代代祭拜的"神圣"之地。潘文华市长决心移风易俗，在他的带领下政府宣传新思想，说服民众、动员民众，在短短的两年多的时间便迁徙了全部坟茔，为城市的扩展扫清了障碍。这样的大迁坟，是"前无古人后无来者"的伟大壮举。重庆城因此由2平方公里扩展到100多平方公里。为日后成为战时首都，进而成为中国直辖市奠定了良好基础。这就是一个城市破除常规，勇于改革的开拓精神和英雄气概。

这是一座英雄之城。1938年，第二次世界大战同盟国东亚指挥部就设在这儿。由它指挥中国及东亚20多个国家抗击日本法西斯的战斗。在那血雨腥风、战火硝烟的岁月，它经受了日本飞机8000架次的轰炸；它在石牌之战，击溃妄想侵入重庆的10万日本野战军，被誉为"世界第二次斯大林格列保卫战"；它联合云南贵州组成20万大众用双手修建了"川缅"抗战生命线……重庆城，用它炸不垮攻不进打不败吓不怕的精神，成为东亚人民反抗法西斯的"精神堡垒"。

这是一座英雄之城。1961年，一本翻译成二十几种文字畅销1 000多万册的《红岩》一书，铭记了这个城市同蒋家王朝专制主义殊死斗争、永垂史册的那些英雄。中华土地上家喻户晓的江姐、叶挺、许云峰、小萝卜头等等，就是这些英雄的代表。"我渴望自由，但我深深地知道——人的身躯怎能从狗洞子里爬出！我希望有一天，地下的烈火，将我连这活棺材一齐烧掉，我应当在这烈火和热血中得到永生。"

重庆城有巴渝文化，那是重庆人的英雄基因；重庆城有三峡文化，那是重庆人的英雄气魄；重庆城有移民文化，那是重庆人的英雄胆略；重庆城有抗战文化，那是重庆人的英雄精神；重庆城有红岩文化，那是重庆人的英雄理想；重庆城有统战文化，那是重庆人的英雄意志。

重庆城有说不完的英雄事儿，有数不尽的英雄人……

3000多年前，在亚细亚岛上有一个富饶而英雄之城，举全国之力，抵抗希腊联军的十年疯狂进攻——那就是蜚声世界的特洛伊城。它不过昙花一现，而后湮没无闻。

古典时期的文明之花雅典城，一次次打退强大波斯帝国的大军压境，创造了希腊人高昂的英雄主义神话，成为"西方文明的摇篮"。可惜中世纪后便走向衰落。

1789年，巴黎人民攻占巴士底狱，迎来了争取天赋人权的法国大革命的胜利；1806年，拿破仑在巴黎修建一座世界上最伟大的凯旋门，以纪念法国打败俄奥联军的伟大胜利。巴黎的辉煌不过仅此而已……

只有中华民族，只有重庆城，它的文明从不沉没，从不休止，它从远古一路走来，其英雄基因代代相传，越传越强。

　　你想成为生活的英雄，请到这儿来；你想成为事业的英雄，请到这儿来；你想成为人生的英雄，请到这儿来！

　　重庆城的英雄传奇将改变你的人生……

　　跋毕，全书终。谢谢您的阅读！

章创生·于重庆

2021年1月1日